MEYERS
GROSSES
TASCHEN
LEXIKON

Band 2

MEYERS GROSSES TASCHEN LEXIKON

in 24 Bänden

Herausgegeben und bearbeitet
von Meyers Lexikonredaktion
3., aktualisierte Auflage

Band 2:
Anh – Bahn

B.I.-Taschenbuchverlag
Mannheim/Wien/Zürich

Chefredaktion:
Werner Digel und Gerhard Kwiatkowski

Redaktionelle Leitung der 3. Auflage:
Dr. Gerd Grill M.A.

Redaktion:
Eberhard Anger M.A., Dipl.-Geogr. Ellen Astor,
Dipl.-Math. Hermann Engesser, Reinhard Fresow, Ines Groh,
Bernd Hartmann, Jutta Hassemer-Jersch, Waltrud Heinemann,
Heinrich Kordecki M.A., Ellen Kromphardt, Wolf Kugler,
Klaus M. Lange, Dipl.-Biol. Franziska Liebisch, Mathias Münter,
Dr. Rudolf Ohlig, Heike Pfersdorff M.A., Ingo Platz,
Joachim Pöhls, Dr. Erika Retzlaff,
Hans-Peter Scherer, Ulrike Schollmeier, Elmar Schreck,
Kurt Dieter Solf, Klaus Thome, Jutta Wedemeyer, Dr. Hans Wißmann,
Dr. Hans-Werner Wittenberg

CIP-Titelaufnahme der Deutschen Bibliothek
Meyers Großes Taschenlexikon: in 24 Bänden/hrsg. u. bearb.
von Meyers Lexikonred. [Chefred.: Werner Digel
u. Gerhard Kwiatkowski].
Mannheim; Wien; Zürich: BI-Taschenbuch-Verl.
Früher im Bibliograph. Inst., Mannheim, Wien, Zürich.
ISBN 3-411-11003-1 kart. in Kassette
ISBN 3-411-02900-5 (2., neu bearb. Aufl.)
ISBN 3-411-02100-4 (Aktualisierte Neuausg.)
ISBN 3-411-01920-4 (Ausg. 1981)
NE: Digel, Werner [Red.]
Bd. 2. Anh – Bahn. – 3., aktualisierte Aufl. – 1990
ISBN 3-411-11023-6

Als Warenzeichen geschützte Namen
sind durch das Zeichen Ⓦz kenntlich gemacht
Etwaiges Fehlen dieses Zeichens bietet keine Gewähr dafür,
daß es sich um einen nicht geschützten Namen handelt,
der von jedermann benutzt werden darf

Das Wort MEYER ist für
Bücher aller Art für den Verlag
Bibliographisches Institut & F.A. Brockhaus AG
als Warenzeichen geschützt

Lizenzausgabe mit Genehmigung
von Meyers Lexikonverlag, Mannheim

Alle Rechte vorbehalten
Nachdruck, auch auszugsweise, verboten
© Bibliographisches Institut & F.A. Brockhaus AG, Mannheim 1990
Druck: Klambt-Druck GmbH, Speyer
Einband: Wilhelm Röck GmbH, Weinsberg
Printed in Germany
Gesamtwerk: ISBN 3-411-11003-1
Band 2: ISBN 3-411-11023-6

Anh

Anhall, Bez. für den zeitl. verzögerten Anstieg der Lautstärke von Schallvorgängen insbes. in geschlossenen Räumen. Der A. ist eine Folge von Kopplungs- und Einschwingvorgängen bezügl. der Luftmoleküle und u. a. von der Schallfrequenz abhängig.

Anhalt, ehem. Gliedstaat des Dt. Reiches; mehrteiliges Territorium an der mittleren Elbe, unteren Saale und im Unterharz; Hauptstadt Dessau. Kreise: Ballenstedt, Bernburg, Dessau, Köthen, Zerbst; 2 326 km^2, 432 000 E (1939).

Geschichte: Das Ft. A. war der Rest des Herrschaftsbereiches der Askanier, jahrhundertelang durch Erbteilungen zersplittert. Die ständigen Teilungen fanden durch die Vereinigung des gesamten anhalt. Besitzes 1570 vorübergehend ein Ende, doch entstanden durch eine erneute Landesteilung schon 1603 die jüngeren Linien A.-Dessau (bis 1918), A.-Bernburg (bis 1863), A.-Köthen (bis 1665), A.-Zerbst (bis 1793) und A.-Plötzkau (seit 1665 Köthen-Plötzkau; bis 1847). 1807 traten die noch bestehenden Teilfürstentümer als Hzgt. dem Rheinbund bei, gerieten nach 1815 immer stärker unter preuß. Einfluß und mußten dem Dt. Zollverein 1833/34 beitreten. 1863 wurden die anhalt. Gebiete zum Hzgt. A. vereinigt. Nach einer kulturellen Blütezeit im 18. Jh. nahm A. erst im 19. Jh. wirtsch. Aufschwung durch Abbau der Bodenschätze (Kali, Braunkohle) u. Förderung der Zuckerindustrie. Mit der Abdankung des Herzogshauses 1918 wurde A. Freistaat (bzw. Land des Dt. Reiches); stand 1933–45 mit Braunschweig unter einem Reichsstatthalter; 1945 mit der ehem. Prov. Sachsen zur Prov. (seit 1947 Land) Sachsen-A. vereinigt; 1952 kam der größere Teil zum Bez. Halle, der kleinere zum Bez. Magdeburg.

Anhalterecht, im Seekriegsrecht die Befugnis der Kriegführenden, auf hoher See neutrale Handelsschiffe anzuhalten und auf Konterbande zu durchsuchen.

Anhalteweg, Fahrstrecke, die nach Erkennen einer Gefahr bis zum Stillstand des Fahrzeugs zurückgelegt wird; setzt sich zus. aus Reaktionsweg und Bremsweg. Der **Reaktionsweg** ist die während der *Reaktionsdauer*, der Zeitspanne zw. dem Erkennen der Gefahr und dem Bremsen, bei ungebremstem Fahrzeug zurückgelegte Fahrstrecke; die Reaktionsdauer *(Reaktionszeit)* (etwa 0,2–1 s) kann im Straßenverkehr durch die *Schreckdauer (Schrecksekunde,* bis 1 s) bei unvermutetem Eintreten der Bremsnotwendigkeit verlängert werden. Sie ist abhängig von persönl. Bedingungen (Disposition, Veranlagung, Alter, Aufmerksamkeit. Gesundheitszustand, Funktionstüchtigkeit der Sinne und des Bewegungsapparates, Schreckwirkung, Alkohol) und äußeren Umständen (Verkehrssituation, Auffälligkeit der Wahrnehmung, Anordnung der Bremsmechanik). Der **Bremsweg** ist die von Beginn der Bremsbetätigung bis zum Fahrzeugstillstand zurückgelegte Fahrstrecke. Er hängt von der Fahrgeschwindigkeit und der erreichten Bremsverzögerung ab. Die *Bremsverzögerung* ist, solange die abgebremsten Räder rollen und nicht rutschen, von der Kraft abhängig, die der Fahrer auf das Bremspedal ausübt, vom Reifenprofil und vom Straßenbelag.

Anhaltsterne, diejenigen Sterne auf photograph. Himmelsaufnahmen, deren Positionen genau bekannt sind, so daß von ihnen aus die unbekannten Positionen anderer Objekte auf der Photoplatte ausgemessen werden können.

Anhänger, ein Schmuckstück, das an Halskette, Armband oder Gürtel getragen wird. A. sind schon seit dem Jungpaläolithikum (aus Tierzähnen und Muscheln) und in den ältesten Hochkulturen bekannt. Kostbare A. sind von den Etruskern und den Germanen der Völkerwanderungszeit erhalten. Die Renaissancezeit brachte eine Blüte des

Anhalteweg bei einer Geschwindigkeit von 50 (oben) und 80 Stundenkilometern

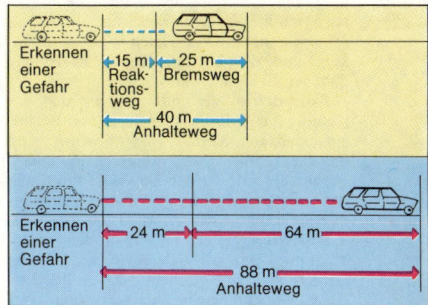

Anhängerkupplung

A., der sich dann im Klassizismus und das ganze 19. Jh. hindurch bis heute großer Beliebtheit erfreute.
◆ nicht angetriebener, ein- oder mehrachsiger Wagen.

Anhängerkupplung, Vorrichtung zur Verbindung des Anhängers mit dem Zugfahrzeug. Mehrachsige Anhänger besitzen eine *Deichsel* mit einer *Kupplungsöse*. Diese Öse wird im *Kupplungsmaul* des Zugwagens mit dem *Kupplungsbolzen* spielfrei verriegelt. Die *Kugelkopfverbindung* bei einachsigen Anhängern und Sattelaufliegern garantiert außer der Übertragung von Zug- und Druckkräften auch die Übertragung größerer Vertikalkräfte und eine größere freie Beweglichkeit.

Anhängigkeit, im Recht das Befaßtsein des Gerichts mit einem Verfahren.

anheuern, Seeleute zum Dienst an Bord einstellen; ein Arbeitsverhältnis als Seemann eingehen.

Anhidrose, fehlende oder verminderte Schweißabsonderung.

Anholt, ehem. Stadt an der Issel, 1975 in Isselburg, NRW, eingegliedert.
A., dän. Insel im zentralen Kattegat, 50 km nö. von Grenå, 22 km².

Anhörung, svw. ↑ Hearing.

Anhwei, Prov. in der VR China, 140 000 km², 49,66 Mill. E (1981), Hauptstadt Hofei. Der N (nördl. des Hwaiho) liegt im Bereich der Großen Ebene. Der Raum zw. Hwaiho und Jangtsekiang wird von einem mit Löß und Lehm bedeckten Hügelland eingenommen; es steigt bis 100 m ü. d. M. an, überragt von isolierten, bis 400 m ü. d. M. hohen Bergen. Auf künstl. Feldterrassen werden Reis, Weizen und Tee angebaut. Die Wälder liefern Kork und Bambus. Das Gebiet südl. des Jangtsekiang ist überwiegend Bergland, höchste Erhebung ist der 1 841 m hohe Hwang Shan. Anbau von Tee, Reis, Weizen, Baumwolle, Tabak u. a.
A. gehört zu den wichtigsten Kohlenbergbauzentren Chinas, daneben Abbau von Eisen- und Kupfererzen und Pyrit. Nach 1950 wurden Eisen- und Stahlwerke sowie Maschinenbaufabriken errichtet; außerdem Zigarettenund Teeind., Baumwollspinnerei und -weberei. Wichtige Verkehrsträger sind die Flüsse Jangtsekiang (mit den Häfen Wuhu und Anking) und Hwaiho (mit Pengpu als Hafen), daneben Bahnlinien und Straßen.

Anhydride, Verbindungen, die aus Säuren oder Basen durch Abspaltung von Wasser entstehen, sog. Säure-A. bzw. Basen-A., und umgekehrt mit Wasser wieder Säuren bzw. Basen ergeben. Zu den Basen-A. zählt z. B. das Calciumoxid, das mit Wasser Calciumhydroxid ergibt: $CaO + H_2O \rightarrow Ca(OH)_2$.

Anhydrit [griech.], „wasserfreier Gips", kristallwasserfreies Calciumsulfat, $CaSO_4$; farblose bis weiße, isometr. oder säulige Kristalle. Vorkommen in Salzlagerstätten. Der A. geht durch Wasseraufnahme langsam in Gips ($CaSO_4 \cdot 2H_2O$) über. Verwendung des A. als Bindemittel.

Anhydritbinder, aus natürl. oder künstl. Anhydrit hergestellte Bindemittel, die im Ggs. zu gebranntem Gips ($CaSO_4 \cdot {}^1/_2 H_2O$) nur bei Zusatz von Anregern, z. B. von gebranntem Kalk, CaO, erstarren (unter Bildung von normalem Gips).

Ani [türk. ɑ'ni, 'ɑni], Ruinenstätte im NO der Türkei, 40 km osö. von Kars; seit dem 5. Jh. als Festung erwähnt, als Hauptstadt der Bagratiden (953–1045 bzw. 1080) planmäßig ausgebaut; zu Beginn des 13. Jh. neue Blütezeit; nach dem Erdbeben von 1319 von den Bewohnern verlassen. Mit zahlr., meist aber stark zerstörten Bauwerken ist A. eine bed. Stätte der armen. Architektur; u. a. Kathedrale (989–1001), Gregorkirche Gagiks I. (1001–20), Apostelkirche (11. Jh.), Gregorkirche des Tigran Honenz (1215; Kuppelhalle).

Anian, Straße von ↑ Nordwestpassage.

Anich, Peter, * Oberperfuß (Tirol) 22. Febr. 1723, † Innsbruck 1. Sept. 1766, östr. Kartograph. - Stellte einen Himmels- und einen Erdglobus her und schuf die erste genauere Karte von Tirol.

Änigma [griech.], veraltet für: Rätsel; **änigmatisch,** rätselhaft.

Anilide [↑ Anilin], Säureamidderivate des Anilins, die durch Ersatz eines Wasserstoffatoms der Aminogruppe ($-NH_2$) durch einen organ. Säurerest unter Wasserabspaltung entstehen.

Anilin [zu portugies.-frz. anil „Indigopflanze" über arab. an-nil aus Sanskrit nili (zu nīla „dunkelblau")] (Aminobenzol, Phenylamin), das einfachste aromat. Amin; 1826 von O. Unverdorben aus Indigo dargestellt. A. wird neben anderen aromat. Basen aus Steinkohlenteer und Nitrobenzol destilliert. Mit Säuren bildet A. relativ stabile Salze, z. B. mit Salzsäure das A.hydrochlorid, $[C_6H_5-NH_3]^+ Cl^-$. Das A. ist ein techn. wichtiger Rohstoff zur Herstellung von Arzneimitteln, vielen Farbstoffen *(Anilinfarben)* und ↑ Anilinharzen. A. ist ein starkes Blutund Nervengift (↑ Anilinvergiftung). Chem. Strukturformel:

Anilinblau, ein synthet., wenig lichtechter Farbstoff aus der Gruppe der ↑ Triphenylmethanfarbstoffe, der durch Umsetzung von Anilin, Fuchsin und Benzoesäure gewonnen wird.

Anilinfarben, veraltete Bez. für künstl. (synthet.) ↑ Farbstoffe.

Anilingelb (p-Aminoazobenzol), wenig lichtechtes Derivat des Anilins, chem. Strukturformel $C_6H_5-N=N-C_6H_4-NH_2$; Ausgangsprodukt für die Herstellung synthet. Farbstoffe.

Anilinharze, aus Anilin und Formaldehyd hergestellte Duroplaste (↑Kunststoffe) mit guten elektr. Isoliereigenschaften.

Anilinleder, mit Anilinfarbstoffen durch Gerbung im Faß gewonnenes, nicht nachgefärbtes Leder, das v. a. für Schuhoberleder verwendet wird.

Anilinschwarz (Pigmentschwarz, Diamantschwarz), einer der wichtigsten schwarzen Farbstoffe für Baumwolle; von hoher Deckkraft, Säurebeständigkeit und Lichtechtheit; erstmals 1834 von F. F. Runge hergestellt.

Anilinvergiftung (Anilismus), Vergiftung durch Einatmen oder Hautresorption (Berufskrankheit) oder orale Aufnahme von Anilin und Anilinderivaten; Anzeichen: rauschartige Zustände, Magen-Darm-Störungen, Blausucht, Schwindel, Schlaflosigkeit, Reizbarkeit.

Anima (eigtl. Collegio Teutonico di Santa Maria dell'Anima), dt. Nationalstiftung in Rom, 1350 als Pilgerhospiz gegr.; die Kirche wurde 1500–42 erbaut (hier das Grab Papst Hadrians VI.) und ist Mittelpunkt der deutschsprachigen Gemeinde in Rom.

Anima [lat.; „Seele, Lebenskraft" (eigtl. „Lufthauch, Atem")], in der scholast. Philosophie das „erste Prinzip" des Lebens, dasjenige, durch das ein Körper zum Lebewesen werde.
◆ nach der Lehre C. G. Jungs das Seelenbild der Frau im Unbewußten des Mannes, d. h. alle diejenigen Elemente des anderen Geschlechtes, die der Mann archetyp. in sich bewahrt (↑Archetypus), die aber durch erfahrungsbezogene Erlebnisinhalte verdrängt sind. Im Prozeß der Selbstverwirklichung des Mannes kommt es darauf an, die A. in das eigene Wesen zu integrieren. Analoges ist vom **Animus,** dem Seelenbild des Mannes im Unbewußten der Frau, zu sagen.
◆ der aus unedlem Metall bestehende Kern einer mit dünner Edelmetallhaut überzogenen Münze.

animalisch (animal) [lat.], tier-, den Tieren eigentümlich; übertragen svw. triebhaft.

animalisieren [lat.], Zellulosefasern für Wollfarbstoffe aufnahmefähig machen, durch feinen Überzug mit Eiweißstoffen oder Kunstharzen wollähnlich machen.

Animals, The [engl. ðɪ 'ænɪməlz], brit. Rockmusikgruppe (1962–66) mit dem Sänger E. Burdon; spielte „schwarzen" Blues-Rock; 1967/68 „Eric Burdon and The A." bzw. „New Animals".

Animationsfilm ↑Trickfilm.

Animatismus [lat.], in der Religionsgeschichte der Glaube an die Belebtheit aller Dinge.

animato [italien.], musikal. Vortragsbez., lebhaft, beseelt.

Animierdame, in Bars und Lokalen angestellte Frau, die die Gäste zum Trinken anregen soll.

animieren [lat.-frz.], beleben, anregen, ermuntern, in Stimmung versetzen; **animiert,** angeregt.

Animismus [lat. (zu ↑Anima)], in der vergleichenden Religionswissenschaft Theorie, nach der der Mensch durch Träume, Verzückung oder Krankheit zur Erkenntnis der Seele gelange, woraus sich der Glaube an Geister und schließl. an Götter entwickele sowie dieses psych. Verhalten selbst. Die Theorie des A. wurde von dem brit. Anthropologen E. B. Tylor (* 1832, † 1917) entwickelt und von dem dt. Philosophen und Psychologen W. Wundt (* 1832, † 1920) psycholog. weiter ausgebildet. Sie gilt heute in der Religionswissenschaft als überwunden. Die Kritik am A. betrifft dessen evolutionist. Grundhaltung, derzufolge die Entwicklung der Religionen in bestimmten, immer gleichen Stadien verlaufe, seinen Psychologismus, d. h. die Überbetonung der Rolle, die seel. Faktoren bei der Entstehung und Entwicklung von Religion gespielt haben, und die unreflektierte Annahme, Forschungen über neuzeitl. primitive Völker könnten die Religion alter, primitiver Kulturen oder gar die Anfänge menschl. Religion erhellen.

Animosität [lat.], voreingenommene Abneigung, Widerwille.

Animus [lat.] ↑Anima.

Animus auctoris [lat. „Täterwille"], im Strafrecht der auf die Tat gerichtete Wille des Mittäters; bedeutsam für die Abgrenzung der Mittäterschaft von der Beihilfe.

Animus socii [lat. „Teilnehmerwille"], im Strafrecht Bez. für die innere Einstellung desjenigen, der eine Tat, an der er beteiligt ist, nicht als eigene will, sondern nur Gehilfe eines Dritten sein will.

Anion, negativ geladenes Teilchen (↑Ion), das beim Anlegen einer elektr. Gleichspannung zum positiv geladenen Pol (Anode) wandert. - ↑Elektrolyse.

anionenaktive Reaktion, chem. Reaktion, die durch die Anwesenheit von Anionen ausgelöst wird (↑grenzflächenaktive Stoffe).

Anis [zu griech. ánēthon, áneson „Dill"] (Pimpinella anisum), bis 50 cm hohe Bibernellenart; ursprüngl. in Vorderasien, Ägypten und Griechenland heim. Doldengewächs, das durch Anbau in Gärten und auf Feldern heute weit verbreitet ist; einjährige Pflanze mit ungeteilten, rundl.-herzförmigen Grundblättern, ein- bis dreifach fiederteiligen Stengelblättern und kleinen weißen Doldenblüten. Bes. die weichbehaarten, ovalen Früchte enthalten farbloses oder blaßgelbes äther. Öl (**Anisöl**) von würzigem Geruch und süßl. Geschmack, das zum Würzen von Speisen und Backwaren, zur Herstellung von Likören (↑Anisette) und (medizin.) gegen Verdauungsstörungen (auch als Hustenmittel) verwendet wird.

Anisaldehyd [...s-al...] (p-Methoxybenzaldehyd), Derivat des Benzaldehyds; Verwendung finden A. und durch Reduktion dar-

Anisalkohol

aus gewonnener **Anisalkohol** v. a. in der Parfümind. als Duftkomponenten für flieder- oder mimosenartig riechende Essenzen. Chem. Strukturformeln:

Anisaldehyd   Anisalkohol

Anisalkohol ↑Anisaldehyd.
Anisette [griech.-frz.], süßer, dickflüssiger Likör aus Anis, Sternanis, Koriander und Fenchel; wird meist mit Wasser vermischt.
Anisogamie ↑Heterogamie.
Anisöl ↑Anis.
Anisomyaria, Ordnung der Muscheln mit rudimentärem bis völlig reduziertem vorderem Schließmuskel und fehlendem oder nur sehr schwach entwickeltem Schloß; u. a. ↑Miesmuschel, ↑Kammuscheln, ↑Austern.
Anisophyllie, das Vorkommen unterschiedl. Laubblattformen bzw. -größen in derselben Sproßzone bei einer Pflanze; z. B. bei Moosfarnarten. - ↑auch Heterophyllie.
Anisopteren (Anisoptera) [griech.], svw. ↑Großlibellen.
anisotonische Lösungen [an-i...], Lösungen mit unterschiedl. osmot. Druck (↑Osmose).
anisotopes Element [an-i...; griech./lat.] (Reinelement), ein chem. Element, das in der Natur nur mit einem Isotop (bzw. Nuklid) vertreten ist: Beryllium, Fluor, Natrium, Aluminium, Phosphor, Scandium, Mangan, Kobalt, Arsen, Yttrium, Niob, Rhodium, Jod, Cäsium, Praseodym, Terbium, Holmium, Thulium, Gold und Wismut.
anisotroper Oszillator [an-i...; griech./lat.], schwingendes System mit mehr als einem Freiheitsgrad, bei dem die zum Zentrum zurücktreibenden Kräfte in den verschiedenen Raumrichtungen unterschiedl. sind. Bei 2 Freiheitsgraden schwingt der Oszillator nach zwei zueinander senkrechten Richtungen gleichzeitig mit den Frequenzen v_1 und v_2; ist das Frequenzverhältnis v_1/v_2 rational, so verläuft die Bewegung des Oszillators auf geschlossenen Bahnen (↑Lissajous-Figuren.
Anisotropie [an-i...; griech.], in der *Biologie* das Phänomen, daß ein und dasselbe biolog. Objekt richtungsbezogen ist und diesbezügl. nicht vorauszusetzende unterschiedl. Eigenschaften zeigt; z. B. zeigen polardifferenzierte Eizellen einen animalen und einen vegetativen Pol; ferner können z. B. Ausläufersprosse, unabhängig von Außenfaktoren, ihre Wachstumsrichtung unvermittelt ändern.
♦ die Richtungsabhängigkeit der verschiedenen physikal. und chem. Eigenschaften eines Stoffes. Anisotrope Körper verhalten sich in verschiedenen Raumrichtungen unterschiedlich. So sind z. B. bei vielen Kristallen die Elastizität, die Spaltbarkeit, Härte, elektr. Leitfähigkeit, Wärmeleitung und Lichtbrechung sowie die Wachstums- und Auflösungsgeschwindigkeiten in den verschiedenen Kristallrichtungen (oder entlang verschiedener Kristallflächen) ungleich. Opt. A. ist gleichbedeutend mit Doppelbrechung.
Anita, aus dem Span. übernommener weibl. Vorname, span. Koseform von Anna oder Kurzform von Juanita.
Anitschkow, Nikolai Nikolajewitsch, * Petersburg 3. Nov. 1885, † Leningrad 7. Dez. 1964, sowjet. Pathologe. - Bed. Untersuchungen über Arteriosklerose, die Pathologie der Gefäße und Selbstinfektionen.
Anjou [frz. ã'ʒu], Seitenlinien des frz. Königshauses der Kapetinger. Das *ältere Haus A.* (1246–1435) besaß auch die Gft. Provence, 1265–82 Sizilien, 1265–1435 das Kgr. Neapel, 1277–1435 den Titel des Kgr. Jerusalem, 1308–86 das Kgr. Ungarn, 1370–86 das Kgr. Polen. Das *jüngere Haus A.* (1356–1481) konnte den älteren A. nur die Provence abringen, führte aber dann auch die Königstitel von Neapel-Sizilien, Ungarn, Aragonien und Jerusalem und besaß 1431–73 das Hzgt. Lothringen. 1481 fielen A., Maine und Provence an die Krone zurück. Stammtafeln ↑Kapetinger, ↑Valois.
Anjou [frz. ã'ʒu], histor. Gebiet in W-Frankr., im Z die alte Hauptstadt Angers. A. wird von der oberen Loire durchflossen und hat Anteil am armorikan. Massiv im W und dem Pariser Becken im O. - Der Name leitet sich von den gall. Andekavern ab. Im

Ankara. Blick vom Atatürk-Mausoleum auf die Innenstadt

Ankereinrichtung

9. Jh. entwickelte sich um Angers eine mächtige Grafschaft, die bis Anfang 12. Jh. Touraine und Maine mit umfaßte. Gehörte 1154–1204 unter den Plantagenets zu England.

Anjouan [frz. ã'ʒwã], früherer Name der Komoreninsel Nzwani.

Anjou-Plantagenet [engl. ã:ʒu:-plæn'tædʒɪnɪt], engl. Herrscherhaus, ↑ Plantagenet.

Anka, Paul [engl. 'æŋkə], * Ottawa 30. Juli 1941, amerikan. Schlagersänger kanad. Herkunft. - Nach seinen Hits 1957–60 v. a. als Schlagerautor hervorgetreten; erfolgreiches Comeback als Sänger 1974/75.

Ankara, Hauptstadt der Türkei, im nördl. Inneranatolien, an der Mündung des Çubuk çayı in den A. suyu, am Fluß 835 m ü. d. M., 1,88 Mill. E. 3 Univ., Konservatorium, archäolog. Museum mit den reichsten hethit. Sammlungen der Welt, ethnolog. Museum; Goethe-Inst.; Nationalbibliothek, Theater. Sitz der Staatsregierung und der Provinzialregierung der Verw.-Geb. A., bed. Handelszentrum; Ind.standort, u. a. Traktorenwerk, Zementfabrik, Werke der Textil-, Nahrungs- und Genußmittelind.; internat. ✈ Esenboğa. Die Wasserversorgung der Stadt erfolgt mittels eines Stausees. - Seit hethit. Zeit besiedelt, entwickelte sich eine Stadt am Kreuzungspunkt wichtiger Karawanenstraßen. War als **Galatia** Anfang des 3. Jh. v. Chr. Hauptstadt der Tektosagen. Gehörte als **Ankyra** im 2. und 1. Jh. v. Chr. nacheinander zu Rom, Pergamon, Pontus, 74 v. Chr. wieder zu Rom, 25 v. Chr. als **Sebaste Tectosagum** Hauptstadt der röm. Prov. Galatien. Entwickelte sich in spätröm. und byzantin. Zeit zu einem kirchl. Zentrum; Konzile 314 und 358; ab 654 wechselten sich Araber, Sassaniden, Seldschuken, Danischmediden, Kreuzfahrer und Mongolen im Besitz der Stadt ab, die endgültig 1361 zum Osman. Reich kam und als **Engürü** (in Europa: *Angora*) Prov.hauptstadt wurde. Im 17./18. Jh. Handels- und Verkehrszentrum. 1735–1850 Sitz eines armen. Bischofs; 1923 zur Hauptstadt der Türkei erhoben. - Ruinen röm. Thermen und eines röm. Tempels mit eingemeißeltem Bericht des Kaisers Augustus; Zitadelle (7. [?] und 9.Jh.); in beherrschender Lage das Atatürk-Mausoleum (1944 und 1953).

Ankara suyu, rechter Nebenfluß des Sakarya, entspringt 15 km ssö. von Ankara, mündet 80 km westl. davon, 150 km lang.

Ankaufsrecht, gesetzl. nicht geregeltes Schuldverhältnis. Das A. kann sowohl einseitig eingeräumt werden durch Abgabe eines Verkaufsangebots mit befristeter Bindung als auch durch Abschluß eines Kaufvertrages oder eines Vorvertrages. Bei Grundstücken bedarf das Angebot oder der Vertrag gerichtl. oder notarieller Beurkundung (§ 313 BGB). Das A. kann durch Vormerkung gesichert werden (Vorkaufsrecht).

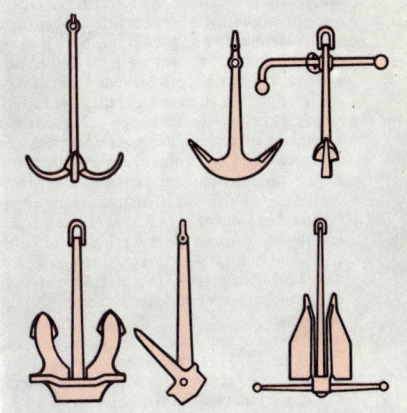

Ankereinrichtung. Oben: Draggen (links), Stock- oder Admiralitätsanker (zwei Ansichten); unten: zwei Patentanker, Hall-Anker (zwei Ansichten) und Danforth-Anker (rechts)

Anker [zu lat. ancora (von griech. ánkyra) „Anker"], 1. Haken aus Metall zum Festlegen von Wasserfahrzeugen (↑Ankereinrichtung); 2. Eisenteil zum Zusammenhalten von Bauteilen, wie Mauerwerk, Balken, Gewölbe; 3. bewegl. Körper eines elektromagnet. Gerätes, der von einem Magneten angezogen wird (Relais); 4. Teil einer elektr. Maschine, in dem durch im Magnetfeld eine elektr. Spannung induziert wird; bei Innenpolmaschinen feststehend, bei Außenpolmaschinen rotierend; 5. bewegl. Teil zur Hemmung des Steigrades der Uhr, gesteuert von der Unruh; 6. bis zu 4 m lange Stahlstange verschiedener Formgebung, welche das Deckgebirge tragfester macht (*Ankerausbau*); 7. altes Hohlmaß unterschiedl. Größe, in den dt. Staaten zw. 34 und 39 Liter.

Ankerball, schwarzer Signalball, den ankernde Schiffe tagsüber an der Rahe setzen.

Ankerboje, ein mit dem ausgesetzten Anker eines Schiffs verbundener Schwimmkörper (Boje) zur Markierung der Ankerposition (↑ auch Seezeichen).

Ankereinrichtung, Gesamtheit der Vorrichtungen zum Festlegen eines Schiffes mittels eines Ankers in freiem Wasser. Durch den Zug des treibenden Schiffes graben sich die haken- oder schaufelförmigen Teile des Ankers (Ankerflunken) in den Grund, die auf Grund liegende Ankerkette garantiert einen horizontalen Zug auf den Anker, die durchhängende Ankerkette bewirkt eine elast. Befestigung des Schiffes (im Seegang). Gewicht, Anzahl und Form der Anker und Ketten werden entsprechend der Schiffsgröße vorge-

Ankerit

schrieben. Gebräuchl. Ankerformen: **Draggen** mit vier festen Flunken; **Stockanker** oder **Admiralitätsanker** mit zwei festen Flunken und losnehmbarem, quer zu den Flunken angeordnetem Stock; verschiedene **Patentanker** mit klappbaren Flunken. Schiffe, die in Gewässern mit Gezeitenströmung ankern, haben eine **Heckankereinrichtung** zur Führung des **Stromankers**. Der Stromanker verhindert eine Richtungsänderung um den Anker (Schwojen) des Schiffes bei Tidenwechsel. Einen **Warpanker** benutzt man zum Verholen eines Schiffes; er wird an einer Verholtrosse befestigt, von einem Boot ausgefahren und vor dem Schiff ausgesetzt. Das Schiff zieht sich dann mit seiner Verholwinde (**Ankerspill**) an den Anker heran.

Ankerit [nach dem östr. Geologen M. J. Anker, *1771, † 1843] (Braunspat), dolomitähnl., sehr verbreitetes Mineral der chem. Zusammensetzung $Ca(Mg, Fe)(CO_3)_2$; Dichte 3,8 g/cm³; Mohshärte 3 bis 4.

Anker Larsen, Johannes [dän. 'aŋgər 'larsən], *Heminge (Langeland) 18. Sept. 1874, † Kopenhagen 12. Febr. 1957, dän. Schriftsteller. - Mystizismus, Einflüsse von Kierkegaard und W. Grønbech prägen seine Erzählungen und Romane: „Der Stein der Weisen" (R., 1923), „Bei offener Tür" (Memoiren, 1926), „Die Gemeinde, die in den Himmel wächst" (R., 1928), „Olsens Torheit" (R., 1941).

Ankerspill ↑ Ankereinrichtung.

Ankerstein, mit eckigen Vorsprüngen versehener bzw. schwalbenschwanzförmig zugehauener Binderstein zur Herstellung eines bes. festen Mauerverbandes.

Ankerwicklung, in den Nuten des Ankers einer elektr. Maschine (Motor, Generator) eingebettete Leiterwicklung.

Anklage (öffentl. Klage), im Strafprozeß: Beschuldigung des Tatverdächtigen durch die Staatsanwaltschaft bei Gericht. Die A. wird „erhoben" durch Einreichung einer Anklageschrift bei dem zuständigen Gericht (bei hinreichendem Tatverdacht). Der **Anklageerhebung** geht in schweren Fällen die schriftl. Schlußanhörung und, auf Antrag von seiten des Beschuldigten, das mündl. Schlußgehör voraus. Mit Erhebung der A. wird die Strafsache bei Gericht anhängig. - Nach *östr. Recht* ist A. die Beschuldigung des Tatverdächtigen durch einen berechtigten Ankläger (Staatsanwalt, Privatankläger) vor dem zuständigen Gericht. Im *schweizer. Strafprozeßrecht* des Bundes und der Kt. kommt der öffentl. Klage grundsätzl. die gleiche Bed. und Funktion zu wie in der BR Deutschland.

Anklageerhebung ↑ Anklage.

Anklagegrundsatz (Anklageprinzip, Akkusationsprinzip), im Strafprozeßrecht das Prinzip, nach dem das Gericht ein Strafverfahren erst übernimmt, wenn es durch Anklage der Strafverfolgungsbehörde angerufen wird. Durch den A. unterscheidet sich der moderne Strafprozeß vom gemeinrechtl. **Inquisitionsprozeß**, in dem der Richter nicht nur über die Tat zu richten, sondern sie u. a. auch zu verfolgen hatte.

Anklagemonopol, Grundsatz des Strafprozeßrechts, daß Strafsachen nur durch Anklage der Staatsanwaltschaft ans Gericht gelangen (nicht bei der Privatklage). Nach *östr. Recht* besteht kein A. der Staatsanwaltschaft, weil neben der Einrichtung der Privatanklage auch der Privatbeteiligte statt des Staatsanwaltes Anklage erheben kann. In der *Schweiz* bestehen insoweit wesentl. Einschränkungen des A., als die meisten Kt. z. B. für Ehrverletzungen und geringfügige Körperverletzungen den Weg der Privatstrafklage vorschreiben.

Anklageprinzip, svw. ↑ Anklagegrundsatz.

Anklagesatz, Kernpunkt der Anklageschrift. Der A. hat den Angeschuldigten, die Tat, die ihm zur Last gelegt wird, Zeit und Ort ihrer Begehung, die gesetzl. Merkmale der strafbaren Handlung und die anzuwendenden Strafvorschriften zu bezeichnen.

Anklageschrift, Schriftsatz der Staatsanwaltschaft an das Gericht, durch den in einer Strafsache Anklage erhoben wird. Die A. enthält den Anklagesatz, bezeichnet das Gericht, vor dem die Hauptverhandlung stattfinden soll, und gibt den Verteidiger und die Beweismittel an. Sie enthält stets - außer bei der Anklage vor dem Einzelrichter, wo darauf verzichtet werden kann - auch das wesentl. Ermittlungsergebnis, in dem die zur künftigen Verurteilung notwendigen Tatsachen samt Beweismitteln angeführt werden, sowie den Antrag auf Eröffnung des Hauptverfahrens (§ 199 Absatz 2 Satz 1 StPO). - Für die Eröffnung des gerichtl. Zwischenverfahrens (Eröffnungsverfahren) hat die A. die Aufgabe, die zur Anklage gelangende Tat nach

Ankreise

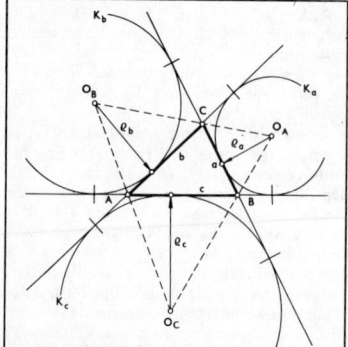

Anlagekapital

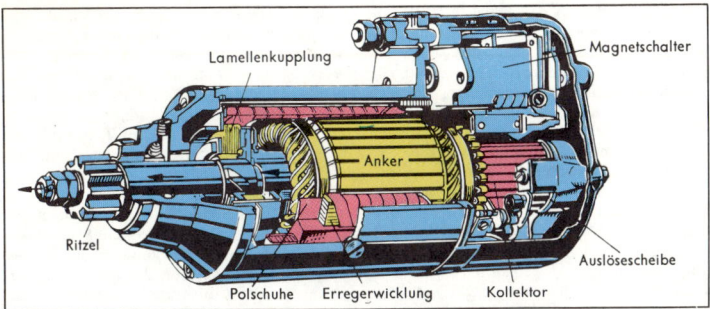

Schubankeranlasser

ihrer rechtl. und tatsächl. Seite genau zu bezeichnen und abzugrenzen und die Stellungnahme des Angeschuldigten zu ermöglichen. - Der Grundsatz der schriftl. Anklageerhebung wird durchbrochen im beschleunigten Verfahren und im Falle der Nachtragsanklage; hier kann die Anklage mündl. erhoben werden.
Im *östr.* und *schweizer. Recht* gilt Entsprechendes.

Anklam, Krst. im Bez. Neubrandenburg, am Unterlauf der Peene, 20 000 E. Theater; Nahrungsmittelind., Metall-, Holzverarbeitung. - Vor 1243 an einem Peeneübergang von dt. Siedlern angelegt; spätestens 1292 Lübecker Stadtrecht; trat vor 1283 der Hanse bei. - Got. Marienkirche (13.–15. Jh.), Steintor (um 1450).
A., Landkr. im Bez. Neubrandenburg, DDR.

Anklingung, das Anwachsen der Leuchtintensität von phosphoreszierenden Stoffen bis zum Maximum. Die Anklingzeit beträgt etwa 10^{-2} bis 10^{-3} Sekunden.

Ankohlen, alte Holzschutzmethode, bei der Holzpfähle durch teilweises Verbrennen der obersten Holzschicht gegen Pilzbefall und Fäulnis geschützt werden.

Ank<u>o</u>le, Hochland von, Großlandschaft in SW-Uganda, Bergland östl. des Zentralafrikan. Grabens, entspricht im wesentl. dem Gebiet des ehem. Königreichs Ankole. Ausgedehnte Grasfluren, Sümpfe in tieferen Lagen, wenig Wald; Rinderzucht.

Ankörnen, das Markieren zu bohrender Löcher oder bestimmter Punkte in metall. Werkstücken mit dem Körner.

Ankreis, Kreis, der eine Dreiecksseite von außen und die Verlängerung der beiden anderen von innen berührt. Der Mittelpunkt eines A. ergibt sich als Schnittpunkt der Winkelhalbierenden der entsprechenden Außenwinkel.

ankylo ... [griech.], Bestimmungswort mit der Bedeutung „krumm, gekrümmt".
Ankyl<u>o</u>se, svw. ↑Gelenkversteifung.
Ankylost<u>o</u>men [griech.], svw. ↑Hakenwürmer.
Ankylostomi<u>a</u>sis, svw. ↑Hakenwurmkrankheit.
Ank<u>y</u>ra, antike Stadt, ↑Ankara.

Anlage, Disposition, durch die der Endzustand einer noch in der Entwicklung befindl. Struktur vorherbestimmt wird. Ursprüngl. ein Begriff der Genetik, sind A. im weiteren Sinn auch die nicht erbl. determinierten, vielmehr intrauterin erworbenen Dispositionen. Die Frage, in welchem Ausmaß Verhaltensmerkmale im Sinne von ↑Traits durch A. und bis zu welchem Grad sie durch Umwelteinwirkungen determiniert sind, wird insbes. in der Entwicklungspsychologie diskutiert.
◆ svw. ↑Erbanlage.

Anlagekapital, der Teil des Kapitals eines Unternehmens oder einer Volkswirtschaft, der im Anlagevermögen gebunden ist.

Anlaßfarben

Farbenbezeichnung	Temperatur in Celsius etwa um
Weißgelb	200°
Strohgelb	220°
Goldgelb	230°
Gelbbraun	240°
Braunrot	250°
Rot	260°
Purpurrot	270°
Violett	280°
Dunkelblau	290°
Mittelblau	300°
Hellblau	320°
Blaugrau	340°
Grau	360°

Anlagen

Anlagen, die zur dauernden Nutzung im Unternehmen bestimmten Gegenstände des Anlagevermögens.
◆ bepflanzte und gepflegte Grünfläche; Park.

Anlagepapiere, Wertpapiere, die sich auf Grund geringfügig schwankender Kurse und sicheren Ertrags als Kapitalanlage eignen (z. B. festverzinsl. Wertpapiere).

Anlagerungsprozeß, eine durch Einschießen eines Protons (p) oder Neutrons (n) hervorgerufene Kernreaktion, bei der der entstehende angeregte Zwischenkern nicht durch Aussendung eines Teilchens, sondern eines Gammaquants (γ) in seinen Grundzustand übergeht; bei Anlagerung eines Neutrons, (n, γ)-Prozeß, ändert sich nur die Massenzahl um eins, während sich bei einem (p, γ)-Prozeß auch die Ordnungs- bzw. Kernladungszahl um eins ändert.

Anlagevermögen, nach §151 AktienG das am Abschlußstichtag zur dauernden Nutzung bestimmte Vermögen, das allgemein unterteilt wird in: 1. *Sach-A.* und *immaterielle Werte* (z. B. Grundstücke, Gebäude, Maschinen, Patente, Firmenwert); 2. *Finanz-A.* (z. B. Beteiligungen, langfristige Ausleihungen). Steuerl. wird nach abnutzbarem und nicht der Abnutzung unterliegendem A. unterschieden. Die Bewertung erfolgt zu den angemessene Abschreibungen verminderten Anschaffungskosten oder Herstellungskosten.

anlanden, Personen oder Güter von Schiffen an Land bringen (seemänn.).

Anlassen, allg. nach DIN das Erwärmen von Stahl nach vorausgegangenem Härten auf Temperatur unterhalb des Umwandlungspunktes A_1 des Eisen-Kohlenstoff-Diagramms. Dabei wird das Abschreckgefüge (nadeliger Martensit bzw. Hardenit) verändert, d. h. in Troostit bzw. Sorbit umgewandelt. Die beim Härten entstandenen Spannungen werden abgebaut, die Härte verringert und die Zähigkeit erhöht. Eine milde Form des A. ist das sog. *Auskochen* in Wasser- oder Ölbädern. Auch ein Erwärmen nach vorausgegangener Kaltverformung wird als A. bezeichnet. Dabei wird die Alterungsversprödung beschleunigt bzw. eine Rekristallisation angestrebt.

Anlasser, elektr. Schalter in der Funktion eines regelbaren Vorwiderstands zum stufenweisen Inbetriebsetzen von Gleichstrom- und Wechselstrommaschinen.
◆ (Starter) Durchdrehvorrichtung zum Anwerfen von Verbrennungsmotoren. Der elektr. A. ist von der Batterie gespeister Hauptstrommotor, dessen Drehmoment während des Anlassens durch ein Ritzel (*Antriebsritzel*) auf den am Schwungrad des Verbrennungsmotors befindl. Zahnkranz übertragen wird. Speziell der Hauptstrommotor liefert das zum Starten eines Verbrennungsmotors erforderl. hohe Anlauf[dreh]moment. Nach der Art der Ritzeleinspurung (ausgespurt wird fast immer durch Federkraft) unterscheidet man: *Schub-Schraubtrieb-A.*, *Schubanker-A.* und *Schubtrieb-A.* Der *Pendel-A.* (vielfach für einzylindr. Zweitaktmaschinen) ändert beim Auftreten einer entsprechenden Gegenkraft (bedingt durch die Kompression in der Nähe des oberen Totpunkts) so oft seine Drehrichtung, bis die pendelnd sich drehende Kurbelwelle mit ihrem Schwungrad diese Gegenkraft überwindet und der Motor anspringt. Für Sonderfälle (z. B. Bootsmotoren, Rasenmäher) verwendet man *Seilzugstarter*; das sich beim Ziehen von der Seiltrommel abspulende Seil versetzt die Kurbelwelle in Drehung. Bei Motorrädern werden häufig mechan. *Kickstarter* verwendet. Als A. für große Flugzeugtriebwerke dienen Luftturbinen mit Untersetzungsgetriebe (von der Flugzeughilfsturbine oder einem Bodenaggregat, in Kampfflugzeugen auch mit Hilfe einer Treibgaskartusche angetrieben) oder kleine Gasturbinen mit eigenem Kraftstoffsystem. - Abb. S. 11.

Anlaßfarben, am Stahl beim ↑Anlassen in bestimmter Reihenfolge als Interferenzfarben von Oxidschichten auftretende Verfärbungen, die Anhaltspunkte für die Erwärmungstemperatur geben. - Tabelle S. 11.

Anlaßwiderstand, elektr. Widerstand zur Verhinderung zu hoher Stromstärken beim Einschalten eines Elektromotors.

Anlaufdrehmoment, svw. ↑Anlaufmoment.

Anlaufen, Entstehen farbiger oder matter Oxidschichten auf metall. Oberflächen (↑Anlaßfarben).

Anlauffarbgläser, Gläser, die erst bei Erwärmung farbig werden durch Zusammenlagerung kolloidaler Teilchen, z. B. Gold.

Anlaufmoment (Anlaufdrehmoment, Anzugsmoment, Anzugsdrehmoment), das Drehmoment, das bei Antriebsmaschinen, insbes. bei Elektromotoren, unmittelbar nach dem Einschalten der Antriebswelle wirksam ist.

Anlaufstrom, der Anodenstrom, der in einer Elektronenröhre trotz einer der Kathode gegenüber negativ vorgespannten Anode fließt. Die kinet. Energie einiger der von der Glühkathode austretenden Elektronen ist groß genug, um trotz Gegenspannung die Anode zu erreichen. Die A.stärke I_a hängt von der Kathodentemperatur T, der Sättigungsstromstärke I_s der Kathode, der Gegenspannung U und der geometr. Anordnung der Elektroden ab.
◆ in der Starkstromtechnik der bei Einschalten eines Elektromotors auftretende elektr. Strom[stoß]. Die Stromstärke I_k des A. ist etwa 4- bis 8mal so groß wie die Stromstärke I_n des Nennstroms.

Anlaufzeit, bei Metalldampflampen (z. B. Natrium- und Quecksilberdampflampen) die Zeit, die vom ersten Zünden bis zur Abgabe des vollen Lichtstromes vergeht (beträgt einige Minuten).

Anlaut, Laut bzw. Buchstabe am Anfang einer Silbe, eines Wortes oder eines Satzes.

Anleihen, langfristige Schuldverschreibungen mit fester Verzinsung und bestimmter Stückelung. A. werden von Staaten (Staats-A.), Gemeinden (Kommunal-A. oder Kommunalobligationen), Hypothekenbanken (Pfandbriefe) und Industrieunternehmen (Industrieobligationen) ausgegeben (emittiert). Bei Renten-A. werden nur Zinsen gezahlt, es gibt keinen Zwang zur Tilgung; Tilgungs-A. werden nach einem festgelegten Tilgungsplan zurückgezahlt. A. sind normalerweise in Beträge von 100,– DM, 200,– DM oder/und 1 000,– DM gestückelt. Stücke mit Beträgen unter 100,– DM werden als **Baby-bonds** bezeichnet. A. können an der Börse gehandelt werden; ihr Kurs wird amtl. notiert. Der Ausgabekurs von A. liegt im allgemeinen unter pari, der Rückkauf erfolgt zum Nennwert, gelegentl. auch über pari.

Anlieger, Eigentümer oder Besitzer eines Grundstücks, das an eine öffentl. Straße bzw. einen Wasserlauf angrenzt. Zw. dem A. und dem öffentl. Grundstück bestehen wechselseitige Rechtsbeziehungen teils bürgerl.-rechtl., teils öffentl.-rechtl. Natur (sog. **Anliegerrecht**). Dem A. wird ein stärkerer Gebrauch des öffentl. Grundstücks zugestanden als jedem beliebigen Benutzer (sog. **Anliegergebrauch**). Andererseits können dem A. gewisse Pflichten, z. B. Räumen und Streuen der an sein Grundstück angrenzenden Gehwege, auferlegt werden.

Anliegerbeiträge, Beiträge, die die Gemeinden für Grunderwerb und Herstellung der öffentl. Straßen (**Erschließungsbeiträge,** §§ 127 ff. BundesbauG), der Anlagen zur Entwässerung und zur Versorgung mit Elektrizität, Gas, Wärme, Wasser u. ä. von den Eigentümern der anliegenden Grundstücke (Anlieger) verlangen können. Die Erschließungsbeiträge ruhen als öffentl. Last auf dem Grundstück, sie werden nicht im Grundbuch eingetragen. Rechtsgrundlage für die übrigen A. sind Gemeindesatzungen, die auf Grund von Landesrecht erlassen werden.

Anliegergebrauch ↑ Anlieger.

Anlösen, svw. ↑ Ätzen.

anluven, beim Segeln den Winkel zwischen Kurs und Windrichtung verkleinern. - Ggs. ↑ abfallen.

Anmeldung, 1. Mitteilung an Behörden über bestimmte Tatsachen (z. B. A. des Wohnungswechsels); 2. Geltendmachung eines Rechts (z. B. A. im Vergleichsverfahren).

Anmerkungen, Ergänzungen, Erläuterungen und Quellennachweise zu einem Text, von diesem teils als Fußnote, Marginalie oder als Anhang abgesetzt. A. sind in der wiss. Literatur und in wiss. Textausgaben die Regel.

anmoorige Böden ↑ Bodenkunde.

Anmusterung, Einstellung eines Besatzungsmitglieds oder einer diensttuenden Person an Bord eines Schiffes nach Abschluß eines Heuervertrags. Protokolliert in der **Musterrolle,** die dem Schiffer ausgehändigt wird, sowie im **Seefahrtsbuch,** das der Seemann vor Abschluß des Heuervertrags erhält.

Anmut, nach Schiller („Über Anmut und Würde") Ausdruck einer natürl. Geschlossenheit von Geist und Sinnlichkeit der „schönen Seele", in der die bloß architekton. Schönheit der Natur durch den Ausdruck „moral. Empfindungen" umgebildet wird. A. wird also bei Schiller nicht nur als ein ästhet., sondern auch als ein moral. Begriff aufgefaßt, womit Schiller in den Ggs. zu Kant gerät, für den A. in geradem Widerspruch steht mit dem Begriff der Pflicht (der Moral). Allenfalls hat eine befolgte Tugend „anmutige Folgen". H. v. Kleist hat die Dialektik von Natürlichkeit und Bewußtsein auf die Formel gebracht, daß A. (er spricht an dieser Stelle von Grazie) am reinsten in demjenigen Körperbau gegenwärtig sei, „der entweder gar keins, oder ein unendl. Bewußtsein hat, d. h. in dem Gliedermann, oder in dem Gott" („Über das Marionettentheater").

Anna, weibl. Vorname hebr. Ursprungs, eigtl. „Huld, Gnade"; frz. Form: Anne, engl. Form: Ann.

Anna, nach der altchristl. Legende (Protevangelium des Jakobus, um 150), nicht nach dem N. T., Name der Mutter Marias (der Mutter Jesu) und Frau des ↑ Joachim; in den Ostkirchen und in der kath. Kirche als Heilige verehrt (Patronin der Ehe, Mütter, Witwen, Armen; auch der Bergleute, Schiffer und Kaufleute). Fest: 26. Juli.

Anna, Name von Herrscherinnen: England/Großbritannien:

A. Boleyn [engl. ˈbʊlɪn], * 1507 (?), † London 19. Mai 1536, Königin. - Ab 1525 Geliebte, ab 1533 2. Gemahlin Heinrichs VIII., Mutter der späteren Königin Elisabeth I.; wegen angebl. Ehebruchs 1536 verurteilt und enthauptet.

A. von Kleve, * 22. Sept. 1515, † Chelsea (= London) 28. Juli 1557, Königin. - Anfang 1540 4. Gemahlin Heinrichs VIII. (Heirat v. a. aus polit. Gründen), von diesem jedoch wegen ihrer Reizlosigkeit und mangelnden Bildung schon nach einem halben Jahr wieder geschieden.

A. Stuart [engl. stjʊət], * London 6. Febr. 1665, † Kensington (= London) 1. Aug. 1714, Königin (seit 1702). - Tochter Jakobs II., ∞ mit Prinz Georg von Dänemark; führte ihre Herrschaft ohne Berücksichtigung der zugunsten des Parlaments verschobenen Souveränitätsverhältnisses; verwandelte 1707 die Personalunion England-Schottland in eine Realunion („Großbritannien"), stürzte 1711 Marlborough und bahnte, polit. den Tories zuneigend und starr hochkirchl. gesinnt, einer bis

Anna

1714 währenden Toryherrschaft mit dem Ziel stuart.-jakobit. Thronfolge den Weg.
Frankreich:
A. von Beaujeu [frz. bo'ʒø], * 1461, † Chantelle (Allier) 14. Nov. 1522, Regentin. - Tochter Ludwigs XI., seit 1474 ∞ mit Peter von Beaujeu, dem späteren Herzog von Bourbon; führte ab 1483 mit ihrem Gemahl für ihren minderjährigen Bruder Karl VIII. bis 1491 die Regentschaft.
A. von Bretagne [brə'taɲ], * Nantes 26. Jan. 1477, † Blois 9. Jan. 1514, Königin. - Erbin der Bretagne; mußte auf den Ehevertrag mit König Maximilian I. (1489) verzichten; ab 1491 ∞ mit dem frz. König Karl VIII., ab 1499 mit Karls Nachfolger Ludwig XII. Sie war der geistige Mittelpunkt des frz. Hofes.
A. von Österreich, * Valladolid 22. Sept. 1601, † Paris 20. Jan. 1666, Königin. - Älteste Tochter Philipps III. von Spanien; ab 1615 ∞ mit Ludwig XIII. von Frankr.; in Frankr. unbeliebt; ermöglichte während der Regentschaft für ihren unmündigen Sohn Ludwig XIV. (bis 1651) als Stütze Mazarins gegen die Fronde die Kontinuität der frz. Politik.
Polen:
A. (poln. A. Jagiellonka), * 18. Okt. 1523, † 9. Sept. 1596, Königin. - Tochter Sigismunds I.; von der Schlachta 1575 zur Herrschrin ausgerufen; 1576 ∞ mit dem neuen Wahlkönig Stephan IV. Báthory und gekrönt.
Rußland:
A. Iwanowna [russ. i'vanɐvnɐ], * Moskau 7. Febr. 1693, † ebd. 28. Okt. 1740, Zarin und Kaiserin. - 1730 unter Verzicht auf die absolute Zarengewalt vom Adel auf den Thron erhoben, stellte jedoch nach Regierungsantritt sofort die Autokratie wieder her; betrieb eine erfolgreiche russ. Machtpolitik gegenüber Polen und der Türkei; regierte weitgehend durch ihren Günstling Biron, den sie 1740 zum Regenten für den von ihr bestimmten Nachfolger Iwan VI. einsetzte.
A. Leopoldowna [russ. lɪa'pɔljdɐvnɐ], eigtl. Elisabeth Katharina Christine, * Rostock 18. Dez. 1718, † Cholmogory bei Archangelsk 18. März 1746, Regentin. - Prinzessin von Mecklenburg-Schwerin, Nichte der Zarin A. Iwanowna; in Rußland erzogen, 1739 ∞ mit dem Prinzen Anton Ulrich von Braunschweig-Wolfenbüttel; führte ab Nov. 1740 an Stelle Birons nominell die Regentschaft mit dem Titel „Großfürstin" für ihren Sohn Iwan VI. bis zur Absetzung und Verbannung beider als Folge des Staatsstreiches der neuen Zarin Elisabeth Petrowna 1741.
Sachsen-Weimar-Eisenach:
A. Amalia (Amalie), * Wolfenbüttel 24. Okt. 1739, † Weimar 10. April 1807, Herzogin. - Führte 1758-75 die Regentschaft für ihren Sohn Karl August; berief Wieland als Prinzenerzieher und hatte als Begründerin des Weimarer „Musenhofes" entscheidenden Anteil am Aufstieg Weimars zum dt. Kulturmittelpunkt; komponierte u. a. die Musik zu Goethes „Erwin und Elmire" (1776).

Anna [Hindi], Rechnungseinheit des alten Rupiengeldsystems in Vorderindien; früher Kupfermünze mit Wappen der brit. Ostind. Kompanie, seit 1908 Nickellegierung mit gewelltem Rand.

Annaba, alger. Hafenstadt, 348 000 E. Waggonfabrik, Düngemittelfabrik, therm. Kraftwerk; bed. Hafen; Eisenbahnen ins Hinterland, ✈, Badestrände. Im 10 km südl. gelegenen *El-Hadjar* befindet sich ein Hüttenwerk, 20 km westl., in *Aïn Barbar* Abbau von Kupfererz. - Im 12. Jh. v. Chr. von Phönikern gegr.; später **Hippo Regius** genannt, bis zum Ende der Pun. Kriege Hauptstadt Numidiens; dann unter röm. Schutz selbständig; 431 von den Vandalen zerstört, 533 byzantin.; Ende des 7. Jh. endgültig durch die Araber zerstört. Die arab. Nachfolgestadt **Buna Haditha** (2 km nö.) wurde Seeräuberschlupfwinkel; 1535 span., 1540 osman., 1832 als **Bône** frz.

Annaberg, Landkr. im Bez. Karl-Marx-Stadt, DDR.

A., höchste Erhebung Oberschlesiens, Polen▼, eine 385 m ü. d. M.; auf dem Gipfel Franziskanerkloster (1655 gegr.; Wallfahrtsort).

Annaberg-Buchholz, Krst. im Bez. Karl-Marx-Stadt, DDR, im oberen Erzgebirge, 26 000 E. Verwaltungssitz des Landkr. Annaberg; Erzgebirgsmuseum (1887 gegr.). - Im Zusammenhang mit dem Silberbergbau 1496 gegr., wurde Annaberg 1945 mit Buchholz, einer 1501 erstmals genannten Bergbaustadt, vereinigt. - Spätgot. Stadtkirche (1499-1519).

Annäherungsschalter, elektr. Schalter, der z. B. beim Näherkommen von Personen oder Entfernen von Gegenständen durch die dadurch verursachte Änderung elektr. oder magnet. Felder Schaltvorgänge einleitet.

Annahme, *philosoph.* Fachausdruck, der v. a. von G. ↑Frege und A. ↑Meinong geprägt wurde. A. ist das Setzen eines Falles, ohne gleich über sein Eintreten bzw. seine Wahrheit oder Falschheit dieser Aussage zu urteilen.
♦ im *Zivilrecht:* 1. das Einverstandensein mit dem Angebot (Antrag) eines anderen; Voraussetzung zur Entstehung eines Vertrages (§ 151 Satz 1 BGB). Die A. erfolgt grundsätzl. durch einseitige, empfangsbedürftige Willenserklärung gegenüber dem Antragenden; 2. Entgegennahme einer [meist von einem anderen geschuldeten] Leistung (↑Annahme an Erfüllungs Statt); 3. Begründung (Herbeiführung) einer Leistungspflicht, z. B. bei A. des Wechsels; 4. Begründung sonstiger Rechtsverhältnisse, z. B. bei A. als Kind.

Annahme als Kind (Adoption), die Begründung eines Eltern-Kind-Verhältnisses ohne Rücksicht auf die biolog. Abstammung. Die Annahme eines minderjährigen Kindes erfordert dessen Einwilligung sowie diejenige seiner Eltern bzw. seines gesetzl. Vertreters und erfolgt auf Antrag des Annehmenden durch Beschluß des Vormundschaftsgerichtes. Der Annehmende muß nicht (mehr) kinderlos sein, muß jedoch i. d. R. das 25. Lebensjahr vollendet haben, das Kind muß mindestens 8 Wochen alt sein. Das angenommene Kind hat die rechtl. (z. B. erbrechtl.) Stellung eines ehel. Kindes, erhält also den Familiennamen des (der) Annehmenden und tritt in uneingeschränkte rechtl. Beziehungen zu dessen (deren) Verwandten. Die Annahme als Kind kann nur unter bestimmten, sehr engen Voraussetzungen rückgängig gemacht werden. In beschränktem Umfang ist auch die Annahme eines Volljährigen zugelassen. Zur Vermittlung der Adoption sind nach dem Adoptionsvermittlungsgesetz von 1976 nur bestimmte Organisationen (z. B. das Jugendamt und der Caritasverband) zugelassen.

Annahme an Erfüllungs Statt, Entgegennahme einer an sich nicht geschuldeten Leistung als Erfüllung eines auf eine andere Leistung gerichteten Anspruchs (§ 364 Abs. 1 BGB; z. B. Annahme eines anderen als des gekauften Kraftfahrzeugs).

Annahme der Erbschaft, im Erbrecht die ausdrückl. oder stillschweigende Erklärung, [Erbe sein und] die Erbschaft entgegennehmen zu wollen. Sie braucht keiner bestimmten Person gegenüber abgegeben zu werden (wenn sie auch meist gegenüber dem Nachlaßgericht erfolgt) und ist an keine Frist gebunden.

Annahme unter Vorbehalt, im Zivilrecht die Entgegennahme einer Kaufsache als die zwar im wesentl. richtige Erfüllung des Kaufvertrags, jedoch unter der Einschränkung, wegen offenkundiger Mängel der Sache Gewährleistungsansprüche geltend machen zu können.

Annahmeverzug, die rechtl. Position, in die ein Gläubiger gerät, wenn er vom Schuldner tatsächl. (nicht nur wörtl.) angebotene Leistung nicht annimmt bzw. bei Zug-um-Zug-Leistungen zur Gegenleistung nicht bereit ist. Der Schuldner haftet bei A. nur noch für Vorsatz und grobe Fahrlässigkeit.

Annahmezwang, Verpflichtung des Gläubigers, eine ihm angebotene Leistung anzunehmen. A. besteht insbes. bezügl. rechtl. anerkannter Zahlungsmittel, wie der DM in der BR Deutschland. Nach § 3 des Gesetzes über die Ausprägung von Scheidemünzen vom 8. 7. 1950 ist - abgesehen von Bundes-, Landes- und Postkassen - niemand verpflichtet, auf DM lautende Münzen im Betrag von mehr als 20,- DM und auf Pfennig lautende Münzen im Betrag von mehr als 5,- DM in Zahlung zu nehmen.

Anna Hyde [engl. haɪd] ↑ Hyde, Anna.

Annalen [lat.; zu annus „Jahr"], Aufzeichnungen geschichtl. Ereignisse nach Jahren geordnet. A. gab es im Altertum bei den Ägyptern, Assyrern, Hethitern, Juden, Chinesen, Griechen *(Horoi)* und bei den Römern *(Annales),* bei denen man drei Epochen der Annalistik unterscheidet: die ältere (etwa 200–155), mittlere (etwa 155–100), jüngere Annalistik (etwa 80 bis um Christi Geburt). Bed. Vertreter u. a. Titus ↑ Livius, in der Spätzeit ↑ Tacitus. Die A. des MA, wenig von der literar. Tradition und dem Vorbild antiker Vorläufer bestimmt, dienten zunächst als Aufzeichnungen für den Eigengebrauch von Klöstern und Domstiften, meist anonym, ohne Titel und Vorwort durch Generationen geführt. Später entwickelten sich die A. zu einer literar. anspruchslosen Gattung ma. Geschichtsschreibung, z. T. offiziös. Im 11. und 12. Jh. tritt die Darstellung der Zeitgeschichte sehr stark in den Vordergrund. Seit der 2. Hälfte des 11. Jh. verschmelzen A., Chronik und Historie; gleiches gilt auch für die A. in der Zeit des Humanismus.

📖 Grundmann, H.: *Geschichtsschreibung im MA.* Gött. ³1978.

Annalin (Brillantweiß), feingebrannter Gips, $CaSO_4$; Füllstoff bei der Papierherstellung, Farbstreckmittel.

Annalisten [lat.], Verfasser von Annalen.

Annalistik [lat.], Geschichtsschreibung in Form von ↑ Annalen.

Annam, Landschaft an der O-Küste Hinterindiens, zw. dem Delta des Roten Flusses und dem Mekongdelta, besteht aus schmalen Küstenebenen und Gebirgsland. - Das annamit. Reich wurde 968 im zuvor ab 111 meist chin. beherrschten Tonkin gegr., 1413–28 erneut von China unterworfen. Die Einheit des Reiches, im 18. Jh. durch Aufstände bedroht, konnte erst 1801 gesichert werden. Ende 13. Jh. kamen die Brüder Polo auf dem Landweg als erste Europäer nach A., zu Schiff im 16. Jh. die Portugiesen. Frankr. weitete seinen polit. und wirtsch. Einfluß immer mehr aus, eroberte schließl. 1883/84 A. und machte es zum Protektorat. A. wurde mit Tonkin (1945) und Kotschinchina (1949) zum neuen Staat Vietnam zusammengeschlossen. Der letzte Kaiser (1932–45) von A., Bao Dai, war 1949–55 Staatschef von Vietnam.

Annam, Küstenkette von, Gebirgszug in Hinterindien, erstreckt sich parallel zur O-Küste, etwa 900 km lang, im S bis 2 598 m hoch. Steiler O-Abfall mit trop. Regenwald, Sporne umschließen schmale Küstenebenen; der sich in Stufen abdachende W-Abfall trägt Monsunwälder. Über das Gebirge führt die Straße Quang-Tri (Vietnam) – Savannakhet (Laos).

Annamiten ↑ Vietnamesen.

Annamitisch ↑ Vietnamesisch.

Annapolis [engl. əˈnæpəlɪs], Hauptstadt des Bundesstaates Maryland, USA, 50 km onö. von Washington, 31 700 E. Marineakad. (gegr. 1845), Saint John's College (gegr. 1669), histor. Museum. - Gegr. 1649 durch Pu-

ANNA-Programm

ritaner; Hauptstadt seit 1695; 1783/84 Versammlungsort für den amerikan. Kongreß, 1786 Tagungsort der A. Convention. - State House (1772–79; zweigeschossiger Ziegelbau mit hölzerner Mittelkuppel).

ANNA-Programm [engl. 'ænə], Bez. für das Geodäsie-Satelliten-Gemeinschaftsprogramm der US-Army, der US-Navy, der NASA und der US-Airforce zur genaueren Bestimmung der Gestalt [und des Schwerefeldes] der Erde sowie der Entfernungen zw. weit auseinanderliegenden Erdorten durch opt. Vermessung (Triangulation) von Lichtblitzen, die der 1962 gestartete „Blinkfeuersatellit" ANNA 1 B aussandte. Durch das A.-P. wurden z. B. Kartographieverbesserungen, präzise Schiffs- und Fluglinien- und bes. Flugbahnbestimmungen von Interkontinentalraketen ermöglicht. Wichtig sind auch die durch Analyse der Bahnstörungen gewonnenen genauen Daten über die Abplattung der Erde an den Polen und die Feststellung der „Birnenform der Erde".

Annapurna, Gebirgsmassiv im Himalaja, Z-Nepal, erreicht im *A. I* (im W) 8 091 m und im *A. II* (im O) 7 937 m; Erstbesteigung 1950 (frz. Expedition).

Ann Arbor [engl. 'æn 'ɑ:bə], Stadt in SO-Michigan, USA, 60 km westl. von Detroit, 108 000 E. Univ. (gegr. 1817); Museen; Handelszentrum eines Agrargebiets; Metallind., ⚔. - Entstand um 1823.

Anna selbdritt, Darstellung der Mutter Anna mit Maria und dem Jesuskind als Dreiergruppe. Sie entstand im 14. Jh. in Zusammenhang mit der wachsenden Anna-Verehrung des Spät-MA und war auch in Renaissance- und Barockzeit sehr verbreitet.

Annattostrauch [indian./dt.], svw. ↑ Orleanbaum.

Annecy [frz. an'si], Stadt in den frz. Voralpen, am Lac d'Annecy, 450 m ü.d.M., 52 000 E. Verwaltungssitz des Dep. Haute-Savoie; Bischofssitz; Steinmuseum; Fremdenverkehrszentrum, Herstellung von Kugellagern, Radio- und Fernsehapparaten, Rasierklingen; Glockengießerei. - Als *Aniciacus* von den Burgundern gegr.; ab 1034 Residenz der Grafen von Genf; 1367 Stadtrecht; ab 1401 savoyisch; 1535–1789 Residenz der Bischöfe von Genf; 1822 Bistum. 1792/96–1815, endgültig seit 1861 frz. - Kathedrale (16. Jh.), ehem. bischöfl. Palais (18. Jh.); über der Stadt Schloß Menthon (12.–16. Jh.); Arkadenhäuser.

Annecy, Lac d' [frz. lakdan'si], glazial geformter See in den frz. Voralpen, 446 m ü. d. M., 14 km lang, bis 3,3 km breit, bis 81 m tief; Reste prähistor. Pfahlbauten.

annektieren [lat.-frz.], sich etwas [gewaltsam] aneignen (meist Gebietsteile; ↑ Annexion).

Annette, im 17./18. Jh. aus dem Frz. übernommener weibl. Vorname, Verkleinerungsform von frz. Anne.

Annex [lat.], Anhängsel, Zubehör, Beilage, Anbau.

Annexion [lat.-frz.], im Völkerrecht der durch einen Staat erfolgende gewaltsame Erwerb eines Gebietes, das zuvor anderer Staatsgewalt unterstand. Eine A. kann durch einseitige Erklärung nach Eroberung eines fremden Staatsgebietes und endgültiger Brechung des gegner. Widerstandes erfolgen oder auf Grund eines unter Zwang geschlossenen Vertrages.

Annexionismus [lat.-frz.], Bez. für Bestrebungen, die die gewaltsame Aneignung fremden Staatsgebietes ohne Rücksicht auf das Selbstbestimmungsrecht der von der Annexion betroffenen Bev. zum Ziel hat.

Annexionskrise (1908) ↑ Bosnien und Herzegowina.

An Nho'n, Stadt in Vietnam, ↑ Binh Đinh.

anni currentis [lat.], Abk. a. c., laufenden Jahres.

Annidation [lat.], Vorgang im Verlauf der Evolution, der selektionsbenachteiligten neu entstandenen Formen (Mutanten) durch das Besiedeln einer konkurrenzfreien, geschützten ökolog. Nische ein Überleben gestattet.

Anna selbdritt. Gemälde von Leonardo da Vinci (1501–07). Paris, Louvre

anni futuri [lat.], Abk. a. f., künftigen Jahres.

Annihilation [lat.], veraltet für: Vernichtung, Zunichtemachung, Ungültigkeitserklärung; in der Elementarteilchenphysik noch übl. Bez. für Paarvernichtung.

anni praesentis [lat.], Abk. a. pr., laufenden Jahres.

anni praeteriti [lat.], Abk. a. p., vorigen Jahres.

anno (Anno) [lat. „im Jahre"], Jahresbez. des lat. Kulturkreises und der lat. beeinflußten Kulturkreise, z. B.: **anno urbis [conditae], anno post Romam conditam** (auch: ab urbe condita, Abk. a. u. [c.]): „im Jahre nach der (sagenhaften) Gründung Roms", 753 v. Chr. - **anno consulatus N. N.:** „im Jahre des Konsulats von N. N." - **Anno (anno) Domini [Jesu Christi]**, Abk. A. D.: „im Jahre des Herrn" (n. Chr.); **anno salutis:** „im Jahre des Heils" (n. Chr.); **anno incarnationis** (Abk. a. inc.): „im Jahre der Menschwerdung" (n. Chr.); **anno post Christum natum** (Abk. a. p. Chr.): „im Jahre nach Christi Geburt" (n. Chr.); entsprechend zurückgezählt **anno ante Christum natum** (Abk. a. a. Chr.): „vor Christi Geburt" (v. Chr.). - **anno jubil[a]ei:** „im Jubeljahr" (oft verwechselt mit Jobeljahr) oder „im Heiligen Jahr", seit 1300 in der kath. Kirche gefeierte Gedächtnisjahre mit Romfahrten und Ablässen. - **anno mundi, anno orbis conditi** (auch: ab origine mundi): „im Jahre nach der Erschaffung der Welt" (wobei unterschiedl. Berechnungen zugrunde liegen können). - ↑ auch Zeitrechnung.

Anno, alter dt. männl. Vorname, Kurzform von ↑Arnold.

Anno II., hl., * um 1010, † Siegburg 4. Dez. 1075, Erzbischof von Köln (seit 1056). - Ab 1056 wird Kaiserin Agnes Vormund Heinrichs IV., dessen er sich 1062 in Kaiserswerth bemächtigte, um die Reichsregierung allein zu führen, mußte diese aber 1063 an Adalbert von Bremen abgeben. Wegen seiner willkürl. Herrschaft 1074 aus der Stadt Köln vertrieben nach Siegburg, wo bald seine Verehrung begann und die Niederschrift einer Vita erfolgte (Grundlage des „Annoliedes").

Annobón [span. anoˈβɔn] ↑Pagalu.

Anno Hegirae ↑Zeitrechnung.

Annolied, Legende in Reimpaaren (878 Verse) zu Ehren Annos II., wahrscheinl. zw. 1080 und 1085, vermutl. von einem Kölner Geistlichen oder einem Mönch aus dem Kloster Siegburg, verfaßt; nach einleitender „Weltgeschichte" eine Heiligenvita.

Annona [lat.], im Röm. Reich der Jahresertrag an Feldfrüchten, auch der Vorrat (bes. an Getreide); auf röm. und kaiserzeitl. griech. Münzen als Personifikation mit Ähren, Kornscheffel, Fruchtkorb und/oder Füllhorn.

Annonaceae [indian.], svw. ↑Annonengewächse.

Annonay [frz. anɔˈnɛ], frz. Stadt im östl. Zentralmassiv, Dep. Ardèche, 20 000 E. Marktstadt im mittleren Cancetal; Papierind. (seit 17. Jh.), Textilind., Bau von Autokarosserien und Maschinen. - In den Religionskriegen war A. stark umkämpft. 1783 stieg hier die erste Montgolfiere auf.

Annonce [aˈnõːsə; frz.; zu lat. annuntiare „ankündigen"], svw. ↑Anzeige; **Annoncenexpedition,** Anzeigenvermittlung; **annoncieren,** eine Anzeige aufgeben, ankündigen.

Annone (Annona) [indian.], Gatt. der Annonengewächse mit etwa 120 Arten in den Tropen Amerikas und Afrikas; Bäume oder Sträucher mit meist ledrigen Blättern und großen, dicken, fleischigen Blüten; die aus beerenartigen Einzelfrüchtchen zusammengesetzten Sammelfrüchte werden gegessen; u. a. ↑Chirimoya, ↑Zimtapfel, ↑Netzannone, ↑Stachelannone.
◆ häufig svw. ↑Zimtapfel.

Annonengewächse (Flaschenbaumgewächse, Annonaceae), Pflanzenfam. der Zweikeimblättrigen mit über 2 000 Arten, v. a. in trop. Regenwäldern; Bäume, Sträucher oder Lianen mit meist ungeteilten, wechselständigen Blättern, häufig ansehnl., angenehm duftenden Zwitterblüten und Balg- oder Beerenfrüchten, die oft zu Sammelfrüchten verwachsen; zahlr. Arten als Obst, Gewürze oder Öl liefernde Pflanzen wirtschaftl. wichtig, z. B. ↑Annone, ↑Ylang-Ylang-Baum, ↑Guineapfeffer.

Annotation [lat.], veraltet für: Aufzeichnung, Anmerkung, Vermerk.

Annuarium [lat.], Kalender, Jahrbuch.

annuell [lat.-frz.], veraltet für: [all]jährlich.
◆ einjährig (von Kräutern, deren Vegetationszeit ein Jahr beträgt und die dann absterーー

Annecy. Am Canal du Thiou

Annuität

ben; ↑Sommerannuelle, ↑Winterannuelle).
Annuität [lat.], Summe aus der jährl. Tilgungsquote und dem Jahreszins. Zu unterscheiden sind *gleichbleibende A.* (die jährl. Tilgungsquote steigt, da der Jahreszins auf die Restschuld sinkt), *fallende A.* (die Tilgungsquote bleibt konstant bei sinkendem Jahreszins), *steigende A.* (die Tilgungsquote nimmt noch stärker zu als im Falle gleichbleibender A.).

Annulene [lat.], makrocycl. ↑Polyene mit aromat. Charakter.

annullieren [lat.], für ungültig erklären.

Annuntiationsstil [lat.], ma. und frühneuzeitl. Zeitbestimmung mit dem Jahresanfang am 25. März (Fest Mariä Verkündigung, lat. Annuntiatio Mariae) *vor* (calculus Pisanus) oder *nach* (calculus Florentinus, mos Anglicanus) unserem Jahresanfang.

Annunziata, aus dem Italien. übernommener weibl. Vorname, eigtl. „die Angekündigte", von dem Fest Mariä Verkündigung (lat. Annuntiatio Mariae).

Annunzio, Gabriele D' ↑D'Annunzio, Gabriele.

annus [lat. „Jahr"], annus civilis: bürgerl. Jahr; annus communis: Gemeinjahr; annus confusionis: Jahr der Verwirrung (46 v. Chr., in das Cäsar bei Einführung des Julian. Kalenders zwei Monate einschaltete); annus decretorius: Normaljahr; **annus gratiae:** Gnadenjahr; **annus intercalaris:** Schaltjahr; annus normalis: Normaljahr.

Annweiler am Trifels, Stadt im Dahner Felsenland, im Tal der Queich, Rhld.-Pf., 6 700 E. Vielseitige Kleinind.; heilklimat. Kurort; Fremdenverkehr. - 1086 erstmals genannt; um 1117 stauf.; 1219 Stadtrecht (Reichsstadt) und Münzrecht, 1330 an Kurpfalz verpfändet, 1792–1814 frz., 1816 bayr., 1946 zu Rheinland-Pfalz. - Oberhalb der Stadt die Burg ↑Trifels.

Anoa [indones.] (Gemsbüffel, Bubalus depressicornis), mit 60–100 cm Schulterhöhe und 1,6 m Körperlänge kleinstes heute noch lebendes Wildrind in sumpfigen Wäldern und Dickichten von Celebes; Körper schwärzlichbraun mit mittellangen, fast antilopenhaft schlanken Beinen und zieml. kurzen, gerade nach hinten gerichteten Hörnern.

Anode [griech.], positive Elektrode (Pluspol) in Entladungsröhren, elektrolyt. Systemen und Elektronenröhren.

Anodenbatterie, Batterie von Trokkenelementen zur Versorgung von Röhrenempfängern und -verstärkern mit Anoden-(Gleich-)Spannung; übl. Spannungen 22,5 V, 45 V, 90 V.

Anodenfall, kurzer, starker Spannungsabfall vor der Anode einer Gasentladungsröhre; er entsteht durch negative Raumladungen, die die auf die Anode zufliegenden Elektronen vor der Anode bilden.

Anodengebiet, charakterist. Hauptteil einer Gasentladungsstrecke (↑Gasentladung) mit Anodenfall und anodischem Glimmlicht.

Anodengleichrichtung, Form der Gleichrichtung mit ein- oder mehrgittrigen Elektronenröhren; sie beruht auf der ↑Aussteuerung des Anodenstroms (Stromstärke I_a) durch die Gitterwechselspannung U_g im unteren, fast parabelförmig verlaufenden Teil der I_a-U_g-Kennlinie, wobei die Wechselspannung anodenseitig kurzgeschlossen wird. Die A. wird zur ↑Demodulation amplitudenmodulierter Hochfrequenz verwendet.

Anodenkreis, Gesamtheit der Schaltelemente, die vom Anoden[gleich]strom einer Elektronenröhre durchflossen werden.

Anodenmodulation, Art der ↑Amplitudenmodulation, bei der das niederfrequente Moduliersignal der Anodengleichspannung der Senderöhre, an deren Steuergitter der Hochfrequenzträger liegt, überlagert wird.

Anodenrückwirkung, Beeinflussung der Wirkung der Steuerspannung einer Elektronenröhre durch die Anodenwechselspannung.

Anodenschlamm, schlammiger Rückstand von der Auflösung der Anode im Verlauf der Elektrolyse bei Raffination von Metallen; enthält bes. Edelmetalle wie Silber, Gold und Platin.

Anodenspannung, elektr. Spannung zw. Kathode und Anode einer Elektronenröhre.

Anodenstrahlen, Strahlen positiver Ionen, die von einer geheizten und mit Alkali- oder Erdalkalisalzen präparierten Anode ausgehen.

Anodenstrom, der von der Kathode zur Anode fließende Elektronenstrom.

anodische Oxidation, die an der Anode bei der ↑Elektrolyse geeigneter Lösungen auftretende Oxidation des Anodenmaterials; dient zur Herstellung von Schutzschichten auf Metallen, z. B. ↑Eloxalverfahren.

anodisches Glimmlicht, Leuchterscheinung im Anodengebiet bei einer ↑Gasentladung.

anodisches Polieren ↑Elektropolieren.

Anodonta [griech.], Gatt. der Muscheln mit der ↑Teichmuschel (in M-Europa).

Anoia [griech.] ↑Demenz.

Anökumene, die unbewohnte Welt (Polargebiete, Ödland u. a.).

Anolis [indian.], Gatt. bis 15 cm körperlanger (mit Schwanz bis 45 cm messender) Leguane in Amerika; leben auf Bäumen und Sträuchern; gute Kletterer mit hakenbewehrten Haftpolstern an Fingern und Zehen.

Anomalie [griech.], Regelwidrigkeit; Abweichung vom Normalen; **anomal,** regelwidrig, unregelmäßig.

◆ in der *Biologie* Mißbildung geringen Umfangs in bezug auf äußere und innere Merkmale.

◆ (A. des Wassers) Bez. für das im Vergleich mit den meisten anderen Stoffen abweichende Verhalten des Wassers bei Temperaturänderungen. Erwärmt man Wasser von 0°C, so erfolgt nicht wie zu erwarten eine Volumenzunahme, sondern zunächst einmal eine Volumenabnahme und zwar bis zu einer Temperatur von +4°C. Erst beim weiteren Erwärmen zeigt sich dann die erwartete Volumenzunahme mit wachsender Temperatur. Das Wasser hat somit bei +4°C seine größte Dichte.
◆ in der *Geophysik:* 1. svw. ↑Schwereanomalie; 2. svw. ↑magnetische Anomalie.
◆ in der *Kristallphysik:* Abweichung vom regelmäßigen Kristallbau und die dadurch bedingten „anomalen" physikal. Eigenschaften (Kristall-A.).

Anomaloskop [griech.], Gerät zur Erkennung der häufigsten Formen (Rot- bzw. Grünschwäche) der Farbenfehlsichtigkeiten.

Anomie [zu griech. anomía „Gesetzlosigkeit"], Bez. für den Zustand mangelhafter gesellschaftl. Integration in einem sozialen Gebilde: Die Stabilität der sozialen Beziehungen ist gestört, die institutionalisierten Normen haben ihre das Verhalten der Individuen bestimmende Funktion verloren. A. äußert sich in sozialen Konflikten, ökonom. Krisen und einer Zunahme abweichenden Verhaltens der Individuen (Selbstmord, Verbrechen u. a.); bes. von É. Durkheim untersucht.

anonym [griech.], namenlos, ungenannt; a. sind Werke (**Anonyma**), deren Verfasser unbekannt ist (**Anonymus**). Die Formen der Anonymität reichen vom Fehlen jegl. Verfassernachweises (z. B. „Nibelungenlied", Volkslieder, Märchen) über falsche Zuschreibungen durch Spätere (z. B. pseudoaugustin. Schriften) bis hin zur bewußten Wahl eines ↑Pseudonyms.

Anonyme Alkoholiker (Abk. A. A.), von ehemaligen Alkoholabhängigen 1935 in den USA gegründete, heute weltweit verbreitete bedeutendste Selbsthilfeorganisation von Alkoholkranken. Aufgenommen wird nur, wer seine Abhängigkeit eingesteht; der einzelne jedoch bleibt anonym.

anonymes Christentum, v. a. in der kath. Theologie entwickelter Begriff zur Charakterisierung von Verhaltensweisen, Anschauungen und Glaubensaussagen, die, obwohl in nichtchristl. Religionen oder im außerreligiösen Bereich vertreten, von Anhängern des Christentums als christl. angesehen werden.

Anopheles [griech.], svw. ↑Malariamücken.

anopisthographisch [an-o...; griech.], nicht rückseitig beschrieben (von Papyrushandschriften) oder bedruckt.

Anoplura [griech.], svw. Echte Läuse (↑Läuse).

Anorak [eskimoisch], urspr. Kajakjacke der Eskimo; sportl. Jacke mit angearbeiteter Kapuze, windfest (aus Kunstfasern, oft mit wärmedämmender Einlage gearbeitet).

Anordnung, im allg. Sprachgebrauch Befehl, Weisung, Auftrag; im jurist. Sinn eine Verfügung oder ein Beschluß, insbes. eines Gerichts oder einer Verwaltungsbehörde im Einzelfall.
◆ ↑angeordneter Körper.

Anorexie [an-o...; griech.], svw. Appetitlosigkeit.

anorexigene Mittel [an-o...; griech./dt.], svw. ↑Appetitzügler.

anorganisch, zum unbelebten Bereich der Natur gehörend, ihn betreffend; ohne Mitwirkung von Lebewesen entstanden.
◆ nicht nach bestimmten [natürl.] Gesetzmäßigkeiten erfolgend; ungeordnet, ungegliedert.

anorganische Chemie ↑Chemie.

anormal, regelwidrig, ungewöhnl., krankhaft.

Anorthit [griech.] ↑Feldspäte.

Anorthoklas ↑Feldspäte.

Anosmie [an-ɔs...; griech.], Ausfall des Geruchssinns.

Anosognosie (Nosoagnosie) [griech.], Unfähigkeit eines Kranken, Funktionsausfälle an der eigenen Person wahrzunehmen.

Anostraca [griech.], svw. ↑Kiemenfußkrebse.

A-Note, Bewertung der Kürübung im Eiskunstlauf, Rollkunstlauf und Eistanz; berücksichtigt werden Schwierigkeit, Mannigfaltigkeit, Reinheit und Sicherheit des Laufes.

Jean Anouilh

Anouilh, Jean [frz. a'nuj], * Bordeaux 23. Juni 1910, frz. Dramatiker. - Die Stärke seiner Dramen bilden der scharfsinnige psycholog. Aufbau und der geistreiche, iron. Dialog. A. unterhält seine Zuschauer mit Geschick mit ernsten und heiteren Stücken, greift wie Giraudoux gern antike Themen auf und zeigt pessimist. die gesellschaftl. Kräfte in ihrem bloß zerstörer. Charakter.
Werke: Der Reisende ohne Gepäck (1937), Leocadia (1939), Eurydike (1942), Ball der

Diebe (1942), Antigone (1943), Romeo und Jeannette (1946), Medea (1946), Einladung ins Schloß (1948), Colombe (1952), Jeanne oder die Lerche (1953), Der Walzer der Toreros (1952), Der Herr Ornifle (1955), Der arme Bitos ... (1956), Becket oder Die Ehre Gottes (1959), Bäcker, Bäckerin und Bäckerjunge (1969), Wecken Sie Madame nicht auf! (1970), Le scénario (1976). - † 3. Okt. 1987.

ANP ↑ Nachrichtenagenturen (Übersicht).

Anpassung, individual- und sozialpsycholog. Begriff, der die Prozesse beschreibt, denen das Individuum oder eine Gruppe bei Einordnung in die in ihrer sozialen Umwelt geltenden Normen unterworfen wird. Durch ein System der Sanktionen und Belohnungen wird bereits in früher Kindheit eine Veränderung in der Triebstruktur des einzelnen eingeleitet, die allg. als Charakterbildung bezeichnet werden kann. In der Notwendigkeit der A. in eine soziale Umwelt und in der pädagog. Unumgänglichkeit, zur A. zu erziehen, ist die Problematik jeder Pädagogik begründet.

📖 *Marcuse, H.:* Triebstruktur u. Gesellschaft. Dt. Übers. Ffm. 66.–68. Tsd. 1980. - *Presthus, R.:* Individuum u. Organisation. Typologie der A. Dt. Übers. Ffm. 1966.

◆ A. der Renten ↑ Rentenanpassung.

◆ in der *Wirtschaftstheorie* der Reaktion der Wirtschaftssubjekte auf Veränderungen ihrer ökonom. wichtigen Daten.

◆ (Adapt[at]ion; in der Physiologie: Akkommodation) in der *Biologie* Einstellung des Organismus auf die jeweiligen Umweltbedingungen. Die A. kann vom Einzelindividuum vollzogen werden (individuelle oder physiolog. A.) oder sich aus Arten und Gatt. im Laufe der Erdgeschichte entwickelt haben (phylet. A.). *Individuelle A.:* Einfache, relativ schnell verlaufende A., die einen Regulationsmechanismus voraussetzt, der nach dem Prinzip des Regelkreises arbeitet. Beispiele hierfür sind der Einstellungsmechanismus der Blüte (Öffnen und Schließen je nach Lichtintensität und Temperatur), die Einstellung des Auges auf verschiedene Entfernungen und auf verschiedene Lichtintensitäten. Hierzu gehören auch die Fähigkeit der gleichwarmen Organismen, mit Hilfe eines Regelkreises die Bluttemperatur konstant zu halten, ferner die Vermehrung der roten Blutkörperchen mit abnehmendem Sauerstoffpartialdruck in großen Höhen sowie die Farb- und Helligkeitsanpassungen der Fische an den Untergrund. *Phyletische A.:* Diese Art der A. ist in den Erbanlagen verankert. Bekannte Beispiele bieten die als ↑ Mimese bekannten Schutzanpassungen vieler Insekten sowie die Umgestaltung von Organen für bestimmte Leistungen (z. B. Flügelbildung bei Vögeln und Fledermäusen aus Vordergliedmaßen der Wirbeltiere).

📖 *Burnett, A. L./Eisner, T.:* A. im Tierreich. Dt. Übers. Mchn. 1966.

◆ Betriebszustand bei *elektr. Schaltungen,* bei dem der elektr. Widerstand des Verbrauchers (Abschlußwiderstand) dem Betrage nach mit dem Innenwiderstand der verwendeten Spannungsquelle übereinstimmt. Bei ohmschen Widerständen gibt die Spannungsquelle in diesem Falle die größtmögliche Leistung an den Verbraucher ab *(Leistungsanpassung)*. Man erreicht eine A. durch Verwendung von sog. *Anpassungstransformatoren (Anpassungsübertrager)*. Um eine Reflexion elektr. Wellen an der Stoßstelle zweier verschiedener Leitungen oder am Ende einer Leitung zu vermeiden, führt man eine *A. nach dem Wellenwiderstand* durch: die zusammengeschalteten Leitungen müssen den gleichen Wellenwiderstand haben bzw. Abschlußwiderstand und Wellenwiderstand müssen nach Betrag und Phase übereinstimmen.

Anpassungswert, statist. Begriff, der die Leistungsfähigkeit eines Genotyps in einer bestimmten Umwelt bezeichnet.

Anquetil-Duperron, Abraham Hyacinthe [frz. ãktildypɛˈrõ], * Paris 7. Dez. 1731, † ebd. 17. Jan. 1805, frz. Reisender und Orientalist. - Reiste 1755–62 nach Indien, studierte in Surat bei Parsenpriestern deren N. Schriften und brachte bei seiner Rückkehr zahlr. Handschriften und eine neupers. Übersetzung des Awesta mit. Diese gab er in frz. Übersetzung heraus in seinem Hauptwerk „Zend-Avesta ..." (1771). Ferner gab A.-D. in lat. Übersetzung 50 Upanischaden heraus.

Anrainer, Anlieger, Nachbar.

Anrede, die Form, eine oder mehrere Personen anzusprechen, und zwar mit dem Namen (Vor-, Familien- oder Kosenamen), der Verwandtschaftsbez., dem Anredepronomen, dem Titel oder einer Berufsbezeichnung. Ursprüngl. Form der A. war die 2. Person Einz. (dt. „du"); seit dem 9. Jh. die 2. Person Mrz. (dt. „ihr") gegenüber Höherstehenden und Fremden (auch von Kindern gegenüber ihren Eltern verwendet); geduzt wurden Angehörige eines niederen Standes (auch untereinander übl.); seit Ausgang des MA wurde die A. der 3. Person Einz. (dt. „er, sie"), gegen Ende des 17. Jh. die in der 3. Person Mrz. (dt. „sie") gebräuchl.; seit dem 18. Jh. wurde die ursprüngl. auszeichnende A. „er" zunehmend verächtl. und kam aus der Mode.

Anregung, Bez. für den durch Energiezufuhr (↑ Anregungsenergie) bewirkten Übergang *(Quantensprung)* eines gebundenen Teilchensystems (Atom, Atomkern, Molekül) aus seinem Grundzustand in einen energet. höher liegenden Zustand *(angeregter Zustand)* durch *Absorption* eines ↑ Photons oder durch *Stoßanregung*, bei der das [wechsel]-wirkende Teilchen einen geeigneten Teil seiner kinet. Energie durch einen Stoßprozeß auf das System überträgt.

Anregungsenergie, diejenige Energie, die zur Anregung eines gebundenen Teilchensystems (Molekül, Atom, Atomkern) in einen bestimmten Energiezustand erforderlich ist. Die A. wird meist in ↑Elektronenvolt angegeben. Bei der Anregung von Atomen und Molekülen durch Elektronenstoß gilt für die Anregungsenergie die Beziehung: $\Delta W = e \cdot U$. Darin bedeutet e die Elektronenladung und U diejenige Spannung, die ein Elektron frei durchlaufen muß, um die zur Anregung nötige Energie ΔW als kinet. Energie aufzunehmen. Man bezeichnet diese Spannung U auch als **Anregungsspannung.**

Anregungsfunktion ↑Anregungswahrscheinlichkeit.

Anregungsmittel, svw. ↑Analeptika.

Anregungswahrscheinlichkeit, die Wahrscheinlichkeit dafür, daß in einem mikrophysikal. System (Atom, Atomkern, Molekül) eine↑Anregung erfolgt. Sie ist u. a. abhängig von der Energie des Teilchens der Photons, das die Anregung verursacht. Diese Energieabhängigkeit der A. wird durch die sog. Anregungsfunktion beschrieben.

Anreibeverfahren, Aufbringung dünner Metallüberzüge auf metall. Oberflächen durch Ionenaustausch aus wäßrigen Lösungen nach Auftragen mit einem Lappen oder Pinsel *(Anstrichverfahren)*.

Anreicherung, Konzentrierung eines Bestandteils eines Stoffgemisches durch ↑Aufbereitung.
◆ in der *Kerntechnik* die Erhöhung des Anteils eines bestimmten Isotops in einem als Isotopengemisch vorliegenden Element oder in einem Elementgemisch. Bes. wichtig ist die A. des natürlichen Urans mit U 235 zur Versorgung von ↑Kernreaktoren mit Brennstoff (natürl. vorkommendes Uran enthält nur etwa 0,7 % des spaltbaren Isotops U 235).
◆ die Zunahme der Konzentration eines Stoffes in einer Phase bei der Destillation.

Anreicherungsschicht, Zone negativer elektr. Raumladung an Halbleitergrenzflächen, die sich infolge der verschiedenen Elektronenaustrittsarbeiten der aneinandergrenzenden Halbleitermaterialien ausbildet. Durch die A. wird der elektr. Widerstand in der Grenzschicht herabgesetzt.

anreißen, Länge eines Werkstücks oder Lage eines Zapfens mit einem Spitzbohrer oder einer Reißnadel kennzeichnen; im Stahlbau Nietrißlinien oder die Mitte von Bohrungen durch Einritzen von Linien anzeichnen.
◆ unlautere Mittel zur Anlockung von Kunden benutzen und damit gegen die Generalklausel des § 1 des Gesetzes gegen den unlauteren Wettbewerb verstoßen, z. B. Werbung vor dem Geschäft der Konkurrenz.

Anreißmaß, Entfernung der Mitten zweier Bohrungen.

Anrichte, kastenartiges Möbelstück, dessen obere Platte dazu gedacht ist, Mahlzeiten anzurichten; heute vielfach auch als Sideboard bezeichnet. Demselben Zweck dienen ↑Büfett, ↑Kredenz und ↑Stollenschrank.

Anrufbeantworter ↑automatischer Anrufbeantworter.

Anrufschranken, Bahnschranken, die nur nach Anruf über eine Wechselsprechanlage fernbedient geöffnet werden.

Anrufung, Hilfe und Rat heischende Wendung an höhere Mächte. Die A. findet sich in vielen Dichtungsformen, bes. ausgeprägt z. B. mit der meist an die Musen gerichteten Bitte um Beistand für das unternommene Werk im Prolog antiker Epen.

ANSA ↑Nachrichtenagenturen (Übersicht).

Ansaldo, Andrea, * Voltri 1584, † Genua 20. Aug. 1638, italien. Maler. - Vertreter des von Caravaggio geprägten genues. Barockmalerei, Altargemälde und Fresken, v. a. die „Himmelfahrt Mariens" in der Kuppel der Santissima Annunziata, Genua.

Ansatz, mathemat. Formulierung einer „Textaufgabe", meist in Form einer oder mehrerer Gleichungen oder Ungleichungen.
◆ hüttentechn. Bez. für ein im Hochofen unter dem Einfluß von Alkalien entstehendes Agglomeratgebilde.

Ansauger (Diplecogaster bimaculata), bis 7 cm langer, oberseits karminroter, unterseits fleischfarbener Saugfisch mit vielen farbigen Punkten; an den atlant. Küsten Europas und im Mittelmeer.

Ansauggeräuschdämpfer, Vorrichtung zur Herabsetzung des Ansauggeräusches von Verbrennungsmotoren; A. bestehen meist nur aus einem oder zwei Helmholtz-Resonatoren, die in ihren Abmessungen so abgestimmt sind, daß die in der ungleichmäßig einströmenden Verbrennungsluft entstehenden Geräusche durch Reflexion mehr oder weniger ausgeschaltet werden.

Ansaverbindungen [zu lat. ansa „Henkel, Griff"], organ. Verbindungen, in denen ein aromat. Ringsystem (Benzol, Naphthalin) durch andere Ringe überbrückt wird.

Ansbach, Stadt an der Fränk. Rezat, Bayern, 402 m ü. d. M., 37 600 E. Kultureller Mittelpunkt im mittl. M-Franken, Marktort eines agrar. Umlands; Verwaltungssitz des Reg.-Bez. Mittelfranken und des Landkr. A.; Verkaufsmessen, Elektroind., opt., feinmechan. Ind., Kunststoffverarbeitung u. a. - Entwickelte sich bei einem im 8. Jh. entstandenen Benediktinerkloster (im 11. Jh. Chorherrenstift); seit 1221 als Stadt bezeichnet; 1331 an die Burggrafen von Nürnberg verkauft, seit 1385 Residenz der fränk. Hohenzollern, 1791 an Preußen, 1805 an Bayern. - Ehem. Stiftskirche Sankt Gumbertus (1738 geweiht), Residenz (16.–18. Jh.), Hofgarten mit Orangerie (18. Jh.), ehem. markgräfl. Kanzlei (1594), Rathaus (1622/23).
A., Landkr. in Bayern.

Ansbach-Bayreuth, ehem. fränk. Markgft. der [Hohen]zollern; Bayreuth fiel 1248 aus dem Erbe der Grafen von ↑Andechs an die Burggrafen von Nürnberg, die 1331 auch Ansbach, 1338 Kulmbach und später noch andere Rechte und Besitzungen in O-Franken erwarben. Teilung in die Ft. Ansbach und Bayreuth 1473 (Dispositio Achillea); hohenzoller. Sekundogenitur. Wiederholte Vereinigungen; 1791 preuß.; 1805 Ansbach bayr., 1807 Bayreuth frz., 1810 bayrisch.

Anschan, chin. Stadt in der Mandschurei, 90 km ssw. von Schenjang, 1,2 Mill. E. Eisenhüttenkombinat (20 Hochöfen, 25 Siemens-Martin-Öfen) mit zahlr. Nebenbetrieben; an der Bahnlinie und Fernstraße Schenjang-Lüta. - Eisenerzabbau seit dem 10. Jh.

Anschauung, in der *Psychologie* die unmittelbare direkte Wahrnehmung eines einzelnen anwesenden Gegenstandes oder Ganzen durch ein Gesichtssinn allein (opt., visuelle A.; Sehen) oder unter Beteiligung der anderen Sinne (sensuelle A.); auch das unmittelbare direkte Erfassen von Gegenständen und Sachverhalten durch Intuition.
◆ in der *Philosophie* bei Platon v. a. geistige Schau, Erfassen übersinnl. Wesenheiten, Anteilnahme an einer Ideenwelt, bei Kant als *äußere A.* Raum-A., als *innere A.* Zeit-A., als *empir. A.* Wahrnehmung und als *reine A.* die aller Erfahrung vorausliegende Einsicht in Raum und Zeit, die auf Grund der ↑Sinnlichkeit zustande kommt und ↑synthetische Urteile a priori ermöglicht. A. und Begriff müssen nach Kant zusammen gegeben sein, damit Erkenntnis entsteht. In der phänomenolog. Philosophie svw. ↑Intuition.

Anscheinsbeweis (Prima-facie-Beweis), im Recht Beweis des ersten Anscheins. Von A. spricht man, wenn nach der Lebenserfahrung ein typ. Geschehensablauf zu unterstellen und als bewiesen anzusehen ist, solange sich nicht Tatsachen ergeben, die ein von diesem typ. Ablauf abweichendes Geschehen als möglich erscheinen lassen.

Anscheinsvollmacht, im Zivilrecht die zum Schutz des gutgläubigen Geschäftspartners vermutete Vertretungsvollmacht. Wer weiß (**Duldungsvollmacht**) oder aus Fahrlässigkeit nicht weiß *(A.),* daß ein anderer, in Wahrheit nicht Bevollmächtigter, für ihn als „Vertreter" auftritt, muß dessen im Rahmen der anscheinenden Vertretungsbefugnis abgeschlossene Rechtsgeschäfte grundsätzl. genauso wie die Rechtsgeschäfte eines bevollmächtigten Vertreters für und gegen sich gelten lassen (entsprechend §§ 170–173 BGB).

Anschero-Sudschensk, sowjet. Stadt in W-Sibirien, Gebiet Kemerowo, RSFSR, 110 000 E. Bergbau-, chem.-pharmazeut. Technikum; Steinkohlenbergbau (seit 1897); Herstellung von Grubenausrüstungen. - 1897 entstanden, seit 1931 Stadt.

Anschießmunition (Blindmunition), Munition ohne Sprengladung zum Ermitteln der Treffgenauigkeit einer Waffe.

Anschlag, schußfertige Stellung des [Gewehr]schützen. Nach seiner Körperhaltung unterscheidet man liegenden, sitzenden, knienden und stehenden Anschlag. *In A. gehen* bezeichnet das Einnehmen einer schußbereiten Stellung.
◆ öff. Aushang einer Mitteilung. Entfernung oder Beschädigung eines behördl. A. ist strafbar.
◆ ↑Attentat.
◆ feste Begrenzung des Richtbereichs eines Geschützes oder eines Waffenleitgeräts, meist ausgeführt als fester oder federnder Puffer.
◆ Stelle, an der sich die Signaleinrichtung auf den verschiedenen Schachtstationen im Bergbau befindet.
◆ bei Fenstern und Türen die die Öffnung umrahmender Gewändevorsprung, an dem der Futterrahmen befestigt wird.
◆ (Anschlaglineal) verstellbarer Bestandteil an Holzbearbeitungsmaschinen zur parallelen Werkstückführung.

anschlagen, Beschläge (Bänder, Schlösser usw.) an Möbel, Fenster und Türen anbringen.

Anschlaggrößen, Papierformate, abgeleitet aus DIN 476, Reihe A: $^1/_1$-Anschlagbogen = Normformat A 1 in Querlage.

Anschliff ↑Dünnschliff.

Anschlußbeobachtung, [astronom.] Beobachtung, bei der man die Meßwerte (z. B. Sternhelligkeiten) im Ggs. zur ↑Absolutbeobachtung nicht unmittelbar, sondern nur relativ erhält, indem man sie in eine Reihe bekannter Meßwerte für andere Objekte einordnet und sie interpoliert.

Anschlußberufung, im Zivilprozeß, im arbeits-, verwaltungs- und sozialgerichtl. Verfahren zugelassenes Rechtsmittel gegen ein Urteil, wenn beide Parteien beschwert sind und die gegner. Partei bereits Berufung eingelegt hat. Entsprechendes gilt für die **Anschlußrevision** und für die **Anschlußbeschwerde** (nicht im arbeitsgerichtl. Verfahren).

Anschlußbeschwerde ↑Anschlußberufung.

Anschlußbewegung, Bez. für Bestrebungen mit dem Ziel, Österreich an Deutschland anzugliedern. Nach gescheiterten A. im 19. Jh. entstand mit dem Zusammenbruch der österr.-ungar. Monarchie (1918) eine neue A.: Die östr. Nationalversammlung erklärte am 12. Nov. 1918 Deutschösterreich zum Bestandteil der dt. Republik, aber trotz entsprechender Entschließung der Weimarer Nationalversammlung scheiterte die A. am Widerspruch der Alliierten, insbes. Frankreichs. Im Friedensvertrag von Saint-Germain-en-Laye 1919 wurde der Anschluß untersagt, Änderungen der östr. Unabhängigkeit sollten nur mit Zustimmung des Völkerbundrates mögl. sein. 1931 scheiterte ein dt.-östr. Zollunionsplan, den der Haager Gerichtshof für unzulässig erklärte. Der von Hitler erzwungene Anschluß am 12. März 1938 fand in Österreich zunächst Zustimmung und bei den einstigen Alliierten Duldung. Im Staatsvertrag von 1955 wurde Österreich erneut zur polit. und wirtschaftl. Unabhängigkeit verpflichtet.

Anschlußerklärung, im Strafprozeß die schriftl. Erklärung des zur Erhebung der Privatklage Berechtigten, daß er sich der erhobenen öffentl. Klage anschließe; er wird damit Nebenkläger.

Anschlußkonkurs ↑ Konkurs.

Anschlußmaß, [genormtes] Maß, das den Zusammenbau von Teilen verschiedenen Ursprungs und gegebenenfalls den Austausch von Teilen gestattet.

Anschlußpfändung ↑ Pfändung.

Anschlußrevision ↑ Anschlußberufung.

Anschlußstellen, im Straßenbau Bez. für in mehreren Ebenen geführte Verkehrsknoten zur Verbindung von kreuzungsfrei geführten Verkehrswegen (z. B. Autobahnen) mit dem übrigen Straßennetz.

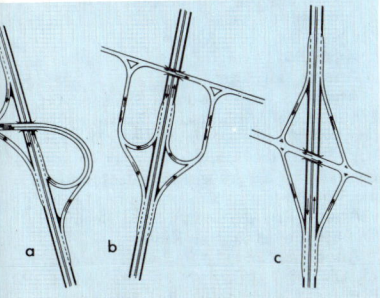

Anschlußstellen im Straßenbau:
a Trompete, b halbes Kleeblatt, c Raute

Anschluß- und Benutzungszwang, die durch Gemeindesatzung aus Gründen des öffentl. Wohls den Gemeindebürgern auferlegte Pflicht zum Anschluß der im Gemeindegebiet liegenden Grundstücke an Wasserleitung, Kanalisation, Müllabfuhr, Straßenreinigung und ähnl. Einrichtungen sowie zu deren Benutzung.

Anschlußwert, bei Verbrauchern elektr. Energie Maß für die maximale Leistungsaufnahme (Stromaufnahme). Der A. beträgt bei Haushaltsgeräten einige Watt bis einige kW, bei Industrieabnehmern bis zu mehreren tausend kW je Verbraucher.

Anschnittechnik, Sammelbez. für die zur Erzielung eines einwandfreien Abgusses angewendeten Techniken bei Konstruktion und Füllung der Formen.

Anschnittsteuerung, svw. ↑ Phasenanschnittsteuerung.

Anschovis ↑ Anchovis.

Anschuldigung ↑ falsche Verdächtigung.

Anschütz, Gerhard, * Halle/Saale 10. Jan. 1867, † Heidelberg 14. April 1948, dt. Jurist. - Prof. in Tübingen, Berlin und Heidelberg; hatte wesentl. Einfluß auf die dt. Staatsrechtslehre vor dem 1. Weltkrieg. Bed. ist sein Kommentar „Die Verfassung des Dt. Reichs vom 11. 8. 1919" (1921).

A., Heinrich, * Luckau (Niederlausitz) 8. Febr. 1785, † Wien 29. Dez. 1865, dt. Schauspieler. - Einer der bedeutendsten dt. Tragöden; seit 1821 am Wiener Burgtheater; große Erfolge als Falstaff, König Lear und Götz.

Anschütz-Kaempfe, Hermann, * Zweibrücken 3. Okt. 1872, † München 6. Mai 1931, dt. Ingenieur und Erfinder. - Konstruierte den für Luft- und Schiffahrt wichtigen Kreiselkompaß und gründete 1905 in Kiel eine Firma zu dessen Fabrikation.

Anschwemmfilter, Klärfilter für Flüssigkeiten mit geringen Verunreinigungen.

Ansegis, hl., * wohl in der Diözese Lyon um 770, † Fontenell (= Saint-Wandrille-Rançon) 20. Juli 833, Abt von Fontenelle. - Aus fränk. Adelsgeschlecht; ab 807 Abt von Saint-Germer-de-Flay, 817 von Luxeuil und 823 auch von Fontenelle; Ratgeber Karls d. Gr. und Ludwigs des Frommen, Kompilator einer wichtigen Sammlung von Kapitularien (827).

Ansegisel (Ansigisil, Adalgisil), † 685, fränk. Herzog. - 632 Hausmeier König Sigeberts II. von Austrien; Sohn des Bischofs Arnulf von Metz; Vater Pippins des Mittleren; Stammvater der ↑ Karolinger.

Anselm (Anshelm), alter dt. männl. Vorname (aus german. ans- „Gott", und althochdt. helm „Helm").

Anselm von Canterbury

Anselm von Canterbury, hl., * Aosta 1033, † Canterbury 21. April 1109, scholast. Philosoph und Theologe. - Seit 1060 Benediktiner in Bec (Normandie), seit 1078 Abt; 1093 Erzbischof von Canterbury. - Seine Bed. auf philosoph.-theolog. Gebiet liegt in dem Bemühen, den christl. Glauben ohne die Autorität von Bibel und Kirche einsichtig zu machen

Anselmi

(„credo ut intelligam" - „ich glaube, um zu erkennen"). Im „Proslogion" (1078) formuliert A. den ontolog. † Gottesbeweis. - Sein theolog. Hauptwerk ist „Cur Deus homo" (Warum Gott Mensch wurde, 1097–99), in dem er seine Lehre von der „Satisfaktion" (Christus ist gestorben, um für die Sünde der Welt „Genugtuung" zu leisten) vorträgt. - Fest: 21. April.
📖 *Schurr, A.: Die Begründung der Philosophie durch A. v. C.* Stg. 1966.

Anselmi, Giuseppe, *Catania 6. Nov. 1876, † Zoagli bei Rapallo 27. Mai 1929, italien. Sänger (Tenor). - Bed. Interpret der klass. Belcantopartien; Verdi- und Puccini-Sänger.

Anser [lat.], Gatt. der Gänse mit † Graugans, † Saatgans und † Bläßgans als wichtige Arten.

Anserinae [lat.], svw. † Gänse.

Ansermet, Ernest [frz. ãsɛr'mɛ], *Vevey 11. Nov. 1883, † Genf 20. Febr. 1969, schweizer. Dirigent. - 1915–23 musikal. Leiter von Diaghilews „Ballets russes"; leitete bis 1967 das 1918 von ihm gegr. Orchestre de la Suisse Romande. A. galt als authent. Interpret u. a. der Werke Debussys, Ravels, Strawinskis und de Fallas.

Ansetzer, stangenförmiges Gerät mit etwa kalibergroßem Kopf zum Einschieben der Geschosse in die Züge des Geschützrohres; bei mittleren Geschützen handbedient, bei schweren Geschützen meist hydraul. angetrieben.

Ansfelden, östr. Marktgemeinde, 5 km südl. von Linz, 14 000 E. Besteht aus 5 Ortsteilen; landw. Bundeslehranstalt im Ortsteil *Ritzlhof.*

Ansgar, alter dt. männl. Vorname (aus german. ans- „Gott" und althochdt. gēr „Speer").

Ansgar (Anscharius, Anskarius, Ansger), hl., *wahrscheinl. in der Nähe von Corbie um 801, † Bremen 3. Febr. 865, Benediktiner, Erzbischof von Hamburg-Bremen. - Schüler und Mönch in der Abtei Corbie, 823 Lehrer in der Klosterschule Corvey und 832 erster Bischof des 831 errichteten Bistums Hamburg. Missionierte in Dänemark und Schweden. - Fest: 3. oder 4. Februar.

Anshelm, männl. Vorname, † Anselm.

Anshelm, Thomas, dt. Buchdrucker des 15./16. Jh. aus Baden-Baden. - U. a. in Pforzheim tätig, 1516–22 in Hagenau. Pflegte v. a. den hebr. Buchdruck, druckte die meisten Schriften Reuchlins sowie Missale.

A., Valerius, eigtl. V. Rüd, *Rottweil um 1475, † Bern zw. 1. Aug. 1546 und 21. Febr. 1547, schweizer. Chronist dt. Herkunft. - Verfaßte im Auftrag des Rates seit 1529 eine Chronik Berns für die Jahre 1477–1536 (Quelle waren die Ratsprotokolle).

an sich, in der Metaphysik Ausdruck zur Kennzeichnung von Dingen, die unberührt durch erkenntnistheoret. Bestimmungen „objektiv" (an sich) seien gegenüber denen, die von dem subjektiven Akt des Erkennens (und des Sprechens über sie) verändert seien. - † auch Ding an sich.

Ansicht, bei techn. Zeichnungen die zeichner. Darstellung eines räuml. Objekts in einer Projektionsebene; man unterscheidet - je nachdem, aus welcher Richtung das Objekt betrachtet wird - Vorder-A. (Haupt-A.), Draufsicht (Grundriß), Untersicht, Seiten- und Rückansicht.

Ansichtspostkarte, mit Abbildungen aller Art versehene Postkarte (gedruckt, geprägt, photographiert). Die erste A. erschien 1870 (von A. Schwarz).

Ansichtssendungen, Sendungen unbestellter oder bestellter Ware zur Ansicht ohne Kaufzwang. Den Empfänger unbestellter Ware trifft weder eine Ablehnungs- noch Aufbewahrungs- oder Rücksendungspflicht. Den Empfänger bestellter Ware trifft grundsätzl. eine Verwahrungspflicht und, bei Nichtgefallen, zumeist auch die Pflicht zur Rücksendung der Ware auf eigene Kosten.

Ansigisil † Ansegisel.

Ansitz † Jagdarten.

Anski, S., eigtl. Salomon S. Rappoport, *Witebsk 1863, † Warschau 8. Nov. 1920, jidd. Schriftsteller. - Sein Drama „Der Dybuk" (1920), die Bearbeitung einer chassid. Legende, war ein großer Erfolg des † Habima u. a. Theater.

Anson Bay [engl. 'ænsn 'bɛɪ], Bucht der Timorsee an der austral. Küste.

Ansorge, Conrad, *Buchwald (Schlesien) 15. Okt. 1862, † Berlin 13. Febr. 1930, dt. Pianist und Komponist. - Bed. Interpret der Werke Beethovens, Schuberts, Schumanns und seines Lehrers (1885/86) F. Liszt.

Anspielung, verschlüsselte Bezugnahme auf eine beim Hörer oder Leser als bekannt vorausgesetzte Person, Sache, Situation, Begebenheit usw. Prägend z. B. im Kabarett oder im Schlüsselroman.

Ansprechbarkeit, in der Psychologie die Aufnahmebereitschaft eines Menschen für aus der Außenwelt auf ihn eindringende Reize und Einflüsse.

Ansprechempfindlichkeit, Eigenschaft eines techn. Signalübertragers (Meßgerät, Verstärker, Regler usw.). Zur Bestimmung der A. bestimmt man den Wert der Änderung der Eingangsgröße, bei dem eine Änderung der Ausgangsgröße festgestellt wird (Ansprechschwelle, in Prozent der Eingangsgröße). Je kleiner die Ansprechschwelle, desto größer die Ansprechempfindlichkeit.

Ansprechzeit, svw. Ansprechdauer, z. B. bei Bremsen die Zeitspanne zwischen dem Betätigen des Bremspedals und dem Wirksamwerden der Bremsen.

Anspruch, das Recht, von einem anderen ein [bestimmtes] Tun, Dulden oder Unterlassen zu fordern (§ 194 BGB). Der A. kann sich aus einem Schuldverhältnis ergeben (sog. schuldrechtl. A., *Forderung*; z. B. der A. des Käufers einer Sache auf deren Übereignung) oder auch Ausfluß eines absoluten Rechtes sein (sog. dingl. A.; z. B. der A. des Eigentümers gegen den Besitzer auf Herausgabe einer Sache).

Anstalt, eine Einrichtung, die einem bestimmten Zweck dient, z. B. Kranken-A., Unterrichts-A., Erziehungsanstalt. Die A. kann rechtl. unselbständig oder eine jurist. Person sein.

Anstalt des öffentlichen Rechts
(öffentl.-rechtl. Anstalt), öff.-rechtl. Verwaltungseinrichtung mit eigener Rechtspersönlichkeit (jurist. Person), die durch Gesetz oder auf Grund eines Gesetzes gegr. wird und bestimmte öff. Verwaltungsaufgaben unter Aufsicht des Staates erfüllt, z. B. Rundfunkanstalten, Sparkassen. Im Ggs. zur Körperschaft des öff. Rechts, die mitgliedschaftl. organisiert ist, und zur Stiftung des öff. Rechts, die eine rechtsfähige Vermögensmasse darstellt, steht bei der A. d. ö. R. der Nutzungszweck im Vordergrund. Die Benutzer der A. d. ö. R., die mit ihr in Verbindung treten, sind nicht Träger der Anstalt, sondern außenstehende Dritte. Das Verhältnis zw. der A. d. ö. R. und den Benutzern kann privatrechtl. oder öff.-rechtl. geregelt sein. Sie besitzt ein hoheitl. Recht (**Anstaltsgewalt**) zur Sicherung und Gewährleistung der anstaltl. Zwecke. - Nach *östr. Verwaltungsrecht* ist A. d. ö. R. eine mit sachl. und persönl. Mitteln ausgestattete Einrichtung, die Aufgaben der öff. Verwaltung zu besorgen hat (z. B. die Sozialversicherungsträger und die Post- und Telegrafenanstalten). In der *Schweiz* ist **öffentl. Anstalt** Bez. für den Teil der Verwaltung, der unmittelbar den Bedürfnissen des Staates oder des Bürgers dient (z. B. Schule, Armee).

Anstaltsgewalt ↑Anstalt des öffentlichen Rechts.

Anstaltsseelsorge, die Seelsorge in Anstalten verschiedener Art: Krankenhäusern, Pflegeheimen jeder Art, Erziehungsheimen, Justizvollzugsanstalten u. a. Nach Art. 140 GG in Verbindung mit Art. 141 der Weimarer Reichsverfassung dürfen die Religionsgesellschaften religiöse Handlungen (ohne Anwendung von Zwang) in Anstalten vornehmen, sofern ein Bedürfnis danach besteht. Näheres regeln Kirchenverträge, Konkordate und die Länderverfassungen. - ↑auch Gefangenenseelsorge, ↑Krankenseelsorge.

Anstand, von einer bestimmten Gesellschaftsschicht, bes. in Gemeinschaften, gesellschaftl. Gruppierungen gefordertes, als *gutes Benehmen* bewertetes Verhalten, das einerseits als Kriterium der Zugehörigkeit zu dieser Gesellschaftsschicht bzw. Gruppierung gilt, andererseits häufig über seine gesellschafts- bzw. gruppenspezif. Geltung hinaus als allg. positives eth. Ideal verstanden wird.

Unter **Anstandsliteratur** versteht man alle Werke, die sich mit den gesellschaftl. Umgangsformen befassen, häufig im frz. MA; als Hofzuchten und Tischzuchten in der dt. Literatur, die im 15. und 16. Jh., ins Iron.-Satir. gewendet, als ↑grobianische Dichtung fortleben. Die Komplimentierbücher des Barock wurden Ende des 18. Jh. durch das heute vorliegende Buch des Frhr. A. von Knigge „Über den Umgang mit Menschen" (1788) abgelöst.

Anstand, weidmänn. svw. Ansitz.

Anstände, im schweizer. Recht: Streitigkeiten.

Anständigkeit, eine Verhaltensweise der Mitmenschlichkeit, die sich in der Überwindung von Egoismus und in der Kontrolle von Aggressionen (Triebverzicht) in der Begegnung mit anderen Menschen in Situationen des Alltags bewährt.

Anstandsliteratur ↑Anstand.

Anstaubverfahren, in der graph. Technik Mehrstufen-Strichätzverfahren, bei dem durch Einpudern der Platten mit Drachenblutharz und nachfolgendes Anschmelzen feinste Ätzstufen entstehen.

ansteckende Krankheiten, svw. ↑Infektionskrankheiten.

Ansteckung ↑Infektion.

Anstehendes, durch Verwitterung und Massenbewegungen noch nicht verändertes Gesteine („gewachsener Fels").

Anstellung, Aufnahme in ein im allg. privatrechtl. Dienstverhältnis. Die Aufnahme in das Beamten- oder ein anderes öff.-rechtl. Dienstverhältnis, die durch die Aushändigung einer Ernennungsurkunde erfolgt, wird meist **Bestallung** genannt.

Anstellwinkel, bei Flugzeugen der Winkel zwischen der Profilsehne eines Tragflügels und der Anström- oder Bewegungsrichtung (Flugrichtung).

Ansteuerungsfeuer, Leuchtfeuer als Ansteuerungspunkt und Hilfsmittel für terrestr. Navigation.

Anstieg, svw. ↑Steigung (Mathematik).

Anstiftung, ein Fall der Teilnahme an einer Straftat: Nach § 26 StGB wird als **Anstifter** gleich dem Täter bestraft, wer einen anderen vorsätzl. zu dessen vorsätzl. begangenen rechtswidrigen Handlung bestimmt hat. Die mißlungene (versuchte) A. wird nur bestraft, wenn sie auf ein Verbrechens abzielte (§ 30 Abs. 1 StGB). - Im *östr. Recht* ist A. auch strafbar, wenn der Täter bereits zur Begehung der Tat entschlossen war oder die A. ledigl. versucht wurde. In der *Schweiz* besteht eine dem dt. Recht entsprechende Regelung.

Anstoßen, in der Textiltechnik leichtes Walken; führt zum Verfilzen des Gewebes und gibt ihm flauschartigen Charakter.

Anstrich, gleichmäßig verteilter, nach dem Trocknen fester Überzug von ↑Anstrich-

Anstrichfarbe

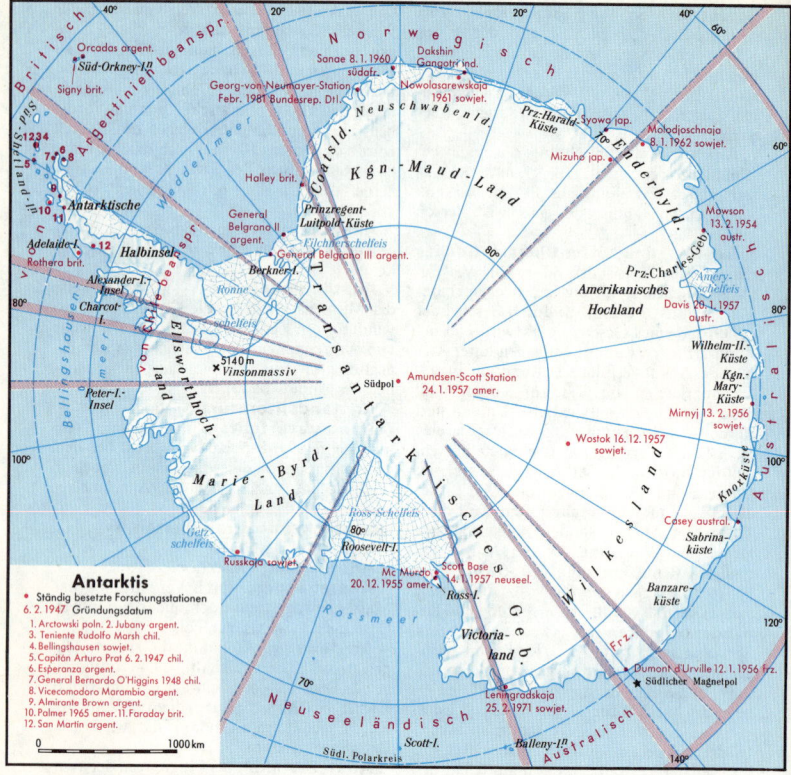

stoffen als Korrosionsschutz oder zur Verschönerung. Das Trocknen und die Entstehung einer geschlossenen Oberfläche eines A. erfolgen durch Verdunstung des Lösungsmittels und durch Verharzung oder Polymerisation der gelösten A.stoffe.

Anstrichfarbe, pigmenthaltiger Anstrichstoff, z. B. Leimfarbe (mit wasserlösl. Bindeklebstoffen), Ölfarbe (Öl im Bindemittel), Öl- und Alkydharzlacke.

Anstrichstoffe, aus Pigmenten und Bindemitteln bestehende Gemische, die physikal. oder chem. trocknen und damit die Saugfähigkeit der Anstrichfläche aufheben.

Anströmgeschwindigkeit, die Geschwindigkeit der ungestörten Strömung vor einem angeströmten Körper (z. B. Tragflügel eines Flugzeuges).

Ansud (akkad. Ansu) [sumer.], löwenköpfiger Adler der akkad. Mythologie, oft dargestellt, v. a. auf Rollsiegeln. Hauptfigur des nur teilweise erhaltenen *Ansudmythos*.

ant..., Ant... ↑anti..., Anti...

Antacida [griech./lat.], Magensäure bindende (neutralisierende) Arzneimittel, v. a. gegen Übersäuerung des Magens. Im Ggs. zu Natriumbicarbonat meist ohne störenden Einfluß auf das Säure-Base-Gleichgewicht des Blutes (z. B. Magnesiumsilicathydrat, Aluminiumpräparate).

Antagonismus [griech.], Gegensatz, Gegnerschaft, Widerstreit; **antagonistisch,** gegensätzlich, feindlich. Im Marxismus wird unter A. (oder „antagonist. Widerspruch") der unversöhnl. Gegensatz zwischen den Interessen verschiedener Klassen einer nichtsozialist. Gesellschaft verstanden.

Antagonist [griech.], Gegner, Widersacher; Gegenspieler. In der *Physiologie:* 1. einer von zwei gegeneinander wirkenden Muskeln; 2. Enzym, Hormon oder ähnl., das die Wirkung eines bestimmten anderen aufhebt.

Antaios ↑Antäus.

Antakya, Garnisonsstadt im äußersten S der Türkei, 40 km südl. von İskenderun, 95 000 E. Hauptstadt des Verw.-Geb. Hatay; archäolog. Museum; Handelszentrum eines Agrargebiets, Sommerfrische. - A. ist das antike **Antiochia** (307 v. Chr. als *Antigoneia* etwas weiter oberhalb am Orontes gegr., 301 v. Chr.

Antarktis

an die heutige Stelle verlegt); wurde Hauptstadt des Seleukidenreiches und größte Stadt des Orients (etwa 500 000 E). 64 v. Chr. von Rom erobert; Hauptstadt der Prov. Syrien; seit dem 1. Jh. Bischofs-, seit dem 4. Jh. Erzbischofssitz, seit dem 5. Jh. Sitz eines Patriarchen; 418–543 auch Residenz eines jakobit. Patriarchen († auch Antiochia [Patriarchat]); 525 durch Erdbeben zerstört, 540 von Chosrau I. erobert und entvölkert, unter Justinian I. als *Theupolis* neu erbaut; ab 638 arab., im 10./11. Jh. unter wechselnder Herrschaft; 1098–1268 Hauptstadt des Kreuzfahrer-Ft. Antiochia; 1268 von den Mamelucken erobert und zerstört; ab 1516 osman.; 1918–39 beim frz. Protektorat Syrien; seit 1939 wieder türk. - Röm. Brücke, Habib Neccar-Moschee (umgebaute byzantin. Kirche). Sö. von A. die Grottenkirche Sankt Peter (13. Jh.).

Antal, Frigyes [ungar. ˈɔntɔl], * Budapest 21. Dez. 1887, † London 1954, ungar. Kunsthistoriker. - Emigrierte 1919 nach München, 1933 nach London. Verfaßte u. a. „Florentine painting and its social background" (1947), „Fuseli studies" (1956), „Hogarth" (1962), Standardwerke sozialwiss.-marxist. Kunstinterpretation.

Antalaha [madagass. antaˈla], Stadt an der NO-Küste Madagaskars, 17 500 E. Hauptort der Präfektur A.; ⚓. Im gebirgigen Hinterland Vanille-, Kaffee- und Pfefferpflanzungen.

Antalkidas (Antialkidas), spartan. Stratege und Politiker im 4. Jh. v. Chr. - Handelte 387 mit dem pers. Großkönig Artaxerxes II. die Bedingungen eines allg. Friedens aus († Königsfriede), der die Griechen Kleinasiens an Persien auslieferte und die spartan. Hegemonie in Griechenland sichern sollte.

Antalya, türk. Hafenstadt am Golf von A., 173 000 E. Auf einer Kalksinterterrasse (23 m hohes Kliff am Meer), Hauptstadt des Verw.-Geb. A.; Bibliothek mit griech. Handschriften, archäolog. Museum; Handelszentrum des agrar. Umlandes; Fremdenverkehr; ⚓. - Mitte 2. Jh. v. Chr. als **Attaleia** gegr., 79 v. Chr. röm., später byzantin.; letzte von den Kreuzfahrern in 2. Kreuzzug gehaltene Festung; ab 1423 endgültig osmanisch.

Antalya, Golf von, Bucht des Mittelmeeres an der S-Küste Anatoliens.

Antananarivo (bis Ende 1975 Tananarivo), Hauptstadt Madagaskars, im Z der Insel, 1 200–1 450 m ü. d. M., 800 000 E. Polit., administratives, wirtsch. und kulturelles Z des Landes, Verwaltungssitz der Prov. A., Sitz eines kath. Erzbischofs, der madagass. Akad. der Wiss.; Univ. (gegr. 1961), naturwiss. und landw. Forschungsinst., Inst. für Sozialhygiene, Institut Pasteur, Goethe-Inst., Priesterseminare; Bibliotheken, histor. Museum, Theater. Sitz zahlr. Handelsgesellschaften, jährl. Messe. Automobil-, Radio- und Fernsehgerätemontagewerke, Nahrungsmittel-, Textil- und Lederindustrie. Von A. gehen Straßen nach allen Landesteilen aus, Bahnstation, internat. ⚓.

Antapex [antˈaː...], der Gegenpunkt zum † Apex.

Antarah Ibn Schaddad, vorislam. arab. Dichter des 6. Jh. - Gedichte fragmentar. erhalten; als volkstüml. Held im Antar-Roman verherrlicht.

Antares [griech.], hellster Stern (α) im Sternbild Scorpius, ein sog. roter Riese.

Antartanden [antˈarkt-a...] † Antarktis.

Antarktika, Bez. für die Landmasse der † Antarktis.

Antarktis, Land- und Meeresgebiete um den Südpol. Während um den Nordpol eine mit Treibeis bedeckte Tiefsee liegt, befindet sich der Südpol in der Mitte einer großen Landmasse, **Antarktika,** 12 393 000 km² (einschließl. der Schelfeistafeln 13 975 000 km²). Einbuchtungen des Weddell- und des Rossmeeres teilen sie in Ost- und West-A. Der Kontinent Antarktika wird von einer im Mittel 1 720 m, aber auch z. T. über 4 km mächtigen Inlandeisdecke eingenommen. Am Rand ragen hohe Gebirge aus dieser riesigen Eisdecke auf und zwingen das Eis, als Gletscher zw. ihnen abzufließen; die Gletscher schieben sich z. T. als Zungengletscher viele km weit ins Meer oder vereinigen sich zu riesigen schwimmenden Eistafeln (350–700 m mächtig). Man nimmt an, daß sich Zu- und Abnahme des Eises heute die Waage halten. In geolog. Vergangenheit war das Eis noch mächtiger und weiter ausgedehnt als heute (u. a. Rückzugsmoränen, eisfreie, glazial geformte Täler). Der höchste Punkt der A. ist der Mount Vinson (5 140 m) in der Sentinel Range. Das eisfreie Gebiet nimmt eine Fläche von etwa 200 000 km² ein. Die Berge, die wie Inseln aus dem Inlandeis herausragen, sind eisfrei. Typisch sind Trockentäler, verlassene Gletscherbetten, die heute von Seen erfüllt sind und von Schmelzwasserbächen gespeist werden. Der größte ist der **Vandasee** (7,2 km lang, 2,1 km breit und 67 m tief). An den Küsten gibt es stellenweise eisfreie Hügelgebiete, sog. „Oasen". Die Anden S-Amerikas setzen sich in den **Antartanden** fort, im Mount Jackson 4 191 m hoch. Am Rand sind z. T. noch tätige Vulkane angelagert. In der Edsel Ford Range (Mount Avers, 1 370 m), an der Küste des Rossmeeres, findet der Faltenzug sein Ende. Südl. schließt sich das Ellsworthhochland an. Den pazif. Rand der Ostantarktis begleitet das 4 100 km lange Transantarkt. Gebirge, das sich bis östl. über bis zur O-Seite des Filchnerschelfeises erstreckt. Es ist das geolog. am besten bekannte Gebiet der A.; es wird auf der Außenseite von einer großen Verwerfung begleitet, die durch tätige Vulkane markiert ist. Über den Gesteinsbau unter dem Inlandeis weiß man noch wenig, doch gestatten Eisdickenmessun-

Antarktische Halbinsel

gen, das Relief des Felsuntergrundes nachzuzeichnen. Seit Beginn der 70er Jahre wird diese Inlandeiskartierung vom Flugzeug aus mit Radarecholotung durchgeführt. Außerdem werden seit 1977 Bohrungen abgeteuft. Es herrscht polares Wüstenklima: sehr kalte Winter, kühle, kurze Sommer, sehr geringe Niederschläge, außerordentl. trockene Luft. Im Aug. 1960 wurde mit −88,3 °C die tiefste Bodentemperatur der Erde in der A. gemessen. Besonderheiten des antarkt. Klimas sind die kalte Fallwinde, die zu schweren Stürmen werden (die Adéliekūste ist das sturmreichste Gebiet der Erde) und der sog. **Whiteout**, der entsteht, wenn eine Stratuswolkendecke den Himmel überzieht, durch die die Sonnenstrahlen zwar hindurchgelassen werden, dann aber von der Schneedecke reflektiert und an der Wolkenunterfläche gestreut werden; dabei entstehen keine Schatten, Entfernungen sind nicht abzuschätzen, Erde und Himmel bilden eine weiße Kugel um den Beobachter. Alle Geländeunebenheiten werden unsichtbar und Flugzeuglandungen unmöglich.

Die A. ist das lebensfeindlichste Gebiet der Erde. Vorherrschend sind Flechten, Moose und Algen. Ebenso arm ist die Tierwelt: Vertreten sind wirbellose Tiere (Insekten, Fadenwürmer u. a.). Außer den einheim. Pflanzen und Tieren gibt es einige Arten, die durch den Menschen eingeschleppt wurden (u. a. Ratten, Rispengräser). Im Ggs. zu dieser antarkt. Kältewüste auf dem Lande ist das Pflanzen- und Tierleben im und auf dem Meere sehr viel reichhaltiger: Algen, Tange, Krill, Wale, Robben sowie Schwämme, Seesterne, Seeigel und Quallen; Albatrosse, Sturmvögel und Möwen nisten auf dem antarkt. Kontinent selbst, Brutstätten liegen oft 300 km von der Küste entfernt. Der charakterist. Vogel der A. ist der Pinguin. An Bodenschätzen sind Erdöl, Kohle, Eisen- und Kupfererze, Nickel u. a. nachgewiesen.

Entdeckung und Erforschung: J. Cook befuhr auf seiner 2. Reise (1772–75) die südl. Meere von W nach O auf etwa 60° s. Br., überschritt zweimal den südl. Polarkreis und drang bis etwa 70° 10′ s. Br. vor. F. G. von Bellingshausen wiederholte im Auftrag Zar Alexanders I. Cooks Umrundung der A. 1819–21 in höheren Breiten. 1839–43 waren gleichzeitig J. S. C. Dumont d'Urville, C. Wilkes und J. C. Ross in der A. tätig, v. a., um auf Anregung A. von Humboldts und K. F. Gauß' die genaue Lage des südl. Magnetpols zu ermitteln. 1901–05 arbeiteten 5 große Expeditionen in zuvor festgelegten Abschnitten. Den ersten großen Vorstoß auf den Südpol unternahm 1907–09 E. H. Shackleton, R. Amundsen erreichte ihn am 14. Dez. 1911, R. F. Scott am 18. Jan. 1912. 1928 setzte H. Wilkins erstmals die Flugzeug ein, mit dem R. E. Byrd als erstem am 28./29. Nov. 1929 der Flug zum Südpol gelang. Bis zum Ausbruch des 2. Weltkrieges waren durch Flüge prakt. der Verlauf der gesamten Küsten der A. festgestellt sowie beträchtl. Gebiete des Inlandes erkundet oder sogar vermessen worden. Nach dem 2. Weltkrieg begannen die an der A. polit. interessierten Staaten in zunehmendem Maß permanent belegte Forschungsstationen einzurichten. Seit Ende 1977 leben erstmals versuchsweise Familien mit Kindern in einer argentin. Versuchsstation. 1957/58 durchquerte eine Expedition unter Führung von V. Fuchs und E. Hillary die Antarktis.

Die **polit. Geschichte** der A. begann 1908, als Großbrit. alle Gebiete südl. von S-Amerika der Verwaltung der Falklandinseln unterstellte. Argentinien und Chile haben diese Besitzergreifung nie anerkannt. Sie erklärten ihrerseits diese Gebiete als zu ihrem Hoheitsgebiet gehörend. An der weiteren Aufteilung beteiligten sich Neuseeland, Frankr., Australien und Norwegen. Durch die Organisation des 1956 vereinbarten Internat. Geophysikal. Jahres wurde eine polit. Regelung unausweichlich (↑ Antarktisvertrag).

📖 *Fox, R.: Antarctica and the South Atlantic. London 1985. - Porter, E.: Die A. Dt. Übers. Mchn. 1980. - Kosack, H.-P.: Die Polarforschung. Braunschweig 1967.*

Antarktische Halbinsel (bis 1961 von den Amerikanern Palmer Peninsula, von den Briten Grahamland gen.), am weitesten nach N vorspringender Teil des antarkt. Kontinents mit den Antarktanden, begrenzt das Weddellmeer im W; etwa 1 200 km lang; das Innere besteht aus einem Eisplateau (1 500–2 000 m ü. d. M.). An der W-Küste steigen die sommerl. mittleren Temperaturen auf 0 °C an.

Antarktisvertrag, multilaterales Abkommen zur Förderung der wiss. Forschung im Südpolargebiet und zur Sicherstellung der Nutzung dieses Gebietes für ausschließl. friedl. Zwecke. Der A. wurde am 1. Dez. 1959 in Washington von 12 Staaten unterzeichnet (Argentinien, Australien, Belgien, Chile, Frankr., Großbrit., Japan, Neuseeland, Norwegen, Südafrika, UdSSR, USA; nachträgl. beigetreten sind Dänemark, Polen und die BR Deutschland (5. Febr. 1979). Der A. trat am 23. Juni 1961 in Kraft und währt 30 Jahre.

Antäus (Antaios), Gestalt der griech. Mythologie. Sohn des Poseidon und der Gäa (griech. „Erde"). Der Riese A. kämpft mit jedem Fremden und bleibt immer siegreich, da er bei jeder Berührung des Bodens neue Kraft von seiner Mutter Gäa erhält. Herakles kann A. nur bezwingen, als er ihn vom Erdboden hochhebt und in der Luft erwürgt. Diese Szene ist oft dargestellt worden.

Ante [lat.], in der griech. und röm. Baukunst die meist pfeilerartig ausgebildete Stirn einer frei endenden Mauer. Die A. trägt ein *Antenkapitell,* dessen wichtigste Typen das dor. und das ion. sind.

Antennen

ante..., Ante... [lat.], Vorsilbe mit der Bedeutung „vor...".

ante Christum [natum] [lat.], Abk. a. Chr. [n.], veraltet für: vor Christi [Geburt], vor Christus.

Antedon [griech.], Gatt. der Haarsterne; in der Jugend gestielt, im erwachsenen Stadium frei beweglich.

Antegnati [italien. anteɲˈnaːti], im 15. bis 17. Jh. berühmte Orgelbauerfamilie in Brescia. Der bedeutendste Vertreter ist Costanzo A. (*1549, †1624), der auch 1584–1619 Domorganist in Brescia war.

Anteil, Kapitalbeteiligung an einer Personen- oder Kapitalgesellschaft (z. B. Einlage, Aktie).

Antelami, Benedetto, italien. Bildhauer und Baumeister des späten 12. und des frühen 13. Jh. - Stammte wahrscheinl. aus dem lombard. Voralpengebiet. Schuf den bischöfl. Thronsitz und Reliefs im Dom und v. a. den Skulpturenschmuck des Baptisteriums in Parma (1196 ff.). Das ikonograph. Programm frz. Kathedralfassaden (etwa Saint-Gilles) erscheint hier zum ersten Mal in Italien. A. ist einer der bedeutendsten Bildhauer der italien. Romanik bzw. Protorenaissance.

Anteludium [lat.], svw. ↑Vorspiel.

ante meridiem [...di-ɛm; lat.], Abk. a. m., vormittags (in England, den USA und weiteren englischsprachigen Ländern bei Uhrzeitangaben).

ante mortem [lat.], Abk. a. m., kurz vor dem Tod.

Antennaria [lat.], svw. ↑Katzenpfötchen.

Antennen [italien.; zu lat. antenna „Segelstange"], Vorrichtungen zum Abstrahlen und zum Empfang elektromagnet. Schwingungen. A. sollen eine leitungsgeführte elektromagnet. Welle möglichst verlustarm in eine Freiraumwelle umwandeln (*Sendeantennen*) oder umgekehrt (*Empfangsantennen*); außerdem ist eine Bündelung der abgestrahlten elektromagnet. Energie in eine bestimmte Richtung bzw. der Empfang aus einer bevorzugten Richtung erwünscht. Jede Antenne kann grundsätzl. zum Senden und Empfangen verwendet werden und weist in beiden Verwendungsarten die gleichen Eigenschaften auf. Es gibt zwei große Gruppen von A., die **Linearstrahler,** das sind A., deren Länge groß ist gegen ihre Querabmessungen, also „schlanke" A., und die **Aperturstrahler** (Flächenstrahler), bei denen die von einem Erreger ausgehende Strahlung durch Reflektor- oder Linsenanordnungen in eine ebene Welle verwandelt und dann von der Öffnungsebene (Apertur) der Antenne abgestrahlt wird. Ein typ. Linearstrahler ist die aus zwei gleichlangen dünnen Leitern bestehende **Dipolantenne** (Dipol). Gewöhnl. wird eine Dipolantenne bei einer Wellenlänge λ von der doppelten Dipolgesamtlänge als sog. *Lambdahalbedipol ($\lambda/2$-Dipol)* betrieben. Es ist jedoch auch eine Erregung mit einem ganzzahligen Vielfachen von $\lambda/2$ möglich. Die einfachste Form eines Aperturstrahlers ist die symmetr. **Parabolantenne.** Ein metall. Rotationsparaboloid (als Reflek-

Parabolantennen. Schematische Darstellung (a symmetrische Form, b mit Abschirmzylinder)

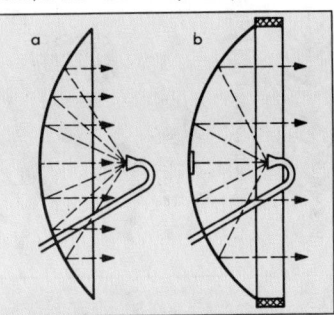

Richtantenne für den Mobilfunkbereich als Dipolantenne mit Winkelreflektor (Corner-Reflektor)

Richtantenne als Oberflächenwellenantenne in Form einer strahlungsgekoppelten Dipolreihe (Yagi-Uda-Antenne) mit Corner-Reflektor

Antennendolche

tor) wird von einem im Brennpunkt angebrachten ↑Hornstrahler „ausgeleuchtet". Die von dem Erreger ausgehenden Strahlen erreichen die Öffnungsebene mit gleicher Phase und verlaufen parallel zur Reflektorachse. Für den Satellitenfunk verwendet man auf Erdfunkstellen ein Mehrspiegelsystem. Aus dem Scheitelpunkt des Primärreflektors heraus wird ein konvexes Rotationshyperboloid (Sekundärreflektor) angestrahlt, in dessen einem Brennpunkt der Strahler angebracht ist, und dessen zweiter Brennpunkt mit dem Brennpunkt des paraboloidförmigen Primärreflektors zusammenfällt.
📖 *Roth, K. H.: A.technik u. Wellenausbreitung. Neubiberg 1984. - Boggel, G. K.: A.technik. Empfangsanlagen für Ton- u. Fernseh-Rundfunk. Hdbg. ²1983. - Stirner, E.: A. Hdbg.* $^{1-2}$*1980–84. 2 Bde.*

◆ die paarigen, sehr verschiedenartig ausgebildeten Fühler am Kopf der Insekten, Krebs-

Antennentypen verschiedener Insekten: 1 borstenförmig (Schabe), doppelseitig gekämmt (Nachtpfauenauge), 3 und 4 keulenförmig (Marienkäfer), 5 blätterförmig (Maikäfer), 6 pfriemenförmig (Eintagsfliege)

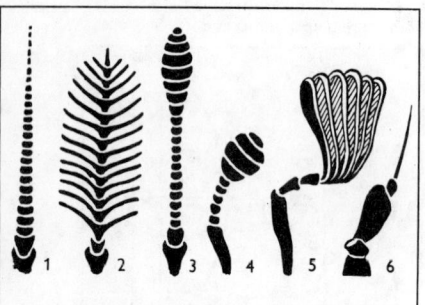

tiere, Tausendfüßer und Stummelfüßer, insbes. Geruchs- und Tastsinnesorgane tragend.

Antennendolche, variantenreiche Typengruppe bronzener und eiserner Dolche mit hufeisenförmigem Griffende; in W-Europa (bes. Spanien und S-Frankr.) wahrscheinl. seit dem 8. Jh. v. Chr.; in Süddeutschland kennzeichnend für die späte Hallstattkultur (6. und 5.Jh.); verwandte Formen auch in O-Europa und Vorderasien.

Antenneneffekt, die meist unerwünschte Abstrahlung oder Aufnahme elektromagnet. Wellen durch leitende Verbindungen innerhalb eines Sende- oder Empfangsgerätes
◆ bei Rahmenantennen (Peilantennen) das Auftreten von gegeneinander phasenverschobenen Empfangsspannungen an den Antennenanschlüssen, wodurch eine Verflachung des für Peilzwecke ausgenutzten Empfangsminimums bewirkt wird.

Antennenfische (Fühlerfische, Antennariidae), Fam. der Knochenfische mit etwa 75 Arten in den Meeren bes. der trop. und subtrop. (aber auch der gemäßigten) Zonen; meist Bodenfische von bizarrer, plumper Gestalt.

Antennengewinn, Maß für die Richtwirkung einer Richtantenne, und zwar das Verhältnis der von der Antenne in der Hauptstrahlrichtung abgestrahlten Leistung zu der Leistung, die ein Kugelstrahler bei gleicher zugeführter Leistung abstrahlen würde.

Antennenschwerter, Typengruppe bronzener Vollgriffschwerter, deren Knaufplatte in beidseitig nach oben eingerollten Enden ausläuft; im 9. und 8. Jh. in M-Europa und Italien verbreitet.

Antennentemperatur, in der Radioastronomie Bez. für diejenige absolute Temperatur einer Radioquelle, die ein ohmscher Widerstand haben müßte, damit er im Empfänger dieselbe Rauschleistung erzeugt wie die zu messende kosm. Quelle.

Antennenweiche, Schaltung für Gegensprechbetrieb bei bewegl. Funkdiensten.
◆ Filteranordnung, die prakt. verlustlosen Anschluß von mehreren Empfängern an eine Antenne bzw. von mehreren Antennen für verschiedene Frequenzbereiche an ein Antennenkabel gestattet.

Antennenwirkungsgrad, das Verhältnis der von einer Sendeantenne abgestrahlten Hochfrequenzleistung (N_a) zu der ihr zugeführten (N_z): $\eta = N_a/N_z$.

Antenor, Bildhauer und Erzgießer aus Athen, wirkte um die Wende des 6./5. Jh. - Erhalten ist eine Kore auf der Athener Akropolis und Giebelskulpturen des Alkmäonidentempels in Delphi (Zuschreibung). Hauptwerk war die Bronzegruppe der Tyrannenmörder Harmodios und Aristogeiton (um 510 v. Chr.).

Antepagmentum [lat.], ringsum unter den Dachrändern hinlaufendes Band von Terrakottaplatten (sie waren auf Holzbrettern befestigt). Die Platten waren reliefiert und/oder bemalt. In Griechenland, Etrurien und bei röm. Bauten. Entspricht dem Geison der Steintempel.

Antependium [mittellat.], ein von der ↑Mensa des Altars herabhängender Behang aus kostbaren Textilien, Stickerei, Wirkerei, bemalter Leinwand, Leder usw., seit dem 4. Jh. üblich. I. w. S. auch der feste *Altarvorsatz* aus Edelmetall bzw. Kupfer, vergoldet oder versilbert mit Emailschmuck (vom 8.–13. Jh., im Barock und Rokoko; z. B. Goldenes A. Kaiser Heinrichs II. aus dem Baseler Münster, heute im Musée de Cluny, Paris), oder Holz (13.–15. und 17./18. Jh.).

ante portas [lat. „vor den Toren"], im Anmarsch, im Kommen.

Anthozyane

Antequera [span. ante'kera], span. Stadt 35 km nnw. von Málaga, 35 000 E. Hauptwirtschaftszweig ist die Textilind. - In der Antike **Antiquaria;** 1410 aus maur. Hand zurückerobert; 1441 Stadtrecht. - Santa María la Mayor (1514-50), Reste einer maur. Zitadelle. Nördl. von A. megalith. Grabkammern.

Antes, Horst, * Heppenheim a. d. Bergstraße 28. Okt. 1936, dt. Maler, Graphiker und Plastiker. - „Kopffüßler" oder aus anderen Rudimenten bestehende kurze breite Figuren drängen sich auf engem Bildraum. Auch reliefartige farbige Plastik. - Abb. S. 32.

antezedentes Tal [lat./dt.], Bez. für ein Flußtal, das bei aufsteigendem Gebirge seine alte Laufrichtung beibehält dank Tiefenerosion.

• **Antheil,** George [engl. 'æntɪl], * Trenton (N. J.) 8. Juli 1900, † New York 12. Febr. 1959, amerikan. Komponist poln. Herkunft. - Seine Werke sind von den Kompositionstechniken der 20er Jahre (einschließl. Jazz) beeinflußt; u. a. Bühnenmusik, Filmmusiken, Orchesterwerke, Kammer- und Klaviermusik.

Anthelien [griech.], Gegensonnen, eine Haloerscheinung († Halo).

Anthelminthika [griech.], svw. † Wurmmittel.

Anthem [engl. 'ænθəm; zu griech. antíphōnos „dagegen tönend"], in der engl. Musik ursprüngl. svw. † Antiphon, nach der Reformation im 16. Jh. Bez. für geistl. Chormusik in engl. Sprache am Ende des Morgen- und Abendgottesdienstes.

Anthemion [griech.], aus Palmetten, Lotosblüten und Ranken gebildeter Ornamentfries der griech. Baukunst; am ion. Kapitell, auch als Bekrönung von Grabstelen.

Anthemios aus Tralles (Lydien), griech.-byzantin. Mathematiker und Baumeister des 6. Jh. - Erbaute zus. mit Isidoros von Milet im Auftrag Kaiser Justinians 532-37 die † Hagia Sophia in Konstantinopel. - Ein Fragment über Brenn- und Hohlspiegel wird A. zugeschrieben. Er konstruierte Parabeln aus Brennpunkt und Leitlinie und kannte die Fadenkonstruktion von Ellipsen.

Anthemis [griech.], svw. † Hundskamille.

Antheraea [...'rɛːa; griech.], Gatt. der Augenspinner mit zahlr. großen, z. T. für die Seidengewinnung gezüchteten Arten, z. B. † Eichenseidenspinner.

Anthere [griech.], der Staubbeutel des Staubblattes der Blütenpflanzen.

Anthericum [griech.] † Graslilie.

Antheridium [griech.], Geschlechtsorgan der Algen, Moose und Farne, das ♂ Keimzellen ausbildet. - † auch Archegonium.

Anthesteria [griech.], v. a. im alten Athen gefeiertes, doch allen Ioniern gemeinsames dreitägiges Frühlingsfest im Monat Anthesterion (Febr./März).

Anthidrotika (Antihidrotika), Stoffe, die eine übermäßige Schweißabsonderung hemmen oder aufheben, v. a. Atropin.

Anthologia Palatina [nlat.] (Anthologia Graeca), Sammlung griech. Epigramme verschiedenster Dichter von den Perserkriegen bis ins byzantin. MA, angelegt um 980 in Konstantinopel. Ben. nach dem wichtigsten, um 1600 in der Heidelberger Bibliotheca Palatina wiederentdeckten Handschrift („Codex Palatinus"). 13 Bücher liegen heute in der Heidelberger Universitätsbibliothek, das 14. und 15. Buch in der Pariser Nationalbibliothek.

Anthologie [zu griech. anthología, eigtl. „Blütenlese"], Auswahl von Gedichten oder Prosastücken. Für die Anfänge schriftl. Überlieferung spielt die A. eine wichtige Rolle. Frühzeitl. Teilsammlungen liegen häufig späteren Werken zugrunde (z. B. die erschlossene Logienquelle als inhaltl. Vorstufen des Matthäus- und Lukasevangeliums). Bed. A. sind die † Psalmen, die † Hamasas des vor- und frühislam. Bereichs, die † Diwane, für die Antike die Sammlung des Johannes Stobaios (5. Jh.), die „Anthologia Latina" (6. Jh. n. Chr.) und die „Anthologia Graeca" († Anthologia Palatina). A. wurden im Unterricht viel benutzt, u. a. die „Adagia" des Erasmus (1500-33). - A. in dt. Sprache erscheinen erst seit dem 17. Jh. häufiger, im 18. Jh. spielen A. eine bed. Rolle im literar. Leben, z. B. K. W. Ramlers „Lieder der Deutschen" (1766), Herders „Volkslieder" (1778/79), Schillers „A. auf das Jahr 1782".
📖 *Die deutschsprachige A.* Hg. v. *J. Bark u. D. Pforte.* Stg. 1969-70. 2 Bde.

Anthologion [griech. († Anthologie)], eines der liturg. Bücher der Ostkirchen.

Anthomedusen [griech.], svw. † Blumenquallen.

Anthonomus [griech.], svw. † Blütenstecher.

Anthony, Susan Brownell [engl. 'æntənɪ], * Adams (Mass.) 15. Febr. 1820, † Rochester (N. Y.) 13. März 1906, amerikan. Frauenrechtlerin. - Wurde bekannt durch ihren Kampf für die Durchsetzung des Frauenstimmrechts; 1892-1900 Präs. der „National American Woman Suffrage Association".

Anthoons, Willy, * Mecheln 25. März 1911, belg. Bildhauer. - Lebt in Paris (seit 1948). Charakterist. für seine Plastik sind die sanft abgerundeten und geschwungenen Formen. Zielt auf Entmaterialisierungseffekte.

Anthophora [griech.], svw. † Pelzbienen.

Anthophyten [griech.], svw. Blütenpflanzen († Samenpflanzen).

Anthoxanthum [griech.], svw. † Ruchgras.

Anthozyane [griech.], im Zellsaft lösl., chem. einander sehr ähnl., weit verbreitete blaue, violette oder rote wasserlösl. Pflanzenfarbstoffe, deren Farbe durch den pH-Wert des Mediums und das Vorhandensein von Metallionen beeinflußbar ist.

Anthracen

Anthracen (Anthrazen) [griech.], $C_{14}H_{10}$, aromat., aus dem Anthracenöl isolierbarer Kohlenwasserstoff (z. B. im Steinkohlenteer); Ausgangsstoff für die Herstellung von Alizarin- und Indanthrenfarbstoffen; Schädlingsbekämpfungsmittel.

Anthracenöl ↑ Teer.

Anthrachinon [griech./indian.], Oxidationsprodukt des Anthracens, Ausgangsstoff für die Synthese der *Anthrachinonfarbstoffe* (↑ Farbstoffe), die zu den wichtigsten organ. Farbstoffen zählen.

Anthracotherium ↑ Anthrakotherien.

Anthrakoks [griech./engl.], svw. ↑ Carbolux.

Anthrakose [griech.] (Kohlenstaublunge), eine im allg. harmlose Schwärzung der Lunge durch Einatmen von Ruß oder Kohlepartikelchen, die sich mit der Zeit in den Lymphgefäßen der Lunge ablagern, ohne die Lungentätigkeit zu beeinträchtigen.

Anthrakotherien (Anthracotheriidae) [griech.], ausgestorbene, schwerfällige, großen Schweinen ähnl. sehende Paarhufer, die vom Eozän bis ins Pleistozän nachweisbar sind und in S-Asien, Afrika, Europa und N-Amerika verbreitet waren.

Anthranilsäure [Kw.] (o-Aminobenzoesäure), Aminoderivat der Benzoesäure; Rohstoff zur Herstellung von Farbstoffen und Thiosalicylsäure.

Anthrax [griech.], svw. ↑ Milzbrand.

Anthrazit [zu griech. *ánthrax* „Kohle"], hochwertige, gasarme Kohle; Mineralkohle mit höchstem Inkohlungsgrad (rund 95 % Kohlenstoff); Heizwert rd. 35 100 kJ/kg.

Anthrenus [griech.], Gatt. der Speckkäfer; bekannte Arten: ↑ Museumskäfer, ↑ Kabinettkäfer.

Anthrimide [Kw.], Küpenfarbstoffe aus zwei durch eine Iminogruppe verknüpften Anthrachinonresten, z. B. die Indanthrenfarben.

Anthriscus [griech.], svw. ↑ Kerbel.

anthropo..., Anthropo... [griech.], Bestimmungswort in Zusammensetzungen mit der Bed. „Mensch..., zum Menschen gehörend".

Anthropobiologie, Lehre und Wissenschaft von den Erscheinungsformen des menschl. Lebens und von der biol. Beschaffenheit des Menschen. - ↑ auch Anthropologie.

Anthropochoren [griech.], durch den Menschen bewußt (z. B. Kulturpflanzen, Haustiere) oder unbewußt (z. B. Unkräuter, Ungeziefer) verbreitete Pflanzen bzw. Tiere.

anthropogen, durch den Menschen beeinflußt, vom Menschen verursacht.

Anthropogenese (Anthropogenie) [griech.], Entstehung und Abstammung des Menschen.

Anthropogenie, svw. ↑ Anthropogenese.

Anthropogeographie ↑ Geographie.

Anthropoiden (Anthropoidea) [griech.], svw. ↑ Affen.

Anthropologie [griech.], als *philosoph. A.* die Lehre von den Eigenschaften und Verhaltensweisen des Menschen, die ihm unabhängig von seiner (generellen) sozioökonom., soziokulturellen und individuellen phys. und psych. Situation zukommen sollen. Die A. versucht, die Feststellungen der empir. Wissenschaften vom Menschen (Humanbiologie, Tiefenpsychologie, Psychosomatik; Ethologie; Ethnologie; Soziologie, Sprachwissenschaft usw.) mit seinen vielfältigen Determiniertheiten in Einklang zu bringen mit der Behauptung der „Freiheit" und schöpfer. Leistungsfähigkeit des Menschen. Durch den Versuch der wissenschaftl. Absicherung ihrer Thesen unterscheidet sich die moderne A. von früheren, meist theolog. oder metaphys. begründeten Versuchen, das „Wesen" des Menschen zu bestimmen. - Der Begriff A. wird zuerst bei M. Hundt 1501 zum Titel einer philosoph. Disziplin. Unter dem Decknamen „A." vollzieht die Schulmetaphysik zw. dem 16. und 18. Jh. unter Aufnahme von Elementen der Stoa eine Emanzipationsbewegung aus der theolog. bestimmten metaphys. Tradition: Der Mensch wird von der Natur her bestimmt. Das Interesse richtet sich v. a. auf die Natürlichkeit des Körpers, die natürl. Unterschiede der Menschen, Geschlechter, Lebensalter, Temperamente, Rassen. Das ethnograph. und ethnolog. Material der Zeit wird anthropolog. ausgewertet. - Die moderne phi-

Horst Antes, Figur mit Schnecke (1970). Sechsfarbige Lithographie und eingezogener Faden

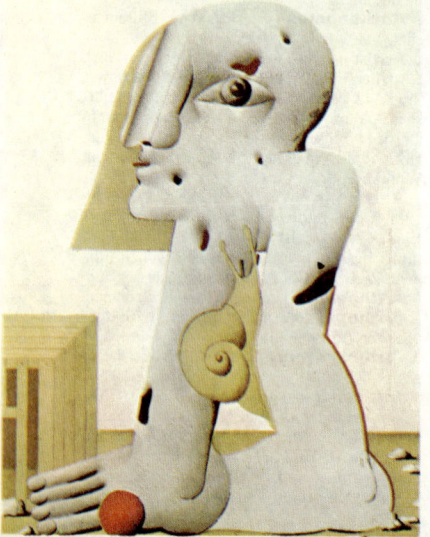

Anthropologie

losoph. A. wird themat. vorbereitet bei Kant und im dt. Idealismus. Durch die „Entdekkung" der Autonomie der moral. Person (Kant) und des Menschen als des Urhebers seiner Geschichte (Hegel) wird der Mensch zum zentralen Gegenstand der Philosophie. Als „pragmat. A." stellt Kant der A. die Aufgabe, auf Grund „gewöhnl. Erfahrung" und anderer Quellen („Umgang" mit Menschen, „Reisen", „Reisebeschreibungen", „Weltgeschichte", Literaturen) zu fragen, „was der Mensch als freihandelndes Wesen aus sich selbst macht und machen kann und soll". Die physiolog. A. schließt er als Gegenstand der Philosophie ausdrückl. aus, wodurch die A. ihr spezif. Gewicht verliert. Für Hegel ist die A. im Vergleich zu seiner Geschichtsphilosophie, die eine Theorie der menschl. Wirklichkeit sein will, als Theorie der menschl. Möglichkeit nur von untergeordneter Bedeutung. In den Geschichtstheorien von Marx und Engels, die den Menschen als Urheber und zugleich Produkt der ökonom. Entwicklung verstehen, ist ebenfalls kein Raum für die Entfaltung der A. - Eine Aufwertung erfährt die A. im Zusammenhang mit der Naturphilosophie Schellings und seiner Schüler. Die sog. Ärzte-A. der Romantik wird zu einem wichtigen Vorläufer der A. der Gegenwart. Feuerbach fordert die „Auflösung der Theologie in A.". Nietzsche findet die für die Beurteilung religiöser Glaubensvorstellungen und moral. Normen notwendigen Kriterien in den biolog. verankerten Wünschen des Menschen. - Die Ausbildung der modernen philosoph. A. mit dem Versuch einer wiss.[-empir.] Begründung vollzieht sich unter Abwendung von der Geschichte und den im 1. Weltkrieg fragwürdig gewordenen Geschichtstheorien: die Natur wird zum Richtpunkt bei der Suche nach den Konstanten des Menschseins. Richtungweisend nimmt M. Scheler das method. Postulat Herders auf, die Eigenart der menschl. Leistung durch Vergleich der Organ- und Instinktausstattung und Umwelt mit des Tieres und seiner Umwelt zu bestimmen. Die Sonderstellung des Menschen kann nach Scheler nur im Zusammenhang mit dem „Aufbau der biophys. Welt" hinreichend bestimmt werden; ähnl. u. a. H. Plessner, N. Hartmann und F. J. J. Buytendijk. Die biol. Untersuchungsergebnisse und Theorien gewinnen folgerichtig unmittelbar philosoph. Gewicht. Scheler gilt vor dem Hintergrund der Untersuchungsergebnisse von J. v. Uexküll über „Umwelt und Innenwelt der Tiere" (1921) als hervorstechendes Unterscheidungsmerkmal des Menschen vom Tier die „Weltoffenheit" und der „Geist", der sie ermöglicht. Biologen führen die Sonderstellung des Menschen, die Entwicklung seines Verstandes und der Kultur auf das „Freiwerden der Hände" (P. Alsberg), die Unspezialisiertheit seiner Organe durch Fixierung auf vergleichsweise frühere phylogenet. Entwicklungsstadien (L. Bolk, 1926) oder als „normalisierte Frühgeburt" (A. Portmann, 1944) zurück. A. Gehlen faßt diese Ergebnisse zus. in dem Versuch, die kulturellen Leistungen des Menschen (Sprache, Technik, gesellschaftl. Institutionen usw.) als Organersatz oder -überbietung zu verstehen. Wegen der mangelhaften Organ- und Instinktausstattung bezeichnet er den Menschen mit Herder als „Mängelwesen", das die Umwelt verändern muß, um zu überleben. Gehlens Folgerung: „Der Mensch ist von Natur Kulturwesen". - Das weithin ungelöste Problem der philosoph. A. ist eine method. gesicherte Synthese der natur- und geschichtsphilosoph. Aussagen über den Menschen und eine überprüfbare, krit. Methode zur Auswertung der Einzelerkenntnisse der empir. Wissenschaften, auf die die A. nicht einfach interpretierend oder synthetisierend aufbauen kann. Die Vernachlässigung der geschichtl. Dimension der menschl. Existenz führt zur ungerechtfertigten Verallgemeinerung und Verabsolutierung von Aussagen über die „Natur" des Menschen und seiner „natürl. Bedürfnisse", wenn z. B. in der Geschichte auffindbare Handlungsweisen und Normen als natürlich oder „allgemein menschlich" qualifiziert und so zur geschichtsunabhängig gültigen Norm erklärt werden.

📖 *Landmann, M.: Philosoph. A. Bln. ⁵1982. - Gehlen, A.: Der Mensch. Seine Natur u. seine Stellung in der Welt. Ffm. ¹²1978. - Kamlah, W.: Philosoph. A. Mhm. u. a. 1973.*

◆ Teilgebiet der *Biologie*, das sich speziell mit dem Menschen beschäftigt. Schwerpunkte dabei einerseits die Erforschung der menschl. Evolution (Abstammung des ↑ Menschen) und das Studium der geograph. Variabilität der heutigen Menschen (↑ Menschenrassen), andererseits das Studium von Wachstum und ↑ Konstitution, einmal im individuellen Bereich, zum anderen unter Berücksichtigung von biolog. (z. B. Geschlecht) und soziolog. Gruppenbildungen (z. B. Sozialgruppen, Land-Stadt-Gruppen). Die A. arbeitet dabei eng mit einer Reihe von anderen wiss. Disziplinen zus., insbes. mit der ↑ Humangenetik. Anthropolog. und humangenet. Erkenntnisse lassen sich in der anthropolog.-erbbiolog. Vaterschaftsbegutachtung prakt. anwenden, durch die Einbeziehung von Blutgruppen, Formmerkmalen von Kopf und Gesicht, Haar- und Augenfarbe, Hautleistensystem u. a. Methoden. Einen breiten Raum in der anthropolog. Methodik nimmt die genaue Erfassung der Form- und Maßverhältnisse des menschl. Körpers ein (**Anthropometrie**), wofür genormte und geeichte Meßinstrumente zur Verfügung stehen (u. a. als Meßstab das **Anthropometer** für die Bestimmung der Körperhöhe, *Gleit-* und *Tastzirkel* für Kopf- und Gesichtsmaße). Bes. Farbtafeln

Anthropometrie

wurden für die Bestimmung von Augen-, Haar- und Hautfarbe entwickelt. Neuerdings werden hierfür auch bes. opt. Geräte (wie das Spektralphotometer) verwendet. Die Erfassung von Formenmerkmalen (z. B. Kopf- und Gesichtsumrißformen, Nasenformen, Haarformen) erfolgt anhand spezieller Bestimmungstafeln. Verschiedene Maße werden oft in Beziehung zueinander gesetzt und ergeben die sog. *Indizes* (z. B. Längen-Breiten-Index des Kopfes: größte Kopfbreite × 100/ größte Kopflänge; Nasenindex: größte Nasenbreite × 100/ Nasenhöhe). Am Skelett lassen sich neben verschiedenen Messungen vielfach auch noch *Alters-* und *Geschlechtsdiagnosen* durchführen, was der prähistor. A. wertvolle Aufschlüsse über Alters- und Geschlechtszusammensetzung frühzeitl. Bev. ermöglicht. Zu den morpholog. Methoden rechnen auch diejenigen der *Daktyloskopie,* also die qualitative und quantitative Bestimmung von Hautleistenmustern, des Handlinienverlaufs usw. Mit zahlr. serolog. und biochem. Methoden werden die verschiedenen Bluteiweiß-, Serumeiweiß- und Enzymgruppen sowie die Varianten des Hämoglobins bestimmt, die für die A. von großer Bed. sind. Die mit den verschiedenen Methoden gewonnenen Beobachtungsdaten sind einer mathemat.-statist. Bearbeitung zu unterziehen, bevor sie ausgewertet werden können. Von bes. Wichtigkeit sind dabei Tests, mit deren Hilfe beobachtete Unterschiede zw. zwei oder mehreren Gruppen auf ihre Signifikanz (statist. Zuverlässigkeit) hin geprüft werden können. Für die Prüfung vermuteter Korrelationen (Beziehungen) zwischen anthropolog. Merkmalen stehen ebenfalls bes. statist. Methoden zur Verfügung, desgleichen für die Analyse genet. Daten (z. B. die Prüfung von Erbgangshypothesen oder die Schätzung der Genfrequenz, d. h. der Häufigkeit, mit der bestimmte Erbmerkmale in einer bestimmten Population auftreten).

Geschichte: Der Begriff „Anthropologie" geht auf Aristoteles zurück, der darunter offenbar die Naturgeschichte des Menschen verstanden hat. Bei einigen griech. Philosophen und Ärzten sind Ansätze anthropolog. Forschung festzustellen. So haben sich z. B. Platon, Aristoteles und Hippokrates bereits mit Fragen der Vererbung beim Menschen auseinandergesetzt, Aristoteles auch mit Fragen der Tier-Mensch-Verwandtschaft. Im MA war das Interesse an der A. und an der Ethnologie gering. Erst mit den Entdeckungsreisen im 16. Jh. wurde der Mensch wieder zum Objekt naturwissenschaftl. Forschung. Von der Mitte des 19. Jh. an entwickelte sich innerhalb der A. ein neuer Zweig, die *Paläoanthropologie.* In der Gegenwart ist eine immer ausgeprägtere biolog.-naturwiss. Konzeption festzustellen, insbes. auch eine starke Hinwendung zur Genetik. Die erste dt. anthropolog. Gesellschaft wurde 1859 gegründet. Um diese Zeit wurde auch der erste Lehrstuhl für A. in München eingerichtet.

📖 *Mühlmann, W.: Gesch. der A. Ffm. ³1984. - A. Hg. v. G. Heberer. Ffm. ⁷1975. – Walter, H.: Grundr. der A. Mchn. u. a. 1970.*

Anthropometrie [griech.] ↑Anthropologie.

Anthropomorphen (Anthropomorphae) [griech.], svw. ↑Menschenaffen.

Anthropomorphismus [griech.], Vorstellung von der Menschengestaltigkeit der Götter in ihrer phys. Erscheinung, in ihren Empfindungen *(Anthropopathismus)* und in ihren Handlungen. Auf A. beruht der *Mythos,* wenn er vom göttl. Wirken nach Art menschl. Verhaltens, wenn auch mit größerer Macht, berichtet. Die griech. Religion hat den A. am stärksten ausgebildet.

Anthroponose [griech.], [Infektions]- krankheit, deren Erreger nur den Menschen befallen und deshalb nur von Mensch zu Mensch übertragen werden können (z. B. Grippe, Typhus). - Ggs. ↑Anthropozoonose.

Anthropophagen [griech.], Menschenfresser.

Anthroposophie [zu griech. ánthrōpos „Mensch" und sophía „Weisheit"], eine Weltanschauungslehre, die R. Steiner nach seinem Bruch mit der ↑Theosophie im Jahre 1913 in einem ersten Vortrag über A. begründete. Die A. sieht die Welt in einer stufenweisen Entwicklung begriffen, die der Mensch einfühlend und erkennend nachzuvollziehen hat, um „höhere" seel. Fähigkeiten zu entwickeln und mit ihrer Hilfe „übersinnl." Erkenntnisse zu erlangen. Sie beruft sich in starkem Maße auf Goethe; sie ist ferner von christl., ind., gnost. (↑Gnosis) und kabbalist. (↑Kabbala) Gedanken beeinflußt. Zentrum der „*Anthroposoph. Gesellschaft*" ist das als „Freie Hochschule für Geisteswissenschaft" unterhaltene „Goetheanum" in Dornach bei Basel. Beachtl. Einflüsse übt die A. auf pädagog. Gebiet mit den von ihrer Gesellschaft ins Leben gerufenen „Freien Waldorfschulen" aus.

📖 *Steiner, R.: A. Eine Zusammenfassung nach 21 Jahren. Dornach ⁵1981.*

Anthropotechnik, umfassende Bez. für die Bestrebungen, techn. Gegebenheiten und Funktionen, insbes. Arbeitsvorgänge, Arbeitsmittel und Arbeitsplätze, den Tätigkeiten und Eigenarten des menschl. Organismus anzupassen.

Anthropozoikum [griech.], Zeitalter der Entwicklung des Menschen bis zur Gegenwart.

Anthropozoonose [griech.] (Zooanthroponose), Infektionskrankheit, deren Erreger vom Tier auf den Menschen übertragen werden können (z. B. Papageienkrankheit, Pest, Rotz, Tollwut).

Anthurium [griech.], svw. ↑Flamingoblume.

Anthus [griech.] ↑ Pieper.
Anthyllis [griech.], svw. ↑ Wundklee.
anti..., Anti..., ant..., Ant... [griech.], Vorsilbe mit der Bedeutung „gegen, entgegen; gegenüber".
Anti-aircraft-weapons [engl. æntɪ-'ɛɑkrɑːft,wɛpənz], Kurzbez. AA-Weapons, engl. Sammelbez. für Waffen zur Bekämpfung von Luftzielen (Flak, Fla-Raketen).
Antialkidas ↑ Antalkidas.
Antiallergika [griech.], Mittel zur Behandlung allerg. Erkrankungen, v. a. ↑ Antihistaminika, ↑ Kortikosteroide, Kalzium, ferner Adrenalin und Noradrenalin.
Antiasthmatika (Antasthmatika) [griech.], Mittel zur Behandlung des Bronchialasthmas; vielgestaltige Medikamentengruppe, insbes. Adrenalin und seine Derivate, Atropin, Spasmolytika wie Papaverin und Theophyllin, ↑ Antihistaminika, ↑ Beruhigungsmittel, ↑ Kortikosteroide.
Antiatlas, Gebirgszug in Marokko, am Rande der Sahara, bis 2 531 m hoch; überwiegend Mittelgebirgscharakter; Kobalterzförderung in *Bou-Azzer*.
antiautoritär, gegen autoritäre Normen gewendet; v. a. für theoret. Einstellungen, soziale Verhaltensweisen und gesellschaftl. Einrichtungen verwendet. Als a. Verhalten kann eine zielbezogene Veränderung [autoritär] geltender gesellschaftl. Normen verstanden werden; Mittel, diese Veränderung herbeizuführen, sind z. B. a. Kindergärten, Aufklärung (Propaganda, krit. Bewußtmachung) über bestehende gesellschaftl. Normen und deren Funktion; „a." wurde in den 1960er Jahren in diesem Zusammenhang v. a. von Vertretern der sog. neuen Linken gebraucht; selten als wiss. Fachausdruck verwendet.
Antibabypille (Anti-Baby-Pille) [...'be-:bi...], volkstüml. Bez. für ein oral einzunehmendes empfängnisverhütendes Mittel in Pillenform (↑ Empfängnisverhütung).
Antibalkan ↑ Sredna gora.
Antibari ↑ Bar.
Antibasen ↑ Säure-Base-Theorie.
Antibes [frz. ã'tib], südfrz. Seebad und Hafen, 18 km sw. von Nizza, Dep. Alpes-Maritimes, 63 000 E. Fremdenverkehr (Tauch- und Wassersport; Seewasseraquarium, Kasino); Museum (Picasso-Sammlung). Zentrum eines Blumenzuchtgebiets (v. a. Rosen); Parfüm-, Konserven- und keram. Ind. - Die griech. Kolonie **Antipolis** (gegr. 340 v. Chr.) erhielt als erste Stadt Galliens durch die Römer das Recht ital. Prov.städte. Im 9. Jh. zerstört. Bischofssitz etwa 400–1244. - Château Grimaldi (16. Jh.; Turm 14. Jh.); das sternförmige Fort Carré ist ein klass. Festungsbau.
Antibes, Kap [frz. ã'tib], Kap an der frz. Mittelmeerküste; Schiffahrts- und Napoleon-Museum; botan. Garten.
Antibiose [griech.], von Mikroorganismen ausgehende wachstumshemmende oder abtötende Wirkung durch giftige Stoffwechselprodukte auf andere Mikroorganismen.

Antibiotika [griech.], von Mikroorganismen, v. a. von Schimmelpilzen (Penicillin, Griseofulvin), Strahlenpilzen (Tetrazyklin, Chloramphenikol), sowie von Bazillen (Bacitracin) gebildete Stoffwechselprodukte und ihre auf chem. Wege hergestellten Abwandlungsformen. - Die A. wirken durch antibakterielle Mechanismen (v. a. Stoffwechselstörungen) wachstumshemmend oder abtötend auf bestimmte krankheitserregende Mikroorganismen. Ein Antibiotikum kann spezif. gegen einen oder unspezif. gegen viele Erregerstämme *(Breitband-A.)* wirksam sein. - Seit der Einführung des Penicillins (Entdeckung 1929 durch A. Fleming) sind mehrere Tausend antibiot. wirksamer Substanzen geprüft worden. Derzeit befinden sich etwa 20 A. zur Behandlung von Infektionskrankheiten im Einsatz. Zu den vielseitigen A., teils mit sehr breitem Wirkungsspektrum, gehören u. a. Bacitracin, Chloramphenikol, Kanamyzin, Streptomyzin, die Tetrazykline sowie einige A. mit spezielleren Wirkungsbereichen wie z. B. Neomyzin, Oleandmyzin und Polymyxin. Gegen Pilzerkrankungen ist bes. Griseofulvin wirksam. - Die Behandlung von Infektionskrankheiten mit A. hat auch Nachteile. So entwickelte sich bei langfristiger Behandlung mit A. häufig eine spezif. Unempfindlichkeit oder Resistenz der Krankheitserreger gegen das betreffende Mittel. Bei manchen Menschen tritt im Verlauf der A.therapie eine allerg. Reaktion auf, die bei erneuter A.gabe durch einen ↑ anaphylaktischen Schock zum Tod führen kann. - A. werden auch in der Tierernährung, insbes. bei der Aufzucht von Jungtieren, sowie in kleinen Mengen zur Konservierung von Lebensmitteln verwendet.
 Simon, C./Stille, W.: A.-*Therapie in Klinik u. Praxis.* Stg. ⁶1985. - *Walter, A. M./Heilmeyer, L.:* A.-*Fibel.* Hg. v. H. Otten u. a. Stg. ⁴1975.

Antiblockiersystem ↑ Bremsschlupfregler.
antichambrieren [zu frz. antichambre „Vorzimmer"], ein Gesuch, ein Anliegen durch wiederholte Vorsprachen (im „Vorzimmer", z. B. einer Behörde) durchzubringen versuchen.
Antichlor, Stoff, der Reste von Chlor nach der Chlorbleiche von Textilien, Papier u. a. reduziert und dadurch unschädl. macht, z. B. Natriumthiosulfat.
Antichrist, aus dem N. T. (1. Joh. 2, 18 und 22; 4, 3; 2. Joh. 7) übernommene Vorstellung von einem Gegenspieler Christi, dessen Auftreten zu Beginn der Endzeit und vor der Wiederkunft Christi erwartet wurde. In der frühchristl. Spekulation wurde der A. als eine Verkörperung des Satans angesehen, die gele-

gentl. mit einer geschichtl. Persönlichkeit, z. B. mit dem röm. Kaiser Nero identifiziert wurde. Verschiedene reformator. Bewegungen des MA und auch Luther sahen im Papst den A. - Der A. war vom ↑Muspilli bis in die Reformationszeit Thema zahlr. apokalypt. Dichtungen.

Anticodon, in der Molekularbiologie die einem entsprechenden ↑Codon der Messenger-RNS komplementäre, diesem Codon sich anheftende Nukleotiddreiergruppe (Triplett) der Transfer-RNS; wichtig beim Aufbau der artspezif. Proteine (↑Proteinbiosynthese).

Anti-Corn-Law-League [engl. 'æntɪ'kɔːn'lɔːˌliːg „Antikornzollverein"], 1838 in Manchester gegr. Verein zur Abschaffung der Getreidezölle und Durchführung des Freihandels; erreichte unter Führung von R. Cobden 1846 die Beseitigung der Kornzölle.

Anticosti Island [engl. æntɪˈkɔstɪ ˈaɪlənd], kanad. Insel an der Mündung des Sankt-Lorenz-Stromes, etwa 230 km lang und 50 km breit, bewaldet, an der Küste wenige Farmen; Hauptsiedlung ist der Fischereihafen *Port Menier*. - Entdeckt 1534 von J. Cartier, 1680 von Ludwig XIV. an Jolliet verliehen, blieb bis 1763 Eigentum seiner Erben; seit 1774 zu Kanada.

Antidepressiva [griech./lat.], Mittel mit vorwiegend stimmungshebender und antriebssteigernder Wirkung zur Behandlung von körperl.-seel. Erschöpfungszuständen und Depressionen.

Antidiabetika [griech.], Mittel zur Behandlung des ↑Diabetes mellitus.

Antidiarrhoika [griech.] (Stopfmittel), stopfende Arzneimittel, u. a. medizin. Kohle, zur Behandlung von Durchfällen.

Antidot [griech.], svw. ↑Gegengift.

Antidröhnbeläge, im Maschinen-, Schiff- und Kraftfahrzeugbau verwendete Beläge aus Kunststoffen oder Anstrichmitteln, die das Dröhnen von Blechen oder Maschinenteilen, die starken mechan. Erschütterungen ausgesetzt sind, vermindern sollen.

Antidumpingzoll [...ˈdampɪŋ...], Art des Abwehrzolls zur Neutralisierung eines ausländ. ↑Dumpings auf dem Inlandsmarkt.

Antiemetika [anti-e...], Mittel gegen Erbrechen.

Antienzyme [anti-ɛ...] (Antifermente), spezif. Eiweißstoffe (Antikörper), die sich bei durch Injektion zugeführten artfremden Enzymen im menschl. und tier. Organismus nach und nach bilden und durch Zusammenlagerung mit dem fremden Enzymmolekül dessen Wirksamkeit stark herabsetzen oder aufheben.

Antiepileptika [anti-e...; griech.] (Antikonvulsiva), Medikamente, die durch Erhöhung der Krampfschwelle des Zentralnervensystems das Auftreten von Krampfanfällen v. a. bei Epilepsie verhindern oder deren Ablauf mildern.

Antifaschismus, urspr. Bez. für jede Art von Opposition gegen den italien. Faschismus (so ab 1924 durch die Aventinianer; später v. a. durch linke Emigranten aus dem Exil), dann für den Widerstand gegen die faschist. Regime bis 1945 bzw. danach gegen die [neo]-faschist. Systeme und Bewegungen. Internat. polit. Bed. erhielt der A. durch die nat.-soz. Machtergreifung 1933. Im Span. Bürgerkrieg kam es erstmals zu einer polit.-militär. Koalition einer Vielzahl polit. Gruppen im Zeichen des A. („Internat. Brigaden"). Während des 2. Weltkriegs kämpften die Widerstandsbewegungen vielfach mit der Parole des A. (oder *Antinazismus*), wobei die Gegnerschaft gegen die Achsenmächte bzw. das Dt. Reich die inneren polit.-sozialen und weltanschaul. Widersprüche überdeckte. Ideolog. ausgeweitet, wurde A. Bez. für eine polit. Doktrin, die v. a. von der Komintern bzw. den kommunist. Parteien in der Zwischen- und Nachkriegszeit entwickelt und propagandist. verfochten wurde und zunächst eine „Einheitsfront von unten" in der Auseinandersetzung mit der faschist. wie den bürgerl. und sozialdemokrat. Parteien sollte, später in Zusammenarbeit mit letzteren gegen den Faschismus zugleich takt. Werkzeug zur kommunist. Machtübernahme war.

⌑ *Amendola, G.: Der A. in Italien.* Dt. Übers. Stg. 1977. - *Komintern u. Faschismus. Dokumente zur Gesch. u. Theorie des Faschismus.* Hg. v. T. Pirker. Stg. 1965.

antifaschistisch-demokratische Ordnung, nach der in der DDR herrschenden Ideologie die 1945–49 durch die „antifaschist.-demokrat. Revolution" in der damaligen SBZ geschaffene Staats- und Gesellschaftsverfassung.

Antifer, Kap [frz. ɑ̃tiˈfɛːr], Kap in N-Frankr., 22 km nördl. von Le Havre, 110 m hoch; Erdöltiefwasserhafen.

Antifermente, svw. ↑Antienzyme.

Antiferromagnetismus, magnet. Verhalten gewisser kristalliner Stoffe, bei denen die magnet. ↑Suszeptibilität (Maß für die Magnetisierbarkeit im äußeren Magnetfeld) zunächst bis zu einer bestimmten Temperatur T_N (*Néel-Temperatur*) ansteigt, um dann bei weiterer Temperatursteigerung wieder abzusinken. Dieses Verhalten ist wie folgt zu erklären: Bei sehr tiefen Temperaturen sind die mit den Spins der Elektronen gekoppelten magnet. Dipolmomente eines Kristalls paarweise antiparallel ausgerichtet und damit wirkungslos (im Ggs. zum ↑Ferromagnetismus). Mit steigender Temperatur wird diese Ordnung durch die Wärmebewegung gestört und bricht schließl. bei der Néel-Temperatur zusammen.

Antifouling [engl. ˈæntɪˈfaʊlɪŋ], Deckanstrich des Schiffs unterhalb der Wasserlinie, der den pflanzl. und tier. Bewuchs der Außenhaut verhindert.

Antigua und Barbuda

Anti-g-Anzug, Spezialanzug für Piloten und Raumfahrer; enthält z. B. in den Beinteilen Luftkissen, die bei starker Beschleunigung in Richtung der Körperachse aufgeblasen werden und dadurch eine Blutansammlung in den Beinen und Blutleere im Kopf verhindern.

Antigen-Antikörper-Reaktion, wichtigste ↑Immunreaktion. Sie wird ausgelöst, wenn im Blutserum ein freies ↑Antigen mit seinem spezif. ↑Antikörper zusammentrifft. Da an der Oberfläche der Antikörper mindestens zwei Haftstellen existieren, die gegen das Antigen, das im Ggs. dazu polyvalent ist, gerichtet sind, bildet sich ein Antigen-Antikörper-Geflecht. Die A.-A.-R. mit gelösten Antigenen führt zu einer ↑Präzipitation. Bei zellgebundenen Antigenen äußert sie sich in ↑Agglutination. A.-A.-R. können z. B. im lebenden Organismus durch Neutralisation von Toxinen (organ. Giftstoffen) Krankheiten heilen oder verhindern; sie können jedoch auch Krankheiten auslösen (z. B. Allergien).

Antigene, Substanzen, die im Körper von Menschen und Tieren eine Immunreaktion hervorrufen (Immunantwort). Dies geschieht durch die Bildung von ↑Antikörpern gegen das Antigen oder durch das Verhalten bestimmter Blutzellen (Immunozyten; zelluläre Immunantwort). A. bestehen meist aus Aminosäuren und Kohlenhydraten. Man unterscheidet zw. Hetero-, Iso- und Autoantigenen. *Hetero-A.* lösen nur in artfremden Individuen eine Immunantwort aus (z. B. Krankheitserreger oder ihre Produkte). *Iso-A.,* z. B. die an die Blutkörperchen gebundenen Blutgruppen-A., können eine Immunantwort bei Individuen der gleichen Art auslösen, wenn diesen das entsprechende Antigen fehlt. *Auto-A.* sind körpereigene Stoffe, gegen die eine Immunantwort entsteht, wenn der Körper diese Stoffe nicht mehr als körpereigen (sondern als Antigene) erkennt (Durchbrechung der Immuntoleranz, ↑Antigen-Antikörper-Reaktion).

Antiglobulintest, svw. ↑Coombs-Test.

Antigone, Gestalt der griech. Mythologie. Tochter des Ödipus, des Königs von Theben, und der Iokaste. Begleitet ihren blinden Vater in die Verbannung. Nach dessen Tod nach Theben zurückgekehrt (so die bekannteste Version), bestattet sie gegen das Verbot ihres Onkels ↑Kreon, des neuen Königs von Theben, den Leichnam ihres Bruders Polyneikes, der als einer der ↑Sieben gegen Theben im Zweikampf mit ihrem anderen Bruder Eteokles gefallen ist; zur Strafe wird A. lebendig eingemauert. Dramat. Bearbeitungen des A.stoffes schufen u. a. Sophokles, Euripides, J. Racine, W. Hasenclever, J. Cocteau, J. Anouilh. Neuere Opern von A. Honegger (Text von J. Cocteau, UA 1927) und C. Orff („Antigonae", Text von Hölderlin nach Sophokles, 1949).

Antigonos, Name von Herrschern:
Judäa:
A. II. Mattathias, † Antiocheia 37 v. Chr., König und Hoherpriester (seit 40). - Letzter Hasmonäer; eroberte 40 Jerusalem; nach dem Sieg Herodes I. auf röm. Befehl hingerichtet.
Makedonien:
A. I. Monophthalmos („der Einäugige"), * um 384, ✕ Ipsos (Inneranatolien) 301, König (seit 306). - Als Feldherr Alexanders d. Gr. nach dessen Tod Statthalter von Großphrygien, Lykien und Pamphylien; sein Streben nach Wiederherstellung der Reichseinheit brachte ihn in Gegensatz zu anderen Diadochen, gegen die er mit seinem Sohn Demetrios Poliorketes kämpfte; seine Nachfolger hießen **Antigoniden,** ihr Reich **Antigonidenreich.**

Antigua [engl. æn'ti:gə], Insel im Bereich der Kleinen Antillen, 20 km lang, 16 km breit; überwiegend flach, nur im SW auf 403 m ü. d. M. ansteigend (Boggy Peak); Hauptort Saint John's. Das trop. Klima ist durch Seewind gemildert. Amerikan. Stützpunkt. - 1493 von Kolumbus entdeckt.

Antigua Guatemala [span. an'tiɣṷa ɣṷate'mala] (auch Antigua), Hauptstadt des guatemal. Dep. Sacatepéquez, 20 km westl. von Guatemala, von drei Vulkanen umgeben, 1 530 m ü. d. M., 18 000 E. Museen; Handelsplatz für Kaffee und Zucker; Textilind.; Likörfabrik; bed. Fremdenverkehr. - 1527 an der Stelle des heutigen Ciudad Vieja gegr., 1541 durch Vulkanausbruch und Erdbeben zerstört, 1543 als **Santiago de los Caballeros de Guatemala** an der heutigen Stelle angelegt; im 18. Jh. eine der bedeutendsten Städte Lateinamerikas mit Univ. und Druckerei (seit 1660). 1773 und 1976 zerstörten Erdbeben die Stadt. - Zahlr. Ruinen prächtiger Gebäude des 17./18. Jh., u. a. Kathedrale (1663-80), Ayuntamientopalast (1743), Kirche La Merced (um 1760) - Abb. S. 38.

Antigua und Barbuda

[engl. æn'ti:gə, ba:'budə], Staat im Bereich der Westind. Inseln, umfaßt die Inseln Antigua, Barbuda und Redonda. **Fläche:** 442 km². **Bevölkerung:** 78 000 E (1983), 176 E/km². **Hauptstadt:** Saint John's. **Amtssprache:** Englisch. **Nationalfeiertag:** 1. Nov. (Unabhängigkeitstag). **Währung:** Ostkarib. Dollar (EC$). **Internat. Mitgliedschaften:** UN, Commonwealth, CARICOM. **Zeitzone:** MEZ-5 Std.

Landesnatur: Die unbewohnte Insel Redonda (2 km²) ist vulkan. Ursprungs, Barbuda (161 km²) ist aus Kalken aufgebaut wie auch fast ganz Antigua (280 km²). Hier finden sich im SW der Insel vulkan. Gesteine, die deren höchste Erhebung (403 m) bilden. Es herrscht trop. Klima (Regenzeit Mai-Nov.).
Bevölkerung: 92 % der E sind Nachkommen schwarzafrikan. Sklaven, 3,5 % Mischlinge.

Antihidrotika

Die meisten Bewohner gehören der anglikan. Kirche an.

Wirtschaft, Verkehr: Wichtigstes landw. Erzeugnis ist die Baumwolle, daneben wird Gemüse und Obst gezogen. Der einst dominierende Zuckerrohranbau wurde 1972 aufgegeben; Hauptwirtschaftszweig ist heute der Fremdenverkehr. Das Straßennetz verfügt über rd. 240 km Haupt- und 720 km nur in der Trockenzeit befahrbare Nebenstraßen; internat. ✈ auf Antigua.

Geschichte: 1956 richtete die brit. Kolonialverwaltung für die Leeward Islands eine eigene Territorialverwaltung ein; das Territorium ging 1958 in der Westind. Föderation auf. Die Selbstverwaltungsverfassung, die A. u. B. 1960 zugestanden wurde, blieb auch nach Auflösung der Föderation 1962 in Kraft. 1967 wurden die Inseln als mit Großbrit. assoziierter Staat Antigua Mgl. der ↑Westindischen Assoziierten Staaten. Am 1. Nov. 1981 wurde A. u. B. ein selbständiger Staat im brit. Commonwealth.

Politisches System: Staatsoberhaupt ist die brit. Königin, die durch einen einheim. Gouverneur vertreten wird. Die Regierung - Premier-Min. und Kabinett - ist dem Parlament verantwortl., das aus dem Senat (10 ernannte Mgl.) und dem auf 5 Jahre gewählten Repräsentantenhaus besteht. Von den gewählten 17 Mgl. des Repräsentantenhauses gehören 16 der Antigua Labour Party an, 1 der Progressive Labour Movement.

Antigua Guatemala.
Kirche La Merced (um 1760)

Antihidrotika, svw. ↑Anthidrotika.
Antihistaminika [Kw.] (Antihistaminkörper), chem. Verbindungen, die durch ihren dem ↑Histamin ähnl. Aufbau dessen Wirkung an den sog. Histaminrezeptoren des Gewebes hemmen, ohne auf seine Bildung oder Freisetzung Einfluß zu nehmen. Die A. werden zur Therapie allerg. Reaktionen angewandt.
antik [lat.], das klass. Altertum betreffend; auch svw. alt, altertümlich.
Antikathode, in einer Röntgenröhre die der Kathode gegenüberstehende positive Elektrode (meist aus Wolfram, Molybdän oder Tantal), an der die von der Kathode ausgesandten und von der Röhrenspannung beschleunigten Elektronen beim Auftreffen abgebremst werden und dabei die Röntgenstrahlung erzeugen. In Teilchenbeschleunigern (Betatron, Synchrotron) ist die A. die Auftreffstelle der Teilchen am Ende der Beschleunigungsstrecke (auch Target genannt).
Antike [zu lat. antiquus „alt"], Bez. für die Zeit des griech.-röm. oder klass. ↑Altertums, das um 1100 v. Chr. beginnt und im 4.–6. Jh. endet. Unter Ausschluß der kret.-myken. Zeit (1900–1100), die gelegentl. auch zur A. gerechnet wird, beginnt die A. nach der illyr.-dor. Wanderung (1250–1050) mit dem sog. griech. Mittelalter (1100–800): Eine erstarkende Aristokratie tritt an die Stelle des Königtums, Ausbildung der Gemeindestaaten (↑Polis). Das Archaikum (800–500) war bestimmt von der griech. Kolonisation (750–550), dem allmähl. Niedergang der Aristokratie, dem Aufkommen einer Schicht von Gewerbetreibenden und Kaufleuten und der

Antikoagulantia

Entstehung der ↑Tyrannis (7./6. Jh.). Etwa Mitte 8. Jh. entstanden die homer. Epen „Ilias" und „Odyssee", um die Wende vom 7. zum 6. Jh. die Lyrik. Das 5. Jh. war die Blütezeit der Polis: innenpolit. durch Entstehung der Demokratie, ihre zunehmende Radikalisierung und (Ende 5., Beginn 4. Jh.) Entartung in Ochlokratie (Pöbelherrschaft), außenpolit. durch Perserkriege und Peloponnes. Krieg gekennzeichnet. In Drama, Geschichtsschreibung, Philosophie, Architektur und Plastik wurden die bis heute klass. Vorbilder erreicht. Im 4. Jh. verfiel die Polis polit. unter den Hegemonien Spartas und Thebens und dem Aufstieg Makedoniens, während die Kultur noch einmal blühte. Der mit Alexander d. Gr. beginnende Hellenismus (336–330) brachte durch die Verschmelzung griech. Gesittung und Geistigkeit mit der der unterworfenen Völker das Zeitalter der griech.-oriental. Weltkultur. - ↑auch griechische Geschichte, ↑griechische Kunst, ↑griechische Literatur, ↑griechische Philosophie.

Rom erlangte nach der Beseitigung des Königtums (500/470) in Kämpfen bis ins 3. Jh. die Vorherrschaft in Italien. Von 264 bis 133 trat Rom durch die Unterwerfung des Mittelmeerraumes in die imperiale und von 133 bis 27 v. Chr. in die revolutionäre Phase seiner Geschichte ein. In der Königszeit unter etrusk. Kultureinfluß, geriet Rom im 3. und 2. Jh. unter zunehmenden kulturellen Einfluß der Griechen, formte aber das griech. Infiltrat röm. um. In republikan. Zeit wurden kulturelle Höhepunkte erreicht. In der von Augustus begr. Kaiserzeit (27 v. Chr. bis 476 n. Chr.) brachte das Augusteische Zeitalter den Höhepunkt der lat. Dichtkunst und Geschichtsschreibung, das 1. Jh. n. Chr. eine beachtl. Blüte, während die größte überzeitl. Schöpfung der Römer, die Jurisprudenz, im 2. und 3. Jh. ihre höchste Entfaltung erlebte. Auf dem Boden des Röm. Reiches erstarkte seit dem 2. Jh. das Christentum, das nach Verfolgungen schließl. toleriert und Ende 4. Jh. Staatsreligion wurde. Seit dem 3. Jh. begann das Reich zu verfallen. - ↑auch römische Geschichte, ↑römische Kunst, ↑römische Literatur, ↑römisches Recht.

Fortleben des A.: Die Auseinandersetzung zw. Christentum und heidn. Kultur führte zu Verschmelzungen, die sich in den Werken von Augustinus, Martianus Capella, Cassiodor, Boethius und Isidor zeigen und auf das MA einwirkten. In der Scholastik wurde die aristotel. Philosophie für die Theologie fruchtbar gemacht. In Literatur und Kunst lebte die A. bes. in der sog. karoling. Renaissance oder Renovatio und in der stauf. Klassik (um 1200) oder Protorenaissance weiter. Tief einschneidend war dann die ganze neuartige Rezeption der A. durch ↑Humanismus und ↑Renaissance. Unmittelbare oder vermeintl. Nachbildungen antiker Formen in

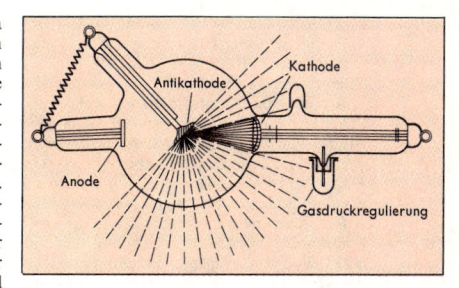

Antikathode in einer Röntgenröhre

Literatur und Kunst stehen neben der Rezeption der Stoffe und Gestalten der antiken Mythologie, Sage, Geschichte und Literatur. Der frz. „classicisme" (17. Jh.) wie die „Weimarer Klassik" (um 1800) berufen sich auf die „klass. A.". Auch der Klassizismus des 19. Jh. meint, die A. in ihrem Geist zu erfassen. 📖 *Der Kleine Pauly. Lex. der A. Hg. v. K. Ziegler u. W. Sontheimer, Mchn. 1986. 5 Bde. - Lamer, H., u. a. Wörterb. der A. Fortgef. v. P. Kroh. Stg. ⁸1976. - Hiltbrunner, O.: Kleines Lex. der A. Bern u. Mchn. ⁵1974. - Das Erbe der A. Hg. v. F. Wehrli. Zürich u. Stg. 1963.*

antikisieren [lat.], nach Art der Antike gestalten; alten Geschmack nachahmen.

Antiklerikalismus, Gegnerschaft gegen den Klerikalismus v. a. als polit.-soziales Phänomen; entstand in der Reaktion auf das Staatskirchentum und den von ihm verbürgten polit.-sozialen Sonderstatus und Einfluß des Klerus; noch heute eine bed. polit. Kraft, v. a. in den roman. (bes. lateinamerikan.), aber auch in den kommunist. Ländern. - ↑auch Kulturkampf.

Antiklinale (Antikline) [griech.], in der Geologie ↑Falte.

Antiklopfmittel, Zusätze zu Vergaserkraftstoffen zur Erhöhung der Oktanzahl bzw. Klopffestigkeit; sind v. a. Methanol sowie metallorgan. Verbindungen (v. a. Bleialkyle) und Metallcarbonyle; die Wirkung der metallorgan. Verbindungen beruht auf der durch therm. Zersetzung erfolgenden Bildung von Radikalen und feinster Metallteile, die mit instabilen Zwischenprodukten reagieren und vorzeitige Zündung durch Kettenabbruch verhindern; hochwirksam ist *Bleitetraäthyl*, $Pb(C_2H_5)_4$, doch sind Bleiverbindungen in Auspuffgasen gesundheitsschädl.; sie dürfen in der BR Deutschland seit dem 1. Jan. 1976 höchstens mit 0,15 g/l zugesetzt werden.

Antikoagulantia (Antikoagulanzien) [griech./lat.], die Blutgerinnung hemmende Substanzen, z. B. das im Organismus selbst gebildete bzw. aus tier. Geweben gewonnene Heparin und die chem. ähnl. synthet. gewonnenen Heparinoide. A. eignen sich zur schnell

Antikoinzidenz

wirksamen Kurzzeitbehandlung sowie zur Vorbeugung gegen Thrombose und Embolie.
Antikoinzidenz, das Nichtzusammenfallen zweier Ereignisse.
Antikoinzidenzschaltung, elektron. Schaltung mit zwei oder mehr als zwei Eingängen, die ein Signal nur dann weiterleitet, wenn es nicht gleichzeitig mit einem zweiten Signal eintrifft. Verwendet u. a. in Datenverarbeitungsanlagen und in der Kernphysik.
Antikomintern, Organisation zur antikommunist. Propaganda im In- und Ausland (1933–39); eingetragener Verein, prakt. jedoch Instrument des Reichspropagandaministeriums.
Antikominternpakt, Abkommen zw. dem Dt. Reich und Japan vom 25. Nov. 1936 zur Bekämpfung der Komintern und Absicherung der beiderseitigen Politik gegenüber der Sowjetunion; stellte im Vorfeld des 2. Weltkrieges eine Art Bündnis gegen die Sowjetunion dar, hielt aber die Möglichkeit einer eigenständigen Politik des jeweiligen Vertragspartners gegenüber der Sowjetunion offen; Beitritt u. a. Italiens 1937, Mandschukuos, Ungarns, Spaniens 1939; 1941 um 5 Jahre verlängert, zugleich Beitritt weiterer Länder; durch die dt. Kapitulation 1945 aufgelöst.
Antikommunismus, Bez. für (meist) militante geistig-polit. Gegnerschaft zum Kommunismus; in der Zeit des kalten Kriegs exemplar. in der A.kampagne des amerikan. Senators J. R. McCarthy 1950–54 hervorgetreten.
Antikonvulsiva [griech./lat.], svw. ↑ Antiepileptika.
antikonzeptionelle Mittel [griech./ lat./dt.] (Antikonzeptiva), svw. empfängnisverhütende Mittel († Empfängnisverhütung).
Antikörper, bestimmte Serumeiweiße, sog. *Immunglobuline* (Ig), die mit Antigenen reagieren († Antigen-Antikörper-Reaktion). A. werden von bestimmten Zellen (*Immunozyten:* Plasmazellen und Lymphozyten) gebildet. Heute gilt die Annahme, daß es für alle Antigene vorgebildete Zellen mit der Fähigkeit zur Bildung der entsprechenden A. gibt. - A. sind Y-förmig gebaut und bestehen aus vier Polypeptidketten, die durch Disulfidbrücken verbunden sind. Auf den Immunglobulinen sind (ähnl. wie auf den Blutkörperchen die Blutgruppen) bestimmte vererbbare Eigenschaften in Form von Serumgruppen lokalisiert. Seit 1975 werden mit bio- und gentechn. Verfahren *monoklonale A.* (genet. ident. A.) hergestellt. Entartete Lymphozyten (sog. Myelomazellen) werden mit antikörperbildenden Lymphozyten verschmolzen. Diese Hybridome sind fast unbegrenzt lebensfähig und bilden große Mengen des Antikörpers, auf den die Lymphozyten „programmiert" waren.
Antilibanon, Gebirge in Libanon und Syrien, über 100 km lang, im Tall Musa

2 629 m hoch; in den Hochtälern Getreideanbau und Obstkulturen; Weidewirtschaft.
Antillen, außer den Bahamainseln die Inselwelt M-Amerikas, die sich in einem weiten Bogen von Kuba bis nach Trinidad erstreckt und das Karib. Meer vom offenen Atlantik abtrennt; nur Jamaika und die Inseln unter dem Winde liegen innerhalb dieses Meeres. Zu den **Großen Antillen** zählen Kuba, Hispaniola, Puerto Rico und Jamaika. Die **Kleinen Antillen** umfassen die *Inseln unter dem Winde* (von Aruba bis zur Isla de Margarita) und die *Inseln über dem Winde* (von den Jungferninseln bis Trinidad). Im engl. Sprachgebrauch wird die Gruppe von den Jungferninseln bis Marie-Galante *Leeward Islands* genannt, die Gruppe von Dominica bis Grenada *Windward Islands.*
Antillenfrösche (Eleutherodactylus), artenreiche Gatt. der Pfeiffrösche, auf den Westind. Inseln und im übrigen trop. Amerika; meist nur 15–25 mm große Tiere ohne Schwimmhäute. Aus den Gelegen schlüpfen fertig entwickelte Jungfrösche.
Antillenstrom, beständige, relativ warme Oberflächenströmung im N-Atlantik vor den Großen Antillen, bildet mit dem Floridastrom den Golfstrom.
Antilocapra [mittelgriech./lat.], Gatt. der Gabelhorntiere (einzige Art ↑ Gabelbock).
Antilogie [griech.], in der *philosoph. Tradition* (bes. der Skepsis) der Widerspruch, der sich (wie man glaubte) daraus ergibt, daß miteinander unverträgl. philosoph. Aussagen sich gleichermaßen begründen lassen. Die Skepsis folgerte aus dieser Annahme die Notwendigkeit der „Zurückhaltung" im Urteilen.
♦ in der *Logik* der Gegenwart Bez. für eine Aussagenfunktion, die unabhängig von dem Wahrheitswert der Argumente stets den Wert „falsch" ergibt.
Antilogismus [griech.], drei einander widersprechende Aussagen, von denen je zwei die Negation der dritten implizieren.
Antilopen [zu mittelgriech. anthólops, eigtl. „Blumenauge" (Name eines Fabeltiers)], zusammenfassende Bez. für die Unterfam. der Horntiere mit Ausnahme der Rinder und der Ziegenartigen. Zu den A. zählen die Ducker, Böckchen, Waldböcke, Kuh-A., Pferdeböcke, Riedböcke, die Gazellenartigen und Saigaartigen. Die etwa 75 Arten weisen Körperlängen von etwa 50 cm bis 3,5 m und Schulterhöhen von etwa 25 cm (Zwergspringer) bis 1,8 m (Elenantilope) auf. Sie sind in Afrika sowie M- und S-Asien verbreitet. Eine Art (Saiga) dringt bis SO-Europa vor. Die A. leben in kleinen Familienverbänden oder in oft umfangreichen, auch mit anderen Tierarten vergesellschafteten Herden.
Antilymphozytenserum, Abk. ALS, Antiserum zur Unterdrückung von Abstoßungsreaktionen nach Transplantation körperfremden Gewebes. Die im A. enthaltenen

Antimonoxide

Antikörper sind spezif. gegen Lymphozyten gerichtet, die als Träger der zellulären Immunreaktion das Transplantat angreifen. Zur Herstellung des A. wird Blut v. a. von Pferden verwendet, deren Abwehrsystem durch mehrmalige Injektion von Lymphozyten des Transplantatempfängers zur Bildung der gegen diese Zellen wirksamen Antikörper angeregt wurde.

Antimachiavell [...makia'vɛl], Name von Streitschriften gegen Machiavellis „Il principe"; bekannt v. a. die staatstheoret. Schrift des späteren preuß. Königs Friedrich II. (1739 entworfen, 1740/41 anonym erschienen).

Antimachos, * Kolophon (Lydien) um 400, † 348 oder 347, griech. Dichter. - Fragmentar. erhaltenes Werk, schrieb das Epos „Thebais" und die erzählende Elegie „Lyde".

antimagnetischer Stahl (amagnetischer Stahl), Stahl, der auf Grund von Legierungsbestandteilen und Wärmebehandlung unmagnet. ist; häufig als Bau- oder Konstruktionsstahl, z. B. im Schiff- und Elektromaschinenbau, verwendet. - ↑ auch austenitischer Stahl.

Antimaterie, Materie, deren Bausteine (Antiatome) aus den ↑Antiteilchen der Elektronen, Protonen und Neutronen, d. h. aus Positronen, Antiprotonen und Antineutronen aufgebaut sind; A. wäre für sich, nicht jedoch in Gegenwart von normaler Materie existenzfähig, weil die Antiatome beim Zusammentreffen mit normalen Atomen unter Energiefreisetzung († Vernichtungsstrahlung) zerstrahlen.

Antimetaboliten, exogene Stoffe, die die Funktion wichtiger Substanzen des Stoffwechsels beeinträchtigen oder unterbinden, indem sie auf Grund ihrer chem. Ähnlichkeit an die Stelle der Metaboliten treten oder mit wichtigen Stoffwechselprodukten Verbindungen eingehen, die dann im Zellstoffwechsel nicht weiter umgesetzt werden können, z. B. ↑ Antivitamine.

Antiminsion [griech.], in den ostkirchl. Liturgien ein Tuch aus Leinen oder Seide mit einer Darstellung der Grablegung Jesu.

Antimodernisteneid, Eid in Form eines Glaubensbekenntnisses gegen die Lehren des ↑ Modernismus; der A. wurde von Pius X. 1910 für alle kath. Geistlichen vor Empfang der höheren Weihen vorgeschrieben; 1967 abgeschafft.

Antimon [mittellat.], chem. Symbol Sb; Element aus der V. Hauptgruppe des Periodensystems der chem. Elemente (Halbmetall), Ordnungszahl 51, mittlere Atommasse 121,75. A. kommt in mehreren allotropen Modifikationen vor. Die gewöhnl., metallartige Modifikation, das sog. *graue A.,* ist silberweiß, sehr spröde und pulverisierbar. Es hat einen Schmelzpunkt von 630,74 °C und einen Siedepunkt bei 1750 °C; die Dichte beträgt 6,7 g/cm^3. A. wird gewonnen aus den natürl. vorkommenden Oxiden und Sulfiden (Sb_2O_3, Sb_2S_3). In seinen Verbindungen tritt A. drei- und fünfwertig auf. *Verwendung:* Wegen seiner Sprödigkeit wird das Metall normalerweise nur als härtender Bestandteil in Blei und Zinnlegierungen verwendet (Letternmetall, Britanniametall). Viele A.salze sind fast so giftig wie Arsenverbindungen. - Die Weltproduktion an A. ist rückläufig (1974: 74059t, 1984: 50684t). Haupterzeugerländer sind (1984): VR China (13 500 t), Bolivien (9 281 t), Südafrika (7 509 t), UdSSR (6 500 t).

Antimonate [mittellat.], Salze, die sich von den hypothet. Antimonsäuren ableiten, z. B. Kalium[hexahydroxo]antimonat(V), $K[Sb(OH)_6]$.

Antimonblüte (Valentinit, Antimonspat, Weißspießglanz), rhomb., in säuligen Kristallen, häufig in faserigen Aggregaten vorkommendes, farblos bis gelbl. Mineral der chem. Zusammensetzung Sb_2O_3.

Antimonerstarrungspunkt, Fixpunkt der Internationalen Temperaturskala, 630,74 °C, der Schmelzpunkt reinen Antimons.

Antimonhalogenide, Verbindungen des drei- und fünfwertigen Antimons mit den Halogenen (F, Cl, Br, J). Alle A. zeigen gegenüber Wasser eine starke Hydrolyse, sie „rauchen" durch Säureabspaltung meist schon an feuchter Luft.

Antimonialblei [mittellat./dt.], svw. ↑ Hartblei.

Antimonit [mittellat.] (Grauspießglanz, Antimonglanz, Stibnit), wichtigstes Antimonerz (Sb_2S_3); tritt auf in rhomb. Kristallen oder faserigen, strahligen, bleigrauen Aggregaten. Mohshärte 2; Dichte 4,6 bis 4,7 g/cm^3. Fundorte u. a. im Harz, in Jugoslawien, Algerien, Bolivien, Mexiko, China und Japan.

Antimonoxide, Verbindungen des Antimons mit Sauerstoff; *Antimontrioxid (Antimon(III)-oxid),* Sb_2O_3, tritt in der Natur als ↑ Senarmontit und ↑ Antimonblüte auf; als Ampholyt bildet es mit starken Säuren Salze, mit starken Basen Antimonate. *Antimonpent-*

Antimonit

Antimonpigmente

oxid *(Antimon(V)-oxid)*, Sb_2O_5, das Anhydrid der Antimonsäure $H[Sb(OH)_6]$, läßt sich durch Oxidation von Antimon mit konzentrierter Salpetersäure gewinnen.

Antimonpigmente, fein verteilte Antimonverbindungen, die auf Grund ihrer Witterungsbeständigkeit und Deckkraft als ↑Pigmente dienen, z. B. *Antimontrioxid (Antimonweiß)* als Weißpigment für Emails, *Antimonpentasulfid* (↑Antimonsulfide) und *Antimonzinnober* als Rotpigment.

Antimonsilber (Dyskrasit), metall. glänzendes, rhomb. kristallisierendes Mineral der chem. Zusammensetzung Ag_3Sb.

Antimonspat, svw. ↑Antimonblüte.

Antimonsulfide, Verbindungen des Antimons mit Schwefel: *Antimontrisulfid (Antimon(III)-sulfid)*, Sb_2S_3, tritt in der Natur in Form des Minerals ↑Antimonit auf. - Das orangerote *Antimonpentasulfid (Antimon(V)-sulfid)*, Sb_2S_5, dient zur Vulkanisation und zur Färbung von Kautschuk (Goldschwefel, verleiht rubinrote Farbe) und zur Herstellung der Zündmasse für Zündhölzer.

Antimonwasserstoff (Stibin), SbH_3; giftige, selbstentzündl. Wasserstoffverbindung des Antimons; beständiger sind die Alkyl- und Arylderivate des A. der Form SbH_2R, $SbHR_2$, SbR_3, die *Stibine*.

Antimonweiß ↑Antimonpigmente.

Antimonyl-, Bez. der chem. Nomenklatur für die SbO^+-Gruppierung.

Antimutagene, Mutagenen entgegenwirkende, die Mutationsrate herabsetzende Stoffe; z. B. Alkohole (Äthylalkohol, Glycerin), das natürl. vorkommende Enzym Katalase.

Antimykotika [griech.] (antimykotische Mittel), Medikamente zur äußerl. Anwendung v. a. bei Pilzerkrankungen der Haut.

Antineuralgika [griech.], Mittel gegen Nervenschmerzen (Neuralgien).

Antineutrino ↑Antiteilchen.

Antineutron ↑Antiteilchen.

Antinomie [griech.], eine widerspruchsvolle, sowohl wahre als auch falsche Aussage, ohne daß bei ihrer Aufstellung offenkundige Fehler in den Voraussetzungen oder Schlußfolgerungen gemacht wurden. - Kant führt die A. en der reinen und prakt. Vernunft sowie der Urteilskraft auf den dogmat. Gebrauch der Vernunft zurück; sie lassen sich nur durch Vernunftkritik auflösen. Die moderne Auflösung geschieht durch ↑Sprachkritik.

♦ im *Recht:* Gesetzeswiderstreit, Widerspruch zwischen verschiedenen Vorschriften ein und desselben Gesetzes. A. sind durch richterl. Auslegung zu beseitigen.

Antinomismus [griech.], allgemein die Bestreitung und/oder Verwerfung des Gesetzes; in der christl. Theologie die Lehre, die die Gültigkeit und Verpflichtung des Sittengesetzes oder des alttestamentl. Gesetzes für die Christen bestreitet.

Antinous [...no-ŭs] (Antinoos), * Klaudiopolis (Bithynien, Kleinasien) 110, † im Nil 130 (ertrunken), Liebling des röm. Kaisers Hadrian, der ihn als Gott verehren ließ (eigener Kultort, Festspiele).

Antiochia, ein nach A. am Orontes benanntes Patriarchat, das in der alten Kirche eine große theolog. und kirchenpolit. Rolle durch bed. Bischöfe (Ignatius, Theophilos) und die *antiochen. Schule* (Theologen, die sich v. a. mit christolog. Problemen befaßten) spielte. Es umfaßte im 4. Jh. die Reichsdiözese Oriens mit 15 Kirchenprovinzen und rund 220 Bistümern. Heute gibt es mehrere Patriarchate A. von verschiedenen östl. Kirchen: *jakobit., melchit., maronit., syr.-uniert.* Das kath. (latein.) Patriarchat A. ist heute nur noch Titularpatriarchat.

Antiochia, Name hellenist. Städte; berühmt v. a.:

A. in Pisidien (Kleinasien), Fundort lat. Fragmente des Tatenberichtes des Kaisers Augustus.

A. am Orontes (Syrien) ↑Antakya.

Antiochos (Antiochus), Name von Königen der makedon. Dynastie der Seleukiden; bekannt v. a.:

A. I. Soter, * um 325, † 2. Juni 261, König (seit 281). - Sohn von Seleukos I., seit etwa 293 Mitregent; konnte 275 die in Kleinasien eingedrungenen kelt. Galater besiegen; verlor im 1. Syr. Krieg (274–271) Teile Syriens an Ägypten, später noch Pergamon (262).

A. III., der Große, * 242, † bei Susa 4. Juni oder Juli (?) 187, König (seit 223). - Sohn von Seleukos II.; stellte die Herrschaft in Kleinasien und in Medien wieder her; sein großer Feldzug nach O (212–205) führte zu Verträgen mit Parthern, baktr. Dynasten und ind. Fürsten, erreichte aber nirgends vollständige Unterordnung; 192 nach Griechenland gerufen, mußte im Kampf gegen Rom nach Niederlagen 191 und 190 u. a. Kleinasien westl. des Taurus aufgeben.

A. IV. Epiphanes, † in Persien 164, König (seit 175). - Wurde mit Zustimmung Roms König; eroberte 170–168 Ägypten, 168 durch röm. Ultimatum zur Räumung gezwungen; verursachte durch sein Vorgehen gegen die jüd. Gottesverehrung in Jerusalem den Aufstand der Makkabäer.

A. VII. Euergetes Sidetes, * vermutl. Side (Pamphylien) 164, ✕ in Medien 129, König (seit 139 oder 138). - Eroberte und schleifte Jerusalem 134; konnte den Parthern Babylonien und Medien entreißen, 129 mit seiner Armee von ihnen jedoch vernichtet.

Antioquia [span. an'tjokɟa], Dep. in NW-Kolumbien, 63612 km², 3 Mill. E (1973). Hauptstadt Medellín. Das Dep. erstreckt sich vom Río Atrato im W über die W- und Z-Kordillere bis zum Río Magdalena im O, nach NW reicht ein Ausläufer zum Karib. Meer. 40 % des Gebietes sind bewaldet, 23 % werden als Weiden, und 7 % als Ackerland genutzt. Angebaut werden u. a. Mais, Kaffee, Zuckerrohr, Bananen, Bohnen, Reis und Maniok. Kohlenvorkommen werden v. a. im N und S abgebaut, Erdölförderung am Río Magdalena; Gold- und Silberbergbau.

Antioxidanzien (Antioxidantien), Oxidation verhindernde anorgan. oder organ. Zusätze zu oxidationsempfindl. Stoffen (wie Mineralöle, Kautschuk, Kunststoffe); bes. wichtig in der Lebensmitteltechnik. A. sollen bei geringster Konzentration (unter 0,5‰) wirken und keine tox. Eigenschaften haben. *Natürliche A.* sind z. B. Tocopherol in tier. Fetten und Fettemulsionen und Ascorbinsäure (Vitamin C) in Butter, Bier. *Synthet. A.:* Gallate bei Schmalz, Milch und Backwaren.

antiparallel, in entgegengesetzter Richtung parallel verlaufend.

Antipasto, italien. Bez. für Vorspeise.

Antipater (Antipatros), † 43 v. Chr., Leiter der Staatsgeschäfte von Judäa seit 48. - Verdankte seine Stellung persönl. Beziehungen zu Cäsar, teilte das Land unter seine Söhne (u. a. ↑Herodes der Große); vergiftet.

A., * um 400, † 319, makedon. Feldherr und Staatsmann. - Sicherte nach Philipps Ermordung die Thronfolge Alexanders; vertrat ihn während des Persienfeldzuges als Statthalter in der Heimat, konnte 331 den Aufstand unter dem spartan. König Agis III. niederschlagen; besiegte die nach Alexanders Tod 323 aufständ. Griechen 322 bei Krannon; ab 321 Reichsverweser.

Antipathie [griech.], Abneigung (im Ggs. zu Sympathie); der Widerwille eines Menschen, der durch Vorstellung oder Wahrnehmung von Personen, Gegenständen oder Sachverhalten ausgelöst wird, oft unterbewußt oder aus unbestimmten Gründen.

Antipatros ↑Antipater.

Antiperistaltik, Umkehrung der normalen Bewegungsrichtung der ↑Peristaltik glattmuskeliger Hohlorgane (Magen-Darm-Kanal, Harnleiter), deren Inhalt hierbei gestaut, unter Umständen in entgegengesetzter Richtung befördert wird.

Antiphanes, * um 408 (405 ?), † um 330, griech. Komödiendichter. - Gilt als bed. Dichter der mittleren att. Komödie.

Antiphlogistika [griech.], svw. ↑entzündungshemmende Mittel.

Antiphon, * Rhamnus (Attika) um 480, † Athen 411, griech. Redner. - Führender Initiator des oligarch. Putsches 411, Gegner der Demokratie, nach Zusammenbruch der Herrschaft der Vierhundert zum Tode verurteilt und hingerichtet; erhalten sind 15 Reden und einige Papyrusfragmente. Ungeklärt bleibt das Problem, ob es zwei Träger dieses Namens, einen Redner und einen Sophisten, gab, wie man als stilist. Gründen schloß.

Antiphon (Mrz. Antiphonen) [zu griech. antíphōnos „dagegen tönend"], liturg. Gesang der christl. Kirche seit dem 4. Jh., im Vortrag von Psalmen und Hymnen als Kehrvers verwendet, mit dem eine versammelte Gemeinschaft einer Vorsängergruppe antwortet. Neben frei geschaffenen Texten wurden für die A. vielfach auch Bibeltexte verwendet. Im ↑Gregorianischen Gesang werden A. sowohl im Offizium, als auch in der Messe (↑Introitus, ↑Communio) verwendet.

Antiphonar (Antiphonale) [griech.], im MA liturg. Buch der lat. Kirche, das die Antiphonen und Responsorien zu Messe und Stundengebet enthielt; später in der röm. Liturgie auf das Offizium des Tages beschränkt. Das heutige *Antiphonale ... pro diurnis horis* (1912) enthält u. a. auch Psalmen, Hymnen und Gebete.

Antipilling-Ausrüstung, Behandlung von Stoffen mit filmbildenden Substanzen zur Verhinderung der Bildung von Knötchen (↑Pillings) an der Oberfläche von Mischtextilien.

Antipoden [zu griech. antípodes „die Gegenfüßler"], seit Platon Bez. für diejenigen Menschen, die man sich als auf der gegenüberliegenden Erdhälfte lebend dachte (basiert auf der Vorstellung von der Kugelgestalt der Erde).

◆ in der Botanik svw. ↑Gegenfüßlerzellen.

◆ (optische Antipoden, Enantiomere, enantiomorphe Formen), zwei ↑Isomere, die die Polarisationsebene von linear polarisiertem Licht um genau gleich große Beträge, aber in entgegengesetzter Richtung drehen und somit in allen anderen physikal. und chem. Eigenschaften übereinstimmen. Die einzelnen Moleküle der A. sind unsymmetr. (z. B. bei organ. Verbindungen durch Verschiedenheit der an einem zentralen Kohlenstoffatom gebundenen Substituenten); enantiomorphe Moleküle haben spiegelbildl. Strukturen.

Antipodes Islands [engl. æn'tɪpədi:z 'aɪləndz], unbewohnte Inselgruppe sö. von Neuseeland; der Name rührt von der fast entgegengesetzten Lage zu Greenwich her.

Antiproton ↑Antiteilchen.

Antipyretika [griech.], svw. ↑fiebersenkende Mittel.

Antiqua [lat. „die alte (Schrift)"], Bez. für die heute allg. gebräuchl. Buchschrift mit geraden Schäften, runden Verbindungsstrichen und isolierten Lettern. Die erste *A.schrift* wurde in der Renaissance in Venedig von dem Franzosen N. Jensen aus der karoling. ↑Minuskel und der röm. Kapitalis (für die ↑Majuskeln) entwickelt (Ende des 15. Jh.). Die A. setzte sich in den roman. Ländern seit Mitte, in England seit Ende des 16. Jh. durch; in Deutschland zunächst bei lat., seit 1800 auch bei wissenschaftl. Texten, im Zeitungsdruck seit etwa 1930. - ↑auch Fraktur.

Antiquar [lat.; zu antiquus „alt"], Buchhändler, der auf den Antiquariatsbuchhandel spezialisiert ist.

Antiquariat

Antisemitismus. Darstellung einer Judenverbrennung (1493). Holzschnitt

Antiquariat [lat.] (Antiquariatsbuchhandel), der Handel mit [seltenen] alten bzw. gebrauchten Büchern oder mit verlagsneuen Büchern, für die der Ladenpreis aufgehoben ist. Das A. ist oft mit dem ↑Sortimentsbuchhandel verbunden, es ergänzt seinen Bestand durch den Kauf einzelner Werke oder ganzer Bibliotheken, meist von privater Seite. Die einzelnen A. geben A.kataloge und ggf. (auch gemeinsam) Auktionskataloge heraus. Vorläufer des A. gab es schon in der Antike, im MA an den Univ. (bes. in Italien) und auf Messen (bes. in Holland). Auf sie gehen u. a. die Pariser ↑Bouquinisten zurück. Die heutige Form des A. bildete sich erst im 18. Jh. heraus, zuerst in Frankr. und in England, in Deutschland erst im 19. Jh. Man unterscheidet das bibliophile, das wiss. und das sog. moderne Antiquariat. Während das *bibliophile A.* außer antiquar. Büchern (am wertvollsten Erstdrucke) auch alte Handschriften, Inkunabeln, Stiche, Noten, Autographen, Urkunden, Karten, Siegel, Wappen u. a. vertreibt und sich damit in vielen Fällen mit dem Kunsthandel überschneidet, besteht die Hauptaufgabe des *wiss. A.* darin, wiss. Bücher und Zeitschriften, die nicht mehr im Buchhandel erhältl. sind, für einzelne Interessenten oder für wiss. Bibliotheken und Inst. zu beschaffen. Die wiss. A. sind oft spezialisiert. Das *moderne A.* (auch Reste- oder Ramschbuchhandel) vertreibt Restauflagen und Remittenden von den Verlagen.

antiquarisch, alt, gebraucht.

antiquiert [lat.], veraltet, nicht mehr zeitgemäß; altmodisch.

Antiquitäten [lat.], ältere Gegenstände, vorwiegend des Kunsthandwerks, wie Möbel, Schmiedearbeiten aus edlen und unedlen Metallen, Keramik aller Art, Glas, Textilien, Schmuck, Münzen, aber auch Gemälde, dekorative Graphik, Skulpturen und Plastiken; die Gegenstände entstammen hauptsächl. den Epochen von Renaissance bis einschließl. Jugendstil, auch der Art Deco. Der *A.handel* ist Teil des ↑Kunsthandels.

Antirakete ↑ABM.

Antirassismusprogramm (engl. Ecumenical Program to Combat Racism, Abk. PCR), ein 1969 vom Zentralausschuß des Ökumen. Rates der Kirchen verabschiedetes Programm zur Bekämpfung des Rassismus, der Rassendiskriminierung und sozialen Unterdrückung rass. Minderheiten und Mehrheiten in aller Welt. - Ziel des A. ist eine gerechte „Neuverteilung" der sozialen, wirtschaftl., polit. und kulturellen Macht zugunsten der Machtlosen, die als Voraussetzung einer friedl. Weltentwicklung und Weltgemeinschaft erkannt wird. Neben der Erforschung der Formen und Ursachen des Rassismus und der weltweiten Aufklärung über sie mit dem Ziel einer Bewußtseinsänderung und der Entwicklung von Aktionsprogrammen zur Bekämpfung des Rassismus gehört zum A. auch die finanzielle Unterstützung der Befreiungsbewegungen auf *humanitärem* Gebiet. V. a. deswegen wurde das A. von konservativen Kreisen verdächtigt, Gewalt zu unterstützen.

Antireflexbelag ↑Vergütung.

antireflexiv, Eigenschaft einer mathemat. Beziehung, die nicht zw. einer mathemat. Größe und ihr selbst gilt; z. B. ist die Beziehung „kleiner als" ($<$) a., weil nicht gilt $a < a$.

Anti-Revolutionaire Partij [niederl. ɑnti:re:voːlyːtsjoːˈnɛːrə parˈtɛi], Abk. ARP, kalvinist.-konservative Partei in den Niederlanden, 1879 gegr.; seit 1945 erneut Partei der bürgerl. Rechten, seit 1952 wieder an der Regierung beteiligt; schloß sich 1976 mit der Christelijk-Historische Unie und der Katho-

Antisemitismus

lieke Volkspartij zus. zum ↑Christen Demokratisch Appèl.

Antirheumatika [griech.], Mittel zur Behandlung rheumat. Erkrankungen.

Antirrhinum [griech.], svw. ↑Löwenmaul.

Antisemitismus, 1879 von W. Marr geprägter Begriff für Bestrebungen gegen die Juden, insofern irreführend, als nicht die Gesamtheit der semit. Völker gemeint ist. - Die Judenfeindschaft reicht bis in die jüd. Diaspora zurück. Der A. entzündete sich primär an der religiösen und sozialen Absonderung der Juden im Gastland, die die jüd. Minderheiten schon vor der Durchsetzung des Christentums als fremdartig erscheinen ließ; es ins 19. Jh. zielt er auf die konfessionelle und soziale Assimilation der jüd. Minderheit. Seitdem wendet sich der A. v. a. gegen die Bestrebungen zur rechtl. und gesellschaftl. Gleichstellung (Judenemanzipation). Daher muß zw. *traditioneller Judenfeindschaft* (↑Judentum, ↑Judenverfolgungen) und *modernem A.* unterschieden werden. Beide sind sozialpsycholog. als Reaktion auf die religiöse und soziale Sonderstellung der jüd. Gemeinden und das starke innerjüd. Zusammengehörigkeitsgefühl zu erklären. Der A. ist in christl. Kulturen bes. stark hervorgetreten (Überlieferung des N. T.), aber nicht auf diese beschränkt.

Der moderne, rass. A. gewann größeren Einfluß seit dem letzten Drittel des 19. Jh. im Zusammenhang mit der sozialen Umschichtung und mit dem Niedergang des bürgerl. Liberalismus. Die zunächst von J. A. Gobineau entwickelte Lehre von der „Überlegenheit der ar. Rasse" wurde von E. Dühring, H. St. Chamberlain und P. de Lagarde zur pseudowiss. Grundlage des A. fortgebildet und gleichzeitig von antisemit. Agitatoren popularisiert.

Parteibildend wurde der rass. A. in Deutschland und Österreich-Ungarn u. a. in den Bewegungen um A. Stoecker und G. v. Schönerer. Er gewann auch in Frankr. Einfluß und gelangte mit der Dreyfusaffäre auf seinen Höhe- und Wendepunkt. Während in W-Europa die polit. Bed. des A. beschränkt blieb, fand er in Deutschland und Österreich-Ungarn, z. T. durch den Einfluß angesehener Persönlichkeiten, wie H. v. Treitschke, J. Langbehn und R. Wagner, sowie in O-Europa starke Verbreitung und wirkte als Ventil sozialer Verunsicherung insbes. breiter kleinbürgerl. und bäuerl. Schichten; er nahm vielfach antikapitalist. Färbung an. Nach dem 1. Weltkrieg wurde der A. für die Mittelschichten zu einer neurot. Zwangsvorstellung und einem Schlüssel zur Erklärung der sozialen und polit. Strukturkrise. Als ledigl. verschiedene Formen einer planmäßigen, parasitären jüd. Unterwanderung und Zersetzung galten Kommunismus, Sozialismus, Kapitalismus und Liberalismus. In absurd übersteigertem Biologismus wurde vom Einstrom „jüd. Blutes" die psych. und phys. Zersetzung der ar. Völker erwartet. Dieser irrationale A. ist von der völk. und der nat.-soz. Bewegung bewußt ausgenutzt worden, erfaßte jedoch neben konservativen Gruppen auch Teile des kath. Klerus, hingegen nicht die Arbeiterschaft. Die hemmungslose antisemit. Agitation der 1920er Jahre stand im Widerspruch zu der fortschreitenden Assimilation des dt. Judentums. Der A. des NS, einziger fester Bestandteil der nat.-soz. Ideologie und damit

Antisemitismus.
Aufruf zum Boykott von Juden betriebener Geschäfte vom März 1933

Zur Abwehr!

Am 30. Januar 1933 wurde Adolf Hitler, der Führer der deutschen Freiheitsbewegung, zum Kanzler des Deutschen Reiches ernannt. Am 5. März 1933 bekannte sich das deutsche Volk in einer wunderbaren Erhebung zu ihm und zu seinem Befreiungswerk. Er führt

nationale Revolution

schlug das alte System in Trümmer, der Marxismus liegt zerschmettert am Boden, Deutschland geht einem neuen Aufstieg entgegen.

Dieser wundervolle deutsche Freiheitskampf erfüllt den

internationalen Weltjuden

mit Haß und Grimm. Er sieht, daß in seiner Macht in Deutschland zu Ende geht. Er sieht, daß Deutschland kann er keine sowjetjüdische Verbrecherkolonie mehr machen. Jetzt handelt er nach dem Programm, das der jüdische Zionisten-Kongreß Nord im Jahre 1897 in Basel bei einem großen judenkongreß feierlich verkündete – (Auszug aus der 7. Sitzung):

„Sobald ein nichtjüdischer Staat es wagt, uns jüdischen Widerstand zu leisten, müssen wir in der Lage sein, seine Nachbarn in den **Krieg gegen ihn** zu veranlassen.... Als Mittel dazu werden wir die **öffentliche Meinung** zu verhetzen. Diese werden wir mittels der sogenannten „**Großmacht**", **die Presse** in unserem Sinne bearbeiten. Mit ganz wenig Ausnahmen, die gar nicht in Frage kommen, liegt die ganze Presse der Welt in unseren Händen."

Nach einem großartig angelegten Plan hat in diesen Tagen der Jude die öffentliche Weltmeinung gegen Deutschland aufgehetzt. Er bedient sich dazu der Presse, durch die er über seinemaßliche Lügenflut über die Welt erlügt. Kein Verbrechen, keine Schandtat ist ihm zu niederträchtig, er beschuldigt die Deutschen damit.

Der Jude lügt, in Deutschland würden Angehörige des jüdischen Volkes grausam zu Tode gefoltert.

Der Jude lügt, es würden dieses Juden die Augen ausgebrannt, die Hände abgehackt, Ohren und Nasen abgeschnitten, ja, selbst die Leichen würden noch zerstückelt.

Der Jude lügt, es würden in Deutschland selbst jüdische Frauen in grauenvoller Weise geschlet und jüdische Mädchen vor den Augen ihrer Eltern vergewaltigt.

Der Jude verbreitet diese Lügen in derselben Weise und zu demselben Zwecke, wie er dies auch während des Krieges getan hatte. Er will die Welt gegen Deutschland aufwiegeln.

Darüber hinaus fordert er zum

Boykott deutscher Erzeugnisse

auf. Er will damit das Elend der Arbeitslosigkeit in Deutschland noch vergrößern, er will den deutschen Export ruinieren.

Deutsche Volksgenossen!   Deutsche Volksgenossinnen!

Die Schuldigen an diesem wahnwitzigen Verbrechen, an dieser niederträchtigen Greuel- und Boykott-Hetze sind die

Juden in Deutschland

Sie haben ihre Rassegenossen im Ausland zum Kampf gegen das deutsche Volk aufgerufen. Sie haben die Lügen und Verleumdungen hinausgemeldet. Darum hat die Reichsleitung der deutschen Freiheitsbewegung beschlossen, in Abwehr der verbrecherischen Hetze

ab Samstag, den 1. April 1933 vormittags 10 Uhr
über alle jüdischen Geschäfte, Warenhäuser, Kanzleien usw

den Boykott zu verhängen.

Dieser Boykottierung Folge zu leisten, dazu rufen wir Euch, deutsche Frauen und Männer, auf!

Kauft nichts in jüdischen Geschäften und Warenhäusern!

Geht nicht zu jüdischen Rechtsanwälten! Meidet jüdische Ärzte!

Zeigt den Juden, daß sie nicht ungestraft Deutschland in seiner Ehre herabwürdigen und beschmutzen können. Wer gegen diese Aufforderung handelt, beweist damit, daß er auf der Seite der Feinde Deutschlands steht.

Es lebe der ehrwürdige Generalfeldmarschall des Weltkrieges,

Paul von Hindenburg!

Es lebe der Führer und Reichskanzler

Adolf Hitler!

Es lebe das **Deutsche Volk** und das heilige

Deutsche Vaterland!

Zentral-Komitee zur Abwehr der jüdischen Greuel- und Boykotthetze
(gez.: Streicher.)

von großer Bed. für den Zusammenhalt der Bewegung, unterschied sich nur im Grad der Radikalität vom A. der Vorkriegszeit. Nach 1933 ging die NS-Führung den Weg der „gesetzl." Ausschaltung der Juden aus dem öffentl. Leben. Die „Reichskristallnacht" im Nov. 1938 leitete die systemat. wirtsch. Ausschaltung der jüd. Bev. ein. 1942 wurde dann die „Endlösung der Judenfrage" beschlossen. Die Ermordung von 5 $^1/_2$ Mill. jüd. Menschen in den Vernichtungslagern der SS auf Grund einer antisemit. Ideologie, die den Juden als „Untermenschen", als „Parasiten" und Urheber der Weltkriege zum kollektiven Feindsymbol erklärte, war vorbereitet worden durch die terrorist. erzwungene Trennung der jüd. von der übrigen Bev. Nach 1945 ist A. als kollektives Vorurteil keineswegs überwunden, nur in seiner aggressivsten faschist. Form. Dies gilt, in unterschiedl. Maße, für die westl. Nationen (auch für die BR Deutschland, wo rechtsradikal-antisemit. Gruppen in unverhohlener Weise agieren, und Frankr., wie das Synagogenattentat 1980 in Paris gezeigt hat), ebenso für die USA, v. a. aber für die osteurop. Völker. Der Stalinismus hat auch nach dem 2. Weltkrieg den in Osteuropa durch Aufklärung und Liberalismus nur oberflächl. überdeckten, traditionellen A. wiederholt takt. ausgenutzt. - ↑ auch Zionismus, ↑ Philosemitismus.
💷 *Poliakov, L.: Gesch. des A. Dt. Übers. Worms 1977 ff. Auf 8 Bde. berechnet (bis 1985 7 Bde.). - Loewenstein, R. M.: Psychoanalyse des A. Dt. Übers. Ffm. 19. Tsd. 1971. - Reichmann, E. G.: Flucht in den Haß. Die Ursachen der dt. Judenkatastrophe. Dt. Übers. Ffm. ^{7}1969.*

Antisepsis, Infektionsbekämpfung durch chem. Mittel (sog. Antiseptika, z. B. Karbolsäure), bes. bei der Wundbehandlung; heute weitgehend durch ↑ Aseptik abgelöst.

Antiserum, svw. ↑ Heilserum.

Antiskating [...'skɛɪtɪŋ; engl.] ↑ Plattenspieler.

Antisklavereiakte, von der 7. Völkerbundversammlung am 25. Sept. 1926 beschlossene Konvention gegen Sklaverei, Sklavenhandel und Zwangsarbeit; von 55 Nationen, jedoch nicht von der Sowjetunion, Japan und einigen südamerikan. Staaten ratifiziert. Voraus gingen die Antisklavereierklärung des Wiener Kongresses (1815), der Londoner Fünfmächtevertrag (1841), die Kongoakte (1885) und die Brüsseler Generalakte (1889/90); 1956 von den UN erweitert.

Antispasmodika [griech.], an der ↑ glatten Muskulatur krampflösend wirkende Mittel.

Antistatikmittel, Präparate, die die elektrostat. Auflading von Kunststoffen (Folien, Schallplatten, synthet. Fasern u. a.) und damit die Anziehung von Staub sowie die Möglichkeit elektr. Entladungen verhindern sollen. Als A. werden v. a. hydrophile oder grenzflächenaktive Stoffe verwendet; bes. gut geeignet sind Phosphorsäureester, höhermolekulare Fettsäuren und Fettalkohole sowie Polyalkohole.

Antisthenes, * Athen um 455, † um 360, griech. Philosoph. - Schüler des Sokrates und Verfasser zahlr. Schriften (nur fragmentar. erhalten). Im Anschluß an ↑ Prodikos und Sokrates hat er sich um eine Klärung der Sprache und eine Theorie der Prädikation und Definition bemüht.

Anti-Submarine-Weapons [engl. 'æntɪ'sʌbməri:n,wɛpənz], Abk. ASW, Waffen zur Bekämpfung von U-Booten (↑ U-Jagd-Waffen).

antisymmetrische Funktion, eine Funktion F von zwei oder mehr Variablen $(x, y, ...)$, die bei Vertauschung von je zwei Variablen ihr Vorzeichen ändert:

$$F(x, y, ...) = -F(y, x, ...).$$

antisymmetrische Relation (identitive Relation), eine zweistellige Relation R in einer Menge M, bei der für beliebige $x, y \in M$ gilt: Aus xRy und yRx folgt $x = y$. Eine a. R. ist z. B. die Relation $\leq$; aus $x \leq y$ und $y \leq x$ folgt $x = y$.

Antiteilchen, Bez. für das zu jedem Elementarteilchen existierende „Gegen"-Teilchen, das gleiche Masse, gleiche mittlere Lebensdauer, gleichen Spin und gleichen Isospin besitzt, während alle seine übrigen inneren Eigenschaften zwar dem Betrag nach gleich sind, aber entgegengesetzte Vorzeichen haben. Trägt z. B. ein Elementarteilchen eine positive elektr. Ladung, so besitzt sein A. eine gleichgroße negative Ladung. Elektr. neutrale Teilchen lassen sich nicht immer von ihrem A. unterscheiden. Paare von Teilchen und A. entstehen stets bei der Umwandlung von Energie in Masse (↑ Paarerzeugung). Die zur Erzeugung eines Teilchen-Antiteilchen-Paares benötigte Energie muß gemäß der Äquivalenz von Masse m und Energie $W (W = m \cdot c^2,$ c Vakuumlichtgeschwindigkeit) größer als die doppelte Ruheenergie $2 m_0 \cdot c^2$ sein (m_0 Ruhemasse des Teilchens bzw. A.). Treffen ein Teilchen und dessen A. zus., so zerstrahlen sie in Energie (↑ Paarvernichtung). Das A. zu einem Elementarteilchen wird meist durch einen Querstrich über dem physikal. Symbol des Teilchens gekennzeichnet. Die bekanntesten Elementarteilchen und deren A. sind:

Elektron e^-	und Positron e^+
Proton p	und Antiproton $\bar{p}$
Neutron n	und Antineutron $\bar{n}$
Neutrino ν	und Antineutrino $\bar{\nu}$

Antiterrorismusgesetze ↑ Terrorismus.

Antitheater, Begriff, der auf Ionesco zurückgeht, der sein erstes Stück, „Die kahle Sängerin", als „Antistück", als eine „Parodie eines Stückes", bezeichnete (↑ absurdes Theater).

Antithese, in der *Philosophie* svw. Gegenbehauptung, Entgegensetzung, Gegensatz.
◆ in der *Rhetorik* die Gegenüberstellung gegensätzl. Begriffe und Gedanken.
antithetisch [griech.], gegensätzl., Gegensätze enthaltend.
Antithrombin, Stoff, der die Thrombinaktivierung hemmt und bereits gebildetes Thrombin inaktiviert; natürl. Hemmstoff bei der Blutgerinnung.
Antitoxin [griech.], vom Körper gebildetes, zu den Immunstoffen gehörendes Gegengift gegen die von außen eingedrungenen Gifte, v. a. gegen Bakterien; wirksam jedoch nur, solange diese noch nicht an Körperzellen gebunden sind (↑Antikörper).
Antitrinitarier, zusammenfassende Bez. für die Bestreiter der christl. Lehre von der ↑Trinität.
Antitrustbewegung [...trʌst...], Bewegung gegen wirtsch. Machtzusammenballung; entstand in den USA mit dem Verbot der offenen Monopolbildung 1873. Die eigtl. Antitrustgesetzgebung, eingeleitet durch die „Sherman Antitrust Act" (1890), löste alle monopolist. Organisationen zwangsweise auf. Die „Clayton Antitrust Act" (1914) erklärte den unlauteren Wettbewerb als ungesetzl. und verfügte die Errichtung der *Federal Trade Commission* mit der Aufgabe, die Wettbewerbsgesetzgebung auszulegen und anzuwenden. Unter dem Eindruck der Weltwirtschaftskrise zielte die A. auf den Schutz kleinerer und mittlerer Produzenten.
Antitussiva ↑Hustenmittel.
Antivertex, der Gegenpunkt zum ↑Vertex, dem Zielpunkt der Bewegung von Sternhaufen.
Antivitalstoffe, die Gesundheit schädigende Stoffe wie Abgase, Insektizide, Detergenzien.
Antivitamine, Stoffe, die Vitamine inaktivieren. Sie verdrängen die als Koenzyme wirkenden Vitaminkomponenten bestimmter Enzyme aus ihrer Bindung an das Apoenzym und blockieren den Stoffwechsel, indem sie den Platz der Vitamine einnehmen, ohne deren Funktion zu erfüllen. A. finden als Arzneimittel (z. B. Sulfonamide) gegen Bakterien Verwendung.
Antizipation [lat.], *erzähltechn. Verfahren,* auch *film. Mittel:* Vorgriff auf chronolog. spätere Handlungsteile.
◆ in der *Musik: 1.* in der Harmonielehre die Vorwegnahme einer oder mehrerer Töne eines nachfolgenden Akkordes. *2.* Musikal. Verzierung, bestehend in der Vorwegnahme einer Melodienote, wodurch der Wert der vorausgehenden Note vermindert wird.

◆ im *Rechtswesen* allg. Vorwegnahme einer Handlung, die erst später vorzunehmen gewesen wäre. Das zur Bezahlung einer Schuld vor Fälligkeit Geleistete (sog. **antizipierte Zahlung**) kann nicht zurückgefordert werden, wenn die Bezahlung irrtüml. erfolgte.
◆ im *öffentl. Finanzwesen* der Vorgriff des Staates auf erst später fällig werdende Einnahmen i. d. R. durch Aufnahme von Anleihen.
◆ in der *kath. Liturgie* die Vorwegnahme eines Teils des tägl. Offiziums am Nachmittag des vorhergehenden Tages.
◆ in der *Psychologie* des handelnden Menschen die Vorwegnahme oder Erwartung eines bestimmten Ziels bzw. Ereignisses in der Vorstellung bzw. Phantasie, an dem sich das Verhalten orientiert.
Antizipationskredit, Vorfinanzierungskredit in Form eines Kontokorrentkredits.
antizipieren [lat.], vorwegnehmen; vorauszahlen.
antizipierte Zahlung (Zahlung antizipando) ↑Antizipation (Rechtswesen).
antizyklisch, in unregelmäßiger Folge wiederkehrend; gegen eine regelmäßige bzw. erwartete Abfolge gerichtet.
antizyklische Finanzpolitik ↑Finanzpolitik.
antizyklische Konjunkturpolitik ↑Konjunkturpolitik.
Antizyklone ↑Hochdruckgebiet.
Antlia ↑Sternbilder (Übersicht).
Antofagasta, Hauptstadt der chilen. Prov. A., im Großen Norden, Badeort an der Bahía Moreno, 183 000 E. Bischofssitz; Univ. (gegr. 1956); Theater. Fischfang und -verarbeitung; u. a. Erzaufbereitung, Gießereien, Werft, Holzverarbeitung. Hafen, v. a. für den Export von chilen. und bolivian. Bergbauprodukten. An der Carretera Panamericana; internat. ✈. – Entstand im 19. Jh. als Hafen für die damals noch zu Bolivien gehörenden Silber- und Salpeterabbaubetriebe; 1879 von chilen. Truppen besetzt und 1884 an Chile abgetreten.
Antoine, André [frz. ã'twan], * Limoges 31. Jan. 1858, † Le Pouliguen (Loire-Atlantique) 19. Okt. 1943, frz. Theaterdirektor. - A. öffnete der frz. Bühne den Naturalismus. Er gründete 1887 in Paris das Théâtre-Libre, legte 1894 die Arbeit nieder, 1896 Mitdirektor am Odéon, und der 1906–13 leitete (Théatre A.). Später war er v. a. Filmkritiker.
Antoine de La Salle [frz. ãtwandəla'sal] ↑La Salle, Antoine de.
Antoinette [frz. ãtwa'nɛt], im 17./18. Jh. aus dem Frz. übernommener weibl. Vorname, Verkleinerungsform von frz. Antoine (↑Anton).
Anton (Antonius), männl. Vorname lat. Ursprungs (lat. Antonius, altröm. Geschlechtername). Frz. Form: Antoine, italien. Form: Antonio, engl. Form: Anthony.

Anton

Anton, Name von Herrschern:
Braunschweig-Wolfenbüttel:
A. Ulrich, * Hitzacker 4. Okt. 1633, † Salzdahlum bei Wolfenbüttel 27. März 1714, Herzog. - Ab 1685 Mitregent, ab 1704 Alleinherrscher; vielgereister, weltkluger und prunkliebender Barockfürst; pflegte Theater und Musik, schrieb luth. Kirchenlieder, geistl. Oden, dramat. Singspiele sowie bed. Staatsromane.
A. Ulrich, * Bevern 28. Aug. 1714, † Cholmogory bei Archangelsk 15. Mai 1774, Prinz. - Vater des Zaren Iwan VI.; nach dem Sturz seiner Gattin Anna Leopoldowna verbannt.
Lothringen:
A. II., der Gute, * Bar-le-Duc 4. Juni 1489, † ebd. 14. Juni 1544, Herzog (seit 1509). - Besiegte mit frz. und span. Truppen 1525 bei Zabern die aufstänad. elsäss. Bauern; erreichte 1542 die Freistellung Lothringens vom Reichskammergericht und leitete damit die Loslösung seines Landes vom Reich ein.
Navarra:
A. von Bourbon, * 22. April 1518, ✕ Les Andelys 17. Nov. 1562, König (seit 1555). - Vater Heinrichs IV. von Frankr.; seit 1537 Herzog von Vendôme; ab 1548 ∞ mit Johanna von Albret; ab 1556 Herzog von Albret; Hugenottenführer; ab 1560 Generalleutnant des Kgr., trat wieder zum Katholizismus über; befehligte im 1. Hugenottenkrieg das kath. Heer.
Oldenburg:
A. I., * 1505, † Oldenburg (Oldenburg) 22. Jan. 1573, Graf (seit 1529). - Führte 1531 die Reformation ein; verwendete das eingezogene Kirchengut zur Aufrüstung seines Landes; entriß 1547 dem Bistum Münster die 1482 verlorene Herrschaft Delmenhorst. Typ. Herrschergestalt des dt. Frühabsolutismus.
Sachsen:
A. I., * Dresden 27. Dez. 1755, † Pillnitz (= Dresden) 6. Juni 1836, König (seit 1827). - Bruder von Friedrich August I.; urspr. für das geistl. Amt erzogen; seine prokath. Politik erregte solchen Widerstand, daß er 1830 seinen Neffen Friedrich August (II.) als Mitregenten annehmen mußte, der prakt. regierte. 1831 Verabschiedung einer Verfassung.

Antonelli, Alessandro, * Ghemme bei Novara 14. Juli 1798, † Turin 18. Okt. 1888, italien. Architekt. - Die Mole Antonelliana in Turin, 1863 als Synagogenbau begonnen, 1878 ff. turmartig ausgebaut (167 m hoch), hat eine Kuppel über Eisenkonstruktion. Interessant ist auch die Konstruktion der Kuppel von San Gaudenzio in Novara (1875-78).

Antonello da Messina, * Messina um 1430, † ebd. zwischen 14. und 25. Febr. 1479, italien. Maler. - Lernte in Neapel die span. und insbes. die niederl. Malerei kennen. 1475/76 in Venedig, wo seine niederl. Öltechnik aufgegriffen wurde und er seinerseits von Bellini und Piero della Francesca beeinflußt wurde. Niederl. Einfluß zeigt bes. der „Hl. Hieronymus" (London, National Gallery), span. das Triptychon der Madonna del Rosario aus San Gregorio (1473; heute Messina, Museo Nazionale). Seinen neuen Stil zeigen die Kreuzigungen in Antwerpen (1475) und London (1475 oder 1477), der „Hl. Sebastian" (Dresden, Gemäldegalerie), die „Maria der Verkündigung" (Palermo, Galleria Nazionale) und nicht zuletzt die Altartafel für San Cassino (Fragmente in Wien, Kunsthistor. Museum), die Anregung für Bellinis Sacra Conversazione war. Bed. Bildnismaler.

Antonescu, Ion, * Pitești 14. Juni 1882, † Jilava (= Bukarest) 1. Juni 1946, rumän. Marschall und Politiker. - 1933 Generalstabschef des rumän. Heeres. 1937/38 Verteidigungsmin., 1940 von König Karl II. zum Min.präs. mit uneingeschränkten Vollmachten ernannt; erzwang zwei Tage später die Abdankung des Königs zugunsten von dessen Sohn Michael und regierte als „Führer" („conducător") zunächst mit der faschist. Eisernen Garde, nach deren mißglücktem Putschversuch (Jan. 1941) als Militärdiktator; polit. und militär. Anschluß Rumäniens an die Achsenmächte (u. a. Beitritt zum Dreimächtepakt 1940, Eintritt auf dt. Seite in den Krieg 1941); durch eine nat. Opposition 1944 gestürzt, 1946 zum Tode verurteilt und hingerichtet.
A., Mihai, * 1904, † Jilava (= Bukarest) 1. Juni 1946, rumän. Jurist und Politiker. - Seit 1941 polit. tätig; Außenmin. und stellv. Min.präs. unter Ion A.; 1944 verhaftet, 1946 zum Tode verurteilt und hingerichtet.

Antonia, Burg von Jerusalem, an der NW-Ecke des Tempelplatzes auf einer Felserhebung; im jüd. Krieg 66 n. Chr. von den Aufständischen besetzt, 70 von Titus erobert und geschleift.

Antónia, Pico da [portugies. ˈpiku ðɐ ɐnˈtɔnjɐ], zentraler Gipfel der Kapverd. Insel São Tiago, 1 392 m hoch.

Antonianum [lat.] ↑päpstliche Hochschulen.

antoninisch-severische Kunst, die Zeit von 138 bis 235 umfassende Epoche der röm. Kunst (u. a. Antoninussäule [161 ?; Sockel in den Vatikan. Sammlungen], ↑Mark-Aurel-Säule, der Triumphbogen des Septimius Severus, ↑Caracallathermen).

Antoninus Pius (Titus Aelius Hadrianus Antoninus), * Lorium (Latium) 19. Sept. 86, † ebd. 7. März 161, röm. Kaiser (seit 138). - 138 von Hadrian durch Adoption zum Nachfolger ernannt, adoptierte auf dessen Wunsch die späteren Kaiser Mark Aurel und Lucius Verus; seine Regierung war eine Zeit des Wohlstandes; sicherte N-Britannien durch den Antoninuswall (um 142), Germanien und Rätien durch einen neuen, vorgeschobenen Limes (um 155).

Antonioni, Michelangelo, * Ferrara 29. Sept. 1912, italien. Filmregisseur. - Stilbildender italien. Filmschöpfer. Dreht gesellschaftskrit. Filme mit tief pessimist. Grundhaltung, v. a. über die Isoliertheit des Menschen: „Die Freundinnen" (1955), „Die mit der Liebe spielen" (1960), „Die Nacht" (1961), „Liebe 62" (1962), „Die rote Wüste" (1964), „Blow-up" (1965), „Zabriskie Point" (1970), „Beruf: Reporter" (1975).

Michelangelo Antonioni (1968)

Antoniu, Theodore, * Athen 10. Febr. 1935, griech. Komponist. - Einer der profiliertesten Vertreter der modernen griech. Musik; verwendet serielle und aleator. Techniken in ständig neuen, individuellen Abwandlungen.

Antonius, männl. Vorname, ↑ Anton.

Antonius, Marcus, * um 82, † 1. Aug. 30, röm. Feldherr und Staatsmann. - 54-50 im Stabe Cäsars in Gallien, setzte sich für ihn als Volkstribun 50/49 ein. 48/47 Stellvertreter Cäsars in Rom und Italien, 44 mit Cäsar Konsul; geriet nach dessen Ermordung bald in Ggs. zum Senat und zu Oktavian († Augustus); mußte sich im April 43 geschlagen nach Gallien zurückziehen; bildete mit Oktavian und M. Aemilius Lepidus 43-33 das 2. ↑ Triumvirat. Die polit. Gegner wurden geächtet, Cicero wurde ermordet. In der Doppelschlacht von Philippi (42) besiegte A. die Cäsarmörder Brutus und Cassius. Anschließend übernahm er den O des Reiches und baute sich dort eine Machtposition auf; traf 41 erstmals mit ↑ Kleopatra VII. zusammen. Nach Spannungen brach der Konflikt zw. A. und Oktavian 32 offen aus. In der Seeschlacht bei Aktium (31) unterlag A. dem Feldherrn Oktavians, Agrippa. Beging schließl. Selbstmord.

Antonius der Große (A. Abt, A. der Einsiedler, hl., * Kome (heute Keman) in Mittelägypten 251/52, † in der ägypt. Wüste um 356, Einsiedler, Patriarch der Mönche. - Sohn wohlhabender christl. Eltern, zog sich etwa 20jährig in die Wüste zurück, wo sich Schüler um ihn sammelten. Gegen Ende seines Lebens verließ er die Wüste und predigte auf Bitten seines Freundes ↑ Athanasios in Alexandria gegen die Arianer. A. ist nicht Ordensgründer, sondern formte das asket. Leben der Einsiedler zum Anachoretentum um, aus dem dann Pachomius die echte Mönchsgemeinde entwickelte († Anachoreten). - A. wurde Patron gegen ansteckende Krankheiten und wird oft den 14 ↑ Nothelfern zugezählt. Seine Attribute sind das Antoniuskreuz u. das Schwein, das von den Antonitern († Antoniusorden) herzuleiten ist, die als Entgelt für ihre Krankenpflege ihre Schweine frei weiden lassen durften. - Fest: 17. Jan. - In der bildenden Kunst wird A. als Einsiedler dargestellt, im späten MA als Antoniter, später wieder als Einsiedler. Die Versuchungen des hl. A. sind ein oft aufgegriffenes Bildthema. Berühmt ist die Darstellungen des hl. A. von Grünewald auf dem Isenheimer Altar (vollendet 1515).

Antonius von Padua, hl. (Taufname Fernandez), * Lissabon 15. Aug. (?) 1195, † Arcella (= Padua) 13. Juni 1231, Theologe und Prediger, Franziskaner. - Wurde mit 15 Jahren Augustiner-Chorherr und studierte in Coimbra. Hier trat er in den Franziskanerorden ein. Franz von Assisi bestimmte ihn zum ersten Lehrer der Theologie in seinem Orden. 1232 heiliggesprochen; 1946 unter dem Titel „Doctor evangelicus" zum Kirchenlehrer erklärt; Fest: 13. Juni. - Die Verehrung, die bald nach seinem Tode einsetzte, verdrängte z. T. die von Antonius d. Gr. A. gilt als Patron der Liebenden und der Ehe, Helfer gegen Unfruchtbarkeit, Fieber und Viehseuchen, bes. Wiederbringer verlorener Gegenstände. Bildl. Darstellungen finden sich auf einem Altar in Santa Maria in Aracoeli in Rom von B. Gozzoli (um 1449). Die Wunder des A. schildert Donatello in vier großen Reliefs am Hochaltar (1450 geweiht) von San Antonio (Il Santo) in Padua. Tizian malte 1511 ein Fresko mit einem Wunder des A. in der Scuola del Santo in Padua.

Antonius von Pforr, * Breisach am Rhein, † Rottenburg nach 1477, dt. Dichter. - Geistlicher im literar. Kreis der Pfalzgräfin Mechthild. Seine Übertragung (nach einer lat. Fassung) des ind. ↑ Pantschatantra u. d. T. „Das Buch der Beispiele der alten Weisen" fand weite Verbreitung.

Antoniuskreuz ↑ Kreuzformen.

Antoniusorden (Antonianer, Antoniter), 1. **Orden der unierten Ostkirchen**, nach ↑ Antonius d. Gr. benannte Ordensgenossenschaften, gegr. 17.–19. Jh. - 2. **Die abendländ. Antoniter**, auch Hospitaliter vom hl. **Antonius**, 1095 in Saint-Didier (S-Frankreich) zur Krankenpflege gegründet; ihre Satzungen waren denen der Ritterorden nachgebildet. In der Blütezeit des Ordens betrug die Zahl ihrer Niederlassungen mehr als 300. - 1777 wurden die Antoniter mit den Maltesern vereinigt; 1803 verschwand der Orden ganz.

Antonow, Sergei Petrowitsch, [russ. anˈtɔnəf], * Petrograd 16. Mai 1915, russ.-sowjet. Schriftsteller. - Erzählungen über Themen aus den Dörfern und der Arbeitswelt seiner Heimat. In dt. Übers.: „Aljonka" (1960), „Leerfahrt" (1960), „Der zerissene Rubel" (1966).

Antonym [griech.], Gegen[satz]wort oder Oppositionswort; ein Wort, das einem anderen entgegengesetzt ist, z. B. *schwarz* gegenüber *weiß* und umgekehrt.

Antrag, 1. im *Zivilrecht* die einseitige, empfangsbedürftige Willenserklärung, mit der dem Erklärungsempfänger der Abschluß eines Vertrages angeboten wird. Ein A. liegt nur dann vor, wenn die bloße einseitige Annahme des A. für das Zustandekommen eines Vertrags genügt. Kein A. in diesem Sinne, sondern nur eine Aufforderung zur Abgabe eines A. ist die Auslage von Waren im Schaufenster, die Verkaufsanzeige oder der Versandhauskatalog. Wer einem anderen den Abschluß eines Vertrages anträgt, ist an den A. gebunden, bis der andere den A. ablehnt oder die Annahmefrist abgelaufen ist 2. Das an Gericht oder Behörde gerichtete **Ansuchen,** mit dem eine bestimmte Tätigkeit, insbes. eine Entscheidung verlangt wird (z. B. Klage-A.). ◆ der *parlamentar. A.* ist ein schon seit den Anfängen der Geschichte der modernen Parlamente gebräuchl. Mittel zur Herbeiführung eines Beschlusses in einer gesetzgebenden Körperschaft. Nach der Geschäftsordnung des Dt. Bundestages steht ein allg. Recht zur A.stellung den Abgeordneten zu, den Mgl. der Bundesregierung nur in einigen genau festgelegten Ausnahmen. Der A. bedarf jeweils der Unterstützung einer bestimmten, je nach Art des A. verschieden großen Zahl von Abgeordneten. *Formen:* **Selbständige Anträge** sind materiellen Inhalts und erscheinen unabhängig von den anderen Beratungsgegenständen auf der Tagesordnung. **Änderungsanträge** beziehen sich immer auf andere A. und können nur gestellt werden, wenn deren Beratung noch nicht abgeschlossen ist; **Entschließungsanträge** werden in bezug auf andere Tagesordnungspunkte gestellt; **Geschäftsordnungsanträge** dagegen können zu jedem Zeitpunkt der Beratung gestellt werden.

Antragsdelikte, Straftaten, die nur auf Antrag (Strafantrag) des in seinen Rechten Verletzten behördl. verfolgt werden. Zu den A. zählen u. a. Hausfriedensbruch, Verführung Minderjähriger, Beleidigung, leichte vorsätzl. und fahrlässige Körperverletzung sowie der Haus- und Familiendiebstahl. Antragsberechtigt ist z. T. auch der nur mittelbar Verletzte.

Antragsgegner, im Recht derjenige, an den sich ein Antrag (= Angebot) richtet.

Antrazit, sowjet. Stadt im Donbass, 60 km ssw. von Woroschilowgrad, Ukrain. SSR, 67 000 E. Steinkohlenbergbau.

Antrieb, in der *Technik* der auf einen Körper übertragene Impuls. Durch den *mechan. A.* wird der Bewegungszustand des Körpers gegen äußere Widerstände (v. a. Reibung) aufrechterhalten oder verändert (Beschleunigung oder Verzögerung der Bewegung). Dabei wird wegen des Impulssatzes stets ein entgegengesetzt gleich großer Impuls auf irgendwelche Haltevorrichtungen bzw. Unterlagen ausgeübt (z. B. auf die Erde beim A. von Landfahrzeugen und ortsfesten Maschinen). I. w. S. versteht man unter A. auch eine A.maschine, d. h. eine Kraftmaschine, die den mechan. A. für eine Arbeitsmaschine oder ein Fahrzeug liefert. Ebenso versteht man unter A. die Art der Impuls- und Energieübertragung (Kraftübertragung) an Fahrzeugen und Arbeitsmaschinen, z. B. bei Kraftfahrzeugen der Rad- und Kettenantrieb, bei Luftfahrzeugen der Propeller- und [Luft]strahl-A., bei Schiffen der Schrauben-A., bei Raketen der Strahl- oder Reaktionsantrieb. In der Technik weit verbreitete A.arten sind z. B.: der *elektr. A.* (durch Elektromotor), der *hydraul. A.* (durch Hydrauliköl u. ä.) und der *pneumat. A.* (durch Druckluft u. ä.). Der A. kann direkt erfolgen oder mittelbar über starre oder elast. Zwischenglieder (wie Kupplungen, Zahn- und Kettengetriebe, Riemen- und Seiltriebe, Reibungsräder u. a.).

◆ in der *Psychologie* Bez. für die (als Kräfte der Seele gedeuteten) Impulse, die zielgerichtet das Handeln dynamisieren und motivieren: Instinkte, Triebe, Strebungen, Motive, Drang und Wollen u. a. Die A. gelten nach herrschender Auffassung als wichtigste Grundlage des Verhaltens; sie treten meist in Begleitung von Emotionen (Affekten, Gefühlen, Stimmungen) auf. So ist z. B. der Affekt Angst mit dem A. zur Flucht gekoppelt. Doch kann der A. auch durch Fremdeinflüsse (z. B. durch Autorität, Suggestion, Erziehungsmaßnahmen) ausgelöst werden.

📖 *Meves, Ch.:* Werden wir ein Volk von Neurotikern? A. - Charakter - Erziehung. Zürich ³1984.

Antriebsanordnung, [gegenseitige]

Antwerpen. Der Grote Markt mit Patrizierhäusern (rechts) und dem Renaissance-Rathaus

Zuordnung und Gruppierung aller Einzelaggregate einer Maschine, die der Kraftübertragung dienen, z. B. bei Kraftfahrzeugen Anordnung von Motor, Kupplung, Wechselgetriebe, Kardanwelle, Ausgleichsgetriebe, Hinterachswelle, Räder.

Antriebsstörung, in der Psychologie i. w. S. die Abweichung vom normalen Antriebsverlauf; i. e. S. die **Antriebsarmut** als Folge konstitutionsbedingter vitaler oder krankheitsbedingter Schwäche der Antriebe (z. B. bei organ. Hirnschädigungen und Schizophrenie) oder die **Antriebshemmung (-blockierung)** der Antriebe (z. B. bei Depression).

Antriebsstrahl, Bez. für den Düsenoder Schubstrahl von Reaktionstriebwerken (z. B. von Raketen); i. w. S. auch Bez. für den Schubstrahl von elektr., atomaren, photon. Raketentriebwerken; der durch Oxidation erzeugte A. wird auch als *Auspuff-* oder *Reaktionsmassestrahl* bezeichnet.

Antrim [engl. 'æntrɪm], ehem. Grafschaft in N-Irland.

Antrim Mountains [engl. 'æntrɪm 'maʊntɪnz], Plateaubergland an der NO-Küste N-Irlands, im Trostan 554 m hoch.

Antrum [griech.], in der Anatomie Bez. für: Höhle; z. B. *A. mastoideum,* vor der Paukenhöhle des Mittelohrs gelegene Knochenhöhle.

Antrustionen [mittellat.], insbes. im merowing. Frankenreich durch dreifache ↑ Wergeld ausgezeichnete, unmittelbaren Gefolgschaft des Königs gehörende Freie.

Antsiranana (früher Diégo-Suarez), Hafen und Prov.-Hauptstadt im äußersten N Madagaskars, 43 000 E. Handelszentrum mit geringer Ind., ⚓.

Antung ↑ Tantung.

Antunnacum ↑ Andernach.

Antwerpen (frz. Anvers), belg. Hafenstadt am rechten Ufer der Schelde, 88 km oberhalb der Mündung in die Nordsee, 6 m ü. d. M., 185 000 E (Agglomeration 620 000 E). Verwaltungssitz der Prov. A.; Bischofssitz und kultureller Mittelpunkt der Flamen; Univ. (1971 Zusammenlegung der staatl. Univ. [gegr. 1965] und der Fakultät Saint-Ignace [gegr. 1852]), Hochschulen für bildende Kunst sowie für Architektur und Stadtplanung, Inst. für trop. Medizin, Marineakad.; Oper, Konservatorium, zahlr. Museen, u. a. Koninklijk Museum voor Schone Kunsten; Bibliotheken und Archive. Weltwirtsch. Bed. als Handelszentrum (u. a. Diamantenbörse), internat. Umschlagplatz, bestausgerüsteter europ. Containerhafen, Zentrum des Bank- und Versicherungswesens, Ind.standort, u. a. Erdölraffinerien, petrochem. Ind. (BASF u. a.), Automontage, Traktorenwerke, Werften, Bau von Schiffsmotoren, Schwermaschinen, Kränen. Das Hafengebiet hat eine Gesamtfläche von 10 600 ha, die Kais sind 99 km lang. Erschlossen durch gut ausgebautes Straßen- und Eisenbahnnetz sowie zahlr. Binnenwasserstraßen. Voraussetzung für eine Ausdehnung der Stadt auf das linke Ufer war der Bau des Kennedytunnels unter der Schelde (Autobahnanschluß). - 726 erstmals urkundl. erwähnt; 836 von den Normannen zerstört; spätestens 1008 Sitz eines Markgrafen; Ende des 11. Jh. zu Brabant, 1291 Stadtrecht; 1315 Mgl. der Hanse; 1357 burgund. Lehen, 1430 endgültig burgund.; Mitte 16. Jh. reichste Stadt Europas am Kreuzungspunkt der Handelswege von W-Europa in die Ostseeländer und von England nach M-Europa. Niedergang durch span. Unterdrückung der Reformation, durch Plünderung, Brandschatzung und Blockaden in der Auseinandersetzung zw. Spanien und den Niederlanden sowie Schließung der Schelde bis ins 19. Jh. Die moderne Entwicklung von A. begann nach Aufhebung des niederl. Zolls 1863. Im 1. und 2. Weltkrieg von dt. Truppen besetzt. - Got. Kathedrale (1352 ff. mit siebenschiffigem Langhaus), spätgot. Sint-Jakobskerk (1491-1656, mit Grabkapelle der Familie Rubens), Grote Markt mit Rathaus (1561-65) und andern Häusern im Renaissancestil, königl. Palast (1745; Rokoko), Rubenshaus und Steen (Teil der alten Burg).

📖 *Düsterloh, D.:* Rotterdam u. *A. In: Zs. f. Wirtschaftsgeogr. (1973), H. 4.*

Antyllos, griech. Arzt des 2. Jh. n. Chr. - Bes. als Chirurg bekannt (Luftröhrenschnitt, Staroperation).

Anu [akkad.; zu sumer. an „Höchster"], oft menschenfeindl. gedachter Himmelsgott der babylon.-assyr. Religion mit geringer kult. Verehrung, in der Zeit der Seleukiden (4.-1. Jh.) mit Zeus gleichgesetzt.

Anubis, altägypt. Friedhofs- und Totengott, schakalgestaltig oder als Mensch mit Schakalkopf dargestellt, galt als sakraler Herr der Balsamierungshalle. - Abb. Bd. 1, S. 150.

Anubispavian (Grüner Pavian, Papio anubis), Pavianart in den Grasländern und Savannen v. a. Z- und O-Afrikas; Fell olivgrün, bräunl. gesprenkelt.

ANUGA, Abk. für: Allgemeine Nahrungs- und Genußmittelausstellung.

Anunnaki [akkad.; zu sumer. anunna „die aus fürstl. Samen"], die unterird. Götter der babylon.-assyr. Religion.

Anura [griech.], svw. ↑ Froschlurche.

Anuradhapura, Stadt in Sri Lanka, 170 km nnö. von Colombo, 36 000 E. Verwaltungssitz der Nordzentralprovinz; buddhist. Wallfahrtsort. - Im 5. Jh. v. Chr. Hauptstadt der Insel; seit 3. Jh. v. Chr. buddhist. Kultort; zahlr. buddhist. Tempel und Dagobas (Reliquienbehälter); im 8. Jh. aufgegeben, seither allmähl. Verfall; heute Ruinenstätte. - Bed. v. a. die Thuparama-Dagoba (3. Jh. v. Chr.), die etwa 90 m hohe Ruwaweli-Dagoba (2. Jh. v. Chr.); Reste des im 3. Jh. v. Chr. erbauten

Anurie

Felsentempels Isurumunija; 1600 steinerne Pfeiler des sog. Bronzepalastes (2. Jh. v. Chr.); bed. auch die aus dem Felsen herausgehauenen Elefantenreliefs (wohl 7. Jh. n. Chr.), die sog. Mondsteine (5. Jh. n. Chr.), und die sitzende, 2 m hohe Buddhafigur (6./7. Jh. n. Chr.).

Anurie [an-u...; griech.], fehlende Urinausscheidung durch Ausfall der Nierentätigkeit oder Verlegung der ableitenden Harnwege. Andauern einer A. führt zu ↑Urämie und nach 4 bis 10 Tagen zum Tode, wenn nicht z. B. durch Anschluß an eine künstl. Niere eine Blutentgiftung erfolgt bzw. die Abflußbehinderung des Urins beseitigt wird.

Anus [lat.], svw. ↑After.

Anuskiewicz, Richard [Joseph] [engl. ænʊsˈkjɛvɪtʃ], * Erie (Pa.) 23. Mai 1930, amerikan. Maler. - Vertreter der Op-art.

Anvers [frz. ãˈvɛːr] ↑Antwerpen.

Anwachsung, Vergrößerung des Gesellschaftsanteils bei Gesellschaften des bürgerl. Rechts und offenen Handelsgesellschaften, wenn ein Gesellschafter ausscheidet; der Anteil des Ausscheidenden wächst den verbleibenden Gesellschaftern zu. Im Erbrecht die Erhöhung des Erbteils durch Ausscheiden eines Miterben; bei gesetzl. Erbfolge ausgeschlossen.

Anwalt ↑Rechtsanwalt.

Anwaltsgehilfe ↑Rechtsanwaltsgehilfe, ↑Notargehilfe, ↑Patentanwaltsgehilfe.

Anwaltskammer ↑Rechtsanwaltskammer.

Anwaltsprozeß, gerichtl. Verfahren, in dem Anwaltszwang besteht.

Anwaltszwang, Notwendigkeit, sich in einem gerichtl. Verfahren durch einen bei dem Gericht zugelassenen Rechtsanwalt vertreten zu lassen. In *Zivilsachen* besteht vor den Landgerichten und den Gerichten des höheren Rechtszugs A. (§ 78 Abs. 1 ZPO). In *Arbeitssachen* besteht A. vor den Landesarbeitsgerichten und dem Bundesarbeitsgericht (§ 11 Abs. 2 Arbeitsgerichtsgesetz). Vor den Landesarbeitsgerichten ist auch eine Vertretung durch Gewerkschafts- oder Arbeitgebervertreter möglich. In *öffentl.-rechtl. Streitigkeiten* besteht A. nur vor dem Bundesverwaltungsgericht. In *Sozialgerichtssachen* besteht A. nur vor dem Bundessozialgericht. In *Finanzgerichtssachen* besteht in keiner Instanz A. Vor dem *Bundesverfassungsgericht* besteht A. nur in der mündl. Verhandlung. In *Strafsachen* entspricht dem A. die ↑notwendige Verteidigung.

Anwaltverein ↑Deutscher Anwaltverein.

Anwari, Awhadoddin Muhammad, * Badane oder Abiward, † Balkh (Afghanistan) zw. 1168 und 1170, pers. Dichter und Gelehrter. - Galt als einer der größten Astrologen seiner Zeit, beeinflußt von Avicenna. Hofpoet bei dem Seldschukensultan Sandschar in Merw. A. schrieb patriot. Elegien (nach den Ghoss-Einfällen 1153) und bissige Satiren. Er führte die pers. Panegyrik, insbes. die Kasside, zum Höhepunkt. Sein Diwan (10 000 Verse) wurde 1850 herausgegeben.

Anwar Pascha ↑Enwer Pascha.

Anwartschaft, im *Zivilrecht* die rechtl. begründete, jedoch ungewisse Aussicht auf einen zukünftigen Rechtserwerb (bes. im Erb- und Sachenrecht); Aussicht auf künftige Leistungen aus der *Rentenversicherung.* Die A. auf beamtenmäßige lebenslängl. Versorgung führt zur Versicherungsfreiheit in allen Zweigen der Sozialversicherung.

Anwartschaftszeit ↑Arbeitslosenversicherung.

Anweisung, Erklärung, durch die der Anweisende einen Dritten (Angewiesener) ermächtigt, für Rechnung des Anweisenden eine Leistung an den durch die A. Begünstigten (A.empfänger) zu erbringen, und durch die der A.empfänger gleichzeitig ermächtigt wird, die Leistung im eigenen Namen beim Angewiesenen zu erheben (§§ 783 ff. BGB). Häufigste Fälle: gezogener Wechsel, Scheck, Postscheck, Kreditbrief (insbes. Reisekreditbrief). Die Besonderheit der *kaufmänn. A.* (§§ 363–365 HGB) besteht darin, daß sie durch ↑Indossament übertragen werden kann, wenn sie an Order lautet.

♦ im Sinne von Befehl die im Rahmen einer bestehenden Leitungsbefugnis erteilte, verbindl. Anordnung.

Anwerbung, Vermittlung ausländ. Arbeitnehmer durch die Bundesanstalt für Arbeit. Das zuständige Arbeitsamt leitet den Vermittlungsauftrag des Arbeitgebers an die dt. *Anwerbekommissionen* im Ausland weiter, die unter Mitwirkung der dortigen Behörden Arbeitnehmer prüfen und anwerben.

♦ A. eines Deutschen für fremden Wehrdienst; strafbar (3 Monate–5 Jahre Freiheitsstrafe) nach § 109 h StGB.

Anxur ↑Terracina.

Anyang, chin. Stadt in der Prov. Honan, 160 km nö. von Tschengtschou, 200 000 E. Eisenhüttenkombinat, Baumwoll-, Nahrungsmittelind.; nahebei Steinkohlenbergbau. - In der Nähe wurde eine alte Stadt (vermutl. die Residenz der Shangdynastie 1384–1122 v. Chr.) entdeckt mit wuchtigen Toren und reicher Bronzekultur.

Anzahlung, Vorschußleistung auf einen geschuldeten Kaufpreis.

♦ erste Rate eines Abzahlungsgeschäftes.

Anzapfung, in der *Elektrotechnik* Anschlußpunkt eines elektr. Bauteils an irgendeiner Stelle (z. B. als Anschlußpunkt einer Transformatorenwicklung).

♦ durch rückschreitende Erosion bedingtes Eingreifen eines Flusses in das Tal eines anderen Flusses.

Anzeichen, svw. Symptom (↑Krankheitszeichen).

Anzeige, (Annonce, Inserat) eine für die Allgemeinheit oder einen Kreis von Interessenten bestimmte Bekanntmachung privater, geschäftl. oder amtl. Art, die in einem Druckwerk, das eigtl. einem anderen Zweck dient, dem sog. *A.träger* (Zeitungen, Zeitschriften, Adreßbücher, Kalender, Kataloge, u.a.), veröffentlicht wird und sich deutl. vom Textteil abhebt. Die Kunden erteilen ihre Aufträge an die A.abteilungen der Verlage oder an Werbeagenturen oder Annoncenbüros als A.mittler. In der BR Deutschland gewinnen die Tageszeitungen durchschnittl. 64 % ihrer Einnahmen aus dem A.nteil.
◆ ↑Strafanzeige.
◆ (Heilanzeige) in der *Medizin* ↑Indikation.

Anzeigenring, Zusammenschluß einer größeren Anzahl lokaler Zeitungen zwecks gemeinsamer Organisation und Rationalisierung des Anzeigengeschäfts.

Anzeigepflicht, die im *Zivil-* und im *öffentl. Recht* in zahlreichen Fällen bestehende Pflicht, dritten Personen oder einer Behörde von einem Sachverhalt Mitteilung zu machen; z. B. die Pflicht, Geburt und Tod eines Menschen dem zuständigen Standesbeamten anzuzeigen (↑auch Meldepflicht).
◆ im *Strafrecht* die Pflicht, drohende Verbrechen, von denen man Kenntnis erlangt hat, der Behörde oder dem Bedrohten rechtzeitig anzuzeigen.

anzeigepflichtige Krankheiten ↑meldepflichtige Krankheiten.

anzeigepflichtige Tierkrankheiten ↑Tierseuchen.

Anzeiger (örtl. A.), kostenlos verteilte, nur der Werbung dienende Blätter mit gelegentl. Unterhaltungsbeilagen.

Anzengruber, Ludwig, * Wien 29. Nov. 1839, † ebd. 10. Dez. 1889, öst. Schriftsteller. - Vorläufer des Naturalismus, liberale (aufklärer.) Tendenz. Theaterdichter am Theater an der Wien, später am Volksteater. Daneben war er Redakteur. Seine bühnenwirksamen Volksstücke „Der Pfarrer von Kirchfeld" (1871), „Der Meineidbauer" (1871), „Die Kreuzelschreiber" (1872), „Der G'wissenswurm" (1874) u. a. knüpfen an das Wiener Volksstück an, bereichern es durch neue Figuren und sorgfältige psycholog. Charakterisierung. Auch Romane („Der Sternsteinhof", 1885) und Kalendergeschichten.

anzeps (anceps) [lat.], Bez. der antiken Metrik für eine Stelle im Versschema (v. a. am Anfang und Ende), die sowohl durch eine Länge als auch durch eine Kürze ausgefüllt werden kann (= elementum anceps: ⏓).
◆ Bez. der antiken Prosodie für eine Silbe, die im Vers als Länge oder als Kürze verwendet werden kann (= syllaba anceps).

Anzin [frz. ã'zɛ̃], frz. Stadt im Dep. Nord, im Kohlenbecken von Douai-Valencienne, 14 600 E. Zentrum des frz. Steinkohlenbergbaus mit Stahl- und stahlverarbeitender Ind.

Anzio, italien. Hafenstadt und Seebad in Latium, 60 km südl. von Rom, 28 000 E. - A., das volsk. **Antium,** unterwarfen die Römer endgültig erst 338 v.Chr.; Geburtsort von Caligula und Nero. Fundort antiker Kunstwerke, u. a. des Apoll von Belvedere; verfiel im MA, 1698 Anlage eines neuen Hafens. Bei A. und dem Nachbarort Nettuno landeten im Jan. 1944 brit. und amerikan. Streitkräfte.

Anzoátegui [span. anso'ateɣi], Staat in Venezuela, zw. Karib. Meer und Orinoko, 43 300 km², 684 000 E (1981), Hauptstadt Barcelona. Liegt zum größten Teil in den Llanos, nur im NW und NO Ausläufer der Küstenkordillere, von Regenwald bedeckt (25 % der Fläche). V. a. Rinderzucht: 24 % der Fläche sind Weideland, nur 1–2 % Ackerland. Angebaut werden u. a. Baumwolle, Mais, Mangofrüchte, Bohnen, Bataten, Maniok. Hauptwirtschaftszweig ist die Erdölförderung.

Anzug, Herrenbekleidung (seit Mitte des 19. Jh.): Hose und Jacke oder dreiteilig mit Weste, aus gleichem oder verschiedenem Stoff; die Jacke kann einreihig oder zweireihig sein, ebenso die Weste. *Dunkler A.* aus dunklem Stoff, für offizielle Anlässe (kleiner *Abend-A.*), ähnl. wie der ↑Stresemann; kleiner *Gesellschafts-A.* ist der ↑Smoking, großer Gesellschafts-A. der ↑Frack, Tagesgesellschafts-A. der ↑Cutaway. - Im 20. Jh. auch in der Damenmode, seit Mitte der 60er Jahre unter der Bez. *Hosenanzug,* wobei die Jackenform von der des Herren-A. z. T. stark abweicht.

Anzugdrehmoment, svw. ↑Anlaufmoment.

Anzugsmoment, svw. ↑Anlaufmoment.

Aortenklappen. Klappenapparat des menschlichen Herzens

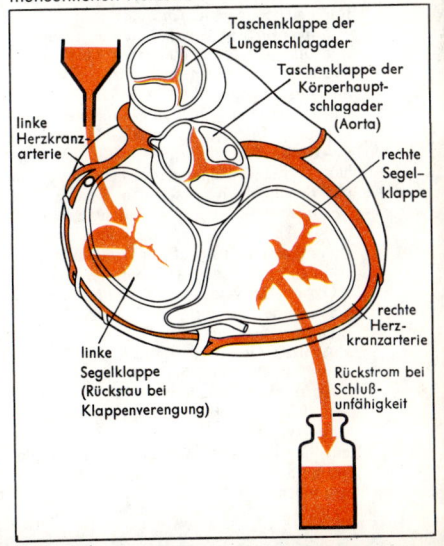

Anzugsverhältnis

Anzugsverhältnis, in der Energietechnik das Verhältnis des Anzugsdrehmomentes M_a zum Nenndrehmoment M_n eines Asynchronmotors. Bestimmt die Beschleunigung eines elektromotor. Antriebes aus dem Stillstand.

ANZUS-Pakt [engl. 'ænzəs], 1951 von Australien, New-Zealand (Neuseeland) und den USA abgeschlossenes und 1952 in Kraft getretenes Verteidigungsbündnis; wegen seiner Haltung in der Kernwaffenpolitik wurde Neuseeland Mitte 1986 aus dem Pakt ausgeschlossen.

AO (RAbgO), Abk. für: Abgabenordnung.

A/O, Abk. für: April/Oktober (Zinstermine).

a. o. (ao.), Abk. für: außerordentlich.

a. o. c., Abk. für: anno orbis conditi (↑ anno).

Aöde [griech.], ep. Dichter-Sänger des frühen heroischen Zeitalters in Griechenland.

AOK, Abk. für: ↑ Allgemeine Ortskrankenkasse.

Äolien, Bez. für das von ↑ Äoliern bewohnte Gebiet an der kleinasiat. NW-Küste zw. Hermostal im S und Abydos im N.

Äolier (Äoler), griech. Stamm, v. a. in Thessalien, Böotien sowie auf der Peloponnes beheimatet; wurde durch die dor. Wanderung teils überlagert, teils zur Abwanderung gezwungen. Die Ä. besetzten noch vor der ion. Einwanderung Lesbos und Tenedos und breiteten sich zw. 11. und 7. Jh. in NW-Kleinasien (↑ Äolien) aus.

Äoline [nach Äolus (wegen des Blasebalgs)], kleines, um 1820 erfundenes ↑ Harmonium mit äther. klingenden Registern.

Äolische Inseln ↑ Liparische Inseln.

äolischer Kirchenton, auf dem Grundton a stehende ↑ Kirchentonart.

äolische Versmaße, die zuerst bei Sappho und Alkaios überlieferten Versformen; sie sind silbenzählend (im Ggs. zu den meisten anderen antiken Versen). Die wichtigsten ä. V. wurden durch die Oden des Horaz der späteren europ. Literatur vermittelt (↑ Odenmaße).

Äolsharfe [nach Äolus] (Wind-, Wetterharfe), Saiteninstrument, bestehend aus einem mit Schallöchern versehenen Resonanzboden, über den über 2 Stege Saiten verschiedener Dicke (meistens auf denselben Ton gestimmt) gespannt sind. Dem Wind ausgesetzt, erklingen verschiedene Obertöne (bis zur 3. Oktave) des gemeinsamen Grundtones, die sich aus der unterschiedl. Saitenstärke und -spannung ergeben.

Äolus, Gestalt der griech. Mythologie, Herrscher über die Winde.

Aomori, jap. Stadt an der N-Küste Hondos, 290 000 E. Verwaltungssitz der Präfaktur A.; holzverarbeitende Ind.; bed. Fischereihafen; Eisenbahnknotenpunkt; mit Hokkaido durch einen rd. 54 km langen Eisenbahntunnel verbunden; ⌘.

Äon [griech. „Zeit, Zeitdauer"], seit Heraklit wichtiger Begriff („Zeit") der griech. Philosophie; im N. T. (Matth. 12, 32; 1. Kor. 1, 20; Gal. 1, 4; Ephes. 1, 21) Bez. für diese, d. h. die gegenwärtige, böse Welt im Ggs. zu jener, d. h. der zukünftigen, besseren Welt. Im *Mithraskult* ist Ä. (lat. Saeculum) die höchste Gottheit; diese Vorstellung geht sicher auf die iran. Zervan-Idee (↑ Zervanismus) zurück. Der *Manichäismus* kennt Äon als Urgott. In der *Gnosis* gelten Äonen als Erscheinungsweisen (Emanationen) des Absoluten.

Äonium (Aeonium) [griech.], Gatt. der Dickblattgewächse mit etwa 40 Arten, v. a. im Mittelmeerraum, in Arabien, Äthiopien, auf Madeira und den Kanar. Inseln. Die bis 1 m großen, rosettigen Halbsträucher oder Stauden haben meist gelbe, weißl. oder rote Blüten in Blütenständen.

Aorist [griech.], Zeitform des Verbs (u. a. im Griech.), die eine momentane oder punktuelle Handlung ausdrückt, gewöhnl. die abgeschlossene Vergangenheitsform.

Aorser, großer, zu den Sarmaten gehörender, mit den iran. Alanen eng verwandter, histor. Stammesverband im Steppengebiet zw. Asowschem Meer, unterem Don und Kasp. Meer.

Aorta [griech.] (Hauptschlagader), stärkste (beim Menschen bis 3 cm weite) und älteste Schlagader der Wirbeltiere, von der die meisten oder alle übrigen Arterien abzweigen. Die Geschwindigkeit des Blutstroms in der A. des Menschen beträgt 20–60 cm/s, die der Druckwelle (Pulswelle) 4–6 m/s. Der Blutdruck in der A. liegt zw. etwa 110 (diastol.; 14 665 Pa) und 160 mm Hg (systol.; 21 331 Pa). Bei den Vögeln und Säugetieren (einschließl. Mensch) ist nur ein Aortenbogen vorhanden, der (mit arteriellem Blut) aus der linken Herzkammer ausgeht, sich bei den Vögeln nach rechts (der linke Aortenbogen ist verschwunden), bei den Säugern nach links (der rechte Kiemenbogen ist verschwunden) wendet und in die A. dorsalis bzw. A. descendens übergeht. Der in die Brusthöhle aufsteigende, zum (eigtl.) Aortenbogen überleitende Teil der A. wird *A. ascendens* (aufsteigende A.; beim Menschen 5–6 cm lang), der nach rückwärts verlaufende Hauptteil *A. descendens* (absteigende A.) genannt. Letzterer läßt sich bei den Säugetieren (mit Mensch) in eine *Brustaorta* (Brustschlagader, A. thoracica; bis zum Zwerchfell) und eine *Bauchaorta* (Bauchschlagader, A. abdominalis) unterteilen. - Die *Aortenenge* (Isthmus aortae) ist eine schwache Einschnürung zw. Aortenbogen und absteigender A., der *Bulbus aortae* eine Auftreibung der A. im Anschluß an die Herzkammer (hauptsächl. beim Menschen).

Aorteninsuffizienz, Schließunfähigkeit der Aortenklappe mit verschiedengradigem Ausfall ihrer Ventilfunktion. Die A. ist meist Folge entzündl. Veränderungen der Klappenränder nach ↑Endokarditis (Einrollungen, Risse oder Lochbildungen). Häufig liegt auch eine Erweiterung der Aortenwurzel, wie sie v. a. bei Syphilis auftreten kann, zugrunde.

Aortenisthmusstenose, angeborene Verengung der Aorta meist im Bereich des Aortenbogens kurz nach der Abgangsstelle der linken Schlüsselbeinarterie, selten im Bereich der absteigenden Aorta. Die A. läßt sich im Jugendalter meist relativ leicht und erfolgreich operieren.

Aortenklappen (Valva aortae), die drei Taschenklappen (Semilunarklappen) an der Ausmündung der Herzkammer in die Aorta; sie verhindern in ihrer Funktion als Ventile das Rückströmen des Blutes bei der Herzerschlaffung (Diastole). - Abb. S. 53.

Aortenstenose, Verengung der ↑Aortenklappen mit verschiedengradiger Verringerung ihrer Öffnungsweite während der Austreibungszeit des Herzens. Durch die A. wird der Blutauswurf aus der linken Herzkammer erschwert, so daß die dauernde Überbelastung schließl. zu einer Erweiterung dieser Kammer führt (Aortenherz).

Aortographie [griech.], röntgenograph. Darstellung der Aorta und ihrer Seitenäste durch ein schattengebendes Kontrastmittel.

Aosta (frz. Aoste), Hauptstadt der italien. Region Aostatal, an der Mündung des Buthier in die Dora Baltea, 583 m ü. d. M., 37 000 E. Bischofssitz; Hüttenwerk, chem. und holzverarbeitende Ind.; Fremdenverkehrsort, Ausgangspunkt von Paß- bzw. Tunnelstraßen (Großer Sankt Bernhard und Montblanc). - Von Kaiser Augustus 25 v. Chr. als Militärkolonie gegr. (**Augusta Praetoria** [**Salassorum**]). In fränk. und burgund. Zeit Hauptstadt einer Gft., in der 1. Hälfte des 11. Jh. an Savoyen, bis 1860 unter frz. Einfluß. - Zahlr. röm. Baudenkmäler, u. a. Stadtmauer, Brücke, Augustusbogen, Theater; got. Kathedrale (12./13. Jh.; Renaissancefassade, im Chor Mosaikfußboden [12. Jh.]), got. Kollegiatkirche Sant'Orso mit roman. Kreuzgang.

Aostatal, autonome norditalien. Region im Alpental der Dora Baltea, 3 262 km², 113 500 E. Hauptstadt Aosta. Im N von den Walliser Alpen, im W vom Montblancmassiv und im S von den Grajischen Alpen umrahmt. Landw. im Talgrund, ausgedehnte Weidewirtschaft bis über die Waldgrenze (bei 2 000 m); aufblühende Ind. (chem. und metallurg. Ind., Holzverarbeitung), ganzjähriger Fremdenverkehr. - Das von kelt. Salassern bewohnte A. wurde 25 v. Chr. von den Römern unterworfen, stand später unter ostgot., byzantin., seit Ende 6. Jh. unter fränk. Herrschaft. Kam 1191 an das Haus Savoyen, mit dessen Geschicke sich die A. eng verknüpft war bis 1860, als Savoyen an Frankr. fiel und das A. bei Italien verblieb. Ein Statut von 1948 gewährt der Region beschränkte Autonomie.

Aoste [frz. a'ɔst] ↑Aosta.
AP [engl. 'ɛɪ'piː] ↑Nachrichtenagenturen (Übersicht).
a. p., Abk. für: anni praeteriti.
APA ↑Nachrichtenagenturen (Übersicht).
Apachen [a'paxən, a'patʃən], Athapaskenstämme im SW der USA und in N-Mexiko; Jäger und Sammler; berüchtigt durch Überfälle auf Pueblodörfer und Siedlungen der Weißen; erst 1886 unterworfen. Leben heute in Reservaten in Arizona und New Mexico als Viehzüchter oder Ackerbauern. Polit. bildeten sie Lokalgruppen, bei Kämpfen schlossen sie sich unter bed. Häuptlingen (Cochise, Victorio, Geronimo) zu Verbänden zus.

Apameia (Apamea), Name hellenist. Stadt- bzw. Neugründungen; am bekanntesten:
A. am Orontes, von Seleukos I. gegr.; 64 v. Chr. von Pompejus, Anfang 7. Jh. n. Chr. durch Chosrau II. erobert; im 12. Jh. durch Erdbeben zerstört; weite Ruinenstätte, gelegen beim heutigen Kalat Al-Mudik (Syrien); Stadtmauer, Prunkstraße.
A. Kibotos, am Mäander, Ort des Friedensschlusses zw. Antiochos III., d. Gr., und Rom (188 v. Chr.); ab 133 zu Rom; bed. röm. Handelsplatz; ab 1070 osman.; Ruinenreste; heute Dinar (Türkei).

Apanage [apa'naːʒə; frz.; zu altfrz. apaner „ausstatten", eigtl. „mit Brot (lat. panis) versehen"], Ausstattung nachgeborener, fast ausschließl. männl. Mgl. regierender Häuser u. a. mit Geld oder Territorialbesitz (anwachsend bis zu A.herzogtümern) zur Sicherung standesgemäßen Unterhalts. In Deutschland erst seit dem 17. Jh. übl., in Frankr. und England seit dem 13. Jh. fester Brauch.

apart [frz. (zu ↑à part)], veraltet für: gesondert, getrennt.
♦ besonders, reizvoll, eigenartig, geschmackvoll.

à part [frz. a'paːr „beiseite"; zu lat. pars „Teil, Seite"], Kunstgriff der Dramentechnik (Beiseitesprechen).

Apartheid [afrikaans, eigtl. „Gesondertheit"], Bez. für die von der Regierung der Republik Südafrika praktizierte Politik der Rassentrennung zw. weißer und farbiger (Bantu, Mischlinge und Asiaten) Bev.; seit 1948 offizieller Bestandteil der Politik aller südafrikan. Regierungen und durch Gesetze institutionalisiert. Ziel der A. ist die „gesonderte Entwicklung" der verschiedenen ethn. Bev.teile, durch die das auf Rassenkriterien basierende Herrschaftssystem der privilegierten weißen Minderheit gesichert bleiben soll. In den öffentl. Einrichtungen herrscht die strikte Rassentrennung. Die Weißen besitzen alle polit., sozialen und kulturellen Privilegien. Die Farbigen besitzen weder aktives (Ausnahme: Mischlinge der Kapprovinz) noch passives Wahlrecht. Ihre Angelegenheiten werden von einem weißen Min. wahrgenom-

Apartment

men. 1950 wurden mit dem „Group Areas Act" und dem „Bantustan Authorities Act" zwei grundlegende Gesetze beschlossen, durch die jeder Südafrikaner einer Rasse zugeordnet und einem bestimmten Wohngebiet zugewiesen wurde. Die staatl. Kontrolle über die nach Rassen getrennte Besiedlung wurde 1954 durch ein Gesetz, das die Zwangsumsiedlung der Nichtweißen legitimierte, noch erweitert. Zur Durchführung dieser räuml. Segregation wurden für die Bantubevölkerung sog. „Heimatländer" (Bantustans; neuerdings als „Autonomstaaten" bezeichnet) geschaffen. ↑Transkei erhielt 1976, ↑Bophuthatswana 1977, ↑Venda 1979, ↑Ciskei 1981 von Südafrika die Unabhängigkeit, die aber bisher von keinem anderen Staat der Erde anerkannt wird. Die große Zahl der in den Städten arbeitenden und lebenden Bantu erhielt den Status von Fremdarbeitern, deren Niederlassung außerhalb ihres Bantustans befristet und jederzeit widerrufbar ist. Für alle Nichtweißen in Südafrika besteht ein Koalitionsverbot, doch hat die schwarze Arbeiterschaft sich seit 1973 das Recht auf Gewerkschaften erkämpft. Alle Widerstandsaktionen der Farbigen (blutige Unruhen seit 1976) wurden von der Reg. mit scharfen Polizeigesetzen und mit massivem Gewalteinsatz beantwortet. Opposition gegen die Politik des A. kommt v. a. vom Afrikan. Nationalkongreß, von der englischsprachigen Presse, von der „Progressive Party" und von den im Kirchenrat zusammengeschlossenen Kirchen, die 1968 die A.politik prinzipiell verurteilten. Die Republik Südafrika wurde wiederholt in den UN wegen ihrer Rassenpolitik verurteilt.

📖 *Vogt, H.: A. u. Unterentwicklung.* Ffm. 1982. - *Cornevin, M.: A., Mythos u. Wirklichkeit. Dt. Übers.* Wuppertal 1981. - *Orbon, H.: Die Lage der Schwarzen in Südafrika.* Bln. 1980.

Apartment [a'partmənt; engl. ə'pɑːtmənt (zu ↑Appartement)], meist luxuriöse moderne Kleinwohnung, oft in einem **Apartmenthaus**.

Apathie [griech.], in der *Medizin* Teilnahmslosigkeit, krankhaft verminderte Gefühlsansprechbarkeit bei starker phys. und psych. Erschöpfung.
◆ in der Ethik der ↑Stoa die im Ideal des Weisen vollendet gedachte Freiheit von Leidenschaften und Affekten.

apathisch, teilnahmslos; abgestumpft.

apathogen, nicht krankheitserregend (meist zur Kennzeichnung von Bakterien).

Apatit [griech.], $Ca_5X(PO_4)_3$ ($X = F$, Cl oder OH); weißes, aber meist grün, gelb oder auch rötlich gefärbtes, für die Phosphorsäure- und Düngemittelherstellung wichtiges Mineral; Mohshärte 5; Dichte 3,16 bis $3,22 g/cm^3$. Hydroxylapatit, $Ca_5OH(PO_4)_3$, wird als Schmuckstein verwendet, Fluorapatit, $Ca_5F(PO_4)_3$, dient auch als Rohstoff zur Fluorgewinnung.

Apatity, sowjet. Stadt auf der Halbinsel Kola, Gebiet Murmansk, RSFSR, 74 000 E; Zweigstelle der Akad. der Wiss. der UdSSR.

a. p. Chr., Abk. für: anno post Christum natum (↑anno).

Apeiron [griech.], zentraler Begriff der antiken griech. Theorien über Entstehung und Aufbau der Welt: das „Unbegrenzte, Unendliche"; histor. erster Ausdruck zur Formulierung des Problems der Unendlichkeit der Materie. In der Kosmologie der Vorsokratiker bezeichnet A. (erstmals bei Anaximander) den unentstandenen, unveränderl., unzerstörbaren Urstoff der Welt, aus dem alle Dinge entstehen und in den sie zurückkehren.

Apel, Erich, * Judenbach bei Sonneberg 3. Okt. 1917, † Berlin 3. Dez. 1965 (Selbstmord), dt. Politiker. - Ab 1955 Min. für Schwermaschinenbau, ab 1958 Leiter der Wirtschaftskommission beim Politbüro des ZK, ab 1960 Mgl. des ZK der SED, ab 1961 Kandidat des Politbüros; 1963-65 stellv. Vors. des Min.rats und Vors. der Staatl. Plankommission; zielte (1963) auf eine Lockerung des starren, zentralist. Planungssystems der DDR; lehnte 1965 die Unterzeichnung eines Handelsvertrags mit der UdSSR ab.

A., Hans, * Hamburg 25. Febr. 1932, dt. Politiker. - Mgl. der SPD seit 1955; MdB seit 1965; Mgl. des Parteivorstands der SPD seit 1970; parlamentar. Staatssekretär im Auswärtigem Amt 1972-74; Mai 1974-Febr. 1978 Bundesmin. der Finanzen, Febr. 1978-Okt. 1982 Bundesmin. der Verteidigung; 1983-88 stellv. Fraktionsvors., 1984-88 Mgl. des SPD-Präsidiums.

A., Otto, * Vatterrode bei Heiligenstadt 30. Dez. 1906, † Frankfurt am Main 19. März 1966, dt. Architekt. - Für den Plan der Dt. Bundesbank erhielten A. und H. Beckert ebenso wie für die Pläne der Abteilung für Erziehungswissenschaft in Gießen (erbaut 1964-67), das Frankfurter Nordweststadtzentrum (erbaut 1965-68), die Max-Planck-Institute (1966 ff.) in Frankfurt den ersten Preis.

A., Willi, * Konitz (= Chojnice) 10. Okt. 1893, amerikan. Musikforscher dt. Herkunft. - Emigrierte 1936 in die USA; einer der führenden Musikwissenschaftler der Gegenwart. *Werke:* Die Notation der polyphonen Musik 900-1600 (1942), Geschichte der Orgel- und Klaviermusik bis 1700 (1967). - † 14. März 1988.

Apeldoorn, niederl. Stadt am O-Rand der Veluwe, 25 km nö. von Arnheim, 144 000 E. Nördl. von A. die königl. Sommerresidenz *Het Loo* (1686 erbaut). Marktzentrum, Garnison- und Schulstadt (theolog. Hochschule); Metall-, Elektronik- u. a. Ind.

Apella [griech.], spartan. Bez. für die Volksversammlung, die in der Nähe der Stadt abgehalten wurde.

Apelles von Kolophon, griech. Maler der 2. Hälfte des 4. Jh. v. Chr. - Stammte aus Kolophon, lernte u. a. in Sikyon, lebte am Hof Alexanders d. Gr. und in Ephesos und starb wohl auf Kos. Der Antike galt A. bes. wegen der Anmut seiner Kunst als der bedeutendste Maler überhaupt. Nichts erhalten; u. a. waren zwei Alexanderapotheosen und eine „Aphrodite Anadyomene" nach Rom gebracht worden.

Apelt, Willibalt, * Löbau 18. Okt. 1877, † Gräfelfing bei München 16. Juni 1965, dt. Jurist und Politiker. - 1918 Mitarbeit an der Weimarer Verfassung; 1920–33 Prof. in Leipzig; 1927–29 sächs. Innenmin. und stellv. Min.präs.; ab 1946 Prof. in München; zahlr. Schriften zur allg. Staatslehre, zum Staats- und Verwaltungsrecht.

Apen, Gemeinde in Nds., am Aper Tief, 1–5 m ü. d. M., 8 500 E. Im Ortsteil *Augustfehn* Stahlwerk. - Zur Beherrschung des Moorpasses der Straße Oldenburg–Leer legten die Grafen von Oldenburg wohl schon vor 1200 bei A. eine Burg mit Zollstätte an.

Apennin (Apenninen, italien. Appennino), in der alpinen Faltungsperiode entstandenes Gebirge, Hauptwasserscheide und wichtige klimat. Schranke Italiens; bildet einen nach W geöffneten Bogen und reicht bei einer Länge von fast 1 500 km und einer durchschnittl. Breite von 100 km von den Ligur. Alpen, im NW bis zur S-Spitze Kalabriens, im Corno Grande 2 912 m hoch; Spuren ehem. Vergletscherung; das Gran-Sasso-d'Italia-Massiv mit rezentem Firnfeld. Fast alle Gebirgsflüsse (Torrenten) zeichnen sich durch bed. Schuttführung und stark schwankende Abflußmengen aus. - Die unterste, immergrüne Vegetationsstufe wird weitgehend landw. genutzt (Ölbaum). Es folgen die Gürtel der Eichen und Edelkastanien, der Buchen, Kiefern und Tannen; die von N nach S ansteigende Waldgrenze (zw. 1 700 und 2 100 m ü. d. M.) ist weitgehend auf menschl. Eingriffe zurückzuführen. Auf den anschließenden Grasfluren Wanderweidewirtschaft. Siedlungsreichen, intensiv genutzten Agrarlandschaften an den Gebirgssäumen und in geschützten Becken stehen fast menschenleere Räume in den mittleren und oberen Höhenstufen gegenüber. Mehrere Paßstraßen überqueren den A., z.B. die Autostrada del Sole; die Bahnlinie Bologna–Florenz überwindet ihn mit Hilfe eines 18,5 km langen Tunnels.

📖 *Kühne, I.: Die Gebirgsentvölkerung im nördl. u. mittleren A. in der Zeit nach dem Zweiten Weltkrieg. Erlangen 1974.*

apennin̄ische Kultur (Apennin-, Apenninkultur), mehrphasige, die Bronzezeit M- und S-Italiens bestimmende Kulturgruppe; aus kupfer- und frühbronzezeitl. Traditionen hervorgebildet; Höhepunkt 14./13. Jh.

Apenrade (dän. Åbenrå), dän. Stadt in Nordschleswig, am inneren Ende der 12 km langen **Apenrader Förde**, 21 000 E. Schulzentrum für ein weites Umland; Museum; urspr. Fischereihafen, heute v. a. Handelsstadt mit Metall-, Textil- und Nahrungsmittelind. - Nikolauskirche (13. Jh.), Rathaus (19. Jh., mit Porträtsammlung der dän. Könige und Königinnen).

aper [oberdt.], offen, schneefrei (im Ggs. zu schneebedeckt); **Ausapern,** Freiwerden vom Schnee.

Aperçu [aper'sy:; frz.], aus dem Augenblick entstandene geistreich und prägnant formulierte Bemerkung.

aperiodische Bewegung, Bewegung, deren zeitl. Verlauf nicht durch die dauernde Wiederholung eines bestimmten Bewegungsablaufes darstellbar ist.

aperiodische Dämpfung, Bez. für die Dämpfung einer ↑ Schwingung, bei deren Vorliegen sich nach einem einmaligen Anstoß des schwingungsfähigen Systems kein period. Schwingungsverlauf herausbildet. Die Schwingungsgröße kehrt vielmehr asymptotisch in ihre Ruhelage zurück *(aperiodischer Grenzfall)*. Bei einer mechan. Schwingung bedeutet das, daß der aus seiner Ruhelage ausgelenkte Körper (z. B. ein Pendelkörper) in seine Ruhelage zurück „kriecht".

Aperitif [lat.-frz.; eigtl. „(den Magen) öffnend"], alkohol. Getränke, die vor dem Essen getrunken werden, um den Appetit anzuregen; z. B. Sherry, Wermutwein.

Aperitivum [zu lat. aperire „öffnen"], appetitanregendes und verdauungsförderndes Arzneimittel.

Apertur [lat.], der Sinus des Winkels σ, den die Randstrahlen eines kegelförmigen Strahlenbündels mit der Bündelachse bilden. Bei Medien mit einem absoluten Brechungsindex $n \neq 1$ ist die *numerische A.* das Produkt aus dem Brechungsindex und der Apertur selbst: $A = n \cdot \sin \sigma$. Die A. ist ein Maß für das ↑ Auflösungsvermögen eines opt. Systems und für die Bildhelligkeit.

Apertura [lat. „Öffnung"], in der Anatomie und Morphologie svw. Öffnung; z. B. die der Nasenhöhlen am Schädel; auch Bez. für die Öffnung bzw. Mündung der Schneckengehäuse.

Apertursynthese, Beobachtungsverfahren der Radioastronomie; von Sir M. ↑ Ryle entwickelt. Bei diesem Verfahren wird mit Hilfe mehrerer verschiebbarer Antennen unter Ausnutzung der Erdrotation ein Auflösungsvermögen erreicht, wie es sonst nur von Radioteleskopen mit mehreren Kilometern Durchmesser erreicht würde. Die verschiebbaren Antennen können dabei als Teilstücke eines großen Radioteleskops aufgefaßt werden, die durch geeignetes Verschieben gegeneinander und durch die Drehung ihrer Richtung im Laufe der Zeit die Teleskopfläche „aufbauen"; die nacheinander eintreffenden Signale werden mit Hilfe eines Computers gespeichert und anschließend zu einem „Bild" zusammengesetzt.

Apex

Apex [lat. „Spitze"], der im Sternbild Herkules gelegene Zielpunkt der Pekuliarbewegung der Sonne, d. h. ihrer relativen Bewegung gegenüber den sie umgebenden Sternen. Der Gegenpunkt des A. ist der *Antapex*.

♦ diakrit. Zeichen in Form eines Akuts oder Zirkumflexes, bes. im Lat. vom 2. Jh. v. Chr. bis 3. Jh. n. Chr., im MA und in der Renaissance zur Unterscheidung der Vokallänge von der Vokalkürze, z. B. pópulus (= Pappel) neben populus (= Volk), animâ (Ablativ) neben anima (Nominativ, Vokativ).

♦ in der Phonetik svw. ↑ Zungenspitze.

♦ in der *Anatomie* und *Morphologie* svw. Spitze, Scheitel; z. B. A. nasi (Nasenspitze); auch Bez. für die Spitze von Schneckengehäusen.

APF [engl. 'εɪpiː'ɛf], Abk. für: **A**nimal **p**rotein **f**actor, svw. Vitamin B$_{12}$ (↑ Vitamine).

Apfel, die sich aus Balgfrüchtchen mit pergamentartig werdenden Fruchtblättern zusammensetzende, unterschiedl. große [Sammel]frucht der Arten des ↑ Apfelbaums. Die Balgfrüchtchen bilden das Kerngehäuse, das im oft sehr aromat. schmeckenden Fruchtfleisch eingebettet liegt. Letzteres entsteht aus dem krugförmig auswachsenden Blütenstiel. Die Kultursorten enthalten pro 100 g eßbarem Anteil rd. 86 g Wasser, 0,3 g Eiweiß, 12 g Kohlenhydrate, 0,4 g Mineralstoffe, 0,25 g Fruchtsäuren und 12 mg Vitamin C. Die Lagerfähigkeit ist besser als bei Birnen, auch ist das Fruchtfleisch im allg. fester. Je nach dem Zeitpunkt der Genußreife spricht man von *Sommeräpfeln* (z. B. Klarapfel, James Grieve), *Herbstäpfeln* (z. B. Gravensteiner, Goldparmäne) und von *Winteräpfeln* (z. B. Boskop, Golden Delicious, Cox' Orange). - In der Medizin wird der A. gegen Verdauungsstörungen angewandt (z. B. roh gerieben gegen Durchfall). *Geschichte:* A.reste in Pfahlbauten zeugen von einer frühen A.kultur in M-Europa. Die Methoden der Kultivierung des A.baumes führten die Römer ebenso wie einzelne A.sorten in das Gebiet nördl. der Alpen ein, wo man nach Tacitus nur einen „ländl." A. kannte. In der karoling. Landgüterordnung werden bereits 9 A.sorten erwähnt. Über die mittelalterl. Klöster gelangte die A.kultur in die Bauerngärten. In der griech. und nord. *Mythologie* spielt der A. als Symbol von Liebe und Fruchtbarkeit eine große Rolle. Im MA galt er (auf Grund der bibl. Erzählung vom Sündenfall) als Sinnbild des Sinnenreizes und der Erbsünde. Profan ist der A. als Reichs-A. Sinnbild der Weltherrschaft (im Christentum meist % einem Kreuz bekrönt). - ↑ Übersicht S. 60 ff.

⌕ *Silbereisen, R.:* A.sorten. Stg. ²1980.

Apfelbaum, (Malus) Gatt. der Apfelgewächse mit etwa 25 Arten in der nördl. gemäßigten Zone; Bäume oder Sträucher mit ungeteilten oder scharf gesägten bis teilweise gelappten Blättern. Die fünfteiligen, zwittrigen Blüten sind weiß oder rosafarben und stehen in Blütenständen; Früchte ↑ Apfel. Die bekanntesten Arten sind *Malus sylvestris* mit dem einheim. und bis Vorderasien verbreiteten ↑ Holzapfelbaum, und *Malus pumila* (Süßapfelbaum). Die bekannteren Varietäten des letzteren sind ↑ Paradiesapfelbaum und *Hausapfelbaum* (Malus domestica). Bes. aus diesen Varietäten sind durch Auslese und Kreuzungen mit anderen A.arten bzw. -varietäten die meisten europ. Kulturapfelsorten hervorgegangen. In Europa gibt es etwa 1 600 Sorten, auf der Erde annähernd 20 000. Die Kulturapfelbäume besitzen flach verlaufende Wurzeln, eine breit ausladende Krone und rotbraune bis schwärzl., glatte, in dünnen Schuppen abblätternde Borke. Die Knospen sind meist stark behaart und nicht so spitz wie beim Birnbaum, die Blätter oval, am Rand gesägt, oft beidseitig leicht behaart. Die schwachrosa- bis karminroten, selten ganz weißen Blüten stehen an Kurztrieben in Büscheln (Dolden) zusammen. Verschiedene A.arten, Varietäten und Bastarde (etwa 300 sind bekannt) werden wegen ihrer auffallenden Blüten und Früchte als Zierpflanzen angebaut (z. B. der Beerenapfelbaum).

♦ Bez. für das Holz der A.arten. ↑ Hölzer (Übersicht).

Apfelbaumgespinstmotte (Yponomeuta mallinellus), v. a. abends in Obstgärten fliegender Schmetterling; Flügelspannweite bis 2 cm, Vorderflügel weiß, schwarz gepunktet, Hinterflügel grau, lang gefranst. Die gelbl., schwarzgepunkteten Raupen leben in großen Gespinsten, bes. an Apfelbäumen, und sind schädl. durch Blattfraß.

Apfelblattfloh, svw. ↑ Apfelblattsauger.

Apfelblattsauger (Apfelblattfloh, Psylla mali), etwa 3 mm großer, gelbl. bis rotbrauner, geflügelter Blattfloh, der bes. Apfelbäume befällt. Durch Saugen und Honigtauausscheidung werden die Blätter fleckig und oft gekräuselt. Die Blütenknospen kommen häufig nicht zur vollen Entfaltung und können am Baum vertrocknen.

Apfelblütenstecher (Anthonomus pomorum), etwa 4 mm großer, graubrauner Rüsselkäfer mit heller, breiter Querbinde auf den Flügeldecken; Larven schädl. durch Blütenfraß.

Apfelgewächse (Pomoideae, Maloideae), Unterfam. der Rosengewächse mit etwa 1 200 Arten, vorwiegend in der nördl. gemäßigten Zone; Sträucher oder Bäume; Blätter ungeteilt, gelappt oder gefiedert, mit Nebenblättern; Blüten fünfteilig; Früchte Balgapfel, Nußapfel, Apfelbeere. Bekannte Gatt.: ↑ Apfelbaum, ↑ Birnbaum, ↑ Quitte, ↑ Mispel, ↑ Eberesche, ↑ Weißdorn.

Apfelrose (Rosa pomifera), in Europa und im Orient verbreitete, bis 2 m hohe Rosenart, bes. in gebirgigen Gegenden; Blätter mit 5 bis 7 beidseitig behaarten Blättchen; Blüten hellrosa, bis 7 cm im Durchmesser;

Äpfelsäure

Boskop · Cox' Orange · Glockenapfel

Golden Delicious · Goldparmäne · Granny Smith

Gravensteiner · Jonathan · Krügers Dickstiel

Landsberger Renette · Morgenduft · Ontarioapfel

Früchte etwa 3 cm dick, mit Stachelborsten; z. T. als Zierstrauch in Kultur.

Apfelsaft, aus Äpfeln durch Pressen hergestellter unvergorener, alkoholfreier Saft.

Apfelsägewespe (Hoplocampa testudinea), etwa 6 mm große, fliegenähnl. oberseits schwärzl., unterseits gelbe Blattwespe mit glasigen, dunkelgeäderten Flügeln. Die sehr schädl., gelbl., wanzenartig riechenden Larven legen an jungen Äpfeln zuerst einen oberfläch. Miniergang an (der vernarbt und ein schmales, oft spiraliges, verkorktes Band auf der Schale hinterläßt), später Fraßgänge und eine Fraßhöhle im Fruchtfleisch.

Äpfelsäure (Hydroxybernsteinsäure), zweibas. Hydroxycarbonsäure, die in der Natur in unreifen Äpfeln, Stachelbeeren und anderen Früchten vorkommt; zeigt ↑optische

Äpfel

Name	Frucht (Form, Farbe)	Fruchtfleisch	Geschmack	Verwendung
Albrechtapfel (Prinz Albrecht)	groß, breitrund, auf grüngelbem Grund rot überzogen	fast weiß, zur Schale hin rötlich, saftig	süßsäuerlich	Tafel- und Kochapfel
Alkmene	mittelgroß bis klein, stumpfkegelig, stielbauchig, grünlich bis goldgelb, sonnenseits orange bis ziegelrot	gelblich bis cremefarben	süßfruchtig, aromatisch	Tafelapfel
Berlepsch (Goldrenette Freiherr von Berlepsch)	mittelgroß, flachkugelig, mit fünf regelmäßig verteilten kräftigen Rippen, gelb bis goldgelb, rot marmoriert, zahlr. Punkte	gelblich, sehr saftig	angenehm weinsäuerlich	Tafelapfel
Bohnapfel (Rheinischer Bohnapfel)	klein bis mittelgroß, etwas walzenförmig, gelbgrün, trübrot gestreift	grünlichweiß, saftig	etwas säuerlich	Tafel-, Koch- und Mostapfel
Boskop (Schöner aus Boskoop)	groß bis sehr groß, Schale ziemlich rauh, matt grünlich bis goldgelb, bräunlich berostet, teilweise karmin- bis ziegelrot verwaschen	gelblich bis grüngelb, saftig	säuerlich	Tafel-, Koch- und Backapfel
Champagnerrenette	klein bis mittelgroß, strohgelb, z. T. leicht rot angehaucht, plattrund, leicht rippig	fast weiß, saftig	süßsäuerlich	Tafel-, Koch- und Mostapfel
Cox' Orange (Cox' Orangenrenette)	mittelgroß, fast kugelig, goldgelb bis orangefarben, meist rot marmoriert	goldgelb, sehr saftig	süß, würzig	Tafelapfel
Danziger Kantapfel (Schwäb. Rosenapfel, Roter Kantapfel)	mittelgroß, unregelmäßig wulstig gerippt, karminrot	grünlichweiß, saftig	weinsüßsäuerlich	Tafel- und Mostapfel
Finkenwerder Prinzenapfel	groß, konisch geformt, gelb, sonnenseits rot gestreift	gelblichweiß	süßsäuerlich, würzig	Tafel- und Kochapfel
Geheimrat Oldenburg	kegelförmig, zum Kelch hin abgeflacht, hell- bis goldgelb, rot verwaschen oder rot gestreift	leicht gelblich, saftig	süßsäuerlich, schwach würzig	Tafel- und Kochapfel
Gelber Bellefleur (Metzgers Kalvill)	spitzkegelförmig, nach dem Kelch zu gerippt, zitronengelb, bräunlich punktiert, sonnenwärts rötlich angehaucht	hellgelb, mürbe	süßsauer, aromatisch	Tafel- und Kochapfel
Glockenapfel	groß bis mittelgroß, glockenähnlich, grünlichgelb bis gelb, sonnenseits rötlich bis ziegelrot	weiß, fest, wenig saftig	säuerlich, erfrischend	Tafelapfel
Golden Delicious (Delicious, Gelber Köstlicher)	mittelgroß, länglich-kegelförmig, grün- bis goldgelb, sonnenseits leicht gerötet, bräunlich punktiert	gelblich, saftig	süß, mit feiner Säure	Tafelapfel
Goldparmäne (Wintergoldparmäne)	mittelgroß, stumpfkegelförmig, rötlichgelb, rot gestreift	gelblichweiß, saftig	süß, mit leicht säuerlichem Nachgeschmack	Tafelapfel
Goldrenette (Blenheimer Goldrenette)	groß, plattrund, ledrige, rötlichgelbe Schale mit trübroten Streifen	gelblichweiß, mittelsaftig	süßsauer, mit edlem, charakterist. Aroma	Tafelapfel
Granny Smith	groß, gleichmäßig rund, grasgrün bis gelblichgrün, sonnenseits braunrot bis trübrot, wachsige Schale	cremefarben grünlichweiß, fest, saftig	feinsäuerlich	Tafelapfel

Äpfel

Name	Frucht (Form, Farbe)	Fruchtfleisch	Geschmack	Verwendung
Gravensteiner	mittelgroß, wulstig, zum Kelch hin gerippt, glatte, stark duftende, hellgrüne bis gelbe, sonnenseits leuchtend geflammte Schale	gelblich, vollsaftig	süßsäuerlich, mit erfrischendem, charakterist. Aroma	Tafelapfel
Idared	mittelgroß bis groß, rund bzw. kugelig, sehr fein gerippt, gelblichgrün bis weißlichgelb, mit verwaschener dunkel- bis hellroter Streifung	weißlich bis cremefarben, fest, saftig	ähnlich wie Jonathan	Tafelapfel
Ingrid Marie	mittelgroß bis groß, mattglänzend, mit überwiegend rotgeflammter, goldgelber Schale	grünlichweiß	süßsäuerlich	Tafelapfel
Jakob Lebel	groß, bauchig, mit glatter, lederartiger, schwach grünlichgelber, sonnenseits etwas geröteter Schale	grünlichweiß, saftig	leicht säuerlich	Tafel-, Most-, Koch- und Backapfel
James Grieve	mittelgroß, gleichmäßig hellgelb grundiert, sonnenwärts stärker hellrot geflammt	gelblichweiß, saftig	erfrischend saftig	Tafelapfel
Jonagold (Kreuzung aus Golden Delicious und Jonathan)	groß, rund, stielbauchig, grünlichgelb bis gelb, sonnenseits orangefarben	gelblich bis cremefarben, saftig	süßfruchtig, aromatisch	Tafelapfel
Jonathan	mittelgroß, stumpfkegelig, mattglänzend, fast völlig purpurrot mit charakterist. dunklen Flecken	gelblichweiß, saftig	angenehm säuerlich	Tafelapfel
Klarapfel (Weißer Klarapfel, Transparentapfel)	mittelgroß, kugelig, mit fettiger, hellgrüner bis hellgelber Schale	grünlichweiß, locker, saftig	mäßig süß	Tafelapfel, nicht lagerfähig
Krügers Dickstiel (Sulzbacher Liebling)	mittelgroß, grün bis gelb, mit vielfacher Marmorierung, sonnenseits verwaschen zinnoberrot, Stiel dick, sehr kurz	weiß	erfrischend säuerlich	Tafel-, Koch- und Backapfel
Landsberger Renette	mittelgroß, stielbauchig, hellgelb, braun punktiert	gelblichweiß, locker, saftig	mild süßsäuerlich	Tafelapfel
Martiniapfel	mittelgroß, grüngelb, etwas rot gestreift	fest	angenehm süßsäuerlich	Tafel-, Koch- und Backapfel
Melrose	groß bis mittelgroß, unregelmäßig flachkantig, gelblichgrün bis gelb, dreiviertel der Frucht ist dunkelrot mit bräunl. Stich	cremefarben bis gelblichweiß, saftig	süßfruchtig, aromatisch	Tafelapfel
Morgenduft (Imperatore, Gillets' Seeling)	groß, gleichmäßig kugelig, gelblichgrün, sonnenseits gestreift bis flächig rot	festgrob, saftig	wäßrigsüßlich	Tafel- und Wirtschaftsapfel
Mutsu	sehr groß bis groß, stielbauchig, gelblichgrün bis grünlichgelb, sonnenseits rötlichbraun bis orangerot gefärbt	grünlichweiß, saftig, fest	süßfruchtig, erfrischend	Tafelapfel
Ontarioapfel (Ontario)	groß bis sehr groß, mit leicht gerippter Oberfläche, grünlichgelb, mit kleinen, gelbgrünlichen Punkten	gelblichweiß, saftig	süßsäuerlich	Tafel- und Küchenapfel

Apfelschalenwickler

Name	Frucht (Form, Farbe)	Fruchtfleisch	Geschmack	Verwendung
Prinzenapfel	mittelgroß, etwas länglich, duftend, weißlichgelb, rötl. gestreift	gelblichweiß, locker, saftig	feinsäuerlich, würziges Aroma	Tafel- und Dörrapfel
Rheinischer Krummstiel	mittelgroß, an Stiel und Kelch leicht gerippt, karminrot gestreift	grünlichgelb, knackig, saftig	leicht würzig	Tafel- und Wirtschaftsapfel
Rosenapfel (Berner Rosen, Berner Rosenapfel, Neuer Berner Rosenapfel)	mittelgroß, kugelig bis stumpfkegelig, duftend, meist rot bis bläulichrot und weiß gepunktet	gelblichweiß, stellenweise rötlich, saftig	säuerlich, würzig	Tafelapfel
Roter Trierer (Roter Trierer Winterapfel)	relativ klein, meist mehr länglich als breit, verwaschen rot gestreift	grünlich bis gelblichweiß, körnig, saftig	viel Süße und Säure	Mostapfel
Rheinischer Wintterrambour	groß bis sehr groß, plattrund, meist stärker gerippt, gelbgrün, rot verwaschen und gestreift, mit hellen Punkten	gelblichweiß, fest	süß	Tafel- und Wirtschaftsapfel
Zuccalmaglio Renette	klein, walzenförmig, hoch, grünlichgelb, zur Reifezeit zitronengelb, orangefarben angehaucht mit hellbraunen Punkten	gelblich, saftig, abknackend	süßsäuerlich, mit feinem Aroma	Tafelapfel

Aktivität; Salze und Ester der Ä. sind die ↑ Malate. - Die Ä. dient zum Konservieren von Lebensmitteln gegen Schimmelpilze.

Apfelschalenwickler, svw. ↑ Fruchtschalenwickler.

Apfelschimmel, Farbvariation des Hauspferdes, bei der die graue bis weiße Grundfärbung des Schimmels mit dunkleren Flecken (Apfelung) durchsetzt ist.

Apfelsine [niederl., eigtl. „Apfel aus China" (woher sie zuerst eingeführt wurde)], svw. ↑ Orange.

Apfelsinenpflanze, svw. ↑ Orangenpflanze.

Apfelstrudel, Gebäck aus Blätterteig mit einer Füllung aus Apfelstücken und anderen Zutaten.

Apfeltriebmotte (Blastodacna putripennella), bis 1 cm spannender, bräunl. Kleinschmetterling mit gelbl. Fleck und weißen Punkten auf den Vorderflügeln. Die jungen Larven dringen im Herbst in Apfelbaumknospen ein und bringen diese durch Fraß im Frühjahr zum Welken und Absterben.

Apfelwanze, Bez. für Wanzenarten, die an Blättern, Trieben und Früchten des Apfelbaums saugen; z. B. **Braune Apfelwanze** (Campylomma verbasci) und **Grüne Apfelwanze** (Nord. A., Plesiocoris rugicollis); verursachen an Früchten unregelmäßige Vorwölbungen und braune bis rötl. Flecken an den Stichstellen.

Apfelwein, Obstwein aus dem Saft reifer Herbstäpfel [evtl. mit Speierlingsaft]. - ↑ auch Cidre.

Apfelwickler (Laspeyresia pomonella), etwa 1 cm langer, ca. 2 cm spannender, weltweit verbreiteter Kleinschmetterling mit braungrauen, dunkelgebänderten Vorderflügeln, die nahe der Spitze einen rötlichdunkelbraunen, hellglänzend umrahmten Fleck tragen. Die frisch geschlüpften Larven (Apfel-, Obstmaden) dringen hauptsächl. vom Stielansatz oder Kelch aus in die Früchte ein und fressen sich bis zum Kerngehäuse durch.

Aphagie [griech.], in der Medizin: das Unvermögen zu schlucken.

Aphaia, auf der Insel Ägina verehrte Göttin, ↑ Britomartis.

Aphakie [griech.], Fehlen der Augenlinse nach Verletzung oder Operation, seltener angeboren.

Aphaniptera [griech.], svw. ↑ Flöhe.

Aphasie [griech.], Sprechstörung infolge Schädigung des Großhirns im Bereich der dominanten Großhirnhälfte (d. h. z. B. bei Rechtshändern im Bereich der linken Hemisphäre), wobei die zum Sprechen erforderl. Muskeln mit ihren Nerven, die Kerngebiete der Nerven im verlängerten Mark und deren Verbindungen zum Großhirn intakt sind. Je nach dem vorwiegenden Sitz des Hirnschadens (Ursache ist meist ein Schlaganfall, seltener eine Hirnverletzung) unterscheidet man eine *motor.* A. (als Unfähigkeit zu sprechen) und eine *sensor.* A. (als Unfähigkeit, Gesprochenes zu verstehen). Bes. häufig kommen Kombinationen von motor. und sensor. A. vor.

Aphel [griech.], sonnenfernster Punkt der Bahn eines Himmelskörpers um die Sonne; Ggs. Perihel.

Aphelandra [griech.] (Glanzkölbchen), Gatt. der Akanthusgewächse mit etwa 100 Arten im wärmeren Amerika; Sträucher oder große Kräuter mit meist großen, buntgeäderten Blättern und endständiger Blütenähre mit dicht und dachziegelartig angelegten, oft farbigen Hochblättern und großen, gelben oder roten, zweilippigen Röhrenblüten in deren Achseln; z. T. beliebte Zierpflanzen.

Aphididae [griech.], svw. ↑Röhrenläuse.

Aphidina [griech.], svw. ↑Blattläuse.

Aphis [griech.], Gatt. der Blattläuse; bekannte Art: Schwarze ↑Bohnenblattlaus.

Aphonie [griech.], Verlust der Stimme; kann organ. (z. B. Überanstrengung der Stimme), aber auch psych. bedingt sein.

Aphorismus [griech.], Bez. für eine prägnante knappe Formulierung eines Gedankens, eines Urteils, einer Lebensweisheit, z. B. lat. „vita brevis - ars longa" („Das Leben ist kurz, die Kunst währt lange"). Meister des A. waren die frz. Moralisten des 17. Jh. (La Rochefoucauld, La Bruyère), B. Pascal, im 18. Jh. Vauvenargues, J. Lichtenberg.

aphoristischer Stil [griech./lat.], unverbundene, sentenzenhafte Ausdrucksweise, z. B. bei Seneca d. J., Lessing, Hamann, Nietzsche, Mao Tse-tung.

aphotisch [griech.], lichtlos, ohne Lichteinfall; z. B. bezogen auf die Tiefenregion des Meeres mit Lebewesen ohne Lichtbedürfnis; Ggs. ↑euphotisch.

Aphrodisiaka [griech., nach der Göttin Aphrodite], Mittel zur Anregung und Steigerung des Geschlechtstriebs und der Potenz. Die meisten A. (z. B. Sellerie, Spargel, Austern) verdanken ihren Ruf dem Aberglauben und der dadurch gestützten Suggestion.

Aphrodisias, Ruinenstätte in Westanatolien, 160 km sö. von İzmir, bei dem heutigen Dorfe Geyre. Wiederholte Ausgrabungen (seit 1904, 1937, 1956, 1962–66) brachten eine Akropolis zutage, überlagert von überwiegend röm. und byzantin. Bauten. U. a. Reste einer Agora mit Säulengängen (der sog. Portikus des Tiberius), des Aphroditetempels (1. Jh. v. Chr.; mit 14 ion. Säulen, mit Fragmenten der Aphrodite; in byzantin. Zeit Basilika), von Thermen (2. Jh. n. Chr.), eines Odeons.

Aphrodite, griech. Göttin oriental. Ursprungs, Herrin der sinnl. Liebe und der Schönheit, nach Homer Tochter des Zeus und der Titanin Dione, nach Hesiod aus dem Schaum (griech. aphrós) des Meeres geboren, Gattin des Hephaistos, den sie mit Ares betrügt; beider Sohn ist Eros. A. verleiht Liebesglück und hilft dem Paris, der ihr den Preis der Schönheit zuerkennt, die Liebe der Helena zu gewinnen. Der griech. A. entspricht die röm. Venus. - Zahlr. sind die Darstellungen in der griech. Plastik, u. a. „Die Geburt der A." auf der Vorderseite des sog. Ludovis. Thrones (um 460 v. Chr.; Rom, Thermenmuseum), die berühmte A. von Knidos (um 330 v. Chr., von Praxitiles; nur in Kopien erhalten u. a. in den Vatikan. Sammlungen), die „Kapitolin. A." (um 320–280; ben. nach der Kopie in Rom, Kapitolin. Museum), die „Kauernde A." des Doidalsos von Bithynien (um 250 v. Chr.; Kopie in Rom, Thermenmuseum), die Venus von Milo (A. von Melos; 2. Jh. v. Chr.; Louvre), die Mediceische Venus (eine der Repliken einer Statue der A. mit Delphin des 2. Jh. v. Chr.; Florenz, Uffizien), die „A. von Kyrene" (um 100 v. Chr.; Kopie in Rom, Thermenmuseum). Seit der Renaissance wird die Venus bevorzugtes Thema der Malerei (Botticelli, Giorgione, Tizian, L. Cranach d. Ä., Rubens, Velázquez, Ingres). - Abb. S. 64.

Aphrodite [griech.], Gatt. der Ringelwürmer u. a. mit der ↑Seemaus als Art.

Aphthen [griech.], Ausschlag der Lippen und Mundschleimhaut in Form von linsenkorngroßen, rotumrandeten Geschwüren mit gelbl. Belag. Der A.bildung liegt, v. a. im Kindesalter, eine virusbedingte, oft schmerzhafte, häufig fiebrige Mundschleimhautentzündung zugrunde. Die A. heilen ohne Narbenbildung von selbst ab. Linderung bringt lokale Behandlung mit Myrrhentinktur.

Aphthenseuche, svw. ↑Maul- und Klauenseuche.

Aphthonios aus Antiochia, griech. Rhetor aus der 2. Hälfte des 4. oder vom Anfang des 5. Jh. - Seine „Progymnásmata", eine elementare Vorschule der Rhetorik, beherrschten bis ins 17. Jh. das Studium der Beredsamkeit.

API, Abk. für: ↑Association Phonétique Internationale.

Apia [engl. α:'pi:α], Hauptstadt von Westsamoa, an der N-Küste von Upolu, 32 000 E. Wirtschaftszentrum des Landes und dessen Im- und Exporthafen.

Apiacás, Serra dos [brasilian. 'sɛrra duz apja'kas], Gebirgszug in Brasilien, im N des Bundesstaates Mato Grosso, etwa 400 km lang, bis 1 000 m hoch.

a piacere [a pia'tʃe:re; italien.], musikal. Vortragsbez., die Tempo und Vortrag dem Interpreten freistellt.

Apian, Petrus, eigtl. Peter Bienewitz oder Bennewitz, * Leisnig 16. April 1495, † Ingolstadt 21. April 1552, dt. Astronom und Kartograph. - Seit 1527 Prof. der mathemat. Wissenschaften in Ingolstadt. Hg. astronom. u. geograph. Werke; konstruierte zahlr. astronom. Instrumente.

A., Philipp, eigtl. P. Bienewitz oder Bennewitz, * Ingolstadt 14. Sept. 1531, † Tübingen 14. Nov. 1589, dt. Geograph und Mathematiker. - Sohn von Petrus A., übernahm dessen Druckerei und Professur in Ingolstadt. Entwarf 1554–61 eine Landkarte von Bayern, die 1568 in 24 Holzschnitten erschien. Diese

Aphrodite von Melos (Venus von Milo). Marmorstatue aus der Mitte des 2. Jh. v. Chr.

„bayer. Landtafeln" wurden zum Vorbild graph. Geländegestaltung und dienten bis ins 18. Jh. als Grundlage für die bayr. Landvermessung.

Apicius, Marcus Gavius, röm. Feinschmecker zur Zeit des Augustus und des Tiberius. - Unter seinem Namen ist das nicht vor dem 3. Jh. entstandene Kochbuch „De re coquinaria" bekannt.

Apidae [lat.], Fam. der ↑Bienen.

apikal [lat.], an der Spitze gelegen, nach oben gerichtet (z. B. bezogen auf das [Spitzen]wachstum einer Pflanze).
♦ in der *Phonetik:* mit der Zungenspitze (Apex) artikuliert.
♦ in der *Medizin:* spitzenwärts gelegen, am spitzgeformten äußersten Ende oder ↑Apex (eines Organs) gelegen.

Apiol [lat.] ↑Petersilienöl.

Apirie [griech.], mangelnde Erfahrung.

Apis [griech. Form des ägypt. Wortes Hapi „der Eilende"], altägypt. Stiergott, galt als Erscheinungsform des Ptah und stand als Fruchtbarkeitsgott zu Osiris in enger Beziehung. Viele Weihgaben seit 500 v. Chr. zeugen von der Popularität seines Kultes in dieser Spätzeit.

Apis ↑Dimitrijević, Dragutin.

Apis [lat.], svw. ↑Honigbienen.

Apitz, Bruno, * Leipzig 28. April 1900, † Berlin (Ost) 7. April 1979, dt. Schriftsteller. - Von 1917–45 mehrmals aus polit. Gründen inhaftiert, zuletzt im KZ Buchenwald, über das sein Roman „Nackt unter Wölfen" (1958) handelt.

AP-Kautschuk ↑Synthesekautschuk.

Aplanat [griech.], photograph. Objektiv, das frei von Koma und hinsichtl. chromat. und sphär. Aberration, jedoch nicht hinsichtl. Astigmatismus korrigiert ist.

aplanatische Punkte, Bez. für den Gegenstands- und den ihm entsprechenden Bildpunkt auf der opt. Achse eines abbildenden [Linsen]systems, die auch von Strahlenbündeln mit großem Öffnungswinkel ohne Abbildungsfehler ineinander abgebildet werden.

Aplazentalier (Aplacentalia) [griech.-lat.], Säugetiere, deren Embryonalentwicklung ohne Ausbildung einer Plazenta erfolgt; veraltete Bez. für Kloaken- und Beuteltiere.

Aplit [griech.], feinkörniges Ganggestein.

Aplomb [a'plõ:; frz.], Sicherheit im Auftreten, Nachdruck.

Aplysia [griech.], svw. ↑Seehasen.

APN ↑Nachrichtenagenturen (Übersicht).

Apnoe [griech.], svw. ↑Atemstillstand.

Apo, aktiver Vulkan im S der Insel Mindanao, höchster Berg der Philippinen, 2 953 m hoch; Naturschutzgebiet; bis 1 000 m Höhe Plantagen (Manilahanfbau).

APO (Apo, ApO), Abk. für: ↑außerparlamentarische Opposition.

apo..., Apo..., ap..., Ap... [griech.], Vorsilbe mit der Bed. „von – weg", „ausgehend von", „seit", „nach", „ent-".

Apochromat [griech.], Linsensystem, bei dem die Farbfehler prakt. vollkommen beseitigt sind.

Apocrita [griech.], svw. ↑Taillenwespen.

Apocynaceae [griech.], svw. ↑Hundsgiftgewächse.

Apoda [griech.], svw. ↑Blindwühlen.

apodemisch [griech.], von dem ursprüngl. Lebensraum entfernt; gesagt von Tieren oder Pflanzen, die (z. B. durch den Menschen verbreitet) heute auch außerhalb ihres ursprüngl. Verbreitungsgebietes vorkommen; Ggs. ↑endemisch.

Apodemus [griech.], Gatt. der Mäuse, in Europa v. a. mit den Arten ↑Brandmaus, ↑Gelbhalsmaus, ↑Feldwaldmaus.

Apodidae [griech.], svw. ↑Segler.

apodiktisch [griech.], unwiderlegl., unbedingt sicher, notwendig.

Apodisation [griech.], Verfahren zur Erhöhung des Auflösungsvermögens eines opt. Geräts. Die bei der Abbildung das zentrale Beugungsscheibchen umgebenden Beugungsringe werden durch eine in der Mitte voll durchlässige, nach außen hin exponentiell zunehmend absorbierende Blende abgeschwächt oder zum Verschwinden gebracht.

Apoferment, svw. Apoenzym (↑Enzyme).

Apogäum [griech.], erdfernster Punkt der Bahn eines Körpers um die Erde.

Apoidea [lat.], svw. ↑ Bienen.
Apokalypse [zu griech. apokálypsis „Enthüllung, Offenbarung"], Schrift aus der Literaturgattung der ↑ Apokalyptik.
Apokalypse des Johannes (Johannesapokalypse, Offenbarung Johannis, Geheime Offenbarung, Abk. Apk.), das abschließende Buch des N. T., das die frühen Kirchenväter auf den gleichnamigen Verfasser des *Johannesevangeliums* zurückgeführt haben. Seit dem 19. Jh. wird diese Verfasserschaft angezweifelt. Theolog. Ziel der A. d. J. ist es, die in den beginnenden Christenverfolgungen bedrängten Gläubigen durch den Ausblick auf die Wiederkehr Christi zu trösten und zugleich auf die diesem Ereignis vorausgehenden Greuel vorzubereiten. - Die A. d. J. beginnt mit der Schilderung einer Christusvision, die Johannes auf der Insel Patmos erlebte. Es folgen Briefe an sieben kleinasiat. Gemeinden. Der Hauptteil gliedert sich in die Schilderung von Visionen in drei Reihen, in denen von je sieben Plagen berichtet wird. Das Gericht über Babylon (Deckname für Rom) schließt sich an. Höhepunkt dieses Dramas um das Weltende ist die Schilderung der neuen Schöpfung und des himml. Jerusalems. - In der *bildenden Kunst* wurden der ganze Zyklus oder einzelne Visionen dargestellt, z. B. Christus mit den 24 Ältesten auf dem Triumphbogen von San Paolo fuori le mura in Rom (5. Jh.) und in den karoling. Kuppelmosaiken der Aachener Pfalzkapelle. Christus mit den vier lebenden Wesen als Symbolen der Evangelisten ist in der Darstellung der ↑ Majestas Domini in der ma. Kunst eine der wichtigsten Christusdarstellungen (z. B. auf dem Tympanon von Saint-Pierre in Moissac, um 1120). Den ganzen Zyklus stellen eine Gruppe von Handschriften dar, der die berühmte Bamberger Apokalypse (um 1020; Bamberg, Staatl. Bibliothek) angehört, und eine Gruppe mit der Apokalypse von Trier (9. Jh.; Trier, Stadtbibliothek). Dürer schuf 1498 die bedeutendste Illustrierung der A. d. J. (15 Holzschnitte).

Roloff, J.: Die Offenbarung des Johannes. Zürich 1984.

Apokalyptik [griech.], eine im nachexil. Judentum entstandene religiöse Geistesströmung, die von etwa 200 v. Chr. bis in die frühchristl. Zeit reicht. - In Form von Weissagungen, Abschiedsreden, Testamenten, Träumen und Visionen, werden die göttl. Geheimnisse in reicher Bildersprache verkündet. In den meisten Fällen handelt es sich nicht um erlebte Visionen und Auditionen, sondern um die literar. Verarbeitung eines Repertoires an geprägten Vorstellungen über die Geschehnisse am Ende der Zeiten. Ihr liegt die Vorstellung von der Heilsgeschichte als Plan Gottes zugrunde, nach dem die Geschichte mit unwiderstehl. Konsequenz zu ihrem Ziel geführt wird. Die A. versucht häufig, den Zeitpunkt des Endes der bestehenden Welt auf verschiedene Weise (Zahlenspekulation) zu bestimmen. In der jüd. A. spielt der Messias meist keine oder nur eine untergeordnete Rolle; in der christl. A. ist er eine zentrale Figur.

Apokalyptische Reiter, versinnbildlichen in der ↑ Apokalypse des Johannes (Kapitel 6) Pest, Krieg, Hungersnot und Tod; die Vorstellung der A. R. ist vermutl. beeinflußt von Sach. 1, 8–10 und den vier Plagen (Ezech. 5, 17). Berühmt das Blatt von Dürers Holzschnittfolge.

Apollon von Piombino (5. Jh. v. Chr.). Paris, Louvre

Apokatastasis

Apokatastasis (Apokatastase) [griech.], im religiösen Sprachgebrauch die Wiederherstellung eines ehemaligen Zustandes, insbes. die Rückführung der Welt zu ihrem anfängl. Zustand am Weltende. Die A. wird in klass. Weise vom *Parsismus* vertreten. Im christl. Bereich wurde A. als endzeitl. Versöhnung Gottes mit den Menschen verstanden.
♦ Bez. für den Zusammenfall des Neujahrstags im alexandrin. und ägypt. Kalender (Sothisperiode: 1 460 Jahre). Eine solche A. fand im Jahre 139 statt. Von diesem Zeitpunkt an berechnete Theon von Alexandria nachträgl. frühere Apokatastasen (1321, 2781, 4241 v. Chr. usw.).

Apokope [griech.], Abfall eines Lautes oder einer Silbe am Wortende, z. B. ich hätte – ich hätt'.

apokrine Drüsen [griech./dt.] ↑ Drüsen.

Apokryphen [zu griech. apókryphos „verborgen"], eine Gattung religiöser Literatur, die trotz des von ihr erhobenen Anspruchs auf Echtheit und Originalität nicht in den Kanon hl. Texte aufgenommen wurde. Die A. des A. T. werden im kath. Sprachgebrauch *deuterokanon.* genannt, die in der kath. Kirche als A. bezeichneten Bücher der Bibel heißen im ev. Bereich ↑ Pseudepigraphen. Bei den A. des N. T. deckt sich der Sprachgebrauch. - Die *A. des N. T.* (zw. dem 1. und dem 5. Jh. entstanden) unterteilt man in: 1. apokryphe Evangelien, 2. apokryphe Apostelgeschichten, die eine legendäre Ausschmückung von Apostelviten darstellen, 3. apokryphe Briefliteratur, zu der gefälschte Paulusbriefe, Briefe von anderen Aposteln oder von anderen bibl. Personen gehören, 4. apokryphe Apokalypsen.

Apolda, Krst. im Bez. Erfurt, DDR, 182 m ü. d. M., 28 700 E. Ingenieurschule für Baustofftechnologie; Strick- und Wirkwarenfabrikation; Wirkmaschinenbau, Möbelfabrikation; Glockengießerei (seit 1722). - 1123 urkundl. gen. (als Burg), erhielt Ende des 13. Jh. Stadtrecht, seit Ende des 14. Jh. wettin. Lehen, kam 1633 als Dotalgut an die Univ. Jena, 1920 zu Thüringen. - Spätgot. Pfarrkirche, Renaissancerathaus.

A., Landkr. im Bez. Erfurt, DDR.

apolitisch, unpolit., der Politik gegenüber interesselos.

Apollinaire, Guillaume [frz. apɔliˈnɛːr], eigtl. Wilhelm Apollinaris de Kostrowitski, * Rom 26. Aug. 1880, † Paris 9. Nov. 1918, frz. Dichter und Kritiker. - Unehel. Sohn einer poln. Adligen und eines italien. Offiziers; Schüler in Monaco, lebte seit 1898 in Paris; 1916 schwer verwundet. Er war mit Dufy, Braque, Matisse befreundet, als deren Entdecker, Förderer und Anreger A. gelten kann („Die Maler des Kubismus", 1913; dt. 1956), verhalf auch dem Werk H. Rousseaus zum Durchbruch. In „Antitradition futuriste" (1913) verkündet er seinen neuen Stil; bed. die Sammlung revolutionärer Vers- und Prosalyrik „Alcools" (1913). In „Calligrammes" (hg. 1918) „entdinglicht" A. die Dinge zu Farben, Linien oder Bewegungen, löst er sich von Grammatik und Form. Gab den Surrealisten wesentl. Impulse. Mit dem Untertitel „drame surréaliste" seines Bühnenwerkes „Les mamelles de Tirésias" (1917) bekam die Richtung den Namen. Auch Prosa: „Der ermordete Dichter" (R., 1916), „Tendre comme le souvenir" (Kriegsbriefe, hg. 1952; dt. Ausw. 1961 u. d. T. „.... zart wie dein Bild").

apollinisch-dionysisch, von Schelling geschaffenes und von Nietzsche („Die Geburt der Tragödie aus dem Geiste der Musik", 1872) popularisiertes Begriffspaar, welches das von Form und Ordnung bestimmte Wesen des griech. Gottes Apollon der rauschhaften Ekstase des griech. Gottes Dionysos gegenüberstellt. Nietzsche sieht das Apollin. und Dionys. als die grundsätzl. Extremmöglichkeiten jegl. künstler. Schaffens an, ihre Synthese findet er in der griech. Tragödie und dem Musikdrama Wagners.

Apollo ↑ Apollon.

Apollo [nach dem griech. Gott Apollon], 1932 entdeckter Planetoid, dessen Bahn die Erdbahn kreuzt; heute sind über 30 Planetoiden mit derartigen Bahnen bekannt (sog. **Apollo-Objekte**).

Apollo, amerikan. Raumfahrzeug zur Durchführung des ↑ Apollo-Programms.

Apollodoros aus Athen, gen. „der Grammatiker", griech. Gelehrter des 2. Jh. v. Chr. - 145 nach der Austreibung der Gelehrten aus Alexandria in Athen. Nur Fragmente erhalten. Kommentar in 12 Büchern zu Homers Schiffskatalog; „Chronika", das in der Antike maßgebende Werk für Geschichtsdaten, entstand unter dem Einfluß des Eratosthenes; 24 Bde. „Über die Götter".

Apollodoros aus Damaskus, Baumeister und Ingenieur des 2. Jh. n. Chr. - Errichtete 102–105 unter dem Kaiser Trajan die große Donaubrücke am Eisernen Tor. In Rom baute A. ein Odeon, einen Circus, ein Gymnasium sowie 107–113 das Trajansforum.

Apollodoros von Athen, gen. Skiagraphos, griech. Maler der 2. Hälfte des 5. Jh. v. Chr. - Gilt als Begründer der Modellierung (Schattierung) in der Tafelmalerei.

Apollodoros von Karystos, griech. Komödiendichter des 3. Jh. v. Chr. - Bekannter Vertreter der neueren att. Komödie, dem Menander verpflichtet.

Apollofalter (Parnassius), Gatt. zieml. großer Tagschmetterlinge in den Gebirgen der Nordhalbkugel (v. a. Asiens); Flügel meist weißl. mit schwarzen Flecken; auf den Hinterflügeln häufig ein großer, runder, roter, schwarz umrandeter Fleck; in M-Europa 3 (geschützte) Arten: **Apollo** (Parnassius apollo), im Mittelgebirge und in den Alpen (bis 2 600 m Höhe), Flügelspannweite 7–8 cm,

Hinterflügel mit rotem Augenfleck. - **Alpenapollo** (Parnassius phoebus), in den Hochalpen; gegenüber der vorigen Art etwas kleiner, äußerste schwarze Vorderflügelflecken mit rotem Kern. - **Schwarzer Apollo** (Parnassius mnemosyne), v. a. in Skandinavien und den Gebirgen M-Europas (bis 1 500 m Höhe), häufig schwärzl., ohne rote Augenflecken.

Apollon (lat. Apollo), griech. Gott wahrscheinl. kleinasiat. Herkunft; galt als Sohn des Zeus und der Leto, Zwillingsbruder der Artemis; er war die Verkörperung des griech. Ideals der strahlenden, „apollin. Schönheit". Das Wesen A. trägt mannigfache Züge. Auf eine mit der Sonne zusammenhängende, lichte Komponente kann sein Beiname *Phoibos* („der Strahlende, Leuchtende") verweisen. Als göttl. Herrn der *Inspirationsmantik* untersteht ihm in histor. Zeit das Orakel von Delphi. A. vertritt Recht, Ordnung und Frieden. Er ist der Gott, in dessen Namen Schuld gesühnt wird. Im Zusammenhang damit kann auch seine Verbindung mit der Heilkunde gesehen werden. Nach Rom gelangte sein Kult im 5. vorchristl. Jh.; Augustus errichtete ihm später einen Tempel auf dem Palatin. - Unzählig sind die A.darstellungen in der bildenden Kunst, am berühmtesten die Plastik vom Westgiebel des Zeustempels von Olympia (jetzt im Museum ebd.) und der Apoll vom Belvedere (Vatikan. Sammlungen; röm. Kopie wohl nach dem Werk des Leochares). Von Praxiteles' A. Sauroktonos („Eidechsentöter A.") sind mehrere Kopien erhalten (u. a. Louvre). An literar. Gestaltungen sind aus der Antike ein „homer." Hymnos aus dem 7. Jh. v. Chr. und ein Hymnos des hellenist. Dichters Kallimachos aus dem 4. Jh. v. Chr. erhalten. - Abb. S. 65.

Apollonia, hl. als Märtyrerin verehrte Jungfrau, die in Alexandria lebte; anläßl. eines Christenpogroms unter Kaiser Decius wurde sie zum Feuertod verurteilt, dem sie durch Selbstverbrennung zuvorkam. - Dargestellt mit Zange und Zahn (weil ihr angebl. bei dem Pogrom die Zähne eingeschlagen wurden). Sie gilt als Helferin gegen Kopf- und Zahnschmerzen und ist die Patronin der Zahnärzte. - Fest: 9. Febr.

Apollonios, Name mehrerer griech. Bildhauer der Römerzeit. Bed. v. a.:

A., Sohn des Artemidoros aus Tralles, der mit seinem Bruder Tauriskos die in einer Umbildung auf uns gekommene Gruppe der Bestrafung der Dirke schuf (sog. Farnes. Stier, Neapel, Museo Nazionale), 1. Jh. v. Chr.

A., Sohn des Nestor aus Athen, schuf den berühmten „Torso vom Belvedere" des Vatikans, vielleicht eine Darstellung Philoktets, aus der Mitte des 1. Jh. v. Chr.

Apollonios Dyskolos, griech. Grammatiker der 1. Hälfte des 2. Jh. in Alexandria. - Schrieb die erste (und einzige erhaltene) altgriech. Syntax.

Apollonios von Perge, * Perge (Pamphylien, Kleinasien) um 262, † um 190, griech. Mathematiker. - Verf. eines bis weit in die Neuzeit maßgebl. Handbuchs der Kegelschnittlehre (8 Bücher „Konika"), das die Vorarbeiten des Aristaios von Kroton, des Euklid und des Archimedes zusammenfaßt und ergänzt. A. stellt darin Parabel, Ellipse und Hyperbel erstmals als Schnitte an einem einzigen Kreiskegel dar. A. setzte den Wert von π in engeren Grenzen fest als Archimedes. In der Schrift „Berührungen" wird das sog. †apollonische Berührungsproblem behandelt.

Apollonios von Rhodos, griech. Epiker und Gelehrter des 3. Jh. v. Chr. - War vermutl. Bibliothekar an der Alexandrin. Bibliothek; später Lehrer für Grammatik in Rhodos. Von seinen großen Epen ist nur sein Hauptwerk, die „Argonautika", in 4 Büchern erhalten, das in Rom verbreitet war und Vergil beeinflußte.

Apollonios von Tyana in Kappadokien, † um 97 n. Chr., griech. Neupythagoreer, Asket, Wanderprediger, Wundertäter. - Von christl. Seite v. a. wegen seines allerdings vagen Monotheismus, seines Eintretens für die Unsterblichkeit der Seele, Gerechtigkeit, Askese z. T. geschätzt.

Apollonios von Tyros † Apollonius von Tyrus.

apollonischer Kreis (Kreis des Apollonios) [nach Apollonios von Perge], Kreis als geometr. Ort für alle Punkte (*C*), deren Abstandsverhältnis von zwei festen Punkten *A* und *B* konstant ist ($\overline{CA} : \overline{CB} = \lambda$); sein Mittelpunkt liegt auf der Trägergeraden der Strecke $\overline{AB}$, er geht durch diejenigen beiden Punkte *D* und *E*, die die Strecke $\overline{AB}$ im Verhältnis λ teilen (*D* innerer, *E* äußerer Teilpunkt), *A*, *B*, *D* und *E* bilden vier harmon. Punkte (**Satz des Apollonios**).

apollonisches Berührungsproblem [nach Apollonios von Perge] (Taktionsproblem), die Aufgabe, alle Kreise zu bestimmen, die 3 gegebene Kreise berühren; mit Zirkel und Lineal lösbar.

Apollonius in Rom (A. von Rom), hl., Märtyrer unter Kaiser Commodus (180–192).

Apollonius von Tyrus (Apollonios von Tyros), Held des lat. Romans „Historia Apol-

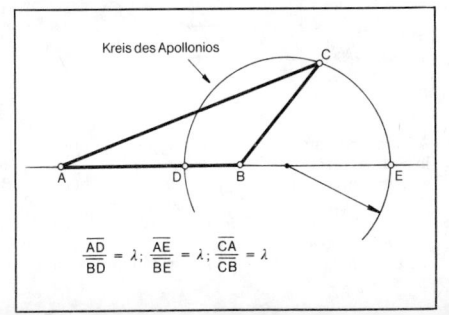

Kreis des Apollonios

$$\frac{\overline{AD}}{\overline{BD}} = \lambda; \quad \frac{\overline{AE}}{\overline{BE}} = \lambda; \quad \frac{\overline{CA}}{\overline{CB}} = \lambda$$

Apollo-Programm

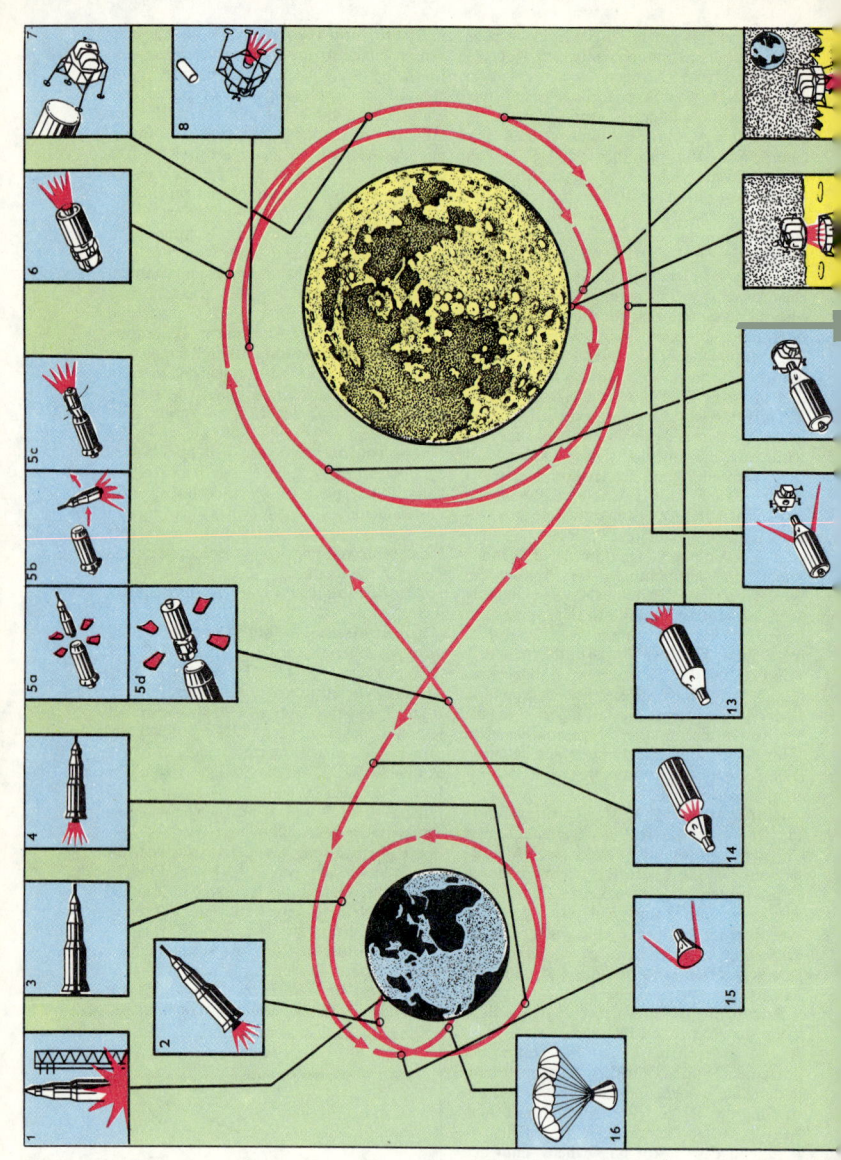

Apollo-Programm: 1 Start der Saturn V, 2 Zündung 2. Stufe, 3 Brennschluß der 3. Stufe, Einschwenke in Erdparkbahn, 4 Wiederzündung der 3. Stufe, Beginn des Flugs zum Mond, 5 a–5 d Abtrennen de Kommando- und Versorgungseinheit, Drehen um 180°, Kopplung an Mondfähre, Trennung von de 2. Stufe, 6 Zünden der Bremsraketen, Einschwenken in Mondumlaufbahn, 7 Abkoppeln der Mondfähre, 8 Einschwenken in Abstiegsbahn, 9 Landung, 10 Start, 11 Kopplung an Kommandoeinhei 12 Abstoßen der Aufstiegsstufe der Fähre, 13 Einschuß in die Rückkehrbahn zur Erde, 14 Abtrennen de Versorgungseinheit, 15 Eintritt in Erdatmosphäre, 16 Landung der Kommandoeinheit an Fallschirme

lonii regis Tyri", der wahrscheinl. im 6. Jh. verfaßt wurde und auf ein verlorengegangenes griech. Original aus dem 2. oder 3. Jh. n. Chr. zurückgeht. Der Roman fand im MA weite Verbreitung und wurde in zahlr. Sprachen übertragen. In Deutschland gestaltete Heinrich von Neustadt um 1300 den Stoff, dessen Prosabearbeitung im 15. Jh. jedoch nicht die Verbreitung von Steinhöwels „Hijstori des küniges appolonij" fand, die seit 1471 mehrfach gedruckt wurde.

Apollon von Tenea, früher fälschl. als Apollon gedeutete marmorne Jünglingstatue (Kuros) archaischen Stils der Mitte des 6. Jh. v. Chr. (München, Staatl. Antikensammlungen und Glyptothek), gefunden in Tenea bei Korinth.

Apollo-Programm, 1960 von der NASA bekanntgegebenes Raumfahrtprogramm der USA (Vorstufen: Mercury- und Gemini-Programm) mit den Hauptzielen: 1. Durchführung von bemannten Mondflügen. 2. Auf- und Ausbau erdnaher Orbitallabors und Orbitalobservatorien. 3. Start unbemannter Planetensonden zu Mars und Venus.

Das Apollo-Raumfahrzeug für die Mondflüge besteht aus einer rückkehr- und wiedereintrittsfähigen 3sitzigen Kommandoeinheit (Command Module, CM), aus dem Versorgungs- und Gerätetreil (Service Module, SM) und der Mondfähre (Lunar Module, LM) für zwei Astronauten. Als Trägerrakete dient eine dreistufige Saturn-V. Insgesamt 17 Flüge; *Apollo 1 bis 6* unbemannte Testflüge (bei einer Startsimulation verbrannten am 27. 1. 1967 die Astronauten V. I. Grissom, E. H. White, R. B. Chaffee in ihrer Steuereinheit); *Apollo 7 bis 10* bemannte Flüge auf Erd- und Mondumlaufbahnen. *Apollo 11*, Start am 16. 7. 1969, Mondflug der Astronauten N. A. Armstrong, M. Collins und E. E. Aldrin; am 20. 7. 1969 Landung der Mondfähre mit Armstrong und Aldrin als ersten Menschen auf dem Mond; Collins im CM auf Mondumlaufbahn; Aufstellung von Meßgeräten, Einsammeln von Gesteinsproben; Start vom Mond am 21. 7., Landung am 24. 7. im Pazifik. Die sechste und vorläufig letzte Mondlandung erfolgte am 11. Dez. 1972 *(Apollo 17)*. *Apollo 13* mußte nach Explosion im Versorgungsteil (SM) vorzeitig abgebrochen werden.

📖 *Armstrong, N., u.a.: Wir waren die ersten. Dt. Übers. Ffm. u. a. 1970. - Büdeler, W.: Projekt A. Das Abenteuer der Mondlandung. Gütersloh 1969.*

Apollo-Sojus-Mission, Bez. für das erste amerikan.-sowjet. Raumflugunternehmen, das einen gemeinsamen Raumflug (17. 7.–19. 7. 1975) eines bemannten amerikan. Raumfahrzeuges (Apollo) mit einem bemannten sowjet. Raumfahrzeug (Sojus) realisierte.

Apolog [gr.], beispielhafte Erzählung, lehrhafte Fabel.

Apologeten [zu griech. apología „Verteidigung"], Bez. einer Gruppe griech. Schriftsteller aus dem 2. Jh., die in Form offizieller Eingaben an den röm. Kaiser Verdächtigungen der Christen zurückwiesen und ihre Lehre darlegten. Sie stellten die Christen als loyale und zuverlässige Staatsbürger vor und deuteten auf der philosoph. Grundlage des „mittleren Platonismus" den christl. Monotheismus als einzig vertretbaren Gottesglauben. Das Bekenntnis zu Christus erklärten sie mit der philosoph. Logoslehre.

Apologetik [griech.], Teildisziplin der Theologie, heute als ↑Fundamentaltheologie (oder als Teil von dieser) bezeichnet. Aufgabe der A. ist im *kath. Verständnis* die Rechtfertigung des Glaubens vor dem eigenen Denken. - Die *prot. Theologie* kennt keine eigene Schuldisziplin „A". Gott als der „ganz andere" stelle das menschl. Denken in Frage, nicht umgekehrt.

Apologie [griech.], Verteidigungsrede oder -schrift; am bekanntesten ist die A. des Sokrates, die dessen Schüler Platon und Xenophon fingierten, sowie die A. des Augsburger Bekenntnisses von Melanchthon.

Apomixis [griech.], Ersatz der im normalen ↑Generationswechsel der Pflanzen auftretenden geschlechtl. Fortpflanzung durch einen nicht mit Zell- und Kernverschmelzung verbundenen Fortpflanzungsvorgang. - Die apomikt. Vorgänge werden nach dem Ort der Keimbildung unterschieden. Bei der **Jungfernzeugung** entsteht der Keim aus einer unbefruchteten Eizelle. Bei der **Apogamie** entsteht der Keim aus vegetativen Zellen der geschlechtl. Generation (Gametophyt). - Die biolog. Bed. der A. liegt darin, daß sich Pflanzen auch bei Ausfall oder Störung der geschlechtl. Fortpflanzung vermehren können.

Apomorphin, ein Derivat des ↑Morphins aus der Gruppe der Alkaloide; wird in der Medizin als sehr starkes Brechmittel bei Magen-Darm-Vergiftungen verwendet.

apophantisch [griech.], eine Aussage oder Behauptung betreffend.

Apophthegma [griech.], prägnanter Ausspruch, Sentenz.

Apophysen [griech.], Knochenfortsätze, die v. a. als Ansatzstellen für Muskeln dienen, z. T. aber auch (bes. bei Wirbeltieren und Menschen) empfindl., lebenswichtige Organteile (z. B. das Rückenmark im Wirbelkanal) gegen mechan. Stöße oder Verletzungen schützen.

◆ in der *Geologie* Bez. für Abzweigungen eines magmat. Gesteins in das Nebengestein.

Apoplexie [griech.], svw. ↑Schlaganfall.

Aporetik [griech.], die Kunst, ↑Aporien zu erörtern. In der Philosophie ist die A. einerseits als gesonderte Disziplin, andererseits im Bereich erkenntnistheoret. Grundentscheidungen von Bedeutung: die Anhänger der ↑Skepsis, die einen gesicherten method. Auf-

Aporie

bau von Wissenschaft und Philosophie und damit die Begründung von Behauptungen für unmögl. halten, lassen nur die aporet. Argumentation als sinnvolles theoret. Bemühen gelten. In anderen philosoph. Theorien kann die A. als ↑heuristisches Prinzip Verwendung finden.

Aporie [zu griech. aporía „Ratlosigkeit, Schwierigkeit"], eine ausweglose Argumentationssituation bei der Lösung eines Problems, wenn sich verschiedene Lösungen begründen lassen.

Aporti, Ferrante, * San Martino dell'Argine 20. Nov. 1791, † Turin 29. Nov. 1858, italien. Pädagoge. - Seit 1822 Direktor der Primarschulen von Cremona, wo er 1831 die Kinderbewahranstalten reformierte.

Aposiopese [griech.], rhetor. Figur: das bewußte Abbrechen der Rede (der syntakt. Konstruktion) oder eines begonnenen Gedankens vor der entscheidenden Aussage. Stilmittel bes. bei Kleist („Penthesilea": „Was! ich? Ich hätt' ihn-? Unter meinen Hunden-?"). Auch umgangssprachl. Erscheinung.

Apostasie [griech.], im kath. Kirchenrecht: 1. Abfall eines Christen vom Glauben bzw. Bestreitung einer fundamentalen Glaubensaussage; 2. Austritt einer Ordensperson aus dem Ordensstand.

Apostat [griech.], Bez. für eine Person, die ↑Apostasie begeht.

Apostata, Beiname des röm. Kaisers ↑Julian.

Apostel, Hans Erich, * Karlsruhe 22. Jan. 1901, † Wien 30. Nov. 1972, öst. Komponist. - Schüler von A. Schönberg und A. Berg; seine musikal. Sprache ist der seiner Lehrer und seines Freundes A. Webern eng verbunden. Er komponierte vorwiegend Vokalmusik, Klavier- und Kammermusikwerke.

Apostel [zu griech. apóstolos „Gesandter"], im Urchristentum gebildeter, spezif. christl. Begriff, der in erster Linie den engsten Jüngerkreis Jesu betrifft, die Zwölf, die Jesus zur Verkündigung des Evangeliums ausgesandt hatte; dann aber auch auf andere urchristl. Missionare, bes. auf Paulus, übertragen. In der *bildenden Kunst* werden die A. in histor. und in theolog.-dogmat. Zusammenhang dargestellt. Die Gemeinschaft der A. mit Christus wird immer wieder betont, so bei den Darstellungen der ↑Majestas Domini; die A. sind Beisitzer des Jüngsten Gerichts (z. B. am Portalen, so etwa am Portal von Saint-Trophime in Arles, 12. Jh.), sie sind Zeugen des Opfertodes Christi (z. B. am A. balken unterhalb eines Triumphkreuzes, u. a. im Dom von Halberstadt, um 1220). Die A. stehen an den Pfeilern im kirchl. Innenraum (Kölner Dom, um 1320), den Chorschranken (Bamberger Dom, um 1230) an Tragaltären (Fritzlar, ehem. Stiftskirche, um 1160) usw. Sehr häufig sind Abendmahlsdarstellungen mit den A., ebenso Himmelfahrt, Pfingstgeschehen, Marientod. Persönl. Merkmale haben zuerst Petrus und Paulus. Das ma. geistl. *Volksschauspiel* kannte A.szenen (Wettlauf der Jünger zum Grab) im Rahmen der Osterspiele, aus denen sich ↑Apostelspiele entwickelten.

◫ *Schelkle, K. H.: Jüngerschaft u. A.amt.* Freib. u. a. ³1965. - *Godfrey, F. M.: Christ and the apostles.* London u. New York 1957.

Aposteldekret, der vom sog. **Apostelkonzil** (Apg. 15; Gal. 2, 1–10) den Christen Antiochias, Syriens und Kilikiens briefl. mitgeteilte Beschluß, daß sie nicht zur Beobachtung des mosaischen Gesetzes verpflichtet seien, sich aber des Genusses von Fleisch, das für Götzenopfer bestimmt war, von Blut, Ersticktem und Unzucht (wohl Blutschande) enthalten sollten (Apg. 15, 23–29). Anlaß des Apostelkonzils war die Frage, ob „Heiden", die zum Christentum übertreten, sich der Beschneidung und dem jüd. Gesetz unterwerfen müssen. Das A. war ein wichtiger Schritt auf dem Weg zur Universalkirche.

Apostelgeschichte (lat. Acta [oder Actus] Apostolorum), Abk. Apg., von dem Evangelisten Lukas verfaßtes Buch des N. T., das über die Taten der Apostel berichtet, entstanden gegen Ende des 1. Jahrhunderts. Es stellt den Siegeszug des Evangeliums durch die antike Welt von Jerusalem bis Rom dar. So behandelt ein erster Teil die Grundlegung der Kirche in Jerusalem, die Mission in Judäa und Samaria sowie die Berufung des Paulus. Ein zweiter Teil berichtet über die Verkündigung durch Paulus unter den Juden außerhalb Palästinas und den „Heiden" (den nichtjüd. Anhängern vorchristl. Religionen), über die Missionsreisen des Paulus, über seine Gefangennahme und seine Überfahrt nach Rom.

Apostelkonzil ↑Apostelkonzil.

Apostellehre (Zwölfapostellehre) ↑Didache.

Apostelspiel, geistl. Drama, in dem die Geschichte des Paulus, bes. Bekehrung und Tod, oder die ganze Geschichte der Apostel dargestellt wird (15.–18. Jh.), bes. gepflegt wird es als ↑Schuldrama.

a posteriori ↑a priori/a posteriori.

Apostilb, Einheitenzeichen asb, gesetzl. nicht mehr zugelassene photometr. Einheit der ↑Leuchtdichte, 1 asb = $1/\pi$ cd/m².

Apostolat [griech.], Sendung, Auftrag, Funktion aller Christen, auch Amt der ↑Apostel.

Apostolikum ↑Apostolisches Glaubensbekenntnis.

apostolisch, von den ↑Aposteln herkommend oder auf diese bezogen.

Apostolische Majestät, Titel der ungar. Könige, verliehen 1758 von Papst Klemens XIII. an Maria Theresia und ihre Nachfolger.

apostolische Nachfolge ↑apostolische Sukzession.

Apotheke

Apostolischer Segen, päpstl. Segen, vom Papst oder einem von ihm bevollmächtigten Geistlichen erteilter Segen, mit dem ein vollkommener ↑Ablaß verbunden ist. Feierl. vom Papst als Segen „Urbi et Orbi" (der Stadt [Rom] und der [ganzen] Welt) gespendet.

Apostolischer Stuhl (Heiliger Stuhl, lat. Sedes Apostolica oder Sancta Sedes), Bez. für das Amt des Papstes, den Papst selbst als Inhaber, Träger des Amtes und die Hilfsorgane des Papstes. - Im internat. Bereich bezeichnet „Hl. Stuhl" den Papst als die rechtl. Vertretung der gesamten röm.-kath. Kirche. Der A. S. beansprucht auf Grund des Sendungsauftrags der Kirche und der innerkirchl. Stellung des Papstes völkerrechtl. Souveränität, auch unabhängig von weltl. Herrschaft. Diese (geistl.) Souveränität ist von fast allen Staaten anerkannt, zumindest als quasivölkerrechtl. Souveränität oder als Souveränität eigener Art.

Apostolisches Glaubensbekenntnis (Apostolikum, lat. Symbolum Apostolicum), ein Glaubensbekenntnis der christl. Kirchen, ein erweitertes röm. Taufbekenntnis aus dem 4. Jh., das im 6.-8. Jh. im heutigen SW-Frankr. zur heute gebräuchl. Form entwickelt, im 8. Jh. in Rom als offizielles Taufbekenntnis übernommen wurde. Die Ostkirchen kennen das A. G. nicht; die kath. Kirche und die Kirchen der Reformation (auch die anglikan. Kirche) gebrauchen es. 1971 wurde ein [mit Ausnahme des 3. Artikels] einheitl. Text für den dt. Sprachraum durch die kath., die altkath. und die Ev. Kirche in Deutschland eingeführt.

apostolische Sukzession (apostol. Nachfolge), Amtsnachfolge der Bischöfe in einer auf die Apostel zurückgehenden direkten und ununterbrochenen Reihenfolge, die die Legitimität der geistl. Amtsträger und damit die *Apostolizität* der Kirche und ihren Wahrheitsanspruch sicherstellen soll. Wesentl. für die a. S. sind Weihe und Handauflegung, durch die das kirchl. Amt übertragen wird. Als entscheidend für den Bestand ihrer Kirchen werten die kath., die anglikan. Kirche sowie die orth. Kirchen die a. S., während die ev. Kirchen die Nachfolge in der Evangeliumsverkündigung höher einschätzen.

apostolische Väter, in der altchristl. Literatur Bez. für die Schriftsteller der nachapostol. Zeit (etwa bis zum Jahre 150), die jedoch nur teilweise unmittelbare Schüler der Apostel sind.

Apostolizität [griech.], nach kath. Verständnis die Wesensgleichheit der gegenwärtigen [kath.] Kirche mit der Kirche der Apostel in Lehre und Sakramenten, damit ein Kennzeichen der Kirche. - ↑apostolische Sukzession.

Apostroph [griech.], Schriftzeichen in Form eines Kommas oberhalb der Linie: '. Der A. bezeichnet 1. den Ausfall eines Lautes oder einer Silbe, 2. in Lautschriften v. a. die Betonung.

Apostrophe [griech.], rhetor. Figur: überraschende Hinwendung des Rhetors oder Dichters zum Publikum oder zu (meist) abwesenden (auch toten) Personen oder Personifikationen oder Dingen. Zur A. zählt auch die Anrufung Gottes, der Götter, der Musen.

apostrophieren, jemanden oder etwas [feierlich] anreden.
♦ mit ↑Apostroph versehen.

Apothecium [griech.], schüsselförmiger Fruchtkörper bei Schlauchpilzen, Flechten.

Apotheke [griech., eigtl. „Speicher"], mit staatl. Genehmigung eingerichtetes gewerbl. Unternehmen zur Herstellung und Abgabe von Arzneimitteln. Auf Grund gesetzl. Bestimmungen darf eine A. nur von einem approbierten ↑Apotheker geführt werden.

Aufgaben: Nur die A. ist zur Abgabe sog. apothekenpflichtiger Arzneimittel berechtigt. Die Herstellung und Prüfung der Arzneimittel unterliegt den Bestimmungen des Europ. Arzneibuches (1974-78, 3 Bde.) und des „Dt. Arzneibuches" (8. Ausgabe 1978). Die Preisgestaltung für Herstellung, Verpackung und Abgabe von Arzneimitteln ist durch die „Dt. Arzneitaxe" festgesetzt. Die Herstellung, Prüfung und Abgabe der Arzneimittel darf nur von einem bestimmten Personenkreis ausgeführt werden (BG über das Apothekenwesen vom 20. 8. 1960 [A.gesetz, mehrfach geändert]). Dazu gehören Apotheker, pharmazeut.-techn. Assistenten sowie Personen, die sich in der Ausbildung zu diesen Berufen befinden. Dagegen dürfen Apothekenhelferinnen die zuletzt genannten Arbeiten nicht ausführen. - Wer eine Apotheke betreiben will, bedarf der Erlaubnis der nach Landesrecht zuständigen Behörde (↑Approbation). Seit Einführung der Niederlassungsfreiheit (1958) hat die Zahl der A. in der BR Deutschland erhebl. zugenommen (1986 rd. 17 200 Apotheken).

Geschichte: A. als behördl. überwachte und an amtl. Vorschriften gebundene Herstellungs- und Abgabestätten für Arzneimittel entstanden in Europa spätestens im 12. Jh. im Rahmen des aufblühenden spätmittelalterl. Städtewesens. Der Apotheker verfügte über ein Magazin für pflanzl. und tier. Drogen, Mineralien und Salze. Er stellte seine Arzneien zunächst auf der Grundlage prakt. Kenntnisse und Erfahrungen her und schuf hierbei neues Erfahrungswissen im Bereich zw. Chemie und Medizin. Er legte damit den Grund für das neue Fachgebiet Pharmazie. Im Zeitraum zw. den Anfängen der wiss. Pharmazie im ausgehenden 17. Jh. und der aufblühenden pharmazeut.-chem. Ind. gegen Ende des 19. Jh. entwickelte sich bes. die dt. Apotheke zu einem Schwerpunkt chem. Forschung. Nebenbei behielt die A. handwerkl.-gewerbl.

Apotheker

Züge (u. a. entstanden die Rezepte für Schokolade, Marzipan, Marmelade, Zuckerwaren sowie zahlr. chem. Produkte in Apotheken).
📖 *Pfeil, D., u. a.: A.betriebsordnung. Komm. mit Textslg. Ffm.* [4]*1980. - Berendes, J.: Das A.wesen. Seine Entstehung u. geschichtl. Entwicklung bis zum 20. Jh. Stg. 1907. Nachdr. Hildesheim 1967.*

Apotheker [griech.], Berufsbez. für Personen, die auf Grund ihrer Berufsausbildung und ihrer ↑ Approbation berechtigt sind, eine Apotheke zu leiten bzw. zu betreiben. Zu den Aufgaben des A. gehört die kunstgerechte Ausführung ärztl. Rezepte und die Abgabe von Arzneimitteln, für deren einwandfreie Beschaffenheit er verantwortl. ist. Durch die Approbation zum A. wird auch der nach dem Arzneimittelgesetz geforderte Sachkundenachweis zur industriellen Arzneimittelherstellung erbracht (**Industrieapotheker**). Die Ausbildung zum A. ist staatl. geregelt in der Approbationsordnung für A. vom 23. 8. 1971; sie umfaßt ein Hochschulstudium und eine prakt. Ausbildung. Entsprechendes gilt für *Österreich* und die *Schweiz.*

Apothekerkammer, Standesvertretung der Apotheker mit Pflichtmitgliedschaft; durch Landesrecht in allen Bundesländern als öffentl.-rechtl. Körperschaften errichtet. Die Länder-A. sind in der Arbeitsgemeinschaft Dt. A. (**Bundesapothekerkammer**) zusammengeschlossen.

Apotheose [griech.], Erhebung eines Menschen zum Gott, Vergöttlichung eines lebenden oder verstorbenen Herrschers, insbes. die Alexanders d. Gr. und der röm. Kaiser. Herkunft aus dem oriental. Herrscherkult. *Literatur:* A. im Rahmen der Hofdichtung gab es seit hellenist. Zeit, aber bes. in Rom (Verklärung des Herrschers). Die spätantiken Topoi der A. wirkten im ganzen MA nach. Direkter Rückgriff in der Renaissance. Die mit großem Aufwand (Schaubild) ausgestaltete Schluß-A. des barocken geistl. und weltl. Schauspiels brachte alle übereinkommenen literar. und bildkünstler. Elemente zu höchster Steigerung. *Bildende Kunst:* Der durch die Römer fixierte Bildtypus (Entrückung des röm. Kaisers, emporschwebend aus den Flammen des Scheiterhaufens, Empfang durch die Götter, symbol. Auffliegen eines Adlers), z. B. in der „A. des Kaisers Antoninus Pius und seiner Gemahlin Faustina", wird aufgegriffen in der „A. Heinrichs IV. von Frankreich" von Rubens (im Zyklus der Maria von Medici, 1621–25; Louvre); ein anderes Konzept zeigt die „A. des Prinzen Eugen" von B. Permoser (Wien, Östr. Barockmuseum), der als Herkules mit Sieges- und Ruhmesgöttin dargestellt ist; zahlr. sind auch die A. Napoleons I.

Apotome [griech.], im pythagoreischen Tonsystem (↑ Stimmung) der chromat. Halbton. Dieser ist um das pythagoreische ↑ Komma größer als der diaton. Halbton (↑ Diesis). Er ergibt sich als Differenz von 7 Quinten und 4 Oktaven, d. h. als Quotient der Frequenzverhältnisse

$$\left(\frac{3}{2}\right)^7 : \left(\frac{2}{1}\right)^4 = \frac{2187}{2048} \; \hat{=} \; 113{,}7 \, \text{Cent}.$$

apotropäisch [griech.] ↑ Zauber.

Appalachen, Gebirgssystem im O Nordamerikas, von Neufundland (Kanada) bis Alabama (USA) reichend, über 3 000 km lang und bis 600 km breit; Rumpfgebirge mit Mittelgebirgscharakter, aus paläozoischen Gesteinen aufgebaut, durch die Hudson-Mohawk-Furche geteilt: Die nördl. A. sind glazial überformt, die südl. A. weisen eine deutl. O–W-Gliederung auf. Das Piedmont Plateau grenzt gegen W an die steil aufsteigenden A. i. e. S., die im Mount Mitchell 2 037 m erreichen; gegen N verschmälert sich der Gebirgsrücken (Blue Ridge). Nach einem Steilabfall nach W schließt das Große Appalachental an; in seinem O-Teil verläuft das Great Valley. Mit einem bis 600 m hohen Steilanstieg setzen die Appalachian Plateaus ein. - Das Klima ist kaltgemäßigt boreal im N, subtrop. im S. Im N überwiegen Holzwirtschaft und Fischerei, die Ind. dominiert im Anteil der A. am Manufacturing Belt, im S Baumwollanbau (Cotton Belt).

Appalachian Plateaus [engl. æpə'lɛɪtʃjən 'plætoʊz], Teil der Appalachen, USA, westl. des Großen Appalachentales.

Apparat [lat.], Gesamtheit der zu einer Arbeit nötigen Hilfsmittel (z. B. wiss. A.); auch die Gesamtheit der für eine bestimmte Aufgabe, Institution benötigten Personen einschließl. der Hilfsmittel (z. B. Staats-, Verwaltungsapparat). - ↑ auch kritischer Apparat.
◆ in der *Technik* eine aus mehreren Bauelementen bestehende Vorrichtung, die als Hilfsmittel in techn. Anlagen und Verfahren (z. B. Destillations-A.), als Zusatzgerät für Maschinen oder zur Realisierung bestimmter techn. oder wirtschaftl. Zwecke (Photo-, Telefon-, Radio-, Fernseh-A.) dient.

Apparatebau, Zweig der Technik und Ind., der sich mit der Konstruktion, Neu- und Weiterentwicklung und mit der Herstellung von Apparaten befaßt.

Apparatschiks [russ.], abschätzige Bez. für Funktionäre in Verwaltung und Parteiapparat, die ohne Rücksicht auf Allgemeininteressen oder auf berechtigte Interessen Einzelner, Weisungen und Maßnahmen ihrer Organisation durchzusetzen versuchen.

Appartement [aparta'mã:; frz., eigtl. „abgeteilte Wohnung" (zu lat. a parte „abgetrennt")], komfortable größere Wohnung.

appassionato [italien.], musikal. Vortragsbez. für einen leidenschaftl. bewegten Ausdruck.

Appeasement [engl. ə'piːzmənt „Be-

Appetenzverhalten

schwichtigung"], Beschwichtigungspolitik; v. a. Schlagwort in der Polemik gegen die brit. Außenpolitik 1933–39, die zu weitgehenden Konzessionen gegenüber Hitler bereit war.

Appel, Karel, * Amsterdam 25. April 1921, niederl. Maler. - Mgl. der Gruppe ↑Cobra, Vertreter der informellen Malerei.

A., Otto, * Coburg 19. Mai 1867, † Berlin 10. Nov. 1952, dt. Botaniker. - 1920–33 Direktor der Biolog. Reichsanstalt für Land- und Forstwirtschaft in Berlin-Dahlem; bed. Arbeiten auf dem Gebiet der Phytopathologie; Begründer des Pflanzenschutzwesens in Deutschland.

Appell [lat.], Anruf, Aufruf, Mahnruf; auch das Antreten von Soldaten zur Ausgabe von Befehlen und zur Überprüfung ihrer Ausführung.

Appellation [zu lat. appellatio, eigtl. „das Ansprechen"], Rechtsmittel im gerichtl. Verfahren: „Anrufung" einer höheren Instanz; im dt. Recht 1879 (Reichsjustizgesetze) durch die Berufung ersetzt.

Appellativ (Appellativum) [lat.], Gattungsbez.; Substantiv, das eine ganze Gatt. gleichgearteter Dinge oder Lebewesen und zugleich jedes einzelne Ding oder Lebewesen dieser Gatt. bezeichnet, z. B. Tisch, Mann, Pferd.

appellieren [lat.], jemanden anrufen, sich mahnend an jemanden wenden; veraltet für: Berufung einlegen.

Appendikularien (Appendicularia) [lat.], mit etwa 60–70 Arten weltweit verbreitete Klasse glasklar durchsichtiger, im Meer lebender ↑Manteltiere. Die meist 1–2 mm körperlangen Tiere sitzen in einem Gehäuse (Mantel) und weisen einen zum Körper hin scharf abgeknickten Schwanz auf. Schlängelnde Schwanzbewegungen bewirken, daß Wasser in das Gehäuse einströmt. Das aus dem Gehäuse nach hinten ausströmende Wasser dient als Rückstoßantrieb der Fortbewegung.

Appendix [lat.], Anhang, Anhängsel.
◆ der Anhang eines Buches oder Extraband mehrbändiger Textausgaben, mit unechten Texten, weiteren Überlieferungen, Textzeugen, Kommentaren, Registern, Tafeln, Tabellen u. a.; auch mit ↑kritischem Apparat.
◆ in der *Anatomie* allg. Bez. für Anhangsgebilde an Organen; auch Kurzbez. für A. vermiformis, den Wurmfortsatz des Blinddarms.

Appendizitis [lat.], Entzündung des Wurmfortsatzes (Appendix) des Blinddarms.

Appenzell, Hauptort des schweizer. Halbkantons A. Innerrhoden, im Sittertal, 10 km südl. von Sankt Gallen, 780 m ü. d. M., 4900 E. Textil-, Möbelind.; bed. Fremdenverkehr. - 1061 erstmals erwähnt (Kirche von **Abbatis Cella**); im 15. Jh. bed. Leineweberei. - Pfarrkirche Sankt Mauritius mit spätgot. Chor und klassizist. Langhaus (1823–25); Schloß (1563–70), Rathaus (1561–63).

A., schweizer. Kt., umfaßt das nördl. Säntisgebiet und dessen Molassevorland; Höhen zw. 2000 m (im S) und 800 m (im N), die Täler sind größtenteils glazial überformt. Aus konfessionellen Gründen geteilt in die beiden Halbkantone **Appenzell Innerrhoden** (173 km², 13000, meist kath. E, Hauptort A.) und **Appenzell Außerrhoden** (243 km², 49000, meist ev. E, Hauptort Herisau). Etwa 63 % des Gebietes werden landw. genutzt (in Höhen über 1200 m Almwirtschaft). 27 % (in A. Innerrhoden) bzw. 12 % (in A. Außerrhoden) der Beschäftigten arbeiten in der Land- und Forstwirtschaft. Aus der Heimweberei entwickelte sich eine leistungsfähige Textilind. (Seiden- und Baumwollwebereien, Stickereien u. a.); Fremdenverkehr.

Geschichte: Röm. Unterwerfung der Räter 15 v. Chr.; gehörte im frühen und hohen MA größtenteils zum Hzgt. Alemannien, später Schwaben; Inbesitznahme durch das Kloster Sankt Gallen im 11. Jh.; Einwanderung von Neusiedlern; das entstehende bäuerl. Gemeinwesen wurde 1411 zugewandter Ort, 1513 vollberechtigter 13. Ort der Eidgenossenschaft. Die Reformation setzte sich nur in einem Teil von A. durch, daher 1595/97 in die Halbkantone aufgeteilt; gehörte 1798–1803 ganz zum damaligen Kt. Säntis. Die Halbkantone sind administrativ getrennt, gelten jedoch verfassungsrechtl. als Einheit; entsenden je 1 Mgl. in den Ständerat.

Verfassung: In *A. Innerrhoden* liegt nach der Verfassung vom 24. Nov. 1872 die Exekutive bei der von der Landsgemeinde jährl. gewählten Standeskommission (9 Mgl.). Die Legislative bilden der vom Volk auf 1 Jahr gewählte Große Rat (63 Mgl.) und die Landsgemeinde.
In *A. Außerrhoden* liegt nach der Verfassung 26. April 1908 die Exekutive beim von der Landsgemeinde jährl. gewählten Regierungsrat (7 Mgl.). Die Legislative bilden der vom Volk auf 3 Jahre gewählte Kantonsrat (61 Mgl.) und die Landsgemeinde (obligator. Referendum).
📖 *Das Land A.* Hg. v. H. Maeder. Olten ²1983.

Apperzeption [lat.], in der *Psychologie* allg. Bez. für den Vorgang des bewußten Erfassens von Erlebnis-, Wahrnehmungs- und Denkinhalten.
◆ in der *Logik* bzw. *Erkenntnistheorie* von Leibniz eingeführt zur Bez. von Vorstellungen, die durch Reflexion des unterscheidenden Verstandes ins Bewußtsein gehoben und in einen Bewußtseinszusammenhang eingeordnet werden.

Appetenzverhalten [lat./dt.], in der *Verhaltensphysiologie* Bez. für eine Verhaltensweise, die eine Situation erzeugt, die zu einer triebbefriedigenden Endhandlung führt; z. B. das Umherschweifen hungriger Tiere, bevor sie Beute jagen.

Appetit

◆ in der *Verhaltenspsychologie* Bez. für unmittelbar oder mittelbar auf Bedürfnisbefriedigung zielende Handlungen.

Appetit [lat.], die mit dem Hunger natürlicherweise verbundene Eßlust. Der A. ist abhängig von Gewohnheit, Umgebung und Stimmungslage, von Geschmacks-, Geruchs- und anderen Sinnesreizen. Im Verlauf verschiedener Krankheiten kann es zu *A.steigerung* (bei Basedow-Krankheit, Zuckerkrankheit), aber auch zu *A.losigkeit* kommen. Auch aus seel. Gründen kann A.steigerung (↑Fettsucht) oder A.losigkeit (↑Pubertätsmagersucht) auftreten.

appetitanregende Mittel (Stomachika), Arzneizubereitungen, die u. a. durch Anregung der Speichel-, Magensaft- und Darmsaftsekretion den ↑Appetit fördern sollen; hauptsächl. aromat.-bittere Pflanzenauszüge (wie Enzian, Wermut).

Appetitlosigkeit ↑Appetit.

Appetitzügler, zu den Abmagerungsmitteln zählende synthet. Stoffe (Abkömmlinge der Weckamine oder verwandter chem. Substanzen), die den Appetit hemmen. Es ist nicht geklärt, ob solche Stoffe tatsächl. das Hungerzentrum hemmen oder - bei Hungerkuren - durch ihre Euphorie erzeugende Komponente ledigl. das Hungergefühl leichter erträgl. machen.

Appia, Adolphe [François] [frz. a'pja], * Genf 1. Sept. 1862, † Nyon 29. Febr. 1928, schweizer. Bühnenbildner. - Forderte u. a. ein freies „Terrain" als Bühnenraum, der durch Licht und Schatten Atmosphäre erhält.

Appian (Appianos), griech. Geschichtsschreiber des 2. Jh. aus Alexandria. - Schrieb in griech. Sprache eine röm. Geschichte, die von den Anfängen der Sage (Äneas) bis ins 2. Jh. n. Chr. reicht; bed. wegen der vollständig erhaltenen Darstellung der röm. Bürgerkriege in 5 Büchern; von den 24 Büchern sind 10 vollkommen, außerdem Fragmente und Auszüge erhalten.

Appiani, Andrea, * Mailand 23. Mai 1754, † ebd. 8. Nov. 1817, italien. Maler des Klassizismus. - Sein „Sonnenwagen" (Mailand, Brera) ist ein ursprüngl. für das Casa Sannazzaro in Mailand gemaltes Fresko.

Appiano ↑Eppan.

Appische Straße ↑Römerstraßen.

applanieren [lat.], [ein]ebnen; ausgleichen.

applaudieren [lat.], Beifall klatschen, Beifall spenden; **Applaus,** Händeklatschen, Beifall.

Appleton, Sir (seit 1941) Edward Victor [engl. 'æpltən], * Bradford 6. Sept. 1892, † Edinburgh 21. April 1965, engl. Physiker. - Prof. für Physik am King's College in London und in Cambridge; bed. Arbeiten über die Ionosphäre; entdeckte 1927 die Erscheinung, daß sehr kurzwellige elektromagnet. Wellen die Kennelly-Heaviside-Schicht (heute E-Schicht) der Ionosphäre durchdringen können und erst von einer höherliegenden ionisierten Schicht, der nach ihm benannten A.-Schicht (heute F-Schicht), reflektiert werden. 1947 Nobelpreis für Physik.

Appleton [engl. 'æpltən], Stadt in O-Wisconsin, USA, am Fox River, 220 m ü. d. M., 59 000 E. Univ. (gegr. 1847); Papier- und Holzindustrie.

Appleton-Schicht [engl. 'æpltən; nach Sir E. V. Appleton], ältere Bez. für die F-Schicht der ↑Ionosphäre.

applikabel [lat.], anwendbar.

Applikant [lat.], veraltet für: Bewerber, Anwärter; Bittsteller.

Applikate [lat.], dritte Koordinate eines Punktes, z. B. die kartes. Koordinate z in einem (x, y, z)-Koordinatensystem.

Applikation [lat.], aufgenähte Verzierung aus Stoff, Leder, Filz, Metall u. ä., oft gepolstert und/oder mit Zierstichen (Metallfäden).

◆ in der *kath. Kirche* die Darbringung der Messe in der ↑Intention bestimmter Personen oder Anliegen.

◆ in der *Medizin:* Verabreichung von Medikamenten oder Anwendung von Heilverfahren.

Applikativ [lat.], Verbalform in nichtindogerman. Sprachen (z. B. Indianersprachen), die angibt, daß die Handlung zum Vor- oder Nachteil eines Dritten geschieht.

Applikatur [lat.], svw. ↑Fingersatz.

Appoggiatura [apɔdʒa'tuːra; italien.], svw. ↑Vorschlag.

Appomattox [engl. æpə'mætəks], Stadt in Z-Virginia, USA, 30 km östl. von Lynchburg, 1400 E. - Die Kapitulation der konföderierten Truppen unter General Lee 1865 in A. beendete prakt. den Sezessionskrieg.

Apponyi [ungar. 'ɔponji], ungar. Magnatengeschlecht (urspr. *Peczh*); erwarb 1392 die Herrschaft A. im Komitat Neutra und wurde nach ihr genannt; ab 1718 Freiherrn, 1739 (ältere Linie) und 1818 (jüngere erloschene Linie) Grafen; hatten polit. bzw. kulturelle Bedeutung.

Apport [lat.], Begriff der Parapsychologie für das angebl. Herbeischaffen (Erscheinenlassen) von Gegenständen, die Lage- oder Ortsveränderung von Gegenständen, bewirkt von Geistern oder durch ein Medium.

apportieren [lat.], Gegenstände (im Jagdwesen auch: Wild) herbeibringen (vom Hund gesagt).

Apposition [lat.] (Beifügung, Beisatz), ein substantiv. ↑Attribut, das im gleichen Kasus steht wie das Substantiv oder Pronomen, zu dem es gehört.

◆ Auf- bzw. Anlagerung von Substanzen, z. B. bei bestimmten biolog. Wachstumsvorgängen (**Appositionswachstum**) wie dem Dickenwachstum pflanzl. Zellwände oder dem Schalenwachstum bei Weichtieren.

Aprikosenbaum

Appositionsauge ↑ Facettenauge.

Appretur [frz.] ([Textil]ausrüstung), 1. Sammelbez. für alle Arbeiten, die an der Ware nach Verlassen des Webstuhls oder der Wirk- bzw. Strickmaschine vorgenommen werden, um ihr den endgültig gewünschten Charakter bezügl. Aussehen, Glanz, Griff, Fülle u. a. zu verleihen, mit Ausnahme des Bleichens, Färbens und des Bedruckens; 2. Bez. für Füllstoffe und Stärke, die hauptsächl. in Baumwollgewebe eingebracht werden, um deren Aussehen, Griff und Gewicht zu verbessern.
◆ Zurichtung der Narbenseite von Leder.

Approach [engl. ə'proutʃ; lat.-engl. „Annäherung"], Sehweise, Art der Annäherung an ein [wissenschaftl.] Problem.
◆ svw. ↑ Landeanflug.

Approbation [zu lat. approbatio „Billigung, Genehmigung"], für die Ausübung der Heilkundeberufe erforderl. staatl. Bestätigung (**Bestallung**); geregelt für *Ärzte* in der Bundesärzteordnung i. d. F. vom 14. 10. 1977 und der A.-Ordnung vom 3. 4. 1979, für *Tierärzte* in der Bundes-Tierärzte-Ordnung i. d. F. vom 20. 11. 1981 und der A.-Ordnung vom 14. 5. 1976, für *Apotheker* in der Bundes-Apothekerordnung vom 5. 6. 1968 und der A.-Ordnung vom 23. 8. 1971 sowie für *Zahnärzte* in dem Gesetz über die Ausübung der Zahnheilkunde vom 31. 3. 1952 und der Prüfungs-Ordnung für Zahnärzte vom 26. 1. 1955. Auf die Erteilung der A. besteht ein Rechtsanspruch, wenn die dort festgelegten Voraussetzungen vorliegen. Verlangt wird u. a., daß der Bewerber sich nicht eines Verhaltens schuldig gemacht hat, aus dem sich seine Unwürdigkeit oder Unzuverlässigkeit ergibt, und daß er nach dem Studium sowie einer prakt. Ausbildung die Prüfung abgelegt hat. Die A. kann unter bestimmten Voraussetzungen zurückgenommen oder widerrufen werden.
In *Österreich* ist die Ausübung der Heilkunde durch das Ärztegesetz vom 30. 3. 1949 geregelt. In der *Schweiz* regelt die A. das BG betreffend die Freizügigkeit des Medizinalpersonals vom 19. 12. 1877 (mit dem Reglement für die eidgenöss. Medizinalprüfungen vom 22. 12. 1964).
◆ im *kath. Kirchenrecht*: Anerkennung, Bestätigung, Gutheißung, Genehmigung durch die zuständige kirchl. Autorität; auch Bevollmächtigung zur Wortverkündigung und zur Spendung des Bußsakramentes.

approbatur [lat.], im kath. Kirchenrecht: es wird gebilligt; es wird anerkannt.

approbieren [lat.], bestätigen, genehmigen.

Approximation [zu lat. approximare „sich nähern"], angenäherte Bestimmung oder Darstellung einer Größe oder einer Funktion. Mit Hilfe der A. lassen sich komplizierte Funktionen durch einfachere ersetzen (z. B. $y = \sin x$ in der Nähe von $x = 0$ durch $y = x$). Als **sukzessive Approximation** bezeichnet man Verfahren, mit denen man schrittweise sich verbessernde Näherungswerte gewinnt, z. B. bei der Bestimmung der Lösungen einer Differentialgleichung.

Approximationstheorie, mathemat. Theorie, die sich mit der angenäherten Darstellung von komplizierten oder nur im Wertverlauf gegebenen Funktionen durch einfach zu handhabende Funktionen wie Polynome oder Teilsummen unendlicher Reihen befaßt.

approximativ [lat.], angenähert, ungefähr.

a. pr., Abk. für: ↑ **a**nni **pr**aesentis.

APRA, Abk. für: ↑ **A**lianza **P**opular **R**evolucionaria **A**mericana.

Apraxie [griech.], Unfähigkeit, sinnvolle und zweckentsprechende Bewegungen auszuführen trotz relativ wenig beeinträchtigter bzw. voll erhaltener Funktionstüchtigkeit von Nerven und Muskeln des Bewegungsapparats. Zugrunde liegen Hirnschädigungen.

Apraxin, Fjodor Matwejewitsch, * 1661, † Moskau 21. Nov. 1728, russ. Generaladmiral. - Einer der engsten Mitarbeiter und Vertrauten Peters I., d. Gr.; 1718 Generaladmiral und Präs. des Admiralitätskollegiums; trug wesentl. zum Aufbau der russ. Flotte bei.
A., Stepan Fjodorowitsch, * 1702, † 26. Aug. 1760, russ. General. - Neffe von Fjodor M. A.; als Oberkommandierender der russ. Armeen im Siebenjährigen Krieg Sieger über die Preußen bei Großjägersdorf (1757); später wegen Bestechlichkeit vor Gericht gestellt; starb im Gefängnis.

après la lettre [frz. aprɛla'lɛtr „nach dem Buchstaben"], sagt man von einem Kupferstich, der durch den Künstler signiert wurde.

Aprikose [niederl.; zu arab. al-barquq „Pflaume" (von vulgärlat. [persica] praecocia „frühreifer [Pfirsich]"), (Marille) die Steinfrucht des ↑ Aprikosenbaums.
◆ svw. ↑ Aprikosenbaum.

Aprikosenbaum (Marillenbaum, Prunus armeniaca), Steinobstart (Rosengewächs)

Apsis. Außenansicht (links) und Grundriß

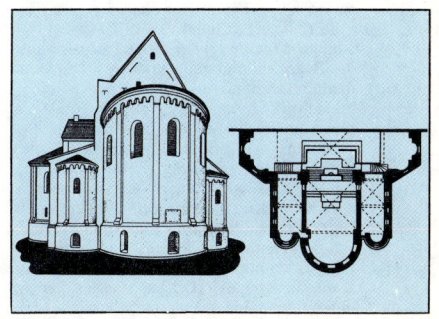

April

aus Z- und O-Asien; etwa 5-10 m hoher Baum mit rötl. Rinde; Blätter kahl, glänzend, breit-eiförmig und (unvermittelt) zugespitzt, gekerbt und gesägt. Die vor dem Laub erscheinenden, relativ großen Blüten stehen einzeln oder zu zweien, sind weiß oder hellrosa, fast stiellos und duften schwach. Die 4-8 cm dicken, rundl., samtig behaarten Früchte (*Aprikosen*, *Marillen*) besitzen eine Längsfurche, sind gelb bis orange und oft rotwangig. Ihr orangegelbl. oder weißl. Fruchtfleisch ist wohlschmeckend, bei Vollreife etwas mehlig. Es enthält 70-80 % Wasser, etwa 19 % Kohlenhydrate (bes. Zucker), 0,5-1 % Eiweiß, 1 % Fruchtsäuren sowie Mineralsalze und Vitamin A, C und B. A. sind selbstfruchtbar und verlangen mildes Klima.

April (lat. Aprilis), der 2. Monat des vorjulian. Jahres mit 29, seit der Kalenderreform Cäsars (45 v. Chr.) der 4. Monat des julian. Jahres mit 30 Tagen. Der Brauch des **Aprilscherzes**, jemanden am 1. A. zum Narren zu halten, ist in Deutschland seit dem 17. Jh. belegt.

Aprilthesen, von Lenin unmittelbar nach seiner Rückkehr nach Rußland 1917 in Petrograd verkündetes Aktionsprogramm; die A. bestimmten die Aktionen der bolschewist. Partei auf dem Weg von der Februar- in die Oktoberrevolution.

Aprilwetter, im Frühjahr regelmäßig in M-Europa auftretende Periode unbeständigen Wetters, für das ein rascher Wechsel zw. starken Schauern und Aufheiterungen typ. ist.

a prima vista [italien. „auf den ersten Blick"] (prima vista), in der Musik: „vom Blatt" spielen oder singen, d. h. ohne vorherige Probe bzw. Kenntnis der Noten.

a priori/a posteriori [„vom Früheren her/vom Späteren her"], sprachl. und sachl. zueinander gehörendes Begriffspaar der Erkenntnistheorie zur Kennzeichnung zweier unterschiedl. Erkenntnisweisen und -voraussetzungen: unter einer Erkenntnis *a priori* wird allg. eine von der Erfahrung unabhängige, aus der Vernunft durch log. Schließen gewonnene Erkenntnis verstanden im Unterschied zur Erkenntnis *a posteriori*, die sich auf Erfahrung gründet.
Maßgebl. für die gegenwärtige Diskussion ist die Begriffsbestimmung in Kants Transzendentalphilosophie, in der er ein psycholog., erkenntnistheoret. und transzendentales a priori unterscheidet. Die dem menschl. Bewußtsein vorgegebenen apriorischen Denkformen der Anschauung (Raum und Zeit), des Verstandes (die reinen Verstandesbegriffe oder Kategorien) und der Vernunft (Vernunftbegriffe oder Ideen) ermöglichen erst Erfahrungserkenntnis, sie bestimmen und begrenzen ihren Erkenntnisbereich. - A posteriori nennt Kant die von den Dingen (Gegenständen) durch die Sinne rezipierten Empfindungen und Erkenntnisse, die keine Notwendigkeit und Allgemeingültigkeit beanspruchen können und der Formung durch die Denkformen bedürfen.
📖 *Kamlah, W./Lorenzen, P.: Log. Propädeutik. Mhm. ²1973.*

Apriorismus [lat.], Sammelbez. von Lehren, die ein vor der Erfahrung gegebenes und von der Erfahrung unabhängiges Element im Erkennen, Handeln, Wahrnehmen (*erkenntnistheoret., eth., ästhet. A.*) annehmen (↑a priori/a posteriori). Nach Vorstellungen der Aufklärung, bes. bei Descartes, Malebranche, Leibniz, geht aprior. Erkenntnis auf angeborene ↑Ideen bzw. Fähigkeiten zurück. Begründer des A. im engeren Sinn ist Kant. Eine völlige Abkehr vom A. vollzogen die Wissenschaften der Folgezeit. Eine Neubegründung versuchte H. Dingler und im Anschluß an ihn P. Lorenzen.

Aprista-Gruppen [span. a'prista], in Lateinamerika einzelstaatl. parteipolit. Organisationen der ↑Alianza Popular Revolucionaria Americana.

apropos [apro'po:; frz.], nebenbei bemerkt, übrigens, was ich noch sagen wollte.

Apscheron, Halbinsel, 60 km lange, bis 30 km breite, durchschnittl. 150 m hohe Halbinsel am W-Ufer des Kasp. Meeres mit Schlammvulkanen und Mineralquellen (hauptsächl. Schwefelquellen). An der S-Küste der Halbinsel liegt ↑Baku.

Apside ↑Apsis.

Apsiden [griech.], die beiden Punkte auf einer ellipt. Bahn eines Himmelskörpers um einen anderen, in der die Entfernung zw. den Körpern am größten bzw. am kleinsten ist. Bei Doppelsternen heißen diese Punkte *Apastron* bzw. *Periastron*, bei Planetenbahnen *Aphel* bzw. *Perihel* und bei Bahnen des Mondes und künstl. Satelliten um die Erde *Apogäum* bzw. *Perigäum*.

Apsidenlinie, die Verbindungslinie der Apsiden; sie ist gleich der großen Achse einer ellipt. Bahn.

Apsis (Apside) [griech. „Gewölbe"], nischenartiger Raumabschluß (schon im Jungpaläolithikum). Vom christl. Kirchenbau aus der röm. Baukunst übernommen; schließt einen Hauptraum (Langhaus, Chorraum) ab und ist über einem halbkreisförmigen oder polygonalen (Gotik) Grundriß errichtet, mit einer Halbkuppel überwölbt, meist ostwärts orientiert. Nebenapsiden schließen Seitenschiffe ab. Die roman. Baukunst verdoppelt die A. (Ost- und West-A. in Doppelchoranlagen, z. B. Sankt Michael in Hildesheim, 1007 ff.), die got. Baukunst schafft mit dem Chorumgang einen Kranz von kleinen Apsiden (einem Kapellenkranz). - Abb. S. 75.

Apsu [akkad.], in der sumer.-babylon. Mythologie der unterird. Süßwasserozean.

Apt, Ulrich, d. Ä., * Augsburg gegen 1460, † ebd. 1532, dt. Maler. - 1481 Meister in Augsburg; von einem Mariä-Himmelfahrt-Altar für Hl. Kreuz in Augsburg (1510) sind zwei Flügel erhalten (Karlsruhe, Staatl. Kunsthalle und Louvre); mehrere Bildnisse, im Stil Hans Holbein d. Ä. nahestehend.

Apt, frz. Stadt in der Provence, Dep. Vaucluse, 11 600 E. Wallfahrtsort. Hauptzentrum der frz. Ockergewinnung, Herstellung von Konfitüren, Gemüse- und Obstkonserven sowie Lavendelessenzen. - Hauptstadt der kelt. Vulgenten; wurde 121 v. Chr. röm. (**Apta Julia Vulgentium**); Bischofssitz (5. Jh. bis 1790/1801); 1209 provenzal., 1481 frz.; im 12. Jh. Stadtrecht. - Die ehem. Kathedrale (12. Jh.) hat ihren roman. Charakter bewahrt. Nahebei eine der besterhaltenen röm. Straßenbrücken, der dreibogige **Pont Julien** aus dem 1. Jh. n. Chr.

Apterygoten (Apterygota) [griech.], svw. ↑ Urinsekten.

Apuanische Alpen, vom nördl. Apennin abzweigender, 50 km langer Gebirgsstock im NW der Toskana, im Monte Pisanino 1 945 m hoch; Marmorbrüche; Verarbeitung des Marmors in Carrara und Massa.

Apuchtin, Alexei Nikolajewitsch, * Bolchow (Gouv. Orel) 27. Nov. 1841, † Petersburg 29. Aug. 1893, russ. Dichter. - Melanchol. und eleg. Gedichte, populär z. T. durch Vertonung von Tschaikowski.

Apulejus, Lucius (?), * Madaura (N-Afrika) um 125, † um 180, röm. Schriftsteller. - Sein nach einer griech. Vorlage verfaßtes Hauptwerk „Metamorphosen" (auch u. d. T. „Der goldene Esel" bekannt), die Geschichte eines vornehmen Griechen, der in einen Esel verwandelt und von der Göttin Isis erlöst wird, enthält das auch sprachl. meisterhafte Märchen von „Amor und Psyche".

Apulien, Großlandschaft in S-Italien, als Region 19 347 km², 3,9 Mill. E (1983), Hauptstadt Bari. Das Landschaftsbild ist durch massige Kreidekalkstöcke gekennzeichnet; an den isolierten Monte Gargano schließt sich nach S eine Tiefebene mit Getreideanbau an. Im S erstreckt sich ein wasserarmes Kalkplateau. Die Weidewirtschaft ist durch Öl- und Mandelbaumhaine, Getreide- und Tabakfelder sowie Weingärten auf die entlegensten Teile zurückgedrängt worden. Die Bewässerungswirtschaft wurde mögl. durch den Bau einer Wasserleitung. Industriereiche Städte am schmalen, siedlungsreichen Küstenstreifen mit den Häfen Bari, Brindisi und Tarent ergänzen die Stellung A. als aufstrebenden Wirtschaftsraum.

Geschichte: Bed. Zeugnisse vorgeschichtl. Kultur; im Altertum von den Apulern und illyr. Stämmen besiedelt; geriet seit dem 9. Jh. v. Chr. immer stärker unter griech. Einfluß; 317 von Rom annektiert; kam nach dem Untergang des Weström. Reichs unter ostgot., dann unter oström. Herrschaft; der N gehörte seit etwa 570 zum langobard. Hzgt. Benevent, der S blieb byzantin.; Mitte 11. Jh. durch die Normannen erobert; durch die Belehnung Rogers II. von Sizilien mit A. und Kalabrien 1130 zum Kgr. Sizilien zusammengefaßt; größte Blüte unter stauf. Herrschaft, v. a. unter Kaiser Friedrich II.; verlor unter den Anjou an Bed.; seit 1282 beim Kgr. Neapel.

Apulum ↑ Alba Iulia.

Apu Ollántay [span. 'apu o'jantaj], in der Quechuasprache abgefaßtes Theaterstück

Aquädukt in Segovia (2. Jh. v. Chr.)

aus Peru, wesentl. Beispiel für das Theater der Inkazeit. Die erhaltene Fassung ist in die Kolonialzeit zu datieren. Inhalt: Der Held niederer Herkunft, Ollanta, liebt Kusi Qóyllur, Tochter des göttl. Inka; nach vielen Verstrickungen kommt es zu einem glückl. Ende.

Apure, Staat in W-Venezuela, 76 500 km^2, 188 000 E, Hauptstadt San Fernando de Apure. A. liegt in den Llanos del Orinoco, nur der äußerste W im Gebirge. Größtes Naturweidegebiet des Landes; der S der Llanos ist während der Regenzeit (Mai–Sept.) weithin überschwemmt.

Apure, Río, linker Nebenfluß des Orinoko, in W-Venezuela, zwei Quellflüsse *(Río Uribante* und *Río Sarare),* mündet nahe Caicara, 815 km lang.

Apurímac, Dep. im südl. Z-Peru, 20 655 km^2, 323 000 E, Hauptstadt Abancay; liegt ganz in den Anden. In günstigen Lagen werden v. a. Zuckerrohr, Koka, Baumwolle und Obst angebaut, im übrigen Gebiet Mais, Gerste, Kartoffeln; Rinder- und Schafhaltung; kleine Bergbaubetriebe zur Gewinnung von Gold, Silber und Kupfer; Nahrungsmittelindustrie.

Apurímac, Río, linker Quellfluß des Río Ucayali (Peru), entspringt in den Anden, etwa 900 km lang.

Apus [griech.]. ↑Sternbilder (Übersicht).

Aqua demineralisata [lat.], durch ↑Ionenaustauscher oder andere Verfahren entmineralisiertes Wasser.

Aqua destillata [lat.], durch Destillation gereinigtes Wasser.

Aquädukt [zu lat. aqua „Wasser" und ductus „Leitung"], in der archäolog. Terminologie der oberird. auf Bogenbauten geführte Teil der röm. Wasserleitung (im antiken Wortgebrauch hieß jede Wasserleitung A., auch Aqua). Diese Abschnitte der röm. Wasserleitungen (über Täler, Flüsse, Ebenen) waren nötig, weil die Römer nur Gefälleleitungen kannten. Charakterist. für die Architektur der A. sind die oft mehrgeschossigen Bogenstellungen (z. B. der dreigeschossige Pont du Gard bei Nîmes). Die älteste Wasserleitung der Stadt Rom war die von dem Zensor Appius Claudius Caecus 312 v. Chr. angelegte Aqua Appia (16 km; davon 90 m auf Arkaden). Erst die Aqua Marcia (142 v. Chr.) wurde über beträchtl. Strecken auf Arkaden geführt (etwa 11 km). Aufsicht führte eine eigene Behörde unter Leitung eines *Curator aquarum.* - Abb. S. 77.

Aquae [lat. „die Wasser"], Name röm. Badeorte, z. B.: *A.,* heute Baden bei Wien; *A. Aureliae,* heute Baden-Baden; *A. Granni (Grani),* heute Aachen; *A. Helveticae,* heute Baden, Schweiz; *A. Mattiacae,* heute Wiesbaden; *A. Patavinae,* heute Abano Terme; *A. Sextiae,* heute Aix-en-Provence; *A. Statiellae,* heute Acqui Terme; *A. Sulis,* heute Bath; *A. Tacapitanae,* heute El-Hamma.

äqual [lat.], in der geschriebenen Tonhöhe (in Äquallage) erklingend (Orgelstimmen im Achtfußton); auch von Instrumenten und Stimmen in gleicher Lage gesagt (z. B. Frauen- oder Männerstimmen).

Aquamanile [mittellat.], Gießgefäß in Vorderasien (seit dem 2. Jt.), im islam. Bereich und im MA in Form von Tieren. In der kath. Kirche zum Händewaschen während der Meßfeier.

Aquamarin [lat.], hellblaue bis meergrüne Abart des ↑Beryllis, $Al_2Be_3[Si_6O_{18}]$; Vorkommen: Ural, Brasilien, Südwestafrika, Elba. Mohshärte 7,5 bis 8; Dichte 2,63 bis 2,80 g/cm^3; Verwendung als Schmuckstein.

Aquametrie [lat./griech.], Gesamtheit der chem. und physikal. Methoden zur quantitativen Bestimmung von Wasser in chem. Verbindungen, Kristallen, Lebensmitteln usw.

Aquanaut [Kw. aus lat. aqua („Wasser") und Astronaut], [tauchender] Unterwasserforscher.

Aquanautik [lat./griech.], in raschem Aufschwung befindl. Forschungsbereich, der sich mit den Möglichkeiten des Aufenthaltes von Menschen unter Wasser befaßt und dessen Zielsetzung u. a. die Unterwasserforschung, die Erkundung und Ausnutzung von Meeresbodenschätzen ist. Zum Einsatz kommen dabei Forschungsunterseeboote, Taucherkugeln und Tauchstationen. - ↑auch Ozeanographie.

Aquaplaning [engl.] (Wasserglätte), Schwimmen oder Gleiten des Reifens auf Wasseransammlungen auf der Fahrbahn. A. tritt auf, wenn der Reifen nicht mehr in der Lage ist, genügend Wasser durch sein Profil abzuleiten. Als Folge bildet sich ein Wasserkeil zw. Reifen und Straße, wodurch die Bodenhaftung vollständig aufgehoben wird. Damit verliert der Reifen die Fähigkeit, Brems- und Lenkkräfte auf die Straße zu übertragen. Das A. ist in erster Linie abhängig von der Stärke des Wasserfilms auf der Fahrbahn, der Fahrgeschwindigkeit, der Profiltiefe, der Profilgestaltung und der Breite des Reifens. Sehr glatte Fahrbahnoberflächen fördern das Aquaplaning.

Aquarell [italien.; zu lat. aqua „Wasser"], ein mit „lasierenden" (nicht deckenden) Wasserfarben pflanzl. oder mineral. Art auf meist weißem, saugfähigem Papier oder Pergament gemaltes Bild, auf dem der Grund durchscheint, auch teilweise ausgespart wird. Wegen des raschen Trocknens der Farbe sind Korrekturen kaum möglich. Der Malvorgang beginnt mit den zartesten Farben. Die Technik wurde schon in den alten Hochkulturen angewandt, bei den Assyrern, Babyloniern, Ägyptern u. a., und zwar bei Reliefs, Wandmalereien und Miniaturen. Die ersten selbständigen A. sind die Landschafts-A. von Dürer, bed. die engl. A.malerei (T. Girtin, W. Tur-

ner, J. Constable und R. P. Bonington), in Deutschland K. Blechen, Menzel, die Romantiker, in Frankr. T. Géricault, E. Delacroix, H. Daumier, im 20. Jh. Cézanne, Kandinsky, P. Klee, Nolde, Schmidt-Rottluff, C. Rohlfs. - Abb. S. 80.
📖 *Wehlte, K.: Das Malen mit Wasserfarben.* Ravensburg [10]1976. - *Koschatzky, W.: Das A. Wien u. Mchn. 1969.*

Aquarellfarben, lichtechte, feinstgemahlene, ungiftige Mineralpigmente (Cadmiumgelb, Berliner Blau, Ocker, Zinnober) mit Bindemittel (Gummiarabikum, Dextrin, Gelatine, Leim).

Aquariden [lat.], zwei Meteorströme; die η-A. wurden von dem Halleyschen Kometen erzeugt und sind Anfang Mai zu beobachten; die einem unbekannten Kometen entstammenden δ-A. sind in der Zeit Ende Juli/Anfang August zu beobachten.

Aquarienkunde (Aquaristik), das sachgerechte Halten und Züchten von Wassertieren und Wasserpflanzen in Aquarien.

Aquarium [lat.], Glas- oder Kunststoffbehälter zur Haltung von Wassertieren und -pflanzen. Aquarien finden als *Süßwasser-* und *Meerwasseraquarien* Verwendung. Unter den Süßwasseraquarien findet man *Kaltwasseraquarien* für Tiere aus nördl. Breiten und *Warmwasseraquarien* für trop. und subtrop. Süßwassertiere.
Für die meisten Fischarten eignet sich gewöhnl. (möglichst kalkarmes) Leitungswasser. Nur einige Arten (Diskusfische, Zahnkarpfen u. a.) verlangen weiches Wasser (filtriertes Regenwasser). - Zur Belüftung reichen bei geringem Fischbesatz grüne Pflanzen (Wasserpest, Laichkraut, Tausendblatt u. a.) aus; bei stärkerem Besatz muß mit einer Pumpe durchlüftet werden. Mit Hilfe eines Luftstroms oder einer elektr. betriebenen Wasserpumpe (Kreiselpumpe) werden die Filter betrieben, die zur Reinigung des Wassers dienen. V. a. fremdländ. Fische (über 500 Arten) werden neben einigen einheim. Arten in Aquarien gehalten. Beliebte Warmwasserfische sind bes. die Vertreter der Salmler (Schmucksalmler, Roter Neon), Barben (Sumatrabarbe, Prachtbarbe), Bärblinge (Zebrabärbling, Malabarbärbling), Labyrinthfische (Kampffische), Buntbarsche (Segelflosser, Diskusfische) und der Lebendgebärenden Zahnkarpfen (Guppy, Platy, Schwertträger). Außer Fischen können auch Wasserschnecken, Lurche (Molche, Frösche), Wasserreptilien (bes. Wasserschildkröten), Krebse und Muscheln im A. leben. In Meerwasseraquarien verwendet man Leitungswasser, dem bestimmte chem. Substanzen zugesetzt werden, um einen dem Meerwasser ähnl. Lebensraum zu schaffen. Meerwasserpflanzen lassen sich nur schwer im A. halten, so daß man hier Sand, Steine und Korallenstöcke verwenden muß. Wegen fehlender Pflanzen muß ein Seewasser-A. bes. gut durchlüftet werden; die Temperatur sollte 18 °C nicht überschreiten. Bes. beliebt in Meerwasseraquarien sind Seerosen, Krebse und v. a. farbenprächtige Meeresfische (z. B. Orange-Anemonenfisch, Kaiserfisch). Aquarientiere erhalten lebendes oder künstl. Futter. Lebendfutter sind Wasserflöhe, Hüpferlinge, Mückenlarven, Bachröhrenwürmer (Tubifex). Trockenfutter, eine Kombination aus getrockneten Pflanzen sowie Vitaminen, ist für die meisten Fische ausreichend.
Geschichte: Erste Hinweise auf die Haltung von Fischen in künstl. Wasserbehältern finden sich im alten Ägypten. Auch aus röm. Zeit sind solche Behälter („piscinae") nachgewiesen. Sehr weit zurück liegen auch die Anfänge der Fischhaltung in O-Asien, insbes. in China, wo Goldfische außer in Gartenteichen seit dem 14. Jh. auch in sog. Drachenkübeln gehalten und gezüchtet wurden. 1841 wurde in England ein Süßwasser-A. mit Fischen und Pflanzen eingerichtet. Auf Grund des durch die Pflanzen bewirkten erhöhten Sauerstoffgehaltes des Wassers blieben die Fische länger am Leben. 1861 wurde in Paris ein festes Aquarienhaus errichtet. 1869 erfolgte die Gründung eines A. in Berlin durch A. Brehm. Unter den wissenschaftl. Instituten errangen die Meeresaquarienhäuser in Neapel (gegr. 1874) und auf Helgoland (1902) bes. Ansehen. - Abb. S. 81.
📖 *Gilbert, J./Legge, R.: Das große Aquarienb. Dt. Übers. Stg.* [3]1977. - *Klausewitz, W.: Hdb. der Meeres-Aquaristik. Seewasserfische.* Wuppertal 1975–79. 3 Bde.

Aquarius [lat.] ↑ Sternbilder (Übersicht).
Aquatinta [italien., eigtl. „gefärbtes Wasser"], im 18. Jh. erfundenes Kupferstichverfahren, das die Wirkung einer Tuschzeichnung nachahmt. Dabei wird die Metallplatte (meist Kupfer) mit Asphaltpulver oder mit Kolophoniumpulver bestäubt, das angeschmolzen wird. Die zu ätzenden Teile werden mit Asphaltlack abgedeckt. Das Ätzen (durch Salpetersäure oder Eisenchlorid) erfolgt in Stufen; die Ätzflüssigkeit dringt um die einzelnen Körner herum auf die Platte. Bed. A.blätter von Goya („Caprichos" 1793 bis 1798), Picasso.

Äquationsteilung [lat./dt.], svw. ↑ Mitose.
Aquatoneverfahren [akva'to:n; engl./dt.], Offsetdruckverfahren für bes. feine Raster (bis 160 Linien/cm): Belichtung einer mit einer lichtempfindlichen Schicht belegten Zinkplatte unter einem Rasternegativ; danach Vorbereitung zum Druck mit entsprechenden Lösungen.

Äquator [lat.], Erdäquator: größter Breitenkreis (Umfang 40 076,592 km); die Ä.-ebene teilt die Erde in die nördl. und südl. Halbkugel (Hemisphäre). - ↑ auch Erde.
◆ Himmelsäquator: Großkreis an der Sphäre in der Ebene des Erdäquators. Er teilt die

Äquatoreal

Aquarell. Asger Jorn, Blatt aus der Serie „Die Didasker" (1944)

Sphäre in den nördl. und südl. Sternenhimmel.

◆ magnet. Ä.: Linie, die die Orte mit der Inklination Null verbindet; eine um eine horizontale Achse frei drehbare Magnetnadel stellt sich am magnet. Ä. überall parallel zur Erdoberfläche ein.

◆ therm. Ä.: Linie der stärksten Erwärmung auf der Erde; wegen Vorherrschens der Landfläche auf der N-Halbkugel liegt er bis zu 10° nördl. Breite.

Äquatoreal (Äquatorial) [lat.], ältere Bez. für ein astronom. Fernrohr mit parallakt. oder äquatorealen Montierung. Das Ä. ist somit um eine zur Erdachse parallele Achse, die sog. Stundenachse, drehbar.

Äquatorebene, die durch den Äquator festgelegte Ebene; Grundebene eines sphär. Koordinatensystems.

Äquatorialguinea

(amtl. Vollform: República de Guinea Ecuatorial), Republik in Afrika, am und im Golf von Guinea. **Staatsgebiet:** Ä. umfaßt als festländ. Anteil die Prov. Mbini (Hauptort Bata) zw. 1° 01′ (Grenze gegen Gabun) und 2° 21′ n. Br. (Grenze gegen Kamerun) sowie zw. Atlantik und 11° 20′ ö. L. (ebenfalls Grenze gegen Gabun), zu der auch die der Küste im SW vorgelagerten Inseln Corisco (15 km²), Elobey Grande (2,27 km²) und Elobey Chico (0,19 km²) gehören, sowie Bioko (früher Fernando Póo; 2 017 km²) in der Bucht von Biafra und Pagalu (früher Annobón; 17 km²) bei 1° 25′ s. Br. und 5° 37′ ö. L. **Fläche:** rund 28 050 km², davon rd. 26 000 km² auf dem Festland. **Bevölkerung:** 320 000 E (1985), 11,4 E/km². **Hauptstadt:** Malabo (früher Santa Isabel) auf Bioko (früher Fernando Póo), **Verwaltungsgliederung:** 2 Prov., unterteilt in 15 Gemeindebez. **Amtssprache:** Spanisch; Umgangssprachen: Fang in Mbini, Bubi und Pidgin-English auf Bioko, kreol. Portugiesisch auf Pagalu. **Nationalfeiertag:** 12. Okt. **Währung:** Ekuele = 100 Céntimos. **Internat. Mitgliedschaften:** UN, OAU, der EWG assoziiert. **Zeitzone:** MEZ.

Landesnatur: Mbini umfaßt eine 15–25 km breite Küstenebene, die nach O zu einem Bergland (bis 1 200 m ü. d. M.) ansteigt; im S vereinigen sich mehrere Flüsse zum Ästuar Mbini. Die Inseln im Golf von Guinea gehören zur Vulkankette auf der sog. Kamerunlinie. Höchste Erhebung 2 850 m ü. d. M. auf Bioko.

Klima: Ä. liegt im Bereich des äquatorialen Regenklimas mit hohen Temperaturen und hoher Luftfeuchtigkeit.

Vegetation: Trop. Regenwald ist weit verbreitet; an der festländ. Küste Mangroven, in höheren Lagen auf Bioko Savanne.

Bevölkerung: Die Bev. setzt sich v. a. aus verschiedenen Bantuvölkern und -stämmen (u. a. Fang, Bubi), Ibo, Fernandinos und Annobónianern zus.; 83 % sind röm.-kath., der Rest v. a. Presbyterianer und Muslime.

Wirtschaft: Land- und Forstwirtschaft bilden die Grundlagen der Wirtschaft, und zwar der Kakao, der auf Bioko angebaut wird, sowie trop. Hölzer und Kaffee vom festländ. Landesteil. Viehwirtschaft ist fast nur im Tal des Moca auf Bioko möglich.

Außenhandel: Wichtigster Handelspartner ist Spanien. Ausgeführt werden Kakao, trop. Hölzer und Kaffee, eingeführt aus Spanien Alkohol und Liköre, Wein, Gewebe, Metall[waren], Trockenfisch u. a. Die BR Deutschland liefert nach Ä. v. a. Motoren, Kfz., elektr. Maschinen, medizin. und pharmazeut. Erzeugnisse, Farb- und Gerbstoffe sowie Garne und Textilien.

Verkehr: Außer schmalspurigen Feldbahnen der Forstbetriebe gibt es keine Eisenbahn. Auf Bioko rd. 120 km, in Mbini rd. 500 km Straßen. ✈ in Bata und Malabo.

Geschichte: Seit Beginn des 20. Jh. bildeten das heutige Mbini und Fernando Póo die span. Kolonie *Territorios Españoles del Golfo de Guinea;* 1959 in eine Überseeprov. umgewandelt; 1963 durch Gewährung eines gemeinsamen Sonderstatus, der v. a. die innere Autonomie enthielt, wieder zu einem Territorium vereint, das Ä. genannt wurde; nach Beratungen seit Ende 1967 über eine Unabhängigkeitsverfassung, nach Billigung des Verfassungsentwurfs in Spanien und Ä. und nach Wahlen 1968 Ausrufung der unabhängigen Republik Ä.; Febr./März 1969 Unruhen als Folge wirtsch. Schwierigkeiten und ethn. Spannungen, die zur Aufhebung der Verfassung führten und Staatspräs. F. Macías Nguema die Übernahme absoluter Herrschaft ermöglichten. Für sein Terrorregime, dem nach Schätzungen Tausende Oppositioneller zum Opfer gefallen sein sollen und das sich auf eine Einheitspartei, eine ihm ergebene Jugendtruppe und eine 2 000 Mann umfassende Miliz stützte, schuf er sich 1973 als Basis eine neue Verfassung. Im Aug. 1979 wurde Macías Nguema durch einen Putsch gestürzt (am 29. Sept. 1979 hingerichtet). Der Oberste Militärrat unter T. O. Nguema Mbasogo, der seither das Land regiert, forderte ein marokkan. Truppenkontingent zur Sicherung seiner Herrschaft an. Ä., das sich bei Anlehnung an die Sowjetunion unter Macías Nguema außenpolit. weitgehend isoliert hatte, schloß seit Herbst 1979 mit mehreren Staaten Kooperationsabkommen, so mit Spanien, Frankr., Gabun und Marokko. Letzte Wahlen fanden 1988 statt.

Politisches System: Gemäß der 1982 in einem Referendum angenommenen Verfassung ist der Präs. Staatsoberhaupt und Regierungschef und besitzt umfassende Notstandsvollmachten. Verfassungsorgane sind der Staatsrat (elf Mitgl.), der Ministerrat (Regierung), ein Rat für wirtschaftl. und soziale Entwicklung, ferner das Abgeordnetenhaus mit höchstens 60 Abgeordneten (fünfjährige Legislaturperiode, Direktwahl durch das Volk). Parteien sind seit 1979 verboten. Die Mitgl. der Räte wie auch des Obersten Gerichtshofes werden vom Präs. ernannt (zumeist für fünf Jahre). Die Verfassung sieht ein System freier Marktwirtschaft mit staatl. Regie über die Schlüsselindustrien vor und enthält einen umfangreichen Katalog von Bürgerrechten und -pflichten. Die erste freie Wahl des Präs. (Amtsdauer sieben Jahre) fand im Juni 1989 statt. *Verwaltung:* Ä. ist in 2 Prov. gegliedert. Die *Streitkräfte* sind rd. 3 400 Mann stark.

📖 *Länderbericht Ä. Hg. v. Statist. Bundesamt. Stg. u. Mainz 1986.*

Äquatorialluft, sehr feuchte und warme innertrop. Luftmasse, die nur selten nach Europa vordringt.

Äquatorialplatte, Gesamtheit der Chromosomen, die sich bei der Kernteilung in der Medianebene einer Zelle anordnen.

Äquatorialregen ↑Regenzeiten.

Äquatorialschnitt, svw. ↑Sagittalschnitt.

Äquatorsystem (äquatoriales Koordinatensystem, Äquatorialsystem), astronom.

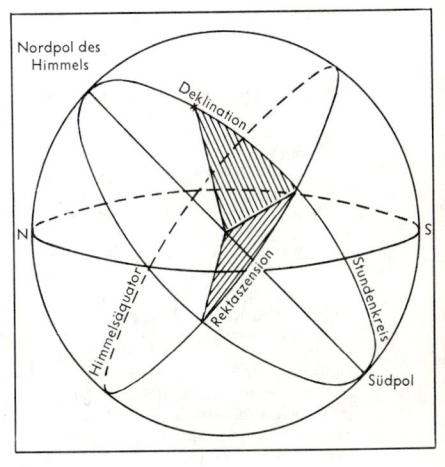

Äquatorsystem

Eingerichtetes Gestellaquarium. 1 Membranpumpe, 2 Außenfilteranlage, 3 Filterwatte, 4 Überlaufrohr (Wasserzuleitung vom Aquarium zum Filter), 5 Heizstab, 6 Thermostat, 7 Durchlüftung (Luft perlt im Aquarium hoch), 8 Luftzuleitung zur Filteranlage, 9 Steigrohr (durch die hochsteigenden Luftblasen wird das gefilterte Wasser in das Aquarium gedrückt)

Äquatortaufe

Koordinatensystem; die Äquatorebene ist die Grundebene, die Pole des Systems sind die Himmelspole, d. h. die Durchstoßungspunkte der verlängerten Erdrotationsachse durch die gedachte Himmelskugel.

Äquatortaufe ↑Linientaufe.

à quatre [frz. a'katr], zu vieren; **à q. mains**, vierhändig, **à q. parties**, vierstimmig.

Aquavit [zu lat. aqua vitae „Lebenswasser"], ein mit Kümmel aromatisierter Branntwein mit einem Mindestalkohol von 32 %.

Äquer (lat. Aequi), sabell. Volksstamm M-Italiens; seit dem 5. Jh. v. Chr. ständig in Kriegen mit Rom und dem Latin. Bund; 304 v. Chr. endgültig durch Rom unterworfen.

äqui..., Äqui... [lat.], Bestimmungswort in Zusammensetzungen mit der Bed. „gleich..., Gleich...".

Äquidensiten [lat.], Kurven gleicher Schwärzung oder Helligkeit auf photograph. Aufnahmen bzw. Kurven gleicher Leuchtdichte.

äquidistant [lat.], gleich weit voneinander entfernt, gleiche Abstände aufweisend.

Aquifer [lat.], Grundwasser leitende Gesteinsschicht.

Äquijunktion (Bisubjunktion), eine log. Zusammensetzung zweier Aussagen mit der log. Partikel „genau dann, wenn" (Zeichen: ⇔; auch: ≡).

Aquila [lat.], ↑Sternbilder (Übersicht).

Aquila [lat.], Greifvogelgattung (↑Adler).

Aquila, L', Hauptstadt der italien. Region Abruzzen und der Prov. L'A., auf einem Sporn im breiten Hochtal des Aterno, 90 km nö. von Rom, 721 m ü. d. M., 66 000 E. Erzbischofssitz; Univ. (gegr. 1952); Landwirtschaftszentrum, Textilind., Maschinenbau; Fremdenverkehr. - Mitte 13. Jh. durch Kaiser Friedrich II. gegr.; 1646 und 1703 durch Erdbeben verwüstet. - Dom (13. Jh.), San Bernardino (1454-72) mit Renaissancefassade (1527), über dem Grab Bernhardins von Siena erbaut.

Aquilegia [lat.], svw. ↑Akelei.

Aquileja (italien. Aquileia), italien. Stadt in Friaul-Julisch-Venetien, 9 km vom Golf von Triest entfernt, 3 300 E. Fremdenverkehr. - 181 v. Chr. als röm. Kolonie gegr. (**Aquileia**); 90 v. Chr. röm. Bürgerrecht („municipium"); wichtiger und reicher Handelsplatz; früh Bischofssitz; bis zur Eroberung und Zerstörung durch Attila (452) eine der Großstädte Italiens; 568 von den Langobarden erobert; entstand in der ersten Hälfte des 11. Jh. (**Aglei** oder **Aglay**) erneut, verfiel aber seit dem 13. Jh. durch zunehmende Versumpfung. - Reste röm. Bauwerke, roman. Basilika (1021-1031) mit Mosaikfußboden (4. Jh.), karoling. Krypta (12. Jh.).

Patriarchat von A.: Wohl seit der 2. Hälfte des 3. Jh. Bischofssitz; im 5. Jh. unterstanden fast ganz Venetien und Istrien, dann Westillyrien, Noricum und Rätien seiner Metropolitangewalt. Ab 607 zwei Patriarchate: das byzantin. Grado (Aquileia Nova) und das schismat. langobard. [Alt-]Aquileia in Cormons, seit etwa 737 in Forum Julii (Cividale del Friuli); beide Patriarchate blieben auch nach Beilegung des Schismas (kurz vor 700) bestehen. 1238 verlegte der Patriarch von A. seine Residenz nach Udine. 1418-20 eroberte Venedig das weltl. Gebiet des Patriarchats A.; 1451 wurde der Patriarchentitel von Grado nach Venedig übertragen. Für das 1751 aufgelöste Patriarchat A. wurden 1752 die Erzbistümer Udine und Görz errichtet.

Äquilibrist (Equilibrist) [frz.; zu lat. aequilibrium „Gleichgewicht"], Artist, der die Kunst des Gleichgewichtshaltens beherrscht.

äquimolar [lat.] (äquimolekular), gleiche Anzahl von Molen pro Volumeneinheit enthaltend. - ↑auch Konzentration.

Aquin, Louis-Claude d' [frz. a'kɛ̃] ↑Daquin, Louis-Claude.

Aquinas, Thomas ↑Thomas von Aquin.

Aquincum ↑Budapest.

Aquino [-'ki-], Corazon Cojuangco, philippin. Politikerin, * Manila 25. Jan. 1933. - Trat nach der Ermordung (1983) ihres Mannes, des Oppositionsführers **Benigno A.**, polit. hervor und kandidierte bei den Präsidentschaftswahlen vom 7. Febr. 1986 gegen den amtierenden Präs. F. Marcos. Nach irregulär verlaufenen Wahlen (u. a. massive Wahlfälschungen zugunsten von Marcos) erreichte sie, gestützt auf den passiven Widerstand ihrer Anhänger- und Wählerschaft, die Anerkennung als gewählte Präsidentin durch das philippin. Parlament.

Aquino, italien. Ort in Latium, 20 km sö. von Frosinone, 102 m ü. d. M., 4 800 E. Bischofssitz. - In der Antike **Aquinum**.

äquinoktial [lat.], auf das ↑Äquinoktium bezogen.

Äquinoktialpunkte, die beiden Punkte auf der Ekliptik, in denen sich die Sonne zur Zeit der Äquinoktien befindet, der Frühlings- oder Widderpunkt bzw. der Herbst- oder Waagepunkt. Die beiden Punkte liegen nicht auf der Ekliptik fest, sondern verschieben sich durch Drehbewegungen der Erdachse (Präzession, Nutation).

Äquinoktialstürme, regelmäßig zur Zeit der Äquinoktien (Frühlings- bzw. Herbstbeginn) bes. im Bereich der subtrop. Meere auftretende Stürme, häufig von starken, oft gewittrigen Regengüssen begleitet.

Äquinoktium [lat.], Tagundnachtgleiche; der Zeitpunkt, an dem die Sonne auf ihrer jährl. scheinbaren Bahn, der Ekliptik, den Himmelsäquator schneidet. Im **Frühlings-Äquinoktium** (Frühlingsanfang, um den 21. März) und im **Herbst-Äquinoktium** (Herbstanfang, um den 23. September) sind für alle Orte auf der Erde Tag und Nacht gleich lang (wahrer Sonnenaufgang um 6 Uhr Ortszeit, wahrer Sonnenuntergang um 18 Uhr Ortszeit).

Aquitanien

Äquipartition, Gleichverteilung, z. B. die Ä. einer bestimmten Energie auf die einzelnen Bestandteile eines Systems.

Äquipartitionstheorem (Gleichverteilungssatz), Aussage der kinet. Gastheorie: Jeder ↑Freiheitsgrad eines Teilchens, dessen Energie quadrat. von der Geschwindigkeit (kinet. Energie) oder den Koordinaten (potentielle Energie) abhängt, besitzt im statist. Mittel die Energie $kT/2$ (k Boltzmann-Konstante, T absolute Temperatur). Innerhalb der Quantenstatistik hat das Ä. die Bed. eines nur bei genügend hohen Temperaturen gültigen Grenzgesetzes.

Äquipollenz [lat.], nach einer älteren Terminologie der Logik folgende log. Beziehungen: zw. zwei *Begriffen* besteht Ä., wenn diese gleichen Umfang haben, d. h. wenn jeder Gegenstand, der unter den einen von ihnen fällt, auch unter den anderen fällt (z. B. „gleichseitiges Dreieck" und „gleichwinkliges Dreieck"); die gleiche Beziehung kann auch für *Aussagen* gelten.

Äquipotentialflächen (Niveauflächen), Flächen gleichen Potentials in einem Feld. Beim elektr. Feld kann auf einer solchen Fläche ein elektr. geladenes Teilchen ohne Arbeitsaufwand oder Arbeitsgewinn beliebig bewegt werden. Je *enger* die Ä. zusammenliegen, um so *größer* ist im betreffenden Gebiet die elektr. ↑Feldstärke. Das elektr. Potential einer punktförmigen Ladung besitzt als Ä. Kugelflächen mit der Ladung als Kugelmittelpunkt. Das gleiche gilt analog für andere Felder. So kann z. B. auf den Ä. eines Gravitationsfeldes ein Massenpunkt ohne Arbeitsaufwand beliebig bewegt werden.

Aquisgranum (Aquisgrani) ↑Aachen.

Aquitanien (frz. Aquitaine), Region in SW-Frankreich, 41 308 km², 2,66 Mill. E (1982), Hauptstadt Bordeaux. Den Hauptteil A. bildet das Aquitan. Becken. Von zahlr. Flüssen (u. a. Dordogne, Garonne, Adour) ist A. in Plateau- und Hügellandschaften gegliedert. Von den Tiefebenen der Girondemündung und des Landes steigt das Land allmähl. bis 450 m in den Ausläufern des Zentralmassivs im östl. Périgord und Quercy an und erreicht über das 200–600 m hoch gelegene Pyrenäenvorland annähernd 3 000 m ü. d. M. in den Pyrenäen. - Die Sommer sind heiß, die Winter mild. Die Niederschläge nehmen von der Küste ins Landesinnere von 750 auf 600 mm ab. A. nimmt bereits eine Übergangsstellung zum mediterranen Raum ein. - Angebaut werden v. a. Getreide, Gemüse, Tabak, Obst (Nußbaumkulturen des Périgord) und Wein (u. a. im Bordelais, dem größten frz. Weinbaugebiet). Nach dem 2. Weltkrieg Industrialisierung mit Nutzbarmachung der Wasserkraftreserven, v. a. der Pyrenäenflüsse und der Bodenschätze (Erdgasvorkommen von Lacq; Schwefelerzeugung [Entschwefelung des Erdgases], Erdölförderung bei Parentis-en-Born). Die Ind. umfaßt Erdölraffinerien, chem. Ind., die Aluminiumwerke von Noguères und Lannemezan, Flugzeug-, Schiffbau-, Papier-, Schuhind. u. a.; Schwerpunkte sind Bordeaux, der Komplex Lacq-Pardies, Pau und Tarbes. An der Dünenküste, Teil der Côte d'Argent, bed. Fremdenverkehr.

A., histor. Landschaft in SW-Frankr., ben. nach den iber. Volksstämmen der Aquitaner, ab 71 v. Chr. mehrfach von den Römern unterworfen. Die Landschaft A. umfaßte zunächst das Gebiet zw. Pyrenäen, Garonne und Atlantik. 418 besetzten die Westgoten A., das Kerngebiet des sog. Tolosanischen Reiches. Seit 507 von den Franken erobert. Mit dem Verfall der merowing. Königsmacht bildete sich im späten 7. Jh. ein fast selbständiges Hzgt. A., bis zur erneuten Unterwerfung durch Karl d. Gr. 768. Kam als Unterkönigtum über Ludwig den Frommen und Pippin I. 838 an Pippin II., dem es Karl der Kahle entriß, um es dem Westfränk. Reich einzugliedern. Im späten 9. Jh. entstand in reduziertem Umfang ein neues Hzgt. A., dessen Herzöge zwar Kronvasallen waren, bald aber große Macht erlangten und auch kulturell führend waren. Das 1128/52 entstandene Angevin. Reich wurde zwar durch Philipp II. von Frankr. zerschlagen, doch blieb das Hzgt. A. bis zum Ende des Hundertjährigen Krieges in engl. Besitz. Seitdem unterstand die Prov. Guyenne et Gascogne (d. h. Aquitanien und Vasconien) direkt der frz. Krone.

Aquileja. Teil des Fußbodenmosaiks aus den frühchristlichen Kultanlagen unter dem Dom (4. Jh.)

Aquitanisches Becken

Aquitanisches Becken, Sedimentationstrog in SW-Frankr., in Form eines Dreiecks zw. Zentralmassiv, Pyrenäen, der Schwelle von Poitou und dem Golf von Biskaya; im O besteht eine schmale Pforte, die das Aquitan. B. mit dem Languedoc verbindet. Es ist eine Hügel- und Plateaulandschaft im Einzugsgebiet von Garonne und Dordogne, mittlere Höhenlage 135 m ü. d. M. Von der Gironde bis zur Adourmündung erstrekken sich als westl. Abschluß des Aquitan. B. die †Landes.

Äquivalent [lat.], durch die Atom- oder Molekülmasse bestimmte Mengen von Atomen, Ionen oder Molekülen, die ohne Überschuß miteinander reagieren. - †auch Stöchiometrie.

◆ †elektrochemisches Äquivalent.

äquivalente Mengen, Mengen gleicher Mächtigkeit, d. h. Mengen, deren Elemente man einander umkehrbar eindeutig zuordnen kann. Die Menge $N = \{1, 2, ...\}$ der natürlichen Zahlen ist z.B. der Menge $G = \{2, 4, 6, ...\}$ der geraden Zahlen äquivalent (Formelschreibweise: $N \sim G$); zw. ihnen besteht eine umkehrbar eindeutige Zuordnung. - Bei endlichen Mengen bedeutet die Äquivalenz Gleichheit der Anzahl der Elemente.

Äquivalentmasse, der Quotient aus der Atommasse und der Wertigkeit, mit der das Element in einer chem. Verbindung auftritt. Die der Ä. numer. entsprechende Menge in Gramm wird als *Grammäquivalent* oder *Val* bezeichnet.

Äquivalenttemperatur, Maß für den Gesamtwärmeinhalt feuchter Luft, und zwar diejenige Lufttemperatur, die sich einstellen würde, wenn die im Wasserdampf der Luft enthaltene Wärmeenergie durch Kondensieren *(Kondensationswärme)* frei würde.

Äquivalenz, Gleichwertigkeit; in der [mathemat.] *Logik* Bez. für die Aussage $A \Leftrightarrow B$ (lies: A äquivalent B), d. h., B gilt dann und nur dann, wenn A gilt; diese *log. Ä.* ist eine Aussage, die genau dann wahr ist, wenn A und B denselben Wahrheitswert haben. Eine inhaltl. Ä. zweier Aussagen liegt vor, wenn sie bedeutungsgleich oder synonym sind.

◆ in der *Mathematik* die Gleichwertigkeit von Mengen gleicher Mächtigkeit († äquivalente Mengen).

◆ in der *Physik*: 1. die Gleichwertigkeit von Arbeit und Wärmeenergie; 2. die Gleichwertigkeit von Masse und Energie († Masse-Energie-Äquivalenz), 3. die Gleichheit von träger und schwerer † Masse († auch Relativitätstheorie).

◆ in der *Psychologie* die Erscheinung, daß ähnl. Reize bei der Auslösung eines bestimmten Verhaltens einander gleichwertig ersetzen können.

Äquivalenzhypothese, grundlegende Behauptung der allg. † Relativitätstheorie, daß die Wirkungen der † Gravitation und die Wirkungen von Beschleunigungen grundsätzl. nicht unterscheidbar sind: In einem abgeschlossenen Kasten läßt sich durch Experimente nicht feststellen, ob der Kasten ruht und der Einwirkung eines Gravitationsfeldes unterliegt oder ob er einer gleichmäßigen Beschleunigung ausgesetzt ist.

Äquivalenzklasse (Faser), die Menge aller zu einem Element a äquivalenten Elemente. Ein Ä. ist z. B. die Menge aller Brüche, deren Werte gleich $1/2$ ist: $\{1/2, 2/4, 3/6\}...$ Jedes Element einer Ä. ist ein **Repräsentant** dieser Äquivalenzklasse.

Äquivalenzprinzip, Grundsatz der Gleichwertigkeit von Leistung und Gegenleistung (v. a. bei Gebühren und [Versicherungs]beiträgen).

◆ Bez. für den Satz von der Äquivalenz von träger und schwerer † Masse.

◆ Bez. für den Satz von der Äquivalenz von Masse und Energie. - † auch Masse-Energie-Äquivalenz.

äquivok [lat.], doppelsinnig, zwei-, mehrdeutig.

Äquivokation [lat.], Gleichheit der Lautung oder Schreibung eines Wortes oder Satzes bei Verschiedenheit der Bedeutung.

Aquokomplexe [lat.] † Koordinationsverbindungen.

Ar, chem. Symbol für: † Argon.

Ar [frz.; zu lat. area „Fläche"], Einheitenzeichen a, Flächeneinheit; 1 a = 100 m².

Ara [lat.] (Altar) † Sternbilder (Übersicht).

Ära [lat.], in der wiss. † Zeitrechnung eine Jahresreihe, der als zeitl. Ausgangspunkt (Epochendatum, -jahr) ein wirkl. oder fiktives Ereignis zugrunde liegt und die durch fortlaufende Weiterzählung der einzelnen Jahre zustande kommt. Epochenjahr und -datum können gelegentl. erst nachträgl. festgelegt worden sein, beziehen sich aber stets, wie die Jahre der Ä. selbst, auf das Kalenderjahr. Nach Entstehung und Bed. können die Ären unterteilt werden in: chronograph., dynast., sakrale Ären, Erinnerungs-, Freiheits-, Provinzial-, Revolutions-, Sieges-, Stadtären.

◆ größte Zeiteinheit der Erdgeschichte.

Arab, Schatt Al † Schatt Al Arab.

Araba, Wadi Al, südl. Teil des Jordangrabens, zw. Totem Meer und Golf von Akaba, 175 km lang, im N etwa 20, im S 8 km breit, im N 395 m u. d. M, nach S auf 200 m ü. d. M. ansteigend (Wasserscheide zum Roten Meer).

Arabat, Landzunge von, Nehrung vor der NO-Küste der Krim, etwa 100 km lang, 270 m bis 8 km breit.

Arabella, weibl. Vorname, ungeklärte Herkunft und Bedeutung.

Araber, urspr. Bez. für die semit. Stämme der Arab. Halbinsel, als Folge der Ausbreitung des Islams übertragen auf alle Menschen,

arabische Astronomie

die Arabisch als Muttersprache sprechen, heute wohl über 100 Mill. A. Je nach Lebensraum und Wirtschaftsform waren die A. von alters her Nomaden (Beduinen), Bauern (Fellachen) mit hochentwickelter Bewässerungstechnik sowie Handwerker und v. a. Händler, die zw. Asien, Afrika und Europa Handel trieben. Frühe Staatenbildung († Saba, Königreich), Entwicklung von Handelsstädten an Karawanenstraßen († Mekka) und Küsten. Durch die Jh. bis heute behielt der Islam seinen Einfluß auf die Lebensweise der überwiegend muslim. A., v. a. auf die der bäuerl. und nomad. Bev., während Modernisierung und damit verbundene soziale Veränderungen sich v. a. in einigen erdölreichen arab. Staaten in den letzten Jahrzehnten vollzogen.

Geschichte: Schauplatz der vorislam. Geschichte der A. waren † Arabien und seine Randgebiete. Erst mit der Gründung des Kalifenreiches durch die zum Islam bekehrten A. erfolgte ihr weltgeschichtl. Ausgreifen bis zum Indus, Kaukasus und den Pyrenäen. Mit Übernahme des Islams setzte in den unterworfenen Ländern eine rasche Arabisierung ein. Der Sieg der Mamelucken 1260 bei Ain Dschalut (Palästina) bewahrte die A. vor der Mongolenherrschaft. Das im 15. Jh. erstarkte Osman. Reich faßte die A. noch einmal zu einer Einheit zusammen. 1516/17 kamen Syrien und Ägypten, 1519 NW-Afrika mit Ausnahme Marokkos unter osman. Oberhoheit. Mit dem Niedergang des Osman. Reichs im 19. Jh. wurden die arab. Länder Objekte und Schauplatz europ. Großmachtpolitik. Algerien kam 1830, Tunesien 1881, Marokko 1912 unter frz. Herrschaft. Ägypten wurde 1882 von Großbrit., Libyen 1911/12 von Italien besetzt. Der arab. O wurde nach dem 1. Weltkrieg in brit. und frz. Mandatsgebiete aufgeteilt. Nur Jemen und Saudi-Arabien blieben selbständig, nachdem sich Großbrit. im 19. Jh. auch in S-Arabien und am Pers. Golf festgesetzt hatte. Der arab. Nationalismus richtete sich nun gegen die Kolonialmächte. Die nach 1945 unabhängig gewordenen arab. Staaten schlossen sich in der Arab. Liga zusammen, die sich jedoch als zu schwach für eine polit. Einigung erwies. Die einheitl. arab. Front gegen das 1948 gegr. Israel zerbrach 1979 mit dem israel.-ägypt. Separatfrieden. - Karte S. 86.

📖 *Geschichte der arab. Welt.* Hg. v. U. Haarmann. Mchn. 1986. - Crespi, G.: *Die A. in Europa.* Dt. Übers. Stg. 1983. - *Lex. der arab. Welt.* Zürich 1972.

A., svw. † Arabisches Vollblut.

Arabergolf, Bucht des Mittelmeers an der ägypt. Küste, westl. von Alexandria.

Arabeske [italien.-frz.], Ornament der Renaissance, entwickelt aus der Dekorationskunst der hellenist.-röm. Welt; sich gabelnde Ranken; illusionist. plast. Effekte; in der Anordnung oft bandartig.

◆ in der *Musik* Charakterstück für Klavier; mit dieser Bez. erstmals bei R. Schumann (op. 18, 1839).

Arabesque [araˈbɛsk; italien.-frz.], beim Ballett Tanzpose auf einem Standbein, bei der das andere Bein gestreckt nach hinten angehoben ist.

Arabian American Oil Company [engl. əˈreɪbjənəmˈɛrɪkən ˈɔɪl ˈkʌmpənɪ], Abk. ARAMCO, arab.-amerikan. Ölgesellschaft; 1933 von amerikan. Erdölgesellschaften zur Erforschung und Ausbeutung der arab. Erdölquellen gegr., Sitz New York; seit 1963 weitgehende Rückgabe der Konzessionsgebiete an Saudi-Arabien.

Arabien, im histor. und polit. Sinne gebrauchtes Synonym für Arab. Halbinsel. Vermutl. seit der Steinzeit bewohnt. Anfang des 2. Jt. v. Chr. wanderten semit. Stämme ein. Nach 500 v. Chr. entstanden die ersten Reiche in S-A.: v. a. Saba, Main, Kataban und Hadramaut, im 3. Jh. n. Chr. von Saba erobert. Im 4. und 6. Jh. gehörte S-A. zeitweilig zu Aksum, wurde seit 420 von Christen missioniert und 570 persisch. Die nordarab. Stämme standen meist unter kulturellem und polit. Einfluß der benachbarten Reiche der Perser, Griechen, Römer und Sassaniden, dehnten sich aber über die Randgebiete von A. aus. Im 4. Jh. v. Chr. erstarkte im NW das Reich der Nabatäer, das 106 n. Chr. zur röm. Prov. Arabia wurde. In nachchristl. Zeit entstanden arab. Ft. (u. a. in Palmyra und Hatra sowie die der Lachmiden und der Ghassaniden). Mohammed bekehrte und unterwarf bis zu seinem Tod (632) ganz A., das aber im Kalifenreich nicht mehr das Kernland war. Z-A. blieb unorganisiertes Beduinengebiet, im 10. und 11. Jh. von den Karmaten beherrscht. Unter den Abbasiden trennten sich die arab. Prov. Hedschas, Jemen und Oman nach und nach vom Kalifenreich. Alle arab. Küstenländer mit Ausnahme der S- und SO-Küste wurden im 16. Jh. von den Osmanen erobert. Die verbleibenden Staaten wurden im 19. Jh. brit. Protektorate bzw. enge Verbündete von Großbrit. und sind heute selbständige Staaten (Kuwait, Bahrain, Katar, Vereinigte Arab. Emirate, Oman, Demokrat. VR Jemen, Arab. Republik Jemen). In Z-A. kam es 1932 zur Gründung des Kgr. Saudi-Arabien, am nördl. Rand von A. zur Schaffung der Kgr. Transjordanien (heute Jordanien) und Irak.

📖 Doe, B.: *Südarabien. Antike Reiche am Ind. Ozean.* Dt. Übers. Bergisch Gladbach 1970. - Altheim, F./Stiehl, R.: *Die Araber in der Alten Welt.* Bln. 1965-65. 5 in 6 Bden.

Arabinose [nlat., nach dem Vorkommen in Gummiarabikum], ein einfacher Zucker, der in Rüben, Aloe und Früchten vorkommt.

Arabis [griech.], svw. † Gänsekresse.

arabische Astronomie, seit dem 8. und 9. Jh. gelangten durch syr. und ind. Übersetzungen griech. astronom. Texte in den arab.

arabische Bewegung

Kulturkreis. Zentren astronom. Tätigkeit waren Bagdad, Kairo, Spanien (wo die einflußreichen neuen, großen Tafelwerke für die Berechnung von Planetenörtern, die Toledischen Tafeln und die †Alfonsinischen Tafeln, entstanden) und in späterer Zeit Samarkand, wo der Tatarenfürst Ulug Beg 1420 eine Sternwarte errichtete. Neben der Rezeption der griech. Astronomie und ihrer späteren Vermittlung an das Abendland (seit dem 12. Jh.) liegt die Bed. der a. A. bes. in der Erweiterung und Verbesserung von Planetenbeobachtungen (Albatenius, Al Farghani, As Sarkali, As Sufi, Nasir Ad Din At Tusi, Al Hasan), wodurch teilweise die Perioden der Einzelsphären des ptolemäischen Systems korrigiert wurden. – Für den Fixsternhimmel gab das von Ptolemäus überlieferte Sternverzeichnis die Anregung zu Arbeiten ähnl. Art, so z. B. das Sternverzeichnis von As Sufi (um 974), das eine vorzügl. Revision des Sternkatalogs des Hipparchos darstellt und bes. zuverlässige Helligkeitsangaben aufweist.

arabische Bewegung †arabischer Nationalismus.

Arabische Emirate am Persischen Golf †Vereinigte Arabische Emirate.

Arabische Halbinsel (histor. und polit. meist †Arabien), Halbinsel im SW Asiens, durch das Rote Meer von Afrika, durch den Golf von Oman und den Pers. Golf von Iran getrennt. Der Pers. Golf und das anschließende Mesopotamien trennen die A. H. von den iran. und anatol. Gebirgssystemen. Sie ist eine sich nach O abdachende Hochscholle, deren Inneres etwa 1 000 m hoch liegt, deren Ränder größere Höhen erreichen; der SW ist Hochgebirge, im Nabi Schuaib, sw. von Sana, 3 620 m hoch; die A. H. bricht mit einem Steilabfall zum Roten Meer ab, wo ihr ein schmaler Küstenstreifen vorgelagert ist. Im O-Teil ist eine Schichtstufenlandschaft ausgebildet, die Stufen durchziehen in weitem Bogen die A. H. von N nach S. Im NW zeigen ausgedehnte Basaltblockfelder jungen Vulkanismus an. Das Omangebirge im O ist bis 3 352 m hoch.

Die A. H. hat – außer in den Hochgebirgen – trockenes Klima und ist größtenteils Wüste und Trockensteppe. In den am Rand gelegenen Bergländern treten laubabwerfende und hartlaubige Bäume und Sträucher auf. Das Landesinnere ist sehr trocken, die Küsten sind schwülheiß. – Die Bev., meist Araber, lebt v. a. in den Randgebieten, bes. im Hochland des SW, wo Regenfeldbau mögl. ist, in Hadramaut und am Fuß des Omangebirges. Das Innere ist v. a. Weidegebiet. In Oasen mit Karstquellen und artes. Brunnen ist die Dattelpalme das Hauptanbauprodukt. Durch modernste Methoden der Be- und Entwässerung ist eine Erweiterung der landw. Nutzfläche mögl. und z. T. bereits verwirklicht, so z. B. in der Oase Al Hassa bei Al Hufuf. Von größter wirtsch. Bed. sind die Erdölfunde am und im Pers. Golf. - Im W liegen die hl. Städte des Islams, Mekka und Medina, mit regem Pilgerverkehr. Straßen bestehen fast nur an der nördl. W- und O-Küste mit einer Verbindung über Ar Rijad sowie Stichstraßen von Hafenorten aus.

📖 *Wohlfahrt, E.*: Die a. H. Bln. 1978.

arabische Kunst †islamische Kunst.

Arabische Legion, von Großbrit. seit 1921 ausgebildeter und ausgerüsteter Kernverband der jordan. Armee; bis 1956 unter Einfluß der brit. Militärexperten.

Arabische Liga, 1945 begr. polit. Zusammenschluß zunächst Ägyptens, Saudi-Arabiens, Syriens, Transjordaniens (= Jor-

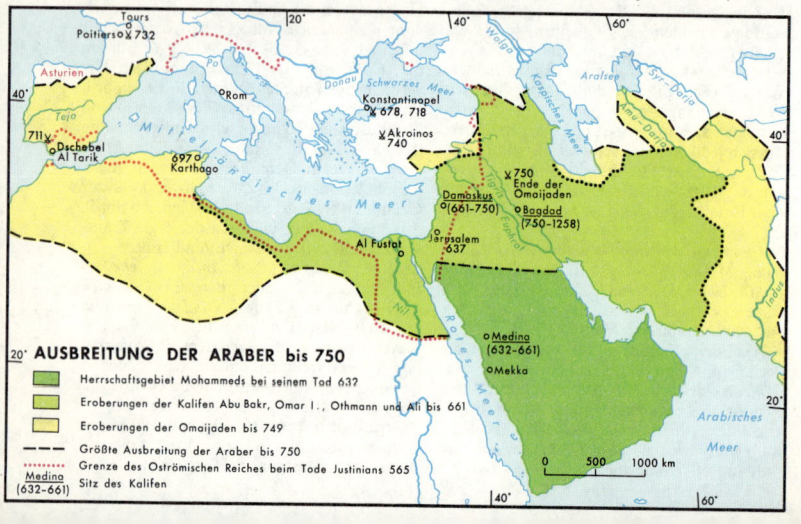

AUSBREITUNG DER ARABER bis 750

- Herrschaftsgebiet Mohammeds bei seinem Tod 632
- Eroberungen der Kalifen Abu Bakr, Omar I., Othmann und Ali bis 661
- Eroberungen der Omaijaden bis 749
- Größte Ausbreitung der Araber bis 750
- Grenze des Oströmischen Reiches beim Tode Justinians 565
- Medina (632-661) Sitz des Kalifen

arabische Literatur

danien), Iraks, Libanons und Jemens (= Arab. Republik Jemen) zur außenpolit. Zusammenarbeit, zur friedl. Beilegung innerarab. Konflikte bei gegenseitiger Respektierung ihrer Souveränität. Organe: der Rat der Liga, das eigtl. Entscheidungsorgan, zu dem jeder Staat einen stimmberechtigten Vertreter stellt; ein polit. Ausschuß der Außenmin. und ein ständiges Generalsekretariat (bis 1979 in Kairo; seitdem in Tunis); 1950 auf das militär., 1957 auf das wirtsch. Gebiet ausgedehnt; polit.-ideolog. Differenzen unter den arab. Staaten schränkten die Wirksamkeit der A. L. stark ein. Beitritte: Libyen (1953), Sudan (1956), Marokko und Tunesien (1958), Kuwait (1961), Algerien (1962), Südjemen (= Demokrat. VR Jemen; 1967), Katar, Bahrain, Oman und die Vereinigten Arab. Emirate (1971), Mauretanien (1973), Somalia (1974), PLO (1976), Dschibuti (1977). 1979 kam Ägypten einem Ausschluß wegen des israel.-ägypt. Friedensvertrags zuvor, indem es ein Einfrieren seiner Aktivitäten innerhalb der A. L. erklärte.

arabische Literatur, man unterscheidet fünf Epochen: 1. die altarab. oder vorislam. Epoche (um 475 bis 622), 2. die Epoche der orthodoxen Kalifen und der Omaijaden (622–750), 3. die Epoche der Abbasiden (749–1258), 4. die Epoche der Dekadenz (1258–1798), 5. die Epoche der modernen Renaissance (von 1798 bis heute). Obwohl die a. L. bis zum Ende des 5. Jh. n. Chr. zurückreicht, wurde sie erst seit Ende des 8. Jh. systemat. aufgezeichnet.

Poesie: Die ältesten Denkmäler der a. L. sind die altarab. Gedichte, ↑Kassiden genannt, die auf der Arab. Halbinsel entstanden sind, darunter die Sammlung Al ↑Muallakat. Zu den bedeutendsten Dichtern gehören Umru Al Kais († um 540), Tarafa († um 569), Antara († um 615) und An Nabigha († um 684). Mit dem Aufkommen des Islams trat die Poesie etwas in den Hintergrund. Eine neue Blüte erlangte sie am Hofe der Omaijaden. Al Achtal († um 710), Dscharir († um 728) und Al Farasdak († um 728) sind zu nennen. Neben die Kasside trat das ↑Ghasel. Hier ragte bes. Umar Ibn Abi Rabia († 711) hervor. Während der Herrschaft der Abbasiden wurde v. a. die anakreont. Trink- und Liebesdichtung gepflegt, Hauptvertreter war Abu Nuwas († 814?). Als größter Dichter des 10. Jh. und als bedeutendster der a. L. überhaupt gilt Al ↑Mutanabbi. Die Poesie verlagerte sich an die Fürstenhöfe. Die philosoph. Richtung vertrat Abu Al Ala Al Maarri († 1075), bed. Mystiker waren Ibn Arabi († 1240) und Ibn Al Farid († 1235). Mit dem 11. Jh. begann die arab. Poesie zu erstarren.

Prosa: Mit dem Islam entstand das erste Buch der arab. Prosa: der ↑Koran. Umfangreiche Sammlungen der islam. Überlieferung wurden zusammengestellt († Hadith). Daneben entstanden biobibliograph. Nachschlagewerke. Auch die Geschichtsschreibung, deren Anfänge bis auf die Zeit kurz nach dem Tode Mohammeds zurückreichen, verdankt dem Koran ihre Entstehung. Erstes Thema waren die Taten und Feldzüge des Propheten. Sie wurde durch die Annalen des Tabari (* 923) um das pers. Gedankengut erweitert. Erster moderner Historiker war Ibn Chaldun († 1406). Auch die übrigen Wissenschaften entfalteten sich, wichtig sind v. a. die Übersetzungen griech. Philosophen (Höhepunkt im 9. Jh.), die einen bed. Einfluß auf die islam. Gedankenwelt erhalten. Eine Synthese des arab. und pers. Gedankenguts versuchten Werke über die „feine Bildung"; Al Dschahis († 868 oder 869), der als Vater der modernen Prosa in die a. L. einging, und Ibn Kutaiba († 889) schrieben enzyklopäd. Werke. - Mit den islam. Eroberungen wurde das Interesse an fremden Ländern geweckt. Dies zeigt sich an den Reisebeschreibungen des 10. Jh.; bed. sind u. a. Ibn Churdadbih († um 912), Al Masudi († 956), Al Makdisi (oder Mukaddasi), † 985), später Ibn Dschubair († 1217) und die Kompilatoren Al Idrisi († um 1165) und Jakut († 1229), im 14. Jh. Ibn Battuta († 1368/69 oder 1377) mit seinem großen Reisebericht. - Das 10. Jh. fixierte schriftlich die jahrhundertelang nur mündl. überlieferten Erzählungen, so entstand insbes. die Sammlung ↑„Tausendundeine Nacht". Im 10. Jh. wurde auch die Prosakunstform der ↑Makamen entwickelt.

Christliche Literatur: Neben (fragmentar.) Bibelübersetzungen stehen Bücher zur bibl. Unterweisung, Homilien, Hagiographien. Die Geschichtsschreibung wurde bes. durch die Übers. des syr. Jakobiten ↑Barhebraeus ins Arabische angeregt (13. Jh.). Es ist die kopt.-arab. (ab 10. Jh.), die nestorian.-arab. (ab 11. Jh.) und schließlich die maronit. Literatur (ab 16. Jh.) zu unterscheiden. Im 19. Jh. erhielten christl. arab. Autoren eine Vermittlerrolle zwischen Orient und Europa.

Moderne Literatur: Die moderne arab. Renaissance begann am Ende des 18. Jh. mit dem Feldzug Napoleons I. in Ägypten. Zentren wurden Ägypten und der Libanon. Eine Übersetzertätigkeit ohnegleichen setzte ein, dabei wurde die Sprache durch zahlr. Neubildungen und Fremdwörter erweitert. Der Roman hielt Einzug in die arab. Literatur: Die Themen reichten und reichen vom histor. Gemälde bis zu modernen gesellschaftl. und polit. Problemen. Eine bes. Bereicherung erfuhr die moderne a. L. durch die Entstehung der polit. Prosa. Seit dem 20. Jh. werden krit. Studien häufiger. Auch die Poesie löst sich nach und nach von den Traditionen der a. L. In Ägypten ist v. a. T. Husain (* 1889, † 1973), im Libanon M. Nuaima (* 1889) zu nennen. ⌑ *Gibb, H. A./Landau, J. M.: A. L.gesch. Dt. Übers.* Zürich u. Stg. 1968. - *Sezgin, F.: Gesch. des arab. Schrifttums.* Leiden 1967–75. 5 Bde.

arabische Mathematik

arabische Mathematik, die im islam. Kulturbereich etwa vom Ende des 8. Jh. bis zum Anfang des 15. Jh. betriebene und [weiter]entwickelte Mathematik. Sie basiert auf dem mathemat. Wissen der Griechen, Ägypter, Inder und Perser sowie der Chinesen (durch die Vermittlung der mongol. Eroberer) und entwickelte darüber hinaus auch eigenständige mathemat. Verfahren und Kenntnisse. Kennzeichnend für die a. M. gegenüber der griech. Mathematik ist die Verlagerung der Interessenschwerpunkte. Das Interesse am deduktiven Aufbau ließ nach, dafür wandte man sich stärker den rechnenden Verfahren zu. In der Ausbildung numer. und algorithm. Methoden wurden bemerkenswerte Fortschritte erzielt. In der Arithmetik verfaßte Al ↑Chwarismi zu Beginn des 9. Jh. die erste Einführung in das Rechnen mit den aus Indien übernommenen Ziffern (dezimales Stellenwertsystem). Er behandelte die vier Grundrechnungsarten mit ganzen Zahlen und Brüchen und das Ziehen der Quadratwurzeln. Der binom. Lehrsatz und das Ziehen von Wurzeln mit besonderer Hilfe wurde im 11. Jh. von ↑Nasir Ad Din At Tusi behandelt. - Die Algebra erhielt ihren Namen von Al Chwarismis Lehrbuch „Al kitab al muktasar fi hisab al dschabr wa al mukabalah" („Kurzes Buch über das Rechnen der Ergänzung und der Ausgleichung"), latinisiert und verkürzt zu „Algebra et Almuqabala". Bei den quadrat. Gleichungen wurden sechs Typen unterschieden, deren Auflösung nach festen Regeln erfolgte. Die beigegebenen geometr. Konstruktionsvorschriften für die Wurzeln sind meist von den euklid. sehr verschieden. In der Trigonometrie baute die a. M. auf der von den Griechen entwickelten Sehnentrigonometrie und auf der von den Indern entwickelten Halbsehnentrigonometrie auf. Von Al Chwarismi stammt eine Sinustafel. Seinem Zeitgenossen und Mitarbeiter Habasch waren auch Tangens und Kotangens bekannt. Nasir Ad Din At Tusi gab den ersten vollständigen und abgerundeten Aufbau des gesamten Systems der ebenen und sphär. Trigonometrie heraus. Die arab. Geometrie knüpft in der Hauptsache an Euklids „Elemente" an. Dabei bediente man sich auch bewegungsgeometr. Vorstellungen und verwendete Axiome wie z. B. das ↑archimedische Axiom. Die antike Kegelschnittlehre wurde durch arab. Übersetzungen dem Westen zugängl. gemacht. 1424 bestimmte Al Kaschi die Zahl π auf 17 Dezimalstellen genau. Bei Infinitesimalbetrachtungen erzielten die Araber des 10. und 11. Jh. mit der Exhaustionsmethode neue Ergebnisse. Thabit Ibn Kurra bestimmte den Inhalt des Parabelsegments und ermittelte das Volumen bestimmter parabol. Kuppeln. Die Volumenberechnung weiterer Rotationskörper wurde von Alhazen geleistet.

📖 *Suter, H.: Die Mathematiker u. Astronomen der Araber u. ihre Werke.* Lpz. 1900–02. 2 Bde.

arabische Medizin, die medizin. Kenntnisse der Araber des MA beruhten im wesentl. auf griech. bzw. byzantin. Quellen (Hippokrates, Aristoteles, Galen). Die Blütezeit der a. M. ist geprägt durch die beiden bed. arab. Ärzte ↑Rhazes und ↑Avicenna, der mit seinem systemat. aufgebauten Lehrbuch der gesamten antiken und arab. Heilkunde (lat. „Canon medicinae") auf die Medizin des europ. MA den größten Einfluß ausübte. - Mit Eroberungszügen und neuen Reichsgründungen im S und W verlagerte sich das kulturelle Schwergewicht nach W, nach Nordafrika und ins maur. Spanien. Die a. M. in Spanien war mehr praxisorientiert. Der bedeutendste arab. Chirurg war Abul Kasim Chalaf Ibn Abbas As Sahrawi (latinisiert Abulkasis, * um 936, † um 1013), der die im arab. O sonst tabuisierten Disziplinen Chirurgie, Geburtshilfe und Frauenheilkunde beschrieb. Die einzelnen medizin. Disziplinen erfuhren unterschiedl. Beachtung. Die Anatomie folgte in allen Zügen Galen. Selbständige Forschungen waren aus religiösen Gründen verpönt. Als einziger arab. Mediziner hat Abd Al Latif († 1231) menschl. Skelette untersucht und dabei Galen einige Irrtümer nachgewiesen. Ebensowenig hat sich die Chirurgie weiterentwickelt. Selbständig und erfolgreich war die a. M. in der diätet. Therapie und in der Arzneimittellehre. Größte Bed. als Einzeldisziplin hatte die Augenheilkunde, über die umfangreiche Literatur vorhanden ist. Der Ausbau des Krankenhauswesens im arab. Kulturkreis ist für die damalige Zeit beispielhaft. Alle größeren Städte hatten gut eingerichtete Krankenhäuser mit fest angestelltem Ärztestab und z. T. angeschlossenen Lehranstalten.

📖 *Leclerc, L.: Histoire de la médecine arabe.* Paris Neuaufl. 1970. 2 Bde.

arabische Musik, die geschichtl. Phasen der a. M. sind mit dem Aufkommen des Islams und der Blütezeit des islam. Weltreichs verbunden. Dies bestimmte das Bild der islam. Musik: sie ist das Ergebnis einer umwälzenden Integration von einst isolierten Länderstilen. Seit der Eroberung Spaniens (713) und noch während der Omaijadenherrschaft (661–750) zeichnen sich drei Musikzentren mit ihren Einflußzonen ab: 1. Persien und Mesopotamien, 2. Syrien und Ägypten, 3. Spanien und NW-Afrika. Seit der Gründung Bagdads (762) als Residenz des Abbasidischen Ostreiches (749–1258) beginnt die Symbiose pers.-arab. Kultur. Im muslim. Spanien lassen sich manche Züge christl. Musiktradition erkennen, Reste span. Lieder finden sich im volkstüml. arab. Gesang, umgekehrt wanderten arab.-maur. Rhythmen und Melodien in das span. Lied.

Als eigentl. originelle Leistung der a. M. ist die Lehre des ↑Maqam anzusehen, die erst

Arabische Sozialistische Union

im 13. Jh. eine eingehendere Darstellung fand, ohne Zweifel aber schon mehrere Jh. früher praktiziert wurde. Formen der *religiösen Musik* sind: 1. die Korankantillation (eine freirhythm., oft verzierungsreiche Rezitation); 2. die Gebetsrufe des Ausrufers (Muezzin) auf den Minarettürmen der Moscheen; 3. die spätere religiöse Hymnodik der Kassiden- und Nasibformen (meist verbunden mit Chorrefrains); 4. die Sufi- und Derwischmusik der klösterl. Orden des Islams. - Durch die frühe Symbiose pers. und arab. Musikinstrumente ist ein hochentwickeltes *Instrumentarium* entstanden. In der höf. und großbürgerl. Kunstmusik der Städte ist die arab. Großlaute (Ud) zum vornehmsten Virtuoseninstrument entwickelt worden. Zw. Syrien und Ägypten ist ein zitherartiges Künstlerinstrument, das Kanun, zu Hause, während aus Persien die trapezartige Santurzither stammt. Als begleitendes Rhythmusinstrument in der Kunstmusik dient die Schellentrommel (Duff). Als Streichinstrument wird gelegentl. die in Persien heim. Kamandjageige verwendet. Arabien selbst hat kein hochentwickeltes Streichinstrument geschaffen. Zur höf. und großbürgerl. Kunstmusik gehört auch die ganze Familie der (pers.-kaukas.) Langhalslauten (Tanbur, Tar), sowie die verschiedenen Najflöten. Zur *Fellachenmusik* gehören die Bauernflöten (Zummara), die Doppelklarinetten (Schalmeien) aus Schilfrohr (Arghul, Migwis) sowie die Vasentrommel aus Ton (Darabukka). Die nomad. Beduinen pflegen als ihr Hauptinstrument die Rababgeige (rechteckiger Holzrahmen, beiderseitig mit Fell bespannt und mit einer einzigen Saite aus Pferdehaaren versehen).

Die klass. a. M. kennt keine Orchester, ist ihrer Natur nach Kammermusik, in der die Sololeistungen einzelner Künstler beherrschend sind.

📖 Touma, H. H.: Die Musik der Araber. Wilhelmshaven 1975. - Hdb. der Orientalistik. Hg. v. B. Spuler. Erg.-Bd. 4: Oriental. Musik. Leiden 1970.

arabische Philosophie ↑islamische Philosophie.

arabischer Nationalismus, polit. Bewegung, die auf der histor., sprachl. und religiösen Zusammengehörigkeit der arab. Länder beruht und deren polit. Unabhängigkeit und Einigung zum Ziel hat. Nach einer ersten arab. nat. Bewegung in Syrien-Libanon seit der 2. Hälfte des 19. Jh., von der osman. Regierung mit scharfen Maßnahmen, bes. nach der jungtürk. Revolution 1908, unterdrückt, erreichten die arab. Staaten erst nach dem 2. Weltkrieg ihre Unabhängigkeit innerhalb der von den Kolonialmächten hergestellten polit. Ordnung, die durch die 1945 gegr. Arab. Liga konsolidiert werden sollte. Unter Nasser, lange Jahre Symbol der polit. und geistigen Einheit der arab. Welt, verband sich der a. N. mit den Ideen eines von ihm geprägten spezif. arab. Sozialismus. Doch blieben bislang alle Versuche, die arab. Einheit herbeizuführen, vergebl.; die gemeinsame arab. Front gegenüber Israel, wesentl. Bestandteil der arab. Einheit, zerbrach mit dem israel.-ägypt. Separatfrieden von 1979.

Arabisches Becken, Meeresbecken im nw. Indischen Ozean, zw. Arab.-Ind. Rücken und Maledivenrücken.

arabische Schrift, entstand aus der altsemit. Konsonantenschrift über die nabatäische Schrift im 2. oder 3. Jh. Nachprüfbar erst im 7. Jh. aufgetreten, und zwar in zwei Formen: 1. eine kufische, eckig und monumental, die nicht mehr im Gebrauch ist; 2. eine runde und kursive, aus der sich die heute gebräuchl. Schrift entwickelt hat. Die a. Sch. wird von rechts nach links geschrieben; sie besteht aus 28 Konsonantenbuchstaben, die verschiedene Formen haben können, je nachdem, ob sie isoliert oder verbunden nach rechts, links oder nach beiden Seiten vorkommen; dazu kommen 6 Vokalzeichen, von denen 3 mit Konsonantenzeichen ident. sind. Daneben entstanden andere Schrifttypen, die sich durch die Zeichnung der Buchstaben z. T. erhebl. voneinander unterscheiden.

Arabisches Meer, Teil des Ind. Ozeans zw. der Arab. Halbinsel und Indien, im NW Übergang in den Golf von Oman.

Arabische Sozialistische Union, Abk. ASU, 1962 gegr. ägypt. Einheitspartei, strebte die Verwirklichung eines spezif. arab. Sozialismus an. 1978 zugunsten der Errichtung eines Mehrparteiensystems aufgelöst.

arabische Schrift			
Buchstabe	Name		
ا	Alif	ض	Dad
ب	Ba	ط	Ta
ت	Ta	ظ	Tza
ث	Tha	ع	Ain
ج	Dschim	غ	Ghain
ح	Ha	ف	Fa
خ	Cha	ق	Kaf
د	Dal	ك	Kaf
ذ	Dhal	ل	Lam
ر	Ra	م	Mim
ز	Zaj	ن	Nun
س	Sin	ه	Ha
ش	Schin	و	Waw
ص	Sad	ى	Ja

arabische Sprache, eine der ↑semitischen Sprachen, zu deren südwestl. Gruppe sie gehört. Ihr Sprachraum war urspr. Arabien. Das Altarab. umfaßte das Süd- u. Nordarabische, die einheitl. Sprachsysteme besaßen, sich jedoch in eine Fülle von regionalen Dialekten aufteilten. Am Ende des 5. Jh. n. Chr. entstand eine Dichtersprache, an der die nördl. Dialekte (Zentrum und Westen) beteiligt waren. Der Koran bediente sich dieser neugebildeten Sprache, festigte und bewahrte sie, so daß sich in den folgenden Generationen nach und nach eine klass., durch die islam. Grammatiker von Dialektmerkmalen gereinigte Sprache heranbildete, die durch ihren geistl. Charakter bis zur modernen Renaissance einheitl. blieb, bis sich eine moderne Schriftsprache entwickelte, deren Morphologie und Syntax die des Korans blieb, bei der aber ein Teil des veralteten Grundwortschatzes durch Neologismen ersetzt wurde. Dennoch erwies sich diese Schriftsprache den Forderungen der Technik und des modernen Lebens nicht gewachsen und muß sich daher vieler, hauptsächl. engl. oder frz. Fachwörter bedienen. Die heutigen *arab. Dialekte* gehen auf die altarab. zurück. Sie teilen sich in 5 Hauptgruppen: 1. Arabien-Arabisch (im N, S und O der Arab. Halbinsel); 2. Irakisch-Arabisch; 3. Syrisch-Libanesisch-Palästinisch-Arabisch; 4. Ägyptisch-Arabisch; 5. Nordafrikanisch- oder Maghrebinisch-Arabisch. - Eine bes. Entwicklung weist das ↑Maltesische auf.
⚌ *Diem, W.: Hochsprache u. Dialekt im Arabischen.* Wsb. 1974.

Arabisches Vollblut (Araber), edle, als Reit-, Kutsch- und Rennpferde geeignete Pferderasse von der Arab. Halbinsel, von der (unmittelbar oder mittelbar) alle warmblütigen Pferde abstammen.

arabische Wissenschaft, infolge der Spaltung in ein ost- und westarab. Kalifat bestanden zeitweise nur sehr lose Beziehungen zw. den Gelehrten im Osten (Zentrum Bagdad, daneben Isfahan, Rai, Buchara, Samarkand, Ghazni) und denjenigen im Westen (Córdoba). Die histor. Bed. der a. W. liegt v. a. in der Vermittlerrolle, die sie für die wiss. Entwicklung im Abendland spielte. Die naturwiss. Erkenntnisse der Griechen (im 8.–10. Jh. unter dem Kalifat der Abassiden in den östl. Provinzen ins Arabische übersetzt) wurden mit dem Wissen der Babylonier, Ägypter, Perser, Inder, später auch der Chinesen (über die mongol. Eroberer) verknüpft, in vieler Hinsicht erweitert. Bed. waren bes. die Abhandlungen aus dem Kreis der Ichwan As Safa. In Spanien und Sizilien unter der Regierung der Omaijaden des westl. Kalifats wurden vom 11. bis 13. Jh. arab. Werke aus Mathematik, Medizin, Astronomie und Philosophie, aber auch alchimist. und geheimwiss. Schriften ins Lateinische übersetzt. So gelangten auch griech. Autoren der Antike, die dem Abendland unbekannt waren, auf dem Umweg über das Arabische nach Europa. Da unter den Übersetzern (die wichtigsten sind Adelard von Bath, Johannes Hispalensis [vermutl. zwei Übersetzer aus dem 12. Jh.], Gerhard von Cremona und Michael Scotus) einige Juden waren, ging die Übersetzung nicht selten über ein hebr. Zwischenglied. - ↑ auch arabische Astronomie, ↑ arabische Mathematik, ↑ arabische Medizin.
⚌ *Wiedemann, E.: Aufss. zur a. W.gesch.* Hg. v. W. Fischer. Hildesheim 1970. 2 Bde.

Arabische Wüste, Gebirgswüste in Ägypten, zw. dem Niltal und dem Roten Meer; im Gabal Schaib Al Banat 2184 m hoch.

arabische Ziffern, urspüngl. ind. Zahlzeichen für die Zahlen eins bis neun und für die Null, die im 13. Jh. von den Arabern nach Westeuropa vermittelt wurden und mit denen das dezimale ↑Stellenwertsystem Eingang fand.

Arabisch-Indischer Rücken (Carlsbergrücken), untermeer. Rücken im nw. Ind. Ozean, trennt das Arab. Becken (NO) vom Nördl. Somalibecken.

Arabisch-Israelischer Krieg ↑Israelisch-Arabischer Krieg.

Arabistik [griech.], wiss. Erforschung der arab. Sprache und Literatur. Die Anfänge der A. in Europa reichen in das MA zurück: im 12. Jh. wurde in Spanien der Koran zum ersten Mal ins Lat. übersetzt. Man kann jedoch von der A. als einer histor.-krit. Disziplin erst seit dem 19. Jh. sprechen.

Arabit [griech.], fünfwertiger Alkohol, entsteht durch Reduktion von ↑Arabinose.

Aracaju [brasilian. araka'ʒu], Hauptstadt des brasilian. Bundesstaats Sergipe, am Rio Sergipe, 12 km oberhalb seiner Mündung in den Atlantik, 293 000 E. Sitz eines Erzbischofs; bedeutendster Hafen zw. Salvador und Maceió, Ausfuhr von Agrarprodukten; Zucker- und Textilfabriken, Gerbereien, chem. Ind.; Bahnstation, ✈. - Gegr. 1855.

Araceae [griech.-lat.], svw. ↑Aronstabgewächse.

Arachidonsäure [griech./dt.], ungesättigte (essentielle) Fettsäure, $C_{19}H_{31}COOH$; Vorstufe der Prostaglandine, Leukotriene.

Arachinsäure [griech./dt.], gesättigte Fettsäure, $C_{19}H_{39}COOH$, ist in Erdnuß-, Kakao-, Oliven- und Rapsöl enthalten.

Arachis [griech.], Gatt. der Schmetterlingsblütler mit etwa 10 Arten in den Tropen, v. a. Südamerikas; Kräuter mit paarig gefiederten Blättern, meist weißen oder gelben Blüten und 2- bis 3samigen, netzadrigen Hülsenfrüchten, die an langen Stielen in die Erde wachsen und dort reifen; wichtigste Art ↑Erdnuß.

Arachne, Gestalt der griech. Mythologie, wird von Athena in eine Spinne verwandelt,

Aragonien

nachdem sie die Göttin in einem Wettkampf in der Webkunst provoziert hatte.

Arachne [griech.], antike Bez. für das einem Spinngewebe ähnelnde Netz der Stunden- und Monatslinien auf der Auffangfläche von Sonnenuhren.
◆ Maschine zur Erzeugung von Verbundtextilien; sie durchwirkt Faservlies mit anderen Textilfäden, wodurch das Faservlies gleichzeitig gefestigt wird.

Arachnida (Arachnoidea) [griech.], svw. ↑Spinnentiere.

Arachnitis [griech.], Entzündung der Spinngewebshaut (↑Arachnoidea).

Arachnoidea [griech.] (Spinngewebshaut), die mittlere der 3 ↑Gehirnhäute, die das Zentralnervensystem der Säugetiere (einschl. Mensch) umgeben; spinnwebenartig zart, durchscheinend, gefäßlos.

Arachnologie [griech.], Lehre und Wissenschaft von den Spinnentieren.

Arachosien (altpers. Harauwatisch), altpers. Satrapie im östl. Iran; Hauptstadt: Alexandreia (= Kandahar).

Arad, Stadt in W-Rumänien, 120 m ü. d. M., 184 000 E. Hauptstadt des Verw.-Geb. A.; rumän.-orth. Bischofssitz; Lehrerseminar, Staatsphilharmonie; Schwerpunkt der Textilind., außerdem Maschinen- und Waggonbau, Herstellung von Baustoffen und Möbeln. - Bereits jungsteinzeitl. und eisenzeitl. besiedelt. Urkundl. erstmals 1135 erwähnt; 1551 von den Osmanen erobert, 1685 wieder östr. Die seit 1792 wieder aufgebaute Festung war 1849 Sitz der Regierung Kossuth; seit 1920 rumänisch.

A., Stadt im S von Israel, im NO des Negev, 12 400 E (1983), in gänzl. grundwasserloser Gegend, geplante neue Stadt für 50 000 E, seit 1962 im Aufbau; v. a. Wohnort für die Arbeiter der chem. Werke Sedom. - 4 km sö. das Erdgasfeld **Rosh Zohar** mit dem anschließenden Feld **Kidod** (Pipelines nach Sedom und Oron). - Das bibl. A. wird 12 km weiter westl. vermutet, wo Grabungen eine kontinuierl. Besiedlung seit 3500 v. Chr. ergeben haben.

Aradidae [griech.], svw. ↑Rindenwanzen.

Arae Flaviae ↑Rottweil.

Arafat, Jasir, gen. Abu Ammar, * Jerusalem 27. Aug. 1929, palästines. Politiker. - Hatte seit Mitte der 1960er Jahre entscheidenden Anteil am Aufbau der Al ↑Fatah, seit 1967 deren Führer; seit 1969 Vors. des Exekutivkomitees der PLO. Seit 1989 Präs. des 1988 proklamierten unabhängigen Staates Palästina.

Arafurasee, Teil des Australasiat. Mittelmeeres, zw. Arnhemland (Australien) und Irian Jaya (Neuguinea).

Aragaz, 200 km im Umfang messender, erloschener Vulkan im Hochland von Armenien, 4090 m hoch, mit astrophysikal. Observatorium (gegr. 1957).

Aragnouet [frz. araˈɲwɛ], frz. Grenzort in den Pyrenäen, Dep. Hautes-Pyrénées, 40 km ssö. von Lourdes, 160 E. Ausgangspunkt des Straßentunnels A.-Bielsa (Spanien); kürzeste Verbindung zw. Toulouse und Zaragoza.

Arago, Dominique François Jean, * Estagel bei Perpignan 26. Febr. 1786, † Paris 2. Okt. 1853, frz. Physiker. - Prof. an der École Polytechnique in Paris (seit 1809), Direktor der Sternwarte (seit 1830), ständiger Sekretär der Académie des sciences (seit 1830), Min. der provisor. Regierung (1848); bahnbrechende Arbeiten über Polarisation und Wellennatur des Lichtes und über elektromagnet. Grunderscheinungen.

Aragon, Louis [frz. araˈgɔ̃], * Paris 3. Okt. 1897, † Paris 24. Dez. 1982, frz. Schriftsteller. - Gründete mit A. Breton und P. Soupault 1924 die surrealist. Bewegung. Seit 1927 Mgl. der KPF. Nahm am Span. Bürgerkrieg teil, war im 2. Weltkrieg führend in der frz. Widerstandsbewegung. Provozierend sind seine ersten, überwiegend dadaist. Gedichte im Band „Feu de joie" (1920) wie auch seine bed. surrealist. Beiträge, bes. „Pariser Landleben" (Prosa, 1926). In der Dichtung „Front rouge" (1931), den Gedichtbänden „Persécuteur persécuté" (1931) und „Hourra l'Oural" (1934) nähert er sich bereits dem sozialist. Realismus. Bed. ist die Romanfolge „Die wirkl. Welt" mit den Bänden „Die Glocken von Basel" (1934), „Die Viertel der Reichen" (1936), „Die Reisenden der Oberklasse" (1942) und „Aurélien" (1944) sowie der histor. Roman „Die Karwoche" (1958) und „Blanche oder das Vergessen" (R., 1967). Aus dem lyr. Schaffen sind bes. „Le crève-cœur" (1941) aus der Zeit der Besatzung sowie die für seine Frau Elsa Triolet geschriebenen Bände „Les yeux d'Elsa" (1942), „Elsa" (1959) und „Le fou d'Elsa" (1963) berühmt.

Aragón [span. araˈɣɔn] ↑Aragonien.

A., linker Nebenfluß des Ebro, Spanien, entspringt in den Z-Pyrenäen, mündet bei Villafranca, 197 km lang; Stausee Yesa im Mittellauf.

Aragona, Tullia d', * Rom 1510, † ebd. 1556, italien. Dichterin. - Führte ein bewegtes Leben (Rom, Ferrara, Venedig, Florenz, Siena) und wurde viel bewundert (epigonale und mod. Dichtungen).

Aragonien (span. Aragón), histor. Prov. in NO-Spanien, umfaßt als Region die Prov. Huesca, Teruel und Zaragoza, 47 650 km², 1,2 Mill. E, Hauptstadt Zaragoza. Erstreckt sich von der frz. Grenze im N über 300 km nach S mit Anteil an drei Großräumen: Z-Pyrenäen und ihre südl. Abdachung, Ebrobecken, Iber. Randgebirge. Höchste Erhebung ist der Pico de Aneto mit 3404 m in den Pyrenäen, deren Klima bereits stark kontinental geprägt und mediterran beeinflußt ist; typ. sind Steineiche, in höheren Lagen Schwarzkiefer und Flaumeiche. In den Sierren finden sich zahlr. Talsperren. Das

Aragonit

Ebrobecken weist ausgesprochen kontinentale Züge mit kalten Wintern und heißen Sommern auf, mit Garriguen und Macchien, im trockenen Zentrum um Zaragoza steppenartige Pflanzendecke. Im Iber. Randgebirge steigt A. in der Sierra del Moncayo auf 2 313 m ü. d. M. an, in der Sierra de Peñarroya auf 2 024 m. Hier im mittelfeuchten Klimabereich wachsen Scharlach- und Steineiche, in den höheren Gebirgslagen auch Rotkiefer. Während in den Pyrenäentälern Roggen, Weizen, Dinkel, Mais und Futterpflanzen auf Trokkenfeldern gedeihen, spielt bes. im Becken um Zaragoza der Bewässerungsfeldbau eine große Rolle. Ein großer Teil von A. ist Weideland, u. a. mit wandernden Schafherden. Im Ebrobecken wird Braunkohle gewonnen. Die Ind. verarbeitet v. a. landw. Erzeugnisse. Ganzjähriger Fremdenverkehr, mit modern ausgebauten Wintersportorten in den Pyrenäen.

Geschichte: Durch den 2. Pun. Krieg kam das Gebiet von A. in röm. Besitz; im 5. Jh. von den Westgoten, 713 von den Arabern erobert. Mit Beginn der Reconquista wurde A. (um 800 als fränk. Gft. entstanden) von Navarra aus erobert. 1035 und erneut seit 1134 unabhängiges Kgr. Die Formierung der *Krone A.* durch den Zusammenschluß (1319 Festlegung der Unteilbarkeit) von A. mit der Kgr. Katalonien (1137) und Valencia (1238) ermöglichte A. den Aufstieg zur Großmacht im westl. Mittelmeer. Könige aus dem Hause A. herrschten in Sizilien (seit 1282), Sardinien (seit 1323) und Neapel (seit 1442). Mit der Vorrangstellung Kastiliens seit 1469 wurde A. auf einige Sonderrechte beschränkt, die es 1707 verlor. Seitdem A. mit der Prov.-Einteilung Spaniens 1833 die administrative Selbständigkeit einbüßte, regte sich hier Widerstand gegen die als kastil. empfundene Zentralgewalt. 1982 trat ein Autonomiestatut für die Region A. in Kraft.

Aragonit [nach Aragonien], Carbonatmineral, chem. Zusammensetzung $CaCO_3$; kristallisiert in rhomb. Kristallen. Die Farbe variiert von farblos über weiß bis schwarz. Vom chem. gleichen Calcit unterscheidet sich A. außer durch seine andere Kristallform auch durch bessere Löslichkeit in Wasser; beim Erhitzen über 400 °C wandelt er sich in Calcit um. A. tritt u. a. als Sinterbildung heißer Quellen auf (**Sprudelstein, Erbsenstein**) und bildet den anorgan. Bestandteil von Perlmutter. - Mohshärte 3,5 bis 4,0, Dichte 2,95 g/cm³.

Arago-Punkt [nach D. F. J. Arago], Gebiet am Himmelsgewölbe, in dem die Polarisation des Himmelslichts ein Minimum erreicht.

Aragua [span. aˈraɣṷa], Staat in Venezuela, 7 014 km², 892 000 E (1981), Hauptstadt Maracay. A. liegt in der Küstenkordillere. Kerngebiet der Bev., der Ind. und Wirtschaft ist die hinter der Küstenkette gelegene trockene Beckenzone mit dem Lago de Valencia; Anbau von Kaffee, Mais, Bohnen, Baumwolle, Zuckerrohr, Tabak, Kartoffeln, Reis und Obst; Rinderhaltung auf bewässertem Weideland; Abbau von Kupfer- und Nickelerz. A. ist durch die Autobahn Caracas–Valencia verkehrsmäßig gut erschlossen.

Aragua, Río [span. ˈrrio aˈraɣṷa], Zufluß zum Lago de Valencia in Venezuela, entspringt in der Küstenkordillere, mündet am O-Ufer des Sees, 80 km lang; am Unterlauf seit der Kolonialzeit eines der produktivsten Agrargebiete des Landes.

Araguaia, Rio [brasilian. ˈrriu araˈgṷaia], linker Nebenfluß des Rio Tocantins im Brasilian. Bergland, entspringt in der Serra do Caiapó, mündet 450 km südl. von Belém, 2 200 km lang; 1 300 km schiffbar.

Arak, iran. Stadt, 130 km sw. von Ghom, 1 760 m ü. d. M., 114 000 E. Traditionelle Gewerbe, neue Aluminiumschmelze.

Arakanküste, Küstenebene des Golfs von Bengalen in Birma, Anbaugebiet für Reis.

Arakan Yoma [ˈjoumə], Gebirgszug in Birma, zw. der Arakanküste und dem Irawadi, im Mount Victoria 3 053 m hoch, etwa 800 km lang. Dünne Besiedlung, Anbau von Hirse, Mais, Trockenreis, Buchweizen, Zuckerrohr und Tabak. Das Gebirge ist eine Verkehrsbarriere; einziger Paß zur Querung ist der Taungup (1 221 m hoch), über den eine Straße von Prome zum Golf von Bengalen führt.

Arakawa, Schusaku, * Nagoja 1936, jap.-amerikan. Maler. - Seine Diagramme, gespritzten Schattierungen und Wörter auf den Bildern verfremden, wehren die Suche nach dem Bildinhalt ab.

Araktschejew, Alexei Andrejewitsch, * im Gouv. Twer 4. Okt. 1769, † Grusino (Gebiet Nowgorod) 3. Mai 1834, russ. General. - Erhielt unter Paul I. General- und Grafentitel; unter Alexander I. 1803 Generalinspektur und Organisator der Artillerie, 1808 Kriegsmin.; 1815–25 allmächtiger Günstling des Zaren und Leiter der verhaßten Militärkolonien.

Aral AG, Vertriebsgesellschaft für Mineralölerzeugnisse, Sitz Bochum; gegr. 1898, heutige Firma seit 1926; verfügt über das größte Tankstellennetz der BR Deutschland. Hauptanteilseigner: Veba AG, Mobil Oil AG, Wintershall AG; Umsatz (1984) rd. 15 Mrd. DM.

Araliaceae [nlat.], svw. ↑Araliengewächse.

Aralie (Aralia), Gatt. der Araliengewächse mit etwa 25 in Asien, Australien und N-Amerika weit verbreiteten Arten; Sträucher oder Kräuter, seltener Bäume; Blätter mehrfach gefiedert. Die kleinen, weißl. oder grünl. Blüten stehen in meist aus Dolden zusammengesetzten Blütenständen. Die Früchte sind meist schwarze Beeren. Einige strauchige Arten,

aramäische Literatur

z. B. die bis 5 m hohe **Chinesische Aralie** (Aralia chinensis) und die etwa 2 m hohe **Stachelige Aralie** (Aralia spinosa) aus N-Amerika, sind beliebte Zierpflanzen. Von der aus Japan und China stammenden 1–2 m hohen, oft als Zierstrauch kultivierten **Aralia cordata** werden die jungen Schößlinge als Gemüse und Salat gegessen.
◆ Bez. für die ↑Zimmeraralie.

Araliengewächse (Efeugewächse, Araliaceae), Fam. zweikeimblättriger Pflanzen; 70 Gatt. mit etwa 700 Arten (in Deutschland nur der Gemeine ↑Efeu); meist trop. Bäume oder Sträucher, selten Kräuter oder Schlingpflanzen mit meist kleine weißl., gelbl. oder grünl. Blüten in achsel- oder endständigen, aus Dolden, Köpfchen, seltener Trauben oder Ähren bestehenden Blütenständen; bekannte Gatt.: ↑Aralie, ↑Efeu, ↑Zimmeraralie.

araliphatisch [Kw.], Verbindungen, die aus einem aromat. und einem aliphat. Teil bestehen, werden in der chem. Nomenklatur als a. bezeichnet.

Aralsee, abflußloser Salzsee östl. des Kasp. Meeres, 53 m ü. d. M., 428 km lang, bis 235 km breit; Salzgehalt 11–14‰. Die Wassertemperaturen betragen 26–30 °C im Sommer, im Winter unter 0 °C; der N-Teil ist 4–5 Monate zugefroren. Die Fauna entspricht der des Kasp. Meeres; Fischerei. Der A. wird von Syr-Darja und Amu-Darja gespeist; da diesen Flüssen große Wassermengen zur Kulturlandbewässerung entnommen werden, sinkt der Spiegel des A. ab.

Aralsk, sowjet. Stadt am NO-Ende des Aralsees, Kasach. SSR, 38 000 E. Fischgefrierfabrik, Schiffsreparatur, Salzgärten; Hafen. - 1846 als russ. Festung angelegt.

Aram, in bibl. Zeit von Aramäern bewohntes Gebiet zw. Antilibanon und Euphrat.

Aramäer, eine Gruppe westsemit. Nomadenstämme, die seit dem Ende des 2. Jt. v. Chr. aus dem Wüstengebiet westl. des Euphrat nach Syrien und Mesopotamien eindrangen; gründeten einzelne Ft., übernahmen ein bald die Macht in Stadtstaaten N- und M-Syriens, die von den Assyrern bis zum 8. Jh. v. Chr. unterworfen wurden. 626 v. Chr. begr. die A.dynastie der Chaldäer das neubabylon. Reich.

Aramäisch, ein umfangreicher und mannigfaltig gegliederter Zweig der semit. Sprachen. Zunächst in Syrien nachweisbar, breitete es sich über den ganzen Vorderen Orient und weiter nach Osten aus. Bereits in assyr. Zeit war es eine internat. Sprache. Von den Achämeniden als **Reichsaramäisch** zur offiziellen Sprache gemacht (in dieser Form auch in einigen Texten des A.T.). Zum **Westaramäischen** gehören folgende Sprachen: 1. Das **Nabatäische,** aramäische Schriftsprache mit Zentrum in Petra (4. Jh. v. Chr. bis 2. Jh. n. Chr.), mit arab. Elementen durchsetzt. 2. Das **Palmyrenische,** ebenfalls in einer Karawanenstadt geschrieben und gesprochen. 3. Das **Jüdisch-Palästinensische** ist das Idiom, das das Hebräische als gesprochene Sprache verdrängt hat. Es war die Sprache Jesu. 4. Das **Samaritanische,** Sonderform des A. nach der Absonderung Samarias in religiöser und polit. Hinsicht. 5. Das **Christlich-Palästinensische** ist die Sprache der Melchiten in Palästina; sie wurde außer in Nordpalästina auch in Teilen des Ostjordanlandes gebraucht. 6. Das **Neuwestaramäische** in einigen Dörfern bis in die Gegenwart erhalten. - Das A. des Zweistromlandes wird unter der Bez. **Ostaramäisch** zusammengefaßt. Es umfaßt: 1. Das **Syrische,** die Sprache der Staatskanzlei von Edessa. 2. Das **Aramäische des babylon. Talmuds.** 3. Das **Mandäische,** die Sprache einer religiösen Sekte (↑Mandäer). 4. Das **Ostsyrische,** das wie das Mandäische moderne Ausläufer hat.

aramäische Literatur, kein einheitl., aber auch nicht den sprachl. Idiomen entsprechend zu gliederndes Schrifttum.

Ältestes aram. Schrifttum: Inschriften des 9. und 8. Jh., von denen ein Denkmal des 8. Jh. bereits als Dokument beginnender Geschichtsschreibung betrachtet werden kann. Vom Reichsaramäischen der Achämenidenzeit sind zahlr. Zeugnisse aus Ägypten erhalten (Papyri [↑Elephantine-Urkunden] und Lederdokumente), an literar. Texten sind darunter Fragmente des Romans des ↑Ahikar und eine aram. Fassung der Inschrift von ↑Behistan.

Die a. L. des Judentums: Das hebr. Esrabuch enthält aram. Originaldokumente der Achämenidenzeit. Ebenfalls aram. ist ein Abschnitt des Danielbuches verfaßt. Die Verwendung des Aramäischen als Umgangssprache machte die Übersetzung der hl. Schriften im Gottesdienst notwendig (↑Targumen). Sowohl aus Kumran wie aus der rabbin. Tradition sind solche erhalten. Ferner gibt es aram. Stücke der Mischna, die im jerusalem. Talmud im palästines., im babylon. Talmud im babylon. Dialekt des Aramäischen verfaßt sind.

Samaritaner und Mandäer: Umfangreiches theolog. und liturg. Schrifttum.

Syr. Literatur: Eine Fülle von bekannten Bibelübers. zw. dem 3. und 7. Jh. erweisen die syr. Literatur als typ. Produkt des christl. Orients. Auch zahlr. Werke griech. Theologen des 4. Jh. wurden übersetzt sowie Mönchsliteratur, Rechts- und Synodaltexte, Texte der griech. Philosophie und Naturwissenschaft. Sergius von Reschaina († 536) übersetzte Aristoteles, Porphyrius und Galen. Außerdem wurde mittelpers. Volksliteratur übernommen. - Als Kirchenhistoriker traten hervor Johannes von Ephesus († 586), Dionysius von Tellmachre († 845), Michael I. († 1199), ↑Barhebraeus († 1286); hinzu kam die „Chronik von Arbela" (6. Jh.), die sog. „Chronica minora" und Aktensammlungen. Die theolog. Literatur bestand aus den Werken der älteren Klassiker, wie Afrahat († nach 345) und Ephräm (* um 306, † 373). Von häret. Literatur sind die „Oden Salomos" (2. Jh.) und Werke von Bardesanes (* 154, † 222/23) erhalten. Der Bruch zw. Monophysiten und Nestorianern ließ die theolog. Literatur weiter anwachsen (theolog. Schulen von Edessa und Nisibis). Bereits Rabbula von Edessa († 435) als Bekämpfer des Nestorianismus und Ibas von Edessa († 457) als sein Wegbereiter verkörperten im 5. Jh. den Ggs. der kirchenpolit. Richtungen. Es folgten Nestorianer wie Babai der Große (* um 550, † 627/28), Isaak von Ninive (7. Jh.) und Monophysiten wie Philoxenos von Mabbugh († 523), Simeon von Beth Arscham († vor 548), Jakob von Edessa (* um 633, † 708) und Barhebraeus. Eine bes. Eigenart der syr. Literatur ist der reiche Gebrauch gebundener Rede für theolog. Zwecke. Der Sieg des Islams führte auch zum Untergang der syr. Originalliteratur. Um die Jahrtausendwende hatten Erfolge der Byzantiner und später die Kreuzzüge noch einmal zu einer Renaissance geführt (Dionysios Bar Salibi, † 1171, Michael I. und Barhebraeus). Auch Melchiten und Maroniten schufen eine allerdings wesentl. geringere syr. Literatur. Mit dem 14. Jh. begann endgültig der Verfall.

📖 Baumstark, A./Rücker, A.: *Die a. u. syr. Lit. In: Hdb. der Orientalistik.* Hg. v. B. Spuler. Abt. 1. Bd. 3. Leiden 1953. Neudr. 1964.

Aramburu, Pedro Eugenio, * Rio Cuarto (Prov. Córdoba) 21. Mai 1903, † nach dem 29. Mai 1970, argentin. General und Politiker. - Führte im Sept. 1955 den Aufstand gegen Perón in den nördl. Prov.; 1955-58 Staatspräs.; leitete eine Phase wirtsch. Stabilisierung ein; von einer peronist. Untergrundorganisation entführt und ermordet.

ARAMCO [engl. ə'ræmkoʊ], Abk. für: ↑Arabian American Oil Company.

Aramide, aus aromat. Diaminen und Arylendicarbonsäuren gewonnene ↑Polyamide; zur Herstellung von Präzisionsformteilen (Zahnrädern u. a.) sowie von techn. Fasern (**Aramidfasern,** z. B. Kevlar ⓦ) verwendet.

Aranda, Pedro Pablo Abarca de Bolea, Graf von, * Siétamo (Prov. Huesca) 18. Dez. 1718, † Épila (Prov. Zaragoza) 9. Jan. 1798, span. General und Politiker. - Präs. des Rates von Kastilien (1766-73); brachte als Anhänger der frz. Aufklärung ein großes Reformprogramm in Gang, setzte dabei 1767 die Vertreibung der Jesuiten durch; seit 1773 Gesandter in Paris; 1792-94 leitender Min.

Aranda de Duero [span. aˈranda ðe ˈðu̯ero], span. Stadt, am Oberlauf des Duero, 798 m ü. d. M., 22 000 E. Zentrum eines Agrargebietes; Mühlen, Zuckerfabrik; Strick- und Wirkwarenind. - Um 861 gegr., Brückenstadt mit kreisförmiger Ummauerung.

Araneae [lat.], svw. ↑Spinnen.
Araneidae [lat.], svw. ↑Radnetzspinnen.
Aran Islands (Arran Islands) [engl. ˈærən ˈaɪləndz], Inselkette an der W-Küste Irlands, erstreckt sich über 24 km, besteht aus 3 bewohnten (**Inishmore, Inishmaan, Inisheer**) und einigen unbewohnten Inseln. Zahlr. prähistor. und frühchristl. Kulturdenkmäler.

Aranjakas [Sanskrit „zum Walde gehörend"], altind. Bücher, die Spekulationen über das Opfer und seine Symbolik zum Inhalt haben. Sie waren zum Studium in der Waldeinsamkeit bestimmt. Die A. schließen sich zeitl. an die ↑„Brahmanas" an; die genaue Zeit ihrer Entstehung und ihre Autoren sind unbekannt.

Aranjuez [span. araŋˈxu̯eθ], span. Stadt am Tajo, 50 km südl. von Madrid, 491 m ü. d. M., 31 000 E. Chem. Ind., Zucker-, Schokoladenfabrik, Brennereien. - Seit dem 14. Jh. Domäne des Ritterordens von Santiago, seit Philipp II. königl. Sommerresidenz, seit 1750 Anlage der Stadt. - Im **Vertrag von Aranjuez** (1805) verbündete sich Spanien mit Napoleon I. gegen Großbrit. - Inmitten von Parkanlagen liegt der Palast (erbaut 1561-67) Philipps II., im NO der Stadt die Casa del Labrador (Anfang 19. Jh.), ein prunkvoll ausgestattetes Schlößchen.

Arany, János [ungar. ˈɒrɒnj], * Nagyszalonta (= Salonta) 2. März 1817, † Budapest 22. Okt. 1882, ungar. Dichter. - Aus verarmter Kleinadelsfamilie. Sein Epos „Toldi" (1846) ist das erste „klass." Werk des ungar. Realismus; erweitert zur Trilogie („Toldis Abend", 1854; „Toldis Liebe", 1879); auch Balladen.

Aräometer [griech.] (Senkspindel, Senkwaage), einfaches Gerät zur Messung der ↑Wichte (spezif. Gewicht) bzw. ↑Dichte von Flüssigkeiten. Gemäß dem ↑Archimedischen Prinzip taucht ein schwimmender Körper so tief in eine Flüssigkeit ein, bis die Gewichtskraft der von ihm verdrängten Flüssigkeitsmenge gleich seiner eigenen Gewichtskraft ist. Das A. ist ein allseitig geschlossener, am unteren Ende zum Zwecke des senkrechten Schwimmens beschwerter röhrenförmiger Glaskörper, der desto tiefer in eine Flüssigkeit eintaucht, je geringer deren Wichte bzw. Dichte ist. An einer Skala kann dabei aus der Eintauchtiefe unmittelbar die Wichte bzw. Dichte der zu messenden Flüssigkeit abgelesen werden. Als sog. **Gewichtsaräometer** kann das A. auch zur Bestimmung von Wichte bzw. Dichte fester Stoffe verwendet werden.

Ara Pacis Augustae [lat. „Altar des Augustusfriedens"], 13 v. Chr. vom röm. Senat anläßl. der Rückkehr des Kaisers von Spanien nach Rom gestiftet, 9 v. Chr. geweiht. Er wurde auf dem Marsfeld an der Via Flaminia aus Marmor errichtet. 1568 und 1937 aufgefunden und nahe der Fundstelle unter Ergänzung des Verlorenen wiederhergestellt. Die A. P. A. besteht aus einem hofartigen

Araukaner

Bezirk von 11,6 × 10,6 m, dessen 6 m hohe Umfassungsmauer mit Zugängen im O und W den Opferaltar von 6 × 7 m umschließt. Die Umfassungsmauer ist mit Reliefs geschmückt.

Arapaho [engl. æ'ræpəhou], Stamm der Algonkin in NO-Wyoming, USA; urspr. seßhafte Bodenbauer in der nördl. Prärie, zogen sie nach W, auf die Great Plains, zogen; eine nördl. Gruppe lebt heute in der Wind River Reservation, eine südl. in Oklahoma.

Arapaima [indian.] (Arapaima gigas), vorwiegend räuber. lebender ↑ Knochenzüngler, v. a. in den Pflanzendickichten des Amazonas und seiner Nebenflüsse. Einer der größten lebenden Süßwasserfische (soll etwa 4 m lang werden) mit großen, meist grünl. Schuppen und karmesinroter Schwanzwurzel. Das getrocknete Fleisch kommt in gerollten Bündeln auf den Markt.

Ärar [zu lat. ↑ Aerarium], östr. für Staat oder Staatskasse.

Araras, Serra das, Gebirgszug in S-Brasilien, Wasserscheide zw. Rio Iguaçu und Rio Piquiri, bis 1 500 m hoch.

Ararat (türk. Ağrı Dağı), höchster Berg der Türkei, erloschener zweigipfliger Vulkan, nahe der Grenze gegen Iran und die UdSSR. Der **Große Ararat** ist 5 165 m hoch und vergletschert, der **Kleine Ararat,** durch einen Sattel in 2 600 m Höhe vom Großen A. getrennt, ist 3 925 m hoch; die Hänge sind nur stellenweise bewachsen, meist mit Wacholder. Der Große A. wurde 1829 durch F. Parrot zuerst bestiegen. - Bei den Assyrern Urartu genannt, im A. T. Landungsstelle der Arche Noah.

Ararauna [indian.] (Gelbbrustara, Ara ararauna), etwa 80 cm großer Ara in den Wäldern Z- und S-Amerikas; mit grüner Stirn, weißen, schwarz gestreiften Kopfseiten, blauer Ober- und gelber Unterseite; häufig in zoolog. Gärten.

ärarisch, das Ärar betreffend; veraltend für: staatlich.

Aras [indian.], Gruppe der größten lebenden Papageien (bis 1 m lang) mit etwa 17 Arten; v. a. in den Wäldern M-Amerikas, auch S-Brasiliens; Schnabel groß und kräftig, Schwanz lang, Augengegend und größere Flächen an den Kopfseiten nackt; brüten in Baumhöhlen; am bekanntesten ↑ Ararauna, ↑ Hellroter Ara.

Araschnia [a'rasçnia], Schmetterlingsgatt. mit der bekannten Art ↑ Landkärtchen.

Aratos von Sikyon (Arat), * Sikyon (Peloponnes) 271, † 213 (ermordet), griech. Feldherr und Staatsmann. - Bedeutendster Führer des Achäischen Bundes; betrieb urspr. eine Politik gegen makedon. Hegemonie, die er jedoch nach seinem Bündnis mit Antigonos III. Doson (225/224) nicht verhindern konnte; im Krieg gegen den Ätol. Bund 220–217 Feldherr und Berater Philipps V. von Makedonien.

Ararauna

Aratos von Soloi (Arat), * Soloi (Kilikien) um 315, † um 245, griech. Dichter. - Sein astronom. Lehrgedicht „Phainomena" (Himmelserscheinungen), das Fixsterne, Planeten und Wetterzeichen beschreibt, aber auch Mythen über die Entstehung von Sternbildern enthält, war durch Übers. ins Lat. (u. a. Cicero) und zahlr. Kommentare weit verbreitet.

Arauca, Hauptstadt des Verwaltungsgebiets A. in Kolumbien, am Río A. gegenüber von El Amparo (Venezuela), in den Llanos, 170 m ü. d. M., 12 000 E; Handelszentrum; ⚐ **A.,** Verwaltungsgebiet in O-Kolumbien, südl. des Río A., 23 818 km², 52 000 E, Hauptstadt A.; liegt in den Llanos, reicht im W in die Gipfelregion der Ostkordillere; bed. Rinderhaltung. Am Fuß der Anden und am Río A. etwas Feldbau. In den Wäldern Sammelwirtschaft (Kautschuk, Harz u. a.). Keine befestigten Straßen; Flug- und Schiffsverkehr.

Arauca, Río, linker Nebenfluß des Orinoko, entspringt in der Ostkordillere, mündet 110 km osö. von San Fernando de Apure, rd. 1 000 km lang; bildet im oberen Mittellauf die kolumbian.-venezolan. Grenze.

Araucaria [nlat.], svw. ↑ Araukarie.

Araucariaceae [nlat.], svw. ↑ Araukariengewächse.

Arauco, Golf von, Bucht des Pazifiks an der Küste Z-Chiles, durch die Insel Isla Santa María vom offenen Ozean getrennt.

Araukaner, Indianervolk in Chile und N-Patagonien, Eigenbez. „che" („Volk, Leute"), mehrere Unterstämme: Picunche, Mapuche, Huilliche, Chilote; urspr. Jäger und Sammler, übernahmen die A. von den andinen Hochkulturen Ackerbau und Viehzucht, im 17. Jh. von den Spaniern das Pferd. Die A. leben in Dörfern, neben Landw. gibt es Weberei, Gerberei, Töpferei, Bearbeitung von

95

Araukarie

Kupfer, Silber und Gold. 1881–83 letzter Aufstand gegen die Spanier.

Araukarie (Araucaria) [nach der chilen. Prov. Arauco], Gatt. der Araukariengewächse mit etwa 15 Arten auf der Südhalbkugel; hohe Bäume mit quirlig stehenden Ästen und oft dachziegelartig übereinanderliegenden, spiralig angeordneten, schuppen- bis nadelförmigen Blättern; weibl. Blüten in eiförmigen oder kugeligen Kätzchen, die beim Reifen zu Zapfen auswachsen. Bekannte Zierbäume sind ↑Chilefichte und ↑Zimmertanne.

Araukariengewächse (Araucariaceae), Fam. der Nadelhölzer mit rd. 35 Arten in zwei Gatt.; heute nur noch auf der Südhalbkugel; Bäume mit quirlig stehenden Ästen. Die spiralig angeordneten Blätter sind nadelbis priemförmig oder breit und flach, zugespitzt bis eiförmig und deutl. gestielt. Die weibl. Blüten stehen oft in sehr groß werdenden Zapfen. Die Samen einiger Arten sind eßbar, viele Arten liefern wertvolles Nutzholz.

Arausio ↑Orange.

Aravalli Range [ə'rɑːvəlɪ 'reɪndʒ], Gebirgskette in NW-Indien, hauptsächl. in Rajasthan, verläuft über etwa 700 km von NO nach SW, etwa 80 km breit, durchschnittl. Höhe 900 m, gipfelt im Guru Sikhar (1 722 m hoch). Das Klima ist durch eine lange Trockenzeit gekennzeichnet, die nur von den stark schwankenden Monsunniederschlägen unterbrochen wird. Nur im S Waldbestände. Der Ackerbau ist nur auf Bewässerungsbasis mögl.; extensive Weidewirtschaft mit Schafen und Ziegen. - Reiche Bodenschätze: Glimmer, Beryll, ferner Indiens einzige Lagerstätten an Blei, Zink und Wolfram; Salz-, Gips- und Marmorgewinnung.

Arax (türk. Aras nehri, pers. Rud e Aras; im Altertum Araxes), rechter Nebenfluß des Kura, entspringt in der Bingöl dağları (Türkei), bildet rd. 600 km lang die türk.-sowjet. und iran.-sowjet. Grenze, mündet in der Kura-A.-Niederung (UdSSR) 1 072 km lang; dient der Bewässerung.

Araxes, im Altertum Name mehrerer Flüsse, u. a. des Amu-Darja und des ↑Arax.

Arazzi (Arrazzi), italien. Bez. für gewirkte Bildteppiche; ursprüngl. nur Bez. der aus Arras stammenden Bildteppiche.

Arbaud, Joseph d' [frz. ar'bo], eigtl. J. Darbaud, * Meyrargues (Bouches-du-Rhône) 6. Okt. 1874, † Aix-en-Provence 2. März 1950, frz. Schriftsteller. - Stellte sich in die Nachfolge der ↑Félibres. Neben provenzal. Lyrik auch Prosa („Pan im Vaccarès", 1924).

Arbe, jugoslaw. Insel, ↑Rab.

Arbeau, Thoinot [frz. ar'bo], eigtl. Jehan Tabourot, * Dijon 1519 oder 1520, † Langres um 1595, frz. Tanzschriftsteller. - Sein Tanzlehrbuch „Orchésographie..." ist eine der wichtigsten Quellen zur Kenntnis der Tänze im 16. Jahrhundert.

Arbeiderbladet [norweg. ˌarbɛjdɑr-
bla:də], norweg. Zeitung, ↑Zeitungen (Übersicht).

Arbeit, jede auf ein wirtsch. Ziel gerichtete, planmäßige Tätigkeit des Menschen, gleichgültig ob geistige oder körperl. Kräfte eingesetzt werden. Das Ziel kann reine Bedarfsdeckung oder Gewinn- bzw. Einkommensmaximierung sein. Steuerrechtl. wird unterschieden zw. **selbständiger Arbeit** (Tätigkeit, die in eigener Verantwortung und auf eigene Rechnung erfolgt) und **unselbständiger Arbeit** (Tätigkeit, die unter Aufsicht und Anweisung eines Arbeitgebers, d. h. auf fremde Rechnung erfolgt).

Verglichen mit den anderen beiden Produktionsfaktoren, Kapital und Boden, hat die A. eine Sonderstellung. Zunächst wären ohne sie die anderen Produktionsfaktoren unbrauchbar; Kapital und Boden müssen mit A. kombiniert werden, damit sie eine Leistung erbringen können. Außerdem ist A. im Vergleich zu Kapital ein „ursprüngl." Faktor, da dieses erst mit Hilfe der A. erstellbar ist. Ferner kann Arbeitsleistung von der Person des Arbeitenden nicht getrennt werden; daher beinhalten Art und Umstände der Erbringung der Leistung, die Arbeitsbedingungen, zugleich eine bes. soziale Problematik. Schließl. ist Arbeitsleistung nicht für unterschiedl. Zwecke nutzbar; vielmehr ist ihre Verwendbarkeit vielseitiger als die anderer Produktionsfaktoren, v. a. kann das Leistungsvermögen des Menschen durch eine Reihe von Lernvorgängen (Erfahrung, Ausbildung) verändert und verbessert werden.

Bei der Kombination mit anderen Produktionsfaktoren kann A. einerseits ausführende, objektbezogene und andererseits planende, kontrollierende und leitende Funktionen (dispositive Tätigkeiten) haben. In den meisten Betrieben als Produktionseinheiten wird die Arbeitskraft mehrerer Menschen benötigt, die mit unterschiedl. Aufgaben betraut sind. Die Zahl der Arbeitskräfte, ihre Leistungsfähigkeit und ihre zeitl. Inanspruchnahme bestimmen den Bestand des Faktors A. einer Volkswirtschaft. Wieviele Arbeitskräfte in den Produktionsprozeß einbeziehbar sind, hängt in erster Linie von der Struktur der Wohnbev. eines Landes nach Alter und Geschlecht sowie von gesetzl. Beschränkungen (z. B. Jugendarbeitsschutzgesetz, obere Altersgrenzen) ab. Die zeitl. Inanspruchnahme des Faktors A. wird durch die Art der Tätigkeit und die mit ihr verbundenen Belastungen geprägt. Als ein Bestimmungsfaktor der Leistung wird die Arbeitszeit i. d. R. in Tarifverträgen festgelegt. V. a. durch größere Leistungsintensität und durch Überstunden ist die Inanspruchnahme des Faktors A. begrenzt dehnbar. Durch Wandel der Nachfrage und techn. Fortschritt ergeben sich Veränderungen in der Produktionsstruktur, aus denen auch veränderte Anforderungen an die Qualifikation der Arbeits-

Arbeiterbewegung

kraft resultieren. Anpassungsschwierigkeiten der Anbieter von Arbeitsleistungen können damit ebenso wie die Ersetzung menschl. Arbeitskraft durch Maschinen zu Arbeitslosigkeit führen. Sie lassen Vollbeschäftigung zu einem wirtschaftspolit. Ziel werden.

◆ physikal. Größe grundlegender Art. A. wird immer dann verrichtet, wenn ein Körper entgegen einer auf ihn wirkenden Kraft bewegt wird. Haben Kraftvektor F und Wegvektor s die gleiche Richtung, und ist darüber hinaus die Kraft längs des gesamten Weges konstant, dann gilt für die Arbeit W: $W = F \cdot s$. Ist zwar die Kraft längs des gesamten Weges konstant, stimmen aber Kraftrichtung und Wegrichtung nicht überein, so ergibt sich die A. W als *Skalarprodukt* des Kraftvektors F und des Wegvektors s: $W = F \cdot s = F \cdot s \cdot \cos \alpha$ (α Winkel zw. Kraft- und Wegrichtung). Ändert sich der Kraftvektor längs des Weges, so ergibt sich schließl. die allgemeingültige Beziehung: $W = \int F \cdot ds = \int F \cos \alpha \, ds$. *SI-Einheit* der A. ist das Joule (J). *Festlegung*: 1 Joule (J) ist gleich der A., die verrichtet wird, wenn der Angriffspunkt der Kraft 1 Newton (N) in Richtung der Kraft um 1 m verschoben wird:
$$1\,J = 1\,Nm = \frac{1\,kg \cdot m^2}{s^2} = 1\,Ws = 1\,VAs.$$
Leicht zu berechnen ist die A. für die folgenden Spezialfälle: Die *Hubarbeit* W_h, die einen Körper der Masse m um die Höhe h hebt, ist $W_h = mgh$ (g Erdbeschleunigung). Es ist dabei gleichgültig, auf welchem Wege der Körper die Höhendifferenz h überwindet, ob senkrecht oder auf einer schiefen Ebene. Die Hub-A. hängt nur von der Gewichtskraft des zu hebenden Körpers mg und vom Höhenunterschied h ab. Die *Spannarbeit* W_{sp}, die erforderl. ist, um eine Feder mit der Federkonstanten D aus der Ruhelage heraus um den Betrag x zu dehnen, ist: $W_{sp} = \frac{1}{2} D x^2$. *Die Beschleunigungsarbeit* W_a, die bei fortschreitender Bewegung einen Körper der Masse m aus der Ruhe auf die Geschwindigkeit v beschleunigt, ist: $W_a = \frac{1}{2} m v^2$. Zum Transport - unabhängig vom Weg - einer elektr. Ladung Q im elektr. Feld zw. zwei Raumpunkten (A und B) mit der Potentialdifferenz (Spannung) U muß die *elektrische Arbeit* $W_{el} = Q \cdot U$ verrichtet werden. Erfolgt dieser Ladungstransport in einem Zeitintervall Δt, so bedeutet dies einen elektr. Strom der Stärke $I = Q/\Delta t$ zw. A und B. Damit erhält man: $W_{el} = U \cdot I \cdot \Delta t$.

Arbeiter, allg. jeder (körperl. oder geistig) arbeitende Mensch; im engeren Sinne jedoch die Lohn-A., die ihre Arbeitskraft dem Arbeitgeber gegen Entgelt zur Verfügung stellen und insbes. ausführende, oft überwiegend körperl. Arbeit verrichten. In der Wirtschaftsstatistik zählen die A. zu den unselbständigen bzw. abhängig Beschäftigten; arbeitsrechtl. gehören die A. mit den Angestellten zu den Arbeitnehmern. In der DDR werden die A. und Angestellten zusammenfassend als Werktätige bezeichnet. Insbes. wenn die Gesamtheit der A. gemeint ist, wird auch von Arbeiterschaft gesprochen. Nach der berufl. Vorbildung und Qualifikation unterteilt man A. in **ungelernte A.** (Hilfs-A.), die für die auszuübende Tätigkeit in wenigen Tagen oder Stunden angelernt werden können, in **angelernte A.**, deren Anlernzeit mindestens drei Monate umfaßt, sowie in **gelernte A.** oder **Fach-A.**, die eine geregelte Berufsausbildung absolviert haben oder eine entsprechende Qualifikation durch mehrjährige Berufstätigkeit erlangt haben. - Die Zahl der A. geht seit dem Ende des 19. Jh. in Deutschland kontinuierl. zurück: 1882 waren 57,4 % aller Erwerbstätigen A., 1925 noch 50,2 % 1965: 48,6 %, 1970: 43,0 % 1976: 40,0 % und 1984: 38,7 %. Die Abnahme ist eine Folge des techn. und wirtsch. Wandels, der sich in der Zunahme der Erwerbstätigen im Dienstleistungsbereich, in dem überwiegend Angestellte beschäftigt sind, deutlich ausdrückt (1950: 32,7 %, 1975: 46,6 %, 1983: 53,3 %). - Das einstmals dominierende Merkmal der körperl. Arbeit tritt in den Berufsrollen des A. zunehmend in den Hintergrund.

Arbeiterbewegung, der seit dem 19. Jh. erfolgte Zusammenschluß der abhängigen Lohnarbeiter mit dem Ziel, die bestehenden ökonom., sozialen und polit. Verhältnisse evolutionär oder revolutionär zu verändern. Die Verelendung der mit der industriellen Produktion sich bildenden Arbeiterklasse verschärfte die sozialen Spannungen und führte - zuerst in Großbrit. - zu Protestaktionen und zu Zusammenschlüssen der Arbeiter (Chartismus). In Deutschland entwickelten zuerst in der Ind. beschäftigte Handwerkergesellen Organisationsformen. In die A. gingen sozialist. und kommunist. Vorstellungen ein. Daneben entwickelte sich im 19. Jh. eine christl. A. 1848 stellten Marx und Engels mit dem „Kommunist. Manifest" das erste grundlegende polit. Programm der A. auf (Notwendigkeit des Klassenkampfes). 1864 wurde unter ihrem Einfluß in London die Internat. Arbeiterassoziation geschaffen. In Deutschland gründete Lassalle 1863 den „Allg. dt. Arbeiterverein". 1869 entstand unter der Führung von Bebel und Liebknecht die „Sozialdemokrat. Arbeiterpartei", 1875 vereinigten sich beide Parteien zur „Sozialist. Arbeiterpartei Deutschlands" (SAP), seit 1890 „Sozialdemokrat. Partei Deutschlands" (SPD). Parallel dazu entwickelte sich seit 1868 eine dt. Gewerkschaftsbewegung, teils auf marxist.-sozialist., teils auf liberal-christl. Basis. Die SPD, an der sich die meisten europ. Arbeiterparteien orientierten, entschied sich für den parlamentar. Weg zur Macht. Der 1. Weltkrieg führte zur Auflösung der internat. und nat. Einheit der sozialist. A. Zum Zentrum der sich seit 1919 bildenden kommunist. Parteien wurde die Komintern unter sowjet. Führung. In Deutschland setzte die SPD, nach 1918 zu-

Arbeiterbildung

nächst in der Regierung, zus. mit den Gewerkschaften ihre Reformpolitik fort, ohne den Kapitalismus überwinden zu können. Die faschist. Diktaturen bekämpfte die A., aktivster Teil des Widerstandes, aus der Illegalität. 1949 proklamierte die SED die Gründung der DDR als Verwirklichung der Ziele der dt. A. In Westdeutschland schlossen sich 1949 sozialist. und christl. Gewerkschafter im DGB zur Einheitsgewerkschaft zusammen. 1959 vollzog die SPD im Godesberger Grundsatzprogramm den Schritt von der Arbeiter- zur linken Volkspartei. - Heute sind Arbeiterparteien und Gewerkschaften in den westl. parlamentar. Demokratien wie in den kommunist. Ländern fest in das jeweilige wirtsch., soziale und polit. System integriert.

Arbeiterbildung, Idee der Arbeiterschaft seit der 1. Hälfte des 19. Jh., sich durch allg. und berufl. Weiterbildung soziale Aufstiegsmöglichkeiten zu verschaffen. Sie entstand im Zusammenhang mit der Arbeiterbewegung und wurde im wesentl. von ↑Arbeitervereinen getragen. Heute ist die A. in die Erwachsenenbildung aufgegangen, der Weiterbildung dienen Volkshochschulen, das Berufsfortbildungswerk des DGB u. a.

Arbeiterbund für Sport und Körperkultur in Österreich, Abk. ASKÖ, östr. Sportdachverband, gegr. 1892, Sitz Wien.

Arbeiterdichtung, i. w. S. alle soziale Dichtung, die sich mit der mechan.-techn. Arbeitswelt und den sozialen Verhältnissen, Problemen und Kämpfen des Arbeiters (als einzelnem oder als Klasse) befaßt; nach dem 2. Weltkrieg zunehmend die Analyse der Industriegesellschaft und der modernen Arbeitswelt. Soziale Anklage erhoben u. a. É. Zola, C. Dickens, T. Hoods, in der dt. Literatur G. Herwegh, F. Freiligrath, G. Hauptmann, E. Toller, A. Döblin, Ö. von Horváth, M. Fleißer. I. e. S. ist A. eine von Arbeitern selbst verfaßte Literatur mit dem Ziel, der Arbeiterklasse zu geistiger und polit. Selbstbesinnung zu verhelfen, das erstarkte proletar. Klassenbewußtsein (in bewußter Antithese zur bürgerl. Welt) zu formulieren und aus den Zwängen der Lage sich ergebende Probleme, Anklagen, Forderungen und Ziele der Arbeiterbewegung darzustellen. Von den Arbeiterdichtern fanden nur wenige zu eigener Sprachformung, z. B. G. Engelke, H. Lersch. Beide veröffentlichten eigene Gedichtbände, viele andere schrieben nur einige wenige Gedichte. Bekannter geworden sind die Mgl. der Nylandgruppe, ein bes. im Banne von R. Dehmels Industrielyrik stehender Kreis (J. Winckler, J. Kneip, W. Vershofen). Romane sind dagegen selten, häufiger sind dramat. Versuche. - Erst in den 1960er Jahren geriet die industrielle Arbeitswelt wieder ins Blickfeld, die „Gruppe 61" formierte sich im Bergarbeiterzentrum Dortmund. Bes. traten hervor M. von der Grün („Irrlicht und Feuer", Bergarbeiterroman, 1963), E. Runge („Bottroper Protokolle", 1968), G. Wallraff mit Industriereportagen, außerdem u. a. J. Reding, K. E. Everwyn, A. Troppmann. Von der Gruppe 61 spaltete sich 1970 der [antikapitalist.] „Werkkreis Literatur der Arbeitswelt" ab. F. X. Kroetz behandelt Themen aus den sozialen Unterschichten (ländl. und kleinstädt. Milieu). In der DDR fördert der ↑Bitterfelder Weg die „echte" A., die „sozialist. Nationalkultur", die „proletar.-revolutionäre Literatur".

📖 *Hdb. zur dt. Arbeiterliteratur.* Hg. v. H. L. Arnold. Mchn 1977. 2 Bde. - *Rülcker, C.: Ideologie der A. 1914 bis 1933.* Stg. 1970.

Arbeiterfestspiele, in der DDR Kulturfesttage (400–500 Veranstaltungen), die im wesentl. von Laienensembles aus Betrieben, aber auch von Berufsschauspielern bestritten werden; auch Ausstellungen u. a. Der Ort der A. wechselt jährlich.

Arbeiterbewegung. Plakat aus der Zeit um 1900

Arbeiterjugendbewegung ↑Jugendbewegung.

Arbeiterkolonien, Heimstätten, in denen Menschen Aufnahme finden, die arbeitslos, arbeitswillig und ohne festen Wohnsitz sind; die Kolonisten werden vorwiegend in der Landw. beschäftigt. Zur Bekämpfung der mit fortschreitender Industrialisierung anwachsenden Wanderbettelei gründete F. von Bodelschwingh 1882 in Wilhelmsdorf bei Bielefeld die erste dt. A. Heute sind 29 A. im „Zentralverband dt. A." vereinigt.

Arbeiterpriester, kath. Priester in Frankr., die als Arbeiter unter Arbeitern leben und diese zugleich seelsorgerl. betreuen. Sie hießen früher *prêtres-ouvriers*, seit 1965 *prêtres au travail*. Die ersten A. begannen ihre Tätigkeit 1941 in Marseille. Da unter den Bischöfen Zweifel an der Vereinbarkeit von priesterl. Amt mit ganztägiger Berufsarbeit aufkamen, wurde ihr Wirken 1953/54 schrittweise und 1959 ganz verboten, 1965 aber wieder erlaubt.

Arbeiterrat, Vertretungsorgan aller Belegschafts-Mgl. der Betriebe und Unternehmen in kommunist. Ländern, insbes. in Jugoslawien; an der Betriebsführung entscheidungsberechtigt beteiligt.

Arbeiterrentenversicherung, Zweig der gesetzl. ↑Sozialversicherung.

Arbeitersekretariate, seit 1894 gegr. Auskunftsstellen, die von Arbeiterorganisationen eingerichtet wurden und deren Mgl. in Fragen des Arbeits- und Sozialversicherungsrechts berieten; 1933 aufgelöst.

Arbeiterstadt, stadtähnl. oder städt. Ind.siedlung, bes. verbreitet in den großen Bergbau- und Schwerind.gebieten der Erde.

Arbeiter-Turn- und Sportbewegung, von den übrigen Turn- und Sportverbänden unabhängig entstandene Turn- und Sportbewegung; größer dt. Verband war der 1893 gegr. Arbeiter-Turn- und Sportbund, dem 1933 738 048 Mgl. in 6 886 Vereinen angehörten und der mit zahlr. Einzelverbänden in der 1912 gegr. Zentralkommission für Arbeitersport und Körperpflege (Sitz Berlin) zusammengeschlossen war, die ihrerseits Mgl. im 1913 in Gent gegr. Internat. Arbeiterverband für Sport u. Körperpflege war. 1933 wurde die A.-T.- und S. in Deutschland aufgelöst.

Arbeiter-und-Bauern-Fakultäten, Abk. ABF, Einrichtungen in der DDR, die Arbeitern und Bauern im Alter von 18–34 Jahren in meist drei Jahreskursen eine fakultätsgebundene Hochschulreife vermitteln. Heute nur noch in Halle/Saale und Freiberg.

Arbeiter-und-Bauern-Inspektion, Abk. ABI, 1963 geschaffenes Kontrollorgan des ZK der SED und des Min.rats der DDR zur Überwachung der Durchführung der Beschlüsse der Parteigremien sowie der Gesetze und Erlasse der staatl. Organe; besitzt weitreichende Vollmachten zur Durchführung der Kontrollfunktion.

Arbeiter-und-Bauern-Macht, polit.-ideolog. Begriff des Marxismus-Leninismus, der das Klassenbündnis der Arbeiter und Bauern bezeichnen soll; die DDR bezeichnet sich als A.-u.-B.-M. seit 1952; wichtig v. a. in der chin. Propaganda für die kommunist. Bewegungen der sog. kolonialen und halbkolonialen Länder.

Arbeiter-und-Soldaten-Räte, in revolutionären Situationen des 20. Jh. entstandene Interessenvertretungen proletar. Schichten; bis heute wichtigste Erscheinungsformen der Idee der Rätesystems. In *Rußland* bildete in der Revolution von 1905 die parteipolit. meist ungebundene Arbeiterschaft spontane Räte (russ. „sowjet") als demokrat. Selbstverwaltungsorgane mit zunächst primär sozialökonom., dann zunehmend polit. Zielsetzungen, die z. T. Zentren des revolutionären Kampfes wurden. Nach deren Neuformierung in der Februarrevolution von 1917 wurde der Petrograder Arbeiter-und-Soldaten-Rat neben und mit der Provisor. Regierung zum zentralen polit. Machtträger. Nach der bolschewist. Machtübernahme wurden die Räte, formal Grundlage der neuen Staatsordnung, fakt. durch die unumschränkte Einparteienherrschaft völlig entmachtet. - In *Deutschland* organisierten sich im Nov. 1918 auf der Basis der Betriebe und einzelner Truppenteile A.-u.-S.-R. als Träger der Revolution, erzwangen den Rücktritt der Landesfürsten und des Kaisers und beanspruchten alle exekutiven, legislativen und jurisdiktionellen Funktionen, ließen aber i. d. R. die überkommenen Verwaltungsapparate unangetastet und begnügten sich mit deren Leitung und Kontrolle. Der vom Großberliner Arbeiter-und-Soldaten-Rat als oberstes Revolutionsorgan für ganz Deutschland eingesetzte Vollzugsrat bestätigte den ↑Rat der Volksbeauftragten als eigtl. Regierung, dem eine Reichskonferenz aller A.-u.-S.-R. im Dez. 1918 offiziell die vollziehende und gesetzgebende Gewalt übertrug. Der zugleich als Kontrollorgan geschaffene Zentralrat übertrug am 4. Febr. 1919 seine Kompetenzen auf die Nationalversammlung gegen den Widerstand der USPD und des Spartakusbundes. Im Frühjahr 1919 wurden die Räteregierungen mit Hilfe bürgerl.-rechtsradikaler Freikorps von der Reichsregierung in einigen Ländern, v. a. in der Räterepublik Bayern, gewaltsam unterdrückt.

📖 Arnold, V.: *Rätebewegung in der Novemberrevolution*. Hannover 1978.

Arbeitervereine, der kulturellen und wirtsch. Förderung und Emanzipation der bildungsmäßig benachteiligten und diskriminierten Arbeiterschaft dienende Organisationen. Nach brit. und schweizer. Anfängen entstanden dt. A. seit 1844. Nach kurzem Auf-

Arbeiterwohlfahrt e. V.

schwung 1848 von den Regierungen 1849 verboten, konnten sie erst seit etwa 1860 neu gebildet werden. Zunächst überwogen v. a. **Arbeiterbildungsvereine,** die oft die Gründungskeime polit. und gewerkschaftl. Aktivität wurden. Ein Seitenzweig der Bildungsvereine waren die ↑ Volksbühnen. Daneben stand eine Fülle von Sportvereinen (↑ Arbeiter-Turn- und Sportbewegung). 1933 wurden diese Verbände von den Nationalsozialisten verboten, nach dem Kriege nur wenige neu gegr. An ihre Stelle traten Volkshochschule und Kurse des DGB. - Die ersten **Evangelischen Arbeitervereine** (Abk. EAV) wurden 1882 gegr.; verstanden sich als Gegen- und Parallelbewegung zu den Kath. A. und als Organisation im Kampf gegen Marxismus und Sozialdemokratie; zeitweilig unter dem Einfluß von A. Stoecker und F. Naumann; gingen 1933 zwangsweise in Ev. Männerdienst auf; nach 1945 neu gegr., seit 1952 in der Ev. Arbeiterbewegung zusammengeschlossen. - Die **Katholischen Arbeitervereine,** Mitte des 19. Jh. entstanden, erlangten größere Bed. erst Ende der 1860er Jahre im Gefolge des sozialen Wirkens von Ketteler. 1911 Bildung eines Kartellverbands, 1927 des Reichsverbands der kath. Arbeiter- und Arbeiterinnenvereine Deutschlands. Die Vereine wurden 1933 z. T. aufgelöst, der Reichsverband 1936 unterdrückt; nach 1945 neugegr., in der Kath. Arbeiterbewegung (seit 1968 Kath. Arbeitnehmer-Bewegung) zusammengeschlossen.

Arbeiterwohlfahrt e. V., Abk. AW, Spitzenverband der freien Wohlfahrtspflege, Sitz: Bonn; gegr. 1919 als „Hauptausschuß für A. e. V.". 1933 aufgelöst; 1945 neu gegr., heute polit. unabhängig; tätig auf allen Gebieten der Sozial- und Jugendhilfe, seit 1959 auch in der Entwicklungshilfe. Die AW ist gegliedert in Landes- und Bezirksverbände, Kreis- und Ortsverbände; Mitgliederzahl (1984): 590 000 (1956: 290 000). Die Organisation arbeitet mit der „Assoziation Europa für sozialen und kulturellen Fortschritt" sowie mit weiteren Vereinigungen aus EG-Ländern zusammen. Die Einrichtungen der A. werden von ihr selbst finanziert und getragen.

Arbeiterwohngemeinde, sozioökonom. Gemeindetyp; gekennzeichnet durch das Überwiegen der gewerbl. orientierten Erwerbstätigen.

Arbeiter-Zeitung, östr. Zeitung, ↑ Zeitungen (Übersicht).

Arbeitgeber, derjenige (z. B. Einzelunternehmer, Personengesellschaften oder jurist. Personen, Behörden u. a.), der zumindest eine Person gegen ein angemessenes Entgelt mit abhängiger Arbeit beschäftigt und Weisungsbefugnis besitzt.

Arbeitgeberanteil, gesetzl. vorgeschriebene Leistung des Arbeitgebers zum Sozialversicherungsbeitrag der pflichtversicherten Arbeitnehmer. Der A. beträgt in der Kranken-, Renten-, knappschaftl. Kranken- und in der Arbeitslosenversicherung 50 % des Beitrages, in der knappschaftl. Rentenversicherung 15% des Monatsbezuges. - In *Österreich* (**Dienstgeberanteil**) und in der *Schweiz* gilt eine ähnl. Regelung.

Arbeitgeberverbände, Vereinigungen der Arbeitgeber auf der Grundlage eines freiwilligen Zusammenschlusses in der Form eines privatrechtl. Vereins. In ihrer Eigenschaft als Verhandlungs- und Vertragspartner der Gewerkschaften vertreten sie in der BR Deutschland insbes. die sozialen und sozialpolit. Belange ihrer Mgl. im Unterschied zu den wirtschaftspolit. Aufgaben der Wirtschaftsverbände. Die Zielsetzung der Organisation der A. ist, Eigeninitiative, Selbstverantwortung, Privateigentum, Unternehmerfreiheit und eine gesamtwirtschaftl. (d. h. konkret: preisneutral) orientierte Lohnpolitik zu propagieren und in den Vordergrund zu stellen. Diese Zielsetzung schafft zwangsläufig einen Konfliktstoff gegenüber den Arbeitnehmervertretungen, wenn es z. B. um die Fragen der Mitbestimmung oder der Einkommens- bzw. Vermögensumverteilung geht.

Die Spitzenorganisation der A. in der BR Deutschland ist die **Bundesvereinigung der Deutschen Arbeitgeberverbände e. V. (BDA).** Sie hat kein Weisungsrecht an ihre Unterverbände und ist auch nicht tariffähig. Ihre Hauptaufgabe ist die Wahrung gemeinsamer sozialpolit. Belange der A., soweit sie grundsätzl. Natur sind, d. h. über den Bereich eines Landes oder eines Wirtschaftszweiges hinausgehen. Zur Erfüllung dieser Aufgabe legt sie die Grundlagen der Arbeitgeberpolitik fest, gibt Empfehlungen zu ihrer Durchführung und strebt generelle Vereinbarungen mit dem Dt. Gewerkschaftsbund an. **Organisation:** 1. Mitgliederversammlung, die aus Vertretern der angeschlossenen Mitgliedsverbände besteht; 2. Vorstand, der aus den Vorsitzenden der Mitgliedsverbände besteht; 3. Präsidium, das aus dem Präsidenten, 5 Vizepräsidenten, dem Schatzmeister und 17 weiteren Mgl. besteht (von der Mitgliederversammlung gewählt); 4. Geschäftsführung. Organisator. sind die A. in Gruppen aufgeteilt: in 11 überfachl. Landesverbände (Bayern, Berlin, Bremen, Hamburg, Hessen, Niedersachsen, Nordrhein-Westfalen, Rheinland-Pfalz, Saarland, Schleswig-Holstein, Baden-Württemberg), zum anderen in 46 Fachspitzenverbände aus den Wirtschaftsbereichen der Ind. (einschließl. Bergbau), der Banken, des Handels, des Handwerks, der Landw., des Verkehrsgewerbes und - als Gastmgl. - die Vereinigung der A. der Energie- und versorgungswirtschaftl. Unternehmungen.

Internat. A. sind z. B. die „Internat. Arbeitgeberorganisation" (IOE), Genf, in der Arbeit-

Arbeitsbeschaffung

geber aus 82 Staaten der westl. Welt vertreten sind, und der „Generalrat der Europ. Industrieverbände" (REI), Paris.

📖 *Erdmann, G.: Die dt. A. im sozialgeschichtl. Wandel der Zeit. Neuwied u. Bln. 1966.*

Arbeitnehmer, jede natürl. Person, die sich einer anderen Person (Arbeitgeber) meist gegen Entlohnung zur Leistung ganz bestimmter Dienste verpflichtet, unter Aufgabe der persönl. Selbständigkeit und bei Einordnung in den Betrieb und Unterordnung unter die Weisungsbefugnis des Arbeitgebers. Dazu gehören: 1. Angestellte; 2. Arbeiter; 3. zum Zweck der Ausbildung beschäftigte Personen, wie Auszubildende, Praktikanten und Volontäre; 4. Heimarbeiter.

arbeitnehmerähnliche Personen, Personen, die in wirtsch. abhängiger Stellung für andere tätig sind, im Ggs. zu Arbeitnehmern aber ihre persönl. Unabhängigkeit bewahren. Zu den a. P. zählen insbes. die für mehrere Betriebe arbeitenden Heimarbeiter, die Hausgewerbetreibenden, ein Teil der Handelsvertreter und freiberufl. tätige Geistesarbeiter, soweit sie von einem Arbeitgeber wirtschaftl. abhängig sind.

Arbeitnehmeranteil, Gegenstück zum ↑Arbeitgeberanteil; wird bei Pflichtversicherten vom Arbeitgeber am Bruttolohn abgezogen und an die Versicherungen weitergeleitet.

Arbeitnehmererfindungen, patent- oder gebrauchsmusterfähige Erfindungen eines Arbeitnehmers. Das Gesetz über A. vom 25. 7. 1957 unterscheidet zw. **Diensterfindungen** und **freien Erfindungen.** Eine Diensterfindung ist eine während der Dauer des Arbeitsverhältnisses gemachte Erfindung, die entweder aus dem Arbeitnehmer im Betrieb oder in der öffentl. Verwaltung obliegenden Tätigkeit entstanden ist oder maßgebl. auf Erfahrungen oder Arbeiten des Betriebes oder der öffentl. Verwaltung beruht (§ 4 Absatz 2). Freie Erfindungen sind alle sonstigen Erfindungen. Diensterfindungen können vom Arbeitgeber gegen angemessene Vergütung in Anspruch genommen werden. An freien Erfindungen, die in den Arbeitsbereich des Betriebes fallen, hat der Arbeitnehmer dem Arbeitgeber zumindest ein nichtausschließl. Benutzungsrecht zu angemessenen Bedingungen anzubieten.

Arbeitnehmerfreibetrag, im Steuerrecht der Betrag, der bei der Ermittlung der Einkünfte aus nichtselbständiger Arbeit vor Abzug der Werbungskosten vom Betrag der Einkünfte abgezogen wird.

Arbeitnehmerüberlassungsgesetz, Abk. AÜG, Kurzbez. für das BG zur Regelung der gewerbsmäßigen Arbeitnehmerüberlassung vom 7. 8. 1972. Es macht das sog. Personal-Leasing („[Ver]leihen" von Arbeitskräften) von einer Erlaubnis abhängig, die die Bundesanstalt für Arbeit dem Entleiher erteilt. Der Vertrag zw. Verleiher und Leiharbeitnehmer bedarf der Schriftform. Verstöße gegen die Vorschriften des AÜG werden mit hohen Freiheitsstrafen bedroht.

Arbeitnehmerverbände ↑Gewerkschaften.

Arbeitsablaufstudien ↑Arbeitsstudien.

Arbeitsamt, unterste Verwaltungsstelle der Bundesanstalt für Arbeit mit folgenden Hauptaufgaben: Berufsberatung, Arbeitsvermittlung, Förderung der berufl. Bildung, Gewährung von Kurzarbeitergeld, Schlechtwettergeld, Arbeitslosengeld, Arbeitslosenhilfe und Kindergeld. Aufsichtsbehörde ist das Landesarbeitsamt.

Arbeitsbehandlung ↑Arbeitstherapie.

Arbeitsberater, berät in den Arbeitsämtern Arbeitnehmer, die Stelle oder Wirtschaftszweig wechseln oder wieder ins Berufsleben eintreten möchten, informiert über Arbeitslage, Umschulung, Fortbildung.

Arbeitsbeschaffung, bezweckt die Eingliederung von Arbeitslosen in den allg. Wirtschaftsprozeß durch Bereitstellung von Arbeitsplätzen. Der A. im weitesten Sinne dienen alle Maßnahmen und Einrichtungen wirtschafts-, sozial- und arbeitsmarktpolit. Art, die geeignet sind, den Arbeitsmarkt in der gewünschten Weise zu beleben (Vollbeschäftigungspolitik). Die Bundesanstalt für Arbeit kann Maßnahmen zur A. fördern, z. B. durch Gewähren von Darlehen oder Zuschüssen für den Aufbau, die Erweiterung oder die Ausstattung von Betrieben und Betriebsabteilungen, die eine Beschäftigung älterer Arbeitnehmer zum Ziele haben. A.maßnahmen (frü-

Arbeitsgerichtsverfahren.
Instanzenweg

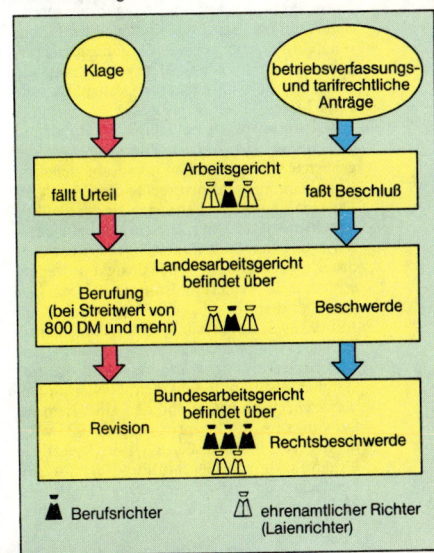

Arbeitsbescheinigung

her als „Notstandsarbeiten" bekannt) waren insbes. in Zeiten großer Arbeitslosigkeit von Bed. (z. B. die „Wertschaffende Arbeitslosenfürsorge" nach dem 1. Weltkrieg).

Arbeitsbescheinigung, vom Arbeitgeber nach Beendigung eines Beschäftigungsverhältnisses auf Wunsch des Arbeitnehmers auszustellende Bescheinigung über Art und Dauer des Arbeitsverhältnisses, über die Höhe des Verdienstes und evtl. Abfindungen sowie über den Grund des Ausscheidens; erforderl. für den Antrag auf Arbeitslosengeld oder Arbeitslosenhilfe.

Arbeitsbewertung, Teilgebiet der Arbeitswissenschaft, das eine objektive, d. h. vom einzelnen Arbeiter unabhängige Erfassung der Anforderungen und Schwierigkeitsgrade eines bestimmten Arbeitsauftrages oder eines Arbeitsplatzes zum Ziel hat. Zweck der A. ist einerseits die Schaffung von Voraussetzungen für eine „gerechte" Arbeitsentlohnung, andererseits die Ermittlung von Bedingungen für eine sinnvolle Rationalisierung des Arbeitsprozesses im Betrieb. Bei der **summar. Arbeitsbewertung** wird die Arbeitsverrichtung als Ganzes bewertet. Bei der **analyt. Arbeitsbewertung** wird die Arbeitsverrichtung in einzelne Anforderungsarten zerlegt. Die wichtigsten sind: Können, Verantwortung, phys. und psych. Arbeitsbelastung, Umgebungseinflüsse.

Arbeitsbild (Arbeits- oder Stellenbeschreibung), genaue Formulierung des Tätigkeitsinhalts aller Teilaufgaben, die im Rahmen einer Arbeitsstelle zusammengefaßt sind.

Arbeitsdiagramm (Arbeitsschaubild), graph. Darstellung eines von Kraft und Weg bzw. (bei thermodynam. Prozessen) von Druck und Volumen abhängigen physikal. Vorgangs mit Kraft und Weg bzw. Druck und Volumen als Koordinaten. Die Fläche innerhalb des bei period. Vorgängen sich ergebenden geschlossenen Kurvenzuges ist ein Maß für die während einer vollen Periode verrichtete ↑ Arbeit.

Arbeitsdienst, freiwillig oder auf Grund gesetzl. Zwanges im Dienst der Allgemeinheit geleistete körperl. Arbeit ohne ein den übl. Lohnbedingungen entsprechendes Entgelt. In Deutschland entwickelte sich der **freiwillige Arbeitsdienst** aus der student. Arbeitslagerbewegung der 1920er Jahre. Unter dem Eindruck wachsender Arbeitslosigkeit verabschiedete die Regierung Brüning 1931 ein Gesetz über den freiwilligen A. Jugendlicher. Im Juli 1932 wurden bereits 97 000 Arbeitsdienstwillige meist in der Landw. eingesetzt. Auf dem Höhepunkt der Weltwirtschaftskrise entstanden auch in Polen, den Niederlanden, der Tschechoslowakei und den USA dem dt. freiwilligen A. ähnl. Einrichtungen. 1935 wurde der **Reichsarbeitsdienst** (Abk. RAD) als Organisation zur Durchführung der für alle Deutschen beiderlei Geschlechts zw. 18 und 25 Jahren eingeführten halbjährigen Arbeitsdienstpflicht geschaffen; umfaßte bei Kriegsbeginn rund 390 000 männl. und 36 000 weibl. Angehörige; urspr. zur Bodenkultivierung eingesetzt; ab 1938 z. T. militär. bestimmte Hilfsdienste; nach Kriegsbeginn zunehmend den Erfordernissen der Kriegsführung untergeordnet und als Bautruppe der Wehrmacht eingesetzt.

Arbeitsdirektor, gleichberechtigtes Mgl. des zur gesetzl. Vertretung berufenen Organs in Gesellschaften, für die das Mitbestimmungsgesetz bzw. das -ergänzungsgesetz (für Holdinggesellschaften) gelten (↑ Mitbestimmung). Der A. ist Chef des Ressorts Personalwesen und Soziales; er wird vom Aufsichtsrat gewählt; er kann nicht gegen die Stimmen der Arbeitnehmervertreter bestellt werden.

Arbeitseinkommen, im Ggs. zum Besitzeinkommen die aus einer Arbeitsleistung resultierenden Einkünfte.

Arbeitserlaubnis, bes. Erlaubnis der Bundesanstalt für Arbeit, die ausländ. Arbeitnehmer für eine Arbeitsaufnahme in der BR Deutschland benötigen; ausgenommen von dieser Regelung (§ 19 ArbeitsförderungsG vom 25. 6. 1969) sind Staatsangehörige der EG-Mitgliedsstaaten und heimatlose Ausländer. Vorschriften über Art, Umfang, Geltungsdauer und Aufhebung der A. sind durch eine Rechtsverordnung vom 2. 3. 1971 geregelt.

Arbeitsförderungsgesetz, Abk. AFG, am 1. 7. 1969 in Kraft getretenes BG vom 25. 6. 1969 (mehrfach geändert), das die Aufgaben und Leistungen der Bundesanstalt für Arbeit und deren Finanzierung umfassend neu regelt. Es trat an die Stelle des Gesetzes über Arbeitsvermittlung und Arbeitslosenversicherung (AVAVG) vom 10. 7. 1927. Leitgedanke des AFG ist die Erhaltung eines hohen Beschäftigungsstandes, die ständige Verbesserung der Beschäftigungsstruktur und damit die Förderung des Wirtschaftswachstums (§ 1). Außerdem regelt es die Folgen entstandener Arbeitslosigkeit. Ähnl. Aufgaben hat in Österreich das **Arbeitsmarktförderungsgesetz.**

Arbeitsfrieden, konfliktloser Zustand, den das kollektive Arbeitsrecht in zahlr. Fällen im Interesse eines geordneten Ablaufs der Wirtschaft gebietet. Eine Friedenspflicht herrscht für die Tarifvertragsparteien insbes. während der Laufzeit von Tarifverträgen.

Arbeitsgemeinschaft, Ausschuß aus einer größeren Gemeinschaft für bes. Aufgaben.
◆ vertragl. Bindung mehrerer Unternehmer, v. a. im Baugewerbe, einmalig oder auf längere Dauer zur gemeinsamen Durchführung eines Auftrages.

Arbeitsgemeinschaft der öffentlich-rechtlichen Rundfunkanstalten der Bundesrepublik Deutschland,

Arbeitshygiene

Abk. ARD, Organisation, zu der sich 1950 die nach 1945 errichteten, von staatl. Aufsicht unabhängigen und nicht subventionierten Länderrundfunkanstalten der BR Deutschland zusammenschlossen; der Sender Freies Berlin schloß sich der ARD an. Die Anstalten des Bundesrechts - Dt. Welle und Deutschlandfunk - nehmen als Mgl. der ARD (seit 1962) eine Sonderstellung ein. RIAS Berlin ist Gast mit beratender Stimme. Außer den Hörfunkprogrammen senden die Anstalten der ARD regionale Fernsehprogramme, z. T. ein 3. Fernsehprogramm und verbreiten seit 1954 gemeinsam (ohne Dt. Welle und Deutschlandfunk) das Programm des 1. Dt. Fernsehens. Seit 1986 wird (zus. mit der Schweizer. Radio- und Fernsehgesellschaft) das Satellitenfernsehprogramm „Eins Plus" ausgestrahlt. - Wichtigste Aufgabe der ARD ist die Wahrnehmung gemeinsamer Interessen der angeschlossenen Anstalten.

Arbeitsgericht, [erstinstanzl.] Gericht der Arbeitsgerichtsbarkeit.

Arbeitsgerichtsbarkeit, Gerichtsbarkeit für Streitigkeiten, die sich aus dem Arbeitsleben ergeben. Die Gerichte der A. sind ausschließl. zuständig u. a. für bürgerl. Rechtsstreitigkeiten aus dem Arbeitsverhältnis zw. Arbeitgebern und Arbeitnehmern, für bürgerl. Rechtsstreitigkeiten unter Arbeitnehmern, zw. Tarifvertragsparteien oder diesen und Dritten aus Tarifverträgen, in zahlr. Fällen des Betriebsverfassungsgesetzes und bei der Auseinandersetzung über die Tariffähigkeit einer Vereinigung. Die Gerichte der A. bestehen aus den *Arbeitsgerichten,* den *Landesarbeitsgerichten* (LAG) und dem *Bundesarbeitsgericht* (BAG). Arbeitsgerichte und Landesarbeitsgerichte werden durch die obersten Arbeitsbehörden der Länder im Einvernehmen mit den Landesjustizverwaltungen errichtet und unterstehen deren Dienstaufsicht. Das BAG untersteht der Dienstaufsicht des Bundesarbeitsmin. Soweit nicht der Vorsitzende allein entscheidet, nehmen an allen Entscheidungen der Gerichte der A. Laienrichter teil. Sie werden von den Landesarbeitsbehörden und beim BAG vom Bundesarbeitsmin. auf Grund von Vorschlagslisten der Gewerkschaften und anderer Arbeitnehmervereinigungen einerseits und der Arbeitgebervereinigungen andererseits berufen. Die Kammern der Arbeits- und Landesarbeitsgerichte werden grundsätzl. in der Besetzung mit einem Berufsrichter als Vorsitzenden und je einem *Arbeitsrichter* bzw. *Landesarbeitsrichter* (seit 1. 10. 1972: ehrenamtl. *Richter*) aus Arbeitnehmer- und Arbeitgeberkreisen tätig. Die fünf Senate des BAG bestehen aus einem Vorsitzenden (Richter) und zwei weiteren Berufsrichtern als Beisitzer und je einem Beisitzer aus dem Kreise der Arbeitnehmer und Arbeitgeber.

In *Österreich* ist A. ein Zweig der ordentl. Gerichtsbarkeit, der ausschließl. zur Entscheidung von Streitigkeiten aus einem Arbeits- oder Lehrverhältnis zuständig ist. Die Gerichte der A. sind in erster Instanz die Arbeitsgerichte, in zweiter Instanz das örtl. zuständige Landesgericht oder Kreisgericht. Im *schweizer. Recht* gibt es keine bes. A. des Bundes, jedoch Institutionen des kantonalen Rechts, die Streitigkeiten aus dem Arbeitsverhältnis beurteilen († Gewerbegerichte).

Arbeitsgerichtsgesetz, Abk. ArbGG, Gesetz vom 3. 9. 1953, durch das Zuständigkeit und Aufbau der Gerichte für Arbeitssachen sowie das Verfahren vor diesen Gerichten geregelt werden.

Arbeitsgerichtsverfahren, Verfahren zur Geltendmachung und Durchsetzung von Rechten vor einem Gericht der Arbeitsgerichtsbarkeit; geregelt im ArbeitsgerichtsG (ArbGG) vom 3. 9. 1953. Das A. ist durch bes. Beschleunigung gekennzeichnet; Gerichtsferien gibt es nicht. Die der mündl. Verhandlung vorausgehende Güteverhandlung bezweckt den Versuch einer Einigung zw. den Parteien (§ 54). Diese können sich vor dem Arbeitsgericht durch Bevollmächtigte von Arbeitgeber- oder Arbeitnehmerverbänden oder Rechtsanwälte vertreten lassen. Die Verfahrenskosten hat die unterliegende Partei zu tragen (mit Ausnahme der in erster Instanz durch die Hinzuziehung eines Prozeßbevollmächtigten entstandenen Kosten). Die Arbeitsgerichte entscheiden im Urteils- oder Beschlußverfahren. Die Berufung ist statthaft bei einem festgesetzten Beschwerdewert von mindestens 800 DM oder wenn sie wegen der grundsätzl. Bed. der Streitsache im Urteil des erstinstanzl. Gerichts zugelassen wird. Berufungsfrist und die Frist für die Berufungsbegründung betragen je einen Monat. In der dritten Instanz entscheidet das Bundesarbeitsgericht über Revisionen gegen Endurteile und Rechtsbeschwerden gegen verfahrensbeendende Beschlüsse der Landesarbeitsgerichte. Die Revision ist zulässig, wenn sie bereits im Urteil des Landesarbeitsgerichts zugelassen ist. Sie muß innerhalb eines Monats seit der Zustellung des Urteils eingelegt und innerhalb eines weiteren Monats nach Einlegung begründet werden. Vor dem Bundesarbeitsgericht herrscht Anwaltszwang. – Abb. S. 101.

Arbeitsgesetzbuch, Zusammenfassung sämtl. das Arbeitsleben betreffenden Rechtsvorschriften in einem einzigen Gesetz, die in zahlr. Ländern besteht und in der BR Deutschland ebenfalls angestrebt wird.

Arbeitshäuser, Anstalten, in die Personen durch das Gericht eingewiesen werden konnten, die wegen Landstreicherei, Bettelei, gewohnheitsmäßiger Unzucht oder ähnl., auf Arbeitsscheu hindeutender Delikte verurteilt wurden. Durch das 1. StrafrechtsreformG vom 25. 6. 1969 abgeschafft.

Arbeitshygiene, Teilgebiet der Arbeits-

Arbeitshypothese

medizin; umfaßt die ärztl. Berufsberatung, die Verhütung und Behandlung von Berufskrankheiten sowie die Fürsorge für Berufskranke.

Arbeitshypothese, zur Erklärung eines wiss. Sachverhalts versuchsweise aufgestellte Hilfsannahme, von der dann die weiteren Untersuchungen ausgehen. Von der ↑ Hypothese unterscheidet sie sich v. a. dadurch, daß sie weder wiss.-begriffl. ausgearbeitet ist, noch die Lehrmeinung des Forschungsbereichs und des Forschers zu sein braucht.

Arbeitsinspektion, in Österreich und in der Schweiz staatl. Organe zur Durchführung der Arbeitsschutzgesetzgebung. Sie besitzen ähnl. Befugnisse wie die Gewerbeaufsicht in der BR Deutschland.

arbeitsintensiv, Produktion, bei der der Anteil des Faktors Arbeit (und damit die Lohnkosten) im Verhältnis zu den anderen Produktionsfaktoren hoch ist.

Arbeitskampf, kollektive [Kampf]maßnahmen von Arbeitnehmern und Arbeitgebern, durch die eine der beteiligten Parteien zur Annahme gestellter Forderungen (nur im Hinblick auf Lohn- und Arbeitsbedingungen) gezwungen werden soll (Streik, Aussperrung, Boykott).

Arbeitskern, Zustandsform des Zellkerns, dessen entspiralisierte Chromosomen bes. hohe Stoffwechselleistungen aufweisen. Einen A. stellt v. a. der Kern von differenzierten, nicht mehr teilungsfähigen Zellen dar, aber auch ein Zellkern während der ↑ Interphase im Ggs. zu dem in Teilung begriffenen Kern (Teilungskern, Mitosekern) während einer Mitose oder Meiose. Der A. wurde früher (irreführend) als **Ruhekern** bezeichnet.

Arbeitsklima, durch ein bestimmtes gemeinschaftl. Verhalten bei der Arbeit geprägte Stimmung, Atmosphäre.

Arbeitsmarkt. Erwerbstätige, Arbeitslose, Kurzarbeiter und offene Stellen in der BR Deutschland (Jahresdurchschnitt 1970–87 in Tsd.)

Arbeitskosten, sämtl. Aufwendungen eines Betriebes für den Produktionsfaktor Arbeit.

Arbeitslehre, Kernfach in der 7. bis 10. Klasse der Hauptschule. Untergliedert in ↑ Wirtschaftslehre, ↑ Hauswirtschaftslehre und ↑ Technisches Werken. U. a. sind Betriebsbesichtigungen vorgesehen. Die arbeitstheoret. und berufs- sowie wirtschaftskundl. Themen sollen die Arbeitswelt verständlich machen.

Arbeitsleistung, Arbeitsergebnis nach Art und Menge je Zeiteinheit.

Arbeitslied, Lied, das bei der Arbeit gesungen, Rhythmus und Bewegungen der Arbeit reguliert. A. gibt es v. a. für bäuerl. (Flachsbereitungslieder, Spinn-, Dreschlieder u. a.) und Handwerkertätigkeiten (Schmiede-, Zimmermanns-, Bergmannsarbeiten usw.) sowie im seemänn. Bereich (↑ Shanty); sie sind formal anspruchslos; entscheidend sind Takt und stark ausgeprägter Rhythmus. Das A. kennt Wechsel von Vorsänger und Chor, häufig auch in Kombinationen von gesungenen und gesprochenen Teilen.

Arbeitslohn ↑ Lohn.
Arbeitslosengeld ↑ Arbeitslosenversicherung.

Arbeitslosenhilfe, aus Steuermitteln finanziertes, beitragsfreies System für den Fall der Arbeitslosigkeit, das die Arbeitslosenversicherung ergänzt; auch die von diesem System gewährte Leistung. Anspruch auf A. hat, wer den Anspruch auf Arbeitslosengeld erschöpft oder mangels hinreichend langer beitragspflichtiger Beschäftigung gar nicht erworben hat und bedürftig ist. A. wird bis zum 65. Lebensjahr zeitl. unbegrenzt gewährt. A. wird vom Arbeitsamt ausgezahlt und beträgt für die Arbeitslosen mit mindestens einem Kind etwa 58% des ausgefallenen Nettoentgelts, bei den übrigen seit 1. 1. 1984 56% (die früheren Familienzuschläge sind fortgefallen).

Arbeitslosenquote ↑ Arbeitslosigkeit.
Arbeitslosenversicherung, Zweig der Sozialversicherung, der in enger rechtl. und institutioneller Verbindung mit der Arbeits-

Jahr	Erwerbstätige	Arbeitslose	Arbeitslosenquote in %	Kurzarbeiter	offene Stellen
1970	26 668	149	0,7	10	795
1972	26 655	246	1,1	76	546
1974	26 215	582	2,6	292	315
1976	25 088	1 060	4,6	277	235
1978	25 230	993	4,3	191	246
1979	25 573	876	3,8	88	304
1980	25 833	889	3,8	137	308
1981	26 083	1 272	5,5	347	208
1982	25 668	1 833	7,5	606	105
1983	26 477	2 258	9,1	675	76
1985	25 531	2 304	9,3	235	110
1987	28 200	2 229	8,9	278	171

Arbeitslosenversicherung

vermittlung und Berufsberatung steht. Rechtsgrundlage ist das ArbeitsförderungsG vom 25. 6. 1969.
Versichert für den Fall der Arbeitslosigkeit sind alle beschäftigten oder in Ausbildung befindl. Arbeitnehmer ohne Rücksicht auf die Höhe ihres Arbeitsverdienstes (Ausnahmen sind z. B. Beamte, Schüler und Studenten, ausländ. Praktikanten, geringfügig oder unständig Beschäftigte, Erwerbsunfähigkeitsrentner). Finanziert wird die A. v. a. aus Beiträgen, die von Arbeitnehmern und Arbeitgebern in gleicher Höhe erhoben werden. Der gesetzl. Beitragssatz beträgt seit 1. 1. 1983 4,6 % des Bruttolohns. Je nach Finanzlage der Bundesanstalt für Arbeit kann die Bundesregierung die Beiträge zeitweise nach einem niedrigeren Beitragssatz erheben lassen.
An Leistungen werden im Rahmen der A. gewährt: **Kurzarbeitergeld** bei unvermeidbarem Arbeitsausfall wegen wirtschaftl. Ursachen oder eines unabwendbaren Ereignisses, **Schlechtwettergeld** bei Arbeitsausfall im Baugewerbe aus zwingenden witterungsbedingten Gründen in der Zeit vom 1. Nov. bis 31. März, **Arbeitslosengeld** bei Arbeitslosigkeit und **Konkursausfallgeld** bei Zahlungsunfähigkeit des Arbeitgebers. Der Arbeitslose muß in den letzten 3 Jahren vor der Arbeitslosmeldung mindestens 360 Tage beitragspflichtig beschäftigt gewesen sein *(Anwartschaftszeit)* und der Arbeitsvermittlung zur Verfügung stehen, unter übl. Bedingungen des allg. Arbeitsmarktes arbeiten können und bereit sein, „jede zumutbare Beschäftigung anzunehmen, die er ausüben kann" (AFG §103). Bei unberechtigter Arbeitsaufgabe oder -ablehnung tritt eine Sperrzeit von grundsätzlich 8 Wochen ein. Die Bezugsdauer beträgt beim Kurzarbeitergeld höchstens 6 Monate, bei außergewöhnl. Verhältnissen bis zu 1, 2 oder 3 Jahren. Das Arbeitslosengeld ist nach der Dauer der vorhergehenden versicherungspflichtigen Beschäftigung gestaffelt und wird z. B. nach 18monatiger Beitragszahlung ein halbes Jahr lang gezahlt; es beträgt 68 % des früheren Nettolohnes (AFG § 111). Auf denselben Betrag beläuft sich das Kurzarbeiter- und Schlechtwettergeld, ebenso das Unterhaltsgeld, welches als weitere Leistung der A. an Teilnehmer berufl. Bildung gezahlt wird. Die Leistungsempfänger sind gegen Krankheit und, soweit sie auf Veranlassung des Arbeitsamtes tätig werden, auch gegen Unfall versichert, die Empfänger von Kurzarbeitergeld auch in der Rentenversicherung (ebenso wie bei Vollarbeit). Um ihre Zahlungsfähigkeit in Krisenzeiten zu gewährleisten, hat die Bundesanstalt für Arbeit eine Rücklage zu unterhalten, die mindestens zur Hälfte so anzulegen ist, daß die Mittel bei ungünstiger Arbeitsmarktlage rechtzeitig zur Verfügung stehen (Schwankungsreserve). Bei Bedarf hat der Bund der Bundesanstalt für Arbeit Darlehen bzw. Zuschüsse zu gewähren.
In der *DDR* gibt es keine bes. A.; das Risiko Arbeitslosigkeit wird von der allg. Sozialversicherung mitgedeckt. Dem dt. Recht entsprechende Regelungen bestehen in *Österreich* und (nach kantonalem Recht) in der *Schweiz*. **Geschichte:** 1879 führte der Dt. Buchdruckerverband eine Arbeitslosenunterstützung ein; 1914 hatten 43 von 49 dt. Zentralverbänden Arbeitslosenkassen. Auch einzelne Arbeitgeber trafen betriebl. Schutzvorkehrungen für den Fall unfreiwilliger Arbeitslosigkeit, z. B. Zeiss in Jena; ebenso gaben einzelne Gemeinden entweder Zuschüsse an gewerkschaftl. Kassen (Genter System) oder errichteten eigene Arbeitslosenkassen (z. B. Köln 1894). 1918 verpflichtete die Verordnung über Erwerbslosenfürsorge die Gemeinden zur Unterstützung der „durch Kriegsereignisse", später der „unfreiwillig" arbeitslos gewordenen Personen und regelte gleichzeitig die Verteilung der Kosten auf Reich ($^1/_2$), Länder ($^1/_3$) und Gemeinden ($^1/_6$). Nach dem Ansteigen der Arbeitslosenzahlen infolge der Besetzung des Rheinlandes wurde 1923 ein Pflichtbeitrag der Arbeitgeber und Arbeitnehmer eingeführt. Am 16. 7. 1927 wurde durch das Gesetz über Arbeitsvermittlung und A. (AVAVG) die A. als reichseinheitl. gesetzl. Zwangsversicherung eingeführt, ihre Durchführung der Reichsanstalt für Arbeitsvermittlung und A. (gegliedert in 13 Landesarbeitsämter und 360 Arbeitsämter) übertragen. Das Versicherungsprinzip wurde durch die Verordnung über

LEISTUNGEN DER ARBEITSLOSENVERSICHERUNG (in Mill. DM)

Jahr	Beitrags-aufkommen	Arbeitslosen-geld	Kurzarbeiter-geld	Beschäftigungs-förderung
1977	13 773	6 283	594	1 367
1978	14 740	6 270	596	1 487
1979	15 926	7 467	333	2 205
1980	17 321	8 110	471	1 974
1981	18 140	13 294	1 285	2 528
1982	24 287	18 027	2 216	2 218
1983	28 672	17 103	3 075	1 560
1985	29 492	14 058	1 228	1 442
1987	32 265	15 293	1 241	3 345

Arbeitslosigkeit

Arbeitslosenhilfe vom 5. 9. 1939 aufgegeben; Arbeitslosenhilfe erhielten jetzt alle arbeitsfähigen, arbeitswilligen und bedürftigen Arbeitslosen, unabhängig von einer vorherigen beitragspflichtigen Beschäftigung. 1952 wurde für die BR Deutschland mit dem Aufgabenbereich der früheren Reichsanstalt die Bundesanstalt für Arbeitsvermittlung und A. errichtet (am 1. 7. 1969 in Bundesanstalt für Arbeit umbenannt). Durch das Arbeitsförderungsgesetz (AFG) vom 25. 6. 1969 wurde die A. neu geregelt.
📖 *A. u. Arbeitslosenhilfe.* Hg. v. E. Heuer u. a. Stg. 1972–78. 2 Bde.

Arbeitslosigkeit, Zustand der vorübergehenden Beschäftigungslosigkeit von Personen, die berufsmäßig in der Hauptsache als Arbeitnehmer tätig sind. Nach dem Recht der BR Deutschland ist A. auch dann gegeben, wenn Arbeitnehmer nur geringfügig (nicht mehr als 20 Stunden wöchentl.) arbeiten. Zu unterscheiden ist 1. nach dem Ausmaß der Beschäftigungslosigkeit im Einzelfall: *Voll-A.* und *Teil-A.* (z. B. der Kurzarbeiter); 2. nach der Ursache: *saisonale A.* (z. B. von Angehörigen sog. Außenberufe im Winter), *konjunkturelle A.* (in Rezessionen), *strukturelle A.* (z. B. im Zonenrandgebiet, bei Rationalisierungs- und Automatisierungskrisen), *Friktions-A.* infolge von Engpässen (z. B. in der Energieversorgung), *Fluktuations-A.* im Zusammenhang mit Arbeitsplatzwechsel. Das Ausmaß der A. läßt sich in der **Arbeitslosenquote** (= Anteil der Arbeitslosen an der Gesamtzahl der Arbeitnehmer) ausdrücken.

Arbeitsmarkt, der ökonom. Ort („Markt"), an dem das Angebot an und die Nachfrage nach Arbeitskräften zusammentreffen und ausgeglichen werden. In der BR Deutschland haben die Arbeitsämter das Monopol für die Arbeitsvermittlung; das Angebot ist hier gleich der Anzahl der registrierten Arbeitslosen und Arbeitssuchenden (ungekündigte Arbeitnehmer, die eine neue Anstellung suchen), die Nachfrage gleich der Anzahl der gemeldeten offenen Stellen. In der Praxis erfolgt jedoch die Besetzung offener Arbeitsstellen größtenteils vermittels Stellenanzeigen in der Presse. - Tabelle S. 104.

Arbeitsmarkt- und Berufsforschung, die wiss.-method. Untersuchung der aktuellen Verhältnisse und die Abschätzung der künftigen Entwicklungen auf nat., regionalen und internat. Arbeitsmärkten, in Gesamtvolkswirtschaften oder einzelnen Wirtschaftszweigen; in der BR Deutschland durchgeführt vom Institut für A.- und B. der Bundesanstalt für Arbeit (seit 1967).

Arbeitsmedizin, Fachgebiet der Medizin, das alle medizin. Sonderbereiche umfaßt, die sich mit dem in den Arbeitsprozeß eingegliederten Menschen beschäftigen, v. a. mit den durch berufl. Arbeit entstehenden Gesundheitsschäden.

Arbeitsnorm, für einen bestimmten Arbeitsvorgang festgesetzte Leistungseinheit, bed. v. a. für die Ermittlung des Akkords. In den Ostblockländern bezeichnet A. allg. die vorgeschriebene Arbeitsleistung (Stücknorm) oder die für eine bestimmte Leistung errechnete Zeit (Zeitnorm) als Grundlage der Lohnberechnung.

Arbeitspapiere, alle ein Arbeitsverhältnis betreffenden Nachweise (z. B. Lohnsteuerkarte, Versicherungskarte, Urlaubsbescheinigung, Zeugnis, Arbeitsbescheinigung). Der Arbeitnehmer muß die A. bei der Einstellung dem Arbeitgeber aushändigen und sie bei diesem nach Beendigung des Arbeitsverhältnisses wieder abholen.

Arbeitspausen, Zeiträume, in denen die Arbeit ruht. Die Mindestdauer von A., die der körperl. und geistigen Erholung dienen, ist in der Arbeitszeitordnung geregelt.

Arbeitspflicht, im Arbeitsrecht die Pflicht zur Arbeitsleistung, die vom Arbeitnehmerseite im Zweifel persönl. zu erbringen, von Arbeitgeberseite nicht übertragbar (auf einen anderen Arbeitgeber) ist. Art und Umfang der Arbeit sind i. d. R. durch Einzel- oder Kollektivvertrag festgelegt. In verschiedenen kommunist. Staaten besteht lt. Verfassung A. als Verpflichtung für jedermann, entsprechend seinen Kräften und Fähigkeiten zu arbeiten (z. B. Art. 59 der Verfassung der UdSSR von 1977).

Arbeitsphysiologie, Teilgebiet der Physiologie und bes. der Arbeitsmedizin, das die Auswirkung verschiedenartiger Arbeiten auf die Organe des Menschen untersucht.

Arbeitsplatz, 1. der Ort, an dem eine Tätigkeit verrichtet wird, einschließl. der Einrichtung (Maschinen, Geräte, Möbel); 2. der abstrakte Tätigkeitsbereich als Zusammenfassung der Funktionen eines Beschäftigten und der Anforderungen, die an ihn gestellt werden.

Arbeitsplatzgestaltung, sämtl. Maßnahmen zur sinnvollen und rationellen Gestaltung des Arbeitsplatzes und des umgebenden Arbeitsraums, um die Arbeitsleistung positiv zu beeinflussen: z. B. Gestaltung der Licht-, Luft- und Temperaturverhältnisse, Farbgebung der Maschinen und Arbeitsräume, Bewegungsfreiheit am Arbeitsplatz.

Arbeitsplatzwechsel, 1. innerbetriebl. svw. Versetzung; 2. die Beendigung eines bestehenden und die Begründung eines neuen Arbeitsverhältnisses. - ↑auch Fluktuation.

Arbeitsproduktivität, das Verhältnis von Arbeitsertrag (in Mengen- oder Werteinheiten) zu Arbeitseinsatz (in Arbeitsstunden oder Zahl der Beschäftigten).

Arbeitsprojektor, svw. Overheadprojektor, Tageslichtprojektor (↑Projektionsapparate).

Arbeitspsychologie, Teilgebiet der prakt. Psychologie und der Arbeitsmedizin,

Arbeitsschutz

untersucht werden mit Hilfe von Testverfahren, Kenntnis- und Eignungsprüfungen die sich aus dem Arbeitsprozeß ergebenden seel. Auswirkungen, Intelligenz, Begabung, Charakter, Gedächtnis u. a. sowie Einflüsse, die sich durch Monotonie der Arbeit, farbl. Raum- und Maschinengestaltung, Arbeitslärm u. a. ergeben.

Arbeitspunkt ↑ Kennlinie.

Arbeitsrecht, das Sonderrecht der unselbständigen, d. h. persönl. von einem Arbeitgeber abhängigen und dessen Weisungen unterstehenden Arbeitnehmer. Das A. gehört teils dem privaten, teils dem öffentl. Recht an. Das Arbeitsvertragsrecht befaßt sich mit dem Arbeitsverhältnis, das durch Arbeitsvertrag begründet wird, insbes. mit den Rechten und Pflichten der Vertragspartner. Ein wichtiger Teil des A. ist das Recht des Arbeitsschutzes, zu dem v. a. das Arbeitszeitrecht, Frauen-, Mutter- und Jugendschutz gehören. Das ArbeitsförderungsG vom 25. 6. 1969 regelt die Aufgaben der Bundesanstalt für Arbeit. Neben den staatl. Rechtsnormen sind die Kollektivverträge zur Regelung von Lohn- und Arbeitsbedingungen zw. Arbeitgeberverbänden und Gewerkschaften nach dem TarifvertragsG vom 9. 4. 1949 i. d. F. vom 25. 8. 1969 sowie zw. Arbeitgeber und Betriebsrat (Betriebsvereinbarungen, Arbeitsordnung) nach dem BetriebsverfassungsG wichtige Rechtsquellen des A. (↑ auch Arbeitsgerichtsbarkeit). In *Österreich* bildet das A. einen Teilbereich des Zivilrechts, soweit öffentl. Interessen berührt werden, einen Teil des Verwaltungsrechts. Die Gesetzgebungs- und Vollziehungskompetenz steht dem Bund zu. In der *Schweiz* gibt es kein einheitl. A., da nur das private, nicht aber das öffentl. Recht vereinheitlicht wurde. Die wichtigsten privatrechtl. Fragen regeln Art. 319–362 OR (Dienstvertrag).

📖 *Söllner, A.:* Grundr. des A. Mchn. ³1984. - *Schaub, G.:* A.-Hdb. Mchn. ⁵1983.

Arbeitsrichter ↑ Arbeitsgerichtsbarkeit.

Arbeitsschaubild, svw. ↑ Arbeitsdiagramm.

Arbeitsschule, ausgehend von der polit.-ökonom. Bedeutung der Arbeit tauchte im 18. Jahrhundert erstmals bei J. B. ↑ Basedow und der philanthropist. Bewegung der Gedanke einer Erziehung zur Arbeitsbrauchbarkeit auf, und zwar als Teilaspekt einer „Gemeinnützigkeit" für die menschl. Gesellschaft, um das Brachliegen von Kräften zu verhindern. Zugleich sollte damit die Befähigung zum Erwerb des Lebensunterhalts vermittelt werden. Aus diesem Gedanken sind sowohl die Armenschulen und Ind.schulen des 18. und 19. Jh. wie auch die Produktionsschulen in den 1920er Jahren in der Sowjetunion entstanden. In ihnen diente die produktive Kinderarbeit zugleich der wirtsch. Unabhängigkeit der einzelnen Schulen. - In Skandinavien breitete sich Ende des 19. Jh. eine allg. kunstgewerbl. Bewegung (Slöjd-Bewegung) aus, die auch die skandinav. Schule beeinflußte und in Deutschland zur Gründung des „Zentralkomitees für Handfertigkeit und Hausfleiß" (seit 1886 „Dt. Verein für Knabenhandarbeit") und zur Einführung von Arbeitsunterricht (Handfertigkeits-, Handarbeitsunterricht) führte. Durch die [kunst]handwerkl. Arbeit sollte die Selbsttätigkeit, die schöpfer. Kräfte im Kinde entfaltet und diese zur Grundlage für eine Erziehung zur Selbständigkeit gemacht werden. Hier sowie an Fröbel und Pestalozzi knüpfte die dt. Arbeitsschulbewegung zu Beginn des 20. Jh. an (G. Kerschensteiner, H. Gaudig). Sie machten den ↑ Arbeitsunterricht zum didakt.-method. Prinzip aller Unterrichtsfächer.

Arbeitsschutz, im weitesten Sinne alle Maßnahmen gegen eine phys., seel., geistige und sittl. Gefährdung des Menschen aus berufl. Beschäftigung. Zum A. gehören die Verhütung von Arbeitsunfällen und Berufskrankheiten (techn. und gesundheitl. A.), der Arbeitszeit-, Kinder-, Jugendlichen-, Frauen- und Mutterschutz und der Lohnschutz (sozialer A.). - Der A. entwickelte sich mit der staatl. Sozialpolitik als Folge der Ende des 18. Jh. beginnenden Industrialisierung. In Großbrit. brachte die Factory Act 1833 ein Verbot der Arbeit für Kinder unter 9 Jahren, Beschränkungen für 9–13- und 13–18jährige. Eine ähnl. Entwicklung begann 1839 in Preußen, 1841 in Frankr., 1842 in Österreich, 1846 in der Schweiz. 1842 wurde in Großbrit. die Untertagearbeit von Mädchen und Frauen und von Knaben unter 10 Jahren verboten. Mitte des 19. Jh. folgten nacheinander die Gleichstellung der Frauen in der Baumwollind. und den 13–18jährigen, die Einführung des 10-Stunden-Tages für Jugendliche bis 18 Jahre und Frauen und ein Nachtarbeitsverbot für Frauen.

In der 2. Hälfte des 19. Jh. wurde dann auch die Arbeitszeit der männl. Arbeiter begrenzt: 1848 in Frankr. 12-Stunden-Tag; 1878 in der Schweiz 11-Stunden-Tag. In Deutschland verzögerte sich die Entwicklung. Die Gewerbeordnung des Dt. Reiches enthielt noch keinen bes. Schutz für Frauen. Auf das Betreiben von Bismarck hin wurde in dieser Zeit die Existenzsicherung vorangetrieben (Erkrankung, Unfall, Erwerbsunfähigkeit im Alter). Es kam zur Einführung der staatl. Versicherungsschutzes: 1883 Krankenversicherung, 1884 Unfallversicherung, 1889 Invaliden- und Altersversicherung. 1891 wurde der A. durch eine Novelle zur Gewerbeordnung (sog. A.gesetz) wesentl. verbessert: Sonntagsruhe in der Ind.; begrenzte tägl. Arbeitszeit, 10 Stunden für Jugendl., 11 Stunden für Frauen; Nachtarbeitsverbot für Jugendliche und Frauen. Nach dem 1. Weltkrieg wurde der A. relativ rasch weiterentwickelt, insbes. durch den wachsen-

Arbeitssicherstellungsgesetz

den Einfluß der Arbeiterparteien auf die Regierungen. 1918 wurde der 8-Stunden-Tag u. a. in Deutschland und Österreich, 1919 in der Schweiz eingeführt. Nach dem 2. Weltkrieg wurden in der BR Deutschland insbes. der Jugendschutz und der Mutterschutz weiter ausgebaut.

Die wichtigsten Bereiche des A. in der *BR Deutschland* sind: **Arbeitszeitschutz,** gesetzl. geregelt in der Arbeitszeitordnung vom 30. 4. 1938, in der Gewerbeordnung, im JugendarbeitsschutzG, im MutterschutzG, im LadenschlußG und in zahlr. VO. **Betriebs- und Unfallschutz,** im wesentl. geregelt in der Gewerbeordnung und in den Unfallverhütungsvorschriften der Berufsgenossenschaften und in der Arbeitsstätten-VO vom 20. 3. 1975. Das Gesetz über Betriebsärzte, Sicherheitsingenieure und andere Fachkräfte für Arbeitssicherheit vom 12. 12. 1973 verbessert den früher freiwilligen betriebsärztl. Dienst und die innerbetriebl. Sicherheitsorganisation dadurch, daß es den Arbeitgeber verpflichtet, je nach den bes. betriebl. Verhältnissen Betriebsärzte und Fachkräfte für Arbeitssicherheit (Sicherheitsingenieure, -techniker, -meister) zu bestellen. Für den Bergbau bestehen eigene gesetzl. Bestimmungen in den landesrechtl. Berggesetzen.

Mit der Durchführung des A. sind in der BR Deutschland betraut: die staatl. Gewerbeaufsicht; die Berufsgenossenschaften; teilweise die Techn. Überwachungs-Vereine bzw. -ämter. Ferner befassen sich mit dem A.: Bundesarbeitsgemeinschaft für Arbeitssicherheit (Bonn), Dt. Gesellschaft für A. e. V. (Frankfurt am Main), Dt. Gesellschaft für Sozialmedizin (Heidelberg), Bundesanstalt für A. und Unfallforschung (Dortmund) und Landesinstitute für A. in München und Karlsruhe.

In der *DDR* sind die Rechtsgrundlagen in dem Gesetzbuch der Arbeit vom 16. 6. 1977 (in Kraft seit 1. 1. 1978) zusammengefaßt.

In *Österreich* ist das A.recht ähnl. zersplittert wie in der BR Deutschland. Grundlage ist die Gewerbeordnung. Sie wird ergänzt durch die „Allgemeine Dienstnehmerschutzverordnung" (ADSV) und die „Maschinen-Schutzvorrichtungsverordnung" (MSV), beide vom 10. 11. 1951.

In der *Schweiz* ist die gesetzl. Grundlage im „BG über die Arbeit in Industrie, Gewerbe und Handel (Arbeitsgesetz)" vom 13. 3. 1964 und im „BG über die Kranken- und Unfallversicherung" vom 13. 7. 1911 gegeben.

Internat. Organisationen, die sich mit A. befassen, sind u. a.: Internat. Arbeitsorganisation (IAO), Internat. Vereinigung für Soziale Sicherheit.

Arbeitssicherstellungsgesetz ↑ Sicherstellungsgesetze.

Arbeitsspindel, bei Werkzeugmaschinen die Hauptarbeitswelle, die das Werkzeug oder Werkstück dreht.

Arbeitsstätte, in der amtl. Statistik die örtl. Einheit, in der unter Einschluß des Leiters mindestens eine Person tätig ist (haupt- oder nebenberufl.), Ausnahme: Land- und Forstwirtsch. sowie private Haushalte.

Arbeitsstoffwechsel ↑ Stoffwechsel.

Arbeitsstudien, Sammelbegriff für empir.-prakt. oder arbeitswiss. begründete Methoden zur Untersuchung von Arbeitsvorgängen. A. stützen sich vorwiegend auf die Erkenntnisse der Arbeitswissenschaft und ihrer Teilgebiete, der Arbeitsphysiologie, Arbeitspsychologie und Arbeitspädagogik. Verfahren: 1. **Arbeitsablaufstudien** untersuchen die Folge und den Zusammenhang von Arbeitsvorgängen, z. B. mit Hilfe von Bewegungsstudien. 2. **Arbeitszeitstudien** messen die für die einzelnen Arbeitsvorgänge benötigten Zeiten mit Hilfe von Stoppuhren, Registriergeräten und mit Zeitmeßgeräten gekoppelten Filmen. 3. **Arbeitsplatzstudien** untersuchen die techn. Ausstattung der einzelnen Arbeitsplätze und die Beanspruchung der menschl. Arbeitskraft durch sie. 4. **Arbeitswertstudien** umfassen Arbeitsablauf-, Arbeitsplatz- und Arbeitszeitstudien und zielen auf die objektive Bewertung der Arbeitsplätze im Hinblick auf die Entlohnung.

Arbeitstakt, (Arbeitshub) 3. Takt (Verbrennungs- und Antriebsphase) bei einem Viertaktmotor.

◆ in einer bestimmten kürzeren Zeitspanne wiederholter Abschnitt der [Fließband]arbeit.

Arbeitstänze, Tänze der Naturvölker mit rhythm. Arbeitsbewegungen und pantomim. Vorstellungen von Arbeitsvorgängen.

Arbeitsteilung, in der *Volkswirtschaft:* die Spezialisierung und Beschränkung einzelner oder ganzer Gruppen von Wirtschaftssubjekten (Menschen, Betriebe, Gebiete, Länder) jeweils auf bestimmte Tätigkeiten innerhalb des gesamtwirtschaftl. Produktionsprozesses. Eine weit fortgeschrittene A. ist Voraussetzung und Kennzeichen hochentwickelter Volkswirtschaften. Ursprüngl. bestand eine Arbeitsteilung nur zw. Mann und Frau. Dann kam es zur Ausbildung verschiedener Berufe *(Berufsdifferenzierung).* Eine ausgeprägte Form der A. ist die *Arbeitszerlegung,* den Produktionsprozeß in Teilprozesse zerlegt. Die sich daraus ergebende Beschränkung der Arbeit (z. B. auf bestimmte Handgriffe) wird vielfach als eine der Ursachen für die ↑ Entfremdung der Arbeitnehmer von ihrer Arbeit und dem Ergebnis der Arbeit angesehen. Unter *territorialer A.* versteht man die Spezialisierung der Volkswirtschaft eines Gebietes auf die Produktion derjenigen Güter, für die optimale Produktionsvoraussetzungen bestehen; eine internat. A. wird nur durch bes. günstige Produktionsbedingungen ermöglicht.

Eine der wichtigsten *sozialen Folgen* der A.

Arbeitswertlehre

innerhalb des Teilsystems Wirtschaft ist die Aufspaltung des Arbeitsmarktes in Teilmärkte, die für den Anbieter von Arbeitskraft einerseits eine Beschränkung der Zahl potentieller Mitbewerber bedeutet, andererseits aber auch eine erhöhte Bindung an einen begrenzten Kreis von Arbeitgebern mit sich bringt.
◆ in der *Biologie:* Aufgabenteilung der Lebensfunktionen bei Pflanze, Tier und Mensch. Die A. beginnt bereits bei einzelligen Lebewesen durch Bildung von ↑ Organellen. Bei höheren, vielzelligen Organismen kommt es zur Differenzierung der Zellen zu Geweben und Organen (z. B. Leber, Lunge, Gehirn, Blätter), von denen jedes eine bestimmte Funktion zu erfüllen hat. Bei Tierstaaten (z. B. der Bienen, Ameisen, Termiten) werden verschiedene Funktionen von unterschiedl. gestalteten, für diese Arbeiten spezialisierten Individuen (z. B. Arbeiterinnen, Soldaten, Geschlechtstieren) übernommen.

Arbeitstherapie (Arbeitsbehandlung), zu Heilzwecken vom Arzt verordnete und kontrollierte körperl. und geistige Arbeit; wichtig v. a. bei Geisteskranken ist eine Beschäftigung in Werkstätten, haus- und landwirtschaftl. Betrieben, um sie von ihren krankhaften Erlebnissen abzulenken und zum andern vor wachsender seel. Isolierung zu schützen.

Arbeitsunfähigkeit, sie liegt vor, wenn der Erkrankte nicht oder nur mit der Gefahr, in absehbarer Zeit seinen gesundheitl. Zustand zu verschlimmern, fähig ist, seiner bisherigen Erwerbstätigkeit nachzugehen. A. ist Voraussetzung für die Gewährung von Kranken- und Verletztengeld in der Kranken- und Unfallversicherung.

Arbeitsunfall (frühere Bez.: Betriebsunfall), ein plötzl. eintretendes, den in der gesetzl. Unfallversicherung versicherten Arbeitnehmer körperl. schädigendes Ereignis, das mit der versicherten Tätigkeit in ursächl. Zusammenhang steht (§§ 548–555 RVO). Als A. gelten auch Unfälle auf dem Weg zu oder von der Arbeitsstätte (sog. Wegeunfall) und die Berufskrankheiten.

Arbeitsunterricht, Lehrfach der Schulen um die Jahrhundertwende, unter dem Einfluß der Arbeitsschulbewegung didakt.-method. Prinzip der Unterrichtsgestaltung in allen Fächern (G. Kerschensteiner, H. Gaudig, O. Scheibner): Arbeitsentschluß, Prüfung der Mittel und Wege zur Lösung der Aufgabe, Durchführung der einzelnen Aufgaben, Prüfung und Auswertung der Ergebnisse. Lehrfach blieb oder wurde der A. bes. bei den ↑ Landerziehungsheimen und in den sozialist. Schulsystemen (↑ polytechnischer Unterricht), in der BR Deutschland seit 1964 Einführung der ↑ Arbeitslehre.

Arbeitsverfassung, die Gesamtheit der das Arbeitsleben regelnden Normen.

Arbeitsverhältnis, das personenrechtl. Verhältnis zw. Arbeitgeber und Arbeitnehmer, das beide (i. d. R. nach Abschluß eines Arbeitsvertrags) zu bestimmten Leistungen verpflichtet. Das A. endet durch Aufhebung im gegenseitigen Einverständnis, durch Kündigung oder durch Tod des Arbeitnehmers, bei befristetem A. nach Zeitablauf. Der Inhalt des A. bestimmt sich in erster Linie nach den zwingenden gesetzl. Vorschriften, nach den Tarifverträgen und den Betriebsvereinbarungen und erst in letzter Linie nach den Vereinbarungen im Einzelarbeitsvertrag. Die Hauptpflichten aus dem A. sind: für den Arbeitnehmer die Pflicht zur Leistung der versprochenen Arbeit, die Gehorsamspflicht und die Treuepflicht; für den Arbeitgeber die Pflicht, den Lohn zu zahlen, die Fürsorgepflicht und die Pflicht, Erholungsurlaub unter Weiterzahlung des Lohnes zu gewähren.

Arbeitsverhinderung, Verhinderung des Arbeitnehmers an seiner Arbeitsleistung ohne sein Verschulden durch einen in seiner Person liegenden Grund (z. B. Krankheit) während der Dauer des Arbeitsverhältnisses. Der Lohnanspruch bleibt für bestimmte Zeit bestehen (Lohnfortzahlung).

Arbeitsvermittlung, Vermittlertätigkeit zw. Arbeitgebern, die Arbeitskräfte suchen und Arbeitnehmern, die Arbeit suchen. Alleinige Trägerin der A. ist in der BR Deutschland die Bundesanstalt für Arbeit, die aber das Recht hat, private Einrichtungen oder Personen mit der Vermittlung einzelner Berufe oder Personengruppen (z. B. Künstler) zu betrauen.

Arbeitsvermittlungs- und Arbeitslosenversicherungsgesetz, Abk. AVAVG, ↑ Arbeitslosenversicherung.

Arbeitsvertrag, privatrechtl. Vertrag zw. Arbeitgeber und Arbeitnehmer, der zur Begründung eines Arbeitsverhältnisses führt. Die Gestaltungsfreiheit des Vertragsinhalts eines A. ist stark eingeschränkt durch zwingende gesetzl. Vorschriften. Eine Form ist für den A. grundsätzl. nicht vorgeschrieben (Ausnahme: Berufsausbildungsvertrag).

Arbeitsverweigerung, Unterlassung der Arbeitsleistung seitens des Arbeitnehmers: 1. *zulässige A.*, wenn der Arbeitnehmer unter unzumutbaren Bedingungen arbeiten soll; 2. *unzulässige A.*, wenn eine schuldhafte Unterlassung der zu erbringenden Arbeitsleistung vorliegt. Bei beharrl. A. ist fristlose Kündigung zulässig.

Arbeitswertlehre, ökonom. Wertlehre, nach der sich der Wert eines Gutes nach der Menge der zur Produktion aufgewandten Arbeit bemißt. A. Smith (1723–96) entwickelte die Grundkonzeption der klass. A.; eine weiterführende Deutung gab D. Ricardo (1772–1823), als er die Smith noch als wertbestimmend geltenden Faktoren „Boden" und „Kapital" als marktabhängige Variablen aus der Wertsphäre ausklammerte. Nach K.

Arbeitswissenschaft

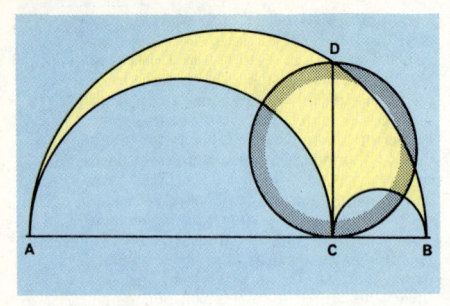

Arbelos

Marx ist Arbeit sowohl Wertmaßstab wie Wertschöpfungsfaktor. Sie bestimmt den objektiven Wert der Ware (= Wert der in ihr enthaltenen gesellschaftl. notwendigen Arbeitszeit) und ihren Gebrauchswert.

Arbeitswissenschaft, wiss. Disziplin, in der die menschl. Arbeit schlechthin und in einzelnen Abläufen mit dem Ziel untersucht wird, die Arbeitsleistung zwischen Produktivität und dem Schutz der arbeitenden Menschen zu optimieren.

Arbeitszeit, Dauer der vom Arbeitnehmer tägl. zu erbringenden Arbeit, geregelt v. a. in der **Arbeitszeitordnung** (AZO) vom 30. 4. 1938 (mehrfach geändert) und im JugendarbeitsschutzG. A. ist nach § 2 AZO die Zeit vom Beginn bis zum Ende der Arbeit ohne Ruhepausen, im Steinkohlenbergbau die Schichtzeit sowie die Zeit, während der ein im Betrieb Beschäftigter in seiner eigenen Wohnung oder Werkstätte oder sonst außerhalb des Betriebes beschäftigt wird. Die AZO begrenzt die A. auf 8 Std. werktägl., i. d. R. außer Samstag (**Achtstundentag**), eine Überschreitung auf 10 Std. und mehr ist unter bestimmten Voraussetzungen (§§ 5–11 AZO) zulässig. Schuldhafter Verstoß gegen die Vorschriften der AZO ist strafbar. Die Überwachung obliegt den Gewerbeaufsichtsämtern. Bes. Regelungen gelten für einige Berufszweige (z. B. Land- und Forstwirtschaft, Verkehrswesen, Pflegepersonal, Apotheken, Bäckereien). **Gleitende Arbeitszeit** (bei einer festgelegten Blockzeit mit Anwesenheitspflicht können Beginn und Ende der A. in einem bestimmten Rahmen vom Arbeitnehmer festgesetzt werden) verringert nicht die durchschnittl. A., ermöglicht aber dem Arbeitnehmer, seine tägl. A. bis zu einem gewissen Grade selbst zu bestimmen. - In vielen Tarifbereichen wurde seit 1984 eine A.verkürzung auf 38,5 Std. pro Woche durchgesetzt.

Arbeitszeitregistriergerät (Zeiterfassungsgerät), Meßgerät zum Festhalten von Personalarbeitszeiten durch Drucken oder Registrieren auf Stempelkarten oder Papierbändern (sog. **Registrieruhren,** früher als **Stechuhren** bezeichnet). Der Registriervorgang besteht darin, die in Datumszeilen sowie in Spalten, z. B. für Kommen und Gehen, Gleitzeit und Fixzeit, unterteilte Stempelkarte in das A. zu stecken und den Stempelvorgang auszulösen. - Bei *elektron. A.* erfolgt die Registrierung mit einer kodierten Ausweiskarte in einem Ausweisleser, die Aufsummierung und Auswertung der Arbeitszeit in einer Zentraleinheit.

Arbeitszeitschutz ↑ Arbeitsschutz.
Arbeitszeitstudien ↑ Arbeitsstudien.
Arbel, antike Stadt, ↑ Afula.
Arbelos [griech.] (Schusterkneif, Schustermesser, Sichel des Archimedes), aus den drei Halbkreisen über den Strecken $\overline{AB}$, $\overline{AC}$ und $\overline{CB}$ gebildetes Kreisbogendreieck; sein Flächeninhalt ist gleich dem eines Kreises mit dem Durchmesser $\overline{CD}$.

Arbenz Guzmán, Jacobo [span. ar'βenz yuz'man], * Quezaltenango 14. Sept. 1913, † Mexiko 27. Jan. 1971, guatemaltek. Politiker. - Organisierte 1944 den Sturz der Generäle Ubico und Ponca; 1950 zum Staatspräs. gewählt, erließ 1952 ein Bodenreformgesetz, das die Enteignung der amerikan. United Fruit Co. ermöglichte; 1954 mit amerikan. Unterstützung gestürzt.

Arbeo, * wohl bei Meran um 723, † 4. Mai 783 (?), Bischof von Freising (seit 764 [?]). - Einer der bedeutendsten Bischöfe seiner Zeit; stärkte den Besitzstand der Freisinger Kirche; Förderer vom Domschule und Bibliothek; Verfasser von Heiligenbiographien, der frühesten bayr. Geschichtsquellen; Urheber des hl. Abrogans.

Arber, Werner, * Gränichen (Aargau) 3. Juni 1929, schweizer. Mikrobiologe. - Prof. in Genf, seit 1971 in Basel. Grundlegende Arbeiten zur Mikrobiologie und zur Molekularbiologie. Für die Entdeckung der Restriktionsenzyme und das Aufzeigen ihrer Wirkung erhielt er 1978 den Nobelpreis für Physiologie oder Medizin (zus. mit D. Nathans und H. O. Smith).

Arbil (Arbela), Stadt in N-Irak, 80 km osö. von Mosul, 90 000 E. Hauptstadt des Verw.-Geb. A.; Handelszentrum. - Nahe A. besiegte 331 v. Chr. Alexander d. Gr. in der Schlacht von **Gaugamela** Darius III.

Arbiter [lat.], veraltet für: Schiedsrichter.
Arbitrage [arbi'traːʒə; frz.; zu lat. arbitrari „als Schiedsrichter wirken"], Ausnutzung von Preis- oder Kursunterschieden, die für die gleichen Handelsobjekte an verschiedenen Märkten zu gleichen Zeitpunkt bestehen. Gegenstände der A. sind Gold, Devisen, Effekten, Zinsen, auch börsenmäßig gehandelte Waren. **Differenzarbitrage:** Der Arbitrageur erzielt einen Gewinn, wenn er Effekten, Devisen oder Gold (auch Waren) am billigen Markt kauft und sofort auf dem teuren Markt verkauft. **Ausgleichsarbitrage:** Eine bestehende Verbindlichkeit wird, nachdem

die Preise auf allen Märkten verglichen wurden, am billigsten Ort beglichen bzw. eine Forderung am günstigsten Ort eingezogen. Bei der *direkten* A. kommen zwei Plätze in Betracht, bei der *indirekten* A. drei und mehr.
◆ Schiedsgerichtbarkeit bei Überseegeschäften, im Getreidehandel sowie im Osthandel bei Beanstandungen der Ware nach Aufnahme der A.-Klausel in den Vertrag.

arbiträr [lat.], nach Ermessen, willkürlich.

Arbitrium [lat.], Schiedsspruch, Gutachten.

Arboga, schwed. Stadt (Großgemeinde), 120 km westl. von Stockholm, 15 000 E. Zentraler Ort eines land- und forstwirtschaftl. geprägten Umlandes; Flugzeug- und Maschinenbau. - Im MA Handelsstadt und Hafen. - Kirchen: Landskyrka (Ende 13. Jh.), Stadskyrka (um 1300; Wandmalereien 15./16. Jh.).

Arbogast, † 394 n. Chr., röm. Reichsfeldherr (Magister militum) fränk. Abstammung. - Von Kaiser Theodosius I. 388 zum Berater Valentinians II. ernannt, den er 392 stürzte; erhob Eugenius zum Kaiser; von Theodosius 394 geschlagen, beging Selbstmord.

Arbois [frz. ar'bwa], frz. Stadt am W-Rand des Jura, Dep. Jura, 291 m ü. d. M., 4 100 E. Aperitifherstellung, holzverarbeitende Betriebe; Fremdenverkehr. - Im 9. Jh. erstmals urkundl. belegt; kam mit der Franche-Comté 1678/79 an Frankr., Stadt seit 1282, im 13. Jh. befestigt. - Kloster Saint-Just (Ende 11. Jh.–1745). Roman. Kirche Saint-Just, Ruinen von Schloß Bontemps (ehem. Residenz der Grafen von Burgund).

Arbon, Bezirkshauptort im schweizer. Kt. Thurgau, am Bodensee, 404 m ü. d. M., 12 500 E. Lastwagen-, Textilmaschinen-, Stahlröhren- und Kugellagerfabrik. - Das Schloß liegt an Stelle des Römerkastells **Arbor Felix.** - Roman. Kirche Sankt Martin (Chor 1490, Langhaus 18. Jh.), Galluskapelle mit Wandmalereien des 14. Jh., Rathaus (15. Jh.).

Arboretum [zu lat. arbor „Baum"], Baumgarten; Sammelpflanzung verschiedener Hölzer zu Studienzwecken.

Arborviren (Arboviren), Kurzbez. für engl.: arthropod borne viruses („von Arthropoden getragene Viren"), Gruppe 20–60 µm großer, runder Viren mit über 100 Arten bei Gliederfüßern; sie rufen bei warmblütigen Wirbeltieren (einschließl. Mensch) schwere Krankheiten (z. B. Gelbfieber, Gehirnentzündung) hervor, die Übertragung erfolgt meist durch Stechmücken oder Zecken.

Arbrissel, Robert von ↑ Robert von Arbrissel.

Arbroath [engl. ɑːˈbrouθ], schott. Hafenstadt, 25 km nö. von Dundee, 23 000 E. Ind.standort mit Schiffbau und -reparatur, Maschinenbau, Leinen- und Lederind.; Fischereihafen, Marktort im Agrargebiet der Küstenregion, Seebad; ※. - 1186 Stadtrecht; 1320 wurde in A. die Unabhängigkeit Schottlands von der engl. Lehnshoheit verkündet.

Arbués, Pedro de ↑ Pedro de Arbués.

Arbuse [pers.-russ.], svw. ↑ Wassermelone.

Arbusow, Alexei Nikolajewitsch, * Moskau 26. Mai 1908, † ebd. 20. April 1986, sowjetruss. Dramatiker. - Schrieb vielgespielte Stücke; u. a. „Irkutsker Geschichte" (1960).

Arbuthnot, John [engl. ɑːˈbʌθnət], * Arbuthnot (Kincardineshire) 29. April 1667, † London 27. Febr. 1735, schott. Schriftsteller. - War Leibarzt der Königin Anna. Zusammen mit Pope und Swift, Gay und Congreve Mgl. des Scriblerus-Club. Schrieb zahlr. satir. Beiträge für dessen „Memoirs of ... Martinus Scriblerus" (1741). Berühmt ist seine John Bull, urspr. die Hauptfigur einer 1712 veröffentlichten satir. Schrift, die in Pope und Swifts „Miscellanies" von 1727 u. d. T. „The history of John Bull" erschien und gegen Marlborough und die Kriegspartei gerichtet war.

Arbutus [lat.], svw. ↑ Erdbeerbaum.

arc, Formelzeichen für ↑ Arkus.

Arc, Jeanne d', ↑ Jeanne d'Arc.

Arcachon [frz. arka'ʃɔ̃], frz. Seebad und Klimakurort am S-Ufer des Bassin d'Arcachon, Dep. Gironde, 13 000 E. Geteilt in eine „Sommerstadt" an der Bucht und eine landeinwärts gelegene, von Kiefernwäldern umgebene „Winterstadt". Konservenind., Terpentingewinnung, Bootsbau.

Arcachon, Bassin d' [frz. basɛ̃darka'ʃɔ̃], Bucht an der Côte d'Argent, sw. von Bordeaux, 15 000 ha groß. Erwerbsgrundlage der Bev. an der Bucht sind v. a. Fischerei und Austernzucht; planmäßiger Ausbau als Fremdenverkehrsgebiet.

Arcadelt, Jakob, * um 1500, † Paris 14. Okt. 1568, Komponist wahrscheinl. fläm. Herkunft. - Wurde nach 1541 päpstl. Kapellsänger in Rom, wohl seit 1551 in Frankr. Neben Messen, Motetten und Psalmen veröffentlichte er frz. Chansons und italien. Madrigale.

Arcadius (Arkadios, Arkadius), * in Spanien 377, † 1. Mai 408, oström. Kaiser. - Sohn Kaiser Theodosius' I.; 383 zum Augustus ausgerufen, erhielt nach dem Tod seines Vaters 395 den Osten des Röm. Reiches, während sein Bruder Honorius den Westen übernahm; schwache Herrscherpersönlichkeit.

Arcatomschweißverfahren [lat./griech./dt.] ↑ Schweißverfahren.

arccos, Funktionszeichen für Arkuskosinus (↑ zyklometrische Funktionen).

arccot, Funktionszeichen für Arkuskotangens (↑ zyklometrische Funktionen).

Arc de Triomphe [frz. arkdəˈtrjɔ̃:f], Name zweier Triumphbogen in Paris: **Arc de Triomphe du Carrousel,** vollendet 1808, urspüngl. Eingangstor zum Schloßhof der Tuilerien, von C. Percier und P. F. L. Fontaine. Reliefs verherrlichen die Siege Napoleons I. über die Dritte Koalition. **Arc de Triomphe de l'Étoile**, von F. Chalgrin, 1836 vollendet. Von den Reliefs ist der „Aufbruch der Freiwilligen von 1792" (gen. die „Marseillaise") von F. Rude berühmt.

arch..., Arch... ↑archi..., Archi...

archaisch [griech.], die Frühphase eines Stils, bes. die der Klassik vorangehende Epoche der griech. Kunst bezeichnend.

archaisches Denken, allg. das vorwissenschaftl. Denken, das durch die enge Verknüpfung mit religiösen und myth. Symbolen, Bildern und Motiven gekennzeichnet ist.
♦ in der *Psychologie* urtüml., bildhaftes, auch mag. Denken; tritt bei Naturvölkern, unter bestimmten krankhaften Bedingungen (z. B. bei Psychosen) auch bei Angehörigen von Kulturvölkern auf.

archaisches Lächeln, der einem Lächeln ähnelnde Ausdruck des Gesichtes, bes. der Mundpartie, in der archaischen Kunst Griechenlands bes. des 6. Jh. v. Chr.

Archaismus [zu griech. archaĩos „alt, altertümlich"], Bez. für den Rückgriff auf veraltete Wörter, Sprachformen oder Stilmittel, 1. um einem Text einen histor. Anstrich, eine poet. wirkende Altertümlichkeit zu geben, 2. zur Spracherneuerung durch Wiederbelebung untergegangener Sprachformen, die gelegentl. wieder in den allg. Sprachschatz aufgenommen wurden, z. B. durch Goethe „Besonnenheit", „Unzahl".
♦ Nachahmung archaischer Kunstformen, bes. in der hellenist. und röm. Kunst.

Archanes, kret. Stadt südl. von Iraklion, 3700 E. Anbau von Tafeltrauben. An Stelle von A. lag in minoischer Zeit eine bed. Palastanlage (Sommerresidenz der Könige von Knossos ?). Ausgegraben ist die große Nekropole auf dem Berg Fourni.

Archangelsk, sowjet. Gebietshauptstadt in der RSFSR, an der Nördl. Dwina, 6 m ü. d. M., 403 000 E. Holztechn., medizin. und pädagog. Hochschule, Seefahrtschule, Bodenempfangsstation für Fernmeldesatelliten, Holzind., Werft, Fischkombinat. Der Hafen (bis 190 Tage im Jahr vereist) ist für Seeschiffe zugängl.; Bahnendpunkt, ✈. - Im 10. Jh. von Normannen besucht; 1553 gründeten Engländer hier einen (später befestigten) Handelsplatz, der 1613 den Namen A. erhielt; 1708 Gouvernementshauptstadt. Durch die Gründung von Sankt Petersburg (1703) verlor A. seine Vorrangstellung als einziger Seehafen Rußlands für den westeurop. Warenverkehr; neue Bed. nach Bau der Bahn (1898).

Archangelskoje, westl. von Moskau liegendes ehem. Schloß der Fürsten Golizyn (Ende des 18. Jh.; B. F. Rastrelli u. a. Architekten); weitläufiger zweigeschossiger Holzbau mit hoher Aussichtsterrasse; Bilder von G. B. Tiepolo, Plastiken Canovas, frz. Gobelins und Möbel des 18. Jh.; im Schloßareal (engl. Park) heute Sanatorium.

Archäologie [griech.], Altertumskunde, untersucht die materialen Hinterlassenschaften der Vergangenheit, bes. von Hochkulturen. Die Grenze zur Vorgeschichte ist oft fließend. A. ist stets eng mit Philologie und Literaturwiss. der jeweiligen Kultur verflochten. Es gibt bibl., vorderasiat., frühchristl., ma., präkolumb. u. a. Archäologien. A. ohne Zusatz meint i. d. R. klass. A., deren Ziel die Erforschung der griech.-röm. Kultur und anliegender Randkulturen ist. Erste Ansätze während der Renaissance; später v. a. sammelnde und registrierende Tätigkeit (u. a. B. de Montfaucon, 1719). Durch J. J. Winckelmann im 18. Jh. als Kunst- und Geisteswiss. etabliert, beeinflußte die vertiefte Kenntnis der Antike nachhaltig Kunst und Kultur Europas (dt. Klassik, Klassizismus). Seit dem 18. Jh. auch systemat. Untersuchung antiker Denkmäler: Ausgrabung von Herculaneum seit 1738, von Pompeji seit 1748; Aufnahme (Registrierung) der klass. Bauwerke Athens 1751-54 durch die Engländer J. Stuart und N. Revett; seit 1828 Ausgrabung großer Mengen griech. Vasen in Vulci. 1829 Gründung eines internat. Inst. für archäolog. Korrespondenz in Rom, das 1859 preuß. wurde und 1874 unter den Obhut des Dt. Reiches kam. Seit 1846 (frz. Inst. in Athen) Entstehung weiterer nat. Inst. mit Missionen in den Hauptstädten der Mittelmeerländer. Dt. Archäolog. Inst. mit Sitz in Berlin und Zweigstellen in Rom, Athen, Istanbul, Kairo, Madrid, Bagdad, Teheran. Die A. ist heute außerdem an Univ. (in Deutschland erstmals in Kiel 1802), öffentl. Museen und in der Denkmalpflege institutionalisiert.
Wiedergewinnung gestörter Zusammenhänge und Rekonstruktion des nur fragmentar. Erhaltenen nehmen in der A. breiten Raum ein. Ausgrabungen und Surveys (↑archäologische Landesaufnahme) dienen der Erweiterung der Materialbasis. Zu den *Forschungsgebieten* der klass. A. gehören im einzelnen antike Topographie, Urbanistik, Architektur, Plastik, Malerei, Keramik und Kunsthandwerk sowie alle Gerätschaften des öffentl. und privaten Lebens. Im Zuge weitgehender Spezialisierung haben sich eigenständige Teil- und Hilfsdisziplinen gebildet (antike Bauforschung, Numismatik u. a.). Die Fragestellungen der A. sind z. T. histor.-kunsthistor., z. T. theoret.-ästhet. Natur. Die innere Entwicklung der A. spiegelt stark die jeweils herrschenden geistigen und polit. Strömungen im 19. und 20. Jh.; besprägend waren Historismus und Positivismus sowie in jüngerer Zeit marxist. Ansätze. Als gültige *Methoden* finden in der kunsthistor. orientierten A. Stilanalyse, Motiv- und Typenforschung sowie Ikonographie Anwendung; Hermeneutik, Funktions- und Bedeutungsanalyse bezeichnen weitere Bereiche ar-

chäolog. Forschung. Die sog. Strukturforschung der klass. A. der ersten Hälfte des 20. Jh. war dagegen ein method. Irrweg (bes. in Deutschland). Die eigentüml. Bed. der klass. A. gegenüber den anderen A. resultiert aus dem lange als vorbildhaft empfundenen Charakter ihres Materials und aus der Rolle der griech.-röm. Kultur als einer der bestimmenden Wurzeln der europ. Kultur.

📖 *Niemeyer, H. G.: Einf. in die A. Darmst. ³1983. - Bianelu Bandinelli, R.: Klass. A. Dt. Übers. Mchn. 1978.*

archäologische Landesaufnahme (Survey), Methode der Archäologie und Vorgeschichtsforschung, die durch systemat. Geländebegehung und Luftbildauswertung (↑ Luftbildarchäologie) oder auf Grund literar. Überlieferung vermutete archäolog. Stätten festzustellen versucht.

Archäophyten [griech.], frühgeschichtl. ↑ Adventivpflanzen; z. B. Klette, Kornblume, Kornrade.

Archäopteryx [griech.], Gatt. ausgestorbener tauben- bis hühnergroßer Urvögel, von denen Abdrücke in den obersten Juraschichten der Plattenkalke bei Solnhofen und Eichstätt gefunden wurden. Durch Vereinigung von Vogelmerkmalen (z. B. Federn, Flügel) mit typ. Reptiliencharakteristika (z. B. Zähne, eine lange, aus 21 Wirbeln zusammengesetzte Schwanzwirbelsäule) stellt die Gatt. A. ein Bindeglied zw. Reptilien und Vögeln dar, das jedoch den Vögeln näher steht. Flugvermögen gering; konnten über kurze Strecken gleiten.

Archäus ↑ Archeus.

Arche [griech.], räuml. oder zeitl. Anfang; Herrschaft (erster Platz), Amt, Behörde, Herrschaftsbereich; Ursprung, Prinzip.

◆ bei den Vorsokratikern ist die Frage nach dem Anfang im Sinne eines Urstoffs oder Urprinzips der Welt eines der am häufigsten behandelten Probleme. Platon gebrauchte das Wort „A." teils in umgangssprachl. Verwendung, teils schon als Fachausdruck, d. h. in der Bed.: Ursprung, Wesen, Ausgangspunkt für die Erkenntnis. Aristoteles definiert A. als „das erste, von dem aus etwas ist, wird oder erkannt wird", „das, ohne das das Folgende nicht sein kann". Er teilt die ersten Anfänge ein in Erkenntnis- und Seinsprinzipien. Unter Erkenntnisprinzipien versteht er einerseits die ersten allg. Denkgrundsätze, von denen jede wiss. Rede ausgehen muß, andererseits die speziellen Grundtermini und -annahmen einzelner Wissenschaften. Die Seinsprinzipien unterteilt Aristoteles - wie die Ursachen - in innere (Materie, Form) und äußere (Wirkursache, Zweck); außerdem zählt er die Natur, die Elemente, die Seele, den Willen und das Wesen zu diesen Prinzipien.

Archegoniaten [griech.], zusammenfassende Bez. für Moose und Farnpflanzen.

Archegonium [griech.], winziges, flaschenförmiges weibl. Organ bei Moosen und Farnen, in dem eine Eizelle gebildet wird.

Archelaos, Name von Herrschern:
Judäa:
A., † um 16 n. Chr., Ethnarch von Judäa, Idumäa und Samaria. - Sohn Herodes' d. Gr.; 5 v. Chr. als Ethnarch von Augustus bestätigt; regierte mit großer Härte (vgl. Matth. 2, 22); 6 n. Chr. von Augustus wegen Grausamkeit abgesetzt und verbannt.
Makedonien:
A., † 399 v. Chr. (ermordet), makedon. König (seit 413). - Sicherte sich die Nachfolge durch Ermordung seiner Verwandten; modernisierte allg. das Land und suchte durch Berufung griech. Künstler an seinen Hof die Verbreitung griech. Kultur zu fördern.

Archelaos aus Priene, griech. Bildhauer des 2. Jh. v. Chr. - Im 17. Jh. wurde von ihm an der Via Appia ein Relief gefunden, u. a. mit der Apotheose Homers (um 100; London, Brit. Museum).

Archencephalon [griech.] (Urhirn), vorderstes Hirnbläschen an der zunächst rohrförmigen Gehirnanlage bei Wirbeltierembryonen, aus dem sich später Vorder-, Zwischen- und Mittelhirn entwickeln.

Arche Noah [zu lat. arca „Kasten"], das nach 1. Mos. 6, 14 ff. von Noah erbaute Schiff, worin er mit seiner Familie und verschiedenen Tieren bei der Sintflut entrann.

Arches National Monument [engl. 'ɑːtʃɪz 'næʃənəl 'mɒnjumənt], Naturschutzgebiet am Colorado (USA), 138 km²; zahlr. Naturbrücken und -türme.

Archetypus (Archetyp) [griech.], in der *Philosophie* bei Platon, den Neuplatonikern und einigen Kirchenvätern das Urbild des Seienden (↑ Ideen).

◆ in der *Psychologie* C. G. Jungs das im kollektiven Unbewußten gründende urtüml. Leitbild menschl. Erfahrung, die phylogenet. ältere menschl. und tier. Generationen gesam-

Arc de Triomphe de l'Étoile

Archeus

melt haben. Ihre Bewußtmachung erfolgt in bes. Situationen wie Traum, Phantasie, Vision in Form von Symbolen.
♦ älteste überlieferte oder erschließbare Fassung einer Handschrift, eines Druckes.

Archeus (Archäus) [griech.], Begriff in der humanist. Naturphilosophie (Paracelsus, van Helmont u. a. Naturphilosophen der Renaissance) zur Bez. einer „Lebenskraft", deren Hemmung die Krankheiten verursacht.

archi..., Archi..., arch..., Arch... [griech.], Vorsilbe mit der Bed. „erster, oberster, Ober..., Haupt..., Ur..., Erz...".

Archiannelida (Archianneliden) [griech./lat.], svw. ↑ Urringelwürmer.

Archicancellarius [mittellat.] ↑ Erzämter.

Archicapellanus [mittellat.] ↑ Erzämter.

Archidamos, Name spartan. Könige aus dem Geschlecht der Eurypontiden. Bed.:
A. II., † 427, König (seit 469?). - Rettete 464 Sparta beim Aufstand von Messeniern und lakon. Heloten; vertrat beim Ausbruch des Peloponnes. Kriegs eine Politik des Einlenkens, ging gegenüber Athen vor, leitete die ersten Einfälle nach Attika (431–21 **Archidam. Krieg**).
A. III., *um 400, ✕ bei Manduria, wohl erst nach 340 (338?), König (seit 360?). - Enkel von A. II.; rettete das geschlagene spartan. Heer nach der Niederlage von Leuktra (371); verteidigte 362 Sparta gegen Epaminondas; fiel als Bundesgenosse Tarents im Kampf gegen Lukaner und Messapier.

Archidiakon (Erzdiakon), zunächst nur Leiter des Kollegiums der Diakone an der Bischofskirche, später der Stellvertreter des Bischofs. Die letzten A. sind erst als Folge der Säkularisation im 19. Jh. verschwunden. - Die anglikan. Kirche kennt das Amt des A. und das Archidiakonat heute noch. In den Kirchen der Reformation gibt es noch den Ehrentitel Archidiakon.

Archidux ↑ Erzherzog.

Archilochos von Paros, griech. Lyriker des 7. Jh. v. Chr. - Fiel nach einem unruhigen Kriegerleben. Trat, zutiefst schicksalsgläubig, gegen traditionelle Werte auf; schrieb zarte wie auch derb-obszöne Liebesgedichte; entwickelte den Jambus (für Spottgedichte).

Archimandrit [griech.], Oberer eines ostkirchl. Klosters; heute auch Ehrentitel für verdiente Priester.

Archimedes, *Syrakus um 285 v. Chr., † ebd. 212 (bei der Einnahme von Syrakus von einem röm. Soldaten erschlagen), bedeutendster griech. Mathematiker und Physiker. - Ersetzte die stat. Denkweise in der Mathematik durch die dynam. Betrachtung (Anfänge der Integralrechnung); berechnete den Inhalt von krummlinig begrenzten Flächen und von Rotationskörpern; berechnete einen Näherungswert für die Zahl π; entdeckte das Hebelgesetz und das hydrostat. Grundgesetz (↑ Archimedisches Prinzip); konstruierte zahlr. Maschinen wie z. B. Flaschenzug, Schraube und Wasserschnecke (↑ ägyptische Schraube); beschäftigte sich mit der näherungsweisen Bestimmung von Quadratwurzeln und mit halbregulären Körpern (↑ archimedische Körper).

archimedische Körper [nach Archimedes] (halbregelmäßige Körper), Sammelbez. für die zehn geometr. Körper, deren Begrenzungsflächen regelmäßige Vielecke zweier verschiedener Arten sind, sowie für die drei Körper, die von je drei verschiedenen Vielecksarten begrenzt werden. - ↑ auch platonische Körper.

archimedisches Axiom [nach Archimedes] (Axiom des Eudoxos, Axiom der Meßbarkeit), math. Grundsatz, nach dem es zu zwei positiven reellen Zahlen a und b eine natürl. Zahl n gibt, so daß gilt $n \cdot a > b$.

archimedische Schraube, svw. ↑ ägyptische Schraube.

archimedische Spirale ↑ Spirale.

Archimedisches Prinzip [nach Archimedes], grundlegender Satz der Hydrostatik. Ein in eine Flüssigkeit [völlig] eingetauchter Körper (K) verliert scheinbar so viel von seiner Gewichtskraft (G_K), wie das von ihm verdrängte Flüssigkeitsvolumen V_{Fl} wiegt (G_{Fl}). Dieser scheinbare Gewichtsverlust wird als (hydrostat.) *Auftrieb* (F_A) bezeichnet. Es gilt: $F_A = G_{Fl} = \varrho_{Fl} V_{Fl}$
(ϱ_{Fl} Dichte der Flüssigkeit).
Ist F_A kleiner als G_K, dann sinkt der Körper, ist F_A gleich G_K, dann schwebt der Körper an jeder Stelle der Flüssigkeit (z. B. Fisch, U-Boot); ist F_A größer als G_K, dann steigt der Körper und taucht so weit aus der Flüssigkeit auf, bis der neuerdings verringerte Auftrieb wieder gleich G_K ist. Der Körper schwimmt (auf der Oberfläche). Das A. P. gilt entsprechend auch für Gase.

Archimycetes [griech.], svw. ↑ Urpilze.

Archipel [griech.], svw. Inselgruppe.

Archipelagos, die Inselwelt im ↑ Ägäischen Meer, deren Geschichte mit der griech. Geschichte und der Kleinasiens verbunden ist.

Archipenko, Alexander, *Kiew 30. Mai 1887, † New York 25. Febr. 1964, amerikan. Bildhauer ukrain. Herkunft. - 1908 in Paris, 1921 in Berlin, wanderte 1923 in die USA aus. Nimmt in sich unterschiedl. Werken spätere Entwicklungen vorweg, z. B. Arp, Matisse, Moore. 1913 übertrug er kubist. Prinzipien auf die Plastik, den Zeitfaktor (Futurismus) beziehen „Karussell Pierrot" (1914, New York, Guggenheim-Museum), „Gondolier" (1914), „Boxkampf" (1914; beide Bronze) ein. Trat erst nach dem 2. Weltkrieg wieder hervor. - Abb. S. 116.

Archipoeta, *zw. 1130 und 1140, lat. Dichter. - Gilt als bedeutendster mlat. Vagantendichter, der in einfachem Latein humorvolle, geistreiche Gedichte voller Lebenslust und Optimismus schrieb, von denen 10 erhalten sind, darunter Zech- und Bettellieder sowie eine Huldigung an Friedrich Barbarossa.

Archipresbyter (Erzpriester), zunächst nur Senior des Presbyterkollegiums an der Bischofskirche, später Vertreter des Bischofs in gottesdienstl. Funktionen.

Architects' Collaborative, The [engl. ðɪ 'ɑːkɪtɛkts kə'læbəreɪtɪv], Abk. TAC, von W. Gropius 1946 gegründete Architektengemeinschaft, die im Teamwork mehrere Bauvorhaben plante und ausführte, u. a. das Harvard Graduate Center in Cambridge (Mass.), 1949/50, die amerikan. Botschaft in Athen (1961), die Univ. von Bagdad (1960 ff.). In Deutschland: Wohnblock im Hansaviertel, Berlin (Interbau 1957), Produktionsstätte für Glas für die Rosenthal AG, Amberg (1970).

Architekt [griech.], Baufachmann, der Bauwerke entwirft, Baupläne ausarbeitet und deren Ausführung überwacht. Über die künstler. und techn. Erfordernisse seines Berufes hinaus muß der A. mit den rechtl., wirtsch. und sozialen Zusammenhängen des Bauens vertraut sein. Im Bereich der Wirtschaft als freischaffender A. oder als Angestellter (Entwerfer, Konstrukteur, Bauführer) eines Bauunternehmens, im staatl. Bereich und bei den Behörden der Selbstverwaltung als Angestellter oder als höherer Baubeamter (Regierungsbauassessor, Stadtbaudirektor usw.) tätig. Die berufl. Ausbildung der A. erfolgt an techn. Hochschulen, techn. Univ., Univ., Gesamthochschulen (BR Deutschland und Österreich: Dipl.-Ing.; Schweiz: Dipl. Architekt ETH), Kunsthochschulen sowie Fachhochschulen (Ing. grad.).

Architektenkammern, durch Landesrecht in mehreren Bundesländern errichtete Körperschaften des öffentl. Rechts, denen i. d. R. alle im Kammerbezirk ansässigen Architekten als Pflichtmitglieder angehören; Hauptaufgaben: Wahrung der Berufsinteressen, Beratung der staatl. Behörden.

Architektonik [griech.], Wissenschaft von der Baukunst.
◆ kunstgerechter, strenger, gesetzmäßiger Aufbau (eines Bauwerks, Körpers, einer Plastik, einer Dichtung, Sinfonie usw.).

architektonisch, baulich, baukünstler., den Gesetzen der Baukunst gemäß; im weiteren Sinn auch: streng gesetzmäßig.

Architektur [griech.] ↑ Baukunst, ↑ moderne Architektur.

Architekturbild, Darstellung von Bauwerken (auch von Phantasiebauten) um ihrer selbst willen. Selbständige Bildgattung seit der Mitte des 16. Jh. Vorstufen finden sich schon in der italien. Trecentomalerei (Giotto, P. Lorenzetti, Simone Martini), in der frz. Buchmalerei, in den „Très riches heures" der Brüder von Limburg (vor 1416), bei Jan van Eyck (Kirchenräume) und bei K. Witz (Hl. Familie, um 1431). Bei Altdorfer kann man schon von A. sprechen, figürl. Szenen sind nur noch Staffage (und geben einen Hinweis auf die Größenverhältnisse). Das A. wurde v. a. in den Niederlanden gepflegt. Bevorzugte Themen waren zunächst Kircheninnenräume (u. a. P. J. Saenredam, E. de Witte), Straßen und Plätze der Städte mit einem bed. Bau im Mittelpunkt. Die Grenzen zur ↑ Vedute sind fließend. In Italien war das A. v. a. im 18. Jh. sehr beliebt (Canaletto, B. Belotto, F. Guardi). In der Graphik ist die Ruinendarstellung G. Piranesis hervorzuheben. - Abb. S. 117.

Architekturmodell, plast. Nachbildung eines Gebäudes in verkleinertem Maßstab. Das A. dient v. a. als Entwurfsmodell, wird aber auch zu Lehr- und Anschauungszwecken angefertigt. Mitunter wurden A. zur Erinnerung hergestellt, bevor der betreffende Bau abgebrochen wurde (z. B. Modell des Vorgängerbaus des Salzburger Doms). Berühmt ist das Modell Michelangelos für die Kuppel der Peterskirche in Rom.

Architekturzeichnung, zweckgerichtete Wiedergabe einzelner Architekturformen, von Gebäuden, auch ganzer Baukomplexe. Die A. sind entweder Entwürfe für ein entstehendes Bauwerk (etwa Grundriß, Aufriß, Detailformen), auch Vorentwürfe (Skizzen), können aber auch die minutiöse Aufnahme eines Baues sein oder auch Idealentwürfe. - Aus dem MA ist u. a. das Bauhüttenbuch (um 1230–35; heute Paris, Bibliothèque Nationale) des Villard de Honnecourt erhalten, das z. T. A. enthält, ein Musterbuch der Hochgotik. Erhalten sind auch eine Reihe Originalaufrisse, z. B. der Riß A und der Riß B für die Westfassade des Straßburger Münsters (1276 ff.), oder den Entwürfe für den Bau der Peterskirche in Rom.

Architeuthis [griech.], svw. ↑ Riesenkraken.

Architrav [italien.], aus der Renaissance stammende Bez. für den das Säulenjoch überspannenden Balken (a) der klass. Säulenordnungen, in der Antike **Epistyl** („das, was

Architrav

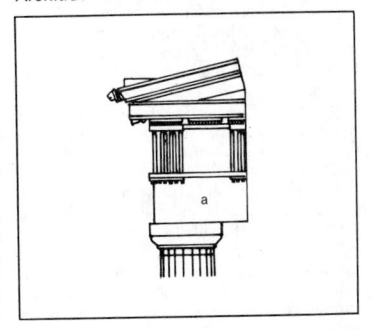

Archiv

Alexander Archipenko, Karussell Pierrot (1914). New York, Guggenheim-Museum

auf der Säule liegt") genannt. Im Steinbau entweder aus einem Stück oder aus zwei oder drei hintereinandergelegten Blöcken.

Archiv [spätlat.; zu griech. archeîon „Regierungs-, Amtsgebäude"], Einrichtung zur systemat. Erfassung, Erhaltung und Betreuung rechtl. und polit. Schriftguts (i. w. S. auch jegl. anderen Schrift-, Bild- oder Tonguts, das aus einer amtl. oder privaten Geschäftsführung erwachsen ist); auch der Raum für dessen Aufbewahrung. Archivaliengattungen sind Urkunden, Akten, Briefe, Amtsbücher mit fortlaufenden Eintragungen (z. B. Protokolle, Rechnungen), Karten, Pläne, Bild- und Tonträger. Die Ordnung eines modernen A. steht unter dem Grundsatz der Provenienz (Herkunft). Eine andere Möglichkeit, das aus der Registratur übernommene Prinzip der sachl. oder territorialen Pertinenz (Zugehörigkeit), hat sich für das A. als wenig brauchbar erwiesen. - Seit dem Altertum sind A. mit dem Einsetzen schriftl. Verwaltungstätigkeit in allen Kulturen bekannt. Das MA knüpfte durch die Vermittlung der Kirche an die Tradition der Antike an. Das unter Kaiser Friedrich II. allmähl. entstandene Reichs-A. ging 1806 überwiegend im heutigen Östr. Staats-A. in Wien auf. 1919 wurde für die Reichsakten seit 1867 in Potsdam ein neues dt. Reichs-A. eingerichtet. Nachfolgeinstitutionen wurden das Zentrale Staats-A. der DDR in Potsdam (Abt. II in Merseburg) und das Bundes-A. in Koblenz. Internat. bed. A. sind das Archivo General de Simancas (gegr. 1545), das Vatikan. A. in Rom (1612), das Haus-, Hof- und Staats-A. in Wien (1749; Abteilung I des Östr. Staats-A.), das Archivo General de Indias in Sevilla (1781, als wichtigstes für die span. Kolonialgeschichte), die Archives Nationales in Paris (1789), das Public Record Office in London (1838), die Zentralen Staats-A. der UdSSR in Leningrad und Moskau (1918/20) und die National Archives in Washington (1934).

◆ Einrichtung zur Erfassung, Erhaltung und Betreuung bestimmter Gattungen von Materialien, z. B. Zeitungen, Zeitschriften, Filmen († auch Filmarchiv), Tonträgern usw.; außerdem Einrichtungen, die Materialien in erster Linie zur ständigen gewerbl. Nutzung erfassen und verfügbar erhalten (z. B. A. von Zeitungsredaktionen, Sachbuchverlagen; Rundfunkarchive, sonstige Dokumentationsarchive).

◆ (Literaturarchiv) Sammlung literar. Dokumente wie Dichterhandschriften, Erstdrucke und Erstausgaben, Briefwechsel, Tagebücher, auch Bilder und andere Erinnerungsstücke. Zunächst als Bestandteil von Bibliotheken, dann auch von Dichtermuseen und schließl. als eigenständige Institutionen, u. a. Goethe- und Schillerarchiv in Weimar, Deutsches Literaturarchiv im Schiller-Nationalmuseum in Marbach am Neckar, Literaturarchiv des Freien Deutschen Hochstifts - Frankfurter Goethe-Museum, Archiv für Arbeiterdichtung und soziale Literatur in Dortmund.

Archivar [griech.-lat.], ausgebildeter Betreuer eines Archivs; amtl. Dokumente und

Archivolte

Urkunden verwaltet der A. im gehobenen Dienst. Voraussetzung, nach Ländern unterschieden, meist Hochschulreife; 2¹/₂–3jährige Ausbildung.

Archivolte [italien.], 1. sichtbarer Teil (Stirn und Laibung) eines Rundbogens; 2. bandartig abgesetzter, meist mit Figuren oder Ornamenten verzierter Bogenlauf (am roman. und got. Gewändeportal).

Archon (Mrz. Archonten) [griech. „Herrscher"], Bez. für Inhaber des höchsten Staatsamtes einer Reihe griech. Stadtstaaten. In Athen begann das **Archontat** unter dem Königtum mit der Übernahme einzelner monarch. Herrschaftsfunktionen durch dafür bestellte Personen. Die Amtszeit der schließl. 9 Archonten, anfangs wohl lebenslängl., wurde im 8. Jh. v. Chr. auf 10, später (682?) auf ein Jahr festgesetzt. Zwar schwand die Bed. des Archontats, doch hielt es sich als Ehrenamt bis in die röm. Kaiserzeit.

Archytas von Tarent, * Tarent um 430, † um 345, griech. Mathematiker und Philosoph. – Bedeutendster Pythagoreer und vielseitiger Vertreter der mathemat. Wissenschaften der Antike; lieferte wichtige Erkenntnisse über Musiktheorie, Arithmetik und Mechanik; erkannte den Schall als Luftbewegung; stellte Tonintervalle durch Zahlenverhältnisse dar; löste das †delische Problem der Würfelverdopplung. A. begründete auch die theoret. Mechanik durch die Rückführung mechan. Geräte und Bewegungen auf mathemat. Prinzipien.

Arcimboldi, Giuseppe [italien. artʃimˈboldi], * Mailand um 1527, † ebd. 11. Juli 1593, italien. Maler. – 1562–87 kaiserl. Hofmaler in Prag. Bed. Vertreter des Manierismus mit grotesken Köpfen, die aus Pflanzen und Früchten, auch Tieren und Gegenständen zusammengesetzt sind.

arco †coll'arco.

Arco, Georg Graf von, * Großgorschütz bei Ratibor 30. Aug. 1869, † Berlin 5. Mai 1940, dt. Hochfrequenzingenieur und Industrieller. – Leistete Pionierarbeit bei der Einführung der drahtlosen Telegrafie und Rundfunktechnik und brachte den Röhrensender zur techn. Reife.

Arco, italien. Stadt im Trentino - Tiroler Etschland, 91 m ü. d. M., 11 000 E. – Seit dem 12. Jh. Hauptort der Gft. A., 1579–1614 und wieder seit 1844 östr. - Burg (13. Jh.; Ruine), Kollegiatskirche (17. Jh.), Palast (16. Jh.).

Arcos de la Frontera [ˈarkɔz ðe la frɔnˈtera], span. Stadt, Andalusien, 50 km nö. von Cádiz, 144 m ü. d. M., 25 000 E. Weinkellereien, Brennereien, Alfagrasflechterei. – Iber. und röm. Ursprung (**Colonia Arcensium**); 1250 erobert, nun kastil. Grenzstadt gegen das maur. Kgr. Granada; 1472 Stadtrecht. - Spätgot. Kirche Santa María, Schloß der Herzöge von Arcos, barockes Hospital de la Caridad (1740).

Architekturbild. Pieter Jansz. Saenredam, Das Innere der Buurkerk in Utrecht (1644). London, National Gallery

Arcosolium †Arkosol.

Arctia [griech.], Gatt. mittelgroßer bis großer, bunter Bärenspinner, hauptsächl. in den nördl. Breiten; bekannte Art †Brauner Bär.

Arctiidae [griech.], svw. †Bärenspinner.

Arctium [griech.], svw. †Klette.

Arctocephalini [griech.], svw. †Pelzrobben.

Arctostaphylos [griech.], svw. †Bärentraube.

Arctowski, Henryk [poln. artsˈtɔfski], * Warschau 15. Juli 1871, † Bethesda (Md.) 21. Febr. 1958, poln. Geophysiker und Meteorologe. – Nahm 1898/99 an der 1. belg. Antarktisexpedition teil; beschäftigte sich hauptsächl. mit dem Zusammenhang zw. bestimmten Phänomenen auf der Sonne und der Erde.

Arcturus (Arkturus, Arctur, Arktur) [griech.], hellster Stern (α) im Sternbild Bootes.

Arcus †Arkus.

ARD, Abk. für: †Arbeitsgemeinschaft der öffentlich-rechtlichen Rundfunkanstalten der Bundesrepublik Deutschland.

Ardabil [pers. ærdæˈbiːl], Stadt in NW-Iran, im östl. Aserbaidschan, 1 100 m ü. d. M., 222 000 E. Wallfahrtsort der Schiiten; bed. Handelszentrum. – Mausoleum des Scheichs Safi († 1334).

Årdal [norweg. ˌoːrdaːl], norweg. Großgemeinde am inneren Sognefjord, 988 km²,

Ardaschir I.

6 500 E. Umfaßt die kahlen Hochflächen um den 17 km langen, durchschnittl. 2 km breiten *Årdalsfjord;* Kraft- und Aluminiumwerk.

Ardaschir I. (Artaschir I.; mittelpers. Arta[ch]schir), Perserkönig (224–241). - Aus der von ihm begr. Dynastie der Sassaniden; besiegte 224 den letzten parth. König Artabanos V., der im Kampf fiel; seit 231/233 mit wechselhaftem Erfolg geführter Krieg gegen die Römer um N-Mesopotamien und Kleinasien.

Ardea [lat.], Gatt. der Reiher mit den beiden in M-Europa vorkommenden Arten Fischreiher und Purpurreiher.

Ardeal ↑Siebenbürgen.

Ardèche [frz. ar'dɛʃ], rechter Nebenfluß der Rhone, in S-Frankr.; entspringt in den nördl. Cevennen, mündet bei Pont-Saint-Esprit; 120 km lang.

A., Dep. in Frankreich.

Ardeidae [lat.], svw. ↑Reiher.

Arden, John [engl. a:dn], * Barnsley (York) 26. Okt. 1930, engl. Dramatiker. - Stücke von poet. Qualität mit einem merkwürdigen Nebeneinander unterschiedlichster Stilmittel. - *Werke:* Leben und leben lassen (Dr., 1958), Der Tanz der Sergeanten Musgrave (Dr., 1959), Die Kunst der guten Regierung (Dr., 1963), Armstrong sagt der Welt Lebwohl (Schsp., 1965), Vom Soldaten, der Schauspieler wurde (Kom., 1967; mit M. d'Arcy).

Ardenne, Manfred Baron von [ar'dɛn], * Hamburg 20. Jan. 1907, dt. Physiker. - Autodidakt; zahlr. Erfindungen in der Funk- und Fernsehtechnik sowie Elektronenmikroskopie; Arbeiten zur angewandten Kernphysik; seit 1955 Leiter des Forschungsinstituts „M. v. A." und Prof. in Dresden. Neuerdings Arbeiten zu einer Mehrschritt-Krebstherapie, die Wärmebehandlung und Chemotherapie vereinigt.

Ardennen (frz. Ardennes), westl. Fortsetzung des Rhein. Schiefergebirges. Die A. erstrecken sich von der belg.-dt. Grenze durch Belgien, das randl. Luxemburg bis nach Frankr. hinein; eine eindeutige Abgrenzung gegen die Eifel ist nicht möglich. Höchste Erhebung im Hohen Venn (Botrange mit 694 m). Die A., ein geolog. altes Gebirgsmassiv, stellen eine Rumpfhügellandschaft mit geringer Zerschneidung dar, ausgenommen das Durchbruchstal der Maas. Neben einem rauhen Klima mit schneereichen und kalten Wintern sowie hohen Niederschlägen leiden weite Gebiete (Tonböden) unter Staunässe; heute sind die Moorgebiete größtenteils mit Fichten aufgeforstet. - Die Besiedlung setzte erst im MA ein, ausgehend von den Klöstern. Die A. sind nicht verstädtert, besitzen keine größeren zentralen Orte und sind nur wenig industrialisiert; von einiger Bed. sind Malmedy und Fremdenverkehrsorte wie Spa, Bouillon u. a. Von der traditionellen Ind. der A. (Eisenerzverhüttung bis ins 18. Jh., Lohegewinnung, Gerberei bis ins 19. Jh.) hat sich nur die der Steine und Erden erhalten. Darüber hinaus Zement- und Textilind. sowie ein Kernkraftwerk. - Den Römern als **Ardenna Silva** bekannt; die A. hatten zuletzt in den beiden Weltkriegen strateg. Bedeutung.

Ardennenkanal (frz. Canal des Ardennes), nordfrz. Kanal, verbindet Maas und Aisne, 99 km lang, 44 Schleusen.

Ardennes [frz. ar'dɛn], Dep. in Frankr.

A. ↑Ardennen.

ardennische Phase ↑Faltungsphasen (Übersicht).

Ardey, Ausläufer des Sauerlandes nördl. der Ruhr, bis 273 m hoch (Auf dem Heil).

Ardiäer (lat. Ardiaei), illyr. Volksstamm an der dalmatin. Küste; berüchtigt durch Raubfahrten in Adria und Ägäis; begr. mit Labeaten und Dokleaten vereinigt das südillyr. Reich von Skodra (260/250–168/167); 135 v. Chr. von Rom unterworfen.

Arduin (Harduin, Hartwin), * um 955, † Fruttuaria 14. Dez. 1015, Markgraf von Ivrea, König der Lombarden. - Von Otto III. gebannt; übernahm nach dessen Tod sofort die Führung des nach Unabhängigkeit strebenden lombard. Adels; 1002 in Pavia zum König gekrönt; mußte 1004 vor König Heinrich II. zurückweichen; nach erneuter Erhebung 1013/14 geschlagen.

Arduino, Giovanni, * Caprino bei Verona 16. Okt. 1714, † Venedig 21. Okt. 1795, italien. Geologe und Mineraloge. - Prof. in Padua und Venedig; unterschied primäre, sekundäre, tertiäre, quartäre und vulkan. Gebirge, Grundlage für die Bez. Tertiär und Quartär.

Areal [lat.], Fläche, Bodenfläche; Verbreitungsgebiet, das von einer Art oder auch einer Gatt., Fam. der Pflanzen oder Tiere eingenommen wird.

Arealkunde (Chorologie), Wissenschaft von der räuml. Verbreitung der Pflanzen und Tiere.

Areca [malai.], svw. ↑Arekapalme.

Arecaceae [malai.], svw. ↑Palmen.

Arecibo [span. are'siβo], Hafenstadt in Puerto Rico, an der Mündung des Río A., 86 000 E. Bischofssitz; Radioteleskop (Reflektor 305 m Durchmesser); Zentrum eines Kaffee-, Tabak- und Zuckerrohranbaugebietes; Zucker- und Rumfabriken. - Gegr. 1556.

Aref ↑Arif.

Arekanuß [malai./dt.], svw. ↑Betelnuß.

Arekapalme [malai./dt.] (Areca), Gatt. der Palmen mit 88 Arten auf dem Malaiischen Archipel, in Neuguinea und Australien; schlanker, ringförmig gezeichneter Stamm und gefiederte Wedel; am bekanntesten die ↑Betelnußpalme.

Arel (frz. Arlon, niederl. Aarlen), belg. Stadt, Verwaltungssitz der Prov. Luxemburg, 190 km sö. von Brüssel, 417 m ü. d. M., 22 000 E. Zentraler Ort des Eisenind.gebietes von Belg.-Lothringen. - Vorgeschichtl.

Siedlungen, röm. Stützpunkt an der Kreuzung der Straßen Reims–Trier und Metz–Köln, später Burg der Grafen von A., um die sich die ma. Stadt entwickelte. - Römerturm (4. Jh.), Reste eines röm. Ringwalls.

Arelat (mlat. regnum Arelatense „Reich von Arles"), Bez. für das Kgr. Niederburgund zur Unterscheidung vom welf. Kgr. Hochburgund, seit 933 für ganz Burgund.

Arelate ↑Arles.

Aremorica ↑Armorika.

Arena [lat.], ursprüngl. die sandbedeckte Kampfbahn im Amphitheater, im Stadion und im Zirkus. Die A. des ↑Circus maximus in Rom maß 600 × 150 m. Heute Bez. für Sportplatz (mit Zuschauersitzen), Manege oder übertragen für Schauplatz.

Arenakapelle, in Deutschland übl. Name für die Cappella degli Scrovegni in Padua, auf dem Gelände des ehem. röm. Amphitheaters („Arena"). Berühmt ist die Kapelle durch ihre Fresken, dem bedeutendsten Werk Giottos (vermutl. 1305/06).

Arenaria [lat.], svw. ↑Sandkraut.

Arenas, Punta de, Kap an der O-Küste Feuerlands (Argentinien).

Arenberg (Arlberg, Arburg), unter dem Namen A. erstmals 1166 erwähntes hochwestfäl. Dynastengeschlecht, das zeitweilig das Burggrafenamt in Köln ausübte; erlosch im Mannesstamm vor 1281. Durch Heirat der Erbtochter mit dem Grafen von der Mark wurde die *2. Linie* der Herren von A. begr. (bis 1544); kam durch Heirat an das Haus Ligne. Diese *3. Linie* wurde 1549 in den Reichsgrafenstand, 1576 in den Reichsfürstenstand erhoben, erhielt 1644 den Herzogstitel. Wurde 1803 für die linksrhein. Verluste mit dem Hzgt. A. (Recklinghausen und Amt Meppen) entschädigt (Verlust der Souveränität 1810/11), 1826 wurde das standesherrl. Gebiet Meppen zum Hzgt. A.-Meppen erhoben.

Arendal, norweg. Hafenstadt am Skagerrak, 12 000 E. Hauptstadt des Verw.-Geb. Aust-Agder; Schul- und Handelsstadt, Sitz von Reedereien; Elektroind., Herstellung von Pappe- und Papierwaren, Fischereibedarf. - Seit dem 16. Jh. bekannt; 1723 Stadtrechte.

Arends, Georg Adalbert, * Essen 21. Sept. 1863, † Wuppertal 5. März 1952, dt. Pflanzenzüchter. - Züchtete zahlr. neue Blumensorten; beteiligte sich an der Organisation des modernen Gartenbaus.

Arendsee, See in der nördl. Altmark, Bez. Magdeburg, DDR, 5,4 km² groß, 21 m ü. d. M.

Arendsee/Altmark, Kurort am S-Ufer des Arendsees, Bez. Magdeburg, DDR, 3 300 E. - 1184 Gründung eines Benediktinerinnenklosters bei einem Dorf; Entwicklung zur Stadt; fiel 1808 an Westfalen, 1813 an Preußen. - Roman. Kirche des ehem. Klosters.

Arendt, Erich, * Neuruppin 15. April 1903, † Berlin (Ost) 25. Sept. 1984, dt. Lyriker. - Mgl. der KPD, emigrierte 1933; 1936–39 Teilnahme am Span. Bürgerkrieg, 1941–50 in Kolumbien, seit 1950 in Berlin (Ost). Schrieb v. a. eleg. Gedichte in bildhafter Sprache. Bed. Übersetzer lateinamerikan. Gegenwartslyrik. - *Werke:* Bergwindballade (Ged., 1952), Über Asche und Zeit (Ged., 1957), Flug-Oden (1959), Ägäis (Ged., 1967), Feuerhalm (Ged., 1973), Zeitsaum (Ged., 1978), entgrenzen (Ged., 1981).

A., Hannah, * Hannover 14. Okt. 1906, † New York 4. Dez. 1975, amerikan. Politikwissenschaftlerin und Soziologin dt. Herkunft. - Emigrierte 1933 nach Frankr., 1940 in die USA; lehrte seit 1959 an der Princeton University; wurde bekannt durch Studien zum Totalitarismusproblem („Elemente und Ursprünge totalitärer Herrschaft", 1951), zur Philosophie der Politik und zu jüd. Problemen („Eichmann in Jerusalem", 1964).

A., Walter, * Heessen 17. Jan. 1925, dt. Politiker (SPD). - 1961–80 MdB; 1964–69 1. Vors. der IG Bergbau und Energie; 1969–76 Bundesmin. für Arbeit und Sozialordnung.

Arene [Kw.], aromat. Kohlenwasserstoffe mit mindestens einem Benzolring.

Arene candide (caverna della A. c.), 86 m ü. d. M. am Felshang oberhalb der antiken Via Aurelia gelegene Höhle in der italien. Gemeinde Finale Ligure, Region Ligurien; Ausgrabungen 1940–42 und 1948–50; von überregionaler Bed. sind jungpaläolith. und mesolith. Bestattungen und v. a. die neolith. Schichtenfolgen.

Arenga [mittellat.] ↑Urkunde.

Arenicola [lat.], Gatt. der Borstenwürmer mit dem im Wattenmeer der Nordsee häufigen ↑Köderwurm.

Arensburg ↑Kingisepp.

Arenski, Anton Stepanowitsch, * Nowgorod 12. Juli 1861, † Terioki (= Selenogorsk) 25. Febr. 1906, russ. Komponist. - Schüler von Rimski-Korsakow; steht stilist. oft Tschaikowski nahe; komponierte drei Opern, das Ballett „Ägypt. Nacht", Orchester- und Kammermusik sowie Klavier- und Vokalwerke; auch Hg. einer Harmonielehre sowie eines Handbuches der Formenlehre.

Areole [lat.], Bez. für einen durch einen dichten Haarfilz und/oder zahlr. Dornen sich absetzenden Bereich bei Kakteen, der einen im Wachstum steckengebliebenen Seitensproß darstellt.

Areopag [griech., eigtl. „Areshügel"], ältester und berühmtester Gerichtshof im alten Athen, auf dem Areshügel westl. der Akropolis; gilt als myth. Ursprungs; ergänzte sich in histor. Zeit aus ehem. Archonten; besaß urspr. auch die Kontrolle der übrigen Behörden.

Areopagita, Dionysios ↑Dionysios Areopagita.

Areopagrede, nach Apg. 17, 22–31 die von Paulus auf dem Areopag gehaltene Rede.

Arequipa

Arequipa [span. are'kipa], Hauptstadt des peruan. Dep. A., auf der W-Abdachung der Anden, 2 370 m ü. d. M., 500 000 E. Erzbischofssitz; Univ. (gegr. 1828); Handelszentrum eines Agrargebietes; bed. Wollhandel; Textil-, Nahrungsmittel-, Lederind.; an der Carretera Panamericana, ♒.- 1540 an der Stelle einer Inkastadt gegr. - Das Stadtbild wird bestimmt durch kolonialzeit. Bauten, großenteils aus weißem Tuff, daher wird A. auch Ciudad Blanca („weiße Stadt") genannt.
A., Dep. in S-Peru, am Pazifik, 63 528 km², 707 000 E (1981), Hauptstadt A.; liegt in der z. T. vergletscherten W-Kordillere der Anden. Bewässerungsfeldbau; im NW Abbau von Eisenerz. Das Dep. ist erschlossen durch die Carretera Panamericana und die Eisenbahn Puno–Mollendo. - A. besteht seit 1822.

Ares, in der griech. Religion Sohn des Zeus und der Hera, kult. selten verehrter Gott des Krieges, blindwütiger Dämon des Schlachtengetümmels, begleitet von seinen Söhnen Phobos („Furcht") und Deimos („Schrecken"). Aus seiner Verbindung mit Aphrodite, die ihren Gatten Hephaistos betrügt, geht Eros hervor. Die Römer setzten A. dem Mars gleich.

Aretaios von Kappadokien, griech. Arzt des 1. Jh. n. Chr. - Erwähnte als erster den Diabetes mellitus.

Aretalogie [griech.], Gatt. der griech. religiösen Literatur in hellenist.-alexandrin. Zeit, in der die Aretai („die Wundertaten") einer Gottheit oder eines wundertätigen Helden verkündet werden.

Arete [griech.], urspr. Tauglichkeit, Tüchtigkeit, Vorzüglichkeit, spezif. Leistung oder bes. Ausstattung durch höhere Gewalt. - Seit Sokrates hat das Wort in der philosoph. Ethik die Bedeutung „Tugend".

Arethas, * Patras kurz nach 850, † Caesarea Mazaca wohl nicht vor 944, byzantin. Theologe, Erzbischof von Caesarea Mazaca (seit etwa 902). - Wahrscheinl. Schüler des †Photios; bed. als Sammler und Überlieferer antiker Literaturwerke.

Aretin, bayr. Adelsgeschlecht. Die Stammreihe beginnt mit **Johann Baptist Christoph Aroutioun Caziadur** (* 1706?, † 1769), 1769 in den Freiherrenstand erhoben. Bed. Vertreter waren der Diplomat **Johann Adam Freiherr von Aretin** (* 1769, † 1822), Kunstsammler und Mitbegr. der „Gesellschaft für ältere dt. Geschichtskunde", der Historiker, Publizist und Jurist **Johann Christoph Freiherr von Aretin** (* 1772, † 1824), der als Hofbibliothekar in München wertvolle Bestände säkularisierter Klosterbibliotheken rettete, und der Historiker und Diplomat **Karl Maria Freiherr von Aretin** (* 1796, † 1868), u. a. Initiator und erster Direktor des Bayr. Nationalmuseums.

Aretino, italien. Humanist, †Bruni, Leonardo.

A., Pietro, * Arezzo 20. April 1492, † Venedig 21. Okt. 1556, italien. Schriftsteller. - Ging 1517 nach Rom; seit 1526 in Venedig. Seine Popularität beruhte zum großen Teil auf dem Aufwand, den er mit sich und seinem Werk trieb. Sein bestes Werk ist die Tragödie „L'Orazia" (1546), kultur- und zeitgeschichtl. interessant sind seine „Lettere" (1537-57), die „Kurtisanengespräche" (1536) und etl. seiner Komödien, u. a. „Il filosofo" (1546).

Aretologie [griech.], in der philosoph. Ethik svw. Tugendlehre.

Arevaker (lat. Arevaci), keltiber. Volksstamm im Gebiet der heutigen span. Prov. Soria, Hauptstadt Numantia; kämpften 143-133 gegen Rom, verschwanden nach 72 v. Chr. fast ganz aus der Geschichte.

Arévalo, Juan José [span. a'reβalo], * Taxisco 10. Sept. 1904, guatemaltek. Pädagoge und Politiker. - 1945-50 Staatspräs.; setzte gegen den Widerstand der Großgrundbesitzer eine Bodenreform und eine Sozialgesetzgebung zugunsten der Indios durch.

Arezzo, italien. Stadt in der Toskana, 60 kmسö. von Florenz, 296 m ü. d. M., 92 000 E. Verwaltungssitz der Prov. A.; Bischofssitz; Akad. der Wiss. und Künste; Lebensmittel- und Textilind., keram. Werkstätten; Handel mit Wein und landw. Produkten. - In der Antike **Arretium,** bed. etrusk. Stadt. Von Rom 225 eingenommen, 88 v. Chr. röm. Bürgerrecht. Im MA Stadtrepublik, meist auf Seite der Ghibellinen; kam 1384 an Florenz. - Zahlr. Kirchen, u. a. Dom (14. und 16. Jh.), Santa Maria della Pieve (12. und 13. Jh.), San Francesco (1320 ff. mit berühmten Chorfresken); zahlr. alte Paläste, Reste eines röm. Amphitheaters.

Arfe, span. Goldschmiedefamilie:
A., Antonio de, * León um 1510, in Valladolid 1566 noch bezeugt. - Sohn von Enrique de A. Sein Hauptwerk ist die †Custodia in der Kathedrale von Santiago de Compostela (1545 vollendet) in †platereskem Stil.
A., Enrique de, aus Harff (heute zu Kaster) stammend, bis 1543 in León nachweisbar. - Vater von Antonio de A. Schuf Custodiae († Custodia) in got. Stil, u. a. für die Benediktinerabtei in Sahagún (um 1510), für die Kathedrale in Córdoba (1510-16) und für die Kathedrale in Toledo (1524).
A. y Villafañe, Juan de [span. - iβiʎa'faɲe], * León 1535, † Madrid 1. April 1603. - Sohn von Antonio de Arfe. Seine erste †Custodia schuf er für die Kathedrale von Ávila (1564-71), die berühmteste für die Kathedrale von Sevilla (1580-87), außerdem u. a. Reliquienbehälter und Bronzestatuen (Herzog und Herzogin von Lerma für San Pablo in Valladolid, heute im Museum Colegio de San Gregorio in Valladolid), in reinem Renaissancestil. Schrieb über Architektur und Skulptur.

Arfwedson, Johan August [ˌarvedsɔn],

* Skagerholms-Bruk 12. Jan. 1792, † Hedensö 28. Okt. 1841, schwed. Chemiker. - Entdeckte 1817 das Lithium.

Argali [mongol.] (Altai-Wildschaf, Ovis ammon ammon), bis 1,25 m schulterhohes Wildschaf mit sehr großen, geschwungenen Hörnern und schwach entwickelter Halsmähne; in den Hochgebirgen Innerasiens.

Argand, Aimé [frz. ar'gã], * Genf 1755, † London 24. Okt. 1803, schweizer. Erfinder. - Lebte meist in Frankr. und England, konstruierte 1783 die Runddochtlampe mit doppelter (innerer und äußerer) Luftzufuhr und führte den Glaszylinder ein; die bald auch für Gas benutzten Brenner wurden als **Argand-Brenner** bezeichnet.

A., Émile, * Genf 6. Jan. 1879, † Neuenburg 14. Sept. 1940, schweizer. Geologe. - 1911 Prof. in Neuenburg; arbeitete über die geolog. Struktur der Alpen und die Entstehung von Gebirgen und Kontinenten.

A., Jean Robert, * Genf 18. (nicht 22.) Juli 1768, † Paris 13. Aug. 1822, frz. Mathematiker. - Führte 1806 die geometr. Darstellung der komplexen Zahlen in der sog. Gaußschen Zahlenebene ein und gab einen Beweis für den Fundamentalsatz der Algebra.

Argar-Kultur ↑ El-Argar-Kultur.

Argasidae [griech.], svw. ↑ Lederzecken.

Argelander, Friedrich Wilhelm August, * Memel 22. März 1799, † Bonn 12. Febr. 1875, dt. Astronom. - Seit 1837 Prof. in Bonn; widmete sich bes. der physikal. Erforschung der Fixsterne. Seine „Uranometria nova" (1843), ein ohne alle opt. Hilfsmittel erstellter und lange maßgebl. Atlas „der mit bloßem Auge sichtbaren Sterne...", stellte für die Untersuchungen des Lichtwechsels der veränderl. Sterne eine erste Grundlage dar. Bed. ist sein als „Bonner Durchmusterung" bekanntes Verzeichnis und Kartenwerk von insgesamt 324 198 Sternen der nördl. Himmelskugel bis 2° südl. Deklination („Bonner Sternverzeichnis", 1846–63, mit „Atlas des nördl. gestirnten Himmels", 1857–62).

Argelandersche Stufenschätzmethode, von F. W. A. Argelander entwickelte und viel benutzte Methode zur visuellen Helligkeitsbestimmung von veränderl. Sternen durch Vergleich mit nicht veränderl. Nachbarsternen.

Argen, Zufluß des Bodensees, Bad.-Württ., entsteht durch Zusammenfluß der Unteren A. und der Oberen A. im Allgäu, mündet bei Langenargen; 23 km lang.

Argens [frz. ar'ʒɛ:s], Küstenfluß in der Provence, 30 km öst. von Aix-en-Provence, mündet in den Golf von Fréjus (Mittelmeer), 116 km lang.

Argentan [frz. arʒã'tã], Stadt in der Normandie, Dep. Orne, 18 000 E. Marktstadt; Herstellung von Klöppelspitzen. - 56 v. Chr. röm. (**Argentonium**), 486 fränk.; im 11. Jh. und 1417–49 engl., 1790 frz. Distrikthauptstadt. - Die beiden Kirchen Saint-Germain (15.–17. Jh.) und Saint-Martin (16. Jh.) wurden im 2. Weltkrieg beschädigt.

Argentan [lat.], allg. Bez. für Neusilber.

Argentera, Cima d' [italien. 'tʃi:ma dardʒen'tɛ:ra], höchster Gipfel der Meeralpen, 3 297 m ü. d. M.

Argenteuil [frz. arʒã'tœj], frz. Stadt im nw. Vorortbereich von Paris, Dep. Val-d'Oise, 96 000 E. Flugzeug-, Metall-, chem. Ind.; Spargelanbau. - Das Kloster Notre-Dame d'A., 697 erwähnt, kam in den Besitz der Abtei Saint-Denis.

Argenteus [...te-us; lat. „der Silberne"], Bez. für jede röm. Silbermünze.

Argentina, La [span. la arxen'tina], eigtl. Antonia Mercé y Luque, * Buenos Aires 4. Sept. 1890, † Bayona bei Vigo (Galicien) 18. Juli 1936, span. Tänzerin. - Debütierte mit 11 Jahren an der Madrider Oper, ging 1914 nach Südamerika und feierte nach dem 1. Weltkrieg große Triumphe in Paris.

Argentinien

(amtl. Vollform: República Argentina), Republik in Südamerika zw. 21° 46' und 55° 03' s. Br. sowie 53° 39' und 73° 29' w. L. **Staatsgebiet:** A. grenzt im O an den Atlantik, im W an Chile, im N an Bolivien und Paraguay, im NO an Brasilien und Uruguay. A. beansprucht die Falklandinseln u. a. südatlant. Inseln sowie den Sektor der Antarktis zw. 25° und 74° w. L. (einschließl. der Süd-Shetland- und Süd-Orkney-Inseln). **Fläche** (ohne beanspruchte Gebiete): 2 791 810 km². **Bevölkerung:** 29,6 Mill. E (1983), 10,6 E/km². **Hauptstadt:** Buenos Aires. **Verwaltungsgliederung:** 22 Prov., 1 Bundesdistrikt und das Nationalterritorium Tierra del Fuego. **Amtssprache:** Spanisch. **Nationalfeiertage:** 25. Mai (Tag der Unabhängigkeitsbewegung; 1810) und 9. Juli (Tag der Unabhängigkeitserklärung; 1816). **Währung:** Argentin. Peso (argent$) = 100 Centavos (c). **Internationale Mitgliedschaften:** UN, OAS, ALALC, GATT, SELA, Cuenca del Plata. **Zeitzone:** Atlantikzeit, d. i. MEZ −5 Stunden.

Landesnatur: A. ist das zweitgrößte Land Südamerikas; es erstreckt sich vom Kamm der Anden im W bis an den Atlantik. Da die Anden im äußersten S fast den Atlantik erreichen, ergibt sich das Bild eines spitz zulaufenden Dreiecks, wobei die größte W-O-Erstrekkung mit 1 460 km nicht einmal halb so groß ist wie die N-S-Erstreckung mit 3 694 km. A. läßt sich grob in drei große Landschaftsräume gliedern: 1. das Flachland im N und O, 2. das Tafel- und Schichtstufenland O-Patagoniens im S und 3. die Anden und die ihnen vorgelagerten Pampinen Sierren im gesamten W. An einem 4. Landschaftsraum, dem Brasilian. Bergland, hat A. nur geringen

Argentinien — Wirtschaftskarte

Anbau
- Getreide (Weizen, Mais, Hafer)
- Reis
- Luzerne
- Obst u. Wein
- Zitrusfrüchte
- Baumwolle
- Zuckerrohr
- Erdnüsse
- Tabak

Vegetation / Landnutzung
- Hauptanbaugebiet
- Tropischer Bergwald
- Galeriewald mit Holzgewinnung
- Trockenwald
- Grasland
- Strauchsteppe, Dornbusch, Trockengehölz
- Patagonische Steppe
- Salare
- Agrarisch nicht genutzte Gebiete

Industrie
- Hüttenindustrie
- Metall- u. Maschinenindustrie
- Fahrzeugherstellung u. Schiffbau
- Chem. u. erdölverarbeitende Industrie
- Textil- u. Bekleidungsindustrie
- Nahrungs- u. Genußmittelindustrie
- Übrige Industriezweige
- H Holzindustrie
- T Tanningewinnung
- Z Zementindustrie

Bergbau
- Steinkohle
- Erdöl
- Erdgas
- Eisen
- W Wolfram
- Blei, Zink, Silber
- Kupfer
- Zinn
- S Schwefel
- Kalkstein

Rinder Stärkste Viehhaltung
Handelshafen
Fischereihafen

Orte (Auswahl)
Campo Durán, Aguilar, Zapla, Salta, S. M. de Tucumán, Formosa, Santiago del Estero, Resistencia, Corrientes, Posadas, Córdoba, Rafaela, Concordia, Esperanza, Santa Fe, Paraná, San Lorenzo, Rosario, Río Cuarto, San Nicolás, Gualeguaychú, San Juan, Mendoza, Godoy Cruz, San Luis, San Rafael, Campana, Buenos Aires, La Plata, Mar del Plata, Bahía Blanca, Quequén, Necochea, Plaza Huincul, Sierra Grande, Puerto Madryn, Comodoro Rivadavia, Puerto Deseado, San Julián, Santa Cruz, El Turbio, Río Gallegos, Ushuaia

Argentinien

Anteil im äußersten NO. Das Flachland umfaßt wiederum drei Großlandschaften: den Gran Chaco im N, der eine flachwellige Ebene bildet, die bis auf 400–500 m ansteigt; zw. den Flüssen Paraná und Uruguay liegt das im N und S stark versumpfte hügelige Zwischenstromland, das im Z von zwei Rücken durchzogen wird; nach S folgen die Pampas, eine flachgewellte baumlose Ebene mit den Gebirgszügen Sierra de la Ventana (bis 1 234 m) und Sierra del Tandil (bis über 500 m). Die Pampinen Sierren sind von N nach S streichende, oft isolierte Gebirgszüge unterschiedl. Höhe (im W bis 6 250 m, im O bis 600 m), zw. denen abflußlose Becken liegen. Die Anden entstanden als junges Faltengebirge. Zahlr. Gipfel sind Vulkane; höchste Erhebung ist der Aconcagua mit 6 958 m. Zeugen glazialer Überformung reichen bis weit nach O-Patagonien.

Klima: Das Gebiet westl. des Paraná ist durch eine sommerl. Regenzeit (N–O-Passate, Okt.–April) und eine winterl. Trockenzeit gekennzeichnet. Im nördl. Küstenbereich treten im Winter zyklonale S–O-Winde auf, so daß die östl. Pampa das ganze Jahr über Niederschlag erhält. $2/3$ von A. liegen jedoch in einer breiten Trockenzone, da die Westwinde sich am W-Abfall der Anden (also in Chile) abregnen, so daß der argentin. O-Abfall (außer S-Patagonien) nur noch sehr wenig Niederschlag erhält, und zwar zur Hälfte im Sommer, wenn die Verdunstung am größten ist. Typ. für den Wetterablauf des zentralen Teiles sind Einbrüche trockener und kalter Polarluftmassen von S her, die weit nach N vordringen und Wolkenbrüche und Temperaturstürze verursachen.

Vegetation: Dem Klima entsprechend gibt es in Nord-A. alle Vegetationsformationen von subtrop. Regenwald über Gras- und Parklandschaften, Trockenwald und Savannen bis zur 3–4 m hohen, von Sukkulenten begleiteten Strauchformation im westl. Gran Chaco. Die Pampa ist ein weites Grasland, O-Patagonien eine karge Steppe mit niedrigen Sträuchern, Büschelgräsern und Polsterpflanzen; im äußersten S treten wieder Wälder, v. a. aus Scheinbuchen und Araukarien auf. Die Anden sind im argentin. N-Teil bis in 2 600 m Höhe bewaldet (Hartlaub- und Nadelgehölze, Erlen), darüber liegen Gebirgsmatten, in der Puna Tolaheide und Polsterpflanzen.

Tierwelt: An Säugetieren kommen Puma, Guanako, Lama, Alpaka und Hirsche vor. In den nö. Landesteilen leben Affen. Nagetiere, Gürteltiere und kleine Beuteltiere gibt es in den Trockengebieten. An der Atlantikküste leben Mähnenrobben.

Bevölkerung: Von der urspr. Bev., den Indianern, leben nur noch Minderheiten, v. a. in abgelegenen Gebieten wie Andentälern, Puna, Gran Chaco und auf Feuerland. Rd. 90 % der Bev. sind europ. Herkunft, rd. 10 % Mestizen. Der span. Besiedlung folgte Ende des 19. Jh. die Einwanderung von Italienern, im 20. Jh. von Deutschen, Franzosen, Slawen sowie Walisern, die v. a. in Patagonien siedeln. Auch Japaner kolonisieren in A. Die Bev.-dichte ist sehr ungleich, 80 % der Menschen leben in städt. Ballungsräumen, dagegen auf Feuerland z. B. nur 0,8 E/km^2. 91 % bekennen sich zum Christentum, v. a. zur kath. Kirche. Schulpflicht besteht von 6–14 Jahren, kann jedoch nicht überall durchgeführt werden. Von 704 Hochschulen haben 54 Univ.rang, die älteste Univ. wurde 1613 in Córdoba gegr.

Wirtschaft: Etwa 82 % der landw. Nutzfläche sind Weideland. In O-Patagonien, im Zwischenstromland und im S der Prov. Buenos Aires dominiert die Schafzucht, in den Grasländern der Pampas, z. T. auf Kunstweideflächen (v. a. Luzerne), die Rinderzucht. Während sich die Schweinezucht auf die dichtbesiedelten Gebiete konzentriert, ist die Ziegenhaltung in den trockenen Gebieten ein wichtiger Wirtschaftszweig. Unter den pflanzl. Produkten sind v. a. Weizen, Mais, Ölfrüchte, Flachs, Sonnenblumen, Tabak und Reis von Bed.; Baumwolle wird im Gran Chaco angebaut, Zuckerrohr in der Prov. Tucumán, Wein in der Prov. Mendoza. Der Obstbau spielt am Río Negro eine entscheidende Rolle, die Tee- und Matepflanzungen in der Prov. Misiones; Zitruskulturen sind v. a. in den Prov. Entre Ríos und Misiones verbreitet. Reiche Fischgründe bestehen vor der argentin. Küste. Zentrum der Fischind. ist Mar del Plata. - Der Aufbau einer eigenen Ind. begann mit der Einfuhr von Halbfabrikaten und deren Verarbeitung bzw. Montage. Nach dem 2. Weltkrieg entwickelten sich die großen Fahrzeug-, Karosseriebau- und Montagewerke im Raum Buenos Aires und Córdoba. Auf eigenen Rohstoffen fußend, wurde die Textil- und Bekleidungsind. führend. Die Nahrungsmittelind. umfaßt v. a. Gefrierfleisch-, Zucker-, Konserven- und Saftfabriken sowie Ölmühlen, Brauereien und Yerbamühlen. Bed. ist die Erdöl- und Erdgasförderung. Der Abbau umfangreicher Kupfererzvorkommen in der Prov. San Juan sowie von Uranerzen in den Prov. Salta und Mendoza wird vorbereitet. Der Fremdenverkehr ist ein beachtl. Wirtschaftsfaktor; der Inlandstourismus überwiegt. Im Sommer (Dez.–März) werden die Badeorte an der nördl. Küste und die Sommerfrischen in den Bergländern besucht, im Winter (Juli–Sept.) v. a. die Thermalbäder im NW. Die meisten ausländ. Touristen kommen aus Lateinamerika und USA.

Außenhandel: Ausgeführt werden v. a. landw. Produkte wie Getreide, Fleisch, Wolle und Tierhaare, Öle und Fette sowie Eisen und Stahl, Maschinen, Apparate, Kraftfahrzeuge u. a. 26 % des Exports gingen 1975 in lateinamerikan. Länder. Unter den EG-Ländern

Argentinien

sind die BR Deutschland und Italien die wichtigsten Handelspartner.

Verkehr: Das auf Buenos Aires zentrierte Eisenbahnnetz hat eine Länge von 39 540 km mit verschiedenen Spurbreiten. Zwei transandine Strecken haben Anschluß an das chilen. Eisenbahnnetz. Es besteht keine durchgehende N–S-Verbindung. Das Straßennetz ist 283 800 km lang, davon haben 20 300 km eine feste Decke. Im Andenvorland besteht eine durchgehende N–S-Fernverbindung. Mehrere Paßstraßen führen über die Anden, Stichstraßen zu chilen. Orten in Patagonien, die sonst nur auf dem Seeweg zu erreichen sind. Die Überseeflotte ist die zweitgrößte Südamerikas. Wichtigste Häfen sind Buenos Aires, Rosario, La Plata, San Nicolás de los Arroyos und Bahía Blanca. Der Paraná ist die wichtigste Verkehrsader; er ist für Hochseeschiffe bis 9 m Tiefgang aufwärts bis Rosario befahrbar, für Schiffe bis 5,8 m Tiefgang bis Santa Fe. Große Bed. hat der Flugverkehr. A. verfügt über 10 internat. Flughäfen, von denen der von Buenos Aires (Ezeiza) einer der bedeutendsten Südamerikas ist. Größtes Luftverkehrsunternehmen sind die Aerolíneas Argentinas, die sowohl einen umfangreichen Inlandliniendienst betreiben (Passagiere, Fracht, Post) als auch ein Streckennetz in Südamerika, nach Nordamerika und Europa bedienen.

Geschichte: Die ältesten archäol. Funde stammen aus dem NW, aus Patagonien und dem (chilen.) Feuerland (10 000–8 500). In Patagonien lebten bis zur Ankunft der Europäer Sammler und Jäger. Die Entwicklung in NW-A. ist häufig von außen beeinflußt. So wurden um 500 v. Chr. aus dem bolivian. Hochland Feldbau, Lamahaltung, Keramik und Metallbearbeitung übernommen. Durch Mischung entstandene entwickelte Kulturen waren z. T. Grundlage für die Blüte während der mittelkeram. Periode (600–1000). In der spätkeram. Periode (1000–1480) tauchen u. a. stadtähnl. Siedlungen auf. Ganz NW-A. wurde um 1480 unterworfen und dem Inkareich einverleibt. Die Entdeckung A. durch die Europäer begann 1516, die Besiedlung bereits im 16. Jh. A. war lange Teil des span. Vize-Kgr. Peru (Schaffung der Vize-Kgr. Río de La Plata erst 1776). Der direkte Handel mit Spanien war gering. 1810 begann der Aufstand gegen die span. Herrschaft, Bolivien und Paraguay blieben abseits. 1816 wurde formell die Unabhängigkeit der „Vereinigten Prov. des Río de la Plata" erklärt. Im Innern kam es danach zu schweren Verfassungskämpfen zw. den liberalen Zentralisten und den konservativen Föderalisten. Im folgenden Bürgerkrieg gewannen 1825 die Föderalisten die Oberhand; ihr Anführer J. M. de Rosas errichtete als Diktator seit 1835 den argentin. Einheitsstaat. Nach Rosas' Sturz (1852) gab sich A. die formell noch heute gültige Verfassung von 1853. Nach weiteren inneren Wirren (bis 1880) wurde A. endgültig zum Bundesstaat. Seinen größten Gebietszuwachs erreichte A. durch die Kolonisation des S, des Landes der freien Indianer. Um 1880 wurde Patagonien unterworfen, angegliedert und durch vermehrt eingewanderte Europäer besiedelt, was den Untergang eines großen Teils der Indianer zur Folge hatte. Verstärkter Ackerbau machte A., bisher durch Viehwirtschaft geprägt, in der 2. Hälfte des 19. Jh. zu einer der Kornkammern der Erde. Im Gefolge der wirtsch. Wandlungen erstarkte Mittelstand begann, Forderungen nach stärkerer Demokratisierung zu stellen (Einführung des gleichen und geheimen Wahlrechtes in den Jahren nach 1910). Der 1. Weltkrieg bewirkte eine erste Industrialisierungswelle. Während der wirtsch. Blüte der 1920er Jahre führten die Mittelstandsparteien mit Präs. H. Irigoyen die Regierung. Die Weltwirtschaftskrise ließ jedoch auch die argentin. Wirtsch. zusammenbrechen; die Folge war der Umsturz 1930, in dem mit Hilfe des Militärs die konservativen Kräfte die Oberhand gewannen. 1943 übernahm das Militär selbst die Macht. Die Wirtsch. erholte sich langsam. 1946 wurde J. D. Perón, der mit seiner neuen Parti do Laborista die Arbeiterschaft gewonnen hatte, zum verfassungsmäßigen Präs. gewählt. Die mit diktator. Mitteln betriebene Politik des sozialen Ausgleichs, der Industrialisierung und der Nationalisierung der Wirtsch. führte in eine schwere finanzielle Krise. Perón wurde 1955 vom Militär gestürzt und verbannt; der Peronismus jedoch lebte in der Arbeiterschaft fort. Die folgenden Zivilregierungen konnten ebensowenig wie die wechselnden Militärregierungen seit 1962 finanzielle, polit. und soziale Stabilität erreichen. Nach dem erneuten Übergang zur Zivilregierung wurde im Okt. 1973 J. D. Perón erneut Präs. Nach seinem Tod im Juli 1974 übernahm seine Witwe die Präsidentschaft. Unter ihr zerbrach die Einheit der peronist. Bewegung vollends; die Aktivitäten der Stadtguerilla nahmen zu. 1976 wurde Frau Perón vom Militär gestürzt. Die folgende Militärdiktatur unter Führung von General J. R. Videla drängte die linken Guerillas zwar in die Defensive, doch nahmen die (z. T. von der Reg. geduldeten) terrorist. Aktivitäten der Rechten zu. Die Zahl der polit. Morde stieg stark an. Innenpolit. bemühte sich die Reg., Zugeständnisse an die peronist. Zeit zurückzunehmen und die privatwirtsch. Initiative zu fördern. Die Inflation konnte um die Hälfte verringert werden, aber die Reallöhne sanken weiter. Außenpolit. strebte das Regime eine Annäherung an die von Militärregierungen beherrschten Nachbarländer Chile, Brasilien, Peru, Bolivien, Uruguay und Paraguay an, doch konnten Spannungen mit Brasilien (insbes. bezüglich des Einflusses in Paraguay) und mit Chile wegen der Grenzzie-

argentinische Literatur

hung im Bereich der Südspitze Südamerikas nicht vermieden werden. Unter Präs. L. F. Galtieri, der R. E. Viola (März–Dez. 1981) folgte, kam es im April 1982 zum für A. ungünstig verlaufenden Krieg mit Großbrit. um die Falklandinseln. Diese militär. Niederlage beschleunigte die Rückkehr d.s zu demokrat. Regierungsformen und leitete das Ende der Militärdiktatur ein (1983). - Bei den Wahlen im Okt. 1983 siegte der Kandidat der UCR, R. Alfonsin, der als Präs. die Aufklärung und Verfolgung der Verbrechen aus der Zeit der Militärherrschaft einleitete. Es gelang ihm jedoch nicht, der wirtschaftl. Probleme Herr zu werden. Zu seinem Nachfolger wurde im Mai 1989 C. Menem gewählt.

Politisches System: Nach der Selbstauflösung der Militärjunta im Dez. 1983 ist die (mehrfach geänderte) Verfassung von 1853 wieder in vollem Umfang in Kraft gesetzt worden. Danach ist A. eine föderalist., republikan. Präsidialdemokratie. An der Spitze von Staat und Reg. steht ein auf 6 Jahre durch ein 600köpfiges Wahlmännergremium gewählter Präs., der Katholik sein muß und auch Oberbefehlshaber der Streitkräfte ist. Eine Wiederwahl ist erst für die übernächste Amtsperiode möglich. Die gesetzgebende Gewalt wird durch den Nationalkongreß ausgeübt, der aus dem Abgeordnetenhaus (254 Abg., auf 4 Jahre gewählt) und dem Senat (46 Senatoren, auf 9 Jahre gewählt) besteht. - *Verwaltung:* Das Staatsgebiet besteht aus 22 Prov., dem Bundesdistrikt von Buenos Aires und dem Territorium Feuerland (Tierra del Fuego). - *Parteien:* Älteste Partei im heutigen A. ist die Union Civica Radial (Abk. UCR; gegr. 1890). Seit den 1960er Jahren setzte sich der sozial engagierte Flügel der Partei durch. Die Partido Justicialista (Abk. PJ) ist die polit. Organisation der Peronisten. Bei den Wahlen von 1983 errang von 253 Mandaten die UCR 135, die PJ 107 Mandate. Dem *Gewerkschaftsverband* Confederación General de Trabajo (CGT), der eine bed. peronist. Organisation war, wurden 1977 alle Aktivitäten untersagt, 1979–83 war er verboten. Das *Gerichtswesen* gliedert sich in die Gerichte auf Prov.ebene (mit jeweils einem Obersten Gericht an der Spitze) sowie auf Bundesebene in die Appellationsgerichte und den Obersten Gerichtshof. Die *Streitkräfte* haben eine Gesamtstärke von 153 500 Mann; die paramilitär. Kräfte sind insgesamt rd. 33 000 Mann stark.

📖 *A. Natur, Gesellschaft, Gesch., Kultur, Wirtschaft.* Hg. v. J. A. Friedl Zapata. Tüb. u. Basel 1978. – Boris, D./Hiedl, P.: *A. Gesch. u. polit. Gegenwart.* Köln 1978.

Argentinische Ameise (Iridomyrmex humilis), urspr. in Argentinien heim., heute in vielen Gebieten der Erde verbreitete ↑ Drüsenameise.

argentinische Literatur, anders als in Mexiko oder Peru entwickelte sich in Argentinien während der span. Kolonialzeit keine eigene literar. Tradition. Die nur mündl. tradierte Volksdichtung der Gauchos, die auch indian. Elemente enthält, wurde durch den Uruguayer B. Hidalgo (* 1788, † 1822) nachgedichtet. Von hier nahm eine fruchtbare Entwicklung ihren Ausgang, die über E. del Campo (* 1834, † 1880) u. a. in dem Versepos „Martín Fierro" (1872–79) von J. ↑ Hernández und dem lyr.-impressionist. Roman „Das Buch vom Gaucho Sombra" (1926) von R. ↑ Güiraldes zu Höhepunkten gelangte. Sie läuft aus in den psychologisierenden Gaucho-romanen B. Lynchs (* 1880, † 1951). Im Anschluß an die frz. Romantik suchten die Autoren um E. ↑ Echeverría, die sich 1838 in der „Asociación de Mayo" vereinten, eine nat. Kunst zu verwirklichen. Spätestens 1840 waren alle Mgl. der „Asociación" geflüchtet (Regime J. M. de Rosas), meist nach Uruguay oder Chile. Zu den Meisterwerken der polit. engagierten Exilliteratur gehören der romanhafte Essay „Civilización y barbarie" (1845) des späteren Präsidenten D. F. ↑ Sarmiento, der den Terror in Argentinien schildernde Roman „Amalia" (1851) und die lyr. Dichtung „Cantos del peregrino" (1846/47) von J. Mármol (* 1818, † 1871) sowie die Novelle „El matadero" (1840) von E. Echeverría. Die Romantik wurde fortgesetzt in den Gedichten von O. V. Andrade (* 1839, † 1882), C. Guido y Spano (* 1827, † 1918) und R. Obligado (* 1851, † 1920). In der Essayistik ragen die histor. Abhandlungen und Polemiken von B. ↑ Mitre hervor. Der autobiograph. Bericht „Una excursión a los indios ranqueles" (1870) von L. V. Mansilla (* 1831, † 1913) erlangte im Zusammenhang mit der Kritik an der Zivilisation große Bed. Im Roman wurden zunächst weitgehend die Techniken des Zolaschen Naturalismus übernommen, bes. durch R. J. Payró (* 1867, † 1928), der an die Tradition des span. Schelmenromans anknüpfte. 1893, mit der Ankunft des aus Nicaragua stammenden R. Darío (* 1867, † 1916), begann in Buenos Aires die Bewegung des Modernismo. Neben Darío wurde bald L. Lugones (* 1874, † 1938) als größter Lyriker der Richtung angesehen, daneben sind E. Banchs (* 1888), R. A. Arrieta (* 1889), B. F. Moreno (* 1886, † 1950) und die emanzipator. engagierte A. Storni (* 1892, † 1938) zu nennen, unter den modernist. Romanen „Versuchungen des Don Ramiro" (1908) von E. R. ↑ Larreta. Gegenüber dem Ultraismo, den J. L. ↑ Borges aus Spanien eingeführt hatte und dessen Organ die Zeitschrift „Martín Fierro" wurde, bildete sich eine Gruppe, die sich nach dem hauptstädt. Proletariertviertel „Boedo" nannte. Zu den Ästhetizisten gehörten u. a. R. E. Molinari (* 1898), L. Marechal (* 1900). Mgl. der „Boedo"-Gruppe war u. a. R. ↑ Arlt, der bes. von der Generation der „Vatermörder" oder „Zornigen", z. B. A. Di Benedetto

Argentinisches Becken

(* 1922), H. A. Murena (* 1923), D. Viñas (* 1929), als Vorläufer betrachtet wird, zu Arlt hat aber auch z. B. E. ↑Mallea Beziehungen. Eine bes. breite literar. Tradition phantast. Literatur wurde auch den Uruguayer H. ↑Quiroga eingeleitet (J. L. Borges, A. ↑Bioy Casares, E. Anderson Imbert [* 1910]). Die kühnen Romanexperimente von J. ↑Cortázar sind nur noch mittelbar dieser Erzählart verbunden.

📖 *Enciclopedia de la literatura argentina. Hg. v. P. Orgambide u. R. Yahni. Buenos Aires 1970.*

Argentinisches Becken, Meeresbecken im sw. Atlantik, vor den Patagon. Schelf, größte Tiefe 6212 m u. d. M.

Argentino, Lago [span. 'laɣo arxen'tino], See in S-Argentinien, z. T. im Nationalpark Los Glaciares, 1414 km², bis 187 m tief; seine weit in die Patagon. Kordillere hineinreichenden westl. Arme werden von Gletschern gespeist.

Argentit [zu lat. argentum „Silber"] (Silberglanz), weiches, graues, monoklines Mineral, Ag_2S; in rhomb. Form **Akanthit** genannt. A. ist das wichtigste Silbererz; Vorkommen meist in Bleierzgängen; Mohshärte 2, Dichte 7,3 g/cm³.

Argentometrie [lat./griech.], maßanalyt. Bestimmungsmethode, bei der durch Zugabe von Silbernitratlösung bestimmte Anionen quantitativ als Silbersalze ausgefällt (AgCl, AgJ, AgCN) und bestimmt werden.

Argentonium ↑Argentan.

Argentorate (Argentoratum) ↑Straßburg.

Argentum [lat.] ↑Silber.

Argentum nitricum [lat.], pharmazeut. Bez. für Silbernitrat, $AgNO_3$ (Höllenstein).

ärgere Hand, im älteren Recht der unfreie, später der auch sonst standesniedrigere nicht ebenbürtige Ehegatte und Elternteil. Der rechtl. Grundsatz, wonach die Kinder aus standesverschiedenen Ehen dem Stande der ä. H. folgten, galt im Hochadel bis in die neueste Zeit.

Argerich, Martha, * Buenos Aires 5. Juni 1941, argentin. Pianistin. - Unternimmt als gefeierte Virtuosin weltweite Konzerttourneen.

Ärgernis, im *Sexualstrafrecht* die Verletzung des sittl. Gefühls eines durchschnittl. Beobachters in geschlechtl. Hinsicht. Die **Erregung öffentl. Ärgernisses** durch öffentl. absichtl. oder wissentl. vorgenommene sexuelle Handlungen wird mit Freiheitsstrafe bis zu einem Jahr oder mit Geldstrafe bestraft (§ 183a StGB).

◆ im N. T. (griech. skándalon „[Stellholz einer] Falle") zum einen das Hindernis für den Glauben an Christus, zum andern die Ursache für das Irrewerden am Glauben und zum dritten die Verführung zum Abfall von Jesus.

Argeș [rumän. 'ardʒeʃ], linker Nebenfluß der Donau, in Rumänien, entspringt in den Südkarpaten, mündet westl. von Oltenița, 327 km lang.

Arghandab, Nebenfluß des Helmand, entspringt im zentralafghan. Hochland, mündet bei Lashkargar, rd. 500 km lang.

Arghezi, Tudor [rumän. ar'gezi], eigtl. Ion Iosif N. Theodorescu, * Bukarest 21. Mai 1880, † ebd. 14. Juli 1967, rumän. Dichter. - Sein Werk umfaßt Lyrik (bes. religiöser Art), Romane, Novellen und ep. Dichtungen, Kinderbücher und Fabeln sowie zahlr. Streitschriften, mit denen er zu aktuellen Fragen Stellung nahm. Dt. erschien 1965 „Kleine Prosa" und 1968 die Gedichtsammlung „Ketzerbeichte".

Arghul [arab.], Doppelschalmei des Vorderen Orients, bestehend aus einer Bordunpfeife (links), die durch Einsatzstücke verlängert werden kann, und einer Melodiepfeife (rechts) mit meist 6 Grifflöchern.

Arginase [griech.] (Desaminase), Enzym, das in Leber und Niere die Aminosäure ↑Arginin hydrolyt. in Ornithin und Harnstoff spaltet.

Arginin [wohl zu griech. arginóeis „hell schimmernd"], lebenswichtige Aminosäure; findet sich in allen Eiweißkörpern; ist biolog. letztes Zwischenprodukt im Harnstoffzyklus; bildet mit sauren Farbstoffen schwerlösl. Verbindungen (Wollfärberei). - ↑Aminosäuren.

Arginusen, Inselgruppe an der kleinasiat. Küste sö. von Lesbos, bekannt durch den im Peloponnes. Krieg erfochtenen Seesieg Athens über die spartan. Flotte 406 v. Chr.

Argiope [griech.], Gatt. der Radnetzspinnen mit der in M-Europa einzigen Art ↑Wespenspinne.

Argiopidae [griech.], svw. ↑Radnetzspinnen.

Argirocastro [italien. ardʒiro'kastro] ↑Gjirokastër.

Argiver, die Bewohner von Argos. Bei Homer u. a. Sammelbez. für die im Trojazug vereinigten Griechen.

Arglist, Anwendung unlauterer Mittel im Rechtsverkehr. Im *Zivilrecht* berechtigt eine **arglistige Täuschung** nach § 123 BGB zur Anfechtung einer Willenserklärung, wenn der Täuschende den andern bewußt über eine Tatsache in Unkenntnis zu halten oder zu versetzen sucht und dabei weiß, daß dieser die Willenserklärung ohne die Täuschung möglicherweise nicht oder nicht mit dem jetzigen Inhalt abgegeben hätte.

Prozeßrechtl. begründet A. bei Prozeßhandlungen (wie Klagerücknahme) nach der Rechtspraxis keine Anfechtung.

Verwaltungsrechtl. fehlt es an einer einheitl. Regelung der Rechtsfolgen bei arglistig erschlichenen Verwaltungsakten.

Im *östr.* und *schweizer.* Recht gilt Entsprechendes.

arglistige Täuschung ↑Arglist.

Argumentation

Argo [griech.] (Schiff Argo), Sternbild des südl. Himmels, das heute aber nicht mehr auf Sternkarten verzeichnet ist; zu ihm rechnet man Teile der Sternbilder Vela, Puppis, Carina und Pyxis (↑Sternbilder, Übersicht).

Argolis, Landschaft auf der nördl. Peloponnes, gliedert sich in die gebirgige Halbinsel Akti und das Becken von Argos, Hauptort Nafplion am Argol. Golf; Intensivkulturen (Zitrusfrüchte, Tabak, Gemüse, Oliven, Wein) und Getreide (v. a. Gerste); in den Bergen Viehhaltung; Bergbau auf Blei und Eisenpyrit bei Ermioni. Ind. in Nafplion, Argos, Nea Kios und Nea Tirins. - Bereits in frühhellad. Zeit besiedelt, in mittelhellad. Zeit Kernland der ↑mykenischen Kultur.

Argolischer Golf, Golf der sw. Ägäis, an der O-Küste der Peloponnes.

Argon [zu griech. argós „nicht arbeitend" (wegen der chem. Reaktionsträgheit)], chem. Symbol Ar, gasförmiges Element aus der Gruppe der Edelgase im Periodensystem der chem. Elemente; Ordnungszahl 18, mittlere Atommasse 39,948. Das farb- und geruchlose Edelgas kommt zu 0,93 Volumenprozent in der Luft vor; Schmelzpunkt −189,2°C, Siedepunkt −185,7°C. Dichte bei 0°C und Normaldruck 1,7837 g/l. A. wird gewonnen durch Destillation von flüssiger Luft. Es wird als Füllgas für Leuchtröhren (wegen Reaktionsträgheit und schlechter Wärmeleitfähigkeit) und als Schutzgas bei Elektroschweißungen verwendet.

Argonauta [griech.], Gatt. der Kraken mit der bekannten Art ↑Papiernautilus.

Argonauten, in der griech. Mythologie die Helden, die unter Führung Jasons auszeihen, das Goldene Vlies des Äetes, des Herrn von Aia (bzw. Kolchis), zu holen. Wie der Trojan. Krieg stellt der Zug der A. einer der großen griech. Sagenkreise dar. - Als Jason von Pelias, dem Stiefbruder seines Vaters Aison, die Herrschaft über Iolkos (Thessalien) zurückfordert, sendet ihn dieser aus, das Goldene Vlies zu erobern. An der Fahrt auf der Argo beteiligen sich die 50 bedeutendsten Helden (darunter viele Väter von Trojakämpfern). Die Herausgabe des Vlieses knüpft Äetes an die Erfüllung zweier Aufgaben: Jason muß mit feuerschnaubenden Stieren pflügen und gegen Krieger kämpfen, die aus einer Saat von Drachenzähnen wachsen. Als der Held beides besteht, das Vlies aber dennoch nicht erhält, raubt er es und flieht mit Medea, die ihren Vater Äetes bei der Verfolgung aufhält, indem sie ihren Stiefbruder Apsyrtos tötet. Über den Okeanos gelangen die A. wieder in die Heimat. Eine geschlossene antike Darstellung der Sage, das Epos „Argonautika" des alexandrin. Bibliothekars Apollonios von Rhodos, ist erhalten. Das zweite Drama von Grillparzers Trilogie „Das Goldene Vließ" trägt den Titel „Die Argonauten".

Argonnen (Argonnerwald, frz. Argonne), Bergland im O des Pariser Beckens, Frankr.; über 40 km lang, bis zu 20 km breit, bis 303 m hoch, zw. den Tälern der Aisne im W und der Aire im O; Barriere zw. Champagne und Lothringen, überwiegend Laubwald; Holzwirtschaft, Viehhaltung; wichtigster Ort ist Sainte-Menehould. - Wiederholt Kampfplatz in dt.-frz. Kriegen.

Argonnerwald ↑Argonnen.

Argos, griech. Stadt auf der Peloponnes, 21 000 E. Textil- und Lebensmittelind. - Besiedlungsspuren nahe A. aus frühhellad. Zeit nachweisbar; in archaischer Zeit Machtausdehnung über die ganze östl. Peloponnes; in histor. Zeit langsame Konsolidierung des argiv. Machtbereichs in den der Stadt näher liegenden Landschaften; wegen ständiger Kämpfe mit Sparta im Perserkrieg (480) neutral, im Peloponnes. Krieg seit 415 auf athen. Seite; 395 im Bund mit Korinth, 369 mit Theben; schloß sich später Philipp II. von Makedonien an; danach herrschten in A. von Makedonien abhängige Tyrannen; seit 229 Mgl. des Achäischen Bundes mit kurzen Unterbrechungen bis zu dessen Unterwerfung durch Rom (146); im MA beim Hzgt. Athen; 1383 zu Venedig; endgültig seit 1463 in osman. Besitz, unterbrochen durch die venezian. Herrschaft 1686–1716; seit 1826 griech. - A. besaß im 5. Jh. v. Chr. eine bed. Bildhauerschule (Polyklet). Nur unbed. Baureste aus griech. und röm. Zeit.

Argostolion, griech. Stadt an der W-Küste der Insel Kefallinia, 6 800 E. Hauptort der Insel und des Verw.-Geb. Kefallinia. - 1867 und 1953 durch Erdbeben zerstört; modern und erdbebensicher wieder aufgebaut.

Argot [ar'go:], frz. Bez. für ↑Rotwelsch; i. w. S. auch Bez. für ↑Jargon.

Arguedas, José María [span. ar'γeðas], * Andahuaylas 18. Jan. 1911, † Lima 2. Dez. 1969 (Selbstmord), peruan. Schriftsteller. - Lebte bis zu seinem 14. Lebensjahr unter den Indios und sprach nur Quechua. In seinen Romanen und Erzählungen wählt er die indian. Perspektive einer von Magie und geheimnisvollen Kräften beherrschten Natur; u. a. „Die tiefen Flüsse" (R., 1958).

Argulidae [griech.], svw. ↑Karpfenläuse.

Argument [lat.; zu arguere „erhellen, beweisen"], in der *traditionellen Logik und Rhetorik* Beweisgrund, auf den sich eine Behauptung stützt; der Teil des Beweises, aus dem seine Sicherheit resultiert. In der modernen *Logik* heißen A. einer ↑Funktion diejenigen Objekte, deren Namen in die Leerstellen eines die Funktion darstellenden Ausdrucks eingesetzt werden dürfen.

♦ in der *Mathematik* Bez. für die unabhängige Variable einer ↑Funktion. Die Menge aller A.werte bildet den A.bereich der Funktion.

Argumentation [lat.], eine Rede mit dem Ziel, die Zustimmung oder den Widerspruch wirkl. oder fiktiver Gesprächspartner

Argumentum e contrario

zu einer Aussage oder Norm („für" bzw. „gegen" deren Wahrheit bzw. Gültigkeit dann argumentiert wird) durch den schrittweisen und lückenlosen Rückgang auf bereits gemeinsam anerkannte Aussagen bzw. Normen zu erreichen. Jede im Verlauf einer solchen Rede erreichte Zustimmung zu einer weiteren Aussage oder Norm (über die Ausgangssätze hinaus) kennzeichnet einen Schritt der A.; die einzelnen Schritte heißen die für (bzw. gegen) die Diskussion gestellte Aussage bzw. Norm vorgebrachten „Argumente".

Argumentum e contrario [lat. „Beweis aus dem Gegenteil"] (Umkehrschluß, Gegenschluß), im Recht der Schluß, daß die analoge Anwendung einer rechtl. Vorschrift wegen erhebl. Abweichung des Tatbestandes unzulässig ist.

Argun, rechter Quellfluß des Amur, entspringt im Großen Chingan, China, 1 620 km lang (davon 944 km Grenze zw. China und der UdSSR); schiffbar.

Argus, drei Gestalten der griech. Mythologie. 1. Sohn des Zeus und der Niobe. Namengebender Held der peloponnes. Landschaft Argolis und Gründer der nach ihm ben. Hauptstadt. - 2. A. Panoptes („der Allesseher"), dessen ganzer Körper mit Augen bedeckt ist, der er abwechselnd wach hält. Die Sprichwörtlichkeit seiner Sehschärfe hat sich in dem Ausdruck **Argusaugen** erhalten. - 3. Sohn des ↑Phrixos und einer Tochter des Äetes; aus Orchomenos. Erbaut das Schiff Argo und nimmt am Zug der Argonauten teil.

Argusfasan [nach Argus Panoptes] (Arguspfau, Argusianus argus), bis 2 m lange bräunl. gefärbte Fasanenart, v. a. in den Wäldern Malakkas, Sumatras und Borneos. Mit Ausnahme des schwarzen Scheitels und Hinterhalses sind Kopf und Hals unbefiedert und leuchtend blau. Die beiden mittleren Schwanzfedern sind stark verlängert.

Argusfische (Scatophagidae), Fam. der Barschartigen Fische mit nur wenigen Arten, v. a. an Meeresküsten und in Brackgewässern des Ind. und Pazif. Ozeans; bis 40 cm lange Fische mit seitl. stark zusammengedrücktem Körper mit zwei Rückenflossen, von denen die vordere stachelig und (bei Gefahr) aufrichtbar ist. Bekannt ist der **Gestreifte Argusfisch** (Scatophagus argus), bis 30 cm lang, meist grünl.-gelb (auch bräunl.) mit vielen runden, schwarzen Flecken; Warmwasseraquarienfisch.

Arguspfau, svw. ↑Argusfasan.

Argus-Schmidt-Rohr, von P. Schmidt in der Firma Argus entwickeltes Luftstrahltriebwerk mit pulsierender Arbeitsweise; liefert auch einen Standschub; für Flugzeuge im Unterschallbereich.

Argyll [engl. ɑːˈgaɪl], Adelstitel in der schott. Familie Campbell (seit 1457 Earl, seit 1641 Marquess of A., seit 1701 Hzg. von A.).

Argynnis [griech.], Gatt. der Fleckenfalter mit der einzigen Art ↑Kaisermantel.

Argyresthia [griech.], Gatt. der Silbermotten mit der schädl. Art ↑Kirschblütenmotte.

Argyroneta [griech.], Gatt. der Trichterspinnen, darunter die Wasserspinne.

Argyropulos, Johannes, * Konstantinopel um 1415, † Rom 26. Juni 1487, griech. Humanist. - Weitgereist; lehrte 1457–71 und 1477–81 Philosophie in Florenz und 1471–77 und nach 1481 in Rom. Bed. v. a. als Übersetzer und Kommentator der Werke des Aristoteles und als Lehrer (u. a. von A. Poliziano, M. Ficino und J. Reuchlin).

Arhat [Sanskrit „ehrwürdig"], Bez. für einen buddhist. Heiligen, der zu Lebzeiten Erlösung erlangt hat. - Die **Arhatschaft** ist das Ziel eines Mönches im Hinajana-Buddhismus. - Im *Dschainismus* ist A. Titel eines Heilsverkünders.

Århus [dän. ˈɔːrhuːˀs, ˈɔːrhus] (früher Aarhus), dän. Stadt, an der Å.bucht des Kattegats, 248 000 E. Verwaltungssitz des Amtes Å.; luth. Bischofssitz; Univ. (gegr. 1928), zahnmedizin. Hochschule, Handelshochschule, naturhistor. Forschungsinst.; Nahrungs- und Genußmittel-, Textil- und Bekleidungsind., Holzverarbeitung, chem. und Metallind. sowie Herstellung von Keramik- und Glaswaren. - Knotenpunkt des Straßen-, Schienen- und Seeverkehrs, ⚓. - Nahe A. liegt das Freilichtmuseum *Den Gamle By.* - Bereits 948 Bischofssitz; im 16. und 17. Jh. größer als Kopenhagen. - Roman. Domkirche (1201), Liebfrauenkirche (13.–15. Jh.; mit Kloster), Rathaus (1938–42).

Ariadne, griech. Mythen- und Sagengestalt, Tochter des Königs Minos von Kreta, Helferin des Theseus, der nach seinem Kampf mit dem Minotauros durch ein ihm von A. übergebenes Wollknäuel aus dem Labyrinth herausfindet. A. erscheint später als Gattin des Dionysos. - „Bacchus (d. h. Dionysos) findet A.", die, nach der geläufigsten Version, von Theseus auf der Insel Naxos verlassen wird, ist in der Malerei, bes. im Barock, eine

Gestreifter Argusfisch

beliebte Szene. - Der A.stoff wurde mehrfach vertont, u.a. von R. Strauss („A. auf Naxos", 1912, Text von Hugo von Hofmannsthal).

Ariadnefaden, Bez. für Rettungsmittel in aussichtsloser Lage, nach dem Faden der †Ariadne.

Ariane, aus dem Frz. übernommener weibl. Vorname, frz. Form von Ariadne.

Ariane, europ. Trägerrakete, †Raketen.

Arianismus, die Christologie des alexandrin. Priesters †Arius. Nach ihr ist Christus mit Gott nicht wesensgleich, sondern nur dessen vornehmstes Geschöpf. Arius wurde von seinem Bischof Alexander exkommuniziert, seine Lehre, die der griech. Kirchenlehrer Athanasios aufs heftigste bestritt, wurde 325 unter Einfluß von Konstantin d. Gr. auf dem Konzil von Nizäa verurteilt. Bei Goten, Vandalen und Langobarden lebte sie jedoch bis zum 6.Jh. fort.

Arias Navarro, Carlos [span. ˈarjas naˈβarrɔ], * Madrid 11. Dez. 1908, span. Politiker. - Jurist; 1957-65 Leiter des Staatssicherheitsdienstes; 1965-73 Bürgermeister von Madrid; 1973 Innenmin.; 1973-76 Min.-präsident. - †27. Nov. 1989.

Arias Sanchez, Oscar, * Heredia 13. Sept. 1941, costarican. Politiker (PLN). 1972-77 Planungsmin.; 1978-81 Kongreßabg.; 1986-90 Staatspräs.; 1987 Friedensnobelpreis.

Aribert von Antimiano (Heribert), † Mailand 16. Jan. 1045, Erzbischof von Mailand (seit 1018). - Krönte Konrad II. 1026 mit der langobard. Krone; weigerte sich 1037 im Streit mit dem niederen Lehnsadel (Valvassoren), Konrads Urteil anzunehmen; verteidigte sich mit der Mailänder Bürgerschaft gegen den Kaiser.

Aribo, * um 990, † Como 6. April 1031, Erzbischof von Mainz (seit 1021). - Aus dem Hause der Aribonen; seit 1020 Erzkaplan Kaiser Heinrichs II., nach der von ihm geförderten Wahl Konrads II. 1024 auch Erzkanzler für Italien und Leiter der Reichskanzlei.

Aribonen, stark verzweigtes, v. a. in Ostbayern und in Österreich begütertes Adelsgeschlecht seit Beginn des 10.Jh., ben. nach dem Ostmarkgrafen Aribo; 977-1053 im Besitz des bayr. Pfalzgrafenamtes; gab der Klosterreform starken Auftrieb; die männl. Linie starb zu Beginn des 12.Jh. aus.

Arica, chilen. Stadt im Großen Norden, 20 km südl. der peruan. Grenze, 124 000 E. Ind.zentrum; nördlichster chilen. Hafen, Seebad; Endpunkt der Eisenbahnlinie von Tacna (Peru) und La Paz (Bolivien) sowie einer Erdölleitung; an der Carretera Panamericana; internat. ⚓. - Seit 1883 chilenisch.

arid [lat. aridus „trocken"], in der Klimatologie Bez. für Klimate, in denen die Verdunstung (V) stärker ist als der Niederschlag (N): V > N; **extremarid:** oft Jahre ohne Niederschlag; **semiarid:** im Jahresdurchschnitt V > N, in einigen Monaten jedoch N > V. Zu den extremariden Gebieten der Erde rechnen v. a. die Kernwüsten, zu den semiariden die Steppen und Wüstensteppen der Tropen und Subtropen.

Aridität [lat.], Maß für das Feuchtigkeitsdefizit eines Gebiets, in dem die Verdunstung den Niederschlag übersteigt.

Arie [lat.-italien., eigtl. „Weise (des Auftretens)"], instrumental begleiteter Sologesang in Oper, Oratorium und Kantate mit in sich geschlossener musikal. Form, im 18.Jh. auch als selbständiges, im allg. bravouröses Konzertstück *(Konzert-A.)* gepflegt. Die A. entwickelte sich als konsequente Ausprägung zum deklamator. Sprechgesang des †Rezitativs. Die von Monteverdi ausgebildete Scheidung von Rezitativ und A. wurde noch in der 1. Hälfte des 17.Jh. v.a. von der venezian. Schule übernommen und weitergegeben. Für das 18. Jh. beherrschend wurde die schon seit Beginn des 17.Jh. bekannte dreiteilige *Da-capo-A.* Gluck war bestrebt, die A. wieder dem dramat. Geschehen unterzuordnen und schränkte ihre vorherrschende Rolle weitgehend ein, was dann Wagner in seinen Musikdramen mit ihren durchkomponierten Szenen konsequent zu Ende führte.

Ariège [frz. aˈrjɛːʒ], rechter Nebenfluß der Garonne in S-Frankr., entspringt in den O-Pyrenäen, mündet 8 km oberhalb von Toulouse; 170 km lang; zahlr. Wasserkraftwerke.

A., Dep. in Frankreich.

Ariel [...i-ɛl; hebr.], einer der Monde des Planeten Uranus, 800 km Durchmesser.

Ariel [hebr. „Löwe Gottes" (?)], im A.T. vorkommendes Wort mit verschiedenen Bedeutungen (als Eigenname, „Kriegsheld", „Opferherd" und Symbol für Jerusalem). - In der späteren jüd. Dämonologie Name eines Engels. In naturmag. Schriften des Spät-MA und der frühen Neuzeit Elementargeist.

Arier, Bez. für die Angehörigen der Völker, die eine der sog. arischen Sprachen sprechen; histor. nachweisbar zuerst Mitte des 2.Jt. v.Chr. als die im Reich von Mitanni staatstragende Adelsschicht; wohl etwa gleichzeitig Eindringen der Indoarier über die Pässe des Hindukusch nach N-Indien. - Von der europ. Sprachwiss. des 19.Jh. wurden die zunächst rein sprachwiss. Begriffe A. und arisch zeitweise den Begriffen „Indogermanen, indogerman." gleichgesetzt, sie drangen in Anthropologie und Rassenkunde ein, wo sie allmähl. die Bed. „Angehörige der nord. Rasse", schließl. (in antisemit. Einengung) „Nichtjuden" annahmen.

Aries [...i-ɛs; lat.] (Widder) †Sternbilder (Übersicht).

Arif (Aref), Abd Ar Rahman, * Bagdad 1916, irak. General und Politiker. - Bruder von Abd As Salam A., 1964 Chef des Generalstabs; 1966-68 Staatspräsident.

A., Abd As Salam Muhammad, * Bagdad

Arigo

1920, † Al Kurna 13. April 1966 (Flugzeugabsturz), irak. Politiker. - Bruder von Abd Ar Rahman A.; am Sturz der Monarchie 1958 beteiligt; 1959-61 in Haft; am Sturz Kassems beteiligt; als dessen Nachfolger 1963 Staatspräsident.

Arigo, wahrscheinl. Pseud. des Nürnberger Patriziers H. Schlüsselfelder aus der Mitte des 15. Jh. - A. übertrug um 1472 Boccaccios „Decamerone" ins Dt.; von Schlüsselfelder stammt die Übertragung des T. Gozzadini zugeschriebenen moral. Traktats „Die plumen der tugent...".

Arillus [mittellat.], svw. ↑Samenmantel.

Ariminum, antike Stadt, ↑Rimini.

Ariola-Eurodisc GmbH, Gütersloh, München; 1958 gegr. dt. Schallplattenfirma, Tochtergesellschaft des C. Bertelsmann Verlags; Programm: Klassik, Originalaufnahmen aus der UdSSR, Sprachplatten (darunter Dokumentarreihe), Schlager, Tanzmusik, Folklore.

Arion, griech. Lyriker und Sänger des 7. Jh. v. Chr. aus Methymna (Lesbos). - Lebte am Hofe des Tyrannen Periander von Korinth. Gab dem Dithyrambus (Kultlied) die chorlyr. Kunstform (bed. für die Entwicklung des Chores in der Tragödie). Keines seiner Lieder blieb erhalten.

Arion [griech.], Gatt. der ↑Wegschnecken.

Arionidae [griech.], svw. ↑Wegschnecken.

Arioso [italien.], 1. vokales *Musikstück,* das in seinem melod. Charakter näher beim Rezitativ, in der taktmäßigen Behandlung näher bei der Arie steht; 2. *musikal. Vortragsbez.,* die arienhaften Ausdruck fordert.

Ariosti, Attilo Malachia, * Bologna 5. Nov. 1666, † in Spanien (?) um 1740, italien. Komponist. - Stand im Dienste mehrerer Höfe (Mantua, Berlin, Anjou, Wien), kam nach Paris und London, wo er mit seinen Opern in Konkurrenz zu Händel trat. A. komponierte etwa 25 Opern, Oratorien, Kantaten sowie Instrumentalmusikwerke.

Ariosto, Ludovico, * Reggio nell' Emilia 8. Sept. 1474, † Ferrara 6. Juli 1533, italien. Dichter. - 1503-17 im Dienst des Kardinals Ippolito d'Este. In dieser Zeit entstand neben italien. und lat. Gedichten und Lustspielen nach lat. Muster sein Epos in 40 Gesängen „Der rasende Roland" („Orlando furioso", 1516). 1518 trat A. in den Dienst von Alfonso II. d'Este. Bis 1521 nahm A. Verbesserungen an seinem Hauptwerk, das ihm Weltruhm als Vollender der italien. Renaissance einbrachte, vor, und erweiterte es 1531 um 6 Gesänge. Das Werk ist eine Fortsetzung von Boiardos „Orlando innamorato". In vollendeten Stanzen geschrieben, wird die zu Liebeswahn gesteigerte Liebe Orlandos zu der morgenländ. Prinzessin Angelica und damit die romantisierte Welt des sich dem Ende zuneigenden Rittertums iron. und mit vielen kom. Zügen dargestellt. Schrieb auch Satiren und Episteln.

Ariovist (lat. Ariovistus), † vor 54 v. Chr., Heerkönig der german. Sweben, vielleicht der um Argentorate sitzenden Triboker. - Überschritt um 71 v. Chr. den Rhein, errang um 61 einen bed. Sieg über die Äduer; führte Haruden, Triboker, Nemeter und Wangionen in das Gebiet des heutigen Elsaß, der Pfalz und Rheinhessens; von Cäsar 58 zw. Belfort und Schlettstadt (wahrscheinl. bei Mülhausen) vernichtend geschlagen; in Cäsars „De bello Gallico" eindrucksvoll charakterisiert.

Aripo, Mount [engl. 'maʊnt ə'riːpoʊ], höchster Berg Trinidads, 941 m hoch.

Aripuanã, Rio [brasilian. 'rriu aripʊɐ'nɐ̃], rechter Nebenfluß des Rio Madeira, entspringt (zwei Quellflüsse) im innerbrasilian. Bergland, mündet 230 km südl. von Manaus, etwa 900 km lang.

Arisch, Al, ägypt. Stadt nahe der Nordküste der Halbinsel Sinai, mit **Wadi Al Arisch,** dem Hauptwadi der Halbinsel, 30 000 E; nach 12jähriger Besetzung durch Israel 1979 an Ägypten zurückgegeben.

arische Sprachen [Sanskrit/dt.], zusammenfassende Bez. für die indoar., iran. und Kafirsprachen (in NO-Afghanistan), die zusammen den ar. oder indoiran. Zweig der indogerman. Sprachen bilden. Die bereits frühe Gleichsetzung von „Arisch" und „Indogerman." beruhte auf der irrigen Ansicht, daß der Name der Iren mit dem der Arier etymolog. zu verbinden sei.

Arisierung [Sanskrit], während der nat.-soz. Zeit die Verdrängung der Juden aus dem dt. Berufs- und Wirtschaftsleben (auch „Entjudung") durch Verhinderung jegl. Berufs- und Erwerbstätigkeit von Juden, Ausübung eines wirtsch. Drucks, um die Auswanderung von Juden aus Deutschland zu erreichen, sowie Ausplünderung der Juden und Überführung ihres Vermögens in sog. arische (nichtjüd.) Hände; im allg. durch die Judengesetze 1933-41 schrittweise verwirklicht.

Aristagoras, ✗ 497 v. Chr., Tyrann von Milet. - Betrieb um 500 v. Chr. den Ion. Aufstand, der schließl. zur pers. Gegenoffensive und gewaltsamen Befriedung Kleinasiens führte; fiel im Kampf gegen die thrak. Edoner.

Aristaios, Heros der griech. Mythologie. Sohn des Apollon und der Nymphe Kyrene (oder des Uranos und der Gäa); urspr. alter Jagd- und Herdengott.

Aristaios von Kroton, griech. Mathematiker 2. Hälfte des 4. Jh. v. Chr. - Schrieb u. a. die erste Monographie über Kegelschnitte, die er als geometr. Örter darstellte und als Schnitte von spitz-, recht- und stumpfwinkligen Kreiskegeln deutete.

Aristarchos von Samos, * Samos um 310, † um 230, griech. Astronom. - Wird als „antiker Vorläufer" von Kopernikus angesehen.

Von seinen Schriften ist die u. a. als Einführung in den †Almagest dienende Abhandlung „Über die Größen und Abstände von Sonne und Mond" erhalten.

Aristarchos von Samothrake, *um 217, † auf Zypern um 145, griech. Philologe. - Vorsteher der Alexandrin. Bibliothek, Prinzenerzieher am Hof der Ptolemäer; edierte und kommentierte u. a. Homer; bildete eine Grammatikerschule.

Aristeasbrief, wahrscheinl. Fälschung aus dem 2. oder 1.Jh. v. Chr.; legendar. Bericht eines Aristeas, eines Beamten des Königs Ptolemaios II. Philadelphos, über die griech. Übersetzung des †Pentateuchs durch 72 jüd. Gelehrte (je sechs aus den zwölf Stämmen Israels) in 72 Tagen. Die Zahl 72 wurde auf 70 abgerundet, und so entstand der Name der Übersetzung †„Septuaginta" (lat. „70").

Aristida [lat.], svw. †Borstengras.

Aristides, Publius Aelius, *Adrianutherai (Mysien, Kleinasien) 117 oder 129, † um 189, griech. Rhetor. - U. a. am Hof Mark Aurels, lebte in Smyrna; 55 kulturgeschichtl. interessante, stilist. bedeutende Reden sind erhalten.

Aristides der Gerechte, † 467 v. Chr. (?), athen. Staatsmann und Feldherr. - 490 Stratege, 489/488 eponymer Archon; als Gegner der Seemachtspolitik des Themistokles 482 verbannt; nach allg. Amnestie 480 Teilnahme an der Schlacht bei Salamis; führte 479 als Stratege die athen. Truppen bei Plataä, 478 athen. Flottenbefehlshaber; hatte entscheidenden Anteil an der Gründung des Attisch-Delischen Seebundes (477), dessen Organisation er übernahm.

Aristides von Milet, griech. Schriftsteller um 100 v. Chr. - Schuf mit seinen erot.-frivolen Novellen („Miles. Geschichten") die Gattung der erot. Literatur.

Aristides Quintilianus, griech. Musikschriftsteller des 2. oder 3. Jh. - Verfasser einer für die Kenntnis der griech. Musiklehre wichtigen dreiteiligen Schrift „Über die Musik".

Aristie [griech.], ausgezeichnete Heldentat und ihre literar. Verherrlichung.

Aristionstele, Grabstele des spätarchaisch-att. Typus aus Marmor mit lebensgroßem Relief des Kriegers Aristion, um 510 v. Chr. von Aristokles geschaffen (Athen, Nationalmuseum).

Aristippos, *Kyrene (N-Afrika) um 435, † um 366, griech. Philosoph. - Schüler des Sokrates. A. lehrte in Anlehnung an die Sophistik, die Erkenntnis beruhe allein auf subjektiven Empfindungen, deren Ursachen nicht erkennbar sind. Die sokrat. Unterscheidung zw. dem Angenehmen und dem Guten hob A. auf und bestimmte, das Gute sei Hedone („Lust, Freude") und als solche oberstes Ziel und Endzweck menschl. Handelns.

aristo... [griech.], in Zusammensetzungen: sehr gut, best...

Aristobulos, Name von Herrschern: Judäa:
A. I., Ethnarch bzw. König und Hoherpriester (104–103). - Aus der Familie der Hasmonäer. Eroberte große Teile Galiläas; nahm nach Josephus als erster Hasmonäer den Königstitel an.
A. II., † Rom 49 v. Chr., König und Hoherpriester des Hasmonäischen Reichs (67–63). - Durch Intervention seitens Pompejus in seinen Ämtern bestätigt; von diesem dann 63 besiegt und als Gefangener nach Rom geführt; 49 von Cäsar wieder in seine Ämter eingesetzt, vor seiner Abreise jedoch vergiftet.

Aristobulos von Kassandreia, griech. Geschichtsschreiber. - Verfaßte ein Werk über Alexander d. Gr., an dessen Feldzug er (als Techniker?) teilgenommen hatte.

Aristogeiton (Aristogiton), athen. Tyrannenmörder. - Tötete zusammen mit seinem Geliebten **Harmodios** 514 v. Chr. den Peisistratiden Hipparchos, wohl aus persönl. Motiven; dafür hingerichtet, wurden beide später als Symbolgestalten athen. Freiheitswillens gefeiert und geehrt.

Aristokles, der Schöpfer der †Aristionstele; auch Name weiterer, aber nur aus der Literatur bekannter Bildhauer des 6. und 5.Jh. aus Kreta und Athen.

Aristokrat [griech.], Angehöriger des Adels; auch übertragen: Mensch von vornehmer, zurückhaltender Lebensart.

Aristokratie [zu griech. aristokratía „Herrschaft der Besten"], Bez. für die Staatsform, in der die Herrschaft im Besitz einer privilegierten sozialen Gruppe (Adel) ist; seit Aristoteles Herrschaftsordnung zw. Monarchie und Demokratie mit den Entartungsformen Oligarchie und Plutokratie (Timokratie); seit dem 1.Jt. v. Chr. in den griech. Stadtstaaten im allmähl. Abbau monarch. Herrschaft verwirklicht; etwa 600 v. Chr. von der Demokratie abgelöst; analog in der röm. Geschichte nach Beendigung der Königsherrschaft die von den Patriziern bestimmte Verfassung, fortgesetzt in der †Nobilität der Republik; im europ. MA und der Neuzeit v. a. Staatsform der genossenschaftl.-aristokrat. Stadtrepubliken (Italien, dt. Reichsstädte).
◆ ständ.-privilegierte, adlige Führungsschicht; prägte den „aristokrat. Charakter" der europ. Staats- und Sozialentwicklung (†Adel), wobei schon seit der Antike neben altaristokrat. Gruppen in herrschaftsstabilisierender Funktion neue A. geschaffen wurde. Die A. blieb dominierender Faktor in der europ. Geschichte, bis sie schließl. im 20.Jh. den Führungsansprüchen der neuen †Eliten weichen mußte.

Aristolochia [griech.], svw. †Osterluzei.

Aristolochiaceae [griech.], svw. †Osterluzeigewächse.

Aristonikos, † Rom 129 v. Chr. (getötet), unehel. Sohn Attalos' II. von Pergamon. - Er hob nach 133 v. Chr. auf das testamentar. den Römern übertragene Pergamen. Reich Herrschaftsansprüche; führte einen Freiheitskrieg mit deutl. sozialen Zügen; erst 130 von den Römern geschlagen.

Aristophanes, *Athen vor 445, † ebd. um 385, griech. Komödiendichter. - 11 seiner etwa 45 Stücke sind erhalten: „Die Acharner" (425), „Die Ritter" (424), „Die Wolken" (423), „Die Wespen" (422), „Der Friede" (421), „Die Vögel" (414), „Lysistrate" (411), „Thesmophoriazusen" (411), „Die Frösche" (405), „Ekklesiazusen" (wahrscheinl. 392), und „Plutos" (388). Sein Wirken fiel in jene Zeit, in der die festgefügte Ordnung der Religion und der Demokratie durch Krieg von außen und infolge innerer Mängel brüchig geworden war, wogegen A. sich in seinen Stücken wandte; er berief sich dabei auf die große Zeit Athens. Derbe Komik, Zoten, Erfindungs- und Sprachreichtum kennzeichnen das Werk des bedeutendsten Vertreters der att. Komödie.

Aristoteles, *Stagira (Thrakien) 384, † bei Chalkis (auf Euböa) 322, griech. Philosoph. - A. (nach seinem Geburtsort auch der „Stagirit" genannt), des Nikomachos, des Leibarztes des Makedonenkönigs Amyntas II., war Mgl. der Akademie Platons von 367 bis zu dessen Tod 348/47. Anschließend hielt er sich auf Einladung von Hermias, des Herrschers von Atarneus, drei Jahre in Assos (Kleinasien) auf und heiratete Pythia, die Adoptivtochter des Hermias. 342 wurde er an den makedon. Hof zum Erzieher des 13jährigen Thronfolgers Alexander berufen. Nach seiner Rückkehr nach Athen um 335 lehrte er im Lykeion. Das Gründungsdatum einer eigenen Schule, des †Peripatos, ist umstritten. A. gründete zudem neben einem Museum für Naturgeschichte eine Bibliothek, die zum Vorbild der berühmten Bibliotheken von Alexandria und Pergamon wurde. Aus polit. Gründen der Gottlosigkeit angeklagt, mußte sich A. kurz vor seinem Tod auf sein Landgut auf Euböa zurückziehen. - In seiner Philosophie geht A. im Unterschied zur Ideenlehre Platons von der Welt des Alltags, der Vielfalt ihrer „Phänomene" (Erscheinungen) und dem aus, was die Leute über sie sagen und wissen. Sein Ziel ist, diese Welt des Alltags im Rahmen einer sie „erklärenden" Theorie und eines entsprechenden Systems von Aussagen zu verstehen. Eine solche Theorie, die die Phänomene erklärt, bedient sich allg. Sätze, in denen jedes Einzelding (Phänomen) als Exemplar seiner Gatt., seines „Wesens", zu bestimmen ist. Um das gesammelte histor. und naturkundl. Erfahrungswissen über die Phänomene zu ordnen, entwickelt A. im Anschluß an die antike Diskussionspraxis die †formale Logik. Kernstück seiner Logik ist die †Syllogistik, die Lehre vom log. Schließen. Da nach A. Denken und Sein notwendig zusammenhängen, steht die Gültigkeit der Logik außer Frage. - Ziel der Wissenschaft ist aber nicht nur die Sammlung und Ordnung von Fakten, sondern deren Erklärung, d. h. die Rückführung auf allg. Prinzipien, oberste wahre Sätze, Axiome, aus denen dann umgekehrt wieder die Einzelerkenntnisse hergeleitet (deduziert) werden können. Diese Prinzipien (z. B. der Satz vom ausgeschlossenen Widerspruch; der Satz von der Existenz eines unbewegten Bewegers) untersucht A. im einzelnen in seiner „Metaphysik". In ihr entwickelt A. - für die abendländ. Philosophie richtungsweisend - von der [griech.] Alltagssprache aus unter Berücksichtigung der philosoph. Traditionen der Vorsokratiker und Platons einen differenzierten begriffl. Apparat mit Begriffspaaren wie Substanz-Akzidenz, Stoff-Form, Potenz-Akt. Mit Hilfe insbes. der Begriffe Stoff-Form versucht A. das zentrale Problem der griech. Philosophie, wie das Verhältnis des Vielen zum Einen, der wechselnden Mannigfaltigkeit der Erscheinungen (des Seienden) zum Sein zu bestimmen sei, zu lösen, indem er das Werden, die Bewegung, das Geschehen als Verwirklichung einer *Möglichkeit* in der Erscheinung kennzeichnet, wie z. B. ähnl. Same oder Material Möglichkeit (Potenz), Pflanze bzw. fertiges Kunstwerk *Verwirklichung* dieser Möglichkeit (Form) ist.

Aristoteles

Was dabei jedes Ding wirklich ist bzw. wird, ist seine †Entelechie, die Zielbestimmung des an sich völlig unbestimmten Stoffes, der Materie. In Beantwortung der Frage nach der Ursache des Werdens, der Bewegung führt A. alle Bewegung zurück auf ein erstes, selbst unbewegtes Bewegendes: die reine Form, den unbewegten Beweger, das vollkommene Sein, in dem jede Möglichkeit zugleich Wirklichkeit ist. Inhaltl. bestimmt A. den unbewegten Beweger, die Gottheit, als reines Denken, als Denken des Denkens, als Selbstbewußtsein. - Von ebenso zentraler Bed. für das abendländ. Denken wie die Logik und die theoret. Philosophie (Mathematik, Physik, Erste Philosophie oder Theologie) mit ihrer Untersuchung

Aristotelismus

des Werdens ist die prakt. Philosophie (Ethik, Politik) mit ihrer Lehre vom Maß als dem Mittleren zw. zwei Extremen (z. B. Tapferkeit zw. Feigheit und Tollkühnheit). Wird der Mensch in der theoret. Philosophie als „vernünftiges Lebewesen" bestimmt, so in der prakt. Philosophie als „gemeinschaftsbildendes Lebewesen". Das bedeutet, daß der Mensch seine „Tüchtigkeiten" oder „Tugenden" - sei es des Denkens (z. B. Weisheit), sei es des Wollens (z. B. Gerechtigkeit) nur in der Gemeinschaft, speziell im Staat verwirklichen kann und der Staat seinerseits die gleiche Zielsetzung haben muß wie der einzelne Mensch, z. B. die Verwirklichung der Gerechtigkeit. Als Staatsverfassung befürwortet A. deshalb auch eine „mittlere" zw. den „extremen" Verfassungen. Im übrigen sind für A. - im Unterschied zu Platon - Übung und Erziehung entscheidende Faktoren zur Verwirklichung der Tugenden bzw. der Sittlichkeit. - In die Kunsttheorie führt A. im Rahmen seiner poet. Philosophie v. a. den Begriff der ↑Mimesis und der Zweckfreiheit († Ästhetik) ein. - A. gilt neben Sokrates und Platon als Begründer der klass. philosoph. Tradition des Abendlandes († Aristotelismus).
Sein Werk umfaßt u. a. 1. die log. Schriften („Organon" genannt): u. a. „Categoriae" (Grundbegriffe), „Analytica priora" (Schlüsse), „Analytica posteriora" (Beweis, Definition), „Topica" (dialekt. Schlüsse). - 2. Naturwissenschaftl. Schriften: u. a. „Physik", „De caelo" (Über den Himmel), „Meteorologica", „Historia animalium" (Naturgeschichte der Tiere), „De anima" (Über die Seele). - 3. Eth. Schriften: u. a. „Nikomach. Ethik", „Politik". - 4. „Ästhet. Schriften: „Poetik", „Rhetorik". - 5. „Metaphysik".
📖 *Seidl, H.: Beitr. zu A.' Erkenntnistheorie u. Metaphysik. Amsterdam 1984. - Sandvoss, E. R.: A. Stg. 1981. - Düring, I.: A. Darst. u. Interpretation seines Denkens. Hdbg. 1966.*

Aristotelismus, Sammelbez. für Rezeption, Aus- und Umbau des philosoph. Systems des Aristoteles und einzelner Elemente seiner Philosophie. Der Einfluß der Philosophie des Aristoteles auf das christl.-europ., jüd. und islam.-arab. Geistesleben ist unüberschaubar. Ein großer Teil der von Aristoteles erstmals präzisierten Begriffe (z. B. Kategorie, Substanz, Potenz-Akt, Materie-Form, Abstraktion) sind fester Bestandteil unserer Umgangs- und Wissenschaftssprache. Viele wiss. Disziplinen wie Logik, Rhetorik, Ethik, Politik, Physik, Metaphysik, Ökonomie, Meteorologie, deren Bez. auf Aristoteles zurückgehen, sind in ihrer histor. Entwicklung in kaum noch prüfbarem Ausmaß von ihm beeinflußt. - 1. Vertreter des *A. im engeren Sinn* sind die Mitglieder des ↑Peripatos. - 2. Die philosoph. Beschäftigung und Auseinandersetzung mit Aristoteles in einem *weiteren Sinn* erreicht ihren Höhepunkt im Neuplatonismus bei Porphyrios, Proklos, Ammonios Sakkas, Simplikios und Johannes Philoponos, die teils eine Harmonisierung zw. den Lehren des Aristoteles und Platons versuchen, teils bestimmte Theorien des Aristoteles bekämpfen. In Konstantinopel wird das Studium von Aristoteles bis ins 11. Jh. fortgesetzt. - 3. In der *Theologie* ist die Aufnahme der Philosophie des Aristoteles auf die Bereiche begrenzt, wo er mit unaufgebbaren Glaubenssätzen in Einklang gebracht werden kann. Seine Wertschätzung beruht darauf, daß es durch ihn mögl. wird, die Glaubenssätze in ein systemat. Lehrgebäude einzugliedern. - In den arab.-islam. Bereich gelangt der A. über Syrien durch nestorian. (Schule von Edessa) und monophysit. Christen. 830 wird in Bagdad eine Übersetzerakademie eingerichtet. Al ↑Kindi gilt als erster Aristotelist des Islams. Im arab. Westen vertreten Avempace, Abubacer und Averroes, der bedeutendste Aristoteles-Kommentator des Islams, einen A. - Die jüd. Philosophie erhält durch den A. in Syrien und Persien neue Impulse. Von einem jüd. A. i. e. S. - Hauptvertreter: Abraham Ben David, Maimonides, Levi Ben Gerson - kann erst ab Mitte des 12. Jh. im Zusammenhang mit der Aufnahme der Lehre von Al Farabi, Avicenna und Averroes gesprochen werden. - Das christl. MA erhält Kenntnis von Aristoteles: 1. über die abendländ.-christl. Philosophie (v. a. Boethius), 2. über Konstantinopel nach dessen Eroberung durch die Kreuzfahrer (1206) und 3. über die jüd.-arab. Tradition: der von den Juden in Spanien gerettete arab. Aristoteles-Nachlaß wird in Palermo übersetzt, von dort nach Paris, Oxford und Cambridge verbreitet. Der christl.-abendländ. A. ist bis 1250 weitgehend eklekt. und an Averroes orientiert. In der Theologie sind mit ihm vornehml. Elemente neuplaton. und augustin. Philosophie verbunden. Anselm von Canterbury, sonst an Augustinus orientiert, wendet die Syllogistik auf die Theologie an. Eine völlige Umbildung von Theologie und Philosophie, denen zunächst nur einige log. Schriften, seit etwa 1130 das gesamte „Organon" des Aristoteles bekannt waren, setzt trotz Verboten mit dem Bekanntwerden der „Metaphysik", „Physik", „Psychologie" und „Ethik" des Aristoteles in der Hochscholastik ein, beginnend bei Gundissalinus in Spanien, Wilhelm von Auxerre und Wilhelm von Auvergne in Paris und - mehr naturphilosoph. - bei Grosseteste. Den endgültigen Sieg des A. führen Albertus Magnus und dessen Schüler Thomas von Aquin herbei, die andere philosoph.-theolog. Richtungen nur dann zulassen, wenn sie sich bruchlos in die Verbindung von A. und christl. Offenbarung einfügen lassen. Thomas von Aquin entwirft mit Hilfe der aristotel. Philosophie ein einheitl. System, das für die Theologie für Jahrhunderte Geltung hat. - Die Position Luthers ist anfangs durch Augustinismus und Ablehnung des A. geprägt. Um dem Mystizismus, Intuitionismus und Schwärmertum aber zu begegnen, baut die gesamte Schulphilosophie des Protestantismus auf Aristoteles auf. Erst im 19. Jh. schließt der Protestantismus sich neuen Strömungen (Kant, dt. Idealismus, Schleiermacher) an. Die offizielle Lehre der kath. Kirche ist bis in die Gegenwart weitgehend vom A. geprägt: ↑Thomismus, ↑Scholastik.

📖 *Gätje, H.: Studien zur Überlieferung der aristotel. Psychologie im Islam. Hdbg. 1971. - Düring, I.: Von Aristoteles bis Leibniz. Einige Hauptlinien in der Gesch. des A. In: Antike u. Abendland 4 (1954), 117.*

Aristoxenos von Tarent, * Tarent zw. 360 und 354, † um 300, griech. Musiktheoretiker. - Leistete einen grundlegenden Beitrag zur Musiktheorie; erhalten sind u. a. seine „Elemente der Harmonik".

Arithmetik [zu griech. arithmós „Zahl"], Teilgebiet der Mathematik, das sich mit den Zahlen im allgemeinsten Sinne befaßt, wobei keine Grenzwertbetrachtungen durchgeführt werden. In der Schulmathematik umfaßt die A. das Rechnen mit bestimmten und unbestimmten Zahlen, die Behandlung arithmet. und geometr. Folgen bzw. Reihen und die Kombinatorik.

arithmetisches Mittel ↑Mittelwert.

Arithmometer [griech.], Multiplikationsmaschine, 1818 von X. C. Thomas in Colmar konstruiert.

Ari Thorgilsson (isländ. Þorgilsson), * 1068, † 1148, isländ. Geschichtsschreiber. - Verfaßte um 1122/32 die erste Geschichte Islands in altnord. Sprache („Íslendingabók") für die Jahre 870–1120.

Arius, * in Libyen um 260 (?), † Konstantinopel 336, altkirchl. Theologe. - Nach theolog. Ausbildung in Antiochia seit dem frühen 4. Jh. Pfarrer in Alexandrien. Seine theolog. Position (↑Arianismus) und Verwicklung in innerkirchl. Spannungen führten 318 zu seiner Verurteilung durch den Bischof von Alexandria, die auch vom Konzil von Nizäa (325) ausgesprochen wurde.

ARI-Verfahren ↑Verkehrsfunk.

Arizaro, Salar de [span. sa'lar ðe ari'saro], größte Salztonebene in der Puna, NW-Argentinien, 3 650 m hoch; rd. 3 500 km² groß.

Arizona, Bundesstaat im SW der USA, 295 260 km², 3 Mill. E., 10 E/km², Hauptstadt Phoenix, 44 Counties.

Landesnatur: Zwei geolog.-morpholog. Großeinheiten bestimmen das Landschaftsbild: Im S die Basin and Range Province, im N das Colorado Plateau, die beide zur intermontanen Zone der Kordilleren gehören. Das tief zerschnittene Colorado Plateau fällt nach S und W in scharf ausgeprägten Steilstufen ab mit Sprunghöhen bis zu 2 000 m; auf ihm dominieren die Formen eines Schichtstufen- und Tafelberglandes, das durch zahlr. Brüche und Flexuren zerlegt worden ist. Der tekton. am stärksten herausgehobene S- und W-Rand bildet auch den topograph. höchsten Teil des Staatsgebiets (San Francisco Peaks bis 3 861 m hoch). Die Basin and Range Province umfaßt im NO das Mexican Highland, die Gila Desert im SW. Trotz relativ hoher Niederschlagsmengen, die v. a. von Juli–Sept. fallen, herrscht im Großteil des Staates ausgesprochene Trockenheit. Trockenheit liebende Pflanzengesellschaften bestimmen daher das Vegetationsbild: Strauchsteppe, Riesenkakteen und Yuccabäume in den Wüstengebieten, Wald in den Gebirgsketten.

Bevölkerung, Wirtschaft, Verkehr: A. hat die größte Anzahl an Indianern unter den Bundesstaaten (u. a. Apachen, Navajo, Hopi), die z. T. in 19 Reservaten leben. Ein bed. Element stellt die span. sprechende Bev. dar. Ein Großteil der Bev. lebt im städt. Ballungsraum um Phoenix. Univ. bestehen in Tucson, Tempe (beide 1885 gegr.) und Flagstaff (gegr. 1899). A. ist in erster Linie ein Weidewirtschaftsgebiet; Feldbau ist nur durch künstl. Bewässerung mögl., v. a. um Yuma, im Tal des Gila River und des Salt River; angebaut werden u. a. Baumwolle, Zitrusfrüchte, Wintergemüse, Futtergetreide. Eine große wirtsch. Rolle spielt die Kupfererzförderung; Molybdän, Gold, Silber, Blei und Zink fallen als Nebenprodukte bei der Kupferreduktion an; Erdöl wird v. a. bei Red Rock im Apache County gefördert. Industrieller Aufschwung nach 1940, v. a. Nahrungsmittel-, Flugzeug- und Elektronikind., Metall-, Textil-, Papier- und Zementind. Der Fremdenverkehr ist bed., v. a. im Nationalpark des Grand Canyon und in der Erholungslandschaft der Basin and Range Province. Mehrere transkontinentale Straßen und Eisenbahnlinien schließen A. an das amerikan. Verkehrsnetz an; A. besitzt überdies rd. 200 ⌖.

Geschichte: 1540 erstmals von einem Weißen durchquert; im 18. Jh. gegr. Missionsstationen blieben bis zum Beginn der mex. Unabhängigkeit (1821) die einzigen Zentren europ. Kultur; kam durch den Frieden von Guadalupe Hidalgo (1848) und durch den Gadsen-Kaufvertrag (1854) an die USA; 1863 Territorium; 1912 48. Bundesstaat der USA.

📖 *A., the Grand Canyon State: a history. Hg. v. F. Wachholtz. Westminster (Colo.) 1975. 2 Bde.*

Arjabhata, *Kusumapura bei Pataliputra (= Patna) um 476, † um 550, ind. Mathematiker und Astronom. - Verfasser des mathemat.-astronom. Lehrgedichtes „Āryabhaṭīya", in dem u. a. arithmet. Reihen und die Auflösung unbestimmter Gleichungen mit ganzzahligen Koeffizienten durch Kettenbrüche behandelt werden; verwendete erstmals die Sinusfunktion; vertrat bereits die An-

schauung, daß sich die Erde um ihre Achse drehe.
Arjasamadsch [Sanskrit „Versammlung der Edlen"], hinduist. Reformbewegung, die 1875 von dem Brahmanen **Dayanand Sarasvati** (*1824, †1883) in Nordindien begründet wurde und dort vorübergehend eine halbe Mill. Anhänger zählte. Der A. verwirft jede Toleranz in Glaubensfragen und lehnt alle Religionen ab, die nicht ausschließl. auf dem „Weda", der Sammlung hl. Texte Altindiens, begründet sind. Der „Weda" wird im monotheist. Sinn verstanden und zugleich als Quelle jegl., auch der modernsten naturwiss. Erkenntnisse angesehen.

Arjaschura, buddhist. ind. Dichter etwa des 4. Jh. n. Chr. - Von ihm ist in Sanskrit die „Jātakamālā" (Kranz der Wiedergeburtsgeschichte [des Buddha]) erhalten. In †Ajanta sind Szenen aus den 34 Geschichten dargestellt.

Arjuno [indones. ar'dʒuno], Vulkan auf Java, 60 km ssw. von Surabaja, 3 339 m hoch.

Arkaden [italien.-frz.; zu lat. arcus „Bogen"], Bogenreihe; einseitig offener Bogengang. A. dienten zur Gliederung des Außenbaus. Bes. in der röm. Baukunst beliebt (z. B. in mehreren Reihen übereinander am Kolosseum in Rom). Von da wurde sie von der europ. Baukunst übernommen, für die Front einer Vorhalle, für den Kreuzgang, für einen Innenhof (A.hof), für den Laubengang an der Straße, als Zwerggalerie in der roman. Baukunst, als Blendarkaden. - A. zw. zwei Räumen sind v. a. für den ma. Kirchenbau ein bed. Element der Raumgestaltung geworden (z. B. im Aachener Dom drei A. übereinander).

Arkadien, gebirgige Landschaft auf der Peloponnes; in den Becken intensive Landw., in den Bergen Weide-, z. T. auch Waldwirtschaft. - Wurde nur im SW von der dor. Wanderung berührt; war Rückzugsgebiet der archaischen Bev. Nach dem Versuch Spartas im 6. Jh. v. Chr., durch das Peloponnes strateg. beherrschende A. einen Zugang zum Isthmus von Korinth zu gewinnen, trat gang A. um 550 v. Chr. dem von Sparta beherrschten Peloponnesischen Bund bei; nach der spartan. Niederlage bei Leuktra (371 v. Chr.) befreite sich A. von der spartan. Hegemonie im †Arkadischen Bund. Veröbete in röm. Zeit (seit 189 v. Chr.); im 8. Jh. n. Chr. nur durch die Einwanderung slaw. Stämme vor der völligen Entvölkerung bewahrt; fiel 1458 an das Osman. Reich; war im griech. Unabhängigkeitskrieg wegen seiner strateg. Bed. umkämpft. - A. ging in die bukol. Dichtung wie in die Schäferdichtung des 17. Jh. als Schauplatz idyll. Landlebens ein.

Arkadier, die Mitglieder der †Accademia dell'Arcadia.

Arkadios, oström. Kaiser, †Arcadius.

arkadische Poesie, andere Bez. für †bukolische Dichtung (nach Arkadien, dem Schauplatz der Hirtenpoesie).

Arkadischer Bund, Zusammenschluß der Städte Arkadiens nach der Schlacht bei Leuktra (371 v. Chr.); urspr. unter Anschluß an Theben gegen Sparta gerichtet, führte eine Spaltung in Anhänger Thebens und Spartas zur Teilung Arkadiens in einen Nord- und einen Südbund; ging im 3. Jh. im Achäischen Bund und im Ätol. Bund auf.

Arkadius, oström. Kaiser, †Arcadius.

Arkalyk, Hauptstadt des Gebietes Turgai in der Kasach. SSR, 130 km westl. des Tengissees, 62 000 E. Bauxitabbau und -verarbeitung. - Stadt seit 1965.

Arkandisziplin [lat.], Geheimhaltung von Lehre und Kult einer Religionsgemeinschaft vor Außenstehenden.

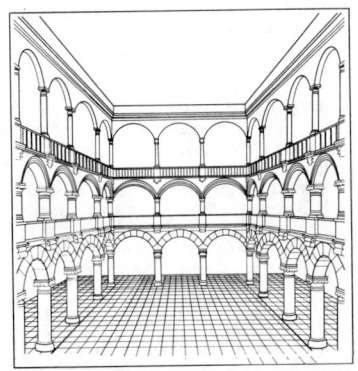

Arkadenhof

Arkansas [engl. 'ɑːkənsɔː], Bundesstaat im S der USA, 137 754 km², 2,35 Mill. E, 17 E/km², Hauptstadt Little Rock, 75 Counties.
Landesnatur: A. hat Anteil an der Schwemmlandebene des Mississippi und seiner Nebenflüsse, die im S in die Golfküstenebene übergeht sowie an Teilen des Ozark Plateau, von denen das Salem Plateau nur selten 35 m ü. d. M. übersteigt, das Springfield Plateau z. T. um 600 m, die Boston Mountains 823 m Höhe erreichen. Im S des Arkansas River liegen die bis 884 m hohen Ouachita Mountains. A. liegt klimat. im Übergangsgebiet zum subtrop. Klimabereich an der Golfküste mit warmen Sommern und fast gleichmäßig über das ganze Jahr verteilten Niederschlägen.
Bevölkerung, Wirtschaft, Verkehr: Der Bev.-rückgang zw. 1940 und 1960 ist v. a. auf die Abwanderung von Farbigen, Farmern sowie Akademikern in die Ind.zentren der USA zurückzuführen. Erst im Herbst 1963 wurde die gesetzl. Trennung von weißen und farbigen Schülern aufgehoben. A. hat fünf Univ., u. a. in Fayetteville (gegr. 1871) und Little Rock (gegr. 1927). Wichtigster Wirtschaftszweig ist die Landw. Angebaut werden v. a. Reis,

Arkansas River

Sojabohnen, Obst, Weizen, Baumwolle; außerdem werden Rosen zur Herstellung von Parfüms gezüchtet. Eine bed. Rolle spielt die Truthühner- und Hähnchenzucht. In A. werden 96 % des Bauxits der USA gefördert (Tage- und Tiefbau), in der Golfküstenebene Erdöl. Von großer Bed. sind auch Waldwirtschaft und holzverarbeitende Ind.; daneben Cottonölgewinnung und -verarbeitung, Textil- und Nahrungsmittelind. sowie Erdölraffinerien. Zentrum des Fremdenverkehrs ist der Hot Springs National Park. Außer einem großen Straßennetz erschließen fünf Eisenbahnlinien mit Nebenstrecken den Bundesstaat; zahlr. ✈.

Geschichte: 1541 erstmals von einem Weißen durchzogen, gegen Ende des 17. Jh. v. a. von Franzosen durchquert und für Frankr. in Besitz genommen: seit 1731 Kronkolonie Louisiane; fiel 1763 an Spanien; 1799 von Frankr. zurückgewonnen, 1803 nach zähen Verhandlungen von den USA für 15 Mill. $ gekauft, 1819 Territorium, 1836 zum Staat proklamiert und in die USA aufgenommen; schwenkte im Sezessionskrieg 1861 schließl. in das Lager des Südens über; erlitt in den Kriegshandlungen sehr schwere Verluste; nach Kriegsende (1865) zunächst von der Union verwaltet, 1868 wieder als Unionsstaat mit neuer Verfassung zugelassen; die Diskriminierung der Farbigen führte wiederholt zu Rassenkonflikten.

📖 *Hanson, G. T./Stroud, H. B.: A. Geography. Little Rock 1981.*

Arkansas River [engl. 'ɑːkənsɔː 'rɪvə], rechter Nebenfluß des Mississippi, USA, entspringt in mehreren kleinen Seen (3 000–4 200 m ü. d. M.) in den Rocky Mountains, sw. von Denver, mündet etwa 60 km nördl. von Greenville, 2 334 km lang, schiffbar bis nahe Muskogee; im 19. Jh. bed. als Verkehrs- und Handelsweg.

Arkanum [lat.], 1. Geheimlehre und Kultgeheimnis; 2. alte Bez. für ein medizin. Wundermittel.

Arkebuse [frz.], Anfang 15. Jh. entstandene schwere Handfeuerwaffe; **Arkebusier,** ein mit der A. ausgerüsteter Schütze; im 17. Jh. auch beritten (**Arkebusierreiter**).

Arkesilaos aus Äolien (Kleinasien), * um 316, † 241, griech. Philosoph. - Begründete die „mittlere ↑ Akademie", in die er die Skepsis einführte. Im Anschluß an die sokrat. Dialogtechnik versuchte er, seinen Gesprächspartner durch Aufzeigen von Gründen und Gegengründen in eine Aporie zu führen; unbezweifelbar sicheres Wissen hielt er für unerreichbar. Vernünftiges Handeln sei mögl., wenn man dem besser Begründeten folge.

Arkesilasschale, Schale aus Lakonien, 1. Hälfte des 6. Jh. v. Chr. (Paris, Bibliothèque Nationale), schildert eine Verladeszene unter Aufsicht des kyren. Königs Arkesilaos II. oder III.

Arkona, Kap auf Rügen, nördlichster Punkt der DDR, 46 m hohe Kreidefelsen mit zwei Leuchttürmen. Auf A. finden sich Wälle der 1169 von den Dänen zerstörten slaw., dem Gott Swantowit geweihten Tempelburg.

Arkose [frz.], Sandstein mit starkem Anteil an Feldspäten und Glimmern, entstanden durch trockene Verwitterung von Graniten und Gneisen.

Arkosol (Arcosolium) [lat.], Wandgrab, bes. in den Katakomben.

Arktis [griech.] (Nordpolargebiet), die um den Nordpol liegenden Land- und Meeresgebiete; ehem. nach S abgegrenzt durch den nördl. Polarkreis, heute werden klimat. (10 °C-Juli-Isotherme) und vegetationsgeograph. Kriterien (nördl. Baumgrenze) herangezogen. Im Z liegt das größtenteils ständig von Eis bedeckte Nordpolarmeer. Die von Dauerfrostboden geprägten Landgebiete der A. sind: Grönland, der Kanad.-Arkt. Archipel, die sibir. Inseln und die nördl. Teile von Amerika, Asien und Europa. Klimat. ist die A. durch lange, kalte Winter und kurze, kühle, oft nebelreiche Sommer bestimmt. Außerhalb der Eis- und Felsschuttwüsten bildet Tundra die Vegetation. Typ. Kennzeichen vieler Tierarten sind dichtes Pelzkleid und dicke Fettschicht. Die urspr. Bewohner der A. sind Jäger, Fischer, Renzüchter; wichtiges Haustier ist der Polarhund.

Entdeckung und Erforschung: Nach ersten, von ir. Mönchen und den Normannen seit dem 8. und 9. Jh. gesammelten Kenntnissen über die A. wurde v. a. von den Engländern/Briten und Niederländern im 16. und 17. Jh. im Bemühen um neue Wege nach „Indien", um Nordwestpassage und Nordostpassage bis Mitte 17. Jh. die W-Küste Grönlands und die O-Küsten des nördl. Nordamerika sowie des Kanad.-Arkt. Archipels zum großen Teil erforscht, die Bäreninsel und Nowaja Semlja erreicht. Die Erkundung der N-Küste Asiens, durch Rußland begonnen, führte zur Entdeckung Alaskas, der Beringstraße und des Beringmeers, bis um 1750 zur ersten, notdürftigen Kartierung der N-Küste Sibiriens. 1778 drang J. Cook in der Tschuktschensee nach NW und NO bis zur Eisgrenze vor. Nachdem Ende des 18. Jh. in Nordamerika die arkt. Küste erreicht worden war, setzte nach 1819 (v. a. 1848–79) eine intensive Erforschung dieser Küste und des südl. und östl. Kanad.-Arkt. Archipels ein; u. a. gelang R. McClure 1850–54 die erste Bewältigung der Nordwestpassage. Später gelangen die Bezwingung der Nordostpassage (1878–80 A. E. von Nordenskiöld), die Erkundung der Küsten Grönlands (1886–1906 R. E. Peary; 1902–33 K. Rasmussen) und des Kanad.-Arkt. Archipels (1906–18 V. Stefansson), die Erreichung des Nordpols (1908 F. A. Cook, 1909 R. E. Peary) sowie der Nachweis, daß der Nordpol von Meer umgeben ist (insbes.

1893–96 F. Nansen mit der „Fram"). Seitdem steht die geophysikal. Erforschung der A. im Vordergrund des Interesses, mit Flugzeug (1926, R. E. Byrd), Luftschiff (1926; R. E. Amundsen, L. Ellsworth, U. Nobile), Eisbrecher, Atom-U-Boot und festen sowie auf Eisschollen driftenden Forschungsstationen.

📖 *Müller, Fritz: Hoher Norden. Natur u. Mensch in der A. Zürich 1977. - Weiss, W.: A. Wien u. Mchn. 1975.*

Arktogäa (Megagäa) [griech.], zusammenfassende Bez. für die paläarkt., nearkt., äthiop. und oriental. ↑tiergeographische Region.

Arkturus (Arktur) ↑Arcturus.

Arkus (Arcus) [lat.], Formelzeichen arc, Bogen bzw. ↑Bogenmaß eines Winkels; auch Bez. für den im Bogenmaß gemessenen Polarwinkel in einem Polarkoordinatensystem, speziell für den Polarwinkel in der Gaußschen Zahlenebene.

Arkusfunktionen ↑zyklometrische Funktionen.

Arland, Marcel [frz. ar'lɑ̃], * Varennes-sur-Amance (Haute-Marne) 5. Juli 1899, † Brinville 12. Jan. 1986, frz. Schriftsteller. - Kritiker; sein Roman „Hl. Ordnung" (1929) spiegelt die tiefgreifende Umwälzung der frz. Gesellschaft in den Nachkriegsjahren. In dt. Übers. auch „Nachtwache" (R., 1935).

Arlanda, internat. ✈ von Stockholm.

Arlberg ↑Alpenpässe (Übersicht).

Arlecchino [italien. arleˈkiːno], Bergamaskisch sprechender schelm. Diener, eine der typ. kom. Figuren der ↑Commedia dell'arte; entspricht dem ↑Harlekin.

Arles [frz. arl], frz. Stadt an der Rhone, Dep. Bouches-du-Rhône, 51 000 E. Erzbischofssitz; Marktzentrum für Camargue und Crau, Zentrum des Reisanbaus im Rhonedelta, Nahrungsmittel-, chem., metallurg., Papier-, Kartonagenind., Herstellung von Erdölbohrgeräten; Fremdenverkehr. - Vermutl. von den gall. Saluviern gegr.; als **Theline** im 6. Jh. v. Chr. von Massilia errichtete Tochterkolonie; die von Cäsar um 46 v. Chr. gegr. Römerstadt **Colonia Julia Paterna Arelate Sextanorum** erhielt 22 v. Chr. das Recht einer röm. Stadt; im 4. und 5. Jh. n. Chr. mehrmals Residenz röm. Kaiser; wurde 395 Verwaltungssitz der gall. Präfektur; spätestens seit dem 3. Jh. Bistum, um 400 Erzbistum (bis 1801); seit 417 bis ins fränk. Zeit Vikariat für Gallien; in der Völkerwanderungszeit unter westgot. und ostgot. Herrschaft; kam 536 zum Fränk. Reich; wurde 879 Haupt- und Krönungsstadt des Kgr. Burgund (Arelat), kam mit diesem 1033/34 zum röm.-dt. Reich, 1251 zur Provence, mit dieser 1481 zu Frankr. - Zahlr. Überreste aus galloröm. Zeit: Amphitheater (Les Arènes; heute Stierkampfarena), röm. Theater, in dem 1651 die Aphrodite von A. gefunden wurde (heute im Louvre), Forum, Thermen, Nekropole (Aliscamps). Kathedrale Saint-Trophime (1. Bau karoling., heutiger 11. und 12. Jh.) mit figurenreichem Hauptportal und Kreuzgang mit zwei roman. (12. Jh.) und zwei got. (14. Jh.) Flügeln.

Arlesheim, Bezirkshauptort im schweizer. Halbkanton Basel-Landschaft, 5 km südl. von Basel, 335 m ü. d. M., 8 300 E. Maschinen- und Apparatebau, Textil- und Papierind. - Ehem. Dorf, mit Basel zusammengewachsen. - 1678–1792 Residenz des Domkapitels des Bistums Basel, häufig auch des Bischofs von Basel. Bei A. erkämpften 1499 die Schweizer gegen Maximilian I. ihre fakt. Unabhängigkeit vom Reich. - Barocke Stifts- oder Domkirche (1680) mit Spiegelgewölbe, Schloß Birseck (13. Jh.; im 19. Jh. erneuert).

Arlington [engl. 'ɑːlɪŋtən], County in N-Virginia, USA, am rechten Ufer des Potomac River, gegenüber von Washington, 174 000 E. A. besitzt keinen zentralen Stadtkern; Wohnvorort von Washington; Sitz des US-Verteidigungsministeriums. ✈ von Washington. - Größter Militärfriedhof in den USA (**Arlington National Cemetery,** seit 1864). Neben Soldaten sind dort auch bed. Politiker und Forscher beerdigt. - Teil des von Virginia bei der Bildung des District of Columbia an die Bundesregierung abgetretenen Gebietes; 1846 jedoch wieder in Virginia eingegliedert.

Arlon [frz. ar'lɔ̃] ↑Arel.

Arlt, Ferdinand Ritter von, * Horni Krupka (bei Teplice) 18. April 1812, † Wien 7. März 1887, östr. Augenarzt. - Prof. in Wien, dort 1856–83 Leiter der Augenklinik; beschrieb zahlr. Krankheitsbilder, entwickelte neue Operationstechniken.

A., Roberto, * Buenos Aires 2. April 1900, † ebd. 26. Juni 1942, argentin. Schriftsteller

Arles. Ruinen des römischen Theaters, im Hintergrund der Turm der Kathedrale Saint-Trophime

Arm

und Journalist. - Führte in seinen bitteren Romanen den Jargon der niederen Viertel von Buenos Aires, das „Lunfardo", in die argentin. Literatur ein.

Arm, in der Anatomie Bez. für die paarig ausgebildete Vordergliedmaße des Menschen und der Menschenaffen, die sich funktionell von der Hintergliedmaße (Bein) v. a. dadurch unterscheidet, daß sie (als Folge der aufrechten Gangart) nicht mehr der Fortbewegung auf dem Boden dient, sondern ein vom Auge kontrolliertes Halte- und Greiforgan geworden ist. Bei den noch nicht ausschließl. aufrecht gehenden Menschenaffen wird der A. zusätzl. als Körperstütze benutzt. Nach der Gliederung des Skeletts unterteilt man den Arm in Oberarm, Unterarm und † Hand: Der **Oberarm** (Brachium) besteht aus einem einzigen festen Röhrenknochen, dem Oberarmbein (Humerus) mit Kopf und Gelenkfläche zur Bewegung in der Gelenkgrube am Schulterblatt und einer Wölbung zur Einlenkung der beiden Knochen des Unterarms (Antebrachium) am Ellbogen. Der **Unterarm** setzt sich aus der *Elle* (Ulna, Cubitus), die mit dem Ellbogenfortsatz (Olecranon) über das untere Ende des Oberarms hinausragt und nur gebeugt und gestreckt werden kann, und der *Speiche* (Radius) zus., die sich außerdem um die Elle, am unteren Ende fast um 180°, drehen kann, wobei sie die Hand mitführt. Die kräftigen Muskeln, die den Oberarm im Schultergelenk bewegen, entspringen an Brust, Rücken, Schulterbein und Schulterblatt. An der vorderen Fläche liegen die den A. im *Ellbogengelenk* beugenden, an seiner hinteren Fläche die ihn streckenden Muskeln. Die *Oberarmschlagader* (Arteria brachialis) verläuft an der Innenfläche des Oberarms bis zur Ellenbeuge, wo sie sich entsprechend den Unterarmknochen in zwei Endäste teilt. An der am unteren Speichenende auf dem Knochen aufliegenden Arterie kann der Puls (Radialpuls) gefühlt werden. Der an der Innenseite des Ellbogengelenks hinter dem Knochenvorsprung gelegene Ellennerv ist so wenig geschützt, daß bei Stoßeinwirkung Reizung eintritt und heftiger Schmerz ausgelöst wird (Musikantenknochen, Mäuschen).

Armada [lat.-span.], bis Anfang des 18. Jh. allg. Bez. für Streitkräfte, dann für Kriegsflotte, v. a. für die „unüberwindl. A.", die 1588 gegen England ausgesandte span. Flotte. Oberbefehlshaber über 129 Schiffe und 30 000 Mann war der völlig unerfahrene Herzog von Medina Sidonia. Die zahlenmäßig weit unterlegene engl. Flotte führte Lord Howard (Sir Francis Drake war Vizeadmiral). Die in 3 Seeschlachten vor SW-England besiegte A. segelte um Schottland herum heimwärts; erlitt in den Herbststürmen weitere Verluste. 66 Schiffe mit 10 000 Mann kehrten nach Spanien zurück. Im Schicksal der A. sah die prot. Welt ein Gottesurteil.

Armagh [engl. ɑːˈmɑː], Stadt in Nordirland, 55 km sw. von Belfast, 13 000 E. Verwaltungssitz des Distrikts A. - Seit etwa 450 Bischofssitz; seit dem 8. Jh. Sitz des Primas der Kirche von Irland (1152 päpstl. Anerkennung), seit 1542 auch anglikan. Erzbischofssitz. Bed. Marktzentrum, mit Textil-, Molkerei- und Mühlenind. - Nach der Überlieferung lag in dem bei A. gelegenen Ringwall Eamhain Macha seit etwa 300 v. Chr. der Sitz des Kgr. Ulster. A. entstand um das 443 n. Chr. von hl. Patrick gegr. Kloster; im 11. und 12. Jh. höchste Blüte; 1566 und 1642 völlig zerstört; 1611 Stadtrecht. - Bischofskathedrale (13. Jh.). **A.,** ehem. Gft., seit 1973 Distrikt, im südl. Nordirland.

Armagnac [frz. armaˈɲak], frz. Landschaft, ehem. Gft. im südl. Aquitan. Becken, erstreckt sich im Pyrenäenvorland zw. den Tälern der Save im O und der Gélize im NW, Zentrum Auch. Neben der Landw. steht der Weinbau im Vordergrund; der Wein wird seit dem 17. Jh. zu Branntwein (**Armagnac,** 40 Vol.-% Alkoholgehalt) verarbeitet. - 53 v. Chr. als „pagus Armanicus" Teil der röm. Prov. Aquitanien; im 5. Jh. westgot., im 6. Jh. fränk.; gehörte seit dem 7. Jh. zum Hzgt. Gascogne. Den Höhepunkt ihrer Macht erreichten die Grafen von A. um die Wende von 14. zum 15. Jh. Die Gft. kam schließl. 1607 an die frz. Krone.

Armagnaken [armaˈɲakən], Söldner des Grafen von Armagnac seit 1410, wegen ihrer Plünderungen in Frankr. und Schwaben berüchtigt; von Karl VII. von Frankr. gegen die schweizer. Eidgenossen gesandt, von diesen 1444 bei Sankt Jakob an der Birs geschlagen.

Armalcolit [nach den Astronauten **Arm**strong, **Ald**rin und **Col**lins], auf dem Mond vorkommende vulkan. Breccie.

Arman [frz. arˈmã], eigtl. Armand

Armaturenbrett in einem Pkw. Von links: Kraftstoffanzeiger und Thermometer, Tachometer und Kilometerzähler, Drehzahlmesser, Zeituhr, Ladedruck-Manometer

Armenien

Fernandez, * Nizza 17. Nov. 1928, frz. bildender Künstler. - Materialbilder und -kästen zertrümmerter oder gleichartiger Gegenstände („Accumulations" und „Destructions").

Armand [frz. ar'mã], männl. Vorname, frz. Form von ↑Hermann.

Armansperg, Joseph Ludwig Graf von, * Kötzting 28. Febr. 1787, † München 3. April 1853, bayr. Politiker. - Seit 1825 liberaler bayr. Innen- und Finanzmin., 1828-31 Außenmin.; wirkte tatkräftig für die dt. Zollunion; seit 1832 Präs. der Regentschaft für Otto I. von Griechenland, dessen Schatzkanzler 1835-37.

Armati [awest. „Ergebenheit, Fügsamkeit"], eine der ↑Amescha Spentas.

Armatolen, in den nordgriech. Gebieten seit dem Vordringen der Osmanen wirkende Freischaren; v. a. bekannt durch ihre Teilnahme am griech. Befreiungskampf.

Armaturen [zu lat. arma „Gerätschaften, Waffen"], Ausrüstungsteile von techn. Anlagen (z. B. Meßgeräte, Absperr- oder Drosselorgane [Wasserhähne], Schalter, Regler usw.); meist auf **Armaturenbrettern** übersichtl. angeordnet. Bei Kraftfahrzeugen enthält das A.brett Anzeigeinstrumente (zur Überwachung von Geschwindigkeit, Kühlwasser- und Öltemperatur, Motordrehzahl, Tankinhalt), Uhr, Kontrollampen, Schalter und häufig das sog. Handschuhfach.

Armawir, sowjet. Stadt am N-Fuß des Großen Kaukasus, Region Krasnodar, RSFSR, 168 000 E. PH, Zweigstelle der polytechn. Hochschule von Krasnodar; Maschinen- und Gerätebau, Konservenfabrik u. a. Ind.; Bahnknotenpunkt. - 1839 gegr., seit 1914 Stadt.

Armband ↑Armschmuck.
Armblei ↑Blei.
Armbrust [volksetymolog. umgebildet aus mittellat. arbalista (zu lat. arcuballista „Bogenschleuder")], aus dem Bogen entwickelte Schußwaffe, mit der Bolzen, Pfeile, Stein- und Bleikugeln geschleudert werden können; schon den Chinesen bekannt; im 15./16. Jh. allmähl. von den Handfeuerwaffen verdrängt; war aber noch bis zum 17. Jh. in Gebrauch. Der moderne A.sport benutzt die techn. vervollkommnete *Match-A.* (nat. und internat. Meisterschaften).

Armbrustfibel ↑Fibel.
Armco-Eisen [nach der amerikan. Herstellerfirma American Rolling Mill Company, Middletown, Ohio], techn. reines Eisen mit mindestens 99,85 % Fe, das im Großbetrieb hergestellt wird.

Armee [frz.; zu lat. armare „bewaffnen"], 1. ältere Bez. für die Streitmacht eines Staates, gleichbed. mit Heer; 2. i. e. S. ein für eine bestimmte Aufgabe oder einen Kriegsschauplatz bestimmter Verband unter einheitl. Oberbefehl (z. B. Afrika-A., Invasions-A.); 3. Großverband des Heeres, besteht normalerweise aus mehreren **Armeekorps,** Kommandobehörde einer A.: **Armeeoberkommando** (AOK); Führer einer A.: **Armeeführer,** offiziell Oberbefehlshaber.

Armeemarsch ↑Marsch.
Armeemusik ↑Militärmusik.
Ärmel, als angeschnittene Ä. gibt es Fledermaus-Ä., den Kimono-Ä., der jap. Ursprungs ist, und den Kutten-Ä., als eingesetzte Ä., ein-, zwei- oder dreiteilig, den Kugel-Ä., der in der Höhe der Armkugel eingesetzt ist, und den Raglan-Ä., dessen Spitze bis zum Hals reicht. Nach der Behandlung der Weite unterscheidet man gebauschte Formen (Ballen-, Keulen- oder Schinken-Ä., Puff-Ä.) gerade Formen (Blusen-, Bündchen- oder Hemd-Ä.) sowie Glockenärmel. - Ägypter, Perser, Assyrer trugen schon vor der Zeitrechnung angeschnittene Ä., während die Gewänder der klass. Antike ärmellos waren. Die Römer übernahmen erst in der Kaiserzeit den oriental. Ä. Auch die kelt. und german. Tracht war urspr. ärmellos.

Ärmelkanal ↑Kanal, Der.
Armenanwalt, der einer mittellosen Prozeßpartei, der im Armenrecht gewährt wurde, als Prozeßbevollmächtigter beigeordnete Rechtsanwalt. Die Beiordnung eines A. erfolgt auf Antrag durch das Gericht. Um als Vertreter der mittellosen Prozeßpartei auftreten zu können, bedarf der A. noch deren Vollmacht; er hat Anspruch auf Vergütung gegen die Staatskasse.

Armenbibel ↑Biblia pauperum.
Armenia, Hauptstadt des kolumbian. Dep. Quindío, auf der W-Abdachung der Zentralkordillere, 1 551 m ü. d. M., 198 000 E. Sitz eines Bischofs; Zentrum eines Kaffeeanbau- und Viehzuchtgebietes; Kaffeeaufbereitung, Herstellung von Getränken, Schokolade und Tonwaren; Bahnstation, an der Carretera Panamericana, ✈. - Gegr. 1889.

Armenien (Armina, Hajastan), histor. Reich in Vorderasien, im Bereich eines Hochlandes *(Hochland von A.),* größtenteils auf dem Gebiet der heutigen Türkei (O-Anatolien), in der UdSSR (südl. des Kleinen Kau-

Armbrust mit Bolzen (oben rechts)

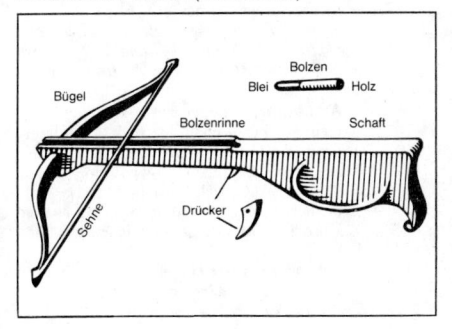

Armenier

kasus; im S der Grusin. SSR, in der Armen. SSR und in der Nachitschewaner ASSR) und in NW-Iran.

Geschichte: Ältestes Volk im Hochland von A. nachweisbares Volk waren die Churriter; in der 2. Hälfte des 2. Jt. v. Chr. stand A. unter hethit. und assyr. Einfluß. Das im 9. Jh. v. Chr. gegr. Reich Urartu faßte erstmals fast ganz A. zu einer polit. Einheit zusammen. Im 7. Jh. wanderten von W her die Armenier ein; ihr Reich blieb unter med. und pers. Oberhoheit und kam nach 331/323 zum Reich Alexanders d. Gr., 301 zum Seleukidenreich. Seit 190 machten sich unter röm. Schutz v. a. die Artaxiden selbständig, die seit etwa 90 v. Chr. ein großarmen. Reich errichteten. Seit 69 v. Chr. unter röm. Protektorat; 53–430 unter der Herrschaft parth. Arsakiden, wurde Pufferstaat zw. Rom, Parthien und den nomad. Völkern Transkaukasiens. Mit dem Hellenismus kam das Christentum nach A. 387 zw. Rom und Persien geteilt: O-A. kam an Persien, Klein-A. an Rom (ab 395 Bestandteil Ostroms). Geriet nach kurzzeitiger Unabhängigkeit 646/656 unter arab. Herrschaft. Trotz erneuter Blüte unter den Bragatiden konnte A. zw. Byzanz und den Arabern nicht bestehen. Von Byzanz annektierte große Teile von A. gingen 1071 an die Seldschuken verloren. Mitte des 13. Jh. wurde A. von den Mongolen und 1390 von Timur-Leng überrannt. W-A. kam Ende des 14. Jh. an das Osman. Reich. Im 17. Jh. wurden Teile von A. von den pers. Safawiden erobert. 1722 besetzten russ. Truppen Teile Transkaukasiens, 1746 annektierte Persien die Gebiete zw. den Flüssen Kura und Arax; diese fielen 1813/28 an Rußland, 1878 auch Türk.-A. (Kars und Ardahan). Türken und Kurden verübten 1895–97 und wieder 1909 Massaker unter den Armeniern; im und nach dem Ersten Weltkrieg wurde durch Deportationen und neue Massaker der größte Teil des Volks vernichtet (bes. 1914/15 und in den 20er Jahren). Der 1918 proklamierten unabhängigen Republik A. bereiteten 1920 sowjet. und türk. Truppen ein Ende. 1923 wurde die türk. Annexion von Kars und Ardahan internat. anerkannt wie die sowjet. Einverleibung der übrigen Armenier.

📖 *Histoire des Arméniens.* Hg. v. G. Dedeyan. Toulouse 1982. - Ternon, J.: *Tabu A.* Dt. Übers. Ffm. u. Bln. 1981. - Brentjes, B.: *Drei Jahrtausende A.* Lpz. 1973.

Armenier, indogerman. Volk, urspr. in Armenien lebend, nach den türk. Verfolgungen zum größten Teil ausgewandert, u. a. nach Transkaukasien. In der Sowjetunion lebten 1979 4,2 Mill. A., weltweit gibt es fast 6 Mill. Armenier. In der Sowjetunion gelang es den A., ihre Sprache und Schriftzeichen beizubehalten.

Armenierstadt ↑Gherla.

armenische Kirche, Kirche mit alter Tradition, knüpft an die Apostel an; als eigtl. Begründer gilt ↑Gregor der Erleuchter, der König Trdat Ende des 3. Jh. bekehrte; das Christentum wurde Staatsreligion. Die a. K. war stark vom feudalen Charakter des armen. Staates beeinflußt. Sie hatte an ihrer Spitze zunächst einen ↑Katholikos, der in erbl. Nachfolge aus dem Adel stammte. Als Reaktion auf die Union mit Rom (1439) begründeten die orth. Armenier den Katholikat von ↑Etschmiadsin, der noch heute das geistl. Zentrum der nichtkath. Armenier ist. Unter der Türkenherrschaft erhielt der Bischof der Armenier in Bursa die Aufgabe, die „Nation" der Armenier mit Sitz in Konstantinopel zu vertreten (1461). Seit 1311 besteht auch ein Patriarchat in Jerusalem. Der kath. Mchitar von Sebaste (*1676, †1749) mußte vor der Verfolgung durch die andersgesinnten Armenier aus dem Herrschaftsbereich der Türken fliehen. Erst 1830 konnte Rom ein armen. Patriarchat errichten, dessen Sitz heute in Beirut ist.

armenische Kunst, setzte seit dem 4. Jh. mit einer bed. kirchl. Baukunst ein. Ihr Ausgangspunkt waren einschiffige und dreischiffige Basiliken, die im 6. Jh. Kuppeln erhielten, die seit dem 7. Jh. auf Trompen ruhen. Die Schiffe wurden verkürzt, es entstand die Kreuzkuppelkirche (parallel zu Byzanz). Wahrscheinl. aus urartäischer Tradition stammt die nur hier zu findende Bauart: Zw. zwei Wände aus sorgfältig behauenen Steinen (Tuff, Basalt) wird eine Mischung aus Bruchstein und Mörtel gegossen, wodurch sehr dicke und tragfähige Mauern entstehen. Die stabile Schale der armen. Zentralbauten ermöglichte es, Innenraum und äußere Gestalt verschiedenen Konzeptionen zu unterwerfen. Die halbrunden Innenräume (Konchen) wurden verdeckt, um die blockhafte Kreuzform des Gebäudes zu wahren. Bed. u. a. die Ripsimekirche in Etschmiadsin (618) und die Kirche in Swartnoz (641–61). Die zweite Periode reger Bautätigkeit fiel in die 10./11. Jh.; hier wurden die überkommenen Typen weiterentwickelt, z. B. in der Kathedrale, der Gagikkirche und der Erlöserkirche von ↑Ani (1036). Die Skulptur trat meist als Reliefplastik auf (Schmuckbänder um Fenster und Portale und reichgeschmückte Kapitelle). Die Bauplastik erreichte in der Kirche vom Heiligen Kreuz auf ↑Ahtamar (915–21) ihren Höhepunkt. Frühe Freskenreste sind erhalten in Dior, Mren (Türkei), Talin, ganze Szenen in Lmbat (7. Jh.), Ahtamar. Bed. ist die Buchmalerei der Evangeliare (9.–11. Jh.). Im 11. bis 14. Jh. erhielt die islam. Kunst (Byzanz) dominierenden Einfluß.

📖 *Renz, A.: Land um den Ararat. Osttürkei und Armenien.* Mchn. 1983.

armenische Literatur, die altarmen. L. entstand mit der eigenen Schrift, als nach der Christianisierung die Nation eine feste Einheit gewann. Das „goldene Zeitalter"

Armenische SSR

(407–451) zeigte reiche Übersetzungstätigkeit (Bibel, patrist., hagiograph., liturg. Schriften und histor. Werke). Originalschriftsteller waren u. a. Esnik von Koghb (5. Jh.) und Koriun (5. Jh.). Das „silberne Zeitalter" (ab 451) wies starken Einfluß der Umgangssprache auf. Unter den Historikern ragte Ghasar von Parp (um 500) hervor, neben patrist. Texten wurde der „Alexanderroman" übersetzt, Ende des 6. Jh. mit einer Hellenisierungswelle v. a. griech. Philosophen (Aristoteles). Bed. Historiker waren Eghische Wardapet (7. Jh.) und Moses von Choren (9. Jh.). Als theolog. Literatur sind die im „Buch der Briefe" gesammelten Dokumente anzusehen, der bedeutendste Mystiker war Grigor von Narek (*945, †1010). Gregorios Magistros (11. Jh.) übersetzte Platon. In der Zeit des kleinarmen.-kilik. Staates wirkten die Theologen Nerses Schnorhali (*1102, †1173) und Nerses von Lambron (*1153/54, †1198), im 13. Jh. traten zahlr. Historiker hervor.
Mittelarmen. L.: Die Volkssprache wurde zur Schriftsprache erhoben. Die Literatur in mittelarmen. Schriftsprache umfaßt histor., medizin., jurist. und landw. Schriften und die Minnelyrik der Aschugen. - Der Niedergang seit Ende des 14. Jh. wurde erst von Mchitar von Sebaste (*1676, †1749) und den †Mechitaristen aufgefangen, die die a. L. aufzuarbeiten begannen.
Neuwestarmen. und neuostarmen. Literatur: Im 19. Jh. entstanden unter frz. (W) und dt. Einfluß (O) Drama, Lyrik, Roman und Satire. Es sind zu nennen: A. Arpiarean (*1851, †1908), H. Paronean (*1843, †1891) in neuwestarmen., S. Nasarjan (*1812, †1879), R. G. Patkanjan (*1830, †1892), M. Nalbandjan (*1829, †1866), Raffi (*1835, †1888) im neuostarmen. Sprachbereich. Die Sowjetisierung lenkte die neuostarmen. L. in die Richtung polit.-gesellschaftl. Engagements (bes. nach der Begründung des Schriftstellerverbandes der Armen. SSR).
📖 *Inglisian, V.: Die armen. Lit. In: Hdb. der Orientalistik. Hg. v. B. Spuler. Abt. 1. Bd. 7. Leiden 1963.*
armenische Schrift, Mesrop schuf 407 n. Chr. die noch jetzt gebräuchl. a. Sch. (von links nach rechts geschrieben), wahrscheinl. auf der Grundlage des griech. Alphabets, mit 38 Zeichen. Die älteste Form liegt in der sog. Eisenschrift (Erkatagir) vor, die noch heute für die großen Buchstaben verwendet wird. Ihr schließt sich bis zum 12. Jh. die mittlere Eisenschrift an. Vom 12.–14. Jh. war die Rundschrift (Bolorgir), bis ins 19. Jh. die Kursivschrift (Notrgir) üblich, die von der Kurrentschrift (Scheghagir) abgelöst wurde.
armenische Sprache, ein selbständiger Zweig der indogerman. Sprachfamilie, der v. a. mit Lehnwörtern aus dem Iran., aber auch aus den benachbarten nichtindogerman. Sprachen durchsetzt ist. Neben der Schriftsprache (klass. Altarmenisch) stand eine in Dialekte aufgespaltene Volkssprache, die nach dem 5. Jh. immer stärker mit einzelnen Erscheinungen in die Schriftsprache eindrang, die vom 10. Jh. ab eine tote Sprache war. Aus der Volkssprache ging seit dem 9. Jh. eine mittelarmen. Schriftsprache hervor, die mit dem Kleinarmen. Reich wieder unterging (1375). Mit Mchitar von Sebaste (*1676, †1749) begann eine Erneuerung des vorher stark vulgarisierten Altarmenisch. Das 19. Jh. brachte schließl. zwei neue Schriftsprachen, die moderne Weiterentwicklung der Sprache und Besinnung auf die klass. Sprache verbinden. Das Neuwestarmenische, das auf dem Dialekt von Konstantinopel beruht, wird im Westen, d. h. in der Türkei, in Syrien, Libanon, Ägypten, auf dem Balkan und sonst in Europa sowie in Amerika gebraucht; das Neuostarmenische ist das Idiom der Armenier in der UdSSR, in Persien und Indien. Darüber hinaus besteht außer den beiden Schriftsprachen eine Fülle von gesprochenen Dialekten.

Armenische Kunst. König Gagik I., Relief von der Westfassade der Kirche vom Heiligen Kreuz (915–21) auf der Insel Ahtamar

Armenische SSR, südlichste und kleinste der transkaukas. Sowjetrepubliken, grenzt im W an die Türkei, im S an die Nachitschewaner ASSR sowie den Iran, im N an

Armenrecht

die Grusin. SSR, im O an die Aserbaidschan. SSR; 29 800 km², 3,32 Mill. E (1985), Hauptstadt Jerewan.

Landesnatur: Die A. SSR ist durchweg hohes Gebirgsland. Sie umfaßt die schmalen nordöstlichsten Randlandschaften des Hochlands von Armenien und hat im N Anteil am Kleinen Kaukasus und reicht bis an den Rand der Kura-Arax-Niederung. - Es herrscht kontinentales Klima, das nach Höhenstufung und Exposition gewisse Abwandlungen zeigt: Die Araratebene (800 bis 1 000 m ü. d. M.) hat trockene und heiße Sommer und kalte, schneearme Winter. Auf Plateaus, Berghängen und in Becken in Höhen von 1 400 bis 1 800 m herrscht Steppenklima. Die Rücken des Kleinen Kaukasus und die Täler der Flüsse bilden in der A. SSR eine eigene Klima- und Vegetationsprovinz. Mildere Winter- und Sommertemperaturen lassen hier Laubwälder wachsen, die in mit Matten durchsetzte lichte subalpine Bestände aus Buchen, Birken und Eichenarten übergehen.

Bevölkerung, Wirtschaft, Verkehr: Der überwiegende Teil der Bev. sind Armenier; daneben leben Aserbaidschaner, Russen und Kurden in der A. SSR. Mit der Industrialisierung und Verstädterung seit den 1960er Jahren gehen entsprechend große Verschiebungen in der berufl. Struktur der Bev. einher. Die Schulen der mittleren Berufsausbildung befinden sich überwiegend in Jerewan und Leninakan, Univ. und mehrere Hochschulen in Jerewan. - Gebirgsnatur und Klima setzen der agrar. Nutzung enge Grenzen. Eine größere zusammenhängende Ackerfläche bedeckt das Becken von Jerewan und die anschließende Araratebene, soweit künstl. Bewässerung mögl. ist, sowie das Becken von Leninakan, die Loristeppe im oberen Einzugsgebiet des Debed und die Hänge des Sewanseebeckens. Auf Terrassen und Talböden liegen große Weingärten, Obst- (v. a. Pfirsische und Aprikosen) und Gemüsekulturen; Anbau von Baumwolle. Der Gürtel der Wüstensteppen bis 1 400 m dient vornehml. als Winterweideland. Der Anbau im Steppenland zw. 1 400 und 1 800 m stützt sich auf den Getreidebau. Die industrielle Entwicklung der A. SSR ist abhängig vom Ausbau der Wasserkraftwerke sowie eines Verbundnetzes und der Errichtung eines Kernkraftwerks (1975 in Bau). Die A. SSR verfügt über Kupfererze, Kupfer-Molybdän-Erze und Aluminiumrohstoffe. Neben einer Aluminiumhütte besteht Metallbearbeitung, Maschinen- und Gerätebau insbes. der elektrotechn. Branche. Von großer Bed. ist die Wein- u. Weinbrand- sowie die Tabakwarenerzeugung. - Die A. SSR ist durch Eisenbahnen an das Bahnnetz der UdSSR und der Türkei angeschlossen. Das Straßennetz (z. T. mit fester Decke) ist so dicht, daß nur die unwegsamsten und höchsten Teile weiter als 15 km Luftlinie von einer Straße entfernt liegen. Mehrere ✈.

Geschichte: ↑ Armenien.

Armenrecht, veraltete Bez. für ↑ Prozeßkostenhilfe.

Armenschulen, bis ins 19. Jh. Unterrichtsanstalten, in denen die Kinder anstelle von Schulgeld Arbeiten in zugehöriger Landw., in Haushalt, Werkstatt oder Fabrik ableisteten. - ↑ auch Industrieschulen.

Armeria [nlat.], svw. ↑ Grasnelke.

Armería [span.; zu lat. arma „Waffen"], Zeughaus, speziell das von Karl V. in Madrid begr. der span. Könige.

Armer Konrad, Bez. für die Bauernbünde im Bauernaufstand in Württemberg 1514.

arme Seelen, nach kath. Lehre und in der Volkssage die Seelen der in Gnade verstorbenen Menschen, die noch in einem Reinigungszustand († Fegefeuer) geläutert werden; in der Volkskunst häufig dargestellt.

Armfelt, schwed.-finn. Adelsgeschlecht, ging Mitte des 17. Jh. aus einer Bauernfamilie hervor; 1731 Freiherren, 1812 Grafen. Bed. Mgl. waren der schwed. General **Carl Gustaf Frhr. von Armfelt** (* 1666, † 1736), der die russ. Eroberung Finnlands nicht verhindern konnte, der schwed. General und Diplomat **Gustaf Mauritz Graf Armfelt** (* 1757, † 1814), der seit 1811 in russ. Diensten stand, und der finn. Politiker **Alexander Graf Armfelt** (* 1794, † 1876), der sich nachdrückl. für die finn. Autonomie unter der Herrschaft des Zaren einsetzte.

Armflosser (Anglerfischartige, Lophiiformes), Ordnung der Knochenfische mit über 200 Arten in trop., subtrop. und gemäßigten Meeren; langsam schwimmende Fische, die sich mit Hilfe verlängerter Brustflossen auch kriechend auf dem Meeresboden

---

Armfüßer. Schloßloser Armfüßer (links) und Schalenschloßarmfüßer:
Bs Bauchschale, D Darmkanal, Ma Mundarm, Ms Mesozöl, Öm Öffnungsmuskel, Rs Rückenschale, Sm Schließmuskel, St Stiel, Stm Stielmuskel

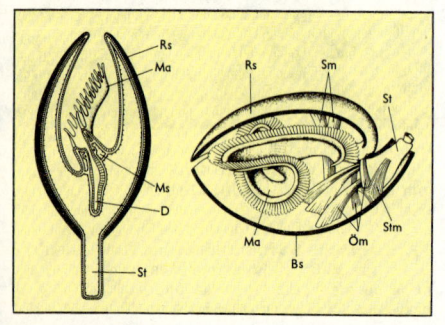

Armitage

fortbewegen können. Der erste Rückenflossenstrahl ist häufig aktiv bewegl. und dient mit dem wurmähnl. Gebilde an der Spitze zum Anlocken kleinerer Beutefische. - Bekannte Fam. sind †Anglerfische, †Antennenfische.

Armfüßer (Brachiopoda), Klasse der Tentakelträger mit etwa 260 heute lebenden 0,1–8 cm großen Arten im Meer, wo sie meist an Felsen oder am Boden festsitzen. Diese Arten sind die letzten Vertreter einer seit dem Präkambrium bekannten, über 7000 Arten umfassenden Tiergruppe mit Höhepunkt der Artenentfaltung im Devon (bes. bekannt † Spirifer und † Produktiden). Die A. sind im Unterschied zu den äußerl. ähnl. Muscheln gekennzeichnet durch je eine chitinige, von Kalksalzen durchsetzte Rücken- und Bauchschale und lange, spiralig eingerollte Mundarme, die zum Herbeistrudeln von Nahrung (meist Mikroorganismen) dicht bewimpert sind. Die meisten A. sind getrenntgeschlechtig.

Armgard, weibl. Vorname, Nebenform von † Irmgard.

Armgase † Brenngase.

Armidale [engl. 'ɑːmɪdɛɪl], Stadt in Neusüdwales, Australien, 980 ü. d. M., 22 500 E. Univ. (seit 1954); Schulstadt; Mittelpunkt eines Viehzuchtgebietes mit Verarbeitung landw. Produkte; nahebei Goldbergbau. - Seit 1849 Stadt.

armieren [frz.; zu lat. arma „Waffen"], mit Waffen ausrüsten oder bestücken.
◆ in der Bautechnik svw. bewehren († Bewehrung).

Armierung [lat.-frz.] † Bewehrung.

Armillaria [lat.], Gatt. der Hutpilze mit der bekannten Art † Hallimasch.

Armillarsphäre [lat./griech.], altertüml. astronom. Gerät zur Darstellung der Haupthimmelskreise der astronom. Koordinatensysteme (Horizont, Ekliptik, Äquator), die durch konzentr., z. T. bewegl. Ringe (lat. armilla) veranschaulicht werden.

Armin, männl. Vorname, der auf den Namen des Cheruskerfürsten Arminius zurückgeht.

Arminianer (Remonstranten), niederl. christl. Religionsgemeinschaft, begr. von J. † Arminius, der sich gegen die kalvinist. geprägte Staatskirche der Niederlande wandte und die strenge Prädestinationslehre Calvins verwarf. Die A. legten 1610 bei den holländ. Ständen eine fünf Artikel umfassende Bekenntnisschrift vor, die sogenannte Remonstration, nach der sie sich als Remonstranten bezeichnen. 1798 wurden die A. offiziell anerkannt. Zu ihnen zählen heute 33 Gemeinden mit rd. 25 000 Mitgliedern.

Arminius (fälschl. Hermann), * 18 oder 16 v. Chr., † 19 oder 21 n. Chr., Cheruskerfürst. - Sohn des Cheruskerfürsten Segimer, ∞ mit Thusnelda. A., von dem nur der lat. Name bekannt ist, kam etwa 8 v. Chr. nach

Armmolche. Streifenarmmolch

Rom; nahm als Militärtribun mit seinem Bruder Flavus 4–6 an den Feldzügen des Tiberius gegen das freie Germanien teil, wobei er die Kontingente seiner Landsleute befehligte; für seine Verdienste mit dem röm. Bürgerrecht und mit der Ritterwürde ausgezeichnet. 7 n. Chr. in die Heimat zurückgekehrt, wurde er zum Gegner Roms; organisierte den Widerstand eines Teils der Germanenfürsten und vernichtete im Herbst 9 n. Chr. im Teutoburger Wald ein röm. Heer von etwa 20 000 Mann unter Varus; in dem 14–16 zuerst von Tiberius, dann von Germanicus geführten Krieg gegen A. blieb dieser in mehreren Schlachten strateg. Sieger, erlitt 16 eine schwere Niederlage; erreichte trotz einer weiteren Niederlage die Räumung Germaniens; wandte sich nun gegen den romfreundl. Markomannenfürsten Marbod, der sich - geschlagen - nach Böhmen zurückziehen mußte; bei einem Aufstand der Cherusker von Verwandten ermordet.

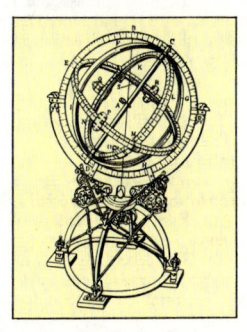

Armillarsphäre des Tycho Brahe

Arminius, Jacobus, eigtl. Jakob Harmenszoon, * Oudewater (Prov. Südholland) 10. Okt. 1560, † Leiden 19. Okt. 1609, niederl. ref. Theologe. - 1588 Prediger in Amsterdam; 1603 Prof. in Leiden, Gegner der strengen Prädestinationslehre Calvins. - † auch Arminianer.

Armitage, Kenneth [engl. 'ɑːmɪtɪdʒ],

Armleuchteralgen

*Leeds 18. Juli 1916, engl. Bildhauer. - Schuf v. a. ineinandergeschmolzene Figurengruppen aus Bronze.

Armleuchteralgen (Charales), Ordnung der Grünalgen mit 6 rezenten Gatt. und etwa 200 Arten (weltweit verbreitet die Gatt. Chara). Die A. haben ein schachtelhalmähnl. Aussehen, ihr Thallus ist in Internodien und Knoten gegliedert. An der Knotenbasis sitzen quirlförmig angeordnete Kurztriebe. Die Pflanzen sind durch Rhizoiden im Boden (in Schlamm oder Sand) verankert. Die Fortpflanzung erfolgt vegetativ durch „Ausläufer" und geschlechtl. durch ↑Oogamie. Fossile Arten sind an der Bildung von Kalktuffen beteiligt.

Armmolche (Sirenidae), Fam. 20–90 cm langer Schwanzlurche, die in Gestalt und Fortbewegung den Aalen ähneln; hinteres Beinpaar völlig rückgebildet; 3 Arten, v. a. in den Wasserpflanzendickichten stehender Gewässer der östl. und südöstl. USA; A. sind nachtaktive Tiere, die sich v. a. von Würmern, kleinen Schnecken und Krebsen ernähren. Durch Einwühlen in den Schlamm können sie das Austrocknen von Gewässern überdauern. - Abb. S. 143.

Armorial [frz.], svw. Wappenbuch.

Armorika (Armorica, Aremorica), kelt. Bez. für die Bretagne und einen Teil der Normandie.

Armorikanisches Gebirge [nach Armorika], der vom frz. Zentralmassiv ausgehende, bis nach der Bretagne, SW-England und S-Irland zu verfolgende Teil des Variskgebirges.

Armory Show [engl. 'ɑːmərɪ 'ʃoʊ „Zeughausschau"], die erste umfassende Ausstellung moderner europ. und amerikan. Kunst in den USA, die 1913 in einem ehem. Zeughaus in New York stattfand. Sie wurde auch in Chicago und Boston gezeigt. Träger war eine eigens gegr. Künstlervereinigung. Damit war die Monopolstellung der National Academy of Design erschüttert.

Armschaum ↑Blei.

Armschienen ↑Rüstung.

Armschmuck, seit vorgeschichtl. Zeit belegte Armringe oder (offene) Armreifen oder -spangen sowie Armbänder (flach und flexibel, oft Gliederketten); A. wurde von Frauen und Männern sowohl am Ober- als auch am Unterarm bzw. am Handgelenk getragen, manchmal mehrere zusammen. Sie wurden z. T. als Auszeichnung und Standessymbole getragen. In Europa verlor sich der Gebrauch von A. nach der Völkerwanderungszeit; von Einzelbeispielen abgesehen erst seit dem 19. Jh. wieder (weibl.) Modebestandteil. - Abb. S. 146.

Armstrong [engl. 'ɑːmstrɒŋ], Edwin H[oward], *New York 18. Dez. 1890, †ebd. 1. Febr. 1954, amerikan. Radiotechniker. - Wendete zur Verstärkung das Prinzip der Rückkopplung an; zahlr. Erfindungen, insbes. die der Frequenzmodulation (1935).

A., Louis Daniel (gen. „Satchmo" [engl. 'sætʃmoʊ]), *New Orleans 4. Juli 1900, †New York 6. Juli 1971, amerikan. Jazztrompeter und -sänger. - Bekannteste Persönlichkeit des Jazz überhaupt; bed. Vertreter des New-Orleans-Jazz mit eigenen Gruppen, insbes. „Hot Five", „Hot Seven"; jahrzehntelang für sein Instrument schulebildend, machte das Scat singing im Jazz populär.

Louis Daniel Armstrong (1958)

A., Neil [Alden], *bei Wapakoneta (Ohio) 5. Aug. 1930, amerikan. Astronaut. - 1966 Chefpilot des Raumschiffs Gemini 8; landete als Kommandant der Mondfähre von Apollo 11 zus. mit E. A. Aldrin am 20. Juli 1969 auf dem Mond, den er als erster Mensch betrat.

Armstrong-Jones, Anthony [engl. 'ɑːmstrɒŋ'dʒoʊnz]↑Snowdon, Anthony Armstrong-Jones, Earl of.

Armure [frz. ar'myːr] (Armüre), Bez. für kleingemusterte Seidengewebe in diagonal versetzter Querripsbindung.

Armut, wirtsch. Situation einer Person oder Gruppe (z. B. Familie), in der diese nicht aus eigener Kraft einen angemessenen (sich an der jeweiligen wirtsch., sozialen und kulturellen Situation einer Gesellschaft sowie an der von dieser als Mindestbedarf angesehenen Größe [↑Existenzminimum] orientierenden) Lebensunterhalt bestreiten kann *(objektive A.)* oder ihre materielle Lage als Mangel empfindet *(subjektive A.).*

Ursachen der A. können persönl. Schicksal (z. B. Krankheit, Alter, Arbeitslosigkeit), aber auch allg. Zeitereignisse (z. B. [Wirtschafts-]Krisen, Katastrophen, Kriege) sein. In den Industrieländern werden die von A. Betroffenen v. a. durch Maßnahmen der Sozialgesetzgebung unterstützt. Im Weltmaßstab ist A. v. a. ein Problem der industriell unzureichend entwickelten südl. Welthemisphäre mit starker Bev.vermehrung: Etwa 20 % der gegenwärtigen Weltbev. gelten als unterernährt

Armutsstreit

bzw. hungern, etwa 50 % leiden generell an Mangelernährung. Da das Pro-Kopf-Realeinkommen und damit der Lebensstandard in den Entwicklungsländern extrem niedriger als in den Industrieländern ist, spricht man hier von der (relativen) A. eines Landes. In der *Geschichte* begegnen verschiedene Wertungen der Armut. Im AT wird A. als Ausdruck individueller Verschuldung gesehen, gibt aber auch Anlaß zur Klage über ungerechtfertigten Reichtum. Im NT wird der Gegensatz zw. A. und Reichtum ethisiert; der materiellen Not steht der geistl. Reichtum der Armen gegenüber. Daraus leitet sich eine Einstellung zur A. als geistigem Wert ab, die ihren Ausdruck in der freiwilligen A. von Mönchen findet. Das christl. Bewertungskriterium von A. und Reichtum ist die grundsätzl. Bedeutungslosigkeit von materiellen Gütern für das [jenseitige] Heil des Menschen. A. und Reichtum werden als von Gott „verordnet" und damit als weitgehend unabänderlich angesehen, zumal die A. eng mit der generell in der Welt herrschenden Sünde verknüpft ist. Daraus erwuchs ein gewisser, religiös motovierter Fatalismus in der Haltung der Christen zur A., der nicht nur die Erkenntnis der A. als eines gesellschaftspolit. Problems blockierte, sondern auch von den Besitzenden ausbeuterisch genutzt werden konnte. Eine grundsätzl. Änderung dieser Einstellung brachten erst der bewußt sich am diesseitigen Menschen orientierende Humanismus und die [kalvinist.] Reformation. Die ökonom. Ursachen der A. rückten nun in den Vordergrund. Daß die vorhandene A. als zu beseitigendes Übel betrachtet wurde, findet seinen Niederschlag auch in den zu dieser Zeit entstandenen gesellschaftskrit. Utopien, in denen Gesellschaften ohne A. gezeichnet werden. Zugleich entwickelt sich ein neues (prot.-kalvinist.) Arbeitsethos, das im (wirtsch.) Erfolg ein Zeichen des Erwähltseins sieht. Im Zuge der industriellen Revolution und der damit einhergehenden Verarmung großer Bevölkerungsteile rückte das Phänomen der A. in den Mittelpunkt des Interesses der polit. Ökonomie. Für Malthus, Darwin und Spencer war die A. vorwiegend biologisch begründet durch die den Zuwachs an Nahrungsmitteln übertreffende Vermehrung der Menschen. Marx sah dagegen A. als durch die kapitalist. Produktionsweise verursacht an. Heute wird A. vorwiegend als Problem der unterentwickelten Länder (↑ Entwicklungsländer) angesehen, dem zu begegnen Aufgabe auch der Entwicklungshilfe der Industrieländer sei. Vorrangiges Problem ist dabei der Kampf gegen den Hunger. In jüngster Zeit wurden jedoch auch in Industrieländern, v. a. in den USA, Untersuchungen veröffentlicht, die zeigen, daß das Problem der A. auch in diesen Ländern keineswegs gelöst ist, auch wenn es sich meist um subjektive A. handelt und sie bei weitem nicht in der Schärfe auftritt wie in den Entwicklungsländern.
📖 *Roth, J.: A. in der Bundesrepublik. Rbk. Neuaufl. 1979. - Wißmann, H.: A. In: Theolog. Realenzyklopädie. Hg. v. G. Krause u. Gerhard Müller. Bd. 4, Lfg 1/2. Bln. u. New York 1979. - Myrdal, G.: Polit. Manifest über die A. in der Welt. Dt. Übers. Ffm. 1970.*

Armutsbewegungen, die verschiedenen, religiös und sozial bedingten ordensähnl. Gemeinschaften, die aus der hochmittelalterl. Kirchenreform hervorgingen, deren Leitbild in der Selbstidentifikation („Nachfolge") mit dem „armen Christus" bestand.

Armutsstreit, bez. die Auseinandersetzung um den Umfang der Armutsverpflichtung im Orden der Franziskaner. Die ↑Spiri-

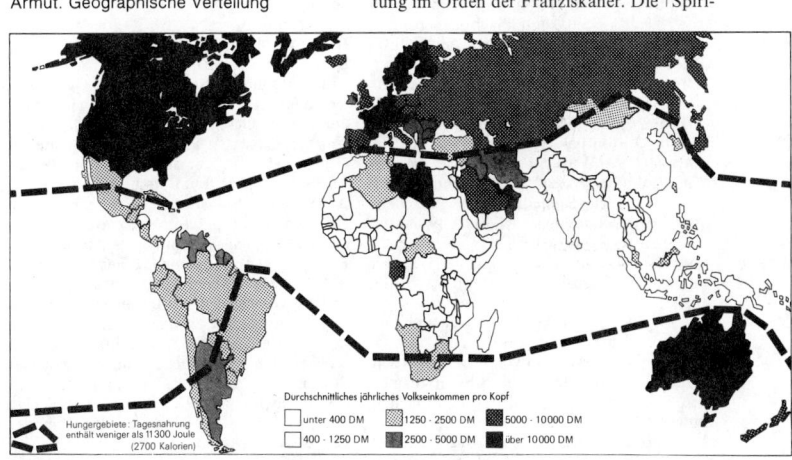

Armut. Geographische Verteilung

Armschmuck. Keltischer Armring (La-Tène-Zeit II). Saint-Germain-en-Laye, Musée des Antiquités Nationales

tualen erklärten Regel und Testament des Franz von Assisi für verbindl.; die ↑Konventualen stützten sich in der Armutspraxis auf die päpstl. Regelerklärungen. Der A. war über die Theologie hinaus Anlaß zur Diskussion über die Verhältnisbestimmung von Armut und Christentum.

Arn (Arno), * im Isengau bald nach 740, † 24. Jan. 821, Erzbischof von Salzburg (seit 798). - Stammte aus bayr. Hochadel; 785 Bischof von Salzburg; nach Tassilos III. Sturz Vertrauensmann Karls d. Gr. in Bayern, als Missus, später als Erzbischof, nach den Awarenkriegen auch Verwalter des Missionsgebietes in Pannonien.

Arnau, Frank, * Wien 9. März 1894, † München 11. Febr. 1976, dt. Schriftsteller. - Emigrierte 1933, 1939-55 in Brasilien; Präs. der Dt. Liga für Menschenrechte. Verfaßte u. a. Kriminalromane wie „Die Maske mit dem Silberstreifen" (1944), „Nur tote Zeugen schweigen" (1959), und Sachbücher, z. B. „Kunst der Fälscher, Fälscher der Kunst" (1964), „Die Straf-Unrechtspflege in der Bundesrepublik" (1967), „Tatmotiv Leidenschaft" (1971), „Watergate: der Sumpf" (1974).

Arnaud, Georges [frz. ar'no], eigtl. Henri Girard, * Montpellier 16. Juli 1917, frz. Schriftsteller. - Wurde v. a. durch seinen Roman „Lohn der Angst" (1950, verfilmt 1953) bekannt; neben Romanen auch Novellen, Essays und Reportagen. - † 4. März 1987.

Arnauld [frz. ar'no], frz. Familie, die nach Konversion zum Katholizismus (1572) auf seiten des Jansenismus eine führende Rolle spielte:

A., Angélique (Mädchenname: Jacqueline-Marie), * Paris 8. Sept. 1591, † ebd. 6. Aug. 1661, Äbtissin. - Äbtissin von Port-Royal seit 1601, seit 1626 eines Pariser Filialklosters. Trat seit 1635 auch gegen päpstl. Entscheidungen für den Jansenismus ein.

A., Antoine, * Paris 6. Febr. 1612, † Brüssel 8. Aug. 1694, Theologe. - 1641 Priester, seit 1643 (zeitweise) Mgl. der Sorbonne. 1679 Emigration in die Niederlande. Nach dem Tod von C. Jansen und Abt Du Vergier de Hauranne Führer des Jansenismus. Umfangreiches literar. Schaffen gegen Jesuiten und Protestanten.

A., Robert (gen. d'Andilly), * Paris 1588, † bei Port-Royal 17. Sept. 1674, Hofbeamter. - Förderer des Jansenismus, seit 1616 Einsiedler bei Port-Royal, übersetzte theolog. Werke.

Arnaut Daniel [frz. arnoda'njɛl], provenzal. Troubadour der 2. Hälfte des 12. Jh., vermutl. aus Ribérac (Dordogne). - Pflegte den dunklen (schwer verständl.) Stil sowie kunstvolle Reime und Reimbindungen; wahrscheinl. Erfinder der Sestine. 18 Kanzonen erhalten, zwei mit Melodien.

Arnauten, Name der Albaner (nach ihrem neugriech. Namen *Arwanites*) bei Bulgaren und Türken.

Arnd, Johann, * Danzig 6. Juni 1682, † Tilsit 26. Okt. 1748, dt. Meteorologe. - Führte vergleichende meteorolog. Beobachtungen und Arbeiten durch, die zu Grundlagen der Methodik der Wettervorhersagen wurden.

Arndt, Adolf, * Freienwalde i. Pom. 21. Okt. 1849, † Marburg a. d. Lahn 22. April 1926, dt. Jurist. - Seit 1900 Prof. für Staats-, Verwaltungs-, Kirchen-, Kolonial- u. Völkerrecht in Königsberg (Pr). - *Werke:* Das Allg. Berggesetz für die preuß. Staaten (1885), Verfassung des Dt. Reichs (1895), Dt. Landwirtschaftsrecht (1901), Das Staatsrecht des Dt. Reichs (1901), Verfassung des Dt. Reichs (1919).

A., Adolf, * Königsberg (Pr) 12. März 1904, † Kassel 13. Febr. 1974, dt. Jurist und Politiker. - Sohn von Adolf A.; SPD-Mgl. seit 1946, Mgl. des Parteivorstandes 1956-64; MdB 1949-69, Senator für Wiss. und Kunst in Berlin 1963/64; zahlr. v. a. verfassungsrechtl. Schriften.

A., Ernst Moritz, * Groß Schoritz/Rügen 26. Dez. 1769, † Bonn 29. Jan. 1860, dt. Schriftsteller und Publizist. - Sohn eines zum Gutspächter aufgestiegenen Leibeigenen; nach Studium von Geschichte und ev. Theologie Hauslehrer; 1805 Prof. für Geschichte in Greifswald. Sein „Versuch einer Geschichte der Leibeigenschaft in Pommern und Rügen" (1803) trug entscheidend zur Aufhebung der Leibeigenschaft im damals schwed. Vorpommern bei (1806). Wegen seines Aufrufs zum Kampf gegen Napoleon I. „Geist der Zeit" (Bd. 1 1806; 3 weitere Bde. 1809-18) mußte er 1806 vor den Franzosen fliehen und hielt sich bis 1808 in Schweden auf. Ergriff mit den patriot. „Liedern für Teutsche" (1813) und der Flugschrift „Der Rhein, Teutschlands Strom, aber nicht Teutschlands Grenze" (1813) leidenschaftl. Partei für die nat. Sache. Prof. in Bonn 1818-20 (im Zuge der Demagogenverfolgung suspendiert); 1840 rehabilitiert; schloß sich als Abg. der Frankfurter

Nationalversammlung 1848/49 dem rechten Zentrum an; forderte einen dt. Nationalstaat mit Erbkaisertum unter preuß. Führung. Zahlr. weitere Werke.

A., Fritz Georg, * Hamburg 6. Juli 1885, † ebd. 8. Dez. 1969, dt. Chemiker. - Prof. in Breslau u. Istanbul. Mitbegründer der Lehre von der † Mesomerie. Er führte das Diazomethan in die präparative Chemie ein.

A., Helmut, * Königsberg (Pr) 11. Mai 1911, dt. Nationalökonom. - Sohn von Adolf A. (* 1849); seit 1957 Prof. an der FU Berlin. A. beschäftigt sich v. a. mit der durch Konzentration entstandenen wirtsch. Macht und ihrem Mißbrauch. - *Werke:* Die Konzentration der westdt. Wirtschaft (1966), Mikroökonom. Theorie (2 Bde., 1966), Recht, Macht und Wirtschaft (1968), Wirtschaftl. Macht (1974).

Arnfried, alter dt. männl. Vorname (althochdt. arn „Adler" und fridu „Schutz vor Waffengewalt, Friede").

Arnheim, Hans Georg von † Arnim, Hans Georg von Arnim-Boitzenburg.

Arnheim (amtl. Arnhem), niederl. Stadt am Neder-Rijn, 56 km östl. von Utrecht, 128 000 E. Verwaltungssitz der Prov. Geldern, Sitz staatl. Institutionen; Akad. der bildenden Künste, Theaterschule, Zentralinst. für Sportleiter, Materialprüfungsanstalt für Elektrotechnik; Provinzarchiv, Bibliotheken, mehrere Museen, u. a. Freilichtmuseum (Reichsmuseum für Volkskunde). Handelszentrum (mit großen Märkten); Fremdenverkehr. Zinnschmelzwerk, chem. Fabriken, Leichtmetallverarbeitung, Bootsbau. Am Stadtrand liegt „Het Dorp", eine Siedlung für Körperbe-

Ernst Moritz Arndt

Achim von Arnim (Gemälde; 1803/04)

Bettina von Arnim (Bleistiftzeichnung; 1809)

Arndt-Eistert-Reaktion [nach F. G. Arndt und dem dt. Chemiker B. K. G. Eistert, * 1902, † 1978], Reaktion zur Überführung von Carbonsäuren in ihre nächsthöheren Homologen durch Anlagerung von Diazomethan an Säurehalogenide und anschließende Verseifung mit Wasser.

Arne, männl. (in Skandinavien auch weibl.) Vorname, der wahrscheinlich aus dem Dän. oder Schwed. übernommen worden ist; dän. und schwed. ist A. die Kurzform von Namen, die mit Arn- gebildet sind.

Arne, Thomas Augustine [engl. ɑːn], * London 12. März 1710, † ebd. 5. März 1778, engl. Komponist. - Von ihm stammt der † Masque „Alfred" (1740) mit dem bekannten Lied „Rule Britannia".

Arneth, Alfred Ritter von, * Wien 10. Juli 1819, † ebd. 30. Juli 1897, östr. Historiker und liberaler Politiker. - Mgl. der Frankfurter Nationalversammlung 1848 (großdt.); Mgl. des östr. Herrenhauses seit 1869, Direktor des Haus-, Hof- und Staatsarchivs seit 1868 und Präs. der Wiener Akademie der Wiss. seit 1879; schrieb u. a. eine 10bändige „Geschichte Maria Theresias" (1863-79).

hinderte, nw. der Nationalpark Hoge Veluwe. - 893 erstmals genannt. Kaiser Karl V. machte A. zum Verwaltungsmittelpunkt und damit fakt. zur Hauptstadt von Geldern; 15. bis Anfang 17. Jh. Mgl. der Hanse; 1672-74 und 1795-1813 frz.; litt 1944 schwer während der sog. Schlacht bei A. - Grote Kerk (15. Jh.) mit Grabmal des Herzogs Karl von Egmond († 1538), Sint-Walburgiskerk (1422 geweiht), Stadthaus (um 1540 errichtet; heute Rathaus).

Arnhem † Arnheim.

Arnhemland [engl. 'ɑːnəm], bergige Halbinsel im Nordterritorium Australiens, zw. Carpentariagolf und Joseph-Bonaparte-Golf. Der trop. Regenwald der küstennahen Gebirge geht landeinwärts in offene Savannen über (Viehzucht); zentraler Ort ist Darwin. Im W und O Eingeborenenreservate.

Arni [Hindi], svw. † Wasserbüffel.

Arniches y Barrera, Carlos [span. ar-'nitʃes i βa'rrera], * Alicante 11. Okt. 1866, † Madrid 16. April 1943, span. Dichter. - Schrieb über 200 Madrider Volksstücke und Sittenkomödien.

Arnika [Herkunft unsicher] (Wohlverleih, Arnica), Korbblütlergatt. mit 32 Arten in den

Arnim

nördl. gemäßigten Breiten; ausdauernde Kräuter mit rosettig angeordneten Grundblättern und großen gelben Blütenköpfchen. In M-Europa heim. ist der **Bergwohlverleih** (A. i. e. S., Bergarnika, Arnica montana): 30 bis 60 cm hoch, aromat. duftend, v. a. auf kalkarmen Bergwiesen wachsend; Stengel mit Drüsenhaaren und 1 oder 3 orangegelben Blütenköpfchen. - Wahrscheinl. erstmals durch Hildegard von Bingen als „wolfesgelegena" erwähnt. Der Bergwohlverleih wurde von C. Gesner 1561 beschrieben. Der Schweinfurter Arzt J. M. Fehr empfahl sie in der 2. Hälfte des 17. Jh. als vielseitig anwendbares Arzneimittel. Bis heute wird die aus den Blüten der A. bereitete Tinktur als Wundheilmittel verwendet. In der Volkskunde spielt die A. auf Grund ihrer Blütezeit („Johanniskraut") und wegen der sonnenähnl. Gestalt der Blüte eine Rolle im Zauber um die Sommersonnenwende. - Abb. Bd. 1, S. 251.

Arnim, märk. Adelsgeschlecht, erstmals 1204 urkundl. erwähnt, Ländereien v. a. in der Uckermark; seit dem 15. Jh. aufgespalten in mehrere Linien; 1786 wurde der Zweig *A.-Boitzenburg* in den preuß. Grafenstand erhoben:

A., Achim von, eigtl. Ludwig Joachim von A., * Berlin 26. Jan. 1781, † Wiepersdorf bei Jüterbog 21. Jan. 1831, dt. Dichter. - 1801 lernte er C. Brentano kennen, 1806–08 gemeinsame Herausgabe der Volksliedersammlung „Des Knaben Wunderhorn", etwa 600 Volkslieder, die von den beiden Romantikern frei bearbeitet wurden. 1808 war A. in Heidelberg Görres bei der Herausgabe der „Volksbücher" behilfl., gab die „Zeitung für Einsiedler" heraus (in Buchform „Trösteinsamkeit", 1808). Ende 1808 in Berlin, 1811 heiratete er Bettina Brentano. Durch Rückbesinnung auf die dt. Geschichte, nat. und religiöse Vertiefung versuchte er an der Erneuerung des dt. Geistes mitzuwirken, u. a. durch die Romane „Armut, Reichtum, Schuld und Buße der Gräfin Dolores" (1810) und „Die Kronenwächter" (1817), mit dem er eine neue dichter. Form des histor. Romans in Deutschland prägte. Bed. sind die Novellen „Isabella von Ägypten" (1812), „Fürst Ganzgott und Sänger Halbgott" (1818), „Der tolle Invalide auf dem Fort Ratonneau" (1818) und „Die Majoratsherren" (1820). - Abb. S. 147.

A., Adolf Heinrich Graf von A.-Boitzenburg, * Berlin 10. April 1803, † Schloß Boitzenburg 8. Jan. 1868, preuß. Staatsmann. - Innenmin. 1842–45; März 1848 Min. präs.; seit 1854 Mgl. des Herrenhauses.

A., Bettina von, eigtl. Anna Elisabeth von A., geb. Brentano, * Frankfurt am Main 4. April 1785, † Berlin 20. Jan. 1859, dt. Dichterin. - Schwester von C. Brentano, Enkelin der Sophie von La Roche. Nach ihrer Heirat mit Achim von A. (1811) lebte sie in Wiepersdorf und Berlin, wo sie u. a. mit F. H. Jacobi, Tieck, Schleiermacher sowie den Brüdern Grimm und Humboldt befreundet war. „Goethe's Briefwechsel mit einem Kinde" (1835) geht auf eine Korrespondenz zwischen ihr und Goethe zurück, ist jedoch sehr frei umgestaltet und ergänzt. Ihre Begeisterungsfähigkeit kommt auch in den ebenfalls schwärmer.-verehrungsvollen Werken „Die Günderode" (Brief-Slg., 1840) und „Clemens Brentano's Frühlingskranz" (Brief-R., 1844) zum Ausdruck. - Abb. S. 147.
Weitere Werke: Dies Buch gehört dem König (Brief-R., 1843), Ilius Pamphilius und die Ambrosia (Briefe, 1848), Gespräche mit Dämonen. Des Königsbuchs 2. Teil (1852).

A. (Arnheim), Hans Georg von A.-Boitzenburg, * Boitzenburg 1583 (1581?), † Dresden 28. April 1641, Heerführer und Politiker. - Stand in schwed., poln., seit 1626 in kaiserl. Diensten (unter Wallenstein); Feldmarschall; verließ nach 1629 als überzeugter Lutheraner das kaiserl. Heer, trat in kursächs. Dienste (bis 1635) und setzte sich für eine unabhängige „Mittelpartei" unter kursächs. Führung ein.

A., Harry Graf (seit 1870) von A.-Suckow, * Moitzelfitz bei Kolberg 3. Okt. 1824, † Nizza 19. Mai 1881, preuß. Diplomat. - 1850 Eintritt in den diplomat. Dienst; 1871 Gesandter, seit 1872 Botschafter in Paris, wo er als Gegenspieler Bismarcks eine monarch. Restauration unterstützte; 1874 abberufen; wegen Zurückhaltung amtl. Akten zu 9 Monaten Gefängnis verurteilt; nach Flucht in die Schweiz wegen Landesverrats zu 5 Jahren Zuchthaus in Abwesenheit verurteilt.

Arnim-Paragraph, Bez. für § 353a StGB, der bei einem diplomat. Vertreter der BR Deutschland im Ausland den diensstl. Ungehorsam und die in Täuschungsabsicht unternommene Erstattung unwahrer Berichte tatsächl. Art an die Bundesregierung mit Freiheitsstrafe bis zu 5 Jahren oder mit Geldstrafe bedroht. - Der A. wurde in seiner ursprüngl. Fassung 1876 in das StGB eingefügt; benannt nach Harry Graf von Arnim-Suckow.

Arno, alter dt. männl. Vorname, Kurzform von Vornamen, die mit Arn- gebildet sind, bes. von Arnold.

Arno, Fluß in Italien, entspringt im Etrusk. Apennin, mündet 7 km sw. von Pisa ins Ligur. Meer; 241 km lang; durch einen Kanal mit dem Tiber verbunden.

Arnobius, * 2. Hälfte des 3. Jh., † 1. Drittel des 4. Jh., lat. Schriftsteller. - Schrieb nach seiner Bekehrung zum Christentum (305) die Kampfschrift „Adversus nationes", in der die heidn. Göttermythen bekämpft, denen er die christl. Ethik gegenübergestellt.

Arnold, alter dt. männl. Vorname, eigtl. etwa „der wie ein Adler herrscht"; Kurzform Anno, Arno.

Arnold II., † Xanten 14. Mai 1156, Erzbischof (seit 1151) von Köln. - Aus der Familie der Grafen von Wied; Jugendfreund Wibalds von Stablo; 1138–51 Kanzler Konrads III.; wirkte für die Wahl Friedrichs I. und krönte ihn 1152 in Aachen.

Arnold von Brescia, * Brescia um 1100, † bei Rom um 1155, Reformprediger. - Studierte in Frankr. bei Abälard (?), wurde Regularkanoniker in Brescia; wegen seiner krit. Einstellung zur Kirche (er vertrat das Ideal einer Kirche in apostol. Armut) mehrfach verbannt und schließl. hingerichtet.

Arnold von Bruck, * Brügge um 1490, † Linz 6. Febr. 1554, östr. Komponist niederl. Herkunft. - Kapellmeister der Hofkapelle Erzherzog Ferdinands; schrieb in einem noch stark dem 15. Jh. verpflichteten Kontrapunktstil Motetten, Hymnen und Lieder sowie Bearbeitungen Lutherscher Kirchenlieder.

Arnold von Lübeck, † 27. Juni 1211 oder 1214, Benediktinerabt und Chronist. - Seit 1177 Abt des Johannisklosters in Lübeck; Fortsetzer der Slawenchronik des Helmold von Bosau für die Jahre 1171 bis 1209.

Arnold von Westfalen, † 4. Mai 1480, dt. Baumeister. - Einer der führenden Baumeister der Spätgotik in Sachsen. Sein Hauptwerk ist die Albrechtsburg in Meißen.

Arnold, Engelbert [⌐–], * Schlierbach (Kt. Luzern) 7. März 1856, † Karlsruhe 16. Nov. 1911, dt. Ingenieur schweizer. Herkunft. - Hatte durch seine Forschungen auf dem Gebiet der Ankerwicklungen entscheidenden Einfluß auf die Entwicklung des Elektromaschinenbaues.

A., Gottfried [⌐–], * Annaberg (Erzgebirge) 5. Sept. 1666, † Perleberg 30. Mai 1714, dt. ev. Theologe und Dichter. - Wandte sich unter dem Einfluß Speners dem Pietismus zu, 1697/98 Prof. für Geschichte in Gießen. Großen Einfluß auf die spätere Kirchengeschichtsschreibung gewann sein Werk „Unparteiische Kirchen- und Ketzerhistorie ..." (4 Bde., 1699/1700). Dichtete auch Kirchenlieder.

A., Johann Wilhelm † Arnold, Philipp Friedrich.

A., Karl [⌐–], * Neustadt bei Coburg 1. April 1883, † München 29. Nov. 1953, dt. Karikaturist. - Seit 1907 u. a. Mitarbeiter des Münchner „Simplicissimus", dessen Teilhaber er seit 1917 war, der „Jugend" und der „Lustigen Blätter".

A., Karl [⌐–], * Herrlishöfen bei Biberach an der Riß 21. März 1901, † Düsseldorf 29. Juni 1958, dt. Gewerkschafter und Politiker. - Urspr. Lederarbeiter; seit 1920 aktiv in der Christl. Gewerkschaften tätig; seit 1933 Kaufmann; 1944 verhaftet; 1945 Mitbegr. der CDU, langjähriger Leiter der Sozialausschüsse, stellv. Parteivors.; 1946 Oberbürgermeister von Düsseldorf, 1947–56 Min.präs. von NRW.

A., Matthew [engl. a:nld], * Laleham (= Staines) 24. Dez. 1822, † Liverpool 15. April 1888, engl. Dichter, Literatur- und Kulturkritiker. - Humanist, der sich gegen den Materialismus seiner Zeit und die Enge des Viktorianismus wandte. Pädagog. und religiöse Reformideen. Seine Lyrik ist eleg. und reflexiv. Schrieb u. a. „Poems" (1853, 1855, 1867).

A., Philipp Friedrich [⌐–], * Edenkoben 8. Jan. 1803, † Heidelberg 4. Juli 1890, dt. Anatom und Physiologe. - Prof. u. a. in Zürich, Tübingen und Heidelberg; gab zus. mit seinem Bruder Johann Wilhelm A. (* 1801, † 1873) ein physiolog. Lehrbuch, „Die Erscheinungen und Gesetze des lebenden menschl. Körpers im gesunden und kranken Zustande" (2 Bde., 1836–42) heraus; bed. auch sein anatom. Tafelwerk „Tabulae anatomicae" (4 Bde., 1838–42).

A., Samuel [engl. a:nld], * London 10. Aug. 1740, † ebd. 22. Okt. 1802, engl. Komponist. - Machte sich als Hg. der Werke Händels (36 Bde., 1787–97) sowie der „Cathedral music" (4 Bde., 1790 [engl. Kirchenmusik des 16. bis 18. Jh.]) verdient.

A., Wilhelm Karl [⌐–], * Nürnberg 14. Okt. 1911, dt. Psychologe. - Seit 1954 Prof. in Würzburg. Arbeiten auf den Gebieten der Persönlichkeits- und Begabtenforschung, der Charakterkunde, der Jugend- und Arbeitspsychologie, der Berufsberatung und Erziehung sowie der Kybernetik. Schrieb u. a. „Person, Charakter, Persönlichkeit" (1957).

Arnoldi, Ernst Wilhelm, * Gotha 21. Mai 1778, † ebd. 27. Mai 1841, dt. Unternehmer. - Trug entscheidend zur Entwicklung der dt. Versicherungswirtschaft bei durch die Gründung der „Gothaer Feuer-Versicherungsbank a. G." (1820) und der „Lebensversicherungsbank für Deutschland" (1827).

Arnoldshain, Ortsteil von Schmitten, Hessen, im Naturpark Hochtaunus, mit Akad. der Ev. Kirche in Hessen und Nassau. - Urkundl. zuerst erwähnt um 1200 als **Arnoldishagin**. - Spätgot. Pfarrkirche mit barocker Ausstattung.

Arnoldshainer Konferenz [nach dem Tagungsort Arnoldshain], 1967 gegr. Arbeitsgemeinschaft von Vertretern der Kirchenleitungen von 11 vorwiegend unierten ev. Landeskirchen. Ihr Ziel ist die Erreichung der vollen Kirchengemeinschaft unter den Gliedkirchen der EKD (Kanzel- und Abendmahlsgemeinschaft).

Arnoldshainer Thesen [nach dem Tagungsort Arnoldshain], Arbeitsergebnis (8 Thesen) der von der Ev. Kirche in Deutschland (EKD) eingesetzten theolog. Kommission, die sich 1947–57 bemühte, die histor. innerprot. Kontroverse in der Abendmahlslehre zu überwinden.

Arnoldson, Klas Pontus, * Göteborg 27. Okt. 1844, † Stockholm 20. Febr. 1916, schwed. Schriftsteller und Politiker. - Gründete 1883 den schwed. Friedensverein; 1908 Friedensnobelpreis (mit F. Bajer).

Arnoldson

A., Sigrid, * Stockholm 20. März 1861, † ebd. 7. Febr. 1943, schwed. Sängerin. - Berühmte Koloratursopranistin europ. Bühnen, 1893/94 auch an der New Yorker Metropolitan Opera.

Arnoldstein, östr. Marktgemeinde, 15 km sw. von Villach, Kärnten, 6600 E. Bed. Ind.standort mit Bleihütte, Gewinnung von Elektrolytzink, chem. Ind.; wichtiger Grenzbahnhof zw. Österreich und Italien. - Spätgot. Pfarrkirche (15.Jh.), Hl. Kreuzkapelle (1529).

Arnolfo di Cambio [... 'kambjo], *Colle di Val d'Elsa zw. 1240/45, † Florenz zw.1302 und 1310, italien. Baumeister und Bildhauer. - Spätestens 1296 in Florenz. Er war Leiter der Dombauhütte, auf ihn geht der Plan des 1296 begonnenen Doms zurück, die neuartige Verbindung von Zentralraum (achteckiger Kuppelraum in der Breite des Schiffs) und Langhaus. Erhalten ist das von ihm erbaute Sockelgeschoß (im Dommuseum Reste bed. Bauplastik). Gleichrangig Santa Croce, begonnen 1294/95. Zugeschrieben wird A. der Entwurf für den Palazzo Vecchio (1298 ff.).

Arnoseris [griech.], Gatt. der Korbblütler mit der einzigen Art ↑ Lämmersalat.

Arnould, Madeleine Sophie [frz. ar'nu], *Paris 12. Febr. 1740, † ebd. 22. Okt. 1802, frz. Sängerin. - Feierte Triumphe als Sopranistin an der Pariser Oper, u. a. als erste Iphigenie in Glucks gleichnamiger Oper (1774).

Arnoux, Alexandre Paul [frz. ar'nu], *Digne (Basses-Alpes) 27. Febr. 1884, † Boulogne-Billancourt (Hauts-de-Seine) 4. Jan. 1973, frz. Schriftsteller. - Sein stilist. glänzendes Werk steht Poesie und Mythos offen: „La belle et la bête" (R., 1913), „Huon de Bordeaux" (Dr., 1922), „Le rossignol napolitain" (R., 1937), „L'amour des trois oranges" (Kom., 1947).

Arnøy [norweg. ˌaːrnœj], norweg. Insel nö. von Tromsø, 276 km², bis 1 168 m ü. d. M. ansteigend.

Arnsberg, westfäl. Dynastengeschlecht. Die Hauptlinie der Grafen von Werl nannte sich seit dem ausgehenden 11.Jh. Grafen von Arnsberg. Die Gft. A. wurde im 12.Jh. auf das nördl. Sauerland eingeschränkt; fiel auf dem Erbweg an die niederl. Grafen von Cuijk (= jüngere Linie der Grafen von A.), die 1371 ausstarben. Die 1368 dem Erzstift Köln übertragene Gft. A. bildete den wichtigsten Bestandteil des Hzgt. Westfalen der Kurfürsten von Köln.

Arnsberg, Stadt im nördl. Sauerland, NRW, 180-230m ü. d. M., 78 000 E. Schulstadt, Verwaltungssitz des Reg.-Bez. A.; im Ortsteil Hüsten Sankt Petrikirche (1140). Papierfabriken, Holzverarbeitung, Bauind. - Nachdem die im 11.Jh. von den Grafen von Werl erbaute heutige „Alte Burg" dem Kölner Erzbistum vermacht worden war, wurde die neue, große Burg, nach A. benannt, Anfang des 12. Jh. Sitz der Grafen von Werl (Arnsberg); 1165 zerstört, wurde kurköln. Lehen. Die Alte Stadt südl. der Burg hatte schon um 1180 stadtähnl. Charakter. 1238 Stadtrecht und Befestigungsring um Alte Stadt, Neue Stadt und Abtei Wedinghausen; seit 1368 Verwaltungssitz des Hzgt. Westfalen; Mgl. der Hanse; seit 1816 preußisch. - Auf einem von der Ruhr umflossenen Bergsporn liegt die Altstadt mit der got. Propsteikirche (ehem. Klosterkirche, roman. Turm) und dem Hirschberger Tor (Rokoko); Rathaus (1710), Marktbrunnen (1779).

A., Reg.-Bez. in Nordrhein-Westfalen.

Arnsberger Wald, Landschaft im nördl. Sauerland, zw. der Möhne im N und der Ruhr im S, von Laub- und Nadelwäldern bestanden, mit bed. Rotwildbeständen. Zus. mit der Möhnetalsperre vielbesuchtes Ausflugsgebiet; Naturpark (seit 1961).

Arnsburg, Ortsteil der Gemeinde Lich, Hessen, 163 m ü. d. M. Ausflugsort; besteht fast ausschließl. aus den Gebäuden des ehem., nach 1197 errichteten Zisterzienserklosters A. Seit der Säkularisation 1802 im Besitz der Grafen Solms-Laubach. - Ruine der zw. 1197 und 1246 errichteten Kirche; frühgot. Kapitelsaal (heute Gedenkstätte für Kriegsopfer), Dormitorium und Parlatorium; barocke Konventbauten u.a. Prälatenbau (1727), Abtei- und Küchenbau (1747).

Arnstadt, Krst. an der Gera, Bez. Erfurt, 285 m ü. d. M., 30 000 E. Bachgedenkstätte; Lederind., Gießerei, Maschinenbau, elektrotechn. Ind. u. a. - Erstmals 704 genannt; 1266 Stadtrecht; erlebte als Residenzstadt (seit 1684) seine größte Blüte (bis 1716). - Liebfrauenkirche (13.Jh.; neben Naumburg bedeutendster Kirchenbau Thüringens), Bachkirche (früher Sankt-Bonifatius-Kirche, erbaut 1444; erneuert 1676–1683), in der J. S. Bach von 1703–07 als Organist tätig war; Rathaus (1581–83), Neues Palais (1728–32).

Arnswalde (poln. Choszczno), Stadt in der nördl. Neumark, Polen▾, 50m ü. d. M., 10 000 E. Textilverarbeitung, Zuckerfabrik, Brennerei; Bahnknotenpunkt. - 1284 gegr.; spätestens 1291 Stadtrecht; im 2. Weltkrieg zu 85 % zerstört, seit 1960 Wiederaufbau. - Got. Marienkirche (1511).

Arnulf, alter dt. männl. Vorname (althochdt. arn „Adler" und wolf „Wolf").

Arnulf, Name von Herrschern:
röm.-dt. Kaiser:

A. von Kärnten, * um die Mitte des 9.Jh., † Regensburg 8. Dez. 899, ostfränk. König (seit 887) und röm.-dt. Kaiser (seit 896). - Natürl. Sohn König Karlmanns, nach 876 Markgraf in Kärnten und Pannonien; besiegte 891 die Normannen entscheidend; konnte den Zerfall des Gesamtreichs in Teilkönigtümer, die ledigl. seine Oberherrschaft anerkannten, nicht verhindern; wurde vom Papst in Rom zum Kaiser gekrönt.

Bayern:

A. der Böse, † Regensburg 14. Juli 937, Herzog (seit 907). - In den Auseinandersetzungen mit König Konrad I. vorübergehend vertrieben; konnte sein Land 917 zurückgewinnen; erscheint 919 als König (dt. Gegenkönig oder König in einem bayr. Reich?), erkannte aber 921 die Oberhoheit Heinrichs I. an.

Metz:

A. von Metz, hl., *um 580, † Remiremont 18. Juli 640(?), Bischof (614?–629). - Stürzte mit Pippin d. Ä. 613 Königin Brunhilde und zwang Chlothar II. 623 zur Übergabe Austriens an seinen Sohn Dagobert I., für den beide die Regierung führten; zog sich 629 in das Kloster Remiremont zurück.

Arnulfinger, Bez. für die fränk., an der Mosel begüterte Adelsfamilie des Arnulf von Metz, dessen Sohn Ansegisel Stammvater der Karolinger wurde.

Arolsen, Stadt und Luftkurort im Waldecker Tafelland, Hessen, 16 000 E. Sitz des Internat. Suchdienstes; Kunststoffverarbeitung, Gummi-, Sägewerk, Möbel-, Metallwarenfabrik u. a.; Fremdenverkehr. - 1131 Gründung eines Augustinerinnenklosters; 1493 wurde das Kloster den Antonitern übergeben, 1526 aufgelöst und zum Schloß umgebaut; 1728–1918 Residenz der vereinigten Gft. Waldeck, planmäßige Anlage von A. (Stadtrechte 1719). - Ehem. Residenzschloß (1713–28), nach Versailler Vorbild erbaut. - Abb. S. 152.

Aroma [griech. „Gewürz"], Wohlgeruch und -geschmack meist pflanzl. Genußmittel, verursacht durch äther. Öle; würziger Duft; **aromatisch,** würzig, wohlriechend, wohlschmeckend.

Aromastoff, konzentrierter, aus Pflanzen gewonnener oder synthet. hergestellter Geschmacksstoff. Bei der Herstellung von Fruchtsäften werden die A. den Früchten durch spezif. Verfahren, z. B. Destillieren entzogen und später dem Getränk wieder zugesetzt.

Aromaten [griech.], svw. ↑aromatische Verbindungen.

Aromatika [griech], svw. ↑aromatische Mittel.

aromatische Mittel (Aromatika), Gesamtheit der Mittel und Drogen, die aromat. Stoffe enthalten. Sie wirken durch ihren Gehalt an äther. Ölen leicht erregend auf bestimmte Nervenendigungen und regen die Magen- und Darmtätigkeit an. Milde a. M. sind Kamille, Pfefferminze, Lindenblüten, Flieder, Melisse, Gewürznelken, Zimt, Anis, Fenchel. Scharfe a. M. sind u. a. Pfeffer und Ingwer.

aromatische Verbindungen (Aromaten), Gruppe von weit mehr als 100 000 organ. Verbindungen, die sich von den aliphat. Verbindungen durch mehrere charakterist. Merkmale unterscheiden: sie haben einen ebenen ringförmigen Aufbau und enthalten mehrere, in Konjugation stehende Doppelbindungen, die das Auftreten von ↑Mesomerie (↑Pi-elektronen) ermöglichen; auf Grund ihrer anderen Struktur unterscheiden sie sich auch in ihrem Reaktionsverhalten. Grundkörper aller a. V. ist das aus einem sechsgliedrigen Ring bestehende Benzol; es stellt das einfachste aromat. Ringsystem dar. Von ihm leiten sich zahlr. weitere Verbindungen ab, die mehrere sechsgliedrige aromat. Ringsysteme enthalten (z. B. Naphthalin, Anthracen); daneben sind auch Verbindungen mit fünf- und siebengliedrigen aromat. Ringsystemen bekannt. - Der Name der a. V. leitet sich von dem angenehm aromat. Geruch der ersten, vielfach aus Naturstoffen isolierten Verbindungen (wie Zimtsäure, Vanillin) ab und wurde später auf die ganze Gruppe von ähnl. aufgebauten Verbindungen übertragen.

Aromia [griech.], Gatt. der Bockkäfer; in M-Europa nur die Art ↑Moschusbock.

Aromunen (Makedorumänen), südl. Zweig der Rumänen in Serbien, Makedonien, Griechenland und Albanien.

Aron, männl. Vorname, ↑Aaron.

Aron, Hermann ['a:ron], * Kępno (Posen) 1. Okt. 1845, † Bad Homburg v. d. H. (vor der Höhe) 29. Aug. 1913, dt. techn. Physiker und Industrieller. - Erfand 1884 den ersten prakt. brauchbaren Elektrizitätszähler.

A. (Aaron), Pietro [italien. 'a:ron], * Florenz vor 1490, † Venedig 1545(?), italien. Musiktheoretiker. - Verfaßte Traktate über Kompositionstechniken erstmals in italien. statt in lat. Sprache. Hauptwerk: „Libri III de institutione harmonica" (1516).

A., Raymond [frz. a'rõ], * Paris 14. März 1905, † ebd. 17. Okt. 1983, frz. Journalist und Soziologe. - 1947–77 Verfasser von Leitartikeln für den „Figaro", seit 1977 für „L'Express"; 1955 Prof. an der Sorbonne; Hauptarbeitsgebiet: Analyse der modernen Industriegesellschaft und ihrer verschiedenen polit. Systeme (u. a. „Frieden und Krieg". 1963; „Die industrielle Gesellschaft", 1964; „Demokratie und Totalitarismus", 1965).

Arona, italien. Stadt am W-Ufer des Lago Maggiore, Region Piemont, 17 000 E. Fremdenverkehr. - In röm. Zeit Militärstützpunkt; seit dem 11 Jh. im Besitz der Erzbischöfe von Mailand, dann der Visconti, seit 1439 der Borromeo; 1445 Gft., seit 1743 zum Kgr. Sardinien. - Ruinen des Schlosses, in dem Karl Borromäus geboren wurde, auf einer Anhöhe die Kolossalstatue des Heiligen (1694).

Arons, Martin Leo, * Berlin 15. Febr. 1860, † ebd. 10. Okt. 1919, dt. Physiker. - Arbeiten über Lichtbogen und elektr. Wellen; konstruierte 1892 eine Quecksilberbogenlampe und die Aronssche Röhre.

Aron-Schaltung [nach H. Aron], elektr. Schaltung zur Leistungsmessung in [Hochspannungs]drehstromnetzen, deren einzelne Phasen ungleichmäßig belastet sind.

Aronssche Röhre [nach M. L. Arons], Vorrichtung zum Nachweis stehender elektr.

Aronstab

Wellen; besteht aus einer mit verdünntem Gas gefüllten Glasröhre, in der zwei parallele Drähte verlaufen. Die Gasfüllung leuchtet an den Spannungsbäuchen auf und bleibt an den Spannungsknoten dunkel.

Aronstab [griech./dt.] (Arum), Gatt. der Aronstabgewächse mit 12 Arten in Europa und im Mittelmeergebiet; Stauden mit pfeil- oder spießförmigen Blättern und knolligem Wurzelstock. Die blumenblattlosen Blüten stehen an einem von einem tütenförmigen Hüllblatt (Spatha) umgebenen Kolben, die männl. über den weiblichen. Einzige Art in Deutschland ist der Gefleckte Aronstab. Einige Arten werden als Zierpflanzen kultiviert.

Aronstabgewächse (Araceae), Fam. einkeimblättriger Pflanzen mit rund 1 800 Arten in etwa 110 Gatt., v. a. in trop. und subtrop. Wäldern; meist Lianen mit Luftwurzeln oder großblättrige Pflanzen mit Erdsprossen oder Knollen. Die unscheinbaren Blüten stehen in einem Hochblatt (Spatha) umgebenen Kolben oder Ähren. Die Früchte sind Beeren. Einige Arten, hauptsächl. der trop. Gatt. Flamingoblume, Dieffenbachia, Philodendron, Scindapsus und Zimmerkalla, sind wertvolle Zierpflanzen; andere Arten (z. B. Taro) werden als Nahrungsmittel verwendet. In Deutschland kommen nur drei Arten vor: Gefleckter Aronstab, Drachenwurz, Kalmus.

Arosa, schweizer. Gemeinde im Kt. Graubünden, 12 km sö. von Chur, 1 740–1 920 m ü. d. M., 3 800 E. Bed. Kur- und Wintersportort; lichtklimat. Observatorium, zahlr. Bergbahnen. - Kirche in Inner-Arosa (1492/93).

Arouet, François Marie [frz. a'rwɛ], frz. Philosoph und Schriftsteller, † Voltaire.

Arp, Hans (Jean), *Straßburg 16. Sept. 1887, † Basel 7. Juni 1966, dt.-frz. Maler, Graphiker, Bildhauer und Dichter. - 1912 nahm er an der Ausstellung des „Blauen Reiters" in München und 1913 an den Aktivitäten des Sturmkreises in Berlin teil. 1916–19 in der von ihm mitbegr. Dadabewegung in Zürich aktiv, 1919/20 Einfluß auf den Dada in Köln (M. Ernst). 1921 heiratete er S. †Taeuber-Arp, sie lebten v. a. in Meudon. Als Dadaist schrieb A. „synthet. Dichtkunst" mit Wortzerlegungen und z. T. reinen Lautgedichten, gegr. auf Zufallsfunden und Assoziationen. Diese Konzeption führte ihn dann auch zum Surrealismus; schrieb in dt. und frz. Sprache. Als bildender Künstler schuf er seit 1917 v. a. farbige, später weiß angemalte Holzreliefs, in die er schichtenweise sich überlagernde Formen schnitt. Seit 1931 schuf er vorwiegend abstrakte Vollplastiken. Seine Materialien sind v. a. polierter Stein, Bronze, Holz. - *Gedichtbände:* Der vogel selbdritt (1920), Die wolkenpumpe (1920), Der Pyramidenrock (1924), Weißt du schwarzt du (1930), Mondsand (1960), Sinnende Flammen (1961).

Arpaçay [türk. ɑrˈpɑtʃaj] (russ. Achurjan), linker Nebenfluß des Arax, Grenzfluß zw. Türkei und UdSSR, etwa 140 km lang.

Árpád, † um 907, ungar. Fürst (seit etwa 886). - Vereinigte die ungar. Stämme und führte sie aus dem Dnjestr–Pruth-Gebiet 896 in die Pannon. Ebene. Stammvater der ungar. Dynastie der **Arpaden**.

arpeggio [arˈpɛdʒo; italien.; zu arpa „Harfe"], musikal. Spielanweisung, derzufolge die auf einem Instrument normalerweise gleichzeitig hervorgebrachten Töne eines Akkords „in der Art einer Harfe" nacheinander zum Erklingen gebracht werden.

Arpeggione [arpɛˈdʒoːne; italien.; zu arpa „Harfe"] (Guitarre d'amour), sechssaitige Streichgitarre, 1823 von G. Staufer in Wien gebaut. Wird wie ein Violoncello gespielt.

Arpino, Giovanni, *Pola 27. Jan. 1927, italien. Schriftsteller. - Verarbeitet in seinen zahlr. Romanen u. a. polit., soziale und psycholog. Fragestellungen. - *Werke:* „Bruno und

Arolsen. Ehemaliges Residenzschloß

Schräubchen" (Kinderb., 1959), „Ein ungleiches Paar" (R., 1959), „Im Schatten der Hügel" (R., 1964), „Domingo il Favoloso" (R., 1975).

Arrabal, Fernando, * Melilla 11. Aug. 1932, span. Schriftsteller. - Seine Stücke tragen Züge des surrealist. sowie des absurden Dramas; Thema seiner z.T. schockierenden Dramen ist oft der aus verdrängter Sexualität erwachsende [polit.] Terror. Auch Romane und Gedichte.
Werke: Guernica (Dr., 1959), Picknick im Felde (Dr., 1952), Baal Babylon (R., 1959, 1971 von A. auch verfilmt), Der Architekt und der Kaiser von Assyrien (Dr., 1966), Garten der Lüste (Dr., 1969), Riten und Feste der Konfusion (R., 1967), Der tausendjährige Krieg (Dr., 1972).

Arrábida, Serra da [portugies. 'sɛrɐ ðɐ ɐ'rraβiðɐ], Kammgebirge in Portugal, erstreckt sich längs der S-Küste der Halbinsel von Setúbal, über 35 km lang, im Formosinho 499 m hoch.

Arrak [frz.; zu arab. araq, eigtl. „Schweiß"], Branntwein, der meist aus Reis destilliert wird, auch aus Melasse oder dem Saft der Blütenkolben der Kokospalme (Toddy) hergestellt. Die Hauptproduktionsgebiete sind Java, Goa, Thailand und Ceylon.

Arran [engl. 'ærən], schott. Insel an der W-Seite des Firth of Clyde, 32 km lang, bis 17 km breit, im Goat Fell 874 m ü.d.M.; Hauptort ist Brodick. - Gehörte vom 5.-9. Jh. zum iroschott. Kgr. Dalriada; dann von Normannen besiedelt, 890 zum Kgr. Man.

Arrangement [arãʒə'mãː; frz.], Anordnung, Zusammenstellung, Übereinkommen, Vereinbarung. - Einrichtung oder Bearbeitung eines Musikstücks für eine andere Besetzung als die im Original vorgeschriebene; im Jazz einerseits Absprache über Anlage und Verlauf (z.B. Wiederholungen) des Chorus, andererseits Fixierung eines Grundrisses, der das Gerüst festlegt, innerhalb dessen improvisiert wird.

arrangieren [arã'ʒiːrən; frz.], anordnen, in die Wege leiten; zusammenstellen, gestalten; *sich arrangieren,* veraltend für: mit jemandem übereinkommen.

Arran Islands [engl. 'ærən 'ailəndz] ↑Aran Islands.

Arras, frz. Stadt am rechten Ufer der Scarpe, 45 000 E. Verwaltungssitz des Dep. Pas-de-Calais; Bischofssitz. Bed. Markt für landw. Produkte, Zentrum der nordfrz. Wollind., Konfektionsind., Herstellung von Wandteppichen, Strumpfwirkerei; Automobilwerk, Blei-, Zinkraffinerie, Landmaschinenbau, Papier-, Nahrungsmittel- und Brauereiind.; Flußhafen. - Hauptort der kelt. Atrebaten; in der Römerzeit **Nemetacum** oder **Atrebatum;** im 5. Jh. fränk., kam 843 zum Westreich; 880 zu Flandern; 1191 Teil der frz. Krondomäne; wurde 1237 Hauptstadt der Gft. Artois; im 5. Jh. und wieder seit 1093/95 Bischofssitz; zw. Burgund, Frankr. und dem Haus Österreich umstritten, 1640/59 endgültig frz. - Während des 1. Weltkriegs stark beschädigt, Wiederaufbau im fläm. Stil, u.a. die von Arkaden gesäumte Grande Place mit ihren Giebelhäusern (17. Jh.), Rathaus (16. Jh.), Beffroi, klassizist. Kathedrale (Ende des 18. Jh.). - Der **Friede von Arras** (1579), in dem sich die südl. Niederlande wieder der span. Oberhoheit unterstellten, leitete die endgültige Teilung der Niederlande ein.

Arrau, Claudio, * Chillán 6. Febr. 1903, chilen. Pianist. - Einer der bedeutendsten internat. anerkannten Konzertpianisten, v.a. Interpret klass. und romant. Klavierwerke.

Arrauschildkröte [indian./dt.] (Podocnemis expansa), bis 75 cm lange Wasserschildkröte, v.a. im Amazonas und Orinoko; Rückenpanzer eiförmig (hinten breiter als vorn), braun mit dunkleren Flecken, Bauchpanzer gelbl., braungefleckt.

Arrecife [span. arrɛ'θife], span. Stadt an der SO-Küste der Kanareninsel Lanzarote,

Hans Arp, Kopf (1929). Privatbesitz

Arrauschildkröte

Arrée, Montagne d'

deren Haupt- und Hafenstadt, 29 000 E. Fischereihafen mit Fischkonservenindustrie.

Arrée, Montagne d' [frz. mõtaɲda're], Höhenrücken in der nw. Bretagne, im Signal de Toussaines 384 m hoch; Naturpark.

Arrest [zu mittellat. arrestum „Verhaftung"], 1. gerichtl. Verfahren im ZPO, das zur Sicherung der Zwangsvollstreckung wegen einer Geldforderung oder wegen eines Anspruchs stattfindet, der in eine Geldforderung übergehen kann (*A.anspruch:* § 916 Abs. 1). Voraussetzungen zum Erlaß des A.befehls im A.prozeß: *A.grund* (z. B. Gefahr, daß die Vermögenslage des Schuldners sich verschlechtert) und *A.gesuch* des Gläubigers. Die Anordnung des A. *(A.befehl)* beinhaltet den **dingl. Arrest**, wenn zur Sicherung des Gläubigers die Zwangsvollstreckung in das Schuldnervermögen genügt, und den **persönl. Arrest**, wenn der dingl. A. zur Sicherung nicht ausreicht, etwa weil der Schuldner wesentl. Vermögenswerte beiseiteschaffen will. Die *Vollziehung* des A. erfolgt durch Pfändung bzw. Eintragung einer *A.hypothek* oder Beschränkung der persönl. Freiheit des Schuldners (bes. durch Haft). Die *Aufhebung* des A. bleibt dem dafür vorgesehenen bes. Aufhebungsverfahren (§§ 924 Abs. 1, 925–927) vorbehalten. *Rechtsmittel* sind Widerspruch, Berufung und Revision. - 2. Im *Steuerrecht* ist der A. eine Maßnahme zur Sicherung von Ansprüchen, die im Zwangsverfahren beitreibbar sind. - 3. Im *Konkursverfahren* wird durch den **offenen Arrest** allen Personen, die eine zur Konkursmasse gehörende Sache in Besitz haben oder zur Konkursmasse etwas schuldig sind, aufgegeben, nichts an den Gemeinschuldner zu verabfolgen oder zu leisten. - ↑ auch Jugendarrest, ↑Strafarrest.
Nach *östr.* Recht war A. bis zur Strafrechtsreform von 1974 die für ein Vergehen oder eine Übertretung vor Gericht verhängte Freiheitsstrafe. Im *schweizer.* Recht ist der A. in Art. 271–281 des BG über Schuldbetreibung und Konkurs geregelt.
◆ ↑Aufhaltstoß (Fechtsport).

Arrestant [mittellat.], Häftling, Gefangener.

Arrestbruch ↑Pfandentstrickung.

arretieren [mittellat.-frz.], verhaften, festnehmen.

Arretierung [mittellat.-frz.], mechan. Vorrichtung zum Feststellen bewegl. Geräteteile z. B. während eines Transports.

arretinische Keramik, Gattung röm. Keramik aus rotbrennendem Ton mit leuchtendrotem Überzug, die v. a. in Arretium in Etrurien (= Arezzo) hergestellt wurde (25 v. Chr.–25 n. Chr.). Als feines Tafelgeschirr in der gesamten röm. Welt verbreitet.

Arretium, antike Stadt, ↑Arezzo.

Arrha [hebr.-lat.] ↑Draufgabe.

Arrhenatherum [griech.], Gatt. der Ährenrispengräser mit etwa 50 Arten in Eurasien, Afrika und Nordamerika; in Mitteleuropa v. a. der ↑Glatthafer.

Arrhenius, Svante August [schwed. a're:niʊs], * Gut Wyk bei Uppsala 19. Febr. 1859, † Stockholm 2. Okt. 1927, schwed. Physikochemiker. - A. bedeutendste Leistung ist seine Theorie der elektrolyt. Dissoziation, für die er 1903 den Nobelpreis erhielt; 1905 wurde A. Direktor des Nobelinstituts für physikal. Chemie in Stockholm. Einen wichtigen Beitrag zur Reaktionskinetik leistete A. mit seiner empir. Ableitung der Temperaturabhängigkeit von Reaktionsgeschwindigkeiten (**Arrhenius-Gleichung**) und Einführung der Aktivierungsenergie.

Arrhenotokie [griech.], Entwicklung von männl. Tieren (z. B. Drohnen) aus unbefruchteten Eiern.

Arrhythmie [griech.], unregelmäßige Bewegung, Unregelmäßigkeit im Ablauf eines rhythm. Vorgangs.
◆ in der *Medizin:* unregelmäßige Herztätigkeit, die ihrerseits zu einer Unregelmäßigkeit des Pulses führt.

Arrian (Flavius Arrianus), * Nikomedia (Bithynien) um 95, † Athen um 175, griech. Schriftsteller. - War u. a. Verwalter der Prov. Kappadokien, wo er 137 inschriftl. bezeugt ist. Seine „Anabasis" Alexanders stellt in 7 Büchern das wichtigste Dokument für Alexanders Indienzug dar; in der Wahl seiner Quellen (Ptolemaios I., Aristobulos) äußerst geschickt. Zeichnete auch die Vorträge Epiktets auf.

arrivieren [lat.-frz., eigtl. „das Ufer erreichen"], ankommen; Erfolg haben, gesellschaftl. oder berufl. vorankommen.

arrogant [lat.], anmaßend, dünkelhaft, hochnäsig; **Arroganz**, Anmaßung, Dünkelhaftigkeit.

arrondieren [arõ'di:rən; frz.], abrunden, zusammenlegen, bes. von Grundstücken und Territorien.

Arrondissement [frz. arõdisə'mãː; zu arrondir „(ab)runden"], 1. dem Dep. untergeordneter, von einem Unterpräfekten geleiteter staatl. Verwaltungsbezirk in Frankr.; 2. Verwaltungseinheit in frz. Großstädten.

Arrosion [lat.], in der *Medizin:* Schädigung oder Zerstörung von Geweben, auch von Knochen, durch Entzündung, Eiterung und Tumore.

Arrow, Kenneth Joseph [engl. 'ærou], * New York 23. Aug. 1921, amerikan. Nationalökonom. - Prof. an den Univ. Stanford und (seit 1968) Harvard. In seinem Buch „Social choice and individual values" (1951) wies A. nach, daß die Aufstellung einer sozialen Wohlfahrtsfunktion nur dann mögl. sei, wenn die Individuen oder Gruppen einer Gesellschaft nicht mehr als jeweils zwei Wahlmöglichkeiten haben. 1972 erhielt A. zus. mit J. R. Hicks den sog. „Nobelpreis für Wirtschaftswissenschaften".

Arsenpigmente

Arrowroot ['ɛroru:t; engl.], svw. ↑Pfeilwurz.
◆ Bez. für aus den Knollen, Rhizomen und Wurzeln verschiedener Pfeilwurz-, Batate-, Blumenrohr-, Jamswurzel-, Taro-, Gelbwurzel- und Taccaarten hergestellte Stärken.

Arroyo, Eduardo [span. a'rrojo], * Madrid 26. Febr. 1937, span. Maler. - Lebt seit 1960 in Paris; vereint Schinder und Geschundene in grotesker Zusammenstellung.

Arrupe, Pedro, * Bilbao 14. Nov. 1907, span. kath. Theologe und Jesuit (seit 1927). - Lehrtätigkeit in den USA, Missionar in Japan, 1965-83 Generaloberer seines Ordens.

Ars [lat.], Kunst, Geschicklichkeit, Wissenschaft; Lehrbuch.

Arsakiden, parth. Dynastie (um 250 v.Chr. bis 224 n.Chr.), benannt nach dem Gründer *Arsakes I*. - ↑auch Parther.

Arsamas, sowjet. Stadt im Gebiet Gorki, RSFSR, 100 000 E. PH, zwei Technika. Leder-, Nahrungsmittelind. - Gegr. 1578.

Ars antiqua [lat. „alte Kunst"], um 1320 in Paris aufgekommener Gegenbegriff zur ↑Ars nova, bezeichnet die Musik des 13. Jh. (etwa 1230-1320), den Zeitraum, in dem die Mensuralmusik ausgebildet wurde; Hauptform ist die Motette. Die A. a. wurde von Papst Johannes XXII. 1324/25 als einzige mehrstimmige Musik in der Kirche erlaubt.

Arsen [griech.], chem. Symbol As, ein Halbmetall aus der fünften Hauptgruppe des Periodensystems der chem. Elemente; Ordnungszahl 33, relative Atommasse 74,92. Beständigste Form ist die graue, metall., kristalline Modifikation (Dichte 5,72 g/cm³). Daneben gibt es eine unbeständige gelbe, nichtmetall. Modifikation; Schmelzpunkt des grauen A. 817°C (bei 28 bar); bei gewöhnl. Druck sublimiert es bei 615°C; A. findet sich in Form von Sulfiden, Oxiden und **Metallarseniden** (z. B. A.kies, FeAsS; Kobaltglanz, CoAsS; Arsenikalkies oder Löllingit, FeAs₂; Weißnickelkies oder Chloanthit, NiAs₂₋₃; Speiskobalt oder Smaltin, CoAs₂₋₃). A. verbrennt an der Luft zu As₂O₃; mit Chlor reagiert es unter Feuererscheinung zu AsCl₃. Durch konzentrierte Salpetersäure wird es zur A.säure, H₃AsO₄, durch verdünnte Salpetersäure, konzentrierte Schwefelsäure und auch starke, heiße Laugen zu arseniger Säure, H₃AsO₃, oxidiert. Die Salze der beiden Säuren werden als ↑Arsenate bezeichnet. A. und seine Verbindungen sind sehr giftig; zum Nachweis des A. und seiner Verbindungen dient die ↑Marshsche Probe. A. wird zur Härtung von Bleilegierungen, als Heil- und Schädlingsbekämpfungsmittel verwendet und wurde während des 1. Weltkriegs als Kampfstoff (Blaukreuz) eingesetzt.

📖 *A. Weinheim* ⁸1952. *Nachdr.* 1971 *(Gmel.-System Nr. 17)*.

Arsenal [arab.-italien.], Zeughaus; Geräte-, Waffenlager.

Arsenate [griech.], Salze der ↑Arsensauerstoffsäuren; man unterscheidet 1. **Arsenate (III)** (früher *Arsenite*) die Salze der arsenigen Säure, H₃AsO₃; einige Schwermetall-A. (III) mit kräftigen Farben wurden früher als Pigmente verwendet (Scheeles Grün, Schweinfurter Grün); 2. die **Arsenate (V)** sind die Salze der Arsensäure, H₃AsO₄.

Arsenblüte, svw. ↑Arsenolith.

Arsenbronze, als Lagermetall verwendete Sonderbronze mit rund 1 % Arsen.

Arsenhalogenide, drei- und fünfwertige Verbindungen des Arsens mit den Elementen der Halogengruppe.

Arsenide [griech.], Verbindungen des Arsens mit Metallen, z.B. Kupferarsenid, Cu₃As₂.

Arsenieren [griech.], das elektrolyt. Überziehen von Metallgegenständen mit einer dünnen Arsenschicht; bewirkt Korrosionsschutz und eine gleichmäßig dunkelgraue, glänzende Färbung.

arsenige Säure ↑Arsensauerstoffsäuren.

Arsenik [griech.]. ↑Arsenoxide.

Arsenikpilz (Scopulariopsis brevicaulis), den Pinselschimmelpilzen ähnl. Schlauchpilz, in Böden weit verbreitet; bildet auf arsenikhaltigen Substraten das knoblauchartig riechende, stark giftige Trimethylarsin. Der A. wurde früher in der Kriminalistik zum Nachweis von Arsenspuren verwendet.

Arsenit [griech.], svw. ↑Arsenolith.

Arsenite [griech.] ↑Arsenate.

Arsenkies (Arsenopyrit), undurchsichtiges, weißes bis graues, monoklines, pseudorhomb. Mineral, FeAsS; Dichte 5,6 bis 6,2 g/cm³; Mohshärte 5,5 bis 6.

Arsenolith [griech.] (Arsenit, Arsenblüte), farblos undurchsichtiges oder gelbl. Mineral der chem. Zusammensetzung As₂O₃; Dichte 3,7 bis 3,8 g/cm³; Mohshärte 1,0-1,5.

arsenorganische Verbindungen, svw. ↑Arsine.

Arsenoxide, Verbindungen des Arsens mit Sauerstoff; **Arsentrioxid** *(Arsenik, Arsen(III)-oxid)*, As₂O₃, bildet ein weißes Pulver, das beim Erhitzen sublimiert. In Wasser löst es sich schwer; es bildet sich dabei die arsenige Säure (↑Arsensauerstoffsäuren). Arsentrioxid gewinnt man durch Abrösten arsenhaltiger Erze als lockeres weißes Pulver (**Giftmehl**) oder als glasige Masse (**Arsenglas**). Wie alle Arsenverbindungen ist Arsentrioxid sehr giftig (↑Arsenvergiftung), die tödl. Dosis liegt bereits bei 0,1 g. - **Arsenpentoxid** *(Arsen(V)-oxid)*, As₂O₅, bildet weiße, hygroskop. Massen, die sich in Wasser leicht lösen unter Bildung von Arsensäure.

Arsenpigmente, Verbindungen des Arsens, die als Malerfarbe verwendet wurden, z. B. Schweinfurter Grün, Scheeles Grün. Wegen ihrer Giftigkeit sind die A. heute durch andere Pigmente ersetzt, zum Teil ist ihre Verwendung sogar verboten.

Arsensauerstoffsäuren

Arsensauerstoffsäuren, sauerstoffhaltige Verbindungen des Arsens, die beim Lösen in Wasser saure Reaktion zeigen. Die **arsenige Säure** [nomenklaturgerecht *Arsensäure(III)*], H_3AsO_3, entsteht beim Lösen ihres Anhydrids Arsentrioxid, As_2O_3, in Wasser: $As_2O_3 + 3 H_2O \to 2 H_3AsO_3$. Sie ist eine sehr schwache, dreibasige Säure, ihre Salze sind die Arsenate(III), die früher als Arsenite bezeichnet wurden.
Die **Arsensäure** [nomenklaturgerecht *Arsensäure(V)*], H_3AsO_4, entsteht beim Lösen ihres Anhydrids, des Arsenpentoxids, As_2O_5, in Wasser: $As_2O_5 + 3 H_2O \to 2 H_3AsO_4$. Salze der Arsensäure sind die Arsenate(V).

Arsenspiegel ↑ Marshsche Probe.

Arsensulfide, Verbindungen des Arsens mit Schwefel: **Arsenmonosulfid,** As_4S_4, findet in der Gerberei zur Enthaarung von Fellen, in der Pyrotechnik und als Malerfarbe Verwendung. In der Natur tritt Arsenmonosulfid in Form des Minerals ↑ Realgar auf. **Arsentrisulfid,** As_2S_3, dient als Malerfarbe. In der Natur tritt es in Form des Minerals ↑ Auripigment auf.

Arsenvergiftung, entsteht durch Einnahme oder Einatmung von Substanzen, die Arsenverbindungen enthalten. Die *akute A.* (Arsenikvergiftung) führt zu Darmentzündungen und Durchfällen, zu Lähmungen des Zentralnervensystems (Atemzentrum) und Kollaps. Die *chron. A.*, meist eine gewerbl. Schädigung und als solche eine Berufskrankheit, wird durch fortgesetztes Einatmen (häufiger Verschlucken) von arsenhaltigem Dampf oder Staub hervorgerufen (z. B. in der Farben- und Glasind.). Sie kann zu Arsenausschlag und Ätzgeschwüren und darüber hinaus u. a. zu vermehrter Hornhautbildung, Haarausfall und Störungen des Nagelwachstums führen; Veränderungen am Nervensystem, Lähmungen und Kreislaufschäden können hinzukommen.

Arsin [griech.] (Arsenwasserstoff), Wasserstoffverbindung des Arsens, AsH_3; farbloses, sehr giftiges Gas.

Arşın [türk. ar'ʃin], türk. Längeneinheit; das alte A. entsprach 0,68 m, das neue, metr. A. entspricht 1 m.

Arsine [griech.] (arsenorganische Verbindungen), Alkyl- und Arylderivate des ↑ Arsins; allg. Formeln $AsRH_2$, AsR_2H und AsR_3 (R: organ. Rest). Die A. sind sehr giftig, bilden übelriechende, schleimhautreizende Flüssigkeiten; Arsinchloride wurden im 1. Weltkrieg als Kampfstoffe eingesetzt.

Arsino- [griech.], Bez. der chem. Nomenklatur für Verbindungen mit der Gruppe $-AsH_2$.

Arsinoe II., * um 316, † 270, Tochter Ptolemaios' I. - Nacheinander ∞ mit Lysimachos von Thrakien, ihrem Stiefbruder Ptolemaios Keraunos, seit 279 mit ihrem Bruder Ptolemaios II.; bereits zu Lebzeiten mit ihrem Gatten göttl. verehrt, erhielt nach dem Tod einen eigenen Kult.

Arslan Taş [türk. ɑrs'lɑn 'taʃ], Ruinenhügel in N-Syrien, 20 km östl. von Karkamış, mit den Ruinen der assyr. Provinzstadt **Chadatu.** Ausgrabungen legten 1928 u. a. den Palast Tiglatpilesers III. (Wandmalereien) und einen von ihm gestifteten Ischtartempel frei (Steinskulpturen); Elfenbeinschnitzereien syr.-ägypt. Stils.

Ars moriendi [lat. „Kunst des Sterbens"] (Sterbebüchlein), Erbauungsbuch über das rechte Sterben, Anfang des 15. Jh. unter dem Eindruck der Pest aufkommende Literaturgattung. Weit verbreitet die illuminierte Ausgabe des Meisters E. S. (um 1450), eine Kupferstichfolge, sowie eine niederl. Blockbuchausgabe (um 1460).

Ars musica [lat.], im MA Bez. für die Musik und Musiklehre im Rahmen der 7 freien Künste (↑ Artes liberales).

Ars nova [lat. „neue Kunst"], Titel einer Schrift von Philippe de Vitry um 1320 in Paris, die v. a. die neue Art der Mensuralnotation betrifft. Die wichtigsten Neuerungen sind die Gleichberechtigung der zweizeitigen Mensur neben der bis dahin herrschenden dreizeitigen sowie die weitere Unterteilung der Notenwerte zur Darstellung rhythm. Feinheiten. Die Hauptformen der A. n. sind die isorhythm. Motette und die 2–4stimmigen Balladen, Rondeaux und Virelais (G. de Machaut).

Arso- [griech.], Bez. der chem. Nomenklatur für Verbindungen mit der Gruppe $-AsO$.

Ars poetica [lat. „Dichtkunst"], bereits in der Antike geläufige Bez. für Horaz' dichtungstheoret. Epistel „Ad Pisones".

Art, (Spezies) die einzige objektiv definierte Einheit im System der Pflanzen und Tiere. Als Grundeinheit umfaßt sie die Gesamtheit der Individuen, die in allen wesentl. erscheinenden Merkmalen miteinander übereinstimmen. Zu einer A. gehören alle Individuen, die unter natürl. Bedingungen eine tatsächl. oder potentielle Fortpflanzungsgemeinschaft bilden. Außerdem zeigen die Individuen einer A. im wesentl. das gleiche äußere Erscheinungsbild, was als Ausdruck des jeweiligen gemeinsamen Genbestandes anzusehen ist. Nur wenige A. sind weltweit verbreitet. Alle anderen bewohnen ein größeres oder kleineres Verbreitungsgebiet (Areal). Innerhalb des Verbreitungsgebietes zeigt die A. eine Untergliederung in einzelne ↑ Populationen. - Entstehung der Arten: ↑ Artbildung; wiss. Benennung der Arten: ↑ Nomenklatur.
◆ (lat. species) in der *Logik* (klass. Definitionslehre) die durch begriffl. Zergliederung der übergeordneten Gatt. (lat. genus) gewonnene Bestimmung eines Gegenstandsbereichs; z. B. die A. „Mensch" aus der Gattung „Lebewesen" mit Hilfe des *artbildenden Unterschieds* (lat. „differentia specifica") „vernünftig".

Arta, griech. Stadt im sö. Epirus am Arachthos, 18 000 E.. Hauptort des Verw.-Geb. A.; Sitz eines orth. Erzbischofs. - Urspr. **Ambrakia,** eine korinth. Kolonie aus dem 7. Jh. v. Chr., im 3. Jh. Residenz des Königs Pyrrhus von Epirus, 229–189 unter der Herrschaft des Ätol. Bundes, später zu Rom; im 13. Jh. Residenz der byzantin. Dynastie der Angeloi, vorübergehendes Zentrum des epirot. Kaiserreiches; 1449 osman. **(Narda),** 1788–1822 zum Herrschaftsbereich von Ali, Pascha von Janina.

Artajo, Alberto Martín ↑ Martín Artajo, Alberto.

Artamanen, Mgl. des völk.-rechtsradikalen Bundes Artam e. V. (1924–31 gesamtbünd. Einrichtung); propagierte und organisierte ländl. Arbeitsdienst in der Jugendbewegung.

Artaschat, sowjet. Ort am Arax, 25 km ssö. von Jerewan, Armen. SSR, 15 000 E. - Hier lag die alte Hauptstadt Armeniens, **Artaxata,** kurz nach 190 v. Chr. von König Artaxes gegr.; 58 n. Chr. von den Römern zerstört.

Artaud, Antonin [frz. ar'to], * Marseille 4. Sept. 1896, † Ivry-sur-Seine (Hauts-de-Seine) 4. März 1948, frz. Schriftsteller. - Schauspieler und Regisseur; sein gegen die gesellschaftl. Übereinkünfte gerichtetes Manifest „Le théâtre de la cruauté" (Das Theater der Grausamkeit; 1935) hatte großen Einfluß auf die Dramatiker der Avantgarde nach dem 2. Weltkrieg; schrieb Lyrik, ein Drama und v. a. Essays.

Artaxata, antike Stadt, ↑ Artaschat.

Artaxerxes (altpers. Artachschasa), Name pers. Könige:
A. I. Makrocheir (lat. Longimanus; „der mit der langen Hand"), † 425 oder 424, König (seit 464). - Schloß als Nachfolger seines Vaters Xerxes I. nach mehreren Niederlagen durch die Griechen und Unterdrückung von Aufständen 449 den Kalliasfrieden; suchte nach Beginn des Peloponnes. Krieges Verbindung mit Athen sowie Sparta.
A. II. Mnemon („der Erinnerungsreiche"), * um 451 (?), † um 363 (?), König (seit 404). - Enkel von A. I.; warf 401 einen Aufstand seines Bruders Kyros d. J. nieder; konnte 387/386 pers. Machtausdehnung über ganz Kleinasien und Einfluß in Griechenland sichern.
A. III. (Ochos), † 338 (?; ermordet), König (seit 359). - Konnte das zerfallene pers. Imperium konsolidieren (343 Eroberung Ägyptens); Sicherung der pers. Herrschaft in Kleinasien und Phönikien.

Artaxiden, armen. Dynastie; gegr. vom seleukid. Statthalter Artaxes (Artaxias), der nach 190 v. Chr. den Königstitel annahm; bed. v. a. Tigranes II., d. Gr., der das armen. Reich stark erweiterte; endete um 14 n. Chr.

Artbastard, Ergebnis einer Kreuzung zw. verschiedenen Arten; bei Tieren oft nicht fortpflanzungsfähig. **Bastardierungssperren** unterbinden das Zustandekommen von Artkreuzungen in freier Natur nahezu völlig. A. sind das Ergebnis einer durch den Menschen absichtl. herbeigeführten Artkreuzung. Bekanntestes Beispiel: Pferdehengst × Eselstute ergibt Maulesel; Eselhengst × Pferdestute ergibt Maultier; beide sind nicht fortpflanzungsfähig. - Bei Pflanzen sind Bastardierungssperren vielfach weniger ausgeprägt, so daß eine Fremdbestäubung zu lebensfähigen und darüber hinaus sogar voll fortpflanzungsfähigen A. **(Hybriden)** führen kann.

Artbildung (Speziation), die Entstehung von zwei oder mehr Arten aus einer Stammart. Urspr. wurde angenommen, neue Arten würden spontan durch Mutation[en] entstehen. Die A. würde demnach spontan ablaufen und von Einzelindividuen ausgehen. Neuere Einsichten ergaben jedoch, daß die weitaus häufigste Form der A. (zumindest im Tierreich) auf dem allmähl. Wandel ganzer Populationen (nicht Einzelindividuen) beruht. Dabei ist zw. einer sympatr. und einer allopatr. A. zu unterscheiden. Bei der **allopatr. Artbildung** wird eine Stammart durch äußere Einflüsse in zwei oder mehr geograph. isolierte Gruppen (Populationen) aufgeteilt. Eine solche Trennung erfolgt meist durch klimat. Einflüsse, indem sich in das Verbreitungsgebiet einer Stammart durch Umweltveränderungen Zonen einschieben, die für die betreffende Art nicht bewohnbar sind. Dies war (v. a. auf der nördl. Halbkugel) während der Eiszeiten der Fall; in trop. Gebieten v. a. durch Entstehung von Trockengürteln zw. Regenwaldgebieten. Die räuml. getrennten Populationen entwickeln sich also unabhängig voneinander gemäß ihren durch Mutationen erworbenen Veränderungen. Bei der **sympatr. Artbildung** ist eine räuml. Isolation von Populationen nicht erforderlich. Für die Möglichkeit einer sympatrischen A. spricht das Vorkommen zahlr., naher verwandter Arten (z. B. Fische) in einem großen See. Die Mechanismen der Entstehung von Bastardierungssperren innerhalb einer Population ohne räuml. Trennung sind noch nicht vollständig geklärt.

Art brut [frz. ar'bryt „rohe, unorgan. Kunst"], Bez. für Kunst der Geisteskranken (J. Dubuffet).

Art deco [ar'de:ko; Kurzbez. für frz. art décoratif] (Art déco), Bez. für die Kunst (eigtl. das Kunstgewerbe) der Jahre 1920–40.

Artdichte ↑ Abundanz.

Arteaga, Esteban de [span. arte'aɣa], * Moraleja (Prov. Segovia) 26. Dez. 1747, † Paris 30. Okt. 1799, span. Gelehrter. - V. a. bed. durch seine „Geschichte der italien. Oper..." (2 Bde., 1783–88).

Artefakt [zu lat. ars „Kunst" und facere „machen"], allg. ein von menschl. Hand gefertigter Gegenstand. In der *Vorgeschichtsforschung* ein Gegenstand, der seine Form durch

Artel

menschl. Einwirkung erhielt, auch ein bei der Herstellung von Steinwerkzeugen entstandenes Abfallprodukt.

◆ in der *Histologie* die an einem Präparat durch die Präparationstechnik (bes. durch Fixierung) bedingte [entstellende] Veränderung, insbes. das Auftreten neuer (künstl.) Strukturelemente im Zellplasma.

Artel [russ. ar'tjelj], im *zarist. Rußland* freiwilliger, oft zeitl. befristeter genossenschaftl. Zusammenschluß ländl. Arbeitskräfte gleichen Berufes, die sich auf gemeinsame Rechnung zur Arbeit verdingten, teils auch gemeinsam siedelten; in der *UdSSR* landw. Produktionsgenossenschaften innerhalb der Kolchosverfassung mit Möglichkeiten privaten Eigentums und privater Bewirtschaftung.

Artemia [griech.], Gatt. der Kiemenfußkrebse mit der bekannten Art ↑Salinenkrebschen.

Artemidoros von Ephesus, griech. Geograph um 100 v. Chr. - Verfasser einer 11bändigen, nur fragmentar. erhaltenen Erdbeschreibung („Geographumena").

Artemis, die jungfräul. Jagdgöttin der Griechen. Tochter des Zeus und der Leto. Wie im Falle ihres (erst sekundär mit ihr verbundenen) Zwillingsbruders Apollon haben sich verschiedene Wesenszüge urspr. gesonderter, großteils ungriech. Gottheiten zu dem Bild der A. vereinigt, deren vielfältigen Funktionen („Herrin der Natur", „Herrin der Tiere", Patronin der Jäger) zahlr. Beinamen und Lokalkulte entsprechen. Die berühmteste der antiken Plastiken ist die sog. „A. von Versailles" im Louvre, in der Malerei der Neuzeit war A. nach Aphrodite die wohl am häufigsten dargestellte griech. Gottheit.

Artemisia [griech.], svw. ↑Beifuß.

Artemision [griech.], Kap an der N-Spitze von Euböa. - 480 v. Chr. errangen die Griechen bei A. den ersten Seesieg über die Perser.

Artemision, Heiligtum bzw. Tempel der Artemis, am berühmtesten das **A. von Ephesus**, Mitte des 6. Jh. v. Chr. an der Stelle älterer Kultstätten errichtet, eins der Sieben Weltwunder. Krösus, König von Lydien, stiftete die meisten der 127 Säulen des etwa 55 × 115 m messenden Tempels. Baumeister waren die Kreter Chersiphron und Metagenes sowie der Samier Theodoros. Nach Brandstiftung (356 v. Chr.) im 4./3. Jh. durch einen Neubau auf dem alten Grundriß ersetzt. Durch Steinraub abgetragen; die Fundamente wurden ausgegraben.

Artensatz, durch Namen, Ziffern, Zeichen erschwerter, kostspieliger Drucksatz.

Arte povera [italien. „arme Kunst"], Kunstrichtung, die auf einfache Grundformen zurückgeht. Übergänge zur ↑Konzeptkunst.

Arterien [griech.] (Schlagadern, Pulsadern), Blutgefäße des Menschen und der Wirbeltiere, die das Blut vom Herzen wegführen und allen Körperteilen hinleiten. Die Wandung der A. ist aus drei Schichten aufgebaut. Die Schichten sind durch elast. Membranen voneinander getrennt. Die äußerste Schicht ist aus Bindegewebe aufgebaut, in dem kleinste Blutgefäße (Durchmesser bis zu etwa 1 mm) verlaufen und der Ernährung der A. von außen dienen. Die innere Wandschicht wird direkt aus dem Blut mit Nährstoffen versorgt. Je nach Vorherrschen der glatten Muskulatur oder des elast. Bindegewebes in der mittleren Schicht lassen sich elast. und muskulöse A.typen unterscheiden. Die elast. sind die herznahen A., wie die ↑Aorta und ihre großen Abzweigungen. Durch den elast. Aufbau dieser A. wird der durch die Herzkontraktion hervorgerufene Druckstoß ausgeglichen und dadurch eine relativ kontinuierl. Fortleitung des rhythm. vom Herzen ausgeworfenen Blutes, auch während der Erschlaffungsphase des Herzens, erreicht. Die A. des muskulösen Typs weisen einen starken Anteil glatter Muskulatur auf. Diese ermög-

Arterien. Arterienwand im gesunden Zustand (oben; a Intima, b Elastica interna, c Media, d Elastica externa, e Adventitia) und bei Arteriosklerose (unten; a bindegewebig verdickte Intima, b Elastica interna, c Media, f nekrotischer Intimaherd mit Cholesterin)

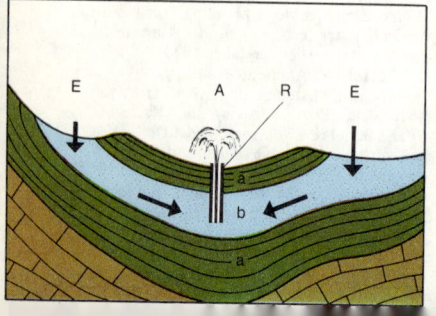

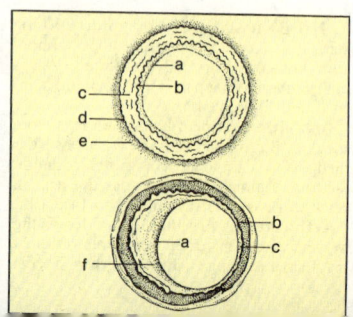

Artesischer Brunnen. A Brunnenauslauf, E Wassereinzugsgebiet, R Brunnenrohr, a wasserundurchlässige und b wasserdurchlässige Schicht

licht durch aktive Verengung dieser A. eine Regulierung der Blutverteilung. Der muskulöse A.typ findet sich herzfern, d.h. an der Körperperipherie und in den einzelnen Organen. Die kleinsten A. (**Arteriolen**) spalten sich in die sog. Haargefäße auf. Diese weisen ebenfalls einen relativ hohen Anteil an glatter Muskulatur auf und führen die größten Änderungen ihres Querschnitts aus. Die Arteriolen sind damit die eigtl. Widerstandsgefäße des Blutstroms, die letztl. entscheiden, welche Menge Blut einem Organ zufließt.

Arterienentzündung (Arteriitis), Schlagaderentzündung, entzündl. Veränderungen an der Arterienwand. Die A. kann einzelne Schichten der Arterienwand befallen, sie kann sich aber auch auf die gesamte Schlagader ausdehnen. Sie ist vermutl. eine von mehreren Vorbedingungen für die Entstehung der ↑ Arteriosklerose.

Arterienverkalkung, svw. ↑ Arteriosklerose.

Arterienverschluß, Verschluß einer Arterie durch organ. Gefäßwanderkrankungen wie Entzündungen oder Arteriosklerose, Thrombose und Embolie, u. U. auch durch Gefäßkrämpfe.

Arteriitis [griech.], svw. ↑ Arterienentzündung.

Arteriographie [griech.], röntgenograph. Darstellung einer Arterie bzw. des arteriellen Gefäßsystems nach Einspritzung eines Kontrastmittels.

Arteriole [griech.], kleinste, in Haargefäße (Kapillaren) übergehende Schlagader. - ↑ auch Arterien.

Arteriosklerose [griech.] (Atherosklerose, Arterienverkalkung), chron. fortschreitende, degenerative Erkrankung v.a. der inneren Arterienwandschicht (Intima). Die A. ist v.a. in den zivilisierten Ländern ein überaus häufiges Krankheitsbild, das bevorzugt in der zweiten Lebenshälfte auftritt und z.B. in etwa 90 % der Fälle Ursache der arteriellen Verschlußkrankheiten ist. Sie steht in der Statistik der Todesursachen an erster Stelle. Durch Eindringen von Blutplättchen in die Zellzwischenräume der innersten Gefäßwandschicht, gefolgt von lipoidhaltigen (= fettähnl.) Ablagerungen, entstehen sog. atheromatöse Veränderungen, die zum Zelluntergang und schließl. zu einer starken Vermehrung der Bindegewebsfasern in dieser Wandschicht führen (**Sklerose**). Hierdurch verhärtet sich die Arterienwand und büßt ihre natürl. Elastizität ein. Herdförmige Ablagerungen, v. a. von Cholesterinkristallen (**Atherome**), die auch in den Bereich der mittleren Gefäßwandschicht eindringen, lösen starke, entzündl. Reaktionen und weiteren Gewebszerfall aus. Schließl. kommt es zu Kalkablagerungen, die Herde brechen auf, und es entstehen Geschwüre, auf denen sich Blutgerinnsel niederschlagen.

Formen der A.: intermittierendes Hinken durch A. der Extremitäten. Koronarsklerose (A. der Herzarterien), die zum Krankheitsbild der Angina pectoris führt. A. der Gehirnarterien bewirkt Persönlichkeitsveränderungen bis zur Demenz und löst Gehirnerweichung (Gehirnsklerose) aus. - Der vollständige Verschluß einer Arterie, v. a. durch Thrombenbildung, führt zum Absterben des betroffenen Gewebes (↑ Herzinfarkt, ↑ Schlaganfall, ↑ Brand). - Die A. kann durch zahlr. schädigende Einflüsse auf die Arterienwand hervorgerufen werden. Neben den individuell sehr verschiedenen Alterungsvorgängen an den Gefäßen spielen v. a. die sog. Risikofaktoren der A. eine maßgebl. Rolle, vornehml. der Diabetes mellitus und der Bluthochdruck. Auch Krankheiten, die mit einer Erhöhung des Blutfett- und/oder des Blutcholesterinspiegels einhergehen, können eine schwere A. auslösen, so z. B. bestimmte Störungen des Fettstoffwechsels, manche Formen der Fettsucht, die Schilddrüsenunterfunktion sowie Arterienentzündung. - Äußere Risikofaktoren sind z. B. übermäßige Nahrungsaufnahme, Bewegungsarmut und gesteigerter Nikotinkonsum. Schwere arteriosklerot. Gefäßwandschäden sind nicht mehr rückbildungsfähig.
📖 *A. Grundll., Diagnostik, Therapie. Hg. v. G. Schettler u. a. Köln 1985. - Allgeier, K.: A. ist heilbar. Düss. u. Wien 1978.*

Artern/Unstrut, Krst. im Bez. Halle, DDR, in der sö. Goldenen Aue, an der Unstrut, 7 200 E. Zucker- und Malzfabrik, Saline. - Erstmals 786 erwähnt, im 14. Jh. Stadtrecht; 1579 zum Kurfürstentum Sachsen, 1815 preußisch.

artesischer Brunnen [nach dem Artois], natürl. Brunnen, bei dem das Wasser infolge Überdrucks des Grundwassers selbständig aufsteigt (Gesetz der kommunizierenden Gefäße).

Artes liberales [lat. „freie Künste"], in der röm. Antike die Wissenschaften, die von „freien" Bürgern gepflegt wurden. In der Spätantike bildete sich für die A. l. ein fester Kanon von 7 Fächern heraus: Grammatik, Rhetorik, Dialektik, Arithmetik, Geometrie, Astronomie, Musik. Varro (116 v.Chr.) z. B. zählt noch 9 Fächer auf (mit Architektur und Medizin). V. a. durch Martianus Capella wurde dann das Siebenersystem für das ganze MA verbindlich. Die mathemat. Disziplinen (Arithmetik, Geometrie, Astronomie, Musik) wurden im **Quadrivium** („Vierweg") zusammengefaßt (erster Beleg bei Boethius, 5. Jh.), die grammat.-literar. Fächer (Dialektik, Grammatik, Rhetorik) im **Trivium** („Dreiweg"). Der Hauptakzent lag auf der Rhetorik. Die A. l. wurden an den ma. Univ. in der Artistenfakultät gelehrt; sie bildeten die Propädeutik für die höheren Fakultäten (Theologie, Recht, Medizin).
📖 *Curtius, E. R.: Europ. Lit. u. lat. MA.*

Artes mechanicae

Bern ⁹1978. - A. l. Von der antiken Bildung zur Wiss. des MA. Hg. v. J. Koch. Leiden u. Köln Neudr. 1976.

Artes mechanicae [lat.] (Handwerkskünste, Eigenkünste), in der ma. Wissenschaftslehre die den Artes liberales nachgeordneten Künste, die nur mit mechan. Hilfe ausgeübt werden können und zwar durch „eigene", d. h. unfreie Leute. Sie sind aus den antiken „artes vulgares et sordidae" (gewöhnl. und schmutzige Handwerkskünste) und den „artes ludicrae" (Schauspielkünste) hervorgegangen. Im einzelnen: „opificium" (Handwerk), „armatura" (Kriegskunst und Waffenschmieden), „navigatio" (Seefahrt und Handel, mit Erdkunde), „agricultura" (Landbau und Hauswirtschaft), „venatio" (Jagd und Tier[heil]kunde), „medicina" (Heilkunde), „theatrica" (sog. Hofkünste).

Artevelde, Jacob van, * Gent um 1290, † ebd. 17. Juli 1345, flandr. Volksführer. - Vater von Philips van A.; 1338 zum Genter Stadthauptmann gewählt, schloß sich 1340 an England an; fand bei einem Aufstand der Genter Weber den Tod.

A., Philips van, * Gent 18. Juli 1340, ✕ bei Rozebeke 27. Nov. 1382, flandr. Volksführer. - Sohn von Jacob van A.; ab 1382 Stadthauptmann von Gent, leitete den Kampf gegen den Grafen von Flandern, nahm Brügge ein und wurde Statthalter von Flandern; fiel im Kampf gegen die Franzosen.

Artgewicht, svw. ↑ Wichte.

Arth, Gemeinde im schweizer. Kt. Schwyz, umfaßt die Orte A., Oberarth und Goldau, an der S-Spitze des Zuger Sees, 7 700 E. Bahnknotenpunkt; Fremdenverkehr. - 1806 wurde der Ortsteil Goldau durch einen Bergsturz völlig zerstört. - Barocke Pfarrkirche Sankt Georg und Zeno, Kapuzinerklosterkirche, Georgskapelle (alle 17 Jh.).

Artha [Sanskrit], Gewinn weltl. Güter; zweites der vier Lebensziele eines Hindu.

Arthritis [griech.; zu árthron „Glied, Gelenk"], svw. Gelenkentzündung (↑ Gelenkerkrankungen).

Arthrodese ↑ Gelenkversteifung.

Arthroendoskopie [...tro-ɛn...], svw. ↑ Arthroskopie.

Arthrographie [griech.], röntgenograph. Darstellung von Gelenkhöhlen (bes. des Kiefer-, Schulter-, Hüft- und Kniegelenks) und dadurch von Teilen des Gelenkapparates nach Einspritzung kontrastgebender Mittel (Jodpräparate, Luft) in das Gelenk.

Arthrolyse [griech.], Beweglichmachen eines Gelenks durch operative Entfernung von Narbensträngen oder knöchernen Wulstbildungen innerhalb und außerhalb der Gelenkkapsel, die die Gelenkfunktion behindern; manchmal muß dabei eine Gelenkkapsel durchtrennt oder eine Sehne verkürzt oder verlängert werden; bes. häufig am Knie- und Ellbogengelenk.

Arthropathie (Arthrose) [griech.], Gelenkleiden; i. e. S. die nicht entzündl., vorwiegend degenerativen ↑ Gelenkerkrankungen.

Arthroplastik [griech.], künstl. Bildung eines neuen Gelenks auf chirurg. Wege zur Wiederherstellung der Gelenkfunktion bei behinderter Gelenkbeweglichkeit.

Arthropoden (Arthropoda) [griech.], svw. ↑ Gliederfüßer.

Arthrose, svw. ↑ Arthropathie.

Arthroskopie (Arthroendoskopie) [griech.], Untersuchung des Gelenkinnern der großen Gelenke mit einem Endoskop nach Luftfüllung des Gelenks.

Arthur, mär.ıl. Vorname, ↑ Artur.

Arthur, Chester Alan [engl. 'ɑːθə], * Fairfield (Vt.) 5. Okt. 1830, † New York 18. Nov. 1886, 21. Präs. der USA. - Rechtsanwalt; Republikaner; 1880 Vizepräs. unter James A. Garfield; nach dessen Ermordung 1881 Präsident bis 1885.

Artibonite [frz. artibɔ'nit], Zufluß zum Golf von Gonaives in Haiti, entspringt in der Cordillera Central in der Dominikan. Rep., rd. 250 km lang, der längste Fluß Hispaniolas.

Articulata [lat.], svw. ↑ Gliedertiere.

Articulatae [lat.], svw. ↑ Schachtelhalme.

artifiziell [lat.-frz.], künstlich, gekünstelt.

Artigas, José Gervasio [span. ar'tiɣas], * Montevideo 19. Juni 1764, † Asunción 23. Sept. 1850, uruguay. Nationalheld. - Befreite als Gauchoführer bis 1814 die Banda Oriental, das spätere Uruguay, von span. Herrschaft; nach 1820 bis zu seinem Tode im Exil in Paraguay.

Artigas [span. ar'tiɣas], Hauptstadt des Dep. A. in N-Uruguay, am Rio Quaraí gegenüber der brasilian. Stadt Quaraí, 29 000 E. Wirtsch. Zentrum eines Agrargebietes, Grenzstation für Bahn- und Straßenverkehr nach Quaraí; ✈. - Gegr. 1852, Stadt seit 1884.

A., Dep. in N-Uruguay, 11 378 km², 58 000 E (1975), Hauptstadt Artigas; Haupterwerbsgrundlagen sind Viehzucht und Ackerbau (v. a. Weizen und Leinsamen).

Artikel [lat.], (Geschlechtswort) ein das Substantiv begleitendes Wort; man unterscheidet artikelhafte (z. B. Engl., Frz., Dt.) und artikellose Sprachen (z. B. Lat.). Im Dt. hat der A. die Aufgabe, auf bestimmte *(der, die, das)* oder unbestimmte *(ein, eine, ein)* Wesen oder Dinge hinzudeuten, deren grammat. Geschlecht sowie Kasus und Numerus anzugeben.

♦ schriftsteller. oder publizist. Beitrag (Aufsatz, Abhandlung, Glosse, Leit-A. usw.) in einer Zeitung, Zeitschrift, einem Sammelwerk oder Lexikon.

♦ in der christl. Glaubenslehre der Abschnitt eines Glaubensbekenntnisses.

♦ Abschnitt eines Vertrages, Gesetzes usw.

♦ im Handel eine bestimmte Warenart.

Artikulaten [lat.], svw. ↑ Gliedertiere.

Artikulation [lat.], in der *Phonetik* das Hervorbringen eines [Sprach]lautes sowie die Gesamtheit der dazu erforderl. Stellungen und Bewegungen der **Artikulationsorgane**, d. h. der an der A. beteiligten Sprechwerkzeuge (Stimmbänder, Zunge, Lippen u. a.). Auch Bez. für die deutl. Aussprache und Gliederung des Gesprochenen.

◆ Begriff der *konkreten Poesie* für die Betonung der Laute durch ihre (übertreibende) Aussprache. Auf diese Weise soll Bildhaftigkeit vermieden werden.

◆ in der *Musik* Bez. für die Bindung oder Trennung der Töne (z. B. legato, staccato); notiert wird die A. erst seit dem 17. Jh., u. a. durch Bögen, Striche und Punkte.

◆ (Articulatio) in der *Anatomie* Bez. für eine gelenkige Verbindung zw. Knochen.

◆ in der *Zahnmedizin* Bez. für Stellung und Bewegungsablauf der Zahnreihen des Ober- und Unterkiefers.

Artikulationsart (Artikulationsmodus), bei der Erzeugung eines Sprachlauts die Art des Durchgangs des Luftstroms und seiner eventuellen Behinderung. Nach der A. unterscheidet man z. B. Vokale, Engelaute, Verschlußlaute, Nasale.

Artikulationsstelle, Stelle (Ort, Punkt), wo die an der Artikulation beteiligten Organe gegeneinander wirken (zusammentreffen). Im wesentl. werden folgende A. unterschieden: Oberlippe (labial), Schneidezähne (dental), harte Gaumenkante (alveolar), harter Gaumen (palatal), Gaumensegel (velar), Halszäpfchen (uvular), Kehlkopf (laryngal), Rachen (paryngal).

artikulieren [lat.], 1. Sprachlaute erzeugen, 2. bes. sorgfältig und deutl. aussprechen, 3. Gedanken oder Gefühlen Ausdruck verleihen.

Artillerie [frz.], Bez. für die Gesamtheit der mit (meist schweren) Geschützen ausgerüsteten Truppe. In der Bundeswehr der BR Deutschland Truppengattung des Heeres, die durch das Feuer ihrer Waffen die Kampftruppen, insbes. die Infanterie in allen Kampfarten unterstützt; sie verfügt über Panzer-A., Feld-A., leichte und schwere Raketen-A.; diese schießende A. wird durch aufklärende A. unterstützt. - Die Anfänge der A. reichen bis ins 14. Jh. zurück. Der A.park Kaiser Maximilians I. bestand aus Büchsen, Kartaunen, Nachtigallen, Schlangen, Feldschlangen und Mörsern, umfaßte die Kaliber von 5–35 mm. Friedrich d. Gr. führte die reitende A. ein. Große Bed. erlangte die A. unter Napoleon I., der als erster den Wert des zusammengefaßten Feuers erkannte. Die A. des alten Heeres (bis 1918) bestand aus Feld-A., Fuß-A. und Festungs-A. Bis Ende des 2. Weltkriegs überwiegend pferdebespannt, z. T. durch Zugmaschinen gezogen oder als Selbstfahrlafette ausgebildet; es entstand die Panzer-A. zur Unterstützung des Panzerangriffs, die Flak.-A. zur Bekämpfung von Luftzielen, die Raketen-A. als Flächenfeuerwaffe mit konzentrierter Wirkung. Heute ist die A. in einigen Ländern mit atomaren Sprengkörpern ausgerüstet. Außerdem gibt es Küsten-A. und Schiffs-A. (seit dem 14. Jh.), die jedoch mehr und mehr durch Raketen ersetzt wird.

📖 *Neuzeitl. A.systeme.* Hg. v. der Dt. Gesellschaft für Wehrtechnik e. V. Koblenz 1985. - Foss, C. F.: *Die A. der Streitkräfte aus aller Welt.* Stg. 1975.

Artin, Emil, * Wien 3. März 1898, † Hamburg 20. Dez. 1962, dt. Mathematiker. - Prof. u. a. in Hamburg und in den USA (1938–46). Grundlegende Arbeiten zur Klassenkörpertheorie, trug wesentl. zur Entwicklung der modernen Algebra und der algebraischen Topologie bei.

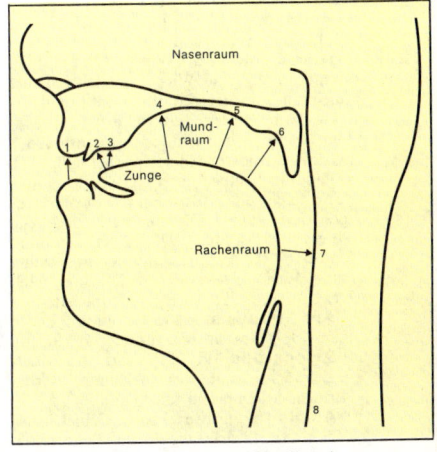

Artikulationsstellen. 1 labial (Oberlippe), 2 dental (Schneidezähne), 3 alveolar (harte Gaumenkante), 4 palatal (harter Gaumen), 5 velar (Gaumensegel), 6 uvular (Halszäpfchen), 7 pharyngal (Rachen), 8 laryngal (Kehlkopf)

Artischocke [italien.], (Cynara scolymus) bis 2 m hoher, nur in Kultur bekannter Korbblütler; Blätter fiederteilig, unterseits mehr oder weniger weißfilzig, fast stachellos. Die bis 15 cm großen Blütenköpfe haben hellviolette, zwittrige Röhrenblüten und große, starre Hüllblätter, deren im Knospenzustand fleischig verdickter unterer Teil ebenso wie der fleischige Blütenstandsboden roh oder als Feingemüse gekocht gegessen wird (Ernte vor dem Aufblühen der Köpfchen). Als Gemüse werden auch die jungen, gebleichten Sprosse verwendet. Die verschiedenen (etwa 3–4 Jahre ertragsfähigen) Sorten werden v. a. im Mittelmeergebiet, auch im S der USA, angebaut, in Deutschland als Zierpflanzen.

Artist

♦ (Spanische A., Gemüse-A.) svw. ↑ Kardone.
Artist [lat.-frz.], im Zirkus oder Varieté auftretender Künstler, der vorwiegend Geschicklichkeitsübungen ausführt.
Artistenfakultät, an ma. Univ. die Fakultät der ↑ Artes liberales, wurde unter dem Einfluß des Humanismus zur philosoph. Fakultät erweitert und erhielt den gleichen Rang wie die anderen Fakultäten.
artistisch, nach Art eines Artisten, mit einem Höchstmaß an körperl. Gewandtheit oder an Können auf einem bestimmten Gebiet.
Artjomowsk, sowjet. Stadt im nördl. Donbass, 70 km nördl. von Donezk, Ukrain. SSR, 88 000 E. Technikum für Eisenbahnverkehrswesen; geolog. Museum; bed. Steinsalzbergbau; Abbau von Gips, Kreide und feuerfesten Tonen. - Bereits 1571 erwähnt.
Artmann, H[ans] C[arl], * Wien 12. Juni 1921, östr. Schriftsteller und Übersetzer. - Wurde als Mgl. der „Wiener Gruppe" bekannt durch seine Wiener Dialektgedichte „med ana schwoazzn dintn" (1958) und verfaßte zahlr. weitere zeitkrit. artist. Sprachkunstwerke: „Fleiß u. Industrie" (Prosa, 1967), „Grünverschlossene Botschaft" (1967), „Die Anfangsbuchstaben der Flagge" (En., 1968), „Ein lilienweißer Brief aus Lincolnshire" (ges. Ged., 1969), „Das im Walde verlorene Totem" (Prosa-Slg., 1970), „Der aeronaut. Sindtbart" (E., 1972), „Unter der Bedeckung eines Hutes" (Prosa, 1974), „Die Jagd nach Dr. U." (R., 1977). Auch Kinderbücher.
Art nouveau [frz. arnu'vo „neue Kunst"], in Frankr. Bez. für den ↑ Jugendstil.
Artocarpus [griech.], Gatt. der Maulbeergewächse mit den bekannten Arten ↑ Brotfruchtbaum und ↑ Jackbaum.
Artois [frz. ar'twa], histor. Gebiet in N-Frankr., zw. Picardie im SW und flandr. Ebene im NO, erstreckt sich vom Raum um Arras bis zur Küste bei Boulogne-sur-Mer einschließl. des Boulonnais; von zahlr. Trockentälern durchsetztes Hügelland, im Mont Hulin 206 m hoch; außerordentl. fruchtbar. Wirtsch. Zentren sind Arras und Boulogne-sur-Mer; Stahlind. in Outreau. - **Geschichte:** Das Gebiet der kelt. Atrebaten gehörte in der Römerzeit zur Prov. Belgica (ab 4.Jh. Belgica II); im 5. Jh. eroberten es die Franken; kam 863 an die Grafen von Flandern, 1180 zur Krone; ab 1237 Gft., als Apanage 1384 an die Herzöge von Burgund ausgegeben; kam 1477 in den Besitz des Hauses Österreich, blieb aber mit Frankr. umstritten, wurde 1659 zum größten Teil, 1678 vollständig wieder frz.; unter dem Ancien Régime Gouv., ging 1790 mit dem Boulonnais im Dep. Pas-de-Calais auf.
Artothek [lat./griech.], Institution (Galerie, Museum, Kunstverein), die moderne Kunstwerke (Gemälde, Graphiken, Kleinplastiken, Multiples u. a.) ausleiht.

Arts and Crafts Exhibition Society [engl. 'ɑːts ənd 'krɑːfts ɛksɪ'bɪʃən sə'saɪətɪ], 1888 von der von W. Morris 1883 begr. „Art Workers' Guild" gegr. Gesellschaft unter Präsidentschaft von W. Crane, die 1888, 1889, 1890, 1893 und 1896 in London epochemachende kunstgewerbl. Ausstellungen veranstaltete und handwerkl. Werktreue und Schlichtheit der Form propagierte.
Arts Council [engl. 'ɑːts 'kaʊnsl „Kunstrat"], 1946 gegr. brit. Institution zur Förderung des kulturellen Lebens und der Künstler im Inland (1. A. C. für Großbritannien, 2. A. C. für Nordirland); subventioniert nach eigener Wahl ständig oder durch einmalige Zuschüsse Theaterkompanien und Orchester, Festivals, Kunstgalerien, veranstaltet Kunstausstellungen, fördert einzelne Künstler, Schriftsteller, Solisten usw. - ↑ auch British Council.
Artung, in der Charakterlehre das Wesen oder Gepräge eines Menschen, wie es sich in Geschlecht, Körperbau oder in den Eigenschaften eines einzelnen manifestiert.
Artur (Arthur), aus dem Engl. übernommener männl. Vorname; italien.: Arturo.
Artus (Arthur), sagenhafter britann. König, der mit den Rittern seiner Tafelrunde zum Mittelpunkt eines ausgedehnten Sagenkreises wird. Der histor. A. scheint ein britann. Heerführer gewesen zu sein, der um 500 sein Volk gegen die Invasion der Angelsachsen verteidigte und 537 in der Schlacht am Camlann gefallen sein soll. In der „Historia regum Britanniae" (um 1135) des Geoffrey von Monmouth wird A. vom kelt. Lokalhelden zum glanzvollen Herrscher von weltgeschichtl. Bed. erhoben. Mit seiner Gattin Guenhuvara (Ginover) hält A. prunkvollen Hof zu Caerleon. Auf seinem Siegeszug über viele Länder wird er erst durch einen in der Heimat ausgeübten Verrat seines Neffen Mordred aufgehalten und zur Rückkehr gezwungen. A. wird verwundet und auf die Feeninsel Avalon entführt. Geoffrey stützt sich auf breton. Sagengut. Schon bald überträgt der normann. Dichter Wace die „Historia" in frz. Verse („Roman de Brut", 1155). Er stilisiert A. zum feudalhöf. Kriegsherrn, fügt zahlr. Einzelheiten hinzu (breton.?) und berichtet als erster von der Tafelrunde auserwählter und vorbildl. Ritter. Auf Wace stützt sich das frühmittelengl. Versepos „Brut" des Layamon (um 1205). Auf dem Festland werden urspr. selbständige Stoffe (Tristan-Sage, Lanzelot-Stoff, Gralssage) integriert. Beginn und Höhepunkt des frz. A.romans sind die Werke des Chrétien de Troyes (Entstehungszeit etwa 1165–90): „Erec", „Cligès", „Lancelot", „Yvain", „Perceval". Bei Chrétien und seinen Nachfolgern ist A. das große ehrfurchtgebietende Vorbild des Rittertums. Zum passiven Mittelpunkt einer Schar tapferer Ritter, den Haupthelden der Romane, geworden, greift er selbst kaum in das Gesche-

hen ein. Die bedeutendsten Vertreter der dt. A.epik sind Hartmann von Aue („Erec", „Iwein"), Gottfried von Straßburg („Tristan und Isolt") und Wolfram von Eschenbach („Parzival", „Titurel"). Daneben entstand auch eine stoffreiche „niedere" A.dichtung, u. a. der altfrz. Prosazyklus („Vulgate" oder „Grand Saint Graal", um 1225), auf dem der dt. Prosaroman von Lanzelot (vor 1250) und der engl. Prosaroman „Le morte d'Arthur" von T. Malory (vollendet um 1469) beruhen. - Abb. S. 164.
📖 *Brogsitter, K. O.: A.epik. Stg.* ³*1980. - Gürttler, K. R.: „Künec Artûs der guote". Das Artusbild der höf. Epik des 12. u. 13. Jh. Bonn 1976.*

Artushof, seit dem 14. Jh. Name geselliger Vereinigungen ritterl. und patriz. Geschlechter in den reichen Städten Preußens und Livlands. Sie gaben sich den Namen nach der Tafelrunde des Königs Artus. Auch das Gebäude, in dem die Festlichkeiten stattfanden, hieß bald A. (er wurde auch als Börse und Versammlungsraum der Kaufmannschaft [auch für Nichtmitglieder] benutzt). Der repräsentativste A. wurde 1481 in Danzig eingeweiht, ein spätgot. Bau mit großer dreischiffiger Halle und 1617 barockisierter Fassade.

Arua, Distriktshauptort in NW-Uganda, nahe der Grenze gegen Zaïre, 11 000 E. Sitz eines kath. Bischofs; landw. Handelszentrum eines Baumwoll-, Tabak- und Kaffeeanbaugebiets.

Aruba, die westlichste der niederl. Inseln der Kleinen Antillen, 30 km lang, 10 km breit, Hauptort **Oranjestad.** - Seit 1642 niederl. (Westind. Kompanie); 1791 direkter Regierungskontrolle unterstellt. - ↑ Niederländische Antillen.

Aruinseln, Inselgruppe im N der Arafurasee, S-Molukken, Indonesien, 8 563 km²: 6 größere, zus. auch als **Tanabesar** („Hauptland") bezeichnete Inseln und etwa 80 kleinere Inseln. Vor der gesamten O- und z. T. vor der W-Küste erstreckt sich ein 15–40 km breites Saumriff. Hohe Niederschläge; größtenteils von trop. Regenwald bedeckt. Die Bev. zeigt papuan. Elemente. Anbau von Reis, Mais, Maniok, Bataten und Bohnen; Fischerei (auch Perlen und Seegurken). Hauptort, Handelszentrum und Hafen ist **Dobo,** auf der kleinen Insel Wamar. - Im 16. Jh. kamen die A. unter die Herrschaft des Sultans von Ternate und wurden z. T. islamisiert. 1623 niederl.; 1942–45 jap. besetzt, 1949 indones., 1950 kurze Zeit zur Republik der Süd-Molukken.

Arum [griech.], svw. ↑ Aronstab.

Arun, einer der Quellflüsse des Kosi, Indien, entspringt auf der S-Abdachung des Himalaja, 320 km lang.

Arunachal Pradesh [...'naːtʃalpraˈdeːʃ], Unionsterritorium in NO-Indien, 83 743 km², 632 000 E (1981), Hauptstadt Itanagar. Erstreckt sich über 1 280 km entlang der ind. Grenze gegen Bhutan, China und Birma, umschließt hufeisenförmig das Brahmaputratal von Assam; durchweg gebirgig; im Grenzgebiet gegen Tibet Höhen von 6 000 m. Monsunale Starkregen (Mai–Okt.); trop. Regenwälder, darüber eine Zone mit Rhododendren; zahlr. Flüsse. - Die überwiegend mongolide Bev. gliedert sich in 18 Stammesgruppen, die 44 Sprachen und Dialekte, meist der sino-tibet. Sprachfamilie, sprechen. Wichtigste Wirtschaftsform ist die Landw. Hauptanbauprodukte sind Hirse, Reis und Tränengras. Verkehrsmäßig fast unerschlossen, nur aus strateg. Gründen während des 2. Weltkriegs erbaute Stilwellstraße (Ledostraße) zw. Ledo in Oberassam und Kunming in China durchquert A. P. - Die gemeinsame Grenze mit China ist seit der Konferenz von Simla (1913/14) als McMahonlinie bekannt.

Aruncus [lat.], svw. ↑ Geißbart.

Arusha [aˈruːʃa], Regionshauptstadt in NO-Tansania, am S-Fuß des Meru, 1 380 m ü. d. M., 55 000 E. Sitz eines kath. Erzbischofs; Forschungsinst. zur Bekämpfung der Überträger von menschl., tier. und Pflanzenkrankheiten, meteorolog. Station; Handelszentrum eines Agrargebietes. Endpunkt der Eisenbahnlinie von Tanga; internat. ✈.

Aruwimi, rechter Nebenfluß des Kongo, im Oberlauf **Ituri** gen., entspringt im NO von Zaïre, mündet bei Basoko, 1 300 km lang; zahlr. Stromschnellen und Wasserfälle, nur die letzten 120 km sind schiffbar.

Arvalbrüder (lat. Fratres Arvales [„Saatfeldbrüder"]), altröm. Priesterkollegium, das urspr. Fruchtbarkeitsriten zu vollziehen hatte und später mit der Besorgung des Kultes der Dea Dia sowie Gelübden und Opfern für den Kaiser beauftragt war.

Arve [frz. arv], Fluß in den frz. N-Alpen, entspringt im Montblancgebiet, durchbricht in einer 25 km langen Kluse die Kalkvoralpen, mündet im südl. Stadtgebiet von Genf (Schweiz) in die Rhone; 100 km lang.

Arve (Zirbelkiefer, Pinus cembra), bis über 20 m hoch und über 1 000 Jahre alt werdende Kiefernart v. a. in den Karpaten, im Ural und in den Alpen (bis zur oberen Waldgrenze in etwa 2 500 m Höhe); in der Jugend von kegelförmigem Wuchs, mit silbergrauer, glatter Rinde, im Alter unregelmäßig, oft mehrwipfelig, mit graubrauner Schuppenborke. Die in Fünfzahl an Kurztrieben stehenden Nadeln sind 5–12 cm lang, steif, am Rand fein gesägt und oben stumpf. Die dickschuppigen Fruchtzapfen sind kurz gestielt, werden 6–8 cm lang und etwa 5 cm breit; fallen mit den flügellosen, bis 1,2 cm langen, eßbaren Samen (**Zirbelnüsse**) im Frühjahr des dritten Jahres nach der Befruchtung ab. Das weiche Holz wird bes. für Möbel und Schnitzereien verwendet.

Arverner

Arverner (lat. Arverni), bed. kelt. Volk in der heutigen Auvergne; versuchten wiederholt, sich Gallien untertan zu machen; der A. Vercingetorix war 52 v.Chr. Führer des gesamtgall. Aufstands gegen Cäsar.

Arvicola [lat.], Gatt. der Wühlmäuse mit den bekannten Arten Ost- und Westschermaus (↑ Schermaus).

Arwed, aus dem Schwed. übernommener männl. Vorname (schwed. Arvid, zu örn „Adler" und ved „Baum, Wald").

Arx, Caesar von, * Basel 23. Mai 1895, † Niedererlinsbach bei Aarau 14. Juli 1949 (Selbstmord), schweizer. Dramatiker. - Sichere Bühnentechnik; Festspiel- u.a. Stücke mit Themen aus der schweizer. Geschichte („Der Verrat an Novara", 1934).

Aryballos [griech.], altgriech. Salbfläschchen kugeliger Form mit urspr. einem Henkel und meist ohne Standfläche; meist Keramik.

Aryl- [griech.] Sammelbez. der chem. Nomenklatur für die einwertigen Reste aromat. Kohlenwasserstoffe, z. B.

Phenyl- oder Naphthyl-

Arylen- [griech.], Sammelbez. der chem. Nomenklatur für zweiwertige Reste aromat. Kohlenwasserstoffe, z. B.

Phenylen- oder Naphthylen-

Arys, sowjet. Stadt, 70 km westl. von Tschimkent, Kasach. SSR, 26 000 E. Ausgangspunkt der Turkestan-Sibir. Eisenbahn, der Transkasp. Eisenbahn und der Bahnlinie nach Orenburg.

Arzawa, Name eines Landes und Ft. in S- oder SW-Kleinasien im 2.Jt. v.Chr.; ging um 1200 in der sog. Seevölkerwanderung zugrunde.

Arzberg, Stadt im Fichtelgebirge, Bayern, 477 m ü. d. M., 7 200 E. Bed. Porzellanherstellung. - Urkundl. 1268 erwähnt; 1292 an die Burggrafen von Nürnberg. Stadterhebung 1408, bis 1769 bei Brandenburg-Bayreuth, dann bei Brandenburg-Ansbach, ab 1791 preuß., ab 1807/10 bayr. 1838 kam die Porzellanind. auf.

Arznei, svw. ↑ Arzneimittel.

Arzneiausschlag (Arzneimittelexanthem, Arzneimitteldermatitis), meist mit Juckreiz, manchmal auch mit Fieber einhergehender Hautausschlag, der nach äußerl. oder innerl. Anwendung von Arzneimitteln auftritt; nur gelegentl. Folgeerscheinung einer direkten Giftwirkung, häufiger eine allerg. Reaktion. Die Behandlung erfordert das Absetzen des Medikamentes, manchmal auch die Verabreichung von antiallerg. Mitteln.

Arzneibuch (Pharmakopöe), amtl. Vorschriftenbuch für die Zubereitung, Beschaffenheit, Aufbewahrung, Bevorratung, Prüfung und Abgabe von Arzneien und ihren Grundstoffen durch den Apotheker. In der BR Deutschland gilt seit 1. Juli 1979 die 8. Ausgabe des Dt. Arzneibuchs (Abk. DAB 8). In der DDR gilt das Arzneibuch der DDR, 2. Ausgabe (Abk. 2. AB-DDR), 1975 ff. Für *Österreich* sind die Vorschriften des Östr. Arzneibuchs (10. Ausgabe) verbindlich. In der *Schweiz* gilt die Pharmacopoea Helvetica in 6. Ausgabe (zuletzt korrigiert 1981) sowie die Pharmacopoea Europaea.

Arzneimittel (Heilmittel, Medikament, Pharmakon), Stoffe zur Verhütung, Linderung und Beseitigung von Krankheiten, Beschwerden oder Körperschäden. Im Sinne des

Artus und Parzival im Kreis der Tafelrunde. Miniatur (13. Jh.) München, Bayerische Staatsbibliothek

Arzneimittelgesetzes der BR Deutschland sind A. im wesentl. Stoffe chem., pflanzl. oder tier. Ursprungs (u. a. auch aus Mikroorganismen, auch Viren, und deren Bestandteilen oder Stoffwechselprodukten), die durch Anwendung im oder am menschl. oder tier. Organismus dazu bestimmt sind: 1. die Beschaffenheit, Zustände oder Funktionen des Körpers (auch seel. Abläufe) erkennbar zu machen oder zu beeinflussen, 2. vom menschl. oder tier. Organismus erzeugte Wirkstoffe oder Körperflüssigkeiten zu ersetzen oder 3. Krankheitserreger, Parasiten und schädl. Stoffe unschädl. zu machen oder zu beseitigen. Die Herstellung von A. unterliegt staatl. Kontrolle. Für Eigenschaften, Herstellung, Prüfung, Wertbestimmung und Aufbewahrung der A. gelten die Vorschriften des Dt. Arzneibuches. Zum Überblick aller inländ. A. schreibt das Arzneimittelgesetz die Registrierung im Spezialitätenregister des Bundesgesundheitsamtes vor. Alle A. unterliegen grundsätzl. der Kennzeichnungspflicht durch Angaben über Hersteller, Bezeichnung, Darreichungsform, Bestandteile und Verfallsdatum.
Die Abgabe von A. ist ebenfalls gesetzl. geregelt. Man unterscheidet offizinelle A., die im Dt. Arzneibuch aufgeführt sind, und nichtoffizinelle A., apothekenpflichtige A. und frei käufl. A., rezeptpflichtige und nichtrezeptpflichtige A. Die Abgabe von A. erfolgt meist auf Grund einer schriftl. Verordnung des Arztes. Die Preise für die Herstellung von A. (A. nach Verordnung des Arztes, für abgegebene Gefäße sowie für die A.spezialitäten der Ind.) sind durch die Arzneimittelpreisverordnung vom 14. 11. 1980 festgelegt. - *Arzneimittelformen:* Für die innere Anwendung werden die Arznei zu Pulvern, Pillen, Tabletten, Dragees, Lösungen, Tinkturen und Aufgüssen verarbeitet. Zur äußeren Anwendung im Fall von Spülungen und Einreibungen werden sie in die Form wäßriger oder alkohol. Lösungen gebracht, auch als Salben, Pasten, Schüttelmixturen, Streupulver und Pflaster zubereitet. Arzneikapseln sind Hüllen, z. B. aus Gelatine, für feste oder flüssige A. zur inneren Anwendung. Formaldehydgehärtete Kapseln lösen sich anstatt im Magen erst im Dünndarm auf. Dadurch soll vermieden werden, daß A. vor der Resorption durch den Magensaft zerstört werden. Stuhlzäpfchen (Suppositorien) werden in den After, Arzneistäbchen (Bacilli) werden meist in Schleimhautkanäle, B. in die Harnröhre, eingeführt. Beide enthalten das A. in einer Grundmasse, die bei Körpertemperatur schmilzt. *Zufuhrwege:* Bei innerer Anwendung durch den Mund *(peroral)* gelangt das A. wie die Nahrungsmittel in das Blut. Durch den Darm *(rektal)* werden A. in Form von Zäpfchen oder Einläufen zugeführt. Manche A. können als fein verteilte Aerosole in die Atemwege und Lunge eingebracht werden. Zur Erzielung einer rascheren, manchmal auch lokal begrenzten Wirkung werden A. häufig eingespritzt: in eine Vene *(intravenös)*, seltener in eine Arterie *(intraarteriell)*, in den Muskel *(intramuskulär)*, zw. die Hautschichten *(intrakutan)* oder unter die Haut *(subkutan)*. Die meisten A. werden in der Leber abgebaut und die Abbauprodukte über Niere, Darm, Schweiß- und Speicheldrüsen, auch über die Lunge, ausgeschieden. Bei der *A.dosierung* unterscheidet man zw. *therapeut. Dosis*, die möglichst ohne Nebenwirkungen zum gewünschten Heilerfolg führen soll, und *tox. Dosis*, bei der schädl. Wirkungen überwiegen. Die Wirkungen mehrerer gleichzeitig eingenommener A. können sich gegenseitig abschwächen oder verstärken. Eine gefährl. Wirkungssteigerung bewirkt z. B. Alkohol in Kombination mit Schlaf-, Beruhigungs- oder Schmerzmitteln. Die Empfindlichkeit gegenüber A. ist individuell verschieden. Überempfindlichkeit besteht häufig auf einer allerg. Reaktion. Unkontrollierte gewohnheitsmäßige Einnahme von A. kann zur Arzneimittelgewöhnung führen. - *Geschichte:* Schon die alten Hochkulturen der Antike verfügten über zahlreiche A. Neben Arzneipflanzen wurden auch tier. und mineral. Substanzen, v. a. als Aphrodisiaka, Abführmittel, Brechmittel und Wundheilmittel verwendet. Auch Pillen, Pflaster und Salben waren schon bekannt, sie wurden urspr. von den Ärzten selbst zubereitet. Im MA wurde die Zubereitung von den Apotheken übernommen. Um 1800 begann schließl. die Herstellung von A. auf wissenschaftl. Grundlage. Ende des 19. Jh. erschienen die ersten synthet. Verbindungen, von der pharmazeut. Industrie abgabefertig zubereitet.

 Wie funktioniert das? Medikamente, Gifte, Drogen, Hg. v. K.-H. Ahlheim. Mhm. u. a. 1972, Neuaufl. u. d. Titel. *Die Arzneimittel.* ²1986. - Kuschinski, G.: *Tb. der modernen Arzneibehandlung.* Stg. ⁸1980.

Arzneimittelausschlag, svw. ↑Arzneiausschlag.

Arzneimitteldermatitis, svw. ↑Arzneiausschlag.

Arzneimitteldosis ↑Dosis.

Arzneimittelexanthem, svw. ↑Arzneiausschlag.

Arzneimittelgesetz, für die BR Deutschland geltendes, in 18 Abschnitten unterteiltes Gesetz vom 24. 8. 1976 (in Kraft seit dem 1. 1. 1978), das festlegt, welche Stoffe Arzneimittel sind. Es regelt die Anforderungen an Arzneimittel und deren Herstellung, die Eintragung von Arzneispezialitäten in das betreffende Register und enthält Bestimmungen über die Abgabe von Arzneimitteln, über Rezeptpflicht, Werbung und die Gefährdungshaftung der pharmazeut. Ind. für durch Arzneimittel verursachte Schäden. - Ähnl. gesetzl. Regelungen bestehen in *Öster-*

Arzneimittelkrankheiten

reich und in der *Schweiz* (grundsätzl. Angelegenheit der Kantone).
Arzneimittelkrankheiten ↑Arzneimittelnebenwirkungen.
Arzneimittelmißbrauch, die ohne ärztl. Anordnung erfolgende, häufige oder dauernde Einnahme von Medikamenten, in denen Wirkstoffe enthalten sind, die Lustgefühle (Euphorie) erzeugen bzw. von körperl. oder seel. Unlust befreien können und die dieser Wirkung wegen bes. leicht zu Gewöhnung und Sucht führen. - ↑auch Drogenabhängigkeit.
Arzneimittelnebenwirkungen, durch Behandlung mit Arzneimitteln hervorgerufene unerwünschte Nebenerscheinungen. Als **Arzneimittelkrankheiten** bezeichnet man durch Arzneimittel ausgelöste krankhafte Zustände, die mitunter auch nach Absetzen des Mittels weiter bestehenbleiben.
Arzneimittelresistenz, verminderte Empfindlichkeit von Krankheitserregern gegenüber antibiot. oder chemotherapeut. Mitteln auf Grund wiederholter Anwendung.
Arzneipflanzen, svw. ↑Heilpflanzen.
Arzt [zu griech. archíatros "Oberarzt"], Heilkundiger; Berufsbez. für Humanmediziner nach Erteilung der staatl. Approbation, die zur Führung dieser Bez. und zur Ausübung des A.berufs berechtigt. - Als Vater der wiss. Medizin gilt Hippokrates. Ihm werden auch zeitlos gültige Aussagen über das eth. Fundament des ärztl. Berufs zugeschrieben. Tatsächl. gründet sich das **Genfer Ärztegelöbnis,** 1948 vom Weltärztebund angenommen, in seinen Grundzügen auf den Eid des Hippokrates. In dem Gelöbnis verpflichtet sich der A., seinen Beruf mit Gewissenhaftigkeit und Würde auszuüben. - Neben der Erkennung und Behandlung bestehender Krankheiten *(kurative Medizin)* gehören auch Vorbeugungsmaßnahmen und die vorbeugende Gesundheitsberatung *(präventive Medizin)* sowie die Wiederherstellung des Wohlbefindens und der Leistungsfähigkeit Genesender *(Rehabilition)* zum Aufgabenbereich des Arztes. Da der ärztl. Beruf seinem Wesen nach grundsätzl. frei ist, können Ärzte eine Behandlung ablehnen, soweit sie durch Gesetz oder Vertrag nicht dazu verpflichtet sind. Im Notfall hat der A. jedoch zumindest die Pflicht, Erste Hilfe zu leisten. Begeht der (in der Regel haftpflichtversicherte) A. einen ärztl. Kunstfehler, so kann er aus dem A.vertrag für entsprechenden Schadenersatz haftbar gemacht werden. - Der A. hat die Pflicht, den Patienten über die Natur seines Leidens aufzuklären. Diese ärztl. Aufklärungspflicht hat indessen ihre Grenzen. Die ärztl. Schweigepflicht legt dem A. und seinen Gehilfen auf, als ärztl. Berufsgeheimnis zu wahren, was er berufl. erfährt oder beobachtet.
Ärztl. Ausbildung: Universitätsstudium: 4 Semester vorklin. Studium (Abschluß: ärztl. Vorprüfung, Physikum). Danach folgen mindestens 6 Semester klin. Studium (Stoffgebiet für den 1. Abschnitt der ärztl. Prüfung nach dem 6. Semester: allg. Krankheitslehre und Grundlagen der klin. Medizin; Examensfächer für den abschließenden 2. Abschnitt der ärztl. Prüfung nach dem 10. Semester: nichtoperatives, operatives, nervenheilkundl. sowie ökolog. Stoffgebiet) sowie ein prakt. Jahr in einem dafür zugelassenen Krankenhaus. Nach Bestehen der Prüfungen erteilt der Staat die Approbation, zukünftig aber zunächst nur eine befristete Berufserlaubnis als A. Die Approbation wird dann erst nach einer anschließenden Praktikumszeit (ab 1. 7. 1988 18 Monate, ab 1. 1. 1993 2 Jahre) erteilt. Für die Weiterbildung zum ↑Facharzt ist die Approbation oder erteilte Berufserlaubnis erforderlich.
In *Österreich* ist für die Ausbildung zum Arzt ein Universitätsstudium von mindestens 12 Semestern (mindestens 4 Semester im vorklin. Teil und mindestens 6 Semester im klin. Teil) erforderlich. Für die Berechtigung zur Berufsausübung als prakt. Arzt ist eine dreijährige prakt. Tätigkeit an einer Universitätsklinik oder einer hierfür zugelassenen Krankenanstalt erforderlich.
Das Medizinstudium in der *Schweiz* ist nicht eidgenöss. geregelt; das eidgenöss. Staatsexamen wird aber in der ganzen Schweiz anerkannt. Es dauert 6 Jahre und gliedert sich z. B. an der Univ. Basel in folgende vier Studienabschnitte: 2 Jahre Vorklinik, 1 Jahr Grundlagenfächer und ärztl. Fertigkeit, 2 Jahre Klinik, 1 Jahr Wahlstudium.
Ärztestand und Ärzteorganisationen: Es lassen sich im wesentl. 4 Untergruppen unterscheiden: 1. die forschenden und lehrenden Ärzte, 2. die Krankenhausärzte (Chefarzt, Oberarzt, Assistenzarzt), 3. die frei praktizierenden Ärzte und Fachärzte, 4. die beamteten Ärzte des Gesundheitsdienstes (Amtsarzt, Medizinalbeamter). Nach der Bundesärzteordnung vom 2. 10. 1961 i.d.F. vom 14. 10. 1977 ist der ärztl. Beruf ein freier Beruf, kein Gewerbe. Das Honorar richtet sich nach den ↑ärztlichen Gebührenordnungen. Nach der Entscheidung des Bundesverfassungsgerichtes vom 23. 3. 1960 besteht ärztl. Niederlassungsfreiheit, d. h. freie Wahl, wo ein A. seine Praxis eröffnen will. - Die Organisationen der Ärzteschaft sind: 1. die gesetzl. berufenen Standesvertretungen (die Ärztekammern und die Kassenärztl. Vereinigungen); 2. Verbände zur Wahrnehmung berufl. und wirtschaftl. Interessen, z. B. der Hartmannbund (Verband der Ärzte Deutschlands e.V.), der Marburger Bund (Verband der angestellten Ärzte Deutschlands e.V.); 3. Vereinigungen und Gesellschaften für fast alle Fachrichtungen der Medizin, die insbes. der Verbreitung und Erörterung neuer wissenschaftl. Ergebnisse und der ärztl. Fortbildung dienen.

Ärztekammern, durch Landesgesetze

ärztliche Gebührenordnung

errichtete Körperschaften des öff. Rechts mit dem Recht der Selbstverwaltung unter der Rechtsaufsicht des Staates. In jedem Bundesland besteht eine **Landesärztekammer.** Ihr gehören kraft Gesetzes alle Ärzte als Pflicht-Mgl. an. Die Ä. überwachen die Erfüllung der Berufspflichten der Kammer-Mgl. und haben das Recht, Rügen zu erteilen und berufsgerichtl. Verfahren einzuleiten. Ihnen obliegt es ferner, die berufl. Belange ihrer Mgl. wahrzunehmen, die berufl. Fortbildung zu fördern und aus dem Berufsverhältnis entstandene Streitigkeiten zu schlichten. Organe der Ä. sind i.d.R. die Kammer-(Voll-, Vertreter-, Delegierten-)Versammlung, der Vorstand und der Präsident. Die Landeskammern haben sich zur **Bundesärztekammer** zusammengeschlossen, die keine Körperschaft des öff. Rechts, sondern ein nichtrechtsfähiger Verein des Privatrechts ist. In *Österreich* besteht in jedem Bundesland eine Ärztekammer, in Wien die Östr. Ärztekammer. In der *Schweiz* werden die entsprechenden Funktionen teils durch die kantonalen *Gesundheitsbehörden,* teils aber auch durch die privatrechtl. (als Vereine) organisierten *Ärztegesellschaften* ausgeübt.

Ärztemuster, von Arzneimittelherstellern dem Arzt kostenlos zur Verfügung gestellte Arzneimuster.

ärztliche Aufklärungspflicht, Pflicht des Arztes, den Patienten über seinen Zustand, den ärztl. Befund, die in Betracht kommenden Heilmaßnahmen sowie deren mögl. Nebenwirkungen aufzuklären. Diese [gesetzl. bisher nicht ausdrückl. normierte] Verpflichtung ergibt sich aus dem Behandlungsvertrag und daraus, daß ärztl. Eingriffe nach Auffassung der Rechtsprechung den Tatbestand der Körperverletzung erfüllen und daher grundsätzl. nur dann rechtmäßig sind, wenn der Patient einwilligt, eine wirksame Einwilligung aber nur vorliegt, wenn der Patient bei ihrer Erteilung mit der Sachlage hinlängl. vertraut war. Über den Umfang der ä. A. gehen die Anschauungen der Ärzteschaft und der Gerichte auseinander. Eine Aufklärung kann unterbleiben, wenn der Patient auf sie verzichtet, wenn die Aufklärung nicht mögl. ist (z.B. wenn der Patient bewußtlos und der Eingriff unverzügl. erforderl. ist), wenn er bereits anderweitig hinreichend unterrichtet ist oder wenn die Aufklärung bei ihm eine gefährl. Schockwirkung auslösen würde.

Im *östr.* und *schweizer. Recht* gilt Entsprechendes.

ärztliche Behandlungspflicht, die sich aus der ärztl. Berufspflicht ergebende Verpflichtung des Arztes zur Übernahme der Behandlung Kranker. Sie entsteht, sobald der Arzt seine Bestallung (Approbation) erhalten hat und sich durch Niederlassung als Arzt zur Verfügung stellt. Die ä. B. gilt insbes. für den Arzt für Allgemeinmedizin. Fachärzte brauchen einen Fall im allg. nur im Rahmen ihrer übl. Tätigkeiten zu übernehmen. Eine gesteigerte ä. B. gilt bei Unglücksfällen, gemeiner Gefahr oder Not. Eine Verletzung der ä. B. kann eine Bestrafung im berufsgerichtl. Verfahren oder nach §330c StGB (unterlassene Hilfeleistung) nach sich ziehen.

In *Österreich* und in der *Schweiz* besteht eine entsprechende Regelung.

ärztliche Berufsgerichte ↑Berufsgerichtsbarkeit.

ärztliche Eingriffe, Maßnahmen des Arztes zum Wohle des Patienten. Sie werden von der Rechtsprechung auch dann, wenn sie zu Heilzwecken kunstgerecht (lege artis) und mit Erfolg durchgeführt werden, tatbestandsmäßig als Körperverletzung im Sinne des §223 StGB angesehen. Demgegenüber steht die jurist. Schrifttum überwiegend auf dem Standpunkt, daß zumindest der kunstgerecht, mit Erfolg und mit Einwilligung des Patienten vorgenommene ärztl. Eingriff den Tatbestand der Körperverletzung nicht erfülle.

In *Österreich* sieht die Rechtsprechung ä. E. nicht als rechtswidrig an, sofern sie ausschließl. zu Heilzwecken (nicht z.B. zur Herbeiführung der Zeugungsunfähigkeit) erfolgen. Nach *schweizer. Recht* (Art. 32 StGB) ist die Tat, die eine Berufspflicht gebietet, kein Verbrechen oder Vergehen; daher sind Heileingriffe rechtmäßig und keine Körperverletzung.

ärztliche Gebührenordnung, Vorschriften zur Regelung der Vergütung für ärztl. Leistungen. Auf Grund der Ermächtigung in §11 der Bundesärzteordnung vom 2.10.1961 hat die Bundesregierung die Gebührenordnung für Ärzte (und Zahnärzte) vom 18.3.1965 (i.d.F. vom 1.1.1983) erlassen. Danach stehen den Ärzten für ihre Be-

Egid Quirin Asam. Maria und Engel der Hochaltargruppe der Klosterkirche in Rohr (1717–25)

ärztliche Mission

rufstätigkeit Vergütungen gemäß den Bestimmungen dieser Verordnung zu, falls keine abweichende Vereinbarung getroffen wird (§ 1). Als Anlage zu der ä. G. hat die Bundesregierung ein Gebührenverzeichnis erlassen. Soweit nichts anderes bestimmt oder vereinbart ist, bemißt sich die Vergütung bis zum 3½fachen der Sätze dieses Verzeichnisses.
In *Österreich* gibt es gleichartige Regelungen nicht. In der *Schweiz* beruht die ärztl. Vergütung teils auf freier Vereinbarung zw. Arzt und Patient, teils auf privatrechtl. Vertragstarifen.

ärztliche Mission, im Auftrag und Rahmen der christl. Missionsgesellschaften geleistete ärztl. Hilfe in Entwicklungsländern.

ärztlicher Kunstfehler, Verstoß des Arztes gegen anerkannte Regeln der ärztl. Kunst. Der Begriff des ärztl. K. deckt sich nicht mit dem vom Arzt gemäß § 276 BGB zu vertretenden Verschulden (Vorsatz und Fahrlässigkeit). Ob ein ärztl. Eingriff kunstgerecht (lege artis) durchgeführt worden ist, ist nach den Verhältnissen im Zeitpunkt seiner Vornahme und den damals nach ärztl. Erfahrung begründeten Erwartungen zu beurteilen, nicht nach dem später eingetretenen Erfolg oder Mißerfolg. Wird durch einen ä. K. eine Verschlechterung des Gesundheitszustandes oder der Tod des Patienten verursacht, so macht sich der Arzt wegen fahrlässiger Körperverletzung oder fahrlässiger Tötung strafbar. Außerdem muß er auf Grund des Behandlungsvertrages und/oder unerlaubter Handlung (§ 823 BGB) Schadensersatz leisten. Entsprechendes gilt im *östr.* und *schweizer. Recht.*

ärztliche Schweigepflicht ↑Berufsgeheimnis.

As, chem. Symbol für: ↑Arsen.
♦ Einheitenzeichen für: ↑Amperesekunde.
♦ Abk. für: ↑Altostratus.

As [lat.], in der röm. Antike allg. Bez. für das jeweils als Grundeinheit verwendete Maß oder Gewicht; bei Längeneinheiten: 1 As = 1 Fuß, bei Flächeneinheiten: 1 As = 1 Morgen, bei Gewichtseinheiten: 1 As = 1 Pfund; in Rom von etwa 289 v. Chr. bis etwa 275 n. Chr. auch Bez. für eine Münzeinheit, wobei urspr. 1 As = 1 Pfund Kupfer war (das Pfund vermutl. zu 272,88 g), als Untereinheit verwendete man die ↑Unze (= $^1/_{12}$ As).

As [lat.-frz.], bei vielen Kartenspielen die Karte mit dem höchsten Zahlwert (bei dt. Karten auch *Daus* gen.), bei Würfelspielen Bez. für die Eins.
♦ übertragen gebraucht für: hervorragender Spitzenkönner, v. a. in einer Sportart.

Asa, König von Juda (vermutl. 910–870). - Setzte in seinem Land den Jahweglauben durch; wird im Stammbaum Jesu genannt (Matth. 1, 7 f.).

ASA [engl. 'eɪ-ɛs'eɪ], Abk. für: American Standards Association, ↑United States of America Standards Institute.

ASA [engl. 'eɪ-ɛs'eɪ], von der American Standards Association festgelegte Einheit für die Lichtempfindlichkeit photograph. Materials.

Asad, Hafis (Assad), * Al Ladhakijja 1928, syr. General und Politiker. - Oberbefehlshaber der syr. Luftwaffe; 1966–70 Verteidigungsmin.; nach Militärputsch 1970/71 Min.-präs., seit 1971 Staatspräs.; seit 1973 Oberbefehlshaber der Streitkräfte.

Asadi, Abu Mansur Ali Ebn Ahmad [pers. æsæˈdiː], * Tus um 1012, † um 1080, pers. Dichter. - Verf. des ältesten pers. Wörterbuchs mit zahlr. Zitaten und eines histor. Epos.

Asahan ↑Tobasee (Sumatra).

Asahi, Vulkan in Japan, höchster Berg Hokkaidos, 2 290 m hoch.

Asahikawa, jap. Stadt auf Hokkaido, 353 000 E. Ainu-Museum, Ainu-Dorf am Stadtrand; Sternwarte; Markt- und Verarbeitungsort für landw. Erzeugnisse; Landmaschinenbau, Herstellung von Rohseide, Papier und Düngemitteln u. a. - 1813 durch Bauernsoldaten besiedelt; im 2. Weltkrieg Hauptquartier der jap. Armee.

Asahi Schimbun [jap. „Morgensonne-Zeitung"], jap. Zeitung, ↑Zeitungen (Übersicht).

Asam, aus Rott am Inn stammende Familie dt. Maler, Stukkatoren und Baumeister. Bed. Vertreter sind die Brüder Cosmas Damian (* Benediktbeuern 28. Sept. 1686, † München 10. Mai 1739) und Egid Quirin (* Tegernsee 1. Sept. 1692, † Mannheim 29. April 1750). Sie waren gemeinsam in Rom (Einfluß Berninis) und häufig gemeinsam tätig, so bei der Ausstattung der Klosterkirche in Weltenburg (1716–36), des Klosters Rohr (1717–25), der Barockisierung des Freisinger Doms (1723/24), der Ausstattung der Stiftskirche der Benediktinerabtei Einsiedeln (1724–26), der Barockisierung von Sankt Emmeram in Regensburg (1731–33), bei Bau und Ausstattung der Johann-Nepomuk-Kirche in München (1733–46; nach den Beschädigungen im 2. Weltkrieg wiederhergestellt). In ihrem Zusammenwirken manifestiert sich der für den Barock bzw. Rokoko so bezeichnende Zusammenklang von Architektur, Plastik und Malerei. Egid Quirin A., der in erster Linie Bildhauer und Stukkator war, war der Baumeister von Rohr, Cosmas Damian, vorwiegend Freskant, Baumeister von Weltenburg. - Abb. S. 167.

Asama, aktiver Vulkan in M-Hondo, Japan, im Dschoschinetsu-Kogen-Nationalpark, 2 542 m hoch.

Asana [Sanskrit „das Sitzen"], Bez. für die Körperhaltung während der Meditation. - ↑Joga.

Asandeschwelle (Nordäquatorialschwelle), nördl. Randschwelle des Kongobeckens, durchschnittl. um 600 m ü. d. M., mit die Rumpffläche überragenden Inselbergen (bis 1 500 m ü. d. M.); überwiegend aus Granit, Gneis und Schiefer aufgebaut.

Asansol, Stadt im ind. B.-Staat West Bengal, 180 km nw. von Kalkutta, 207 000 E; zus. mit Burnpur eine Town Group. Ältestes Ind.zentrum Indiens, urspr. Bergbaustadt, frühe Umstellung auf Schwerindustrie. Seit dem 2. Weltkrieg Ansiedlung von Nachfolgeindustrie.

Asant [pers.], svw. ↑Stinkasant.

Asaph, bibl. Gestalt, nach 1. Chron. 6, 24 u. a. Stammvater der Sängergilde „Söhne Asaphs".

Asarbaidschan ↑ Aserbaidschan.

Asarhaddon (Assarhaddon, Aschschur-Achu-Iddina, Esarhaddon), † 669, assyr. König (seit 680). - Baute das von seinem Vater Sanherib zerstörte Babylon wieder auf; festigte in Feldzügen gegen das Meerland im S und nach W (Zerstörung von Sidon) sein Reich; eroberte 671 Ägypten bis Memphis.

Asarum [griech.], svw. ↑ Haselwurz.

Asasel, im A. T. Dämon der Wüste; ihm wird am Versöhnungstag (Jom Kippur) der Sündenbock zugeschickt (3. Mos. 16, 8).

Asbest, sowjet. Stadt am O-Rand des Ural, Gebiet Swerdlowsk, RSFSR, 80 000 E. Bergbautechnikum; geolog. Museum; in der Nähe Asbestabbau und -verarbeitung (Asbestrevier **Baschenowo**). - 1720 gegr., seit 1889 Asbestabbau.

Asbest [zu griech. ásbestos, eigtl. „unauslöschlich"], mineral. Faser aus Hornblende oder Serpentin, biegsam, widerstandsfähig gegen Hitze und schwache Säuren; Verwendung für [feuerfeste] Schutzkleidung, Isoliermaterial und als ↑ Asbestzement; als krebserregender Stoff eingestuft und zunehmend durch andere Stoffe ersetzt.

Asbestzement (Astbestbeton), künstl. Baustoff, der sich aus Asbestfasern und Normenzement im Mischungsverhältnis von 1:6 bis 1:10 Gewichtsteilen zusammensetzt; Dichte 1,5–2,2 g/cm³, hohe Biege- und Druckfestigkeit; Verwendung (für Abflußrohre und -rinnen, Dachplatten u. ä.) wegen der Asbestproblematik (↑ Asbest) in letzter Zeit stark eingeschränkt.

Ascanius (Askanios), Gestalt der griech.-röm. Mythologie, Sohn des Äneas und der Eurydike, nach röm. Tradition des Äneas und der Kreusa.

Ascari, Alberto, * Mailand 13. Juli 1918, † auf der Rennbahn von Monza bei Mailand 26. Mai 1955 (verunglückt), italien. Motorrad- und Automobilrennfahrer. - 1952 und 1953 Automobilweltmeister.

Ascaridiidae [griech.], svw. ↑ Spulwürmer.

Ascaris [griech.], Gatt. der ↑ Spulwürmer.

Ascension [engl. əˈsɛnʃən], brit. Vulkaninsel im südl. Atlantik, 12 km lang, bis 10 km breit, 1 010 E (1982). Hauptsiedlung ist **Georgetown** mit internat. Kabelstation; im Green Mountain 875 m ü. d. M. - 1501 von Portugiesen entdeckt; 1815 brit. Marinestation.

Asch, Schalom, * Kutno (Polen) 1. Jan. 1880, † London 10. Juli 1957, jidd. Schriftsteller. - Lebte 1906–10 in Palästina, dann in den USA, England (schrieb auch engl.) und zuletzt in Israel. Begann mit Skizzen und Erzählungen aus dem Leben der Ostjuden; ein Bild vom Untergang des Ostjudentums zeichnete er in seiner Romantrilogie „Vor der Sintflut" (1927–32). Seine bühnenwirksamen sozialen Dramen und Komödien machten ihn weithin bekannt („Der Gott der Rache", 1907). In seinem Spätwerk verwendete A. v. a. urchristl. Stoffe mit der Absicht, die Kluft zwischen Judentum und Christentum zu überbrücken. *Weitere Werke* (in dt. Übers.): Mottke der Dieb (E., 1916), East River (R., 1932), Der Trost des Volkes (R., 1934), Der Apostel (R., 1943), Der Nazarener (R., 1951), Reise durch die Nacht (R., 1953), Der Prophet (R., 1955).

Ascha [awest. „Wahrheit"], eine der ↑ Amescha Spentas im Parsismus.

Aschach an der Donau, östr. Marktgemeinde, 20 km nw. von Linz, Oberösterreich, 2 100 E. Größtes Donaukraftwerk Österreichs. - 777 erstmals genannt.

Aschaffenburg, Stadt in der Untermain-Ebene, Bayern, 129 m ü. d. M., 59 000 E. Verwaltungssitz des Landkr. - Meisterschule für Steinmetze und Steinbildhauer; Bibliothek; Ind., v. a. Bekleidungs-, Papierind., Magnesiumwalzwerk, Maschinen-, Apparate-, Meßwerkzeuge-, Präzisionswerkzeugmaschinenbau u. a. Am linken Mainufer, beim Ortsteil Leider, liegt der Hafen. - Im 10. Jh. erstmals (**Ascaffinburg**) beurkundet. Um das Ende des 10. Jh. an Mainz übereignete Stift Sankt Peter und Alexander entstand die Oberstadt, im 10. Jh. als „civitas" bezeichnet; wichtiger Umschlagplatz, wurde 1122 neu befestigt; 1144 Marktrechte, vor 1160 eine Münze; das Stadtrecht wurde zw. 1161 und 1173 bestätigt; vor 1200 entstand eine Vorstadt, im 14. Jh. mit dem älteren Fischerdorf in die Stadtbefestigungen einbezogen. Zweite Residenzstadt der Mainzer Erzbischöfe. Nach Beteiligung am Bauernkrieg verlor A. seine Privilegien. 1799 Übersiedlung des Mainzer kurfürstl. Hofs nach A.; 1803 Hauptstadt des Ft. Aschaffenburg; kam 1814 vorübergehend an Österreich, 1816 an Bayern. - Renaissanceschloß (1605–14), roman.-frühgot. Stiftskirche Sankt Peter und Alexander (12. und 13. Jh.) mit der „Beweinung Christi" Grünewalds; spätroman. Kreuzgang mit zahlr. Grabdenkmälern. Südl. der Stadt liegen Schloß und Park **Schönbusch**.

A., Landkr. in Bayern.

Aschanti, Volk der Sudaniden im zentralen S-Ghana, eine Kwasprache sprechend. Mutterrecht mit bes. Stellung der Königinmutter, sakrales Königtum. Die A. stellten früher künstler. bed. Goldblecharbeiten her (bes. kostbar die Königsmasken oder der „goldene Stuhl" [Herrschaftssymbol]) sowie Gelbgußgewichte in Form kleiner Menschen- und Tierfiguren, außerdem Holzpuppen (sie stellen die Fruchtbarkeit verleihende Mondgöttin dar). Auch heute Goldarbeiten. - Das Reich der A., westl. des unteren Volta bestand vom späten 17. bis Ende des 19. Jh., es nahm um 1800 fast den ganzen S-Teil des heutigen Ghana ein. Schließl. gerieten die A. in Konflikt mit den Europäern, die Niederlassungen an der Küste hatten und wurden seit 1872 nach einem letzten Aufstand (1900) endgültig von brit. Truppen besiegt.

Aschanti, Hügelland von, Bergland in S-Ghana, südl. Begrenzung des Voltabeckens, im Akwawa 788 m ü. d. M.; weitgehend mit trop. Regenwald bestanden; Kakaoanbau und Kolanußkulturen; Goldgewinnung und Bauxitabbau.

Aschari, Al, Abul Hasan, * Basra 874, † Bagdad 935, islam. Theologe. - Schuf den Ausgleich zw. den ↑Mutasiliten und ↑Hanbaliten. Vom 11. bis 14. Jh. wurde seine Theologie zur bis heute gültigen dogmat. Schulrichtung im sunnit. Islam.

Aschchabad, Hauptstadt der Turkmen. SSR, UdSSR, in einer Oase, 220–280 m ü. d. M., 356 000 E. Univ. (1950 gegr.), Akad. der Wiss. der Turkmen. SSR, landw., medizin., polytechn. Hochschule, Theater, Philharmonie; zoolog. und botan. Garten; Bodenempfangsstation für Fernmeldesatelliten; Baustoff-, Glas- und Textilind. : Filmstudio. ※. - Schon in der Bronzezeit besiedelt; größte Blüte unter der Herrschaft der Parther. Das heutige A. wurde 1881 von den Russen als Festung mit planmäßigem Grundriß aufgebaut. 1948 durch ein Erdbeben stark zerstört.

Asche, Rückstand bei der Verbrennung von [festen] Stoffen, stammt meist aus deren Mineralsubstanz. Nach ihrer Herkunft unterscheidet man zw. Pflanzen-, Kohlen- (Verwendung als Düngemittel) und Knochenasche.
♦ (vulkan. A.) staubartiges od sandiges vulkan. Lockermaterial.

Äsche, ↑Äschen.

aschefreies Filterpapier ↑Filterpapier.

Aschegehalt, Verhältnis von Gewicht des unverbrennbaren Restes anorgan. Substanzen nach der Verbrennung organ. Substanzen zu deren Ausgangsgewicht. In der Lebensmittelchemie und Lebensmitteltechnik ist der A. ein Maß für den Mineralstoffgehalt.

Aschelminthes [askhɛl'mɪntəs; griech.], svw. ↑Schlauchwürmer.

Äschen (Thymallinae), Unterfam. der Lachsfische mit 5 Arten in schnellfließenden, klaren, kühlen Gewässern mit Sand- oder Kiesgrund in Eurasien und N-Amerika; lange und hohe Rückenflosse und relativ große Schuppen. - In Europa (ausgenommen S-Frankr., Spanien, Italien und Irland) die etwas nach Thymian duftende **Europ. Äsche** (Thymallus thymallus): Standfisch mit unregelmäßig verteilten schwarzen Flecken auf dem meist grau-grünen Rücken und den silbrigweißen bis messinggelben Körperseiten; wird bis über 50 cm lang und bis über 2 kg schwer; Speise- und Sportangelfisch (v. a. für den Fang mit Kunstfliegen). - ↑auch Äschenregion.

Aschenbahn, meist 400 m lange, ovale Laufbahn, für deren Herrichtung früher u. a. Asche verwendet wurde; heute meist vielschichtiger Aufbau (gemahlene Schlacke).

Aschenbinder, meist mit Kalk vermahlene Braunkohlenflugaschen, teilweise mit bindenden Eigenschaften (für Luftmörtel verwendet).

Aschenbrödel, svw. ↑Aschenputtel.

Aschenpflanze, svw. ↑Zinerarie.

Aschenputtel (Aschenbrödel), Hauptperson eines bekannten Volksmärchens: ein Mädchen, das aus der Erniedrigung durch Unterstützung hilfreicher Tiere und mag. Mitteln zu höchstem Rang erhoben wird. Das Märchen, das in aller Welt in den verschiedensten Fassungen verbreitet ist, wurde v. a. bekannt durch die Brüder Grimm, die es u. d. T. „Aschenputtel" in ihre „Kinder- und Hausmärchen" aufnahmen.

Äschenregion, zw. ↑Forellenregion und ↑Barbenregion gelegener Flußabschnitt, in dem die Europ. Äsche als Charakterfisch lebt; gekennzeichnet durch Sauerstoffreichtum und mäßige Strömungsgeschwindigkeit.

Äscher, svw. ↑Rebenmehltau.

Äscher, alkal. Bad aus Kalkmilch und/oder anderen bas. reagierenden Substanzen mit Natriumsulfidzusatz zur Haarlockerung und zum Aufschluß von Häuten in der Gerberei.

Aschermittwoch, in der kath. Kirche der Mittwoch vor dem ersten Fastensonntag und Beginn der Fastenzeit, in der alten Kirche Beginn der öffentl. Buße. Auch heute wird am A. das sog. **Aschenkreuz** als Zeichen der Buße auf die Stirn oder den Kopf gestreut.

Aschersleben, Krst. im nö. Vorland des Harzes, Bez. Halle, DDR, 34 000 E. Inst. für Phytopathologie der Dt. Akad. der Landw.wiss. zu Berlin; Maschinenbau, Textilind., Papierfabrik, Nahrungsmittelind., Samenzucht. - Im 8. Jh. als Gründung des 6. Jh. bezeugt; Ende 11. Jh. im Besitz der Grafen von Anhalt; die Burg A. war seit dem 12. Jh. Gerichtsstätte der gleichnamigen Gft.; an den Burgflecken schloß sich eine Marktsiedlung der Bischöfe von Halberstadt an; 1266 Halberstädter Stadtrecht; 1322 fielen Stadt und Gft. an das Bistum Halberstadt. Im 14. und 15. Jh. Hansestadt; auf dem Baseler Konzil als reichsfrei bezeichnet, 1648 an Brandenburg, 1815 zur preuß. Prov. Sachsen, 1952 zum Bez. Halle. -

Spätgot. Pfarrkirche Sankt Stephan (1406–1506), frühgot. Marktkirche, Rathaus (16. Jh.; 1884/85 erweitert); große Teile der Stadtbefestigung sind erhalten.

A., Landkr. im Bez. Halle, DDR.

Ascheskala ↑ Mehltype.

aschgraues Mondlicht, eine kurz vor und nach Neumond zu beobachtende Aufhellung der Nachtseite des Mondes durch das von der Erde reflektierte Sonnenlicht.

Aschheim, Selmar, * Berlin 4. Okt. 1878, † Paris 15. Febr. 1965, dt. Gynäkologe. - Entdeckte 1927 im Harn schwangerer Frauen östrogene und gonadotrope Substanzen. Diese Entdeckung führte zur Entwicklung der (gemeinsam mit B. Zondek erarbeiteten) *A.- Zondek-Reaktion* (↑ Schwangerschaftstests).

Aschikaga, altjap. Adelsgeschlecht, Zweig der Minamoto, ben. nach ihrem Stammsitz Aschikaga; stellte seit 1338 - beginnend mit **Takaudschi Aschikaga** (* 1305, † 1358) - fünfzehn Schogune; erreichte den Höhepunkt unter dem großen Mäzen **Aschikaga Joschimitsu** (* 1358, † 1408, Schogun 1369–95); 1573 wurde der letzte A.-Schogun seines Amtes enthoben; berühmte Rittersippen der Feudalzeit sind Zweiglinien der Aschikaga.

Aschikaga, jap. Stadt auf Hondo, 80 km nnw. von Tokio, 166 000 E. Bed. Standort der Textil- (Seidenverarbeitung) und chem. Ind. (v. a. Düngemittelproduktion). - Im 9.–11. Jh. Sitz der Familie der Fudschiwara-Aschikaga; 1705–1868 Residenz der Adelsfamilie Toda.

Äschines ['ɛʃinɛs, 'ɛsç...] ↑ Aischines.

Aschkenasim (Einz. Aschkenas) [hebr.], im A. T. (1. Mos. 10, 3) Mgl. einer Völkerschaft im N Palästinas; der Begriff wurde übertragen auf die mittel- und osteurop. Juden (ben. nach dem seit dem MA übl. Wort für Deutschland, Aschkenas), deren Umgangssprache Jidd. ist. Im Ggs. dazu heißen die iber. Juden ↑ Sephardim.

Aschmunain, Al, Ort in Oberägypten, 35 km südl. von Al Minja, 6 200 E. - Bei A. liegt die ausgedehnten Ruinenstätte des antiken **Schmunu** („die Achtheit" nach 8 dort verehrten Urgöttern), Hauptverehrungsstätte des Gottes ↑ Thot, den die Griechen Hermes nannten (in griech. Zeit *Hermopolis Magna*). Erhalten: Reste mehrerer Tempel, Reliefblöcke aus ↑ Amarna, eine Basilika des 5. Jh. sowie röm. Straßenanlagen. Die Nekropole der Stadt aus griech.-röm. Zeit liegt 10 km westl. in der Wüste bei Tunat Al Gabal.

Aschoff, Ludwig, * Berlin 10. Jan. 1866, † Freiburg im Breisgau 24. Juni 1942, dt. Mediziner. - Prof. in Marburg und Freiburg im Breisgau. Entdeckte 1904 die nach ihm ben. rheumat. Knötchen im Herzmuskel; arbeitete u. a. über das Reizleitungssystem des Herzens. A. gilt als einer der Begründer der modernen patholog. Anatomie auf der Grundlage morpholog. Befunde.

Aschoka, † zw. 237 und 232, dritter König aus der Dynastie der ↑ Maurjas (seit 273/268). - Sein zentralist. regiertes Großreich umfaßte nach den Fundorten von Inschriften den ind. Subkontinent bis zum Penner, Pakistan und Teile Afghanistans; hinterließ zahlr. der moral. Erziehung seiner Untertanen gewidmete Inschriften (auf Felsen, Säulen oder in Höhlen); als Anhänger und Förderer des Buddhismus zugleich Vertreter religiöser Toleranz.

Aschram [Sanskrit], Einsiedelei eines ind. Asketen sowie klosterähnl. Anlage in Indien.

Aschrama [Sanskrit], die vier Abschnitte im Leben eines ind. Brahmanen: 1. Leben in Keuschheit als Brahmanenschüler *(Brahmatscharja);* 2. Leben als Hausvater *(Grihastha);* 3. Leben als Waldeinsiedler *(Wanaprastha);* 4. Leben in völliger Einöde *(Sánnjasa).*

Aschug [russ.], wandernder Volksdichter und -sänger bei den anatol. Türken und bei den Völkern des Kaukasus, v. a. bei den Aserbaidschanern und Armeniern.

Aschwaghoscha, buddhist. ind. Dichter um 100 n. Chr. - Verf. des ältesten, in Fragmenten erhaltenen ind. Dramas und der beiden ältesten Kunsteen in Sanskrit. Beide, „Buddhacarita" (Buddhas Wandel) und „Saundarananda" (Die Geschichte vom schönen Nanda) haben Stoffe aus der Buddhalegende zum Inhalt.

Aschwin [Sanskrit „Pferdebesitzer"], ind. Zwillingsgötter, die bes. im ↑ Weda häufig genannt werden. Sie werden als Helfer in Not angerufen.

Äschylus ['ɛːʃylʊs, 'ɛːsçylʊs] ↑ Aischylos.

Ascidiacea [griech.], svw. ↑ Seescheiden.

Ascites (Aszites) [griech.], svw. ↑ Bauchwassersucht.

Asclepiadaceae [griech.], svw. ↑ Schwalbenwurzgewächse.

Asclepias [griech.], svw. ↑ Seidenpflanze. ♦ ↑ Wachsblume.

Ascoli Piceno [italien. pi'tʃɛːno], italien. Stadt in den südl. Marken, 75 km südl. von Ancona, 54 000 E. Hauptstadt der Prov. A. P.; Bischofssitz; archäolog. Museum; Textilind., keram. Werkstätten und Glasbläsereien. - Das antike **Asculum,** Hauptstadt von Picenum, wurde 268 v. Chr. röm.; 91 v. Chr. begann hier der Bundesgenossenkrieg; 89 v. Chr. durch Gnaeus Pompejus Strabo erobert; später Bürgerrecht und Kolonie der Triumvirn. 544 von den Ostgoten erobert, danach lange langobard. Hzgt. Spoleto, seit 1185 freie Gemeinde; 1242 von Kaiser Friedrich II. zerstört. Nach wechselnder Herrschaft 1502–1860 päpstl. Besitz, dann an Italien. - Röm. Brücke über den Tronto; zahlr. Kirchen, u. a. San Francesco (1262–1371); Dom (15. Jh.; Fassade unvollendet); Paläste, Häuser und Geschlechtertürme aus MA und Renaissance.

Ascoli Satriano, italien. Ort in Apulien, 30 km südl. von Foggia, 410 m ü. d. M., 7 700 E. Sitz des Bischofs von A. S. und Cerignola. - In der Antike **Ausculum**, bei dem 279 v. Chr. König Pyrrhus von Epirus („Pyrrhussieg") die Römer besiegte. Im Bundesgenossenkrieg von den Römern geplündert, im 9. Jh. von den Sarazenen zerstört; im 11. Jh. normann., später in wechselndem Besitz. - Dom (12. Jh.), Kastell (16. Jh.).

Ascomycetes [griech.], svw. ↑ Schlauchpilze.

Ascona, Gemeinde am Lago Maggiore, Kt. Tessin, 205 m ü. d. M., 4 800 E. Fremdenverkehr. - Spätgot. Kirche Santi Pietro e Paolo (1530-34); an der S-Seite der Kirche Santa Maria della Misericordia (1399-1442) das Collegio Ponteficio Papio (1581 ff.); Casa Borrani (1620). Über A. liegt die Wallfahrtskirche Madonna della Fontana (1617-77).

Ascorbinsäure [zu griech. a - „nicht, ohne" und ↑ Skorbut], svw. Vitamin C (↑ Vitamine).

Ascot [engl. 'æskət], engl. Dorf, 10 km sw. von Windsor; bekannt durch seine jährl. im Juni stattfindenden Pferderennen.

ASEAN [engl. 'εɪzɪən], Abk. für: ↑ Association of South East Asian Nations.

Asebie, griech. Begriff für Gottlosigkeit.

a secco (al secco) [italien. „auf das Trockene"], jede Technik der Wand- bzw. Deckenmalerei auf trockenen Putz, unter Verwendung von Bindemitteln wie Kalkkasein, Ei usw.; ↑ auch a fresco.

Åsele Lappmark [schwed. 'ɔːsələ], südlichster Teil der nordschwed. Lappmark, umfaßt im NW Hochgebirge (im Marsfjäll 1 589 m hoch), im Z Hochebenen und im SO das kuppige Gelände um die Orte Åsele und Fredrika. Große Moore schränken den Flächenanteil des Nadelwaldes ein; dünn besiedelt; u. a. Viehwirtschaft.

Asellus [lat.], Gatt. der Wasserasseln mit der einheim. Art ↑ Wasserassel.

Asen [altnord.], in der german. Mythologie das gewaltigste der Göttergeschlechter mit den Göttern Odin (Wodan) an der Spitze und Thor (Donar), Baldr, Zyr (Ziu) und Frigg (Frija, Frea).

Asen, bulgar. Herrscherdynastie, ↑ Assen.

äsen, wm. für: Nahrung aufnehmen.

Asepsis, die von der ↑ Aseptik angestrebte, nicht absolut erreichbare Keimfreiheit.

Aseptik [griech.], die prakt. Keimfreimachung von Gegenständen (Sterilisation durch Wasserdampfsterilisation im Autoklaven; bei Operationen und in der Wundbehandlung, um Krankheitserreger von allen Objekten, die mit einer Wunde, insbes. mit einer Operationswunde, in Berührung kommen (Instrumente, Tupfer, Verbandsstoffe, Operationsmantel, Arzthandschuhe), fernzuhalten; unerläßl. ist auch eine sorgfältige Desinfektion der Hände.

Aserbaidschan (pers. Asarbaidschan), Gebiet in NW-Iran, uneinheitl. Hochland mit Hochbecken, Gebirgszügen, vulkan. Bergmassiven sowie der abflußlosen Senke des Urmiasees; ausgeprägtes Kontinentalklima; dicht besiedelt, ertragreiche Anbaugebiete, die höheren Lagen dienen als Sommerweide; zentraler Ort ist Täbris. Zur Geschichte ↑ Aserbaidschan (histor. Gebiet).

A., histor. Gebiet in Vorderasien, westl. des Kasp. Meeres; der nördl. Teil gehört als ↑ Aserbaidschanische SSR zur UdSSR, der südl. zu Iran (↑ Aserbaidschan [Iran]). - In der Antike im wesentl. Albania gen.; 643 von den Arabern erobert und durch Gouverneure regiert. Im 11. Jh. wanderten türk. Stämme ein; A. kam unter die Herrschaft der Seldschuken und wurde türkisiert. 1120 gerieten Teile von A. unter georg. Herrschaft (bis ins 13. Jh.). Mongol. Invasionen (1221/22 und 1235/39) schädigten das Gebiet sehr. Nach dem Zerfall des mongol. Großreiches zw. den Teilreichen der Ilchane und der Goldenen Horde umkämpft. Im Zuge der gewaltsamen Umsiedlungspolitik Timur-Lengs gelangten weitere türk. Stämme nach A. Unter der pers. Dynastie der Safawiden erlebte A. einen wirtsch. Aufschwung. Nach kurzer Herrschaft der Osmanen eroberte Schah Abbas I., der Große, A. 1603 zurück. Nach russ. Besetzungen und Eroberungen im 18. Jh. fiel das nördl. A. 1828 endgültig an Rußland.

1918 riefen nationalist. islam. Kräfte in dem russ. Teil von A. die unabhängige Republik A. aus. 1920 durch die Rote Armee besetzt; 1922 zur Autonomen Sowjetrepublik ausgerufen, die sich der Transkaukas. SFSR anschloß. Durch die Verfassungsreform 1936 als SSR Bestandteil der UdSSR.

Der dem Persien verbliebene südl. Teil war 1909-17 von russ. Truppen besetzt. Anschließend unterstützte die Türkei protürk. Bestrebungen (Einsetzung einer protürk. Regierung). 1921 gelang die Vertreibung der Türken. 1941-46 von der UdSSR besetzt, die 1945 eine Regierung einsetzte.

Aserbaidschaner, überwiegend in der Aserbaidschan. SSR, aber auch in der Grusin. SSR, der Armen. SSR, der Dagestan. ASSR und in NW-Iran lebendes Turkvolk (4,38 Mill. A. in der UdSSR).

aserbaidschanische Sprache (Aseri), gehört zu den ↑ Turksprachen, gesprochen in der UdSSR (v. a. in der Aserbaidschan. SSR), im Iran und Irak. Die aserbaidschan. Literatursprache, deren Anfänge sich neben der bis ins 16. Jh. vorherrschenden pers. und türk. Literatursprache bis ins 11. Jh. zurückverfolgen lassen, bildete sich im 19. Jh. heraus auf der Grundlage der Dialekte von Baku und Schemacha. In Rußland bzw. in der UdSSR war die Schrift bis 1929 arab., dann lat.; seit 1939 ist sie kyrillisch.

Aserbaidschanische SSR, östlichste

Ashqelon

der transkaukas. Sowjetrepubliken, am Kasp. Meer, 86 600 km², 6,5 Mill. E (1984); Hauptstadt Baku.

Landesnatur: Die A. SSR umfaßt den O-Teil der transkaukas. Senke mit der Kura-Arax-Niederung. Im N gehören Teile des Kasp. und des Dagestan. Kaukasus zur A. SSR, im Basardjusju 4 466 m ü. d. M., sowie die Halbinsel Apscheron. Im S hat sie Anteil am Kleinen Kaukasus und dem vulkan. Hochland von Armenien. Das Talyschgebirge fällt staffelartig zur Küste hin ab (Tiefland von Lenkoran). - Die Kura-Arax-Niederung ist außerordentl. trocken mit milden Wintern und heißen Sommern, 200–350 mm Niederschlag. Es herrscht eine Wüsten- bzw. Halbwüstenvegetation vor. Ackerbau ist nur mit Hilfe künstl. Bewässerung möglich. An den Gebirgsabfällen schiebt sich ab 400 m ü. d. M. das Klima, die Steppen gehen bergwärts in Gebüschformationen und mit Grasfluren durchsetzte, lichte Trockenwälder über. In den Gebirgen gehen die Wälder in subalpine und alpine Vegetation über.

Bevölkerung, Wirtschaft, Verkehr: Die Aserbaidschaner bilden, von Baku und dem Autonomen Gebiet Bergkarabach abgesehen, überall die Mehrheit der Bev., daneben leben Bergkarabachen, Russen, Armenier, Georgier, Awaren u. a. in der A. SSR. Neben 2 Hochschulen bestehen 23 Forschungsinst.; Bücher und Zeitungen erscheinen z. T. in aserbaidschan. Sprache. Die Kura-Arax-Niederung ist eines der wichtigsten Baumwollanbaugebiete der Sowjetunion. In den unteren Hanglagen der Gebirge wird u. a. Wein, Gemüse, Obst, Tabak, Weizen, Mais angebaut. Die Steppen dienen als Winterweiden für die Rinder- und Schafherden, deren Sommerweiden in den Gebirgen liegen. Die subtrop. warmfeuchten Landstriche des Tieflands von Lenkoran zeichnen sich durch Tee-, Zitrusfrüchte-, Wein-, Maulbeerbaumkulturen, Tabak- und Reisfelder aus. Weit bedeutender als die Landw. ist die Ind., die v. a. auf den Erdöl- und Erdgaslagerstätten bei Baku basiert. In und bei Baku entwickelten sich Raffinerie- und chem. Ind. und Maschinenbau; in Sumgait entstanden ein Stahl- und Röhrenwalzwerk und eine Aluminiumschmelze. In Kirowabad wird Baumwolle industriell verarbeitet. Die Nahrungsmittelind. umfaßt auch Weinkellereien. - Hauptverkehrsachse ist die Bahnlinie von Baku über Kirowabad nach Tiflis und Batumi. Von den Straßen liegen nur kleine Gebiete mehr als 20 km entfernt. Zw. Baku und den größeren Städten besteht Luftverkehr. Der Hafen Baku hat Bed. für alle drei transkaukas. Republiken.

Geschichte ↑ Aserbaidschan (histor. Gebiet).
📖 *Aserbaidschan. Sozialist. Sowjetrepublik. Dt. Übers. Moskau 1967.*

Aseri ↑ aserbaidschanische Sprache.

asexuell (asexual), ungeschlechtig, geschlechtslos; von Fortpflanzungsweisen ohne Keimzellenvereinigung bzw. ohne Reduktionsteilung; z. B. die Vielfachteilung bei vorwiegend parasit. lebenden Protozoen.

Asgard [altnord. „Gehöft der Asen"], in der german. Mythologie Sitz der ↑ Asen.

Ásgeirsson, Ásgeir [island. 'ausgjɛirsɔn], * Kóranes (Mýrasýsla) 13. Mai 1894, † Reykjavík 15. Sept. 1972, isländ. Politiker. - 1926–31 und 1934–38 Erziehungs-, 1931–34 Finanzmin.; 1932–34 Min.präs.; 1938–52 Bankdirektor; 1952–68 Staatspräs.

Ashar-Moschee, Moschee in Kairo, verbunden mit einer theolog. Hochschule, die nach der Eroberung Kairos durch die Fatimiden von dem Kalifen Al Asis Billah (975–996) als Zentrum der ismaelit. Lehre gegr. wurde. Neugegr. 1267/68 unter Baibars I., ist sie die bedeutendste islam. Hochschule und bis heute das geistige Zentrum des sunnit. Islams; rechtswiss., theolog. und philolog. Fakultät.

Ashdod, Hafenstadt im S von Israel, 57 000 E. Kunstfaserwerke, Lkw-Montage, Wollkämmerei, Holz- und Metallverarbeitung, Herstellung von elektrotechn. Erzeugnissen, Kosmetika, Textilien; Diamantenschleifereien; Erdölraffinerie. Durch 2 Molen geschütztes Hafenbecken vor der Küstenlinie. - A. ist eine geplante neue Stadt; Baubeginn 1955 ohne alten Kern; Eröffnung des Hafens 1965. An ihn schließen sich südl. Wohnviertel, östl. und südl. Ind.viertel an. - Das alte A., 3 km weiter sw., war eine der fünf Städte der Philister, gegr. um 1200 v. Chr., 712 assyr., im 7. Jh. ägypt., 525 persisch. Hellenisierung nach der Eroberung durch Alexander d. Gr. (332). Kam als **Azotos** 320 zum Ptolemäer-, 200 zum Seleukidenreich; 148 von den Makkabäern erobert, 63 röm. Seit im 1. Jh. n. Chr. bestand eine christl. Gemeinde; spätestens seit dem 4. Jh. Bischofssitz.

Ashford [engl. 'æʃfəd], engl. Stadt, 23 km sw. von Canterbury, Gft. Kent, 40 000 E. Seit 1966 Ausbaustadt zur Aufnahme des Bev.überhangs von London; landw. Versuchsanstalt; Landmaschinenbau, Konservenind.; Parfümfabrik, Druckereien; Marktzentrum im Sonderkulturanbaugebiet von Kent. - Seit dem 11. Jh. erwähnt, im 13. Jh. Marktrecht. - Kirche Saint Mary (1350–1520; Perpendicular style).

Ashkenazy, Vladimir [aʃke'na:zi], * Gorki 6. Juli 1937, russ. Pianist. - Unternimmt seit 1957 weltweite Konzertreisen; ist seit 1963 in England ansässig; glänzender Interpret, v. a. Rachmaninows, Liszts, Prokofjews und Chopins.

Ashmore and Cartier Islands [engl. 'æʃmɔ: ənd ka:'tjeɪ 'aɪləndz], austral. Inselgruppe im Timorsee, Ind. Ozean; unbewohnt, abgesehen von der Wetterstation auf West Ashmore.

Ashqelon, Stadt im S von Israel, 56 000 E. Betonröhrenfabrik, Holzverarbeitung, Herstellung von Autozubehör; Endpunkt der Bahnlinie von Lod. Seebad, Fremdenverkehr. - 1948 sö. des rein arab. Dorfes Migdal gegr., z. T. beste Verwirklichung einer Gartenstadt in Israel. - 3 km sw. liegen die Ruinen des alten **Askalon** (heute Nationalpark), eine der 5 Hauptstädte der Philister (gegr. um 1200 v. Chr.), Hauptkultstätte der Göttin Derketo (↑ Atargatis). 711 assyr., dann ägypt., pers., griech., ptolemäisch und seleukid. 104 v. Chr. selbständiger Stadtstaat, bald unter röm. Protektorat; 4.–6. Jh. n. Chr. bed. Handelsstadt des Röm. Reiches; 640 arab., im 10. Jh. unter fatimid. Herrschaft; 1153 von Kreuzfahrern erobert und befestigt. 1187 eroberte Sultan Saladin die Stadt, 1191 von König Richard Löwenherz zurückgewonnen, 1270 von Baibars I. völlig zerstört. - Die meisten Ruinen stammen aus röm. Zeit, als Herodes die Stadt reich ausstatten ließ.

Ashton, Sir Frederick [engl. 'æʃtən], * Guayaquil (Ecuador) 17. Sept. 1906, engl. Tänzer und Choreograph. - War u. a. Direktor des Royal Ballet. Schöpfer von Balletten (u. a. „Romeo and Juliet"), die er zum großen Teil für Margot Fonteyn choreographierte. - † 18. Aug. 1988.

Ashton-under-Lyne [engl. 'æʃtən 'ʌndə 'laɪn], engl. Stadt, in der Metropolitan County Greater Manchester, 45 000 E. Ind.-Standort und Zentrum der Baumwollverarbeitung in SO-Lancashire. - Ende des 11. Jh. zur Baronie Manchester.

Asiago, Hauptort der ↑ Sieben Gemeinden in der italien. Region Venetien, 35 km nördl. von Vicenza, 1 000 m ü. d. M., 7 000 E. Astrophysikal. Observatorium.

Asian Development Bank [engl. 'eɪʃən dɪ'veləpmənt 'bæŋk] ↑ Asiatische Entwicklungsbank.

Asianismus [griech.-lat.], Stilrichtung der antiken Rhetorik (3.–1. Jh.); der Begriff tauchte im 1. Jh. v. Chr. in Rom als Schlagwort seiner Gegner, der Vertreter des ↑ Attizismus, auf. Witzelnd-tendenziöser Stil mit weichen Rhythmen oder schwülstig-pathet. mit prunkvoller Rhetorik. Bed. Vertreter: Seneca d. J., Tacitus.

Asiatische Entwicklungsbank (Asian Development Bank), internat. Institution, deren Mgl. Regierungen sind; 1966 gegr., Hauptsitz ist Manila. Zu ihren nichtasiat. Mgl. gehören die USA, Kanada und die meisten westeurop. Länder. Zweck ist die Förderung und Beschleunigung der wirtsch. Entwicklung und Zusammenarbeit in der asiat.-fernöstl. Region.

asiatische Grippe, Bez. für eine erstmals 1957 pandem. aufgetretene, relativ gutartige Form der ↑ Grippe. Erreger ist eine hochinfektiöse, alle Altersklassen befallende Abart des bekannten Typs des Grippevirus A, bezeichnet als Influenzavirus A_2 Asia (Singapore/57).

Asiatischer Steppenfuchs, svw. ↑ Korsak.

Asiderit, Meteorstein, überwiegend ohne Eisen.

Asien, größter Kontinent (44,4 Mill. km^2), umfaßt 33 % der Erdoberfläche, hat eine O–W-Erstreckung von mehr als 9 000 km und eine N–S-Erstreckung von mehr als 7 000 km. Die Hauptmasse liegt auf der Nordhalbkugel, doch ragt A. mit seinen Inseln über den Äquator hinaus bis zum austral. Kontinentalsokkel. Die größten Inseln sind die des Malaiischen Archipels, Ceylon, Hainan, Taiwan und die Hauptinseln Japans. Als konventionelle Grenze gegen Europa gilt seit dem 18. Jh. der Gebirgszug des Ural mit seiner nördl. Fortsetzung Nowaja Semlja bzw. nach S der Fluß Ural, das Kasp. Meer, die Manytschniederung und das Schwarze Meer. Die südsibir. Randgebirge vom Stanowoigebirge bis zum Pamir trennen im O die UdSSR morpholog. vom übrigen Kontinent; polit. greift A. mit Irian Jaya auf den Raum Ozeaniens, mit der UdSSR und der Türkei auf Europa über. Im folgenden wird A. ohne die ↑ Sowjetunion behandelt.

Gliederung: *Vorderasien* (Südwestasien) ist gekennzeichnet durch seine Zugehörigkeit zum asiat. Trockengürtel und wird vom übrigen A. getrennt durch den Kaukasus, die asiat.-iran. Randgebirge und die vom Hindukusch nach S verlaufenden Gebirgsketten im Grenzgebiet zw. Afghanistan, Iran und Pakistan. Es gliedert sich in das von Taurus und Pont. Gebirge eingefaßte Hochland Anatoliens (Kleinasien), in das östl. anschließende Hochland von Iran, das vom Elburs- und Sagrosgebirge begrenzt wird, sowie in die Arab. Halbinsel, die morpholog. durch die Senkungsgebiete Mesopotamiens und des Pers. Golfes abgetrennt wird. - Die ebenfalls durch Trokkenheit charakterisierten Hochgebiete *Zentralasiens* erstrecken sich zw. Pamir und Großem Chingan. Mit dem Hochland von Tibet weist es die höchstgelegene geschlossene Landmasse der Erde auf, im N begrenzt von den Gebirgsketten von Kunlun und Nanschan, im S vom Transhimalaja. Im nördl. Zentralasien liegen zw. Mongol. Altai und Tienschan bzw. zw. diesem und Kunlun ausgedehnte Hochbecken (Dsungarei, Tarimbekken), nach O folgt zw. Mongol. Altai und Großem Chingan das Hochland der Mongolei mit der Gobi. Den S-Rahmen bilden die gewaltigen Gebirgsmauern von Himalaja und Karakorum; hier erheben sich die höchsten Gipfel der Erde (Mount Everest: 8 848 m ü. d. M.). - Die südl. der innerasiat. Hochregion zw. Arab. Meer und westl. Pazifik gelegene Gebiete werden als Süd- und Südostasien bezeichnet, auch als trop. Monsunasien. *Südasien* umfaßt den ind. Subkontinent (Vorderindien) einschließl. der Insel Ceylon. Die beiden Großlandschaften Vorderindiens sind die

Asien

STAATLICHE GLIEDERUNG
(Schätzung 1984/85)

Land	km^2	E (in 1 000)	E/km^2	Hauptstadt
Afghanistan	647 497	17 700	27	Kabul
Bahrain	622	417	670	Al Manama
Bangladesch	143 998	98 700	685	Dacca
Bhutan	47 000	1 400	30	Thimbu
Birma	676 552	37 600	56	Rangun
Brunei	5 765	261	38	Bandar Seri Begawan
China	9 560 980	1 032 705	108	Peking
Indien	3 287 590	746 742	227	Delhi
Indonesien	1 904 569	163 370	86	Jakarta
Irak	434 924	15 158	35	Bagdad
Iran	1 648 000	44 220	27	Teheran
Israel	20 770	4 289	207	Jerusalem
Japan	372 313	120 750	324	Tokio
Jemen (Arab. Rep.)	195 000	6 386	33	Sana
Jemen (Demokrat. VR)	332 968	2 225	7	Aden
Jordanien	97 740	3 375	35	Amman
Kambodscha	181 035	7 149	39	Phnom Penh
Katar	11 000	291	26	Ad Dauha
Korea (Demokrat. VR)	120 538	19 630	163	Pjongjang
Korea (Rep.)	98 484	42 110	418	Seoul
Kuwait	17 818	1 695	95	Kuwait
Laos	236 800	3 585	15	Vientiane
Libanon	10 452	2 644	253	Beirut
Malaysia	329 749	15 204	46	Kuala Lumpur
Malediven	298	181	607	Malé
Mongolische VR	1 565 000	1 866	1	Ulan Bator
Nepal	140 797	16 690	119	Katmandu
Oman	212 457	1 181	6	Maskat
Pakistan	803 943	96 180	119	Islamabad
Philippinen	300 000	53 351	178	Manila
Saudi-Arabien	2 149 690	10 824	5	Ar Rijad
Singapur	581	2 558	4 403	Singapur
Sri Lanka	65 610	15 606	238	Colombo
Syrien	185 180	9 934	54	Damaskus
Taiwan	35 981	19 135	532	Taipeh
Thailand	514 000	50 396	98	Bangkok
Türkei	780 576	49 272	63	Ankara
Vereinigte Arab. Emirate	83 600	1 255	15	Abu Dhabi
Vietnam	329 556	58 307	177	Hanoi
Zypern	9 251	657	71	Nikosia
abhängige Gebiete				
von Großbritannien Hongkong	1 045	5 364	5 133	Victoria
von Portugal Macau	16	343	21 437	Macau

Tiefländer von Indus, Ganges und Brahmaputra im Bereich der Himalajavortiefe sowie das Hochland von Dekhan (Halbinselindien). *Südostasien* besteht aus der Halbinsel Hinterindien, die von Faltengebirgsketten und Bergländern durchzogen wird und dem Malaiischen Archipel; die Anordnung seiner rd. 20 000 Inseln und Eilande, die das Australasiat. Mittelmeer umschließen, wird im wesentl. durch den Verlauf geolog. junger Gebirgs- und Vulkanketten bestimmt. - Während der Abschluß Zentralasiens nach S durch

SÜDWESTASIEN

0   250   500   750 km

Geographisch-Kartographisches Institut Meyer

Asien

die Ketten des Himalaja außerordentl. markant ist, vollzieht sich der Übergang zum ostasiat. Raum weniger deutl., das Gebiet dacht sich gegen den Pazifik hin über mehrere große Landstufen bis zum mandschur. Tiefland und der Großen Ebene ab. Als Begrenzung Ostasiens gelten Großer Chingan, Gobi und osttibet. Randketten. Es umfaßt somit den Großteil Chinas, ferner Taiwan, die Halbinsel Korea und die Inseln Japans. Wegen des Klimas kann es auch als außertrop. Monsunasien bezeichnet werden.

Klima: A. ist ein Kontinent der schärfsten klimat. Kontraste mit Anteil an allen Klimatypen der Erde von den trop. Regenklimaten bis zu Gebieten ewigen Frostes, von extrem trockenen Wüsten bis zum regenreichsten Gebiet der Erde. Von N nach S folgt einem Gürtel der Westwindzirkulation mit vorherrschendem Winterregen ein Bereich subtrop. bis kontinentaler Trockengebiete, darauf die Zone des Monsunklimas mit Sommerregen und der trop. Regengebiete mit Niederschlag zu allen Jahreszeiten, abgeschlossen von einem Monsungürtel der Südhalbkugel. In der Vertikalgliederung sind die Gebirge jeweils durch Stau- und Föhnlagen differenziert und heben sich durch vermehrte Niederschläge an der Luvseite und Trockengebieten an der Leeseite heraus, wobei die Exposition jahreszeitl. wechseln kann. Die therm. Höhengliederung erreicht auch in den trop. Gebirgen Frostklimate. Die Schneegrenze steigt von einer mittleren Höhe um 4 000 m in Anatolien, im Elburs- und im Sagrosgebirge nach O an und erreicht auf der N-Seite des Transhimalaja mit 6 000–6 100 m ihre höchste Lage. Im zentralen Tienschan liegt sie nur noch bei 4 200–4 500 m, am äußersten O-Rand des Hochlandes von Tibet um 5 000 m.

Vegetation: Vorderasien weist mediterrane Hartlaubvegetation in W- und S-Anatolien und Zypern auf sowie sommergrünen, an Rhododendron reichen Laubwald im Pont. Gebirge, trockene Gebirgssteppen in Inneranatolien, Baumsteppen im W von Iran, Laubwälder im Elbursgebirge, regengrüne Trockenwälder im Sagrosgebirge sowie Halbwüstenvegetation im östl. Teil von Iran, im größten Teil von Afghanistan und Belutschistan und fast vegetationslose Salzwüsten. Die Arab. Halbinsel liegt zu einem kleinen Teil im Bereich mediterraner Hartlaubvegetation; im Libanon folgt auf Mischwald eine Stufe mit Zedern und Tannen, darüber Wacholdergebüsch. Der größte Teil der Halbinsel wird von Trockensteppen und Vollwüsten eingenommen. - Zw. Transhimalaja und Altyn Tagh herrschen Felsschutt- und Geröllwüsten vor, die nur selten von spärl. Vegetation und hochalpinen Matten unterbrochen werden. Strauchgehölze mit Tamarisken finden sich nur in den tieferen Lagen der randl. Täler. Im O des zentralasiat. Hochlands reichen unter dem Einfluß der Monsunniederschläge Nadelwälder bis auf 3 000–4 000 m ü. d. M. hinauf. An den Zwergstrauchgürtel (Alpenrosen) schließen sich nach oben bis über 5 000 m Höhe ausgedehnte Matten und Hochsteppen an. Im nördl. Teil liegen die Kerngebiete der Vollwüsten im Tarimbecken, in der westl. Gobi und in der östl. Dsungarei. Um fast vegetationslose Sanddünenwüsten gruppieren sich verschiedene Formen von Halbwüsten, überwiegend mit Zwergsträuchern oder Halbsträuchern und Büschelgräsern. In Oasen am Gebirgsfuß und am Tarim wachsen auch Pappeln und Weiden. Nach N und O gehen die Halbwüsten in einen breiten Gürtel von Trockensteppen über, an diese schließen sich Baumsteppen an. Die Vegetation des Himalaja ist nicht nur in der Vertikalen, sondern auch von O nach W außerordentl. stark differenziert und reicht vom trop. Regenwald bzw. Monsuntrockenwald über Nebelwald bzw. Hartlaub-, Nadel- und Mischwald bis zu alpinen Matten. - Vielseitig ist auch die Vegetation Vorderindiens. Sie reicht von Monsun- und halbimmergrünen Regenwäldern im N über die Trockenwälder, Savannen und Dornstrauchformationen des Hochlands von Dekhan bis zu den trop. immergrünen Tieflandsregenwäldern im S der Malabarküste. Auf Ceylon finden sich immergrüne trop. Regenwälder, über 1 500 m Höhe Nebelwald, bei 2 500 m Rhododendrongebüsch. - Die Vegetation Hinterindiens wird zum großen Teil vom Monsunklima bestimmt: halbimmergrüne Regenwälder und typ. Monsunwälder, die im Frühjahr 2–4 Monate entlaubt sind, z. T. aber immergrünes Unterholz haben, bedecken die den Küsten zugewandten Gebirgshänge in Vietnam und die im Luv des Sommermonsuns gelegenen Höhen des Inneren von Thailand und Birma. Auf den Leeseiten und in den Becken herrschen Trockenwälder und Trockensavannen vor, in höheren Lagen z. T. üppige Lorbeerwälder. Die Küsten sind z. T. von Mangrove gesäumt. Auf Malakka herrscht trop. immergrüner Regenwald vor. Auf Sumatra, Borneo, Celebes, auf den Philippinen und den Molukken herrscht im allg. trop. Regenwald, der zu den üppigsten und artenreichsten der Erde gehört; die Mangrove ist hier bes. artenreich. Südl. des Äquators wächst in Mittel- und Ostjava (Westjava hat immergrünen Regenwald) und auf den Kleinen Sundainseln regengrüner Monsunwald, der von Juli-Okt. etwa 3–4 Monate lang entlaubt ist. In den höchsten Lagen der Gebirge finden sich immergrüne Nebelwälder. - Im Binnenland Ostasiens geht der boreale Nadelwald in sommergrünen Laubwald über, der bis etwa 28° n. Br. reicht. Der größte Teil Chinas südl. des Jangtsekiang und der O von Taiwan gehören zum Gürtel subtrop. immergrüner Lorbeerwälder, an der Küste von Kwantung, auf der W-Seite von Taiwan und

177

NORDPOLARMEER
NORDMEER
EUROPÄISCHES
Barents-See
Kara-See
Laptew-See
Ostsibirische See
BERINGMEER
OCHOTSKISCHES MEER
JAPANISCHES
Kaspisches Meer
Schwarzes Meer
Ostsee
SOWJETUNION
MONGOLEI
NORWEGEN
SCHWEDEN
FINNLAND
DÄNEMARK
POLEN
TÜRKEI
IRAN
Hokkaido
Sachalin
Spitzbergen
Nordostland
Franz-Joseph-Land
Nowaja Semlja
Sewernaja Semlja
Neusibirische In.
Wrangel-I.
Kurilen
LENINGRAD
MOSKAU
KIEW
MINSK
WARSCHAU
GORKI
KASAN
KUIBYSCHEW
SWERDLOWSK
TSCHELJABINSK
OMSK
NOWOSSIBIRSK
CHARKOW
DNEPROPETROWSK
DONEZK
ODESSA
TIFLIS
JEREWAN
BAKU
TASCHKENT
ALMA-ATA
HARBIN
TSITSIKAR
TSCHANGTSCHUN
FUSCHUN
SAPPORO
Krasnojarsk
Irkutsk
Ulan Bator
Chabarowsk
Wladiwostok
Jakutsk
Norilsk
Magadan
Petropawlowsk-Kamtschatski
Archangelsk
Murmansk
Stockholm
Helsinki
Oslo
Nördl. Polarkreis
60°
70°
80°
20°
40°
120°
140°
160°

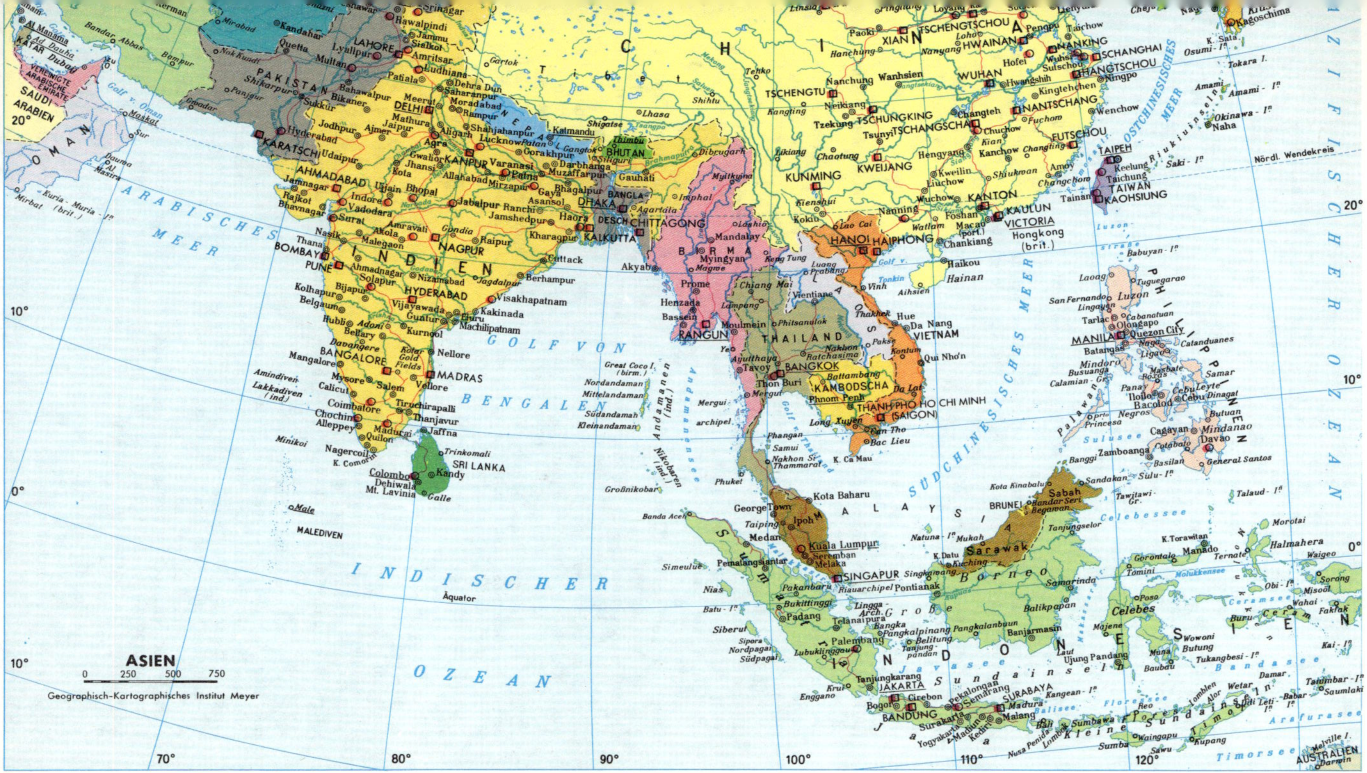

Asien

auf den Riukiuinseln tritt immergrüner Regenwald auf. In Japan folgt auf den borealen Nadelwald im N der sommergrüne Laubwald, im S dann subtrop. immergrüner Lorbeerwald.

Tierwelt: Die Tierwelt zeigt im südlichsten Teil Asiens und auf den vorgelagerten Inseln Anklänge an die des trop. und südl. Afrika, auf den sö. Sundainseln zur Tierwelt Neuguineas und Australiens. Im W geht die asiat. Fauna fließend in die europ. über. Im O zeigen sich Verbindungen zur Tierwelt N-Amerikas, als Folge einer früheren Landbrücke über die Beringstraße. Der Artenreichtum der Fauna nimmt von S nach N ab. Neben der außerordentl. vielfältigen Insektenfauna, Fischen und Lurchen leben in A. zahlr. Kriechtiere (u. a. Schildkröten, Alligatoren, Warane, Riesenschlangen, Giftnattern). Die Verbreitung sämtl. in Europa vertretener Vogelfam. erstreckt sich auch auf A.; bes. stark haben sich die Hühnervögel entfaltet. In trop. Gebieten leben Papageien, Nashornvögel u. a. Die Säugetierfauna zeigt starke Anklänge an benachbarte Regionen, umfaßt aber auch eine Reihe endem. Gruppen. Die Halbaffen kommen mit drei Arten der Loris vor; endem. sind die Koboldmakis. Zu den Altweltaffen zählen die Makaken. Zu den bedrohten Arten gehört der Orang-Utan, der heute nur noch auf Borneo und Sumatra vorkommt. Sehr verbreitet sind die Nagetiere. Unter den Raubtieren kommen Wolf, Rotfuchs, Steppenfuchs, Marderhund u. a. vor. Die Bären sind artenmäßig am stärksten vertreten; auf A. beschränkt sind Kragen-, Malaien- und Lippenbär; endem. sind die Bambusbären. Außer Kleinkatzen kommen Leopard, Tiger, Gepard und Löwe vor; Königstiger, Sumatratiger und Javatiger sind stark bedroht. Vorder- und Zentralasien sind Lebensraum des Kamels, in Zentralasien ist außerdem das Moschustier heimisch. Weit verbreitet sind verschiedene Hirscharten; zu den Rindern zählen Wasserbüffel, Jaks u. a.

Bevölkerung: Ethn. ist die Bev. sehr differenziert, gehört aber nur zwei Großrassen an: den Europiden und den Mongoliden. Daneben leben mehr oder weniger isolierte Reste altertüml. Formen weiter, wie die Wedda auf Ceylon, die Ainu auf Hokkaido oder die als Negritos zusammengefaßten Splittergruppen der kleinwüchsigen Bewohner der Andamanen u. a. Als Ergebnis der histor. Entwicklung lassen sich sechs große Kulturprovinzen unterscheiden, von denen jede durch eine gemeinsame Religion und den Einfluß einer der großen Hochkulturen geprägt ist. Drei Kulturprovinzen sind primär, d. h., die sie prägenden charakterist. Züge sind einheimisch; dies sind 1. die vorderasiat.-islam. Kulturprovinz mit den dominierenden Völkern der Araber, Türken, Perser und den ind. Völkern Pakistans; Minderheiten sind die Turkmenen, Usbeken, Kaschkaier, Kurden u. a. Eine Sonderstellung nehmen die Juden ein; 2. die ind.-hinduist. Kulturprovinz, sie gliedert sich in eine Gruppe mit indoar. Sprachen und eine mit drawid. Sprachen; 3. die chin.-konfuzian. Kulturprovinz in China und Vietnam, deren Ausstrahlungskraft auch auf Korea und Japan eingewirkt hat; doch leben hier noch zahlr. Völkerschaften andersartiger Kultur, Sprache und Tracht, u. a. Mongolen, Dauren, Kasachen. Die anderen drei Kulturprovinzen sind sekundär, d. h., wesentl. Merkmale wurden von anderen Kulturen übernommen: 1. Die malaiisch-islam. Kultur entwickelte sich in Malaysia und Indonesien; hier leben jedoch auch noch Ethnien mit altertüml. Kultur wie die Batak, Dajak, Toraja u. a. 2. Der Einfluß der ind. Kultur auf die staatenbildenden Völker des südostasiat. Festlands führte zur Bildung der südostasiat.-südbuddhist. Kulturprovinz, zu der Birmanen, Thai, Lao, Mon, Khmer u. a. zählen. Auch hier leben noch stammesmäßig organisierte Minderheiten. 3. Im Einflußbereich sowohl Indiens als auch Chinas entwickelte sich die zentralasiat.-nordbuddhist. Kulturprovinz (Tibet und Mongolei). Diese Kulturen haben alle in den letzten Jahrzehnten tiefgreifende Wandlungen durchgemacht. So hat das traditionelle Tibet aufgehört zu existieren, China und seine Völker werden vom Sozialismus geprägt, im Konfliktgebiet Indochinas ist die Gesellschaft entscheidend verändert worden. Japan ist zu einer der größten Ind.nationen aufgestiegen. Daß davon auch die traditionelle Kultur der weiter abseits gelegenen Völker nicht verschont geblieben ist, darf nicht außer acht gelassen werden. - Mit 80 E/km² liegt A. weit über der mittleren Besiedlungsdichte anderer Kontinente. Die Bev. verteilt sich regional aber sehr unterschiedl., d. h., Ballungsgebieten stehen ausgesprochen dünn besiedelte bis menschenleere Räume gegenüber. V. a. die Tiefländer und Schwemmlandebenen entlang der großen Flüsse sowie die klimat. begünstigten Räume sind Besiedlungsschwerpunkte. Nur bevölkert sind dagegen die Hochgebirgs- und Wüstenregionen. In Monsunasien lebt annähernd die Hälfte der Weltbevölkerung, wobei sich zw. die stark bevölkerten Blöcke Ostasiens und Vorderindiens das relativ schwach besiedelte Hinterindien schiebt. Auch innerhalb der einzelnen Staaten ergeben sich z. T. erhebl. Unterschiede. So leben z. B. in China rd. 90 % der Bev. auf etwa einem Sechstel der Landesfläche, davon leben rd. 80 % auf dem Land, 20 % in Städten, von diesen wiederum nur 5,4 % in Millionenstädten, obwohl China 17 Millionenstädte hat. Der Verstädterungsgrad ist im allg. gering; Ausnahmen mit hohem städt. Bev.anteil (mehr als 60 % der Gesamt-Bev.) bilden Japan, Israel, gefolgt von Irak, Libanon, Bahrain und Brunei. Noch leben 80 % der Gesamt-Bev. Asiens auf dem Land, es zeichnet sich aber in allen asiat. Ländern der Trend einer Binnenwanderung in die Städte ab; dabei wird die Mehrzahl der Großstädte, abgesehen von China, Japan und wenigen anderen Ländern, von Verelendung und Arbeitslosigkeit gekennzeichnet (so leben z. B. in Kalkutta über 30 % der Einwohner in Slums).

Geschichte: Die Geschichte von A. besteht aus den Geschichten der einzelnen Hochkulturen. Ihre Entwicklung wurde immer wieder durch einfallende Nomaden unterbrochen; erst die Eroberung A. durch die europ. Kolonialmächte brachte die Einbeziehung aller asiat. Staaten in ein Staatensystem.

Vorderasien: Die älteste Hochkultur schufen Mitte des 4.Jt. v.Chr. die Sumerer am Unterlauf des Tigris. Die ersten Großreiche wurden jedoch von Semiten gebildet, die schon lange im Lande saßen und die Sumerer zuerst im nördl., dann auch im südl. Mesopotamien zurückdrängten. Die 1. indoeurop. Völkerwanderung in der 1. Hälfte des 2. Jt. löste im Vorderen Orient Bewegungen aus, in deren Verlauf sich um die umkämpfte syr. Landbrücke ein labiles Staatensystem unter Einschluß Kleinasiens und Ägyptens bildete. Neugründungen waren das churrit. Mitanni-Reich im Euphratbogen (etwa 1520–1340) und das kleinasiat. Hethiterreich im Halysbogen (etwa 1600–1200), das 1531 Babylon zerstörte, das Mitanni-Reich unterwarf und Nordsyrien im Kampf mit Ägypten, das seit etwa 1500 weite Teile Syriens beherrschte, eroberte. Der Untergang des Hethiterreiches, bedingt durch die vom W vordringenden sog. Seevölker, erleichterte den Aufstieg der neuen Macht Assyrien. Im W Kleinasiens bildete sich in der Nachfolge des indoeurop. Phrygierreiches das frühhellenist. Reich der Lydier (etwa 690–546), das die ostion. Griechen unterwarf.

Die Zusammenfassung aller vorderasiat. Staaten gelang den Persern seit 550, die wie die Meder in der 1. indoeurop. Völkerwanderung aus Innerasien nach O-Iran eingewandert waren. In den Perserkriegen (500–448) widerstand allein Griechenland der Ausdehnung des pers. Weltreiches nach W. Eine Verbindung Griechenlands mit diesem Großreich gelang Alexander d. Gr., nach dessen Tod (323) das Reich in die drei Großmächte Ägypten (Ptolemäer), Syrien-Mesopotamien-Persien (Seleukiden) und Makedonien zerfiel. Seit 200 gewann Rom die Vorherrschaft über diese Diadochenreiche. Während Rom nach Vorderasien vordrang, setzte sich im O des Seleukidenreiches das iran. Reitervolk der Parther fest. Deren Sieg bei Carrhae über die Römer (53 v. Chr.) brachte die röm. Expansion zum Stillstand und machte den Euphrat bzw. den Chabur zur Grenze der beiden Großreiche.

Erst der Islam stellte die polit. und kulturelle Einheit des Vorderen Orients wieder her. 633–661 eroberten die arab. Nomaden das Perserreich und einen Großteil des Byzantin. Reiches († auch Kalifenreich). Im 9.Jh. verselbständigten sich Dynastien in Ostiran und Mesopotamien. Erste Staaten türk. Söldnersklaven bildeten seit 961 in Ostiran. Als erstes islamisiertes Turkvolk drangen um 1040 Turkmenen unter Führung der Seldschuken in Iran ein, erhielten 1055 in Bagdad die Sultanswürde, besetzten den asiat. Teil des Kalifats und nahmen den Glaubenskrieg gegen Byzanz erfolgreich auf. Gegen die durch die Kreuzzüge ausgelöste christl. Bedrohung entstand ein Reich von Mesopotamien bis Ägypten, dem 1187 die Rückeroberung Jerusalems gelang. Der Niedergang des Kalifats von Bagdad endete in der Katastrophe des Einfalls der † Mongolen, der die polit. Einheit der islam. Welt endgültig beseitigte. Erst zw. 1500 und 1526 bildete sich ein neues Mächtegleichgewicht heraus, als die Safawidendynastie (1502–1722) Persien bis zum Amu-Darja zusammenfaßte. In Kleinasien hatten inzwischen die türk. Osmanen beidseitig des Bosporus (Eroberung Konstantinopels 1453) mit der Bildung eines Reiches begonnen. Während das Osman. Reich seit 1683 von Österreich und seit 1768 von Rußland bis 1913 vom Balkan verdrängt wurde, konnte es seinen Besitzstand in Vorderasien bis zum 1. Weltkrieg halten. Nachdem Persien in der 1. Hälfte des 18. Jh. seine größte Ausdehnung erreicht hatte, lösten sich in der 2. Hälfte des 18. Jh. mehrere Prov.: Neben Belutschistan wurde 1747 Afghanistan unabhängig; das nördl. Chorasan ging 1788 an die Turkmenen verloren.

Indien: Im Ggs. zu Vorderasien und China kam es in Indien nur vorübergehend zur Bildung umfassender Großreiche, die zumeist von Nomaden, die über den Khaiberpaß aus Zentralasien eingefallen waren, in N-Indien begr. wurden. Von Indien ging keine polit. Expansion aus, jedoch durchdrangen Hinduismus und Buddhismus von Indien aus ganz Südost-, Zentral- und Ostasien († Indien, Geschichte). Der Islam überschritt die von den Arabern am unteren Indus (712) und in Afghanistan (870) erreichten Grenzen, als Mahmud von Ghasni und Muhammad von Ghur die Eroberung des Pandschab (1021) und des Gangesbeckens (1192–1201) gelang. Nach dem verheerenden Einfall Timur-Lengs in N-Indien (1398) zerfiel das Sultanat von Delhi in zahlr. Reiche, zw. denen sich hinduist. Staaten behaupteten. Ein neues islam. Großreich, das Mogulreich, entstand 1526, das Indien erneut bis auf geringe Reste bis ins 18. Jh. hinein vereinigte. In das sich bildende Staatensystem griff 1757 die brit. Ostind. Kompanie ein.

Hinterindien, China und Japan: Hin-

ENTDECKUNGSGESCHICHTE ASIENS

Ende 6. Jh. v. Chr.	Skylax von Karyanda befährt den Indus und von dessen Mündung bis zum Pers. Golf die Küste des Ind. Ozeans
5. Jh. v. Chr.	Herodot bereist Kleinasien, Mesopotamien und das westl. Persien; erkennt den Binnenmeercharakter des Kasp. Meeres
um 400	Ktesias aus Knidos verfaßt die erste ausführl. Beschreibung Indiens
329–324	Alexander d. Gr. trägt durch seine Eroberungszüge bis zum Oxus (Amudarja) und Jaxartes (Syrdarja) sowie bis zum Indus wesentl. zur Erweiterung des Weltbildes bei; erste Nennung der Insel Taprobane (Ceylon)
um 100 v. Chr.	Hippalus beschreibt die Gesetzmäßigkeit der Monsunwinde; Beginn griech. Handelsfahrten nach Indien. Etwa gleichzeitig erreichen die ersten chin. Schiffe die ind. O-Küste
um 100 n. Chr.	Der griech. Kaufmann Alexander erreicht den chin. Hafen Kattigara (wahrscheinl. im Delta des Roten Flusses)
um 160	Ptolemäus faßt das antike Wissen über Asien zusammen: im N Kenntnisse bis N-China; in Südostasien sind große Teile des Malaiischen Archipels, Hinterindien und S-China bekannt
1246–55	Die Missionare J. von Carpin, A. von Longjumeau und W. von Rubruk gelangen nach Karakorum
1271–95	M. Polo bereist Zentralasien, China und Südostasien. Sein Bericht bildet bis ins 16. Jh. die Grundlage aller abendländ. Kenntnisse über Asien; bis zum Ende der Mongolenherrschaft in China (1368) gelangen zahlr. europ. Reisende dorthin
1421–33	Chin. Expedition im Ind. Ozean bis Mogadischu (Somalia)
um 1419 bis 1444	Der Venezianer N. dei Conti erreicht Indien und den Malaiischen Archipel
1466–72	Der Russe A. Nikitin gelangt nach Indien
1487–89	P. de Covilhão kommt über Sues und Aden nach Indien
1498	Vasco da Gama erreicht auf dem Seeweg Indien
1509	D. Lopes de Sequeira auf Malakka
1511	D. Fernandes gelangt nach Thailand
1512	A. de Abreu findet die Gewürzinseln, die Molukken; F. P. de Andrade entdeckt die Malediven, erkundet Sumatra
1516	Andrade entdeckt die Riukiuinseln, landet in Kanton
1520	Die erste portugies. Gesandtschaft am Kaiserhof in Peking
1521	F. de Magalhães entdeckt von O her die Philippinen
1542	A. de Moto erreicht Japan
16.–18. Jh.	Christl. Missionare (u. a. M. Ricci, A. Schall) vermitteln grundlegende Kenntnisse über China
1635–39	A. Olearius bereist Persien
1643	M. G. de Vries entdeckt auf einer Fahrt entlang der jap. O-Küste die Insel Hokkaido, die südwestl. Kurilen und S-Sachalin
1668	Schiffbrüchige Holländer finden Korea
1690–92	E. Kaempfer in Japan; sein Bericht bildet die Grundlage der europ. Japankenntnisse bis zur Mitte des 19. Jh.
1761–67	C. Niebuhr bereist Syrien, Palästina, Arabien und Persien
1808	M. Elphinstone bereist von Indien aus Afghanistan bis Kabul
1813	W. Moorcroft erreicht den Sutlej
1822	W. Moorcroft in Kaschmir
1823–26	J. Crawfurd bereist Birma
1830–37	J. Crawfurd im Gebiet des Saluen, in Laos und Thailand
1833	A. Burnes erreicht von Indien aus über den Hindukusch Buchara W. C. MacLeod am oberen Mekong
1839–48 u. 1855–64	F. W. Junghuhn bereist Java und Teile Sumatras
1846	E. R. Huc und J. Gabet dringen von China über den Kukunor nach Lhasa vor
1849	J. D. Hooker erschließt Sikkim
1855/56	A., H. und R. Schlagintweit überqueren Himalaja und Karakorum, durchqueren Tibet, übersteigen den Kunlun und dringen ins Tarimbecken vor
1856–58	P. P. Semjonow-Tjan-Schanski erreicht von N her den Tienschan
1861–63	A. Bastian durchquert Hinterindien
1864/65	A. Bastian in der Mandschurei
1870–88	N. M. Prschewalski durchforscht die Mongolei, N-Tibet, die Wüste Gobi, das Tarimbecken (Entdeckung des Lop Nor)
1887–90	F. E. Younghusband gelingt die erste Durchquerung Innerasiens
1894–1935	S. Hedin erforscht auf mehreren Reisen Innerasien
1903–40	W. Filchner (z. T. zus. mit A. Tafel) erforscht O-China, Tibet, das Tarimbecken und Nepal

terindien wurde von mehreren Wellen mongol. und südchin. Einwanderer erfaßt, doch mit Ausnahme Annams in den ersten nachchristl. Jh. zu einer ind. und im S von 1300 bis 1600 zu einer islam. Kulturprov. Im heutigen Indonesien bestand vom 7. bis 13. Jh. das Reich von Sriwidjaja, abgelöst in der Vorherrschaft über Sumatra, Malakka und Borneo vom Reich von Madjapahit, das kurz vor dem Auftreten der Portugiesen zerfiel. Das früheste indisierte Handelsreich in Hinterindien (Funan) bestand zw. dem 2. und 6. Jh. am unteren Mekong. Ihm folgte vom 7. Jh. bis zu seiner Vernichtung durch die Annamiten 1471 das Reich der Tschampa an der vietnames. Küste, das seit dem 10. Jh. von Chinesen, Annamiten und Khmer zurückgedrängt wurde. Die seit 1428 fakt. souveränen Kaiser von Annam stießen längs der Küste nach S vor, wo sie im 18. Jh. das Mekongdelta erreichten. Weiter im W wurde um 800 ein straff zentralisierter Khmerstaat mit dem Mittelpunkt Angkor errichtet. Der 1250/60 von den urspr. sinisierten Thai in Sukhotai gebildete Staat auf dem Territorium und nach dem Vorbild der Khmer wurde 1350 von dem Thaistaat in Ayutthaya (Siam) unterworfen, der sich bis ins 19. Jh. territorial ausdehnen konnte. Die mongol. Birmanen waren im 9./10. Jh. aus NW-China eingewandert und gründeten 1044 ein erstes birman. Reich in Pagan, das 1287 von China annektiert wurde. Ein neues Reich wurde 1347 im Toungoo am Setteng gegr., das aber erst 1531–44 ganz Birma erobern konnte und in Kämpfen mit Laos und Siam die nördl. Thaistämme (Schan) unterwarf. - Unter den asiat. Hochkulturen war die chin. Kultur in Ostasien die zeitl. späteste. Sie entstand in N-China und gelangte im 2. Jt. zur polit. Zusammenfassung in einem Reich, das später S-China, zeitweise auch Annam und Korea, schließl. die mongol. Steppe eroberte und besiedelte. Histor. faßbar wird das Chin. Reich erst vom 16. Jh. v. Chr. an († chinesische Geschichte). - In Japan läßt sich der erste Einheitsstaat um 300 n. Chr. fassen, als der Jamatostaat die Hegemonie über die jap. Inseln errichtete († Japan, Geschichte).

Die europ. Kolonialmächte: Das Auftreten der Europäer in A. beschränkte sich im 16.–18. Jh. auf den Handel mit Luxusprodukten. Erst Ende des 18. Jh. begannen die Europäer, auch in A. größere Territorien in Besitz zu nehmen, und innerhalb von rd. 100 Jahren unterwarfen sie ganz A. wirtsch. und größtenteils auch polit. Die Portugiesen beschränkten sich auf die Vermittlung des Seehandels nach Europa und die Anlage von Stützpunkten in Indien (Goa 1510), Hinterindien (Malakka 1511) und China (Macau 1557). Auch ihre Nachfolger, die Engländer, Niederländer und schließl. die Franzosen, beschränkten sich auf Handel von einzelnen Stützpunkten aus, der den jeweiligen privaten ostind. Handelsgesellschaften (gegr. 1600, 1602, 1664) als Monopol übertragen wurde. Die einzige frühe Besetzung eines Landes ging von den Spaniern aus, die 1564 die Philippinen von Mexiko aus eroberten und christianisierten.

Auf den asiat. Nebenkriegsschauplätzen der europ. Kriege von 1756–1815 ging Großbrit. als Sieger hervor, und bis 1818 gelang die Unterwerfung ganz Indiens mit Ausnahme des Indusgebietes. Die finanziell und militär. vom Mutterland fast unabhängigen Kolonialverwaltungen Großbrit., der Niederlande und Rußlands rundeten schließl. im 19. Jh. ihre Herrschaftsgebiete großzügig ab. Die brit. Einfälle in NO-Indien benutzten die Briten zur schrittweisen Annexion des Landes (1826, 1852/53). Napoleon III. von Frankr. eroberte 1858–67 aus innenpolit. Gründen Kotschinchina (Saigon) und zwang Siam 1863 zur Abtretung Kambodschas. Auch Rußland, das bis Mitte des 17. Jh. durch Sibirien an den Pazifik vorgestoßen war, nutzte seine militär. Überlegenheit, um Persien Aserbaidschan (1813) und Armenien (1828), China die Amurprov. (1858/60) abzunehmen und in Zentralasien die Khanate von Kokand (1864), Buchara (1868) und Chiwa (1873) zu unterwerfen. Im letzten Drittel des 19. Jh. traten im Wettlauf nach Absatzmärkten und Rohstofflieferanten neue Kolonialmächte in A. auf (Japan, USA, Deutschland) und teilten die noch nicht besetzten Gebiete auf. Nur wenige Länder, wie die Türkei, Persien, Afghanistan, Tibet, Thailand und China, konnten ihre polit. Selbständigkeit, die sie der Rivalität der europ. Mächte verdankten, weitgehend bewahren. Die Entkolonisation setzte erst im Anschluß an den 2. Weltkrieg ein, in dessen Verlauf Japan weite Teile Südostasiens erobert und besetzt hatte. Im Ablauf und in der Folge dieses Prozesses kam es unter nat. und ideolog. Positionen zu Kriegen und Bürgerkriegen, die das territoriale Bild Südostasiens nachhaltig änderten.

📖 *Haussig, H. W.: Die Gesch. Zentralasiens u. der Seidenstraße in vorislam. Zeit.* Darmst. 1983. – *Hdb. der Dritten Welt.* Hg. v. D. Nohlen u. F. Nuschler. Bd. 6–8. Hamb. ²1983. - *Bianco, L.: Das moderne A.* Ffm. ⁶1982. - *Länder u. Klima. A./Australien.* Wsb. 1982. - *Die Entdeckung u. Eroberung der Welt.* Hg. v. U. Bitterli. Bd. 2. - *Kolb, A.: Die pazif. Welt.* Bln. 1981. - *Waldschmidt, E., u. a.: Gesch. Asiens.* Mchn. 1950.

Asiento [span.], Abkommen, Vertrag; im 16.–18. Jh. ein öffentl.-rechtl. Vertrag v. a. im 17. Jh. mit der span. Krone, die dem Partner ein wirtsch. Monopol auf befristete Zeit überließ; spielte eine Rolle bei der Erschließung Amerikas. Oft schlechthin A. genannt werden die „Asientos de negros", Lizenzen auf Negerimporte in die Neue Welt, so bis 1640 mit Portu-

Asimov

giesen, dann auch mit Genuesen, Niederländern, Franzosen, Briten vereinbart.

Asimov, Isaac [engl. ɔˈsiːmɔv], * Petrowsk 2. Jan. 1920, amerikan. Biochemiker und Schriftsteller russ. Herkunft. - Schreibt naturwiss. Abhandlungen sowie Science-fiction.

Asi nehri, Zufluß des Mittelmeeres im südl. Anatolien, entspringt in Libanon, mündet 25 km sw. von Antakya; etwa 440 km lang, davon 325 km auf syr. Gebiet; nicht schiffbar. - Der A. n. ist der **Orontes** der Antike.

Asinius Pollio, Gajus, * 76 v. Chr., † 5 n. Chr., röm. Schriftsteller. - Schloß sich 49 Cäsar an; im Jahre 40 Konsul; Gründer der ersten öff. Bibliothek in Rom; verfaßte u. a. 17 Bücher „Historiae" (der Jahre 60 bis um 42).

Asio [lat.], Gatt. der †Eulenvögel mit den beiden Arten Waldohreule und Sumpfohreule.

Asioli, Bonifazio, * Correggio 30. Aug. 1769, † ebd. 18. Mai 1832, italien. Komponist und Musiktheoretiker. - War in seiner Zeit als Komponist sehr geschätzt, doch überlebten ihn v. a. seine theoret. Schriften; bed. seine „Principi elementari di musica" (1809).

Asir, Landschaft und Prov. (Ft.) im SW von Saudi-Arabien; Bergland, das von der Küstenebene Tihama bis etwa 2800 m ansteigt; Regenfeldbau ist mögl.; daher sind steile Hänge oft bis in große Höhen terrassiert; am Gebirgsfuß Bewässerungslandw.; etwa 4000 km^2 sind mit Wacholderwald bestanden. - Ben. nach einem Beduinenstamm, der um die heutige Hauptstadt Abha lebte. 1801 wahhabit. Emirat, 1872 osman. und der Prov. Jemen eingegliedert. 1915 erklärte Emir Al Idrisi, der sich selbständig gemacht hatte, dem Osman. Reich den Krieg; 1923 Saudi-Arabien eingegliedert.

Asjut, Gouvernementshauptstadt in Oberägypten, am linken Nilufer, 213 000 E. Univ. (gegr. 1957), Superphosphatfabrik, Herstellung von Holzeinlege- und Lederarbeiten, Töpferwaren und Elfenbeinschnitzereien; ⚑. - Bei A. befindet sich der 833 m lange Nilstaudamm (mit Straße), der der Wasserregulierung im hier abzweigenden Ibrahimijjakanal dient. - In pharaon. Zeit bed. Provstadt mit Haupttempel des Gottes Upuat; sw. am Wüstenrand ausgedehnte Nekropole, v. a. aus der Zeit des Mittleren Reiches. Im Altägypt. hieß A. **Saut,** im Griech. **Lykonpolis.**

Ask [altnord.], in der altnord. Mythologie des Eddagedichts †„Völuspa" die Esche; aus ihr und der Ulme †Embla schaffen Odin sowie Hönir und Ladur das erste Menschenpaar.

Askalon, Ruinenstätte, †Ashqelon.

Askanier, Dynastengeschlecht in Norddeutschland, das sich in die vier Zweige Anhalt, Brandenburg, Lauenburg und Wittenberg teilte; stammt urspr. aus Schwaben; nannte sich nach der Gft. Ascharien (d. h. Aschersleben), woraus mythologisierend (Anknüpfung an den Sohn des Äneas, Ascanius) **Askanien** wurde. Albrecht der Bär wurde 1134 Markgraf der Nordmark, sein Sohn Bernhard erhielt 1180 den Titel eines Herzogs von Sachsen und einen Teil des Hzgt. an der unteren Elbe bei Lauenburg; konnte rechtselb. Territorium um Wittenberg dazugewinnen. Ende des 13. Jh. Aufteilung in Sachsen-Lauenburg (1689 ausgestorben) und Sachsen-Wittenberg (1422 ausgestorben). Die Brandenburger Linie, die bed. Erfolge in der Ostkolonisation hatte, starb 1319 aus. Der allein noch blühende Zweig Anhalt wurde durch mehrfache Teilungen (zuletzt im 17. Jh.) geschwächt.

Askanija-Nowa, sowjet. Ort in der Schwarzmeerniederung, Gebiet Cherson, Ukrain. SSR, 3200 E. Zoolog. Forschungsinst. der Akad. der Wiss. der UdSSR; 500 ha großes Tier- und Naturschutzgebiet, von der dt. Familie Falz-Fein 1888 gegründet.

Askanios †Ascanius.

Askari [arab.], Bez. für die schwarzafrikan. Soldaten der ehem. dt. Schutztruppen in Afrika, bes. in O-Afrika (nach dem auch im Swahili verwendeten arab. Wort).

Askariden [griech.], svw. †Spulwürmer.

Askenase, Stefan, * Lemberg 10. Juli 1896, † Bonn-Bad Godesberg 18. Okt. 1985, belg. Pianist poln. Herkunft. - Als Chopin-Interpret internat. berühmt.

Aškenazy, Ludvík [tschech. ˈaʃkɛnazi], * Teschen 24. Febr. 1921, † Bozen 18. März 1986, tschech. Schriftsteller. - Lebte zuletzt in München. Verf. poet. Erzählungen („Wie wir das Glück suchen gingen", 1955; „Der gestohlene Mond", 1956) sowie von Hörspielen, Dramen und Kinderbüchern.

Asker, südnorweg. Gemeinde, reicht vom Oslofjord bis zum Höhenzug Skaugumsås, 102 km^2, 34 000 E. - Schloß Skaugum (Sommerwohnsitz König Olafs V.).

Askersund, Großgemeinde in M-Schweden, 820 km^2, 11 000 E. Überwiegend Landw. Zentrale städt. Siedlung ist A. an der N-Spitze des Vättersees (1643 Stadtrechte). In der Nähe das größte Zinkerzlager Schwedens.

Askese (Aszese) [zu griech. áskēsis „Übung"], religiös begr. Einschränkung oder völlige Enthaltung von Speise und Trank, Wohnung, Schlaf, Kleidung und Besitz, vornehml. zeitweiliger oder gänzl. Verzicht auf Geschlechtsverkehr. Bei Vorbereitung auf Kulthandlungen oder der Teilnahme an ihnen kann eine zeitl. begrenzte A. gefordert sein, meist stärker vom Priester als vom Laien. Die A. des Mönchtums hat in der Klostergemeinschaft zu einer sozialen Sonderform geführt. Auch einzelne Religionen können ganz von der Verpflichtung zur A. geprägt sein. In der Gnosis beruht sie auf der Intention, den Menschen aus der Gebundenheit an die Materie zu befreien. Andererseits kann A. auf einer Wertung der Welt als Illusion beruhen wie im Buddhismus.

Asketen (Aszeten) [griech.], Menschen, die Askese üben.

Asketik ↑ Aszetik.

Askhelminthen [griech.], svw. Aschelminthes (↑ Schlauchwürmer).

Askim [norweg. ,aʃɪm], Gemeinde in SO-Norwegen, 68 km², 11 000 E. Obstbaum- und -strauchkulturen, Anbau von Getreide, Rinder- und Schweinezucht; Pelztierfarmen. Der Ort A. liegt im inneren Østfold; Freilichtmuseum; Gummiwarenfabrik, Metallindustrie.

asklepiadeische Strophen ↑ Odenmaße, ↑ auch Asklepiadeus.

Asklepiades, griech. Dichter des 3. Jh. v. Chr. aus Samos. - Bed. als Epigrammatiker, v. a. Themen erot. Inhalts; überliefert sind etwa 40 Epigramme.

A., *Prusa 124, † Rom um 60, röm. Arzt griech. Herkunft. - Der atomist. Philosophie verpflichtet, entwickelte A. eine materialist. Lebens- und Krankheitslehre, der zufolge Krankheiten auf Störungen der Atome beruhen, aus denen der menschl. Organismus zusammengesetzt ist.

Asklepiadeus [griech.-lat.], Bez. für zwei nach ↑ Asklepiades benannte äol. Versmaße; seit Horaz haben sie geregelte Zäsur und Basis:

$\circ\circ-\cup\cup-|-\cup\cup-\cup\overset{\smile}{}$ A. minor;
$\circ\circ-\cup\cup-|-\cup\cup-|-\cup\cup-\cup\overset{\smile}{}$ A. maior.

↑ auch Odenmaße.

Asklepias [griech.] ↑ Wachsblume.

Asklepios, griech. Gott der Heilkunde, wohl urspr. in Schlangengestalt verehrt; daher sein Schlangenstab. Seine Tochter ist die Gesundheitsgöttin Hygieia. Der Kult des A. wurde im Jahre 291 v. Chr. anläßl. einer Seuche von Epidauros nach Rom übertragen, wo er als **Äskulap** verehrt wurde.

ASKÖ, Abk. für: ↑ Arbeiterbund für Sport und Körperkultur in Österreich.

Askogon [griech.], weibl. Geschlechtsorgan der Schlauchpilze.

Askomyzeten (Ascomycetes) [griech.], svw. ↑ Schlauchpilze.

Askonschwamm [griech./dt.], einfachster Schwammtyp, bei dem das Wasser durch Poren direkt in das schlauchförmige Schwammlumen einströmt. - ↑ auch Leukonschwamm, ↑ Sykonschwamm.

Askorbinsäure ↑ Ascorbinsäure.

Askosporen [griech.] ↑ Askus.

Askøy [‚askœi], norweg. Insel und Gemeinde nw. von Bergen, 89 km², 17 000 E. Verwaltungssitz ist **Kleppestø**; Wohnvororte von Bergen (Autofähre); Fischfang, Fischverarbeitung, Gärtnereien.

Äskulap ↑ Asklepios.

Äskulapnatter [nach Äskulap (↑ Asklepios)] (Elaphe longissima), bis 2 m lange, kleinköpfige, oberseits glänzendbraune, unterseits gelblichweiße, nichtgiftige Natter vorwiegend auf sonnigen, steinigen Wiesen der lichten Laubwälder M- und S-Europas sowie Kleinasiens; in Deutschland nur stellenweise; am Hinterkopf beidseitig ein gelbl. (im Unterschied zur Ringelnatter) nicht scharf abgegrenzter Fleck.

Äskulapstab [nach Äskulap (↑ Asklepios)], Symbol des ärztl. Standes. In der dt. Bundeswehr u. a. Armeen wird der Ä. als Laufbahn- und Tätigkeitsabzeichen zur Kennzeichnung der Sanitätsoffiziere und des Sanitätspersonals verwendet.

Äskulapstab

Äskulin [lat.], Glykosid aus Blättern und Rinde der Roßkastanie; Verwendung in der Medizin als kapillarabdichtendes Mittel, außerdem als Schutzmittel gegen Sonnenbrand.

Askus [griech.], schlauch- oder keulenförmiger Sporenbehälter der Schlauchpilze; enthält meist 8 **Askosporen.**

Aslan, Raoul Maria, *Saloniki 16. Okt. 1886, † Seewalchen am Attersee 18. Juni 1958, östr. Schauspieler armen. Abkunft. - 1920 Mgl., 1945-48 Direktor des Wiener Burgtheaters. Bed. Helden- und Charakterdarsteller.

Asmara, äthiop. Stadt im nördl. Abessin. Hochland, 2 350 m ü. d. M., 424 000 E. Haupt-

Askonschwamm (schematischer Längsschnitt). Ek Ektoderm, En Entoderm mit Kragengeißelzellen, Lu Lumen, Po Poren

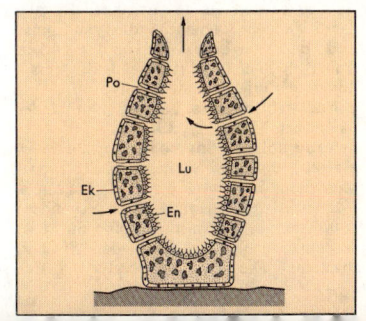

Asmodi

stadt von Eritrea; Sitz eines äthiop. Erzbischofs und eines kath. Bischofs; kath. Univ. (eröffnet 1967), Bibliothek, meteorolog. Station. Textilfabrik, Brauerei. Als Straßenknotenpunkt bed. Handelszentrum eines Kaffeeanbaugebietes; internat. ✈. - 1897 wurde das ehem. Dorf Hauptstadt der Kolonie Eritrea, Basis der italien. Eroberung 1934; 1941 von den Alliierten erobert, bis 1952 unter brit. Militärverwaltung.

Asmodi [hebr.] (griech. Asmodaios), Name eines Dämons im A.T. (Tob. 3, 8 u.a.).

Asmodi, Herbert, * Heilbronn 30. März 1923, dt. Schriftsteller. - V.a. zeitkrit.-iron. Dramen; auch Kinderbücher und Gedichte. *Werke:* Pardon wird nicht gegeben (Kom. 1956), Mohrenwäsche (Kom., UA 1964), Stirb und werde (Kom., UA 1967) Räuber und Gendarm. Eine Moritat (1968), Eine unwürdige Existenz (Fsp., UA 1971), Jokers Gala (Ged., 1975), Jokers Farewell (Ged., 1977).

Asmus, Pseud. des dt. Dichters Matthias ↑Claudius.

Asnyk, Adam, * Kalisz 11. Sept. 1838, † Krakau 2. Aug. 1897, poln. Dichter. - Bed. Lyriker, philosoph. Sonette, die vom positivist. Fortschrittsgedanken geprägt sind.

Aso, Vulkangruppe auf der jap. Insel Kiuschu; von den fünf Kratern (höchster 1592 m hoch) sind vier erloschen; Thermalquellen.

Asomnie [griech./lat.], svw. ↑Schlaflosigkeit.

Aso-Nationalpark, Nationalpark auf der jap. Insel Kiuschu, 730 km², umfaßt die Vulkangebiete u.a. des Aso und Kudschu; zahlr. Thermalquellen.

Äsop, legendärer griech. Fabeldichter aus Thrakien, der angebl. um die Mitte des 6. Jh. v. Chr. auf Samos lebte. - Die Tierfabeln von Ä. gehen wahrscheinl. auf mündl. Überlieferung zurück. Gesammelt wurden sie zuerst von Demetrios von Phaleron (um 300 v. Chr.). Überliefert ist eine griech. Versbearbeitung des Babrios.

Asow, sowjet. Stadt am unteren Don, RSFSR, 76 000 E. Werft, Fischkombinat, Baustoffind.; Hafen, Endpunkt einer Stichbahn. - Griech. Siedlung *Tanais,* gegr. im 3. Jh. v. Chr., um 250 n. Chr. zerstört; im 13. Jh. Kolonie der Venezianer bzw. der Genuesen, Handelszentrum an der Fernhandelsstraße vom Schwarzen Meer nach Indien und China; 1392 von Timur-Leng, 1471 von den Türken erobert, 1696 erstmals, 1739 endgültig russ. - Ruinen der griech. Stadt Tanais.

Asowsche Höhe, Landschaft nördl. des Asowschen Meeres, bis 324 m ü. d. M.

Asowsches Meer (im Altertum *Palus Maeotis*), nördl. Nebenmeer des Schwarzen Meeres, mit ihm durch die rd. 41 km lange, 4–15 km breite **Straße von Kertsch** verbunden; 38 000 km²; bis 14,5 m tief, größte Bucht ist die von Taganrog. Im W ist der ↑Siwasch abgetrennt. Die Wassertemperaturen betragen im Sommer 25–30 °C; von Ende Dez. bis Ende Febr./Anfang März ist das A.M. eisbedeckt. Fischerei bes. an der S-Küste.

asozial, abwertende Bez. für Personen, die sich in die Verhaltensnormen der Gesellschaft und in ihre soziale Umwelt nicht einfügen können oder wollen.

Aspadana ↑Isfahan.

Asparagin [griech.], Amid der ↑Asparaginsäure; seiner Struktur nach zählt A. zu den ↑Aminosäuren; es tritt in der Natur in den Keimlingen vieler Pflanzen als Eiweißbestandteil auf (v. a. im Spargel). Durch das in Tieren, Pflanzen und Bakterien vorkommende, zur Bekämpfung bestimmter Formen von Krebs eingesetzte Enzym **Asparaginase** wird A. durch hydrolyt. Abspaltung einer Aminogruppe in Asparaginsäure überführt. Chem. Strukturformel:

$$H_2N-CH-COOH$$
$$|$$
$$CH_2-CO-NH_2$$

Asparaginsäure (Aminobernsteinsäure), eine der häufigsten und wichtigsten ↑Aminosäuren. Chem. Strukturformel der L-Asparaginsäure:

$$H_2N-CH-COOH$$
$$|$$
$$CH_2-COOH$$

Asparagus [griech.], svw. ↑Spargel.
◆ volkstüml. Bez. für einige Spargelarten, die in der Gärtnerei als Schnittgrün verwendet werden.

Asparuch (Isperich, Ispor), * um 643, † um 701, Khan der Protobulgaren. - Besiegte 680 Kaiser Konstantin IV.; im Frieden mit Byzanz 681 wurde seine unabhängige Herrschaft zw. Donau und Balkangebirge bestätigt (Beginn des bulgar.-slaw. Reiches).

Aspasia, weibl. Vorname griech. Ursprungs, eigtl. „die Erwünschte, die Willkommene".

Aspasia, Milesierin, zweite Gattin des Perikles, dem sie einen gleichnamigen Sohn gebar. Geistreich und von großem Einfluß auf ihren Gatten, wurde sie das Angriffsziel seiner polit. Gegner.

Aspekt [lat.], allg.: Anblick, Sehweise, Blickrichtung.
◆ in der *Sprachwissenschaft* Sehweise oder Perspektive, unter der ein Sprecher ein Geschehen sieht. Während die ↑Aktionsart - von der A. häufig nicht klar geschieden wird - angibt, wie ein Geschehen objektiv abläuft, drückt der A. die subjektive Einstellung des Sprechers aus. Das am besten entwickelte A.system kennen die slaw. Sprachen, wo für alle Zeitformen unterschieden wird, ob ein Geschehen im Verlauf befindl. ist *(imperfektiver A.)* oder ob ein Geschehen eine vollendete Tatsache darstellt *(perfektiver A.).* Zur Bildung von A.paaren (imperfektiv–perfektiv) dienen unterschiedl. Mittel; z. B. im Engl. die

Asphyxie

Verlaufsform gegenüber der finiten Verbform.
◆ Bez. für bestimmte astronom. Konstellationen von Sonne, Mond und Planeten, die bes. Bed. in der ↑Astrologie gewonnen haben. - ↑auch astronomische Zeichen.

Aspelt, Peter von ↑Peter von Aspelt.

Aspendos, Ruinenstätte in der Nähe des 40 km onö. von Antalya gelegenen Dorfes Balkıs, Türkei, am Köprüırmağı (in der Antike **Eurymedon**), heute 13 km von der Mittelmeerküste entfernt. Bed. Reste aus röm. Zeit, insbes. das Theater, eines der besterhaltenen und größten in Kleinasien (2. Jh. n. Chr.; in jüngster Zeit restauriert, heute wieder benutzt). A. ist eine argiv. Gründung des 6. Jh. v. Chr. (?). Gehörte dem Attisch-Del. Seebund an. In byzantin. Zeit hieß A. **Primopolis** und war 323–787 Bischofssitz.

Asper, Hans, * Zürich 1499, † ebd. 21. März 1571, schweizer. Maler und Zeichner. - Bruder von Hans Konrad A.; im wesentl. Bildnismaler, u. a. einige Bildnisse von Zwingli; das berühmteste in der Zürcher Stadtbibliothek.

A., Hans Konrad, * Zürich um 1588, † Konstanz (?) um 1666, schweizer. Baumeister und Bildhauer. - Enkel von Hans A.; u. a. 1645–54 in kurfürstl. Diensten in München, vermutl. Pläne für die frühbarocke Sankt-Nikolaus-Kirche (erbaut 1657–60). Grabmal des Petersfriedhof in Salzburg, zwei Reliefs (1617) in Maria Einsiedeln, Marmortaufstein im Konstanzer Münster (1642).

Asperationsprinzip [lat.] (Verschärfungsgrundsatz), im Strafrecht Methode zur Festlegung des Strafmaßes für einen Täter mit verschiedenen Delikten, die gleichzeitig abgeurteilt werden: Für jede Tat wird eine Einzelstrafe ermittelt, aus denen eine Gesamtstrafe gebildet wird, die nicht die Summe der Einzelstrafen erreichen darf (§§ 54, 55 StGB). Auch im *östr.* und *schweizer. Strafrecht* gilt das Asperationsprinzip.

Asperg, Stadt am Fuße der ehem. Festung ↑Hohenasperg, Bad.-Württ., 11 400 E. Herstellung von Kühlmöbeln, Werkzeugbau. - Wohl im 13. Jh. entstanden, 1510 Stadtrechte, 1538 in das Dorf Weihenberg verlegt, nun Unter-A. genannt. 15.–18. Jh. Amtssitz, 1718 wieder Dorf, seit 1875 Stadt. - Stadtkirche (1614; Wandmalereien).

aspergieren [lat.], veraltet für: besprengen [mit Weihwasser].

Aspergill [lat.], liturg. Gerät zur Besprengung mit Weihwasser, ein Wedel aus Borsten oder eine Hohlkugel mit Löchern an einem Stiel.

Aspergillus [lat.], svw. ↑Gießkannenschimmel.

Aspermatismus [griech.], Fehlen der Samenflüssigkeit bzw. Ausbleiben der ↑Ejakulation (unabhängig von der Erektion und vom Orgasmus).

Aspern, bereits im 11. Jh. bestehendes Dorf auf dem Marchfeld, 1904–38 Teil des XXI., seit 1938 des XXII. Bez. von Wien. In der **Schlacht von Aspern und Eßling** am 21./22. Mai 1809 (↑Napoleonische Kriege) fügten die Österreicher unter Erzherzog Karl dem bis dahin unbesiegten Napoleon I. erstmals eine Niederlage zu, konnten den Sieg jedoch nicht ausnutzen.

Aspersion [lat.], in der Religionsgeschichte liturg. Besprengung mit geweihten Flüssigkeiten (z. B. Weihwasser).

Aspertini, Amico, * Bologna 1474, † ebd. 1552, italien. Maler und Bildhauer. - Entwikkelte einen eigenartigen, mitunter bizarren Stil (z. B. Köpfe mit breiter Stirn und kleinen, kaum geöffneten Augen). Fresken in San Frediano in Lucca (1508/09) und in Santa Cecilia in Bologna (1510/11), Skulpturen für das Portal von San Petronio in Bologna (1510, 1514, 1515), Zeichnungen röm. Bauwerke.

Aspetti, Tiziano, * Padua um 1565, † Pisa 1607, italien. Bildhauer. - Vertreter des Manierismus, u. a. zwei Atlanten (Herkules und Atlas) am Eingang der Scala d'Oro im Palazzo Ducale, Venedig.

Asphalt [griech.] (Erdharz, Erd-, Judenpech), natürl. oder künstl. hergestelltes, brennbares, braunes oder schwarzes, festes oder zähflüssiges Gemisch aus Bitumen und Mineralstoffen; *Natur-A.* entsteht durch Verdunsten der leichtflüchtigen und durch Oxidation und Polymerisation der schwerflüchtigen Stoffe des Erdöls; A. ist ein Anzeichen für ehemals oder noch vorhandene Öllager; A. werden verwendet als Isolierschichten, als Unterlage für Fußböden, als Dachbeläge in Form von A.pappen, in der Elektrotechnik und bei der Lack- und Farbenherstellung, v. a. aber im Straßenbau (Guß-A., A.beton, Sand-A., A.binder und A.makadam).

Asphaltbeton, Gemisch aus Sand, Splitt, Füllstoffen und Bitumen für Fahrbahndecken im Straßenbau. Beim *Teer-A.* dient eine Teer-Bitumen-Mischung als Bindemittel.

Asphaltite [griech.], feste, fast mineralstofffreie, natürl. Bitumina.

Asphaltlack (Schwarzlack), Lösungen von Asphalt in organ. Lösungsmitteln; v. a. als säurebeständiger Schutzlack verwendet.

Asphaltmakadam ↑Makadam.

Asphaltmastix, Mischung aus Steinmehl und Bitumen für Beläge aller Art und für Abdichtungen.

asphärisch, nicht kugelförmig.

Asphodeline [griech.], svw. ↑Junkerlilie.

Asphodelus [griech.], svw. ↑Affodill.

Asphyxie [griech.] (asphykt. Zustand), schwere, lebensbedrohende Atemstörung (Ursache kann u. a. eine ↑Atemlähmung sein), bei der es zuerst zum Atemstillstand (Apnoe), dann aber infolge Aufhörens der Atemtätigkeit auch zum Herzstillstand kommt. Die Mangelatmung führt zur Sauerstoffverarmung (Blausucht) und zu Anhäufung von

187

Kohlensäure im Blut. Durch die A. sind in erster Linie das Gehirn (frühe Bewußtlosigkeit, zentrale Atemlähmung), das Herz (Herzstillstand) und auch die Nieren gefährdet.

Aspidiotus [griech.], Gatt. der Schildläuse, darunter die Art ↑San-José-Schildlaus als Obstschädling.

Aspidistra [griech.], svw. ↑Schusterpalme.

Aspik [frz.], Gallert aus Gelatine oder Kalbsknochen, in das Eier, Fisch, Fleisch oder Gemüsestückchen eingebettet werden.

Aspirant [lat.-frz.], Bewerber, Anwärter auf einen Posten; in der DDR: wiss. Nachwuchskraft an der Hochschule.

Aspirata [lat.], aspirierter (behauchter) Laut.

Aspiration [lat.] (Behauchung), in der Phonetik begleitender Hauch von unterschiedl. Stärke, der einem Laut, bes. Verschlußlauten und Affrikaten, nachfolgen kann.
♦ Bestrebung, Hoffnung, Ehrgeiz.

Aspirationspsychrometer ↑Psychrometer.

Aspirator [lat.], jede Vorrichtung zum Ansaugen und Fördern von Gasen (z. B. Wasserstrahlpumpe).

aspirieren [lat.] (behauchen), in der Phonetik einen Laut mit ↑Aspiration versehen.
♦ bes. östr.: nach etwas streben, sich um etwas bewerben.

Aspirin ⓦ [Kw.], Handelsname für ein schmerzstillendes und fiebersenkendes Mittel; besteht aus Acetylsalicylsäure.

Aspirometer [lat./griech.], svw. Aspirationspsychrometer (↑Psychrometer).

Aspisviper [griech./lat.] (Vipera aspis), bis 75 cm lange, lebendgebärende (4–18 Junge), gedrungene, kurzschwänzige Schlange in Frankr., den Pyrenäen (bis 2400 m Höhe), der Schweiz und in Italien (in Deutschland vereinzelt im südl. Schwarzwald); Kopf breit und dreieckig; schwarze Querbänder oder rechteckige Flecken auf grauem, hell- oder rotbraunem Grund; unterseits schwärzl., grau oder schmutziggelb mit schwefelgelber bis orangefarbener Schwanzspitze; Biß für den Menschen gefährlicher als der einer Kreuzotter.

Aspius [nlat.], Gatt. der Karpfenfische mit dem ↑Rapfen als einziger in M-Europa vorkommender Art.

Asplenium (Asplenum) [griech.], svw. ↑Streifenfarn.

Asplund, Erik Gunnar, * Stockholm 22. Sept. 1885, † ebd. 20. Okt. 1940, schwed. Architekt. - Wurde bekannt durch den Bau des Skandia-Kinos (1922/23) und der Stadtbibliothek (1924–28) in Stockholm. Seine Bauten der Stockholmer Werkbundausstellung (1930) signalisieren den Übergang Schwedens zum ↑internationalen Stil. Folgenreich war seine Idee, sämtl. Räume seines modernen Erweiterungsbaus des Rathauses in Göteborg (1934–37) um die Zentralhalle zu gruppieren. Als sein Hauptwerk gilt das Waldkrematorium des Stockholmer Südfriedhofs mit einer offenen, gedeckten Vorhalle (1935–40).

Aspro [nlat.], Gatt. der Barsche mit den in M-Europa vorkommenden Arten ↑Streber und Zingel (A. zingel; ähnl. voriger Art).

Aspromonte, zerklüftetes, stark bewaldetes Gebirgsmassiv an der S-Spitze der italien. Region Kalabrien, 30 km lang, im Montalto 1956 m hoch. - Hier wurde 1862 Garibaldi mit seinen Freischärlern gefangengenommen.

Asquith [engl. 'æskwiθ], Anthony, * London 9. Nov. 1902, † ebd. 21. Febr. 1968, engl. Regisseur. - Sohn von H. H. Earl of Oxford and A.; nach Aufenthalt in Hollywood seit 1927 als Regisseur und Produzent in England tätig. Erregte Aufsehen mit seinen Stummfilmen („Shooting stars" und „Underground" 1927/28); ferner u. a. „Pygmalion" (1938, nach Shaw) und „Der Weg zu den Sternen" (1945).
A., Herbert Henry, Earl of Oxford and Asquith (seit 1925), * Morley (Yorkshire) 12. Sept. 1852, † London 15. Febr. 1928, brit. Politiker. - Urspr. Rechtsanwalt; 1886–1918 und 1920–24 liberaler Abg. im Unterhaus; 1892–95 Innenmin.; dann Vizepräs. der imperialist. „Liberalen Liga"; Verfechter der Freihandelspolitik; 1905–08 Schatzkanzler; 1908–16 Premiermin.; erreichte u. a. die Ausschaltung des Oberhauses als wesentl. Faktor der Gesetzgebung; sein Sturz führte zur vorübergehenden Spaltung der Liberalen; legte 1926 die Parteiführung nieder.

ASR [engl. 'ɛɪ-ɛs'ɑ:], Abk. für engl.: Airport Surveillance Radar, Radaranlage auf Flughäfen zur Erfassung aller im Umkreis von etwa 100 km in der Luft befindlichen Flugzeuge.

Assab, äthiop. Hafenort am Roten Meer, nahe dem Bab Al Mandab, 22 000 E. Erdölraffinerie, therm. Kraftwerk, Salzgewinnung. - Ausgangspunkt der italien. Expansion in Ostafrika.

Assad ↑Asad.

assai [italien.], sehr, genug, recht, z. B. gebraucht in Verbindung mit musikal. Tempobezeichnung, z. B. *allegro assai*, *adagio assai*.

Assal, Lac [frz. laka'sal], Salzsee im Danakiltiefland, Dschibuti, in einer Senke 170 m u. d. M., etwa 100 km² groß.

Assam, Bundesstaat im NO Indiens, umrahmt von Bhutan, Tibet, China, Birma und Bangladesch, 78 438 km², 19,9 Mill. E (1981), Hauptstadt Dispur.
Landesnatur: A. hat Anteil an vier Landschaftsräumen: 1. Ketten des Himalaja, an der Grenze gegen Tibet bis 6000 m ansteigend, mit engem Durchbruchstal des Brahmaputra; 2. alluvialer Tieflandstreifen des Brahmaputratales, 640 km lang, 100 km breit,

äußerst fruchtbar; 3. Shillong Plateau, 80–100 km breit, 240 km lang, durchschnittl. Höhe 1 500 m; 4. Bogen des westbirman. Gebirges, durchschnittl. Höhe 2 100 m. Wechselfeuchtes Tropenklima, vom Monsunrhythmus bestimmt; extrem hohe Niederschläge. 34 % der Fläche sind mit dichtem trop. Wald überzogen, der nach oben in immergrüne Eichen- und Kiefernbestände übergeht, durchsetzt mit Rhododendren und Orchideen, darüber lichtere, z. T. laubabwerfende Wälder, Kiefernarten und Grasfluren.
Bevölkerung, Wirtschaft, Verkehr: Die Bev. von A. ist ethn. und sprachl. äußerst vielschichtig. In den letzten Jahren starke Einwanderung, v. a. aus dem islam. Bengalen. In den Tälern beträgt die Bev.dichte das 4fache der Berggebiete. Wichtigster Wirtschaftszweig ist die Produktion von Tee. Der Holzreichtum ist noch wenig genutzt. Außer Seidenverarbeitung und Lackherstellung wenig Handwerk. Bed. ist die Erdölind. sowie der Abbau von Kohle. Wichtigste Verkehrsader ist der Brahmaputra. Der Verkehr mit dem Hauptteil der Ind. Union läuft nur über den schmalen Korridor von Cooch Behar (eine Straße, eine Bahnlinie).
Geschichte: Im 6.–16. Jh. bestand hier das brahman. Kgr. Kamarupa, das von den birman. Schan schließl. zerstört wurde, die dessen nördl. Teil bis Ende des 18. Jh. beherrschten. Im 17. Jh. konnte der Mogulkaiser Aurangsib das südl. A. erobern. 1826 stellten die Briten A. unter ihre Herrschaft, gliederten es 1836 der Prov. Bengalen ein, errichteten dort jedoch 1874 ein selbständiges Protektorat. Seit 1950 ind. Staat; die Naga, die Autonomie forderten, rebellierten 1956 und erreichten 1963 die Bildung des Staates Nagaland. Nach einer Revolte weiterer birman. Gebirgsstämme 1966 wurde 1970 ihr Gebiet als Staat Meghalaya von A. abgetrennt.

Assami (assamische Sprache, assamesische Sprache), offizielle Amtssprache des ind. Bundesstaates Assam. Als östlichste der neuindoar. Sprachen überlagert sie ein Substrat tibeto-birman. Sprachen. Sprachen dieser Familie umgeben heute das A., das Lehnwörter aus ihnen aufgenommen hat, von drei Seiten. Die Zeit der Einwanderung der Träger der Sprache ist unbekannt; als eigene Sprache ist es seit dem 7. Jh. n. Chr. durch einen Reisebericht bezeugt. A. ist dem Bengali eng verwandt und wird in Bengalischrift († indische Schriften) geschrieben.

Assara Be-Tewet [hebr.], 10. Tag des Monats Tewet (Dez./Jan.), jüd. Fast- und Trauertag zur Erinnerung an den Beginn der Belagerung Jerusalems durch Nebukadnezar 586 v. Chr. (Jer. 52, 4; 2. Kön. 25, 1).

Assarhaddon, assyr. König, † Asarhaddon.

Assassinen [arab. „Haschischgenießer"], Geheimbund der † Ismailiten, der von Hasan As Sabbah († 1124) auf der Bergfestung Alamut um 1090 gegründet wurde. Von den Mgl. des Ordens wurde bedingungsloser Gehorsam verlangt. Angebl. durften sie zum Lohn die Paradiesfreuden mit Hilfe des Haschischgenusses erfahren. Die A. breiteten sich über den Iran, Syrien und Palästina aus. Sie suchten ihre Ziele v. a. durch Mordanschläge (daher frz. „assassin" und italien. „assassino" „Mörder") durchzusetzen. Das Oberhaupt der syr. A. wurde „Alter vom Berge" genannt. Die Eroberung Alamuts 1256 bereitete den A. in Persien ein Ende.

Asscher-Pinkhof, Clara, geb. Pinkhof, * Amsterdam 25. Okt. 1896, israel. Schriftstellerin niederl. Sprache. - 1943 in das KZ Bergen-Belsen deportiert; lebt seit 1944 in Palästina. In Deutschland wurde sie v. a. durch ihre Jugendbücher „Sternkinder" (1946) und „Tirza, ein Mädchen aus dem Kibbuz" (1952) bekannt.

Asse, Höhenzug sö. von Wolfenbüttel, Nds., bis 234 m hoch; im ehem. Salzbergwerk A. II Lagerung radioaktiver Abfallstoffe.

Assejew, Nikolai Nikolajewitsch [russ. a'sjejif], * Lgow bei Kursk 10. Juli 1889, † Moskau 16. Juli 1963, russ.-sowjet. Dichter. - Romant.-melod. Lyrik; wandte sich später dem nachrevolutionären, v. a. von Majakowski bestimmten Futurismus zu; auch Propagandadichtungen.

Assekuranz [lat.], im allg. Sprachgebrauch seltene Bez. für Versicherung.

Asselijn, Jan [niederl. 'ɑsəlɛin], * Diemen bei Amsterdam oder Dieppe um 1615, † Amsterdam 28. Sept. 1652, niederl. Maler. - Von C. Lorrain beeinflußte Landschaften; bekannt ist von A. „Der bedrohte Schwan" (Rijksmuseum), den man später als polit. Allegorie interpretierte.

Asseln [vermutl. zu lat. asellus „Eselchen" (wegen der grauen Farbe)] (Isopoda), weltweit verbreitete Ordnung der Höheren Krebse mit etwa 4 000 Arten in Meeres- und Süßgewässern und auf dem Land. Die durchschnittl. 1–3 cm langen Tiere besiedeln im Meer Lebensräume von der Küste bis 10 000 m Tiefe (mit z. T. sehr großen Arten, z. B. die bis 27 cm messende **Riesentiefseeassel,** Bathynomus giganteus). Die Körper der meisten A. sind schildförmig von oben nach unten abgeplattet. Ihr Brustabschnitt ist am mächtigsten entwickelt und trägt stabförmige Laufbeine an den meist sieben Thorakalsegmenten. Der Hinterkörper ist weniger stark ausgebildet und hat zweiästige Abdominalfüße, die der Fortbewegung und der Atmung dienen. Die A. sind meist getrenntgeschlechtig, die Entwicklung der befruchteten Eier erfolgt in einem Brutbeutel (Marsupium) des Weibchens. Bekannt sind u. a. † Wasserassel, † Kellerassel, † Mauerassel und Arten der † Kugelasseln.

Asselspinnen (Pantopoda), weltweit

verbreitete Klasse bis 2 cm körperlanger Gliederfüßer mit etwa 500 Arten in allen Meeren; Körper häufig stabförmig, mit einem Saugrüssel am Vorderende und 3 kurzen Gliedmaßenpaaren (von denen das vorderste zum Ergreifen der Beute, v. a. Hohl- und Weichtiere, häufig Scheren trägt) und 4–6 Paaren spinnenbeinartig verlängerter Laufbeine.

Assemblage [frz. asɑ̃'blaːʒ], in der Regel ein Hochrelief, künstler. Objekt, das aus der Kombination verschiedener Materialien, z. T. auch der Farbe (Combine paintings der 50er und 60er Jahre), resultiert. Die ersten A. schufen die Kubisten (als Erweiterung der Collage). Die A. wurde z. T. zum Environment, Happening oder Erinnerungsobjekt (Reste, die ein Geschehen bezeugen) erweitert.

Assemblée [asɑ̃'ble:; frz.], Versammlung, Volks- und Ständeversammlung, in Frankr.: **Assemblées du clergé,** Bez. für die früher alle 10 Jahre stattfindenden Tagungen der Klerikervertreter; **Assemblée constituante** („verfassunggebende Versammlung", 1848, 1945, 1946), **Assemblée législative** („gesetzgebende Versammlung", 1849), **Assemblée nationale** („Nationalversammlung", 1789, 1871 bzw. 1875–1940; seit 1946 Name der frz. Abg.-kammer), **Assemblée nationale constituante** („verfassunggebende Nationalversammlung", 1789–91), **Assemblée nationale législative** („gesetzgebende Nationalversammlung", 1791/92).

Assembler [engl. ə'sɛmblər], Übersetzungsprogramm eines Computers, das ein in sog. *Assemblersprache* (die auch ebenfalls als A. bezeichnete, maschinenorientierte Programmiersprache) geschriebenes Programm in die Maschinensprache übersetzt.

Assen, bulgar. Herrscherdynastie (1187–1280). Dazu gehören: **Assen I.,** † 1196, Zar seit 1187, **Assen II.** (Iwan A. II.), * um 1190, † 1241, Zar seit 1218.

Assen [niederl. 'ɑsə], niederl. Stadt, 25 km südl. von Groningen, 43 000 E. Verwaltungssitz der Prov. Drente; Archiv und Museum; Knotenpunkt wichtiger Schiffahrtswege durch Kanalbau (1861); Nahrungsmittelind., graph. Betriebe. - Verdankt seine Entstehung der Stiftung des Klosters Maria in Campis (1258); 1807 selbständige Gemeinde; 1809 Stadtrechte. - 5 km sw. die *Motorradrennstrecke von A.* (7,7 km lang).

Assenowgrad, bulgar. Stadt, 20 km südl. von Plowdiw, 61 500 E. Tabak- und Weinbau; Zigarettenfabrikation. - Erstmals im 11. Jh. als *Stenimachos* erwähnt. Die Assen-Festung (seit dem 11. Jh.) spielte in den bulgar.-byzantin. Kriegen (12.–14. Jh.) eine bed. Rolle; 1363 osman. (verfiel im 18. Jh.), die Stadt erhielt den Namen **Stanimaka**.

assentieren [lat.], zustimmen, beipflichten.

Asser, Tobias Michael Carel, * Amsterdam 28. April 1838, † Den Haag 29. Juli 1913, niederl. Jurist und Politiker. - Seit 1862 Prof. in Amsterdam; seit 1893 Mgl. des niederl. Staatsrats; Delegierter bei den Haager Friedenskonferenzen von 1899 und 1907; Mitbegr. des „Institut de Droit International" (1873). A. erhielt 1911 zus. mit A. H. Fried den Friedensnobelpreis.

Assertion [lat.], Feststellung, bestimmte Behauptung; **asserieren,** behaupten.

assertorisch [lat.], behauptend, versichernd. In der Logik werden † Urteile a. genannt, die ohne Beweis Gültigkeit beanspruchen.

Asservat [lat.], im Recht der in amtl. Verwahrung genommene Gegenstand. A. dienen als Beweismittel im Prozeß.

Assessor [lat., eigtl. „Beisitzer"], 1. meist mit einem die Fachrichtung kennzeichnenden Zusatz (wie Studien-, Regierungs-, Gerichts-, Forst-, Berg-A.) versehene Dienstbez. des Beamten oder Richters (Staatsanwalts) im höheren Dienst während seiner Probezeit (höchstens 5 Jahre); 2. in der röm. Kaiserzeit rechtskundiger Beisitzer in der staatl. Gerichtsbarkeit. Im dt. Rechtsbereich gab es A. als rechtsgelehrte oder als adlige Beisitzer am Reichskammergericht.

Assignant [lat.], im Recht veraltete Bez. für Anweisender; **Assignat,** Angewiesener; **Assignatar,** Anweisungsempfänger († Anweisung).

Assignaten [frz.; zu lat. assignare „zuweisen"], das Papiergeld der Frz. Revolution. Auf die seit 1789 enteigneten Kirchengüter, königl. Domänen und den Emigrantenbesitz wurden zur Deckung des großen Geldbedarfs verzinsl. Staatsobligationen ausgegeben; hatten Zwangskurs, wurden aber schrankenlos vermehrt, deshalb schließl. wertlos; 1796 durch „Mandats territoriaux" ersetzt, die gleichfalls rasch verfielen; als die A. 1797 für ungültig erklärt wurden, waren weite Teile der Bev. stark verarmt.

Assimilat [lat.], allg. in Lebewesen durch Umwandlung körperfremder in körpereigene Stoffe entstehendes Produkt; z. B. Glykogen bei Tieren, Zucker und Stärke bei Pflanzen.

Assimilation [zu lat. assimilatio „Ähnlichmachung"], in der *Stoffwechselphysiologie* der Aufbau von körpereigenen Substanzen (Assimilaten) bei Organismen aus körperfremden Nahrungsstoffen unter Energieverbrauch (Ggs.: † Dissimilation). Man unterscheidet: 1. **Assimilation des Kohlenstoffs:** Aus Kohlendioxid (CO_2) werden unter Reduktion durch einen Wasserstoffspender (z. B. Wasser) Kohlenhydrate (Zucker, Stärke) gebildet. Die dazu notwendige Energie liefert entweder das Licht (Photosynthese der grünen Pflanzen und Purpurbakterien) oder sie wird aus Oxidationsreaktionen verschiedener anorgan. Verbindungen gewonnen (Chemosynthese einiger farbloser Bakterien). 2. **Assimilation des Stickstoffs:** Höhere Pflanzen decken ihren

Stickstoffbedarf aus Nitraten bzw. Ammoniumverbindungen des Bodens, die in wasserlösl. Form über die Wurzeln aufgenommen werden und (Nitrate nach Reduktion) zur Synthese der Aminosäuren dienen. Verschiedene Bakterien (↑Knöllchenbakterien), Blaualgen u. Pilze können den molekularen Stickstoff der Luft aufnehmen. 3. **Assimilation des Schwefels und Phosphors:** Beide Elemente werden als gelöste Salze (Sulfate, Phosphate) in oxidierter Form aus dem Boden über die Wurzeln aufgenommen und (Sulfate nach Reduktion) in hochmolekulare Verbindungen wie Aminosäuren, energieübertragende Systeme (ATP, ADP) und Erbsubstanzen (DNS, RNS) eingebaut. Stickstoff-, Schwefel- und Phosphorarmut im Boden führen zu Mangelerscheinungen.

◆ in der *Sinnespsychologie* die Angleichung neuer Wahrnehmungs- und Bewußtseinsinhalte an bereits vorhandene auf Grund der Spuren, die diese im Gedächtnis hinterlassen haben.

◆ in *Soziologie* und *Ethnologie* Bez. für den sozialen Prozeß der Angleichung von Menschen, die inmitten einer anderen ethn. oder rass. Gruppe leben. Wesentl. Merkmal dieses Prozesses ist neben der Übernahme der sozialen Wertsysteme und der Verhaltensweisen der umgebenden Gruppe, im Unterschied zur Akkulturation, der Verlust jegl. Gruppenbewußtseins bei der assimilierten Gruppe. Ein A.prozeß stockt gewöhnl. immer dort, wo zw. ethn. oder rass. Gruppen starre Klassen- und Kastenunterschiede, Unterschiede in Sprache, Religion, Bildung und Besitz nicht überwunden werden und sich ein polit.-soziales und ethn. Machtgefälle entwickelt (Dissimilation; z. B. die Autonomiebestrebungen ethn. Minderheiten; Zigeuner).

◆ in der *Sprachwissenschaft* die Angleichung der phonet. Eigenschaften zweier Laute, die z. T. auch eine Änderung in der Schreibung bewirkt. Man unterscheidet u. a. **Kontaktassimilation** (bei unmittelbar aufeinanderfolgenden Lauten: mittelhochdt. lamb wird zu Lamm) und **Fernassimilation** (z. B. beim Umlaut) sowie **partielle Assimilation** (teilweise Angleichung: anpassen ['an-pasən] wird zu ['am-pasən]) und **totale Assimilation** (vollständige Angleichung: mittelhochdt. zimber wird zu Zimmer).

◆ in der *Gesteinskunde* Aufnahme und Aufschmelzung von Fremdgestein durch schmelzflüssiges Magma.

Assimilationsgewebe ↑Laubblatt.
assimilieren [lat.], angleichen, anpassen.
Assiniboin [engl. ə'sınıbɔın], zu den Sioux gehörender Indianerstamm in Montana, North Dakota und Saskatchewan.

Assiniboine River [engl. ə'sınıbɔın 'rıvə], linker Nebenfluß des Red River in Kanada, entspringt nö. von Regina, mündet bei Winnipeg, 950 km lang.

Assemblage. Wilhelm Freddie.
Porträt meines Vaters (1937).
Privatbesitz

**Assis, Joaquim Maria Machado de ↑ Machado de Assis, Joaquim Maria.

Assisen [frz.], verfassungsrechtl. Begriff des MA für Versammlungen u. Zusammenkünfte, auf denen Angelegenheiten rechtl. Natur verhandelt wurden, dann auch deren Ergebnisse (Rechtssprüche, Gesetze, Ordonnanzen); auch für die Gesetzgebung des süditalien. Normannenstaates und der Kreuzfahrerstaaten. A. von Jerusalem: Kodifikation der Rechte der Vasallen und Bürger des Kgr. Jerusalem (12. Jh.).

Assisi, Franz von ↑ Franz von Assisi.

Assisi, italien. Stadt in der Region Umbrien, 10 km sö. von Perugia, 424 m ü. d. M., 24 000 E. Bischofssitz; bed. Wallfahrtsort, Fremdenverkehr. - Geht auf eine altumbr. Ansiedlung zurück, die in röm. Zeit Bürgerrecht erhielt (lat. *Asisium*). 545 zerstört; gehörte bis zum 12. Jh. zum Hzgt. Spoleto, seit dem 16. Jh. zum Kirchenstaat. - Auf einem Sporn liegt das Hauptkloster des Franziskanerordens (1228 gegr.) mit einer got. Doppelkirche (1228–53) mit berühmten Fresken in der Ober- und Unterkirche. Vorhalle eines röm. Minervatempels (heute Fassade der Kirche Santa Maria sopra Minerva); in der Oststadt roman. Dom (1140–1228; 1571 umgestaltet) und die got. Kirche Santa Chiara (1257–65). Oberhalb von A. die Burg Rocca Maggiore (14. Jh.). - Abb. S. 194.

Assistent [lat.], 1. ↑ Hochschulassistent; 2. Beruf mit Ausbildung an Berufsfachschulen oder entsprechenden, z. T. betriebl. Einrichtungen. Voraussetzung ist im allgemeinen mittlerer Bildungsabschluß (nicht in allen Ländern der BR Deutschland).

Assistenz [lat.], Beistand, Mithilfe; **assistieren,** beistehen, helfen.

Assistenzarzt, angestellter oder beamteter Arzt, der an einer Krankenanstalt unter Leitung eines Chef- oder Oberarztes tätig ist.

Assistenzfiguren, in Malerei und Plastik Nebenfiguren, die der eigtl. Handlung nur assistieren, z. B. Heilige; der Begriff wird oft eingeengt auf die Stifterfiguren (15. und 16. Jh.). Auf diese Weise sind eine ganze Anzahl zeitgenöss. Porträts überliefert.

Assistenzprofessor, in einigen Ländern der BR Deutschland Beamter auf Zeit (6 Jahre) mit selbständiger Lehrtätigkeit; entspricht dem ↑ Dozenten anderer Länder. Die Bez. wird auf Grund des Hochschulrahmengesetzes nicht mehr verwendet.

Aßling ↑ Jesenice.

Assmann, Richard, * Magdeburg 13. April 1845, † Gießen 28. Mai 1918, dt. Meteorologe. - Erfand 1887 das Aspirationspsychrometer (↑ Psychrometer); stellte durch Messungen fest, daß die normale Temperaturabnahme in der Atmosphäre nur bis etwa 11 km Höhe reicht und entdeckte damit (gleichzeitig mit L. Teisserenc de Bort) die Stratosphäre.

Assmannshausen, Teil der Gemeinde Rüdesheim am Rhein, 86 m ü. d. M., Hessen, 3 000 E. Fremdenverkehrs-, Wein- und Kurort; lithiumhaltige, alkal. Thermalquelle (Gicht und Rheuma). - Um 1100 (erstmals 1108 genannt) von Rüdesheim aus angelegt, bis ins 14. Jh. rechtl. von diesem abhängig. - Spätgot. Pfarrkirche (15. Jh.; im 19. Jh. erweitert).

Asso, Abk. für: Assoziation revolutionärer bildender Künstler, Zusammenschluß (1928) der KPD angehörender Künstler, seit 1930 auch Aufnahme nahestehender Künstler. In Berlin schlossen sich u. a. die „Abstrakten" unter O. Nerlinger an, in Köln die „Progressiven". Die meisten standen künstler. dem Verismus nahe. U. a. sind zu nennen: L. und H. Grundig, W. Lachnit, K. Querner, O. Nagel, F. Schulze, E. Knabe, A. Frank. 1933 aufgelöst.

Associated Press [engl. əˈsoʊʃɪeɪtɪd ˈprɛs] ↑ Nachrichtenagenturen (Übersicht).

Association of South East Asian Nations [engl. əsoʊsiˈeɪʃən əv ˈsaʊˈθiːst ˈeɪʃən ˈneɪʃənz], Abk. ASEAN, 1967 gegr. Vereinigung südostasiat. Nationen; strebt die Festigung und Förderung des Friedens und des sozialen und wirtsch. Wohlstands in ihrer Region an; Mgl. sind Indonesien, Malaysia, die Philippinen, Singapur, Thailand und Brunei.

Association Phonétique Internationale [frz. asɔsjasjɔ̃fɔnetikɛ̃tɛrnasjɔˈnal „Internat. phonet. Gesellschaft"], Abk. API (engl. International Phonetic Association, Abk. IPA), 1886 gegr. internat. Gesellschaft mit Sitz in London, welche die Vereinheitlichung der Lautschrift in den Ländern und Sprachen anstrebt. Verantwortl. für die Internat. Lautschrift (API, IPA). - Zeichen der Internat. Lautschrift Bd. 1, S. 355.

Associé [asosiˈeː; lat.-frz.], Gesellschafter, Teilhaber einer Handelsgesellschaft; Sozius.

Assonanz [lat.], Bez. für einen Gleichklang zwischen zwei oder mehreren Wörtern, meist am Versende, der sich auf die Vokale beschränkt: Glut/Flut. - ↑ auch Reim.

assortieren [frz.], nach Warengattungen ordnen, ein Sortiment zusammenstellen; **assortiertes Lager,** vorhandener Warenbestand.

Assos, Ruinenstätte in der Troas, W-Anatolien, an der N-Küste des Golfes von Edremit, 60 km westl. von Edremit. Durch amerikan. Ausgrabungen 1881–83 erschlossen. Wahrscheinl. eine sehr alte kleinasiat. Gründung; war in byzantin. Zeit Bischofssitz.

Assoziation [frz.; zu lat. associare „beigesellen"], Vereinigung, Verbindung unter Gesellschaft zu gegenseitiger Unterstützung (z. B. eine Genossenschaft, ein Interessenverband).

◆ bündnisloser, militär. und polit. Zusammenschluß; entsprechend der Anschluß von Staaten an Bündnisse.

◆ in der *Botanik* Bez. für eine pflanzensozio-

log. Einheit, eine Gruppe von Pflanzen, die sich aus verschiedenen, aber charakterist. Arten zusammensetzt.
♦ in der *Psychologie* von J. Locke (1690) zur Erklärung psych. Vorgänge (insbes. von Gedächtnis- und Lernprozessen) eingeführter Begriff, der das Phänomen umschreibt, daß sich zwei oder mehrere, urspr. isolierte psych. Inhalte (**Assoziationsglieder**, z. B. Eindrücke, Gefühle, Ideen) derart miteinander verknüpfen, daß das Auftreten des einen A.gliedes die Aktivierung des anderen nach sich zieht oder zumindest begünstigt. Auf den **Assoziationsketten**, die auf diese Weise entstehen können, beruht nach herrschender Auffassung die Leistung des Gedächtnisses. Die physiolog. Grundlage der A. bilden die ↑Assoziationsfelder der Großhirnrinde. Die assoziative Verknüpfung erfolgt nach den **Assoziationsgesetzen**, von denen die wichtigsten bereits von Aristoteles beschrieben wurden. Das Zustandekommen der A. hängt nach ihm vom Grad der Ähnlichkeit, des Kontrastes, der räuml. und der zeitl. Nähe zw. den erlebten Inhalten ab. Die von Vertretern des engl. Empirismus, u. a. von D. Hume, J. Mill und J. St. Mill, begründete **Assoziationspsychologie** entwickelte sich im 19.Jh. zur führenden theoret. Richtung der Psychologie. Hauptvertreter waren: F. Herbart, E. Mach, H. Ebbinghaus und z. T. auch W. Wundt. In der diagnost. Psychologie bediente sich S. Freud der **freien Assoziation**, d. h. der unmittelbaren Äußerung nicht gelenkter, unwillkürl. Gedankeneinfälle des Patienten beim Hören von Wörtern, die mit dem Traum nur in losem Zusammenhang standen. C. G. Jung stützte sich seinerseits **auf gerichtete (kontrollierte) Assoziation**, d. h. auf die Äußerungen unwillkürl. Einfälle des Patienten beim Hören von sog. Reizwörtern.
♦ in der *analyt. Statistik* ein artmäßiger Zusammenhang zw. zwei statist. Reihen. Mit der A.analyse wird unter Zugrundelegung der ↑Nullhypothese geprüft, ob ein beobachteter Unterschied zw. zwei statist. Zahlen zufällig oder wesensbedingt ist.
♦ in der *Astronomie* eine Ansammlung von Sternen, weit offener als offene Sternhaufen, mit einem Durchmesser bis zu 100 pc.
♦ in der *Chemie* Bez. für eine lockere, energiearme Zusammenlagerung mehrerer gleichartiger Moleküle oder Ionen, die v. a. bei Flüssigkeiten oder Gasen vorkommt. Das entstehende **Assoziat** wird meist nur durch Nebenvalenzen (z. B. Wasserstoffbrückenbindungen) oder elektrostat. Kräfte und Dispersionskräfte (Molekularkräfte) zusammengehalten. Durch die A. werden v. a. die physikal. Eigenschaften beeinflußt (z. B. Erhöhung der Schmelz- und Siedepunkte).

Assoziationsfelder, Gebiete der Großhirnrinde, in denen sich weder Endstätten sensor. Leitungsbahnen noch Ursprungsorte motor. Bahnen befinden. Die A. stehen durch viele Bahnen mit anderen Rindenfeldern in Verbindung. Man vermutet, daß sie die stoffl. Grundlage der ↑Assoziationen und der höheren seel. und geistigen Funktionen bilden.

Assoziationspsychologie ↑Assoziation.

Assoziationstraktat ↑Haager Garantievertrag.

assoziativ [lat.], verbindend, vereinigend.

Assoziativgesetz, mathemat. Gesetz, das für eine Verknüpfung die Unabhängigkeit des Ergebnisses von der Klammersetzung, d. h. von der Reihenfolge, in der die Verknüpfung erfolgt, fordert; z. B.

$a \cdot (b \cdot c) = (a \cdot b) \cdot c$ (A. der Multiplikation),
$a + (b + c) = (a + b) + c$ (A. der Addition).

Ein entsprechendes A. gilt auch in der mathemat. Logik für die log. Adjunktion:

$$(a \vee b) \vee c = a \vee (b \vee c).$$

Assoziierung [lat.-frz.], vertragl. Zusammenschluß mehrerer Personen, Unternehmen oder Staaten zur Verfolgung bestimmter gemeinsamer Interessen. Im Recht der EG ist die A. eine bes. Art des Anschlusses anderer Länder, wobei nicht die volle Mitgliedschaft erworben wird.

ASSR, Abk. für: ↑Autonome Sozialistische Sowjetrepublik.

Assuan (arab. Aswan), Gouvernementshauptstadt in Oberägypten, am rechten Nilufer, 146 000 E. Düngemittelfabrik, Wasserkraftwerk, Handelszentrum; Wintererholungsort; Missionshospital; Eisenbahnstation an der Strecke von Kairo, die in **Asch Schallal** (6 km südl. von A.) ihren Endpunkt hat; ⚓. - In der Pharaonenzeit lag die Siedlung auf der Nilinsel ↑Elephantine, erst im letzten Jt. wurde das O-Ufer besiedelt (**Syene**). Südl. von A. Granitbrüche des Altertums. Auf dem W-Ufer des Nils liegen Fürstengräber des Alten und Mittleren Reiches, nördl. davon das Simeonskloster, im 7. oder 8.Jh. gegr., im 13.Jh. verlassen, eine der größten und besterhaltenen Ruinen eines kopt. Klosters in Ägypten sowie das Aga-Khan-Mausoleum (1959). - 6 km südl. von A. befindet sich der 1902 fertiggestellte **Assuanstaudamm**, der 1912 und 1933 ausgebaut wurde. 7 km südl. des A.staudammes wurde 1960-70 der neue, 111 m hohe und 5 km lange **Assuanhochdamm** erbaut. Der neue Stausee (**Nassersee**) ist 550 km lang und reicht bis in die Republik Sudan hinein. Das Wasser des Nassersees dient der Dauerbewässerung der Felder; negative Auswirkungen des A.hochdamms für die Landwirtschaft sind starke Bodenversalzung durch die Abflußregulierung des Nils und das Ausbleiben des fruchtbaren Nilschlamms.

Assumptio beatae Mariae virginis [lat.], Aufnahme der seligen Jungfrau Maria [mit Leib und Seele in den Himmel], auch

Assumptionisten

Assisi. Franziskanerkloster mit der Basilika San Francesco (1228–53)

Mariä Himmelfahrt genannt; 1950 als Glaubenssatz von Papst Pius XII. definiert. - ↑Mariologie.

Assumptionisten [zu lat. assumptio „Aufnahme"] (Augustiner von der Aufnahme [Marias in den Himmel]; lat. Augustiniani ab Assumptione, Abk. AA), kath. Kongregation, 1845 in Nîmes gegr., 1929 dem Dritten Orden der Augustiner angeschlossen; 1170 Mitglieder (1985).

Assunta [lat.-italien.], italien. Bez. für die Darstellung der Himmelfahrt Mariens. Die berühmteste A. ist die von Tizian in der Frarikirche in Venedig (1516–18).

Assur [akkad.], Stadtgott von Assur und Reichsgott von Assyrien, dargestellt als bärtiger Mann.

Assur (akkad. Aschschur), Ruinenstätte am rechten Ufer des Tigris, bei Asch Scharkat, Irak, hoch über dem Tigris. Im Altertum auch im N von einem Tigrisarm begrenzt. Seit dem 3. Jt. v. Chr. besiedelt, war Ausgangspunkt und bis ins 9. Jh. v. Chr. auch Hauptstadt des nach A. benannten assyr. Reichs. Als Residenz wurde A. später ersetzt durch Kalach, Dur-Scharrukin und Ninive. Nach der Zerstörung 614 v. Chr. durch die Meder erstand die Stadt noch einmal unter den Parthern (2. Jh. v. Chr.–3. Jh. n. Chr.). - Umfangreiche Ausgrabungen der Dt. Orient-Gesellschaft 1903–14 unter Leitung von E. W. Andrae und R. Koldewey, Fund zahlr. Keilschrifttafeln, u. a. der Bibliothek Tiglatpilesers I. (1115–1078).

Assurbanipal (Aschschur-Bani-Apli; Sardanapal), assyr. König (669 bis etwa 627). - Sohn des Asarhaddon; versuchte sein Reich als Gesamtheit zu erhalten, doch ging Ägypten 655 endgültig verloren; eroberte gegen seinen (seit 652) aufständ. Bruder 648 Babylon, 639 auch Elam; doch ging das Reich in den Wirren nach seinem Tod zugrunde. Unter A. entstanden bed. Reliefs und die bedeutendste Bibliothek des Alten Orients in Ninive mit einst etwa 5000 Keilschrifttafeln (heute zum Großteil im British Museum).

Assurnasirpal II. (Aschschur-Nasir-Apli), assyr. König (883–859). - Durch militär. Erfolge gewann A. den Tribut der syr. Kleinstaaten bis zum Mittelmeer; baute in seiner Residenz Kalach einen repräsentativen Palast mit Reliefschmuck.

Assy [frz. a'si], frz. Luftkurort, Teil der Gemeinde Passy, nw. des Montblanc, Dep. Haute-Savoie. Die Kirche Notre-Dame-de-Toute-Grâce (1937–44) besitzt Mosaiken von Léger, Chagall, Matisse, Glasfenster nach Rouault, Bazaine, einen Wandteppich von Lurçat, ein Kruzifix von G. Richier, ein Taufbecken von Lipchitz, ein Tabernakel von G. Braque.

assyntische Gebirgsbildung ↑Faltungsphasen (Übersicht).

Assyrien (akkad. Aschschur), das Land um die Stadt Assur am mittleren Tigris, heute der N-Teil des Irak. Nach den frühesten Siedlungen in den Tälern des Sagrosgebirges seit etwa 9000 v. Chr. sind im assyr. Flachland im 6. Jt. v. Chr. die hauptsächl. an bemalten Keramik unterscheidbaren Kulturkreise von Tall Hassuna, Samarra und Tall Halaf nachzuweisen. Nach 2400 v. Chr. entstand ein lokales Fürstentum um Assur unter sumer. Oberhoheit. Zu einer größeren polit. Einheit wurde A. jedoch erst durch den Usurpator

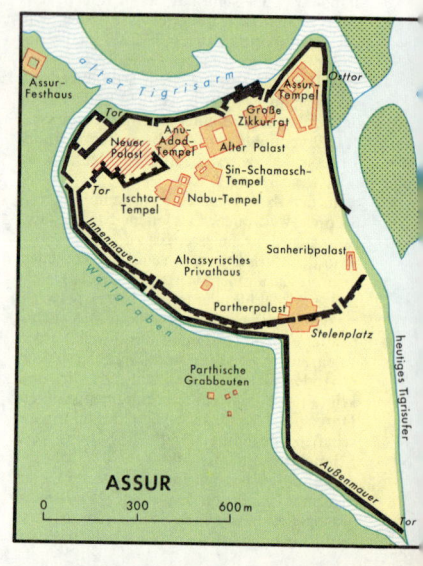

ASSUR

Assyrien

GESCHICHTE ASSYRIENS UND BABYLONIENS

Kultur- und Sprachepochen		Babylonien	Assyrien
Altsumerisch	etwa 2550–2350	*Frühe sumer. Dynastien* 1. Dynastie von Ur; Dynastie von Lagasch	(seit etwa 2400 lokales Fürstentum um Assur)
Altakkadisch	um 2350 etwa 2350–2170 etwa 2170–2070	Lugalsagesi von Umma gründet ein sumer. Großreich *Dynastie von Akkad:* Erstes semit. Großreich; Sargon. Naramsin	
	etwa 2070–1950	Fremdherrschaft der *Gutäer*	
Neusumerisch	etwa 1950–1700	*Isin-Larsa-Zeit:* Rivalisierende semit. Dynastien 3. Dynastie von Ur: „Sumerische Renaissance"	19./18. Jh. *Altassyr. Handelskolonien* von Assur aus in Kleinasien
Altbabylonisch/ Altassyrisch	etwa 1830–1531	I. Dynastie von Babylon (Amoriter)	Schamschi-Adad I.: Assyr. Reich bis Syrien und Euphrat
		1728–1686 Hammurapi schafft ein einheitl. Reich in Babylonien und Assyrien 1531 Ende der Dynastie durch Eroberungszug des Hethiterkönigs Mursili I. nach Babylon	1749–1717
Mittelbabylonisch/ Mittelassyrisch	bis etwa 1160	*Kassitenherrschaft:* Polit. unbedeutend, kulturgeschichtl. wichtig durch Sammlung des sumer.-babylon. literar. Erbes	seit etwa 1500 Assyrien unter *churrit.* Oberherrschaft (*Mitanni*-Staat), von der es um 1350 Assur-Uballit I. befreit 1364–1328 Tiglatpileser I.: Assyr. Reich bis zum Vansee und Mittelmeer, Kampf gegen *Aramäer*
		1225 Tukulti-Ninurta I. von Assyrien (1234–1198) erobert Babylon	1115–1078
	etwa 1155–1023	2. Dynastie von Isin 1124–1103 Nebukadnezar I.	
Neubabylonisch/ Neuassyrisch	912– etwa 627		*Neuassyr. Weltreich,* seit etwa 900 auch Babylonien unter assyr. Oberhoheit, gegen die alle Aufstandsversuche mißlingen 912–891 Adad-Nerari II. 883–859 Assurnasirpal II. 858–824 Salmanassar III. 745–727 Tiglatpileser III. 726–722 Salmanassar V., erobert 722 Samaria 722–704 Sargon II. (Dynastie der Sargoniden) 704–681 Sanherib, zerstört 689 Babylon 680–669 Asarhaddon, erobert 671 Ägypten 669– etwa 627 Assurbanipal, bis 648 (Putschversuch) in Babylon Schamasch-Schum-Ukin
Spätbabylonisch	626–539	*Spätbabylon. Reich der aram. Chaldäer:* Wiederaufbau und letzte Blüte Babylons 626–605 Nabupolassar 605–562 Nebukadnezar II., erobert 597 Jerusalem 556–539 Nabonid (z. T. neben ihm sein Sohn Belsazar)	
(Achämenidisch)	539–331 331	*Perserreich* der iran. Achämeniden; 539 erobert Kyros II., der Große, Babylon Alexander d. Gr. erobert auf seinem Asienfeldzug Assyrien und Babylonien	
(Seleukidisch)	seit 312	*Seleukidenherrschaft:* Hellenisierung der babylon. Kultur	

* Jahreszahlen bis etwa 1500 nach der sog. kurzen †Chronologie

Assyriologie

Schamschi-Adad I. (etwa 1749–17), dessen Reich aber unter seinen Söhnen von dem aufstrebenden Babylon erobert wurde. Die Fürsten von A. wurden vom churrit. Mitanni-Staat abhängig, bis Assur-Uballit I. (1364–28) die Unabhängigkeit erstritt. Tukulti-Ninurta I. (1234–1198) beherrschte sogar für kurze Zeit Babylon. Nach einer Schwächeperiode vermochte Tiglatpileser I. (1115–1078) bis zum Mittelmeer und zum Vansee vorzudringen, doch erst unter Adad-Nerari II. (912–891; Babylon kam wieder unter assyr. Oberhoheit) und bes. Assurnasirpal II. (883–859; mit neuer Residenz Kalach) wurde A. zur Weltmacht. Salmanassar V. (726–722) eroberte 722 Samaria und deportierte die Bevölkerung Israels; Sargon II. (722–704, neue Residenz Dur-Scharrukin) schlug Urartu entscheidend und kämpfte gegen das aufständ. Babylon, das sein Sohn Sanherib (704–681, Residenz Ninive) 689 zerstörte. Asarhaddon (680–669) eroberte 671 Ägypten. Ein letztes Mal gelang es seinem jüngeren Sohn Assurbanipal (669 bis etwa 627), das Reich geeint zu erhalten. 614 fiel Assur, 612 Ninive und Kalach unter dem Druck der Meder und Babylonier.

📖 *Schmökel, H.: Gesch. des alten Vorderasien. In: Hdb. der Orientalistik. Hg. v. B. Spuler. Abt. 1. Bd. 2, 3. Leiden Neuaufl. 1979.*

Assyriologie [griech.] ↑Altorientalistik.

Assyrisch, der in Assyrien gesprochene nördl. Dialekt des zu den semit. Sprachen gehörenden Akkadischen, seit dem 1. Jt. v. Chr. offiziell ersetzt durch das Neubabylonische; in Briefen und Geschäftsdokumenten erhalten.

assyrische Kirche, Bez. für die Reste der alten nestorian. Kirche (↑Nestorianismus) in Ostsyrien. Ein großer Teil der a. K. schloß sich 1553 als **chaldäische Kirche** der kath. Kirche an. Der Rest sammelte sich um ein in Kurdistan entstandenes Patriarchat. Im 1. Weltkrieg wurden Tausende von ihrer islam. Umwelt getötet. Die diese Wirren überlebenden assyr. Christen leben in Kaukasien, Syrien, Iran und Irak. Viele emigrierten in die USA.

assyrische Kunst, schon seit vorgeschichtl. Zeit war der N Mesopotamiens in der Kunst ein eigener Bereich, trotz vielfacher Kulturbeziehungen, v. a. zum südl. Babylonien; unsicher im Ausmaß ist der Einfluß der Kulturen im N und W, der Churriter (Siegel) und Aramäer (Bau- und Reliefkunst). Die a. K. wird mit dem Entstehen eines assyr. Reiches greifbar. Man unterscheidet die kaum belegte altassyr. (seit etwa 18. Jh. v. Chr.), die nur schwach dokumentierte mittelassyr. (etwa 1400–1000) und die reichl. überlieferte neuassyr. Kunst (etwa 1000–600).

Architektur: In der alten Hauptstadt Assur und in den neuen Residenzen Kalach, Dur-Scharrukin und Ninive haben die assyr. Herrscher imposante Bauwerke erstellen lassen. Tempel und die Repräsentationsräume der Paläste mit ihren Relieffriesen tragen ein eigenes assyr. Gepräge. Aus dem älteren Tempeltyp mit „Knickachse", d. h. einem Langraum mit Kultbild an einer Schmalseite und Ein-

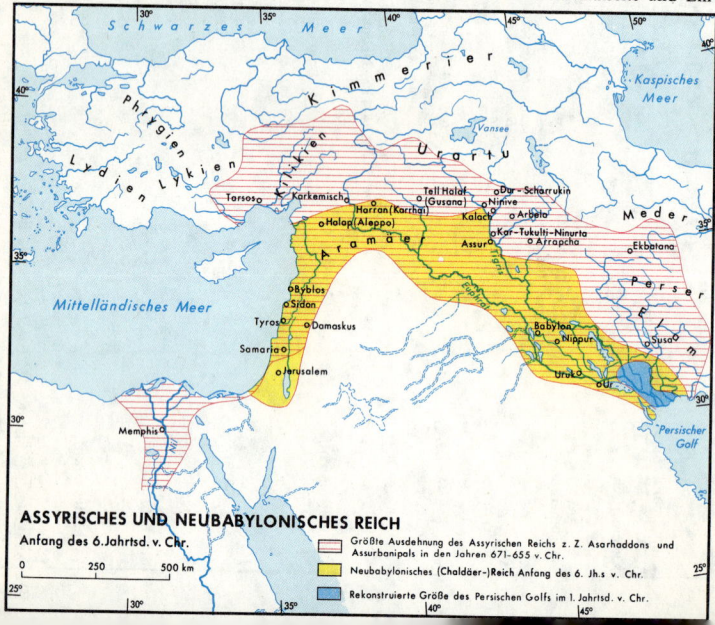

ASSYRISCHES UND NEUBABYLONISCHES REICH
Anfang des 6. Jahrtsd. v. Chr.

- Größte Ausdehnung des Assyrischen Reichs z. Z. Asarhaddons und Assurbanipals in den Jahren 671–655 v. Chr.
- Neubabylonisches (Chaldäer-)Reich Anfang des 6. Jhs v. Chr.
- Rekonstruierte Größe des Persischen Golfs im 1. Jahrtsd. v. Chr.

gang am entgegengesetzten Ende einer Langseite, also senkrecht zur Längsachse, entwickelte sich in jüngerer Zeit eine Form des assyr. Tempels, die quer vor die Schmalseite gegenüber dem Kultbild einen Breitraum als Vorcella legt, mit nun axialem Durchgang bis zum Kultbild. Die z. T. erhöht angelegten Heiligtümer haben wie in Babylonien oft einen Tempelturm (Zikkurat); v. a. in Assur gab es auch Doppeltempel. Die späten Paläste wie die neuangelegten Residenzstädte zeigen eine strenge Planung.

Plastik: Die wenigen rundplast. Standbilder von Königen und Göttern zeigen ebenso wie die oft als apotropäische Wächter beiderseits von Toren aufgestellten Stierkolosse und Mischwesen eine monumentale Starrheit, die in der Reliefkunst, wohl der größten künstler. Leistung der Assyrer, teilweise überwunden wird. So stellt schon im 12. Jh. v. Chr. der Kultsockel Tukulti-Ninurtas I. eine Handlung dar. Schon die ältesten bekannten Palastreliefs Assurnasirpals II. in Kalach zeigen neben den aus der überlieferten Rollsiegelkunst stammenden herald. Bildgedanken von König, [Lebens]baum und menschl.-dämon. Begleitern das neue Thema der Schilderung von Kriegszügen und königl., wohl auch kult. verstandenen Jagden und das neue Formprinzip fortlaufender Friese in rhythm. Gliederung, das keine Rücksicht auf die Fugen der Kalkstein- und Alabasterplatten mehr nimmt und einen künstler. Gesamtentwurf voraussetzt. Aus der Zeit Salmanassars III. stammt das Bronzetor von Imgur-Enlil mit ebenso gestalteten Reliefstreifen. Unter Tiglatpileser III. werden Einzelheiten des wirkl. Raums betont und die horizontal gliedernden gemeinsamen Standlinien zugunsten freier Verteilung der Figurengruppen aufgegeben. In den Reliefs Sargons II. in Dur-Scharrukin wird eine weitere Naturalisierung des landschaftl. Hintergrunds sichtbar und erzeugt die Illusion von Räumlichkeit durch eine scheinbare Perspektive. Diese histor.-räuml. genauere Fixierung der Darstellungen bestimmt auch die Reliefkunst Sanheribs und seines Enkels Assurbanipal in Ninive, die symbol.-herald. Gruppen kaum mehr kennt. Die erstaunl. Naturbeobachtung erreicht in den Tierdarstellungen einen künstler. Höhepunkt.

Kleinkunst: Im 14./13. Jh. bildete sich ein eigener assyr. Stil der Rollsiegel heraus, charakterisiert zunächst durch strenge Komposition, später durch freie Gestaltung, v. a. bei Themen der belebten Natur, die in ähnl. Gestaltung auch auf den wenigen gleichzeitigen Elfenbeinarbeiten behandelt sind.

📖 *Propyläen-Kunstgesch. Bd. 14: Orthmann, W.: Der alte Orient.* Teilweise dt. Übers. Bln. u. a. 1975. - *Parrot, A.: Assur.* Dt. Übers. Mchn. ²1972.

assyrische Literatur ↑babylonische Literatur.

assyrische Religion ↑babylonisch-assyrische Religion.

assyrisches Recht ↑babylonisches Recht.

Ast, Georg Anton Friedrich, * Gotha 29. Dez. 1778, † München 31. Okt. 1841, dt. klass.

Assyrische Kunst. Szenen von einem Feldzug Salmanassars III. (Bronzetürbeschläge aus Imgur-Enlil). London, British Museum (oben); apotropäischer, geflügelter Stier mit Menschenkopf vom Palast Sargons II. in Dur-Scharrukin. Paris, Louvre (unten)

Philologe, Philosoph und Neuhumanist. - 1805 Prof. in Landshut, 1826 in München, Schüler Schellings und Schlegels. In den „Grundlinien der Grammatik, Hermeneutik und Kritik" (1808), mit denen er einen wichtigen Beitrag zur Entwicklung der ↑ Hermeneutik leistete, entwickelte er eine Verstehenstheorie, in der der Geist als Ursprung und Mitte des Lebens, das geistige Verständnis als das dem histor. und grammat. Verständnis übergeordnete Verstehensprinzip dargestellt wird. Bed. Platonforscher („Lexicon Platonicum", 3 Bde., 1835–38; Neudr. 1956).

a. St., Abk. für: ↑alter Stil.

Asta, weibl. Vorname, Kurzform von ↑Anastasia, ↑Astrid und ↑Augusta.

AStA, Abk. für: **A**llgemeiner **St**udenten**a**usschuß, ↑Studentenschaft.

Astacidae [griech.], svw. ↑Flußkrebse.

Astacin [griech.], roter Bestandteil des (gekochten) Krebspanzers; bildet sich durch Oxidation (Kochen) aus dem Karotinoid ↑Astaxanthin.

Astacus [griech.], Gatt. der Flußkrebse mit den Arten ↑Edelkrebs, ↑Steinkrebs, ↑Sumpfkrebs.

Astaire, Fred [engl. ɔsˈtɛə], eigtl. Frederick Austerlitz, *Omaha (Nebr.) 10. Mai 1899, amerikan. Tänzer und Schauspieler. - Gilt als berühmtester Tänzer des modernen amerikan. Tanzes in den 30er Jahren. Spielte in zahlr. Musik- und Tanzfilmen, u. a. in „Daddy Langbein" (1955). - †22. Juni 1987.

Astarte, im A. T. **Aschtoret** genannte kanaanäische Fruchtbarkeitsgöttin, die in ugarit. Ritualtexten häufig erwähnt wird und in Ägypten seit Amenophis II. (⌒ 1438–12) als Kriegsgöttin bekannt ist. In der spätantiken Welt ist A., auch griech. **Mylitta** genannt, die Herrin orgiast. Kulte.

Astasie [griech.], Unfähigkeit zu stehen infolge Störung der Bewegungskoordination durch Erkrankung des Klein- oder des Stirnhirns; kann auch psych. bedingt sein.

astasieren [griech.], ein [Präzisions]meßinstrument gegen Beeinflussung durch störende äußere Kräfte (z. B. des Erdmagnetfeldes oder sonstiger elektr. und magnet. Felder) schützen.

Astat (Astatin) [zu griech. ástatos „unstet"], chem. Symbol At, radioaktives Nichtmetall aus der VII. Hauptgruppe des Periodensystems der chem. Elemente; Ordnungszahl 85. Das langlebigste Isotop At 210 hat eine Halbwertszeit von 8,3 Stunden. Das jodverwandte Element entsteht in der Natur durch radioaktiven Zerfall von Uran 238, Uran 235 und Thorium 232.

Astatium [griech.], veraltete Bez. für: ↑Astat.

Astaxanthin [griech.], Verbindung aus der Gruppe der ↑Karotinoide. Das A. wurde erstmals aus den Schalen von Krebsen isoliert, wo es als grünes Chromoproteid vorliegt; erst beim Kochen entwickelt sich A. als selbständige Verbindung und verleiht gekochten Krebsen die rote Farbe.

Asteas, Hauptmeister der griech. Gefäßmalerei von Poseidonia (Paestum, Unteritalien) im 4. Jh. v. Chr. - Parodist. Darstellungen der griech. Heldensage und Komödienszenen (Phlyakenpossen).

Astel, Arnfrid, *München 9. Juli 1933, dt. Schriftsteller. - Sozial und polit. engagierte Lyrik, die Unstimmigkeiten von der Sprache her aufdeckt; u. a. „Notstand. Gedichte und Epigramme" (1968), „Zwischen den Stühlen sitzt der Liberale auf seinem Sessel. Epigramme und Arbeitsgerichtsurteile" (1974), „Neues (und Altes) vom Rechtsstaat und von mir" (Epigramme, 1978), Die Faust meines Großvaters (1979), Die Amsel fliegt auf (1982).

Aster, Ernst von, *Berlin 18. Febr. 1880, †Stockholm 22. Okt. 1948, dt. Philosoph. - 1913 Prof. in München, 1920–33 in Gießen, 1936 in Istanbul; Hauptwerk: „Geschichte der Philosophie" (1932).

Aster [griech., eigtl. „Stern"], weltweit verbreitete Gatt. der Korbblütler mit etwa 500 Arten; überwiegend ausdauernde Halbsträucher, seltener ein- oder zweijährige Kräuter. Die Blütenköpfchen bestehen meist aus blauen, violetten oder weißen, seltener roten Zungenblüten und aus röhrigen, häufig gelben Scheibenblüten. Die Blüten stehen oft in Rispen oder Doldenrispen. Die Blätter sind wechselständig, oft ungeteilt, ganzrandig oder gesägt. In Deutschland kommen 5 Arten vor; v. a. in den Alpen auf trockenen Wiesen und Felsen bis 2 500 m Höhe die **Alpenaster** (A. alpinus) mit violettblauen Zungenblüten und gelben Scheibenblüten in 3–4 cm breiten Blütenköpfchen. Die Stengelblätter sind breit-linealförmig und ganzrandig, die grundständigen Blätter verkehrt-eiförmig. - In lichten Wäldern, auf feuchten, steinigen Abhängen der Alpen und süddeutschen Gebirge wächst das **Alpenmaßliebchen** (A. bellidiastrum) mit rötl. oder weißen Zungenblüten in etwa 3 cm breiten Blütenköpfchen auf 10–40 cm hohen, blattlosen, flaumig weißbehaarten Stengeln, die einer grundständigen Blattrosette entspringen. - Bei der in M-Europa und Kleinasien heim. **Bergaster** (A. amellus) sind die Zungenblüten meist blau-lila. Einige Unterarten sind Zierpflanzen. - Auf Steppenwiesen und Heidewiesen bis in 1 000 m Höhe wächst die kalkliebende, 20–50 cm hohe **Goldaster** (Lein-A., A. linosyris); Zungenblüten fehlen; Röhrenblüten goldgelb. - An den europ. Meeresküsten und auf salzhaltigen Böden des Binnenlandes wächst die 30–70 cm hohe **Salzaster** (Strand-A., A. tripolium) mit zartlila bis hellblauen, selten weißen Zungenblüten. Gartenzierpflanzen sind die im Spätsommer und Herbst blühenden **Herbstastern** (Staudenastern) mit rötl., blauen oder weißen Zungenblüten. Sie stam-

Ästhetik

men v. a. aus N-Amerika und werden 50 bis 150 cm hoch. Bekannt sind die **Neubelg. Aster** (Glattblattaster, A. novi-belgii) und die **Neuengl. Aster** (Rauhblattaster, A. novae-angliae).
♦ (Sommer-A.) volkstüml. Bez. für die zahlr., im Sommer blühenden Sorten (z. B. hohe Schnittastern, niedrige Zwergastern) der in China und Japan heim. Korbblütlerart Callistephus chinensis.
♦ (Winteraster) Bez. für ↑Chrysanthemen.

Asteraceae [griech.], svw. ↑Korbblütler.

Asterias [griech.] ↑Seesterne.

Asteriskos [griech.], in der byzantin. und in der westsyr. Liturgie ein Altargerät aus zwei sich kreuzenden Metallbögen mit einem kleinen Stern in der Mitte, das die Decke über der geweihten Hostie trägt.

Asteriskus [griech.], von den griech. Grammatikern verwendetes krit. Zeichen (*); bei Aristophanes von Byzanz zur Bez. sinnloser Verse, bei Aristarchos zur Kennzeichnung doppelt überlieferter Verse.
♦ in der *Sprachwissenschaft* Zeichen (*), das vor erschlossenen, nicht belegten Formen steht.

Asterismus [zu griech. astếr „Stern"], Eigenschaft gewisser Kristalle, im reflektierten oder durchfallenden Licht streifige, kreisoder sternförmige Lichtfiguren bzw. verzerrte Interferenzpunkte zu zeigen; beruht auf Unregelmäßigkeiten im Kristallbau bzw. auf Spannungen.

Astérix (Asterix), Gestalt einer frz. Comicstrip-Serie.

A-Sterne, Sterne der ↑Spektralklasse A: im Linienspektrum treten hauptsächl. die Wasserstofflinien der Balmer-Serie auf; effektive Oberflächentemperatur dieser Sterne etwa 10 000 K.

Asteroidea [griech.], svw. ↑Seesterne.

Asteroiden [griech.], die Kleinen Planeten; die ↑Planetoiden.

Asthenie [griech.], Schwäche, [krankheitsbedingter] Kräfteverfall.

Astheniker [griech.] ↑Körperbautypen.

Asthenopie [griech.], svw. ↑Augenschwäche.

Asthenosphäre [griech.] ↑Fließzone.

Ästhet [griech.], Freund des Schönen, empfindsamer Mensch.

Ästhetik [zu griech. aísthēsis „Wahrnehmung"], Wissenschaft, die allg. Probleme der Kunst und i. e. S. des Schönen (Erhabenen, Häßlichen, Tragischen, Komischen usw.) behandelt. Sie untersucht erkenntnistheoret., teils mit empir. Methoden, zum einen die Bedingungen der Konstruktion von Kunstwerken, die Strukturen des ästhet. Gegenstandes in Kunst und Natur, das Verhältnis von Kunst und Wirklichkeit, zum anderen die Bedingungen und Formen der ästhet. Rezeption durch den einzelnen wie durch die Gesellschaft. - Neben der Ä. als philosoph. Disziplin, konstituierte sich im 19. Jh. die Ä. als empir., teils experimentelle Einzelwissenschaft. Sowohl die philosoph. als auch die einzelwissenschaftl. Ä. kann die erforschten Sachverhalte beschreiben *(deskriptive Ä.)* oder darüber hinaus Normen für ein Kunstwerk entwickeln *(normative Ä.).* - Daß auf dem Gebiet der Ä. eine systemat. aufgebaute, begründete Theorie mögl. sei, wird vielfach bestritten; ästhet. Urteile werden häufig als bloß subjektive Äußerungen angesehen oder in die empir. Psychologie verwiesen.

Geschichte: In der Antike wurden Fragen der Schönheit einerseits, des Kunstwerks sowie seiner Rezeption und Interpretation andererseits weitgehend getrennt behandelt. Platon und Plotin behandelten das Problem der Schönheit im Zusammenhang mit der Richtigkeit (Gutheit) unter vorwiegend metaphys.-ontolog. und die Wirkung der Kunstwerke unter moral., nicht unter kunsttheoret. Gesichtspunkten. - Aristoteles führte die „Nachahmung" (↑Mimesis) als Begriff der Kunsttheorie ein. Die von ihm geforderte „Zweckfreiheit" der Kunst wie ihrer Rezeption meinte, daß sie nicht zu einem auswertbaren Nutzen (außer Entlastung und Entspannung) führt. Für den „Gebildeten" forderte er zum Genuß der Kunst eine lehr- und lernbare Theorie, die aber kaum weiter ausgearbeitet wurde. - A. G. Baumgarten (1750), der die Ä. als eigenständige philosoph. Disziplin begründete, verstand Ä. in einem weiteren Sinn als allg. Theorie der sinnl. Erkenntnis, i. e. S. als „Theorie der freien Künste", die einen theoret. Teil (Heuristik, Methodologie, Semiotik) und einen prakt. Teil (Anleitung zur Herstellung von Kunstwerken) enthält. Baumgarten versuchte, ein Kausalverhältnis zw. objektiv erkennbaren Kriterien eines Gegenstandes und dessen gefühlsmäßiger Wirkung (Lust, Gefallen) herzustellen. Die sich seit der Renaissance in Theorie und Praxis abzeichnende Autonomie der Kunst erhielt durch Kant ihre erste philosoph.-krit. Grundlegung. Die vorwiegend formale Ä. Kants versuchte Schiller inhaltl. zu bestimmen als „ästhet. Erziehung des Menschen" im Rahmen eines idealist.-utop. „ästhet. Staates"; Kunst sei die Freiheit in der Erscheinung, sofern der Künstler im Werk „den Stoff durch die Form vertilgt". Die Ä.entwürfe zw. Klassik und Romantik wollte der dt. Idealismus mit seiner *Gehalts-Ä.* (Schelling, Solger, F. Th. Vischer u. a.) spekulativ vollenden. Im Rahmen dieser auf das jeweilige philosoph. System bezogenen Ä. ist Hegels Ä. enzyklopäd. Zusammenfassung, Höhepunkt und Abschluß. Hegels zentrale Aussage, nach der „die Kunst nach der Seite ihrer höchsten Bestimmung für uns ein Vergangenes ist", zeigte bis in die Gegenwart richtungsweisend den Weg einer Fundierung der Ä. als Wissenschaft der Kunst. - Wichtige Strömungen bis in die

199

ästhetisch

Gegenwart sind: *psycholog. Ä.*: G. T. Fechner, F. Brentano, T. Lipps, J. Volkelt; *pragmat.-zeichentheoret. Ä.*: C. S. Peirce, Dewey, C. Morris; mit Wendung zur symbol. Form: S. K. Langer; *phänomenolog. Ä.* (ausgehend von Husserl): M. Geiger, Scheler, R. Ingarden. Heidegger löste die ästhet. Fragestellung auf, wobei die Kunstwerk „das sich ins Werk setzen der Wahrheit des Seienden" wird; existentialist. Variante z. B. bei Sartre. Die marxist. Theorie der Kunst, derzufolge Kunst als eine der menschlichsten Weisen der Produktion, von Menschen für Menschen gemacht, angesehen wird, schwankt zw. dem die Realität abbildl. spiegelnden und dem die Wirklichkeit bildenden Charakter der Kunst. Eine Theorie des gesellschaftl. Gebrauchs der Kunst und ihrer gesellschaftsbezogenen Wirkungsmöglichkeiten ist nur in Ansätzen ausgearbeitet. - In wissenschaftstheoret. Wende gegen die herkömml. Ä.theorien orientieren sich *informationelle* und *kybernet. Ä.* unkrit. am Theoriebegriff der sog. exakten Wissenschaften. Auf der Grundlage von Semiotik und Statistik untersuchen sie die Kommunikationsprozesse zw. Künstler, Kunstwerk (Design- Objekt) und Rezipient (z. B. H. W. Franke).

Dilthey, W.: *Die Epochen der modernen Ä.* In: Dilthey: Ges. Schrr. Bd. 6. Stg.; Gött. ^{6}1978. - Bense, M.: *Die semiot. Konzeption der Ä.* In: Lilli. Zs. f. Lit.wiss. u. Linguistik 7 (1977), 188. - Adorno, T. W.: *Ges. Schrr. Bd. 7: Ästhet. Theorie.* Ffm. 1970. - Lukács, G.: *Beitr. zur Gesch. der Ä.* Bln. ^{2}1956.

ästhetisch, die Ästhetik betreffend; schön, geschmackvoll, ansprechend; auch abschätzig für: überfeinert.

Ästhetizismus [griech.], Haltung, die dem Ästhetischen einen absoluten Vorrang vor anderen Werten einräumt, oft verbunden mit der Relativierung oder Negierung herrschender religiöser und eth. Anschauungen. Ä. ist eine Erscheinung der Neuzeit, er trat auf im 18. Jh., v. a. bei J. J. W. Heinse („Ardinghello", 1787), dann bei den Romantikern (F. Schlegel, Tieck, auch Platen), in Frankr. bei Chateaubriand, in England bei Keats. Er verband sich mit Bewegungen wie ↑ L'art pour l'art, ↑Symbolismus, ↑Impressionismus, der Kunst der Décadence, dem Geist des Fin de siècle. So zeigte sich eine mehr oder weniger ausgeprägt ästhetizist. Haltung u. a. bei W. Pater, Ruskin, Wilde, Beardsley, Flaubert, Baudelaire, Mallarmé, Proust, Huysmans („Gegen den Strich", 1884; ästhet. Mystizismus), dem frühen Nietzsche (Rechtfertigung der Welt allein als ästhet. Phänomen), dem jungen Hofmannsthal, George, D'Annunzio.

Asthma [griech.], anfallsweise auftretende Atemnot, Kurzatmigkeit, für die rasche Atemzüge und verlängerte Ausatmung charakterist. sind; vor dem 40. Lebensjahr meist in Form von **Bronchialasthma** auftretend. Es entsteht infolge der Verengung der feineren Luftröhrenverzweigungen, oft verbunden mit vermehrter Schleimabsonderung und entzündl. Schwellung des Bronchialepithels. Bei der *Entstehung* spielen drei Ursachengruppen eine Rolle: allerg. Reaktionsweisen (z. B. Blumen- und Gräserpollen, Arzneimittel, Staub u. a.), psych. Störungen (v. a. bei sensiblen und ängstl. Kindern), Infektionen der Luftwege. Diese Faktoren sind auch an der Auslösung des A.anfalls ursächl. beteiligt. Zunächst besteht nur ein Gefühl der Brustenge, dann steigt die Atemnot an, die Atmung wird mühsam, keuchend, manchmal rasselnd. Die Anfälle können unterschiedl. stark auftreten und unterschiedl. lange anhalten, oft über Tage und manchmal über Wochen. Zur Behandlung dienen Beruhigungsmittel sowie v. a. Adrenalin und adrenalinähnl. Stoffe, auch Sauerstoff. Unter Umständen kommt auch ein Höhenaufenthalt oder eine psychotherapeut. Behandlung in Frage. Nach dem 50. Lebensjahr tritt das **Herzasthma** in den Vordergrund. Die Atemnot tritt bei Herzkranken v. a. nachts auf. Sie wird durch Lungenstauung infolge zeitweiliger Mehrbelastung der geschwächten linken Herzkammer verursacht. I. w. S. versteht man darunter alle Zustände von anfallsweise auftretendem Lufthunger bei Herzkranken, z. B. bei ↑Angina pectoris.

Asti, italien. Stadt in Piemont, am Tanaro, 123 m ü. d. M., 77 000 E. Hauptstadt der Prov. A.; Bischofssitz; mehrere Museen, Gemäldegalerie; Textil- und Nahrungsmittelind., Handel mit Gemüse, Trüffeln und Schaumwein („A. spumante") - In der Antike **Hasta** (Asta), bis Ende 6. Jh. Hauptort eines langobard. Hzgt., dann einer fränk. Gft.; seit dem 10. Jh. von Bischöfen regiert; erhielt 1159 die städt. Freiheit wieder und wurde bedeutendste Stadt Piemonts; 1387 an die Herzöge von Orléans und nach 1498 an die frz. Krone, 1575 an Savoyen. - Zahlr. ma. Geschlechtertürme, Paläste und Kirchen, u. a. got. Dom (1309-54) mit roman. Kampanile San Pietro (12. Jh.).

Astigmatismus [griech.], in opt. oder elektronenopt. Abbildungssystemen zwangsläufig auftretende ↑Abbildungsfehler.

◆ in der *Medizin*: Stabsichtigkeit, Sehstörung infolge krankhafter Veränderung der Hornhautkrümmung, wodurch einfallende Lichtstrahlen nicht mehr in einem Punkt vereinigt werden können.

Astilbe [griech.] (Scheingeißbart, Prachtspiere), Gatt. der Steinbrechgewächse mit etwa 35 Arten in Asien und im östl. N-Amerika; die weißen oder rötl. Blüten stehen in großen Rispen; viele Arten sind beliebte Zierstauden.

Astipaläa, griech. Insel der Kykladen, 85 km sö. von Naxos, 99 km^2, im S bis 506 m ü. d. M. Hauptort A. mit venezian. Festung.

Astmoose (Schlafmoose, Hypnaceae),

Fam. fiederartig verzweigter, auf dem Boden wachsender Laubmoose mit über 900 Arten in etwa 30 Gatt.; Blätter oft sichelartig gekrümmt. Zu der bekannten, mit etwa 60 Arten weitverbreiteten Gatt. Hypnum zählt das in Europa sehr häufige, in verschiedenen Unterarten vorkommende **Zypressenschlafmoos** (Hypnum cupressiforme), dessen Stengel kriechende bis aufsteigende Ausläufer treiben.

Aston, Francis William [engl. 'æstən], *Harborne (Birmingham) 1. Sept. 1877, † Cambridge 20. Nov. 1945, brit. Chemiker. - Mit der Diffusionsmethode gelang ihm 1913 eine teilweise Trennung von Neonisotopen. 1919 erfand er den † Massenspektrographen; erhielt 1922 den Nobelpreis für Chemie.

Astonscher Dunkelraum [engl. 'æstən; nach F. W. Aston] † Glimmentladung.

Astor, Johann Jakob ['astɔr, engl. 'æstə], *Walldorf bei Heidelberg 17. Juli 1763, † New York 29. März 1848, amerikan. Großkaufmann dt. Herkunft. - Wanderte 1783 nach Amerika aus; organisierte den Pelzhandel von den Großen Seen zum Pazif. Ozean und von da über Hawaii nach China und Japan, erwarb sich großes Vermögen durch Bodenspekulation, v. a. in New York. Nach seinem Tod wurde die *Astor Library* (heute New York Public Library) errichtet, für die er 400 000 $ gestiftet hat.

Astorga, Emanuele Gioacchino d', *Augusta (Sizilien) 20. März 1680, † in Portugal oder Spanien 1755 oder 1757, italien. Komponist span. Herkunft. - Komponierte Kantaten, eine Oper „Dafni" (Dramma pastorale, 1709) sowie ein „Stabat mater" (für Soli, Chor und Orchester, 1707).

Astorga, span. Stadt, 40 km wsw. von León, 870 m ü. d. M., 14 000 E. Bischofssitz; Textilind. - In der Antike **Asturica Augusta,** Verwaltungsmittelpunkt, Gerichtsort und Kolonie der Asturier; Mitte 3. Jh. Bischofssitz; nach maur. Herrschaft 1033 zurückerobert. - Kathedrale (1471–1559; Barockfassade 1693), Neues bischöfl. Palais von A. Gaudí (1889 ff.).

Astrachan, sowjet. Gebietshauptstadt, RSFSR, an der unteren Wolga, 14 m ü. d. M., 487 000 E. Fischerei- und Landw.hochschule, medizin. Hochschule, PH, Seefahrtschule; zwei Theater, Philharmonie; Werft; fischverarbeitende Ind.; für Seeschiffe zugängl. Wolgahafen; Linienschiffahrt nach Perm und Moskau, Bahnstation; ♆. - Als Handelsplatz schon im 6. Jh. bekannt; entwickelte sich bis zur Zerstörung durch Timur-Leng (1395) zu einem der größten Warenumschlagplätze in S-Rußland; im 15. Jh. Sitz des tatar. Khanats A., 1554 als Zartum A. dem Moskauer Reich einverleibt, bald danach Zentrum eines dt. Wirtschaftsgebiets und Sitz von Niederlassungen der größten europ. Handelskompanien für den Handel mit Persien, Buchara und China. Wurde im 18. Jh. Haupthafen der russ. Flotte im Bereich des Kasp. Meeres und Sitz einer Admiralität, im 19. Jh. wichtigster Transithafen im russ.-asiat. Handel. - Bed. sind der Kreml (1580) und die Uspenski-Kathedrale (1700–17).

Astrachan, Pelze aus dem Fell des Fettschwanzschafes der Kirgisensteppe.
◆ kurzhaariger Plüsch, dessen glänzende Haare durch Pressen des Flors wirbelförmig festgelegt wurden.

Astragalus [griech.], in der Antike Spielsteinchen; das Spiel mit diesen Steinchen ist eine Neben- oder vielleicht die Ausgangsform des Würfelspiels.
◆ architekton. Zierprofil von rundem Querschnitt, entweder glatt (Rundstab) oder in alternierende Perlen und Scheibchen gegliedert (Perlstab).

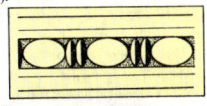

◆ svw. † Tragant.

α-Strahlen † Alphastrahlen.

Astrakanit [nach Fundorten bei der Stadt Astrachan] (Blödit), Doppelsalz aus Natrium- und Magnesiumsulfat, $Na_2SO_4 \cdot MgSO_4 \cdot 4H_2O$, kommt in körnigen oder dichten farblosen, weißen, gelbl. oder rötl. Aggregaten in Abraumsalzen vor. Mohshärte 2,5; Dichte 2,2 bis 2,3 g/cm³.

astral [griech.], die Gestirne betreffend.

Astralleib (Ätherleib), in unterschiedl. (religiösen, philosoph. u. a.) Weltdeutungssystemen die Gestalt in der zu den Sternen entrückten Seelen; in der Anthroposophie der äther. gedachte Träger des Lebens im Körper des Menschen; im Okkultismus ein dem ird. Leib innewohnender übersinnl. Zweitkörper. Die Vorstellung vom A. geht auf neuplaton., neupythagoreische und stoische Lehren zurück, in denen die früharistotel. Auffassung, Gestirne und Seelen bestünden aus derselben Quintessenz (Äther), mit der aristotel. Lehre vom † Äther und der platon. Weltseele zusammengefaßt wurden.

Astralmythologie, religiöse Verehrung der Sterne, bes. der Sonne und des Mondes sowie die Theorie, nach der alle myth. Aussagen auf die Verehrung der Gestirne zurückgeführt werden könnten.

Astrantia [griech.], svw. † Sterndolde.

Astrid, in neuerer Zeit aus dem Schwed. übernommener weibl. Vorname (zu schwed. as, german. ans- „Gott" und frid „schön").

Astrida, Stadt in Rwanda, † Butare.

Astrilde [afrikaans], svw. † Prachtfinken.

Astrionik [Kw. aus Astronautik und Elektronik], Raumfahrtelektronik; auch Bez. für alle Verfahren der Steuerung, Lenkung, Regelung, Datenverarbeitung in der Raumfahrt.

astro..., Astro... [griech.], Bestim-

Astrobiologie

mungswort in Zusammensetzungen mit der Bedeutung „stern..., Stern...".

Astrobiologie (Kosmobiologie), die in manchen Teilen umstrittene Lehre von der Beeinflussung des menschl. Lebens (allgemeiner biolog. Vorgänge) durch kosm. Erscheinungen: Einflüsse der Sonne (z. B. Sonneneruptionen, Höhenstrahlung), des Mondes u. a.

Astrodynamik, Teilgebiet der Astrophysik; behandelt den Bewegungsablauf von Sternhaufen und Sternsystemen.

Astrograph, mehrlinsiger Refraktor für photograph. Aufnahmen größerer Sternfelder, ein Instrument mit großem Öffnungsverhältnis, d. h. mit großer Lichtstärke und mit großem Gesichtsfeld.

Astrographischer Katalog, ein 1887 von zahlr. Sternwarten begonnenes, noch nicht abgeschlossenes Gemeinschaftsunternehmen, das nach Vollendung in rund 150 Bänden die Positionen und photograph. Helligkeiten von mehreren Millionen Sternen bis zur 11. Größe vollständig enthalten soll.

Astroide [griech.] (Sternkurve), sternförmige ebene Kurve mit vier Spitzen, die ein Punkt eines Kreises mit Radius r beschreibt, der innen auf einem Kreis vom Radius $R = 4r$ abrollt. Sie ist zugleich Evolute einer Ellipse. Gleichung der A. in kartes. Koordinaten: $x^{2/3} + y^{2/3} = R^{2/3}$, in Parameterdarstellung: $x = R \cos^3 \varphi$, $y = R \sin^3 \varphi$.

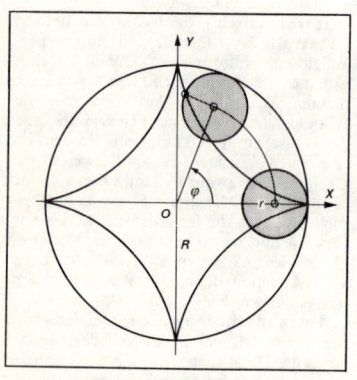

Astrokompaß, Gerät zur Bestimmung der rechtweisenden Nordrichtung unter Bezug auf einen Himmelskörper. Der A. arbeitet unabhängig vom Erdmagnetfeld und wird vorwiegend in hohen geograph. Breiten eingesetzt.

Astrolabium [griech.], histor. astronom. Meß- und Beobachtungsgerät, das gleichzeitig als Sternenuhr diente.

Astrologie [griech.], Sterndeutung; der Versuch, das Geschehen auf der Erde und das Schicksal des Menschen aus bestimmten Konstellationen der Gestirne zu deuten und vorherzusagen. Die A. geht dabei von der Überzeugung aus, daß zw. der Sternenwelt und ird. Vorgängen (insbes. der menschl. Existenz) eine erfaßbare geregelte und damit prognostizierbare Beziehung besteht. Da rationale Erklärungsmöglichkeiten fehlen, ist A. eine Glaubensfrage. Grundlage der Deutung bilden die den Planeten zugeschriebenen „Wesenskräfte". Den 12 Abschnitten (Tierkreiszeichen) bzw. Sternbildern des Tierkreises wird eine Zusatzwirkung als „Haus" zugeschrieben, die je nach Sternbild und Planet verschieden ist. Darüber hinaus hat jeder Planet an einem bestimmten Punkt des Tierkreises seine stärkste Wirkung, die *Erhöhung* (exaltatio), und im entgegengesetzten Punkt seine schwächste Wirkung, die *Erniedrigung* (dejectio). - Wichtig für ein Geburtshoroskop *(Nativität)* ist der im Augenblick und am Ort der Geburt aufsteigende Punkt der Ekliptik, der sog. *Aszendent,* von dem aus der Tierkreis eingeteilt wird, so daß diese „Häuser" je nach Aszendent unterschiedl. Wirkungen haben. Bestimmte Winkel *(Aspekte),* unter denen die Planeten geozentr. zueinander erscheinen (Konjunktion 0°, Opposition 180°, Trigonalschein 120°, Quadratur 90°, Sextilschein 60°), verursachen eine Verstärkung, Abschwächung oder gar Aufhebung der Wirkung. Jedes Tierkreiszeichen hat darüber hinaus eine die Wirkung des in ihm stehenden Planeten beeinflussende spezif. Eigenwirkung.

Geschichte: Die Ursprünge der A. liegen in Mesopotamien. Ausgehend von der Göttlichkeit der Planeten und des Königs wurde eine gegenseitige Abhängigkeit zw. beiden angenommen, so daß die Konstellationen der Planeten Einflüsse auf den König und seine Geschicke (insbes. das Reich) auszuüben vermochten. - Die Tierkreis-A. entstand in Ägypten, wo um 2100 v. Chr. eine Art Nachtuhr entwickelt worden war, die den Aufgang bestimmter Sterne und Sternbilder südl. der Ekliptik für alle Nachtstunden durch das ganze Sonnenjahr verzeichnete. Die Aufgangszeiten wurden später zu Gruppen („Widder") zusammengefaßt. In hellenist. Zeit wurden diese „Widder" fälschl. mit Abschnitten des damals zuerst von den Babyloniern übernommenen Tierkreises identifiziert. Um 150 v. Chr. wurde die so entstandene *Tierkreis-A.* in einem den beiden Ägyptern Nechepso und Petosiris zugeschriebenen griech. Kompendium mit der babylon. *Planeten-A.* verbunden. Es enthielt bereits weitgehend die traditionellen Deutungsregeln der Geburtshoroskopie. Zuvor war die babylon. A. bereits durch ↑Berossos in Griechenland eingeführt worden. Die endgültige Verknüpfung von Tierkreis- und Planeten-A. erfolgte durch ↑Ptolemäus in seinem „Viererbuch". Dieses System stellte in Spätantike und MA eine durch philosoph. und physikal. Anschauungen gestützte Weltanschauung dar, die als

Astronomie

universale Wissenschaft auch andere Wissenschaften beeinflußte, bes. ↑Alchimie, Medizin, Theologie und Philosophie. Die A. verbreitete sich rasch über die ganze hellenist. Welt, faßte bes. in Rom Fuß und gelangte nach Persien, Syrien, Indien und China. Allein wegen ihres Regelschemas entstanden auch frühzeitig erste Gegener der A. (in Rom Cicero, Tacitus und Seneca, bei den Arabern Al Biruni u. a., seit Augustinus auch die Kirchenväter, die die A. als Verstoß gegen die Entscheidungsfreiheit des Menschen und die Allmacht Gottes ansahen). Trotzdem faßte die A. seit dem 11. Jh. auch im abendländ. MA schnell Fuß. Alle Astronomen (einschließl. Tycho Brahe und Kepler) bis ins 17. Jh. waren überzeugte Astrologen. Seit dem 18. Jh. setzte sich ein neues physikal. Weltbild durch (mit der Erkenntnis von anderen Sonnensystemen u. a.). Die A. hielt jedoch an dem traditionellen Regelwerk des Ptolemäus fest und führt heute ein pseudowiss. Dasein im Bereich des Aberglaubens.

Eysenck, H.-J./Nias, D.: A. Wiss. oder Aberglaube? Mchn. 1984. - Lexikon der A. Erarbeitet v. U. Becker. Freib. 1981. - Ring, T.: A. neu gesehen. Freib. ²1979.

Astromantie [griech.], Wahrsagung aus den Sternen.

Astrometrie [griech.] (Positionsastronomie), Teilgebiet der [sphär.] Astronomie, das sich mit der Messung der Örter der als punktförmig angesehenen Gestirne und mit deren scheinbaren und wahren Ortsveränderungen an der Sphäre sowie mit der Theorie der zur Messung benötigten Instrumente befaßt.

Astron [griech.], svw. ↑Parsec.

Astronaut [zu ↑astro und griech. naũs „Schiff"], Teilnehmer an einem Raumfahrtunternehmen; in der UdSSR: **Kosmonaut**.

Astronautik [griech.], Wiss. von den Möglichkeiten des Fluges außerhalb der Erdatmosphäre, ↑Raumfahrt.

Astronavigation, in der See- und Luftfahrt Standort- und Kursbestimmung unter Verwendung von Meßdaten angepeilter Himmelskörper.

Astronmaschine [griech./dt.], Gerät zum Studium thermonuklearer Reaktionen durch Erzeugung eines magnet. eingeschlossenen Hochtemperaturplasmas. Theoret. ist mit ihm die Erreichung einer für das Einsetzen thermonuklearer Reaktionen notwendigen Zündtemperatur möglich. In einem auf dem Astronprinzip beruhenden Fusionsreaktor würden rund 15 % der freiwerdenden Energie genügen, um den Fusionsprozeß aufrechtzuerhalten.

Astronom [griech.], Sternen-, Himmelskundiger bzw. -forscher; auch Astrophysiker genannt. Das Studium wird über ein Diplom in Physik mit der Promotion in Astronomie abgeschlossen.

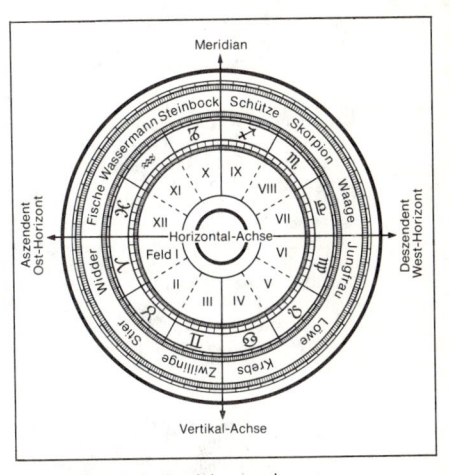

Astrologie. Tierkreiszeichen und Anordnung der Horoskopfelder

Astronomie [griech. „Sternkunde"], umfassende Bez. für alle die Zweige der exakten Naturwissenschaften, die sich mit der Erforschung des Universums beschäftigen. Die eigtl. Forschungsmethode der A. ist die Beobachtung und Analyse der aus dem Weltraum kommenden elektromagnet. Strahlung. Daneben haben sich durch die Einbeziehung der auf die Erde einfallenden Teilchenstrahlen und durch den Weltraumflug neue Forschungsmöglichkeiten ergeben.

Ziel der A. ist es, Erkenntnisse über Verteilung und Bewegung, die physikal. Zustände, die

Astrolabium aus Messing (1532)

Astronomie

Zusammensetzung und Entwicklung der Materie im Universum sowie über die räuml.-zeitl. Struktur der Welt als Ganzes zu gewinnen.

Die einfallende Strahlung wird nach Richtung, Quantität und Qualität mit unterschiedl. Methoden und speziellen Instrumenten analysiert, wobei sich zahlr. Forschungszweige entwickelt haben.

Bis in die Mitte des 19. Jh. galt das Interesse astronom. Forschung fast ausschließ. der Messung der Richtung bzw. der Richtungsänderung der von den Gestirnen kommenden Strahlung. Dieser Bereich der Forschung wird heute als *fundamentale A.* oder *Richtungs-A.* bezeichnet. Man rechnet dazu: *Sphär. A.*, Astrometrie, Bahnbestimmung, *Himmelsmechanik*, *astronom. Orts- und Zeitbestimmung* sowie die Probleme der Festlegung des *fundamentalen Koordinatensystems*.

Danach wurde insbes. auch Quantität und Qualität der Strahlung gemessen. Da dazu Meß- und Untersuchungsmethoden aus der Physik herangezogen wurden, bezeichnete man diesen Bereich als *Astrophysik*.

Durch Verknüpfung von Messungen der Richtung, der Intensität und der Zusammensetzung der von Sternen kommenden Strahlung konnten für einzelne Sterne die sog. *Zustandsgrößen (Leuchtkraft, Oberflächentemperatur, Flächenhelligkeit an der Oberfläche, Radius, Masse, mittlere Dichte, Rotationsgeschwindigkeit* und *chem. Zusammensetzung)* abgeleitet werden. Die bekannteste Beziehung zw. zwei Zustandsgrößen (absolute Helligkeit und Spektraltyp) stellt das *Hertzsprung-Russell-Diagramm* dar.

Bei der *Stellarstatistik* und *Stellardynamik* werden die Sterne nicht mehr als Einzelindividuen betrachtet, sondern erscheinen als Teil statist. Mengen. Diese Methode wird infolge der Absorption des Lichts der Sterne durch Materie im interstellaren Raum beeinträchtigt (*interstellare Absorption*).

Mit großen Spiegelteleskopen wurden um 1920 die Entfernungen der Spiralnebel bestimmt. Man erkannte, daß es sich um extragalakt., d. h. außerhalb unseres Milchstraßensystems liegende Sternsysteme handelt. Der A. war es somit möglich, wesentl. Bereiche des Universums zu überblicken. Fragen der Kosmologie rückten aus einem spekulativen in einen anhand der Natur nachprüfbaren Bereich der Forschung. Gleichzeitig eröffneten sich Einblicke in die vielfältigen Formen und Strukturen von Sternsystemen, und es wurden Vorstellungen und Zahlengrößen über Alter, Größe und räuml.-zeitl. Struktur der Welt als Ganzes gewonnen. Selbst Fragen nach der *Entstehung der Welt (Kosmogonie)* können auf diese Weise behandelt werden.

Die Vielfalt der Objekte astronom. Forschung erfordert viele spezielle Beobachtungsmethoden und Verfahren. Aus diesem Grunde spricht man entsprechend den Beobachtungs- und Forschungsobjekten von *Sonnen-* und *Planetenphysik*, von *Stellar-A.*, von *galakt.* und *extragalakt. Forschung.*

Schon zu Beginn der qualitativen Untersuchung der Weltraumstrahlung erkannte man, daß die Lufthülle der Erde nicht das gesamte Spektrum elektromagnet. Wellen bis zum Erdboden gelangen läßt. Für die meisten Wellenlängen ist die Erdatmosphäre prakt. undurchlässig, mit Ausnahme zweier Bereiche: in der Umgebung des sichtbaren Lichts und im Bereich der Radiofrequenzstrahlung. Man spricht daher von zwei „Fenstern der Durchlässigkeit". Durch diese kann die entsprechende Strahlung der Himmelskörper beobachtet werden; dementsprechend spricht man von *opt. A.* und von *Radioastronomie.*

Die Radiostrahlung wird weniger stark absorbiert als sichtbares Licht. Die Erforschung unserer Galaxis ist mit opt. Beobachtung nur in einem verhältnismäßig kleinen Umkreis möglich; mit Hilfe der Radio-A. kann der Bau unseres Milchstraßensystems über fast seine gesamte Ausdehnung untersucht werden, insbes. durch Beobachtung einer Spektrallinie bei 21,1 cm (1,42 GHz), die von neutralen Wasserstoffatomen ausgesendet wird. Der Radio-A. sind ferner solche Objekte zugängl., die im Radiofrequenzbereich wesentl. stärker strahlen als im opt. Bereich. Die Erforschung der so entdeckten †Quasare und †Pulsare eröffnet der A. neue Forschungszweige.

Durch Aussenden von Radiostrahlungsimpulsen und Empfang der Echos (Radar) sind mit Methoden der Radio-A. Vermessungen im Sonnensystem möglich (*Radar-A.*).

Mit der Entwicklung der Raketen- und Raumfahrttechnik ist die A. aus den erdgebundenen Bereichen herausgetreten in eine *extraterrestr. Forschung*. Mit Ballons, Raketen und Satelliten kann außerhalb der den Ausblick begrenzenden Atmosphäre das gesamte elektromagnet. Wellenspektrum beobachtet werden. Mit der *Ballon-, Raketen-* bzw. *Satelliten-A.* wird insbes. im Bereich der ultravioletten, der Röntgen- und Gammastrahlung sowie der infraroten Strahlung beobachtet. Ähnl. wie bei der Radio-A. werden dadurch nicht nur neue Erkenntnisse über bekannte Himmelskörper gewonnen, sondern auch bis dahin unbekannte Objekte entdeckt. So wurden durch Beobachtungen der *Röntgen-A.* vermutet, sog. †schwarze Löcher beobachtet, mit der *Infrarot-Astronomie* neue Galaxien entdeckt.

▭ Baker, D./Hardy, D. A.: *Der Kosmos-Sternführer*. Dt. Übers. Stg. ⁴1985. - Giese, R. H.: *Einf. in die A.* Mhm. u. a. 1984. - Schaifers, K./Traving, G.: Meyers Hdb. Weltall. Mhm. u. a. ⁶1984. - Herrmann, J.: *Großes Lex. A.* Mchn. 1980. - *Cambridge Enzyklopädie der A.* Hg. v. S. Mitton. Dt. Übers. Gütersloh 1978.

astronomische Instrumente

GESCHICHTE DER ASTRONOMIE (Übersicht)

um 2750 v. Chr.	Namengebung für die wichtigsten Sternbilder durch die Babylonier.
6. Jh. v. Chr.	Pythagoräer lehren die Kugelgestalt der Erde.
um 220 v. Chr.	Eratosthenes: erste Messung des Erdumfanges.
um 150 v. Chr.	Hipparch von Nizäa: Fixsternkatalog.
um 150 n. Chr.	Ptolemäus: Höhepunkt der griech. Astronomie.
8. bis 13. Jh.	Weiterbildung der Astronomie durch die Araber.
1543	Kopernikus' Schrift „De revolutionibus orbium coelestium libri VI" (Sechs Bücher über die Kreisbewegungen der Weltkörper) erscheint.
1588	Tycho Brahe veröffentlicht seine Planetentheorie.
1609	Galilei richtet zum ersten Mal ein Fernrohr gegen den Himmel und entdeckt u. a. die Mondgebirge, vier Jupitermonde und die Sonnenflecken.
1609	Kepler veröffentlicht seine Planetengesetze.
1672	Cassini bestimmt die Entfernung Erde–Sonne.
1676	Römer bestimmt die Lichtgeschwindigkeit.
1687	Newton: Gravitationsgesetz.
1706	Halley entdeckt die Wiederkehr von Kometen.
1744	Euler liefert die analytische Behandlung des Zweikörperproblems.
1781	Herschel entdeckt Uranus.
1801	Piazzi entdeckt den kleinen Planeten Ceres.
1809	Gauß veröffentlicht seine Methode der Planetenbahnbestimmung.
1838	Bessel bestimmt die erste Fixsternparallaxe.
1846	Berechnung und Entdeckung von Neptun.
1852	die „Bonner Durchmusterung" von F. W. Argelander erscheint.
1859	Kirchhoff und Bunsen finden das Prinzip der Spektralanalyse.
1868	Secchi: erste Spektralklassifikation.
1887	M. Wolf: Himmelsphotographie.
1908	Hale: magnetische Kraftfelder auf der Sonne.
1920	Wolf beweist die Existenz interstellarer Materie.
1923	Hubble bestimmt die Entfernung von Spiralnebeln.
1930	als 9. Planet wird Pluto entdeckt.
1932	Jansky empfängt Radiostrahlung aus der Milchstraße.
1938	Energieerzeugung in Sternen wird verständlich (Bethe-Weizsäcker-Zyklus).
1945	Radarecho vom Mond festgestellt.
1949	21-cm-Linie des neutralen interstellaren Wasserstoffs gefunden.
1963	Deutung der Quasar-Spektren.
1967	erster Pulsar entdeckt.
1969	Armstrong und Aldrin landen als erste Menschen auf dem Mond.
1976	Untersuchung der Marsoberfläche durch Raumsonden Viking 1 und 2.
1978/79	Erforschung des Planeten Jupiter und seiner Monde durch die Raumsonden Voyager 1 und 2.
1980	Erforschung des Planeten Saturn und seiner Monde durch die Raumsonde Voyager 1.
1986	Erforschung des Planeten Uranus durch die Raumsonde Voyager 2; Erforschung des Halleyschen Kometen durch Raumsonden (v. a. „Giotto").

astronomische Dämmerung ↑ Dämmerung.

astronomische Einheit (Sonnenweite), Einheitenzeichen AE, das Entfernungsmaß im Sonnensystem; fundamentale Größe der Astronomie, definiert als die mittlere Entfernung Erde–Sonne (1 AE = 149,5658 Mill. km). Die genaue Kenntnis der a. E. ist von größter Bed., weil sie letztlich als Maßstab allen kosm. Entfernungsangaben zugrunde liegt.

Astronomische Gesellschaft, Abk. AG, wiss. Vereinigung mitteleurop. Fachastronomen und profilierter Amateurastronomen mit Sitz in Hamburg, 1863 gegründet.

astronomische Instrumente, Sammler, Analysatoren und Empfänger für die von kosm. Quellen ausgehende Strahlung. Diesen Instrumenten sind folgende Elemente gemeinsam: Die Strahlung wird gesammelt; dazu dienen Systeme aus Linsen oder Spiegeln (Refraktor, Reflektor, Schmidt-Spiegel, Astrograph usw.). Die Strahlung wird einem Analysator (Filter, Spektrograph usw.) zugeführt. Der Strahlungsempfänger registriert quantitativ oder auch qualitativ die ankommende Strahlung (als Empfänger dienen u. a. Auge, Photoplatte, Photozelle, Photomultiplier, Thermoelement). Sammelndes System und Strahlungsempfänger werden durch Montierung und Nachführungsvorrichtungen auf bestimmte Punkte des Himmelsgewölbes eingestellt und der scheinbaren tägl. Bewegung nachgeführt.

astronomische Jahreszählung, von der histor. Jahreszählung christl.-julian. Zeitrechnung abweichende Jahreszählung, nach der dem Jahr 1 das (von der histor. Jahreszählung nicht berücksichtigte) Jahr 0 vorangeht, das dem Jahr 1 v. Chr. entspricht.

astronomische Konstanten, eine Gruppe von Konstanten, die notwendig sind, um Beobachtungen von Himmelskörpern auszuwerten und zu interpretieren, und die für diesen Zweck den ↑ Ephemeriden in den astronom. Jahrbüchern zugrunde liegen. Die meisten sind deshalb mit Dimension, Figur, Gravitationsfeld und Bewegung der Erde verknüpft. Dazu werden die Lichtgeschwindigkeit, der Äquatorradius des Referenzellipsoids für die Erde, die astronom. Einheit, die geozentr. Gravitationskonstante, die Masse des Mondes in Erdmassen, die allg. Präzession und die Nutationskonstante gezählt. Abgeleitete a. K. sind u. a.: die Sonnenparallaxe, die Aberrationskonstante, die heliozentr. Gravitationskonstante und die Konstante der Mondgleichung.

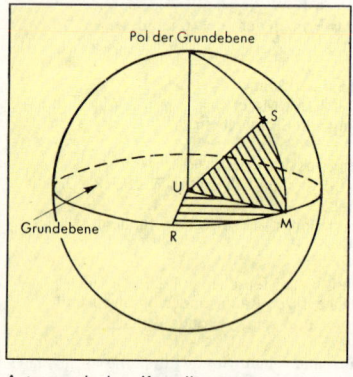

Astronomisches Koordinatensystem (Schema)

astronomische Koordinatensysteme, Koordinatensysteme zur Festlegung von Sternörtern. Um die Richtung eines Punktes S an der Sphäre vom Ursprungspunkt U aus zu bestimmen, wählt man eine Ebene als Grundebene und in dem Großkreis, den diese an der Sphäre ausschneidet, einen Punkt R als Richtpunkt. Die Lage des Punktes S ist dann eindeutig durch zwei Winkel bestimmt, näml. den Winkel SUM, den die Richtung nach S mit der Grundebene bildet, und den Winkel RUM, den eine senkrecht zur Grundebene durch S gelegte Ebene mit der Richtung zum Punkt R einschließt. Die Winkel werden durch die ihnen entsprechenden Kreisbogen $\widehat{SM}$ und $\widehat{RM}$ gemessen. Auf dieser Grundlage kann man durch Angabe der Grundkreisebene, des Richtpunktes auf ihr und durch Festlegen der Zählung der Winkel entsprechend die gebräuchl. a. K. definieren.

astronomisches Dreieck (nautisches Dreieck), das sphär. Dreieck mit den Eckpunkten Himmelspol, Zenit, Stern.

astronomische Tafeln ↑ Ephemeriden.

astronomische Uhr ↑ Uhr.

astronomische Zeichen, Symbole der Planeten und ihrer Konstellationen (Aspekte), der Tierkreiszeichen, Mondphasen sowie bestimmter Punkte auf der Ekliptik. - ↑ auch Tierkreiszeichen.

Astrophotometrie, Messung der von den Gestirnen auf die Erde gelangenden Strahlung, meist in verschiedenen Spektralbzw. Wellenlängenbereichen auf photograph. Wege oder mit speziellen *Astrophotometern*.

Astrophysik, Schwesterwiss. der Astronomie; erforscht den Aufbau, die Zusammensetzung, den physikal. Zustand sowie die Entwicklung der Himmelskörper.

Astroplatte, hochempfindl., für bestimmte Spektralbereiche sensibilisierte photograph. Platte zur Aufnahme von Himmelsobjekten.

Astrozyt [griech.], Sternzelle; zur Neuroglia (↑ Nervensystem) gehörende großkernige Zelle mit zahlr. strahlenförmigen Ausläufern. A. scheinen für den Stofftransport und Stoffwechsel von Bed. zu sein.

Astruc, Jean [frz. as'tryk], * Sauve (Gard) 19. März 1684, † Paris 5. Mai 1766, frz. Arzt. - War Leibarzt Ludwigs XV. und Prof. an der medizin. Fakultät in Paris; bed. jedoch als Anreger der krit. Erforschung der 5 alttestamentl. Mosebücher.

Ästuar [lat.] (Schlauchmündung), durch Ebbe und Flut trichterförmig erweiterte Flußmündung.

Asturias, Miguel Ángel, * Guatemala 19. Okt. 1899, † Madrid 9. Juni 1974, guatemaltek. Schriftsteller. - Mütterlicherseits indian. Abstammung; 1966–70 Botschafter in Paris. Sein Werk wurzelt in den kulturellen Traditionen und Mythen der Maya; starkes polit. Engagement („Der Herr Präsident", 1946), wie auch sozialkrit. und antiimperialist. Akzente. Auch Lyrik. A. erhielt 1967 den Nobelpreis. - *Weitere Werke:* Legenden aus Guatemala (1930), Die Maismänner (R., 1949), Don Niño oder Die Geographie der Träume (R., 1961).

Asturias ↑ Asturien.

Asturien (span. Asturias), histor. Prov. (Region) in N-Spanien, entspricht der heutigen Prov. Oviedo, Hauptstadt Oviedo. Hochgebirgsland, westl. Fortsetzung („Astur. Gebirge") des Kantabr. Gebirges zw. den Tälern von Deva im O und Eo im W, gipfelt in den Picos de Europa (Torre de Ceredo 2 648 m hoch). Küstenparallele Großgliederung: Hinter der Steil- und Riasküste erheben sich die Küstenketten, denen landeinwärts eine Längssenke folgt; nach S schließen die Hauptketten des Astur. Gebirges an. Das stark ozean. geprägte Klima weicht nach S zunehmend kontinentalen Einflüssen. Übergewicht der Rinder- und Schweinehaltung gegenüber dem Ackerbau; Anbaufrüchte sind Mais (auf Trockenfeldern), Gerste, Roggen, Kartoffeln und Luzerne (bewässert). Sommerweiden für Schafherden aus S-Spanien im südl. A.; an der Küste Fischerei. Hauptwirtschaftszweige sind jedoch Bergbau und Ind. Zentrum der reichen Kohlelagerstätten ist Oviedo; außerdem Abbau von Eisen-, Zink-, Blei- und Kupfererz. Die bed. Schwerind. hat ihre Zentren in Avilés, Mieres und Gijón.

Geschichte: Das von keltiber. Asturiern bewohnte Gebiet wurde 25–19 von Augustus unterworfen und Teil der röm. Prov. Hispania Tarraconensis. Im 5. Jh. eroberten die Sueben den W, etwas später die Westgoten den O von A., das seit 584 ganz zum westgot. Reich gehörte. Nach der arab. Invasion (711) letzte Zuflucht der restl. westgot. Bev. Von A. aus begann nach 722 die christl. Reconquista der Iber. Halbinsel. A. wurde christl. Kgr., seit 925 Kgr. León, das 1230 im Kgr. Kastilien aufging. 1388 wurde das Ft. A. errichtet, seither Apanage der kastil., später der span. Thronfolger (Prinzen von A.); 1823 in die Prov. Oviedo umgewandelt. A. erhielt 1982 ein Autonomiestatut.

Asturien [asturi'ɛ:] (Asturiense), nach der span. Landschaft A. benannte mesolith. Fundgruppe an der Küste der Iber. Halbinsel, deren Träger als Küstensammler lebten; vorwiegend aus Höhlen und Abris bekannt; Steinwerkzeuge (Pebble tools).

asturische Phase ↑Faltungsphasen (Übersicht).

Asturisches Gebirge ↑Asturien, ↑Kantabrisches Gebirge.

Astwerk, Ornament der Spätgotik in Form knorriger Äste. - ↑auch Laubwerk.

Astyages, letzter König der Meder. - Nach Herodot Sohn des Kyaxares, Schwager des Krösus und Großvater Kyros' II., der ihn um 550 v. Chr. stürzte.

Astyanax, Gestalt der griech. Mythologie. Sohn des Hektor und der Andromache, auch Skamandrios genannt.

ASU, Abk. für:
♦ ↑Arabische Sozialistische Union.
♦ ↑Abgassonderuntersuchung.

Asukibohne [jap./dt.] (Phaseolus angularis), nur als Kulturpflanze bekannte Bohnenart; wichtige Nahrungspflanze asiat. Tropenländer und Chinas.

Asunción [span. asun'sjɔn], Hauptstadt Paraguays, am linken Ufer des Paraguay, 105 m ü. d. M., 455 000 E. Sitz eines Erzbischofs; zwei Univ. (gegr. 1890 bzw. 1960), landw. Hochschule, wiss. Akademien und Institute, Museen, botan. Garten, Zoo. Wichtigstes Handelszentrum des Landes; über den Hafen läuft der größte Teil der Im- und Exporte. Erdölraffinerie, Textilind., Herstellung von Tabakwaren. Eisenbahnlinie nach Bue-

ASTRONOMISCHE KOORDINATENSYSTEME

Grundkreis und Pol	Name der Koordinaten und Abkürzung		Ausgangspunkt und Richtung der Zählung	Zählung zwischen Grundkreis und Pol
Horizontsystem:				
Horizont	Azimut	A	Südpunkt	Horizont zum Zenit
Zenit	Höhe oder	h	über Westen	$0°$ bis $+90°$
Nadir	Zenitdistanz	z	im Bogenmaß	oder umgekehrt
Festes Äquatorsystem (Stundenwinkelsystem):				
Himmelsäquator	Stundenwinkel	t	Meridian über Westen	Äquator zu den
Nord- und Südpol	Deklination	δ	im Zeitmaß	Polen $0°$ bis $\pm 90°$
Bewegtes Äquatorsystem (Rektaszensionssystem):				
Himmelsäquator	Rektaszension (AR)	α	Frühlingspunkt	Äquator
Nord- und Südpol	Deklination	δ	entgegen der täglichen Bewegung im Zeitmaß	zu den Polen $0°$ bis $\pm 90°$
Ekliptikales System:				
Ekliptik	ekliptikale Länge	λ	Frühlingspunkt	Ekliptik
ihr Nord- und Südpol	ekliptikale Breite	β	in wachsender Rektaszension im Bogenmaß	zu den Polen $0°$ bis $\pm 90°$
Altes galaktisches System:				
Mittellinie der Milchstraße	galaktische Länge	l^{I}	Schnittpunkt des Grundkreises mit dem Himmelsäquator in wachsender Rektaszension im Bogenmaß	Milchstraßenebene
ihr Nord- und Südpol	galaktische Breite	b^{I}		zu den Polen $0°$ bis $\pm 90°$
Neues galaktisches System:				
Mittellinie der Milchstraße	galaktische Länge	l^{II}	galaktisches Zentrum in wachsender Rektaszension im Bogenmaß	Milchstraßenebene
ihr Nord- und Südpol	galaktische Breite	b^{II}		zu den Polen $0°$ bis $\pm 90°$

nos Aires, internat. ✻. - 1537 Gründung des Fort **Nuestra Señora Santa María de la Asunción**, eigtl. Stadtgründung 1541; wurde zum Kolonisationszentrum im östl. Südamerika; seit 1588 Missionstätigkeit der Jesuiten unter den Indianern; seit 1617 Hauptstadt der Prov. Guaira. 1811 wurde in A. die Unabhängigkeit Paraguays ausgerufen. 1868-76 brasilianisch. - Das Stadtbild beherrschen die Bauten, die 1844-70 nach teilweisem Abriß der Altstadt errichtet wurden, u. a. Regierungsgebäude (Kopie des Louvre), klassizist. Kathedrale.

Asura [Sanskrit], Beiwort bestimmter Götter im ↑Rigweda, bes. von ↑Mitra und ↑Waruna. Im späteren Weda und in den ↑Brahmanas sind die A. die Feinde, mit denen die Götter in dauerndem Kampf liegen. Im späteren Hinduismus werden zahlr. Dämonen als A. bezeichnet.

ASVG, Abk. für: *Allgemeines Sozialversicherungsgesetz* [für Österreich].

ASVÖ, Abk. für: ↑*Allgemeiner Sportverband Österreichs*.

ASW, Abk. für: ↑*Anti-Submarine-Weapons*.

Asyl [griech.], Heim zur vorübergehenden Aufnahme von Obdachlosen und Hilfsbedürftigen; Zufluchtsort.

Asylrecht, 1. allgemein: das Recht auf Schutz vor Verfolgung. Schon in frühen kulturellen Entwicklungsstufen finden sich A.formen im religiösen Bereich. Der Verfolgte erlangte Schutz durch das Betreten hl. Stätten, das Berühren hl. Personen oder Gegenstände. In der griech. und röm. Antike war jeder den Göttern geweihte Ort Freistatt; seit Konstantin I., d. Gr., wurde das A. auf Kirchen, Klöster, christl. Hospitäler u. a. übertragen. Von der kath. Kirche wird das A. noch heute formell aufrechterhalten. Förml. abgeschafft wurde das Asylwesen in Deutschland erst gegen Ende des 18. Jh.
2. Im geltenden Recht das Recht des Staates, in dem eine Person Zuflucht gesucht hat (Zufluchtstaat), dieser vor dem Verfolgerstaat Schutz zu gewähren, v. a. sie nicht auszuliefern. Für die BR Deutschland hat Art. 16 Abs. 2 Satz 2 GG das A. zu einem subjektiven öffentl. Recht erhoben; weitere Regelungen enthalten das AusländerG vom 28. 4. 1965 und das AsylverfahrensG vom 16. 7. 1982. Asylberechtigt sind alle Nichtdeutschen, die wegen polit. Straftaten oder wegen ihrer polit. oder religiösen Gesinnung verfolgt werden, sofern ihnen das A. nicht wegen Mißbrauchs der freiheitl.-demokrat. Einrichtungen gemäß Art. 18 GG aberkannt worden ist.

Asymbolie [griech.], Störung der Fähigkeit, sich durch Zeichen zu äußern *(motor. A.)* oder Zeichen zu erkennen *(sensor. A.)*.

Asymmetrie, Mangel an Symmetrie, Ungleichmäßigkeit.

Asymmetriefehler ↑Abbildungsfehler.

asymmetrisches Kohlenstoffatom, Kohlenstoffatom in organ. Verbindungen, dessen vier Valenzen durch vier verschiedene Reste abgesättigt sind. Verbindungen, die ein a. K. enthalten, sind opt. aktiv, d. h., sie drehen die Schwingungsebene des linear polarisierten Lichtes um einen für sie spezif. Winkel. Der Drehsinn kann zur Identifizierung, der Drehwinkel zur Konzentrationsmessung einer opt. aktiven Substanz dienen. - ↑auch asymmetrische Verbindungen.

asymmetrische Verbindungen, chem. Verbindungen, die durch das Fehlen einer Symmetrieebene oder eines Symmetriezentrums gekennzeichnet sind. Von a. V. existieren immer zwei chem. gleich reagierende Formen (Isomere), die sich in ihrem räuml. Bau zueinander wie ein Bild zu seinem Spiegelbild verhalten. Physikal. sind a. V. dadurch gekennzeichnet, daß sie die Polarisationsebene des in sie eingestrahlten linear polarisierten Lichtes drehen. - ↑auch optische Aktivität.

Asymptote [zu griech. asýmptōtos, eigtl. „nicht zusammenfallend"], allg. eine Gerade, an die sich eine Kurve anschmiegt, ohne sie im Endlichen zu erreichen.

asymptotische Entwicklung (asymptotische Darstellung), Bez. für die Darstellung einer Funktion $f(x)$ durch eine unendl. (nicht unbedingt konvergente) Reihe der Form $\sum_{\nu=0}^{\infty} a_\nu x^{-\nu}$, wenn für jede feste natürl. Zahl $n = 1, 2, 3, ...$ gilt:

$$\lim_{x \to \infty} x^n [f(x) - \sum_{\nu=0}^{n} a_\nu x^{-\nu}] = 0.$$

Man schreibt dann auch symbol.

$$f(x) \sim a_0 + \frac{a_1}{x} + \frac{a_2}{x^2} + ...$$

(gesprochen: $f(x)$ ist *asymptot. gleich...*).

asynchron, nicht mit gleicher Geschwindigkeit laufend; entgegenlaufend, nicht gleichzeitig.

Asynchronmotor, weitverbreiteter Wechsel- oder Drehstrommotor, dessen Drehzahl unabhängig von der Frequenz der Netzspannung geregelt werden kann.

asyndetisch [griech.], nicht durch Konjunktion verbunden (↑Asyndeton).

Asyndeton [griech. „Unverbundenes"], die Reihung gleichgeordneter Wörter, Wortgruppen, Satzglieder oder Sätze, die ohne Konjunktionen, d. h. unmittelbar, verbunden sind.

aszendent [lat.], aus der Tiefe aufsteigend.

Aszendent [lat.], in der *Astronomie:* Aufgangspunkt eines Gestirns bzw. Gestirn im Aufgang.
◆ in der *Genealogie:* Vorfahre (Ahne) einer Person. - Ggs.: Deszendent. **Aszendenz**, Verwandtschaft in aufsteigender Linie. Ggs.: Deszendenz.

Aszese ↑Askese.

Aszetik (Asketik) [griech.], Lehre von der

↑Askese, im kath. Verständnis die theolog. Disziplin vom Streben nach der christl. Vollkommenheit.

Aszidien [griech.], svw. ↑Seescheiden.

At, chem. Symbol für: ↑Astat.

A. T., Abk. für: Altes Testament.

-at [lat.], Suffix der chem. Nomenklatur für die Benennung von Salzen und Estern, deren Anion bzw. Säurerest sich von einer sauerstoffhaltigen Säure ableitet (Acetat, Borat, Chlorat, Nitrat, Sulfat usw.).

Atacama (Nordchilen. Wüste), Wüstengebiet im nördl. Chile, das von der Grenze gegen Peru nach S bis zum Río Huasco, nach O bis an die bolivian. und argentin. Grenze reicht, entspricht der chilen. Großlandschaft **Großer Norden.** Hinter der nur 2–3 km breiten Küstenebene steigt die Küstenkordillere bis über 2 000 m ü. d. M. an, durchbrochen von wenigen Schluchten ohne Wasserführung. Es folgt eine über 700 km lange, in 800–1 000 m ü. d. M. gelegene Beckenzone, die eigtl. A. In die anschließende Hochkordillere (bis über 6 000 m ü. d. M.) ist eine Längssenke eingeschaltet, in der u. a. der Oberlauf des Río Loa und die Puna de A. liegen, die Puna mit abflußlosen, flachen Wannen, die von Salaren erfüllt sind, u. a. Salar de A. (2 450 m ü. d. M., 2 300 km²). - Das *Klima* wird bestimmt durch die Lage zw. dem kalten Humboldtstrom und dem zentralandinen Hochgebirge. Höchstens alle paar Jahre oder gar Jahrzehnte fällt ein kurzer Starkregen. Nur im äußersten N machen sich Ausläufer des trop. Zenitalregen bemerkbar, im äußersten S Ausläufer der subtrop. Winterregen. In der Küstenebene und bis etwa 900 m am Abbruch der Küstenkordillere hinauf kommen Nebel zur Ausbildung. Hier wachsen Zwerg- und Dornsträucher sowie Säulenkakteen. Prakt. völlig regenlos ist die Hochbeckenzone. - Die *Wirtschaft* der A. wird durch den Bergbau bestimmt; Salpetervorkommen in der inneren Beckenzone, nach sporad. Abbau im 18. Jh. seit 1810–12 erschlossen. Bis zur synthet. Gewinnung von Stickstoffdüngern hatte Chile prakt. das Monopol der Stickstoffdüngerversorgung der Erde. Daneben werden Jod, Sulfate und Borate gewonnen, sowie Kochsalz im Salar Grande. Die Bed. des Bergbaus auf Silber hat abgenommen, im Ggs. zum Kupfererzbergbau (bed. Lagerstätten auf der Abdachung der Hochkordillere). Die Landw. beschränkt sich auf Flußtäler; Quellenoasen am Hochkordillerenrand und Hochgebirgssiedlungen. - Über die Hälfte der *Bev.* lebt in den Küstenstädten. Für sie hat neben der Hafenfunktion Fischfang und Fischverarbeitung an Bed. gewonnen; daneben Guanogewinnung.

Atacama, nahezu ausgestorbene indian. Stammesgruppe in N-Chile und N-Argentinien.

Atacamagraben, Tiefseegraben im Pazifik, unmittelbar vor der zentralen Küste Südamerikas, größte Tiefe 8 066 m u. d. M.

Atacamit [nach der Wüste Atacama] (Salzkupfererz), grüne, durchscheinende, rhomb.-bipyramidale Kristalle bildendes Mineral der chem. Zusammensetzung $CuCl_2 \cdot 3Cu(OH)_2$; Dichte 3,75 g/cm³; Mohshärte 3 bis 3,5. Wichtiges Kupfererz (Lagerstätten in Chile, Bolivien, Australien).

ATAF [engl. 'ɛɪtæf, 'æːtæf] ↑NATO (Tafel).

Atafu, Atoll der Tokelauinseln.

Atahualpa [span. ataˈɣalpa] (Quechua: Atawalchpa), † Cajamarca (Peru) 29. Aug. 1533, 13. (letzter) Herrscher der traditionellen Inkaliste. - Nahm um 1530, obwohl nicht thronberechtigt, die Inkawürde an; Alleinherrscher 1532 nach Gefangennahme seines Halbbruders Huáscars; 1532 von den Spaniern unter F. Pizarro gefangengenommen; trotz Zahlung eines ungeheuren Lösegeldes zum Tode verurteilt und erdrosselt.

Atakora ↑Togo-Atakora-Gebirge.

Atakpamé [frz. atakpa'me], Stadt in Togo, am O-Fuß des Togo-Atakora-Gebirges, 250 m ü. d. M., 23 000 E. Goethe-Inst., Handelszentrum des größten Baumwollanbaugebiets des Landes mit Textilind.; Straßenknotenpunkt, ⚒. - Anfang 18. Jh. gegr.

ataktisch, ungeordnet, von der regellosen Anordnung der Seitenkette bei durch ↑Polymerisation entstandenen Makromolekülen gesagt.

Atalante, Gestalt der griech. Mythologie. Amazonenhafte Jägerin aus Arkadien oder Böotien.

Atalayasa, höchste Erhebung auf Ibiza, 475 m ü. d. M.

Ataman [russ.], in Entsprechung zur ukrain.-poln. Bez. Hetman die russ. histor. Bez. für den freigewählten, mit militär. und ziviler Befehlsgewalt ausgestatteten Führer der Kosaken.

Atar, mauretan. Oasenstadt im westl. Adrar, 224 m ü. d. M., 16 000 E. Prov.-Hauptstadt, wichtiger Marktort; ausgedehnte Dattelpalmbestände, Dattelexport; ⚒.

Ataraxie [griech.], Unerschütterlichkeit angesichts unerklärter Naturphänomene, i. w. S. bei Epikur, den Skeptikern und in der Stoa Freiheit von Ängsten, ↑Autarkie des einzelnen gegenüber Umwelteinflüssen, Leidenschaftslosigkeit und Gleichmut gegenüber Schicksalsschlägen (↑Apathie).

Atarchasis ↑Atrachasis.

Atargatis [aram., vermutl. „Astarte, Mutter der Ate"] (dt. ident. Deketo, lat. Dercetis), syr. Fruchtbarkeits- und Muttergottheit der hellenist. Zeit, in Rom als „die syr. Göttin" („Dea Syria") bekannt. Hauptort ihres orgiast. Kults war das antike Hierapolis (Nordsyrien). In ihrem Dienst standen die Galli, Priester, die sich selbst entmannt hatten und in weibl. Kleidern und Schmuck auftraten. Ein Mythos der A. ist nicht bekannt.

Atasi, Al, Haschim (Atassi), * Homs 1876(?), † ebd. 6. Dez. 1960, syr. Politiker. - 1936–39 Staatspräs., 1949 Min.präs., 1949–51 und 1954/55 erneut Staatspräs.

A., A., Nur Ad Din (Atassi), * Homs 1929, syr. Politiker. - Urspr. Arzt; 1963 Innenmin., 1964 stellv. Min.präs., ab 1966 Vors. der Bath-Partei in Syrien und Staatspräs.; 1968 auch Min.präs.; gehört zum radikalen Flügel der Bath-Partei; 1970 gestürzt; lebt im Exil in Libyen.

Atatürk ↑ Kemal Atatürk.

Atavismus [zu lat. atavus „Urahn"], von H. de Vries 1901 geprägter Begriff für das Auftreten von „individuellen Rückschlägen auf alte Ahnenzustände" bei Lebewesen. Möglichkeiten der Entstehung von Atavismen: **1. Kombinationsatavismus:** Durch die Kombination verschiedener Gene als Folge von Kreuzungen kommt es zu Genkonstitutionen, die einer Ahnenform entsprechen können (wird phänotyp. als Rückschlag erkennbar); **2. paratyp. Atavismus:** Durch exogene Störungen während der Embryonalentwicklung bleiben stammesgeschichtl. ältere Eigenschaften erhalten, die sonst nur während der Individualentwicklung vorübergehend auftreten; **3. mutativer Atavismus:** Durch Mutationen kommt es zu strukturellen Ähnlichkeiten mit Ahnenformen. Einige sichere Atavismen beim Menschen sind: Halsfisteln (die dadurch zustande kommen, daß eine der während der Embryonalentwicklung angelegten Kiementaschen erhalten bleibt und durchbricht), Vermehrung der Zahl der Rückenwirbel, das Auftreten der ↑ Darwin-Ohrhöcker, überzählige Schneide- und bes. überzählige Backenzähne. Die Lebensfähigkeit eines Menschen wird durch das Auftreten atavist. Merkmalsbildungen in der Regel nicht beeinträchtigt.

Ataxie [griech.], Störung des geordneten Ablaufs und der Koordination von Muskelbewegungen. Bei Vorliegen einer A. wirken diese unsicher oder - durch ein Mißverhältnis zw. Kraftaufwand und Bewegung - ausfahrend und schleudernd. Die A. beruht auf organ. Veränderungen im Gehirn oder Rückenmark.

Atbara, sudanes. Stadt, an der Mündung des Atbara in den Nil, 346 m ü. d. M., 73 000 E. Sitz eines kopt. Bischofs; landw. Handelszentrum; ※.

A., rechter Nebenfluß des Nil, entspringt 40 km nw. von Gondar, Äthiopien, ist bei Chaschm Al Kirba gestaut, mündet bei Atbara, 1 120 km lang; liefert bei Hochwasser 22 % des Nilwassers, dann auch schiffbar; in der Trockenzeit aber nur ein kleines Rinnsal.

Ate, bei den Griechen die Personifikation der „Verblendung", die den Menschen mit Frevelmut (Hybris) schlägt und ihn in Schuld verstrickt. Nach Homer wurde A. von ihrem Vater Zeus im Zorn auf die Erde geschleudert.

Atelektase [griech.], Verminderung des Luftgehaltes in der Lunge; Luftleere der Lungenbläschen, d. h. Zustand, bei dem die Wandungen der Lungenbläschen aneinanderliegen, z. B. bei Neugeborenen, bei Verstopfung der Atemwege oder Schädigung des Atemzentrums.

Atelie [griech.], in der *Biologie* ein Merkmal oder eine Eigenschaft (z. B. Querbinden auf Schmetterlingsflügeln), die keinen erkennbaren biolog. Zweck hat.

Atelier [atəli'e:; frz., urspr. „Haufen von Holzspänen" (zu spätlat. astella „Splitter, Span"), dann „Arbeitsraum des Zimmermanns"], Arbeitsraum eines Künstlers, Maßschneiders, Photographen; Raum, Gebäude für Filmaufnahmen.

Atellane [lat.], Bez. für eine altitalische Volksposse, deren Name vom Ursprungsort, der osk. Stadt Atella, einem antiken Schilda, in Kampanien abgeleitet ist.

Atem, der Luftstrom, der beim Ausatmen aus den Lungen entweicht (↑ Atmung).

Atemfilter, in Atemschutzgeräten oder einfachen Mundstückanschlüssen eingebauter Filtereinsatz, der durch Siebwirkung, Adsorption oder chem. Bindung schädl. Bestandteile aus der einzuatmenden Luft zurückhält. Als Filtermaterial dienen Zellstoff, Papier oder Watte (gegen Schwebstoffe), Aktivkohle (gegen organ. Dämpfe) und bestimmte Chemikalien (v. a. gegen anorgan. Gase und Dämpfe). In der Ind. werden zum Schutz gegen Staub, Feinstaub, Farbnebel usw. Schwammgummi-, Gaze- und Kolloidfilter verschiedener Schutzstufen, meist kombiniert mit Halbmasken, verwendet.

Atemfrequenz ↑ Atmung.

Atemgeräusche, Sammelbez. für alle (normalen und krankheitsbedingten) Geräusche, die beim Ein- und Ausströmen der Atemluft in Lunge und Luftwegen entstehen und bei der ↑ Auskultation des Atemvorgangs zu hören sind.

Atemgifte, Sammelbez. für Stoffe, die die äußere oder innere ↑ Atmung hemmen. A. wirken entweder durch Blockierung der Atemwege (Stickgase wie Stickstoff und Helium, Reizgase wie Schwefeldioxid und Lungengifte wie Grünkreuz), durch Lähmung des ↑ Atemzentrums (Narkose- und Schlafmittel), durch Hemmung des Sauerstofftransports im Blut (Blutgifte; z. B. Kohlenmonoxid) oder durch Blockierung der Zellatmung (Enzymgifte; z. B. Blausäure).

Atemgymnastik (Atmungsgymnastik), Bewegungsübungen zur Normalisierung, Unterstützung und Vertiefung der Lungenatmung. Sie wird hauptsächl. als Krankengymnastik v. a. bei Bronchialasthma, Bronchitis, bestimmten Kreislauferkrankungen, bei Lungen- und Rippenfellentzündung sowie bei Verformungen des Brustkorbs und nach Brustkorboperationen angewendet.

Atemhöhle (Mantelhöhle), der Atmung dienender, von Mantel und Körper gebildeter Raum bei Weichtieren, in dem die Kiemen liegen.

Atemi [jap.], Bez. für eine Reihe von schmerzhaften, z. T. sehr gefährl. Schlägen und Stößen beim Jiu-Jitsu.

Atemkapazität (Vitalkapazität) ↑ Atmung.

Atemlähmung, lebensgefährl. Zustand bei erhebl. Verminderung der Atemtätigkeit oder bei Atemstillstand infolge Lähmung des ↑ Atemzentrums im verlängerten Mark durch Verletzung, Erstickung, Vergiftung (*zentrale A.*) oder infolge Lähmung der Atemmuskulatur (*periphere A.*). Jede A. erfordert sofortige künstl. Beatmung.

Atemmesser, svw. ↑ Spirometer.

Atemnot (Dyspnoe), mit dem subjektiven Gefühl der Kurzatmigkeit und Beklemmung verbundene Atemstörung. Objektiv liegt eine erschwerte oder (im Verhältnis zum Bedarf und zur erzielten Ventilation) vermehrte Arbeitsleistung der Atemmuskulatur zugrunde, deren Ursache in verschiedenen Atemstörungen liegen kann.

a tempo [italien.], musikal. Aufführungsanweisung, derzufolge das ursprüngl. Zeitmaß, das durch eine Vorschrift vorübergehend unterbrochen wurde, wiederaufzunehmen ist.

Atemschutzgeräte, Arbeits- und/oder Rettungsgeräte zum Schutz oder zur Aufrechterhaltung der Atmung; werden beim Auftreten oder Vorhandensein giftiger Gase, Schwebstoffe oder bei Sauerstoffmangel (↑ Atemgifte) in der Umgebungsluft eingesetzt. Einsatzbereiche für A. sind v. a. das Grubenrettungswesen, die Feuerwehr, die Industrie (z. B. Umgang mit Chemikalien, Farb- und Lösungsmitteln) und die Landwirtschaft (Schädlingsbekämpfung). Nach der Einsatzmöglichkeit, Funktion und Wirkungsweise unterscheidet man Filter-, Schlauch-, Behälter- und Regenerationsgeräte. Einfache A. sind mit Atemfilter versehene Atemschutzmasken. Bei Schlauchgeräten (Frischluftgeräten) wird die Atemluft über Schläuche zugepumpt, die verbrauchte Atemluft geht ins Freie. Behältergeräte haben ebenfalls einen offenen Kreislauf für das Atemluftsystem. Regenerationsgeräte arbeiten mit einem geschlossenen System; dabei wird die ausgeatmete Luft regeneriert, indem das ausgeatmete Kohlendioxid chemisch gebunden und der verbrauchte Sauerstoff aus einer Druckgasflasche ergänzt wird.

Atemschutzmaske, Gesichtsmaske zum gasdichten Anschluß von Atemschutzgeräten (z. B. über Atemschläuche oder Atemfilter).

Atemspende ↑ Erste Hilfe (Übersicht).

Atemstillstand (Apnoe), Aussetzen der spontanen Atemtätigkeit infolge Verletzung bzw. Lähmung des Atemzentrums oder infolge Verlegung der Atemwege mit anschließender zentraler Lähmung. Einzige Hilfe ist die sofortige künstl. Beatmung und - bei Herzstillstand - die Herzmassage (↑ Erste Hilfe [Übersicht]).

Atemvolumen, svw. Atemzugvolumen (↑ Atmung).

Atemwege, svw. ↑ Luftwege.

Atemwurzeln, bei trop. Sumpfpflanzen senkrecht nach oben wachsende Seitenwurzeln, die über den Boden oder das Wasser in die Luft ragen und der Atmung dienen; insbes. bei den Mangrovepflanzen der trop., sauerstoffarmen Küstensümpfe.

Atemzentrum (Atmungszentrum), bei Wirbeltieren (einschließl. Mensch) nervöses Zentrum im Bereich des verlängerten Marks, das die Atembewegungen auslöst und deren geordneten Ablauf regelt. Das A. ist streng genommen kein einheitl. Zentrum, sondern liegt weit verteilt im verlängertem Mark, im Hirnstamm und im Rückenmark. Bei der gewöhnl. Atmung sind nur die Einatmungsmuskeln tätig, die Ausatmung erfolgt rein passiv mit Hilfe elast. Rückstellkräfte. Erst bei forcierter Atmung setzt sich die Tätigkeit des Ausatmungszentrums über die Innervation der Ausatmungsmuskeln durch. Das A. erhält seine Erregungen z. T. direkt über das Blut; v. a. verstärkt eine Anhäufung von Kohlendioxid, aber auch eine Erhöhung der H-Ionen-Konzentration den Atemantrieb. Sinnvollerweise wird das A. aber außerdem auch durch eine Verminderung der Sauerstoffspannung im Blut angeregt. Stärkste Atemantriebe erfolgen bei Muskelarbeit durch Mitinnervation von den motor. Zentren her auf rein nervösem Weg. Dadurch wird gewährleistet, daß die in Tätigkeit gesetzten Muskeln bei vermehrter Durchblutung außer mit Nährstoffen sofort auch ausreichend mit Sauerstoff versorgt werden. Ausfall des A. infolge Vergiftung oder Sauerstoffmangels führt zur Erstickung mit (weiterer) Sauerstoffverarmung und Kohlendioxidanhäufung in Blut und Geweben. Durch künstl. Beatmung kann die Funktion des A. im Dienst der Wiederbelebung einige Zeit ersetzt werden.

Atemzug, Vorgang der Ein- und Ausatmung, durch dessen Häufigkeit und Intensität das Atemzeitvolumen und damit der Gaswechsel in der Lunge bestimmt wird.

Atérien [ateriɛ̃:] (Atirian), nach dem in der Nähe des Fundplatzes Qued Djebbana gelegenen Bir el-Ater (etwa 75 km südl. von Tébessa, Algerien) benannte steinzeitl. Kulturgruppe, die im N Afrikas vom Niltal bis zur Atlantikküste und im S bis zum 15. Breitengrad vorkommt; typ. sind Spitzen und Schaber mit für die Schäftung ausgearbeitetem Stiel.

Aterno, italien. Fluß, ↑ Pescara.

Atesis, lat. Name der ↑ Etsch.

Ateste, antike Stadt, ↑ Este.

Ath (niederl. Aat), belg. Stadt an der Dender, 50 km sw. von Brüssel, 32 m ü. d. M., 24 000 E. Zentraler Schul- und Marktort, südlichster Standort der fläm. Textilind.-Region, Möbelind. Pendlerwohnort von Brüssel. - Im MA Mittelpunkt einer Herrschaft; mehrfach befestigt; schwere Schäden im 17./18. Jh. - Reste einer Burg (um 1150), Saint Julien (14. Jh.), Saint-Martin (16. Jh.), Rathaus (17. Jh.).

Athabasca River [engl. æθəˈbæskə ˈrɪvə], Zufluß zum Athabascasee, entspringt in den kanad. Rocky Mountains, mündet in einem Delta am SW-Ende des Athabascasees, 1 230 km lang.

Athabascasee [engl. æθəˈbæskə], See in NW-Kanada, über 300 km lang, 10–60 km breit, 213 m ü. d. M.; der Abfluß erfolgt durch den Slave River zum Großen Sklavensee.

Athabasken ↑ Athapasken.

Athalarich (lat. At[h]alaricus), * 516, † 2. Okt. 534, König der Ostgoten (seit 526). - Sohn der Amalasuntha und des Eutharich; stand als Nachfolger Theoderichs d. Gr. unter mütterl. Vormundschaft.

Athalia [griech.], Gatt. der Blattwespen mit der v. a. in SO-Europa schädl. ↑ Rübsenblattwespe.

Äthan [griech.], C_2H_6, einfacher, gesättigter Kohlenwasserstoff aus der Gruppe der ↑ Alkane; ein farbloses und geruchloses Gas; Ä. ist in der Technik ein wichtiger Ausgangsstoff für viele Synthesen, z. B. Gewinnung von Synthesegas durch Umsetzung mit Wasser, Oxidation zur Essigsäure. In der Natur tritt A. als Bestandteil des Erdgases auf (zus. mit Methan).

Äthanal [griech.], svw. ↑ Acetaldehyd.

Athanarich (Athanerich, lat. Athanaricus), † Konstantinopel 381, Führer der Westgoten. - Mehrere Christenverfolgungen (348, 369) aus Römerhaß; durch Kaiser Valens nach mehrjährigem Krieg 369 zum Vertragsverhältnis mit Rom gezwungen; zog sich vor den Hunnen mit einem Teil des Volkes in das Banater Bergland zurück; gegen Lebensende von Kaiser Theodosius I. ehrenvoll aufgenommen.

Athanasianisches Glaubensbekenntnis (Athanasianum) ↑ Quicumque.

Athanasios, hl., * Alexandria um 295, † ebd. 2. Mai 373, griech. Kirchenlehrer, Patriarch von Alexandria. - 328 Bischof von Alexandria. Die Machtposition dieser kirchl. Stellung nutzte er geschickt in seinen theolog. Kämpfen gegen den ↑ Arianismus aus. Seine Schriften erklären und verteidigen hauptsächl. das Bekenntnis von Nizäa. In seinem „Leben des hl. Antonius" entwirft er ein Programm christl. Mönchslebens. - Fest: 2. Mai.

Athanasius, männl. Vorname griech. Ursprungs, eigtl. „der Unsterbliche".

Äthandial, svw. ↑ Glyoxal.

Äthandiol, svw. ↑ Glykol.

Äthandisäure, svw. ↑ Oxalsäure.

Athanodoros, griech. Bildhauer des 1. Jh. v. Chr. aus Rhodos. - Einer der Schöpfer der ↑ Laokoongruppe.

Äthanol [griech./arab.] (Äthylalkohol, Weingeist, umgangssprachl. Alkohol), C_2H_5OH, Derivat des ↑ Äthans, chem. Verbindung aus der Gruppe der ↑ Alkohole, bildet eine farblose, angenehm riechende, brennend schmeckende Flüssigkeit. Die Dichte beträgt bei 15 °C 0,7894 g/cm^3, der Schmelzpunkt liegt bei −114,4 °C, der Siedepunkt bei 78,3 °C. Erhitzt man Ä.-Wasser-Gemische, so entweicht schließl. bei 78,15 °C ein azeotropes Gemisch aus 95,57 Gewichtsprozent Ä. und 4,43 Gewichtsprozent Wasser, daher läßt sich wasserfreies Ä. (↑ absoluter Alkohol) nicht durch Destillation gewinnen. Die Gewinnung des Ä. erfolgt durch die alkohol. ↑ Gärung aus kohlenhydrathaltigen Rohstoffen. Am bekanntesten ist seine Verwendung als berauschender Bestandteil der alkohol. Getränke. Chem. Strukturformel:

$$\begin{array}{c} \text{H} \quad \text{H} \\ | \quad | \\ \text{H} - \text{C} - \text{C} - \text{OH} \\ | \quad | \\ \text{H} \quad \text{H} \end{array}$$

Äthanolamine (Aminoäthylkohole), $H_nN(CH_2CH_2OH)_{3-n}$, alkal. reagierende, schwach fischartig riechende Verbindungen, die durch Umsetzen von Äthylenoxid mit Ammoniaklösung hergestellt werden; Verwendung als Waschflüssigkeit zur Beseitigung von H_2S und als Vorprodukte für Wasch-, Netz- und Emulgiermittel.

Äthansäure, Bez. der chem. Nomenklatur für ↑ Essigsäure.

Athapasken (Athabasken), weit verbreitete indian. Sprachfamilie. Nach sprachl. Gesichtspunkten unterscheidet man: *Nördl. A.* (in NW-Kanada u. Alaska), *Pazif. A.* (in SW-Oregon und NW-Kalifornien), *Südl. A.* (in Arizona, New Mexico und Texas). I. e. S. werden als A. meist die nordwestkanad.-alask. (d. h. nördl.) subarkt. Jäger bezeichnet.

Atharwaweda ↑ Weda.

Athaulf, † Barcelona 415 (ermordet), König der Westgoten (seit 410). - Schwager Alarichs; führte sein Volk 412 nach Gallien, wo er ein eigenes Reich zu gründen suchte; konnte sich trotz versuchter Anlehnung an Rom und Eheschließung (414) mit Galla Placidia, der Schwester Kaiser Honorius', nicht halten und zog nach Spanien.

Atheismus [zu griech. átheos „ohne Gott"], in der Neuzeit (16./17. Jh.) aufgekommene Bez. verschiedener Meinungen, die auf die Behauptung der Existenz eines ↑ Absoluten, bestimmter offizieller Götter oder eines persönl., insbes. des christl. Gottes, verzichten oder diese Existenz negieren. In der griech. und röm. Antike waren die „atheoi" bzw. die „atheistae" diejenigen, die die offiziellen Götter nicht anerkannten und an deren öffentl. Kult nicht teilnahmen; im röm. Kaiserreich zählten zu ihnen zeitweise auch die Christen. Im christl. MA verstand man als „atheistae" meist summarisch die „Heiden", unter ihnen auch die an einen Gott glaubenden Muslime. In der Neuzeit ist A. meist Bez. für die Weigerung, ein „transzendentes", d. h. ein von der menschl. Erfahrung zugängl. Welt verschiedenes Wesen anzunehmen.

Geschichte: Eine der frühesten Formen des A. im neuzeitl. Sinne findet sich in der ind. Samkhja-Philosophie (7. Jh. v. Chr. bis 17. Jh. n. Chr.), die gegen die Gründe argumentiert, aus denen die Existenz eines höchsten Wesens angenommen wird. In der abendländ. Geistesgeschichte zeugen schon Fragmente mancher Vorsokratiker von einem theoret. A., wie v. a. bei Demokrit und Kritias, der die Erfindung der Götter als die Bereitstellung eines allgemein wirksamen Schreckmittels zur Erhaltung der moral. Ordnung versteht. Epikur, von vielen Interpreten für einen theoret. Atheisten gehalten, scheint nur gegen die Annahme göttl. Vorsehung und damit – wie sein Schüler Lukrez – gegen den Grund der Gottesfurcht argumentiert zu haben. Im christl. MA gibt es zwar keinen ausformulierten A., seit dem 13. Jh. aber, bes. durch die Lektüre der arab. Philosophen motiviert, eine Skepsis gegenüber Kirche und Offenbarung. Der Aufbau der Naturwissenschaften, v. a. der Physik, verlangte die strenge Einhaltung der mathemat. experimentellen Methode. Gott kam an keiner Stelle des wissenschaftl. Aufbaus mehr vor: er wurde als „Hypothese" überflüssig. Der Aufbau der wissenschaftl. motivierten Redens führt zunächst zu einer bibel- und allgemein autoritätskrit. Bewegung, die im England des späten 17. und beginnenden 18. Jh. als †Deismus (Herbert von Cherbury, 1624) bekannt geworden ist. Auch die frz. Enzyklopädisten polemisieren gegen jeden auf Tradition und Offenbarung sich berufenden Gottesbegriff (d'Alembert, Diderot) und betreiben, wie Voltaire durch die anonyme Herausgabe des Testaments des Priesters Jean Meslier (1762), fakt. atheist. Propaganda. Damit verbindet sich der neuzeitl. A. mit †Religionskritik. Einen Argumentationsfortschritt im Sinne der Absicherung der hierzu herangezogenen Argumente bietet schließl. die method. betriebene Sprachkritik (durch B. Russell, Wittgenstein und die Philosophen des Wiener Kreises), in der der Verwendung auch der theolog. Termini auf ihre Begründung hin analysiert wird.

📖 *Bloch, E.: A. im Christentum.* Ffm. 1973. - *Ley, H.: Gesch. der Aufklärung u. des A.* Bln. 1966 ff. *Auf mehrere Bde. berechnet.*

Athen (neugriech. Athinä), Hauptstadt Griechenlands und der Verw.-Geb. Attika, in einer von Hymettos (1 026 m), Pentelikon (1 109 m), Parnes (1 413 m) und Ägaleos (468 m) eingerahmten Beckenebene gelegen, 885 000 E, städt. Agglomeration (56 ehem. selbständige Gemeinden und die Hafenstadt Piräus) 3,03 Mill. E. Sitz des Oberhauptes der griech.-orth. Staatskirche; Univ. (gegr. 1837), TH (gegr. 1836), Akad. der Wiss., Handelshochschule, Kunstakad., Nationalbibliothek, zahlr. archäolog. Inst., Nationaltheater, viele Museen u. a.; internat. Festspiele (Musik, Theater). Zus. mit Piräus ist A. die überragende Geschäfts- und Handelsstadt Griechenlands mit Versicherungen, Banken, Großhandel, Fachhandel, Reedereien; Zentrum des Tourismus. Das Stadtzentrum wird von Akropolis (156 m), Lykabettos (277 m) und Pnyx (110 m) umgeben; es besteht aus dem ma. Teil mit zahlr. kleinen Geschäften und Handwerksbetrieben und der im 19. Jh. entstandenen Innenstadt mit regelmäßigem Straßennetz, Omoniaplatz im N und Sindagmaplatz im O. Hier konzentrieren sich Geschäfts- und Verwaltungsbauten sowie zahlr. Gebäude im klassizist. Stil. Im N, S und O Parkanlagen. Die wichtigsten Ind.zweige sind die metallverarbeitende, Textil-, Nahrungsmittel- und chem. Ind. Internat. ⚓.

Geschichte: Älteste Besiedlungsspuren finden sich auf Akropolis und Kolonnos (3. Jt. ?). Der Sage nach unter Theseus, tatsächl. in jh.langem Prozeß der Vereinigung (Synoikismos) Attikas zum Staat geworden. A. machte in archaischer und vorklass. Zeit den innenpolit. Entwicklungsprozeß von der Monarchie (Abschaffung 683 ?) zur Demokratie durch, wobei die aristokrat. Oberschicht lange Zeit starke polit. und wirtsch. Geltung besaß. Nach dem antiaristokrat. Umsturzversuch des Kylon (um 630) und der Gesetzgebung Drakons (um 624) schuf bes. Solon (ab 594) die Grundlagen der athen. Demokratie, die nach der Tyrannis der Peisistratiden († Peisistratos) in der Staatsordnung des Kleisthenes (ab 508/507) und schließl. des Ephialtes (462) ihre Form fand. Die Beteiligung A. am Ion. Aufstand (500-494) löste die Perserkriege (ab 490) aus; 480 zerstört, 479/478 durch Themistokles befestigt. Die Gründung des Att.-Del. Seebundes (477) dokumentierte den Aufstieg A. zur Vormacht der Griechen († griechische Geschichte). Die athen. Machtstellung wurde im Peloponnes. Krieg (431-404) durch Sparta erschüttert, in der Schlacht bei Chaironeia (338) durch Makedonien endgültig zerschlagen. Nach dem Abfall von seinem Verbündeten Rom im 1. Mithridat. Krieg 86 von Sulla erobert, blieb A. jedoch auch in der röm. Kaiserzeit Kulturmittelpunkt. Nach Barbareninvasion (267 Heruler, 395 Westgoten) bedeutete die Schließung der Akademie durch Kaiser Justinian I. 529 für A. den Abschluß der Antike und zugleich den Anfang allg. Verfalls. Seit 1204 im Besitz der Kreuzfahrer; 1205-1308 von dem burgund. Geschlecht de la Roche, 1311-87 von der Katalan. Kompanie und bis zur osman. Eroberung

ATHEN

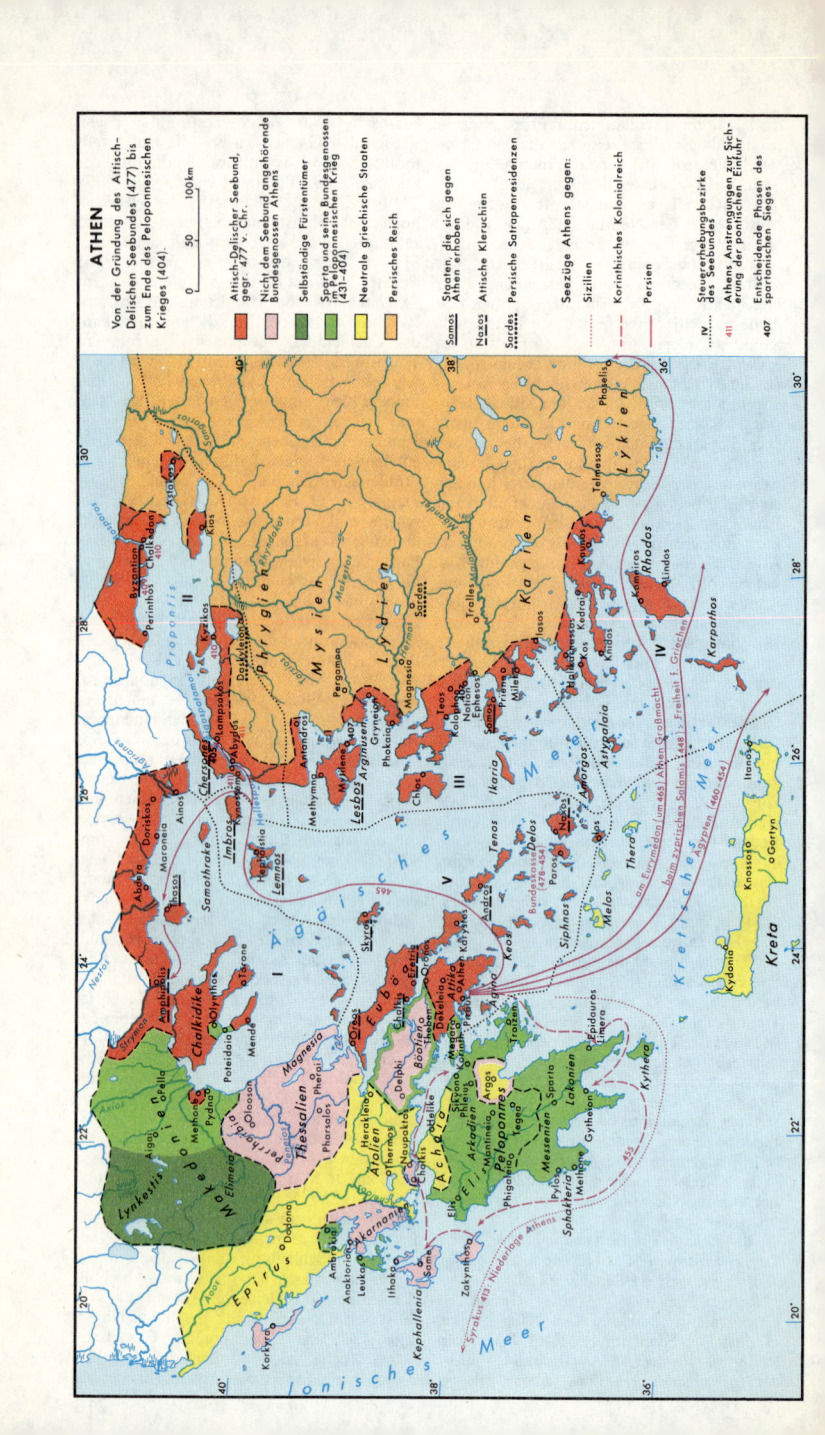

Von der Gründung des Attisch-Delischen Seebundes (477) bis zum Ende des Peloponnesischen Krieges (404).

0 50 100km

- Attisch-Delischer Seebund, gegr. 477 v. Chr.
- Nicht dem Seebund angehörende Bundesgenossen Athens
- Selbständige Fürstentümer
- Sparta und seine Bundesgenossen im Peloponnesischen Krieg (431–404)
- Neutrale griechische Staaten
- Persisches Reich

<u>Samos</u> Staaten, die sich gegen Athen erhoben
<u>Naxos</u> Attische Kleruchien
<u>Sardes</u> Persische Satrapenresidenzen

Seezüge Athens gegen:
······ Sizilien
– – – Korinthisches Kolonialreich
——— Persien

IV Steuererhebungsbezirke des Seebundes
411 Athens Anstrengungen zur Sicherung der pontischen Einfuhr
407 Entscheidende Phasen des spartanischen Sieges

(1456) von der florentin. Patrizierfamilie Acciaiuoli beherrscht. Unter den Osmanen hatte A. (Setine) als Teil der Apanage der Sultansfamilie weitgehende Selbstverwaltung. Im Großen Türkenkrieg 1687/88 von den Osmanen in Brand gesetzt, (vorübergehend) von den Venezianern erobert. Nach dem griech. Unabhängigkeitskrieg 1834 Hauptstadt Griechenlands und königl. Residenz.
Bauwerke: Die Anfänge von A. sind mit der ↑Akropolis verbunden; nach 1000 bildete sich der Hauptplatz der Stadt (↑Agora) heraus. Hier entstanden seit dem 6. Jh. v. Chr. Amtsgebäude (durch Ausgrabungen erschlossen). Der Zerstörung durch die Perser 480 v. Chr. folgten eine Neuplanung der Akropolis, Neubauten auf der Agora (u. a. das sog. Theseion, erbaut um 440 v. Chr., einer der besterhaltenen griech. Tempel), das Dionysostheater (Reste der Skene und der Orchestra aus röm. Zeit), eine neue Stadtmauer mit 13 Toren. Von den Weihgeschenken ist das Lysikratesmonument (335/334) erhalten. Die hellenist. Zeit brachte v. a. offene Säulenhallen ins Stadtbild, so an der Agora (u. a. Halle des Attalos II. von Pergamon, wieder errichtet, heute Agoramuseum). In röm. Zeit entstanden das Odeion des Agrippa auf der Agora, der gut erhaltene „Turm der Winde" (1. Jh. v. Chr.; ein Oktogon mit Wasseruhr) und ein Kaiserforum mit Bibliothek sowie ein röm. Theater (nach 161 n. Chr., heute wieder verwendet). Um 400 entstand auf der Agora ein großes Gymnasion, Sitz der Philosophenschule. Außerhalb der Stadt lag seit dem 7. Jh. v. Chr. der Hauptfriedhof (Kerameikos), heute teilweise wieder hergestellt. Aus byzantin. Zeit sind Kirchen erhalten, u. a. Kleine Metropolis (11. Jh.), Apostelkirche (11. Jh.) und Theodoroskirche (1049). Im 19. Jh. Ausbau in klassizist. Stil, z. T. von dt. Architekten, u. a. das Alte Schloß (1834–38; heute Parlament), die Univ. (1837–42), die Metropolitankirche (1842–62). 1896–1906 wurde das Stadion für die wiederbelebten Olymp. Spiele auf dem alten Grundriß errichtet.
📖 *Bötig, K.: A. Pforzheim ³1981. - Kirsten, E./ Kraiker, W.: Griechenlandkunde Bd. 1. Hdbg. ⁵1976. - Travlos, J.: Bildlex. zur Topographie des antiken A. Tüb. 1970.*

Äthen [griech.], Bez. der modernen chem. Nomenklatur für ↑Äthylen.

Athena (Athene, Pallas Athena), in der griech. Mythologie die Lieblingstochter des Zeus; sie entsprang nach später mytholog. Vorstellung mit Helm und Brustpanzer dem väterl. Haupt, dem Sitz der Metis, der göttl. Denkens und weisen Rates. Obwohl die Gestalt der A. auf eine kret.-myken. Palastgöttin zurückzuführen ist, ist ihr Wesen als Herrin der Weisheit doch ganz von ihren in griech. Zeit erworbenen Qualitäten geprägt. A. fördert die sinnvolle Arbeit des Friedens; Kunst und Wissenschaft stehen unter ihrem Schutz. Als jungfräul. Kriegerin unterstützt sie den besonnenen Kampf. Sie ist Schutzherrin der nach ihr benannten Stadt Athen. Das ihr zugeordnete Tier ist die Eule, ihre Pflanze der Ölbaum. Ihr zu Ehren wurden in Athen alle vier Jahre die Panathenäen begangen.
In der *Kunst* erscheint A. in voller Bewaffnung, z. B. in den marmornen Giebeln der spätarchaischen Tempel der A. auf der Akropolis in Athen (Museum) und der Aphaia auf Ägina (München, Staatl. Antikensammlungen) um 500 v. Chr. Drei berühmte Standbilder stammen von ↑Phidias, darunter ↑Athena Parthenos. - Abb. S. 216.
📖 *Simon, E.: Die Götter der Griechen. Mchn. ²1980 (Neuaufl. 1985).*

Athenagoras, christl. Philosoph des 2. Jh., einer der altkirchl. ↑Apologeten. - Richtete eine Bittschrift für die Christen an Kaiser Mark Aurel.

Athenagoras I., eigtl. Aristoklis Spiru, *Tsaraplana (Nomos Epirus) 25. März 1886, † Istanbul 6. Juli 1972, griech.-orth. Theologe, ökumen. Patriarch von Konstantinopel (seit 1948). - 1920 Bischof von Korfu, 1930 Erzbischof der griech.-orth. Kirche von Nord- und Südamerika (Sitz New York). Traf als bed. Förderer des Dialogs zwischen den christl. Kirchen mehrfach mit Papst Paul VI. und dem Ökumen. Rat der Kirchen zusammen.

Athenaios, griech. Schriftsteller um 200 n. Chr., aus Naukratis (Ägypten). - Verf. des Werkes „Deipnosophístai" in 30 Büchern (etwa die Hälfte erhalten), bed. wegen der Materialfülle (Anekdoten, Darstellung griech. Lebensgewohnheiten, Zitate); wurde bis ins MA benutzt.

Athenaïs, *Athen um 400, † Jerusalem

Athen. Korenhalle am Erechtheion auf der Akropolis (um 420 v. Chr.)

460, oström. Kaiserin. - Getauft als Eudokia; wurde 421 Gattin des Kaisers Theodosius II. A.; auch Verf. profaner und religiöser Dichtungen, übte auf den Kaiser und seine Politik weitreichenden Einfluß aus; 441 vom Hof vertrieben, lebte in Jerusalem.

Athena Parthenos [griech. „Athena, die Jungfrau"], Name des 11 m hohen, ganz mit Gold und Elfenbein verkleideten Standbildes der Athena in ihrem Tempel (Parthenon) auf der Akropolis von Athen, 447–38 von Phidias geschaffen. Sie war bewaffnet dargestellt, mit Nike auf der rechten Hand. Mehrere Nachbildungen.

Athenäum [griech.], Heiligtum bzw. Tempel der griech. Göttin Athena. Übertragen als Name für verschiedene Unterrichtsanstalten (z. B. italien. *Ateneo* „Universität").

Athenäum, von F. und A. W. Schlegel

Athena vom Westgiebel des Aphaiatempels in Ägina (um 500 v. Chr.). München, Glyptothek

1798 in Berlin gegr. Zeitschrift, die bis 1800 bestand; führende Zeitschrift der Frühromantik.

Äthenol [griech./arab.], Bez. der modernen chem. Nomenklatur für ↑ Vinylalkohol.

Athens [engl. 'æθɪnz], Stadt in NO-Georgia, USA, 100 km nö. von Atlanta, 42 500 E. Univ. (gegr. 1785); Verarbeitung von Baumwolle, Herstellung von Kunstdünger, Möbeln, Elektrogeräten.

A., Stadt in SO-Ohio, 220 m ü. d. M., 19 700 E. Univ. (gegr. 1804). - 1797 gegr.

Äthenyl- [griech.], svw. ↑ Vinyl-.

Äther [griech.], (Lichtäther, Weltäther) urspr. die hell „strahlende", als bes. fein und rein angesehen Himmelsluft über der dichteren erdnahen Luftschicht (Empedokles). In der Naturphilosophie des Aristoteles das fünfte, himml. Element, das im Ggs. zu den vier ird. Elementen Erde, Wasser, Luft, Feuer als unwandelbar, von Anfang an vorhanden und unvergängl. sowie als eigenschaftslos angesehen wurde. In der neuzeitl. Physik (beginnend mit Descartes und Huygens) diente der Ä. als hypothet. Medium, das die Vermittlung von Fernwirkungen, insbes. von Gravitationskräften, und die Ausbreitung von Licht erklären sollte.

Die Annahme eines **Lichtäthers** als Trägermedium der Lichtausbreitung führte zunächst in der Optik zu großen Erfolgen. Die Entdeckung Ørsteds, daß sich um einen elektr. Strom ein Magnetfeld aufbaut (1820), sowie diejenige G. Kirchhoffs, daß die Lichtgeschwindigkeit im Vakuum und die Ausbreitungsgeschwindigkeit von elektromagnet. Feldern und Strömen entlang Drähten gleich sind, führte dazu, einen einzigen Ä. für elektr., magnet. und opt. Phänomene anzunehmen, der alle festen Stoffe durchdringe. Dennoch brachen alle Stützungsversuche der bis dahin entwickelten Ä.theorien durch die Interpretation des berühmten Versuchs von A. A. Michelson und E. W. Morley zusammen (↑ Michelson-Versuch), die die Analogie der Lichtausbreitung zur Fortpflanzung von Schall in einem ruhenden Medium als unangemessen erwies. Der Vorschlag A. Einsteins (1905), das klass. Relativitätsprinzip auf die Optik auszudehnen, wonach nunmehr die Lichtgeschwindigkeit in allen gegeneinander gleichförmig bewegten Bezugssystemen gleich groß ist, führte schließl. zur Aufgabe der Ä.vorstellung überhaupt (↑ auch Relativitätstheorie).

Schon von Descartes wurde der Ä. auch als vermittelndes Medium für Gravitationskräfte angesehen, die damit ihren anschaul. schwer faßbaren Charakter der Fernwirkung verlieren sollten. Erst in der allg. Relativitätstheorie (1916) konnte eine einheitl. Theorie gegeben werden, die an die Stelle eines hypothet. Ä. eine von der Verteilung stellarer Massen abhängige, hypothet. Struktur von Raum und Zeit setzt.

Äthiopien

📖 *Whittaker, E. T.: A History of the theories of aether and electricity.* New York Neuaufl. 1973. 2 Bde.

◆ in der **Chemie** organ. Verbindungen der allg. Formel R_1-O-R_2; dabei können die beiden Alkyl- oder Arylreste R_1 und R_2 gleich (einfache bzw. symmetr. Ä.) oder verschieden (gemischte bzw. unsymmetr. Ä.) sein.
Ä. werden hergestellt durch Einwirkung von Alkoholaten auf Alkylhalogenide nach der Gleichung $R_1OMe + R_2Hal \rightarrow R_1OR_2 +$ Me Hal oder durch Abspaltung von Wasser aus zwei Molekülen Alkohol mit Hilfe von Schwefelsäure:

$$R_1OH + R_2OH \xrightarrow{H_2SO_4} R_1OR_2 + H_2O.$$

Ä. dienen in der Technik v. a. als Lösungsmittel für Fette und Öle; bes. Bed. besitzt der ↑Diäthyläther (allg. als *Äther* bezeichnet), der früher als Inhalationsnarkotikum in der Medizin verwendet wurde.

ätherisch, himml., zart; vergeistigt.
ätherische Öle, flüchtige, pflanzl. Öle mit charakterist., oft angenehmem Geruch, die auf Papier keine fetten Flecken hinterlassen. Es sind komplizierte Gemische von Aldehyden, Alkoholen, Estern, Ketonen, Lactonen, Terpenen und anderen Verbindungen. Am bekanntesten sind Lavendel-, Rosen-, Orangen-, Anis- und Zimtöl, die meist durch [Wasserdampf]destillation gewonnen werden. Verwendet u. a. für die Parfüm-, Spirituosen- und Arzneimittelherstellung.

Ätherleib, svw. ↑Astralleib.
atherm, svw. ↑adiatherman.
Atherom [zu griech. athḗrē „Weizenmehlbrei"] (Grützbeutel), gutartige, langsam wachsende, erbs- bis hühnereigroße Haut- bzw. Unterhautgeschwulst.
Atheromatose [griech.], krankhafte Veränderung der Arterieninnenwand im Verlauf einer ↑Arteriosklerose. Sie führt zur Erweichung der Gefäßinnenwand mit Durchbrüchen zur Gefäßlichtung hin und zur Ausbildung atheromatöser Geschwüre.
Ätherophon [griech.] (Thereminovox), elektron. Musikinstrument, 1920 von Lew Theremin konstruiert, Tonumfang 3 Oktaven. B. Martinů und E. Varèse schrieben Kompositionen für dieses Instrument, das dann nur noch in Film- und Unterhaltungsmusik verwendet wurde.
Atherosklerose [griech.] ↑Arteriosklerose.
Atherton Plateau [engl. 'æθətən 'plætoʊ] (Atherton Tableland), durchschnittl. 700–800 m hohes Plateau in N-Queensland, Australien, im Mount Bartle Frère 1 611 m ü. d. M. Abbau von Kupfer-, Silber- und Bleierzen; Fremdenverkehr.
Athesis, lat. Name der ↑Etsch.
Äthin [griech.], Bez. der modernen chem. Nomenklatur für ↑Acetylen, $HC\equiv CH$.
Athinä [griech. a'θinɛ] ↑Athen.

Äthinyl- [griech.], Bez. der chem. Nomenklatur für die Atomgruppierung $-C\equiv CH$.
Äthinylierung [griech.] ↑Reppe-Chemie.
Äthiopide [nlat.], Mischrasse aus Negriden und Europiden, v. a. in NO-Afrika; sehr hohe, geschmeidige und schlanke Gestalt, langes Gesicht, langer Kopf, hohe Nase, ausgeprägtes Kinn, dicke Lippen, dunkle Hautfarbe.

Äthiopien

(amtliche Vollform: Hebretesebawit Ityopia), Staat in NO-Afrika zwischen 3° und 18° n. Br. sowie 33° und 48° ö. L. **Staatsgebiet:** A. grenzt im NO an das Rote Meer, im W an die Republik Sudan, im S an Kenia, im O an Somalia (hier stößt die Prov. Harar mit der Landschaft Ogaden als scharfe Spitze in das Staatsgebiet Somalias vor) und im zentralen NO an Dschibuti. **Fläche:** 1 221 900 km². **Bevölkerung:** 42 Mill. E (1984), 34,4 E/km². **Hauptstadt:** Addis Abeba. **Verwaltungsgliederung:** 29 Regionen (4 autonom). **Staatssprache:** Amharisch, zweite Amtssprache: Englisch, in Eritrea ist Italienisch Handels- und z. T. Verwaltungs-, an der Küste Arabisch Umgangssprache. **Staatsreligion:** Christentum, in der Form der ↑äthiop. Kirche. **Nationalfeiertag:** 12. Sept. (Jahrestag der Nat. Revolution). **Währung:** Birr = 100 Cents. **Internat. Mitgliedschaften:** UN und OAU, der EWG assoziiert. **Zeitzone:** Moskauer Zeit, d. i. MEZ + 2 Std.

Landesnatur: Ä. nimmt eine Sonderstellung im trop. Afrika ein: Sein Kernraum ist ein bis 4 620 m ü. d. M. (Ras Daschän) aufragendes, durchweg gut beregnetes Hochland, das sich mit meist steilem Anstieg über die umliegenden trockeneren Tiefländer erhebt. Es wird zentral von SSW nach NNO vom Abessin. Graben durchzogen, der sich trichterförmig ins Danakiltiefland vom Roten Meer hin öffnet. In diesen Grabenzonen ist die vulkan. Tätigkeit bis heute noch nicht erloschen. In die hoch herausgehobenen und stehengebliebenen, von mächtigen Basaltdecken überlagerten Hochländer haben sich die wasserreichen Flüsse in tiefen, cañonartigen Tälern eingeschnitten. Die zentralen Hochländer mit gewaltigen, steilen Bruch- und hohen Erosionsstufen werden durch die Täler in große, schwer zugängl. Einzellandschaften geteilt. Im Graben liegen eine Reihe von abflußlosen Seen. Der Tanasee liegt jedoch im Gebirge im NW.

Klima: Ä. hat trop. Klima mit geringen jahreszeitl. Temperaturunterschieden, abgesehen von Eritrea. Die Niederschläge fallen im SW das ganze Jahr, hauptsächl. aber in der Regenzeit von Juni bis Sept., im zentralen Teil tritt eine weitere kleine Regenzeit zw. März und Mai hinzu. Der SO hat zwei, aber weniger ergiebige Regenzeiten, April–Mai und Okt.–

Äthiopien

Nov., die Küstengebiete im NO erhalten ihre wenigen Niederschläge im Winter.

Vegetation: In den Gebieten mit hohen Niederschlägen stehen Feuchtwälder, in denen der Kaffeestrauch wild wächst, in trockeneren Gebieten Trockenwälder sowie Dornbusch-Sukkulenten-Savannen, die in Wüsten übergehen können. Für das dicht besiedelte abessin. Hochland sind die angepflanzten Eukalypten charakteristisch, die an die Stelle der natürl. Wälder traten.

Tierwelt: Die Tierwelt ist durch den Menschen stark dezimiert; außer Adlern und Geiern kommen v. a. in den Savannen verschiedene Gazellenarten vor; selten sind Leoparden und Zebras.

Bevölkerung: Die Bev. setzt sich zus. aus Äthiopiern (etwa 40 %), v. a. Amhara und Tigre, etwa 40 % Galla sowie kleineren Gruppen, u. a. Sidamo, Somal, Danakil; der negride Bev.anteil nimmt nach SW zu. Über 60 %, v. a. die Hochlandbev., sind Christen, rd. 30 % Muslime, v. a. in Eritrea und den Küstengebieten; daneben Anhänger traditioneller Religionen. Die v. a. im Gebiet des Tanasees bisher ansässigen Juden (↑ Falascha) übersiedelten ab 1984/85 zum großen Teil nach Israel. 95% der Bev. können nicht schreiben, 90% nicht lesen. Univ. bestehen in Addis Abeba (seit 1961) und Asmara (seit 1967).

Wirtschaft: Nur 11 % der Bev. wohnen in Orten mit über 2 000 E, rd. 90 % leben von der Landw., die überwiegend Selbstversorgungswirtschaft ist. Die meisten Bauern waren Pächter; man schätzt, daß früher je nach Prov. 45–80 % der Bev. in Abhängigkeit von den Großgrundbesitzern waren. Die 1975 verkündete Landreform beinhaltet die Abschaffung privaten Landbesitzes und des überlieferten Pachtsystems. Wichtigstes Getreide ist Tef, eine Liebesgrasart, die in 1 800–2 500 m ü. d. M. gedeiht, in tieferen Lagen wachsen Mohrenhirse und Mais, in höheren Gerste und Weizen. Im SW ist die Ensetebanane Grundnahrungsmittel, ihre Fasern werden handwerkl. verarbeitet. Zuckerrohr stammt von einer einzigen Pflanzung im Tal des Awasch. Wichtigstes Agrarprodukt ist der Kaffee. Ä. steht an 8. Stelle der Kaffeeproduzenten. – Der Bergbau spielt eine untergeordnete Rolle. Die Ind. ist von geringer Bed.; 90 % der Betriebe stehen in Addis Abeba und in Asmara. Die wichtigsten neueren Werke sind die Erdölraffinerie in Assab und das Stahlwerk in Akaki. Nach der Verstaatlichung von Banken und Versicherungen folgte die Verstaatlichung der Nahrungsmittel- und Getränkeind., des Vertriebsnetzes der Int. Ölgesellschaften, der Baumwollplantagen, der Textil- und Schuhfabriken.

Außenhandel: An erster Stelle der Ausfuhr steht Kaffee, gefolgt von Hülsenfrüchten, Ölsaaten, Häuten und Fellen, Fleisch (Konserven und Gefrierfleisch) u. a. Exportiert wird v. a. in die USA, BR Deutschland, nach Japan, Dschibuti und Italien. Eingeführt werden chem. Erzeugnisse, Maschinen, Erdöl, Kfz., Eisen und Stahl u. a.

Verkehr: Von 23 400 km Straßen sind 7 229 km Allwetterstraßen. Das Eisenbahnnetz (zwei Spurweiten) hat eine Länge von 1 114 km, bes. wichtig ist die Strecke zum ausländ. Hafen Dschibuti, der für den Außenhandel wichtiger ist als die eigenen Häfen Assab und Massaua am Roten Meer. Die nat. Fluggesellschaft Ethiopian Airlines fliegt Europa, Indien und China an; internat. ✈ in Addis Abeba und Asmara, im Binnenverkehr werden 37 ✈ angeflogen.

Geschichte: Etwa von 500 v. Chr. bis zum 3./4. Jh. n. Chr. überlagerten semit. Einwanderer aus S-Arabien die einheim. (kuschit.) Bev. Die Überlieferung Äthiopiens selbst kennt mehrere (legendäre) Versionen zur Frühgeschichte: neben dem Bericht über die Herrschaft eines Drachens und einer Schlange die der Begegnung der Königin von Saba mit Salomon, der der Sohn Menilek (I.) entstammte. Diese Tradition ist Teil der äthiop. Reichsideologie: Auch das zuletzt regierende Herrscherhaus leitete seinen Stammbaum von Salomon und der Königin von Saba her. In N-Äthiopien wurden Objekte der sog. voraksumit. Kultur (etwa 4. Jh. v. Chr. bis 2. Jh. n. Chr.) ausgegraben, einer Vorstufe zum aksumit. Reich: Die Stadt Aksum wurde vielleicht Mitte 1. Jh. n. Chr. gegr.; Hafen und

Äthiopien. Wirtschaftskarte

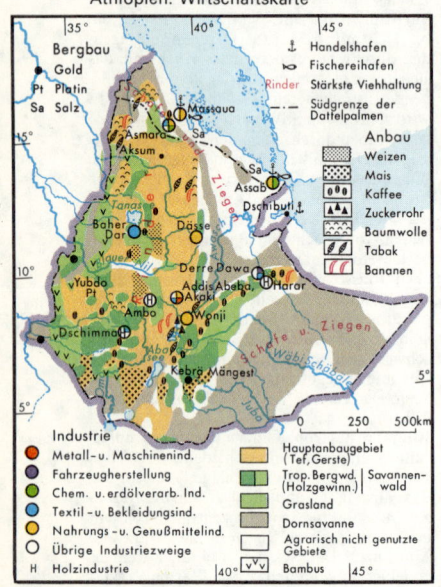

äthiopische Kirche

wichtiger Handelsplatz war Adulis am Roten Meer. Den Wendepunkt der äthiop. Geschichte bildet die Annahme des Christentums durch König Esana (4. Jh., Blüte des Reiches). 525–572 war S-Arabien unter äthiop. Oberhoheit. Durch das Aufkommen des Islams und das Vordringen der Araber geriet Aksum in die Isolierung. Nach seinem Untergang im 10. Jh. ging aus inneren Wirren schließl. die neue Dyn. der Sagwe mit ihrem bekanntesten Herrscher Lalibäla hervor. Mit Jekuno Amlak gelangte 1270 die salomon. Dyn. wieder zur Herrschaft. In der nun folgenden Epoche (Reich von Amhara) verlagerte sich der polit. Schwerpunkt nach S. Hier bildete sich zunächst das Reich von Schoa heraus mit Amdä Sejon I. (⚭ 1314–44) und Sära Jakob (⚭ 1434–68) als bedeutendsten Herrschern. Seit 1527 wurde das Reich durch die Einfälle des muslim. Emirs Granj schwer getroffen und v. a. durch das Eingreifen der Portugiesen unter Dom Cristóvão da Gama vor dem Untergang bewahrt. Das Reich von Gondar (17./18. Jh.) war mit dem Problem konfrontiert, wie die vordringenden Galla in den christl. Staat integriert werden konnten. Innere Zwistigkeiten ließen das Reich von Gondar Ende des 18. Jh. im Zerfall der Reichsgewalt enden. Die Grundlagen zu einem modernen Äthiopien wurden von Menilek II. (⚭ 1889–1913) gelegt, der mit italien. Unterstützung zum Kaiser erhoben wurde. Sein glänzender Sieg über die Italiener, als er sich deren Oberhoheit entzog, in der Schlacht bei Adua (1896) sicherte die Unabhängigkeit des Reiches, das er nach SO, S und W ausdehnte. Die neue Hauptstadt Addis Abeba entwickelte sich rasch. Sein Werk wurde von Kaiser Haile Selassie I. (⚭ 1930–74) fortgeführt, wobei die italien. Okkupation (1936–41) nur eine kurze Unterbrechung bedeutete. Er schuf eine zentralist. Verwaltung, reformierte das Rechtswesen und baute das Bildungswesen aus. Die Verfassung von 1931 wurde 1955 revidiert. 1974 übernahm nach vorangegangenen Unruhen das Militär die Macht, Kaiser Haile Selassie I. wurde abgesetzt, die Monarchie 1975 abgeschafft. Wegen (oft blutigen) Konflikten zw. den führenden Militärs wechselten die Militärreg. häufig. Das Programm der Militärreg. vom April 1976 verkündete als Ziel eine „Demokrat. VR" unter proletar. Führung. Jede Opposition wird durch Terrormaßnahmen unterdrückt. Seit 1974 herrscht Bürgerkrieg in der Prov. Eritrea, wo die Eritreische Befreiungsfront die Unabhängigkeit der Prov. erstrebt. Ein Autonomieangebot der Regierung wurde im Okt. 1987 abgelehnt. Den seit 1977/78 währenden Krieg um das von Somalia beanspruchte Gebiet Ogaden beendeten Ä. und Somalia im April 1988 mit einem Friedensvertrag. In der Prov. Tigre operierte die „Volksbefreiungsarmee von Tigre" im Febr./März 1989 erfolgreich und eroberte die Prov.hauptstadt Makalle. Der andauernde Bürgerkrieg in Eritrea und Tigre sowie schlechte Ernten infolge übergroßer Dürre führten mehrfach zu Hungerkatastrophen (zuletzt 1989/90), die v. a. die Zivilbev. treffen, da weder Aufständische noch Regierungstruppen Hilfstransporte in das Landesinnere zulassen.

Politisches System: Die Verfassung der Demokrat. VR Ä. wurde am 1. Febr. 1987 angenommen. *Staatsoberhaupt* und als Vors. des Staatsrats oberster Inhaber der *Exekutivgewalt* ist der Präs.; er ist auch Oberbefehlshaber der Streitkräfte. Höchstes Regierungs- und *Legislativorgan* ist die Nat. Volksversammlung (Shengo), deren 835 Mgl. für 5 Jahre von der Arbeiterpartei Äthiopiens (WPE) oder gesellschaftlichen Gruppen nominiert werden. Die Shengo wählt den Präs., den Vizepräs., die Mgl. des Staatsrats und bestimmt die Mgl. des Kabinetts. Der Staatsrat nimmt die legislativen Befugnisse der Shengo zw. deren Sessionen wahr. Führende *Partei* ist die Arbeiterpartei Äthiopiens unter Vors. von Mengistu Haile Mariam. Die *Gewerkschaften* sind im gesamtäthiop. Gewerkschaftsverband zusammengeschlossen. Zur *Verwaltung* ist Ä. in 28 Regionen und den Bezirk der Hauptstadt unterteilt. Eritrea, Tigre, Ogaden, Diradawa und Assab sind autonome Regionen. Auf lokaler Ebene existieren Stadtviertelorganisationen und Bauernvereinigungen als Verwaltungsinstanzen. Das *Rechtswesen* ist vierstufig; oberste Instanz in allen Rechtssachen ist der Oberste Gerichtshof in Addis Abeba, der 1987 vom Justizministerium unabhängig wurde. Die *Streitkräfte* haben eine Stärke von rd. 319 000 Mann (Heer 313 000, Luftwaffe 4 000, Marine 1 800).

📖 *Pausewang, S.: Peasants, land and society. A social history of land reform in Ethiopia. Mchn. 1983. - Bitima, T./Steuber, J.: Die ungelöste nat. Frage in Ä. Ffm. u. Bern 1982. - Hasselblatt, G.: Ä. Menschen, Kirchen, Kulturen. Stg. 1979. - Bartnicki/Mantel-Niecko, J.: Gesch. Äthiopiens. Dt. Übers. Bln. 1978. 2 Bde. - Gerster, G.: Ä. Das Dach Afrikas. Zürich u. Freib. 1974. - Stitz, V.: Studien zur Kulturgeographie Zentraläthiopiens. Bonn 1974. - Hammerschmidt, E.: Ä. Christl. Reich zw. Gestern u. Morgen. Wsb. 1967.*

äthiopische Kirche (abessinische Kirche), oriental. Nationalkirche, Staatskirche Äthiopiens. Die Grundlagen der ä. K. wurden in der Zeit des Reiches von Aksum gelegt. Nach Berichten der Kirchenschriftsteller haben Frumentios und Aidesios im 4. Jh. die christl. Botschaft in Äthiopien verkündet. Aus einer aksumit. Inschrift ergibt sich, daß König Esana (4. Jh.) das Christentum angenommen hat. Die Christianisierung des Landes wurde von den „Neun röm. Heiligen" (syr. Monophysiten) gegen 500 weitergeführt. - Bis 1950 stand an der Spitze der ä. K. ein kopt. (d. h. ägypt.) Metropolit; 1951 wurde

äthiopische Kunst

ein äthiop. Erzbischof zum Metropoliten konsekriert und 1959 zum ersten Patriarchen und Katholikos Äthiopiens erhoben. Sehr groß ist die Bed. des äthiop. Mönchtums und der äthiop. Klöster. Die ä. K. entfaltete ein reiches liturg. Leben, in dessen Mittelpunkt die Feier der Eucharistie steht. Zahl und Bed. der Sakramente entsprechen etwa der der kath. Kirche.

📖 *Heyer, F.: Die Kirchen Äthiopiens.* Bln. u. New York 1971.

äthiopische Kunst, seit 1968 werden mit Hilfe der UNESCO Baudenkmäler der histor. äthiop. Handelsstraße restauriert: ↑Aksum mit seinen Stelen und sonstigen Bauten, die berühmten Felsenkirchen von ↑Lalibäla, die Schloßanlagen von ↑Gondar sowie die Kirchen und Klöster auf den Inseln des Tanasees mit zahlr. Wandmalereien aus dem 17.–19. Jh., die Ähnlichkeit mit den bed. Handschriftenilluminationen dieser Klöster aus dem 14. und 15. Jh. haben. - Die traditionelle Volkskunst ist v. a. durch kunstvolle Metallarbeiten (Silber und Messing) vertreten.

Äthiopische Kunst. Monolithkirche Beta Libanos in Lalibäla (12. Jh.)

äthiopische Literatur, das christl. Schrifttum in den ↑äthiopischen Sprachen, dessen weitaus überwiegender Teil in Gees abgefaßt ist, demgegenüber das ↑Amharische erst im Laufe der Jh. an Boden gewinnen konnte. Herkömmlicherweise wird die ä. L. in zwei Hauptperioden gegliedert: 1. in die aksumit. Periode (4./5. Jh. bis Ende des 7. Jh.), in die neben den großen Inschriften von Aksum die Übersetzung der Bibel, des ↑Kerellos, des ↑Physiologus u. a. fallen, 2. in eine Periode, die von der Wiedereinsetzung der salomon. Dynastie (1270) bis zum 18. Jh. bzw. bis zur Gegenwart reicht. Zur Zeit des Amdä Sejon I.

(⚭ 1314–44) kommt es zu einer neuen Blüte auf literar. Gebiet; als Übersetzer ins Gees wirkte der Metropolit A. A. Sälama (* 1348/50, † 1388/90). In diese Periode gehören u. a. das „Kebrä nägäst" über die Königin von Saba, das „Weddase Marjam" (Lobpreis Mariens), „Senkessar" (Heiligenlegenden) und das „Täamrä Marjam" (Marienlegenden). Einen weiteren Höhepunkt der ä. L. bedeutet die Regierung des Sära Jakob (⚭ 1434–68). Die Konfrontation mit dem Islam und die Auseinandersetzung mit den lat. Missionaren leiten einen dritten Abschnitt dieser Periode ein, aus dem neben verschiedenen kontroverstheolog. Werken z. B. auch das „Haimanotä abau" (Glaube der Väter) und das „Fetha nägäst" (Rechtssammlung) stammen.

📖 *Cerulli, E.: La letteratura etiopica.* Florenz u. Mailand ³1968.

äthiopische Musik, die Ursprünge der ä. M. sind weithin ungeklärt; die äthiop. Tradition schreibt dem hl. Jared (6. Jh.) die Schaffung der musikal. Notation wie auch der drei Stilarten („Modi") und des ganzen kirchenmusikal. Korpus zu. Die drei Stilarten („selt") bezeichnen die dem Gesang zugrunde liegende Stimmung (Gees: einfach und gemessen; Esel: langsam, getragen und sehr ernst; Araraj: leichter und heiter), während die Zeichen („melekket") die Melodie (hierin vergleichbar den Psalmtönen des Gregorian. Chorals) und die Interpretationsart angeben. Die ä. M. ist grundsätzl. Vokalmusik; zur Begleitung dienen Trommeln, Systren, Rasseln, Saiten- und Blasinstrumente.

äthiopische Schrift, über die Herkunft der ä. S. besteht in der Forschung noch keine Einmütigkeit. Der semit. Gewohnheit entsprechend war die frühe ä. S. eine Konsonantenschrift. Im 3. und 4. Jh. ging man dazu über, auch die Vokale in das Schriftbild einzufügen. Außerdem wurde nun von links nach rechts geschrieben. Die Zahlzeichen wurden aus dem Griech. genommen. - Zur Bez. der Vokale wird jedes Konsonantenzeichen je nach dem ihm folgenden Vokal etwas verändert.

äthiopische Sprachen, gemeinhin Bez. für die semit. Sprachen Äthiopiens, die zum südsemit. Zweig der semit. Sprachfamilie gehören; soweit sie Literatursprachen sind, bedienen sie sich der ↑äthiopischen Schrift. Heute neigt man zur Ansicht, daß nur eine einzige südsemit. Sprache von S-Arabien nach Afrika gewandert ist und sich hier über einen längeren Zeitraum hinweg, in dem der Einfluß des Kuschitischen wirksam wurde, zu dem *Altäthiopischen*, dem *Gees*, entwickelte. Bei seiner Verbreitung im äthiop. Raum differenzierte sich das Gees dann in verschiedene Sprachen: im N in das *Tigre*, die Sprache der Hirten und Nomaden in den Ebenen von Eritrea, und in das *Tigrinja*, das hauptsächl.

Äthylhalogenide

von den christl. Ackerbauern in Tigre und im Hochland von Eritrea gesprochen wird. Das Gees ist die Sprache der ↑äthiopischen Literatur und bis heute Kirchensprache und damit ein wichtiger Kulturfaktor.

Athis und Prophilias, ep. Stoff oriental. Herkunft, der in Europa entscheidend in dem altfrz. Versroman „Estoire d'Athènes" eines anonymen Dichters Alexandre (früher auch Alexandre de Bernay zugeschrieben) geprägt wird als Freundschaftsprobe: Athis tritt seinem Freund Prophilias die eigene Braut ab und wird später von diesem vor der Hinrichtung wegen Mordverdachts gerettet. Eine fragmentar. dt. Bearbeitung ist erhalten (um 1215). Bei Boccaccio u. d. T. „Titus und Gisippus".

Athlet [griech.], in der Antike ursprüngl. der an den großen griech. Nationalspielen (u. a. in Olympia) teilnehmende Wettkämpfer; heute Bez. für einen Menschen, der sich durch Muskelkraft und [sportl.] Leistungsfähigkeit auszeichnet.

Athletik [griech.], im antiken Griechenland die von berufsmäßig kämpfenden Athleten ausgetragenen Wettkämpfe bei den gymn. ↑Agonen. Von den Griechen kam die A. nach Rom, wo nach Livius 186 v. Chr. die ersten griech. Athleten auftraten. Von England aus, wo alle sportl. Wettkämpfe „athletic sports" genannt wurden, fand der Begriff, dem zunächst nur die Übungen der heutigen ↑Schwerathletik zugeordnet wurden, weltweite Verbreitung (↑auch Leichtathletik).

Athletiker [griech.] ↑Körperbautypen.

Athos, Mönchsrepublik auf der Halbinsel Ajion Oros, der östlichsten Halbinsel der Chalkidike, Griechenland, 340 km², 20 größere und zahlr. kleinere Klöster auf dem Berg A., 3 000 E. Seit der Mitte des 9. Jh. gab es Einsiedler bes. im N des A.berges, deren Zahl ständig stieg. Eine neue Epoche begann in der 2. Hälfte des 10. Jh. durch die Einführung des ↑Koinobitentums gegen den Widerstand der Einsiedler durch Athanasios aus Trapezus. Neben dem byzantin. Kloster, der Moni Lawra, wurden weitere Großklöster gegründet. Ende des 14. Jh. begann eine dritte Epoche, die der ↑idiorrhythmischen Klöster. Die Eroberung Thessalonikes durch die Osmanen 1430 berührte das geistl. Leben des A. kaum. Osman. Sultane und später die russ. Zaren waren Gönner der A.klöster. Die neue Verfassung aus dem Jahr 1783 gilt in wesentl. Zügen noch heute. 1912 übernahm Griechenland das Patronat über die Republik. 1926 wurde A. zum griech. Territorium erklärt. Die Zahl der Mönche geht ständig zurück. Die Klosteranlagen des A. sind einander sehr ähnlich. Die ummauerte Klosteranlage mit der Kirche als Zentrum gebaut. Die Klosterkirche ist über dem Grundriß eines dreiblättrigen Kleeblatts errichtet, ein hoher Kuppelraum, auf vier Ecksäulen ruhend, umgeben von drei halbrunden Nischen und einer rechteckigen Vorhalle. Bei der Ausmalung der Kirchen hat man sich streng an das ikonograph. Programm der byzantin. Kunst gehalten, das in dem ↑Malerbuch vom Berge Athos aus dem 18. Jh. überliefert ist. Die bedeutendsten Fresken befinden sich in der Kirche und in der Prodromoskapelle des Protatonklosters (1540 bzw. 1526) im Hauptort Kariä. Das älteste der A.klöster ist die 963 gegründete *Moni Lawra*. Seine Kirche (vollendet 1004) wurde Vorbild für die Kirchen von Moni Iwiron und von Moni Watopediu. Bemerkenswert sind die Fresken von 1535, gemalt von dem Kreter Theophanes. In der Kirche ist das Grab des Athanasios. Das Kloster besitzt eine wertvolle Bibliothek (v. a. über 2 000 Handschriften). In der Kirche (11. Jh.) von *Moni Watopediu* (gegr. um 1000) sind Mosaiken des 11. und Fresken des 14. Jh. Das Kloster hat ebenfalls eine große und wertvolle Bibliothek. In einer Kapelle von *Moni Iwiron* (gegr. im 11. Jh.) wird die wohl älteste Ikone des A. aufbewahrt, eine Ikone der Muttergottes (10. Jh.). Die Kirche von *Moni Chilandar* (gegr. 1197) hat Fresken des 13./14. Jahrhunderts.

📖 *Huber, P.:* A. Leben, Glaube, Kunst. Zürich u. Freib. ²1978.

A., Berg an der Spitze der griech. Halbinsel Ajion Oros, 2 033 m hoch.

Äthoxy- [griech.], Bez. der chem. Nomenklatur für die Atomgruppierung $-O-C_2H_5$.

Äthyl- [griech.], Bez. der chem. Nomenklatur für die Atomgruppierung $-C_2H_5$.

Äthylalkohol, svw. ↑Äthanol.

Äthylen [griech.] (Äthen), $CH_2=CH_2$, ungesättigter Kohlenwasserstoff, einfachster Vertreter der ↑Alkene; bildet ein farbloses, süßl. riechendes, narkotisierend wirkendes Gas; der Schmelzpunkt liegt bei $-169{,}15\,°C$, der Siedepunkt bei $-103{,}71\,°C$. Ä. verbrennt mit stark rußender, leuchtender Flamme. Auf Grund seiner einfachen Herstellung durch therm. Dehydrierung (Pyrolyse) höherer Kohlenwasserstoffe und seiner Reaktionsfähigkeit ist Ä. zu einem der wichtigsten Ausgangsstoffe der chem. Ind. geworden. In der Natur tritt Ä. als Pflanzenhormon auf; es bewirkt u. a. Reifungsvorgänge und wird zur Regulation der Reifung gelagerter Früchte eingesetzt.

Äthylen-, Bez. der chem. Nomenklatur für die Atomgruppierung $-CH_2-CH_2-$.

Äthylenoxid (Oxiran), cycl. Verbindung aus der Gruppe der ↑Äther, ein farbloses, giftiges Gas. Es läßt sich leicht polymerisieren und mit vielen Verbindungen umsetzen. Chem. Strukturformel:

$$\begin{array}{c} H_2C-CH_2 \\ \diagdown\;\diagup \\ O \end{array}$$

Äthylester, Ester des ↑Äthanols.

Äthylhalogenide, zusammenfassende Bez. für die Ester des ↑Äthanols mit den ↑Ha-

Äthylierung

logenwasserstoffsäuren. Gemeinsam ist den Ä. der süßl. bis narkot. Geruch und die völlige Unlöslichkeit in Wasser. Sie finden Verwendung als Alkylierungsmittel zur Darstellung von Bleitetraäthyl z. B. für Antiklopfmittel; Äthylchlorid dient zur lokalen Vereisung in der Medizin.

Äthylierung [griech.], Einführung der Äthylgruppe ($-C_2H_5$) in eine organ. Verbindung.

Äthylzellulose, durch teilweise oder vollständige Veräterung der freien OH-Gruppen des Zellulosemoleküls mit Äthylchlorid erhältl. Zelluloseäther; Verwendung als thermoplast. Kunststoff und Lackrohstoff.

Athyrium [griech.], svw. ↑Frauenfarn.

Ätiologie [griech.], in der *Medizin* die Lehre von den Krankheitsursachen, auch Gesamtheit der ursächl. Faktoren, die zu einer bestehenden Krankheit geführt haben.

◆ in der *Religionswissenschaft* und *Mythenforschung* ein Mythos, der der Begründung einer Erscheinung, eines Brauchs oder eines Namens dient.

Atitlán, Lago de [span. 'laɣo ðe ati'tlan], zweitgrößter See Guatemalas, im südl. Hochland, 1 562 m ü. d. M., 20 km lang, 8 km breit, bis 333 m tief, durch tertiäre Bruchtektonik entstanden (steile Ufer); jahreszeitl. schwankender Wasserstand, im ganzen jedoch sinkend; am S-Ufer Vulkane (der größte, **Atitlán,** 3 537 m hoch). Fremdenverkehr zu den zahlr. Indianersiedlungen nahe den Ufern.

Atjeh ↑Aceh.

Atkins, Chester „Chet" [engl. 'ætkɪnz], * bei Luttrell (Tenn.) 20. Juni 1924, amerikan. Countrymusiker (Gitarrist). - Über 50 LP-Einspielungen; führend im Musikbetrieb von Nashville, dem Zentrum der Countrymusik.

Atlakviða [altnord.] (Atli-Lied), zu den ältesten Eddaliedern zählendes, möglicherweise nach einer niederdt. Vorlage entstandenes Heldenlied. Es berichtet vom Zug der Burgunderkönige Gunnar und Högni an den Hof Atlis, von ihrem Tod und der Rache ihrer Schwester Gudrun. Das A. gehört zu den bedeutendsten Quellen des „Nibelungenliedes".

Atlant [griech.], architekton. Stütze in Gestalt der männl. Figur; gen. nach dem Riesen Atlas, der das Himmelsgewölbe trägt. In der griech. Architektur seit dem 6. Jh. v. Chr.; auch im MA, in der Renaissance und im Barock beliebt.

Atlanta [engl. ə'tlæntə], Hauptstadt des Bundesstaates Georgia, USA, am Fuß der Blue Ridge, 320 m ü. d. M., 425 000 E. Sitz eines kath. Erzbischofs, eines anglikan. und eines methodist. Bischofs; zwei Univ. (gegr. 1865 bzw. 1836), mehrere Colleges, Georgia Institute of Technology (gegr. 1885). Wichtigstes Ind.-, Handels- und Verkehrszentrum in Georgia, Sitz zahlr. Wirtschaftsunternehmen in den Südstaaten. - Gegr. 1837 unter dem Namen **Terminus,** 1845 in A. umbenannt; im Sezessionskrieg ein strateg. Zentrum der Konföderierten, 1864 von Unionstruppen zerstört; seit 1868 Hauptstadt von Georgia.

Atlantic City [engl. ə'tlæntɪk 'sɪtɪ], Stadt im sö. New Jersey, USA, auf einer 16 km langen Nehrung an der Atlantikküste, 40 000 E. Seebad mit ganzjährigem Kurbetrieb, Fischerei; Bootsbau. - Bed. Fischersiedlung; nach 1854 Entwicklung zum Seebad.

Atlantic Monthly, The [engl. ðɪ ə'tlæntɪk 'mʌnθlɪ] ↑Zeitschriften (Übersicht).

Atlántico, Dep. in N-Kolumbien, zw. Río Magdalena und Karib. Meer, 3 388 km², 959 000 E (1973), Hauptstadt Barranquilla. Liegt im heißen Küstentiefland; über $^1/_4$ des Gebietes ist Ödland, etwa die Hälfte Weideland, 10–15 % Ackerland.

Atlantic Standard Time [engl. ə'tlæntɪk 'stændəd 'taɪm], Zonenzeit an der Atlantikküste Amerikas, von Kanada bis zu den Falklandinseln, gegenüber MEZ 5 Std. nachgehend.

Atlantik ↑Atlantischer Ozean.

Atlantikcharta, am 14. Aug. 1941 von Churchill und Roosevelt auf dem brit. Schlachtschiff „Prince of Wales" im Atlantik beschlossene Erklärung über die Grundsätze der zukünftigen Kriegs- und Nachkriegspolitik Großbrit. und der USA: u. a. Verzicht auf Annexion, Anerkennung des Selbstbestimmungsrechts der Völker bei der Wahl ihrer Regierungsformen und bei der Regelung territorialer Streitigkeiten, Wiederherstellung der weltwirtsch. Beziehungen auf der Grundlage grundsätzl. Gleichberechtigung aller Staaten im Welthandel, Freiheit der Meere, vollständige Entmilitarisierung aller Aggres-

Atlant

Atlantischer Ozean

sorstaaten bis zur Herstellung eines dauerhaften Systems der kollektiven Sicherheit; wurde zu einem der Grunddokumente der UN.

Atlantikpakt ↑NATO.

Atlantikum [griech.] ↑Holozän (Übersicht).

Atlantikwall, dt. Befestigungsanlagen an der frz. und niederl. Küste, 1942–44 errichtet; sollte amphib. Großlandungen der Alliierten verhindern; wurde bereits am ersten Tag der alliierten Invasion in der Normandie (6. Juni 1944) durchbrochen.

Atlantis, sagenhafte, nach Berichten Platons im „Timaios" und im „Kritias" angebl. im Atlant. Ozean westl. von Gibraltar gelegene Insel, von der ägypt. Priester dem Solon erzählt haben sollen. Die Frage, ob es sich um eine Fiktion handelt oder ob eine Lokalisierungsmöglichkeit besteht, ist von jeher umstritten.

Atlantische Küstenebene, Küstenebene im O der USA, erstreckt sich vom den Neuenglandstaaten im NO bis Florida im S, mit Nehrungen und zahlr. Buchten.

atlantische Provinzen ↑maritime Provinzen.

Atlantischer Ozean (Atlantik), mit 106,6 Mill. km², einschließl. der Nebenmeere, zweitgrößter Ozean, trennt Nord- und Südamerika von Eurasien und Afrika. Die Grenze zum Pazif. Ozean bildet im N die Beringstraße, im S ist es die kürzeste Verbindung zw. Kap Hoorn–Süd-Shetland-Inseln–Antarkt. Halbinsel; als Grenze zum Ind. Ozean gilt der Meridian von Kap Agulhas. Der Äquator teilt das Ozean in N- und S-Atlantik. Die mittlere Tiefe beträgt 3 332 m, die größte Tiefe wurde mit 9 219 m im Puerto-Rico-Graben gemessen. Der A. O. hat eine S-förmige Gestalt und wird durch den **Mittelatlant. Rücken** in zwei Längsbecken geteilt, diese wiederum durch Querschwellen in eine Kette von Tiefseebecken. Der Mittelatlant. Rücken besitzt ein typ. Querprofil: in die Kammregion ist eine zentrale Längsspalte bis über 3 000 m tief eingesenkt; intensiver Vulkanismus, Bruchtektonik, magnet. Anomalien und abnorm hoher Wärmestrom im Bereich des Rückens führten Ende der 50er Jahre zur Aufstellung der Theorien der Ozeanbodenzergleitung (ocean-floor-spreading) und der Plattentektonik, nach denen sich der A. O. zu beiden Seiten des Mittelatlant. Rückens ausdehnt und die Kontinente auseinanderdriften. - Der Schelf (bis 200 m Tiefe) besteht aus 3–6 km mächtigen Sedimenten festländ. Herkunft; der Kontinentalabfall ist durch submarine Cañons stark zerfurcht, der atlant. Meeresboden ist mit Ausnahme der Kammregion des Mittelatlant. Rückens und der steilen Hänge der untermeer. Kuppen (z. B. die Große Meteorbank) überwiegend von kalkreichem Globigerinenschlamm, in mehr als 4 000 m Tiefe von rotem Tiefseeton und silicatreichem Diatomeenschlamm bedeckt. Die Inseln gehören entweder zu den Kontinenten (z. B. Spitzbergen, Brit. Inseln) oder sind Teile des Mittelatlant. Rückens (z. B. Island, Azoren, Sankt Helena); auf Schwächezonen gruppieren sich weitere vulkan. Inseln wie Färöer, Madeira, Kleine Antillen u. a.

Zonal angeordnete Windgürtel beherrschen das Klima. Beiderseits der windschwachen Mallungszone (in Äquatornähe) liegen die Passatzonen mit sehr beständigen Winden. Es folgen polwärts die Roßbreiten mit schwachen umlaufenden und die Westwindzonen mit sehr veränderl. Winden, schließl. die Polarzonen mit veränderl., vorwiegend östl. Winden. Auch die Lufttemperatur zeigt eine zonale Verteilung, symmetr. zum therm. Äquator, der im Mittel in 5° n. Br. liegt. Die Oberflächenströmungen (zwei große Kreisläufe) entsprechen dem Windsystem. Karib. und Antillenstrom vereinen sich zum Golfstrom, der den N-Atlantik quert und sich vor Europa in mehrere Zweige aufspaltet. Sein Gegenstück ist der Südäquatorialstrom. Für die Oberflächentemperatur gilt ebenfalls zonale Verteilung, aber mit Abweichungen, da die Oberflächenströmungen eine Ansammlung warmen Wassers auf der W-Seite in niederen, auf der O-Seite in höheren Breiten bewirkt. Niedrige Wassertemperaturen herrschen vor NW- und SW-Afrika, als Wirkung von kaltem Auftriebswasser. - Der Salzgehalt an der Oberfläche ist in erster Linie durch Niederschlag und Verdunstung bestimmt, in Küstennähe auch durch den festländ. Abfluß. Die Eisverhältnisse sind unterschiedl.: das Nordpolarmeer ist im Winter vollständig von Packeis bedeckt, die nach S verdrifteten Eisberge stammen von grönländ. Gletschern. Im antarkt. Wasserring bildet sich im Winter flachscholliges Treibeis, Tafeleisberge entstammen dem Inlandeis. - Im A. O. überwiegen halbtägige Gezeiten mit je zwei Hoch- und Niedrigwassern, auf dem Schelf haben sie Geschwindigkeiten von 1–2 km/h, in Engen können auch 18 km/h erreicht werden.

Der A. O. ist ein wichtiger Verkehrsträger, v. a. im Gütertransport. Neben der Küstenfischerei spielt die Fernfischerei (Fangflotten mit Fabrikschiffen) eine Rolle. Salz und Magnesium werden aus dem Meerwasser gewonnen, Entsalzungsanlagen bereiten es zu Trink- und Brauchwasser auf, Off-shore-Bohrungen haben Erdöl- und Erdgasfelder auf dem Schelf erschlossen, Diamanten werden vor der SW-Küste Afrikas geschürft. In 2 000–6 000 m Tiefe vorkommende Manganknollen sollen genutzt werden. Gezeitenkraftwerke (z. B. in der Bretagne) dienen der Energiegewinnung.

Im 15./16. Jh., im Entdeckungszeitalter, wurden Küstenlinien und anliegende Länder durch wiss. vorbereitete Fahrten erkundet. 1873–76 unternahm die brit. „Challenger"-

223

Atlantisch-Indischer Rücken

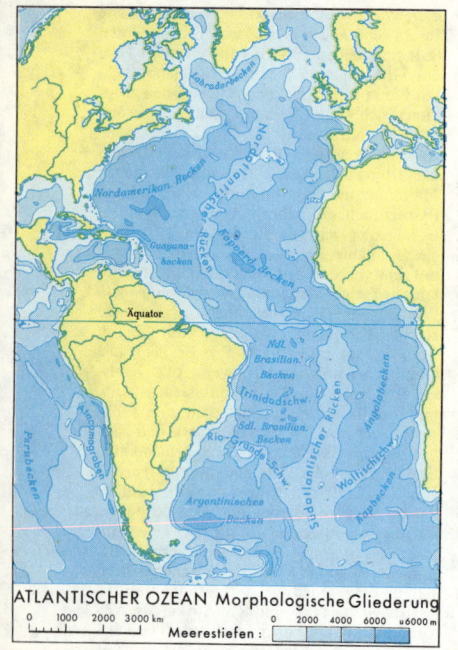

ATLANTISCHER OZEAN Morphologische Gliederung

Expedition die erste ozean. Forschungsfahrt, 1925–27 untersuchte die dt. „Meteor"-Expedition systemat. den südl. A. O., 1930 wurde in den USA das erste zentrale Forschungsinst. gegr. Im Internat. Geophysikal. Jahr 1958 hatten 20 Forschungsschiffe aus 12 Nationen Forschungsaufgaben im A. O. übernommen, die von einzelnen Expeditionen laufend weitergeführt werden.

📖 Emery, K. O./Uchupi, E.: *The geology of the Atlantic Ocean*. Bln. u. a. 1985. - Hdb. des A. O. Hg. v. Dt. Hydrograph. Inst. Hamb. ^{5}1981.

Atlantisch-Indischer Rücken, untermeer. Rücken im südl. Atlant. und Ind. Ozean.

Atlantisch-Indisches Südpolarbecken, Tiefseebecken im südl. Atlant. und Ind. Ozean, zw. Atlant.-Ind. Rücken und Antarktika.

Atlantosaurus [griech.], ausgestorbene Gatt. bis 35 m langer Dinosaurier; Pflanzenfresser, die in der unteren Kreide vom westl. N-Amerika lebten.

Atlas, Titan der griech. Mythologie. Sohn des Titanen Iapetos und der Okeanide Klymene (oder Asia), Bruder des Prometheus. Auf seinen Schultern ruhen die Säulen, „die Erde und Himmel auseinander halten" (Homer).

Atlas, Faltengebirgssystem in NW-Afrika: An der marokkan. Mittelmeerküste liegt der **Rifatlas,** im Djebel Tidirhine 2 456 m hoch, in Z-Marokko der **Mittlere Atlas,** das größte Wasser- und Waldreservoir des Landes, im Djebel bou Naceur 3 343 m hoch. Südl. des Mittleren A. erstreckt sich 700 km lang der **Hohe Atlas,** im Djebel Toubkal 4 165 m hoch, mit bed. Manganerzabbau nw. von Quarzazate. Der **Tellatlas** nimmt den ganzen N von Algerien ein mit Ausläufern in Marokko und Tunesien; eine Längstalzone trennt die niedrige Küstenkette von den durch Beckenlandschaften gegliederten inneren Ketten. Im Djebel Djurdjura erreicht der Tellatlas 2 308 m ü. d. M. Die südlichste Kette ist der **Saharaatlas,** der im W (Monts des Ksour) 2 237 m, im O (Aurès) 2 328 m hoch ist. Zw. Tell- und Saharaatlas liegt das **Hochland der Schotts,** ein in meist abflußlose Becken gegliedertes Hochplateau in N-Algerien mit Getreideanbau im N, hauptsächl. aber mit Weidewirtschaft der Nomaden und Alfagrasgewinnung. Der N des A. liegt im mediterranen Klimabereich, nach S Übergang in das Trockenklima der Sahara. Die Gebirge sind v. a. von Berbern besiedelt, die Ackerbau und Weidewirtschaft (Transhumanz) betreiben; Fremdenverkehr (Sommerfrischen und Wintersport).

Atlas, amerikan. Interkontinentalrakete; urspr. als Kampfrakete gedacht (Reichweite 10 000 km), in veränderter Ausführung als Erststufe bzw. Trägerrakete in Raumflugsystemen eingesetzt. Die A. wird von einem Haupttriebwerk mit 26 Mp Schub und zwei Starthilfstriebwerken mit je 68 Mp Schub angetrieben.

Atlas [griech.], erstmals 1585 von G. Mercator gebrauchte Bez. für eine systemat. Sammlung von gleichartig bearbeiteten und buchbinder. zusammengefaßten Karten.

◆ in der *Anatomie:* erster Halswirbel bei höheren Wirbeltieren, der den Kopf trägt.

Atlas [arab.], Sammelbez. für Gewebe in ↑Atlasbindung.

Atlasbindung (Satinbindung), eine der drei Grundbindungen bei Geweben; einseitige Gewebe, entweder mit Kett- oder Schußeffekt; beim kleinsten Schußatlas geht der Schuß über vier Kettfäden und unter einen Kettfaden; die Bindung wird nach mathemat. Regeln mit Hilfe von Steigungs- oder Fortschreitungszahlen entwickelt; die Bindungspunkte sind regelmäßig verstreut und dürfen sich nicht berühren; die Kett- und Schußfäden liegen daher eng aneinander, wodurch dichte, glatte, ebene Gewebe entstehen; durch die losere Fadenverkreuzung erhalten diese Gewebe einen weichen Griff.

Atlasblume, svw. ↑Godetie.

Atlasländer, Bez. für die Länder NW-Afrikas, die durch die Gebirgszüge des Atlas geprägt sind, obwohl weite Teile (z. B. von Algerien) außerhalb des Atlas liegen.

Atlasspinner (Attacus atlas), größte Art der Augenspinner mit schwarz, weiß und gelb

gefärbten Zeichnungen auf den bis 25 cm spannenden, rötl. Flügeln; auf den sichelförmig gebogenen Vorderflügeln je ein großer, dreieckiger, glasartig durchscheinender Augenfleck; Vorkommen: Indien, südl. Ostasien, Malaiischer Archipel.
◆ svw. ↑Pappelspinner.

atm, Einheitenzeichen für · die frühere Druckeinheit physikal. ↑Atmosphäre; ältere Schreibweise: Atm.

Atman [Sanskrit „Hauch, Seele"], zentraler Begriff der Philosophie der ↑Upanischaden und des ↑Wedanta. A. bezeichnet das unvergängl. Geistige im Menschen. Der individuelle A. ist mit dem ↑Brahman identisch. Die Erkenntnis dieses Sachverhalts führt zur Erlösung aus dem Kreislauf der Geburten (↑Samsara).

atmophile Elemẹnte [griech./lat.], in der Atmosphäre angereicherte Elemente, z. B. Kohlenstoff (im Form von CO_2), Wasserstoff (elementar und in Form von Wasser), Stickstoff, Sauerstoff und die Edelgase.

Atmosphäre [zu griech. atmós „Dampf" und ↑Sphäre], Einheit des Druckes; Verwendung in der BR Deutschland seit dem 1. 1. 1978 nicht mehr zulässig. Mit der Internat. Einheit des Druckes, dem ↑Pascal (Pa), hängt die physikal. A. (atm) wie folgt zusammen: 1 atm = 101 325 Pa (↑auch Druck).
◆ gasförmige Hülle eines Himmelskörpers, speziell die Lufthülle der Erde. Die A. ist für die Existenz von Leben auf der Erde von entscheidender Bed., denn in ihr spielen sich die physikal. Prozesse ab, die man „Wetter" nennt. Die Erd-A. reicht bis in eine Höhe von etwa 3 000 km über der Erdoberfläche. In der Nähe der Erdoberfläche hat sie die folgende Zusammensetzung:

Stickstoff	77,1 %
Sauerstoff	20,8 %
Wasserdampf	1,1 %
Argon	0,9 %
Sonstiges (Wasserstoff, Kohlendioxid, Edelgase)	0,1 %

In 20–25 km Höhe zeigt sich eine starke Ozonanreicherung. Das Ozon wird dabei aus dem Luftsauerstoff durch die Einwirkung der Ultraviolettstrahlung der Sonne gebildet. Die Gesamtmasse der Erd-A. beträgt etwa 1,5 Billiarden Tonnen. Die unterste Schicht der Erd-A. ist die **Troposphäre**. Sie reicht an den Polen bis in 9 km, am Äquator bis in etwa 17 km Höhe über dem Meeresspiegel. In der Troposphäre spielt sich das Wettergeschehen ab, in ihr nimmt die Temperatur bis auf etwa −50° C an der Obergrenze ab. An die Troposphäre schließt sich die **Stratosphäre** an. Sie stellt eine fast feuchtigkeitsfreie Schicht dar, die bis in etwa 50 km Höhe reicht, und an deren oberer Grenze die Temperatur wieder auf etwa 0 °C ansteigt. Die **Mesosphäre** reicht bis in etwa 80 km Höhe; in ihr nimmt die Temperatur wieder bis zu etwa −80 °C an der oberen Grenze ab. In der Mesosphäre erfolgt das Aufleuchten der Meteoriten (Sternschnuppen). Von etwa 80 km bis etwa 450 km Höhe reicht die **Ionosphäre**. In ihr ruft die Sonnenstrahlung schichtweise eine starke Ionisierung hervor, durch die die betreffende Schicht elektr. leitend wird. An der Ionosphäre werden die Radiowellen (Kurzwellen) reflektiert, so daß ein weltweiter Kurzwellenempfang mögl. ist. An die Ionosphäre schließt sich in etwa 450 km Höhe die **Exosphäre** an. Sie geht ohne scharfe Grenze in den freien Weltraum über. Die Energiequelle für alle in der A. ablaufenden physikal. Prozesse ist die Sonne. Bei einer mittleren Entfernung zw. Sonne und Erde von rund 150 Mill. km trifft an der Obergrenze der Erd-A. eine Strahlung ein, deren Energie bei senkrechtem Einfall rund 8 Joule pro Quadratzentimeter und Minute beträgt („Solarkonstante"). Auf dem Weg durch die Lufthülle der Erde gehen rd. 30 % der Strahlungsenergie der Sonne durch Reflexions- und Streuungsprozesse in der A. und am Erdboden verloren; rund 20 % werden von Wasserdampf und Kohlendioxid aufgenommen. Den Erdboden erreichen also nur knapp 50 %. Durch Ausstrahlung verliert die Erdoberfläche sofort wieder Energie, aber Wasserdampf und Kohlendioxid der Luft absorbieren ihrerseits den größten Teil dieser langwelligen Strahlung und strahlen sie zur Erde zurück *(atmosphär. Gegenstrahlung)*. Insgesamt steht an der Erdoberfläche etwa ein Drittel der gesamten zugestrahlten Sonnenenergie zur Heizung der unteren Luftschichten und zur Anregung des Wasserkreislaufes zur Verfügung.

Aus der unterschiedl. Verteilung der Wärme auf der Erde und der sich daraus ergebenden Luftdruckverteilung folgen Luftströmungen, die unter der Einwirkung der Erdrotation zu einer komplizierten atmosphär. Zirkulation führen. Es bildet sich unter dem Einfluß weiterer Faktoren wie z. B. der unterschiedl. Verteilung von Land- und Wassermassen auf

Atlasspinner

Atmosphärilien

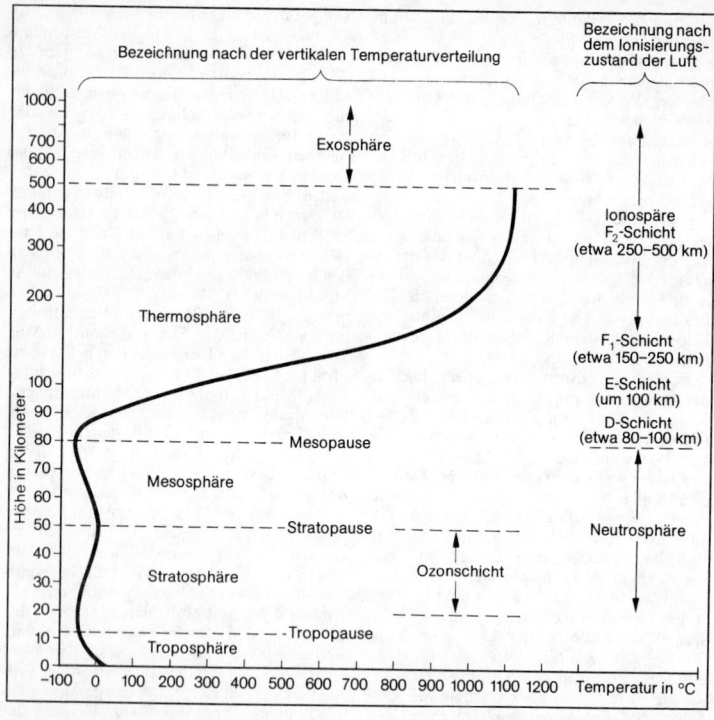

Atmosphäre. Vertikaler Aufbau

der Erdoberfläche das sog. **planetarische Luftdruck- und Windsystem** heraus. Entsprechend der Luftdruckverteilung ergeben sich die großen Luftströmungen in Bodennähe: 1. östl. Winde, die *Passate*, zw. dem tiefen Druck am Äquator und dem subtrop. Hochdruckgürtel; 2. westl. Winde, die *Westwinddrift der gemä-*

Atmung. Zwerchfellatmung (links) und Rippenatmung

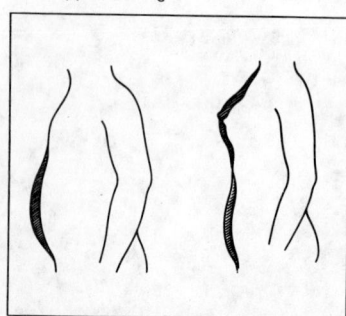

ßigten Breiten, zw. der subtrop. Hochdruckzone und der polaren Tiefdruckrinne; 3. östl. Winde von der polaren Tiefdruckrinne bis zum Pol.

📖 *Fabian, P.: A. u. Umwelt. Bln. u. a. 1984. - Raschke, E.: Energiehaushalt u. Zirkulation der A. Bonn 1978.*

Atmosphärilien [griech.], für die Gesteinsverwitterung und Korrosion verantwortl. physikal. und chem. wirksame Bestandteile der Atmosphäre.

atmosphärische Bremsung, Abbremsung eines [Raum]flugkörpers durch die in der Atmosphäre auftretende Reibung; die kinet. Energie des Körpers wird dabei weitgehend in Wärme umgewandelt.

Atmosphärologie [griech.], die Lehre von der ↑Atmosphäre.

AT-Motor, Kurzbez. für ↑**Austauschmotor.**

Atmung, Gasaustausch der Lebewesen mit ihrer Umwelt *(äußere A.)* und Energie liefernder Stoffwechselprozeß in den Zellen *(innere A.).* Allg. versteht man unter A. die äußere A. *(Respiration)*, bei der Sauerstoff vom Organismus aufgenommen und Kohlendioxid abgegeben wird. Dieser Gasaustausch erfolgt durch bes. ↑Atmungsorgane oder aus-

Atmung

schließl. (bei niederen Tieren) bzw. zu einem geringen Teil (beim Menschen zu 1 %) durch die Haut (↑Hautatmung).
Die Sauerstoffaufnahme beim Menschen erfolgt durch die Nase oder den Mund über die Luftröhre und das Bronchialsystem in die Lunge, die durch Pumpbewegungen ein Druckgefälle erzeugt, wodurch es zur Einatmung *(Inspiration)* bzw. zur Ausatmung *(Exspiration)* kommt. Man unterscheidet die **Rippenatmung** (Kostal-A.), bei der sich die zw. den Rippen befindl. Interkostalmuskeln zusammenziehen und die Rippen heben und so den Brustkorb vergrößern, und die **Zwerchfellatmung** (Abdominal-A.), bei der bei der Einatmung das Zwerchfell tiefertritt und so den Brustraum auf Kosten des Bauchraums ein wenig erweitert. Bei normaler, ruhiger A. besorgen beide zus. zu gleichen Teilen gemeinsam die Atmung. Der Gasaustausch von Sauerstoff (der im Blut gelöst bzw. an ↑Hämoglobin gebunden wird) gegen Kohlendioxid (das ausgeatmet wird) vollzieht sich in den etwa 300–450 Mill. Lungenbläschen und den Lungenkapillaren. Die gesamte für den Austausch zur Verfügung stehende atmende Oberfläche beträgt etwa 80–120 m². Der Sauerstoff diffundiert aus der mit Luft angefüllten Bläschen durch die feuchte Membran der Lungenbläschen in das Blut, das in Haargefäßen an der Bläschenwand vorbeifließt. Der Sauerstoff wird im Blut an das Hämoglobin (Hb) gebunden, was dem Blut eine hellrote Farbe verleiht (arterielles Blut). Das mit Sauerstoff beladene Blut (Hb·O₂) verläßt die Lunge über die Lungenvene und erreicht über das Herz und das Arteriensystem die Körperzellen. In ihnen läuft die innere A. unter Energiegewinn und Entstehung des Stoffwechselendprodukts Kohlendioxid ab. Umgekehrt transportiert das Hämoglobin z.T. auch das Kohlendioxid zurück zur Lunge, in der es abgeatmet wird. Das vornehml. im ↑Zitronensäurezyklus entstehende Kohlendioxid ist hierbei am Eiweißanteil des Hämoglobins gebunden. Die Hauptmenge des Kohlendioxids wird jedoch als Hydrogencarbonat im Blutplasma transportiert. Das „verbrauchte" (venöse) Blut enthält aber immer noch etwa 14 % Sauerstoff, der im Notfall genutzt werden kann.
Pro Atemzug werden von einem gesunden Erwachsenen etwa 0,5 l Luft bewegt (**Atemvolumen**). Dieses Volumen kann bei intensiver A. auf 2,5 l (Atemvolumen + Einatmungsreservevolumen) erhöht werden. Bei ruhiger Ausatmung verbleiben noch etwa 2 l Luft in der Lunge, wovon bei maximaler Ausatmung noch etwa 1,3 l ausgeatmet werden können (Ausatmungsreservevolumen). Die als maximales Atmungsvolumen (**Vitalkapazität**) bezeichnete Luftmenge, die zw. völliger Einatmung und völliger Ausatmung bewegt wird, beträgt etwa 4,5 l. Als Restluft (**Restvolumen**, etwa 1,2 l) wird die ständig in den Lungenbläschen verbleibende Luftmenge bezeichnet, die nur beim Lungenkollaps entweicht. Die Zahl der Atemzüge pro Minute (**Atemfrequenz**) hängt vom Alter, von der Größe und der Konstitution ab. Sie beträgt beim Erwachsenen etwa 10–15. Daraus läßt sich das Minutenvolumen (Atemvolumen × Atemfrequenz) errechnen, das 5–7 l beträgt. Das Verhältnis des abgegebenen CO₂ (in Volumen-%) und des aufgenommenen O₂ wird **respiratorischer Quotient** (RQ, Atmungsquotient) genannt. Seine Größe läßt Rückschlüsse auf die Zusammensetzung der aufgenommenen Nahrung zu. Werden vom Organismus nur Kohlenhydrate verarbeitet, beträgt er 1,0; bei Fett- und Eiweißabbau liegen die Werte bei 0,8 bzw. 0,7. Die äußere A. wird durch das im verlängerten Mark befindl. Atemzentrum sowie indirekt über den Hypothalamus gesteuert. Bei erhöhter Leistung ensteht ein größerer Sauerstoffbedarf, der eine Aktivierung der Atemtätigkeit erforderl. macht. Hierzu wird entweder die Atemtiefe oder die Atemfrequenz variiert.
Die innere A. ist der Teil des Atmungsgeschehens, der sich auf die biochem. Nutzung des aufgenommenen Sauerstoffs der Körperzellen (daher auch **Zellatmung**) bezieht. Es ist der katabol. Stoffwechsel, der hauptsächl. aus der ↑Atmungskette, dem ↑Zitronensäurezyklus sowie der ↑Glykolyse besteht.
In den einzelnen Tiergruppen gibt es verschiedene Möglichkeiten der äußeren Atmung. Tieren mit flachem, langem Körper (z. B. Fadenwürmer, Strudelwürmer) genügt der Gasaustausch durch die Haut. Bei Gliederfüßern, Spinnentieren, Stummelfüßern, Tausendfüßern und Insekten sind schon bes. Atmungsorgane, die ↑Tracheen, ausgebildet. Viele Wassertiere atmen durch ↑Kiemen. Säugetiere haben als Atmungsorgane Lungen ausgebildet. Für die äußere A. haben die autotrophen, höheren Pflanzen in meist allen Organen Hohlraumsysteme (↑Durchlüftungsgewebe), die mit Ein- und Austrittsöffnungen (z. B. ↑Spaltöffnungen) verbunden sind. Auch Atem- und Luftwurzeln dienen der Sauerstoffaufnahme und Kohlendioxidabgabe. Die innere A. zur Energiegewinnung kann unter Sauerstoffaufnahme *(aerobe Zell-A.)*, oder ohne Luftsauerstoff, z. B. bei manchen Bakterien *(anaerobe Zell-A.* oder ↑Gärung) stattfinden.

Geschichte: Schon in frühester Zeit hatte man erkannt, daß die tier. und menschl. A. untrennbar mit dem Leben verbunden ist. Die eigentl. Aufklärung des A.vorgangs gelang aber erst nach Einführung der experimentellen Methodik in der Chemie. Nachdem 1774 O₂ und 1775 CO₂ entdeckt worden waren und 1777 die Verbrennung als Sauerstoffaufnahme gedeutet worden war, konnte die A. als Oxidation erklärt werden. Den physiolog.

Atmungsfermente

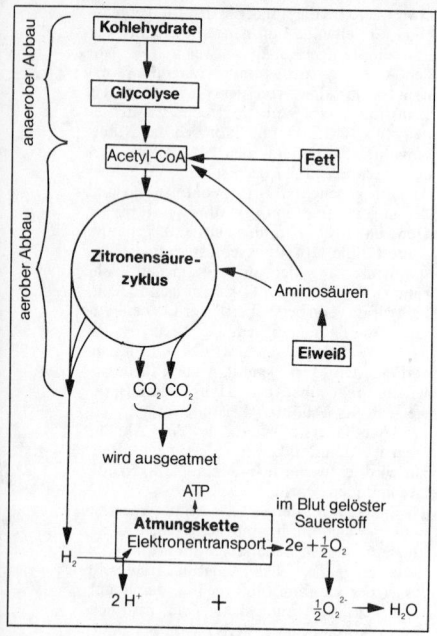

Innere Atmung. Abbau der Makromoleküle von Nahrungs- und Speicherstoffen über die Hauptstoffwechselwege (Glykolyse, Zitronensäurezyklus, Atmungskette) zu den Stoffwechselendprodukten Kohlendioxid (CO_2) und Wasser (H_2O)

Gasaustausch (O_2- und CO_2-Bindung an das Blut; Bohr-Effekt) erforschte der Däne C. Bohr. Der Schwede F. L. Thunberg trug zu Beginn des 20. Jh. zur Aufklärung des Mechanismus der A. und der O_2-Aufnahme bei. Die pflanzl. A. wurde im 18. Jh. entdeckt. J. Ingenhousz beobachtete 1779, daß grüne Pflanzenteile im Licht O_2 ausströmen, im Dunkeln aber CO_2. Zw. pflanzl. A. und CO_2-Assimilation unterschied J. Sachs.

⚌ *Karlson, P.: Kurzes Lehrb. der Biochemie f. Mediziner u. Naturwissenschaftler. Stg. [12]1984. - Parow, J.: Funktionelle Atmungstherapie. Hdbg. [4]1980.*

Atmungsfermente, Enzyme der Atmungskette, die an der schrittweisen Oxidation des Wasserstoffs beteiligt sind.

Atmungsgymnastik ↑Atemgymnastik.

Atmungskette, Kette von enzymat. Redoxreaktionen, aus denen die lebenden Zellen unter aeroben Bedingungen den größten Teil der von ihnen benötigten Energie gewinnen. In der in den Mitochondrien lokalisierten A. wird der Wasserstoff, der z. B. als $NADH_2$ in das Stoffwechselschema einmündet, zu Wasser oxidiert. Die A. wird deshalb auch **biolog. Oxidation** genannt. Diese Reaktion ist zugleich an die Veratmung organ. Stoffe im Zitronensäurezyklus zu Kohlendioxid, das dann abgeatmet wird, gekoppelt. Die A. stellt eine komplexe „Enzymstraße" dar. Die Enzyme (Flavoproteide und Zytochrome) sind auf Grund der Redoxpotentiale ihrer prosthetischen Gruppe in einer Reihe angeordnet. Das niedrigste Redoxpotential hat das $NAD/NADH_2$-System. $NADH_2$ gibt seinen Wasserstoff an ein ↑Flavoproteid (FMN) ab, das somit reduziert wird. Da dieses ein höheres Potential als $NADH_2$ besitzt, wird bei dieser Reaktion Energie freigesetzt. Vermutl. schließt sich nun ein Chinon-Hydrochinon-System an, das den Wasserstoff übernimmt (↑Ubichinone). Das durch die Wasserstoffaufnahme entstehende Hydrochinon vermag leicht Elektronen abzugeben, die nun weiter über Zytochrom b und c bis Zytochrom a laufen. Zytochrom a (Zytochromoxidase) ist das Endglied der A., das mit dem Atmungssauerstoff reagiert. Dieser wird mit den ankommenden Elektronen beladen und kann nun mit dem am Hydrochinon frei gewordenen $2H^+$ zu Wasser reagieren.

Die Bed. der A. liegt darin, daß die auf den einzelnen Stufen durch Oxidation frei werdende Energie in Form von Adenosintriphosphat (ATP) gespeichert werden kann. Dieser Prozeß wird als **oxidative Phosphorylierung (Atmungskettenphosphorylierung)** bezeichnet. Dabei werden pro Mol H_2O 52 kcal (= 218 kJ) frei, die zur Bildung von 3 Mol Adenosintriphosphat (ATP) aus Adenosindiphosphat (ADP) und anorgan. Phosphat verwendet werden.

Atmungskettenphosphorylierung ↑Atmungskette.

Atmungsorgane (Respirationsorgane), der Sauerstoffversorgung des Körpers dienende Organe bei Tier und Mensch, z. B. Lungen, Kiemen, Tracheen. Bei vielen Organismen (Mikroorganismen, Hohltiere, Ringelwürmer) erfolgt die Atmung durch die Haut.

Atmungspigmente (Atempigmente), hochmolekulare Proteine, die Eisen- oder Kupferionen als für die O_2-Bindung wesentl. Bestandteil enthalten. Man kennt 4 Typen von sauerstofftragenden Pigmenten: Hämoglobin, Chlorokruorin, Hämerythrin und Hämozyanin. Am verbreitetsten ist das Hämoglobin. Während dieses in vielen Fällen an eine Zellstruktur gebunden ist (z. B. an die roten Blutkörperchen), kommt Hämozyanin nur in der Körperflüssigkeit gelöst vor. Die sauerstofftragenden Pigmente bringen im wesentl. folgende Vorteile: 1. Der Sauerstoff kann in molekularer Form transportiert werden; die Pigmente beladen sich an Orten mit hoher O_2-Spannung und können ihn in Körperbezirken mit geringerer O_2-Spannung wie-

Atom

der freisetzen. 2. Die A. entziehen der Körperflüssigkeit Sauerstoff; diese kann wieder neuen Sauerstoff aufnehmen. 3. Die A. können auch dann noch Sauerstoff aufnehmen, wenn eine geringere O_2-Spannung herrscht, als es dem O_2-Partialdruck der Atmosphäre entspricht.

Atmungsquotient, svw. respiratorischer Quotient (↑Atmung).

Ätna, höchster Vulkan Europas, in NO-Sizilien, 3340 m hoch (Schichtvulkan mit aufgesetztem Stratovulkan). Flankenausbrüche übersäen den Ä. mit kleinen Nebenvulkanen. Die Hangfußgebiete bis etwa 1400 m ü. d. M. werden intensiv landw. genutzt. Straße bis 1880 m Höhe; Seilbahn, Skilifte, Hotels. In 2941 m ü. d. M. liegt das vulkanolog. Ä.-Observatorium. - Karte S. 230.

Ätolien, Landschaft im westl. M-Griechenland; umfaßt den südl. Abschnitt des Pindos und die Senke von Agrinion, die durch ein Haff gegen das Meer abgeschlossen ist. **Geschichte:** Die stark mit vorgriech. Bev. gemischten **Ätolier** galten lange Zeit als Halbbarbaren; Ä. gelangte erst durch den Zusammenschluß zum ↑Ätolischen Bund zu polit. Bed. 189 v. Chr. von den Römern unterworfen, unter Augustus der Prov. Achaia eingegliedert; gehörte dann zum Byzantin. Reich; kam im 13. Jh. zum epirot. Kaiserreich, im 14. Jh. an Serben und Albaner, Anfang 15. Jh. an Neapel, Mitte 15. Jh. zum Osman. Reich; im griech. Unabhängigkeitskrieg umkämpft.

Atmungskette. Die schrittweise Oxidation des von Glykolyse und Zitronensäurezyklus kommenden Wasserstoffs in der Atmungskette

Ätolischer Bund, polit. Zusammenschluß der Einwohner Ätoliens; erstmals 367 v. Chr. nachweisbar; entwickelte sich erst in der Diadochenzeit zu einem wichtigen Faktor in der griech. Geschichte (279 Rettung Delphis vor kelt. Angriff). Machtzuwachs bis in die Peloponnes, jedoch in ständigem Ggs. zum Achäischen Bund sowie zu Makedonien; seit 212 Bundesgenossen Roms, wesentl. an der Niederringung Makedoniens beteiligt; 189 zur Anerkennung der röm. Oberhoheit gezwungen, verlor prakt. die Selbständigkeit, blieb als kult. Gemeinschaft innerhalb der Prov. Achaia bestehen.

Atoll [engl.; vermutl. zu Malajalam adal „verbindend"], aus Riffkranz und Lagune bestehende Koralleninsel.

Atom [zu griech. átomos „unteilbar"], kleinste, mit chem. Mitteln nicht weiter zerlegbare Einheit eines chem. Elements, die auf Grund ihrer Struktur – ein fast die gesamte Masse des A. enthaltender, positiv geladener **Atomkern** ist von einer aus Elektronen bestehenden **Atomhülle** umgeben – für die physikal. und chem. Eigenschaften des betreffenden Elements verantwortl. ist. Alle Atome eines chem. Elements haben dieselben chem. Eigenschaften, wobei urspr. diese Eigenschaften zusammen mit der relativen Atommasse die Einordnung in das Periodensystem der chem. Elemente festlegten. Es gibt also so viele verschiedene **Atomarten,** wie es chem. Elemente gibt. Die Zugehörigkeit eines A. zu einem bestimmten Element wird durch die Anzahl seiner Elektronen in der A.hülle bzw. durch die gleich große Zahl der positiv elektr. geladenen Protonen im Kern, die Protonen- oder Kernladungszahl Z, bestimmt. Diese Zahl ist

Atom

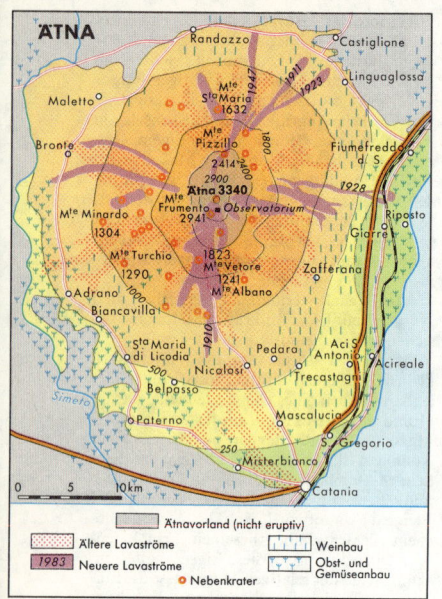

ÄTNA *(Karte)*

- Ätnavorland (nicht eruptiv)
- Ältere Lavaströme
- 1983 Neuere Lavaströme
- Nebenkrater
- Weinbau
- Obst- und Gemüseanbau

zugleich die *Ordnungszahl* des Elements. Durch Zusammenschluß von A. entstehen die †Moleküle, die kleinsten Einheiten einer chem. Verbindung. Fast zu jeder A.art gehören mehrere Sorten von A. unterschiedl. Masse. Diese **Atomsorten** bilden die †Isotope des betreffenden Elements; die A. dieser Isotope haben dieselbe Protonenzahl, aber unterschiedl. viele (ungeladene) Neutronen. Die Summe der Protonenzahl (Z) und Neutronenzahl (N) ergibt dabei die Massenzahl ($A = Z + N$), wobei mit steigender Ordnungszahl die Neutronenzahl mehr und mehr überwiegt (beim U 238 sind es 146 Neutronen gegenüber 92 Protonen). Die unterschiedl. Masse der Isotope macht sich bei den chem.

Atom. Schematische Darstellung eines Sauerstoffatoms (s und p Energiezustände der Elektronen)

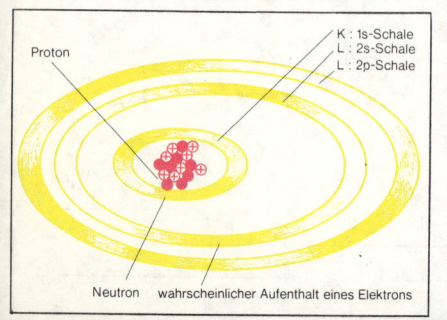

- Proton
- Neutron
- wahrscheinlicher Aufenthalt eines Elektrons
- K : 1s-Schale
- L : 2s-Schale
- L : 2p-Schale

und den meisten physikal. Eigenschaften der A. kaum bemerkbar, doch können sich die A.kerne einiger dieser Isotope unter Emission atomarer Teilchen und Energieabgabe in A.kerne anderer Ordnungszahl verwandeln (†Radioaktivität).

In einem Grammatom (bzw. Mol) sind bei allen Elementen unabhängig vom Aggregatzustand $N_A = 6,022045 \cdot 10^{23}$ A. enthalten (*Avogadro-Zahl*). Die Masse eines A. (*absolute Atommasse*) beträgt beim leichtesten Isotop (^{1}H) des Wasserstoffs $1,67343 \cdot 10^{-24}$ g, alle übrigen A.massen erhält man durch Multiplikation der jeweiligen relativen Atommasse bzw. der Isotopenmasse mit der vereinheitlichten atomaren Masseneinheit $u = 1,6605655 \cdot 10^{-24}$ g.

Existenzbeweise: Hinweise auf das Vorhandensein von A. lieferten: 1. die Gesetze der konstanten, der multiplen und der äquivalenten Proportionen bei den chem. Verbindungen, nach denen sich die chem. Elemente nur in bestimmten, sie kennzeichnenden Gewichtsverhältnissen verbinden; diese Gesetze folgen unmittelbar bei Annahme eines atomist. Aufbaus der Materie, nicht aber bei Annahme einer homogenen, beliebig unterteilbaren Materie; 2. die Ergebnisse der Untersuchungen auf dem Gebiet der Elektrolyse (z. B. die Faradayschen Gesetze), die gleichzeitig auf die Existenz einer elektr. Elementarladung hindeuteten; 3. die quantitativen Erfolge der kinet. Gastheorie, die u. a. den Gasdruck und seine Temperaturabhängigkeit sowie die Brownsche Molekularbewegung durch Stöße von Gasmolekülen erklärt und die Wärmeleitung, die Diffusion und die innere Reibung der Gase verständlich macht; 4. die Bahnspuren sehr schneller atomarer Teilchen in Nebel-, Blasen- und Funkenkammern; die Registrierung dieser Teilchen mit Teilchenzählern; 5. die Massenspektroskopie; 6. die Interferenz- und Beugungserscheinungen beim Durchgang von Röntgenstrahlen (Laue-Diagramm und Debye-Scherrer-Diagramm), Elektronenstrahlen (Davisson-Germer-Versuch) oder anderer Teilchenstrahlen (z. B. Neutronen) durch Kristalle, die neben der atomaren Struktur der festen Stoffe gleichzeitig auch den regelmäßigen, räuml. period. Aufbau der Kristalle ergaben. Aus den Beugungsbildern konnte der Abstand der A. in den Kristallen erschlossen werden und daraus die Zahl der A. in der Volumeneinheit.

Geschichte: Die aus der Antike überlieferte A.vorstellung (†Atomismus) wurde nach der Begründung der neuzeitl. Naturwissenschaft im 17. Jh. von S. Basso, D. Sennert, J. Jungius u. a. aufgenommen und weitergebildet. So schrieb P. Gassendi den einzelnen Atomen eine unzerstörl. Bewegung zu, die zwar durch Hindernisse gehemmt werden könne, aber nach deren Beseitigung wieder voll zum Vorschein komme. Auch I. Newton vertrat einen

Atomenergie

entschiedenen Atomismus. Er hatte die durchaus richtige Vorstellung, daß zw. den kleinsten Teilchen anziehende Kräfte herrschen, die nicht seinem Gravitationsgesetz, sondern einem anderen Potenzgesetz genügen. In der Absicht, das Prinzip der Erhaltung der Energie als allgemeingültig zu erweisen, nahmen Leibniz, D. Bernoulli, J. Hermann, C. Wolff u. a. an, daß bei unelast., zum Auftreten von Wärme führenden Stößen die „lebendige Kraft" der Körper (d. h. ihre kinet. Energie) in die unsichtbare lebendige Kraft der kleinsten Teile verwandelt werde. Diese kinet. Theorie der Wärme fand erst nach der Aufstellung des Energieprinzips um 1850 Anerkennung. Unter dem Einfluß Newtons wurde gegen Ende des 18. Jh. der Atomismus allg. akzeptiert, jedoch wurden Konsequenzen aus der A.vorstellung prakt. nur für die Chemie gezogen (chem. Atomtheorie). Erst 1856 begründeten A. K. Krönig und R. Clausius auf der Basis der A.vorstellung die kinet. Gastheorie, die v. a. von J. C. Maxwell und L. Boltzmann mathemat. ausgestaltet wurde. Gegen den Atomismus erhoben sich in der zweiten Hälfte des 19. Jh. erneut zahlr. Einwände. Die Positivisten unter Führung von E. Mach und W. Ostwald nannten die A. Gedankendinge, denen keine reale Bedeutung zukomme. Max Planck glaubte, aus der kinet. Gastheorie und der klass. Mechanik einen Widerspruch zum zweiten Hauptsatz der Thermodynamik folgern zu können. Die Entwicklung ging über diese Einwände hinweg. Mit Hilfe der Gastheorie berechnete 1865 erstmalig J. Loschmidt die absolute Größe der Moleküle, während bei der experimentellen Untersuchung der Elektrizitätsleitung in Elektrolyten und in Gasen der atomist. Charakter der Elektrizität immer deutl. hervortrat. Im Jahre 1905 lieferte A. Einstein in seiner Theorie der Brownschen Bewegung einen exakten und abschließenden Beweis für die atomist. Struktur der Materie.

📖 *Weinberg, S.: Teile des Unteilbaren. Entdeckungen im A. Dt. Übers. Hdbg. 1984.* - *Haken, H./Wolff, H. C.: A.- u. Quantenphysik. Bln. u. a. ²1983.* - *Kleine Enzyklop. A.physik/Kernphysik. Hg. v. C. Weißmantel u. a. Ffm. 1983.* - *Preuß, H.: A. und Moleküle als Bausteine der Materie. Ffm. 1982.* - *Mayer-Kuckuk, T.: A.physik. Stg. ²1980.* - *Meinhold, H. Anschaul. A.physik. Sindelfingen 1980.*

Atomantrieb, svw. ↑ Kernenergieantrieb.

atomar [griech.], die Atome [und Elementarteilchen] bzw. die Mikrophysik betreffend; a. Vorgänge sind im Bereich des Atoms sich abspielende physikal. Vorgänge.
◆ die Kernwaffen (Atomwaffen) oder Kernenergieanlagen betreffend.

atomare Kriegführung, Kriegführung mit Atomwaffen (↑ ABC-Waffen). - ↑ auch nukleare Strategie.

atomare Masseneinheit, Einheitenzeichen u, Internat. Einheit der Masse für die Angabe von Teilchenmassen. Festlegung: 1 a. M. ist der 12. Teil der Masse eines Atoms des Nuklids $^{12}_{6}C$ (Kohlenstoff):

$$1\,u = 1{,}6605655 \cdot 10^{-24}\,g.$$

atomares Patt, aus dem Schachspiel entlehnter Begriff, mit dem seit Ende der 1950er Jahre das nukleare Rüstungsgleichgewicht der USA und der UdSSR gekennzeichnet wird. Trotz quantitativer Unterschiede im atomaren Potential beider Mächte bleibt das a. P. durch die Möglichkeit beider Seiten bestehen, im Falle eines nuklearen Überraschungsangriffes einen atomaren Vergeltungsschlag gegen den Angreifer zu führen. Da dieses „Gleichgewicht des Schreckens" nur auf Grund verstärkter finanzieller Anstrengungen aufrechterhalten werden kann und beide Großmächte über ein atomares Potential verfügen, das zur mehrfachen Vernichtung des Gegners ausreicht, wird seit 1969 versucht, eine Begrenzung der strateg. Atomwaffenrüstung auszuhandeln. - ↑ auch Abrüstung.

atomares System, i. e. S. jedes Atom, Ion oder Molekül; die Bez. wird insbes. dann verwendet, wenn bei den untersuchten physikal. Vorgängen der Atomkern keine [wesentl.] Rolle spielt. I. w. S. jedes ↑ mikrophysikalisches System.

Atombatterie, svw. ↑ Isotopenbatterie.
Atombindung ↑ chemische Bindung.
Atombombe ↑ ABC-Waffen.
Atomelektronen, Bez. für die an einen Atomkern gebundenen, die Atomhülle eines Atoms bildenden Elektronen, im Ggs. zu den freien Elektronen in Kathoden- und Betastrahlen sowie zu den Leitungselektronen in Metallen und Halbleitern.

Atomenergie, häufig verwendete Bez. für die aus den Atomkernen durch Kernreaktionen – bes. durch Kernspaltung in Kernreaktoren – gewonnene Energie (**Kernenergie**). Da die hierbei freigesetzten Energien die aller anderen ausnutzbaren Energieformen um das Millionenfache übertreffen, da außerdem gleichzeitig sehr starke, u. a. zu Strahlenschäden führende elektromagnet. und Teilchenstrahlen auftreten, sind nat. und internat. Behörden, Kommissionen und Organisationen geschaffen worden, die eine staatl. bzw. internat. Kontrolle aller kerntechn. Vorhaben gewährleisten und einen Mißbrauch verhindern. Ihr Ziel ist häufig gleichzeitig die Förderung und finanzielle Unterstützung aller kernphysikal. und kerntechn. Vorhaben sowie der weiteren Erforschung aller mit der A. zusammenhängenden Probleme, insbes. der friedl. Nutzung der A. und der Schutzmaßnahmen gegen ihre Gefahren. In der BR Deutschland fällt die Förderung der Kernforschung und -technik sowie die Überwachung der Gesetze über die Verwendung der Kernenergie in den Auf-

Atomfaktor

gabenbereich des Bundesmin. für Forschung und Technologie bzw. des Bundesmin. des Inneren. - In der *DDR* ist die für die Kernenergie zuständige Behörde das Ministerium für Forschung und Technik. - Die Koordination der Tätigkeiten auf dem Gebiet der Anwendung von Kernenergie fällt in *Österreich* in den Aufgabenbereich der Österreichischen beratenden Regierungskommission für Fragen der Atomenergie. Fördernde und beratende Funktionen fallen auch dem Östr. Atomforum zu. - In der *Schweiz* ist für Fragen der Kernenergie das Office fédéral de l'économie énergétique, subdivision de l'énergie nucléaire zuständig, daneben gibt es die Eidgenöss. Kommission für Atomenergie und die Eidgenöss. Kommission für die Sicherheit von Atomanlagen. - Bed. internat. Organisationen bzw. Gremien sind v. a. die Europäische Gemeinschaft für Atomenergie (Euratom), das Europäische Atomforum, die Europäische Organisation für Kernforschung (↑CERN) und die Internationale Atomenergie-Organisation.

Atomfaktor, svw. ↑Atomformfaktor.

Atomfigur, in ↑Kalkülen die elementaren Bausteine oder Grundzeichen, aus denen die Figuren des Kalküls zusammengesetzt sind; das System aller A. bezeichnet man auch als Alphabet.

Atomformfaktor (Atomfaktor), Maß für das Beugungs- bzw. Streuvermögen eines Atoms oder Ions in Abhängigkeit vom Streuwinkel bei der Beugung von Röntgen- oder Elektronenstrahlen an einem Kristallgitter.

Atomgefechtskopf, der Atomsprengkörper, der mittels eines Flugkörpers in das Ziel geschossen wird.

Atomgesetz, Kurzbez. für das „Gesetz über die friedl. Verwendung der Kernenergie und den Schutz gegen ihre Gefahren" vom 23. 12. 1959 für die BR Deutschland (i. d. F. vom 15. 7. 1985); enthält Spezialvorschriften im Hinblick auf die bes. Gefahren, die von Kernbrennstoffen (spaltbarem Material) ausgehen können. Einfuhr, Ausfuhr, Beförderung, Verwahrung, Besitz und Bearbeitung von Kernbrennstoffen, Errichtung von Anlagen zur Erzeugung oder zur Spaltung von Kernbrennstoffen und zur Beseitigung radioaktiver Abfälle sind genehmigungspflichtig. Der Besitzer von Kernbrennstoffen hat durch radioaktive Strahlung verursachte Schäden im Rahmen bestimmter Höchstbeträge ohne Rücksicht auf Verschulden zu ersetzen; übersteigen Schäden die Deckungssumme oder obligator. Haftpflichtversicherung, so ist der Bund für den ungedeckten Rest zur Freistellung verpflichtet.

Atomgewicht, veraltet für ↑Atommasse.

Atomgitter, ein Kristallgitter, dessen Gitterpunkte von elektr. neutralen Atomen besetzt sind, die durch Atombindungen zusammengehalten werden; A. liegen u. a. vor beim Diamant und beim Siliciumdioxid (SiO_2).

Atomhülle, Bez. für die Gesamtheit der Elektronen, die einen Atomkern umgeben und an ihn gebunden sind, also zusammen mit ihm das ↑Atom bilden.

Atomic Energy Commission [engl. ə'tɔmɪk 'enədʒɪ kə'mɪʃən „Atomenergiekommission"], Abk. [US]AEC, eine 1946 eingesetzte Kommission, deren Aufgabe in der Planung und Kontrolle der gesamten Erzeugung und Anwendung von Atomenergie in den USA besteht. Anfang 1975 übernahmen die beiden Nachfolgeorganisationen Energy Research and Development Administration (ERDA) und Nuclear Regulatory Commission (NRC) ihre Funktionen.

atomisieren [griech.], in Atome auflösen, völlig zerkleinern; vernichten.
◆ einen Flüssigkeitsstrom in sehr kleine Tröpfchen zerstäuben.

Atomismus (Atomistik) [griech.], naturphilosoph. Richtung, die behauptet, die Materie sei aus kleinsten, unveränderl., unteilbaren Teilchen, den ↑Atomen, zusammengesetzt und das Naturgeschehen müsse aus den Eigenschaften der Atome bzw. deren Bewegung erklärt werden. Der A. geht histor. auf Leukipp zurück. Demokrit baute diese Lehre aus und schrieb den Atomen unterschiedl. Gestalt, Größe und wohl auch Schwere zu. Eine Erneuerung erfuhr der A. bei Epikur, der die Entstehung der Welt mit einer ersten Abweichung der Atome von der urspr. geradlinigen Bewegung erklärte, sowie bei Lukrez, dem Verfasser eines Lehrgedichts über die Naturphilosophie Epikurs. Im MA spielte der A. keine Rolle. Descartes formulierte eine Korpuskulartheorie, die die Wirkungsausbreitung im Äther erklären sollte. In dieser Theorie wurde die Möglichkeit des Vakuums ebenso ausgeschlossen wie in der Vorstellung Galileis von den unendlich kleinen Atomen. Eine Wendung von diesem mechanist. A., der v. a. Ausdehnung und Undurchdringlichkeit der Atome zu Erklärungen heranzog, hin zu einem *„dynam. A."* begann mit der Auffassung Newtons, Atome könnten Träger von Anziehungskräften sein. Wohl hierher gehört die Atomtheorie von Leibniz, der zwar Ausgedehntes als stets wieder teilbar bezeichnete, andererseits jedoch von Monaden sprach, die sich durchaus auch als Massenpunkte einer Dynamik im modernen Sinn verstehen lassen. Der A. gewann seine überragende Bed. in der modernen Naturwissenschaft, als er in der kinet. Gastheorie (erstmals bei D. Bernoulli 1738, dann weiterentwickelt bei A. K. Krönig, R. Clausius und Boltzmann), in der Chemie (J. L. Proust, Dalton, Avogadro, Berzelius) und schließl. in der Elektrizitätslehre (Maxwell, Lenard, Thomson, Rutherford) zur Erklärung beobachteter Phänomene herangezogen wird. Damit kündigt sich auch das

Atommodell

Ende des A. im klass. Sinne an: nun sind die Bausteine der seit dem Ende des 19. Jh. als teilbar erkannten „Atome" (↑Atom, ↑Atommodell) Gegenstand der modernen Forschung.

📖 *Dijksterhuis, E. J.: Die Mechanisierung des Weltbildes. Dt. Übers. Bln. u. a. 1956. - Lasswitz, K.: Gesch. der Atomistik v. MA bis Newton. Hamb. u. Lpz. 1890. 2 Bde. Nachdr. Hildesheim 1963.*

Atomkern ↑Kern; ↑auch Atom, ↑Atommodell.

Atomkonstanten, für die atomaren Eigenschaften und das atomare Verhalten der Materie charakterist. Konstanten. Man unterscheidet: 1. **atomare Grundkonstanten,** zu denen die Elementarladung e, die Ruhemassen von Elektron (m_e) und Proton (m_p), das Plancksche Wirkungsquantum h und die Boltzmann-Konstante k zählen; 2. **die abgeleiteten atomaren Konstanten,** die sich aus den atomaren Grundkonstanten, einigen allg. physikal. Konstanten (z. B. die Avogadro-Konstante N_A, die elektr. und magnet. Feldkonstanten ε_0 und μ_0, die Vakuumlichtgeschwindigkeit c_0) und den Kernmassen ergeben. Zu diesen gehören die Rydberg-Konstante R_∞ und die Sommerfeldsche Feinstrukturkonstante α (**spektroskopische Hauptkonstanten**).

Atomkraftwerk ↑Kernreaktor.

Atomkrieg ↑nukleare Strategie.

Atommasse, (absolute Atommasse) die Masse eines einzelnen Atoms. Internat. Einheit der Masse für die Angabe von Teilchenmassen ist die ↑atomare Masseneinheit (u).
◆ (relative Atommasse) die Verhältniszahl, die angibt, wievielmal die Masse eines bestimmten Atoms größer ist als die Masse eines Standardatoms (Bezugsatoms). 1961 wurde das Kohlenstoffnuklid ^{12}C als Bezugsatom gewählt und diesem die relative A. 12,0000 zugeordnet.

Atommassenkonstante, von der IUPAP im Jahre 1961 eingeführte atomare Konstante m_u mit der Dimension einer Masse; definiert als 1/12 der Masse eines Atoms des Nuklids ^{12}C. Bei Verwendung der A. als Masseneinheit wird sie als ↑atomare Masseneinheit (Einheitenzeichen u) bezeichnet; es gilt dann: $m_u = 1\text{ u} = 1{,}6606555 \cdot 10^{-24}$ g.

Atommeiler, svw. ↑Kernreaktor.

Atommodell, vereinfachtes, d. h. nur einen Teil der Wirklichkeit erfassendes, mehr oder weniger anschaul. Bild vom Atom und seinem inneren Aufbau. Mit Hilfe eines A., das immer in Anlehnung an experimentelle Befunde entwickelt wird, sollen das Verhalten und die Eigenschaften der Atome zumindest annäherungsweise beschrieben und physikal. gedeutet werden. Es hat sich gezeigt, daß sich kein anschaul. A. finden läßt, mit dem das Atom in jeder Hinsicht exakt beschrieben werden kann. Vielmehr liefert die moderne Quantentheorie eine völlig unanschaul. Darstellung des Atoms, in dem z. B. „Bahn" oder „Ort" eines Teilchens keine zulässigen Begriffe sind. Trotzdem können einfachere A. als angenäherte anschaul. „Bilder" des Atoms viele Eigenschaften qualitativ und z. T. auch quantitativ richtig wiedergeben. Im Laufe der geschichtl. Entwicklung wurden dabei folgende Arten von A. entwickelt: 1. Die Masse-Modelle, 2. die Masse-Ladung-Modelle, 3. die Kern-Hüllen-Modelle und 4. die quantenmechanischen Modelle. Das Masse-Modell ist das einfachste aller A.; es stellt die Atome als kleine, gleichmäßig mit Masse erfüllte, elast., elektr. neutrale Kugeln dar (Durchmesser 10^{-10} m), auf die sich die Gesetze der klass. Mechanik anwenden lassen (↑kinetische Gastheorie). Dieses **Dalton-Modell** (Kugel-Modell, mechan. Modell) erweist sich auch heute noch als geeignet zur Erklärung z. B. der Gesetze von der Erhaltung der Masse, der Gesetze von den festen und von den multiplen Massenverhältnissen, der Gasgesetze, der Vorgänge bei der Diffusion und der Osmose. - Das **Thomson-Modell** (eines von mehreren Masse-Ladung-Modellen) stellt die Atome als kleine Kugeln dar, die gleichmäßig

Bohr-Sommerfeldsches Atommodell des Wasserstoffatoms verschiedener Wertigkeiten (s, p, f, d Energiezustände der Elektronen)

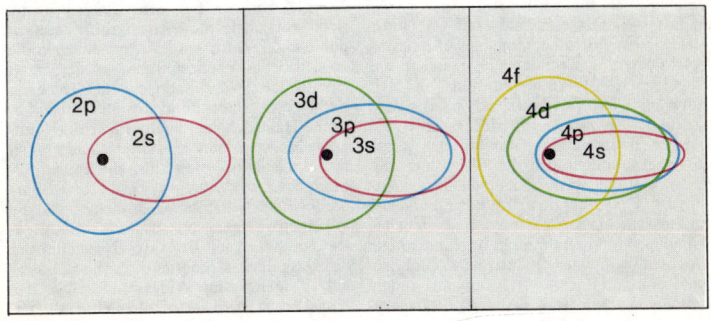

Atommodell

mit positiver Ladung und mit Masse ausgefüllt sind. In die Kugeln sind nach einem regelmäßigen Muster negativ geladene Elektronen eingebettet (Rosinenkuchen-Modell). Sie werden durch elektrostat. Kräfte an ihre Ruhelage gebunden. Das Thomson-Modell ist in der Lage, auch Befunde, die sich auf den Zusammenhang zw. den Atomen und der Elektrizität beziehen, anschaul. und verständl. zu machen. - Das älteste mehrerer Kern-Hüllen-Modelle ist das **Rutherford-Modell**. Nach diesem stellt ein Atom ein kugelförmiges Gebilde dar, das aus einem Kern und einer Hülle besteht. Im Kern, der sich im Zentrum des Atoms befindet, konzentriert sich die gesamte positive Ladung und nahezu die gesamte Masse des Atoms. Um den Kern bewegen sich fast masselose, negativ geladene Elektronen in Abständen von maximal 10^{-10} m. In ihrer Gesamtheit bilden die Elektronen die Atomhülle. Ihre Umlaufgeschwindigkeit ist immer so bemessen, daß die resultierende Fliehkraft genauso groß wird wie die elektrostat. Anziehung zw. dem positiven Kern und den negativen Elektronen. Mit Hilfe des Rutherfordschen A. können mehr experimentelle Befunde erklärt werden als mit Hilfe der Masse-Ladung-Modelle. So werden z. B. die Streuversuche verständl., bei denen α-Teilchen fast ungehindert Metallfolien durchdringen. Das Rutherford-A. steht jedoch im Widerspruch zu den Gesetzen der klass. Elektrodynamik. Hiernach müßte näml. jedes um den Atomkern kreisende Elektron laufend Energie abstrahlen, so daß es sich auf spiralförmiger Bahn dem Kern nähern müßte, um schließl. in ihn hineinzustürzen. Auf die Energiezustände der Hüllenelektronen geht wesentlich das **Bohrsche Atommodell** ein. Bohr nahm an, daß sich die Elektronen nicht grundsätzl. in jedem beliebigen Abstand um den Kern bewegen können, sondern nur auf ganz bestimmten, durch eine Quantenbedingung ausgezeichneten Kreisbahnen, den sog. *stationären* oder *erlaubten Bahnen* oder *Quantenbahnen*. Im sog. *1. Bohrschen Postulat (Bohrsche Quantenbedingung)* fordert Bohr, daß nur solche Bahnen erlaubte Bahnen seien, für die das Produkt aus dem Impuls (Masse · Geschwindigkeit; $m \cdot v$) des Elektrons und dem Umfang der Bahn ($2 \pi r_n$) gleich einem ganzzahligen Vielfachen des Planckschen Wirkungsquantums h sei: $2 \pi r_n \cdot mv = n \cdot h$. Die Zahl $n = 1, 2, 3$ usw. wird als die *Hauptquantenzahl* der betreffenden Bahn bezeichnet. Um die Stabilität der Atome zu sichern, sollten sich die Elektronen auf diesen stationären Kreisbahnen *strahlungsfrei*, d. h. ohne Energieverlust bewegen. Diese im Ggs. zur klass. Elektrodynamik stehende Annahme konnte Bohr nicht begründen. Der Übergang von einer Quantenbahn (Energiestufe mit der Energie W_1) auf eine andere (mit der Energie W_2), der sog. *Elektronen-* oder *Quantensprung*, erfolgt dabei immer unter Aufnahme oder Abgabe der entsprechenden Energiedifferenz *(2. Bohrsches Postulat, Bohrsche Frequenzbedingung)*. Dabei werden Strahlungsquanten absorbiert oder emittiert (je nachdem, ob W_1 kleiner oder größer ist als W_2); für deren Frequenz ν gilt: $h \cdot \nu = W_2 - W_1$. Absorption oder Emission von Strahlung anderer Frequenz ist unmögl. Mit dem Bohrschen A. kann u. a. das Linienspektrum des Wasserstoffatoms erklärt und berechnet werden; es kann jedoch nicht die sog. *Feinstruktur* der Spektrallinien erklären und versagt bei der Berechnung komplizierter Spektren. Im **Bohr-Sommerfeld-Atommodell** werden zusätzl. Ellipsenbahnen der Elektronen zugelassen. Da die Festlegung einer Ellipse zwei Bestimmungsgrößen erfordert, gibt es bei den ellipt. Bahnen zwei voneinander unabhängige Quantenzahlen. Diese beiden Quantenzahlen werden als *Hauptquantenzahl n* und als *Nebenquantenzahl l* bezeichnet. Bei einem *verbesserten Bohr-Sommerfeld-A*. wird der Energiezustand der Elektronen in der Atomhülle durch insgesamt *vier* Quantenzahlen beschrieben, und zwar durch die *Hauptquantenzahl n*, die *Nebenquantenzahl l*, die *Magnetquantenzahl m* und die *Spinquantenzahl s*. Dieses erweiterte Modell bewährt sich u. a. bei der Erklärung der Gesetzmäßigkeiten der Röntgenspektren und ermöglicht eine Deutung der Systematik des Periodensystems der chem. Elemente, die Bohr 1921 vornahm. Er faßte dazu alle Energiestufen eines Elektrons mit der gleichen Hauptquantenzahl zu Elektronenschalen zusammen. Diese Schalen werden nach steigender Energie entweder numeriert, wobei die Schalennummer der Hauptquantenzahl entspricht, oder mit den Buchstaben K, L, M ... bezeichnet. Die Nebenquantenzahl l unterteilt einen durch die Hauptquantenzahl n gekennzeichneten Energiebereich (Hauptschale) in Unterenergiestufen (Unterschalen), charakterisiert also die Elektronenzustände innerhalb einer Hauptschale. Die Gesamtzahl der auf die einzelnen Hauptschalen entfallenden Energiezustände beträgt $2n^2$, jede Hauptschale kann also nur maximal $2n^2$ Elektronen aufnehmen († Pauli-Prinzip). In diesem Schalenmodell der Atome besetzen nun die Z Elektronen des Atoms einzeln die verschiedenen Energiezustände in der durch eine Zunahme der Energiewerte gegebenen Reihenfolge. Dabei können weiter außen liegende Hauptschalen bereits Elektronen aufnehmen, wenn innere Hauptschalen noch nicht vollständig besetzt, also noch nicht abgeschlossen sind. Auch das erweiterte Bohr-Sommerfeld-A. hat seine Schwächen, v. a. die Quantenbedingungen und die Quantensprünge stehen mit den Grundvorstellungen der klass. Physik (kontinuierl. Ablauf physikal. Vorgänge) im Widerspruch. Die log. Konsequenz ist, die physikal. nicht meßbaren

Größen Elektronenbahn, Elektronenort und Bahngeschwindigkeit aufzugeben. Eine in dieser Hinsicht grundlegende Erkenntnis ist in der von W. Heisenberg 1927 aufgestellten *Unschärfebeziehung* enthalten, nach der es unmögl. ist, Ort und Impuls eines Elektrons gleichzeitig genau anzugeben. Die auf dieser Unschärfebeziehung basierende *Quantenmechanik* ermöglicht es, die Verhältnisse in der Elektronenhülle im Prinzip exakt zu berechnen. Daraus resultieren jedoch keine anschaul. Angaben mehr, sondern nur noch Ergebnisse in abstrakten Vektorräumen, die für die Anschauung erst wieder interpretiert werden müssen. Diese **quantenmechanischen Atommodelle** werden mit den Methoden der *Wellenmechanik* berechnet. Im sog. **Schrödingerschen Atommodell** oder wellenmechan. A. wird davon ausgegangen, daß einem Elektron mit dem Impuls $p = m \cdot v$ eine Materiewelle mit der Wellenlänge $\lambda = h/p$ zugeordnet ist. Im Feld eines Atomkerns sind für solche stehenden Elektronenwellen nur ganz bestimmte Schwingungszustände mögl., die bestimmten, diskreten Energiestufen entsprechen. Folgl. kann ein Elektron bzw. eine Elektronenhülle je nach Energiegehalt verschiedene geometr. Formen annehmen. Das Verhalten der dreidimensionalen stehenden Elektronenwellen kann durch eine von Schrödinger 1926 aufgestellte Gleichung (**Schrödinger-Gleichung**) beschrieben werden. Diese Differentialgleichung verbindet eine abstrakte Funktion Ψ, die sogenannte **Wellenfunktion** des Elektrons, mit seiner Energie und den Raumkoordinaten. Die Funktion Ψ selbst besitzt keine anschaul. Bedeutung. Mit ihrer Hilfe können jedoch über bestimmte Größen des Elektrons Wahrscheinlichkeitsaussagen gemacht werden. So gibt der Ausdruck $\Psi\Psi^*$ für das Schrödinger-A. so etwas wie ein Maß für die Elektronendichte an. Die Schrödinger-Gleichung, auf das 1 s-Elektron des Wasserstoffatoms (im Grundzustand) angewandt, ergibt für dieses Elektron ein kugelförmiges Gebilde, dessen Dichte von innen nach außen abnimmt und das keine Knotenflächen besitzt. Nach dem Schrödinger-Modell umschließt also im Wasserstoffatom das Elektron den Kern als kugelförmiges Gebilde. Diese Elektronenkugel ist aber nicht gleichmäßig mit Masse und Ladung erfüllt und auch nicht scharf begrenzt; sie ähnelt vielmehr einer Wolke, die innen besonders dicht ist und nach außen hin dünner wird, bis schließl. nichts mehr von ihr zu bemerken ist. Man spricht deshalb auch von einer *Elektronenwolke* oder *Ladungswolke*. Genaugenommen ist ein in einer Atomhülle befindl. Elektron nicht selbst als dreidimensionale Welle aufzufassen, sondern der stehenden dreidimensionalen Elektronenwellen kommen vielmehr wahrscheinl. Aufenthaltsräume der Elektronen, die sog. *Wahrscheinlichkeitsräume* oder *Orbitale* in die Modellvorstellung. Zur Festlegung der Orbitale sind die Haupt-, Neben- und Magnetquantenzahl erforderlich. Die Orbitale stimmen in ihrer Form und Struktur mit den Elektronenwellen (Ladungswolken) überein. So befindet sich das 1 s-Elektron des Wasserstoffatoms in einem kugelförmigen Orbital. Diese Orbitale stellen ein wichtiges Hilfsmittel bei der anschaul. Darstellung chem. Bindungen dar.
▨ *Christen, H. R.: A., Periodensystem, chem. Bindung. Ffm. u. a.* ³1977. - *Sommerfeld, A.: Atombau u. Spektrallinien. Braunschweig* ⁸1960. 2 Bde. Nachdr. Ffm. 1978.

Atommolekül, ein aus elektr. neutralen Atomen aufgebautes Molekül, dessen Atome durch Atombindung zusammengehalten werden. A. sind alle aus gleichartigen Atomen gebildeten Moleküle, z. B. das Wasserstoffmolekül H_2. - Ggs. ↑Ionenmolekül.

Atommoment (magnetisches Atommoment), das magnet. Moment der Atomhülle (im Ggs. zum wesentl. kleineren ↑Kernmoment); es läßt sich aus der Ablenkung eines Atomstrahls in einem inhomogenen Magnetfeld bestimmen.

Atommüll, svw. ↑radioaktiver Abfall.

Atomorbital ↑Orbital.

Atomphysik, die Physik der Atome, Ionen und Moleküle und aller von ihnen verursachten physikal. Erscheinungen; i. w. S. die Physik aller mikrophysikal. Erscheinungen. Heute versteht man unter A. im allg. die Physik der Elektronenhülle und der in ihr ablaufenden Vorgänge bzw. die Physik aller Vorgänge, an denen die Atomelektronen beteiligt sind. Die Physik der Atomkerne dagegen bezeichnet man als ↑Kernphysik.

Atomrakete, eine Rakete, deren Antrieb auf der gerichteten Abstrahlung von Zerfallsprodukten aus Kernreaktionen beruht.
♦ eine militär. Rakete mit Atomsprengkörper als Gefechtskopf.

Atomreaktor, svw. ↑Kernreaktor.

Atomrefraktion, das Produkt aus der spezif. ↑Refraktion eines chem. Elements und seiner Atommasse.

Atomrumpf, Bez. für den Teil des ↑Atoms, der aus dem Atomkern und den abgeschlossenen Elektronenschalen besteht, d. h. das Atom ohne seine Außenelektronen.

Atomsekunde ↑Zeitmessung.

Atomspektrum, das von Atomen eines Elementes in gasförmigem Aggregatzustand, d. h. von Atomen, die nicht wesentlich durch äußere Einflüsse gestört werden, ausgesandte Spektrum.

Atomsprengkörper, Sprengkörper, die das Material für eine als unkontrollierte Kettenreaktion explosionsartig ablaufende Kernspaltung oder Kernverschmelzung sowie das zu ihrer Auslösung erforderl. Zündsystem enthalten. Man unterscheidet nukleare A. (bei Kernspaltung) und thermonukleare A. (bei Kernverschmelzung). - ↑auch ABC-Waffen.

Atomstrahlen

Atomstrahlen, aus feinen Blenden geradlinig mit ↑thermischer Geschwindigkeit (ca. 100 m/s) austretende, durch Verdampfung erzeugte ungeladene Atome.

Atomstrahlresonanzmethode (Rabi-Methode, Molekularstrahlmethode), Methode zur Messung der elektr. und magnet. Momente von Atomkernen, an denen durch Resonanz mit magnet. Wechselfeldern eine Präzessionsbewegung hervorgerufen wird. Die A. läßt sich wegen der Kleinheit der magnet. Kernmomente nur bei solchen Atomen durchführen, deren Hülle kein magnet. Moment besitzt.

Atomstrom, umgangssprachl. für elektr. Strom, der in Kernkraftwerken gewonnen wird.

Atomteststoppabkommen, am 5. Aug. 1963 in Moskau von den USA, Großbrit. und der UdSSR abgeschlossener Vertrag über das Verbot von Kernwaffenversuchen in der Atmosphäre, im Weltraum und unter Wasser. Am 30. März 1976 trat ein Vertrag zw. den USA und der UdSSR in Kraft, in dem sich beide Mächte verpflichteten, unterird. Kernwaffenversuche mit einer Sprengkraft von mehr als 150 kt TNT zu unterlassen.

Atomüberwachungssatelliten (engl. Nuclear Detection Satellites; Abk. NDS), Bez. für die im Rahmen des US-Atomexplosions-Überwachungsprogramms eingesetzten Satelliten, mit denen sich Kernwaffenexplosionen feststellen und in ihrer Stärke messen lassen. Sie enthalten Protonen-Elektronen-Spektrometer zur Messung von Häufigkeit, Energie und Richtung dieser bei Kernwaffenexplosionen freiwerdenden Teilchen, Geräte zur Messung der Energie und Intensität der entstehenden Ultraviolett-, Röntgen- und Gammastrahlung, Magnetometer zur Magnetfeldmessung in und außerhalb von Elektronenwolken.

Atomuhr (Moleküluhr), eine zur Zeitmessung mit höchster Genauigkeit verwendete Hochfrequenzanordnung, bei der die bekannte Resonanzfrequenz bestimmter Atom- oder Molekülschwingungen als Vergleichsmaß dient. Der Gang einer A. ist im Ggs. zu dem einer mechan. oder Quarz-Uhr prakt. unabhängig von äußeren Einflüssen, insbes. der Temperatur, und unterliegt keinen Alterungserscheinungen. Ihre Genauigkeit erlaubt es, z. B. geringe Änderungen in der Erdrotation festzustellen und weitere experimentelle Nachweise der Relativitätstheorie zu erbringen. Darüber hinaus gewinnen A. zunehmende Bed. für die Navigation und Ortung von Schiffen und Satelliten.

Atomumwandlung, Veränderung von Atomkernen durch natürlichen radioaktiven Zerfall oder durch Beschuß mit [Elementar]-teilchen.

Atomvolumen, das von einem ↑Grammatom eines beliebigen Elements im festen Aggregatzustand eingenommene Volumen; wird errechnet als Quotient aus der mittleren Atommasse und der Dichte des betreffenden Elements.

♦ das Volumen, das einem einzelnen Atom in einem Kristallgitter bzw. im festen Zustand zur Verfügung steht; wird errechnet als Quotient aus dem A. eines Grammatoms und der Avogadro-Konstante.

♦ das Volumen, das von einem Atom eines im gasförmigen Aggregatzustand vorliegenden chem. Elementes eingenommen wird.

Atomwaffen ↑ABC-Waffen.

atomwaffenfreie Zone (kernwaffenfreie Zone), Gebiet, in dem auf Grund internat. Abmachungen oder einseitiger Erklärungen keine Kernwaffen hergestellt, stationiert oder eingesetzt werden sollen. Der erste Vertrag über die Errichtung einer a. Z. wurde am 14. Febr. 1967 von mittel- und südamerikan. Staaten geschlossen.

Atomwaffensperrvertrag, Kurzbez. für den am 1. Juli 1968 in Washington, London und Moskau von den Vertretern der Regierungen der drei Atommächte USA, Großbrit. und UdSSR (die zugleich Verwahrregierungen sind) unterzeichneten „Vertrag über die Nichtverbreitung von Kernwaffen". Eine große Anzahl weiterer Staaten schloß sich der Unterzeichnung an (auch die BR Deutschland). Die Atommächte Frankr., China und Indien unterzeichneten nicht. Der Vertrag trat am 5. März 1970 in Kraft.

Atomwärme, die Wärmekapazität je Grammatom, d. h. die Wärmemenge, die notwendig ist, um ein ↑Grammatom eines chem. Elementes um 1 °C zu erwärmen.

Atomzeit (Atomzeitskala) ↑Zeitmessung.

Atomzeitalter, Bez. für das gegenwärtige Zeitalter als Ausdruck für die mit der Explosion der ersten Atombombe (1945) begonnene Entwicklung, die durch die techn. Nutzung der aus Atomkernen freigesetzten Kernenergie gekennzeichnet ist.

Aton, altägypt. Bez. zunächst für die Sonnenscheibe als natürl. Erscheinung, dann von ↑Echnaton im religiösen Sinne verstanden und als alleiniger, von ihm monotheist. verehrter Gott verkündigt. Berühmt sind die Hymnen Echnatons an Aton.

atonale Musik, seit dem beginnenden 20. Jh. Musik, die nicht auf dem Prinzip der Tonalität beruht. Während in der traditionellen, sog. „tonalen" Musik die einzelnen musikal. Ereignisse qualitativ abgestuft (z. B. Konsonanz–Dissonanz) und funktional einander zugeordnet (z. B. Dominante–Tonika) werden, behandelt die a. M. sie als selbständige und gleichrangige Größen (z. B. Aufhebung des Gegensatzes Konsonanz–Dissonanz, bereits in der Musik Debussys). Die Beziehungen in der a. M. werden jeweils neu geschaffen, ohne auf einen verbindl. Bezugspunkt ausgerichtet zu sein. Konsequent ausgeprägte a. M.

ist in den Kompositionen der Wiener Schule (A. Schönberg und dessen Schülerkreis) zu finden. Ihr Beginn wird allg. mit A. Weberns 5 George-Liedern op. 3 (1907/08) und A. Schönbergs 3 Klavierstücken op. 11 (1909) angesetzt. Die kompositor. Techniken verfestigen sich zu Anfang der 1920er Jahre zur Methode der †Zwölftontechnik.

📖 *Webern, A.: Wege zur neuen Musik.* Hg. v. *W. Reich.* Wien 1960. - *Berg, A.: Was ist atonal? In: Kontrapunkte.* Bd. 2. Hg. v. *H. Lindlar.* Rodenkirchen 1958.

Atonie [griech.], Abschwächung bzw. Aufhebung der Dauerspannung (Tonus), die normalerweise im (menschl. und tier.) Gewebe, v. a. in Muskulatur und muskulösen Hohlorganen (Blutgefäße, Magen, Gallenblase, Gebärmutter), besteht.

Atopie [griech.], in der Medizin †Idiosynkrasie.

Atossa, pers. Königin. - Tochter Kyros' I.; u. a. ∞ mit ihrem Bruder Kambyses, dann mit Darius I., der sie zur Eroberung Griechenlands anspornte; sicherte ihrem Sohn Xerxes I. die Herrschaft.

Atout [a'tu:; frz.], im Kartenspiel soviel wie Trumpf.

à tout prix [frz. atu'pri], um jeden Preis.

Atoyac, Río †Balsas, Río.

ATP, Abk. für: Adenosintriphosphat (†Adenosinphosphate).

Atrachasis, seit dem 16. Jh. v. Chr. überliefertes babylon. Epos, das nur in Bruchstükken erhalten ist. Es enthält Mythen von der Schöpfung des Menschen und der Sintflut (wohl schon sumer.).

atramentieren [lat.], Stahl mit einer Oxid- oder Phosphatschicht überziehen (zur Verhütung von Korrosion und Rostbildung).

Atrato, Río, Zufluß vom Golf von Urabá des Karib. Meeres, in W-Kolumbien, entspringt in der Westkordillere, mündet in einem breiten Delta, 700 km lang; im Mittellauf schiffbar (über 500 km); Mündung durch Sandbänke unpassierbar; am Oberlauf und an den rechten Nebenflüssen Gold- und Platinseifen, die schon in vorkolumbian. Zeit genutzt worden sind.

a tre (a 3) [italien.], in Partituren: Anweisung, eine Instrumentalstimme dreifach zu besetzen; in Titeln: Bez. für ein Stück zu drei Stimmen (z. B. sonata a tre).

Atresie [griech.], angeborener oder durch Erkrankung entstandener Verschluß natürl. Körperöffnungen und Hohlorgane (z. B. der Aorta, der Speiseröhre, des Darms, der Harnröhre, des Afters).

Atreus, Gestalt der griech. Mythologie. Enkel des Tantalus, Sohn des Pelops und der Hippodameia, Bruder des Thyestes, Gemahl der Aerope, Vater u. a. von Agamemnon, Menelaos und Pleisthenes, König von Mykene. Als Thyestes Aerope verführt, wird er von A. vertrieben, Aerope ins Meer gestürzt. Dem Thyestes verheißt ein Orakel Rache durch seinen Sohn Ägisthus, der schließl. A. erschlägt. - Der Stoff wurde u. a. von Seneca d. J. in der Tragödie „Thyestes" behandelt. - Das sog. **Schatzhaus des Atreus** ist die willkürl. Bez. für ein in Mykene entdecktes Kuppelgrab.

Atria, antike Stadt, †Adria.

Atrichie [griech.], Haarlosigkeit.

Atriden, in der griech. Mythologie Agamemnon und Menelaos, die Söhne des †Atreus.

Atrioventrikularklappen [lat./dt.], svw. Segelklappen (†Herz).

Atrioventrikularknoten [lat./dt.] †Herzautomatismus.

Atriplex [lat.], svw. †Melde.

Atrium [lat.], im altitalischen Haus (z. B. in Pompeji) der große Mittelraum, urspr. Standplatz des Herdes, später Innenhof der Häuser. Atrien haben im allg. eine Öffnung im Dach („compluvium"), die zum Sammeln von Regenwasser in einem in den Fußboden eingelassenen Bassin („impluvium") und zum Beleuchten des A. und der angrenzenden Räume dient. Die Dachöffnung ist z. T. mit Säulen umstellt. - A. heißt auch der Vorhof eines röm. Heiligtums, dann v. a. der altchristl. Basilika (auch „Paradies" genannt). So hatte Alt-Sankt-Peter in Rom (4. Jh.) ein großes A. mit einem Brunnen, ebenfalls San Paolo fuori le mura (um 386 ff.) in Rom (heute bepflanzt) oder die Kirche des Klosters Lorsch (767–774). Als ein spätes Beispiel eines A. hat sich das A. der Abteikirche von Maria Laach (um 1220–30) erhalten. - Das moderne **Atriumhaus** ist ein eingeschossiger Haustyp mit einbezogenem Innenhof, der selten in der Mitte liegt.

◆ Herzvorhof, Vorkammer des †Herzens.

Atropa [nach Atropos], svw. †Tollkirsche.

Atrophie [griech.], starke Abmagerung infolge chron. Ernährungsstörungen und anderer zehrender Krankheiten (Krebs, Tuberkulose); im übertragenen Sinn örtl. Schwund von Organen, Geweben, Zellen, wobei Gewebsstrukturen und Organaufbau erhalten bleiben. Ursachen sind v. a. entzündl. Erkrankungen, unnatürl. Druckeinwirkung, v. a. auf Knochen, Inaktivität.

Atropin [nach Atropa], giftiges Alkaloid, das v. a. in Nachtschattengewächsen (Tollkirsche, Bilsenkraut, Stechapfel) auftritt. Chem. ist A. der Tropasäureester des Tropanils. A. wird in den Pflanzenwurzeln gebildet und gelangt mit dem Säftestrom in die Blätter und Früchte der Pflanzen. A. dient in der Medizin zur Ruhigstellung des Auges bei Augenuntersuchungen, zur Krampflösung bei Spasmen des Magen-Darm-Traktes und zur Unterdrückung überhöhter Magensaftproduktion.

Atropinvergiftung, Vergiftung mit atropinhaltigen Arzneimitteln oder mit Toll-

Atropisomerie

kirschen (3–15 Beeren der Tollkirsche wirken tödl.), die Atropin und Scopolamin enthalten. Krankheitsbild: Trockenheit der Schleimhäute, weite Pupillen, Herzbeschleunigung, hochgradige psych. Erregungszustände, evtl. mit Halluzinationen, später Schläfrigkeit und tiefe Bewußtlosigkeit (Koma). Behandlung: Magenentleerung, künstl. Beatmung, Beruhigungs-, später auch anregende Mittel.

Atropisomerie [griech.], in der Chemie eine Form der Stereoisomerie, die durch die Behinderung der freien Drehbarkeit einer C−C-Bindung († sterische Hinderung) durch großvolumige Substituenten bedingt wird.

Atropos [griech. „die Unerbittliche"], in der griech. Mythologie eine der drei † Moiren.

Atrotabak [Kw. aus Atropinalkaloide und **Tabak**], nikotinfreier Tabak; seit 1963 in Bulgarien durch Pfropfung gewöhnl. Tabakpflanzen auf Stechapfelarten oder anderen Nachtschattengewächsen gewonnen. Da das Nikotin in der Wurzel der Tabakpflanze gebildet wird, kann bei den aus Pfropfungen entstandenen Pflanzen kein Nikotin in die Blätter gelangen. Aus A. hergestellte Zigaretten sind für Raucher bestimmt, die kein Nikotin vertragen, z. B. Asthmatiker.

Atrozität [lat.], veraltet für: Grausamkeit, Abscheulichkeit.

ATS [engl. ɛtiː'ɛs; Abk. für engl. applications technology satellite „Satellit für angewandte Technologie"], Kurzbez. für eine Serie amerikan. Forschungssatelliten, die 1966–74 zur Erprobung neuer Technologien (insbes. der Nachrichtentechnik) sowie zur Durchführung unterschiedl. Forschungen und Experimente gestartet wurden.

Atschinsk, sowjet. Stadt im südl. W-Sibirien, an der Transsibir. Eisenbahn, Region Krasnojarsk, RSFSR, 120 000 E. Theater; Tonerdewerk, Nahrungsmittelind. - 1682 gegr.

Atsugi, jap. Stadt auf Hondo, Präfektur Kanagawa, 109 000 E; Kraftfahrzeug-, Elektro- und Textilindustrie.

Atta [lat.], Gatt. der † Blattschneiderameisen.

attacca [zu italien. attacare „anhängen, ankleben"], musikal. Aufführungsanweisung, den folgenden Satz oder Satzteil ohne Unterbrechung anzuschließen.

Attaché [ata'ʃeː; frz., eigtl. „Zugewiesener"], Rangbez. für die Eingangsstufe im diplomat. Dienst bzw. für Diplomaten, die den Auslandsvertretungen für bes. Fachaufgaben zugewiesen sind (Militär-, Handels-, Kultur-, Presseattaché).

Attachement [ataʃ(ə)'mãː; frz.], veraltet für: Anhänglichkeit, Zutrauen.

Attacke [frz.], früher jeder Angriff mit blanker Waffe, später nur der Angriff der Kavallerie zu Pferde.

◆ volkstüml. Bez. für: Anfall, v. a. Herzanfall.

Attacus [griech.], Gatt. der Augenspinner, zu der der † Atlasspinner gehört.

Attagenus [griech.], Gatt. der Speckkäfer mit der Art † Pelzkäfer.

Attaingnant, Pierre [frz. atɛ'ɲã] (Attaignant, Atteignant), * wahrscheinl. Douai um 1494, † Paris 1552, frz. Musikdrucker und Verleger. - Druckte als erster in Frankr. polyphone Musik mit bewegl. Notentypen. Die erhaltenen Drucke stammen von 1528–50.

Attalea [nlat., nach Attalos I.], svw. † Pindowapalme.

Attalisches Weihgeschenk, 1. das „große A. W.", eine von Attalos I. nach seinen Galliersiegen wohl um 230 v. Chr. gestiftete Statuengruppe sterbender Gallier auf der Burg von Pergamon. Teile davon sind in Marmorkopien erhalten (Rom, Kapitolin. und Thermenmuseum); 2. das „kleine A. W.", eine Gruppe besiegter Gallier, Perser und Amazonen, die wohl von Attalos II. nach 159 v. Chr. auf der Akropolis von Athen geweiht wurde. Auch hiervon sind Kopien erhalten (Neapel, Paris).

Attalos, Name pergamen. Könige:
A. I. Soter, * 269, † Pergamon 197, König (seit 241). - Nachfolger Eumenes' I.; konnte sich Kleinasiens bis zum Taurus bemächtigen, es jedoch nicht behaupten; gewann als Bundesgenosse der Ätolier und Römer gegen Makedonien (seit 212) Ägina; löste den 2. Makedon. Krieg aus (201).

A. II. Philadelphos, * 220, † 138, König (seit 159). - Sohn A.' I.; wurde 159 Nachfolger seines Bruders Eumenes II. und heiratete dessen Witwe Stratonike; rettete Pergamon mit röm. Hilfe vor bithyn. Angriffen (156–154) und mischte sich erfolgreich in seleukid. Thronstreitigkeiten ein; in seiner Regierungszeit Vollendung des Pergamonaltars sowie der nach ihm ben. Stoa in Athen.

A. III. Philomētor, * 171, † 133, König (seit 138). - Sohn Eumenes' II. (oder A.' II.?) und der Stratonike, letzter pergamen. König; vermachte das Pergamen. Reich testamentar. Rom.

Attar, Faridoddin [pers. æt'toːr], * bei Naischabur wahrscheinl. 1142/43, † ebd. um 1220, pers. Dichter. - Mystiker; bed. wichtig ist „Tadhkirat Al Aulija" (Lebensbeschreibungen der Heiligen; hg. 1905–07) sowie das Lehrgedicht in Form einer Rahmenerzählung „Mantik At Tair" (Die Sprache der Vögel; hg. 1857, frz. 1863).

Atteignant, Pierre [frz. atɛ'ɲã] † Attaingnant, Pierre.

Attendorn, Stadt im südl. Sauerland, im Naturpark Ebbegebirge, NRW, 22 000 E. Metallind., Herstellung von Werkzeugmaschinen, Armaturen, Apparaten und Federn; Fremdenverkehr; 1 km östl. die **Attahöhle.** - Entstand am Biggeübergang der „Heidenstraße" von Köln nach Kassel; 1200 Marktrecht; schloß sich 1255 dem Rhein. Städtebund an, später der Hanse; nach wirtsch. Niedergang um 1800 Ackerbürgerstädtchen; mit der Industrialisierung erneute wirtsch. Bed. - Pfarrkirche (14. Jh.), Hospitalkirche Sankt Barbara (17. Jh.), Altes Rathaus (14. Jh.; im 18. und 19. Jh. erneuert; heute Heimatmuseum) mit Staffelgiebeln und Arkaden.

Attentat [lat.-frz.; zu lat. attentare „versuchen"], Anschlag auf das Leben polit. Gegner oder anderer Personen des öff. Lebens. Wird strafrechtl. als Tötungsdelikt und/oder Hochverrat verfolgt.

Attentismus [lat.-frz.], abwartende Haltung, entweder des Börsenpublikums, wenn höhere Zinssätze für festverzinsl. Wertpapiere bzw. sinkende Kurse für Aktien erwartet werden, oder der Emittenten, wenn ein Sinken der Kapitalmarktzinsen erwartet wird.

Atterberg, Kurt Magnus [schwed. ˌatərbærj], * Göteborg 12. Dez. 1887, † Stockholm 15. Febr. 1974, schwed. Komponist. - Komponierte 9 Sinfonien, 5 Opern, 2 Ballette, Orchestersuiten, Solokonzerte, Kammermusik und Chorwerke in spätromant. Stil.

Atterbom, Per Daniel Amadeus [schwed. ˌatərbum], * Åsbo (Östergötland) 19. Jan. 1790, † Stockholm 21. Juli 1855, schwed. Dichter und Literarhistoriker. - Mgl. des „Auraforbundet"; gab u. a. 1810/11 die Zeitschrift „Phosphoros" heraus, in der er das Programm der schwed. Romantik formulierte. Deutschlehrer des Kronprinzen, 1828 Prof. in Uppsala. Sein wichtigstes Werk ist „Die Insel der Glückseligkeit" (1824-27), ein Märchenspiel in der Art Tiecks, eine durch philosoph. und polit. Spekulationen schwer verständl. Dichtung. Auch Gedichte, „Reiseerinnerungen" (1859; dt. 1867, 1970 u. d. T. „Reisebilder aus dem romant. Deutschland").

Attergau, Landschaft in Österreich, zw. den Bergen um den Attersee und den Hausruck; zentraler Ort ist Vöcklabruck. - Wohl vor 788 ein Verwaltungsbez. des agilolfing. Hausguts, dann wohl fränk. Staatsgut; 1007 von Kaiser Heinrich II. dem Bischof von Bamberg übergeben; ging später in mehreren Territorien auf.

Attersee (Kammersee), größter See des Salzkammergutes, 35 km östl. von Salzburg, 20 km lang, 2-3 km breit, bis 171 m tief, 467 m ü. d. M.; nimmt ein Zungenbecken des Trauungletschers ein; erstreckt sich vom den Kalkalpen bis ins Alpenvorland; Zufluß ist die aus dem Mondsee kommende Seeache, Abfluß die Ager. Fremdenverkehr. - Die Ufer waren schon im Spätneolithikum besiedelt.

Attest [lat.], Gutachten, Zeugnis; schriftl. ärztl. Bescheinigung, **attestieren,** bescheinigen.

Attich (Zwergholunder, Sambucus ebulus), Art der Geißblattgewächse in Europa, Iran und N-Afrika; 0,5-2 m hohe Staude mit gefiederten Blättern und weißen oder rötl. Blüten.

Attika, Halbinsel des östl. M-Griechenland, zw. Saron. Golf im W und Petal. Golf im O, durch die Gebirgszüge Kithäron (bis 1 566 m hoch) und Parnes (bis 1 413 m hoch) im N begrenzt. A. ist ein Hügelland mit kahlen Gebirgsstöcken (Ziegenweiden) und fruchtbaren Ebenen (Ölbäume, Weinbau); Marmorbrüche am Pentelikon, Abbau von Blei- und Zinkerzen bei Lawrion, Salzgärten am Saron. Golf; Fremdenverkehr; Ind.standorte sind Athen und Lawrion.

Geschichte: Siedlungsspuren aus dem Neolithikum; in der 2. Hälfte des 3. Jt. enge Beziehungen zur kyklad. Kultur. Die Anfang des 2. Jt. in A. eindringenden Ionier übernahmen von der älteren Bev. Kulte und viele geograph. Namen und konnten alle Siedlungsversuche anderer Stämme abwehren. Der polit. Einigung der att. Kleinfürstentümer (Athen, Marathon, Eleusis, Thorikos, Brauron, Aphidna) gingen lokale Zusammenschlüsse um gemeinsame kult. Zentren voraus. Seit Entstehung der ganz A. umfassenden athen. Herrschaft (10.-8. Jh.) ältestes kulturell geschlossenes Gebiet des griech. Festlands. Gehörte im MA zum Hzgt. Athen.

Attika [griech.] (frz. attique), Bez. für den halbgeschoßartigen Aufsatz über dem Hauptgesims eines Bauwerks, z. B. an röm. Triumphbogen. In der Renaissance wieder aufgegriffen und vielfach an Kirchen- und repräsentativen Profanbauten angewendet (zur Verdeckung des Daches). Die barocke Baukunst schuf ein eigenes A.geschoß über dem Hauptgesims.

Attila, männl. Vorname, der auf den Namen des Hunnenkönigs A. zurückgeht, eigtl. „Väterchen".

Attila, † 453, König der Hunnen (seit 434). - Regierte bis 445 mit seinem Bruder Bleda, den er ermordete; Kernland seines Reiches war die ungar. Tiefebene; Raubzüge zwangen zunächst Ostrom zur Erhöhung der Tributleistungen und zur Verleihung des Titels Magister militum an A.; verwüstete nach antihunn. Politik Westroms ab 450 den N Galliens, wurde aber 451 von Aetius auf den Katalaun. Feldern geschlagen; stieß 452 nach Italien vor; von Papst Leo I. aber zur Umkehr bewogen; starb (durch Mord?) bei der Vorbereitung eines Kriegs gegen Ostrom; lebte in Sagen und Liedern (Atli, Etzel) fort.

Attila [nach dem Hunnenkönig A.], kurzer Rock der ungar. Nationaltracht, mit Schnüren besetzt; auch Bez. für die ähnl. Uniformjacke der Husaren.

Attis, aus Kleinasien stammender Gott, Geliebter der Kybele, erlangte in der Spätantike vorrangige Bedeutung als sterbender und wiederauferstehender Gott.

attisch [griech.], auf die griech. Landschaft Attika, bes. auf Athen bezüglich.
◆ fein, elegant, witzig; **attisches Salz:** geistreicher Witz.

Attisch-Delischer Seebund, 477-404 bestehende Vereinigung griech. Staaten (in seiner Blütezeit etwa 200) unter Führung Athens zur Sicherung Griechenlands nach Abwehr der pers. Invasion 480; entwickelte sich nach 449 zum Machtinstrument athen. Politik mit deutl. Tendenz zur Schaffung eines Seereichs. Ein zweiter Bund (**Att. Seebund**, 378–354) sollte v. a. ein Gegengewicht gegen spartan. Vormachtbestrebungen sein.

attische Phase ↑Faltungsphasen (Übersicht).

attischer Dialekt, der in Attika, bes. in Athen, gesprochene altgriech. Dialekt, der mit dem ↑ionischen Dialekt nahe verwandt ist und mit diesem zusammen den ion.-att. Zweig der ↑griechischen Sprache bildet. Die anderen griech. Dialekte wurden in hellenist. Zeit fast vollständig durch das Attische verdrängt, das die Grundlage der hellenist. Gemeinsprache (↑Koine) wurde.

attisch-ionische Ordnung ↑Säulenordnungen.

Attitüde [lat.-frz.], Pose, gekünstelte körperl. Haltung oder Geste, die eine innere Haltung oder Einstellung zum Ausdruck bringt; [innere] Haltung oder Einstellung.
♦ Ballettfigur, bei der ein Bein in einem Winkel von 90° rückwärts angehoben und im Knie abgewinkelt ist.

Attizismus [griech.], Stilhaltung, deren Vertreter seit der 2. Hälfte des 1. Jh. v. Chr. als Gegenbewegung zum ↑Asianismus die Nachahmung der griech. (att.) Klassiker wie Thukydides und Demosthenes zum Programm erhoben. Hauptvertreter waren u. a. Dionysios von Halikarnassos, der späte Cicero, Quintilian.

Attleboro [engl. 'ætlbərə], Stadt im sö. Massachusetts, 33 000 E. Zentrum der Schmuckwarenind. in den USA. - 1634 gegr.

Attlee, Clement Richard Earl (seit 1955) [engl. 'ætlɪ], * London 3. Jan. 1883, † ebd. 8. Okt. 1967, brit. Politiker. - Urspr. Anwalt; seit 1907 Mgl. der Fabian Society und der Labour Party; 1922–55 Unterhausabg., seit 1935 Führer der Labour Party und Oppositionsführer im Unterhaus; seit 1940 Stellvertreter Churchills und mehrfach Min.; setzte als Premiermin. 1945–51 u. a. die Verstaatlichung der Schlüsselindustrien, den Ausbau des staatl. Versicherungswesens und des Wohlfahrtstaates durch; 1951–55 erneut Oppositionsführer; danach Mgl. des Oberhauses.

Attnang-Puchheim, Marktgemeinde in Oberösterreich, 8 000 E. U. a. Bleistiftfabrik, metall- und holzverarbeitende Ind.; Bahnknotenpunkt. - Burg und Ort Puchheim kamen im 14. Jh. in landesfürstl. Besitz, 1912 mit Attnang zusammengelegt; seit 1955 Markt. - Umbau der Burg zu einem Schloß (16./17. Jh.), seit 1851 ein Schloß ein Kloster; Wallfahrtskirche (1886), Neue Pfarrkirche (1953).

Atto... [skand.], Vorsatz vor physikal. Einheiten, Vorsatzzeichen **a**; bezeichnet das 10^{-18}fache der betreffenden Einheit.

Attorney [engl. ə'tə:nɪ], im engl. Recht allg. der Vertreter, Bevollmächtigte, Beauftragte in geschäftl. Dingen, im Recht der USA der Rechtsanwalt. - **Attorney General,** in England und Wales der Erste Kronanwalt (oberster Ankläger und Vertreter der Krone bei den Gerichten). In den USA der oberste Staatsanwalt, Generalprokurator und Justizminister.

Attraktion [lat.], Anziehung, Anziehungskraft; Glanznummer, Zugstück, Schlager.
♦ in der *Sprachwissenschaft* Angleichung im Bereich der Lautung, der Bedeutung, der Form und der Syntax, bes. die Angleichung eines Kasus an den anderen und die Angleichung von Tempus und Modus eines untergeordneten Satzes an den übergeordneten.

attraktiv [lat.], anziehend, gut aussehend, elegant.

Attrappe [frz., eigtl. „Falle"], [täuschend ähnl.] Nachbildung eines Gegenstandes.

Attrappenversuch, Methode der Verhaltensforschung, wobei Tieren anstelle von bestimmten Objekten (Geschlechtspartner, Feinde) künstl., oft stark vereinfachte Attrappen geboten werden. Mit einem A. soll festgestellt werden, welcher Reiz ein bestimmtes Verhalten auslöst.

Attribut [lat.], Beifügung, einem Substantiv, Adjektiv oder Adverb beigefügte nähere Bestimmung, z. B. der *alte* Mann, ein *selten* schönes Bild, das passiert *sehr* oft.
♦ in der *bildenden Kunst* Bez. für eine kennzeichnende Beigabe einer dargestellten Person. Die A. sind meist der Mythologie (z. B. Eule der Athena) oder der Legende (↑Heiligenattribute) entnommen; auch allegor. Gestalten können A. zugeordnet sein, Wappen haben die Rolle eines Attributs.

attributiv [lat.], zum Attribut gehörig, beifügend.

Attributsatz, Satz, in dem das Attribut in Gestalt eines Nebensatzes auftritt, z. B.: Wir helfen den Menschen, *die krank sind und hungern* (statt: Wir helfen den kranken und hungernden Menschen).

Attuarier (Chattuarier, lat. Attuarii), german. Volksstamm, Teil der Chatten.

Attu Island [engl. 'ætu 'aɪlənd], westlichste Insel der Aleuten, USA, 48 km lang, bis 24 km breit, bis 1 250 m ü. d. M. - 1942 jap. besetzt; 1943 zurückerobert; bed. Militärstützpunkt der USA.

Atucha [span. a'tutʃa], argentin. Ort nahe dem rechten Ufer des Paraná, 100 km nw. von Buenos Aires; hier wurde 1974 das erste Kernkraftwerk Südamerikas in Betrieb genommen.

Atum, ägypt. Schöpfergott. Er ist rein menschengestaltig und wird mit der Doppelkrone als „Herr beider Länder" (Ober- und

Unterägypten) dargestellt. Wichtigster Verehrungsort war Heliopolis, wo er das Haupt einer „Neunheit" von Göttern war. Später als Erscheinungsform des Sonnengottes Re aufgefaßt.

Ätzdruck, Bedrucken einfarbiger Stoffe mit ätzenden Druckpasten, die entsprechend ihrer Zusammensetzung zu einem weißen *(Weißätze)* oder bunten *(Buntätze)* Muster führen.

Ätzen [zu althochdt. ezzen „verzehren lassen"], Verfahren, um mit Hilfe chem. Lösungsvorgänge Oberflächen von Körpern partiell und gezielt zu entfernen. Wenn die Beschädigung oder Verletzung der Oberfläche ungewollt geschieht (z. B. Verletzung der Haut durch Chemikalien oder stark bas. Haushaltsreinigungsmittel), spricht man von **Verätzen.** Zweck des Ä. ist u. a. die Aufklärung kristalliner Strukturen in der Kristallographie und Metallkunde, die Herstellung von Druckplatten oder -walzen in der Reproduktionstechnik, die Aufbringung von Mustern auf Glasoberflächen in der Schmuckglasind., die Aufbringung von meist farbigen Stoffmustern in der Stoffdruckerei, die Herstellung von gedruckten Schaltungen, Halbleiterbauelementen und integrierten Schaltkreisen in der Elektronik und schließl. die Entfernung unerwünschter Hautbestandteile mit Ätzmitteln, z. B. Warzen, in der Medizin.

Ätzfiguren, bei der Einwirkung von Lösungsmitteln auf Kristalle sich während der Auflösung der äußeren Kristallschichten ausbildende kleine pyramidenförmige Vertiefungen (**Ätzgrübchen**) oder Erhebungen (**Ätzhügel**) auf den Kristallflächen. Sie sind für diese so charakterist., daß sie zu ihrer genauen Klassenbestimmung benutzt werden können.

Ätzgifte, Stoffe, die durch aggressive Eiweißdenaturierung das lebende Gewebe am Ort der Einwirkung chem. zerstören.

Ätzglas, Mattglas, dessen Oberfläche mit Flußsäure behandelt ist.

Ätzgrund, aus Mastix, Asphaltpulver, Kolophonium oder ähnl. bestehender säurefester Grund zur Herstellung von Druckformen (z. B. für Radierungen).

Ätzmittel (Kaustika), chem. Stoffe (Säuren, Alkalien, Schwermetallsalze), die wegen ihrer ätzenden Wirkung als Mittel zur Zerstörung krankhaften Gewebes (Haut-, Schleimhautwucherungen) angewandt werden.

Ätznatron, svw. ↑ Natriumhydroxid.

Ätzprobe (Beizprobe), metallograph. Oberflächenprüfung mit Lösungen, die das Material möglichst unter Bildung typ. Färbungen chem. angreifen.

Ätzspitze (Luftspitze), Maschinenstickerei auf Unterlage aus Papier oder Baumwolle; die Papierunterlage kann herausgelöst, die Baumwollauflage durch Säure entfernt werden.

Ätzung, Nahrung, Speise; Speisung; in der *Jägersprache* Futter oder Köder für Raubvögel.

Au, chem. Symbol für: ↑ Gold (lat. **aurum**).

AUA, Abk. für: Austrian Airlines.

Aub, Max [span. aup], * Paris 2. Juni 1903, † Mexiko 23. Juli 1972, span. Schriftsteller dt.-frz. Abkunft. - Lebte seit 1942 in Mexiko, seit 1969 wieder in Spanien. Brillanter, kühlpräziser Stil; u. a. Romantrilogie über den Span. Bürgerkrieg „El laberinto mágico" (Teilausgabe dt. 1962 u. d. T. „Die bitteren Träume").

Aubade [frz. o'bad; zu aube „Morgendämmerung"] (Aube), in der Trouvèrelyrik Bez. für das ↑ Tagelied.

Aubanel, Théodore [frz. oba'nɛl], * Avignon 26. März 1829, † ebd. 31. Okt. 1886, provenzal. Dichter. - „Der halbgeöffnete Granatapfel" (1860), eine Sammlung zarter und schwermütiger Liebeslieder, machte ihn bekannt. Sein bedeutendstes Werk ist der Gedichtband „Li fiho d'Avignoun" (1885).

Aube [frz. o:b], Dep. in Frankreich.

A., rechter Nebenfluß der Seine, Frankr.; entspringt auf dem Plateau von Langres, mündet bei Marcilly-sur-Seine; 248 km lang; im Unterlauf schiffbar.

Auber, Daniel François Esprit [frz. o'be:r], * Caen 29. Jan. 1782, † Paris 12. Mai 1871, frz. Komponist. - A. komponierte zunächst Instrumentalwerke (Kammermusik, Solokonzerte), errang dann seine größten Erfolge mit Opern, u. a. „Die Stumme von Portici" (1828), „Fra Diavolo" (1830), „Manon Lescaut" (1856). 1842 Direktor des Pariser Conservatoire.

Aubergine [ober'ʒi:nə; arab.-frz.] (Eierfrucht, Melanzana), dunkelviolette bis weißl. ei- bis gurkenförmige, etwa 10–30 cm lange, bis 1 kg schwere Frucht des in Indien heim., in den Subtropen und Tropen oft angebauten, bis 1 m hohen, einjährigen Nachtschattengewächses *Solanum melongena;* wird gedünstet, gebraten oder gekocht als Gemüse gegessen.

Auberjonois, René [frz. obɛrʒɔ'nwa], * Montagny-près-Yverdon 18. Aug. 1872, † Lausanne 11. Okt. 1957, schweizer. Maler. - Lebte 1897–1914 in Paris. Malte u. a. Figürliches, Szenen aus der Welt von Zirkus und Bühne, Porträts, Frauen. Ocker und grün sind oft die tragenden Farben.

Aubert [frz. o'bɛ:r], Jacques, * 30. Sept. 1689, □ Belleville 19. Mai 1753, frz. Violinist und Komponist. - Neben mehreren Bühnenwerken komponierte er Instrumentalmusik, bes. für Violine, darunter die ersten frz. Violinkonzerte (1735).

A., Pierre, * La Chaux-de-Fonds (Kt. Neuenburg) 3. März 1927, schweizer. sozialdemokrat. Politiker. - Rechtsanwalt; 1961–75 Mgl. (1969/70 Präs.) des Großen Rats des Kt. Neuenburg; 1971–77 Mgl. des Ständerats, seit 1978 Bundesrat (Departement für auswärt. Angelegenheiten); 1983, 1987 Bundespräs.

Aubignac, François Hédelin, Abbé d' [frz. obi'nak], * Paris 4. Aug. 1604, † Nemours (Seine-et-Marne) 27. Juli 1676, frz. Schriftsteller. - Verfaßte eine für das frz. Theater des 17. Jh. wichtige Theorie der aristotel. drei Einheiten („La pratique du théâtre", 1657).

Aubigné, Théodore Agrippa d' [frz. obi'ɲe], * Saint-Maury bei Pons (Charente-Maritime) 8. Febr. 1552, † Château du Crest (Gemeinde Jussy bei Genf) 29. April 1630, frz. Schriftsteller. - Ging als Kalvinist 1620 nach Genf. Die bedeutendste seiner Dichtungen ist das religiös-polit. satir. Epos „Les tragiques" (1616), ein erschütterndes Dokument des Bürgerkriegs, das in einer apokalypt. Vision des Gerichts gipfelt. Schrieb auch eine Geschichte der Religionskriege.

Aubin, Hermann [frz. o'bɛ̃], * Reichenberg (Böhmen) 23. Dez. 1885, † Freiburg im Breisgau 11. März 1969, dt. Historiker. - Prof. in Gießen, Breslau, Kairo, 1946 in Hamburg, seit 1954 in Freiburg im Breisgau; Forschungen zur ma. Geschichte, Wirtschafts- und Sozialgeschichte; gab v: a. der Forschung zur Landesgeschichte und zur dt. Ostsiedlung entscheidende Impulse.

Aubonne [frz. o'bɔn], Hauptort des Bez. A. im schweizer. Kt. Waadt, 20 km westl. von Lausanne, 2 000 E. Weinbaugemeinde. - Spätgot. Kirche, ehem. Schloß (13. Jh., Umbau nach 1670).

Aubrac [frz. o'brak], Plateaulandschaft im südl. Zentralmassiv, Frankr., zw. den Tälern von Lot und Truyère, im Mailhebiau 1 471 m hoch.

Aubrietie [...tsiə; nach dem frz. Maler C. Aubriet, * 1651 (?), † 1742] (Blaukissen, Aubrietia), Gatt. der Kreuzblütler mit 12 Arten

in den Gebirgen des Mittelmeergebietes und Irans; meist 10–20 cm hohe, Rasen oder Polster bildende Pflanzen mit violetten, blauen, roten, seltener weißen Blüten in Trauben; die gegenständigen Blätter sind klein, oft behaart; z. T. beliebte, im Frühling blühende Zierpflanzen.

Aubry, Pierre [frz. o'bri], * Paris 14. Febr. 1874, † Dieppe 31. Aug. 1910, frz. Musikforscher. - Verdient um die Erforschung der Musik des MA in Frankreich.

Auburtin, Victor [obyr'tɛ̃], * Berlin 5. Sept. 1870, † Garmisch-Partenkirchen 28. Juni 1928, dt. Schriftsteller. - Schrieb meisterhafte Feuilletons („Ein Glas mit Goldfischen", 1922; „Einer bläst die Hirtenflöte", 1928; „Sündenfälle", hg. 1970), auch Novellen, Dramen.

Aubusson [frz. oby'sɔ̃], frz. Stadt in der Marche, Dep. Creuse, 6 000 E. Staatl. Kunstschule. Histor. Zentrum der frz. Bildteppichkunst, Teppichwirkereien. - Belegt im 10. Jh. als Hauptort einer Vize-Gft. Im 16. Jh. ein Zentrum des Protestantismus; 1632 durch Richelieu zerstört, 1790 Distriktshauptstadt.

Aubussonteppiche [frz. oby'sɔ̃], 1665 wurde in Aubusson eine königl. Manufaktur errichtet, deren Blütezeit bis zur Frz. Revolution dauerte. Beliebte Themen der gewirkten Bildteppiche (Wandbehänge) waren ländl. Hirtenszenen. Die Bildwirkerei wurde durch J. † Lurçat wieder belebt.

a. u. c., Abk. für: ↑ab urbe condita.

Auch [frz. o:ʃ], frz. Stadt in der Gascogne, 25 000 E. Verwaltungssitz des Dep. Gers (seit 1790); Erzbischofssitz; Kunst- und Altertumsmuseum; Handelszentrum des Armagnac, mit Textil-, Schuh- und Kartonagenind. - Als **Elimberris** (Neue Stadt) Hauptstadt der kelt. Auscier, in der Römerzeit **Augusta Ausciorum**; Anfang 5. Jh. westgot., 507 fränk.; Erzbistum seit 506; 1360 engl., 1371 wieder frz., 1473 für die Krondomäne erobert. - Kathedrale (Ende 15. Jh. und 16. Jh.) mit Chorgestühl, Glasmalereien (16. Jh.) und Orgel (1694; 1958 restauriert); ehem. Erzbischöfl. Palais (18. Jh.; jetzt Präfektur).

Auckland [engl. 'ɔːklənd], Stadt auf der Nordinsel von Neuseeland, 839 000 E (städt. Agglomeration). Sitz eines kath. Bischofs; Univ. (gegr. 1882, Volluniv. seit 1957); Kunstgalerie, Museum für Transport und Technologie, Melanes. Missionsmuseum; Bibliothek. Bed. Ind.zentrum und größter Hafen des Landes mit Nahrungsmittel-, chem., Textil- und Lederind., Schiffbau; internat. ✈. - Die städt. Agglomeration liegt auf der Landenge zw. Tasmansee und dem offenen Pazifik, dem **Tamaki-Isthmus,** überragt von Vulkankegeln. - 1840 als erste Europäersiedlung in Neuseeland (Hauptstadt bis 1865) gegründet.

Auckland Islands [engl. 'ɔːklənd 'aɪləndz], neuseeländ. Inselgruppe im südl. Pazifik, 606 km², unbewohnt. - 1806 entdeckt.

Aubussonteppich. Detail aus dem Teppich „Die Rast der Jäger" (Mitte des 18. Jh.). Paris, Petit Palais

Auckland Peninsula [engl. 'ɔːklənd pɪ'nɪnsjʊlə], langgestreckte Halbinsel im äußersten NW der Nordinsel von Neuseeland, 350 km lang, von sehr unterschiedl. Breite; flachwelliges Hügelland, von dem weite Teile mit Gestrüpp und Heide bestanden sind. Hier leben 20 % der Maori des Landes. Schafzucht, Milchwirtschaft; Obstkulturen.

au contraire [frz. okõ'trɛːr], im Gegenteil.

au courant [frz. oku'rã], auf dem laufenden.

Auctoritas [lat.], bei den Römern das Ansehen und die Bed. einzelner Personen und Personengruppen sowie deren Führungseigenschaft und -berechtigung. Mit A. war jedoch keine staatl. Macht verbunden, weshalb die A. neben und sogar im Gegensatz zur Amtsgewalt („potestas") stand. In der späteren Kaiserzeit verstand man unter A. die gesamte kaiserl. Gewalt. Im MA wurde nach der Lehre Papst Gelasius' I. von 494 die „geheiligte A. der Bischöfe" von der „königl. potestas" unterschieden.

Aucuba [aʊ'kuːba, 'aʊkuba], svw. ↑Aukube.

Aude [frz. oːd], Dep. in Frankreich.

A., Fluß in S-Frankr., entspringt in den östl. Z-Pyrenäen, mündet 20 km nö. von Narbonne in den Golfe du Lion (Mittelmeer); 220 km lang, davon 150 km schiffbar.

Audefroi le Bastart [frz. odfrwalbas-'taːr] (A. le Bâtard), in der Picardie im letzten Drittel des 12. Jh., † um die Mitte des 13. Jh., Trouvère. - Erhalten sind 16 Chansons, alle mit Melodien.

Auden, Wystan Hugh [engl. ɔːdn], * York 21. Febr. 1907, † Wien 28. Sept. 1973, engl. Dichter. - 1935 heiratete er E. Mann, 1939 ging er in die USA, 1956–61 Prof. für Dichtkunst in Oxford. Einfluß auf seine Dichtungen hatten u. a. marxist. Ideen, fernöstl. Religionen, die Lehren Freuds sowie zahlr. literar. und philosoph. Richtungen (z. B. Kierkegaard). Sein Stil ist ganz persönl., symbolhaft, oft geheimnisvoll. In den ersten Gedichtbänden seit 1930 tritt er mit propagandist. Pathos für eine neue Gesellschaftsordnung ein, verfaßte Shakespeare-Parodien und polit.-kämpfer. Versdramen (mit C. Isherwood). Das Erlebnis des Span. Bürgerkriegs hat den Band „Spain" (1937) geprägt, das des chin.-jap. Krieges „Journey to war" (Ged., 1939; mit Isherwood), „Another time" (Ged., 1940) fand diese Periode seines Schaffens ihren Abschluß. Es folgen „New year letter" (1941), philosoph. Dichtungen, und die Vers- und Prosadichtung „Das Zeitalter der Angst" (1947), weitere Gedichte, Opernlibretti, Essays.

Audhumla, in der altnord. Mythologie die aus dem Eis der Urwelt aufgetaute riesige Kuh, die mit ihren vier Milchströmen den Urriesen ↑ Ymir nährt.

Audi AG, dt. Automobilunternehmen, Sitz Neckarsulm; entstanden 1969 durch Verschmelzung der Auto Union GmbH, Ingolstadt (gegr. 1932 in Chemnitz, seit 1949 Sitz Ingolstadt) und der NSU Motorenwerke AG, Neckarsulm; seit 1964 100 %ige Tochtergesellschaft der Volkswagenwerk AG; jetzige Firmenbez. seit 1984.

audiatur et altera pars [lat. „gehört werde auch der andere Teil"], Grundsatz des röm. Zivilprozeßrechts, nach dem auch der Prozeßgegner zu hören ist.

Audiberti, Jacques [frz. odibɛr'ti], * Antibes 25. März 1899, † Paris 10. Juli 1965, frz. Schriftsteller. - A. begann mit symbolist. Lyrik von ungestümer Bilderfülle, klass. in der Form, doch ohne erkennbare syntakt. Zusammenhänge; Ende der 30er Jahre kam er zur Prosadichtung; „Abraxas" (1938) ist ein okkulter, rätselhafter Roman, die Reihe der phantasieerfüllten Romane beschließt „Die Gräber schließen schlecht" (1963). Seine bühnenwirksamen surrealist. und burlesken Dramen entstanden seit 1945, in dt. Übers.: „Der Lauf des Bösen" (1947), „Quoat-Quoat" (1948), „Die Frauen des Ochsen" (1948), „Das schwarze Fest" (1949), „Die Zimmerwirtin" (1956), „Der Glapioneffekt" (1959), „Die Ameyss im Fleische" (1961).

Audiencia, ursprüngl. höherer Gerichtsbezirk in Spanien und Lateinamerika, auch Bez. für die Gerichtsbehörde selbst. Seit dem 16. bis zum 19. Jh. besaßen die A. auch (untergeordnete) Verwaltungsfunktionen.

Audienz [zu lat. audire „hören"], feierl. Empfang bei hochgestellten kirchl. oder polit. Würdenträgern.

Audimeter [lat./griech.], elektromechan. Registriergerät, das an Rundfunk- und Fernsehempfänger angeschlossen wird. Es registriert den Sender sowie Zeitpunkt und Dauer der empfangenen Sendungen zum Zwecke statist. Auswertungen.

Audincourt [frz. odɛ̃'kuːr], frz. Stadt der Ind.region von Montbéliard, Dep. Doubs, 18 000 E. - Kirche (1950–52; mit Fenstern von F. Léger).

Audiogramm [lat./griech.] ↑ Audiometer.

Audiologie [lat./griech.], Wissenschaft vom Hören.

Audiometer [lat./griech.] (Akumeter, Hörschwellenmeßgerät), elektroakust. Gerät zur Prüfung des Gehörs; enthält einen Tonfrequenzgenerator, der mit Hilfe eines Lautsprechers und eines Reglers Töne zw. 20 Hz und 20 kHz erzeugt, deren Schallintensität (Lautstärke) von Null bis zur Schmerzgrenze variierbar ist. Zur Prüfung der Luftschalleitung zum Innenohr wird dem Prüfling ein Kopfhörer mit Gummiabdichtung aufgesetzt. Die Prüfung der Knochenschalleitung erfolgt durch Aufsetzen eines Lautsprechers auf die

Audiometrie

Stirn oder auf den Warzenfortsatz. Bei der Untersuchung mit dem A. werden verschiedene Prüftöne zunächst ganz leise eingestellt, dann verstärkt, bis sie der Prüfling wahrnimmt. Die hierdurch ermittelten Schwellenwerte werden nach Tonhöhe (Frequenz) und Lautstärke in ein Diagramm eingetragen und ergeben das sog. **Audiogramm** (Hörschwellenkurve), das Aussagen über das Hörvermögen bzw. das Ausmaß etwaiger Hörverluste zuläßt. Zur Prüfung speziell des Sprachgehörs werden Wörter oder Sätze nach Tonhöhe und Lautstärke variiert.

Audiometrie [lat./griech.], Prüfung des menschl. Gehörs mit dem ↑Audiometer, v. a. zur Erkennung von Hörstörungen.

Audion [lat./griech.], eine Schaltungsanordnung, bei der eine einzige Elektronenröhre die aufmodulierten niederfrequenten Schwingungen sowohl von den hochfrequenten Trägerwellen trennt als auch gleichzeitig verstärkt. Rundfunkgeräte, die diese Schaltung verwenden, heißen **Einkreis-Empfänger** oder **Audion-Empfänger**.

audiovisuelle Medien [lat.], Ton- und Bildträger, opt.-auditive Kommunikationssysteme, die v. a. im Lehr- und Lernbereich eingesetzt werden, da sie sowohl auf auditivem Wege (akust. Übermittlung von Informationen) als auch auf visuellem Wege (opt. Darbietung von Informationen) die Wirksamkeit eines Unterrichtes, eines Vortrags, einer Vorlesung u. a. erhöhen, eine Aktivierung der Selbstbeteiligung des Schülers bzw. Hörers bewirken und den Lern- und Aneignungsprozeß unterstützen. 1. *auditive* Medien sind Informationsträger wie Schallplatten und Magnettonbänder nebst dazugehörenden Aufnahme- bzw. Wiedergabegeräten (Mikrophone, Plattenspieler, Tonbandgeräte, Kopfhörer; ↑auch Sprachlabor) sowie das Medium Hörfunk; 2. *visuelle* M. sind Zeichnungen, Graphiken, Bildtafeln, Karten und Modelle sowie Diapositive und Stummfilmstreifen nebst dazugehörenden Aufnahme- und Wiedergabegeräten (photograph. Kameras; Dia- und Filmprojektoren, Arbeitsprojektoren [Overheadprojektoren] sowie Lerngeräte, die die Programme als Text und Bild darbieten); 3. *a. M.* i. e. S. sind Tonfilme und Magnetbildbänder nebst dazugehörenden Aufnahme- und Wiedergabegeräten (Filmkameras und Tonfilmprojektoren, Fernsehkameras und Fernsehgeräte mit Großbild- oder Tischmonitoren sowie Lerngeräte, die die Programme als Text, Bild und Ton darbieten).

Auditeur [aodi'tø:r; lat.-frz. „Hörer"], früher allg., im Dt. Reich bis 1900 Militärjustizbeamter, im frz. Recht Militärrichter.

Audition [lat.], in der Religionswissenschaft Bez. für das innere Hören von Worten und das damit verbundene Vernehmen von Botschaften einer höheren Macht. Im visuellen Bereich entspricht der A. die *Vision*.

Audition colorée [frz. odisjōkɔlɔ're „farbiges Hören"], bei einzelnen Menschen in Verbindung mit akust. Reizen auftretende Farbempfindungen („Farbenhören"), eine Erscheinungsform der ↑Synästhesie.

auditiv [lat.], das Gehör betreffend, zum Gehörsinn oder -organ gehörend.

Auditor [lat. „Hörer"], in der früheren östr.-ungar. Armee der mit der Militärjustizpflege betraute Offizier, in der *Schweiz* der öffentl. Ankläger vor dem Divisionsgericht.

Auditorium [lat.], zuhörende Versammlung, Zuhörerschaft; Raum einer Versammlung, Hörsaal. **Auditorium maximum,** der größte Hörsaal einer Universität.

Audoux, Marguerite [frz. o'du], eigtl. Marguerite Marie Donquichote, * Sancoins (Cher) 7. Juli 1863, † Saint-Raphaël (Var) 1. Febr. 1937, frz. Schriftstellerin. - Waise, floh 1861 nach Paris, lebte als Näherin. Ihr bed. autobiograph. Roman „Marie-Claire" erschien 1910 (dt. 1938). Es folgen Romane und Erzählungen.

Audubon, John James [engl. 'ɔːdəbən], * Les Cayes (Haiti) 26. April 1785, † New York 27. Jan. 1851, amerikan. ornitholog. Zeichner. - Erforschte v. a. die Vogelwelt Nordamerikas; die Vögel stellte er kunstvoll auf farbigen Kupferstichen dar.

Aue, Krst. im westl. Erzgebirge, Bez. Karl-Marx-Stadt, DDR, 29 000 E. Museum; Maschinenbau, Herstellung von Besteckm, Silber- und Emaillewaren, Nickelhütte und Textilind.; 1946 bis um 1958 Uranerzbergbau. - 1464 erstmals erwähnt; spätestens seit 1666 Stadt.

A., Landkr. im Bez. Karl-Marx-Stadt, DDR.

Auenbrugger, Johann Leopold, Edler von Auenbrugg (seit 1784), * Graz 19. Nov. 1722, † Wien 18. Mai 1809, östr. Arzt.- Schuf mit der ↑Perkussion eine der wichtigsten physikal. Methoden zur Diagnose innerer Krankheiten.

Auenwald (Auwald), Pflanzengesellschaft (Weiden, Pappeln, Grauerlen, Eichen, Ulmen, Stieleichen) im Bereich der Uferregion von Gewässern (v. a. Flüssen), die sich an den Schilfgürtel anschließt.

Auer, Ignaz [´–], * Dommelstadl bei Passau 19. April 1846, † Berlin 10. April 1907, dt. Politiker (SPD). - 1877 erstmals MdR, später Mgl. des Parteivorstands; neben Bebel und Liebknecht einer der Führer der dt. Sozialdemokratie; Vertreter des Revisionismus.

A., Leopold von (seit 1895) [ungar. 'ɒuɛr], * Veszprém 7. Juni 1845, † Dresden 17. Juli 1930, ungar. Violinist. - War als Solist und v. a. als überaus erfolgreicher Violinlehrer in Deutschland, Rußland, Großbrit., Skandinavien und in den USA tätig. Zu seinen Schülern zählen u. a. J. Heifetz und N. Milstein.

Auerbach, Berthold, eigtl. Moses Baruch A., * Nordstetten bei Horb am Neckar 28. Febr. 1812, † Cannes 8. Febr. 1882, dt. Erzähler. - Trat schon in seinen ersten Romanen „Spinoza" (1837), „Dichter und Kaufmann" (1840) für liberale Ideen und die Emanzipation der Juden ein. Populär machten ihn die realist. „Schwarzwälder Dorfgeschichten" (1843–53), der Roman „Barfüßele" (1856) und die „Volkskalender" (1858–68).

A., Erich, * Berlin 9. Nov. 1892, † Wallingford (Conn.) 13. Okt. 1957, dt. Literarhistoriker. - 1930–35 Prof. in Marburg, lebte dann in Istanbul und in den USA. Sein Hauptwerk ist „Mimesis. Dargestellte Wirklichkeit in der abendländ. Literatur" (1946), das in mehrere Sprachen übersetzt wurde.

Auerbach, Landkr. im Bez. Karl-Marx-Stadt, DDR.

A. † Bensheim.

Auerbach i. d. OPf. (in der Oberpfalz), Stadt in der Fränk. Alb, Bay., 6 800 E. Eisenerzbergbau, Herstellung von Bekleidung und meßtechn. Geräten. - 1008 erstmals erwähnt, 1184 vom Bistum Bamberg erworben; 1314 Stadtrecht; 1628 an Bayern.

Auerbachs Keller, alter Weinkeller in der Grimmaischen Straße in Leipzig, benannt nach dem Ratsherrn H. Stromer aus Auerbach i. d. OPf. (* 1482, † 1542). Der Sage nach soll Faust dort 1525 auf einem gefüllten Faß die Treppe hinauf geritten sein.

Auerbach/Vogtl., Krst. im oberen Vogtland, Bez. Karl-Marx-Stadt, DDR, 21 000 E. Verwaltungssitz des Landkr. Auerbach; Wäschefabrikation. - Am Fuß der Burg (um 1200 errichtet) gründeten die Vögte von Plauen im 14. Jh. die Stadt; Stadtrecht 1350 belegt.

Auerhuhn (Tetrao urogallus), bis etwa 90 cm (einschließl. Schwanz) langes Rauhfußhuhn v. a. in den Wäldern Eurasiens; in M-Europa fast ausgerottet. Das ♂ (**Auerhahn**) zeigt eine schwarze und braune Färbung mit metall. schillernden Blau- und Grüntönen. Das kleinere ♀ ist braungescheckt.

Auerlicht [nach C. Frhr. von Auer von Welsbach], Gasglühlicht mit einem netzartigen Glühkörper (Glühstrumpf), durch den die Leuchtkraft erhebl. verstärkt wird.

Auermetall [nach C. Frhr. von Auer von Welsbach], Cer-Eisen-Legierung zur Herstellung von Feuersteinen.

Auerochse (Ur, Bos primigenius), 1627 ausgerottete Wildrindart mit langen, nach vorn geschwungenen Hörnern; ♂♂ über 3 m Körperlänge und 1,8 m Schulterhöhe, schwarzbraun mit rotbraunem Halsstrich; ♀♀ kleiner und wie die Kälber rotbaun; verkörpert die Stammform unserer Hausrinder und des Zebus.

Auersperg, Krainer Adelsgeschlecht, benannt nach dem gleichnamigen Ort (heute Turjak, südöstl. von Ljubljana), 1220 erstmals erwähnt; teilte sich Mitte 15. Jh. in zwei Linien, deren ältere 1530 in den Freiherrn-, 1630 in den Grafenstand, und deren jüngere 1653 in den Reichsfürstenstand erhoben wurde. Bed. Vertreter:

A., Adolf Fürst, Herzog von Gottschee, * 21. Juli 1821, † Schloß Goldegg (Niederösterreich) 5. Jan. 1885, östr. Politiker. - Bruder von Carlos Fürst A.; Jurist; 1871–79 östr. Min.präs.; führte eine liberale Wahlreform durch (direkte Wahl des Reichsrats); scheiterte v. a. infolge seiner Zustimmung zur Okkupation Bosniens und der Herzegowina; wurde 1879 Präs. des obersten Rechnungshofs.

A., Anton Alexander Graf von, östr. Dichter † Grün, Anastasius.

A., Carlos Fürst, Herzog von Gottschee, * Prag 1. Mai 1814, † ebd. 4. Jan. 1890, östr. Politiker. - Forderte 1846/47 als Mgl. der dt. Fortschrittspartei die Erweiterung der Rechte des böhm. Landtags; 1861–67 Präs. des Herrenhauses, befürwortete die Politik des östr.-ungar. Ausgleichs; stritt als östr. Min.präs. 1867/68 für die Aufhebung des Konkordats von 1855.

Auerstedt, Gemeinde im Landkr. Apolda (Thüringen), Bez. Erfurt, DDR, unter 1 000 E. Bekannt durch die Doppelschlacht von † Jena und Auerstedt (1806).

Auerswald, ostpreuß. Adelsgeschlecht; entstammt meißn. Uradel; 1263 erstmals erwähnt; seit etwa 1500 im Hzgt. Preußen ansässig. Bed. Vertreter:

A., Alfred von, * Marienwerder 16. Okt. 1797, † Berlin 3. Juli 1870, preuß. Politiker. - Sohn von Hans Jakob von A.; wirkte im altliberal-konstitutionellen Sinn; März-Juni 1848 preuß. Innenmin., bis Nov. 1848 Mgl. der Frankfurter Nationalversammlung, 1850 des Erfurter Parlaments; langjähriges Mgl. des preuß. Abg.hauses.

A., Hans Jakob von, * Plauth 25. Juli 1757, † Königsberg (Pr) 3. April 1833, preuß. Staatsbeamter. - Berief auf eigene Verantwortung als Oberpräs. von Ost- und Westpreußen und Litauen (1808–24) 1813 den ostpreuß. Landtag ein, der die dt. Erhebung einleitete.

A., Rudolf von, * Marienwerder 1. Sept. 1795, † Berlin 15. Jan. 1866, preuß. Politiker. - Sohn von Hans Jakob von A.; Juni-Sept. 1848 Außenmin.; ab 1853 einer der Führer der altliberalen Opposition im preuß. Abg.haus; 1858–63 Staatsmin. ohne Portefeuille und stellv. Min.präs. im Ministerium der „Neuen Ära"; scheiterte im Heereskonflikt.

Auer von Welsbach, Carl Frhr. von (seit 1901), * Wien 1. Sept. 1858, † Schloß Welsbach bei Mölbling (Kärnten) 4. Aug. 1929, östr. Chemiker. - Entdeckte mehrere Elemente: 1885 Neodym, Praseodym, 1905–1907 Ytterbium u. Lutetium; entwickelte das Gasglühlicht († Auerlicht) und die erste Metallglühfadenlampe (Osmiumlampe).

Auęsow, Muchtar Omarchanowitsch, * im Kreis Abajewsk (Kasachstan) 28. Sept. 1897, † Moskau 27. Juni 1961, kasach.-sowjet. Schriftsteller. - Als sein Hauptwerk gelten die

auf Abruf

Romane über den kasach. Dichter Abai Kunanbajew „Vor Tau und Tag" (1942–47) und „Über Jahr und Tag" (1952–56).

auf Abruf, Handelsklausel, die besagt, daß eine Gütermenge nicht auf einmal abgenommen wird, sondern daß der Käufer bestimmte Teilmengen abrufen kann.

Aufbauberufe, Ausbildungsberufe, die auf einer gemeinsamen Grundausbildung (mit selbständigem Abschluß) mit einem weiteren Ausbildungsjahr aufbauen.

Aufbaugymnasien (Gymnasien in Aufbauform), Gymnasien, meist Sonderzweige an Gymnasien, die Realschulabsolventen in drei Jahren zur Hochschulreife führen.

Aufbaurealschulen (Realschulen in Aufbauform), Realschulen, meist Sonderzweige an Realschulen oder Hauptschulen, die Hauptschulabsolventen zur mittleren Reife führen.

Aufbaustoffwechsel ↑ Stoffwechsel.

Aufbau-Verlag Berlin und Weimar ↑ Verlage (Übersicht).

Aufbauzüge (Berufsaufbauzüge) ↑ Berufsaufbauschulen.

Aufbereitung, ↑ Wasseraufbereitung.
♦ Anreicherung bestimmter Isotope in Kernbrennstoffen.
♦ Zerlegung und Abtragung von Gesteinen durch ↑ Verwitterung.
♦ mechan. oder chem. Behandlung von Rohstoffen zur Abscheidung unerwünschter Bestandteile: v. a. wichtig für die [Vor-]behandlung von Erzen: *elektromagnet. A.* (Magnetscheidung), Trennung von Mineralgemischen nach den unterschiedl. magnet. Eigenschaften; *elektrostat. A.*, Trennung von Mineralgemischen im elektr. Feld nach unterschiedl. Oberflächenleitfähigkeiten und Dielektrizitätskonstanten; *naßmechan. A.*, alle Aufbereitungsverfahren, die im oder mit Wasser durchgeführt werden. 1. **Läuterung:** Körniges Konzentrat wird von Schlämmen und dadurch weitgehend von ↑ Gangart befreit; bei weichen tonigen Erzen. 2. **Flotation** (Schwimmaufbereitung): Mineralteilchen aus

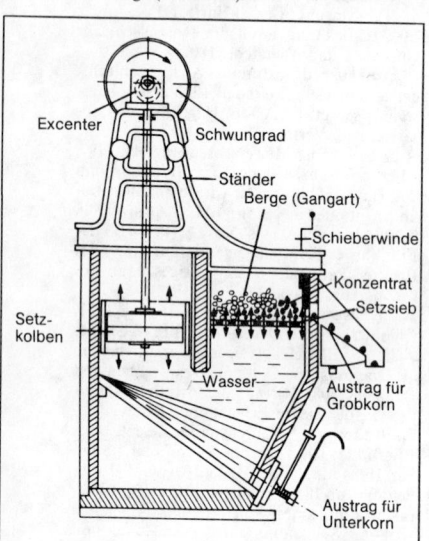

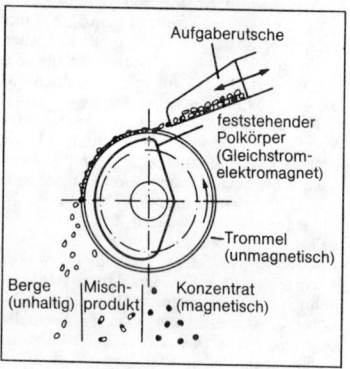

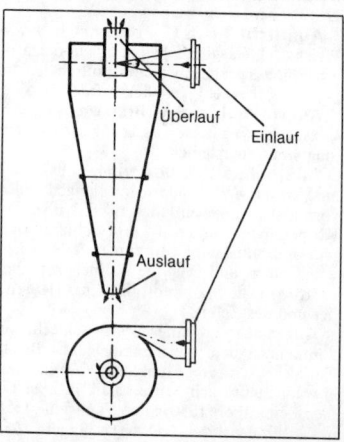

Aufbereitung (schematisch). Läuterung in einer Kolbensetzmaschine, in der die gröberen Körnungen der Gangart im rhythmisch auf- und niedergehenden, in horizontaler Richtung fließenden Wasserstrom von den Erzen getrennt werden (links); elektromagnetischer Trommelscheider, der meist verwendete Apparat für das elektromagnetische Aufbereitungsverfahren (rechts oben); schematische Längs- und Querschnittdarstellung eines Hydrozyklons (unten)

weitgehend zerkleinertem Erz werden von feinsten Luftblasen emporgetragen und als Schaum entfernt. 3. **Schwertrübeverfahren** (Sink- Schwimm- Verfahren): Die Trennung erfolgt auf Grund verschiedener spezif. Gewichte des aufzubereitenden Erzgemisches. Die Dichte der Schwimmflüssigkeit kann künstl. erhöht werden. 4. **Hydrozyklon:** Materialtrennung durch Fliehkraftwirkung. Der Materialstrom wird tangential in das sich nach unten verjüngende Zyklongefäß mit hoher Geschwindigkeit eingeleitet und dadurch in eine schnelle Rotationsbewegung versetzt. Unter dem Einfluß starker Fliehkräfte werden Wasser und leichte Stoffe nach oben gedrückt, während eine angereicherte Trübe auf spiraligen Bahnen nach unten fließt.
♦ die der Erhebung folgenden Arbeitsgänge vor der Auswertung statist. Daten; besteht in einer *log. A.* (Aufstellen eines Tabellenprogramms sowie Kontrolle seiner Erfüllung) und in einer *techn. A.* (Ordnung des Zählmaterials, Chiffrierung der Antworten nach Schlüsselzahlen, Auszählen der Antworten). Der A. schließt sich die Interpretation an.

Aufbewahrungspflicht, im Rahmen des Handelsrechts die Pflicht des Kaufmanns, Handelsbücher, Inventare, Bilanzen 10 Jahre, empfangene Handelsbriefe und Belege für Buchungen 7 Jahre aufzubewahren (§§ 44, 44 a HGB).

Aufblähung, svw. ↑Trommelsucht.

Aufbringung ↑Prisenrecht.

Aufbruch, von unten nach oben hergestellte Verbindung zw. zwei Schächten.

Aufdruck, Überdruck auf Briefmarken zur Änderung der postal. Charakters oder Wertes der Marken, des Ausgabelandes, der Regierungsform oder der Währung.
♦ der in einer Flüssigkeit senkrecht nach oben wirkende Druck; er ist gleich dem in dieser Tiefe wirkenden Bodendruck.

Aufenthaltsberechtigung ↑Aufenthaltserlaubnis.

Aufenthaltsbeschränkung, das durch Gesetz, Richterspruch oder verwaltungsbehördl. Verfügung bewirkte Verbot, sich in einem bestimmten Gebiet oder an einem bestimmten Ort aufzuhalten.

Aufenthaltsbewilligung, in der Schweiz das für Ausländer von kantonalen Fremdenpolizeibehörden erteilte Recht, auf Schweizer Boden zu verweilen. Dem Bund steht das endgültige Entscheidungsrecht gegenüber kantonalen Bewilligungen für längerdauernden Aufenthalt zu.

Aufenthaltserlaubnis, die nach §2 AusländerG (AuslG) vom 28. 4. 1965 (mit zahlr. Änderungen) erforderl. behördl. Erlaubnis für Ausländer zum Aufenthalt in der BR Deutschland einschließl. Berlins (West). Sie darf erteilt werden, wenn die Anwesenheit des Ausländers die Belange der BR Deutschland nicht beeinträchtigt. Das Erfordernis der A. hat zahlr. Ausnahmen. U. a. bedürfen keiner A.: Ausländer, die das 16. Lebensjahr noch nicht vollendet haben oder die Rechtsstellung von heimatlosen Ausländern im Bundesgebiet besitzen oder nach zwischenstaatl. Vereinbarungen von der A. befreit sind; nach dem AufenthaltsG/EWG vom 22. 7. 1969 i. d. F. der Bekanntmachung vom 31. 1. 1980 Staatsangehörige der EG-Mitgliedstaaten, es sei denn, daß sie für mehr als drei Monate im Inland eine Erwerbstätigkeit ausüben wollen oder sich auf Arbeitssuche befinden und nicht länger als drei Monate im Inland sind; Grenzarbeitnehmer. Die A. kann vor der Einreise als Sichtvermerk und nach der Einreise erteilt und generell räuml. beschränkt und/oder befristet und/oder mit Bedingungen und Auflagen versehen werden. Die **Aufenthaltsberechtigung** kann Ausländern erteilt werden, die sich fünf Jahre lang in der BR Deutschland aufgehalten haben und sich in das soziale und wirtsch. Leben eingefügt haben. Sie ist räuml. und zeitl. unbeschränkt.

Bei über einen Tagesaufenthalt hinausgehenden Besuchen der DDR ist eine **Aufenthaltsgenehmigung** erforderlich, die von der Volkspolizei für eine bestimmte Zeit, seit Inkrafttreten des Grundlagenvertrags meist für das gesamte Gebiet der DDR erteilt wird.

Aufenthaltswahrscheinlichkeit, die Wahrscheinlichkeit, bei einer Messung ein atomares Teilchen innerhalb eines bestimmten Raumgebietes anzutreffen. Die A. tritt infolge der Heisenbergschen ↑Unschärferelation immer dann an die Stelle der genauen Ortsangabe, wenn auch der Impuls des betreffenden Teilchens gemessen wird.

Auferstehung, in der Religionsgeschichte die Vorstellung, daß am Weltende (↑Eschatologie) alle verstorbenen Menschen mit Leib und Seele zu neuem, nicht mehr endendem Leben auferstehen. Im Christentum ist diese Vorstellung als *A. des Fleisches* Bestandteil des Glaubensbekenntnisses. Sie hat in der A. Christi bereits begonnen; sie wird allen Menschen gewährt. Am Ende der Welt werden nach christl. Glauben alle Toten zu einer neuen, bleibenden Existenz auferstehen.

📖 *Campenhausen, H. v.: Der Ablauf der Osterereignisse u. das leere Grab.* Hdbg. ⁴1977. - *Vögtle, A./Pesch, R.: Wie kam es zum Osterglauben?* Düss. 1975. - *Marxsen, W.: Die A. Jesu als histor. u. als theolog. Problem.* Gütersloh 1964.

Aufforderung, im Strafrecht die öffentl. A. zu Straftaten. Nach § 111 StGB wird wie ein Anstifter bestraft, wer öffentl. in einer Versammlung oder durch Verbreiten von Schriften zu einer rechtswidrigen Tat auffordert. Bleibt die A. ohne Erfolg, so ist die Strafe nach den Vorschriften des StGB über den Versuch zu mildern. - Entsprechendes gilt im *östr.* und *schweizer. Recht.*

Aufforderungscharakter (Valenz), die von dem Gestaltpsychologen K. Lewin her-

Aufforderungssatz

ausgestellte Eigentümlichkeit, daß von wahrgenommenen Dingen und Situationen der Umwelt eine Reizwirkung ausgeht, die Instinkte, Stimmungen und Bestrebungen des Individuums zu beeinflussen vermag und ein bestimmtes Verhalten provoziert; wichtiges Element der modernen Werbung.

Aufforderungssatz, Satz, der einen Wunsch oder Befehl und die Erwartung der Erfüllung oder des Vollzugs ausdrückt, z. B.: *Links um! Gott helfe ihm!*

Aufforstung, allg. die Anlage von Waldbeständen auf unbewaldeten Flächen; dient nicht nur der Holzgewinnung, sondern wird auch durchgeführt, um Kulturland gegen schädigende Witterungseinflüsse (wie Verwehung der Bodenkrume, Bodenabschwemmung oder Versandung) zu schützen.

Auffrischen, Stärkerwerden des Windes.

Aufführung, Darbietung eines Bühnen- oder Musikwerkes vor Publikum. Die Genehmigung zu einer A. ist durch das ↑Aufführungsrecht und das ↑Urheberrecht geregelt.

Aufführungsrecht, das ausschließl. Recht des Urhebers, ein Werk der Musik durch persönl. Darbietung öffentl. zu Gehör zu bringen oder ein Werk öffentl. bühnenmäßig darzustellen (§ 19 Abs. 2 UrheberrechtsG). Es umfaßt das Recht, Aufführungen auch außerhalb des Raumes, in dem die persönl. Darbietung stattfindet, durch Bildschirm, Lautsprecher oder ähnl. techn. Einrichtungen öffentl. wahrnehmbar zu machen. Der Urheber kann einem anderen das Recht einräumen, das Werk zu nutzen. Das A. ist vererbl.; es erlischt 70 Jahre nach dem Tode des Urhebers.
Im *östr.* und *schweizer. Recht* bestehen ähnl. gesetzl. Regelungen.

Aufgabe, in der *Psychologie* die auf Geheiß oder freiwillig übernommene Verpflichtung zur Lösung eines Problems bzw. zur Ausführung einer Tätigkeit.
◆ bei der *Post* Auftrag zur Beförderung einer Sendung.
◆ an der *Börse* die Bekanntgabe der Adresse (= der Name des Kontrahenten) durch den Börsenmakler.
◆ im *Handelsrecht* die Bekanntgabe des Vertragspartners durch den Handelsmakler.

Aufgabenverteilung ↑Finanzausgleich.

Aufgalopp, auf den Rennbahnen Galopp der am Rennen teilnehmenden Pferde zum Startplatz, nachdem sie vom Sattel zu den Kampfrichtern geführt wurden.

Aufgang, in der Astronomie der Augenblick des Aufsteigens eines Gestirns über den Horizont. Die Refraktion (Brechung der Lichtstrahlen in der Atmosphäre) bewirkt, daß das Gestirn schon am Horizont zu stehen scheint, während es sich in Wirklichkeit noch unter dem Horizont befindet. Man unterscheidet daher den *scheinbaren A.* vom *wahren Aufgang.* Entsprechendes gilt für den **Untergang,** das Verschwinden eines Gestirns unter den Horizont.

Aufgebot, im *Eheschließungsrecht* durch öff. Aushang des Standesbeamten erfolgender Hinweis auf eine beabsichtigte Eheschließung. Das A. wird eine Woche lang zur Ermittlung möglicherweise bestehender Ehehindernisse bzw. Eheverbote ausgehängt. Im *Zivilprozeßrecht* die öffentl. gerichtl. Aufforderung an unbekannte Beteiligte, Rechte oder Ansprüche innerhalb bestimmter Frist zur Vermeidung von Rechtsnachteilen anzumelden (z. B. bei Nachlässen). Das A. wird von Amtsgericht erlassen. Hat sich innerhalb der gesetzten Frist (mindestens 6 Wochen) kein Berechtigter gemeldet, so ergeht ein Ausschlußurteil, durch das evtl. bestehende Rechte Dritter zum Erlöschen gebracht werden. Gegen das Ausschlußurteil gibt es kein Rechtsmittel.
◆ im *kath. Kirchenrecht* die öff. Bekanntmachung einer beabsichtigten Eheschließung oder Weiheerteilung. Heute ist als Ehe-A. die dreimalige Namensverkündung der Brautleute im Gottesdienst und/oder ein Anschlag am Aushängekasten an der Kirchentür üblich. Das Weihe-A. wird einmal verkündet. Die *ev. Kirchen* behielten das Ehe-A. bei, doch wurde es hier meist zu einem Aufruf zur Fürbitte für die Verlobten umgewandelt.
◆ die Heranziehung der Wehrfähigen; seit dem Heerbann des MA bis zum Ausgang des Dreißigjährigen Krieges die weitgehend ständ. wesentliche Grundform regionaler Landesverteidigung; lebte in den ↑Landwehren wieder auf. In der *Schweiz* allg. der Befehl, zur Erfüllung der militär. Dienstpflicht einzurücken.

Aufgeld, svw. ↑Agio.

Aufgleiten, das Sichübereinanderschieben zweier verschiedener Luftmassen längs einer geneigten Trennfläche, speziell das A. von Warmluft auf Kaltluft.

Aufguß, in der *Lebensmitteltechnik* je nach Verwendungszweck Gemisch (Suspension, Lösung) aus Wasser, Mehl, Essig, Zukker, Salz, Genußsäuren (Zitronensäure, Milchsäure, Weinsäure), Gewürzen, geschmackgebenden Stoffen pflanzl. oder tier. Herkunft, soweit sie durch die Lebensmittelgesetzgebung zugelassen sind. Der A. wird beim Abfüllen von Konserven oder Präserven maschinell bei Temperaturen bis zu 90 °C auf das Gut gegeben und bildet eine Art Sauce.
◆ (Infusum) zur Drogengewinnung aus zerkleinerten Pflanzenteilen durch Übergießen mit kochendem Wasser, durch kurzes Erhitzen im Wasserbad oder durch längeres Stehenlassen in kaltem Wasser hergestellte Lösung.
◆ durch Übergießen pflanzl. Bestandteilen (z. B. Heu) mit heißem Wasser gewonnene Lösung, in der sich Aufgußtierchen (↑Infusorien) zeigen.

Aufgußtierchen, svw. ↑Infusorien.

Aufhaltstoß (Arrest), im Fechtsport Bez. für den Gegenangriff gegen einen Angriff eines Fechters unter Verzicht auf ↑Parade.

Aufhau (Aufhauen), schräge Grubenbaue im Bergbau, die in Lagerstätten von unten nach oben (sonst *Abhau*) vorgetrieben werden.

Aufhebungsklage, auf gerichtl. Beseitigung eines Rechtsverhältnisses (z. B. eine Ehe) gerichtete Klage.

Aufhellen, in der *Textilind.* Auffärbung von Weißwaren durch ↑optische Aufheller.
◆ in der *biolog.* und *medizin. Präparationstechnik* das Durchsichtigmachen von mikroskop. Schnitten, Geweben (z. B. Knochen), Organen, Embryonen. Aufhellungssubstanzen sind hauptsächl. Kalilauge, Wasserstoffperoxid, Chloralhydrat. Sie wirken aufhellend durch ihren hohen Brechungsindex oder durch chem. Zerstörung von Farbkomponenten, Strukturelementen oder des Zellplasmas des Präparates.
◆ in der *Phototechnik* zusätzl. Beleuchtung von Schattenpartien zur Verringerung des Beleuchtungskontrastes beim Photographieren und Filmen.

Aufheller ↑optische Aufheller.

Aufkaschieren ↑Kaschieren.

Aufkimmung, das seitl. Ansteigen des Schiffsbodens.

Aufklaren, Sichtbarwerden des blauen Himmels durch eine Wolkendecke bei ständig abnehmender Bewölkung.

Aufklärer, Flugzeug, das mit automat. Kameras ausgerüstet ist und zur Erkundung von Bodenzielen für den [Luft]krieg eingesetzt wird.

Aufklärung, ein im 18. Jh. aufkommender Begriff 1. allgemein für einen Erkenntnisprozeß, der gerichtet ist auf die Befreiung von Traditionen, Institutionen, Konventionen und Normen, die nicht vernunftgemäß begründet werden können, um die Gesamtsituation des Menschen durch die so gewonnenen Erkenntnisse im Sinne des Fortschritts zu verändern; 2. Epochenbez. für die gesamteurop., alle Lebensbereiche beeinflussende, zunehmend gesellschaftskrit. Bewegung des 17./18. Jh., die den Prozeß der Säkularisierung der modernen Welt einleitet.
Den verschiedenen Richtungen der A. ist gemeinsam die Grundüberzeugung von der Autonomie der menschl. Vernunft: Die Vernunft ist die einzige und letzte Instanz, die über Methoden, Wahrheit und Irrtum jeder Erkenntnis ebenso entscheidet wie über die Normen des eth., polit., sozialen Handelns. Instrument der aufklärer. autonomen Vernunft ist die Kritik, die prinzipiell der freien, öff. Diskussion und Gegenkritik zu unterwerfen ist; deshalb die Forderung nach Freiheit der Meinungsäußerung und Toleranz gegenüber anderen Meinungen. Zentrale Instanz der Vernunftkritik sind die method. verfahrenden (auf allgemeine Überprüfbarkeit angelegten) Wissenschaften, die - wegen der unbestreitbaren Erfolge der Naturwissenschaften seit Beginn der Neuzeit - weithin naturwissenschaftl. orientiert sind. Mit dem Glauben an die Vernunft verbindet sich der Glaube an den Fortschritt, der zwar grundsätzlich seine Grenze im Erkenntnisvorgang selbst hat, aber - aufklärer. optimist. - prakt. als unbegrenzt angesehen wird. Das die A. kennzeichnende überaus starke Interesse an Fragen der Erziehung, der Pädagogik folgt unmittelbar aus der gesellschaftsverändernden Absicht der A.

Nach Ansätzen in der Renaissance und im Humanismus ist polit. die Erschütterung der Macht und Autorität der konfessionell gespaltenen Kirche eine entscheidende Voraussetzung zur Entwicklung der A.bewegung des 17./18. Jh. Geistig erhält die A. v. a. durch folgende Bewegungen entscheidende Impulse: durch den durch die Schule von Salamanca vorbereiteten Durchbruch zum modernen Naturrecht, das bereits im 16. Jh. im Ringen um Glaubensfreiheit und ständ.-polit. Freiheit Einfluß gewinnt und von J. Althusius, H. Grotius und S. v. Pufendorf systematisiert wird, und dem anderen durch den im 17. Jh. einsetzenden Umbruch in den Naturwissenschaften (Astronomie, Physik, Medizin), der zum Abbau des scholast.-aristotel. Weltbildes und zum Aufbau eines mechanist. Weltbildes führt. Ausgangspunkt des Autonomiestrebens in den einzelnen Richtungen der A.bewegung des 17./18. Jh. ist - bei aller Unterschiedenheit - die Lösung des Denkens aus den Bindungen der tradierten, auf Offenbarungswahrheiten gegründeten christl. Religion und Theologie und dem durch das Christentum theolog.-metaphys. begründeten Weltbild mit seiner Staats- und Gesellschaftsordnung.

Die Philosophie der A. richtet ihr Interesse - abgesehen von ihren Versuchen zur Begründung einer ↑natürlichen Religion, die die tradierte Offenbarungsreligion ablösen soll, - insbes. auf die Erkenntnistheorie, die hier erstmals zur Erkenntniskritik wird und sich so von der klass. Metaphysik abwendet. In sich nicht einheitl. steht die Philosophie der A. im Spannungsfeld zwischen Empirismus und Rationalismus und in ihrer Auseinandersetzung über den Zusammenhang von Erfahrung und Vernunft. Der Empirismus findet v. a. in England seine Ausprägung, u. a. bei F. Bacon, Hobbes, Locke, D. Hume. In Frankr. herrschen dagegen rationalist. Systeme, konzipiert von Descartes, N. Malebranche, P. Bayle, Voltaire und den Enzyklopädisten. Die frz. A. erreicht ihren Höhepunkt im Skeptizismus bei Condillac und im Materialismus etwa bei J. O. de La Mettrie, Diderot, C. A. Helvétius, Baron v. Holbach. In Deutschland wird die A. verzögert und zunächst in einer gewissen Enge mit der Betonung des Nützlichen als Wertkategorie und maßvoller, bürgerl.

Aufklärung

Zufriedenheit als Ziel wirksam. Vorbereitend wirkt Ch. Thomasius, Ch. Wolff und seine Schule (G. B. Bilfinger, Gottsched, A. G. Baumgarten) vermitteln vereinfachend und oft einseitig Denkelemente von Leibniz, der frz. Rationalisten und des engl. Empirismus und Sensualismus. Durch M. Mendelssohn erhält dieser Ansatz breite Publikumswirkung. Erst durch Kant gewinnt die A. in Deutschland Profil; seine krit. Philosophie wird zum Höhepunkt dieser A.epoche überhaupt und weist über sie hinaus in die Zukunft. Durch seine method. Kritik der prakt. und theoret. Vernunft zeigt Kant die Möglichkeiten, Bedingungen und Grenzen von Empirismus und Rationalismus auf, die zu einem Skeptizismus und Dogmatismus zu pervertieren drohen und so von verschiedener Seite aus die menschl. Freiheit und die Möglichkeit von Wissenschaft bedrohen. Kant bestimmt das Ziel der A. als „Ausgang des Menschen aus selbstverschuldeter Unmündigkeit".

In Entsprechung, teils in engem Zusammenhang mit der Philosophie werden - ausgehend von der Kritik der Offenbarung - spezif. Positionen der Wissenschaftskritik (Bibelkritik, Literarkritik, histor. Kritik) entwickelt. Sie führen auf nahezu allen Gebieten der Wissenschaften zu bed. Neuansätzen. Für die *Theologie* wird die Auseinandersetzung zwischen Vernunft und Offenbarung zu einem beherrschenden, bis heute nicht abgeschlossenen Thema. Das Ringen zwischen alten und neuen Formen des Glaubens führt zu Erweckungsbewegungen im engl. und dt. Protestantismus (Methodismus, Pietismus), in der kath. Kirche zu Ansätzen eines Reformkatholizismus. In der *Geschichtswissenschaft* entwickelt Bayle die histor. Kritik. A. de Condorcet verweist auf den Entwicklungsgedanken. Die Universalgeschichte wird zum Programm erhoben, um den Menschen als Vernunftwesen darzustellen und den durch ihn bewirkten Fortschritt zu erfassen. Bed. Werke der Geschichtsschreibung (Hume, Gibbon, Voltaire) und der Geschichtsphilosophie (Montesquieu, Condorcet) entstehen. In *Rechtswissenschaft* und *Rechtsphilosophie* begründeten Grotius und J.-J. Burlamaqui ein modernes Völkerrecht, in dem sie - ausgehend von der sozialen Natur des Menschen - sein individuelles Glücksstreben zur Grundlage eines harmon. Zusammenlebens der Völker machen. Ähnl. Vorstellungen werden in den philosoph. Friedensutopien, u. a. von Kant, propagiert. In der *Pädagogik* kommt es zu einer „Revolutionierung" des Erziehungswesens mit hohem eth. Anspruch v. a. im Volksschul- und im höheren Bildungswesen; herausragender Reformer ist Pestalozzi. Vom Pietismus wird die Kombination christl. und humaner Erziehung (später Menschenbildung), von Rousseau das Modell einer freiheitl. Erziehung bzw. einer „natürl. Entwicklung" von Gefühl und „Vernunft" in einem geordneten Freiheitsraum übernommen. Das Anliegen der Pädagogik bestimmt in weitem Ausmaß auch die *Literatur* bzw. Dichtung, die zunehmend sozialkrit. wird. Charakterist. Gattungen werden insbes. die Fabel (La Fontaine) zur lebensnahen Entwicklung philosoph. Begriffe und eth.-sozialer Normen, die Satire (Pope, Swift, Voltaire) mit Gesellschafts- und Zeitkritik und der Roman, bes. der utop. orientierte Staatsroman. Führend ist zunächst Frankr., dann im 18. Jh. England, das mit den „moral. Wochenschriften" eine Institution zur Popularisierung der A. schafft und das bürgerliche Trauerspiel begründet. Im dt.sprachigen Raum entstehen poetolog. Abhandlungen, systemat. Lehrbücher für die als erlernbar angesehene Dichtkunst. Unter brit. Einfluß treten hervor die Schweizer Bodmer und Breitinger, die Deutschen Gottsched und Lessing, der der aufklärer. Idee der Toleranz klass. Ausdruck gibt („Nathan der Weise").

Mit der A. beginnt die Verwissenschaftlichung des Daseins. Es entsteht insbes. ein wiss. Zeitschriftenwesen und eine Fülle von Zeitschriften für das gebildete Publikum. Die öffentl. Meinungsbildung in Salons, Kaffeehäusern und bei Tischgesellschaften ist an der Formierung der modernen bürgerl. Gesellschaft beteiligt.

Auswirkungen und Nachwirkungen: In Großbrit. erschöpft sich die A. nach dem Zurückgehen ihrer polit. Funktion, die in der Glorious revolution (1688/89) ihren Höhepunkt hatte, in der Popularisierung der A. (mit Ausstrahlungen zu den nordamerikan. Kolonien), wobei die Auseinandersetzung mit rational-spekulativen Naturrechtslehren und dem Utilitarismus J. Benthams und A. Smith im Vordergrund stehen. In Frankr. gelingt es nicht, wie Montesquieu forderte, die absolutist. Monarchie durch Zwischengewalten zu mäßigen oder nach Vorstellung der Physiokraten eine aufgeklärt-absolutist. Praxis zu schaffen. Es kommt zur Pervertierung aufklärer. Ansätze bis hin zur terrorist. Gewalt in der Frz. Revolution. In Deutschland, zuerst in Preußen, wird der Schritt zum aufgeklärten Absolutismus vollzogen. Einen Höhepunkt bildet das Reformwerk Großherzog Leopolds von Toskana (später Kaiser Leopold II.), der die aufgeklärt-absolutist. Herrschaft zum Konstitutionalismus weiterentwickelt. - Trotz der Einleitung unverzichtbarer humanitärer, sozialer und polit. Reformen scheitert der Frz. A. an der Überschätzung der menschl. Vernunft. Ihr ist es nicht gelingt, ihre Kritik und ihre Programme in polit. Handeln umzusetzen.

📖 Horkheimer, M./Adorno T. W.: *Dialektik der A.* Neuausg. Ffm. 1986. - Habermas, J.: *Strukturwandel der Öffentlichkeit.* Neuwied [15]1985. - Kimpel, D.: *Der Roman der A.* Stg. [2]1977. -

Schalk, F.: Studien zur frz. A. Mchn. ²*1977. - Cassirer, E.: Die Philosophie der A. Tüb.* ³*1973. - Mittelstraß, J.: Neuzeit u. A. Bln. 1970. - Valjavec, F.: Gesch. der abendländ. A. Wien u. Mchn. 1961.*

◆ (sexuelle A.) ↑ Sexualpädagogik.

◆ im *Militärwesen* die Erkundung der militär. Situation v. a. des Feindes, durch die die Führung Unterlagen für die Beurteilung der Lage und zur Fassung eines Entschlusses erhalten soll; erfolgt v. a. aus der Luft, mit nachrichtentechn. (u. a. elektron.) Mitteln und durch Spähtrupps.

Aufklärungspflicht ↑ richterliche Aufklärungspflicht, ↑ ärztliche Aufklärungspflicht.

Aufladung, (elektr. A., elektrostat. A.) Vorhandensein von positiver *oder* negativer Ladung im Überschuß (durch Elektronenabgabe bzw. -aufnahme) als Folge von Reibung bei Isolatoren (Glas, Bernstein) oder elektr. isolierten Körpern. Schallplatten können sich beim Abspielen aufladen und ziehen störende Staubpartikel an. Beim Gehen auf nicht antistatisch behandelten textilen Bodenbelägen kann sich der Körper auf viele Tausend Volt aufladen,is beim Berühren elektr. leitender Gegenstände zu [ungefährl.] Entladungserscheinungen führt (im Dunkeln sichtbare Funken und elektr. Schmerz).

◆ (Laden) bei Verbrennungskraftmaschinen das Vorverdichten der Ansaugluft und damit des Kraftstoff-Luft-Gemischs. Dadurch ist es möglich, mehr Kraftstoff zu verbrennen und somit aus dem gegebenen Hubvolumen (Hubraum) mehr Leistung zu erhalten. Bei der mechan. **Aufladung** wird ein Verdichter (z. B. Rootsgebläse) von der Kurbelwelle mechan. angetrieben. Bei der **Turboaufladung** wird die im Abgas enthaltene Energie ausgenutzt, um eine Turbine und einen Verdichter (Abgasturbolader) anzutreiben. Die A. wird v. a. bei Dieselmotoren hoher Leistung angewandt; sie steigert die Leistung auf das Doppelte (*Hochaufladung*). Bei Ottomotoren wird sie bislang nur in sportl. ausgelegten Motoren verwendet. Die Verdichtungsgrenze ist hier v. a. durch die Gefahr des Klopfens gegeben.

Auflage, 1. im *Zivilrecht* die jemandem in Verbindung mit einer Zuwendung auferlegte Verpflichtung zu einem Tun oder Unterlassen. Von der Bedingung unterscheidet sich die A. dadurch, daß die Wirksamkeit der Zuwendung nicht unmittelbar von der A. oder deren Erfüllung abhängt. Gesetzl. vorgesehen ist die A. bei der Schenkung und im Erbrecht. Der *Schenker*, der seine Zuwendung mit einer A. verbindet, kann deren Vollziehung verlangen, sobald er seinerseits geleistet hat. Der *Erblasser* kann Erben oder Vermächtnisnehmern durch Testament A. machen (z. B. Grabpflege); 2. im *öffentl. Recht* Nebenbestimmung zu einem begünstigenden Verwaltungsakt (z. B. bei einer Baugenehmigung). Die A. kann angefochten werden; 3. im *Strafverfahrensrecht* kann nach § 56 b StGB das Gericht dem Verurteilten A. erteilen (z. B. Zahlung eines Geldbetrages an eine gemeinnützige Einrichtung).

◆ im *Verlagswesen* die Gesamtzahl der auf einmal hergestellten Exemplare eines Buches, einer Zeitungs- oder Zeitschriftennummer u. a. Gelegentl. auch die Anzahl von Exemplaren, zu deren Herstellung der Verleger im Rahmen des Verlagsvertragsverhältnisses berechtigt ist. Der v. a. in der Werbung für Zeitungen und Zeitschriften verwandte Begriff A. ist mehrdeutig. Er kann die *Druck-A.*, die *verbreitete A.* - die auch Werbeexemplare und Belegexemplare einschließt - oder nur die *verkaufte A.* umfassen. - Manchmal wird statt A. die Bez. „Ausgabe" verwendet.

Auflager, Stützkörper aus Stein, Stahl, Beton, Stahlbeton zum Tragen von Bauteilen (Träger, Fachwerke, Platten usw.) und zur Aufnahme und Übertragung von Kräften und Momenten in den Unterbau (Erdreich, Mauern, Stützpfeiler usw.).

Auflassung ↑ Eigentumsübertragung, ↑ auch Stillegung.

Auflauf, durch das 3. StrafrechtsreformG vom 20. 5. 1970 aufgehobener Tatbestand des § 116 StGB, der Teilnehmer an Versammlungen auf öffl. Straßen, zu deren Auflösung ein zuständiger Beamter aufgefordert hatte, mit Freiheits- oder Geldstrafe bedrohte, wenn dieser Aufforderung nicht Folge geleistet wurde.

◆ im Herd überbackene Speise aus verschiedenen Zutaten (Nudel-, Kartoffel-, Gemüse-A. usw.).

Auflaufbremse ↑ Bremse.

Auflaufen, das Auffahren eines Schiffes auf Grund.

Auflichtmikroskop. Stereomikroskop mit Auflichtbeleuchtung und eingebautem Vergrößerungswechsler zur Prüfung von Präzisionsbauteilen

Auflichtmikroskop, Mikroskop zur Untersuchung undurchsichtiger Objekte (z. B. Metallschliffe, Gesteinsanschliffe), bei

auflösen

dem das zur Beleuchtung verwendete Licht von der Seite her auf das Objekt fällt.

auflösen, einen Stoff homogen (molekular) in einer Flüssigkeit verteilen (↑ Lösungen).
◆ nahe beieinander liegende Details eines Objekts deutl. unterscheidbar abbilden (↑ Auflösungsvermögen).
◆ (auflockern) bei mechan. Spinnverfahren die Faserflocken in die Einzelfasern zerzupfen (z. B. mit Krempel, Karde).

Auflösung, in der *Harmonielehre* die Fortschreitung von einem dissonanten Akkord zu einem konsonanten, hauptsächl. von einer Dominante zu der ihr zugehörenden Tonika.

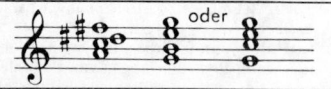

Dissonanzauflösung
nach e-Moll oder C-Dur

◆ *Metrik:* in antiken Metren kann eine Länge in zwei Kürzen aufgelöst, in mittelhochdt. Versen eine lange Silbe (Hebung oder Senkung) durch zwei kurze Silben aufgespalten werden.
◆ (A. einer Gesellschaft) ↑ Liquidation.
◆ (A. einer Versammlung) ↑ Versammlungsgesetz.
◆ von *Parlamenten:* die Abberufung der repräsentativen Versammlung vor Ablauf der Wahlperiode (Folge: Neuwahl). Das Recht der A. kann dem Parlament selbst und/oder der Regierung bzw. dem Wahlvolk oder dem Staatsoberhaupt zustehen. - ↑ auch Bundestag, ↑ Reichstag, ↑ Nationalrat, ↑ Bundesversammlung.

Auflösungsvermögen, Maß für die Fähigkeit eines opt. Gerätes (Linse, Mikroskop, Fernrohr), zwei sehr nahe beieinander liegende Gegenstandspunkte noch als deutl. voneinander unterscheidbare Bildpunkte abzubilden. Das Auflösungsvermögen A ist definiert als der reziproke Wert (Kehrwert) des Abstandes d_{min}, den zwei Gegenstandspunkte mindestens haben müssen, damit sie als getrennte Bildpunkte erkennbar sind. Infolge der ↑ Beugung des Lichtes (z. B. an den Rändern der Eintrittsöffnung eines Fernrohres oder Mikroskops) sind dem Auflösungsvermögen opt. Geräte prinzipielle Grenzen gesetzt. Das A. kann durch Verwendung einer Strahlung kürzerer Wellenlänge verbessert werden. Diese Tatsache nutzt man beim ↑ Elektronenmikroskop aus. Eine Erhöhung der A. erreicht man auch durch Einbetten des Objekts in ein Medium mit möglichst großem Brechungsindex. Dieser Weg wird bei der Immersionsmikroskopie beschritten. Das A. eines Fernrohrs ist durch die Formel $A = 0{,}82 \frac{d}{\lambda}$ gegeben (λ Wellenlänge des Lichts, d Objektivdurchmesser); es legt z. B. bei astronom. Fernrohren die Auflösbarkeit von Doppelsternen fest. - Bei photograph. Aufnahmematerial ist das A. v. a. von der Korngröße abhängig.
◆ (A. des Auges) ↑ Auge.

Auflösungszeichen, in der musikal. Notation das Zeichen (♮), mit dem die Geltung von ↑ Vorzeichen (Kreuz [♯] oder b [♭]) auf der angegebenen Tonhöhe aufgehoben wird.

Aufmachung, die Gestaltung der Verpackung von Handelsartikeln nach Form, Farbe, Text, Bildern, Typographie und Anordnung der Elemente.
◆ im *Pressewesen* die publikumswirksame Gestaltung einer Zeitung oder Zeitschrift.

Aufmaß, das Ausmessen der fertigen Bauteile usw. als Grundlage für Abrechnung, Bestandspläne usw.

Aufmerksamkeit, Hinwendung des Bewußtseins auf einen bestimmten Gegenstand, Vorgang, auf eine Idee u. a., wobei alle anderen Eindrücke zurückgedrängt werden. Die **unwillkürl. Aufmerksamkeit** entspricht einer allg. Aufnahmebereitschaft für bestimmte Eindrücke, während die **willkürl. Aufmerksamkeit** ihren Gegenstand sucht. Theorien, die zur Erklärung des Wesens der A. aufgestellt wurden, gehen entweder von physiolog. (Bahnungsprozesse, reflektor. Einstellungen u. a.) oder psycholog. Modellen (Wille, Lern- und Motivationstheorien) aus. Unter **Aufmerksamkeitsschwankungen** versteht man Veränderungen der Wahrnehmungsschärfe, die bei anhaltender Konzentration auf einen gleichbleibenden Gegenstand mit einer Frequenz von etwa 15 Wechseln zw. deutl. oder weniger deutl. Wahrnehmung pro Minute auftreten und ihre Ursache möglicherweise in Sättigungsvorgängen der zentralen Sehsphäre haben. Ohne A. ist keine zielgerichtete Tätigkeit möglich.

Aufmerksamkeitsschwankungen ↑ Aufmerksamkeit.

Aufnahmekopf ↑ Tonbandgerät.

Aufnahme Marias ↑ Mariologie.

Aufopferung, öffentl.-rechtl., aus dem preuß. Allgemeinen Landrecht von 1794 entwickeltes und nunmehr kraft Gewohnheitsrechts fortgeltendes Entschädigungsinstitut bei staatl. Eingriffen. Anspruchsvoraussetzung: hoheitl. Eingriff in nicht vermögenswerte Rechtsgüter wie Leben, Gesundheit (z. B. bei Impfschäden), Freiheit. Der A.anspruch knüpft an den Verursachungsgedanken an. Anspruchsinhalt: angemessene Entschädigung in Geld.

Aufpfropfen ↑ Pfropfung.
◆ Verfahren der Polymerisation, bei dem an bereits bestehende Stammketten seitl. Polymerketten aus anderen Einzelbausteinen angelagert werden; die entstehenden Polymerisate werden als *Pfropf-* oder *Kopolymerisate* bezeichnet. Wird v. a. bei der Herstellung

aufschließen

schlagfester Kunststoffe angewandt.

Aufrechnung, wechselseitige Tilgung zweier sich gegenüberstehender Forderungen durch Verrechnung; A. erfolgt durch einseitige empfangsbedürftige Erklärung. Gegen unpfändbare Forderungen aus unerlaubter Handlung kann nicht aufgerechnet werden. Voraussetzungen: Beide Forderungen müssen gegenseitig, gleichartig, gültig und fällig sein. Im *Konkurs* bedarf es der Gleichartigkeit der Forderungen nicht; Forderungen, die nicht auf Geld gerichtet sind, werden in Geld geschätzt.

Aufrecht, Theodor, * Leschnitz (Oberschlesien) 7. Jan. 1822, † Bonn 3. April 1907, dt. Sanskritist. - Prof. in Edinburgh und Bonn; bed. v. a. durch seine Rigweda-Ausgabe (1861–63) und seine Katalogisierungen und Editionen von Sanskrithandschriften.

Aufreiber, Reibahle mit vierkantigem Schaft zum Vergrößern von gebohrten Löchern in Metall.

Aufricht, Ernst Josef, * Beuthen O.S. 31. Aug. 1898, † Cannes 23. Juli 1971, dt. Schauspieler und Theaterleiter. – War 1927 bis 1931 Direktor des Theaters am Schiffbauerdamm in Berlin, emigrierte 1933 (Frankreich, USA); 1953 Rückkehr nach Berlin. Autobiographie (1966).

Aufriß, durch senkrechte Parallelprojektion auf eine vertikale Ebene entstehende Abbildung eines Körpers.

Aufruhr, durch das 3. StrafrechtsreformG vom 20. 5. 1970 aufgehobene Bestimmung des § 115 StGB (in Verbindung mit §§ 113, 114 StGB), wonach die bloße Teilnahme an einer öff. Zusammenrottung, wenn bei ihr mit vereinten Kräften Widerstand gegen die Staatsgewalt oder Beamtennötigung begangen wurde, mit Freiheitsstrafe zwischen sechs Monaten und fünf Jahren bedroht war.

Aufrüstung, Bemühung eines Staates, sein militär. Potential zu verstärken; urspr. rein quantitativ auf Vermehrung der Mannstärke stehender Heere gerichtet; seit Ende 19. Jh. zunehmend durch die Entwicklung neuer Waffen und Waffensysteme bestimmt, die i. d. R. ein Wettrüsten der potentiellen Konkurrenten auslöst. Die gewaltigen finanziellen Kosten der A. und die durch Wettrüsten bedingte Kriegsgefahr lösten seit der J.wende Abrüstungsbestrebungen aus, die bislang nur zu Teilerfolgen führten.

Aufsatz, kürzere Abhandlung über einen bestimmten Aspekt eines umfassenden Themas. In der Schule schriftl. Übungsform zur Schulung von Denkvermögen und Abstraktionsfähigkeit durch sinnvoll gegliederte und log. aufgebaute Darstellung komplexer Zusammenhänge. Weiteres wichtiges Ziel ist die Erweiterung der sprachl. Kompetenz (Fähigkeiten) des Verfassers.

◆ in der *Waffentechnik* 1. mechan. Hilfsmittel (Richtaufsatz) zum Einrichten von Geschützen, bes. gegen verdeckte Ziele, 2. Winkelwert, um den die Achse eines Geschützrohres gegenüber der Waagerechten oder der Ziellinie überhöht werden muß, um die geforderte Schußweite oder den geforderten Treffpunkt unter Berücksichtigung der ballist. Flugbahn zu erreichen.

aufsaugendes Mittel (Adsorbens), wasserunlösl., fein pulverisierter Stoff, der infolge seiner Oberflächenaktivität Gase und gelöste Stoffe physikal. binden kann, z. B. Kohle, Kieselgur, Kaolin, Oxide, Hydroxide und Carbonate.

Aufschaukeln, Größerwerden der Amplitude einer ↑ Schwingung unter dem Einfluß einer period. Kraft; erfolgt bis zu einem durch die Dämpfung des schwingenden Systems bestimmten Höchstwert (↑ auch Resonanz).

aufschiebende Wirkung, im Recht die den Eintritt der Rechtskraft einer gerichtl. Entscheidung oder der Unanfechtbarkeit eines Verwaltungsaktes hinauszögernde Wirkung des eingelegten Rechtsbehelfs.

Aufschiebung ↑ Verwerfung.

Aufschlag, (engl. service) Spieleröffnungsball bei Rückschlagspielen (u. a. Tennis, Badminton).

◆ Umschlag oder Besatz am unteren Ende des Rocks (früher Waffenrocks) und des Mantels der militär. Kleidung. Bei Ärmeln Bez. für die Umschläge an den Ärmelenden, bes. im 17. Jh. verbreitet und danach v. a. bei der Uniform; Hosenaufschläge wurden erst im 20. Jh. von der Mode bevorzugt.

◆ Auftreffen eines Geschosses auf die Zieloberfläche.

Aufschlagzünder ↑ Munition.

Aufschleppe (Schlipp, Slip), geneigte Ebene zum Herausziehen und Zu-Wasser-Lassen von Schiffen [mit Hilfe eines Aufschleppwagens].

aufschließen, in der *Chemie* schwerlösl.

Aufsatz. Aufsatzwinkel für Ziele im Mündungshorizont (v_0 = Mündungsgeschwindigkeit)

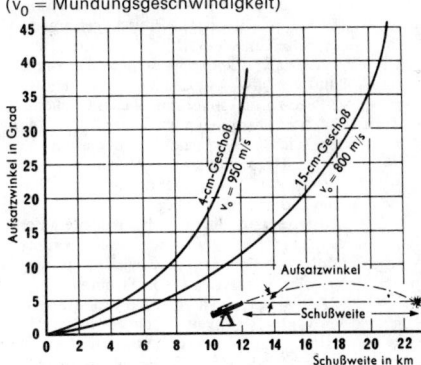

Aufschluß

Stoffe in wasser- und säurelösl. Form bringen; z. B. schwerlösl. Verbindungen durch Schmelzen mit Soda u. a. in lösl. Alkaliverbindungen überführen.

Aufschluß, Stelle im Gelände, an der das anstehende Gestein zugängl. ist (Felswände, Steilufer, Steinbrüche, Baugruben u. a.).

Aufschlußkorngröße, diejenige Größe von zerkleinertem Aufbereitungsgut, bei der alle Mineralbestandteile verwachsungsfrei nebeneinander vorliegen.

Aufschmelzung, Schmelzen von Nebengesteinen durch das Eindringen magmat. Tiefengesteine.

Aufschneiden, in der Buchbinderei das Öffnen eines gefalzten Bogens durch Abtrennen (Abschlagen) der Ränder.

Aufschotterung, Ablagerung von Kies und Schotter durch fließende Gewässer.

Aufschrumpfen, Aufziehen eines erhitzten Werkstoffteiles auf ein anderes, wobei durch Zusammenziehen des äußeren Teils beim Erkalten ein fester Verbund erzielt wird.

Aufschüttung, Anhäufung von Gesteinsmaterial, z. B. Schutthalden, Schwemmkegel, Moränen, Vulkankegel u. a.

Aufschwefelung, Schwefelaufnahme eines Stoffes, z. B. Erhöhung des Schwefelgehaltes von Roheisen durch Einsetzen schwefelhaltigen Kokses im Hochofen.

Aufschwörung, ma. und frühneuzeitl. Rechtsbegriff; Ableistung eines Eides vor Zeugen, insbes. mit amtl. Charakter oder zum Eintritt in eine Rechtsstellung.

Aufschwung, Hochstimmung, Aufstieg, Blütezeit.
♦ im *Geräteturnen* ein Positionswechsel vom Stand (oder Hang) in den Stütz, wobei der Körper eine ganze Drehung um die Breitenachse ausführt; als **Felgaufschwung** wichtiger A. Übungsteil am Reck, übl. auch an Barren, Stufenbarren und Ringen.
♦ im *Konjunkturverlauf* die Phase, die durch ein relativ kräftiges Produktionswachstum bei insbes. anfängl. starkem Anstieg der Produktivität, einen Rückgang der Arbeitslosigkeit und relativ geringe Preissteigerungsraten gekennzeichnet ist.

Aufseß, Edelfreiengeschlecht in Franken; läßt sich bis ins 12. Jh. zurückverfolgen; gehörte zu den reichsten und angesehensten Mgl. der fränk. Reichsritterschaft; 1714 in den Reichsfreiherrnstand erhoben. Bed. Vertreter: Hans Freiherr von und zu Aufseß (* 1801, † 1872), Gründer des German. Nationalmuseums in Nürnberg.

aufsetzen, die Landebahn mit dem Fahrwerk eines Flugzeugs beim Landen berühren; erfolgt mit einer Sinkgeschwindigkeit von etwa 2 bis 3 ft/s (etwa 60 bis 90 cm/s).

Aufsicht, im Recht Kontrolle über die Verwaltungstätigkeit nachgeordneter Verwaltungseinheiten bzw. bestimmter Gewerbezweige (Bank-A., Versicherungs-A., Gewerbe-A.). Als sog. Staats-A. reicht sie von der Überwachung der Ausführung von Bundesgesetzen durch die Länder seitens der Bundesregierung (Art. 84 GG) bis hin zur Dienst-A. über das Verhalten der einzelnen Beamten. Als Grundarten zu unterscheiden sind die sog. **Rechtsaufsicht** und die **Fachaufsicht.** Erstere beschränkt sich auf die A. über die Gesetzmäßigkeit der Verwaltung und ist allein zulässig gegenüber jurist. Personen des öffentl. Rechts, die das Recht der Selbstverwaltung haben; letztere erstreckt sich dagegen auch auf die Zweckmäßigkeit des Verwaltungshandelns und schließt das Recht ein, Einzelweisungen zu erteilen. - ↑ auch Führungsaufsicht.

auf Sicht ↑ Sichtwechsel.

Aufsichtsbehörden, Behörden, welche die Staatsaufsicht (↑ Aufsicht) durchführen.

Aufsichtspflicht, im *Zivilrecht* 1. die kraft Gesetzes oder vertragl. begründete Rechtspflicht, bestimmte Personen oder Sachen zu beaufsichtigen und durch sie verursachte Gefahren von anderen abzuwenden (Verkehrssicherungspflicht); 2. die Pflicht zur Beaufsichtigung Minderjähriger oder wegen ihres geistigen oder körperl. Zustandes bes. Beaufsichtigung Bedürftiger. Bei Verletzung der A. ist grundsätzl. die Aufsichtsperson ersatzpflichtig. Im *Strafrecht* ist die Verletzung der Obhutspflicht bei Schutzbefohlenen (§ 223 b StGB) mit Freiheitsstrafe bedroht.

Aufsichtsrat, zwingend vorgeschriebenes Organ der Aktiengesellschaft, der Kommanditgesellschaft auf Aktien und der Genossenschaften. Für die GmbH und die bergrechtl. Gewerkschaft ist ein A. vorgeschrieben, wenn diese Gesellschaften mehr als 500 Arbeitnehmer beschäftigen. Wichtigste Aufgaben des A.: die Bestellung des Vorstandes, die Überwachung der Geschäftsführung und die Prüfung der Bücher. - ↑ auch Mitbestimmung.

Aufspanntransformator, Transformator, der eine gegebene Spannung in eine höhere überführt, z. B. zw. Kraftwerksgenerator und Übertragungsleitung, um die elektr. Energie wirtschaftl. auf große Entfernungen übertragen zu können (Übersetzungsverhältnis z. B. 20 kV/110 kV).

Aufstachelung zum Rassenhaß, nach § 131 StGB ist die Herstellung, Verbreitung und der Bezug von Schriften, die die Verherrlichung von Gewalt bezwecken oder zum Rassenhaß aufstacheln, mit Freiheitsstrafe oder mit Geldstrafe bedroht. - ↑ auch Volksverhetzung.

Aufstand, gewaltsame Auflehnung mit dem Ziel, eine Änderung der sozialen oder/ und polit. Zustände durchzusetzen bzw. eine Regierung zu stürzen.

aufsteigende Linie ↑ Aszendent.
Aufsticken, svw. ↑ Nitrierhärten.
Aufstieg, sozialer ↑ Mobilität.
Aufstiegsstufe, Raumflugsystem-Stufe

mit eigenem Versorgungs- und Antriebssystem zum „Aufstieg" (Wiederstart) von einem Planeten oder Mond in eine Umlaufbahn.

Aufstockung ↑ Kapitalerhöhung.

◆ die Vergrößerung der Nutzfläche eines landw. Betriebes.

Aufstoßen (Efflation, Eruktation, Ruktus), spontanes Entweichen von Gasen (Luft) und/oder flüssigem, säuerl. schmeckenden Mageninhalt durch die Speiseröhre in den Mund, v.a. bei stark gefülltem Magen und nach Genuß kohlensäurehaltiger Getränke. Krankhaftes A. tritt bei nervösen Störungen und organ. Magenerkrankungen auf, wobei vor dem A. oft vermehrt Luft verschluckt wird.

Aufstrich, beim Spielen von Streichinstrumenten die Bewegung, durch die der auf der Saite aufliegende Bogen von der Spitze zum ↑ Frosch geführt wird.

auftakeln, die Takelage (Mast, Tauwerk) befestigen.

Auftakt, in der *Musik* der leichte Taktteil, der in die erste Zählzeit eines Volltakts führt (häufig am Beginn einer Melodie oder Komposition).

Auftakt. Anfang des Hauptthemas des 1. Satzes der 4. Sinfonie e-Moll op. 98 von Johannes Brahms

◆ in der *Metrik* Bez. für eine oder mehrere unbetonte Silben vor der ersten Hebung.

Auftauboden, obere Zone des Dauerfrostbodens, die im Sommer kurz auftaut (Alaska, Sibirien).

Auftaumittel, zur Schnee- und Eisbeseitigung verwendete Salze oder Salzgemische. Die Wirkung der A. beruht auf der Umwandlung des Schnees oder Eises in Salz-Wasser-Lösungen mit einem tiefen Gefrierpunkt (bis zu $-15\,°C$ noch flüssig).

Auftrag, Vertrag nach §§ 662ff. BGB, durch den der Beauftragte sich verpflichtet, ein ihm von dem Auftraggeber übertragenes Geschäft unentgeltl. für diesen zu besorgen. *Pflichten des Beauftragten:* Er muß 1. den A. vertragsgemäß ausführen, 2. nach den Weisungen des A.gebers handeln, 3. alles herausgeben, was er zur Ausführung des A. erhalten und aus der Geschäftsbesorgung erlangt hat, 4. die erforderl. Nachrichten geben, Auskunft erteilen und nach Ausführung des A. Rechenschaft legen. *Pflichten des Auftraggebers:* Aufwendungen, die der Beauftragte für erforderl. halten durfte, sind zu ersetzen. Der A. endet mit Erreichung des Zwecks, durch Widerruf oder Kündigung, durch Tod oder Eintritt der Geschäftsunfähigkeit eines Partners.

◆ *(öffentl. A.)* Beschaffung, die die öffentl. Hand zur Durchführung der ihr obliegenden Aufgaben für die Sicherung und Förderung des Gemeinwohls vornimmt; geschieht durch Vergabe, der i.d.R. eine öffentl. Ausschreibung vorangeht.

Auftragsangelegenheiten ↑ Auftragsverwaltung.

Auftragsverwaltung, die Verwaltung von Angelegenheiten (**Auftragsangelegenheiten**) eines Trägers öffentl. Verwaltung durch einen anderen Träger öffentl. Verwaltung im Auftrag des ersteren. Die Länder der BR Deutschland führen gewisse BG im Auftrag des Bundes aus, z.B. die Verwaltung der Bundesautobahnen und Bundesstraßen. A. in diesem Sinne ist Landesverwaltung mit Weisungsbefugnissen des Bundes (Art. 85 GG). A. im Kommunalrecht ist die Verwaltung von bestimmten Angelegenheiten des Landes durch die Gemeinden oder die Gemeindeverbände, z.B. des Standesamtswesens.

In *Österreich* wird die Bundesverwaltung, soweit nicht eigene Bundesbehörden errichtet sind, durch die Landesbehörden besorgt. Den Gemeinden kann ein Wirkungsbereich durch Bund oder Länder übertragen werden. Im *schweizer. Recht* sind laut Art. 3 BV die Kt. souverän, soweit ihre Souveränität nicht durch die BV beschränkt ist. Der Bund oder die Kt. können den Gemeinden Verwaltungsangelegenheiten übertragen.

Auftragwalzen, die Walzen eines Farbwerks, die die Farbe an die Druckform abgeben (graph. Technik).

Auftrieb, ([hydro]stat. Auftrieb) ↑ Archimedisches Prinzip.

◆ ([aero]dynam. Auftrieb) die Kraft, die auf einen von einer Flüssigkeit oder einem Gas

Auftrieb. Druckverteilung (oben) und Luftkraft (unten) am umströmten Tragflügel (*F* dynamischer Auftrieb, *W* Widerstand, *L* resultierende Luftkraft)

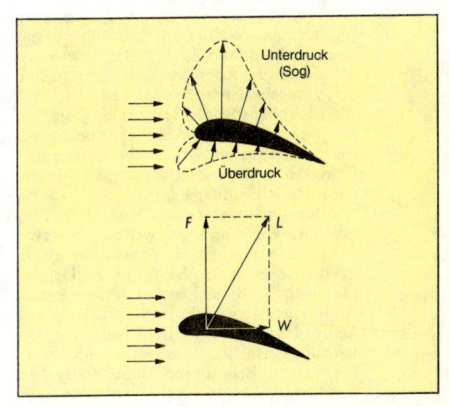

Auftriebswasser

umströmten Körper senkrecht zur Anströmrichtung einwirkt; häufig bezeichnet man diese Kraft nur dann als A., wenn sie nach „oben" wirkt, d. h. wenn sie der Schwerkraft entgegengerichtet ist.

Auftriebswasser, kaltes Tiefenwasser der Ozeane, das an die Oberfläche aufsteigt; Gebiete mit A. zeichnen sich durch häufigen Nebel, Plankton- und Fischreichtum und niedrige Oberflächentemperaturen aus.

Auftritt, im Drama svw. ↑Szene.

Aufwand (Aufwendungen), die von einem Unternehmen im Verlauf einer Abrechnungsperiode verbrauchten Güter und Dienstleistungen, die in der Gewinn-und-Verlust-Rechnung zur Ermittlung des Periodenergebnisses dem Ertrag gegenübergestellt werden. A. läßt sich aus den Ausgaben durch Abspaltung der nicht erfolgswirksamen Zahlungsvorgänge (z. B. Darlehensgewährung, Grundstückskauf) sowie durch Einbeziehung der außerhalb des Abrechnungszeitraumes erfolgenden erfolgswirksamen Ausgaben ableiten.

Betriebl. **Aufwand** ist derjenige Teil der im Unternehmen im Verlaufe einer Abrechnungsperiode verbrauchten Güter und Dienstleistungen, welcher der Erstellung der betriebl. Leistungen zuzurechnen ist.

Neutraler **Aufwand** ist der nicht der betriebl. Leistung zuzurechnende und daher auch nicht in die Kostenrechnung einzubeziehende Aufwand. Er kann *periodenfremd* (z. B. Steuernachzahlungen für Vorjahre), *betriebsfremd* (z. B. Gewinn oder Verlust aus nicht dem Betriebszweck unmittelbar dienenden Wertpapieren) oder *außerordentl.* (z. B. Verluste aus Schadensfällen) sein.

Aufwandsentschädigung, (steuerfreie oder beschränkt steuerpflichtige) Vergütung für Aufwendungen, die durch die Berufsausübung veranlaßt sind (z. B. Reisekosten, Umzugskosten).

Aufwandsteuern ↑Verbrauchsteuern.

Aufweitewalzwerk, Walzwerk mit meist schräg zur Walzrichtung liegenden, kegelförmigen Walzen, auf dem Rohre geringeren Durchmessers durch Ziehen über einen der jeweiligen Rohrabmessung angepaßten Dorn aufgeweitet werden können.

Aufweitversuch, technolog. Verfahren zur Rohrprüfung; dabei muß eine bestimmte Aufweitung (abhängig von Wanddicke und Festigkeit des Werkstoffes) erreicht werden, ohne daß Rißbildung eintritt.

Aufwendungen, im *Zivilrecht* die Aufopferung von Vermögenswerten zur Erreichung eines bestimmten Zwecks, die i. d. R. auf dem freien Willen beruhen muß. Der Begriff ist im BGB nicht gesetzl. definiert, seine Ausfüllung ist vielmehr Rechtsprechung und Lehre überlassen; § 256 BGB regelt den *Aufwendungsersatz.* Im *Steuerrecht* werden außergewöhnl. Belastungen, Betriebsausgaben, Sonderausgaben und Werbungskosten als A.

bezeichnet. - Im *betriebswirtschaftl. Rechnungswesen* svw. ↑Aufwand.

Aufwertung, Erhöhung des Außenwertes einer Währung in einem System verschiebbarer Festkurse (Wechselkurse) durch Regierungsbeschluß; bei flexiblen Wechselkursen Erhöhung durch im Vergleich zum Angebot steigende Nachfrage auf den Devisenmärkten. Eine A. erleichtert die Importe, erschwert die Exporte und bewirkt damit normalerweise den Rückgang eines Zahlungsbilanzüberschusses. Mitgliedsstaaten des Internat. Währungsfonds (IWF) dürfen ihre Währungen nur aufwerten, wenn dadurch die Beseitigung eines „fundamentalen Ungleichgewichts" der Zahlungsbilanz mögl. erscheint. A. von mehr als 10 % gegenüber der ursprüngl. Parität bedürfen der Genehmigung des IWF. Ein EG-Mitgliedsstaat hat eine A. „als eine Angelegenheit von gemeinsamem Interesse" zu behandeln.

◆ Erhöhung des Nennbetrages einer Geldschuld, die in Einheiten einer entwerteten Währung ausgedrückt ist, entsprechend der Kaufkraft bei der Begründung des Schuldverhältnisses.

Aufwind, aufwärts gerichtete Luftströmung; entsteht u. a. bei starker Sonneneinstrahlung über erhitztem Gelände, in Gewitterwolken, durch nach oben abgelenkte Luftströmungen (an Berghängen, Hügeln, Dünen) u. vor [Kalt]fronten. Von großer Bed. sind A. für den Segelflug.

Aufwuchs, junger Forstbestand (künstl. angelegt), der noch nicht zur ↑Dickung geworden ist.

Aufzehreffekt, Anlagerung von Ionen an Wandteile der Geräte, in denen sie erzeugt werden; der A. kann zur Herstellung eines Hochvakuums benutzt werden (↑Ionenpumpe).

Aufziehleine (Reißleine), Leine am ↑Fallschirm, mit deren Hilfe nach dem Absetzen der Fallschirm aus dem Pack gezogen wird und sich entfalten kann.

Aufzinsung, Verfahren der Zinseszinsrechnung zur Ermittlung des Zeit- oder Endwerts eines Kapitals K_n aus einem gegebenen Anfangskapital K_0 bei einem A.faktor $q = 1 + p/100$ (p Zinsfuß) und einer Laufzeit von n Jahren: $K_n = K_0 \cdot q^n$.

Aufzuchtkrankheiten, bei Jungtieren seuchenhaft auftretende typ. Krankheiten (u. a. Ferkelgrippe, Kälberpneumonie, Kükenruhr), die auf Fehler in der Aufzucht und Fütterung zurückzuführen sind.

Aufzug, im Drama ↑Akt.

◆ eine sich unter freiem Himmel fortbewegende Demonstrationsversammlung. Rechtl. besteht kein Unterschied zwischen Aufzügen und ↑Versammlungen.

◆ Förderanlage (für Personen oder Lasten) mit meist senkrechter Förderbahn.

Aufzughammer, mechan. betätigter

Auge

Fallhammer, dessen Fallgewicht („Bär") pneumat. oder hydraul. angehoben („aufgezogen") wird.

Auge, Lichtsinnesorgan bei Tieren und Menschen. Über die die↑ Sehfarbstoffe enthaltenden ↑ Sehzellen werden Lichtreize wahrgenommen und somit Informationen über die Umwelt vermittelt (↑ Lichtsinn).

Die einfachsten Sehorganellen sind Karotinoide enthaltende Plasmabezirke, die Augenflecke (Stigmen) vieler Einzeller. Diese Plasmabezirke können zur Konzentration der einfallenden Lichtstrahlen auf den Sehfarbstoff blasenartige, als Linse wirkende Ausstülpungen des Plasmas haben. Die einfachsten Sehorgane der Mehrzeller sind einzelne Sehzellen, die in oder unter der durchsichtigen Haut liegen und eine lichtempfindl. Substanz in einer Vakuole enthalten. Beide Augenformen ermöglichen jedoch nur ein *Helligkeitssehen*, d. h. die Unterscheidung verschiedener Lichtintensitäten. Durch ihre Lage am Körper kann nur ein ungefähres Richtungssehen, d. h. die Wahrnehmung der Lichteinfallsrichtung erfolgen. Einen Entwicklungsfortschritt für das *Richtungssehen* stellen die zwei Typen der **Pigmentbecherzellen** dar. Der erste Typ besteht aus einer Sehzelle, die von einer lichtundurchlässigen Pigmentzelle becherförmig umhüllt wird. Die Sehzelle kann nur von Lichtstrahlen getroffen werden, die von der Seite der Becheröffnung einfallen. Beim zweiten Typ werden zahlr. Sehzellen von einem aus lichtabschirmenden Pigmentzellen bestehenden Becher umhüllt. Lichtstrahlen, die aus verschiedenen Richtungen durch die Becheröffnungen fallen, erregen verschiedene Sehzellen.

Eine bessere Lokalisation und damit ein besseres Richtungssehen ermöglicht das **Grubenauge** *(Napf-A.)* vieler Schnecken. In einer grubenförmigen Einsenkung der Haut liegt eine geschlossene Zellschicht (Netzhaut) mit Sehzellen. Die Grube ist nach hinten durch lichtundurchlässiges Pigment abgeschirmt. Oft bildet sich in der Grube durch eine Sekretabsonderung der Epidermis eine wie eine Sammellinse wirkende, gewölbte Auflagerung. Ein Bildsehen ist nicht mögl., weil die von verschiedenen Punkten ausgehenden Lichtstrahlen dieselben Sehzellen erregen. Zum Bildsehen müssen die von verschiedenen Punkten eines Gegenstandes ausgehenden Lichtstrahlen auch verschiedene Rezeptoren erregen. Dazu entwickelte sich aus dem Gruben-A. das **Lochauge** *(Lochkamera-A.)*. Die Grubenöffnung verengt sich zu einem kleinen Loch; die Sehzellen enthaltende Grubenwand wird zu einer blasenförmigen Netzhaut. Das Loch-A. arbeitet nach dem Prinzip der Lochkamera. Auf der Netzhaut entsteht ein umgekehrtes Bild; dabei wird die Bildschärfe um so besser, je mehr getrennt erregbare Sehzellen in der Netzhaut liegen. Mit dem Loch-A. ist auch bereits ein *Entfernungssehen* mögl., denn bei größerem Abstand des Gegenstandes vom A. wird das Bild kleiner und ungenauer. Das **Blasenauge**, das sich aus einer Einstülpung und Abschnürung der Epidermis bildet, ist meist zusätzl. mit einer Linse ausgestattet, die aus Drüsensekret besteht und in das Augeninnere abgesondert wird. Loch- und Blasen-A. sind sehr lichtschwach. Bei der Weiterentwicklung der Augentypen wurde dieser Nachteil durch Erweiterung der Lochblende und Einführung einer Linse überwunden. Die leistungsfähigsten **Linsenaugen** haben die Wirbeltiere (einschließl. Mensch) und die Kopffüßer. Bei den Wirbeltieren entsteht die Netzhaut (Retina) als blasige Einstülpung des Zwischenhirns, bei den Tintenfischen dagegen als blasige Einstülpung der Epidermis. Die Sehzellen sind daher beim Wirbeltier-A. vom Licht abgewandt (inverse Retina), beim Tintenfisch-A. dem Licht zugewandt (everse Retina). Das Wirbeltier-A. hat außerdem in seiner Netzhaut Nervenzellen liegen, die opt. Informationen verarbeiten können, d. h., das A. übernimmt in bestimmtem Umfang Gehirnfunktionen.

Eine bes. Entwicklung zum Bildsehen hin stellt das zusammengesetzte A. (↑ Facettenauge) der Gliederfüßer dar. Hat ein A. mehrere Sehzellen, die sich in ihrer Lichtempfindlichkeit unterscheiden, können verschiedene Farben wahrgenommen werden. Farbensehen können viele Wirbeltiere, Krebse und Insekten. Wenn sich die Sehfelder paarig angelegter A. überschneiden *(binokulares Sehen)*, werden verschieden weit entfernte Gegenstände auf verschiedenen Stellen der Netzhaut beider Augen abgebildet. Aus der Lage der erregten Netzhautstellen kann die Entfernung des Gegenstandes durch das Gehirn erfaßt werden *(Entfernungssehen)*. – Bewirkt die Bewegung eines Objektes eine raumzeitl. Verschiebung des opt. Musters auf der Netzhaut, so kann diese Verschiebung nach Richtung und Geschwindigkeit ausgewertet werden *(Bewegungssehen)*. Dabei können Verschiebungen

Hangaufwind

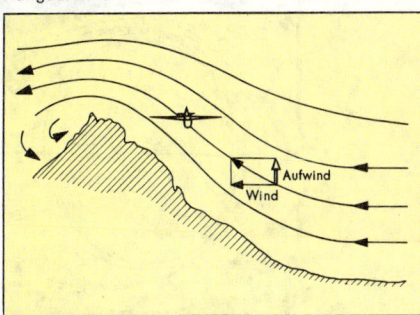

Auge

des Bildes auf der Netzhaut, die durch Eigenbewegungen zustandekommen, von Bewegungen in der Umwelt unterschieden werden. Das **menschl. Auge** hat einen Durchmesser von etwa 24 mm. Der kugelige **Augapfel** (*Bulbus oculi*) ist in die *Augenhöhle (Orbita)* eingebettet, die von Stirnbein, Jochbein und Oberkieferknochen gebildet wird. Er umschließt die mit Kammerwasser gefüllte vordere und hintere *Augenkammer* sowie den *Glaskörper (Corpus vitreum)*. Der Augapfel wird von der Lederhaut, Aderhaut und Netzhaut ausgekleidet. Die aus derbem Bindegewebe bestehende **Lederhaut** *(Sclera)* bildet die äußerste Schicht. Sie geht im vorderen Teil des A. in die durchsichtige **Hornhaut** *(Cornea)* über. Die Hornhaut richtet die Lichtfülle, die die Augenoberfläche trifft, als Sammellinse nach innen und hilft sie zu ordnen, so daß auf der Netzhaut ein scharfes Bild entstehen kann. Auf die Lederhaut folgt nach innen zu die gut durchblutete **Aderhaut** *(Chorioidea)*. Pigmente in bzw. vor der Aderhaut absorbieren das Licht, das die Netzhaut durchdringt. An die Aderhaut schließt sich nach innen zu die **Netzhaut** *(Retina)* an, auf der die einfallenden Lichtreize aufgenommen und die entsprechenden Erregungen über den Sehnerv zum Gehirn weitergeleitet werden. Die vordere Augenkammer wird hinten durch die ringförmige **Regenbogenhaut** *(Iris)* begrenzt, die sowohl aus Teilen der Aderhaut als auch der Netzhaut gebildet wird. Sie gibt dem A. durch eingelagerte Pigmente die charakterist. Färbung und absorbiert außerhalb der Sehöffnung einfallendes Licht. Die Regenbogenhaut liegt der Augenlinse auf und umgrenzt die **Pupille**, die die Sehöffnung darstellt. Hinter Pupille und Regenbogenhaut, in eine Ausbuchtung des Glaskörpers eingebettet, liegt die **Linse.** Sie ist aus Schichten unterschiedl. Brechkraft aufgebaut und wird von einer durchsichtigen, elast. Membran umschlossen. Die Aufhängevorrichtung, durch die die Linse in ihrer Lage festgehalten wird, besteht aus *Zonulafasern*, die vom Ziliarkörper des A. entspringen. Der *Ziliarkörper* hat einen ringförmigen Muskelstreifen *(Ziliarmuskel)*, bei dessen Kontraktion die Zonulafasern erschlaffen, so daß die Linsenwölbung zunimmt. Erschlafft der Muskel, so wird die Linse durch die Zugwirkung der Zonulafasern flachgezogen. Durch diese Veränderung ihrer Brechkraft ermöglicht die Linse das Nah- und Fernsehen *(Akkommodation)*. Ist die Linse stärker gewölbt, findet eine stärkere Brechung der Lichtstrahlen statt, wodurch eine Scharfeinstellung für das Nahsehen erreicht wird. Der umgekehrte Vorgang findet beim Sehen in die Ferne statt. Da mit zunehmendem Alter die Elastizität der Membran nachläßt, verschlechtert sich auch die Fähigkeit zur Nahakkommodation (Alterssichtigkeit [↑*Presbyopie*]). Hornhaut, Linse, vordere Augenkammer und Glaskörper bilden den *bildentwerfenden (dioptrischen) Apparat* des Auges. Dabei ist die Flüssigkeit in der Augenkammer, das Kammerwasser, opt. so der Hornhaut angepaßt, daß beide das Licht annähernd gleich stark brechen. An der gesamten Brechkraft des dioptr. Apparates ist die Linse mit 2–19 und die Hornhaut mit 43 Dioptrien beteiligt. Das vom dioptrischen Apparat entworfene Bild wird von der Netzhaut aufgenommen und in Nervenimpulse umgewandelt, die in verschlüsselter Form dem Gehirn die empfangenen Informationen zuleiten. In der Netzhaut liegen die farbempfindl. *Zapfen* und die helldunkelempfindl. *Stäbchen*. Die Stäbchen sind etwa 10 000mal lichtempfindl. als die Zapfen und überwiegen am äußeren Rand der Netzhaut. Im Zentrum der Netzhaut überwiegen die Zapfen, deren drei Typen für die Farbeindrücke Rot, Grün oder Blau ihre höchste Empfindlichkeit haben. Am dichtesten liegen die Zapfen in der *Sehgrube (Fovea centralis)*, die inmitten des sog. **gelben Flecks** *(Macula lutea)* liegt. Der gelbe Fleck ist daher als Ort der besten Auflösung (und Farbunterscheidung) die Zone der

Auge. Querschnitt durch den Augapfel beim Menschen (links) und durch die Netzhaut

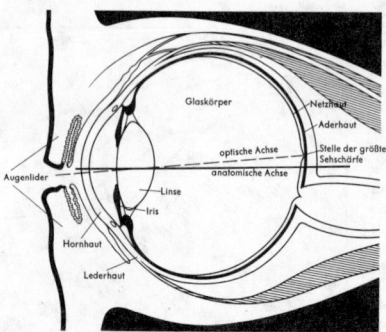

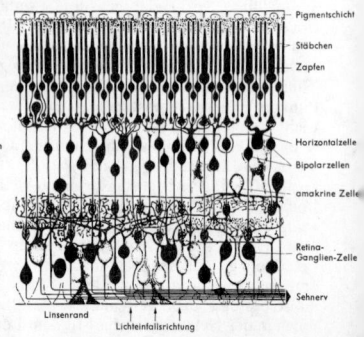

Augenfleck

größten Sehschärfe. Die Sehschärfe des A. hängt von der Dichte der Sehzellen in der Netzhaut ab. Je größer diese Dichte ist, desto besser ist das Auflösungsvermögen. In der menschl. Netzhaut liegen etwa 125 Mill. Sehzellen, dabei etwa 20mal mehr Stäbchen als Zapfen. An der Stelle des besten Auflösungsvermögens liegen 166 000 (beim Bussard über 1 000 000) Sehzellen pro mm^2, so daß der Mensch zwei um eine Winkelminute (1/60°) auseinanderliegende Punkte noch getrennt wahrnehmen kann. - Die linsenseitig gelegenen Fortsätze der Netzhautganglienzellen vereinigen sich zum **Sehnerv** *(Nervus opticus)*, der nahe dem Netzhautzentrum die Netzhaut durchdringt und nach hinten aus dem A. austritt. An dieser Stelle, dem sog. **blinden Fleck**, enthält die Netzhaut keine Sehzellen, so daß eine Lichtempfindung fehlt. Die von den beiden Augen wegführenden Nerven laufen zum Gehirn und bilden an der Basis des Zwischenhirns die x-förmige **Sehnervenkreuzung** *(Chiasma opticum)*, in der sich die Nervenfasern teilweise überkreuzen. Dadurch können die verschiedenen Bilder, die von beiden Augen stammen, im Gehirn übereinanderprojiziert werden, so daß es zu einer Vorstellung der räuml. Tiefe und der dreidimensionalen Gestalt eines Gegenstandes kommt *(stereoskopisches Sehen)*.
Hilfsorgane des Auges: Dem Schutz und der Pflege des A. dienen die *Augenlider*. Bei Schlangen und Geckos entsteht durch die Verwachsung der Lider die sog. „Brille". Die Innenseite der Lider ist ebenso wie die äußere Fläche der Lederhaut durch Bindehaut (Konjunktiva) bedeckt. Die Augenlider schützen die Hornhaut und das Augeninnere gegen zu starken Lichteinfall. An ihren Rändern tragen sie die nach außen gebogenen Wimpern. An der Innenkante liegen die Meibom-Drüsen, die die Lider einfetten und damit zum vollkommenen Lidschluß beitragen. Gleichzeitig hindert ihr Sekret die Tränenflüssigkeit, den Lidrand zu überspülen. Die Tränenflüssigkeit wird von der Tränendrüse abgesondert und durch den Lidschlag auf dem gesamten Augapfel verteilt. Die nicht zur Feuchthaltung des Augapfels gebrauchte Tränenflüssigkeit wird vom Tränen-Nasen-Gang in die Nasenhöhle abgeleitet.

📖 Davson, H.: *The physiology of the eye.* New York ^{3}1972. - Schober, H.: *Das Sehen.* Lpz. $^{3-4}$1964-70. 2 Bde.

♦ *seemännisch* die enge Schlinge am Ende eines Taus. - †auch Augenspleiß.

♦ in der *Schriftgießerei* die Bildfläche der Type.

♦ im *Hüttenwesen* die Abstichöffnung metallurg. Öfen.

♦ noch fest geschlossene pflanzl. Seitenknospe *(ruhendes A.,* schlafendes A., ruhende Knospe), die nur unter bestimmten Umständen (z. B. bei Verletzung der Pflanze) austreibt; prakt. Verwendung bei der künstl. vegetativen Vermehrung (†Okulation).

♦ in Würfel- und Kartenspielen sowie beim Domino Angabe des Wertes.

♦ Öffnung im Scheitel einer Kuppel.

♦ beim †Hurrikan das Zentrum des Sturmes mit einem Durchmesser von etwa 20 km, in dem prakt. Windstille herrscht.

Augé, Claude [frz. o'ʒe], * L'Isle-Jourdain (Gers) 31. Okt. 1854, † Fontainebleau 22. Juli 1924, frz. Verleger. - Hg. u. a. des 7bändigen „Nouveau Larousse illustré" (1897–1904) und des einbändigen „Dictionnaire complet illustré" (1889).

Augenbank, zentrale Sammelstelle (ähnl. der Blutbank) zur Bereithaltung von Augen oder Augenhornhaut für Transplantationszwecke.

Augenbohne (Kuherbse, Vigna sinensis ssp. sinensis), in Z-Afrika heim. Schmetterlingsblütler, der auch in China, Indien, im Mittelmeergebiet und in den USA angebaut wird. Blüten weißl. oder blaßrot; die als Gemüse verwendeten Samen (Bohnen) sind weiß, mit schwarzem Nabelfleck.

Augenbrauen (Supercilia), auf dem Hautwulst zw. Oberlid und Stirn wachsende kurze, straffe, meist in einem bogenförmigen Streifen angeordnete Haare; funktionelle Bed.: Schutz der Augen vor Blendung, Staub und Schweiß.

Augendiagnose (Irisdiagnose, Iridologie), Verfahren zur Erkennung von Organkrankheiten aus der Beschaffenheit der Regenbogenhaut (Iris); allen Organen werden bestimmte Sektoren der Iris zugeordnet. Von dort auftretenden Veränderungen wird auf Krankheiten der zugeordneten Organe geschlossen (wiss. noch nicht nachgewiesen).

Augendruck (Augeninnendruck, intraokularer Druck), der im Innern des Augapfels herrschende Druck von 16 bis 29 mbar (12 bis 22 mm Hg). Der normale A. resultiert aus dem ausgeglichenen Verhältnis zw. der Menge der zu- und abfließenden intraokularen Flüssigkeit, des sog. Kammerwassers. Der A. wird vom Zwischenhirn aus reguliert. Erhöhung des A. durch Abflußbehinderung des Kammerwassers im Kammerwinkel führt zum Glaukom (grüner Star). Gemessen wird der A. mit dem †Tonometer.

Augenfalter (Satyridae), mit etwa 2 000 Arten weltweit verbreitete Fam. mittelgroßer bis kleiner Tagfalter. Die meist braunen Flügel zeigen ober- und unterseits einzelne oder mehrere Augenflecke, die in einer Reihe nahe den Flügelrändern angeordnet sind. Die Flekkenreihe kann auch zu einer hellen Binde zusammenfließen (z. B. beim Weißen Waldporter). - In M- und S-Europa kommen u. a. †Damenbrett, †Samtfalter, †Mohrenfalter, †Ochsenauge, †Braunauge vor.

Augenfibel †Fibel.

Augenfleck, häufig runder, unterschiedl.

Augenfliegen

gezeichneter Fleck, v. a. auf Schmetterlingsflügeln; z. B. bei Augenfaltern, Augenspinnern.

♦ (Stigma) etwa 1 μm großes, rundl., aus 10 bis 50 facettenartigen (durch Karotinoide) rot gefärbten Kammern bestehendes Zellorganell am Vorderende mancher Einzeller (z. B. Euglena); dient der phototaktischen Orientierung.

Augenfliegen (Pipunculidae), Fam. der Zweiflügler; kleine, weißl. bestäubte Fliegen mit großem Kopf, der fast ganz von den Augen eingenommen wird.

Augengeschwülste, mit Ausnahme von Glaskörper und Linse an allen Bestandteilen des Auges auftretende Geschwulstbildungen. A. sind häufig Karzinome, seltener sind es Angiome der Lidhaut, Sarkome der Gefäß- und Aderhaut sowie Gliome der Netzhaut. Bei den meist bösartigen Geschwülsten im Augeninnern ist die Entfernung des betroffenen Auges notwendig.

Augenheilkunde (Ophthalmologie), Fachgebiet der Medizin, das sich mit der Erkennung und Behandlung der Augenkrankheiten befaßt. Die A. baut einerseits auf der Erkenntnissen der makroskop., mikroskop. und elektronenmikroskop. Anatomie, der Biochemie, Physiologie und Pathologie auf, andererseits bedient sie sich nicht nur der eigenen diagnost. und therapeut. Verfahren, sondern arbeitet in Anbetracht der vielfältigen strukturellen und funktionellen Verflechtungen des Auges mit dem übrigen Körper sehr häufig mit anderen medizin. Disziplinen zus., v. a. mit der inneren Medizin und der Chirurgie.

📖 *Leydhecker, W.: A. Bln. u. a. [22]1985. - Hollwich, F.: A. Stg. [10]1982.*

Augenhintergrund (Fundus oculi), bei Augenspiegelung sichtbarer hinterer Teil der inneren Augapfelwand. Erkennbar sind ein Teil der Netzhaut, ein Teil der Aderhaut, der gelbe Fleck und die Aus- bzw. Eintrittsstelle der Sehnervenfasern (blinder Fleck). Der A. erscheint durch den Blutreichtum der Aderhaut rot. Bei Augenleiden wie auch bei anderen Erkrankungen (z. B. Arteriosklerose, Diabetes) geben charakterist. Veränderungen des A. diagnost. wichtige Hinweise.

Augenhöhle (Orbita), paarig angelegte, von der Bindehaut eingeschlossene, Muskeln, Fett- und Bindegewebe enthaltende Einsenkung im Gesichtsschädel, in der das Auge liegt.

Augenkrankheiten, angeborene oder erworbene Erkrankungen des Auges und seiner Hilfsorgane. *Angeborene A.* sind meist Erbkrankheiten, wie bestimmte Aderhaut- und Netzhautdefekte. Die Anlage zur Übersichtigkeit oder Kurzsichtigkeit ist zwar ebenfalls vererbl., tritt jedoch erst in späteren Jahren in Erscheinung. Angeborene A. können seltener auch durch direkte Ansteckung von der Mutter auf das Kind im Mutterleib übergehen, so z. B. die Augensyphilis. *Erworbene A.* entstehen durch Verletzungen, Fremdkörper, Erkältung, Infektion, Ernährungsstörungen und Allgemeinkrankheiten, bes. durch solche, die das Gefäßsystem betreffen. Erworbene A. können weiter durch Alterserscheinungen, durch Strahlenschäden oder Verbrennungen bedingt sein. Neben Affektionen des Augapfels kommen als A. auch Erkrankungen der Lider, Tränendrüsen, Tränenwege und der Augenhöhle in Betracht.

📖 *Thiel, R./Hollwich, F.: Therapie der A. Stg. 1970.*

Augenleuchten, das Aufleuchten der Pupille bei vielen Tieren (z. B. Katzen, Nachtaffen) infolge Lichtreflexion an einer stark reflektierenden Zellschicht hinter der Netzhaut.

Augenlid, svw. ↑Lid.

Augenmaß, Schätzung von Maßen auf Grund des sinnl. Eindrucks; Fähigkeit zur Schätzung von Entfernungen, Abständen oder Größen.

Augenmuskellähmung, Lähmung der inneren oder äußeren Augenmuskeln. Bei der *inneren A.* kommt es zu Störungen der Akkomodation (↑Akkomodationslähmung). Die *äußere A.* führt zum Schielen, anfangs mit Doppeltsehen und Schwindelgefühl. A. können durch Blutungen, Infektionskrankheiten, Vergiftungen, Durchblutungsstörungen oder Geschwülste entstehen.

Augenprüfer, svw. ↑Alkor (Stern im Sternbild Großer Bär).

Augenreim, Reim zw. orthograph. ident., aber verschieden ausgesprochenen Wörtern.

Augenringe (Augenschatten), bogenförmige Dunkelfärbung der Haut unterhalb des unteren Augenlids infolge Schwundes des Fettgewebes mit Durchschimmern der Blutgefäße; meist bei Übermüdung, vegetativer Dystonie und chron. Infekten, auch bei Kollaps und Schock.

Augenschein, Form der Beweisaufnahme im Prozeß durch sinnl. Wahrnehmung jeder Art (hören, sehen, fühlen usw.); in jeder Verfahrensordnung vorgesehen; er erfolgt innerhalb oder außerhalb der mündlichen Verhandlung oder der Hauptverhandlung von Amts wegen oder auf Antrag. Das Gericht kann den A. allein oder unter Zuziehung von Sachverständigen einnehmen.

In den *östr.* und *schweizer.* Prozeßordnungen finden sich entsprechende Bestimmungen.

Augenschwäche (Asthenopie), Sehschwäche, schnelle Ermüdbarkeit der Augen bes. beim Nahsehen; nicht zu verwechseln mit ↑Schwachsichtigkeit. Begleitsymptome der A. sind Kopfschmerzen und das Verschwimmen von Schriftzügen, häufig auch Augenbrennen und Tränenfluß. Die nervöse A. ist seel. bedingt.

Augenspiegel, svw. ↑Ophthalmoskop.

Augenspinner (Pfauenspinner, Nachtpfauenaugen, Saturnidae), Fam. bis 25 cm spannender, v. a. nachts fliegender Schmetterlinge mit etwa 900 Arten bes. in den trop. und subtrop. Gebieten; Flügel häufig bunt gefärbt. Die meisten Arten zeigen in der Flügelmitte einen schuppenlosen Augenfleck. Die Vorderflügel sind oft sichelförmig gestaltet, die Hinterflügel einiger Arten sind langgeschwänzt (z. B. beim Mondspinner, Kometenfalter). Wichtige Arten sind der Atlasspinner, Herkulesspinner, Iofalter, Zekropiafalter. In Europa nur wenige Arten, z. B. der Nagelfleck, das Große, Mittlere und Kleine Nachtpfauenauge.

Augenspleiß (Augspleiß, Kurzspleiß), die sich durch Spleißen (Ineinanderflechten der einzelnen Fasern) eines [Draht]seilendes in das an einer Stelle aufgedrillte Seil ergebende knotenlose Verbindung beider Stücke bzw. die dadurch erhaltene feste ringförmige Schlinge; die Schlingenöffnung wird als *Auge* bezeichnet.

Augensyphilis, durch Syphiliserreger hervorgerufene syphilit. Miterkrankung des Auges.

Augentripper, akute Bindehautentzündung infolge Infektion mit Gonokokken; kommt bei Neugeborenen durch Ansteckung im Geburtsweg vor, wenn die Mutter tripperkrank ist. Zur gesetzl. vorgeschriebenen Vorbeugung (**Credé-Prophylaxe**) wird eine 1 %ige Silbernitratlösung (Höllenstein), heute meist ersetzt durch wässrige Penicillin-Lösung, in den Bindehautsack eingeträufelt.

Augentrost (Euphrasia), v. a. auf der Nordhalbkugel verbreitete Gatt. der Rachenblütler mit etwa 200 Arten meist kleiner Halbschmarotzer. Die vorwiegend weißen, violett oder gelb gezeichneten Blüten, deren Oberlippe helmartig und deren Unterlippe in drei kleine Lappen geteilt ist, stehen in Ähren. - In Deutschland auf Wiesen und an Waldrändern verbreitet ist der **Aufrechte Augentrost** (Steifer A., Euphrasia stricta) mit 20–40 cm hohen Blütenstengeln. Die weißen Blüten sind an der Oberlippe violett, an der Unterlippe gelb gezeichnet. Die spitz-eiförmigen, gesägten Blätter sitzen wechselständig am Stengel. Die Pflanze wird als volkstüml. Heilmittel bei Augenleiden verwendet. - In den Alpen bis in 3 200 m Höhe, kommt der meist 2–10 cm hohe **Zwergaugentrost** (Euphrasia minima) vor. Die Blütenkrone ist meist gelb mit einer lila Oberlippe.

Augenverletzungen ↑ Erste Hilfe (Übersicht).

Augenzahn, volkstüml. Bez. für den Eckzahn. Entzündung oder Vereiterung eines A. kann auf die Augen[höhle] übergreifen (bei sehr langer Wurzel).

Augenzittern (Nystagmus), angeborenes oder als Begleiterscheinung bei bestimmten Krankheiten (extreme Schwachsichtigkeit, Störungen des Gleichgewichtsorgans und v. a. bei Erkrankungen des Kleinhirns) erworbenes unwillkürl. Zittern der Augäpfel in Form von rasch aufeinanderfolgenden horizontalen, vertikalen oder kreisenden Bewegungen.

Auger, Pierre Victor [frz. o'ʒe], * Paris 14. Mai 1899, frz. Physiker. - Entdeckte 1926 den ↑ Auger-Effekt; zahlr. Arbeiten über Höhenstrahlung.

Augereau, Pierre François Charles [frz. o'ʒro], Herzog von Castiglione (seit 1805), * Paris 21. Okt. 1757, † La Houssaye 12. Juni 1816, frz. Marschall (1804). - Spielte die ent-

Augenspleiß

scheidende Rolle beim Staatsstreich vom 18. Fruktidor (4. Sept. 1797), ordnete sich aber Napoleon I. später unter; schloß sich jedoch als einer der ersten Ludwig XVIII. an, der ihm die Würde eines Pairs von Frankr. verlieh.

Auger-Effekt [frz. o'ʒe] (innere Absorption), von P. V. Auger entdeckter strahlungsloser Übergang innerhalb der Elektronenhülle eines Atoms. Durch Absorption eines Röntgenquants wird ein relativ fest gebundenes Elektron (K-Schale) gelöst. Die entstandene Lücke wird von einem schwächer gebundenen, äußeren Elektron (z. B. L- oder M-Schale) aufgefüllt. Die dabei frei werdende Energie wird nicht als sekundäres Röntgenquant emittiert, sondern verursacht innerhalb der Hülle *(innere Absorption)* die Ablösung eines weiteren Elektrons aus einer äußeren Elektronenschale.

Auger-Schauer [frz. o'ʒe; nach P. V. Auger], durch Auger-Effekt erzeugte niederenerget. (weiche) Elektronenschauer; i. w. S. Bez. für die große Flächen durchsetzenden Elektronenschauer in der Höhenstrahlung.

Augias, Gestalt der griech. Mythologie. Sohn des Helios (oder Poseidon), herdenreicher König von Elis. Die Reinigung seiner seit Jahren verschmutzten Ställe (daher die Bez. **A.stall**) ist die 6. Arbeit des ↑ Herakles.

Augier, Émile [frz. o'ʒe], * Valence (Drôme) 17. Sept. 1820, † Croissy-sur-Seine (Yvelines) 25. Okt. 1889, frz. Dramatiker. - Mit Dumas d. J. Begründer des frz. ↑ Sittenstücks (Comédie de mœurs) während des 2. Kaiserreichs.

Augite [griech.] (Pyroxene), Gruppe ge-

Augment

steinsbildender Minerale in magmat. und metamorphen Gesteinen; *monokline A.* sind: gemeiner Augit ($CaMgSi_2O_6$), Diopsid, Hedenbergit, Jadeit, Ägirin und Spodumen, *rhomb. A.* sind: Bronzit, Enstatit und Hypersthen; chem. sehr verschieden.

Augment [lat.], Vorsilbe, die dem Verbstamm zur Kennzeichnung der Vergangenheit vorgesetzt wird; bes. im Sanskrit und im Griechischen.

Augmentation [lat.] (Vergrößerung), in der Mensuralnotation die Verlängerung einer Note um die Hälfte ihres Werts; in der Kompositionslehre die proportionale Verlängerung der Notendauern z. B. eines Kanons oder des Themas einer Fuge. - ↑ auch Diminution.

Augmentativ (Augmentativum) [lat.], Wort, das mit einem ↑ Augmentativsuffix gebildet ist; Vergrößerungswort.

Augmentativsuffix (Amplifikativsuffix), Suffix, das die Größe eines Wesens oder eines Dinges ausdrückt, z. B. italien. *-one* in *fav-one* „große Bohne": *fava* „Bohne".

Augpunkt, in der darstellenden Geometrie Bez. für das Zentrum einer Zentralprojektion.

Augrabiesfälle, Wasserfälle des Oranje in Südafrika; das Wasser fällt 146 m in freiem Fall, 43 m in Kaskaden.

au gratin [frz. ograˈtɛ̃], in der Gastronomie frz. Bez. für: mit einer Kruste überbacken.

Augsburg, Stadt an der Mündung der Wertach in den Lech, Bay., 490 m ü. d. M., 245 000 E. Verwaltungssitz des Reg.-Bez. Schwaben und des Landkr. A.; Sitz eines kath. Bischofs; Univ. (seit 1970), philosoph. Hochschule, PH, Staatsinst. für die Ausbildung von Fachlehrern, Rudolf-Diesel-Polytechnikum, Meisterschule für das Bauhandwerk, Werkkunstschule, Konservatorium, Staatsgalerie, Städt. Kunstsammlungen, Maximilian-Museum, Fuggerei-Museum, Mozartgedenkstätte; Staats- und Stadtbücherei; Theater; botan. Garten, Zoo. – Die Wirtsch. ist heute bes. durch die metallverarbeitende Ind. geprägt (Maschinenbau, feinmechan. und Luftfahrtind., ferner Papierherstellung und -verarbeitung.
Zentrum des Stadtkerns ist die in N-S-Richtung verlaufende Maximilianstraße, die die ehem. Handwerkerstadt von der Patrizierstadt trennt. In der Jakobervorstadt (14. Jh.) errichtete 1516–23 J. Fugger der Reiche eine Siedlung für arme Bürger (Fuggerei), die nach dem 2. Weltkrieg in der alten Form neu errichtet wurde. Die Ind. siedelte sich v. a. in der Lechniederung und den östl. Stadtrandgebieten an.
Geschichte: 15 v. Chr.–14/16 n. Chr. röm. Legionslager am linken Wertachufer (A.-Oberhausen); unter Kaiser Tiberius Gründung der Zivilstadt **Augusta Vindelicum** (benannt nach den kelt. Vindelikern) in geschützter Lage zw. Wertach und Lech; Hauptstadt der neu gebildeten Prov. Raetia et Vindelicia; seit Kaiser Hadrian Munizipium, ab 1. Hälfte des 4. Jh. Hauptstadt der neuen Prov. Raetia secunda; Niedergang im 3.–6. Jh. Wichtige Keimzelle der ma. Stadt (832 „Augustburc"), deren Geschichte eng mit der des Bistums verbunden ist, wurde der befestigte Bereich um den 807 geweihten Dom; im 10. Jh. gelten bischöfl. Münzrecht, Markt und Kaufmannssiedlung am Perlach als belegt, aus der sich im 11./12. Jh. die Bürgerstadt entwickelte; im 12. Jh. entstand im N der Domburg die Untere Stadt. Die Stadtrechtsurkunde Kaiser Friedrichs I. Barbarossa grenzte 1156 die Rechte von Bischof und Bürgern gegeneinander ab, 1316 sicherte König Ludwig IV., der Bayer, A. Stellung als Reichsstadt. 1368 erkämpften sich die Zünfte in einem Aufstand die Mehrheit im Stadtrat. Mgl. des Schwäb. Städtebundes. Im 14.–16. Jh. verschafften Gewerbe, Kunstgewerbe und Fernhandel der Stadt schließl. Weltgeltung; etwa seit 1480 traten Fugger und Welser hervor. Stätte der Reichstage 1518, 1530, 1548 und 1555; 1534 führte der Stadtrat die Reformation ein. Im Schmalkald. Krieg durch Karl V. 1547/48 unterworfen; erlitt im Dreißigjährigen Krieg schwere Schäden; fiel 1806 an Bayern, wurde 1817 Hauptstadt der Reg.-Bez. Schwaben und Neuburg. Die schweren Bombenschäden von 1944/45 wurden beseitigt.
Bauwerke: Zahlr. bed. Kirchen, u. a. roman.-got. Dom (11.–15. Jh.; eherne Türflügel am südl. Seitenschiffportal; Glasgemälde an der südl. Hochschiffwand); ehem. Benediktinerstiftskirche Sankt Ulrich und Afra (1475 ff.) mit Grabstätten der Fugger; angebaut die ev. Sankt-Ulrichs-Kirche (1458, umgebaut 1710); ehem. Karmeliterklosterkirche Sankt Anna (1321 ff., 1487–97 umgebaut; barockisiert 1747–49), mit Fuggerkapelle (1509–18), dem ersten Bauwerk der Renaissance auf dt. Boden; Renaissancerathaus (1615–20 erbaut von E. Holl; 1944 ausgebrannt, das Äußere wiederhergestellt); Zeughaus (1602–07) mit der großen plast. Gruppe des hl. Michael über dem Portal; Schaezler-Palais (1765–70); Reste der Stadtbefestigung, u. a. das Rote Tor (1622; heute Kulisse für Festspiele).
📖 *Gesch. der Stadt A.* Hg. v. G. Gottlieb u. a. Stg. 1984. - *A. Gesch. in Bilddokumenten.* Hg. v. F. Blendinger u. a. Mchn. 1976.

A., Landkr. in Bayern.

A., Bistum (wohl seit dem 4. Jh.). Die Zugehörigkeit zur Kirchenprov. Mainz ist seit 829 bezeugt; die Bischofsliste geht bis 738 zurück. Die Grenzen des Bistums verliefen im W an der Iller, im S am Alpensaum bis zur Lechquelle, im N bis Neuburg a. d. Donau, im N nördl. von Ellwangen. Bis zum 19. Jh. blieben die Grenzen im wesentl. bestehen. Nach der Säkularisation kam A. an die Kirchenprov. München und Freising und wurde neu

Augsburger Religionsfriede

umschrieben. - ↑auch katholische Kirche (Übersicht).

Augsburger Allianz, 1686 in Augsburg geschlossenes Bündnis zw. dem Kaiser, Spanien, Bayern und verschiedenen anderen Reichsständen zur Abwehr der territorialen Ansprüche Ludwigs XIV. von Frankreich.

Augsburger Bekenntnis (Augsburgisches Bekenntnis; lat. Confessio Augustana), von Melanchthon für den Reichstag zu Augsburg 1530 verfaßte Schrift, die zur wichtigsten Bekenntnisschrift der reformator. Kirche wurde.

Das A. B. wurde am 25. Juni 1530 vor Kaiser und Reichstag im dt. Text verlesen. Straßburg, Konstanz, Memmingen und Lindau verweigerten wegen der im A. B. enthaltenen luth. Abendmahlslehre ihre Unterschrift und legten die ↑Confessio tetrapolitana vor.

Das A. B. gliedert sich in zwei Teile: 21 Artikel unter der Überschrift „Artikel des Glaubens und der Lehre" und 7 Artikel über die abgestellten Mißbräuche. Die theolog. Begründung vieler Aussagen lieferte Melanchthon erst in der *Apologie der Augustana.* - Seit der dt. Erstausgabe von 1531 änderte Melanchthon mehrfach den Text des A. B. Umstritten sind die Änderungen in der lat. Ausgabe von 1540 (Variata). Die Originalschriften des A. B. sind verloren, für den dt. Text ist eine im Staatsarchiv in Wien aufbewahrte Abschrift maßgebend, für den lat. Text die Editio princeps (1531) von Melanchthon.

Das A. B. fand als Lehrnorm der luth. Landeskirchen sehr schnell Verwendung und war seit Schmalkalden (1535) für alle neu aufzunehmenden Bundesglieder verbindlich. In den ref. Kirchen steht es in der geänderten Form neben anderen gleichrangigen Bekenntnisschriften. Für die Zugehörigkeit zum ↑Lutheri-

Augite. Kristall des gemeinen Augits

schen Weltbund ist die Bindung an das unveränderte A. B. notwendig.

📖 *Die Bekenntnisschrr. der Ev.-luth. Kirche.* Gött. ⁶1967. - Hoffmann, Georg: *Entstehungsgesch. der Augustana.* In: *Zs. f. systemat. Theologie* 15 (1938), 419.

Augsburger Interim, Bez. für das Reichsgesetz von 1548; vorläufige Lösung der Religionsfrage im Reich nach dem Schmalkald. Krieg auf dem sog. „geharnischten" Reichstag zu Augsburg; den prot. Ständen wurden einige Zugeständnisse (Laienkelch, Priesterehe) gemacht; konnte nur z. T. (v. a. in S-Deutschland) durchgeführt werden; bereits 1552 durch den Passauer Vertrag ersetzt.

Augsburger Religionsfriede, ein Grundgesetz des Hl. Röm. Reiches; als Teil des Augsburger Reichsabschieds von 1555 zur Beilegung der Religionskämpfe verkündet. Den Anhängern des Augsburger Bekenntnisses (nicht den Kalvinisten bzw. Zwinglianern) wurde neben den Katholiken Frieden und Besitz (nach dem Stand von 1552) gesichert. Doch galt die grundsätzl. freie Wahl der Konfession ohne Rechtsnachteil nur für die weltl. Reichsstände und die reichsunmittelbare Rit-

Augsburg mit dem Renaissancerathaus (1615-20; Bildmitte) und dem 1614-16 ausgebauten Perlachturm (oben), beides von Elias Holl

Augspleiß

terschaft, die über die Religion ihrer Untertanen entschieden (cuius regio, eius religio); geistl. Reichsfürsten verloren bei Konfessionswechsel ihr kirchl. Amt und ihre Reichslehen.

Augspleiß ↑Augenspleiß.
Augsproß ↑Geweih.
Augspurg, Anita, * Verden (Aller) 22. Sept. 1857, † Zürich 20. Dez. 1943, dt. Frauenrechtlerin und Pazifistin. - Führte den radikaldemokrat. Flügel der dt. Frauenbewegung; 1915 Mitbegr. der späteren Internat. Frauenliga für Frieden und Freiheit, dessen dt. Vorstand sie bis zu ihrer Emigration 1933 angehörte.

Augst (auch Basel-A.), schweizer. Dorf, Kt. Basel-Landschaft, 10 km östl. von Basel, 840 E; Römermuseum mit den Ausgrabungsfunden (u. a. bed. Silberschatz, 1. Hälfte des 4. Jh.). - In der Nähe von A. wurde nach formeller Stadtgründung 44 v. Chr. die Colonia Raurica ab 15. v. Chr. errichtet; nach dem kelt. Raurikern benannt, gehörte zur Prov. Gallia Belgica. Erlebte als Verkehrsknotenpunkt, Handels- und Handwerkerstadt im 2. Jh. (**Colonia Augusta Raurica**) eine Blütezeit; im 3. Jh. von Alemannen zerstört; um 300 Errichtung des stark befestigten Legionslagers Castrum Rauracense (= **Kaiseraugst**), im 4. Jh. Basis und Hauptquartier für Germanenfeldzüge; 4.-7. (?) Jh. Bischofssitz (Kirche des 4. Jh. im Kastell). Kaiseraugst steht in den Mauern des röm. Kastells. Ausgegraben sind: röm. Theater, Tempel, Thermenanlagen, Wohnquartiere und Teile der Stadtmauer.

Augstein, Rudolf, * Hannover 5. Nov. 1923, dt. Publizist. - Seit 1947 Hg., Mitbesitzer und Mitarbeiter des Nachrichtenmagazins „Der Spiegel"; auch durch Vorlesungen, Vorträge und Schriften bekanntgeworden.

Auguren [lat.], Angehörige eines aus 3, später aus 16 Mgl. bestehenden Priesterkollegiums im alten Rom; sie hatten urspr. für das Wohl des röm. Volkes zu beten, später die ↑Auspizien zu überwachen.

August, männl. Vorname lat. Ursprungs (↑Augustus).

August, Name von Herrschern:
Braunschweig-Wolfenbüttel:
A. der Jüngere, * Dannenberg 10. April 1579, † Wolfenbüttel 17. Sept. 1666, Herzog (seit 1635). - Verdient um das Schulwesen. Seine auf Schloß Hitzacker aufgebaute umfangreiche Sammlung von Büchern und Handschriften wurde Grundstock für die berühmte Herzog-August-Bibliothek in Wolfenbüttel; auch schriftsteller. tätig.
Polen:
A. I., König ↑Sigismund II. August.
Polen-Sachsen:
A. II., der Starke * Dresden 12. Mai 1670, † Warschau 1. Febr. 1733, König von Polen (1697-1706, dann 1709), als Friedrich A. I. Kurfürst von Sachsen (seit 1694). - Trat 1697 zum Katholizismus über, um König von Polen zu werden; mußte 1706 nach schweren Niederlagen im Nord. Krieg zugunsten von Stanislaus Leszczyński auf die Krone Polens verzichten, gewann sie mit russ. Hilfe nach Karls XII. Niederlage 1709 zurück; scheiterte 1715/16 mit dem Versuch, absolutist. Regierungsmethoden einzuführen; prunkliebender Fürst und Kunstmäzen; ließ seine Residenzen Dresden und Warschau nach dem Vorbild von Versailles ausbauen, hielt Hof im Stil Ludwigs XIV. und ruinierte dadurch die sächs. Finanzen; hatte zahlr. Mätressen.

A. III., * Dresden 17. Okt. 1696, † ebd. 5. Okt. 1763, König von Polen (seit 1733); als Friedrich A. II. Kurfürst von Sachsen. - Sohn des späteren A. II. von Polen; konnte sich in Polen gegen Stanislaus Leszczyński nur mit russ. Waffenhilfe im Poln. Thronfolgekrieg (1733-35) durchsetzen; seine Regierungszeit war durch den weiteren Niedergang Polens und Abnahme der polit. Bed. Sachsens gekennzeichnet; überließ die Regierungsgeschäfte weitgehend dem Günstling Graf Brühl.
Preußen:
A. Wilhelm, * Berlin 9. Aug. 1722, † Oranienburg 12. Juni 1758, preuß. General. - Bruder Friedrichs d. Gr.; ab 1744 „Prinz von Preußen"; Teilnahme an den Schles. Kriegen und am Siebenjährigen Krieg; versagte beim Rückzug nach der Niederlage bei Kolin und verließ, von seinem Bruder gedemütigt, die Armee.
Sachsen:
A., * Freiberg 31. Juli 1526, † Dresden 12. Febr. 1586, Kurfürst (seit 1553). - Nachfolger seines älteren Bruders Moritz; vergrößerte systemat. sein Territorium; setzte sich für die Durchführung des Religionsfriedens ein und verfolgte eine an den Kaiser angelehnte Neutralitätspolitik; stand bis 1574 hinter Melanchthons Anhängern; mit der Annahme der Konkordienformel von 1577 setzte sich in Kursachsen die luth. Orthodoxie durch; erzielte große Erfolge bei der wirtsch. Entwicklung seines Landes (v. a. Bergwerks- und Hüttenwesen, Land- und Forstwirtschaft, Leipziger Messe).

August (lat. Augustus [mensis]), der 8. Monat des Jahres mit 31 Tagen, der 6. Monat (Sextilis [mensis]) des vorjulian. Jahres; im Jahr der Reform des Julian. Kalenders durch Kaiser Augustus (8. v. Chr.) zu Ehren des Kaisers ben., der in diesem Monat sein 1. Konsulat durchgesetzt (43 v. Chr.), Ägypten eingenommen (30 v. Chr.) und mehrere Triumphe gefeiert hatte.

Augusta [lat. „die Erhabene"], Titel der röm. Kaiserinnen; 14 n. Chr. Livia, der Gemahlin des Augustus verliehen; von den Gemahlinnen der Kaiser seit Domitian fast ausnahmslos geführt.

Augusta, * Weimar 30. Sept. 1811, † Ber-

Augustinus

lin 7. Jan. 1890, preuß. Königin und dt. Kaiserin. - Tochter des Großherzogs Karl Friedrich von Sachsen-Weimar; ab 1829 ∞ mit dem späteren preuß. König und dt. Kaiser Wilhelm I., auf den sie anfangs erhebl. Einfluß zugunsten einer liberal-konservativen, probrit. Politik ausübte; von ihrem Gegner Bismarck von polit. Einflußnahme ausgeschaltet, widmete sich v. a. wohltätigen Werken.

Augusta, italien. Hafenstadt an der O-Küste Siziliens, auf einer Insel, 15 m ü. d. M., 39 000 E. Kriegs- und Handelshafen; am Golf von A. Erdölraffinerie, chem. Ind., Kraftwerk, Meeressalinen; Küstenfischerei. - Um 1232 von Kaiser Friedrich II. planmäßig angelegt; 1693 und 1848 durch Erdbeben stark zerstört. - Stauf. Kastell (1232, umgebaut), Dom (18. Jh.), Rathaus (17. Jh.).

A. [engl. ɔːˈgʌstə], Stadt in O-Georgia, USA, am rechten Ufer des Savannah River, 48 000 E. College; Wintererholungsort; Handelszentrum für Baumwolle; Textil- und chem. Ind.; Eisen- und Stahlverarbeitung; Endpunkt der Schiffahrt auf dem Savannah River. - Gegr. 1735 als Fort und Handelsstation, 1785–95 Hauptstadt von Georgia; 1819 Errichtung des Arsenals der USA.

A. [engl. ɔːˈgʌstə], Hauptstadt des Bundesstaates Maine, USA, am Kennebec River, 37 m ü. d. M., 22 000 E. Staatsbibliothek; Holzverarbeitung, Verlage. - Entstand um 1628 als Handelsstation; 1754 Bau von **Fort Western** zum Schutz gegen Franzosen und Indianer, um das die später in A. umbenannte Siedlung Hallowell entstand. - State House (1829; 1911 vergrößert).

Augusta, in röm. Zeit seit Augustus Name (mit näherer Bez.) von Städten, die auf eine Koloniegründung oder -erweiterung zurückgehen; u. a. *A. Emerita,* heute ↑Mérida; *A. Praetoria [Salassorum],* heute ↑Aosta; *A. Raurica,* heute ↑Augst; *A. Suessionum,* heute ↑Soissons; *A. Taurinorum,* heute ↑Turin; *A. Treverorum,* heute ↑Trier; *A. Vindelicum,* heute ↑Augsburg; *A. Viromanduorum,* heute ↑Saint-Quentin.

Augustenburger Linie, Zweig der Sonderburger Linie des Hauses Oldenburg; ben. nach dem Schloß Augustenburg auf Alsen; begr. durch Ernst Günther († 1689). Die A. L. erhob im 19. Jh. gegenüber Dänemark für den Fall des Aussterbens der königl. Hauptlinie ihr Recht auf die Nachfolge in Schleswig und Holstein. Nach dem Tod Friedrichs VII. von Dänemark (1863) wurde Friedrich von Schleswig-Holstein-Sonderburg-Augustenburg von der Mehrzahl der Bewohner der Hzgt. als Friedrich VIII. anerkannt. Durch die preuß. Einverleibung von Schleswig und Holstein 1866 mußten die Augustenburger ihre Ansprüche endgültig aufgeben.

Auguste Viktoria, * Dolzig (Niederlausitz) 22. Okt. 1858, † Schloß Doorn 11. April 1921, letzte dt. Kaiserin und preuß. Königin. - Tochter des Herzogs Friedrich von Schleswig-Holstein-Sonderburg-Augustenburg; seit 1881 ∞ mit dem späteren Kaiser Wilhelm II.; auf kirchl.-sozialem Gebiet tätig.

Augustin I., Kaiser von Mexiko, ↑Itúrbide, Agustín de.

Augustin, Ernst, * Hirschberg i. Rsgb. (Riesengebirge) 31. Okt. 1927, dt. Schriftsteller. - Schrieb die Romane „Der Kopf" (1962), „Das Badehaus" (1963), „Mamma" (1970), „Raumlicht. Der Fall der Evelyne B." (1976).

Augustinčić, Antun [serbokroat. auˌgustiːntʃitɕe], * Klanjec bei Zagreb 4. Mai 1900, † Zagreb 10. Mai 1979, jugoslaw. Bildhauer. - Schuf v. a. nach dem 2. Weltkrieg zahlr. öff. Denk- und Mahnmäler in einem raumbewußten, kraftvoll-pathet. Stil.

Augustiner, Anhänger kath. Orden, die nach der sog. „Regel Augustins" (Augustinusregel) leben, deren Wortlaut (er ist bis ins 8. Jh. zurückzuverfolgen) jedoch nicht von dem Kirchenvater Augustinus stammt. Zu den A. zählen die **Augustiner-Chorherren** (lat. Canonici Augustiniani, Abk. CanA[ug]) und die **Augustiner-Eremiten** (lat. Ordo Eremitarum Sancti Augustini, Abk. OESA), die sich seit 1963 ohne Zusatz (lat. Ordo Sancti Augustini, Abk. OSA) nennen. Die A. sind in der Seelsorge, in der Ausbildung, als Wissenschaftler und in der Mission tätig. Sie tragen einen schwarzen Habit mit spitzzulaufender Kapuze und ledernem Gürtel (auch weißer Habit möglich). - Bed. dt. A. waren Luther, Abraham a Sancta Clara, G. Mendel.

Augustinismus, Bez. für die von der Lehre des Augustinus ausgehenden Richtungen der Theologie und Philosophie des MA und der Neuzeit. - *In der Theologie* beruft sich eine bestimmte Form der Gnadenlehre auf Augustinus. Nach ihm konnte der Mensch im paradies. Urzustand ohne eine bes. wirksame Gnade Gutes tun, allein durch die allg. Gnade Gottes. Nach dem Sündenfall der Menschheit fällt diese Fähigkeit weg. - *Die Philosophie* des A. ist u. a. der Überzeugung, daß alles menschl. Erkennen auf unmittelbare göttl. Erleuchtung zurückgehe.

Augustinus, Aurelius, hl., * Tagaste (Numidien) 13. Nov. 354, † Hippo Regius (Numidien) 28. Aug. 430, abendländ. Kirchenvater. - Als Lehrer der Rhetorik war er in Tagaste, später in Karthago und Rom tätig, von wo er 384 nach Mailand berufen wurde. Seine Mutter (Monika, Monnika) erzog ihn im christl. Glauben. Auf Betreiben seiner Mutter trennte er sich 385 von einer Frau, mit der er einen Sohn, Adeodatus, hatte. Vom Christentum zunächst enttäuscht, wandte er sich dem Manichäismus, später dem akadem. Skepsis zu. In Mailand begegnete er † Ambrosius, der ihn 387 taufte. 391 in Hippo zum Priester geweiht, gründete er hier eine Gemeinschaft von Klerikern. 395 wurde er Bischof-Koadjutor, 396 Bischof von Hippo.

265

Augustiny

Seine Wirksamkeit erstreckte sich bald weit über die Grenzen seines Bistums hinaus. Sein Leben ist uns v. a. durch das Zeugnis seiner „Confessiones" (Bekenntnisse, 397–398) bekannt.

Werk: Gott ist für A. absolute Wahrheit, nach der der Mensch verlangt, freie Person, unergründl. in seinen Weisungen. In seinem Werk über die Trinität, „De Trinitate" (399–419), wird die Möglichkeit der Selbstoffenbarung nach außen (durch Inkarnation) den drei göttl. Personen in gleicher Weise zuerkannt. Die Lehre des A. vom Menschen enthält ein ausgeprägtes Gemeinschaftsverständnis. Dies zeigt sich in den Überlegungen zur Kirche und im Willen zur klösterl. Gemeinschaft. Die Seele des Menschen ist durch göttl. Erleuchtung zur Erkenntnis befähigt, wobei die sinnenhaften Eindrücke anregend wirken. Die Gemeinschaft der Erlösten ist die Kirche, die mit Christus einen Leib bildet. Außerhalb dieser einen Kirche gibt es kein Heil. In ihr leben Heilige und Sünder. Liebe zu Gott und zum Mitmenschen sind entscheidend für den Christen. Das geschichtsphilosoph. Modell, das er in „De civitate Dei" (Gottesstaat, 413–426) entwickelt, ist gekennzeichnet durch den Gegensatz und den Kampf zwischen der †Civitas Dei und der †Civitas terrena. Die Weltgeschichte wird nicht in antiker Sicht gesehen als ein sich ewig wiederholender Kreislauf, sondern als Abfolge von sechs heilsgeschichtl. Perioden mit einem sich verschärfenden Kampf zw. den beiden „Reichen" mit dem Ziel der Trennung im göttl. Endgericht. - Fest 28. Aug.

📖 *Das Leben des hl. A.* Hg. v. C. Richter. Graz 1984. - *Loewenich, W. v.:* Augustin. Sein Leben u. Werk. Mchn. u. Hamb. 1965.

Augustiny, Waldemar, * Schleswig 19. Mai 1897, † Osterholz-Scharmbeck 26. Jan. 1979, dt. Schriftsteller. - Lebte in Worpswede; schrieb u. a. „Die große Flut. Chronik der Insel Strand" (1943), „Ein Mann wie Simson" (R., 1968).

Augustodunum †Autun.

August Thyssen-Hütte AG †Thyssen-Gruppe.

Augustus [lat. „der Erhabene"], röm. Kaisertitel; erstmals 27 v. Chr. Oktavian vom röm. Senat verliehen; in der Folgezeit von allen Kaisern geführt; bezeichnete seit Hadrian den regierenden Kaiser im Unterschied zum designierten Nachfolger bzw. untergeordneten Mitregenten (Caesar).

Augustus, urspr. Gajus Octavius, * Rom (?) 23. Sept. 63 v. Chr., † Nola bei Neapel 19. Aug. 14 n. Chr., röm. Kaiser. - Sohn des Gajus Octavius und der Atia, einer Nichte Cäsars; nannte sich auf Grund der testamentar. Adoption durch Cäsar seit 44 Gajus Julius Caesar, seit 38 Imperator Caesar Divi filius; Beiname Oktavian (Octavianus) für die Zeit vor 27 gebräuchl.; Ehrenname A. seit 27. Oktavians Auftreten als Cäsars Erbe brachte ihn in Gegensatz zu Marcus †Antonius, den er zunächst mit Billigung des Senats im Mutinens. Krieg (April 43) bekämpfte. Am 19. Aug. 43 erzwang er jedoch seine Wahl zum Konsul und einigte sich im Okt. mit Antonius und Marcus Aemilius Lepidus über die gemeinsame Übernahme der höchsten Macht im Staat (2. Triumvirat, durch die Lex Titia am 27. Nov. 43 für fünf Jahre bestätigt, bis Ende 33 verlängert). Nachdem Oktavian mit Antonius in der Schlacht bei Philippi (42) die Cäsarmörder besiegt, mit seinem Feldherrn Marcus Vipsanius Agrippa bei Mylai und Naulochos Sextus Pompejus Magnus geschlagen hatte (36), war er zum Herrn der westl. Reichshälfte geworden. Der O fiel ihm mit dem Seesieg von Aktium (2. Sept. 31) und der Einnahme von Alexandria (Aug. 30) zu, der der Selbstmord von Antonius und seiner Geliebten Kleopatra VII. von Ägypten folgte.

Durch die Annullierung aller von den Triumvirn getroffenen Anordnungen (Dez. 28) und die Rückgabe seiner gesamten außerordentl. Gewalt an Senat und Volk (13. Jan. 27) stellte Oktavian die republikan. Verfassung formell wieder her. Sein polit. Gewicht wurde aber vom Senat am 16. Jan. 27 durch den Beinamen A. und durch die Übertragung der wichtigsten Prov. (zunächst auf 10 Jahre) anerkannt (Entwicklung zum †Prinzipat). Das damit verbundene Kommando über die dort stehenden

Augustinus. Der hl. Augustinus liest sein Buch „De civitate Dei" vor. Miniatur (Ausschnitt)

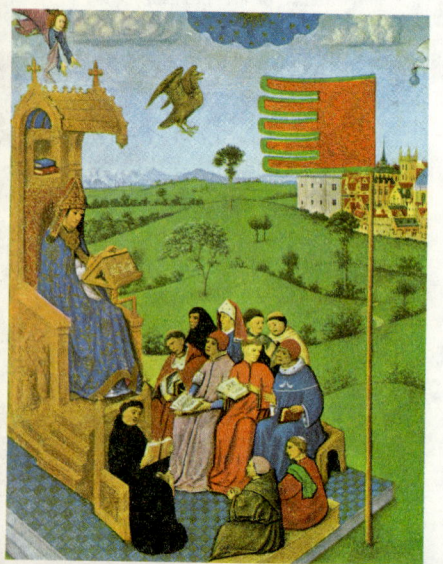

Heere wurde 23 zum Oberbefehl im gesamten Reich erweitert. In Rom stützte sich A. bis 23 auf das Konsulat, seitdem auf die †Tribunicia potestas. Durch den Kantabr. Krieg in Spanien 26–19 sowie Kriege an Rhein und Donau (16–9 v. Chr.; 4–9 n. Chr.; Feldherren waren seine beiden Stiefsöhne Drusus und Tiberius) bemühte sich A. im W und N um Konsolidierung und Abrundung des Reichs (zahlr. Koloniegründungen). Die Elbgrenze wurde wegen der Niederlage des Varus (9 n. Chr.) nicht erreicht. Im O sicherte A. die Grenze durch eine Reihe von Klientelstaaten (Armenien). Seine Herrschaft wurde als Pax Augusta verklärt.

📖 *Kienast, D.: A. Prinzeps u. Monarch. Darmst. 1982. - Buchan, J.: A. Der Herr der Welt. Ffm. 1979.*

Augustusburg, Stadt im westl. Erzgebirge, Bez. Karl-Marx-Stadt, DDR, 2 600 E. Dt. Zweitakt-Motorrad-Museum. - Am Fuße der Burg Schellenberg (wohl vor 1200) entstand eine Siedlung. Kurfürst August von Sachsen ließ nach Brand (1528 und 1547) die nach ihm ben. Burg A. errichten, nach der 1572–1628 und wieder ab 1899 die Stadt heißt. - Burg (1567–73; vierflügelige Anlage um einen Hof).

Auktion [zu lat. auctio „Vermehrung, Steigerung (des Preises)"], die †Versteigerung.

Auktionator [lat.] †Versteigerung.

Aukube [jap.] (Metzgerpalme, Aucuba), Gatt. der Hartriegelgewächse mit drei Arten in O-Asien; immergrüne zweihäusige Sträucher mit gegenständigen, gestielten, ei- bis lanzettförmigen, z. T. gezähnten, bis 20 cm langen Blättern, kleinen rötl. Blüten in Rispen und beerenartigen einsamigen Steinfrüchten. Die bekannteste Art ist die **Goldorange** (Goldbaum, Aucuba japonica), die als Gartenzierstrauch oder als Topfpflanze in verschiedenen Sorten vorkommt (meist mit gelbgepunkteten, gelbgefleckten oder gelbgesäumten Blättern und mit roten oder gelben Früchten).

Aula [griech.-lat.], Hof des griech. und röm. Hauses, dann auch als Bez. für das †Atrium gebraucht.
◆ Palast der röm. Kaiserzeit.
◆ Festsaal in Schulen und Universitäten.

Aulard, Alphonse [frz. o'la:r], * Montbron (Charente) 19. Juli 1849, † Paris 23. Okt. 1928, frz. Historiker. - 1886–1922 Prof. für Revolutionsgeschichte an der Pariser Sorbonne; zahlr. Arbeiten zur Frz. Revolution, darunter „Polit. Geschichte der frz. Revolution" (2 Bde., dt. 1924).

Aulendorf, Stadt in Oberschwaben, Bad.-Württ., 544 m ü. d. M., 7 000 E. Staatl. Lehr- und Versuchsanstalten für Viehhaltung, für Grünlandwirtsch. u. Futterbau, Staatl. Tierärztl. Untersuchungsanst; Schlepper-, Strickwaren-, Paramenten-, Spitzenfabrik; Kneipp- und heilklimat. Kurort (Herz- und Blutgefäßerkrankungen, Stoffwechselstörungen, Rheuma). - 935 erstmals bezeugt, 1629–1806 Residenz der Reichsgrafen Königsegg; 1950 Stadt. - Spätgot. Pfarrkirche (1498 ff); Schloß mit klassizist. Fassade (1778–81).

Auliczek, Dominik ['aʊlitʃɛk], * Polička (Böhmen) 1. Aug. 1734, † München 15. April 1804, dt. Bildhauer und Porzellanmodelleur. - Schuf Götterfiguren und Gruppen mit Putten für den Nymphenburger Park, v. a. aber Nymphenburger Porzellanfiguren und -gruppen (u. a. Tierhatzgruppen) und Reliefbildnisse sowie Tafelgeschirr (berühmt das Perlservice).

Aulis (neugriech. Awlís), böot. Ort an der engsten Stelle des Golfes von Euböa, Griechenland, gegenüber von Chalkis, 74 m ü. d. M. - In der Antike hatte A. ein bed. Heiligtum der Artemis (Tempel ausgegraben). Hier soll sich im Trojan. Krieg die Flotte gesammelt haben; 397 v. Chr. Ausgangspunkt des spartan. Angriffs gegen Persien.

Aulne [frz. o:n], Küstenfluß in der Bretagne, entspringt in den Montagnes d'Arrée, mündet in die Rade de Brest; 140 km lang, teilweise kanalisiert (Nantes-Brest-Kanal).

Aulnoy, Marie Catherine Le Jumel de Barneville, Gräfin d' [frz. o'nwa], * Barneville-la-Bertran bei Honfleur um 1650, † Paris 14. Jan. 1705, frz. Schriftstellerin. - Verfaßte Memoiren und einige feinfühlige Märchen (u. a. „Der blaue Vogel", 1698).

Aulodie [griech.], in der griech. Antike Bez. für den vom †Aulos begleiteten Gesang.

Aulos [griech. „Röhre"], antikes griech. Blasinstrument mit doppeltem oder einfa-

Augustus. Marmorstatue (vermutlich 17 v. Chr.). Vatikanische Sammlungen

chem Rohrblatt und einer Röhre aus Schilf, Holz oder Bronze, mit zunächst 3 oder 4, später bis zu 15 Grifflöchern. Der scharf klingende A. wurde meist paarweise von einem Spieler, dem **Auleten,** bei dionys. Kulten und mus. Wettkämpfen gespielt.

AUMA, Abk. für: ↑**Aus**stellungs- und Messe-Ausschuß der Deutschen Wirtschaft e. V. AUMA.

Aumale [frz. o'mal], histor. Territorium in N-Frankr.; zunächst normann. Gft.; kam unter Philipp II. August in den Besitz der frz. Krone, 1547 als Hzgt. an das Haus Lothringen, 1618 an die Häuser Savoyen und Nemours; 1686 von Ludwig XIV. käufl. für seinen natürl. Sohn erworben; gelangte im 19. Jh. an die Herzöge von Orléans.

au naturel [frz. onaty'rɛl], in der Gastronomie frz. Bez. für: ohne bes. Zutaten (bei Speisen und Getränken).

A und O, Redewendung mit der Bedeutung „grundlegend"; geht auf Anfangs- und Endbuchstaben des griech. Alphabets (Alpha und Omega) zurück.

Aunis [frz. o'nis], histor. Prov. im nördl. Aquitan. Becken, Frankr., begrenzt vom Poitou im W, der Saintonge im S und dem Marais Poitevin im N; zw. der ehem. Hauptstadt La Rochelle und Rochefort reicht die Prov. an die Küste des Golfes von Biskaya. - Der **Pagus Aliensis** der Römerzeit kam 507 mit Aquitanien zum Fränk. Reich, 1152 zu England; bis zum endgültigen Übergang in frz. Besitz (1371/73) wechselte es zweimal zw. Frankr. und England.

Aunjetitzer Kultur, nach einem bei Únětice (Aunjetitz) nw. von Prag gefundenen Gräberfeld ben. Gruppe frühbronzezeitl. Kulturen, die sich in Mähren (dort früher auch **Mönitzer Kultur** gen.), Böhmen, Mitteldeutschland (dort auch **Leubinger Kultur** gen.), in der Lausitz, Mittel- und Oberschlesien und an der mittleren Warthe herausbildeten; Funde zum überwiegenden Teil aus Hockergräbern; Blütezeit etwa 18.–16. Jh. v. Chr.

au pair [frz. o'pɛːr „zum gleichen (Wert)"], Leistung gegen Leistung (ohne Bezahlung); **Au-pair-Mädchen,** Mädchen, die gegen Unterkunft und Verpflegung sowie meistens Taschengeld als Haushaltshilfe arbeiten (v. a. im Ausland, um eine Fremdsprache zu erlernen).

au porteur [frz. opor'tœːr], auf den Inhaber lautend (bei Inhaberpapieren).

Aura [lat. „Hauch"], in der *Medizin* Vorzeichen, Vorgefühl von nur wenigen Sekunden Dauer beim Herannahen eines Anfalls, insbes. eines epilept. Anfalls.
◆ im *Okkultismus* Ausstrahlung (Fluidum) einer Person, die von psych. empfindsamen Menschen angebl. als Farbspektrum, das den Körper wolken- oder lichtkranzartig umgibt, wahrgenommen wird. Theosophie und Anthroposophie (R. Steiner) unterscheiden eine dreifache A. (entsprechend Leib, Seele und Geist).

Auramin [Kw.], gelber Diarylmethanfarbstoff für die Fluoreszenzfärbung von Tuberkelbazillen.

Aurangabad, ind. Stadt im B.staat Maharashtra, 280 km onö. von Bombay, 299 000 E. Verwaltungssitz eines Distrikts; Univ. (gegr. 1958); Agrarmarkt; bed. Textilind., ✈. - 1610 gegr. unter dem Namen **Kirki;** Mitte 17. Jh. Residenz des späteren Großmoguls Aurangsib und Hauptstützpunkt des Mogulreiches für die Eroberung des Dekhan. Im 18. Jh. Residenz der Dynastie der späteren Nisam von Hyderabad. - Von einer vieltürmigen Mauer umschlossen; Ruinen zahlr. Paläste und Mausoleen aus der Regierungszeit Aurangsibs; Moscheen, Höhlentempel und Klöster (7. Jh.). Mausoleum der Lieblingsfrau Aurangsibs († 1678), eine Replik des Tadsch Mahal in Agra.

Aurangsib [aʊraŋ'ksiːp] (Aurangzeb), * Dhod (Malwa) 24. Okt. 1618, † Ahmednagar 2. März 1707, Großmogul von Indien (seit 1658). - Vizekönig im Dekhan; gewann nach Gefangennahme seines Vaters durch Siege über seine Brüder den Thron; in seiner Regierungszeit zerfiel das Reich.

Auray [frz. ɔ'rɛ], frz. Ort an der breton. S-Küste, Dep. Morbihan, 10 000 E. Konservenind., Möbelfabrikation; 13 km sw. liegt ↑Carnac. - Vermutl. um 1000 gegr.; 1268–88 Sitz der Rechnungskammer der Bretagne. - Im NO der Stadt liegt die Kartause von A. (17. und 18. Jh.).

Aurbacher, Ludwig, * Türkheim 26. Aug. 1784, † München 25. Mai 1847, dt. Volksschriftsteller. - A. erneuerte Fabeln, Schwänke, Sprüche und geistl. Lieder, u. a. brachte

Aurangabad. Mausoleum der Lieblingsfrau des Großmoguls Aurangsib

er das „Volksbüchlein" (1827–29) mit der „Geschichte von den Sieben Schwaben" heraus. Schrieb auch Erzählungen eigener Erfindung, Gedichte, Erinnerungen u. a.

Aurea mediocritas [lat.], der goldene Mittelweg (nach Horaz).

Aurelian (Lucius Domitius Aurelianus Augustus), * in Mösien oder Sirmium (Pannonien) 9. Sept. 214, † bei Byzanz 275, röm. Kaiser (seit 270). - Mußte anfangs Niederlagen durch die Germanen hinnehmen, die zur endgültigen Aufgabe Dakiens führten und sogar die Befestigung Roms durch die heute noch bestehende *Aurelian. Mauer* veranlaßten; konnte nach die feindl. Stämme über die Donau abdrängen und 272 das Reich von Palmyra zerschlagen; mit der freiwilligen Unterwerfung des Tetricus in Gallien (273) war die Reichseinheit wiederhergestellt; bei der Vorbereitung eines Perserkriegs ermordet.

Aurelische Straße ↑ Römerstraßen.

Aurelius, Name eines vom 3. Jh. v. Chr. bis zum Ende der Antike nachweisbaren plebej. Geschlechts in Rom; bedeutendster Vertreter ist der röm. Kaiser ↑ Mark Aurel.

Aurelius, Marcus ↑ Mark Aurel.

Aureomycin ⓡ [lat./griech.] (Chlortetrazyklin), Antibiotikum (ein Tetrazyklin), das aus dem Strahlenpilz Streptomyces aureofaciens gewonnen wird; mit großer Wirkungsbreite gegen grampositive und gramnegative Bakterien, gegen Protozoen, Rickettsien und bestimmte Viren.

Aureole [zu lat. aureolus „golden"], atmosphär. Leuchterscheinung in Form eines weiß leuchtenden Kranzes um Sonne oder Mond; oft auch als **Hof** bezeichnet. Entsteht durch Beugung des Lichts an Wassertröpfchen oder Eiskristallen in der Atmosphäre.

Aurès [frz. ɔˈrɛs], Teil des östl. Saharaatlas, mit der höchsten Erhebung N-Algeriens, dem Djebel Chélia (2 328 m). - Der A. ist der röm. **Aurasius Mons.**

Aureus [lat. „golden"], eigtl. „aureus nummus", röm. Goldmünze, erstmals um 216 v. Chr. geprägt; seit Cäsar Einheit der Goldprägung im Wert von 25 Denaren oder 100 Sesterzen, 8,19 g schwer; seit Augustus geringeres Gewicht; neben Halbstücken (Quinarii) gab es auch Mehrfachstücke (Medaillon).

Aurevilly, Jules Amédée Barbey d' ↑ Barbey d'Aurevilly, Jules Amédée.

Auric, Georges [frz. ɔˈrik], * Lodève (Hérault) 15. Febr. 1899, † Paris 23. Juli 1983, frz. Komponist. - War Mitbegr. der Gruppe der „Six". Seine Kompositionen umfassen Instrumental- und Vokalwerke (auf Texte von Cocteau, Nerval, Ronsard, Aragon), Ballette (für Diaghilews „Ballets Russes") und Opern („Phèdre", 1950). Bes. populär wurde er durch seine zahlr. Filmmusiken („Les Jeux sont faits", „Orphée", „Moulin rouge").

Aurich, Stadt am Ems-Jade-Kanal, Nds., etwa 5 m ü. d. M., 35 000 E. Verwaltungssitz des Landkr. A.; Wasser- und Schiffahrtsdirektion; Niedersächs. Staatsarchiv; Lehr- und Versuchsanstalt für Gartenbau; Marktort (Pferde- und Rindviehmärkte, Nutz- und Zuchtviehauktionen). - Entstand um die wahrscheinl. im 12. Jh. gestiftete Lambertikirche. Das Häuptlingsgeschlecht tom Brok errichtete um 1380 eine Burg; vor 1430 befestigt, 1539 städt. Rechte; 1561 endgültig Hauptstadt Ostfrieslands. 1744 an Preußen, 1815 an Hannover, 1866 wieder an Preußen. - Klassizist. Kirche (1812–14). Neue Kanzlei (1731; Regierungsgebäude), klassizist. Bürgerh.

A., Landkr. in Niedersachsen.

Auricula [lat.], svw. ↑ Ohrmuschel.

Auricularia [lat.], Gatt. der Ohrlappenpilze mit 15 Arten; ihre gallertigen Fruchtkörper erinnern an Menschenohren; in Deutschland das ↑ Judasohr.

Auriculariales [lat.], svw. ↑ Ohrlappenpilze.

Auriga [lat.] ↑ Sternbilder (Übersicht).

Aurignacien [frz. ɔrinjaˈsjɛː], nach der Höhle von Aurignac (Dep. Haute-Garonne, Frankr.) ben. Kulturperiode des Paläolithikums; seit 1906 als älteste der 3 jungpaläolith. Perioden in Frankr. definiert und in Châtelperronien, eigtl. A. und Gravettien unterteilt; übriges Verbreitungsgebiet: Iber. Halbinsel, Italien, M- und O-Europa, Vorderasien; gemeinsame Merkmale aller Gruppen des A.: Verwendung zumeist in Klingentechnik verfertigter Steinwerkzeuge, die leichter als kräftiger sind, gut gearbeitete Knochenwerkzeuge (bes. Speerspitzen), Herstellung verschiedener Arten von Schmuck, erste Werke darstellender Kunst (bes. Kleinplastik); hat sich wahrscheinl. im östl. M-Europa herausgebildet (spätestens um 30 000 v. Chr.), wurde nach einer Dauer von 10 000–15 000 Jahren von anderen jungpaläolith. Kulturen abgelöst.

Aurignacmensch [frz. ɔriˈɲak], Bez. für ein jungpaläolith. Schichten des Abri von Combe-Capelle ausgegrabenes Skelett. Verschiedene Merkmale verbinden den A. stärker mit ostmitteleurop. Menschenformen als mit denen des ↑ Cromagnontypus im engeren Sinne.

Aurigny [frz. ɔriˈɲi], frz. für Alderney, ↑ Kanalinseln.

Aurikel (Primula auricula) [lat.], alpine Primelart (bis in etwa 2 900 m Höhe, v. a. auf Kalkboden) mit fleischigen, verkehrteiförmigen, leicht gezähnten Blättern; Blüten gelb, wohlriechend, zu mehreren in einer Dolde an einem bis 25 cm hohen Schaft. Von der A. leiten sich viele Gartenformen ab. - Abb. Bd. 1, S. 250.

aurikular [lat.], zu den Ohren gehörend; ohrförmig gebogen.

Aurillac [frz. ɔriˈjak], frz. Stadt in der oberen Auvergne, 620 m ü. d. M., 33 000 E.

Aurin

Verwaltungssitz des Dep. Cantal; kunsthistor. und naturgeschichtl. Museum; bed. Vieh- und Käsemarkt; Gerbereien, Fabrikation von Möbeln, Autoteilen und Schirmen. - Entstand um das im 11. Jh. vom hl. Gerald gegr. Kloster. Bis zur Frz. Revolution Hauptstadt der oberen Auvergne. - Kirche Notre-Dame-des-Neiges (16. Jh.) mit „Schwarzer Madonna"; Felsenschloß (urspr. 11. Jh.; heute Lehrerseminar).

Aurin [lat.], chem. Verbindung aus der Gruppe der ↑Triphenylmethanfarbstoffe; für Zellfärbungen in der Mikroskopiertechnik.

Auriol, Vincent [frz. ɔˈrjɔl], * Revel (Haute-Garonne) 27. Aug. 1884, † Paris 1. Jan. 1966, frz. Politiker. - Urspr. Rechtsanwalt; ab 1914 sozialist. Abg. in der Nationalversammlung; 1936/37 Finanz-, 1937/38 Justizmin.; stieß als Gegner Pétains 1943 zum nat. Befreiungskomitee de Gaulles; vertrat 1945 Frankr. als Abg. und Staatsmin. bei den UN; 1947–54 erster Präs. der 4. Republik.

Auripigment [lat.] (Rauschgelb), durchscheinendes, gelbl., monoklin-prismat. Kristalle bildendes Mineral As_2S_3. Mohssche 1,5 bis 2; Dichte 3,4 bis 3,7 g/cm³. Früher als **Königsgelb** verwendet.

Aurlandsfjord [norweg. ˌœyrlansfjuːr], südl. Arm des Sognefjords, W-Norwegen, 30 km lang, 800–2 500 m breit. Am inneren Ende liegt **Flåm,** der Endpunkt der ↑Flåmbahn, an der O-Küste **Aurland** mit einer Steinkirche aus dem 13. Jh. und einem volkskundl. Museum.

Aurobindo [oro...] (Sri A. Ghosh), * Kalkutta 15. Aug. 1872, † Pondicherry 5. Dez. 1950, ind. Philosoph. - 1879–93 Erziehung in Großbrit. Versuchte eine Synthese von ind. und abendländ. Gedankengut („Integraler Joga"), eine Lehre und Praxis, die durch Bewußtseinserweiterung, die mit Hilfe von Meditation angestrebt wird, eine Höherentwicklung („Evolution") und Vergeistigung („Spiritualisierung") des Menschengeschlechts erreicht werden soll. Der von ihm gegründete Aschram (Einsiedelei) entwickelt sich zu einem viel besuchten Zentrum für Anhänger seiner Lehren. Im Geiste des „Integralen Joga" entsteht seit 1968 bei Pondicherry die Stadt ↑Auroville. *Hauptwerk:* The life divine (hg. 1951).

Aurora, röm. Göttin der Morgenröte; griech. Entsprechung: ↑Eos.

Aurora, weibl. Vorname lat. Ursprungs, eigtl. „Morgenröte".

Aurorafalter [nach der röm. Göttin Aurora] (Anthocharis), Gatt. kleiner bis mittelgroßer Weißlinge mit mehreren Arten in Eurasien und N-Amerika. Die mehr oder weniger weiß. Flügel der ♂♂ haben je einen großen, leuchtend orangeroten oder gelben Fleck auf den Spitzen der Vorderflügel, der sich bis zur Flügelmitte erstrecken kann. In M-Europa 2 Arten, am häufigsten **Anthocharis cardamines:** etwa 4 cm Flügelspannweite, mit orangeroten Vorderflügelhälften.

Aurore, L' [frz. lɔˈrɔːr], frz. Zeitung, ↑Zeitungen (Übersicht).

Auroville [engl. ˈɔːrouvɪl], nach ↑Aurobindo ben. neue Stadt an der Koromandelküste im ind. Unionsterritorium Pondicherry, 4 700 E, für 50 000 E geplant. Grundsteinlegung 1968; kreisförmige Anlage mit 4 funktionalen Zonen (Wohnzone, Kulturzone, internat. Zone, Industriezone). Das Stadtprojekt gilt heute als gescheitert.

Aurresku [bask.], alter bask. Tanz, der mit Einhandflöte und Trommel (Txistu und Tamboril) begleitet wird. In seiner heutigen modernen Form umfaßt er meist 6–8 Teile von sehr unterschiedl. Takt- und Zeitmaßen.

Aurum, lat. Name für ↑Gold.

Aurunker (lat. Aurunci; Ausonen), osk. Volksstamm; siedelte Anfang 5. Jh. v. Chr. sö. des Gebietes der Latiner; von Rom Ende 4. Jh. v. Chr. unterworfen; in der antiken Literatur manchmal fälschl. als Ureinwohner Italiens bezeichnet (danach **Ausonia** zuerst für S-Italien, später auch für ganz Italien).

Ausäthern ↑Ausschütteln.

Ausatmung ↑Atmung.

ausbaldowern, umgangssprachl. für: auskundschaften, erkunden.

Ausbauchen, Kaltformverfahren für Bleche, bei dem diese entweder mit Spreizdornen oder durch Flüssigkeiten, Sand, Gummikissen oder auch durch Explosionsdruck einer Sprengladung in eine ausgebauchte Form gedrückt werden.

Ausbauflur, Bez. für die jünger erschlossenen Teile der Flur im Ggs. zur ↑Altflur.

Ausbaugebiet, strukturschwaches Gebiet, das im Rahmen des regionalen Förderungsprogrammes der BR Deutschland entwickelt werden soll.

Ausbaugeschwindigkeit (Entwurfsgeschwindigkeit), die Höchstgeschwindigkeit, für die eine Straße oder Eisenbahnstrecke von der Linienführung her (u. a. Krümmungsradius und Überhöhung der Kurven) ausgebaut ist.

Ausbau- und Bauhilfsgewerbe ↑Baugewerbe.

Ausbeute, die Früchte einer Sache, die neben den organ. Erzeugnissen der Sache (z. B. das auf einem Grundstück wachsende Getreide) bestimmungsgemäß gewonnen werden, bei einem Grundstück z. B. Kohle oder Sand.

◆ der auf einen Anteil am Kapital einer bergrechtl. Gewerkschaft (Kux) ausgeschüttete *Gewinn.*

◆ in der *Chemie* der Quotient aus den Mengen der bei einer chem. Reaktion tatsächl. gebildeten Endprodukte und den theoret., auf Grund der stöchiometr. Gesetze zu erwartenden Produktmengen (angegeben in %).

◆ bei *Kernreaktionen* der Bruchteil aller auf

Ausbildungsförderung

eine Materialprobe (Target) geschossenen Teilchen, der zur beabsichtigten Kernreaktion führt.

Ausbeutemünzen, aus dem Reingewinn der Silberbergwerke geprägte Münzen (nach 1625 bis 1873).

Ausbeutung (Exploitation), Bez. für Ausnutzung und Verwertung von Rohstoffvorkommen, Wasser- und Windkräften, Wild- und Fischbeständen u. a. natürl. Hilfsquellen, die einen höheren Ertrag zur Folge hat, als die Reproduktion der Arbeitsfähigkeit verbraucht (Natur als Quelle eines Mehrprodukts).

♦ Aneignung unbezahlter fremder Arbeitskraft durch ökonom. (Märkte) und außerökonom. (phys.) Gewalt; kann nach der Marxschen A.theorie Aneignung der Mehrarbeit (Sklavenarbeit), des Mehrprodukts (naturale Renten) oder des Mehrwerts (Profite, Gewinne, Renten, Zinsen) bedeuten und ist danach ein gesellschaftl. Verhältnis zw. Klassen und kein Diebstahl (Proudhon). - ↑auch Marxismus.

Ausbietungsgarantie, vertragl. festgelegte Verpflichtung eines Partners, bei einer Zwangsversteigerung bis zur Höhe der Hypothek mitzubieten, damit der andere Partner in der Versteigerung keinen Verlust durch Ausfall seiner Forderung erfährt.

Ausbildender, im BerufsbildungsG Bez. für: Lehrherr.

Ausbildung, die Erlernung und Ausformung bestimmter Fähigkeiten und Fertigkeiten, also vorwiegend eine Aufgabe der berufl. Bildung. Bes. die Arbeitsschulbewegung widersprach der Auffassung, daß sich Allgemeinbildung und berufl. Bildung gegenseitig ausschlössen. So sind bis heute immer wieder Versuche gemacht worden, die A. zu einer ganzheitl. Bildung zu erweitern und als ↑zweiten Bildungsweg gleichberechtigt anzuerkennen.

Ausbildungsberufe, nach dem BerufsbildungsG vom 14. 8. 1969 staatl. anerkannte Berufe, für die Ausbildungsordnungen (Rechtsverordnungen) erlassen worden sind und die im vom Bundesmin. für Arbeit und Sozialordnung geführten Verzeichnis der anerkannten A. (früher Lehr- und Anlernberufe) geführt werden. Die **Ausbildungsordnung** legt u. a. fest: 1. Bez. des Ausbildungsberufs; 2. Ausbildungsdauer; 3. Fertigkeiten und Kenntnisse, die Gegenstand der Berufsausbildung sind (Ausbildungsberufsbild); 4. Ausbildungsberufsrahmenplan; 5. Prüfungsanforderungen. Die Ausbildungsordnung kann aufeinander aufbauende Stufen der Berufsausbildung festlegen.

Ausbildungsförderung, Leistungen öff.-rechtl. Gemeinwesen zur Förderung der allg. und berufl. Bildung. Die Leistungen bestehen in Geldleistungen, die als Zuschüsse oder Darlehen gewährt werden. Die A. ist von der **Ausbildungsplatzförderung** zu unterscheiden. Zu dieser zählen alle Maßnahmen, die der Staat trifft, um ein ausreichendes Angebot an qualifizierten Ausbildungsplätzen zu sichern, z. B. finanzielle Hilfen (Zuschüsse) und Maßnahmen im Rahmen der Berufsbildungsplanung und Berufsbildungsstatistik. Gesetzl. Grundlage ist das **BerufsbildungsförderungsG** vom 23. 11. 1981. Ferner ist die A. von der zum 31. 12. 1981 ausgelaufenen **Graduiertenförderung** abzugrenzen, die der Förderung vornehml. des Hochschullehrernachwuchses diente, wobei Bund und Länder Stipendien auf Darlehensbasis gewährten.

Die A. betrifft 1. die Ausbildung an bestimmten schul. Einrichtungen; 2. an Hochschulen jeder Art; 3. Maßnahmen der berufl. Bildung (berufl. Ausbildung, Fortbildung und Umschulung).

Die A. für den schul. Bereich und für den Besuch von Hochschulen (sog. A. i. e. S.) regelt das **Bundesausbildungsförderungs G (BAföG)** vom 26. 8. 1971 i. d. F. vom 26. 6. 1985; Förderung der berufl. Bildung regelt das **ArbeitsförderungsG** (AFG).

A. nach dem BAföG erhalten Auszubildende, die weiterführende allgemeinbildende und berufsbildende Schulen, Einrichtungen des zweiten Bildungsweges, höhere Fachschulen und Akad. oder Hochschulen besuchen, sofern ihnen die für den Lebensunterhalt und die Ausbildung erforderl. Mittel nicht zur Verfügung stehen. Die öff. Mittel werden also nur subsidiär geleistet, nämlich wenn der Auszubildende die Kosten der Ausbildung weder selbst aufbringen kann noch von seinen Unterhaltsverpflichteten erhält. Die Leistungen zur A. umfassen Aufwendungen für den Lebensunterhalt und Ausbildung. Das BAföG hat hierfür monatl. Pauschsätze festgesetzt, die für Schüler und Studierende unterschiedlich sind. Mit Beginn des Schuljahres 1983 sind nur noch solche Schüler anspruchsrechtigt, die nicht bei ihren Eltern wohnen können, weil sie von deren Wohnort eine entsprechende Ausbildungsstätte nicht erreichen können.

A. wird für die Dauer der Ausbildung einschließl. der unterrichts- und vorlesungsfreien Zeit geleistet. Für den Besuch höherer Fachschulen, Akad. und Hochschulen ist eine Förderungshöchstdauer festgelegt. BAföG-Zahlungen an Studenten, die bis Ende des Sommersemesters 1983 teils als Zuschuß und teils als Darlehen gegeben werden, werden seither nur noch als Darlehen gewährt. Das Darlehen ist nach Beendigung der Ausbildung in gleichbleibenden monatl. Raten zurückzuzahlen.

Die Förderung der ↑beruflichen Bildung betrifft die berufl. Ausbildung, die Fortbildung und die Umschulung. Für eine berufl. Ausbildung erhalten jugendl. und erwachsene Auszubildende eine **Berufsausbildungsbeihilfe.**

Ausbildungsordnung

Gefördert wird damit die Ausbildung in Betrieben oder überbetriebl. Einrichtungen sowie die Teilnahme an bestimmten berufsvorbereitenden Lehrgängen. Die finanziellen Hilfen für die Teilnahme an Fortbildungsmaßnahmen dienen dazu, die berufl. Kenntnisse und Fertigkeiten festzustellen, zu erhalten, zu erweitern oder der Entwicklung anzupassen. Ferner soll dem Fortbildungswilligen ein berufl. Aufstieg ermöglicht werden. Personen, die aus wirtschaftlichen Gründen ihren bisherigen Arbeitsplatz aufgeben, erhalten Förderungsleistungen für die Teilnahme an Umschulungsmaßnahmen.
Bei Fortbildung und Umschulung bestehen die Förderungsleistungen aus einem Unterhaltsgeld, das sich nach dem früheren Nettoeinkommen richtet, und der Erstattung solcher Kosten, die durch die Bildungsmaßnahme unmittelbar entstehen (z. B. Lehrgangsgebühren, Kosten für Lernmittel und Fahrtkosten). Die Mittel, die Bund, Länder und Bundesanstalt für Arbeit für A. aufbringen, sind erheblich.

Ausbildungsordnung ↑Ausbildungsberufe.

Ausbildungsversicherung ↑Lebensversicherung.

Ausblasen, im Hüttenwesen Bez. für die Entleerung des gesamten Hochofenraums (z. B. zum Zweck einer Reparatur).

Ausbildungsförderung.
Die Berechnung des Förderungsbetrages nach dem Bundesausbildungsförderungsgesetz

Förderungshöchstbetrag
− anrechenbares eigenes Einkommen
= eigenes Einkommen
abzüglich der Einkommensfreibeträge
− anrechenbares Vermögen
= Vermögen des Antragstellers
abzüglich der Vermögensfreibeträge, geteilt durch die Zahl der Kalendermonate des Bewilligungszeitraums
− anrechenbares Einkommen der Unterhaltspflichtigen (eventuell gleichmäßig auf mehrere förderungsfähige Personen verteilt)
= Gesamtbetrag der Einkünfte der Unterhaltspflichtigen
abzüglich der notwendigen Ausgaben zur sozialen Sicherung (Pauschale)
abzüglich der Steuern
zuzüglich der steuerfreien Einnahmen
abzüglich der Einkommensfreibeträge
= endgültiger Förderungsbetrag

Ausbleichen, Umwandlung des metall. Bildsilbers belichteter und entwickelter photograph. Schichten im Bleichbad, wodurch die Bildschwärzung entfernt wird.

Ausblühung, Salzbildung durch Verdunsten der Bodenfeuchtigkeit an der Oberfläche, v. a. in aridem und semiaridem Klima.

Ausbreitungsgeschwindigkeit, svw. ↑Phasengeschwindigkeit.

Ausbreitungszentrum ↑Genzentrum.

Ausbrenner (Dévorant), spitzenartiger Stoff; das Spitzenmuster entsteht durch Ausätzen der Acetatfäden aus einem Mischgewebe aus Reyon und Acetat.

Ausbringung, Bez. für Produktionsergebnis (Output).

Ausbruch, svw. ↑Eruption.
◆ in Ungarn und im Burgenland (Österreich) Bez. für ↑Auslese (Wein).

Ausbruchsbeben, mit einem vulkan. Ausbruch zusammenhängendes Erdbeben.

Ausbund, heute nur noch in übertragener Bed. verwendetes Wort: Höchstes, Muster, Inbegriff. Das Wort bezeichnete urspr. das an einer Ware nach außen Gebundene, d. h. das beste Stück einer Ware.

Ausbürgerung, Entziehung der Staatsangehörigkeit [gegen den Willen des Betroffenen]. In vielen Rechtsordnungen ist vorgesehen, daß die Staatsangehörigkeit bei bestimmten gegen den Heimatstaat gerichteten Treupflichtverletzungen entzogen werden kann, z. B. bei Landesverrat. Neben der *individuellen* A. steht die *kollektive* A. ganzer Bevölkerungsgruppen, wie sie die Sowjetregierung nach der Revolution von 1917 gegenüber den Emigranten oder die Nationalsozialisten gegenüber einem großen Teil der jüd. dt. Staatsangehörigen erklärt haben.
Nach Art. 16 Abs. 1 Satz 1 GG ist die Entziehung der dt. Staatsangehörigkeit in der BR Deutschland unzulässig (↑ auch Staatsangehörigkeit). Dagegen ist in der *DDR* eine A. möglich. - In *Österreich* ist die Staatsbürgerschaft Personen zu entziehen, die im Dienst eines fremden Staates stehen. Auch in der *Schweiz* kann nach Art. 48 des BG über Erwerb und Verlust des Schweizer Bürgerrechts vom 29. 9. 1952 das Bürgerrecht entzogen werden.

Auschwitz (poln. Oświęcim), Stadt in Polen, 50 km westl. von Krakau, 45 000 E. Sitz einer Bez.verwaltung; das staatl. Museum umfaßt das ehem. KZ; Zink- und chem. Ind. – Hauptort des gleichnamigen Ft., späteren Hzgt. (bis 1918); kam im 12. Jh. an die schles. Linie der Piasten, 1457 an Polen, 1772 Österreich zugesprochen, 1818–66 zum Dt. Bund, 1919 zu Polen, 1939 von dt. Truppen besetzt. 1940 richtete die SS bei A. ein Konzentrationslager ein und erweiterte es 1941 zum Vernichtungslager, v. a. für Juden. Bis 1945 kamen in A. 2,5–4 Mill. Menschen um (geschätzte Zahl).

Auschwitz-Prozesse, Prozesse gegen

Lagerleitung und SS-Aufsichtspersonal des Konzentrations- und Vernichtungslagers Auschwitz: in Polen gegen den Kommandanten R. Höß (1947 zum Tode verurteilt) und gegen weiteres SS-Personal (Todes- bzw. langjährige Zuchthausstrafen 1947); 1963–65 und 1965/66 in Frankfurt am Main (u. a. gegen den Adjutanten des Lagerkommandanten, R. Mulka, 1965 zu 14 Jahren Zuchthaus verurteilt), wobei einzelne Freisprüche und z. T. niedriges Strafmaß Empörung in der Weltöffentlichkeit auslösten; im März 1966 in der DDR gegen den Lagerarzt G. Fischer (zum Tode verurteilt). Im Sept. 1977 begann in Frankfurt am Main ein Prozeß gegen zwei ehem. SS-Angehörige wegen Tötungshandlungen in dem Nebenlager Lagischa (nö. von Kattowitz; poln. Łagisza) und auf dem Evakuierungsmarsch von Golleschau (bei Teschen; poln. Golasowice) nach Loslau (bei Rybnik; poln. Wodzisław Śląski).

Ausculum ↑ Ascoli Satriano.

ausdauernd (perennierend), in der Botanik: alljährl. und zeitl. unbegrenzt (Ggs.: ein- oder mehrjährig) austreibend und meist auch fruchtend; von Stauden, Halbsträuchern und Holzgewächsen gesagt.

Ausdehnung, Eigenschaft aller sinnl. wahrnehmbaren Gegenstände; Raumerfüllung von Körpern. Von Descartes wurde A. als charakterist. Merkmal der Körper und damit, wie später v. a. bei Spinoza, als Charakteristikum von Materie angesehen. Daraus sollte sich eine Einteilung aller Gegenstände der Welt in ausgedehnte („res extensa") und in geistige („res cogitans") ergeben. Kant hielt die A. für eine Anschauungsform, die allein von der objektiven Wahrnehmung abhängt, während im Anschluß daran Lotze die zusätzl. Denkleistung, die zur Wahrnehmung von A. hinzutritt, betont. Im method. Aufbau der Physik muß die A. von Körpern, hier im Sinne von Raumerfüllung, diskutiert werden. In der Physik und Technik bedeutet die A. auch die Längen- oder Volumenänderung von Körpern bei Änderung der Temperatur (↑ Wärmeausdehnung). In der modernen Kosmologie bezeichnet man mit *A. (Expansion) des Weltalls* die auf Grund der beobachteten Rotverschiebung des Lichtes ferner Galaxien (↑ Hubble-Effekt) angenommene zeitl. fortschreitende Vergrößerung des Weltalls.

Ausdehnungsgefäß, offenes oder geschlossenes Gefäß zur Aufnahme der in mit Flüssigkeit gefüllten Behältern oder Flüssigkeitskreisläufen (Warmwasserheizungen) bei Erwärmung durch die Wärmeausdehnung hervorgerufenen Flüssigkeitsvolumenzunahme; durch A. werden Flüssigkeitsverluste oder unerwünschte Druckerhöhungen vermieden.

Ausdehnungsthermometer, Thermometer, deren Temperaturanzeige auf den durch die Temperaturänderungen bewirkten Volumen- oder Längenänderungen fester, flüssiger oder gasförmiger Stoffe beruht; die gebräuchlichsten A. sind Quecksilberthermometer und Alkoholthermometer.

Ausdiffusion, Wanderung (Diffusion) von Fremdatomen aus einem Halbleiterkristall bei erhöhter Temperatur (ca. 700 °C); wird benutzt, um den Anteil der Fremdatome und damit die elektr. Eigenschaften zu ändern.

Ausdruck, in der *Psychologie* Bez. für das Sichtbarwerden seel. Zustände oder Vorgänge in körperl. Erscheinungen, Verhaltensweisen, Handlungen und in Resultaten menschl. Tätigkeit. Menschl. *A.erscheinungen* sind v. a. die Physiognomik, Mimik, Pantomimik, Gestik und Motorik, Stimme und Sprechweise, die Handschrift und die Ergebnisse objektiver Gestaltungen (z. B. Zeichnungen, Kunstwerke).

Ausdruckspsychologie (Ausdruckskunde), Disziplin der Psychologie, die sich mit der Analyse menschl. Ausdrucksverhaltens und seiner psycholog. Bed. befaßt; Hauptvertreter: W. Wundt, W. B. Carpenter, K. Bühler, P. Lersch.

Ausdruckstanz ↑ Tanz.

Ausdrucksverhalten, in der Verhaltensforschung für einen Partner derselben oder einer anderen Art bestimmte Ausdrucksbewegung bei Tier und Mensch; z. B. Zähnefletschen und Demutsgebärden des Hundes,

Auschwitz. Gebäude des ehemaligen Konzentrationslagers mit einem Galgen im Vordergrund

Ausdünstung

Hutabnehmen beim Menschen.

Ausdünstung, Abgabe von Wasserdampf, Kohlendioxid und anderen flüchtigen Stoffen durch Lunge, Haut, Schweiß- und Talgdrüsen. Beim Menschen werden (v. a. zur Wärmeregelung) tägl. im Durchschnitt etwa 0,8 l Wasser durch die Haut und 0,5 l durch die Lungen abgegeben. Der charakterist. Geruch von A. des Körpers entsteht hauptsächl. durch flüchtige Stoffe, die im Sekret der Schweiß-, Talg- und Duftdrüsen enthalten sind oder im Krankheitsfall aus einem gestörten Stoffwechsel stammen.

Auseinandersetzung, Aufteilung des Vermögens einer Personengemeinschaft zu oder nach deren Auflösung. Die Hauptfälle der A.: 1. Die Aufhebung einer *Bruchteilsgemeinschaft* (§§ 741 ff. BGB) erfolgt durch Teilung in Natur oder bei Grundstücken durch Zwangsversteigerung (§§ 752, 753 BGB). 2. Nach Beendigung einer *Gütergemeinschaft* durch Scheidung, Aufhebung oder Nichtigerklärung der Ehe oder Aufhebung der Gütergemeinschaft müssen sich die Ehegatten über das Gesamtgut auseinandersetzen (§§ 1471, 1478 BGB). Die Aufteilung erfolgt wie bei der Bruchteilsgemeinschaft. 3. Hinterläßt ein Erblasser *mehrere Erben*, so kann jeder Miterbe die A. (Teilung) des Nachlasses verlangen (§ 2042 BGB; Ausnahmen: §§ 2043, 2044). Grundsätzl. erfolgt die A. durch freie Vereinbarung der Miterben; ist allerdings ein Testamentsvollstrecker berufen, so hat dieser die A. nach den Anordnungen des Erblassers und den gesetzl. Bestimmungen vorzunehmen (§ 2204 BGB). 4. Wird ein *Verein*, eine *Personengesellschaft*, eine *Kapitalgesellschaft* oder eine *Genossenschaft* aufgelöst oder verliert sie die Rechtsfähigkeit, so tritt sie in ↑Liquidation.

auserwähltes Volk, Bez. für das Volk Israel, die das Wesentliche am Selbstverständnis Israels im Anschluß daran der christl. Gemeinde wiedergibt. Im A. T. begegnet diese Vorstellung zuerst im Deuteronomium (5. Mos. 7, 6–8; 10, 5 u. a.). Die Inhalte der Vorstellung von der Auserwähltheit Israels gründen sich auf den Bund, den Jahwe mit Israel schloß. Vor dem Deuteronomium wird Israels Erwählung als Erwählung des Erzvaters Abraham erzählt (1. Mos. 12, 1 ff. u. a.). Die christl. Gemeinde bezieht auf Grund des Kommens Jesu die Erwählung auf sich (1. Petr. 2, 9 nimmt 2. Mos. 19, 5 f. auf). Die Auserwählten sind die in Gottes endzeitl. Reich Berufenen (Mark. 13, 20; Matth. 20, 16; 22, 14; 24, 22 u. a.). Die mit der Überzeugung göttl. Auserwähltheit verbundenen Hoffnungen (↑Messianismus) wurden von den Sekten der christl. Frühzeit und des MA weitergetragen.

Ausfall, *militär.:* der Versuch einer eingeschlossenen Truppe, sich wieder freizukämpfen.

♦ im *Fechtsport* Verkürzen der ↑Mensur durch Strecken des Standbeins und gleichzeitiges Vorschnellen des A.beins, so daß die Klingenspitze die gegner. Trefffläche erreicht.

Ausfallbürgschaft, Form der Bürgschaft, bei der der Bürge erst eintreten muß, wenn der Gläubiger eine völlig oder teilweise erfolglose Zwangsvollstreckung gegen den Schuldner nachweisen kann; wird i. d. R. nicht als Kreditsicherheit anerkannt.

Ausfällen, das Überführen eines gelösten Stoffes in Kristalle, Flocken oder Tröpfchen durch Zusatz geeigneter Chemikalien.

Ausfallserscheinungen, durch Organ- oder Gewebsschädigung bedingte Störung im normalen Ablauf körperl. oder psych. Funktionen, z. B. Sprachstörungen und Lähmungen.

Ausfallzeit, Begriff der gesetzl. Rentenversicherung: Zeiten, in denen eine versicherungspflichtige Beschäftigung durch eine infolge Krankheit oder Unfall bedingte Arbeitsunfähigkeit, durch Maßnahmen zur Erhaltung und Wiederherstellung der Erwerbsfähigkeit, durch Schwangerschaft oder Wochenbett, durch den Bezug von Schlechtwettergeld oder durch Arbeitslosigkeit unterbrochen worden ist, ebenso Zeiten einer Schul- oder Fachschulausbildung bis höchstens 4 Jahre und einer Hochschulausbildung bis höchstens 5 Jahre; diese werden bei der Rentenberechnung Zeiten gleichgestellt, für die Beiträge entrichtet wurden, wenn die Wartezeit erfüllt und Halbdeckung gegeben ist.

Ausfertigung, im *Gesetzgebungsverfahren* der BR Deutschland die unterschriftl. Vollziehung des Gesetzestextes durch den Bundespräsidenten (Art. 82 GG) vor der Verkündung. Verweigert der Bundespräsident die A., so entscheidet das Bundesverfassungsgericht, wenn es angerufen wird, über die Verpflichtung des Bundespräsidenten zur A.
In *Österreich* wird das verfassungsmäßige Zustandekommen der BG durch den Bundespräsidenten beurkundet (Art. 47 BVG). In der *Schweiz* werden die Erlasse, die Nationalrat und Ständerat angenommen haben, von dem Präsidenten und den Protokollführern beider Räte unterschrieben.

♦ im *öffentl. Recht* die zum Ersatz der Urschrift in gesetzl. vorgeschriebener Form gefertigte Abschrift eines amtl. Schriftstücks (z. B. Urteil).

Ausfluß (Fluor genitalis), in der *Medizin* vermehrte weiße bis rotbraune Absonderung aus den weibl. Geschlechtsorganen; häufige Ursachen: Entzündungen der Scheiden- oder Gebärmutterschleimhaut, seltener Polypen oder Krebsgeschwüste. Dem bei manchen Frauen während des Eisprungs verbreiteten **Weißfluß** (Fluor albus) wird gewöhnl. kein Krankheitswert beigemessen.

♦ in der *Reaktortechnik* der Neutronenverlust durch die Oberfläche eines „nackten" Kernreaktors; bei Reaktoren mit Reflektor bezeichnet man als A. die Zahl der Neutronen, die in den Reflektor abwandern, ohne von ihm reflektiert zu werden.

Ausflußziffer, Verhältnis der tatsächl., aus einer Öffnung oder einer Düse ausströmende Masse zur theoret. mögl. Masse bei reibungsfreier Strömung und bei voller Ausnutzung des freien Querschnitts.

Ausfrieren (Ausgefrieren), in der Lebensmitteltechnik Verfahren zum Konzentrieren wasserhaltiger, flüssiger Lebensmittel durch Gefrieren eines Teils des Wassers und anschließendes Abtrennen des Eises mit Hilfe von Filtern oder Zentrifugen.

ausfugen (verfugen), bei unverputzt bleibendem Mauerwerk die Fugen mit Mörtel ausfüllen; sinngemäß bei Fliesenbelägen.

Ausfuhr ↑Export.

Ausfuhrliste, Anlage zur Außenwirtschaftsverordnung (AWV), in der Waren bezeichnet werden, deren Export genehmigungspflichtig ist.

Ausführungsgesetze (Durchführungsgesetze), Bez. für Gesetze, die Einzelheiten zu anderen Gesetzen enthalten. Zu einer Reihe von BG (z. B. BGB, Finanzgerichtsordnung) gibt es A. der Länder, ebenso BG als A. zu Rechtsakten der Europ. Gemeinschaften.

Ausfuhrverbot ↑Exportverbot, ↑auch Embargo.

Ausfuhrzölle ↑Zölle.

Ausgabe, von einem Druckwerk (Buch): Form der Veröffentlichung (gebundene, broschierte, kommentierte A., Folio-A., Dünndruck-A.). **Ausgabe letzter Hand:** die letzte vom Autor selbst betreute Ausgabe.

◆ im *Pressewesen* das einzelne Exemplar oder die Gesamtheit einer Zeitungs- oder Zeitschriftennummer; je nach Anlaß, Erscheinungszeitpunkt oder Verbreitungsgebiet spricht man z. B. von Sonder-, Regional-, Morgen- und Abendausgaben.

Ausgabekurs ↑Emissionskurs.

Ausgaben, in der Wirtschaft Zahlungen eines Unternehmens an andere Wirtschaftssubjekte. Zur Aufstellung einer Bilanz sowie Gewinn- und Verlust-Rechnung ist die Abgrenzung von A. und Aufwendungen erforderl., für Zwecke der Kostenrechnung die Abgrenzung von A./Aufwendungen/Kosten.

◆ im *Steuerrecht* ↑abzugsfähige Ausgaben.

Ausgabeprogramm (engl. output routine), bei Rechenanlagen Programm zur Umwandlung der internen Verschlüsselung von Daten, Befehlen usw. in eine bequem lesbare externe Verschlüsselung (z. B. Umwandlung von Dualzahlen in Dezimalzahlen).

Ausgangsleistung, die an den beiden Ausgangsklemmen eines ↑Vierpols (z. B. eines Verstärkers) abnehmbare und in einem dahintergeschalteten Verbraucher umsetzbare Leistung. Die maximale Ausnutzung der A. erfordert genaue Anpassung des Verbrauchers an den Verstärker.

Ausgangssprache, Sprache, aus der in eine andere Sprache, die *Zielsprache*, übersetzt wird.

Ausgangsübertrager (Ausgangstransformator), ein Transformator im Ausgangskreis eines elektron. Schaltung, speziell zw. der letzten Stufe eines Verstärkers und dem Lautsprecher; dient der Anpassung des Verbraucherwiderstandes an den Innenwiderstand der Verstärkerstufe.

Ausgedinge, svw. ↑Altenteil.

Ausgießprobe, halbquantitative Probe zur raschen Bestimmung des Gasgehaltes von Metallschmelzen durch Abschätzen von Größe und Zahl der Gasblasen, die beim Ausgießen sichtbar werden.

Ausgleich, im östr. Recht svw. ↑Vergleich.

◆ (östr.-ungar. A.) kam nach langjährigen Vorverhandlungen, durch die Niederlage von 1866 erzwungen, nach Bildung eines konstitutionellen ungar. Ministeriums (Febr. 1867) und Verhandlungen zw. Deák, Andrássy und Beust durch die kaiserl. Sanktionierung zweier Gesetzeskomplexe zustande: des ungar. A.gesetzes (1867) als Vertrag zw. dem Kaiser als König von Ungarn und der am eigenen Reichstag vertretenen ungar. Nation und des Delegationsgesetzes (1867) der übrigen „im Reichsrat vertretenen Königreiche und Länder"; schuf, ergänzt durch die östr. Dezemberverfassung 1867, die Doppelmonarchie ↑Österreich-Ungarn.

Ausgleicher ↑Ausgleichsrennen.

Ausgleichsabgaben, Abgaben, die entweder der Aufbringung von Mitteln für einen [allg. oder bes.] ↑Lastenausgleich oder dem Ausgleich von Wettbewerbsnachteilen dienen. 1. Das LastenausgleichsG kennt drei verschiedene A.: Vermögensabgabe, Hypothekengewinnabgabe und Kreditgewinnabgabe. 2. Zur Durchführung des Ausgleichs der Arbeitgeberaufwendungen nach dem LohnfortzahlungsG wird von den am Ausgleich beteiligten Arbeitgebern eine Umlage erhoben. 3. Nach dem SchwerbeschädigtenG müssen Arbeitgeber, die nicht die vorgeschriebene Anzahl von Schwerbeschädigten beschäftigen, für jeden nichtbesetzten Pflichtplatz eine monatl. Abgabe entrichten. 4. Zum Ausgleich der innerstaatl. Belastungen inländ. Produkte oder zur Stützung des inländ. Preisniveaus gibt es verschiedene A. (z. B. Einfuhrumsatzsteuer).

Ausgleichsamt, Behörde zur Durchführung des ↑Lastenausgleichs.

Ausgleichsbetrag, nach dem StädtebauförderungsG in Geldbetrag, den der Eigentümer eines im förml. festgelegten Sanierungsgebiet gelegenen Grundstücks an die Gemeinde entrichten muß. Der A. muß der durch die Sanierung bedingten Erhöhung des

Ausgleichsfaktor

Grundstückswertes entsprechen.

Ausgleichsfaktor, svw. ↑Ausgleichszahl.

Ausgleichsfonds, Sondervermögen des Bundes, dem die Ausgleichsabgaben, Säumniszuschläge, Geldstrafen in Lastenausgleichsverfahren, Beiträge aus der Wertpapierbereinigung und Beiträge der öffentl. Haushalte zufließen und aus dem die Ausgleichsleistungen an Kriegsgeschädigte gezahlt werden.

Ausgleichsgetriebe ↑Differentialgetriebe.

Ausgleichsgrad, in der Regeltechnik das Verhältnis der Stellgrößenänderung zur Regelgrößenänderung.

Ausgleichsgymnastik, gezielte Bewegungsübungen zur Vermeidung oder Beseitigung von Haltungsfehlern.

Ausgleichskassen ↑Familienausgleichskassen.

Ausgleichsküste, durch ↑Küstenversatz und ↑Abrasion gebildete gerade Küstenform mit vielfachem Wechsel von Steil- und Flachküstenstrecken.

Ausgleichsposten, Saldo eines Kontos, einer Bilanz oder einer Gewinn-und-Verlust-Rechnung. In der Steuerbilanz entsteht - gewöhnl. auf der Passivseite - ein A. durch die Unterschiede in den Wertansätzen der Handels- und der Steuerbilanz.

Ausgleichsrechnung ↑Fehlerrechnung.

Ausgleichsrennen, im Galopprennsport Bez. für Rennen, bei denen die Pferde auf Grund unterschiedl. Leistungsfähigkeit vom **Ausgleicher** ein bestimmtes Gewicht zugeteilt bekommen, um gleiche Gewinnaussichten zu schaffen.

Ausgleichsrente, im Rahmen der Kriegsopferversorgung gewährter einkommensabhängiger Rentenbestandteil.

Ausgleichsschicht, eine Estrichschicht zum Ausgleich von größeren Bodenunebenheiten vor dem Verlegen von Bodenbelägen.

Ausgleichsverträge, Bez. für die von der BR Deutschland mit Belgien (1956), Luxemburg (1959) und den Niederlanden (1960) geschlossenen völkerrechtl. Verträge zur Bereinigung der aus dem 2. Weltkrieg resultierenden Streitfragen (v. a. Grenzberichtigungen, Wiedergutmachungsleistungen).

Ausgleichszahl (Ausgleichsfaktor, Stoßzahl, Stoßfaktor), Zahlenfaktor, mit dem bei Berechnung von Maschinenteilen (z. B. im Kran-, Fahrzeugbau) die aus Verkehrslasten stammenden stoßartigen Beanspruchungen angenähert berücksichtigt werden.

Ausgleichszölle ↑Zölle.

Ausgleichszuweisung ↑Finanzausgleich.

Ausgleichungspflicht, im Erbrecht die Verpflichtung gesetzl. Erben, bei der Auseinandersetzung des Nachlasses dasjenige untereinander zur Ausgleichung zu bringen, was sie vom Erblasser zu dessen Lebzeiten als Ausstattung oder unter der Bestimmung, daß eine Ausgleichung vorzunehmen sei, erhalten haben (§ 2050 BGB).

Ausglühen, das Erhitzen und langsame Abkühlen eines Metalls zur Änderung des Materialgefüges und zum Beseitigen von Spannungen.

Ausgrabung, das Freilegen verschütteter Überreste der Vergangenheit; wichtiges Hilfsmittel der archäolog., prähistor. und paläontolog. Forschung. Erste A. in der Renaissance (Raffael in Rom) mit dem Zweck, Monumente des Altertums kennenzulernen. Spätere A. galten bes. der Bergung schöner oder merkwürdiger Gegenstände für Sammlungen und Museen, wie noch heute bei (strafbaren) heiml. Raubgrabungen, von denen der Kunsthandel profitiert. Im 19. Jh. Ausbildung wiss. A.methoden, bes. der Schichtenbeobachtung zur Klärung histor. Abfolgen (Dörpfeld in Olympia, 1875). Moderne A. zielen weniger auf Gewinnung kostbarer Einzelfunde als auf Aufdeckung histor. und kulturhistor. relevanter Befunde; Notgrabungen dienen der Rettung bedrohter Altertümer. Die *Methoden* einer A. differieren je nach Objekt (Abris, Pfahlbau, Tempel, Stadt, Nekropole) so stark, daß allgemeine Kriterien kaum existieren. Neuerdings wird der Einsatz techn. und naturwissenschaftl. Hilfsmittel verstärkt (C_{14}-Methode, ↑Altersbestimmung). Eine A. beginnt mit der Bestimmung des Grabungsplatzes durch Zufall oder systemat. Auswahl (Begehung, ↑Luftbildarchäologie). Sie kann auf komplizierten Plätzen Generationen dauern und erfordert Mitarbeit von fachfremden Spezialisten (Geologen, Botanikern, Architekten, Werkstoffwissenschaftlern usw.). Nach der Publikation der Ergebnisse stellt sich heute oft die Forderung nach denkmalpfleger. Konservierung und gegebenenfalls Rekonstruktion vor Ort, um der Öffentlichkeit Zugang und Information zu vermitteln. Vorbildl. ist z. B. die amerikan. A. der Agora von Athen.
📖 *Avi-Yonah, M.: Von Expeditionen, A. u. Funden.* Dt. Übers. Zürich u. Köln 1978. - *Schwarz, G. T.: Archäolog. Feldmethode.* Thun u. Mchn. 1967.

Aushärtung, therm. oder katalyt. Prozeß bei der Verarbeitung härtbarer Kunstharze (Duroplaste), die dabei eine räuml. vernetzte Struktur annehmen und beim Erwärmen, im Ggs. zu den Thermoplasten, nicht wieder verformt werden können.

◆ A. bei Metallen ↑Wärmebehandlung.

Aushauschere, Blechbearbeitungsmaschine mit C-förmigem Gestell, feststehendem Untermesser und am angetriebenen Stößel befestigtem, kurzem Obermesser; der Antrieb erfolgt über einen Exzenter; die A. ermöglicht das Herausschneiden beliebiger Teilstücke aus dem Blech.

Ausheber, Verletzung der Haut bei der Fleischseitenbearbeitung (Lederherstellung).
◆ Griff beim *Ringen*, mit dem man den Gegner durch Hochheben zu Fall zu bringen sucht.

aushebern, Magensaft bzw. Mageninhalt durch Ansaugung über einen durch Mund und Speiseröhre in den Magen eingeführten Schlauch entnehmen.

Aushebung, Einberufung zu den Streitkräften eines Landes.

Aushilfe, nur vorübergehend beschäftigte Arbeitskraft. Der allgemeine Kündigungsschutz gilt nicht für Beschäftigungen unter drei Monaten.

Auskehlung, flach- oder halbrunde, rinnenförmige Vertiefung (Hohlkehle) in Holzwerkstücken.

Auskeilen, ständige Abnahme der Mächtigkeit einer Gesteinsschicht bis zum völligen Schwund.

Ausklammerung, Satzbauweise, bei der Satzteile oder Nebensätze nach dem schließenden Prädikat oder Prädikatsteil stehen, z. B.: Er hat angefangen mit dem Unsinn; bes. häufig in der Wissenschaftssprache.

Ausklarierung, Abfertigung eines Schiffes vor dem Auslaufen durch Hafen-, Zoll- und Gesundheitsbehörden.

Auskleidung (Futter, Zustellung), Belag aus feuerfesten Steinen, Gummi, Asphalt u. a. auf den Innenwänden stählerner Öfen, Gießpfannen, Behälter und Rohrleitungen.

Auskochen, Abbrennen einer Sprengladung ohne Detonation.

Auskolkung, kesselförmige Vertiefung im Gestein, verursacht durch fließendes Wasser.
◆ svw. ↑ Kolkung.

Auskragung, aus der Baufluchtlinie vorspringendes oder die Unterstützung überragendes Bau- oder Konstruktionsteil (z. B. Stockwerk, Erker).

Auskratzung, svw. ↑ Ausschabung.

Auskugelung, volkstüml. Bez. für ↑ Verrenkung.

Auskultation [lat.] (Abhorchen), Abhören von Geräuschen, die im Körperinnern, bes. im Herzen (Herztöne) und in den Lungen (Atemgeräusche) entstehen. Die A. erfolgt entweder mit dem bloßen Ohr *(direkte A.)* oder mit einem schalleitenden Instrument (↑ Stethoskop; *indirekte A.*) zur Diagnose von Erkrankungen innerer Organe.

Auskunftei, Unternehmen, das gewerbsmäßig Auskünfte über private und geschäftl. Verhältnisse anderer, insbes. über deren Kreditwürdigkeit erteilt. Der Betrieb einer A. bedarf keiner Zulassung. Jedoch können die Landesregierungen Rechtsverordnungen über das Geschäftsgebaren der A. erlassen.

Auskunftspflicht, die einer Person auferlegte Verpflichtung, einer anderen Person Auskunft über bestimmte Angelegenheiten zu geben. Die A. kann sowohl Einzelpersonen als auch Gesellschaften und Behörden treffen. Eine A. obliegt z. B: dem alten Gläubiger, der eine Forderung abtritt, gegenüber dem neuen Gläubiger; dem Verkäufer gegenüber dem Käufer über den verkauften Gegenstand; den Behörden gegenüber der Staatsanwaltschaft in einem strafrechtl. Ermittlungsverfahren; der Bevölkerung bei statist. Erhebungen; dem Arbeitgeber gegenüber den Sozialversicherungsträgern.

Auskunftsverweigerungsrecht, Recht des Zeugen, auf bestimmte Fragen die Antwort zu verweigern. Im Strafverfahren z. B. hat der Zeuge ein A., wenn die Antwort ihn oder einen Angehörigen der Gefahr aussetzen würde, wegen einer Straftat oder einer Ordnungswidrigkeit verfolgt zu werden. - ↑ auch Berufsgeheimnis, ↑ Zeugnisverweigerungsrecht.

Auslage, beim *Boxen* Grundstellung des Boxers. Bei der **Linksauslage** hat der Kämpfer das linke Bein und die linke Faust, bei der **Rechtsauslage** das rechte Bein und die rechte Faust vor dem Körper; beim *Fechten* Ausgangsstellung hinter der Startlinie.

Auskragung zweier Stockwerke an einem Fachwerkhaus

Auslagen, 1. bare Aufwendungen, die einem Gericht in einem Verfahren, einer Verwaltungsbehörde bei der Vornahme einer Amtshandlung oder einem Rechtsanwalt bei seiner Berufstätigkeit entstehen. Die A. des Gerichts oder der Verwaltungsbehörde hat derjenige zu tragen, der das Verfahren in Gang gebracht hat oder dem die Kosten durch Gerichtsentscheid auferlegt wurden, Ähnliches gilt bei den A. des Rechtsanwalts. Gebühren und A. werden unter dem Begriff Kosten zusammengefaßt. 2. Aufwendungen, die (beim Auftrag) der Auftraggeber dem Beauftragten ersetzen muß, wenn dieser sie den Umständen nach für erforderl. halten durfte (§ 670 BGB).

Ausland, Bez. für das von einem Staat aus gesehen nicht zu seinem Hoheitsbereich (Inland) gehörende Territorium einschließl.

Ausländer

der hohen See. In der BR Deutschland wird unter A. rechtl. nur das Gebiet verstanden, das nicht zum Dt. Reich in den Grenzen vom 31. 12. 1937 gehört; die DDR und Berlin werden nicht als A. betrachtet (von der DDR bestritten). Von dem polit.-staatsrechtl. Begriff A. zu unterscheiden sind funktionale Bez. wie z. B. Zollausland.

Ausländer, Rose, geb. Scherzer, * Tschernowzy 11. Mai 1907, Lyrikerin. - Lebte 1941- 44 verfolgt im Ghetto; wanderte 1946 in die USA aus; seit 1965 in Düsseldorf. Themen ihrer Lyrik sind v. a. Verfolgung, Emigration, Einsamkeit. - *Werke:* Blinder Sommer (Ged., 1965), Inventar (Ged., 1972), Ohne Visum (Ged. und Prosa, 1974), Es ist alles anders (Ged., 1977), Mutterland (Ged., 1978), Ein Stück weiter (Ged., 1979). - †3. Jan. 1988.

Ausländer, alle nicht die inländ. Staatsangehörigkeit besitzenden Personen, also ausländ. Staatsangehörige oder Staatenlose. In der BR Deutschland sind kraft Verfassungsbestimmung auch diejenigen Personen Deutsche und somit nicht A., die - auch wenn sie nicht die dt. Staatsangehörigkeit besitzen - als Flüchtlinge oder Vertriebene dt. Volkszugehörigkeit oder als deren Ehegatten oder Abkömmlinge in dem Gebiet des Dt. Reiches nach dem Stande vom 31. 12. 1937 Aufnahme gefunden haben (Art. 116 GG). Sofern nicht Sondervorschriften für sie gelten (↑ Ausländerrecht) unterliegen A. den allg. Gesetzen; Inländerbehandlung ist z. T. auch durch völkerrechtl. Verträge vereinbart. *Heimatlose A.* sind in der BR Deutschland den Inländern weitgehend gleichgestellt.

Ausländerkonten (Ausländer-DM-Konten), Konten bei dt. Geldinstituten für natürl. und jurist. Personen mit ständigem Wohnsitz oder Sitz außerhalb der BR Deutschland (Gebietsfremde).

Ausländerrecht, alle Rechtsvorschriften, die Ausländer einem nur für sie (nicht auch für Inländer) geltenden Sonderrecht unterwerfen. *Verfassungsrecht:* Von den Grundrechten gelten die sog. Menschenrechte auch für Ausländer. Dagegen sind die sog. Bürgerrechte den Deutschen vorbehalten (Versammlungsfreiheit, Vereinigungsfreiheit, Freizügigkeit, Berufsfreiheit, Verbot der Auslieferung an das Ausland), ebenso die sog. polit. Rechte (aktives und passives Wahlrecht). *Allg. A.:* Für die Rechtsstellung von Ausländern von allg. Bed. sind: 1. das Ausländergesetz (AuslG) vom 28. 4. 1965 (mehrfach geändert) mit DVO zum Ausländergesetz i. d. F. vom 29. 6. 1976. Danach bedarf grundsätzl. jeder Ausländer zum Aufenthalt in der BR Deutschland einer behördl. Aufenthaltserlaubnis. Der aufgenommene Ausländer kann bei Verstößen gegen Belange der Allgemeinheit ausgewiesen und zwangsweise abgeschoben werden. Die Ausreise steht jedem Ausländer frei. 2. Das Dt. Auslieferungsgesetz vom 23. 12. 1929 i. d. F. vom 2. 3. 1974. - 3. Das Reichs- und Staatsangehörigkeitsgesetz vom 22. 7. 1913 i. d. F. vom 2. 7. 1976. *Besonderes A.:* 1. Im bürgerl. Recht richten sich der Personenstand (Name, Abstammung, Familienstand), die Geschäfts-, Ehe- und Testierfähigkeit, das Scheidungsrecht und das Erbrecht von Ausländern grundsätzl. nach deren Heimatrecht. 2. Zur Aufnahme einer Beschäftigung als [unselbständiger] Arbeitnehmer ist, sofern kein Gastarbeitnehmerabkommen geschlossen wurde, eine Erlaubnis der Bundesanstalt für Arbeit erforderlich. In der Sozialversicherung stehen die ausländ. den dt. Arbeitnehmern weitgehend gleich. 3. Für das Steuerrecht spielt die Ausländereigenschaft keine Rolle, da jeder, der im Inland wohnt oder einen dauernden Aufenthalt hat, mit seinen gesamten [inländ. wie ausländ.] Einkünften zur Steuer herangezogen wird. Um Doppelbesteuerung der ausländ. Einkünfte zu vermeiden, bestehen mit zahlr. Staaten sog. Doppelbesteuerungsabkommen. Die Regeln des allg. und bes. A. finden [ganz oder teilweise] keine Anwendung auf: 1. exterritoriale Personen; 2. Angehörige von Staaten der europ. Gemeinschaften; 3. Angehörige der NATO-Streitkräfte; 4. Flüchtlinge im Sinne der Genfer Konvention; 5. heimatlose Ausländer.
📖 *Kloesel, A./Christ, R.: Dt. A. Stg. ²1984. - Huber, B.: Ausländer- u. Asylrecht. Mchn. 1983. - Die fremden Mitbürger. Hg. v. H. Esser. Düss. 1982.*

ausländische Arbeitnehmer, amtl. Bez. für ↑ Gastarbeitnehmer.

Auslandsbonds (Auslandsanleihen), im Ausland aufgelegte, auf ausländ. Währung lautende festverzinsl. Schuldverschreibungen öff. oder privater inländ. Emittenten.

Auslandschweizer, Schweizer, die ihren Wohnsitz oder ihren gewöhnl. Aufenthaltsort im Ausland haben.

Auslandkapital, zusammenfassende Bez. für das Geld- und Sachkapital, das ausländ. Wirtschaftssubjekte im inländ. Wirtschaftsprozeß einsetzen.

Auslandsschulden, Gesamtheit der in Geldeinheiten ausgedrückten inländ. Verbindlichkeiten öffentl. und privater Schuldner gegenüber ausländ. Gläubigern. Die dt. A. nach den Weltkriegen wurden geregelt im Versailler Vertrag (28. 6. 1919) und im Londoner Schuldenabkommen (27. 2. 1953).

Auslandsschulen, Schulen, die von einem Staat außerhalb seines Hoheitsgebiets unterhalten oder finanziell unterstützt werden. Schulträger der *dt. Schulen im Ausland* sind im allg. örtl. Schulvereine, die finanzielle Beihilfen vom Bund über die Zentralstelle für das Auslandsschulwesen beantragen können. Es sind überwiegend allgemeinbildende private Schulen meist ausländ. Rechts. Bei entsprechendem Lehrplan können sie die dt. Reifeprüfung abnehmen.

Auslieferung

Auslandsstrafen, Strafen, die im Ausland verhängt wurden. Sie werden in der BR Deutschland grundsätzl. nicht vollstreckt, soweit nicht vertragl. Sondervereinbarungen bestehen. Allerdings hindern A. nicht eine nochmalige Bestrafung im Inland; bei einer erneuten Verurteilung wird die ausländ. Strafe angerechnet, soweit sie vollstreckt ist. Die DDR gilt als Inland.

Auslandstaten (Auslandsdelikte), Straftaten eines Deutschen im Ausland bzw. eines Ausländers im Ausland. Nach dem Territorialitätsprinzip gilt das dt. Strafrecht grundsätzl. nur für Taten, die im Inland (§ 3 StGB), in einem dt. Luftfahrzeug oder auf einem unter dt. Flagge fahrenden Schiff begangen werden (§ 4 StGB). Das dt. Strafrecht gilt jedoch unabhängig vom Recht des Tatorts bei einigen Straftaten gegen inländ. oder internat. geschützte Rechtsgüter; z. B.: Vorbereitung eines Angriffskriegs, Hochverrat, Meineid; Völkermord, Geld- und Wertpapierfälschung (§§ 6–7 StGB).

Auslandsvermögen, die Forderungen einer Volkswirtschaft bzw. eines Wirtschaftssubjektes gegenüber dem Ausland, bestehend aus Grundstücken und Gebäuden, Maschinen und Anlagen sowie aus Rechten und Beteiligungen. Der Wert des dt. A. vor dem 1. Weltkrieg wird auf 28 Mrd. Mark geschätzt, vor Ausbruch des 2. Weltkrieges auf etwa 15 Mrd. RM (ohne Patente, Urheberrechte, Warenzeichen). Das A., das Deutschland vor Beendigung des 2. Weltkrieges besaß, wurde zunächst vollständig beschlagnahmt. Später haben einzelne Staaten das dt. A. ganz oder teilweise freigegeben.

Auslaßventil, bei Viertakt- (gelegentl. auch bei Zweitakt-) Verbrennungsmotoren am Verdichtungsraum angebrachtes und von der Nockenwelle gesteuertes Ventil zur Regelung des Auslaßvorgangs für die Abgase.

Ausläufer, ober- oder unterird. Seitensproß bei Pflanzen; dient (nach Bewurzelung) der vegetativen Fortpflanzung.

Auslaugung, ↑ Extraktion.
◆ chem. Verwitterung von Gesteinen.

Auslaut, Laut oder Laute am Ende einer Silbe (Silben-A.), eines Wortes (Wort-A.) oder eines Satzes (Satz-A.).

Auslegen, in der *Stereotypie* das Ausfüllen größerer nichtdruckender Bereiche der Mater mit Pappstreifen, um ein Eindrücken der Mater beim Gießen (Gießdruck) zu verhindern.

Ausleger, die Unterstützung überragender Trägerteil an Brücken, Kranen usw.
◆ im *Bootsbau* 1. Rohrgestell zur Riemenauflage, 2. stützender Schwimmkörper beim Auslegerboot.

Auslegerboot, Boot mit einem oder zwei parallel zum Bootskörper verlaufenden, stützenden Schwimmkörpern (Auslegern), die ein Kentern verhindern.

Auslegerkran, Kran, dessen lastaufnehmender Ausleger über die Kranstandfläche hinausragt (Turmkran).

Auslegung, in der *Rechtswissenschaft* die Ermittlung des Sinnes von Gesetzen und Willenserklärungen. Die **log. Auslegung** stellt den jurist. Sinn die Begriffe, die **systemat. Auslegung** die Stellung des Rechtssatzes im System der Rechtsordnung fest. Zur systemat. A. gehört die verfassungskonforme A., wonach ein Rechtssatz, dessen Übereinstimmung mit der Verfassung zweifelhaft ist, so auszulegen ist, daß er mit der Verfassung vereinbar ist. Die **genet. Auslegung** ermittelt den Willen des Gesetzgebers, wie er während der Gesetzgebungsverhandlungen zum Ausdruck gekommen ist, die **teleolog. Auslegung** den Sinn und Zweck des Rechtssatzes. Das Ergebnis der A. kann ausdehnend (extensiv) oder einschränkend (restriktiv) sein. Bei der A. einer Willenserklärung ist der wirkl. Wille zu erforschen und nicht an dem buchstäbl. Sinne des Ausdrucks zu haften (§ 133 BGB); Verträge sind so auszulegen, wie Treu und Glauben mit Rücksicht auf die Verkehrssitte es erfordern (§ 157 BGB).
◆ A. von Texten ↑ Hermeneutik, ↑ Interpretation.

Auslenkung, das Entfernen eines Körpers (z. B. eines Pendels) aus einer stabilen Gleichgewichtslage, in die er dann selbständig zurückkehrt; auch der Betrag (Strecke, Drehwinkel), um den der Körper aus dieser Lage entfernt wird bzw. ist.

Auslese (Selektion), in der *Biologie* Ausmerzung schwächerer, weniger gut an ihre Umwelt angepaßter Individuen und Überleben der am besten angepaßten (**natürl. Auslese**); von C. Darwin 1859 erstmals deutl. als einer der wichtigsten Faktoren für die Entstehung der Arten hervorgehoben (↑ Selektionstheorie). **Künstl. A.** wird in der Tierzucht durch Kreuzung von Mutanten mit den gewünschten Merkmalen erzielt.
◆ in der Weinherstellung ein Wein, der aus vollreifen oder von Edelfäule befallenen ausgelesenen Beeren bereitet wird. In Ungarn und im östr. Burgenland *Ausbruch* genannt. Die A. ist bes. süß und hat einen Alkoholgehalt von 8–10 Vol.-%.

Ausleuchtung, zusätzl. Beleuchtung z. B. photograph. Objekte oder am Arbeitsplatz zur Vermeidung von Schattenwirkungen bzw. zur Verbesserung der [natürl.] Lichtverhältnisse.
◆ (Phosphoreszenz-A.) ↑ Auslöschung der Phosphoreszenz.

Auslieferung, im *Völkerrecht* amtl. Überstellung einer Person an eine ausländ. Staatsgewalt zum Zwecke der Strafverfolgung oder -vollstreckung; Form der zwischenstaatl. Rechtshilfe. Zur A. ist ein Staat nur verpflichtet, wenn ein entsprechender A.-vertrag besteht, im übrigen sind die dt. Behörden

Auslieger

zur A. nach Maßgabe des Dt. A.gesetzes befugt. Der A. geht im allg. ein auf diplomat. Wege gestelltes A.ersuchen voraus. Die BR Deutschland darf Deutsche an das Ausland nicht ausliefern, Ausländer dann nicht, wenn ihnen das Asylrecht zusteht (Art. 16 GG). Von der BR Deutschland zur DDR gibt es keine A., sondern die nicht nach völkerrechtl. Grundsätzen gestaltete **Zulieferung**. Muß eine ausgelieferte Person auf der Reise vom ersuchten zum ersuchenden Staat dritte Staaten durchqueren, so liegt eine **Durchlieferung** vor, für die die Grundsätze der A. entsprechend gelten.

Das *östr.* und *schweizer. Recht* entspricht im wesentl. der dt. Regelung.

◆ im *Postrecht:* Aushändigung der beförderten Sendungen an den Empfänger.

◆ im *Handel:* Lieferung ab Auslieferungslager.

Auslieger ↑Zeugenberg.

Auslobung, das öff. bekanntgemachte, einseitige, bindende Versprechen einer Belohnung für die Vornahme einer Handlung, z. B. für die Aufklärung einer strafbaren Handlung, die Herbeischaffung einer verlorenen oder gestohlenen Sache (§§ 657ff. BGB). Eine bes. Form der A. ist das Preisausschreiben.

Auslöschung, (A. der Fluoreszenz) die Verminderung bzw. Beseitigung der Fluoreszenzstrahlung eines Stoffes durch Erhöhung seiner Konzentration (**Selbstauslöschung**) oder durch Zusatz fremder Stoffe (**Fremdauslöschung**).

◆ (A. der Phosphoreszenz) ein z. B. durch Wärmezufuhr bewirktes sehr schnelles Abklingen (Ausleuchtung) der Phosphoreszenz von angeregten Phosphoren.

Auslösemechanismus, Abk. AM, Begriff der Verhaltensphysiologie: spezif. Mechanismus, der auf bestimmte Reize der Umwelt (Schlüsselreize) anspricht und die diesen Reizen zugehörende Reaktion (eine entsprechende Verhaltensweise) in Gang setzt. Der A. ist am Erfolg erkennbar, seine Lokalisation in Nervensystem ist bisher ungeklärt. Ist das Ansprechen des AM auf die entsprechenden Schlüsselreize angeboren, d. h. von früheren Erfahrungen unabhängig, so spricht man von einem **angeborenen Auslösemechanismus** (Abk. AAM).

Auslöser (Signale), in der Verhaltensphysiologie Bez. für spezielle Schlüsselreize, die beim Empfänger eine bestimmte Reaktion auslösen. Die A. spielen im Rahmen der Wechselbeziehungen zw. den Organismen eine große Rolle. Für eine optimale Informationsübertragung ist Auffälligkeit und Eindeutigkeit wichtig. Bewegungen werden rhythm. wiederholt oder übertrieben und sind stereotyp. (z. B. bei balzenden Vögeln), Signalstrukturen sind leuchtend gefärbt oder von auffallender Form (z. B. bei Blumen). A. beim Menschen u. a.: Uniformen, Rangabzeichen und aus dem Bereich des Verhaltens das Lächeln, das Weinen sowie die Wörter der Sprache. - Der Prozeß, durch den A. im Laufe der Stammes- oder Kulturgeschichte entstanden sind, wird als **Ritualisierung** bezeichnet.

Auslosung, Aufruf von Schuldverschreibungen im ganzen oder zu Teilbeträgen zur Rückzahlung zum Nennwert.

Auslösung, im *Arbeitsrecht* Bez. für die z. T. steuerfreien Entschädigungen, die für Mehrausgaben des Arbeitnehmers bei Abwesenheit vom Wohn- und Betriebssitz gewährt werden.

◆ in der *Nachrichtentechnik* die Rückführung der für eine Nachrichtenverbindung benutzten Schalteinrichtungen in die Ruhe-(Anfangs-)Lage, so daß sie für einen neuen Verbindungsaufbau frei sind.

◆ das Ingangsetzen eines physikal., chem. oder techn. Vorganges durch einen verhältnismäßig kleinen Anstoß, u. a. durch Energiezufuhr (z. B. bei chem. Reaktionen).

Auslucht [zu niederdt. lucht „Lichtöffnung, Fenster"], vom Erdboden aufsteigender, ein- oder mehrgeschossiger Vorbau (im Ggs. zum Erker, der von Konsolen getragen wird).

Ausmahlungsgrad, in der Mehlmüllerei der Quotient aus der beim Mahlen anfallenden Gewichtsmenge Mehl und der Gewichtsmenge vermahlenen Getreides.

Ausnahme, Abweichung von der generellen Regelung im Einzelfall. Im Verwaltungsrecht können A.genehmigungen erteilt werden, die sich auf eine bestimmte Vorschrift beziehen.

Ausnahmegericht, Gericht, das in willkürl. Abweichung von der gesetzl. Zuständigkeit bes. gebildet und zur Entscheidung einzelner konkreter oder individuell bestimmter Fälle berufen ist; in der BR Deutschland nach Art. 101 Abs. 1 GG unzulässig.

Ausnahmegesetz, 1. Gesetz, das abweichend von der „normalen" verfassungsrechtl. Regelung der Machtverteilung im Staat Sondermächtigungen zur Bewältigung eines Notstands enthält. 2. Früher übl. Begriff zur Bez. von Gesetzen, die für einzelne oder eine bestimmte Klasse von Staatsbürgern ein bes., vom allg. gültigen Recht abweichendes Recht festsetzten. Nach heutigem Verfassungsverständnis ist auch der Gesetzgeber an den Gleichheitssatz des Art. 3 Abs. 1 GG gebunden. Er darf wesentl. Gleiches nicht willkürl. ungleich behandeln. Sondergesetze, die jemanden wegen seines Geschlechts, seiner Abstammung, seiner Rasse, seiner Sprache, seiner Heimat und Herkunft, seines Glaubens, seiner religiösen und polit. Anschauung benachteiligen oder bevorzugen, sind verfassungswidrig. 3. *Ausnahmevorschrift,* Vorschrift, die die in einem Gesetz getroffene Regelung für einen Ausnahmefall durchbricht

(z. B. § 847 BGB, Schmerzensgeldregelung).
Ausnahmezustand, durch schwere Naturkatastrophen oder polit. Ereignisse (militär. Angriff von außen, Aufstand im Innern) verursachter, die Existenz des Staates bedrohender Notstand, zu dessen Bewältigung die Rechtsordnung außerordentl. Vollmachten für die Staatsorgane bereithält, um eine Konzentration aller Kräfte zu ermöglichen. Der A. setzt einen „*Normalzustand*", in dem die Staatsgewalt verfassungsrechtl. Beschränkungen unterliegt, voraus. Totalitäre Staaten kennen deshalb die Problematik des A. nicht. Nicht alle Staaten besitzen eine bes. Notstandsverfassung. In mehreren westeurop. Staaten (Belgien, Dänemark, Niederlande, Norwegen, Schweiz, z. T. auch Großbrit.) haben deshalb im 2. Weltkrieg die Parlamente den Regierungen entweder für die Stunde der Not Sondervollmachten erteilt oder die Krisenbewältigung den Regierungen überlassen und ihnen nach Kriegsende für die notwendigen Verfassungsüberschreitungen durch Gesetz Indemnität gewährt *(extrakonstitutionelles Notrecht)*. - Die *Weimarer Reichsverfassung* ermächtigte in Art. 48 (Diktaturparagraph) den Reichspräsidenten, bei erhebl. Störung oder Gefährdung der öffentl. Sicherheit und Ordnung die zu ihrer Wiederherstellung nötigen Maßnahmen, auch gesetzgeber. Art (Notverordnungsrecht), zu treffen. Eine formelle Erklärung des A. war nicht erforderlich. Die sog. **Notstandsgesetzgebung** der BR Deutschland vom 24. 6. 1968 bemüht sich, die Erfordernisse einer Stärkung der Regierungsgewalt und die einer höchstmögl. rechtsstaatl.-demokrat. Sicherung gegen Machtmißbrauch und Staatsstreichgefahren miteinander in Einklang zu bringen. Das GG kennt nunmehr neben dem ↑Gesetzgebungsnotstand folgende Notstandsfälle: ↑Katastrophennotstand, ↑innerer Notstand, ↑Verteidigungsfall, ↑Spannungsfall, ↑Bündnisfall, ↑Vorbereitungsfall, ↑Vorsorgefall.
In *Österreich* gibt es z. Z. keine eigene Notstandsverfassung; der Bundespräsident hat ein beschränktes Notverordnungsrecht (Art. 18 B-VG).
In der *Schweiz* sieht die BV keine ausdrückl. Suspension der Grundrechte vor. Laut Art. 89 bis Abs. 3 kann die Bundesversammlung jedoch von der BV abweichen (praktiziert im Aug. 1914 und im Aug. 1939).
Ausnutzungsgrad, svw. ↑Beschäftigungsgrad.
Ausonen, osk. Volksstamm, ↑Aurunker.
Ausonius, Decimus Magnus, * Burdigala (= Bordeaux) um 310, † ebd. nach 393, lat. Dichter. - Formgewandter Lyriker, der seine rhetor. Künste sinnr. anwendet; interessant ist „Mosella", die poet. Beschreibung einer Fahrt auf Rhein und Mosel von Bingen bis Trier.
Auspizien [lat.], Brauch der Römer, durch Beobachtung u. a. des Geschreis der Vögel, der Richtung und der Begleitumstände des Vogelflugs den Willen der Götter zu erforschen.
auspowern [zu frz. pauvre (lat. pauper) „arm"], ausplündern, bis zur Verelendung ausbeuten.
Auspuff, bei Verbrennungskraftmaschinen das Ausströmen des Abgases; bei Dampfkraftmaschinen das Ausströmen des Abdampfs; auch Bez. für die Anlage (Rohrleitung), durch die das Ausströmen erfolgt.
Auspuffanlage (Auspuff), Gesamtheit der die Abgase vom Zylinder ins Freie führenden und das Auspuffgeräusch dämpfenden Bauteile einer Verbrennungskraftmaschine, bestehend aus **Auspuffkrümmer** (Übergangsstück von den Zylindern zur Rohrleitung), **Auspuffleitung** und Abgasschalldämpfer (**Auspufftopf**). Die A. muß, damit der Leistungsverlust trotz Schalldämpfung klein ist, hinsichtl. des Querschnitts der Auspuffleitung (**Auspuffrohr**) und der Längenabmessungen der Einzelstücke der Rohrleitungen sowie der Anordnung der einzelnen Aggregate richtig dimensioniert sein.
Auspuffstrahl ↑Antriebsstrahl.
Auspuffturbine, Gasturbine, die von den Abgasen einer Verbrennungskraftmaschine beaufschlagt wird.
Ausputzer, im Fußballspiel Abwehrspieler hinter der eigenen Abwehr, der den unmittelbar vor dem Tor gelegenen Raum sichern soll; heute kaum noch üblich, Funktion wurde vom Libero übernommen.
Ausreißer, Meßwert, der im Vergleich zu der Mehrzahl der anderen gemessenen Werte stark vom Mittelwert abweicht und bei der Auswertung (Fehlerdiskussion) im allg. nicht berücksichtigt wird.
◆ beim Schießen Treffer, der auffallend weit vom beabsichtigten Zielpunkt auftrifft (mit großer Ablage).
Ausrichtungs- und Garantiefonds, Fonds zur Finanzierung agrar- und agrarstrukturpolit. Maßnahmen im Rahmen der EWG. Aus der Abteilung Garantie werden Interventionen auf dem Binnenmarkt zur Regulierung der Preise sowie Ausfuhrrückerstat-

Auspuffanlage. Schematische Darstellung

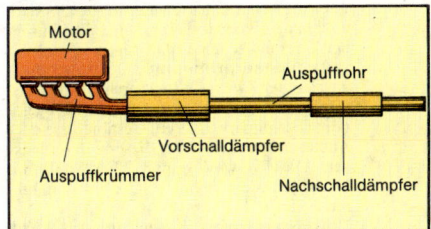

Ausrufesatz

tungen finanziert. Die Abteilung Ausrichtung finanziert Maßnahmen, u. a. zur Verbesserung der Agrarstruktur.

Ausrufesatz, Satz in der Form eines Ausrufs, der einen Sachverhalt mit starker innerer Anteilnahme des Sprechers ausdrückt, z. B. *Wie gemein du bist!*

Ausrufezeichen (Ausrufungszeichen), Zeichen, das den lebhaften Ton des Schreibers deutlich macht und hinter Ausrufen, Aufforderungen oder Wünschen steht.
◆ in der *Mathematik* das Zeichen für ↑ Fakultät.

Ausrüstung, in der Textiltechnik svw. ↑ Appretur.
◆ (Papierausrüstung) ↑ Papier.

Aussaat, in der Land- und Forstwirtschaft sowie im Gartenbau das Ausstreuen (Säen) von Samen oder Früchten (bzw. Saatgut), i. w. S. auch das Einbringen von Pflanzgut in die Erde.

Aussage, sprachl. Äußerung (in Form eines Satzes, ↑ Aussagesatz), deren Sachverhalt durch die Einstellung des Sprechers zur Wirklichkeit bestimmt ist; die A. kann wahr, falsch oder wahrscheinl. sein; vereinzelt wird A. auch im Sinn von Satzaussage (↑ Prädikat) verwendet.
◆ zum *Recht* ↑ falsche uneidliche Aussage.
◆ in der *Logik* ein Behauptungssatz (↑ Urteil). Ein sprachl. Ausdruck läßt sich – auf Aristoteles zurückgehend – als A. charakterisieren durch das Verfahren, mit dem er behauptet oder bestritten werden kann *(dialogdefinite A.)*. Erlaubt die Argumentation eine Gewinnstrategie für den Behauptenden, so gilt die A., d. h. die A. ist wahr; erlaubt sie eine Gewinnstrategie für den Bestreitenden, so ist die A. ungültig bzw. falsch. In speziellen Fällen, insbes. für die einfachen Aussagen der Alltagssprache, ist es entscheidbar, ob die A. wahr oder falsch ist *(wertdefinite A.)*. - Die log. Zusammensetzung von A. mit Hilfe von ↑ logischen Partikeln wird in der ↑ formalen Logik erklärt. Aufgabe der formalen Logik ist es, u. a., sicherzustellen, daß auch log. zusammengesetzten A. dialogdefinit, d. h. wirkliche A. sind, wenn es die Teil-A. waren, und zu klären, inwieweit sich speziell die Wertdefinitheit von A. auf ihre log. Zusammensetzungen überträgt. Hauptaufgabe aber ist zu untersuchen, welche A. allein auf Grund ihrer log. Zusammensetzung log. wahr sind, unabhängig von der Wahrheit oder Falschheit ihrer einfachen Teilaussagen.

Aussageerpressung, die Anwendung unerlaubter Zwangsmittel durch einen Amtsträger um in einem Strafverfahren, Bußgeld- oder Disziplinarverfahren, Geständnisse oder Aussagen zu erzielen oder diese zu unterdrükken. Die Tat wird gemäß § 343 StGB mit Freiheitsstrafe von einem Jahr bis zehn Jahren bestraft.

Aussageform, in der formalen Logik eine Aussage, bei der Teilausdrücke durch ↑ Variable (z. B. *x*, *y*) ersetzt sind.

Aussagegenehmigung, im öff. Recht die für Richter, Beamte und andere Personen des öff. Dienstes erforderl. Genehmigung des Dienstvorgesetzten, über Umstände auszusagen, auf die sich ihre Pflicht zur Amtsverschwiegenheit bezieht. Bei Regierungsmitgliedern entscheidet über die A. die Bundesregierung. Das Gericht ist an die Verweigerung der A. gebunden.

Aussagenanalyse ↑ Inhaltsanalyse.

Aussagenlogik, svw. ↑ Junktorenlogik.

Aussagenotstand, um die Gefahr einer Bestrafung von sich oder einem Angehörigen abzuwenden, kann das Gericht bei Meineid oder falscher uneidl. Aussage eines Zeugen oder Sachverständigen die Strafe mildern oder von ihr absehen.

Aussagenvariable, in der formalen Logik eine ↑ Variable für Aussagen.

Aussagepflicht, die öff.-rechtl., höchstpersönl. (durch einen anderen nicht erfüllbare) Verpflichtung, wahrheitsgemäß und ohne etwas zu verschweigen über Name, Alter, Beruf, Wohnort *[zur Person]* und über irgendwelche Wahrnehmungen *[zur Sache]* Auskunft zu geben. Die A. besteht: 1. nur vor Gericht (Richter, Rechtspfleger) und den parlamentar. Untersuchungsausschüssen; 2. grundsätzlich nur für Zeugen, nicht für Beschuldigte im Strafverfahren, die vor ihrer Vernehmung auf die Möglichkeit der **Aussageverweigerung** hingewiesen werden müssen, ferner nicht für Parteien im Zivilprozeß, Kläger im Verfahren vor den Verwaltungs- und Sozialgerichten. Bei grundloser Aussageverweigerung ist der Zeuge in eine Ordnungsstrafe (Geld, Haft) zu nehmen.

Aussagesatz, Satz, der einen Sachverhalt einfach berichtend wiedergibt, z. B.: *Das Kleid ist grün. Der Bauer pflügt.*

Aussageverweigerung ↑ Aussagepflicht.

Aussageweise ↑ Modus.

Aussalzen, das Ausfällen eines in Lösung befindl. Stoffes durch Zugabe eines Salzes. Der Stoff wird durch das Salz gleichsam aus der Lösung verdrängt.

Aussatz, svw. ↑ Lepra.

Ausschabung (Auskratzung, Abrasion, Kürettage), kleiner Eingriff mit einer Kürette (Instrument nach Art eines scharfen chirurg. Löffels) zum Entnehmen von Hautproben aus der Gebärmutter oder zur Entfernung des Inhalts der Gebärmutter.

ausschäumen, Hohlräume mit Schaumkunststoffen zur Verbesserung der Wärme- und Schallisolation und der mechan. Festigkeit ausfüllen; der angerührte Kunststoff wird mit Treibgasen in die Hohlräume eingeblasen und härtet dort aus.

Ausscheidung, svw. ↑ Exkretion.
◆ in der *Kristallographie* und *Metallurgie*

Bez. für die Absonderung kleiner Kristalle mit anderen kristallograph. Eigenschaften aus einem (bis dahin) homogenen Kristallgefüge. Mit der A. sind Änderungen der physikal. und chem. Eigenschaften, z. B. der Härte und der Korrosionsempfindlichkeit, verbunden.
◆ Auskristallisieren eines gelösten Stoffes aus einer Lösung beim Überschreiten des ↑Löslichkeitsproduktes.

Ausscheidungsgewebe, svw. ↑Absonderungsgewebe.

Ausscheidungskämpfe, sportl. Wettbewerbe zur Ermittlung der Besten für den Endkampf.

Ausscheren, Abweichen [eines Schiffes] vom Kurs oder Verlassen einer Formation.

Ausschlachten, in der Lebensmitteltechnik Entfernen von Haut, Kopf, Füßen und Eingeweiden nach dem Schlachten von Tieren.

Ausschlag ↑Hautausschlag.

Ausschlagung, im Erbrecht die vor der Annahme der Erbschaft dem Nachlaßgericht gegenüber abgegebene Willenserklärung des Erben oder Vermächtnisnehmers, durch die dieser seine Rechtsstellung aufgibt (§§ 1942 ff., 2176 BGB). Die A.frist beträgt 6 Wochen ab Kenntnis des Erbanfalls, Ggs.: Annahme der Erbschaft.

Ausschlagverfahren, Meßverfahren, bei dem als Maß für die zu bestimmende Größe der durch sie bewirkte Ausschlag eines Zeigers dient, wie z. B. beim Tachometer eines Autos. Ggs.: ↑Kompensationsverfahren.

ausschließen, beim Setzen ausgeglichene Zeilen herstellen durch Trennen von Wörtern, Ändern von Zwischenräumen; erfolgt im Handsatz durch den sog. **Ausschluß** (Metallklötzchen unterschiedlicher Dicke).

ausschließliche Gesetzgebung ↑Gesetzgebung.

Ausschließlichkeitserklärung (Ausschließlichkeitsvertrag), Erklärung eines Vertragspartners, daß keine andere Firma für bestimmte Transaktionen herangezogen wird, z. B. Erklärung eines Kreditnehmers, alle vorkommenden Bankgeschäfte nur mit dem kreditgebenden Institut zu tätigen. A. werden häufig auch von Handelsvertretern abgegeben, die sich zum ausschließl. Vertrieb bestimmter Erzeugnisse verpflichten.

Ausschließung, *allgemein:* die weitere Zugehörigkeit versagen. 1. im *Prozeßrecht* der unmittelbar auf dem Gesetz beruhende Entzug der Fähigkeit, an einem gerichtl. Verfahren als Richter, Geschworener, Schöffe, Protokollführer oder als Urkundsbeamter oder der Gerichtsvollzieher mitzuwirken. Im *Strafprozeß* ist insbes. die Gerichtsperson ausgeschlossen, die durch die Tat selbst verletzt worden ist. Ausgeschlossen sind in allen gerichtl. Verfahren Gerichtspersonen, die bereits in früherer Instanz mit der Angelegenheit zu tun hatten oder bei denen das Verfahren ihren Ehegatten oder nahe Verwandte betrifft. 2. im *Wirtschaftsrecht:* bei OHG und KG kann vom Gericht statt der Auflösung der Gesellschaft die A. eines Gesellschafters angeordnet werden, wenn in der Person des Auszuschließenden ein wichtiger Grund nach § 133 HGB gegeben ist und alle Gesellschafter dies beantragen.

Ausschluß ↑Haftungsausschluß.

Ausschlußfrist, im Recht eine Frist, deren Ablauf zur Folge hat, daß ein innerhalb der Frist nicht gewahrtes Recht erlischt.

Ausschreibung, 1. (Verdingung), öffentl. Aufforderung zur Abgabe von Geboten auf Lieferungen und Leistungen (↑auch Verdingungsordnung); 2. offizielle Bekanntgabe freier [Beamten]planstellen mit der Aufforderung zur Bewerbung (Stellen-A.).
◆ Bekanntgabe des Termins eines sportl. Wettkampfes mit der Angabe aller Einzelheiten.

Ausschuß, Bez. für eine aus einem größeren Organ gewählte Arbeitsgruppe zur Beratung und auch zur Erledigung bestimmter Aufgaben, die das größere Organ in seiner Gesamtheit nicht wahrnehmen kann. In den parlamentar. Ausschüssen der Dt. Bundestages werden die aus dem Plenum zugewiesenen Beratungsgegenstände oder Gesetzesvorlagen überarbeitet und Kompromisse zwischen den Parteien ausgehandelt. Es gibt ständige Ausschüsse für festliegende Sachgebiete (z. B. Finanz-A.), Sonderausschüsse, die der Bundestag je nach Bedarf einsetzen kann, Untersuchungsausschüsse, die zur Nachprüfung von Mißständen und Fehlern der Exekutive dienen, den Richterwahlausschuß sowie einen Vermittlungsausschuß, der bei strittigen Gesetzesvorlagen zwischen Bundestag und Bundesrat vermittelt. Ihre Besetzung erfolgt durch die Fraktionen. - Übersicht S. 285.
◆ mit Fehlern behaftete, unbrauchbare Werkstoffe, Werkstücke oder Fertigprodukte.

Ausschütteln, Herausziehen eines gelösten Stoffes aus einer Lösung durch wiederholtes Schütteln mit einem reinen Lösungsmittel, das sich mit dem urspr. Lösungsmittel nicht oder nur wenig mischt. Die Trennung der beiden flüssigen Phasen erfolgt im Scheidetrichter. Häufigstes Verfahren ist das A. mit Äther *(Ausäthern).*

Ausschwitzen, Wandern von Weichmachern oder anderen Bestandteilen von Anstrichstoffen an die Anstrichoberfläche.

Ausschwitzung ↑Exsudation.

Aussee, Bad ↑Bad Aussee.

Aussegnung, volkstüml. Bez. für verschiedene Segnungen in den christl. Kirchen, z. B. die Segnung des Leichnams in der Friedhofshalle vor der Beerdigung.

Außenbackenbremse ↑Bremse.

Außenbeitrag, Saldo der Leistungsbilanz (Exporte minus Importe); in der volkswirtschaftl. Gesamtrechnung Bestandteil des

Außenbordmotor

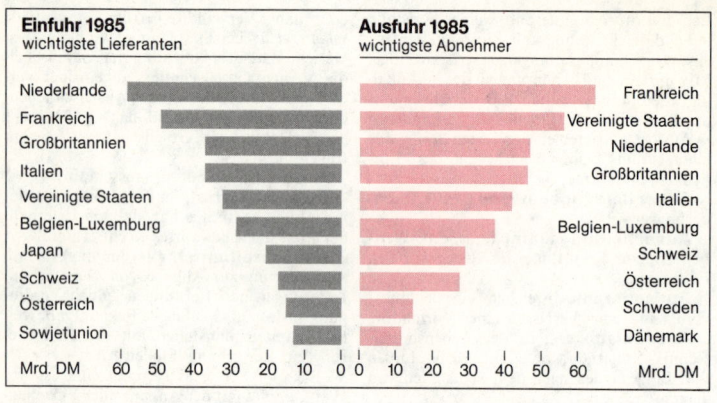

Einfuhr 1985 wichtigste Lieferanten

Land	Mrd. DM
Niederlande	~55
Frankreich	~45
Großbritannien	~40
Italien	~35
Vereinigte Staaten	~30
Belgien-Luxemburg	~25
Japan	~20
Schweiz	~10
Österreich	~10
Sowjetunion	~10

Ausfuhr 1985 wichtigste Abnehmer

Land	Mrd. DM
Frankreich	~60
Vereinigte Staaten	~55
Niederlande	~45
Großbritannien	~40
Italien	~35
Belgien-Luxemburg	~30
Schweiz	~20
Österreich	~15
Schweden	~15
Dänemark	~10

Außenhandel. Die wichtigsten Handelspartner der BR Deutschland 1985 (nach Statist. Jahrbuch 1986)

Bruttosozialprodukts zu Marktpreisen.

Außenbordmotor, Sonderbauart eines außenseitig meist am Heck befestigten Bootsmotors (meist Zweitakt-Ottomotor, Leistung bis 100 PS), der häufig als senkrecht stehender [1- bis 4-Zylinder-]Motor mit Schraube, [Kegelrad]getriebe und gegebenenfalls Kraftstoffbehälter eine Einheit bildet.

außenbürtig ↑exogen.

Außenelektronen (Valenzelektronen), die in der äußersten Elektronenschale eines ↑Atoms befindl. Elektronen; sie sind für die Wertigkeit (Valenz) des Atoms und für viele physikal. Eigenschaften des betreffenden Elements (Leitfähigkeit, opt. Eigenschaften u. a.) verantwortlich.

Außenhandel, grenzüberschreitender Warenverkehr (Einfuhr und Ausfuhr). Ggs.: ↑Binnenhandel. Der A. ist der wichtigste Teil der Außenwirtschaft.

Außenhandel. Anteile der Ein- und Ausfuhr der BR Deutschland 1985 nach Ländergruppen

Außenhandelsbanken, Abk. AHB, Banken, die die finanzielle Abwicklung von Im- und Exportgeschäften wahrnehmen. Seit 1956 ist es allen Banken in der BR Deutschland erlaubt, sich als A. zu betätigen.

Außenhandelsmonopol ↑Außenwirtschaftspolitik.

Außenhandelsstatistik, statist. Darstellung des grenzüberschreitenden Warenverkehrs mit dem Ausland. - In der BR Deutschland gilt als sog. *Erhebungsgebiet* der A. das Bundesgebiet, als Ausland alle anderen Gebiete mit Ausnahme der DDR. Der A. liegen die Ein- und Ausfuhrmeldungen der Im- und Exporteure zugrunde. *Wichtige Begriffe* der A.: 1. Der **Spezialhandel** umfaßt die unmittelbare Einfuhr von Waren und die Einfuhr ausländ. Waren aus Zollgut- und Freihafenlagern in den freien Verkehr, nach passiver oder zur aktiven Veredelung. 2. Der **Generalhandel** enthält zusätzl. zum Spezialhandel alle Einfuhren auf Lager, die wieder ausgeführt werden. 3. Als **Lagerverkehr** werden alle Umsätze der Zollgut- und Freihafenlager ausgewiesen. 4. Im **Veredelungsverkehr** werden aktive und passive Veredelung unterschieden: aktive Veredelung ist die zollamtl. bewilligte Be- oder Verarbeitung bzw.

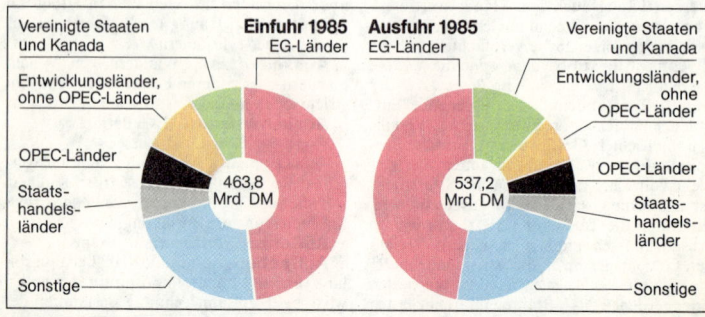

Einfuhr 1985 463,8 Mrd. DM

- Vereinigte Staaten und Kanada
- Entwicklungsländer, ohne OPEC-Länder
- OPEC-Länder
- Staatshandelsländer
- Sonstige
- EG-Länder

Ausfuhr 1985 537,2 Mrd. DM

- EG-Länder
- Vereinigte Staaten und Kanada
- Entwicklungsländer, ohne OPEC-Länder
- OPEC-Länder
- Staatshandelsländer
- Sonstige

Außenministerium

DIE AUSSCHÜSSE DES DEUTSCHEN BUNDESTAGES	
	Zahl der Mitglieder
1. Ausschuß für Wahlprüfung, Immunität und Geschäftsordnung	13
2. Petitionsausschuß	29
3. Auswärtiger Ausschuß	37
4. Innenausschuß	33
5. Sportausschuß	17
6. Rechtsausschuß	27
7. Finanzausschuß	33
8. Haushaltsausschuß	37
9. Ausschuß für Wirtschaft	33
10. Ausschuß für Ernährung, Landwirtschaft und Forsten	27
11. Ausschuß für Arbeit und Sozialordnung	35
12. Verteidigungsausschuß	29
13. Ausschuß für Jugend, Familie, Frauen und Gesundheit	31
14. Ausschuß für Verkehr	31
15. Ausschuß für das Post- und Fernmeldewesen	13
16. Ausschuß für Raumordnung, Bauwesen und Städtebau	27
17. Ausschuß für innerdeutsche Beziehungen	25
18. Ausschuß für Forschung und Technologie	27
19. Ausschuß für Bildung und Wissenschaft	19
20. Ausschuß für wirtschaftliche Zusammenarbeit	25
21. Ausschuß für Umwelt, Naturschutz und Reaktorsicherheit	31

Ausbesserung ausländ. Waren im Zollgebiet; passive Veredelung der entsprechende Vorgang im Ausland. 5. Die **Durchfuhr** (Transithandel) umfaßt alle Warenbewegungen durch das Erhebungsgebiet. *Erhebungsmerkmale* sind: 1. die **Menge**; 2. der tatsächl. **Wert** (Preis an der Grenze); 3. das **Volumen:** Produkt aus tatsächl. Wert multipliziert mit dem Preisindex für Einfuhr- bzw. Ausfuhrgüter, d. h., der Gesamtwert der Ein- und Ausfuhr wird in Preisen des Basisjahres ausgedrückt. 4. **Bezugs- und Absatzgebiete:** es werden unterschieden die Einkaufs- bzw. Käuferländer einerseits und die Herstellungs- bzw. Verbrauchsländer andererseits; 5. **Zollsollerträge:** Summe der Zollerträge auf alle Ein- und Ausfuhren in der Außenhandelsstatistik.

Außenhandelsvolumen, Summe der mit den Preisen eines Basiszeitpunktes bewerteten Importe und Exporte einer Periode.

Außenläufermotor, Asynchronmotor mit innenliegendem Ständer und außenliegendem, rotierendem Läufer.

Außenminister, der für die Führung der auswärtigen Politik zuständige Minister, Chef der Diplomatie; heißt in Großbrit. „Principal Secretary of State for Foreign Affairs", in den USA „Secretary of State"; die Funktion des A. übt in der *Schweiz* der Bundesrat aus, der das Eidgenöss. Departement für auswärtige Angelegenheiten leitet.

Außenministerium, allg. Bez. für die in jedem Land zur Führung der auswärtigen Angelegenheiten zuständige Behörde, der die Auslandsvertretungen (Botschaften, Gesandtschaften, Konsulate) untergeordnet sind; heißt in der BR Deutschland Auswärtiges Amt, in Österreich Bundesministerium für

Außenbordmotor (1 Elektrostarter, 2 Drehschieber-Einlaßsteuerung, 3 Unterwasserauspuff, 4 Kühlwasserpumpen, 5 Hauptdüsen, 6 elastische Wellen, 7 Propeller, 8 Getriebe, 9 Anlasser)

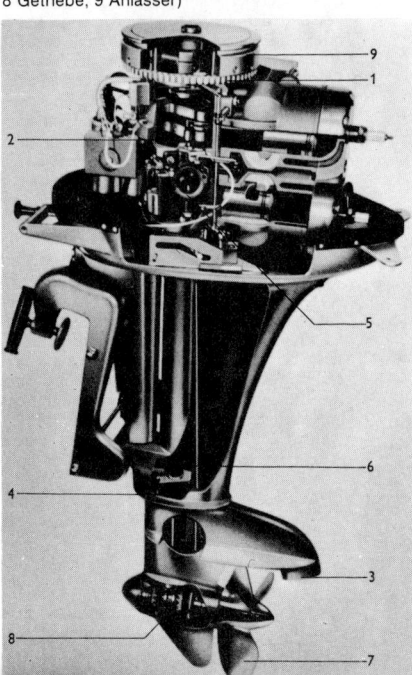

Außenpolitik

auswärtige Angelegenheiten, in der Schweiz Eidgenöss. Departement für auswärt. Angelegenheiten, in Großbrit. Foreign Office, in den USA State Departement.

Außenpolitik, die Gesamtheit jener staatl. Vorgänge, die sich direkt auf das Verhältnis zu anderen Staaten beziehen. Die außenpolit. Beziehungen eines Staates sind *bilateral*, wenn sie einen Partner, *multilateral*, wenn sie mehrere betreffen. Zu den außenpolit. *Mitteln*, derer sich ein Staat bedient, zählen u. a. Diplomatie, Verträge, Bündnisse, Mitarbeit in supranat. und internat. Gremien. Zahlr. *Faktoren* bestimmen das außenpolit. Handeln eines Staates: seine geograph. Lage und Landesnatur einschließl. des Vorkommens von Bodenschätzen, seine technolog. und wirtsch. Möglichkeiten, seine Größe und die Art seiner Grenzen, v. a. aber seine innenpolit. Verfassung und Organisation, seine im internat. Zusammenhang zu sehende Interessenlage, seine außenpolit. und außenwirtschaftl. Stellung sowie die ideolog. Einstellung und Motivation der jeweiligen Entscheidungsträger eines Staates. Die *Methoden*, deren sich die Staaten bei der Durchsetzung ihrer A. bedienen, können *friedl.* (z. B. Verhandlungen mit Hilfe der Diplomatie, außenwirtschaftspolit. Maßnahmen wie Handelsabkommen, Wirtschaftsverträge und -hilfe, kulturelle Zusammenarbeit) und *krieger.* sein, einschließl. der Maßnahmen des kalten Krieges und der Aufrüstung (auch angebl. um ihrer „abschreckenden Wirkung" willen). *Hauptaufgabe* der A. ist heute die internat. Friedenssicherung, zu deren Ziel bereits nach dem 1. Weltkrieg der Völkerbund und nach dem 2. Weltkrieg die Vereinten Nationen (UN) gegr. wurden. Der Entwicklung eines kollektiven Sicherheitssystems stand jedoch die nach 1945 aufgetretene Polarisierung der Großmächte und die damit zusammenhängende Blockbildung entgegen. Infolge der wachsenden Auflösung der Blöcke seit Mitte der 1960er Jahre und des zunehmenden Einflusses der Staaten der Dritten Welt ist die A. v. a. kleinerer Staaten zunehmend unabhängiger von der Politik der Großmächte geworden. *Träger* auswärtiger Gewalt ist traditionell die Exekutive, also Regierung und Verwaltung eines Staates, in der BR Deutschland die Bundesregierung. Dem Bundesmin. des Auswärtigen stehen zur Durchführung seiner Aufgaben das Auswärtige Amt und dessen Auslandsvertretungen (Botschaften und Konsulate) zur Verfügung.

📖 *Gunst, D.: A. zw. Macht u. Recht. Mainz 1977. - Hdwb. internat. Politik. Hg. v. W. Woyke. Opladen 1977.*

Außenseiter, im *Sport* Wettkampfteilnehmer, dessen Gewinnchancen nur gering sind.

◆ (Outsider) als *soziolog. Begriff* Bez. für Personen bzw. Personengruppen, deren Verhalten weitgehend von den Verhaltenserwartungen der Gesellschaft abweicht; erfüllen oft die Funktion des „Sündenbocks".

◆ im *Arbeitsrecht* nicht durch Tarifvertrag erfaßte Arbeitgeber oder Arbeitnehmer. Tarifverträge gelten nur zw. den Tarifvertragsparteien.

Außenskelett, svw. ↑Ektoskelett.
Außensperrholz ↑Sperrholz.
Außenstadt, die zw. citynahem Gewerbe- und Wohngebiet und dem Umland (Vorortzone) gelegene Zone einer Großstadt.
Außenstände ↑Forderungen.
Außensteuerrecht ↑Doppelbesteuerung.
Außenversicherung, Gewährung eines i. d. R. begrenzten Versicherungsschutzes für versicherte Sachen, die vorübergehend vom Versicherungsort entfernt werden.
Außenwelt ↑Innenwelt.
Außenwinkel, von einer Vielecksseite und der Verlängerung einer benachbarten Seite gebildeter Winkel; A. und zugehöriger Innenwinkel ergänzen sich zu 180°. Die Summe der A. eines Vielecks beträgt 360°.

Außenwinkel eines Fünfecks

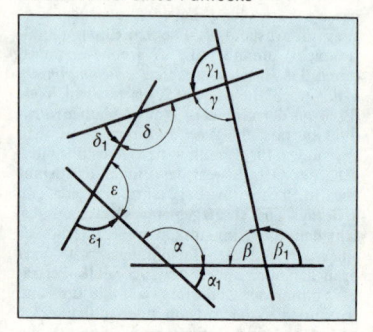

Außenwirtschaft, Gesamtheit aller grenzüberschreitenden ökonom. Transaktionen, wie sie in der Zahlungsbilanz ausgewiesen werden. Dazu gehören insbes. der Außenhandel, der Dienstleistungsverkehr, der internat. Kapitalverkehr, der Devisenverkehr und die Übertragungen zw. In- und Ausländern.

außenwirtschaftliche Absicherung, die Absicherung der nat. Konjunkturpolitik gegen Störungen, die im Ausland ihren Ursprung haben, v. a. durch binnenwirtsch. Maßnahmen. Möglichkeiten: 1. Internat. Koordination der Wirtschaftspolitik durch Konsultationen, Vereinbarung gemeinsamer verbindl. Handlungsregeln, Übertragung wirtschaftspolit. Kompetenzen auf supranat. Institutionen. 2. Wechselkurspolitik: Stufenweise Wechselkursänderungen, frei bewegl. Wechselkurse („Floating", „Währungsschlan-

außerordentliche Kündigung

ge"). 3. Gezielte Eingriffe in den Außenwirtschaftsverkehr, v. a. Kapitalverkehrskontrollen (z. B. Bardepot, Differenzierung der Mindestreserven).

außenwirtschaftliches Gleichgewicht (Zahlungsbilanzgleichgewicht), Zustand, in dem die Währungsreserven auf Grund autonomer Transaktionen unverändert bleiben und darüber hinaus keine Gefahren für binnenwirtsch. Ziele von der Außenwirtschaft ausgehen. Als autonom gelten alle in den Teilbilanzen der Zahlungsbilanz erfaßten privaten Transaktionen sowie diejenigen öff. Transaktionen, die unabhängig von der Devisenbilanzsituation eines Landes vorgenommen werden. Die Beseitigung eines außenwirtsch. Ungleichgewichts wird i. d. R. durch Änderung des Wechselkurses (Aufwertung bzw. Abwertung) zu erreichen versucht.

Außenwirtschaftsgesetz, Abk. AWG, Gesetz zur Regelung des wirtschaftl. Verkehrs mit dem Ausland [vom 28. 4. 1961], in Kraft getreten am 1. 9. 1961, zuletzt geändert durch das 3. Änderungsgesetz vom 29. 3. 1976. - *Grundsatz:* „Der Waren-, Dienstleistungs-, Kapital-, Zahlungs- und sonstige Wirtschaftsverkehr mit fremden Wirtschaftsgebieten sowie der Verkehr mit Auslandswerten und Gold zw. Gebietsansässigen (Außenwirtschaftsverkehr) ist grundsätzl. frei" (§ 1). Es gelten nur ausdrückl. bestimmte Einschränkungen; dies sind Beschränkungen (z. B. Genehmigungsvorbehalte und Verbote) und Handlungspflichten (z. B. Bardepot). Das AWG löste die einschlägigen Vorschriften der Besatzungsmächte ab, denen das Prinzip der Devisenbewirtschaftung zugrunde lag.

Außenwirtschaftspolitik, Gesamtheit aller staatl. Maßnahmen, die gewollt und direkt auf die Außenwirtschaft einwirken. Die A. umfaßt ordnungs- und prozeßpolit. Akte. Die Ordnungspoltik schafft den Rahmen für die wirtsch. Beziehungen mit dem Ausland (in der BR Deutschland durch das Außenwirtschaftsgesetz); die Prozeßpolitik greift gezielt in den Wirtschaftsprozeß ein, ihre Ziele sind nach Art und Umfang spezifiziert, die Wirkung ihrer Maßnahmen ist zeitl. begrenzt. 1. *Ordnungspolit. Systeme:* Die *liberale* A. wendet die Grundsätze einer freien Marktwirtschaft auf die Wirtschaftsbeziehungen mit dem Ausland an. Von *monopolist.* A. spricht man, wenn alle Ein- und Ausfuhren über staatl. Monopolstellen laufen; ihr entspricht binnenwirtsch. die Zentralverwaltungswirtschaft. Es werden zwei Formen unterschieden: der *Dirigismus* (alle außenwirtsch. Transaktionen sind genehmigungspflichtig, werden aber von den Wirtschaftssubjekten durchgeführt) und das *Außenhandelsmonopol* i. e. S. (auch die Abwicklung erfolgt über die Zentralstelle (bes. bei Ostblockstaaten). Das dritte System der A. entspricht der sozialen Marktwirtschaft, es wird **gelenkte Außenwirtschaft** genannt. In diesem System wird ein gesetzl. Rahmen geschaffen, dessen Konstruktion an den wirtschaftspolit. Zielen der staatl. Planträger orientiert ist. Das Hauptziel einer A. dieser Prägung ist das außenwirtsch. Gleichgewicht. 2. Die *Instrumente der Prozeßpolitik:* Gegenstand der *Mengenpolitik* ist die Festsetzung (Kontingentierung) der Einfuhr- und der Ausfuhrmengen. Kontingentierungen zielen entweder auf den Schutz der Binnenwirtschaft oder auf die Sicherung des außenwirtsch. Gleichgewichts. In der Praxis wichtiger als die Mengen- ist die *Preispolitik*. Importierte Güter werden belastet durch Einfuhrsteuern, Ausgleichsabgaben und Zölle; exportierte Güter werden entlastet durch Steuervergütungen, Subventionen und Prämien. Ziele der Preispolitik: Schutz der Binnenwirtschaft vor Billigimporten, Schutz der Exportwirtschaft entweder durch Subventionen zur Schaffung oder Erhaltung der internat. Wettbewerbsfähigkeit oder zum Abbau von Wettbewerbsverzerrungen. Die *Währungspolitik:* Das bei Mitgliedern des Internat. Währungsfonds gebräuchl. Mittel der Währungspolitik ist die Wechselkursänderung; sie ist eine Änderung des Außenwerts einer Währung, also des Preises für inländ. Währungseinheiten im Ausland. Die Herabsetzung des Wechselkurses (Abwertung) wirkt exportfördernd und importhemmend, die Aufwertung umgekehrt. Das Ziel der Währungspolitik ist der Ausgleich der Zahlungsbilanz.
📖 *Glastetter, W.: A.* Hg. v. D. Simmert. Köln ²1979. - *Külp, B.: A.* Düss. 1978.

Außenzölle, Ein- und Ausfuhrzölle, die von allen Mgl. einer Zollunion oder Wirtschaftsgemeinschaft einheitl. auf den Warenaustausch mit Drittländern erhoben werden.

außereheliche Kinder ↑nichteheliche Kinder.

Außerfern, vom oberen Lech entwässertes Gebiet in NW-Tirol, zw. Allgäuer und Lechtaler Alpen, Hauptort Reutte.

außergewöhnliche Belastungen, abzugsfähige Aufwendungen nach dem Einkommensteuergesetz (EStG). Die Aufwendungen müssen dem Steuerpflichtigen aus rechtl., tatsächl. oder sittl. Gründen zwangsläufig erwachsen (z. B. für Berufsausbildung, bei Krankheit), über normale Belastungen von Steuerpflichtigen mit gleichen Einkommens- und Vermögensverhältnissen und gleichem Familienstand hinausgehen und dürfen einen angemessenen Betrag nicht übersteigen.

außerordentliche Einkünfte, einmalige oder unregelmäßig anfallende Einkünfte oder Einkünfte aus bestimmten Nebenbeschäftigungen, die nach dt. und nach östr. Recht niedriger als gewöhnl. Einkünfte besteuert werden (z. B. Nebeneinkünfte aus wiss., künstler. oder schriftsteller. Tätigkeit).

außerordentliche Kündigung ↑Kündigung.

außerordentlicher Professor

außerordentlicher Professor ↑ Professor.

außerordentlicher Strahl (extraordinärer Strahl), Bez. für den bei der ↑ Doppelbrechung in opt. anisotropen Kristallen auftretenden, linear polarisierten Lichtstrahl, dessen Ausbreitungsgeschwindigkeit im Ggs. zum ordentl. Strahl von der Ausbreitungsrichtung im Kristall abhängt.

außerparlamentarische Opposition, Abk. APO, in der BR Deutschland nach 1966 Bez. für eine locker organisierte Aktionsgemeinschaft v. a. von Studenten und Jugendlichen, die sich als antiautoritäre Bewegung verstand u. in provokativen Protestaktionen die einzige Chance für die Durchsetzung polit. und gesellschaftl. Reformen und Veränderungen sah. Die polit. Ziele der verschiedenen Gruppierungen innerhalb der APO, unter denen der Sozialist. Dt. Studentenbund (SDS) dominierte, reichen von der Abschaffung des bestehenden Regierungs- und Gesellschaftssystems bis zur Profilierung akuter polit. und gesellschaftl. Konflikte. Wurde zu einer polit. relevanten Kraft v. a. infolge der durch die Bildung der Großen Koalition aus SPD und CDU/CSU 1966 deutl. gewordenen Schwächung der innerparlamentar. Opposition. Ihren Höhepunkt erreichten die Aktionen der APO in den durch den Mordanschlag auf Rudi Dutschke ausgelösten Osterunruhen und in der Anti-Springer-Kampagne des Jahres 1968.

📖 *Agnoli, J./Brückner, P.: Die Transformation der Demokratie. Ffm. ⁶1978. - Otto, K. A.: Vom Ostermarsch zur APO. Ffm. 1977. - Studentenbewegung 1967–69. Hg. v. F. Wolff u. E. Windaus. Ffm. 1977.*

außersinnliche Wahrnehmungen (Paragnosie), Sammelbez. für Wahrnehmungen, die ohne erkennbare Reizung der natürl. Sinnesorgane zustande kommen sollen; dabei handelt es sich um anschaul.-konkrete Bilder oder diffuse Identifikationserlebnisse, für deren Entstehen eine bes., von allen natürl. Fähigkeiten unterscheidbare Fähigkeit angenommen wird (↑ Psifunktion). A. W., wie z. B. Telepathie, Wahrtraum, Zweites Gesicht u. a., werden von der Parapsychologie untersucht; für ihr Auftreten kann bisher keine wiss. befriedigende Erklärung gegeben werden.

außerstreitiges Verfahren, im *dt.* und *östr.* rechtl. Sprachgebrauch svw. ↑ freiwillige Gerichtsbarkeit.

Aussetzung, bei vielen Naturvölkern übl. Sitte der Ausstoßung einzelner aus dem Sozialverband; in Notzeiten, bei Alter, Krankheit, auch bei Abweichung von der Norm (z. B. Albinos).

Aussetzung der Hauptverhandlung (Vertagung), Stillstand der Hauptverhandlung im Strafverfahren auf Grund Gerichtsbeschlusses für höchstens 10 Tage. Sie erfolgt von Amts wegen oder auf Antrag des Angeklagten oder der Staatsanwaltschaft, zumeist als Folge eines Beweisantrags.

Aussetzung eines Verfahrens, der in allen Verfahrensordnungen vorgesehene Stillstand eines Verfahrens, der vom Gericht auf Grund zahlr. Bestimmungen angeordnet werden kann und insbes. dazu dient, einander widersprechende Entscheidungen verschiedener mit ein und derselben Angelegenheit befaßter oder noch zu befassender Gerichte oder Verwaltungsbehörden zu vermeiden.

Aussetzung Hilfloser, wer eine wegen jugendl. Alters, Gebrechlichkeit oder Krankheit hilflose Person aussetzt oder wer eine Person, die unter seiner Obhut steht oder für deren Unterbringung, Fortschaffung oder Aufnahme er zu sorgen hat, in hilfloser Lage vorsätzl. verläßt, wird mit Freiheitsstrafe bis zu fünf Jahren bestraft. Ist durch die Tat eine schwere Körperverletzung oder der Tod des Hilflosen verursacht worden, so tritt Freiheitsstrafe von einem Jahr bis zu zehn Jahren bzw. von mindestens drei Jahren ein.

Aussiedler, dt. Staatsangehörige oder Volkszugehörige, die vor dem 8. Mai 1945 ihren Wohnsitz in den Gebieten östl. der Oder-Neiße-Grenze, in Polen, Rumänien, der Sowjetunion, Ungarn und der Tschechoslowakei hatten und diese Länder nach Abschluß der allgemeinen Vertreibungsmaßnahmen verlassen haben oder verlassen. Ihre Rechtsstellung und ihre wirtschaftl. und soziale Eingliederung werden durch das Bundesvertriebenengesetz und die Bestimmungen über den Lastenausgleich geregelt. - ↑ auch Vertreibung.

Aussiedlerhof, der im Rahmen einer ↑ Aussiedlung aus dem Dorfverband in die Flur verlegte Bauernhof, möglichst bei gleichzeitiger Zusammenlegung der Betriebsfläche.

Aussiedlung, Verlegung eines landw. Betriebes aus geschlossener, in der Regel beengter Ortslage in die freie Feldmark. Der Neubau moderner Wohn- und Wirtschaftsgebäude soll zusammen mit der engeren Verbindung von Hof und Betriebsfläche (↑ Flurbereinigung) ein rationelleres Wirtschaften ermöglichen.

Aussig (tschech. Ústí nad Labem), Stadt an der Elbe, 70 km nö. von Prag, ČSSR, 130 m ü. d. M., 90 000 E. Hauptstadt des Verw.-Geb. Nordböhm. Gebiet; pädagog. Inst., Umschlagplatz des nordböhm. Braunkohlenreviers; Herstellung von Schwefelsäure, Düngemitteln, Farbstoffen, Seifen; Porzellan- und Glaserzeugung, Kfz.-Ind.; bed. Elbhafen. - In und bei A. Gräberfelder der Lausitzer Kultur. A., 993 als Zollstätte erwähnt, gehörte stets zu Böhmen. Im 13. Jh. Einwanderung dt. Siedler und Bestätigung der Stadtprivilegien; Zerstörung durch die Hussiten 1426; erhielt 1547 einen Sitz im böhm. Landtag. Übertritt zum Luthertum; 1620 rekatholisiert. Bed. Rolle

Ausstellung

in der deutschböhm. Nationalbewegung 1848.

Aussolverfahren, Gewinnung von Steinsalz unter Tage durch Lösen in Wasser und Pumpen des als Sole bezeichneten Lösungsproduktes nach über Tage.

Aussonderung, im *Konkurs-* bzw. *Vergleichsverfahren* das Herauslösen eines Gegenstandes aus der der Befriedigung der Gesamtheit der Gläubiger dienenden Konkurs- oder Vergleichsmasse. Die A. ist für den A.berechtigten von Vorteil, weil er den vollen Wert erhält, während er sich als Konkurs- oder Vergleichsgläubiger mit der meist wesentl. geringeren Konkurs- oder Vergleichsquote zufrieden geben müßte. Im Konkurs bestimmen sich gemäß § 43 Konkursordnung (KO) die Ansprüche auf A. eines dem Gemeinschuldner nicht gehörenden Gegenstandes aus der Konkursmasse auf Grund eines dingl. oder persönl. Rechts nach den außerhalb des Konkursverfahrens geltenden Gesetzen. Gegenstand des A.anspruchs können bewegl. und unbewegl. Sachen sein, dingl. und persönl. Rechte, Forderungen sowie der Besitz. Hierzu gehört insbes. das *Eigentum;* der Eigentümer einer bewegl. Sache kann daher von dem Konkursverwalter deren Herausgabe verlangen. Das Recht auf A. besteht auch in dem prakt. bedeutsamen Fall der Lieferung unter Eigentumsvorbehalt. - Ähnl. Regelungen gelten im *östr.* und *schweizer. Recht.*

Ausspähen von Staatsgeheimnissen, wer sich Staatsgeheimnis verschafft, um es zu verraten, wird gemäß § 96 Abs. 1 StGB wegen *landesverräter. Ausspähung* mit Freiheitsstrafe von 1 Jahr bis zu 10 Jahren bestraft. Wer sich in Staatsgeheimnis, das von einer amtl. Stelle oder auf deren Veranlassung geheimgehalten wird, nicht zu Verratszwecken, sondern mit dem Ziele verschafft, es zu „offenbaren" (§ 95 StGB), d. h. um es an einen Unbefugten gelangen zu lassen oder öff. bekanntzumachen, wird wegen *Auskundschaften von Staatsgeheimnissen* mit Freiheitsstrafe von 6 Monaten bis zu 5 Jahren bestraft (§ 96 Absatz 2 StGB).

Aussperrung, Kampfmaßnahme der Arbeitgeber im Arbeitskampf, die sowohl im Angriff wie zur Abwehr eingesetzt werden kann. Durch die A. werden alle oder eine größere Anzahl von Arbeitnehmern eines Betriebes oder einer Berufssparte unter Fortfall der Lohnzahlung von der Arbeit ausgeschlossen. A. stehen als Arbeitskampfmaßnahmen unter dem Gebot der Verhältnismäßigkeit. Sie haben im allg. suspendierende Wirkung, was bedeutet, daß die Arbeitsverhältnisse nach Beendigung des Arbeitskampfes wiederaufleben. Die A. ist nur dann zulässig, wenn sie sich entsprechend den Prinzipien des kollektiven Arbeitsrechts vollzieht, sie darf sich also nur auf Änderung der Arbeitsbedingungen beziehen. Gegenmaßnahmen der Arbeitnehmer ↑ Streik.

Aussprachewörterbuch, Wörterbuch, das in der übl. Rechtschreibung vorgegebenen Wörtern die dazugehörige, als richtig geltende und normierte Aussprache angibt.

Ausstand ↑ Streik.

Ausstattung, im *Familienrecht* dasjenige, was einem Kind mit Rücksicht auf dessen Verheiratung oder auf die Erlangung oder Aufrechterhaltung einer selbständigen Lebensstellung von den Eltern zugewendet wird (§ 1624 BGB), z. B. Heiratsgut, Mittel zur Berufsausbildung oder zur Geschäftsgründung u. ä. Ein gesetzl. Anspruch auf A. besteht nicht. Bei Berechnung des gesetzl. Erbteils ist die A. ausgleichspflichtig.

◆ bei *Anleihen* zusammenfassende Bez. für Ausgabe- und Rückzahlungskurs sowie die Höhe des Zinssatzes; durch die A. wird die Rendite bestimmt.

◆ beim *Theater* Bez. für Requisiten, Kostüme und Masken, die in einer Inszenierung verwendet werden.

Ausstattungsschutz, durch § 25 des Warenzeichengesetzes in der Fassung vom 2. 1. 1968 gewährleisteter Schutz der Ausstattung von Waren, d. h. deren bes. Form, Aufmachung oder Art der Ankündigung (z. B. Werbeslogan). Bei rechtswidriger Verletzung des A. besteht Anspruch auf Unterlassung sowie auf Schadenersatz.

Aussteller, derjenige, der eine Urkunde unterschreibt. Im Wechselrecht derjenige, von dem der Wechsel stammt; im Scheckrecht derjenige, der einen Scheck unterschreibt; im Schuldrecht derjenige, der sich in einer Inhaberschuldverschreibung durch Unterschrift zur Leistung verpflichtet.

◆ derjenige, der eine Ausstellung oder Messe beschickt.

Ausstellung, der Information und Werbung dienende Veranstaltung, auf der wirtsch., techn. oder künstler. Erzeugnisse zur Schau gestellt werden bzw. histor. Epochen oder der Stand der Planung von Projekten dokumentiert werden. Im Unterschied zur ↑ Messe meist ohne Marktcharakter. Eine A. dient dazu, 1. Neuheiten bekannt zu machen und konkurrierende Produkte auf einer Leistungsschau zum Vergleich zu stellen; 2. private Sammlungen zugänglich zu machen, verstreut untergebrachte Exponate zus. auszustellen oder geschlossene Sammlungen in fremden Städten zu zeigen; 3. Möglichkeit zu krit. Auseinandersetzung zu geben (z. B. bei der Stadtplanung). Einen bes. Rang nehmen die ↑ Weltausstellungen ein, die zum Zweck der nat. Repräsentation wirtsch. u. kulturelle Elemente verbinden. Sie zeichnen sich durch z. T. epochemachende *A.bauten* aus und geben z. T. bed. Stilanstöße. Abgesehen von Vorläufern in der Mitte des 18. Jh. fand 1793 im Louvre die erste A. statt; sie stand im Zeichen der staatl. Gewerbeförderung und wurde zum

Ausstellungsrecht

Vorbild für ähnl. Veranstaltungen in anderen europ. Ländern. In der 2. Hälfte des 19. Jh. begannen sich Fach-A. herauszubilden. Die erste Welt-A. fand 1851 in London statt. - ↑ auch Kunstausstellung.

Ausstellungsrecht, ausschließl. Recht des Urhebers eines unveröffentlichten Werkes der bildenden Kunst oder eines Lichtbildes, dasselbe öffentl. zur Schau zu stellen.

Ausstellungsschutz, im Hinblick auf die Erlangung eines Patent-, Warenzeichen- oder Gebrauchsmusterschutzes geschaffener bes. Schutz für Erfinder, denen ermöglicht werden soll, ihre Erfindungen auf Ausstellungen zu zeigen, ohne daß dadurch ein Hindernis für die Zuerkennung eines gewerbl. Schutzrechts entsteht. Anmeldung innerhalb von 6 Monaten ist erforderlich.

Aussterben, im Laufe der Erdgeschichte sind viele Tier- und Pflanzenarten ausgestorben; unter den Wirbeltieren z. B. die Meerechsen, die zahlr. Dinosaurier, die Flugsaurier, unter den Säugetieren ganze Huftiergruppen, unter den Wirbellosen die Ammoniten u. a. Von manchen einst artenreichen Gruppen haben sich einzelne Arten oder Gatt. als „lebende Fossilien" bis heute erhalten (z. B. der Quastenflosser, die Brückenechse, bei Pflanzen z. B. der Ginkgobaum). - Das A. und die Neubildung von Stammeslinien erfolgten im Verlauf der Erdgeschichte ungleichmäßig. So gibt es Perioden stärkeren A. (z. B. für Meerestiere in Perm und Trias; für Land- und Meerestiere in der Kreidezeit; für viele große Landtiere gegen Ende der diluvialen Eiszeiten oder kurz nach diesen).
Umstritten sind die Ursachen des A. - Für das A. vieler Großtiere in der Eis- und Nacheiszeit (u. a. Mammut, Riesenfaultiere, Riesenstraußvögel von Madagaskar, Moas von Neuseeland) ist z. T. der Mensch verantwortlich. Zu den Tieren, die mit Sicherheit durch den Menschen ausgerottet wurden, gehören z. B. die Stellersche Seekuh, der Auerochse, das Quagga, das Burchellzebra, der Blaubock, der Schomburgkhirsch und höchstwahrscheinl. der Beutelwolf, ferner der Riesenalk, die Dronte und der Dodo. Der Wisent, das Weiße Nashorn und andere Tiere konnten nur durch bes. Pflege vor der Ausrottung bewahrt werden.

Aussteuer, Zuwendung der Eltern bei der Verheiratung einer Tochter zur Einrichtung des ehel. Hausstandes. Der Rechtsanspruch auf A. ist durch das Gleichberechtigungsgesetz vom 18. 6. 1957 entfallen.

Aussteuerung, in der BR Deutschland und in Österreich Bez. für das Ende der Zahlung von Arbeitslosen- und Krankengeld.
◆ Signalspannung am Eingang eines Verstärkers, Tonbandgeräts u. a. Die A. ist begrenzt durch den *A.bereich,* innerhalb dessen ein streng linearer Zusammenhang zw. Eingangs- und Ausgangssignal besteht. Bei zu großer A. treten Verzerrungen auf (der Verstärker wird übersteuert). *A.anzeige* durch Anzeigeröhre oder Zeigerinstrument. Bei *automat. A.* erfolgt die Regelung des Eingangssignals auf elektron. Weg. Bei *Voll-A.* wird gerade noch unverzerrt verstärkt.

Aussteuerversicherung, Versicherungsart der Lebensversicherung.

Ausstoßrohr (Torpedo-A.), Rohr zum Ausstoßen von Torpedos mittels Preßluft oder Pulverladung.

Ausstrich, Material, das zur histolog. Untersuchung unter dem Mikroskop in dünner Schicht auf einen Objektträger aufgebracht wird, z. B. Blut (Blut-A.), Punktionsmaterial oder Bakterienkulturen.
◆ Schnitt einer Gesteinsschicht mit der Erdoberfläche.

Ausströmen, das kontinuierl. Heraustreten einer Flüssigkeit oder eines Gases aus einer Öffnung.

Aust-Agder [norweg. ˌœ̅ystagdər], Verw.-Geb. im südl. Norwegen, 9 212 km², 94 000 E, Hauptstadt Arendal. A.-A. hat Anteil an der Schärenküste, am Waldland und am Hochgebirge (um 1 500 m ü. d. M.). Von der Fläche entfallen 6,5 % auf Binnengewässer und 32 % auf Wald. Wirtsch. bed. ist die Fischerei. Die Küstenschiffahrt übernimmt einen Großteil des Güterverkehrs.

austarieren, auf einer Waage das Leergewicht (Tara) feststellen bzw. ausgleichen.

Austausch, in der *Meteorologie* Bez. für die durch kleinräumige, schnell wechselnde Luftbewegungen erfolgende Durchmischung der atmosphär. Luft unter Änderung von Temperatur, Wärmeinhalt, Wasserdampf- und Staubgehalt.
◆ in der *Mikrophysik* eine bei atomaren Systemen auftretende Erscheinung, die auf der Ununterscheidbarkeit und folglich Vertauschbarkeit gleichartiger Teilchen beruht und daher nur mit der Quantentheorie zu erklären ist. Alle **Austauscheffekte** beruhen letzten Endes darauf, daß die den jeweiligen Quantenzustand des Systems beschreibende quantenmechanische ↑ Psifunktion gegenüber der Vertauschung gleichartiger Teilchen (z. B. durch Vertauschung ihrer Orts-, Spin- oder sonstigen Koordinaten unter Beibehaltung der ihren jeweiligen Zustand charakterisierenden Quantenzahlen oder umgekehrt) entweder symmetr. oder antisymmetr. ist.

Austauschbauweise, in der industriellen Fertigungstechnik die Herstellung von techn. Gebrauchsgegenständen, Maschinen u. a. aus Bauelementen, die im Schadensfall leicht ausgetauscht werden können.

Austauschboden, plattenartiger Einbau in einer Destillationskolonne, der die Berührung der Phasen und somit den Wärme- und Stoffaustausch ermöglicht.

Austauscheffekte ↑ Austausch (Mikrophysik).

Austauschgefangene, kriegsgefangene Soldaten, die auf Grund einer schweren Verwundung oder Krankheit nicht mehr einsatzfähig sind und deshalb (wie auch aus polit. Gründen) ausgetauscht werden.

Austauschharz, als ↑Ionenaustauscher verwendetes Kunstharz.

Austauschmotor (AT-Motor), vom Werk überholter und teilweise aus neuwertigen Teilen bestehender Ersatzmotor.

Austauschreaktion, eine ↑Kernreaktion, bei der ein Teilchen in einen Atomkern eingebaut wird, während ein anderes ihn verläßt (z. B. Alpha-Proton-Reaktion).

Austauschrelation (Terms of trade), Verhältnis des Preisindex für Einfuhrgüter zum Preisindex für Ausfuhrgüter. A. können für einzelne oder für alle Warengruppen errechnet werden. Dabei ist v. a. die Veränderung des Austauschverhältnisses im Zeitablauf interessant.

Austauschtransfusion, Blutaustausch durch Entnahme kranken Blutes und gleichzeitige Transfusion gruppengleichen gesunden Spenderblutes; u. a. bei Rhesusunverträglichkeit Neugeborener, plötzl. Nierenversagen, Leberkoma, Leukämie angewandt.

Austen, Jane [engl. 'ɔstɪn], * Steventon (Hampshire) 16. Dez. 1775, † Winchester 18. Juli 1817, engl. Schriftstellerin. - Erhielt als Tochter eines Landpfarrers eine vorzügl. Bildung. Sie parodierte die mod. Schauerromane ebenso wie die empfindsamen Romane ihrer Zeit, beschrieb fast ausschließl., was sie aus eigenem Erleben kannte, schilderte realist. mit iron. Gelassenheit das Alltagsleben auf dem Lande, die enge, selbstgerechte Welt der gehobenen Landadels und des bürgerl. Mittelstandes. - *Werke:* Sense and sensibility (R., 1811), Stolz und Vorurteil (R., 1813), Mansfield Park (R., 1814), Emma (R., 1815), Die Abtei von Northanger (R., 1818), Anne Elliot (R., 1818).

austenitischer Stahl [nach dem brit. Metallurgen Sir W. C. Roberts-Austen, * 1843, † 1902], ein Stahl, der wegen der Menge und Wirkung seiner Legierungsbestandteile und auf Grund seines räuml. Aufbaus unmagnet. ist. Cr-Ni- und Cr-Mn-legierte a. Stähle gelten als korrosions- und hitzebeständig; a. S. ist nicht härtbar.

Austerity [engl. ɔs'tɛrɪtɪ; zu lat. austeritas „Strenge"], Schlagwort für die Wirtschafts- und Finanzpolitik des brit. Schatzkanzlers Sir R. S. Cripps, der seit 1948 die brit. Volkswirtschaft vor einer Inflation zu bewahren suchte.

Austerlitz (tschech. Slavkov u Brna), Stadt in der ČSSR, 20 km osö. von Brünn, 210 m ü. d. M., 6300 E. Ländl. Marktzentrum mit Spirituserzeugung, Zuckerraffinerie, Maschinenind. - Barockschloß (1760-70). - Bei A. fand am 2. Dez. 1805 die **Dreikaiserschlacht** zw. den Armeen Napoleons I., Kaiser Franz' II. und des Zaren Alexander I. statt.

Austin

Austern [niederl.; zu griech. ostéon „Knochen" (wegen der harten Schale)] (Ostreidae), Fam. der Muscheln in gemäßigten und warmen Meeren; Schalen dick, rundl. bis langgestreckt, ungleichklappig; Oberfläche meist blättrig, die linke Schale am Untergrund festgekittet. Die A. leben meist im Flachwasser (wenige Meter Tiefe), nicht selten in Massenansiedlungen (**Austernbänke**) auf hartschlickigem oder festsandigem Grund mit starker Gezeitenströmung (die eine ausreichende Nahrungszufuhr sichert und die Verschüttung durch angesammelten Schlick verhindert). Sie werden oft künstl. in **Austernparks** auf planiertem Flachgrund gezüchtet, der durch Drahtnetze zum Schutz vor muschelfressenden Fischen, Seesternen und Krabben vom offenen Meer abgetrennt wird. Die nach 3 bis 4 Jahren geernteten Tiere sind eine geschätzte Delikatesse. - An europ. Küsten kommen die **Europ. Auster** (Ostrea edulis) und die **Portugies. Auster** (Gryphaea angulata) vor.

Austernbank ↑Austern.

Austernfischer (Haematopodidae), Fam. bis 50 cm lange Watvögel an fast allen Meeresküsten; von den 5 Arten kommt nur *Haematopus ostralegus* in Eurasien vor: mit schwarzer Oberseite, weißer Unterseite, roten Beinen und rotem, spießartig verlängertem, seitl. zusammengedrücktem Schnabel, mit dem er Muschelschalen öffnet.

Austernseitling (Austernpilz, Muschelpilz, Pleurotus ostreatus), meist in Büscheln an Stämmen und Stümpfen von Buchen und Pappeln wachsender Ständerpilz mit 3-15 cm breitem, muschelförmigem Hut (oberseits in der Jugend meist graublau, später bräunl. bis schwärzl., unterseits weißl. mit herablaufenden Lamellen). Er ist jung ein guter, schmackhafter Speisepilz.

Austin [engl. 'ɔstɪn], Darrel, * Raymond (Wash.) 25. Juni 1907, amerikan. Maler. - Trägt seine Farben mit dem Palettenmesser auf; Landschaften von mag. Poesie.

A., Herbert, 1. Baron A. (seit 1936), * Little Missenden (Buckingham) 8. Nov. 1866, † Likkey Grange bei Bromsgrove (Worcester) 23. Mai 1941, engl. Industrieller. - Baute 1895 das erste drei-, 1900 das erste vierrädrige Wolseley-Automobil und gründete 1906 die Austin Motor Company.

A., John, * Creating Mill bei Ipswich (Suffolk) 3. März 1790, † Weybridge (Surrey) Dez. 1859, engl. Jurist. - 1826-32 Prof. in London; mit J. Bentham und J. S. Mill befreundet und wie diese Utilitarist. Durch sein rechtspositivist. geprägtes Hauptwerk „The province of jurisprudence determined" (1832) übte A. einen nachhaltigen Einfluß auf das angloamerikan., dt. und österr. Rechtsdenken aus.

A., John Langshaw, * Lancaster 26. März 1911, † Oxford 8. Febr. 1960, engl. Sprachphilosoph. - Seit 1952 Prof. in Oxford. A. hat durch Analysen engl. Sprachgebrauchs den Weg für eine engere Zusammenarbeit der Linguistik mit der Philosophie geebnet; Begr. der Sprechakttheorie († Sprechakt).

Austin [engl. 'ɔstɪn], Hauptstadt des B.staates Texas, am mittleren Colorado River, 345 000 E. Sitz eines kath. Bischofs; zwei Univ. (gegr. 1881 bzw. 1885); landw. Handelszentrum; Maschinenbau, Eisen- und Stahl-, chem., Möbel-, Lederind.

Austin Motor Company Ltd. [engl. 'ɔstɪn 'moʊtə 'kʌmpənɪ 'lɪmɪtɪd], 1906 von H. Austin gegr. brit. Automobilfabrik; 1951/52 mit der Morris Motors Ltd. zur British Motor Corporation Ltd. verschmolzen; 1968 in der British Leyland Motor Corporation Ltd. aufgegangen.

Austrägalrecht [zu veraltet dt. Austrag „Ausgleich, Schiedsgericht"], im MA entstandenes reichsständ. Privileg, das die erstinstanzl. Gerichtsbarkeit des Reichshofgerichts und dann des Reichskammergerichts durch Vorschaltung eines Austrägalgerichts ausschloß.

Australasiatisches Mittelmeer, inselreiches Nebenmeer des Pazif. Ozeans, zw. Südostasien und Australien.

Australheide [lat./dt.] (Epacris), Gatt. der Australheidegewächse mit etwa 40 Arten; heidekrautähnl. Sträucher mit zahlreichen, lebhaft gefärbten Blüten in Trauben.

Australheidegewächse (Epacridaceae), Pflanzenfam. mit etwa 400 Arten in 30 Gatt., v. a. in Australien, Tasmanien und Neuseeland; Sträucher, selten kleine Bäume mit steifen Blättern; Blüten meist in Trauben; bekannte Gatt. † Australheide.

Australian Capital Territory [engl. ɔs'treɪljən 'kæpɪtl 'terɪtərɪ] (Abk. A. C. T.), zwei von Austral. Bund unmittelbar verwaltete Enklaven in sö. Neusüdwales, 2 400 km², 237 000 E (1983); umfaßt das Gebiet um Canberra und die Marinebasis Jervis Bay.

Australide, überwiegend in Australien vorkommende Rassengruppe. Charakterist. Merkmale sind eine hagere, schlanke Gestalt (durchschnittl. Körpergröße der Männer 167–170 cm, der Frauen 152–160 cm), gut entwickelte Muskulatur, ein verhältnismäßig kurzer Körper mit langen Beinen und schmalen Füßen, sowie schmalen Händen, wenig Fettablagerung. Die Haut ist schokoladenbraun; das meist lockige Haar ist dunkelbraun bis schwarz, die Männer weisen starke Behaarung auf. Der Schädel ist lang und schmal, mit geringem Volumen, die Stirn flach. Die A. haben tiefliegende, dunkle Augen, eine eingesattelte, breite Nase, volle Lippen und einen breiten Mund; starkes Vorstehen des Oberkiefers.

Australien, mit 7,7 Mill. km² der kleinste Kontinent. Die größte N–S-Ausdehnung beträgt 3 300 km, mit Einschluß von Tasmanien und der im N vorgelagerten Torres Islands 3 900 km, die größte O–W-Ausdehnung 4 500 km. A. liegt mit seiner gesamten Fläche auf der S-Halbkugel der Erde. Die Entfernungen zu Südamerika (15 000 km) und Afrika (8 000 km) unterstreichen die exponierte Insellage. A. besitzt gerade Küstenformen im W und größtenteils auch im S, nur im O und N greifen Buchten z. T. tief ins Landesinnere. Die Küstenlänge beträgt rd. 20 000 km. A. wird von Neuguinea durch die Torresstraße, von Tasmanien durch die Bass-Straße getrennt. Der O-Küste ist in 10–180 km Abstand das 2 000 km lange Große Barriereriff vorgelagert. Der Kontinent bildet mit Tasmanien und einigen Inselgruppen das Staatsgebiet des Austral. Bundes; zu Bev., Wirtschaft und Verkehr † Australien (Staat).

Natürl. Gegebenheiten: Für die geolog. Entwicklung des Kontinents sind mehrere Gebirgsbildungen im Präkambrium und Paläozoikum maßgebend sowie jüngere Eintiefungen weitgespannter Becken, in denen sich im Tertiär und Quartär terrestr. Sedimente ablagerten. Wie die Gestalt des Kontinents ist auch die Reliefgliederung einfach: Den größten Teil nehmen die Rumpfländer des Austral. Schildes ein. Durch die Tiefländer des inneren Ostens (Großes Artes. Becken, Eyrebecken, Murray-Darling-Becken) werden sie von den Bergländern des O (Ostaustral. Kordilleren) getrennt. Die Rumpfländer werden beherrscht von großen, meist 300–600 m ü. d. M. gelegenen Abtragungsflächen, überragt von Plateaus, Inselbergen und Bergländern, die in den Musgrave Ranges 1 594 m, in den Macdonnell Ranges 1 511 m ü. d. M. erreichen. Schichtstufen und -tafeln haben sich im Kimberley Plateau, in den Plateaus von Arnhemland und im Barklytafelland herausgebildet. Ausgedehnte, z. T. fossile Dünenfelder liegen den Rumpfflächen auf, z. B. in der Großen Sandwüste und in der Großen Victoriawüste. Im Großen Artes. Becken finden sich markante Stufen, die von Laterit- und Kieselkrusten gebildet werden, Relikte einer tertiären Landoberfläche. Die Binnenentwässerung mündet im Eyresee ein Endsee. Auch der aus den Austral. Alpen gespeiste Murray trocknet in manchen Jahren beinahe völlig aus. Der O-Rand der Tiefländer ist als Hügelland ausgebildet. Den O-Saum des Kontinents bildet eine N–S verlaufende Reihe von Bergländern, die im N 1 600 m, im S in den Austral. Alpen im Mount Kosciusko 2 230 m ü. d. M. erreichen; sie sind durch tertiäre Bruchtektonik stark zerstückelt und herausgehoben.

Klima: A., der trockenste aller Kontinente, hat Anteil an Tropen, Subtropen und gemäßigter Klimazone. Nur Teile der küstennahen Gebiete erhalten ganzjährig oder zu bestimmten Jahreszeiten ausreichend Niederschläge. Trockengebiete können nur bei Vorhandensein artes. Wassers besiedelt werden, da sie nur ausnahmsweise von Ausläufern der Mon-

Australien

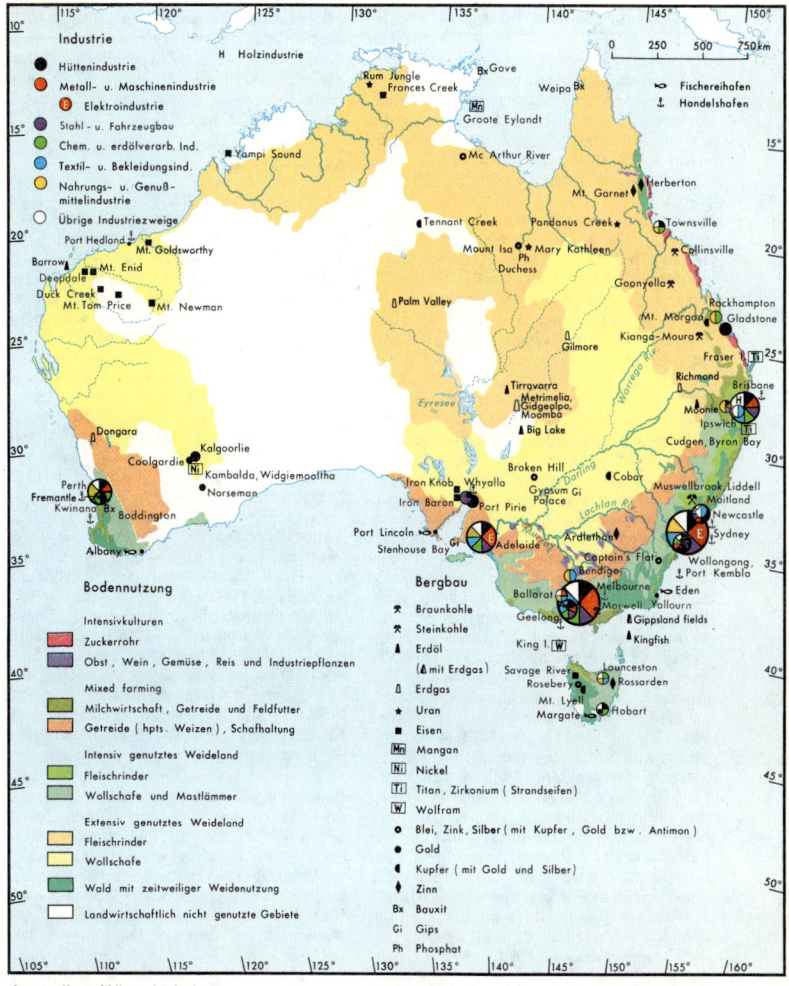

Industrie
- ● Hüttenindustrie
- ● Metall- u. Maschinenindustrie
- Ⓔ Elektroindustrie
- ● Stahl- u. Fahrzeugbau
- ● Chem. u. erdölverarb. Ind.
- ● Textil- u. Bekleidungsind.
- ● Nahrungs- u. Genuß-mittelindustrie
- ○ Übrige Industriezweige

⌐◦ Fischereihafen
⌐ Handelshafen

Bodennutzung

Intensivkulturen
- Zuckerrohr
- Obst, Wein, Gemüse, Reis und Industriepflanzen

Mixed farming
- Milchwirtschaft, Getreide und Feldfutter
- Getreide (hpts. Weizen), Schafhaltung

Intensiv genutztes Weideland
- Fleischrinder
- Wollschafe und Mastlämmer

Extensiv genutztes Weideland
- Fleischrinder
- Wollschafe

- Wald mit zeitweiliger Weidenutzung
- Landwirtschaftlich nicht genutzte Gebiete

Bergbau
- ✱ Braunkohle
- ✱ Steinkohle
- ▲ Erdöl
- (▲ mit Erdgas)
- ◊ Erdgas
- ★ Uran
- ■ Eisen
- Ⓜ Mangan
- Ⓝⁱ Nickel
- Ⓣⁱ Titan, Zirkonium (Strandseifen)
- Ⓦ Wolfram
- ● Blei, Zink, Silber (mit Kupfer, Gold bzw. Antimon)
- ● Gold
- ● Kupfer (mit Gold und Silber)
- ♦ Zinn
- Bx Bauxit
- Gi Gips
- Ph Phosphat

Australien. Wirtschaftskarte

sun- oder Winterregen erreicht werden. Im Landesinnern fällt der größte Teil der Niederschläge in Form von Starkregen trop. Wirbelstürme oder Gewitter. Der heißeste Monat ist im N der Nov., mit dem einsetzenden Monsun senken Bewölkung und Niederschläge die Temperatur. Nach S verschiebt sich das Maximum auf Dez. und Jan. und wird an der S-Küste erst im Febr. erreicht. Die höchste Temperatur wurde in Cloncurry mit 53 °C gemessen. Die Tagesschwankungen sind außerordentl. stark, auch im Sommer ist nachts Frost nicht selten.

Vegetation: Den klimat. Verhältnissen entspricht die Vegetation. An den Küsten im N und NO wachsen Sumpf- und Mangrovewälder. Trop. Regenwald kommt zusammenhängend nur an der O-Küste von Queensland vor. Nach S und N gibt es Regenwälder nur in Schluchten, dazwischen Lorbeerwälder und Feuchtsavannen. Wo im N über 750 mm Regen im Jahr fällt, beherrschen immergrüne Eukalyptusarten die Wälder, daneben kommen Akazien, Keulenbäume und Palmen vor. Bei 350–750 mm Regen pro Jahr finden sich laubabwerfende, lichte Gehölze im N, im trop.-subtrop. Übergangsgebiet in S-Queensland bis über 10 m hohe Hartlaubstrauchfor-

Australien

mationen (Brigalow-Scrub). In 16–17° s. Br. breitet sich ein Gürtel trop. Trockenwälder aus, unterbrochen von Trockensavannen, in W-Queensland reicht er bis in etwa 26° s. Br. Vorherrschend sind Eukalypten und Akazien, im innerkontinentalen Trockengebiet werden die Wälder von gegen Austrocknung geschützten Strauchformationen, offenen Grasflächen, Dornsavannen und Trockensteppen abgelöst. Diese umschließen die inneraustral. Halbwüsten- und Wüstengebiete, streckenweise durchsetzen sie sie auch. Große Teile Westaustraliens, des Inneren Südaustraliens und des Nordterritoriums werden oft Wüsten genannt, weil weder der Mensch noch seine Haustiere darin leben können. Nach dem Pflanzenwuchs sind es meist Halbwüsten. Abgesehen von den Salzpfannen findet sich fast überall weitständiger Bewuchs von Büschelgräsern (Spinifex). In hügeligen Sandgebieten sind die Mulden meist bewachsen, die Dünenkämme vegetationsfrei. Sehr pflanzenarme Sandwüsten sind Simpsonwüste und Große Sandwüste. Die Gibsonwüste ist eine Hammada mit einzelnen Zwergsträuchern auf lokkerem Steinschutt. In SW-Australien wachsen, je nach Niederschlagsmengen, üppiger Lorbeerwald, Karriwald, Jarrawald und Wandoowald. Die Trockengrenze bilden Koniferentrockenwälder und offene Hartlaubgehölze, durchsetzt und schließl. abgelöst von Macchie. In SO-Australien werden subtrop. Lorbeerwälder von Hartlaubwäldern überwiegend aus Eukalypten abgelöst, die einen breiten Gürtel durch Victoria bis an dessen S-Küste einnehmen; nur in den Blue Mountains gibt es darüber feuchte Bergwälder und alpine Vegetation.

Tierwelt: Tiergeograph. stellt A. den kontinentalen Teil der austral. Region dar. Unter den Insekten treten einige Termitenarten bes. hervor, sowie die Bulldoggenameisen. Die Fischfauna ist nicht sehr artenreich, hat aber interessante Vertreter wie Barramunda (ein Knochenzüngler), Regenbogenfische, Austral. Lungenfisch (im O). Unter den Fröschen finden sich kennzeichnende austral. Gatt. wie die Sumpffrösche, die Austral. Scheinkröten. Artenreicher sind die Reptilien: Austral. Schlangenhalsschildkröten, Australienkrokodil (im N), Geckos, Agamen, Skinke, Warane sowie Riesenschlangen und Giftnattern. Außergewöhnl. artenreich ist die Vogelfauna, u. a. Kasuare, Emu, Großfußhühner, Kakadus, Echte Papageien, Riesenschwalm (im N). Die Säugetierfauna setzt sich v. a. aus Beuteltieren zus., u. a. Kloakentiere, Fleckenbeutelmarder, Ameisenbeutler, Koala und die 55 Arten umfassenden Känguruhs. Der Dingo wurde offenbar von den austral. Ureinwohnern († Australier) mitgebracht und ist als verwilderte, primitive Form des Haushundes anzusehen, das Kaninchen wurde aus Europa eingeführt; es hat zur Zerstörung der Flora weiter Landstriche wesentl. beigetragen.

📖 *Australia. A geography.* Hg. v. D. N. Jeans. Sydney 1977. - Reiner, E./Löffler, E.: *A.* Mchn. u. a.; Bern 1977. - Pike, D.: *Australia. The quiet continent.* London ²1970. - Keast, A.: *A. u. Ozeanien.* Dt. Übers. Mchn. u. Zürich 1967.

Australien

(amtl. Vollform: Commonwealth of Australia, dt. Austral. Bund), B.staat zw. Ind. und Pazif. Ozean, zw. 10° und 44° s. Br. sowie 113° 09′ und 153° 39′ ö. L. **Staatsgebiet:** Umfaßt den Kontinent Australien einschließl. der Insel Tasmanien sowie zahlr. kleiner, den Küsten vorgelagerter Inseln, v. a. im Großen Barriereriff. **Fläche:** 7 678 700 km². **Bevölkerung:** 15,4 Mill. E (1983), 2 E/km². **Hauptstadt:** Canberra. **Verwaltungsgliederung:** 6 Bundesländer, ein Bundesterritorium und ein Territorium, als Außengebiete verwaltet der Austral. Bund: Coral Sea Islands Territory, Norfolk Island, Christmas Island, Kokosinseln, Heard and McDonald Islands, Macquarie Islands, Ashmore and Cartier Islands und Austral.-Antarkt. Territorium. **Amtssprache:** Englisch. **Nationalfeiertag:** 26. Jan. (Australia Day). **Währung:** Austral. Dollar ($A) = 100 Cents (c). **Internat. Mitgliedschaften:** UN, Commonwealth, SEATO, ASPAC, ANZUS-Pakt, OECD, Colombo-Plan, SPC, GATT. **Zeitzone:** Chin. Küstenzeit oder Interkontinentale Zeit, d. i. MEZ + 7 Std. (Westaustralien), Südaustral. Zeit, d. i. MEZ + 8½ Std. (Südaustralien, Nordterritorium), Ostaustral. Zeit, d. i. MEZ + 9 Std. (Ostaustralien). Landesnatur, Klima, Vegetation und Tierwelt ↑ Australien (Kontinent).

Bevölkerung: Bei der zumeist aus Europa eingewanderten Bev. überwiegt der brit. Anteil mit rd. 94%. Etwa 86% bekennen sich zum Christentum (Anglikaner, Katholiken, Methodisten, Presbyterianer u. a.). Die Zahl der Eingeborenen († Australier) beträgt rd. 106 000. Die Bev. konzentriert sich in den Städten im O, S und SW. Die Landbev. lebt zu einem großen Teil weit verstreut auf isolierten Farmen. Das am dünnsten bevölkerte Gebiet ist das Nordterritorium mit 0,1 E/km². Die Eingeborenen leben größtenteils in Reservaten im unwirtl. Landesinnern. Die großen Entfernungen und die verstreut lebende Bev. erfordern außergewöhnl. Maßnahmen und Einrichtungen im medizin. Versorgungswesen: Über zentrale Stützpunkte werden Ambulanzflugzeuge eingesetzt (Flying Doctor Service). Schulpflicht besteht vom 6.–15. Lebensjahr. Neben zahlr. höheren Fachschulen verfügt A. über 15 Universitäten.

Wirtschaft: Die Landw. spielt trotz der fortschreitenden Industrialisierung des Landes weiterhin eine große Rolle, obwohl rd. ⅓ des Kontinents sich nicht für agrar. Nutzung

Australien

eignet; wegen mangelnder Bewässerungsmöglichkeiten ist überdies fast die Hälfte des Landes nur weidewirtschaftl. nutzbar. Innerhalb der Viehwirtschaft dominiert die Schafzucht. In der Gewinnung von Wolle ist A. führend in der Welt (rd. $1/3$ der Welterzeugung). Die Rinderhaltung dient der Milch- und Fleischproduktion. A. steht an zweiter Stelle unter den Fleischexporteuren der Welt. Wichtigste Anbauprodukte sind Weizen und Gerste, ferner Zuckerrohr, Baumwolle, Obst und Wein. Der in Neusüdwales angebaute Reis wird zu etwa 90 % exportiert. Die nutzbaren Wälder liegen hauptsächl. in den feuchten Küstengebieten und küstennahen Gebirgen (Eukalyptus als Nutzholz). Die Fischerei ist von untergeordneter Bed. - A. ist ein wichtiger Rohstofflieferant, v. a. Stein- und Braunkohle, Eisen-, Silbererze, Bauxit, Mineralsande, Phosphate, Asbest und Edelsteine. A. verfügt über 20–25 % der bekannten Uranreserven der Erde. Große Vorkommen an Erdöl und Erdgas finden sich in der Bass-Straße und auf dem NW-Schelf. Seit 1945 hat sich A. zur Industrienation entwickelt. Führend ist die Metallind. Der Verhüttung von Eisenerzen und der Stahlproduktion sowie der Gewinnung von Aluminium schließt sich der weite Bereich der verarbeitenden Zweige an, u. a. Automobilind., Maschinen- und Schiffbau. Es folgen Nahrungsmittel- und chem. Ind., insbes. Petrochemie. Unter ausländ. Beteiligung ist auch die Elektro- und Elektronikind. entwickelt. Erwähnenswert sind ferner Textil- und Holzind. sowie ständig wachsender Fremdenverkehr.

Außenhandel: Ausgeführt werden Wolle, Fleisch, Erze, Steinkohle, Rohzucker, Weizen, Kfz., Eisen und Stahl, Aluminium, Molkereierzeugnisse, Eier u. a., eingeführt Maschinen, Garne, Kfz., Flugzeuge, Erdöl, chem. Grundstoffe und Verbindungen, Eisen und Stahl, Papier und Pappe u. a. Haupthandelspartner sind Japan und die EG-Länder (v. a. Großbrit. und die BR Deutschland), gefolgt von den USA, Neuseeland, Kanada u. a.

Verkehr: Das Straßennetz ist 906 000 km lang. Die Eisenbahn (40 587 km) ist demgegenüber an Bed. Mit der Strecke Perth–Sydney besteht die einzige durchgehende Bahnverbindung zw. W- und O-Küste. Große Bed. kommt der Küsten- und Seeschiffahrt zu (etwa 100 Liniendienste). Die wichtigsten Übersee-Container-Anlagen befinden sich in Sydney, Melbourne und Fremantle. Das inneraustral. Flugstreckennetz wird von mehreren Gesellschaften bedient. Die nat. Luftfahrtgesellschaft Qantas fliegt die Routen A.–Asien–Europa, A.–Mexiko–Europa, A.–Südafrika und A.–Nordamerika. Zahlr. ✈ (auch Wasserflughäfen). Wichtigster internat. ✈ ist Sydney.

Geschichte: Über den Zeitpunkt der Einwanderung der Urbev. (Australier) bestehen nur Vermutungen. Portugiesen erreichten A. wohl

AUSTRALISCHER BUND

Verwaltungsgliederung (Stand 1975)

	Fläche (km²)	Einwohner (in 1 000)
Neusüdwales	801 600	4 790
Victoria	227 600	3 673
Queensland	1 727 200	1 997
Südaustralien	984 000	1 234
Westaustralien	2 525 500	1 123
Tasmanien	67 800	406
Nordterritorium	1 346 200	88
Australian Capital Territory	2 400	187

abhängige Gebiete (Stand 1975)

Kokosinseln	14	0,6
Norfolk Island	36	1,8
Christmas Island	135	3,0

schon im 16. Jh. Der Niederländer A. Tasman umsegelte 1642 W- und S-Australien bis zur Insel Tasmanien. Erst J. Cook erreichte 1770 die austral. O-Küste; er befuhr sie von S nach N, überwand das Große Barriereriff und fand erneut die Meeresstraße zw. A. und Neuguinea, deren Entdeckung (1606) die Spanier geheimgehalten hatten. Bis auf einige Abschnitte der S- und SO-Küste war nun der Umriß von A. bekannt. Briten erforschten 1800 die noch unbekannten Küsten.

Die Besiedlung von A. erfolgte ausschließl. von Großbrit. aus. Die austral. O-Küste wurde anstelle der verlorenen nordamerikan. Kolonien zum neuen Platz für die Anlage von Sträflingskolonien. 1788 landete eine Flotte mit etwa 1 000 Sträflingen in Port Jackson. Dort wurde die Siedlung Sydney gegr. Die neue Kolonie war nach großen Anfangsschwierigkeiten ab 1792 in der Lage, sich mit den notwendigsten Gütern zu versorgen. Freie Siedler, die die neue brit. Kolonie lebensmögl. frz. Aktivitäten sichern sollten, kamen ab 1793 und führten die Schafzucht ein; sie wurden zu den eigtl. Pionieren der Kolonisation. Die Kolonialreg. ließ zunächst die südl. O-Küste und Tasmanien erforschen, die durch neue Siedlungen gesichert wurden. Das Hinterland wurde mehr und mehr von den Siedlern selbst erkundet. Bis 1813 war der größte Teil der Küstenebene von New South Wales besiedelt. Nachdem 1803 die 1. Sträflingskolonie auf Vandiemensland gegr. worden war, begann 1820 die Besiedlung von Victoria; in W-A. entstanden die ersten Sträflingskolonien 1829, in S-A. 1836.

1851 lösten Goldfunde eine große Einwanderungswelle aus, die die Städte schnell wachsen ließ. Viele Einwanderer hatten Europa aus polit. Gründen (Revolution von 1848) verlassen, ihre liberalen und sozialen Ideen brachten sie in scharfen Gegensatz zu den konservativen Großgrundbesitzern. Die polit. Austra-

Australien

gung des Konfliktes war mögl., nachdem Großbrit. 1850 den Kolonien New South Wales, Victoria, Tasmania und South Australia eine fast uneingeschränkte Autonomie mit parlamentar.-demokrat. Verfassung gewährt hatte; Queensland folgte 1859, Western Australia erst 1890.

Bis in die 1870er Jahre erlebte A. einen fast beispiellosen wirtsch. Aufstieg, v. a. dank seiner nach Europa exportierten Wollproduktion. Die durch den europ. Konjunkturumschwung in A. ausgelöste Rezession führte zu schweren sozialen Konflikten. Neben die Gewerkschaften (seit der Jh.mitte) trat als polit. Organisation der Arbeiterschaft die Australian Labor Party.

Der aus wirtsch. Gründen wünschenswerte staatl. Zusammenschluß der austral. Kolonien war zunächst unpopulär und wurde v. a. von der Labor Party bekämpft. Nach einem Kompromiß zw. Freihandels- und Schutzzollanhängern konnte schließl. eine Bundesverfassung ausgehandelt werden. 1901 wurde der Austral. Bund gegründet.

Die liberale Reg. honorierte die Zustimmung der Labor Party zur Schutzzollpolitik mit einer Sozial- und Bildungsgesetzgebung, die von der Labor-Reg. (ab 1908) zu einem umfassenden System erweitert wurde. Angesichts der Kriegsgefahr in Europa führte A. 1911 die Wehrpflicht ein und begann den Aufbau einer eigenen Flotte. Der 1. Weltkrieg bedeutete für A. einen entscheidenden Einschnitt. Abgesehen von der Unterstützung des Mutterlandes mit Truppen und Hilfslieferungen übernahm A. den Kampf mit den dt. Kolonialtruppen im pazif. Raum und setzte seine Flotte im Krieg gegen das dt. Kreuzergeschwader in Fernost ein; am folgenreichsten war jedoch der kriegsbedingte Aufbau einer leistungsfähigen eigenen Industrie. Durch den Krieg war A. außenpolit. Position entscheidend verbessert worden: A. war Signatarmacht der Pariser Vorortverträge, trat als Voll-Mgl. in den Völkerbund ein und erhielt das Mandat über bisher dt. Kolonialgebiete; die brit. Empirekonferenzen bestätigten formell die von den Dominions erreichte Unabhängigkeit vom Mutterland. Ab 1929 wurde auch A. von der Weltwirtschaftskrise erfaßt. Das Gefühl wachsender Bedrohung durch das übervölkerte Japan führte zum Einwanderungsstopp für Asiaten und zum Bemühen um verstärkte europ. Einwanderung. Weiter begann A., das 1929 unter Führung der Labor Party die allg. Wehrpflicht abgeschafft hatte, nach 1934 auf der Basis einer kleinen Berufsarmee mit der Wiederaufrüstung (v. a. Flotte und Luftwaffe). Gleichzeitig gab A. seine isolationist. Außenpolitik auf und begann in den USA einen Bündnispartner zu sehen. Im 2. Weltkrieg stand A. in vorderster Front gegen Japan. Die austral. Flotte erlitt im Abwehrkampf gegen die jap. Flotte schwere Verluste.

Nach dem Verlust nahezu aller außeraustral. Positionen der Alliierten war A. zunächst letzter Rückhalt, mit der Wende des Krieges dann Operationsbasis für die Gegenoffensive gegen Japan.

Während des Krieges wandelte sich A. vollends zum Industriestaat. Die staatl. Wirtschaftslenkung suchte die Labor-Reg. auch nach dem Krieg beizubehalten. Doch die seit 1949 von der Liberal Party und der Country Party getragenen Reg. bauten die Zwangswirtschaft ab und förderten v. a. die europ. Einwanderung. Die Labor-Reg. seit 1972 normalisierte unter Abbau der bisherigen antikommunist. Positionen die Beziehungen zur VR China. Sie wurde 1975 von einer konservativen Koalition der Liberal Party und der National Party unter J. M. Fraser abgelöst (1977 und 1980 bestätigt). Bei den Wahlen im März 1983 errang die Labor Party überraschend die absolute Mehrheit; Premiermin. wurde Robert J. L. Hawke (1987 bestätigt).

Politisches System: Nach der Verfassung von 1901 ist A. eine bundesstaatl. parlamentar. Monarchie. Das Reg.system lehnt sich eng an das brit. an. Staatsoberhaupt ist die brit. Königin Elisabeth II., vertreten durch den von ihr ernannten Generalgouverneur. Nominell übt dieser mit dem Exekutivrat, dem u. a. alle Staatsmin. angehören, die *Exekutive* aus. Tatsächl. regiert jedoch der vom Generalgouverneur zum Premiermin. berufene Führer der Parlamentsmehrheit mit seinem Kabinett. Die *Legislative* liegt beim Bundesparlament, das aus dem Generalgouverneur, Senat und Repräsentantenhaus besteht. Die 76 Senatoren werden direkt auf 6 Jahre gewählt, jeweils die Hälfte von ihnen zugleich mit den alle 3 Jahre stattfindenden Wahlen zum Repräsentantenhaus (z. Z. 148 Abg.). Für alle Bürger ab 18 Jahre besteht Wahlpflicht. Derzeit sind im Repräsentantenhaus drei *Parteien* vertreten: Liberal Party (45 Sitze) und National Party (18 Sitze; früher Country Party), die beide konservativ ausgerichtet sind und 1975–1983 die Reg. führten; Reg.partei wurde 1983 die demokrat.-sozialist. Labor Party (85 Sitze). Die fast 300 *Gewerkschaften* erfassen 55 % aller Arbeitnehmer. Die Bundesstaaten sind in der *Verwaltung* nicht dem Bund übertragenen Aufgaben (v. a. Erziehung, Gesundheit, öffentl. Ordnung) autonom. Ihr Reg.system mit Gouverneur, Premier, Parlament gleicht dem des Bundes. Das austral. *Recht* ist vom brit. abgeleitet. Die Gerichtsbarkeit ist fast ausschließl. Sache der Bundesstaaten. Das Oberste Bundesgericht ist letzte Berufungsinstanz und Verfassungsgericht. Die *Streitkräfte* haben eine Gesamtstärke von rd. 70 500 Mann (Heer 32 000, Marine 15 700, Luftwaffe 22 800). Die Wehrpflicht wurde 1973 abgeschafft.

📖 *Stein, C.: A. Hdb. Kiel* ⁵*1984. - Doeker, G.: Parlamentar. Bundesstaaten im Commonwealth*

australische Kunst

of Nations: Kanada, A., Indien. Bd. 1. Tüb. 1980. - Frenzel, K., u.a.: A. Mchn. ⁷1974. - Australia: a social and political history. Hg. v. G. Greenwood. Sydney 1966. - Barnard, M.: History of Australia. New York 1963.

Australier, im eigtl. Sinne die Eingeborenenbevölkerung (engl. Aborigines) Australiens, rass. zu den †Australiden gehörend. Sie sind Wildbeuter und gewinnen ihre Nahrung durch Jagen, Sammeln und Fischfang. Wichtigste Waffen sind Speer, Speerschleuder, Parierschild sowie Keule, der Bumerang ist nicht bei allen Stämmen bekannt. Als Behausung dienen Windschirme sowie Bienenkorbhütten, Töpferei ist unbekannt. Als Schmuck werden Ketten aus Korallenbaumsamen, aus Tierknochen und -zähnen, Muschel- und Schneckenschalen verwendet sowie Körperbemalung, Nasenstäbe und Narbentatauierung.

Kleinste gesellschaftl. Einheit ist die Horde, der ein bestimmtes Jagdgebiet gehört, von dessen Produkten sie sich ernährt. Zus. mit den anderen Horden ihres Gebietes, soweit sie die gleiche Sprache sprechen, bildet sie einen Stamm. Nur vereinzelt kam es zur Ausbildung eines Häuptlingswesens, im allg. übt ein Altenrat die Macht aus. Weit verbreitet ist der Totemismus sowie die Initiation. Die Heirat zw. Mgl. einzelner Heiratsklassen ist genau vorgeschrieben. Weit verbreitet sind mag. Kultpraktiken, um Jagdglück oder die Vermehrung des Wildes zu erreichen. Bei den Gruppentänzen (**Korrobori**) treten bemalte und geschmückte Tänzer zus. mit einem Chor und mit Klanghölzbegleitung auf. - Die A. sind vermutl. gegen Ende der Eiszeit über die damals bestehende Landverbindung mit Neuguinea und SO-Asien in mehreren Wellen eingewandert.

📖 *Herrmann, F.: Völkerkunde Australiens. Mhm. u. a. 1967.*

Australische Alpen, südl. und höchster Teil der Ostaustral. Kordilleren, rd. 320 km lang, im Mount Kosciusko 2 230 m hoch. Mit Ausnahme der Snowy Mountains plateauartig ohne alpine Formen. Almwirtschaft (Rinder und Schafe); Fremdenverkehr.

australische Kunst, die einzige z. T. noch lebendige Kunst einer in steinzeitl. Lebensformen beharrenden Bevölkerungsgruppe († Australier). Sie äußert sich in Beschnitzen oder Gravieren, oft zugleich auch Bemalen der Geräte wie Speerschleudern, Bumerangs, Schilder, Perlmuscheln, Rindengefäße, Botenstäbe, Seelensteine oder -hölzer, den Tjurungas, sowie anderen Kultobjekten mit geometr. und figürl. Motiven. Die figürl. Plastik beschränkt sich fast ganz auf den Norden (Arnhemland). Hier sind v. a. die bed. Rindenmalereien geometr.-ornamentaler Art wie auch mit Darstellung von Tieren, Menschen, Geistern und Jagdszenen zu finden; beim „Röntgenstil" werden auch innere Organe wiedergegeben. Die Farben sind vorwiegend gelb bis rot (Ockererden), schwarz (Holzkohlenstaub) und weiß (Tonerde). In teils riesigen Malereien in Höhlen, an Felswänden oder unter Felsvorsprüngen bes. NW-Australiens werden insbes. Urzeitheroen, die Wondschina, mundlos und an einem heiligenscheinähnl. Gebilde um den Kopf erkenntlich, und die Regenbogenschlange Ungud, die Erschafferin der Welt, Stammutter alles Lebendigen, letzte Ursache des Regens und der Fruchtbarkeit, dargestellt. Diese Felsbilder wurden alljährl. vor

Australische Kunst.
Wondschinaköpfe
(Felsmalerei aus dem
Kimberleydistrikt,
Nordwestaustralien; oben);
Känguruhjagd (Rindenmalerei im
Röntgenstil aus Arnhemland,
Nordaustralien)

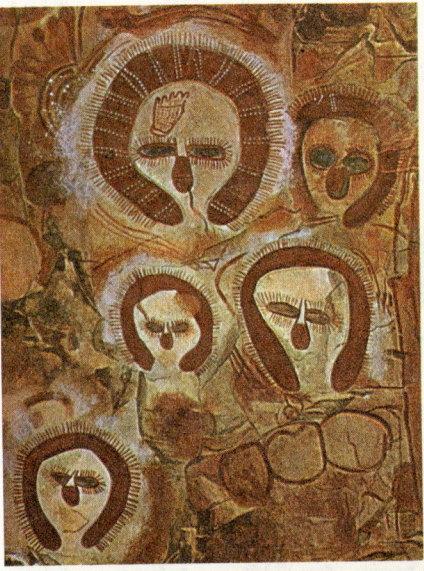

australische Literatur

der Regenzeit in kult. Handlung berührt und neu bemalt.
📖 *Guiart, J.: Ozeanien. Die Kunst der Südsee u. Australiens.* Dt. Übers. Mchn. 1963.

australische Literatur, erste literar. Ansätze finden sich in der Mitte des 19. Jh., es handelt sich dabei jedoch vorwiegend um Emigrantenliteratur. Erst in der zweiten Hälfte des 19. Jh. wurden lokale Stoffe aufgegriffen. Zu nennen sind u. a. M. A. Clarke (* 1846, † 1881; Anprangerung des Sträflingssystems) und R. Boldrewood (* 1826, † 1915; Abenteuer des Buschräubertums und Goldrauschs). Die Zeitschrift „The Bulletin" (gegr. 1880) wurde zum literar. Gewissen der Zeit, sie leitete von 1890 bis zum Beginn des 1. Weltkriegs eine erste literar. Blütezeit ein. Hauptvertreter dieser nat. Schule mit optimist. Grundhaltung waren der volkstüml. Schriftsteller H. A. Lawson (* 1867, † 1922) sowie J. ↑ Furphy. Thema der frühen Lyrik war v. a. das Exotische, Düstere und Monotone der austral. Landschaft. Nach A. B. Patersons (* 1864, † 1941) Veröffentlichung von Sammlungen anonymer Buschballaden entstand die Schule der „balladists", die das Leben im Busch und Hinterland besang. Eine bed. Vermittlerrolle zur europ. Literatur hatte der Lyriker (symbol. Gedichte) C. Brennan (* 1870, † 1932). Neben ihm sind P. O'Dowd (* 1866, † 1953), die sozial engagierte M. J. Gilmore (* 1865, † 1962) u. a. Lyriker zu nennen. Die 1936 entstandene „Jindyworobak"-Bewegung bringt eine Rückbesinnung auf die Mythen der Eingeborenen und die typ. Eigenart der heim. Landschaft, bed. der Lyriker P. Lindsay (* 1906, † 1958). Die Darstellung urbanen Lebens setzte erst später ein. Soziale Fragen der Großstadt (Sydney und seine Slums) behandelten u. a. die Romanschriftsteller D'Arcy ↑ Niland, K. S. ↑ Prichard, R. ↑ Park u. a. Neben H. H. ↑ Richardson und V. Palmer (* 1885, † 1959) ist W. Hay (* 1875, † 1945) Hauptvertreter des psycholog. Romans. Nach dem 2. Weltkrieg entstanden zwei literar. einflußreiche Zeitschriften: „Angry Penguins" und „Meanjin Papers". - Unter den heutigen Lyrikern sind J. Wright (* 1915) und D. ↑ Stewart zu nennen, unter den Prosaschriftstellern M. ↑ West und P. ↑ White, unter den Dramatikern R. Lawler (* 1921) sowie D. Stewart (Versdramen).
📖 *Schulz, Joachim: Gesch. der a. L.* Mchn. 1960.

australische Region (Notogäa), tiergeograph. Verbreitungsraum, der Australien, Tasmanien, Neuguinea mit umliegenden Inseln, Neuseeland und die pazif. Inseln östl. Australiens und Neuguineas umfaßt. Die a. R. ist infolge langer erdgeschichtl. Isolation wie keine andere tiergeograph. Region durch nur hier auftretende Gruppen ausgezeichnet. Bes. typ. sind Kloakentiere, Beuteltiere, Kasuare, Emus, Kiwis, Großfußhühner, Leiervögel, Paradiesvögel, Laubenvögel.

australisches Florenreich (Australis), pflanzengeograph. Gebiet, das Australien und Tasmanien umschließt. Bes. verbreitet sind Trockenpflanzengesellschaften, ausgenommen in trop. Regenwäldern der N- und O-Küste Australiens. Im Inneren und an der W-Küste sind Wüstengesellschaften vorherrschend, die im S in Hartlaubgebüsche und Hartlaubwälder und im N und O u. a. in Grasland und Savannen übergehen. - Von den etwa 10 000 Pflanzenarten kommen über 8 000 Arten nur hier vor. Charakterist. sind Eukalyptus, Keulenbaum (Casuarina), Grasbaum, Akazie sowie viele Silberbaumgewächse.

Austral Islands [engl. 'ɔːstrəl 'aɪləndz], ↑ Tubuai-Inseln.

Australopithecinae [lat./griech.] ↑ Mensch (Abstammung).

Australopithecusgruppe [lat./griech./dt.], als Vormenschen vor den Echtmenschen stehende und als Urmenschen (Australopithecinae) vor etwa 6 Mill. Jahren den Übergang zu diesen bildende Gruppe des Tier-Mensch-Übergangsfeldes.

Austrasien ↑ Austrien.

Austreibung (Austreibungsperiode), Zeitspanne während der Geburt vom Augenblick des Durchtretens des kindl. Kopfes durch den äußeren Muttermund bis zum völligen Austritt des Kindes.

Austria, lat. Name für Österreich.

Austrian Airlines [engl. 'ɔstrɪən 'ɛəlaɪnz] ↑ Luftverkehrsgesellschaften (Übersicht).

Austria Presse Agentur ↑ Nachrichtenagenturen (Übersicht).

Austria Tabakwerke AG, staatl. Unternehmen, das das östr. Tabakmonopol verwaltet. Gegr. 1784 als „Östr. Tabakregie", 1938 umgewandelt in die A. T. AG, Sitz: Wien. Zigarettenproduktion.

Austriazismus [nlat.], östr. Spracheigentümlichkeit, z. B. *Paradeiser* für *Tomate*.

Austrien (Austrasien, Auster [„Ostreich"]), Bez. für den östl. Reichsteil bzw. das östl. Teilreich des merowing. Frankenreiches (Gegenstück zu ↑ Neustrien); erstmals im späten 6. Jh. bezeugt, verschwindet im Karolingerreich.

austrische Phase ↑ Faltungsphasen (Übersicht).

Austritt aus der Kirche ↑ Kirchenaustritt.

Austrittsarbeit, die Energie, die aufgebracht werden muß, um ein Elektron aus dem Innern eines Stoffes (insbes. ein Leitungselektron aus einem Metall) durch seine Oberfläche nach außen zu bringen. Die erforderl. Energie kann auf verschiedene Weise geliefert werden; prakt. wichtig sind v. a. ↑ Photoeffekt, ↑ glühelektrischer Effekt und ↑ Stoßionisation.

austroasiatische Sprachen, Sprachengruppe mit einem urspr. zusammenhän-

Auswanderung

genden Verbreitungsgebiet von NW-Indien bis zum Südchin. Meer. Bedeutendste Gruppen des austroasiat. Sprachzweiges sind die Mon-Khmer-Sprachen in Hinterindien und die Munda-Sprachen auf dem Ind. Subkontinent. Wichtigste Rolle in der Wortbildung der Sprachen spielen Prä- und Infixe. Die a. S. besitzen zwei Genera (belebt – unbelebt) und teilweise drei Numeri (Singular, Dual, Plural). Syntaktisch gehören sie zum isolierenden Typus: Beziehungen der Wörter werden durch selbständige Partikeln und Stellungsregeln bestimmt.

Austrofaschismus, Bez. für eine östr. polit. Bewegung seit 1918, die sich auf den rechten Flügel der Heimwehren stützte. Die Austrofaschisten bekämpften die SPÖ, vertraten ständestaatl. Ziele und waren vom italien. Faschismus beeinflußt.

Austromarxismus, Bez. für die von Politikern und Theoretikern der östr. Sozialdemokratie vor und nach dem 1. Weltkrieg entwickelte Sonderform des Marxismus. Die Austromarxisten (Hauptvertreter: u. a. F. Adler, O. Bauer, R. Hilferding, K. Renner) vertraten im Ggs. zum revolutionären Marxismus-Leninismus in Theorie und Praxis ein den bes. Verhältnissen des Vielvölkerstaates angepaßtes evolutionäres Konzept.

Austronesier, Gruppe von Völkern, die austrones. Sprachen sprechen; zu ihnen gehören ↑Indonesier, ↑Melanesier, ↑Mikronesier und ↑Polynesier.

austronesische Sprachen, Sprachengruppe mit einem Verbreitungsgebiet von Madagaskar bis zur Osterinsel und nach Hawaii. Sie ist gegliedert in die Gruppen der indones.-malaiischen, der polynes. und der melanes. Sprachen. Alle Sprachen der Zweiges haben ein einfaches Phonemsystem. Hinsichtl. der Syntax gehören die indones. Sprachen zum isolierenden, die polynes. und melanes. Sprachen zum agglutinierenden Typ.

Austroslawismus, Bez. für die nat.-konservativen völk. Bestrebungen der Slawen, v. a. der Tschechen, in der Habsburgermonarchie ab Mitte des 19. Jh.; mit Beginn des 1. Weltkriegs durch die Zielsetzung nat. souveräner Unabhängigkeit überholt.

Austvågøy [norweg. ˌœystvoːgœi], östlichste der Lofotinseln, Norwegen, 50 km lang, zw. 2,5 und 20 km breit, durch Fjorde stark gegliedert. Zentrum für den Dorschfang vor den Lofotinseln ist **Svolvær** mit zahlr. Fischverarbeitungsbetrieben.

Ausverkauf, Warenverkauf zu herabgesetzten Preisen bei Aufgabe des gesamten Geschäftsbetriebes (**Totalausverkauf**), einer Zweigniederlassung oder des Handels mit einer bestimmten Warengattung. Der A. muß 14 Tage vor Ankündigung der zuständigen Ind.- und Handelskammer angezeigt sein. Vom A. zu unterscheiden ist der ↑Räumungsverkauf.

Auswahlaxiom (Zermeloschesaxiom), Axiom der Mengenlehre: Ist M eine Menge von durchschnittsfremden, nicht leeren Mengen M_i, so gibt es eine Menge Z, die *Auswahlmenge*, die aus jeder der Mengen M_i genau ein Element a_i enthält.

Auswahlregeln, Regeln über die quantentheoret. Gesetzmäßigkeiten beim Übergang mikrophysikal. Systeme von einem Quantenzustand zu einem anderen. Sie schränken die Übergangsmöglichkeit stark ein. In der Elektronenhülle eines Atoms sind z. B. nur solche Übergänge „erlaubt", bei denen sich die Bahndrehimpulsquantenzahl um +1 oder −1 ändert.

Auswahlverfahren, in der *Statistik* beim Stichprobenverfahren getroffene Auswahl der Elemente aus einer Gesamtmasse. Die *Auswahl aufs Geratewohl* führt zu fehlerhaften Ergebnissen. Für Repräsentativerhebungen kommen dagegen 3 Arten der A. in Betracht: die *bewußte Auswahl*, die reine Zufallsauswahl und die *geschichtete Auswahl*.

Auswanderung, Aufgabe des Wohnsitzes im Heimatstaat, um dauernd oder für längere Zeit (mindestens 1 Jahr) im Ausland niederzulassen. Von der A. zu unterscheiden sind: 1. Wanderungen ohne Niederlassungsabsicht (Besuchsreise, Gastarbeiterwanderung, Nomadenzug), 2. Wanderungen innerhalb desselben Staatsgebietes (Binnenwanderung), 3. Wanderungen ganzer Völker oder Volksgruppen, die auf fremdem Boden selbständige Staatsgebilde errichten (Völker-, Kolonialwanderung), 4. einzelne Arten von Zwangswanderungen (Verschleppung, Deportation, Zwangsarbeit im Ausland).
Recht: In den modernen Rechtsstaaten besteht (nur durch Wehrpflicht und einzelne paßrechtl. Bestimmungen eingeschränkte) A.freiheit (in der BR Deutschland nach Art. 2 Abs. 1 GG). Die A.gesetzgebung betrifft deshalb nur A.unternehmer und A.agenten, A.be-

Auswanderung. Anzahl der ausgewanderten Deutschen zwischen 1861 und 1910 insgesamt und in die Vereinigten Staaten (rot)

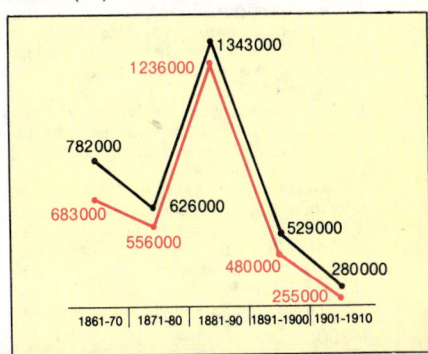

Auswanderungsbetrug

rater, Anwerber von Arbeitnehmern nach dem Ausland. Zw. der BR Deutschland und Australien besteht das A.abkommen von 1965. Die Aufgaben einer zentralen Verwaltungsstelle für das A.wesen in der BR Deutschland liegen beim Bundesverwaltungsamt in Köln. Auf übernat. Ebene sind in der Auswandererbetreuung v. a. das Zwischenstaatl. Komitee für Europ. A. und die Internat. Arbeitsorganisation (IAO) tätig.

Als histor. bedeutsam ist A. in Europa erst seit dem 16. Jh. feststellbar und seit dem 19. Jh. statist. zureichend erfaßt. Wirtsch. Not, Landmangel, persönl. oder polit. Unfreiheit, Freisetzung von Arbeitskräften in der Landw., religiöse, polit. oder ethn. Verfolgung sowie die Erwartung besserer Lebensbedingungen trieben zur Auswanderung. - ↑ auch Einwanderung.

📖 *Ungern-Sternberg, R. v.: Wanderungen der Westeuropäer während der letzten Jahre. In: Jbb. f. Nationalökonomie u. Statistik 175 (1963), 132.*

Auswanderungsbetrug, die Verleitung von Deutschen zur Auswanderung unter Vorspiegelung falscher Tatsachen (§ 144 StGB).

auswärtige Angelegenheiten, Beziehungen eines Staates zu ausländ. Staaten (↑Ausland) und zu internat. Organisationen; a. A. sind insbes. die Entsendung staatl. Repräsentanten ins Ausland (↑auswärtiger Dienst, ↑diplomatischer Dienst) und der Empfang ausländ. Repräsentanten, der Abschluß völkerrechtl. Verträge, die Betreuung eigener Staatsangehörigen im Ausland, Kriegführung mit ausländ. Staaten. Zu den a. A. der BR Deutschland gehören im Unterschied zur DDR (Ministerium für a. A.) nicht die innerdeutschen Beziehungen. Die a. A. werden in den meisten Staaten von einem Außenministerium (BR Deutschland: Auswärtiges Amt; in Österreich: Bundesministerium für a. A.; in der Schweiz: Eidgenöss. Departement für a. A.) wahrgenommen. Die völkerrechtl. Vertretung des Staates ist jedoch Sache des Staatsoberhauptes (in der BR Deutschland, in Österreich und in der Schweiz des Bundespräs.).

auswärtiger Dienst, mit der Wahrnehmung der auswärtigen Angelegenheiten betrauter Zweig des öff. Dienstes; wird in bundeseigener Verwaltung mit eigenem Verwaltungsunterbau geführt; unterschieden wird zw. den Bediensteten der Zentrale und dem Personal der Auslandsvertretungen, die von Beamten mit diplomat. oder konsular. Status geleitet werden.

Auswärtiges Amt, Abk. AA, Bez. des für die auswärtigen Beziehungen zuständigen Ministeriums in der BR Deutschland; entstand 1870, als das preuß. Außenministerium vom Norddt. Bund zur Erledigung der auswärtigen Bundesangelegenheiten übernommen wurde; zunächst in Vertretung des Kanzlers von einem Staatssekretär geleitet, wurde das AA nach 1918/19 selbständiges Ministerium unter der Leitung eines verantwortl. Reichsmin. (bis 1945); 1951 wieder entstanden.

Auswaschen, in der analyt. Chemie die Reinigung von Niederschlägen bzw. Filtraten durch Spülen oder Schütteln mit einer Waschflüssigkeit (z. B. Alkohol, Äther).

Ausweichkurs (Scheinkurs), Geld- oder Briefkurs eines Wertpapiers, in dem kein Umsatz stattgefunden hat; erfolgt zu diesem Kurs ein Angebot, versucht der Partner so lange „auszuweichen", bis der Kurs erreicht ist, zu dem er wirkl. das Geschäft tätigen will.

Ausweichung, in der Harmonielehre Bez. für das vorübergehende Verlassen einer Tonart mit der sofort darauf folgenden Rückwendung, ohne daß im eigtl. Sinn eine ↑Modulation vorliegt.

Ausweisfahrer, Fahrer, der einen Ausweis für die Teilnahme an nat. Wettbewerben im Motorsport besitzt.

Ausweismißbrauch (Ausweispapiermißbrauch), Straftat nach § 281 StGB, demzufolge mit Freiheitsstrafe bis zu einem Jahr oder mit Geldstrafe bestraft wird, wer ein Ausweispapier, das für einen anderen ausgestellt ist, vorsätzl. zur Täuschung im Rechtsverkehr gebraucht oder wer einem anderen ein Ausweispapier zu diesem Zwecke überläßt. Auch der Versuch ist strafbar.

Ausweispflicht, Pflicht aller in der BR Deutschland lebenden und der Meldepflicht unterliegenden Personen über 16 Jahre, einen Personalausweis oder einen Paß zu besitzen und ihn auf Verlangen einer Behörde vorzulegen. In der Schweiz und in Österreich besteht keine Ausweispflicht.

Ausweisung, im Ausländerrecht Aufforderung zum Verlassen des Staatsgebiets, die gegenüber Ausländern ausgesprochen werden kann, die sich berechtigt im Geltungsbereich des Ausländergesetzes (AuslG) aufhalten. Obgleich Ausländer, außer wenn ihnen das Asylrecht zusteht, in Übereinklang mit dem Völkerrecht grundsätzl. keinen Rechtsanspruch auf Aufenthalt in der BR Deutschland besitzen, darf die A. nur bei Vorliegen bestimmter Gründe (z. B. bei Gefährdung der freiheitl. demokrat. Grundordnung oder der Sicherheit der BR Deutschland) ausgesprochen werden. Ausgewiesene sind zu unverzügl. Ausreise verpflichtet. Sofern sie dieser Pflicht nicht nachkommen, erfolgt ihre Abschiebung. Im *östr. Strafrecht* gilt für die *Landesverweisung* Entsprechendes. *Schweizer. Recht:* 1. Ausländer, die die innere oder äußere Sicherheit der Schweiz gefährden, können vom Bundesrat ausgewiesen werden (Art. 70 BV). Sie kann befristet, aber nicht für weniger als 2 Jahre, oder unbefristet ausgesprochen werden. 2. Schweizer können durch Niederlassungsentzug ausgewiesen werden.

Auswinterung (Auswintern), in der Landw. das Zugrundegehen der Wintersaat, v. a. durch Vertrocknen der Jungpflanzen infolge Auffrierens bei fehlender Schneedecke und tiefen Temperaturen, ferner durch Ersticken infolge zu hohen und zu lange liegenden Schnees, durch Verfaulen bei Überschwemmungen im Anschluß an die Schneeschmelze oder durch Befall mit Schädlingen.

Auswuchten, Beseitigung von an Drehkörpern vorhandenen Unwuchten zur Verbesserung der Massenverteilung in bezug auf die durch die Lagerung festgelegte Drehachse, so daß die gesamten Fliehkraftwirkungen am Drehkörper ausgeglichen sind, d. h. auf seine Lagerung keine zusätzl. Kräfte oder Momente ausgeübt werden und einwandfreier Rundlauf gewährleistet ist. Beim stat. A. wird nur die gegebenenfalls im Drehkörper in bezug auf die Drehachse vorhandene exzentr. Lage des Schwerpunktes gegenüber der Drehachse (**Unwucht**) beseitigt. Beim dynam. A. wird die abweichende Richtung der Hauptträgheitsachse von der der Drehachse durch Ausgleichsbohrungen oder Ausgleichsgewichte korrigiert. Kfz.-Reifen werden durch Bleigewichte am inneren und äußeren Felgenrand ausgewuchtet. Größe und Lage der auszugleichenden Unwucht werden mittels Auswuchtmaschinen festgestellt.

Auswurf (Sputum), Absonderung von Sekreten aus der Mundhöhle, den Luftwegen, der Lunge, dem Nasen-Rachen-Raum und den Nasennebenhöhlen; der A. kann schleimig, eitrig, serös oder blutig sein.

auszählen, die Niederlage eines kampfunfähigen Boxers durch Zählen (bis zum Aus) feststellen.

Auszehrung (Abzehrung, Kachexie), mit allg. Schwäche verbundener starker Kräfteverfall bei schweren chron. Krankheiten, wie z. B. Tuberkulose und Krebs.

Auszubildender, Bez. des Berufsbildungsgesetzes anstelle von Lehrling und Anlernling.

Auszug, kurze Wiedergabe des Hauptinhalts oder herausgelöster Teil eines Schriftstücks.
♦ in der *Pharmazie* svw. ↑Extrakt.

Autan [frz. oʼtã; zu lat. altanus „Seewind"], in S-Frankr. auftretender, von den Pyrenäen und Cevennen herabwehender warmer, trockener Fallwind.

Autant-Lara, Claude [frz. otãlaˈra], * Luzarches (Val-d'Oise) 5. Aug. 1903, frz. Filmregisseur. - Stellt mit großem Nuancenreichtum psycholog. und erotic. Konflikte dar: „Der Teufel im Leib" (1947), „Die unheiml. Herberge" (1951), „Tu ne tueras point" (1963). Juni-Sept. 1989 Abg. des Europ. Parlaments.

autark [griech.], sich selbst genügend, auf niemanden angewiesen; wirtsch. unabhängig.

Autarkie [griech.], für die Griechen als „Selbstgenügsamkeit" Grundprinzip der Lebenshaltung des einzelnen wie der Polisgemeinschaft gegenüber der Umwelt.
♦ in der *Wirtschaft*: Zustand einer Volkswirtschaft, die nicht am internat. Güter-, Faktor- und Dienstleistungsaustausch teilnimmt. In der Praxis ist A. nicht anzutreffen. Die A.-bestrebungen richten sich meist auf die Unabhängigkeit von der Einfuhr lebensnotwendiger Güter (partielle A.).

auterge Wirtschaft [griech./dt.] ↑allerge Wirtschaft.

Authari, † Pavia 5. Sept. 590 (ermordet), König der Langobarden (seit 584). - Bemühte sich um einen Ausgleich zw. Langobarden und Romanen, um erfolgreich byzantin. Angriffe abzuwehren; isolierte Byzanz auch durch Verhandlungen mit den Franken, gegen die er Rückhalt bei den Bayern suchte; heiratete die bayr. Herzogstochter Theudelinde.

authentisch [griech.], vom Verfasser stammend, eigenhändig geschrieben; kann auch auf eine vom Autor beglaubigte oder korrigierte Abschrift bezogen sein. In übertragener Bedeutung: echt, glaubwürdig.
♦ in der *Musiklehre* werden seit dem 9. Jh. die Haupttonarten des 1., 3., 5. und 7. Kirchentons als a. bezeichnet.

Autismus [zu griech. autós „selbst"], Selbst- oder Ichbezogenheit; Bez. für die Denkweise und das Verhalten eines Menschen, der sich von seiner Umwelt absondert und sich vorwiegend in der Welt seiner eigenen Vorstellungen und Phantasie bewegt. A. kann Symptom für bestimmte krankhafte Persönlichkeitsstörungen (z. B. Schizophrenie) sein.

Auto, Kurzbez. für: Automobil, svw. ↑Kraftwagen.

Auto [span.; zu lat. actus „Handlung"], meist einaktiges geistl. Spiel des span. Theaters, aufgeführt an den Festtagen des Kirchenjahres: Versdramen mit gesungenen, z. T. auch getanzten Einlagen. Volle Entwicklung der Gattung nach spätma. Vorläufern im 16. Jh. Seit dem Ende des 16. Jh. verdrängte das ↑Auto sacramentale die übrigen Formen.
♦ in Spanien und Portugal feierl., religiöse und gerichtl. Handlung.

auto..., Auto... [griech.], Bestimmungswort in Zusammensetzungen mit der Bedeutung „selbst..., Selbst...".

Autoaggression, in der *Psychologie* ↑Aggression.

Autoaggressionskrankheiten (Autoimmunkrankheiten, Autoimmunopathien), Krankheiten, die auf einer Fehlsteuerung im Abwehrsystem des Organismus beruhen. Anders als im Normalfall richtet sich die Abwehr hier anstatt gegen körperfremde gegen körpereigene Stoffe (**Autoaggression**). Der „Irrtum" des Abwehrsystems besteht darin, daß körpereigene Stoffe regelwidrig als Antigene „aufgefaßt" und gegen diese Autoantigene,

Autoantikörper

sog. Autoantikörper, gebildet werden. In der Folge kommt es dann zur krankmachenden †Antigen-Antikörper-Reaktion.

Zu den A. rechnet man zur Zeit u. a. die Schmetterlingsflechte, die primär chron. Polyarthritis sowie bestimmte Blutkrankheiten. Danach kann eine Autoaggression auch die Erythrozyten (erworbene hämolyt. Anämie), die Leukozyten (Immunagranulozytose) oder die Thrombozyten (Immunthrombozytopenie) betreffen. Zu den A. gehört vielleicht auch die multiple Sklerose. Die Behandlung der A. erfolgt mit †Immunsuppressiva.

Autoantikörper (Autoantigene), Antikörper, die gegen körpereigene Substanzen wirken, wenn diese (z. B. durch Erfrierung, Verbrennungsschäden u. a.) körperfremd geworden sind. - †auch Autoaggressionskrankheiten.

Autobahn, Straße für den Schnellverkehr mit Kfz., getrennte Fahrbahnen für den Richtungsverkehr, frei von Kreuzungen in einer Ebene und bes. Anschlußstellen für Zu- und Abfahrt, nur für Kfz., die auf ebener Strecke schneller als 60 km/h fahren können. Auf der A. hat der durchgehende Verkehr Vorfahrt. Wenden und Rückwärtsfahren sind verboten, ebenso das Halten. Auf *Seitenstreifen (Standstreifen)* darf nur in Notfällen angehalten werden. An Bundes-A. (BAB) stehen beidseitig in Abständen von 2 km *Notrufsäulen,* über die man im Notfall Hilfe anfordern kann. Die Richtung, in der die nächste Notrufsäule zu finden ist, wird durch schwarze Pfeile auf dem Leitpfosten angezeigt. Für die Instandhaltung der A. ist die *A.meisterei* verantwortlich. Der *A.meister* überprüft in regelmäßigen Abständen den Zustand der Fahrbahnen und der Verkehrseinrichtungen. Für die Verkehrsüberwachung auf der BAB ist die *A.polizei* zuständig. In Abständen von ca. 50 km liegen beidseitig *A.nebenbetriebe.* Dazu gehören A.tankstellen, Raststätten und Kioske mit WC auf Rastplätzen. Die A.nebenbetriebe werden von der „Gesellschaft für Nebenbetriebe mbH" (GfN) finanziert, verpachtet und betreut. Es stehen auch *Babywickelräume,* Spielplätze, Babybetten u. ä. zur Verfügung. In der BR Deutschland werden die A. aus der Mineralölsteuer finanziert.

Die *Fahrbahndecken* der BAB werden in Beton oder bituminöser Bauweise hergestellt. Die auf einem Unterbau aus frostsicherem Material liegenden Betondecken (Dicke 22–25 cm) sind zur Vermeidung von Rissen durch Quer- und Längsfugen unterteilt. Zur Abführung von Niederschlagswasser besitzen die Fahrbahnen ein Quergefälle von 1,5 % nach außen (in Kurven maximal 6 %). Der A.bau wird in der BR Deutschland durch das Bundesfernstraßengesetz geregelt. Planung und Linienführung werden vom Bundesmin. für Verkehr im Einvernehmen mit den an der Raumordnung beteiligten Bundesmin. und im Benehmen mit den Landesplanungsbehörden der beteiligten Länder bestimmt. Die erste nur für den Kraftverkehr bestimmte Verkehrsstrecke wurde 1932 eröffnet (Autostraße Bonn–Köln). 1935 wurde der Abschnitt Frankfurt am Main–Darmstadt im Zuge der geplanten Reichsautobahn Hansestädte–Frankfurt–Basel *(HaFraBa)* dem Verkehr übergeben. Bis Kriegsende waren 2100 km der geplanten Verbindungen erstellt. Seit 1949 sind die A. auf dem Gebiet der BR Deutschland Eigentum des Bundes. - Am 1. Jan. 1985 betrug die Gesamtlänge des BAB-Netzes 8198 km. Das

Autobahn. Autobahnkreuz bei Leverkusen in Form eines Kleeblatts

A.netz der DDR umfaßt 1 850 km, Österreich besitzt A. mit einer Gesamtlänge von 1 109 km, das Netz der schweizer. A. (Nationalstraßen) umfaßt 1 332 km.
📖 *A.en in Deutschland.* Bonn ²1985.

Autobiographie, die literar. Darstellung des eigenen Lebens, wobei man die stärker auf Fakten ausgerichteten Lebenserinnerungen oder Memoiren von der eigtl. A. abgrenzen kann. Als A. i.e.S. gilt seit dem 18.Jh. die Aufzeichnung des eigenen geistig-seel. Entwicklungsprozesses, der Persönlichkeitsbildung im Austausch mit der äußeren Welt, gestaltet von einem meist abgeklärteren, reifen Standpunkt aus. Dieser bedingt innerhalb eines chronolog. Aufbaus bewußte, unbewußte, apologet. oder tendenziöse, pädagog. oder moral. begr. Systematisierung, [Neu]ordnung, Auswahl und Wertung der biograph. Fakten, der äußeren und inneren Einflüsse, die Deutung und Verkettung einzelner Lebensstationen unter einheitl. Perspektive. Charakterist. für A. sind Subjektivismus, ein oft relativer histor., polit. oder kulturhistor. Wahrheitswert. Die erste eigtl. A. sind die „Confessiones" des Augustinus (397/398). Erst im 12. und 13.Jh. findet sich wieder eine durch die rhetor. Stilmuster dringende Darstellung des geistigen Menschen (Abälard; Dante: „Vita nuova"). Bed. sind dann im 16.Jh. die A. von Cellini (entstanden zw. 1558 und 1566), Cardano (1575) und der Theresia von Ávila (1561/62). Im 17.Jh. ragen die A. R. Descartes', die polit. A. des Kardinals de Retz (begonnen 1662, hg. 1717), die religiösen A. Bunyans (1666) und der Madame Guyon (1694, beg. 1720) aus der Fülle der damals zur beliebten Gattung gewordenen Memoiren heraus. Im 18.Jh. (Pietismus und Empfindsamkeit) entstand bes. in Deutschland eine Fülle autobiograph. Seelenanalysen, z.B. von Hamann (1758) oder Jung-Stilling (1. Bd. 1778, hg. von Goethe). Erwähnenswert sind ferner die A. Humes (hg. 1777) und Gibbons (hg. 1796; beides Darstellung der literar. Entwicklung), B. Franklins (1791; aufklär.-moralisierend) und die memoirenhaften A. Goldonis (1787), Casanovas (zw. 1791 und 1798) und Alfieris (1790–1803). Von entscheidender geistesgeschichtl. Wirkung werden die „Confessions" von J. J. Rousseau (1782–89; Begründung des modernen Individualismus). Goethes offen fiktive A. „Dichtung und Wahrheit" (1811–33) wird mit ihrer Weite des Weltverständnisses zum Gipfel autobiograph. Darstellungen, mit dem sich später am ehesten noch die A. von Stendhal (entstanden 1835, hg. 1890), Chateaubriand (1848 bis 50) oder Renan (1883) vergleichen lassen. Als eigtl. A. sind noch zu nennen die Selbstanalysen De Quinceys (1822), Newmans (1864), Strindbergs (1886), Henry James' (1913ff.), die philosoph. A. von J. St. Mill (1873), Henry Adams (1918), B. Croce (1918) oder die sachbezogenen Darstellungen der Dichter- oder Politikerlaufbahn, etwa von Churchill (1932), Trotzki (1930), S. Spender (1946–51).
📖 *Misch, G.: Gesch. der A.* Ffm. ²⁻⁴1967–79. 4 Bde. in 8 Tlen.

autochthon [griech.], alteingesessen, eingeboren, bodenständig.
◆ in der *Biologie:* an Ort und Stelle heim., einheim. (von Pflanzen- und Tierarten).
◆ in der *Paläontologie:* am Fundort entstanden (von Organismenresten).

Auto Club Europa e. V., Abk. ACE, drittgrößter dt. Automobilklub; 1966 als gewerkschaftl. Verkehrsbund gegr., Sitz Stuttgart; nimmt nur Mitglieder des DGB auf. 1986 rd. 500 000 Mgl.

Autodafé [portugies.; zu lat. actus fidei „Glaubensakt"], feierl. Verkündung und anschließende Vollstreckung eines von einem Gericht der Inquisition gefällten Urteils (Freispruch oder Tod durch Verbrennen). - Das erste A. soll 1481 in Sevilla, das letzte 1815 in Mexiko stattgefunden haben.

Autodidakt [griech.], jemand, der sich ein bestimmtes Wissen ausschließlich durch Selbstunterricht angeeignet hat.

Autoduplikation, svw. ↑Autoreduplikation.

Autoelektrik [griech.], elektr. Ausstattung von Kraftfahrzeugen. Die Spannung im elektr. System beträgt bei Pkw 6 bzw. heute meist 12 Volt, bei Lkw häufig 24 Volt. Das gesamte elektr. Netz eines Fahrzeuges wird bei stehendem Motor von einer oder mehreren Batterien gespeist. Läuft der Motor, so erzeugt eine Lichtmaschine ab einer bestimmten Motordrehzahl so viel Strom, daß die eingeschalteten elektr. Verbraucher von ihr versorgt werden können und die Batterie nachgeladen wird. Die durch ständig wechselnde Motordrehzahl bedingte Schwankung der Lichtmaschinenspannung wird durch den Regler weitgehend ausgeglichen. Die Schaltung der elektr. Anlage und die Verbindung der einzelnen elektr. Einrichtungen mit der Stromquelle ist im Schaltplan festgelegt.
📖 *Kierdorf, B.: Service-Fibel für die Kfz-Elektrik.* Würzburg ¹⁰1985.

Autoempfänger, svw. ↑Autoradio.

Autoerotik (Autoerotismus), Form des erot.-sexuellen Verhaltens, das Lust am eigenen Körper, d. h. Triebfüllung ohne Partnerbezug, zu gewinnen sucht, sei es in Form des ↑Narzißmus oder in Form der ↑Masturbation; nach S. Freud beim Kind eine Vorstufe der Objekterotik.

Autofahrer-Rundfunk-Information (ARI) ↑Verkehrsfunk.

Autofining [aʊtoʻfaɪnɪŋ; griech./engl.], katalyt. Druckraffination (mit festen Kobalt-Molybdän-Katalysatoren bei 340–400 °C) von aromatenreichen Benzinen und Gasölen zur vollständigen Entfernung von Schwefel- und Sauerstoffverbindungen; die Stickstoff-

Autofrettage

verbindungen werden dabei zum größten Teil entfernt. Das A. liefert Treibstoffe mit hohen Oktanzahlen.

Autofrettage [aʊtofrɛˈtaːʒə; griech./frz.], Verfahren zur Kaltverfestigung von Geschützrohren durch Aufweitung unter hydraul. Druck bis über die Streckgrenze des Rohrmaterials.

Autogamie [griech.], svw. ↑Selbstbestäubung.

autogen, ursprünglich, selbsttätig, von selbst oder aus sich selbst entstehend.

autogenes Training, Bez. für eine von J. H. Schultz entwickelte, der Hypnose und Jogapraktik verwandte psychotherapeut. Methode der „konzentrativen Selbstentspannung". Auf autosuggestivem bzw. autohypnot. Wege sollen durch stufenweise erlernbare Konzentrationsübungen auch sonst nicht willkürl. beeinflußbare Körperfunktionen und Körperempfindungen (z. B. Herzschlagfolge, Körperwärmeempfindung) verändert werden können, und zwar zum Zweck der Umschaltung von Körpergefühlen, des Ausgleichs von Spannungszuständen, der Lösung von Verkrampfungen, Linderung und Beseitigung von Schmerzen, Schlafstörungen u. a.; auch Mittel zur Selbsterziehung.

Autogenschweißen ↑Schweißverfahren.

Autograph [griech.], vom Verfasser eigenhändig geschriebenes Schriftstück (heute auch authentisches maschinenschriftl. Text), Manuskript. Als A. gelten ferner vom Autor redigierte Handschriften und Drucke.

Autographie [griech.], älteres Vervielfältigungsverfahren, das über eine Papiervorlage auf Zink-, Aluminiumplatten oder Lithographiestein umdruckt und wie der Steindruck arbeitet.

Dampfbeheizter Autoklav mit Druckwasserkühlung

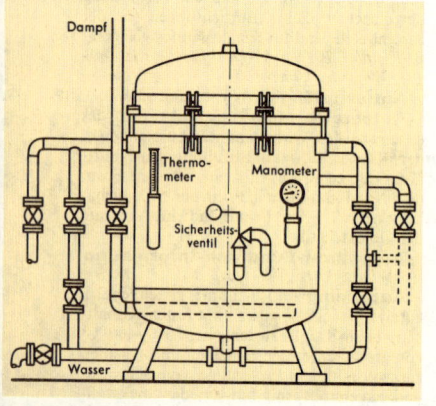

Autohypnose, Selbsthypnose, bei der die hypnotisierte Person durch ↑Autosuggestion oder unter Zuhilfenahme von Schallplatte, Tonband u. a. in den hypnot. Zustand versenkt wird.

Autoimmunkrankheiten, svw. ↑Autoaggressionskrankheiten.

Autoimmunopathien [griech./lat.], svw. ↑Autoaggressionskrankheiten.

Autoinfektion (Selbstansteckung), Infektion des eigenen Körpers durch einen Erreger, der bereits im Körper vorhanden ist.

Autointoxikation, Selbstvergiftung des Organismus durch im Körper bei krankhaften Prozessen entstandene und nicht weiter abgebaute, auch durch normale, aber ungenügend ausgeschiedene Stoffwechsel- oder Verdauungsprodukte; v. a. bei schweren Leber- oder Nierenkrankheiten.

Autokatalyse, chem. Vorgang, bei dem die neuentstehende Substanz selbst die Rolle des reaktionsbeschleunigenden Katalysators übernimmt.

Autokephalie [griech.], im Recht der Ostkirchen Bez. für die Stellung einer orthodoxen Nationalkirche mit eigener Jurisdiktionsgewalt, die unter dem Ehrenprimat von Konstantinopel steht.

autokinetisches Phänomen, das Phänomen, daß ein in einem dunklen Raum aufleuchtender unbewegter Lichtpunkt infolge der unwillkürl. Augenbewegungen eines den Lichtpunkt fixierenden Beobachters sich zu bewegen scheint.

Autoklav [frz.; zu lat. clavis „Schlüssel"], druckfester, heizbarer, luftdicht verschließbarer, oft mit einer Rührvorrichtung versehener Behälter für chem. Reaktionen unter erhöhtem Druck; zum Sterilisieren von Lebensmitteln, Operationsgeräten, Nährböden u. a.

Autökologie [griech.], Teilgebiet der ↑Ökologie; Lehre von den Umwelteinflüssen auf die Individuen einer Art.

Autokorrelationsfunktion, svw. ↑Korrelationsfunktion.

Autokrankheit, Form der Bewegungskrankheit, wie sie beim Autofahren (bes. bei geschlossenen Fenstern), v. a. bei Personen, die auf dem Rücksitz mitfahren, auftritt.

Autokrat [griech.], Alleinherrscher, selbstherrl. Mensch.

Autokratie [griech.], Oberbegriff für alle Regierungsformen, in denen die uneingeschränkte Staatsgewalt in der Hand eines einzelnen Herrschers (Autokrat) liegt.

Autokrator [griech.], in griech. Staaten übl. Bez. für Amtsträger mit bes. Vollmachten zu eigener Entscheidungsfreiheit (v. a. im militär. Bereich); in griech. Darstellungen röm. Geschichte Bez. für den Diktator; in Byzanz ab Mitte des 7. Jh. bis 1261 Titel zur Bez. des Hauptkaisers im Unterschied zu Mitkaisern; von den Moskauer Großfürsten ihrem Zarentitel meist hinzugefügt.

Autolyse [griech.], enzymat. bedingte Selbstauflösung oder Selbstverdauung von Körpergewebe, wobei die Struktureiweiße (durch die ↑ Lysosomen) bis zu den Aminosäuren abgebaut werden. A. tritt ein bei Verletzungen des Gewebes (Verbrennungen, Quetschungen) oder nach Gewebsentnahme.

Automat [zu griech. autómatos „sich selbst bewegend"], Vorrichtung, die nach dem Einrichten und Beschicken vorbestimmte Handlungen nach einem Auslöseimpuls selbständig und zwangsläufig, unter Umständen auch überwacht und geregelt, auf mechan., elektr., hydraul., pneumat. Wege ablaufen läßt, z. B. *Waren-A.*, die nach Entsperrung durch Münzeinwurf Waren (*Getränke-A.*, *Zigaretten-A.* u. a.) abgeben, *Münzfernsprecher*, *Spiel-A.*, *Musikboxen*, *Wasch-A.*, *Rechenmaschinen*. Bes. Bedeutung kommt dem A. als Werkzeugmaschine zu. Man unterscheidet z. B. nach dem Bearbeitungsverfahren *Dreh-*, *Fräs-*, *Bohr-*, *Schleifautomaten*.

Im Recht werden unterschieden: 1. *Waren-A.*, die jeder aufstellen und mit Waren jeder Art (außer Arzneimitteln, Branntwein u. a.) füllen kann. Zw. dem Aufsteller und dem Benutzer kommt ein Kaufvertrag zustande. 2. *Sonstige Verkaufs-A.*, aus denen Sachen ausgegeben werden, die nicht zu den Waren zählen (z. B. Fahrkarten, Briefmarken). 3. *Spiel-A.* mit Gewinnmöglichkeit, ohne Rechtsanspruch auf einen Spielgewinn. 4. *Leistungs-A.* (z. B. Personenwaage). Bei Versagen des A. besteht ein Anspruch auf Geldrückzahlung wegen ungerechtfertigter Bereicherung. Strafrechtlich stellt die widerrechtl. Wegnahme von Waren, Marken oder Geld aus einem A. Diebstahl dar.

Im modernen Sinne wird auch jedes kybernet. System, das Informationen an einem Eingang aufnimmt, selbständig verarbeitet und an einem Ausgang abgibt, als A. bezeichnet. Ein **endlicher Automat** kann nur endl. viele Eingangs- und Ausgangssignale aufnehmen bzw. abgeben. Ein **determinierter Automat** liegt vor, wenn das System unter dem Einfluß eines Eingangssignals aus einem [beliebigen] Zustand in einen eindeutig festgelegten Zustand übergeht und ein bestimmtes Ausgangssignal abgibt; erfolgt der Übergang in den neuen Zustand nur mit einer gewissen Wahrscheinlichkeit, so liegt ein **stochast. Automat** vor. Je nach Art der Ein- und Ausgangssignale werden die A. eingeteilt in **digitale Automaten** (Ein- und Ausgabe von diskontinuierl., genormten Signalen) und **analoge Automaten** (Ein- und Ausgabe von analogen, d. h. kontinuierl. veränderl. Signalen). Digitalarbeitende A. sowie die analogarbeitende A. sind die gebräuchlichsten (insbes. als Rechen- und Steuer-A.). - ↑ auch Automatentheorie.

Geschichte: Die ersten A. sind bewegl. Figuren, als ihr Erfinder wird in der antiken Literatur Archytas von Tarent, Konstrukteur einer „flatternden Taube" genannt. Automat. Glockenschläger („Jaquemarts") werden um 1300 beliebt. Aus der Renaissance sind die ersten Konstruktionszeichnungen (Leonardo da Vinci, J. Fontana) erhalten, seit dem ausgehenden 16. Jh. auch originale A. In Spätrenaissance und Barock waren A. verschiedenster Art, bes. in Verbindung mit Uhren und Wasserkünsten, außerordentl. beliebt. Berühmtheit erlangte die künstl. Ente von J. de Vaucanson (1739). Bes. beliebt waren A., die menschl. Tätigkeiten ausführen konnten (**Androiden**), so z. B. der „Schreiber", der „Zeichner" und die „Clavecinspielerin" von P. Jacquet-Droz. „Mechan. Theater" und „Raritätenkästen" mit A. waren bis ins 19. Jh. auf allen Jahrmärkten zu finden. Noch heute erfüllt die Vorstellung von dem Menschen ersetzenden oder gefährdenden A. (Robotern) die menschl. Phantasie.

⌑ *Bodamer, J. H.: Einfache. A. Hg. v. H. Beuschel-Menze. Lichtenau-Scherzheim ²1982.*

Automatenmißbrauch, Inbetriebsetzen eines Leistungsautomaten (Musikbox, Fernsprechautomat u. a.) ohne Entrichtung des Entgelts; im weiteren Sinne auch unbezahlte Benutzung von Verkehrsmitteln und Erschleichen freien Eintritts zu einer Veranstaltung. Nach § 265a StGB mit Freiheits- oder Geldstrafe bedroht.

Automatenstahl, Stahl mit bestimmter Zusammensetzung (nach DIN 1651), der durch gute Zerspanbarkeit gekennzeichnet ist und sich auf schnellen automat. Drehbänken verarbeiten läßt.

Automatentheorie, die mathemat. Theorie der Automaten, insbes. der informationsverarbeitenden kybernet. Systeme. Sie untersucht und beschreibt die mathemat. Strukturen und das Verhalten abstrakter Automaten und entwickelt mathemat. Modelle, die z. B. Vorgänge bei der Datenverarbeitung, beim Lernprozeß, in der Volkswirtschaft beschreiben. Die so gewonnenen Erkenntnisse können dann bei der Konstruktion realer Automaten (z. B. Schaltwerke, Rechenautomaten, Übersetzungsmaschinen) verwendet werden. Die A. liefert außerdem Ansätze zu einer allg. Theorie der Informationsprozesse (Systemtheorie), die auch die Theorie der Programmierung mit umfaßt, und zu einer mathemat. Sprachtheorie.

⌑ *Brauer, W.: A. Eine Einf. in die Theorie einfacher Automaten. Stg. 1984.*

Automatiezentrum [griech.] ↑ Automatismen.

Automatik [griech.], Vorrichtung, die einen [durch bestimmte Auslöseimpulse] eingeleiteten techn. Vorgang steuert und regelt und ihn automat., d. h. ohne weiteres menschl. Zutun, ablaufen läßt; auch Bez. für den Vorgang der Selbststeuerung.

♦ svw. ↑ automatisches Getriebe.

Automation [griech.], durch Automati-

automatisch

sierung erreichter Zustand der modernen techn. Entwicklung, der durch den Einsatz weitgehend bedienungsfreier Arbeitssysteme gekennzeichnet ist.

automatisch, selbsttätig, selbstregelnd, zwangsläufig.

automatische Briefverteileranlage ↑Briefverteilung.

automatische Dichtung, i.e.S. die surrealist., durch automat. Niederschrift (↑Écriture automatique) entstandene Literatur. Auch für die aleator. Dichtung des Dada oder für Würfeltexte und Computerkunst verwendeter Begriff.

automatische Flugzeugsteuerung, die selbsttätige Steuerung eines Flugzeuges mit dem Autopiloten (↑Flugregler).

automatische Kameras ↑Filmkameras, ↑photographische Apparate.

automatische Landung ↑Allwetterlandung.

automatischer Anrufbeantworter, Zusatzeinrichtung bei Fernsprechanlagen. 1. als Ansagegerät für Kurzmitteilungen an den Anrufer gesprochen, z. B. auf ein Endlos-Tonband, oder 2. in Kombination mit einem Sprachaufzeichnungsgerät (Tonbandgerät) für Mitteilungen des Anrufers.

automatisches Getriebe (Automatik), i.w.S. jeder sich selbsttätig den geforderten Bedingungen anpassende Drehmomentenwandler; i.e.S. Fahrzeuggetriebe, das die für die jeweilige Fahrgeschwindigkeit und Belastung vorgesehene Übersetzung selbsttätig wählt und schaltet bzw. einstellt *(Getriebeautomat).* Getriebeautomaten in Fahrzeugen bestehen heute fast immer entweder aus einer Föttinger-Kupplung (Strömungskupplung) oder einem Föttinger-Wandler (Strömungswandler), denen ein oder mehrere Planetengetriebe nachgeschaltet sind. Bei Planetengetrieben sind die Zahnräder dauernd im Eingriff. Das Schalten bzw. das Einstellen einer anderen Übersetzung erfolgt hier durch wahlweises Festhalten der einzelnen Bauteile des Umlaufgetriebes, nämlich des Sonnenrades, des Hohlrades und des Planetenradträgers, die alle drei mit je einer Welle bzw. Hohlwelle verbunden sind. Darüber hinaus kann das ganze Getriebe verblockt werden, so daß die Drehzahl der Antriebswelle gleich der der Abtriebswelle ist. Ein *stufenloses Getriebe* besitzt zwei auf die Hinterräder des Fahrzeuges einwirkende Keilriemen, wodurch es noch zusätzl. die Aufgabe des Differentials erfüllt. Die beiden Keilriemen laufen in Riemenscheiben, deren eine Hälfte sich gegen die andere verschieben läßt. Dadurch können die Riemen je nach der Stellung der Scheiben an einem größeren oder kleineren wirksamen Durchmesser und damit bei veränderlicher Übersetzung arbeiten. Zum a. G. wird dieses Getriebe dadurch, daß man zum Verschieben der Scheiben die von der Motordrehzahl abhängige Verstellkraft von Fliehgewichten und die vom Unterdruck im Vergaser, den man in einem bes. Zylinder auf einen Kolben einwirken läßt, erzeugte Kraft heranzieht, wodurch sich auch bei diesem Getriebe das Übersetzungsverhältnis automat. den geforderten Bedingungen anpaßt *(Variomatic).*

automatische Sprachenübersetzung (maschinelle Sprachenübersetzung), die Übersetzung von Texten mit Hilfe elektron. Datenverarbeitungsanlagen.

automatische Station, in der Raumfahrt eine automat. arbeitende [Orbital]station, auch Sonden- und Meßgeräte auf Planeten und Monden; in der Raumfahrtterminologie der UdSSR Bez. für größere Satelliten und Raumsonden, die (solange keine Besatzung an Bord ist) grundsätzlich automat. Messungen durchführen, Daten speichern und an Bodenstationen abgeben.

automatische Waffen ↑Maschinenwaffen.

Automatisierung [griech.], unter A. versteht man die Durchführung techn. Vorgänge in einer Weise, daß der Mensch weder ständig noch in einem erzwungenen Rhythmus für ihren Ablauf unmittelbar tätig werden muß: alle Prozesse (einschließl. ihrer Steuerung und Regelung) erfolgen selbsttätig. - I.e.S. versteht man unter A. die Umstellung eines manuellen Arbeitsablaufes auf automat. Betrieb. Durch die A. wird menschl. Arbeit eingespart oder qualitativ verbessert, der Mensch selbst physisch entlastet. Der Grad der A. hängt von dem techn. Entwicklungsstand, von der zu fertigenden Stückzahl und der ökonom. Zweckmäßigkeit ab. Der höchste A.grad wurde bisher z. B. in Verfahrenstechnik und in der Regelung von Kraftwerken erzielt. In der Stückgüterfertigung erfolgt die Herstellung von Einzelteilen in großen Stückzahlen durch Einzelautomaten. Das Problem der automat. Montage ist noch nicht gelöst, da Produkte noch immer für die Montage von Hand konzipiert werden, und die dem Menschen angeborene Flexibilität von automat. Maschinen oder Robotern bis heute nicht erreicht werden kann. Die Fähigkeit des Menschen, sehr komplexe Systeme schnell zu begreifen und alte Erfahrungswerte mit neuen einfach zu verknüpfen, wird von gegenwärtigen Rechnersystemen nicht erreicht. Sogar der Einbau von sehr einfacher Intelligenz in automat. Handhabungsgeräten ist äußerst schwierig und in den seltensten Fällen ökonom. vertretbar. Es zeigt sich aber trotzdem ein Trend zu der vollkommen automat. Fabrikationsanlage ab. Dem Rechner kommt hier als koordinierendes und steuerndes Regelelement eine bes. Bed. zu. Mit seiner Hilfe wird es möglich werden, programmierbare Fertigungssysteme zu entwickeln.

Fahrzeuge und Flugkörper können durch ge-

Automatisierung

eignete Einrichtungen automat. gesteuert werden; Rechner können die Verteilung von Produkten nach bes. Eigenschaften für die verschiedensten Verbraucher vornehmen oder die Lagerhaltung von Produkten und Teilprodukten überwachen. Im Rechnungswesen, in Banken, Versicherungen, in Kaufhäusern, bei Fluggesellschaften usw. werden Verwaltungsaufgaben durch Einsatz von kommerziellen Rechnern als A.-Einrichtungen selbsttätig vorgenommen. Die moderne Nachrichtentechnik, das Fernsehen (einschließl. der Übertragung von Nachrichten über Satelliten) und die gesamte Raumfahrt wäre ohne automat. Einrichtungen und vor allem ohne den Einsatz von Prozeßrechnern nicht denkbar. Die Elemente, die die Grundlage der A. bilden, sind die Steuerung und die Regelung; bei der reinen Steuerung werden, wie das Blockschaltbild zeigt, in einer Richtung ablaufende Wirkungen erzielt. Die Eingangsgröße in Form eines Steuerungsbefehls wird durch eine entsprechende Einrichtung in den Steuerungsvorgang unmittelbar umgesetzt. Die moderne Steuerungstechnik arbeitet heute mit log. Verknüpfungen. Dazu sind entsprechende log. Schaltungen entwickelt worden, mit deren Hilfe man die verschiedensten Steuerungseinrichtungen aufbauen kann. In mehreren „Hierarchien" lassen sich somit vollkommene Abläufe von Vorgängen in techn. Anlagen erzeugen, wobei entsprechende Überwachungseinrichtungen den Ablauf der einzelnen Steuerungsschritte (Ablaufsteuerung) überwachen. - Bei der Regelung erfolgt im Ggs. zur Steuerung ein kreisförmiger Wirkungsablauf. Dabei wird die zu regelnde Größe x (Regelgröße) durch eine entsprechende Meßeinrichtung laufend mit einem vorgegebenen Sollwert w verglichen. Treten Abweichungen $x_w = x - w$ vom vorgegebenen Sollwert auf, so wird über einen Regler eine Änderung der Stellgröße y vorgenommen, die wiederum innerhalb der zu regelnden Anlage die Regelgröße x beeinflußt, und zwar so, daß diese Regelabweichung entweder in Grenzen gehalten oder aber vollständig beseitigt wird. Durch Anbringen eines Rechners in den Regelkreis wird es möglich, einen Prozeß durch einen Optimierungsalgorithmus nach verschiedenen Zielfunktionen zu optimieren.

Die Zusammenfassung der A.mittel erfolgt bei großen Anlagen in zentralen Leitständen, von denen aus die Gesamtsteuerung und die Regelung übernommen wird. Bei älteren Anlagen spielt der Mensch als Überwachungspersonal noch eine übergeordnete leitende Rolle, bei modernen Anlagen werden Routinearbeiten und viele Entscheidungen von Prozeßrechnern durchgeführt. Für die gesamte A.technik hat sich in den letzten Jahrzehnten ein neuer Zweig des Ingenieurwesens entwickelt, der allg. als *Regelungstechnik* bezeich-

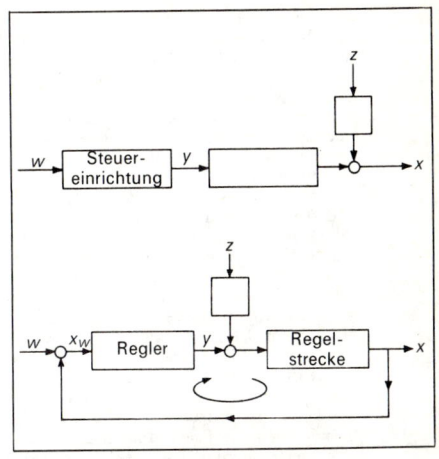

Automatisierung. Blockschaltbild einer Steuerung (oben; w steuernde Größe, y Stellgröße, x Steuergröße, z Störgröße); Blockschaltbild einer Regelung (unten)

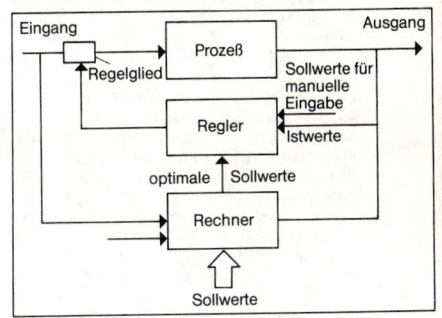

Automatisierung. Regelkreis mit Prozeßrechner

net wird. Die theoret. Behandlung der regelungstechn. Fragen aller A.probleme ist Aufgabe der Regelungstheorie: sie bietet die Grundlage sowohl für die Entwicklung von A.einrichtungen als auch für die Anwendung in den verschiedenen Ind.zweigen.

In zunehmendem Maße erlangen elektron. Rechenanlagen als sog. Prozeßrechner große Bedeutung für den Einsatz als A.mittel. In größeren, techn. weit fortgeschrittenen Anlagen wird die Aufgabe der Leitung von Anlage von hierarch. Rechnersystemen übernommen, die der Führungsstruktur des Betriebes ähnl. sind (Abb.). Auf der untersten Ebene sind die *Operationsrechner*, die die einzelnen Fertigungseinheiten überwachen und direkt steuern. Auf der nächsten Ebene koordinieren die *Dispositionsrechner* die Zusammenarbeit

Automatismen

zw. den einzelnen Fertigungseinheiten; sie sind für den reibungslosen Ablauf des Fertigungsflusses verantwortlich. Der *Strategierechner* auf der obersten Ebene dient zur Planung und Optimierung der Fertigung. Mit hierarch. Rechnersystemen sind programmierbare Fertigungssysteme mögl., die durch Programmänderungen auf andere Produkte umgestellt werden können.

Aus ökonom. Sicht ist die Folge der A. zunächst eine Steigerung der Arbeitsproduktivität. Dadurch leistet die A. einen entscheidenden Beitrag zum wirtsch. Wachstumsprozeß und damit zur besseren Versorgung einer Volkswirtschaft mit Gütern und Dienstleistungen. Strukturell gesehen wird mit der A. ein weiterer Schritt zur wirtsch. Konzentration getan. Der Kapitalbedarf, der damit verbunden ist, kann in den meisten Fällen nur von Großbetrieben aufgebracht werden. Prozessual gesehen bedeutet die A. einen weitreichenden Schritt in der Richtung einer Kostenstrukturveränderung. Die fixen Kosten (Abschreibungen, Miet-, Amortisations- und Zinsaufwendungen) erhalten gegenüber den variablen Kosten (insbes. den Lohnkosten) ein deutl. Übergewicht. Die veränderte Kostenstruktur macht die Unternehmenspolitik weniger flexibel; die Massenproduktion als Folge der A. begründet eine hohe und höchstens langfristig variable Absatzabhängigkeit.

Aus sozialer Sicht bedeutet die A. eine grundlegende phys. Entlastung des Menschen von einer mechan.-manuellen Tätigkeit (Routinearbeit). Hinzu kommt die steigende Arbeitsproduktivität, die die Voraussetzung für höhere Löhne nicht nur schafft, sondern im Interesse des Absatzes der Massenprodukte gerade zur Bedingung macht. Diesem positiv zu wertenden Effekt stehen jedoch die Probleme der durch die weiterentwickelte Technologie bedingten Arbeitslosigkeit, der psych. Belastungsfähigkeit, der sozialen Mobilität und das Freizeitproblem gegenüber. - ↑ auch Rationalisierung.

📖 *Schiemenz, B.*: A. in der Produktion. Gött. 1980. - *Dittmar, E.*: Mikrocomputer-Einsatz in der A. Würzburg 1979. - Fachlex. ABC A. Ffm. 1976.

Automatismen [griech.], in der *Biologie* Bez. für spontan ablaufende, oft rhythm. Vorgänge und Bewegungsabläufe (bei Organismen), die auf Grund von Stoffwechselprozessen (z. B. Veränderung von Ionenkonzentrationen an einer biolog. Membran) zustande kommen und nicht vom Bewußtsein oder Willen beeinflußt werden. Die A. sind entweder angeboren (z. B. Herzschlag, Atmung, Instinkthandlungen), oder sie stellen erlernte Handlungsabläufe dar (z. B. Gehen, Laufen). Die meisten A. werden zusätzl. reflektor. beeinflußt (z. B. Erhöhung des Herzschlags). Oft laufen die A. rhythm. ab, wobei der Rhythmus seinen Ursprung in einem **Automatiezentrum** hat. Solche als **Autorhythmien** bezeichnete A. sind störanfällig und können durch veränderte physiolog. Bedingungen stark beeinflußt werden. Auch äußere Bedingungen wie Temperatur und Druck beeinflussen die A. wesentl. - Mit Hilfe des Elektroenzephalogramms lassen sich rhythm. A. in Form von Potentialschwankungen des Gehirns nachweisen. Im Herzen, wie auch in anderen größeren Organen, finden sich mehrere Automatiezentren, die aber jeweils einander untergeordnet sind. Das Zentrum mit dem höchsten Automatiegrad bestimmt den Rhythmus und wird deshalb als Schrittmacher bezeichnet. Die restl. Zentren stellen einen Sicherheitsfaktor dar; sie übernehmen die Funktion des ursprüngl. Schrittmachers, wenn dieser ausfällt († Herzautomatismus).

♦ in der *Psychologie* Bez. für Vorgänge bzw. Tätigkeiten, die ohne Beteiligung des Willens und vom Bewußtsein unkontrolliert ablaufen; *endogene A.:* biolog.-physiolog. Vorgänge (z. B. Atmung, Peristaltik) und urspr. Instinkt- und Reflextätigkeiten; *exogene (erworbene) A.:* eingeübte mechan. Handlungsabläufe (z. B. Gehen, Sprechen, Schreiben).

♦ in der *Psychiatrie* die vom Willen des Kranken nicht kontrollierten, sich ständig wiederholenden, gewohnten und unzweckmäßigen Handlungen (z. B. Waschzwang).

Automatwaffen, svw. ↑ Maschinenwaffen.

Automobil, svw. ↑ Kraftwagen.

Automobil-Club der Schweiz, Abk. ACS, 1898 in Genf gegr., seit 1934 Sitz in Bern; rd. 100 000 Mgl.

Automobilclub von Deutschland e. V., Abk. AvD, 1899 in Berlin als Deutscher Automobilclub (Abk. DAC) gegründet; heutiger Name seit 1918; 1934 Auflösung, Wiedergründung 1948 in Königstein i. Ts.; Sitz Frankfurt am Main. 1986 rd. 560 000 Mitglieder.

Automobilsport ↑ Motorsport.

automorph [griech.], gesagt von Kristallen, die allseitig von ihren eigenen Kristallflächen begrenzt sind.

automorphe Funktion, eine analyt. Funktion, die bei den linearen Transformationen einer ↑ Gruppe ihren Wert nicht ändert; a. F. sind z. B. die ellipt. Funktionen.

Automutagene, Gen- und Chromosomenmutationen auslösende Substanzen in Organismen als Produkte normaler oder abnormer Stoffwechselvorgänge.

autonom [griech.], selbständig, unabhängig, nach eigenen Gesetzen lebend; speziell in der Biologie svw. nicht willkürlich beeinflußbar, durch innere Ursachen erfolgend.

autonome Dichtung ↑ Poésie pure.

autonome Gebiete, Bez. für diejenigen Staatsteile (z. B. in der UdSSR), die in bestimmten Sachbereichen (bes. Kulturverwal-

autoritäres Regime

tung) mit dem Recht der Selbstbestimmung (Verwaltung, aber auch Gesetzgebung und Rechtsprechung) ausgestattet sind; sie werden v. a. zum Schutz von Minderheiten geschaffen.

autonomes Nervensystem, svw. ↑ vegetatives Nervensystem.

Autonome Sozialistische Sowjetrepublik, Abk. ASSR, nach dem Nationalitätenmerkmal in den Unionsrepubliken der Sowjetunion gebildete Verwaltungseinheit (eigensprachige Verwaltung, Schule und Presse).

Autonomie [griech.], im *Recht* die Befugnis zur selbständigen Regelung der eigenen [Rechts]verhältnisse. Im Privatrecht wird natürl. und jurist. Personen für ihre Rechtsgeschäfte die Privat-A., den Vereinen für ihre Satzungen die Vereins-A. zuerkannt. Den Sozialpartnern (Gewerkschaften, Arbeitgeber und ihre Verbände) steht nach Art. 9 Abs. 3 GG zum Abschluß von Tarifverträgen die Tarif-A. zu. Im Staatsrecht können öffentl. Körperschaften, insbes. Gemeinden und Gemeindeverbände, Sozialversicherungsträger, Universitäten, Rundfunkanstalten, kraft ihrer A. ihre Angelegenheiten durch Satzungen regeln. Im polit. Bereich bezeichnet A. das Recht eines Staatswesens auf Selbstorganisation (Souveränität) oder kennzeichnet die rechtl. Stellung von Gliedstaaten in einem föderativen Staatsverband (Bundesstaat). Verfassungsrechtl. haben auch alle staatl. Gesetzgebungsorgane A., d. h. das Recht, sich eine autonome Satzung zu geben.

Autonomiebewegungen, organisierte Gruppen, deren Ziel die größere Selbständigkeit und Sonderstellung von Teilen eines Staates oder von Völkern bzw. Völkergruppen innerhalb eines Staatswesens ist. A. resultieren aus dem Willen zu nat. Eigenentwicklung, sammeln sich insbes. im Widerstand gegen Assimilierungstendenzen moderner, meist zentralist. Nationalstaaten und Staatsnationen gegenüber eigenen ethn. und nat. Minderheiten, stehen jedoch in der Gefahr eigenen Abgleitens in separatist. Nationalismus. - Abgesehen von der Türkei, in der grundsätzl. Separationstendenzen überwogen, lagen bis zum Ende des 1. Weltkriegs die Zentren der A. in den Vielvölkerstaaten Rußland und Österreich (-Ungarn). Daneben agierten in Europa, teils bis heute, weitere A.: die der Flamen in Belgien, der Basken und Katalanen in Spanien, der Bretonen in Frankr., v. a. der Iren in Großbrit. Nach 1919 entstanden neue A. z. B. in der ČSR und in Italien. Vor der Bewältigung der durch A. aufgeworfenen Probleme stehen heute auch junge Nationalstaaten anderer Kontinente (u. a. A. der Frankokanadier, der Kurden). - ↑ auch Minderheiten, ↑ Nationalitätenschutz, ↑ Nationalitätenpolitik.

autonym [griech.], vom Autor unter eigenem Namen veröffentlicht.

Autopilot, svw. ↑ Flugregler.

Autoplastik, Transplantation körpereigenen Gewebes; z. B. die Verpflanzung eines entnommenen Hautlappens auf andere Körperstellen in der plast. Chirurgie.

Autopsie [griech.], in der *Medizin* die ↑ Leichenöffnung.

◆ im *Buchwesen* die persönl. Inaugenscheinnahme eines Buches vor der bibliograph. Aufnahme.

Autor [lat.], Urheber, Verfasser eines Werkes der Literatur, der bildenden Kunst, der Photographie oder der Musik (↑ auch Urheberrecht).

Autoradio (Autoempfänger), Rundfunkempfänger, der speziell zum Betrieb in Kraftfahrzeugen eingerichtet ist (relativ kleine Abmessungen, spezielle Entstörungseinrichtungen, meist Verkehrsfunkdecoder).

Autoradiochromatographie, chromatograph. Trennverfahren, bei dem radioaktive Gemische getrennt werden, wobei die Stellen, an denen sich radioaktive Substanz angesammelt hat, nach Auflegen und Entwickeln eines Filmnegativs als schwarze Zonen sichtbar werden.

Autoradiographie, radiolog. Methode zur Sichtbarmachung der räuml. Verteilung von Substanzen, die mit radioaktiven Leitisotopen markiert sind, durch Selbstabbildung auf einer photograph. Schicht; wird v. a. in der Biologie und Medizin sowie in der Metallurgie angewendet.

Autoreduplikation (Autoduplikation, Autoreproduktion, ident. Reduplikation, Replikation, Selbstverdopplung), Vorgang, bei dem Bestandteile lebender Systeme, v. a. Chromosomen (↑ DNS-Replikation) sich ident. vermehren.

Autoreisezug, aus Schnellzugwagen u. Autotransportwagen zusammengestellter Reisezug, der den Reisenden das Mitnehmen von Kraftfahrzeugen ermöglicht.

Autoreproduktion, svw. ↑ Autoreduplikation.

Autorhythmie [griech.] ↑ Automatismen.

Autorisation [lat.], Ermächtigung, Vollmacht; **autorisieren,** bevollmächtigen, ermächtigen.

autoritär [lat.-frz.], sozialpsycholog. Fachausdruck zur Beschreibung einer Persönlichkeitsstruktur, die durch einen persönl. Macht- oder Überwertigkeitsanspruch gegenüber anderen charakterisiert ist und für Identifikationen mit Autoritäten anfällig ist.

autoritäres Regime, Bez. für eine Regierungsform, die auf einen einzelnen Machtträger (Einzelperson, Versammlung, Komitee oder Partei) den polit. Machtanspruch monopolisiert. Das a. R. läßt weder eine Kontrolle seiner Exekutivorgane noch eine Beteiligung anderer polit. Gruppierungen am polit. Wil-

Autorität

lensbildungsprozeß zu. Meist Verfallsform der demokrat.-parlamentar. Ordnung: u. a. die Präsidialkabinette der Weimarer Republik 1930-33, Militärdiktaturen, -juntas.

Autorität [lat.], in der *Soziologie* die soziale Relation, in der Personen und Institutionen eine Führungs- oder Vorbildrolle übernehmen und dabei Normen und Ziele bestimmter Gruppenordnungen repräsentieren und durchsetzen, andererseits aber auch von der Zustimmung der einzelnen Gruppenmitglieder abhängig bleiben. Die A. einer Person kann auf den verschiedensten Eigenschaften, z. B. Intelligenz, Überzeugungskraft, Bildung, Besitz und Fachwissen basieren. Der hohe soziale Rang eines A.trägers kann sich aber auch aus einem Amt herleiten, also delegierte A. sein. Eine auf Rang oder Stellung einer Person innerhalb einer Hierarchie gegr. A. bezeichnet man als *formale* oder *zugeordnete* A., während sich *funktionale* oder *erwirkte* A. von der Sachkunde einer Person ableitet. ⌑ Arendt, H.: Macht u. Gewalt. Dt. Übers. Mchn. ⁵1985. - Eschenburg, T.: Über A. Ffm. 1976.

◆ *A. im Christentum:* im kath. Kirchenrecht bezeichnet A. (lat. auctoritas) im Sprachgebrauch des Codex Iuris Canonici (kirchl. Gesetzbuch) und des 2. Vatikan. Konzils die Träger von Vollmacht in der Kirche, aber auch die Vollmacht selbst, die der Kirche von Jesus Christus übertragen und in seinem Namen beim Vollzug der kirchl. Heilssendung auszuüben ist. Höchste A. im menschl. Bereich ist der Papst und das Kollegium der Bischöfe. Die A. kann nur im Rahmen ihrer *Dienstfunktion* (vgl. Luk. 22, 26) Anerkennung und Gehorsam beanspruchen und muß auf Rechtmäßigkeit in der Ausübung überprüfbar sein. In ev. Sicht sind für den kirchl. Bereich zwei Formen von A. zu unterscheiden: die allgemeine institutionalisierte Form der A. des Amtsträgers (↑ Lehramt), für Gemeinde und Kirche in ihren nach demokrat. Prinzipien bestimmten Synoden und die kanonisierten Traditionen der Bibel und der Bekenntnisschriften.

◆ in der *Pädagogik* muß zw. autoritärer Forderung nach Unterordnung und Gehorsam und einem pädagog. Führungswillen, der Hilfestellung zur Einordnung und Selbstentwicklung gibt, unterschieden werden. Die *antiautoritäre Erziehung* betont demgegenüber die grundsätzl. Möglichkeit, auch diese Form von A. in Frage zu stellen, d. h. nach der jeweiligen Legitimation der A. zu fragen.

autoritativ [lat.], auf Autorität beruhend, maßgebend, entscheidend.

Autorotation, andauernde Drehbewegung eines Rotors um seine Achse in gleichförmiger Strömung, wenn diese Drehung ausschließlich auf aerodynam. Momente zurückzuführen ist.

Auto sacramental [span.], Bez. für das span. Fronleichnamsspiel, das im Freien (auf öff. Plätzen) auf Festwagen („carros") aufgeführt wurde mit reicher Verwendung von Allegorien und Personifikationen und großer Variabilität der Thematik. Höhepunkt war die Verherrlichung der Eucharistie im Schlußbild. Seine Blüte hatte das A. s. bei Lope de Vega, Tirso de Molina und Calderón (am bekanntesten wurde „Das Große Welttheater" durch Hofmannsthals Nachdichtung im „Salzburger großen Welttheater"). 1765 verboten.

Autosemantikon [griech.] (Voll- oder Begriffswort), Wort oder größere sprachl. Einheit mit eigener, selbständiger Bedeutung; **autosemantisch,** über eine eigene, selbständige Bedeutung verfügend.

Autostereotyp, Bez. für ein relativ festgefügtes Bild, das sich eine Person oder Gruppe von sich selbst macht; wird i. d. R. in Absetzung von einer Fremdgruppe entwickelt (↑ Heterostereotyp).

Autostrada [italien.], Bez. für mehrspurige (gebührenpflichtige) Autoschnellstraßen und Autobahnen in Italien u. a. Ländern.

Autosuggestion, Selbstbeeinflussung; eine Form der Suggestion, bei der die Beeinflussung im Ggs. zur Fremd- oder Heterosugestion (z. B. durch den Arzt) durch urspr. als ichfremd, dann als ichbezogen erlebte, meist affektbetonte Vorstellungsinhalte erfolgt. A. kann sowohl zu Wunschdenken und zu Fehlverhalten führen, als auch zur Beeinflussung körperl. Erscheinungen über das vegetative Nervensystem.

Autotelefon ↑ Fernsprechen.

Autotomie [griech.], svw. ↑ Selbstverstümmelung.

Autotransfusion (Eigenblutübertragung), eine Art indirekter Blutübertragung im eigenen Körper durch Zusammendrängung der nach starkem Blutverlust noch vorhandenen Blutmenge auf den kleinen, inneren Kreislauf hin. - Notmaßnahme, v. a. bei großen Blutverlusten, zur Verringerung der Blutmenge im peripheren Kreislauf durch Hochlegen und Abbinden der Arme und Beine als Überbrückungsmaßnahme bis zur evtl. Transfusion von Spenderblut. Die A. soll die ausreichende Blutversorgung lebenswichtiger innerer Organe in der Krisensituation gewährleisten. - Bei Sportlern wird die A. (aus einer Vene entnommenes Blut wird in einen Muskel injiziert) auch zur Leistungssteigerung angewandt (umstritten).

autotroph [griech.], sich selbständig ernährend, d. h. nicht auf organ. Stoffe angewiesen, sondern fähig, anorgan. Substanzen in körpereigene org. Substanzen umzusetzen; von Pflanzen, v. a. den grünen Pflanzen, gesagt; Ggs. ↑ heterotroph.

Autotypie [griech.], zur Wiedergabe von Halbtönen aufgerasterte Hochdruckform.

autotypischer Lichtdruck, Verfahren

des Lichtdrucks, bei dem zur Druckformherstellung Rasternegative auf Glasplatten mit Chromgelatinebelag kopiert werden.

Auto Union GmbH ↑Audi NSU Auto Union AG.

Autovakzine (Eigenimpfstoff), Vakzine aus antigenem Material, das aus dem Organismus des Patienten selbst, z. B. aus Eiterherden, stammt und diesem nach entsprechender Abschwächung bzw. Verarbeitung wieder injiziert wird. Das Impfen mit A. erfolgt v. a. zur Behandlung chron. Furunkulose.

Autoxidation (Autooxidation), Oxidation eines Stoffes durch molekularen Sauerstoff, die nur durch katalyt. Mitwirkung sauerstoffreicher Verbindungen des gleichen oder eines anderen Stoffes mögl. ist, z. B. Oxidationsvorgänge bei biolog. Prozessen, ferner die Selbstentzündung von feuchtem Stroh oder Heu, das Ranzigwerden von Fetten und Ölen, die Gummialterung und das Rosten von Eisen.

Autozoom [...zu:m; griech./engl.] ↑Zoomobjektive.

Autrum, Hansjochem, * Bromberg 6. Febr. 1907, dt. Zoologe. - Studien zur vergleichenden Sinnes- und Nervenphysiologie; erforschte u. a. den Lichtsinn der Insekten.

Autun [frz. o'tœ̃], frz. Stadt im Morvan, Dep. Saône-et-Loire, 306 m ü. d. M., 23 000 E. Bischofssitz; Militärschule; Museen; u. a. Öldestillerien, Möbel- und Textilind., Gießereien. - Das röm. *Augustodunum* war Hauptort der Äduer in der Prov. Gallia Lugdunensis. Spätestens ab 3. Jh. Bischofssitz, 420 burgund.; 670, 1057, 1077 und 1094 fanden in A. Konzile statt. - Ruinen eines röm. Theaters, eines Amphitheaters, des sog. Janustempels, von zwei röm. Stadttoren. Kathedrale Saint-Lazare (1120–32; im 15. Jh. im got. Stil erneuert).

Autunit [nach der Stadt Autun] (Kalkuranglimmer), gelbes bis grünlegbes Uranmineral, $Ca(UO_2)_2(PO_4)_2 \cdot 10-12 H_2O$; Dichte 3,1 g/cm³; Mohshärte 2; entsteht durch Verwitterung der Pechblende.

Auvera ↑Auwera.

Auvergne, Antoine d' [frz. o'vɛrɲ], * Moulins 3. Okt. 1713, † Lyon 23. Febr. 1797, frz. Komponist. - Mit „Les Troqueurs" (1753) zählt A. zu den Schöpfern der frz. kom. Oper.

Auvergne [frz. o'vɛrɲ], Landschaft und Region in M-Frankr. Den Kern der A. bildet der mittlere, vulkan. Teil des Zentralmassivs, im Puy de Sancy 1 886 m ü. d. M. Die A. ist dünn besiedelt mit nur wenigen städt. Zentren: Clermont-Ferrand, Le Puy, Thiers und Moulins. Über weite Landstriche findet sich eine Bocagelandschaft mit Einzelhof- und Weilersiedlungen. Die A. stellt in erster Linie ein Agrar- und bes. in den hochgelegenen Teilen ein Grünland- und Weidewirtschaftsgebiet dar. Die wirtsch. Entwicklung wird heute forciert durch die Ansiedlung von Aluminium-, Elektro-, Flugzeug- und Pharmaindustrie.

Geschichte: Die schon im Paläolithikum relativ dicht besiedelte Landschaft hat ihren Namen von den Arvernern; sie bildete nach endgültiger Unterwerfung durch Cäsar eine Civitas innerhalb der Prov. Aquitanien; 475 westgot.; 507 fränk.; kam als Gft. A. 955 an Poitou. Bei der Teilung des ab 980 selbständigen Hauses A. 1155 in zwei Linien zerfiel die A. in die *Terre d'A.* (1360 Hzgt., endgültig 1527/31 zur frz. Krone) und die *Dauphiné d'A.* (lange Zeit im Besitz des Hauses de la Tour d'A.). Lehnshoheit der frz. Krone über die ganze A. ab 1189 (vorher aquitan.-engl. Lehnshoheit).

Auwald, svw. ↑Auenwald.

Auwera, Johann Wolfgang van der, * Würzburg 24. Okt. 1708, † ebd. 27. März 1756, dt. Bildhauer. - Schuf im Rokokostil u. a. die Figuren vom Hochaltar des Wormser Doms (1741), des Hochaltars der Schloßkirche in Brühl (1745), die Kanzel in der Abteikirche in Amorbach (1749–52) und die Figuren für den Veitshöchheimer Hofgarten.

Auxerre [frz. o'sɛ:r], frz. Stadt an der Yonne, 127 m ü. d. M., 39 000 E. Verwaltungssitz des Dep. Yonne, techn. Schule der Luftwaffe; Museen; Textil- und Möbelind., Fayencemanufaktur, Bau von Werkzeug- und Landmaschinen sowie Musikinstrumenten. - Das röm. *Autessiodorum* war vom 4. Jh. bis 1802 Bischofssitz. Die Gft. A. war bis 1005 Lehen der Herzöge von Burgund, 1371 erstmals, 1477 endgültig frz. - Kathedrale Saint-Étienne (13.–16. Jh., mit roman. Krypta aus dem 11. Jh.). In den Krypten (9. Jh.) der ehem. Benediktinerabteikirche karoling. Wandmalereien.

aux fines herbes [frz. ofin'zɛrb], mit feinen Kräutern (zubereitet).

auxiliar [lat.], veraltet für: helfend, zur Hilfe dienend.

Auximum, antike Stadt, ↑Osimo.

Auxine [griech.] (Wuchsstoffe), organ. Verbindungen des Pflanzenwachstums fördern. Weit verbreitet im Pflanzenreich ist die ↑Indolylessigsäure, die in den Sproßvegetationspunkten und den Wurzelspitzen entsteht und von hier zu den übrigen Pflanzenteilen gelangt und das Streckungswachstum einleitet. Ebenfalls zu den A. zählen die ↑Gibberelline. - Die Wirkungen der A. lassen eine Abhängigkeit der Reaktionen vom Gewebezustand und nicht von den Wuchsstoffen allein erkennen. Die A. sind hauptsächl. als auslösende Substanzen anzusehen, die auf ein reaktionsbereites Stoffwechselmilieu einwirken. Einige künstl. hergestellte A. werden bei der Unkrautbekämpfung (z. B. 2,4-Dichlorphenoxyessigsäure) verwendet.

av, Abk. für: avoirdupois (bei Gewichts- bzw. Masseneinheiten aus dem ↑Avoirdupois-System).

Ava, Frau ['a:va] ↑Frau Ava.
Aval [italien.-frz.], Bürgschaft, insbes. als Wechselbürgschaft; nach Art 30ff. WechselG und Art. 25ff. ScheckG soll der Bürge (**Avalist**) seine Unterschrift auf Wechsel bzw. Scheck mit dem Zusatz „als Bürge" oder „per Aval" setzen. Beim **Avalkredit** (Bürgschaftskredit) stellt die Bank nicht Geld zur Verfügung, sondern verspricht für den Kunden zu zahlen, wenn dieser seinen Verpflichtungen nicht nachkommt.

Avalanche-Effekt [frz. ava'lã:ʃ „Lawine"], bei Halbleitern die lawinenartige Erhöhung der Ladungsträgerzahl an einer Sperrschicht auf Grund einer in Sperrichtung anliegenden (genügend hohen) Spannung. Diese bewirkt eine so starke Beschleunigung der Ladungsträger während ihrer freien Flugdauer, daß bei Stößen mit den Gitterionen weitere Ladungsträger freigesetzt werden. Ausgenutzt wird der A. in Referenzdioden.

Avallon [frz. ava'lõ], frz. Stadt auf einem Sporn über dem Cousintal, Dep. Yonne, 254 m ü. d. M., 9000 E. Marktort; Fremdenverkehr. - Roman.-burgund. Stiftskirche Saint-Lazare (Mitte 12. Jh.; Apsis 11. Jh.).

Avalon (Avallon), in der kelt. Mythologie Ort, wo die verstorbenen Könige und Helden weilen. In die altfrz. Artusdichtung (↑Artus) eingegangen als „Gefilde der Seligen".

Avalon Peninsula [engl. 'ævələn pɪ'nɪnsjulə], Halbinsel im SO der Insel Neufundland, Kanada, durch einen etwa 6 km breiten Isthmus abgegliedert, 180 km lang, bis 100 km breit, bis 290 m hoch.

Avance [frz. a'vã:s], Vorsprung, Gewinn, Vorteil; Entgegenkommen; Geldvorschuß, Guthaben.

Avancement [frz. avãs(ə)'mã:], Beförderung, Aufrücken in eine höhere Stellung; **avancieren**, befördert werden, aufrücken.

Avancini, Nikolaus [italien. avan'tʃi:ni], * Brez bei Trient 1. Dez. 1611, † Rom 6. Dez. 1686, östr. Dichter. - Jesuit; Schöpfer der großen barocken Festspiele, der „ludi Caesarei", am Wiener Hof.

Avantage [frz. avã'ta:ʒ], Vorteil, Gewinn, Nutzen; Vorgabe.

Avantgarde [frz. a'vã:gard(ə)], die Vorkämpfer einer geistigen Entwicklung, bes. in Literatur oder Kunst.

avanti! [italien.], vorwärts!

Avanti!, italien. Zeitung, ↑Zeitungen (Übersicht).

avant la lettre [frz. avãla'lɛtr] ↑avec la lettre.

Avaren, asiat. Nomadenvolk, ↑Awaren.

Avaricum, antike Stadt, ↑Bourges.

Avarua, Hauptstadt der ↑Cookinseln an der N-Küste von Rarotonga; Bootshau.

AVAVG, Abk. für: Arbeitsvermittlungs- und Arbeitslosenversicherungsgesetz.

AVB, Abk. für: Allgemeine Versicherungsbedingungen.

♦ Abk. für: Allgemeine Versorgungsbedingungen; die AVB regeln die Versorgung mit elektr. Strom und Gas.

AvD, Abk. für: ↑Automobilclub von Deutschland.

avdp, Abk. für: avoirdupois (↑Avoirdupois-System).

Ave [lat.], „sei gegrüßt"; kurz für: A.-Maria.

Avebury [engl. 'ɛɪvbərɪ, 'ɛɪbərɪ], Ort in der Gft. Wiltshire mit spätneolith.-frühbronzezeitl., zu den eindrucksvollsten megalith. Anlagen in Europa gehörenden Kultstätten.

avec la lettre [frz. avɛkla'lɛtr „mit der Aufschrift"], Bez. für Drucke graph. Blätter mit Adresse des Verlegers, dem Titel des Blattes, Signierung durch Künstler oder Stecher; Probedrucke (ohne jede Signierung) sind „avant la lettre" (vor der Aufschrift).

Aveiro [portugies. ɐ'vɐiru], portugies. Hafenstadt an der Ria de A., 60 km südl. von Porto, 20 000 E. Verwaltungssitz des Distrikts A.; Bischofssitz. Fischereihafen, Zentrum der Seesalzgewinnung; Werften, Glas- und keram. Ind., Korkverarbeitung. - 1759 Stadt.

Aveiro, Ria de [portugies. 'rriɐ ðɐ ɐ'vɐiru], 30 km langes, bis 6 km breites Haff an der portugies. W-Küste, im Mündungsbereich des Vouga.

Avellaneda [span. aβeja'neða], argentin. Stadt im Bereich von Groß-Buenos-Aires, am Río de la Plata, 334 000 E. Sitz eines Bischofs, größte Ind.stadt des Landes, mit metallurg. und chem. Ind., außerdem Gefrierfleischherstellung, Erdölraffinerien; bed. Hafen mit großen Lagerplätzen.

Avellino, italien. Stadt in einem Becken des Apennin, in Kampanien, 57 000 E. Hauptstadt der Prov. A., Bischofssitz; Museum; Handel mit Agrarprodukten, Weinbau. - Das antike **Abellinum** lag etwa 3 km von A. entfernt. - Dom (12. Jh., im 19. Jh. erneuert). Nördl. von A. auf dem Monte Vergine (1 493 m) Kloster Montevergine (gegr. 1119) mit Marienwallfahrt.

Avelonen, svw. ↑Abalonen.

Ave-Maria [lat. „Gegrüßet seist du, Maria"], Mariengebet, der „Englische Gruß", bestehend aus dem Gruß des Erzengels Gabriel (Luk. 1, 28) und dem der Elisabeth (Luk. 1, 42); hinzugefügt ist der Name Jesus und die Bitte „Heilige Maria, Mutter Gottes...".

Avempace [avɛm'pa:tse] (Avenpace, Aben Pace; arab. Ibn Baddscha), * Zaragoza Ende des 11. Jh., † Fes (Marokko) um 1139, islam. Philosoph, Mathematiker, Arzt, Musiktheoretiker. - Hauptüberlieferer des ↑Aristotelismus im islam. Spanien. In seinem Hauptwerk „Weisung für den Einsamen", stellt er in neuplaton. Sicht die stufenweise Entwicklung der Seele und geistige Vollendung des Menschen dar.

Avena [lat.], svw. ↑Hafer.

Avenarius, Richard, *Paris 19. Nov. 1843, † Zürich 18. Aug. 1896, dt. Philosoph. - A., seit 1877 Prof. in Zürich, begründete eine am Prinzip der †Denkökonomie orientierte, von ihm als †Empiriokritizismus bezeichnete Variante des Positivismus, die in Deutschland v. a. durch seine Schüler (J. Petzoldt u. a.) verbreitet wurde. Deren starke Wirkung auf die russ. Philosophie bekämpfte Lenin. - *Werke:* Philosophie als Denken der Welt gemäß dem Prinzip des kleinsten Kraftmaßes (1876), Kritik der reinen Erfahrung (2 Bde., 1888–90).

Avencebrol, span.-jüd. Dichter und Philosoph, †Gabirol, Salomon Ben Jehuda Ibn.

Avenches [frz. aˈvãːʃ] (dt. Wiflisburg), schweizer. Bez.hauptort im Kt. Waadt, 12 km nw. von Freiburg, 478 m ü. d. M., 2 200 E. Archäolog. Museum, Fliegermuseum, Maschinen- und Nahrungsmittelind. - In vorröm. Zeit Hauptort der kelt. Helvetier; wohl 73/74 röm. Kolonie **Aventicum**; im 2. und 3. Jh. größte Blüte; nach der Zerstörung durch die Alemannen (7. Jh.) Neugründung durch den Bischof von Lausanne im 11. Jh.; 1536 bern., seit 1803 zum Kt. Waadt. - Die antike Ringmauer (5,6 km), das röm. Theater, Amphitheater sowie die ma. Stadtbefestigung sind z. T. erhalten.

Aventin (Aventinus mons), einer der sieben Hügel Roms. Dianenheiligtum. Zunächst plebejische, seit dem 1. Jh. n. Chr. vornehme Wohngegend.

Aventinianer, Bez. für die italien. kath., liberalen, demokrat., sozialist. und kommunist. Abg., die nach der Ermordung G. Matteottis 1924 (in Analogie zum Auszug der Plebejer auf den Aventin 493 v. Chr.) den Boykott der Kammersitzungen bis zur Wiederherstellung der demokrat. Feiheiten durch eine neue Regierung beschlossen; sie blieben mit ihrem strikt legalen und weitgehend moral. Protest letztl. erfolglos, ihre Mandate wurden annulliert, ihre Führer zur Emigration gezwungen.

Aventinus, Johannes, eigtl. J. Turmair, *Abensberg (Niederbayern) 4. Juli 1477, † Regensburg 9. Jan. 1534, dt. Geschichtsschreiber. - Ab 1508 bayr. Prinzenerzieher, ab 1517 bayr. Hofhistoriograph. Sein Hauptwerk sind die 1519–22 entstandenen „Annales ducum Boiariae" und deren dt. Fassung, die literar. wertvolle „Bayr. Chronik" (entstanden 1522–33, gedruckt dt. 1566).

Aventiure [avɛnˈtyːrə; mittelhochdt.; von altfrz. aventure „Ereignis" (zu lat. advenire „sich ereignen")], in der mittelhochdt. Literatur Bez. für ritterl. Bewährungsproben: Kämpfe mit Rittern, Riesen, Drachen u. a. Daneben erscheint die Bez. A. in der Bedeutung eines Handlungsabschnittes (z. B. im „Nibelungenlied"). „Frau A." erscheint als Personifikation der Erzählung.

Aventüre [lat.-frz.], veraltet für: Abenteuer, seltsamer Vorfall.

Aventurin (Avanturin) [roman.], gelber, grüner oder brauner Quarz; Verwendung als Schmuckstein.

Aventuringlas, Kunstglas mit kleinen, goldflimmernden Kristallteilchen, die durch Zusetzen von Kupfer zum Glasfluß entstehen; v. a. in Venedig im 17. und 18. Jh. hergestellt.

Avenue [avəˈnyː; frz.; zu altfrz. avenir (lat. advenire) „herankommen"], Zufahrt; städt. Prachtstraße.

Averbo [lat.], Stammformen des Verbs, von denen alle Konjugationsformen abgeleitet werden.

Avercamp, Hendrick [niederl. ˈaːvərkɑmp], gen. der „Stumme von Kampen", ≈ Amsterdam 27. Jan. 1585, □ Kampen 15. Mai 1634, niederl. Maler. - V. a. bekannt durch seine Winterlandschaften. - Abb. S. 314.

Averescu, Alexandru, *Ismail 9. April 1859, † Bukarest 3. Okt. 1938, rumän. Marschall und Politiker. - Kriegsmin. 1907–09; im 1. Weltkrieg erfolgreicher Heerführer, mehrmals Min.präs. (1918, 1920/21, 1926/27); Gründer der Volksliga (später Volkspartei); erreichte eine Annäherung an Italien.

Averøy [norweg. ˌaːvərœi], Insel in W-Norwegen, sw. von Kristiansund, 160 km², bis 752 m ü. d. M. Die Bev. lebt von der Landw. und vom Fischfang.

Averroes [aˈvɛrɔɛs] (arab. Ibn Ruschd), *Córdoba 1126, † Marrakesch 11. Dez. 1198, arab. Philosoph, Theologe, Jurist und Mediziner. - 1169 Richter (Kadi) in Sevilla, 1171 in Córdoba, 1195 Verbannung wegen Religionsfeindlichkeit seiner Lehre und Verbot seiner Schriften. Rehabilitation kurz vor seinem Tod. Kommentare zu Aristoteles; sein Rationalismus zielt auf Versöhnung von Vernunft und Offenbarung. A. vertritt den †Monopsychismus, lehrt die Ewigkeit der Welt und die Einheit Gottes (gegen die christl. Trinitätslehre). A. leistet für die Scholastik einen bed. Beitrag zur Differenzierung des Begriffsapparats; seine Lehren sind Gegenstand der Auseinandersetzung in der christl., islam., v. a. jüd. Philosophie und Theologie des MA. Sie werden u. a. von Thomas von Aquin und Albertus Magnus abgelehnt.

Averroismus [...o-ˈɪs...], theolog.-philosoph. Richtung insbes. des 13./14. Jh., die sich der Aristotelesinterpretation und Lehre des †Averroes anschließt. Der „reine A." ist gekennzeichnet durch Übernahme 1. des Primats der Vernunft vor der Theologie und dem Glauben, 2. des †Monopsychismus, 3. des psycholog. Determinismus, der eine moral. Verantwortung für das Handeln ablehnt; 4. der Lehre von der Ewigkeit der Welt. Als Averroisten in diesem Sinn können gelten Johannes von Jandun (in Paris) und Angelus von Arezzo (in Bologna).

Avers [ˈaːfɛrs], oberster Talabschnitt des Averser Rheins, eines rechten Nebenflusses

Avers

Hendrick Avercamp, Winterlandschaft mit Fischotterjäger (undatiert). Amsterdam, Rijksmuseum

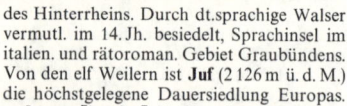

Avocatobirne

des Hinterrheins. Durch dt.sprachige Walser vermutl. im 14. Jh. besiedelt, Sprachinsel im italien. und rätoroman. Gebiet Graubündens. Von den elf Weilern ist Juf (2 126 m ü. d. M.) die höchstgelegene Dauersiedlung Europas.

Avers [lat.-frz.], Vorderseite einer Münze oder Medaille.

Aversion [lat.], mit dem Antrieb, sich abzukehren, verbundene gefühlsmäßige Abneigung (Widerwille) eines Menschen gegenüber bestimmten Reizen.

Aves [lat.], svw. ↑ Vögel.

Avesta, schwed. Stadt (Großgemeinde) in Dalarna, 140 km nw. von Stockholm, 613 km², 27 000 E. Ind.stadt mit Stahlwerk, Aluminiumschmelze, chem. Fabriken. - Entstand im frühen MA; seit 1919 Stadt.

Avesta ↑ Awesta.

Aveyron [frz. avɛˈrõ], frz. Dep. A., rechter Nebenfluß des Tarn, S-Frankr., entspringt im südl. Zentralmassiv, mündet unterhalb von Montauban, 250 km lang.

AVG, Abk. für: Angestelltenversicherungsgesetz.

Avianus, lat. Fabeldichter um 400 n. Chr. - Übertrug 42 Fabeln aus Babrios in lat. Distichen; im MA weit verbreitetes Schulbuch.

Avicebron, span.-jüd. Dichter und Philosoph, ↑ Gabirol, Salomon Ben Jehuda Ibn.

Avicenna (arab. Ibn Sina), * Afschana bei Buchara um 980, † Hamadan 1037, pers. Philosoph und Arzt. - Entwickelte den Aristotelismus, speziell in seiner neuplaton. Fassung. Stand mit seiner rationalist. Philosophie oft im Ggs. zur islam. Orthodoxie. - Die drei großen philosoph. Werke sind die seit dem 12. Jh. in Teilen ins Lat. übersetzte Enzyklopädie „Asch schifa" (Heilung [der Seele vom Irrtum]; lat. Titel „Sufficientia"), das „Annadschah" (die Rettung) sowie die vierteilige Abhandlung „Al ischarat wa at tanbihat" (Beweise und Behauptungen). - Sein medizin. Handbuch „Kanun fi attibb" (Kanon der Medizin; lat. Übersetzung „Canon medicinae" im 12. Jh.) war 700 Jahre lang in Lehre und Praxis bis zum Beginn moderner Medizin unbestrittene Autorität.

Avicennie (Avicennia) [nach Avicenna], Gatt. der Eisenkrautgewächse mit etwa 10 Arten; Hochsträucher oder Bäume mit fast radiären Blüten und gegenständigen längl.-eiförmigen Blättern. Sie wachsen an allen trop. Küsten und sind dort Bestandteil der Mangrove.

Avidin [lat.], Eiweißkörper, bes. aus dem Eiklar der Hühnereier; bindet Vitamin H aus dem Eigelb und macht es dadurch unwirksam; A. wird beim Kochen zerstört.

Avignon [frz. aviˈɲõ], frz. Stadt an der Mündung der Durance in die Rhone, 59 m ü. d. M., 89 000 E. Verwaltungssitz des Dep. Vaucluse; Erzbischofssitz; bed. Kunststadt und Fremdenverkehrszentrum mit Museen, Bibliotheken; Festspiele. Düngemittelfabrik, Landmaschinenbau, Konservenind. und Herstellung von Verpackungsmaterial, Pulverfabrik, Zementwerk. - Urspr. phönik. Siedlung, dann griech. Kolonie, 49 v. Chr. röm. (**Avenio**); seit dem 5. Jh. Bistum, 1475-1801 und seit 1822 Erzbistum. Kam 879 zum Kgr. Burgund; im Albigenserkrieg (1209-29) auf seiten der Albigenser, 1309 Übersiedlung des Papstes (Residenz bis 1376; päpstl. Univ. 1303-1791). 1797 frz. - Die Brücke (Pont d'A., 1177-85; 1669 bis auf 4 Bögen zerstört) gilt als Wahrzeichen der Stadt; Stadtmauer (14. Jh.), festungsartiger Palast der Päpste (im 14. Jh. auf unregelmäßigem Grundriß erbaut), roman. Kathedrale Notre-Dame-des-Doms (12. Jh.).

Avignonisches Exil, in der Kirchengeschichte die Zeit von 1309 bis 1376, als die Päpste in Avignon residierten (↑ Papsttum).

Ávila, Teresa de ↑ Theresia von Ávila.

Ávila, span. Stadt in der Nordmeseta, 90 km wnw. von Madrid, 1 130 m ü. d. M., 42 000 E. Verwaltungssitz der Prov. Á., Bischofssitz; Akad. für Militärverwaltung. Zentrum eines Agrargebietes, Woll-, Leder- und

Autoind. - In der Antike **Avela**, seit 63 n. Chr. Bischofssitz; maur. Festung (714–1088), nach 1090 kastil. Neugründung (Festung mit Wehrkirche), zeitweilig Residenz des kastil. Königshauses. - Ma. Befestigungsanlagen, Kathedrale (Baubeginn nach 1091; Kreuzgang aus dem 14. Jh.), roman. Kirche San Vicente (12.–13. Jh.), spätgot. Dominikanerkloster Santo Tomás (1482ff.), ma. Paläste. - Abb. S. 316.

Ávila Camacho, Manuel [span. 'aβila ka'matʃo], *Teziutlán (Puebla) 24. April 1897, † Mexiko 14. Okt. 1955, mex. General und Politiker. - Schloß sich früh der mex. Revolution an; 1940–46 Präs. der Republik; setzte eine Agrarreform durch, die die kleinen Landeigentümer begünstigte.

Ávila y Zúñiga, Luis de [span. 'aβila i 'θuɲiɣa], *um 1500, † Plasencia 24. Sept. 1573, span. Diplomat und Geschichtsschreiber. - Bekannt durch sein Karl V. preisendes Werk über den Schmalkald. Krieg, den er, wie andere Feldzüge, im kaiserl. Gefolge mitgemacht hatte.

Avilés, nordspan. Stadt an der Ria von A. (Golf von Biskaya), 25 km nnw. von Oviedo, 87 000 E. Kunst- und Handwerksschule; bed. Roheisen- und Stahlerzeugung, Zinkerzverhüttung, chem. Ind., Kesselfabrikation u. a., Kohlenexport- und Fischereihafen mit bed. fischverarbeitender Ind. - In der Antike **Argentiolum**; 1155 Stadtrecht. - Kirche San Nicolás (13. Jh.), Rathaus (17. Jh.).

A-Viren, Bez. für eine Gruppe der ↑ Influenzaviren von rund 0,1 μm Durchmesser.

Avis [a'vi:(s); frz.], Nachricht, Ankündigung; allg. im Sinne einer Vorankündigung gebraucht; 1. im *Überweisungsverkehr* zw. Banken, wenn Geld über eine dritte Bank angeschafft wird; 2. im *Warenverkehr* als Versand-A.; 3. im *Wechsel-* und *Scheckrecht* die Mitteilung des Ausstellers an den Bezogenen über die Deckung der Wechsel- oder Schecksumme. Die A.klausel lautet entweder „mit A. (Bericht)" oder „ohne A. (Bericht)".

avisieren [frz.], anzeigen, ankündigen; benachrichtigen.

Avisio, linker Nebenfluß der Etsch, Südtirol, entspringt in der Marmoladagruppe, mündet unterhalb Lavis, 97 km lang.

Aviso (Avisa, Avisen) [italien.], seit 17. Jh. in Deutschland gebräuchl. Bez. für Nachricht; Titel von Zeitungen (u. a. einer der ältesten bisher bekannten Nachrichtenzeitung, die erstmals 1609 in Wolfenbüttel erschien: „A. Relation oder Zeitung...") und Bez. für die Gattung der damaligen Nachrichtenpublikationen.

Aviso [span.], veraltet für: kleiner Kreuzer; leichtes, schnelles, meist nur schwach bewaffnetes Kriegsschiff für Aufklärung, Überbringen von Befehlen, Nachrichten (span. aviso) und Sonderaufgaben.

Avitaminose [Kw.] ↑ Vitaminmangelkrankheiten.

Avocato [indian.-span.] (Avocado, Persea americana), Lorbeergewächs in M- und im nördl. S-Amerika, allg. in den Tropen, auch in S-Spanien und Israel angebaut; bis 20 m hoher, immergrüner Baum mit etwa 20 cm langen, derben, länglich-eiförmigen Blättern; Beerenfrüchte (A.birne) etwa faustgroß, birnenförmig, dunkelgrün bis braunrot, mit großem, bitterem Kern; Fruchtfleisch butterweich, weiß bis rahmgelb, zucker- und sehr ölhaltig, sahnig schmeckend; wird gezuckert, gesalzen oder gepfeffert gegessen.

Avogadro, Amedeo, Graf von Quaregna und Ceretto, *Turin 9. Aug. 1776, † ebd. 9. Juli 1856, italien. Physiker und Chemiker. - Prof. in Turin; untersuchte den Zusammenhang zw. der elektrochem. Spannungsreihe und der Affinität der Elemente, die spezif. Wärme von Gasen, Flüssigkeiten und Festkörpern und die Atom- und Molvolumina chem. Substanzen. 1811 stellte er das ↑ Avogadrosche Gesetz auf.

Avogadro-Konstante [nach A. Avogadro], Formelzeichen N_A, die Anzahl der in einem Mol eines Stoffes enthaltenen Atome bzw. Moleküle. Sie ist für alle Stoffe gleich und hat den Wert:

$$N_A = 6{,}022045 \cdot 10^{23} \text{ mol}^{-1}.$$

Die Maßzahl dieser Größe wird oft auch als *Avogadrosche Zahl* bezeichnet. Die A.-K. wird in der dt. Fachliteratur auch als **Loschmidt-Konstante** bezeichnet.

Avogadrosches Gesetz (Avogadrosche Regel), von Graf A. Avogadro bereits im Jahre 1811 als Vermutung (*Avogadrosche Hypothese*) ausgesprochene physikal. Gesetzmäßigkeit: Gleiche Volumina aller [idealen] Gase enthalten bei gleicher Temperatur und gleichem Druck die gleiche Anzahl von Molekülen.

Avoirdupois-System [engl. ævədə-'pɔɪz; von altfrz. avoir de pois „Gewicht haben"], in Großbrit. und in den USA allg. gebräuchl. Einheitensystem für Gewichtsbzw. Masseneinheiten; nicht verwendet für Edelsteine, Edelmetalle und Drogen. Zur Kennzeichnung wird in Zweifelsfällen die Abk. avdp, av oder auvoir vor oder hinter Einheitenzeichen gesetzt, z. B. 1 oz avdp (Avoirdupois ounce).

Avon [engl. 'ɛɪvən, 'ævən] (Upper Avon), linker Nebenfluß des Severn (England) entspringt in den Northampton Uplands, mündet bei Tewkesbury, 155 km lang; bis Evesham schiffbar.
A. (Lower Avon), Fluß in SW-England, entspringt in den Cotswold Hills, mündet bei Avonmouth in den Bristolkanal, 121 km lang; schiffbar bis Bristol.
A., südwestengl. Grafschaft.

Avramides, Joannis, *Batum 26. März 1922, östr. Bildhauer griech. Herkunft. - Schüler von F. Wotruba. Gliedert die abstrahierte

Avranches

Ávila. Stadtmauer (1090–99)

menschl. Figur durch Einschnürungen.

Avranches [frz. aˈvrãːʃ], frz. Stadt oberhalb der Séemündung in die Bucht von Mont-Saint-Michel, Dep. Manche, 104 m ü. d. M., 10000 E. Botan. Garten; Seidenspitzenherstellung. – Hauptstadt der kelt. Abrincatuer (**Civitas Abrincatum**), Anfang 6. Jh. fränk. (511 Bischofssitz; 1801 mit Coutances zusammengelegt), 890 normann. Gft., 1141 an die Plantagenets, 1235 erstmals, endgültig 1450 frz.; 1790 Distriktshauptstadt. – In der kriegsentscheidenden Panzerschlacht von A. (1944) durchbrachen die Alliierten die dt. Linien.

Avunkulat [lat.], Vorrecht des Mutterbruders gegenüber dem Vater in mutterrechtl. Gesellschaften.

Avus, Abk. für: Automobil-Verkehrs- und Übungsstraße, ehem. Rennstrecke in Berlin; 1913–21 erbaut, 1921 als erste Automobilrennstrecke in Deutschland eröffnet. Die A. bestand aus zwei, etwa 9 km langen, durch den Grunewald führenden Geraden. Teil der Bundesautobahn; seit 1971 unter Einebnung der stark überhöhten Nordkurve mit dem Autobahn-Stadtring verbunden.

Avvakum ↑Awwakum.

AWACS [engl. ˈɛɪwæks; Abk. für: airborne warning and control system „fliegendes Warn- und Kontrollsystem"], Bez. für ein in den USA entwickeltes militär. Frühwarnsystem; Allwetter-Radarüberwachung aus der Luft, kombiniert mit Einsatzleitung für Abwehrmaßnahmen an Bord einer umgerüsteten Boeing 707-320 B (E-3 A). Betriebsreichweite rd. 500 km in 9 000 m Höhe. 18 AWACS-Flugzeuge sind bei der NATO im Einsatz.

Awadschi, jap. Insel im östl. Teil der Inlandsee, 593 km², Hauptort Sumoto.

Awalokiteschwara [Sanskrit; wahrscheinl. „gnädig herabblickend"], ein ↑Bodhisattwa, dessen Verehrung weit verbreitet ist; Personifizierung des Mitgefühls.

Awami-Liga, urspr. ostpakistan. Partei, die für die Autonomie und Loslösung des ostpakistan. Landesteils von der westpakistan. Zentralverwaltung eintrat, dann Regierungspartei in Bangladesch; 1970 stärkste Partei im pakistan. Parlament; 1975 aufgelöst. Präs. ab 1966: Scheich Mujibur Rahman.

Award [əˈwɔːd], im anglo-amerikan. Recht Bez. für eine Entscheidung, die nicht von einem Gericht, sondern von einem Schiedsgericht oder von bestimmten Verwaltungsbehörden gefällt wird.
◆ Preis (über dessen Vergabe ein Gremium entscheidet).

Awaren, Volk in der Dagestan. ASSR und in der Aserbaidschan. SSR, UdSSR, sprechen Awarisch, eine kaukas. Sprache.
A. (Avaren, lat. Avares, eigtl. War-Chun oder Warchuniten), zu den Hunnen gehörendes, vermutl. protomongol. nomadisierendes Steppenvolk; die A. stießen um 460 aus Z-Asien in die Kasp. Senke vor; ihr Vordringen veranlaßte eine Reihe zentralasiat. Nomadenvölker, ebenfalls den Namen der A. anzunehmen; bedrohten nach 558 Ostrom, dessen Bundesgenossen sie gewesen waren, vernichteten im Bunde mit dem Langobardenkönig Alboin die ostgerman. Gepiden (566), ließen sich an Donau und Theiß nieder, von wo aus sie durch Unterwerfung der angrenzenden Slawenstämme 568 ein eigenes Reich errichteten, das Dalmatien, Ostrom und das fränk. Merowingerreich beunruhigte. Den mit der Niederlage von Konstantinopel eingeleiteten Verfall des A.reiches vollendete Karl d. Gr. 791–803. 822 verschwinden die A. aus der Geschichte.

Awasasee, See im zentralen Abessin. Graben, 1 708 m ü. d. M., 20 km lang, 10–20 km breit, heiße (90–93 °C) Mineralquellen.

Awasch, Fluß in Äthiopien, entspringt im Abessin. Hochland, mündet in den abflußlosen Lac Abbé, etwa 900 km lang; Kraftwerke. – Am Oberlauf, an der Furt **Mälka Kunture,** bed. prähistor. Fundplatz.

Awatara [Sanskrit „Herabkunft"], gewöhnlich die zehn Gestalten, in denen sich der ind. Gott Wischnu auf der Erde verkörpert, um das Böse zu bekämpfen: 1. Fisch (Matsja); 2. Schildkröte (Kurma); 3. Eber (Waraha); 4. Mannlöwe (Narasimha); 5. Zwerg (Wamana); 6. Rama mit der Axt (Paraschurama); 7. Rama; 8. Krischna; 9. Buddha; 10. Kalki. Die letzte, zehnte Inkarnation des Wischnu steht noch bevor.

Awatschinskaja Sopka, tätiger Vulkan im S der Halbinsel Kamtschatka, UdSSR, 2 741 m hoch.

Awe, Loch [engl. lɔk ˈɔː], See in Schottland, nahe der W-Küste, 38 km²; Pumpspeicherwerk.

Axiallager

Awesta (Avesta; mittelpers. Apastak) [awest. „Grundtext"], die in der gleichnamigen altiran. Sprache aufgezeichnete Schrift des *Parsismus*, die zur Zeit der Sassaniden (226–651) kodifiziert wurde, nach der islam. Invasion Persiens (651) jedoch erhebl. Schäden erlitt. Das ursprüngl. A. umfaßte 21 **Nasks** („Sträuße", d. h. Bücher) hl. Schriften. Die **Gathas** („Gesänge"), die unmittelbar auf die Verkündigung des Propheten Zarathustra zurückgehen, sind die ältesten Texte des A. Sie sind Bestandteil einer Schriftensammlung, die als **Jasna** („Opfer, Verehrung") bezeichnet wird. Andere wichtige Teilstücke sind die **Jaschts** („Opfergesänge"), das **Widewdat** („Gesetz gegen die Dämonen") und das **Wisperat** („alle Herren"). - Die erste europ. Übersetzung des A. wurde 1771 von dem frz. Orientalisten A. H. Anquetil-Duperron in Paris in Frz. veröffentlicht.

📖 *Avesta. Die hl. Bücher der Parsen.* Hg. v. F. Wolff. Straßburg 1910. Nachdr. Bln. 1960.

Awestaschrift, die in der Sassanidenzeit (226–651), vielleicht im 3./4. Jh., zur ersten Aufzeichnung des ↑Awesta (sog. „Sassanid. Archetypus"), das vorher nur mündl. überliefert worden war, geschaffene, linksläufige Schrift, die mit 48 Zeichen ein rein phonet. Alphabet darstellt; aus der Pehlewi-Buchschrift übernommen.

Awestisch, Bez. für die dem Altpers. nahe verwandte Sprache des ↑Awesta, deren eigtl. Name unbekannt ist und die früher unzutreffend als Altbaktrisch oder Zend bezeichnet wurde. Das A. ist ein wahrscheinlich nordostiran., ausgestorbener Zweig der ↑iranischen Sprachen, der noch heute von den Parsen als Kultsprache gebraucht wird.

AWO, Abk. für: ↑Arbeiterwohlfahrt.

Awu, tätiger Vulkan, höchste Erhebung der Insel Sangihe, Indonesien, 1 850 m ü. d. M.

Awwakum, Petrowitsch (Avvakum), * Grigorowo bei Nischni Nowgorod (= Gorki) um 1621, † Pustosjorsk 14. April 1682, russ. Geistlicher und Schriftsteller. - Als Oberpriester (Protopope) Führer der Altgläubigen (↑Raskolniki) gegen die Kirchenreform Nikons, deswegen verfolgt, mehrfach verbannt und schließlich verbrannt. Verf. mehrerer Werke v. a. religiösen Inhalts.

Axel, im 19. Jh. aus dem Schwed. übernommener männl. Vorname. Umgebildete Kurzform des bibl. Namens Absalom.

Axel Heiberg Island [engl. 'æksl 'haɪbɑːg 'aɪlənd; nach dem Leiter der Sverdrupschen Expedition 1898–1902], größte Insel der Sverdrup Islands, Kanad.-Arkt. Archipel, 350 km lang, 30–150 km breit, bis über 2 100 m hoch; Wetterstation.

Axel-Paulsen (Kurzbez. Axel) [nach dem norweg. Eiskunstläufer A. R. Paulsen, * 1855, † 1938], Figur im Eis- und Rollkunstlauf; nach einem Bogen vorwärts-auswärts Absprung, dem in der Luft beim *einfachen A.* eineinhalb Drehungen, beim *Doppel-A.* zweieinhalb und beim *dreifachen A.* dreieinhalb Drehungen folgen; Landung auf dem anderen Bein, Auslauf rückwärts-auswärts.

Axelrod, Julius [engl. 'æksəlrɔd], * New York 30. Mai 1912, amerikan. Neurochemiker. - Arbeitete über die Bildung, Lagerung, Freisetzung und Abbau von Adrenalin und Noradrenalin. Für seine Forschungen erhielt A. zus. mit U. v. Euler-Chelpin und B. Katz den Nobelpreis für Physiologie oder Medizin 1970.

A. (Akselrod), Pawel Borissowitsch [russ. aksılj'rɔt], eigtl. Pinchas Borutsch A., * Gouv. Tschernigow 25. Aug. 1850 (?), † Berlin 1928, russ. Sozialist. - Zunächst Narodnik, dann Marxist; Mitbegr. der russ. Sozialdemokratie, in der er als engagierter Gegenspieler Lenins und führender menschewist. Theoretiker wirkte; nach der Oktoberrevolution in der Emigration.

Axelson-Pumpe, Gestängekolbenpumpe für die Erdölförderung, als Steigrohrpumpe ausgebildet.

Axen, Hermann, * Leipzig 6. März 1916, dt. Publizist und Politiker. - 1945 Mitbegr. der FDJ; 1946–49 Sekretär für Propaganda und Agitation beim Zentralrat der FDJ; seit 1950 Mgl. des ZK der SED; 1956–66 Chefredakteur des „Neuen Deutschland"; seit 1970 Mgl. des Politbüros des ZK der SED.

Axenstraße, Alpenstraße über dem O-Ufer des Vierwaldstätter Sees, Schweiz.

Axerophthol [griech./arab.], veraltete Bez. für Vitamin A_1 (↑Vitamine).

axial [lat.], in Achsenrichtung, auf die Achse bezüglich.

Axiallager (Längslager, Spurlager, Stütz-

Einfacher Axel-Paulsen

Axialturbine

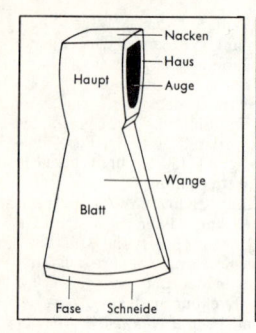

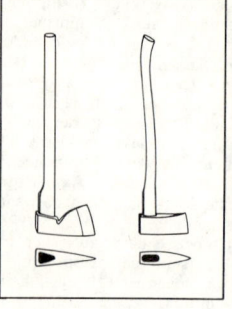

Axt.
Stahlblatt

Axt. Harzer (links) und amerikanische Fällaxt

Charles Aznavour (1977)

lager), Maschinenteil zum Tragen sich drehender Wellen, wobei die Aufnahme von Lagerkräften in vorwiegend achsparalleler Richtung erfolgt (Ggs. Radiallager).

Axialturbine, vom Arbeitsmedium axial, d. h. [im Mittel] achsparallel durchströmte Turbine (Ggs. Radialturbine).

Axilla [lat.] (Achsel), in der Anatomie Bez. für die Körperregion, die den Oberarm mit dem Hals bzw. Rumpf verbindet; auch svw. ↑ Achselhöhle.

Axiom [griech., eigentl. „was für wichtig erachtet wird"], in der Philosophie seit Aristoteles, in der griech. Mathematik seit Euklid Grundsatz, der unmittelbar einleuchtet *(axiomat. Evidenz)*, und seinerseits nicht weiter zu begründen ist; allg. ein Satz, der weder beweisbar ist noch eines Beweises bedarf. Aus dem A. lassen sich andere Sätze herleiten. - *Log. A.e* sind z. B. der Satz vom ausgeschlossenen Dritten (↑ Tertium-non-datur), der Satz vom ↑ Grund.

axiomatische Feldtheorie, Formulierung der Quantenfeldtheorie, die nicht Gebrauch von Bewegungsgleichungen für die Feldoperatoren macht, sondern von schwächeren und daher vermutlich sicheren Annahmen („Axiomen") ausgeht. Hauptziel der a. F. ist es, eine Antwort auf die Frage zu finden, ob es überhaupt eine lokale, relativist. invariante Quantenfeldtheorie mit Wechselwirkungen gibt.

Axiometer [griech.], Ruderlagenanzeiger auf Schiffen.

Axis [lat.], in der *Anatomie* Bez. für die Mittelachse oder -linie von Körperteilen (v. a. von Organen).
◆ svw. ↑ Epistropheus.

Axishirsch (Axis axis), bis etwa 1 m hohe Hirschart mit braunem (zeitweise weiß geflecktem) Fell mit schwarzem Rückenstreif; Geweih nie über sechs Enden; Heimat Vorderindien; in M-Europa in Gehegen.

Axjonow, Wassili Pawlowitsch, * Kasan 20. Aug. 1932, russ.-sowjet. Schriftsteller; lebt in den USA. - *Werke:* Drei trafen sich wieder (R., 1960), Genosse Prachtmütze (En., 1964), Die Liebe zur Elektrizität (R., 1971).

Ax-les-Thermes [frz. aksle'tɛrm], frz. Heilbad in den Z-Pyrenäen, Dep. Ariège, 720 m ü. d. M., 1 500 E. Über 80 schwefelhaltige Quellen (18–78 °C).

Axmann, Josef, * Brünn 7. März 1793, † Salzburg 9. Nov. 1873, östr. Kupfer- und Stahlstecher. - Porträts, Landschaften; Illustrator der Werke A. Stifters.

Axolotl [...təl; aztek.] (Amblystoma mexicanum, Siredon mexicanum), bis knapp 30 cm langer, olivgrüner bis gelbbrauner Querzahnmolch in Seen nahe der mex. Hauptstadt; in Gefangenschaft oft weißl. Farbschläge; beliebtes Aquarientier, oft auch zu Forschungszwecken gezüchtet.

Axon [griech.] (Achsenzylinder), dünner, aus dem Zellplasma der Nervenzelle hervorgehender Protoplasmastrang einer Nervenfaser, in dem feine Längsfasern (Neurofibrillen) verlaufen.

Axonometrie [griech.] (axonometrische Methode), Abbildungsverfahren der darstellenden Geometrie zur Gewinnung anschaul. (ebener, d. h. zweidimensionaler) Bilder von räuml. Körpern. - Abb. S. 320.

Axopodien [griech.] (Achsenfüßchen), durch einen festen Achsenstab (Axonema) gestützte Scheinfüßchen (Pseudopodien) bei den Sonnentierchen und manchen Strahlentierchen.

Axt, Hauwerkzeug zum Fällen, Entasten und Entrinden von Bäumen oder zum Spalten, Behauen und Zurichten von Holz; besteht aus einem keilförmigen Stahlblatt mit angeschliffener Schneide und Öse (Haube, Haus) zum Einstecken des hölzernen Stiels (Holm, Helm). - In der Vorgeschichtswissenschaft werden, im Gegensatz zum ↑ Beil, alle Schlagwerkzeuge bzw. Schlagwaffen mit parallel zur Schäftungsachse verlaufender Schneide, bei denen der Schaft oder Holm durch ein Schaftloch gesteckt war, als A. bezeichnet. Bei den Äxten aus Stein oder Bronze handelt es sich meistens um Waffen.

Axum ↑ Aksum.

Ayacucho [span. aja'kutʃo], Hauptstadt des peruan. Dep. A., 320 km osö. von Lima, 2560 m ü. d. M., 24 000 E. Sitz eines Erzbischofs; Univ. (1677 gegr.), ethnolog.-archäolog. Museum; Handelszentrum; Herstellung von Silberarbeiten, Textilien und Tonwaren; ✠. - Gegr. 1539 von F. Pizarro. - Kolonialspan. Stadtbild mit über 30 Kirchen.

A., Dep. im südl. Z-Peru, 44 181 km², 503 000 E (1981), Hauptstadt A. In den Tälern werden Koka, Zuckerrohr, Kakao, Kaffee, Reis und Mais, in höheren Lagen Mais, Weizen, Gerste und Kartoffeln angebaut; Rinderhaltung. Geringer Erzbergbau. Die Ind. verarbeitet landw. Produkte.

Ayamonte, span. Hafenstadt an der Mündung des Guadiana in den Golf von Cádiz, 14 000 E. Fischereihafen mit Fischkonservenind.; Fremdenverkehr. - In der Römerzeit **Esuri,** im 13. Jh. von maur. Herrschaft befreit und dem Ritterorden von Santiago unterstellt, im 14. Jh. kastil.; Stadtrecht im 17. Jh.

Aycliffe [engl. 'ɛɪklɪf], engl. Ind.stadt 10 km nördl. von Darlington, Gft. Durham, 37 000 E. Entwickelt als New Town nördl. des Dorfes A.

Aydın [türk. 'ɑjdɨn], Stadt in der Ebene des Büyük Menderes, 90 km sö. von İzmir, 74 000 E. Hauptstadt des Verw.-Geb. A.; Handelszentrum für Tabak, Baumwolle, Oliven, Feigen; Tabakverarbeitung, Textilind. - Oberhalb von A. liegen die Ruinen des antiken **Tralles;** wohl von Argivern gegr., im 6. Jh. v. Chr. von Persern, 334 von Alexander d. Gr., 260 von Seleukos I. erobert; 189 v. Chr. zum Pergamen. Reich, 133 v. Chr. zur röm. Prov. Asia; 27 v. Chr. durch Erdbeben zerstört, durch Kaiser Augustus wieder aufgebaut, ihm zu Ehren **Caesarea** genannt. Im 11. Jh. erstmals, 1280 endgültig seldschuk.; um 1310 Hauptstadt des Ft. der Aydınoğlu; 1391–1403 zum Osman. Reich; 1922 im Griech.-Türk. Krieg niedergebrannt.

Aye-Aye [Malagassi], svw. ↑ Fingertier.

Ayers Rock [engl. 'ɛəz 'rɔk], 940 m hoher, 2,5 km langer, 1,5 km breiter, rund 350 m über die wüstenhafte Ebene aufragender, aus rotem Sandstein bestehender Monolith im SW des Nordterritoriums von Australien; Wasserquelle und Heiligtum der Eingeborenen mit Wand- und Höhlenmalereien.

Aylesbury [engl. 'ɛɪlzbərɪ], engl. Stadt 60 km nw. von London, 48 000 E. Verwaltungssitz der Gft. Buckingham; Grafschaftsmuseum. Seit 1952 wird der alte Marktort als Ausbaustadt zur Entlastung des Londoner Ballungsraumes entwickelt. - Im Domesday Book (um 1086) unter dem Namen **Aegelsburh** genannt; 1554 Stadtrecht.

Aylesburyente [engl. 'ɛɪlzbərɪ; nach der Stadt Aylesbury], Rasse bis 5 kg schwerer, weißer Hausenten mit rosafarbenem Schnabel und roten Füßen; Fleischente.

Aylwin Azotar, Patricio, *Santiago de Chile 26. Nov. 1918, chilen. Politiker (Christl.-Demokrat. Partei). Jurist; 1965/66, 1973–76 und seit 1987 Vors. seiner Partei; seit 11. März 1990 Staatspräsident.

Aymé, Marcel [André] [frz. ɛ'me], *Joigny (Yonne) 29. März 1902, † Paris 14. Okt. 1967, frz. Schriftsteller. - Sein Roman „Die grüne Stute" (1933) ist ein derbes und krit. Stück ländl. Sittengeschichte, der Novellenband „Der Mann, der durch die Wand gehen konnte" (1943) zeigt eine Steigerung ins Groteske. Poet. Zartheit kennzeichnet seine Tiermärchen (für Kinder), seine Novellen, auch die Komödie „Die Mondvögel" (1955).

Ayr [engl. ɛə], schott. Stadt und Seebad an der Mündung des Ayr in den Firth of Clyde, Strathclyde Region, 49 500 E. Bed. Markt für Agrarprodukte; Maschinenbau, Textilind., Teppichherstellung, chem. Ind. - 1202 Stadtrecht, 1654 zur Festung ausgebaut.

Ayrer, Jakob, *Nürnberg um 1543, † ebd. 26. März 1605, dt. Dramatiker. - Erhalten sind 69 von etwa 100 Tragödien, Komödien, Fastnachtsspielen und Singspielen, mit denen er die Nürnberger Spieltradition (Hans Sachs) nach engl. Vorbild beleben wollte.

Ayub Khan, Mohammed, *Abbottabad 14. Mai 1907, † Islamabad 20. April 1974, pakistan. Feldmarschall und Politiker. - 1951 Oberbefehlshaber des pakistan. Heeres. 1954/55 Verteidigungsmin., 1958 Min.präs. und nach dem von ihm erzwungenen Rücktritt des Staatspräs. Iskander Mirza ein Staatschef und Verteidigungsmin.; 1963 Vors. der Muslimliga (bis 1970); nach bürgerkriegsähnl. Unruhen ab Ende 1968 Rücktritt als Staatspräs. 1969.

Ayutthaya, Stadt in Thailand, 60 km nördl. von Bangkok, 52 000 E. Verwaltungssitz einer Prov.; Marktort eines bed. Reisanbaugebiets; Holzverarbeitung. Die Altstadt liegt auf einer Insel zw. zwei Armen des Menam, von zahlr. Kanälen durchzogen. - Ab 1350 Ausbau als Hauptstadt Siams; 1767 von den Birmanen zerstört. - Zahlr. Überreste des alten A., u. a. die Tempel Wat Phra Ram (um 1369), Wat Phra Mahathat (um 1374), Wat Sri Sanpet (15. Jh.; mit 3 großen Stupas; restauriert), Wat Rat Burana (1424).

Azaleen [griech.], Bez. v. a. für die als Topf- und Gartenpflanzen kultivierten, aus Ostasien stammenden Alpenrosen. Stammform der Topf-A. ist die in Japan und China heim., oft als Ind. Azalee bezeichnete Art Rhododendron simsii. Chin. und jap. Gartenformen kamen um 1800 nach Europa.

Azaña y Díaz, Manuel [span. a'θaɲa i 'ðiaθ], *Alcalá de Henares 10. Jan. 1880, † Montauban (Frankr.) 4. Nov. 1940, span. Politiker und Schriftsteller. - Wurde literar. bekannt durch essayist.-krit. Schriften sowie

Azarafuchs

Romane; 1931 erst Kriegsmin., dann Min.-präs. bis 1933; setzte ein umfangreiches Reformprogramm (v. a. Agrargesetzgebung, antiklerikale Gesetze) durch; ab 1936 erneut Min.präs., später Präs. der Republik bis 1939; emigrierte 1939 nach Frankreich.

Azarafuchs [nach dem span. Naturforscher F. de Azara, *1746, †1811] (Urocyon cineroargenteus ssp. azarae), 60–70 cm körperlange Unterart des Graufuchses in S-Amerika; Schwanz buschig, bis 40 cm lang. Das graue, auf dem Rücken und an der Schwanzwurzel stark mit Schwarz untermischte Fell ist pelzwirtschaftl. von Bedeutung.

Azaroldorn [arab.-span./dt.] (Azerolobaum, Crataegus azarolus), in Vorderasien heim., im Mittelmeergebiet (v. a. Spanien) der eßbaren Früchte wegen angebaute Weißdornart; Baum oder Strauch mit 3–5teiligen, bes. unterseits rauh behaarten Blättern; Blütenstände mit weißer Behaarung; die apfelartig schmeckenden Früchte (**Azarolen**) sind etwa 2 cm groß, gelblich- bis orangerot.

Azarolen ↑ Azaroldorn.

Azbine [frz. az'bin] ↑ Aïr.

Azeglio, Massimo Taparelli, Marchese d' [italien. ad'dzεʎʎo], * Turin 24. Okt. 1798, † ebd. 15. Jan. 1866, italien. Politiker und Schriftsteller. - A. setzte sich in romant.-patriot. histor. Romanen für die Einigung Italiens ein und verfaßte antipapist. polit. Schriften. Wurde unter Viktor Emanuel II. 1849 Min.präs. von Sardinien (bis 1852).

Azelainsäure [griech./dt.] (Heptandicarbonsäure), gesättigte, aliphat. Dicarbonsäure, die durch Oxidation von Rizinusöl gewonnen wird; chem. Strukturformel

$$HOOC-(CH_2)_7-COOH.$$

Axonometrie. Konstruktion eines axonometrischen Bildes

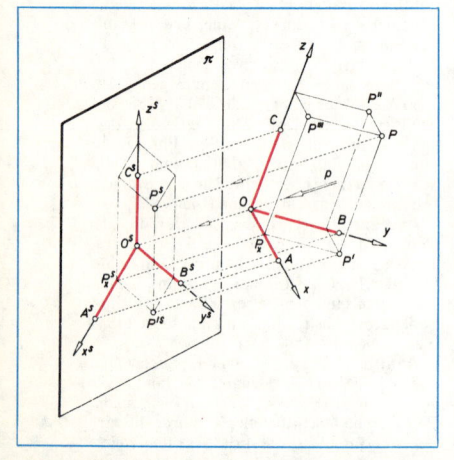

azeotrope Destillation [griech./lat.] ↑ Destillation.

azerb [lat.], bitter; **Azerbation**, Verbitterung, Verschlimmerung.

Azerolakirschen [arab.-span./dt.] (Azerolen), Vitamin-C-reiche, kirschenähnl. Steinfrüchte vom Malpighiengewächs Malpighia mexicana; v. a. in Costa Rica.

Azhar-Moschee ↑ Ashar-Moschee.

Azide [griech.-frz.], Salze der ↑ Stickstoffwasserstoffsäure, allg. Formel Me^IN_3. Bes. die zum explosiven Zerfall neigenden Schwermetall-A. dienen als Initialzündmittel für Sprengstoffe.

Azidose [lat.] (Acidose, Blutübersäuerung), Verschiebung des biolog. Säure-Basen-Gleichgewichtes in Blut und Geweben nach der sauren (azidot.) Seite. Es gibt zwei grundlegend verschiedene azidot. Störungen: Bei der **respirator.** (atmungsbedingten) **Azidose** besteht ein Überschuß von Kohlensäure im Blut und in den Geweben. Zur respirator. A. kommt es z. B. bei Lähmung der Atmungsmuskulatur, bei Bronchialasthma oder bei versch. Lungenerkrankungen. Alle nichtrespirator. A. nennt man metabol. **Azidosen**. Eine Art von metabol. A. entsteht beim Versagen der Säureausscheidung durch die Niere, z. B. bei chron. Niereninsuffizienz. Andere kommen medikamentös durch Gaben von Ammonium- oder Calciumchlorid, durch den Verlust von alkal. Darmsaft bei Durchfällen oder durch die erhöhte Bildung (gebundener) organ. Säuren im Stoffwechsel zustande.

Azikiwe, Benjamin Nuamdi [ɑ:zi:...], * Sungem (N-Nigeria) 16. Nov. 1904, nigerian. Journalist und Politiker. - Einer der Führer der nat. Bewegung in Nigeria; Generalgouverneur des unabhängigen Nigeria 1960–63; Staatspräs. der Republik Nigeria 1963–66.

Azilien [azili'ɛ̃:; frz.], nach Funden im Höhlentunnel der Arise bei Le Mas-d'Azil (Dep. Ariège) benannte Kultur am Übergang vom Jungpaläolithikum (Beginn wohl vor 10 000 v. Chr.) zum Mesolithikum in S-Frankreich und an der kantabr. Küste Spaniens; kennzeichnend sind Steinwerkzeuge mit Tendenz zur Mikrolithik, Harpunen aus Hirschhorn und bemalte oder gravierte Kiesel.

Azimut [zu arab. as-sumut „Wege, Richtungen"], in einem räuml. Polarkoordinatensystem der Winkel A, den der auf die Grundebene (Horizontebene) projizierte Radiusvektor r eines Punktes P mit einer Bezugsrichtung (Nullrichtung) bildet. Nullrichtung für die Bestimmung des A. eines Gestirns ist die Südrichtung.

Azimutalkreis [arab./dt.] (Almukantarat), jeder Parallelkreis im ↑ astronomischen Koordinatensystem des Horizonts.

Azincourt [frz. azɛ̃'ku:r], frz. Ort, 50 km wnw. von Arras, 210 E. Nach dem glänzenden engl. Sieg bei A. im Hundertjährigen Krieg 1415 über die zahlenmäßig weit überlegenen

Franzosen nahm Heinrich V. von England den Titel eines Königs von Frankr. an.

Azine [griech.-frz.], sechsgliedrige, heterocycl. Verbindungen, die ein oder mehrere Stickstoffatome im Molekülring besitzen, z. B. ↑Pyridin. *Oxazine* enthalten zusätzl. Sauerstoff, *Thiazine* entsprechend Schwefel im Ring.

Azinfarbstoffe (Phenazinfarbstoffe), große Gruppe von Farbstoffen, die das ↑Phenazin als Grundkörper enthalten.

azinöse Drüsen [lat./dt.], svw. alveoläre Drüsen (↑Drüsen).

Azione sacra ↑Azione teatrale.

Azione teatrale [italien.], musikal. „Miniaturdrama" (Metastasio), das im 17. und 18. Jh. bes. beliebt war. Kleiner als ein eigtl. Drama, aber größer als eine (dramat.) Kantate. Bei bibl. Themen wird die A. t. als **Azione sacra** bezeichnet.

Aznavour, Charles [frz. azna'vu:r], eigtl. C. Aznavourian, * Paris 22. Mai 1924, frz. Schauspieler und Sänger armen. Abkunft. - Gilt gegenwärtig als einer der besten frz. Chansonsänger und -komponisten. - Abb. S. 318.

Azo- [griech.-frz.], Bez. der chem. Nomenklatur für die Atomgruppierung $-N=N-$.

Azobenzol (Benzolazobenzol), $C_6H_5-N=N-C_6H_5$, Grundkörper der aromat. Azoverbindungen.

Azofarbstoffe, wichtige Gruppe von Teerfarbstoffen mit der allg. Formel $R_1-N=N-R_2$, wobei R_1 und R_2 meist mehrkernige Aryle sind; zum Färben von Wolle, Seide, Leinen, techn. Öl, Fett, Wachs, Papier u. a. geeignet.

Azóguez [span. a'soyes], Hauptstadt der Prov. Cañar im südl. Z-Ecuador, in den Anden, 2520 m ü. d. M., 11 200 E. Handelskammer; Zementfabrik; an der Carretera Panamericana, Eisenbahnendpunkt.

Azoikum [griech.], Erdzeitalter ohne Spuren von Lebewesen; älterer Teil des Archaikums.

Azole, fünfgliedrige, heterocycl. Verbindungen, die im Molekülring ein oder mehrere Stickstoffatome besitzen. *Oxazole* enthalten zusätzl. ein Sauerstoffatom, *Thiazole* hingegen ein Schwefelatom im Ring.

Azolla [griech.], svw. ↑Algenfarn.

Azomethinfarbstoffe [griech.-frz./griech./dt.], Farbstoffe mit mindestens einer ungesättigten $(-C=N-)$-Gruppe (sog. *Azomethingruppe*).

Azoospermie [griech.], Fehlen bewegl. reifer Samenzellen in der Samenflüssigkeit.

Azorella [nlat.], Gatt. der Doldenblütler mit etwa 100 immergrünen Arten; charakterist., polsterbildende Halbsträucher in den Hochanden, auf den antarkt. Inseln und auf Neuseeland.

Azoren, portugies. vulkan. Inseln im Atlantik, steigen vom Mittelatlant. Rücken aus etwa 1 500 m Meerestiefe empor. Die neun größeren, bewohnten Inseln (245 000 E) sind zus. 2 314 km² groß. Höchste Erhebung Alto de Pico, 2355 m ü. d. M., auf der Insel **Pico.** Die A. sind durch Vulkane mit Steilflanken und oft seenerfüllte vulkan. Einsturzkessel gekennzeichnet. - Ozeanisch-mildes, sommertrockenes und winterfeuchtes Klima mit stürm. Winden. Die natürl. Vegetation ist atlantisch-mediterran: bis 800/900 m Lorbeerwald, bis 1 700/1 800 m Gebüschstufe, darüber Callunaheiden; einige Inseln (**Terceira, Corvo, Graciosa**) sind völlig baumlos. Die Kulturlandschaft zeigt eine ähnl. Höhenstufung: bis 350 m ü. d. M. intensive agrar. Nutzung, von 350–650 m ü. d. M. Anbau von Spezialkulturen (Neuseeländer Flachs, Tee), sonst Viehweide (Milchgewinnung und Käseproduktion u. a. auf **São Jorge**). Aufgelassene Felder werden vielfach aufgeforstet; angebaut werden v. a. Mais, Weizen, Tabak und Ananas (nur auf **São Miguel,** in Gewächshäusern), Zuckerrohr, Orangen, Bananen, Kaffee und Gemüse. Ausgeprägt ist der Ggs. zw. Kleinbesitz an den Hängen und Großgrundbesitz auf den ebeneren Flächen. Die größten Siedlungen sind auf die windgeschützten S-Küsten konzentriert, hier liegen die Häfen Ponta Delgada auf São Miguel, Horta auf **Faial** und Angra do Heroísmo auf Terceira; auf **Flores** liegt der Hafen Santa Cruz das Flores an der O-Küste; Fremdenverkehr, ⚓ auf **Santa Maria.**

Geschichte: Schon in der Antike bekannt; Mitte 14. Jh. erscheinen sie auf einer italien. Weltkarte. Als eigentl. Entdecker (um 1427) gelten die Portugiesen; seit 1432 portugies. Besiedlung, im 15. Jh. ließen sich Flamen nieder, im 16. und 17. Jh. auch aus Spanien vertriebene Morisken; während der span.-portu-

Azimut

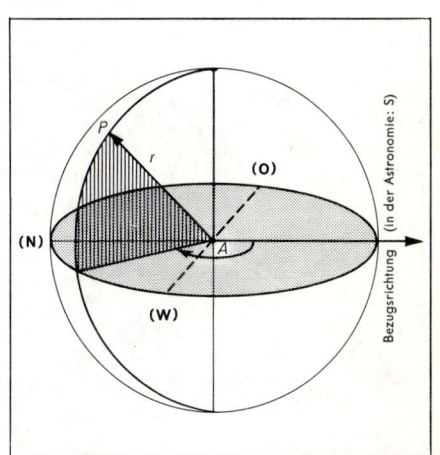

Azorenhoch

gies. Personalunion wichtiger Stützpunkt v. a. für die span. Amerikaflotten; 1832 Ausgangspunkt der portugies. Revolution; 1895 Autonomiestatut. Die im 1., v. a. im 2. Weltkrieg von Großbrit. und den USA auf den A. errichteten Stützpunkte hatten für den transatlant. Verkehr größte Bedeutung.

📖 *Imber, W./Gygax, K. E.: Atlant. Inseln. A., Kapverden, Madeira.* Bern 1971.

Azorenhoch, im Gebiet der Azoren fast immer anzutreffendes, mehr oder weniger stark ausgebildetes Hochdruckgebiet, Teil des subtrop. Hochdruckgürtels; für das Wetter in Europa von großer Bedeutung.

Azorenschwelle, submariner Rücken im nö. Atlantik, östl. der Azoren.

Azorín [span. aθoˈrin], eigtl. José Martínez Ruiz, *Monóvar (Alicante) 11. Juni 1874, † Madrid 2. März 1967, span. Schriftsteller. - Mehrfach konservativer Abgeordneter, 1936–39 in Frankr. Bed. Stilist und Verfasser für das Selbstverständnis Spaniens wichtiger Schriften: „El alma castellana" (Die kastil. Seele; 1900), „Auf den Spuren Don Quijotes" (1905); Essays zur span. Literatur, auch Romane („Doña Inés", 1925) und Dramen.

Azorubin, karminroter, lichtechter Azofarbstoff zum Färben von Wolle.

Azotämie [griech.-frz./griech.], krankhafte Vermehrung von stickstoffhaltigen Stoffwechselschlacken aus dem Eiweißabbau, z. B. bei Niereninsuffizienz. Bei Auftreten klin. Krankheitszeichen spricht man von ↑Urämie.

Azotobakter [griech.-frz./griech.], Bakteriengatt. mit 3 im Boden und Wasser weit verbreiteten, stickstoffbindenden, aeroben Arten; Stäbchen oder Kokken, meist in Paaren oder Ketten zusammengelagert.

Azotometer [griech.-frz./griech.], geeichtes Meßgerät (Glasröhre) zur Feststellung des Stickstoffgehaltes von Substanzen.

Aztec Ruins National Monument [engl. ˈæztɛk ˈruɪnz ˈnæʃənəl ˈmɔnjʊmənt], 1923 zum Nationaldenkmal erklärte Ruinenstadt der Puebloindianer (Anfang 12. Jh.) in nw. New Mexico, USA, im Tal des San Juan River; völlig ausgegraben (v. a. dreistöckige Gebäude sowie Kivas). Restauriert wurde u. a. ein Gebäude mit etwa 500 Räumen.

Azteken [as...], größter Stamm der Nahua-Sprachgruppe in Mexiko. Die alte A.kultur hat sich bis heute in abgelegenen Gegenden in gewissem Umfang erhalten. Die höchste Macht unter den A. teilten sich der König als Kriegsanführer und der Oberpriester, eine Art Friedensfürst, der stets ein nächster Verwandter des Königs war. Der Stamm der A. gliederte sich in 20 exogame Lokalgruppen mit eigenem Landbesitz, der zu einem Teil unter den Mitgliedern aufgeteilt wurde, zum anderen Teil Gemeinbesitz war, auf dem die Abgaben gemeinsam erarbeitet wurden. Die Gesellschaft gliederte sich in Adlige, unterteilt in Geburtsadel und Kriegeradel, das gemeinfreie Volk, unter dem sich neben den Feldbauern bes. Handels- und Handwerkerzünfte befanden, sowie eine Art von Hörigen, die Angehörigen der voraztek. Bevölkerung.

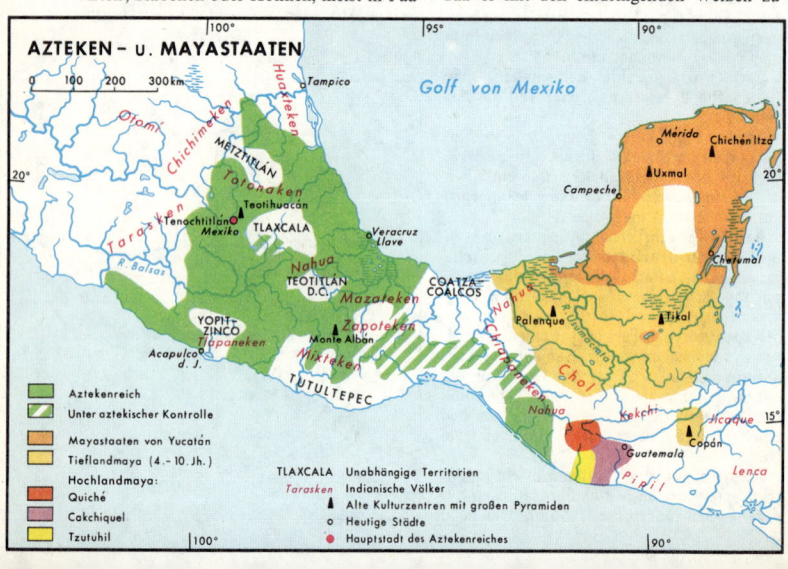

Religion: Die A. übernahmen zu ihren eigenen Gottheiten auch Götter von früheren und umgebenden Kulturen und Völkern, so daß ein großes Pantheon entstand. Von den Tolteken übernahmen sie den ↑Quetzalcoatl, der einst aus dem Osten wiederkehren sollte, so daß er mit den eindringenden Weißen zunächst identifziert werden konnte. Im Ggs. zu dessen Verehrungsform forderten die aztek. Götter Menschenopfer in großer Zahl. So wurde zu Ehren des Sonnen- und Kriegsgottes ↑Huitzilopochtli den Opfern bei lebendigem Leib das Herz herausgerissen; dem Frühlings- und Fruchtbarkeitsgott Xipe Totec („unser Herr der Schinder") zu Ehren wurde den Menschen nach Herausreißen des Herzens die Haut abgezogen und dem Priester übergestülpt (Analogiehandlung zur sich neu kleidenden Vegetation). Der 260tägige Ritualkalender und der 365tägige Sonnenkalender, die zus. einen 52jährigen Zyklus ergaben, dienten kaum. Praktiken (Weissagungspraktiken). Die rebusartige Schrift wurde auch zur Aufzeichnung histor. Ereignisse, Tributlisten usw. verwendet.

In der *Kunst* waren die A. im wesentlichen die Epigonen der voraufgegangenen Kulturen; vielfach Import aus Nachbarkulturen (Keramik). Eine offenbar selbständige aztek. Leistung ist der Tempel von ↑Malinalco. Große Bed. hatte die Herstellung von Schmuck, Federmosaiken und Bilderhandschriften.

Zur *span. Eroberungszeit* waren die A. polit. Mgl. eines Dreibundes, der aus den selbständigen Stadtstaaten Tenochtitlán (heute Mexiko), Tezcoco und Tlacopán bestand, der jedoch zunehmend von den A. (Tenochtitlán) beherrscht wurde. Die krieger. Expansion des Dreibundes ging nicht auf Landgewinn aus, sondern auf die Erlangung von Tributen und von zur Opferung bestimmten Gefangenen. Die A. waren im 13. Jh. aus dem NW als Nomadengruppe in das Hochbecken von Mexiko eingewandert (1256 bei Chapultepec nachweisbar). Erste Siedlungsversuche unter einheim. Fürstentümern scheiterten. Um 1260 Gründung von Tlatelolco, 1370 von Tenochtitlán, der späteren Hauptstadt. Polit. Bedeutung erlangten die A. unter Itzcoatl (1428–40) mit der Gründung des Dreibundes und der Beendigung der Vormachtstellung der Tepaneken (1430). Das Herrschaftsgebiet des Dreibundes (das aztek. Reich) dehnte sich in den folgenden 100 Jahren stark aus. Es umfaßte bei der Landung von H. Cortés (1519) ganz Z-Mexiko zwischen den Ozeanen und große Teile S-Mexikos. Das aztek. Reich endete mit der Eroberung Tenochtitláns und der Gefangennahme des letzten Herrschers, Cuauhtémoc (13. Aug. 1521). - ↑auch Mexiko.
📖 *Krickeberg, W.: Altmexikan. Kulturen.* Bln. Neuaufl. 1975. - *Vaillant, G. C.: Die A.* Dt. Übers. Köln 1957.

Aztekisch, ↑Nahua.

Azua [span. 'asu̯a] (A. de Compostela), dominikan. Stadt 90 km westl. von Santo Domingo, 17 000 E. Verwaltungssitz einer Prov., Handelszentrum. - Gegr. 1504.

Azuay [span. a'su̯ai], ecuadorian. Prov. in den Anden, 7804 km², 443 000 E (1982), Hauptstadt Cuenca. Kernraum ist das dichtbevölkerte innerandine Becken von Cuenca (Agrargebiet). Die kühlfeuchten Páramos der Ost- und Westkordillere werden v. a. durch extensive Wanderviehzucht genutzt.

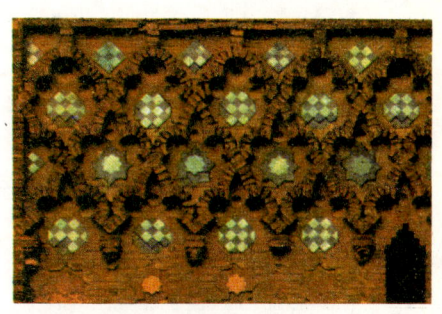

Azuero, Península de [span. pe'ninsula ðe a'su̯ero], Halbinsel am Pazifik, begrenzt den Golf von Panama im W, 80 km lang, 100 km breit; trop.-feuchtes Bergland (bis 2164 m), im NO trop.-trockenes Küstentiefland; Hauptviehzuchtgebiet Panamas.

Azulejos [aθu'lexos; span.], span. Bez. für Fayenceplatten; namengebend ist die bevorzugt blaue (span. azul) Bemalung.

Azulene [span.], Derivate des Azulens von durchweg blauer bis violetter Farbe. Auf Grund der entzündungshemmenden Wirkung finden die A. in der kosmet. und pharmazeut. Industrie Verwendung.

Azur, der erste dt. Forschungssatellit, am 8. Nov. 1969 in eine Umlaufbahn um die Erde gebracht (Perigäum 387 km, Apogäum 3147 km, Umlaufzeit 122,0 min); diente der Messung der Partikelenergie und der magnet. Störungen im Van-Allen-Gürtel und in der Polarlichtzone.

Azur [arab.-frz.] (Himmelsblau), blauer Farbstoff; Färbemittel in der Mikroskopie; als synthet. Pulver (Methylenblau).

Azurblau, durch Kochen oder Schlämmen von natürl. vorkommendem ↑Azurit gewonnenens dunkelblaues Pigment, das v. a. im MA als Malerfarbe diente.

Azurit [arab.-frz.] (Kupferlasur), glänzendes, dunkelblaues Mineral der chem. Zusammensetzung $2 CuCO_3 \cdot Cu(OH)_2$; Dichte 3,7 bis 3,9 g/cm³; Mohshärte 3,5 bis 4,0. Entsteht durch Verwitterung von Kupfererzen.

azyklisch, nicht kreisförmig; zeitlich unregelmäßig.

azyklische Verbindungen, svw. ↑aliphatische Verbindungen.

Azymiten [zu griech. ázymos „ungesäuert"] (lat. Infermentarii), seit der Mitte des 11. Jh. Bez. der orthodoxen Kirche für die röm.-kath. Christen, da sie die Eucharistie mit ungesäuertem Brot begehen.

B

B, der zweite Buchstabe des Alphabets, im Griech. Beta, im Nordwestsemit. (Phönik.) Beth (erst aus dem Hebr. überliefert). Im Semit. wie im Griech. ist der Buchstabe ein bilabialer Verschlußlaut, er hat in beiden Sprachen den Zahlwert 2. - ↑auch Alphabet.
◆ (b) musikal. Tonbez. für die durch ♭ (b) Vorzeichnung erniedrigte 7. Stufe der Grundtonleiter C-Dur (↑A).
◆ (Münzbuchstabe) ↑Münzstätte.
◆ chem. Symbol für ↑Bor.
◆ Kurzzeichen für: ↑Bel.

b, Einheitenzeichen für die Flächeneinheit ↑Barn.

B., Abk.:
◆ für: **B**achelor (↑Bakkalaureus).
◆ für: **B**rief, Zusatz auf Kurszetteln hinter dem Kurs; besagt: Materialangebot, aber keine oder nur geringe Nachfrage zu vertretbaren Kursen.

Ba, chem. Symbol für ↑Barium.

B. A. [engl. 'biːˈɛɪ], Abk. für: **B**achelor of **A**rts (↑Bakkalaureus).

Baade, Fritz, * Neuruppin 23. Jan. 1893, † Kiel 15. Mai 1974, dt. Nationalökonom. - 1930–33 MdR (SPD); 1934–46 Wirtschaftsberater in der Türkei; 1948–61 Prof. in Kiel und Direktor des Instituts für Weltwirtschaft. 1949–65 MdB (SPD). - *Werke:* Weltenergiewirtschaft (1958), Dynam. Weltwirtschaft (1969), Weltweiter Wohlstand (1970).

B., [Wilhelm Heinrich] Walter, * Schröttinghausen (Kreis Lübbecke) 24. März 1893, † Göttingen 25. Juni 1960, dt. Astronom. - Untersuchungen über die Struktur von Spiralnebeln und Sternpopulationen (B.sche Populationen).

Baader, Ernst [Wilhelm], * Berlin 14. Mai 1892, † Hamm 1. Nov. 1962, dt. Arbeitsmediziner. - Prof. in Berlin und Münster. Arbeitete v. a. über Arbeitspathologie und über die klin. Behandlung von Berufskrankheiten.

B., Franz von, * München 27. März 1765, † ebd. 23. Mai 1841, dt. kath. Theologe und Philosoph. - 1826 Honorarprof. für Philosophie und spekulative Theologie in München; 1826–29 mit Görres Hg. der Zeitschrift „Eos". - Dem Kritizismus Kants stellte er sein auf Gott bezogenes Erkenntnis- und Willensprinzip entgegen. Jedes Erkennen ist gegründet auf dem Erkanntsein durch Gott. Das menschl. Wissen ist Mit-Wissen göttl. Wissens im Gewissen, das schöpfer. Handeln Teilhabe am göttl. Schöpfertum. B. gewann Einfluß auf die Naturphilosophie Schellings und später auf W. Solowjow und N. Berdjajew. Forderte die Beteiligung des Proletariats an der gesellschaftl. Willensbildung in einer ständ. Ordnung.

B., Joseph von, * München 30. Sept. 1763, † ebd. 20. Nov. 1835, dt. Ingenieur. - Bruder von F. von Baader; vielseitiger Erfinder, erwarb sich bes. Verdienste um das Eisenbahnwesen, schlug 1819 den Bau einer Eisenbahn zw. Nürnberg und Fürth vor.

B., Ottilie, * Frankfurt/Oder 30. Mai 1847, † Berlin 24. Juli 1925, dt. Arbeiterinnenführerin. - Setzte sich für eine sozialist. Frauenbewegung ein; war 1900–08 „Zentralvertrauensperson der Genossinnen Deutschlands", forderte verbesserten Arbeitsschutz für Frauen und Weiterbildungsmöglichkeiten.

Baader-Meinhof-Prozesse, 1975–77 in Hamburg, Kaiserslautern und Stuttgart-Stammheim durchgeführte Strafverfahren gegen Mgl. der terrorist. „Rote-Armee-Fraktion" (RAF; sog. Baader-Meinhof-Gruppe nach ihren Anführern A. Baader [* 1944, † 1977] und U. Meinhof [* 1934, † 1976; Selbstmord]). Die Angeklagten wurden nach langwierigen Prozessen (u. a. zahlr. Befangenheitsanträge, Hungerstreiks, Ausschluß eines Teiles der Verteidiger wegen Verdachts der Unterstützung einer kriminellen Vereinigung) wegen Mordes, Bildung einer kriminellen Vereinigung bzw. Mitgliedschaft in dieser, Banküberfällen, Bombenattentaten und Verstößen gegen das Waffen- und Kriegswaffengesetz zu lebenslangen (A. Baader, G. Ensslin, J.-C. Raspe, M. Grashof, K. Jünschke) bzw. zu langjährigen Freiheitsstrafen verurteilt. Nach dem Scheitern des Versuchs ihrer Freipressung durch die Entführung von H. M. Schleyer und eines Flugzeugs der Lufthansa wurden Baader, Ensslin und Raspe in der Vollzugsanstalt Stuttgart-Stammheim am 18. Okt. 1977 tot bzw. sterbend aufgefunden. Das Ermittlungsergebnis der Staatsanwaltschaft lautete auf Selbstmord in allen Fällen. - ↑auch Terrorismus.

Baal ['baːal; syr. „Herr"] (akkad. Bel), Bez. vieler syr.-palästin. Götter, v. a. Name des kanaanäischen Wettergotts. Ursprüngl. war B. reines Appellativum und meinte den jeweiligen lokalen göttl. Herrn, eines Bergs usw., wurde aber schon im 2. Jt. v. Chr. auch zum

Eigennamen des B.-Hadad († Hadad). Von B. Einsetzung und Wirken handeln Mythen aus † Ugarit. Sein Symboltier war der Stier, auf dem stehend und wohl auch in dessen Gestalt er oft dargestellt wurde. Daneben gab es lokale B.kulte in Syrien, Phönikien und Palästina; ihnen v. a. galt der Kampf der altisraelit. Propheten des A. T. - Abb. S. 326.

Baalbek, libanes. Stadt am W-Fuß des Antilibanon, 70 km önö. von Beirut, 1 175 m ü. d. M., 18 000 E. Sitz eines melchit. und eines maronit. Bischofs; bed. Fremdenverkehr. - Infolge Gleichsetzung von Baal-Hadad mit dem griech. Sonnengott Helios in hellenist. Zeit **Heliopolis** genannt. Unter Augustus röm. Kolonie (**Colonia Julia Augusta Felix**), größte Blüte im 2. und 3.Jh.; 673 von den Arabern, 1175 von Saladin erobert, 1260 von Mongolen zerstört. 1900–05 dt. Ausgrabungen; bed. ist v. a. der Bezirk des Jupiter (270 × 120 m), südl. liegt der sog. Bacchustempel (2. Jh. n. Chr.), östl. der sog. Venustempel (hufeisenförmiger Grundriß). Seit 1955 jährl. internat. Festspiele. - Abb. S. 327.

Baal Schem Tov, eigtl. Israel Ben Elieser, * Okop bei Kamenez-Podolski (Podolien) um 1700, † Międzyboż (Podolien) 1760, Begründer des † Chassidismus. - Lebte als Wundertäter (Baal Schem) in den Karpaten. Biograph. Einzelheiten sind durch legendar. Berichte verklärt. Hauptgegenstand der Lehre ist die Vorstellung vom Einssein Gottes mit seiner Schöpfung und der jedem Wesen innewohnenden Göttlichkeit.

Baar, in 700–800 m ü. d. M. zw. Schwarzwald und der Schwäb. Alb liegende Beckenlandschaft mit stark kontinental geprägtem Klima.

B., schweizer. Stadt. 3 km nördl. von Zug, Kt. Zug, 443 m ü. d. M., 15 000 E. Spinnerei, Mühlen, holzverarbeitende Ind. - Gehörte den Habsburgern und dem Kloster Kappel (bis 1513). - Rathaus von 1676.

Baarn, niederl. Gemeinde 33 km osö. von Amsterdam, 24 700 E. Missionsseminar; botan. Garten; Forschungseinrichtungen der Univ. Utrecht. - Innerhalb der Gemeinde liegen die königl. Residenz Soestdijk und Schloß Drakestein, Residenz der Kronprinzessin.

Baas [niederl.], Herr, Meister, Aufseher, Vermittler; **Heuerbaas,** Matrosenanwerber.

Baath-Partei † Bath-Partei.

Bab [arab. „Tor (zur Wahrheit)"], eigtl. Saijed Ali Muhammad, * Schiras 20. Okt. 1819 (?), † Täbris 9. Juli 1850, Gründer des Babismus. - Lehre arab. Werk „Bayan" (Klarlegung) gilt seinen Anhängern als Fortsetzung der Offenbarung. Auf Betreiben der schiit. Geistlichkeit hingerichtet.

Bab, Julius, * Berlin 11. Dez. 1880, † Roslyn Heights (N. Y.) 12. Febr. 1955, dt. Theaterkritiker und Schriftsteller. - In Berlin Hg. der „Dramaturg. Blätter der Volksbühne"; emigrierte 1938 (Frankr., USA).

Werke: Der Mensch auf der Bühne (1910), Theater der Gegenwart (1926), Albert Bassermann (1928), Die Devrients (1932), Matkowsky (1932).

Bab [arab. „Tor, Tür"], häufig Bestandteil arab. geograph. Namen.

BAB, Abk.:
♦ für Betriebsabrechnungsbogen.
♦ für: Bundesautobahn.

Baba, Kap, Kap im Ägäischen Meer, westlichster Punkt Anatoliens; Leuchtturm.

Babahoyo [span. baβaˈojo], Hauptstadt der ecuadorian. Prov. Los Ríos, 60 km nö. von Guayaquil, 28 000 E. Handelszentrum eines Agrargebietes.

Bab Al Mandab, Meerenge, die das Rote Meer mit dem Golf von Aden verbindet.

Babassupalme [portugies./dt.] (Orbignya), trop. Palmengatt. S-Amerikas mit etwa 20 Arten; etwa 20 m hohe oder stammlose Palmen mit breiten Fiederblättern. Die Samen der brasilian. Arten Orbignya speciosa und Orbignya oleifera liefern *Babassunüsse*, aus denen das *Babassuöl* (für Seifen- und Margarineherstellung) gewonnen wird.

Babbage, Charles [engl. ˈbæbɪdʒ], * Teignmouth (Devonshire) 26. Dez. 1792, † London 18. Okt. 1871, engl. Mathematiker. - Prof. in Cambridge; arbeitete an der Entwicklung großer Rechenanlagen zur Erstellung von Funktionstabellen und entwarf eine programmgesteuerte Rechenmaschine.

Babbitt, Irving [engl. ˈbæbɪt], * Dayton (Ohio) 2. Aug. 1865, † Cambridge (Mass.) 15. Juli 1933, amerikan. Literarhistoriker. - Ab 1912 Prof. an der Harvard University; mit P. E. More Begründer des Neuhumanismus in der amerikan. Literaturkritik.

Babcock & Wilcox Ltd. [engl. ˈbæbkɔk ənd ˈwɪlkɔks ˈlɪmɪtɪd], brit. Konzern des Maschinen- und Anlagenbaus. Sitz London, gegr. 1898, weltweit zahlr. Tochtergesellschaften und Beteiligungen.

Babel, Issaak Jemmanuilowitsch [russ. ˈbabɪlj], * Odessa 13. Juli 1894, † 17. März 1941 (?), sowjet. Schriftsteller. - Wurde berühmt durch die Erzählungssammlung „Budjonnys Reiterarmee" (1926), trotz naturalist. Szenen vorwiegend in lyr. und „ornamentaler" Prosa; unter Einfluß Maupassants prägnante Erzählform. Seine „Geschichten aus Odessa" (1931) behandeln die vorrevolutionären (russ. / jüd.) Verhältnisse.

Weitere Werke: Sonnenuntergang (Dr., 1928), Marija (Dr., 1935; dt. 1962). Dt. Teilsammlungen: Drei Welten (En., 1931), Zwei Welten (En., 1960), Die traurige Straße (En., 1965), Ein Abend bei der Kaiserin (Tagebücher, Briefe u. a., 1970).

Babel, bibl. (hebr.) Name von † Babylon.

Babenberger, ostfränk., zu markgräfl. und herzogl. Rang aufgestiegenes Adelsgeschlecht; 1246 ausgestorbenes Adelsgeschlecht; 941/45–1003 waren Berthold († 980) und sein

Babenhausen

Sohn Heinrich Markgrafen des bayr. Nordgaues (Oberpfalz), 1048–57 war sein Enkel Otto Hzg. von Schwaben. Der fränk. Hausbesitz wurde nach 1057 aufgeteilt. Luitpold I. († 994) und seine Nachkommen waren 976–1156 Markgrafen, 1156–1246 Hzg. der bayr. Ostmark; errichteten eine vorbildl. Landesherrschaft in Österreich; 1139–56 auch Hzg. von Bayern, erwarben im 12. Jh. Teile Oberösterreichs und 1192 das Hzgt. Steiermark; hatten 1012–38 das Hzgt. Schwaben inne. – Die *älteren B.* oder **Popponen** besaßen im 9. Jh. mehrere Gft. in Ostfranken, zeitweise auch die Sorb. Mark (Grenzschutz gegen die Slawen), unterlagen aber in der Babenberger Fehde 902–906 den rheinfränk. Konradinern.

Babenhausen, Stadt am Unterlauf der Gersprenz, Hessen, 14 000 E. Herstellung von Schleifmaschinen, Tachometern, Beton. – 1236 erstmals erwähnt; 1368 Münzstätte. 1810 an Hessen-Darmstadt. – Pfarrkirche (14./15. Jh.), Reste der stauf. Burg (um 1210), der Ausbau des Schlosses war 1578 vollendet; zahlr. Fachwerkhäuser.

Babeș, Victor [rumän. 'babeʃ], * Wien 28. Juli 1854, † Bukarest 19. Okt. 1926, rumän. Pathologe. – Prof. in Bukarest, bed. Bakteriologe; entdeckte 1888 die nach ihm benannten ↑ Babesien als Erreger gefährl. Tierseuchen.

Babesien (Babesia) [nach V. Babeș], Gatt. 2–7 μm großer Protozoen, die in Säugetieren parasitieren. Die meist rundl. Einzeller dringen in die roten Blutkörperchen ein und verursachen dadurch verschiedene, u. a. durch Blutharnen gekennzeichnete Tierkrankheiten, die sog. *Babesiosen,* z. B. ↑ Texasfieber. Die B. werden durch Zecken übertragen.

Babette (Babett), im 17./18. Jh. aus dem Frz. übernommener weibl. Vorname; Verkleinerungsform von Barbara oder Elisabeth.

Babeuf, François Noël, gen. Gracchus [frz. ba'bœf], * Saint-Quentin 23. Nov. 1760, † Vendôme 28. Mai 1797, frz. Revolutionär. – Entwickelte sozialrevolutionäre Ideen einer „Republik der Gleichen", in der das Privateigentum abgeschafft werden sollte; nach Fehlschlag seines gegen die Direktorialregierung gerichteten Umsturzversuchs (Mai 1796) ein Jahr später mit einigen Mitverschwörern zum Tode verurteilt und hingerichtet. Seine Ideen wirkten auf den europ. Kommunismus.

Babia Góra [poln. 'babja 'gura], Gebirgszug an der poln.-tschechoslowak. Grenze, zugleich höchster Gipfel der Westbeskiden, 1 725 m hoch; z. T. Nationalpark.

Babi Jar, Schlucht im Norden Kiews, Ukrain. SSR, in der 1941 33 771 jüd. Männer, Frauen und Kinder von Angehörigen eines dt. Polizeibataillons ermordet wurden. Die Ereignisse in B. J. haben A. W. Kusnezow zu einem dokumentar. Roman u. d. T. „B. J." (dt. 1968) und J. A. Jewtuschenko zu Gedichten angeregt. Nach den Gedichten entstand die Sinfonie Nr. 13 von D. D. Schostakowitsch (UA am 18. Dez. 1962 in Moskau).

Babinet-Punkt [frz. babi'nɛ; nach dem frz. Physiker J. Babinet, * 1794, † 1872], oberhalb der Sonne am Himmelsgewölbe gelegener Punkt, von dem unpolarisiertes Licht ausgeht; seine Höhe über der Sonne beträgt im Mittel 15°.

Babinetsches Theorem [frz. babi'nɛ], von dem frz. Physiker J. Babinet 1837 formulierter Satz der Beugungstheorie: Die Beugungserscheinungen hinter einer Öffnung und hinter einem gleichgestaltigen ebenen Hindernis (komplementäre Schirme) sind gleich.

Babington, Anthony [engl. 'bæbɪŋtən], * Dethick (Derbyshire) im Okt. 1561, † London 20. Sept. 1586, engl. Verschwörer. – Mittelpunkt einer kath. Gruppe, die die Ermordung Elisabeths I. und die Befreiung Maria Stuarts mit span. Hilfe plante; nach Aufdeckung des Komplotts 1586 verhaftet und als Hochverräter hingerichtet (geviertelt).

Babinski-Reflex, von dem frz. Neurologen Joseph Babinski (* 1857, † 1932) entdeckter krankhafter Reflex beim Bestreichen des seitl. Fußsohlenrandes mit einem harten Gegenstand: Es kommt dabei zu einer langsa-

Baal. Bronzestatuette (14. Jh. v. Chr.). Paris, Louvre

Babylon

Babylon. Unterbau der wahrscheinlich mit den „Hängenden Gärten" der Semiramis identischen Terrassenanlage

men reflektor. Anhebung (sog. Dorsalflexion) der großen Fußzehe nach oben. Zeichen für eine Schädigung der Pyramidenbahn.

Babismus, religiöse, aus dem schiit. Islam hervorgegangene Bewegung, 1844 in Iran von Saijed Ali Muhammad († Bab) begründet. Seine Anhänger wurden in Iran blutig verfolgt oder vertrieben. 1863 spaltete sich die Mehrheit ab und nannte sich Bahais († Bahaismus).

Babits, Mihály [ungar. ˈbɔbitʃ], * Szekszárd 26. Nov. 1883, † Budapest 4. Aug. 1941, ungar. Dichter. - Die geschliffene Form seiner Gedankenlyrik, Unruhe und melanchol. Verschlossenheit charakterisieren seine Dichtung. Schrieb die Romane „Der Storchkalif" (1916), „Das Kartenhaus" (1923) und „Halálfiai" (Söhne des Todes, 1927), eine Analyse der ungar. Gesellschaft der Jh.wende.

Babuine [frz.] (Steppenpaviane), Gruppe der Paviane in den Steppen und Savannen Afrikas; 4 Arten: † Anubispavian, † Sphinxpavian, † Tschakma und der bis 80 cm körperlange **Gelbe Babuin** (Papio cynocephalus), der durch ein gelbl.-olivbraunes Fell, schwärzl. Gesicht und weißl. Augenlider gekennzeichnet ist.

Babur (arab. Sahir Ad Din Muhammad; Babar, Baber), * 14. Febr. 1483, † Agra 26. Dez. 1530, ind. Herrscher. - Nachkomme Dschingis-Khans und Timur-Lengs. Wurde nach erfolgreichen Kriegen Herr von N-Indien u. Gründer der ind. Moguldyn.; verfaßte literar. Werke und eine wertvolle Autobiographie (dt. 1828 u. d. T. „Denkwürdigkeiten des Zehir-Eddin Muhammed Baber, Kaisers von Hindustan").

Babusche [pers.], eine Art Pantoffel; ursprüngl. ein spitzer Schuh aus dem Orient, ohne Absatz und an der Ferse offen.

Babuyan Islands [span. baβuˈjan, engl. ˈaɪləndz], philippin. Inselgruppe in der Luzonstraße, 885 km², zentraler Ort ist **Calayan.**

Baby [ˈbeːbi, ˈbɛɪbɪ; engl.], Säugling; saloppes Kosewort für: Liebling, Schätzchen.

Baby-bonds [engl. ˈbɛɪbɪˌbɔndz] † Anleihen.

Babylon (hebr. Babel, akkad. Bab-Ili), Ruinenstadt im mittleren Irak, etwa 6 km nördl. von Al Hilla, am alten Euphratlauf. B. gelangte unter Hammurapi um 1700 v. Chr. zu polit. Bed. Sein Stadtgott Marduk wurde in ganz Vorderasien verehrt. Seinen größten Glanz erlebte es im neubabylon. Reich der Chaldäer (626–539). Bis etwa 1000 n. Chr. blieb B. bewohnt. Ausgrabungen der Dt. Orient-Gesellschaft 1899–1917 unter Leitung von R. Koldewey legten in dem aus mehreren Hügeln bestehenden Ruinenfeld von B. nur die beiden neubabylon. Stadtteile beidseits des Euphrats frei (hoher Grundwasserspie-

Baalbek. Bacchustempel (2. Jh. n. Chr.)

327

Babylonien

gel). Eine 6 m breite Brücke verband sie. Von der Stadtmauer erhielt sich gut das Ischtartor im N, ein monumentales Doppeltor, mit farbigen Reliefs aus Glasurziegeln. Wesentl. größer als die Innenstadt ist das nur angegrabene Gebiet, das die von Nebukadnezar II. gebaute Mauer von etwa 15 km Länge auf dem linken Euphratufer einschließt. Der Palast im W des Ischtartors am Euphrat ist gut bekannt, v. a. die ältere S-Burg mit ihrem ebenfalls glasurziegelgeschmückten Thronsaal und einer Terrassenanlage auf Gewölbebögen (vielleicht die „Hängenden Gärten" der ↑Semiramis). Schlecht erhalten ist der ausgedehnte Komplex des Mardukheiligtums Esagila, das Xerxes I. 480 zerstörte (↑auch Babylonischer Turm).

Babylonien, von den Griechen nach der Hauptstadt Babylon geschaffene Bez. der Landschaft um den Unterlauf von Euphrat und Tigris, heute der S-Teil des Irak bis etwa Bagdad; die Babylonier selbst nannten es Sumer und/oder Akkad. Heute versteht man unter B. oft den gesamten Kulturraum des südl. Zweistromlandes. Sicher bestanden schon vor Anfang des 3. Jt. v. Chr. Städte wie Uruk und Eridu, deren kultureller Aufschwung mit den Sumerern in Beziehung gebracht wird. In N-B. hatte Kisch eine Führungsposition inne. Sicher histor. belegt sind die (Lokal-)Könige der 1. Dynastie von ↑Ur und von ↑Lagasch (seit etwa 2550 v. Chr.) durch eigene Inschriften. Das 1. (kurzlebige) sumer. Großreich schuf Lugalsagesi von Umma; es wurde von Sargon aus der semit. Dynastie von Akkad (etwa 2350–2170) übernommen. Nach der Zerstörung der altakkad. Reiches durch die Gutäer entstand um 2070 unter der 3. Dynastie von Ur ein letztes Mal unter sumer. Führung ein neues großes Reich, dem die von W eindringenden Amoriter um 1950 ein Ende setzten. Die in der Folgezeit sich bildenden rivalisierenden Stadtstaaten (u. a. um Isin, Larsa, Eschnunna und Mari) wurden von ↑Hammurapi aus Babylon (⚰1728–1686) wieder zusammengefaßt. Nach dem Zug des Hethiterkönigs Mursili I. (1531) übernahmen in B. die Kassiten aus dem Bergland im NO die Herrschaft. Sie spielten jedoch neben dem churrit. Mitanni-Staat in Obermesopotamien und dem aufstrebenden Assyrien, von dem sie zeitweilig abhängig waren, keine bed. Rolle. Um 1160 bereitete ein Angriff der Elamier der Kassitenherrschaft ein Ende. Die folgende sog. 2. Dynastie von Isin (etwa 1155–1023) vermochte sich zwar unter Nebukadnezar I. zu behaupten, doch verlor B. weiter an Bed. Seit Adad-Nerari II. von Assyrien (10./9. Jh.) war B. unter assyr. Oberhoheit, bis der Chaldäer Nabupolassar (⚰626–605) zus. mit den Medern Assyrien zerschlug und das neubabylon. Reich gründete. Nebukadnezar II. (⚰605–562) dehnte es bis nach S-Palästina (597 Eroberung Jerusalems und Deportation der Bev.) aus, doch 539 nahm der Perserkönig Kyros II., d. Gr., Babylon ein. Unter achämenid. und seleukid. Herrschaft verlor B. endgültig sein polit. Gewicht.

Chronolog. Übersicht und *Karte* ↑Assyrien. ⊞ *Die Altoriental. Reiche.* Hg. v. E. Cassin u. a. Dt. Übers. Ffm. ³⁻⁵1974–76. 3 Bde. - Schmökel, H.: Gesch. des alten Vorderasien. In: Hdb. der Orientalistik. Hg. v. B. Spuler. Abt. 1, Bd. 2. Leiden 1957.

Babylonisch, der in Babylonien gesprochene S-Dialekt des ↑Akkadischen. Man unterscheidet Alt- (1950 bis 1530), Mittel- (1530–1000), Neu- (1000–625) und Spät-B. (nach 625 v. Chr.) neben der Literatursprache des sog. Jung-B. (1. Jt. v. Chr.).

babylonisch-assyrische Religion, die Religion der Semiten Mesopotamiens, die z. T. sumer. Gut übernommen hatten (↑sumerische Religion). Im *Götterglauben* kannten sie eine kosm. Dreiheit, die der Himmelsgott Anu, Enlil, der Herr der Erde, und Ea bildeten, dem die Gewässer unterstanden und der außerdem als menschenfreundl. Gott der Weisheit und der Beschwörungen galt. Neben dieser wurde eine astrale Dreiheit verehrt, die aus dem Mondgott Sin bestand, seinem Sohn Schamasch, dem Sonnengott, und aus Ischtar, der Herrin des Morgen- und Abendsterns, die zugleich eine Liebesgöttin war. Die Dynastie in Babylon (1894–1595; mit Hammurapi [⚰1728–1686]) setzte Marduk, den Stadtgott von Babylon, an die Spitze des Pantheons; wichtigstes literar. Zeugnis hierfür ist das Schöpfungsepos ↑„Enuma elisch". Die Stellung des Marduk nahm bei den Assyrern Assur ein, der Gott ihrer Hauptstadt wie auch ihres Reiches. Im *Kult* trat die religiös bed. Stellung des Königtums v. a. bei der Feier des Neujahrsfestes zutage; der König mußte sich hierbei stellvertretend für das ganze Volk demütigen, konnte jedoch Strafen, die ihn anstelle seiner Untertanen trafen, auf einen Ersatzkönig übertragen (↑Sündenbock). Die *Ethik,* die von dem Gedanken allg. menschl. Verschuldung bestimmt war, bestand aus Verpflichtungen gegenüber dem Sonnengott Schamasch. *Wahrsagekunst* und *Beschwörungen* nahmen im tägl. Leben der Babylonier und Assyrer einen hervorragenden Platz ein. Man war überzeugt, menschl. Glück nur im Diesseits zu finden. Die *Jenseitsvorstellung* kannte nur ein bejammernswertes Schattendasein in einem unterird. „Land ohne Rückkehr".

⊞ *Hirsch, H.: Unterss. zur altassyr. Religion.* Graz 1961.

Babylonische Gefangenschaft, svw. ↑Babylonisches Exil.

babylonische Kunst, die Kunst des alten Mesopotamien im 2./1. Jt. (d. h. Babyloniens im engeren Sinne) setzte in Bildgedanken und Form weitgehend die Tradition der sumer.-akkad. Kunst des 3. Jt. fort, brachte

Babylonisches Exil

aber in sie neue Elemente aus dem syr.-kanaanäischen und kassit. Erbe der altbabylon. (18.–16. Jh.) bzw. kassit. (15.–12. Jh.) Herrscher ein. Die seit dem 14./13. Jh. selbständige ↑assyrische Kunst baute auf der b. K. auf, gewann aber ihrerseits wesentl. Einfluß auf sie, als die b. K. unter der neubabylon. Chaldäerdyn. eine letzte Hochblüte erlebte. Der altbabylon. Palast- und Tempelbau zeigt die Fortführung alter Formen. Völlig neuartig sind dagegen einige Bauten der Kassitenkönige: Der kleine Inninntempel des Karaindasch (um 1400) in Uruk, ein freistehender Bau, dessen Fassade plast. Götterfiguren aus Formziegeln schmückten. Die Bauten Kurigalsus I. (nach 1400) zeigen eine Vorliebe für (techn. schon früher bekannte) Tonnengewölbe, so z. B. sein Palast in der neuen Residenz ↑Dur-Kurigalsu. Von der Erneuerung unter den Chaldäerkönigen zeugen die Bauten und städtebaul. Anlagen in Babylon. Anstelle von Wandmalerei tritt die Verwendung von Glasurziegeln zu farbigen Reliefs. Neben seltenen Werken der Rundplastik (z. B. altbabylon. sog. Hammurapikopf, Louvre) steht eine reiche und hochstehende Reliefkunst auf Stelen, wie z. B. der mit dem Text des sog. Kodex Hammurapi (Louvre) und den Kudurrus (skulptierte Grenzsteine mit Symbolen der Schwurgötter, seit mittelbabylon. Zeit).

📖 *Moortgat, A.: Die Kunst des alten Mesopotamien. Die klass. Kunst Vorderasiens. Köln 1967.*

babylonische Literatur, übergreifender Begriff für die in sumer. und akkad. (v. a. babylon.) Sprache in Keilschrift geschriebene Literatur des alten Mesopotamien. Die mündl. Tradition des 3. Jt. v. Chr. wurde erst ab etwa 2000 v. Chr. schriftl. festgehalten. Mit dem Aussterben der gesprochenen sumer. Sprache (gegen 1800 v. Chr.) begann die akkad. Bearbeitung und Neufassung sumer. Dichtungen. In der Kassitenzeit (etwa 15.–12. Jh.) wurde die tradierte Literatur in den Tempelbibliotheken Babyloniens systemat. gesammelt und zu Tafelserien zusammengefaßt, die in dem neuassyr. Bibliotheken (v. a. Ninive) kanon. Geltung erlangte.

Mythen und Epen gehören zum ältesten Bestand der b. L. Schon altsumer. sind die lokalen Mythenkreise um die Götter ↑Enki (Ea), ↑Enlil und ↑Inanna (↑Ischtar), um den myth. Vogel Ansud, um Schöpfung und Flut (↑„Atrachasis"). Jünger sind die halbhistor. Mythen vom Fluge ↑Etanas auf einem Adler und vom Pestgotte Erra. Um Stadtkönige der frühdynast. Zeit (2800–2600) rankten sich sumer. Erzählungen, von denen eine Gruppe z. B. später im ↑Gilgamesch-Epos zusammengefaßt wurde. Doch auch um spätere histor. Herrscher wie Sargon und Naramsin von Akkad bildeten sich Legenden. Die Assyrer kannten v. a. polit. Literatur (Epos über Tukulti Ninurta I., 1234–1198). Histor. Berichte gab es bereits in altsumer. königl. Bauinschriften und sog. Chroniken (trotz später Überlieferung). Eine nur assyr. Gattung sind die Königsannalen. Zu den Lehrgedichten gehören das babylon. Weltschöpfungsepos ↑„Enuma elisch" und Streitgespräche zwischen Gegensatzpaaren wie Sommer–Winter, Hacke–Pflug usw. Sprichwörtersammlungen, Fabeln und Dichtungen z. B. um das Hiob-Problem liegen in oft kunstreicher Sprache vor. Den größten Teil der Keilschrifttexte bildet die religiöse Literatur i. e. S.: Neben Götterhymnen, z. T. mit Bitten für bestimmte Herrscher, Königshymnen (frühes 2. Jt. v. Chr.), Gebeten, später in ganzen Zyklen je nach Inhalt zusammengefaßt, Klageliedern (Litaneien), z. B. um die Zerstörung von Akkad oder Ur, sind sumer. Gattung, am häufigsten die Beschwörungstexte, die für alle Probleme des tägl. und öff. Lebens Ritualanweisungen und Rezitationen vorschreiben und zu großen Kompendien zusammengestellt waren. Die b. L. gelangte v. a. in N-Syrien und Kleinasien zu großem Einfluß.

📖 *Borger, R.: Hdb. der Keilschriftlit. Bd. 1.: Repertorium der sumer. u. akkad. Texte. Bln. 1967.*

babylonische Religion ↑babylonisch-assyrische Religion, ↑sumerische Religion.

Babylonischer Turm (Turm zu Babel), nach dem alttestamentl. Bericht 1. Mos. 11 ein Bauwerk, das die Menschen aus Überheblichkeit bis zur Höhe des Himmels errichten wollten. - Abgesehen von dem darin enthaltenen Erklärungsversuch für die Entstehung der unterschiedl. Sprachen steht hinter dieser Legende sicher der histor. Tempelturm Etemenanki des Mardukheiligtums von Babylon. Die obersten zwei Stufen bildete der Hochtempel des Marduk. Nach dem Zerfall des B. T., den Alexander d. Gr. für den geplanten Wiederaufbau hatte abtragen lassen, hielt man lange andere Tempeltürme für den B. T.

Babylonisches Exil (Babylonische Gefangenschaft), Zwangsverschleppung des größten Teils der Juden nach Babylon 597

Babylonischer Turm. Rekonstruktion

babylonisches Recht

und 587 v. Chr. (vgl. 2. Kön. 24 und 25). 538 gab Kyros II. den Erlaß heraus (Esra 5, 6–6, 12), daß der Jerusalemer Tempel aus öffentl. Mitteln wieder aufgebaut werden dürfe. Die Juden durftin in verschiedenen Schüben aus Babylon zurückwandern und die Tempelgeräte mitnehmen.

babylonisches Recht, das Recht im babylon.-assyr. Kulturbereich. Oberster Richter war der König, der wichtige Fälle selbst entschied, sonst wurde Recht anfängl. von Stadtältesten und Priestern, aber auch schon früh von Berufsrichtern gesprochen. Das Gewohnheitsrecht wurde in Sammlungen übl. Entscheidungen fixiert. Das berühmteste, aber nicht älteste Beispiel ist der sog. Kodex Hammurapi (um 1700 v. Chr.). Mit seinem Prinzip der Talion (Vergeltung) unterscheidet er sich vom älteren sumer. Recht, das mehr auf Wiedergutmachung abzielt, und enthält darin ein Erbe aus semit. Stammesrecht.

babylonische Wissenschaft, die Wiss. des sumer.-babylon. Kulturraumes, dessen Geistesleben durch einen Ordnungswillen gekennzeichnet ist, der schon im 3. Jt. v. Chr. zur Zusammenfassung von Wissen in Listenform führte. Die sumer. Wortlisten (nach Keilschriftzeichen, Sachgruppen oder Synonymen geordnet) wurden mit babylon. Übersetzungen versehen, die eine Art **Sprachwissenschaft** entstehen ließen.

Die babylon. **Medizin** zeigt in den erhaltenen Kompendien medizin. Diagnose und Prognose eine Mischung aus prakt. Erfahrungen und mag. Vorstellungen. Beide bildeten eine Einheit, da man die Krankheiten auf das Eingreifen böser Dämonen zurückführte und sie medikamentös sowie durch Beschwörungen zu kurieren suchte. Doch waren die naturwiss. Kenntnisse auf dem Gebiet der *Chemie*, v. a. der Herstellung von Drogen, Seifen, Glas, Farben usw. beachtlich.

Die babylon. **Mathematik** und **Astronomie** entsprechen eher der heutigen Vorstellung von Wiss. Die bis in sumer. Zeit zurückreichenden Rechentabellen sind in einem Sexagesimalstellenwertsystem geschrieben, im Ggs. zum kaufmänn. Rechnen mit seinem gemischten Zehner-Sechziger-System. Im Sexagesimalsystem wurden nur zwei Zeichen kombiniert, und zwar ein senkrechter Strich (Keil) für die Zahl 1 und die Potenzen der Grundzahl 60 und ein sog. Winkelhaken für die Zahl 10. Die Multiplikation wurde mittels Multiplikationstafeln, die Division mittels Reziprokentafeln (Kehrwerttafeln) vollzogen. Quadratwurzeln konnten durch Verwendung einer Näherungsformel berechnet werden. Es gab Tabellen von Potenzen, von Potenzsummen wie $n + n^2$, $n^2 + n^3$ und von pythagoreischen Zahlentripeln ($3^2 + 4^2 = 5^2$). Behandelt werden lineare Gleichungen mit einer und mehreren Unbekannten, quadrat. Gleichungen, kub. Gleichungen und biquadrat. Gleichungen, die auf quadrat. Gleichungen zurückgeführt werden können. - In der Elementargeometrie waren Anleitungen zur exakten oder näherungsweisen Bestimmung einfacher Flächeninhalte (Rechteck, Dreieck, Trapez und allg. Viereck) bekannt. Aus der Bautechnik stammt die Kenntnis der Rauminhalte von Würfel, Quader, Prisma, von Dämmen und Gräben. Auch der Inhalt des geraden Pyramidenstumpfs war bekannt. Neben dem Wert 3 für die Kreiszahl π findet sich auch der durch ein Näherungsverfahren bestimmte, genauere Wert $3\frac{1}{8}$.

Aus der genauen Beobachtung von Gestirnen, v. a. Mond und Planeten entstand im 1. Jt. v. Chr. die hochentwickelte babylon. Astronomie. Aus der Zeit um 1500 v. Chr. stammt auch das aus 70 Tafeln bestehende astrolog.-astronom. Kompendium „Enuma Anu Enlil". Die babylon. Astronomie beschränkte sich auf die arithmet. Bestimmung von Planetenörtern am sichtbaren Himmel unter astrolog. Aspekten. Der alte babylon. Kalender enthielt noch 12 Monate zu 30 Tagen. Etwa alle 6 Jahre wurde ein Schaltmonat eingefügt.

📖 *Waerden, B. L. van der: Erwachende Wiss. Bd. 2: Die Anfänge der Astronomie.* Dt. Übers. Basel u. Stg. 1968. - *Vogel, K.: Vorgriech. Mathematik Bd. 2: Die Mathematik der Babylonier.* Hannover; Paderborn 1959.

BAC [engl. ˈbiːɛɪˈsiː], Abk. für: **B**ritish **A**ircraft **C**orporation, brit. Flugzeugbaukonzern, Teil von † British Aerospace.

Bacău [rumän. baˈkəu̯], Hauptstadt des rumän. Verw.-Geb. B., an der Bistritz, 163 000 E. Pädagog. Inst., Staatstheater und -philharmonie, Museum; kultureller und wirtsch. Mittelpunkt der westl. Moldau; Maschinenbau, chem. Ind., Holzverarbeitung, Papierherstellung, Nahrungsmittelind., ⚒. - Früh besiedelt, erstmals 1408 erwähnter Marktort. - Precistakirche (1491), Ruinen des ehem. Fürstenhofs (15. Jh.).

Baccaloni, Salvatore, * Rom 14. April 1900, † New York 31. Dez. 1969, amerikan. Sänger italien. Herkunft. - 1940–62 Mgl. der New Yorker Metropolitan Opera; gilt als bester Baßbuffo seiner Zeit.

Bacchanalien [bax...; griech.-lat.], aus den Festen zu Ehren des Gottes Bacchus (= Dionysos) unter oriental. Einfluß im griech. Unteritalien entstandene geheime Feste kult. Vereinigungen mit ungewöhnl., rauschhaften Ausschweifungen und sexuellen Exzessen. Im 3. Jh. v. Chr. fand dieser Geheimkult in Rom Eingang.

Bacchantinnen [bax...; griech.-lat.], † Mänaden.

bacchantisch [bax...; griech.-lat.], ausgelassen, trunken, überschäumend.

Bacchelli, Riccardo [italien. bakˈkɛlli], * Bologna 19. April 1891, † Monza 8. Okt. 1985, italien. Schriftsteller. - Gehörte zur

Gruppe um die Zeitschrift „La Ronda" (Vorbilder: Manzoni, Leopardi). Sein lebendiges Erzähltalent wendet sich psycholog.-sozialen Fragen zu. Bed. die Romantrilogie „Die Mühle am Po" (1938–40). - *Weitere Werke:* Eine leidenschaftl. Ehe (R., 1930), Itamar, der Geheilte von Gerasa (R., 1948).

Bacchus ['baxʊs] ↑ Dionysos.

Bacciocchi, Maria Anna, gen. Elisa [italien. bat'tʃɔkki], geb. B[u]onaparte, * Ajaccio 3. Jan. 1777, † Schloß Sant'Andrea bei Triest 6. Aug. 1820, älteste Schwester Napoleons I. - Wurde 1805 Fürstin von Piombino und Lucca, 1806 Herzogin von Massa-Carrara, 1809 Großherzogin von Toskana; als Herrscherin weitaus fähiger als ihr Gatte (ab 1797) **Felice Pasquale Bacciocchi** (* 1762, † 1841), ein kors. Hauptmann, der durch seine Heirat die Titel, nicht aber die Herrschaftsrechte erhielt.

Bach, dt. Musikerfamilie des 17. und 18. Jh., vorwiegend in Thüringen und Franken ansässig. Die ältesten bekannten, Musik treibenden Vertreter sind der Müller Veit B. († 1619) und sein Bruder, der Stadtpfeifer in Gotha und Arnstadt Caspar Bach. Veit B. wurde über seinen Sohn Johannes († 1626) zum Stammvater mehrerer Familienlinien, von denen die bedeutendste über Christoph (* 1613, † 1661) und Johann Ambrosius (* 1645, † 1695) zu Johann Sebastian B. und seinen Söhnen führte. (Stammtafel S. 336 f.).

Bed. Vertreter:

B., Carl Philipp Emanuel, * Weimar 8. März 1714, † Hamburg 14. Dez. 1788, Komponist. - Zweiter Sohn und Schüler von Johann Sebastian B.; wurde 1741 Kammercembalist des Kronprinzen Friedrich von Preußen, 1768 Musikdirektor der fünf Hauptkirchen in Hamburg. Seine Kompositionen kennzeichnen ihn als Vertreter des empfindsamen Stils und des musikal. Sturm und Drang. Mit der formalen und satztechn. Gestaltung und Ausdruckskraft seiner Werke gewann er Einfluß auf die Wiener Klassik. Er schrieb u. a. 200 Klavierkompositionen, 50 Klavierkonzerte, 19 Sinfonien, geistl. und weltl. Kantaten, Motetten, Psalmen, Lieder und verfaßte das Lehrwerk „Versuch über die wahre Art das Clavier zu spielen" (2 Teile, 1753 und 1762).

B., Johann Christian, * Leipzig 5. Sept. 1735, † London 1. Jan. 1782, Komponist. - Jüngster Sohn und Schüler von Johann Sebastian B.; ging 1756 nach Italien, wo er zum Katholizismus konvertierte und 1760 Organist am Mailänder Dom wurde. 1762 folgte er der Berufung als Opernkomponist nach London, wo er seit 1765 mit Carl Friedrich Abel (* 1723, † 1787) die **Bach-Abel-Concerts** veranstaltete. Seine Werke (u. a. 11 Opern, 90 Sinfonien, 40 Klavierkonzerte und zahlr. kammermusikal. Werke), die dem Zeitstil des Lieblich-Angenehmen folgen, wirkten sich bes. in ihrer Melodik und Instrumentation bis in Mozarts Spätwerk aus.

B., Johann Christoph, * Arnstadt 8. Dez. 1642, † Eisenach 31. März 1703, Organist und Komponist. - Seit 1665 Organist an der Georgenkirche in Eisenach, zugleich Cembalist in der Hofkapelle. Bedeutendster Komponist der Bachfamilie vor Johann Sebastian.

B., Johann Christoph Friedrich, * Leipzig 21. Juni 1732, † Bückeburg 26. Jan. 1795, Komponist. - Zweitjüngster Sohn und Schüler von Johann Sebastian B.; 1750 Kammermusiker am Hof der Grafen von Schaumburg-Lippe in Bückeburg, 1758 Konzertmeister und Leiter der Hofkapelle („Bückeburger Bach"). Komponierte u. a. drei Oratorien auf Texte von Herder.

Carl Philipp Emanuel Bach

B., Johann Sebastian, * Eisenach 21. März 1685, † Leipzig 28. Juli 1750, Komponist. - Sohn des Eisenacher Ratsmusikers Johann Ambrosius B. Nach dem Tode des Vaters lebte er bei seinem älteren Bruder Johann Christoph (* 1671, † 1721) in Ohrdruf. Danach war er Stipendiat der Lüneburger Michaelisschule, 1703 wurde er Organist in Arnstadt, im Sommer 1707 in Mühlhausen i. Thür., wo er am 17. Okt. 1707 seine Base Maria Barbara B. (* 1684, † 1720) heiratete. Im Juli 1708 wurde er Organist und Kammermusiker am Hof der Herzöge Wilhelm Ernst und Ernst August von Sachsen-Weimar, sechs Jahre später auch Konzertmeister. 1717 ging er als Hofkapellmeister nach Köthen, wo er nach dem Tode seiner ersten Frau am 3. Dez. 1721 Anna Magdalena Wilcken (* 1701, † 1760) heiratete. 1723 wurde er „Director musicus" und Thomaskantor in Leipzig, wo er bis zu seinem Tode blieb.

Sein Werk ist Gipfel und Abschluß jener älteren musikgeschichtl. Epoche, die den Begriff des „absoluten", allein immanent musikal. Gesetzen verpflichteten Kunstwerks noch nicht kannte, sondern von der Funktion der Musik im öffentl., kirchl. und gesellschaftl. Leben ausging. Gatt. wie Konzert, Suite, Tokkata, Orgelchoral, Kantate, Passion, die B. auf

Bach

Johann Sebastian Bach
(Gemälde; 1746)

Höhepunkte geführt hat, dienten den realen Bedürfnissen beim Gottesdienst, Staatsakt oder Vergnügen. Auch die kammermusikal. und kontrapunkt. [Studien]werke sind letztlich funktionale Musik im Dienste der Theologie, die mit der Anwendung naturgegebener und artifizieller Ordnung Gott als den Schöpfer von Ordnung preisen wollen. Bei B. verbindet sich dies mit einer luther., pietist. beeinflußten Frömmigkeit. Zur klangl. Realisierung solcher Vorstellungen entwickelt B. traditionelle Kompositionselemente weiter: Cantus firmus, Kontrapunktik, Zahlensymbolik und Musica poetica, d. h. musikal. Ausdeutung der zu vertonenden Texte. Die Traditionsbindungen vertiefen sich bei B. in dem gleichen Maße, in dem die Aufklärung sich mehr und mehr von ihnen löst. Nirgends tat B. den Schritt zu jener nur von ästhet. Forderungen bestimmten Musik, die sich seit der ersten Hälfte des 18. Jh. durchsetzte. Gerade ihrer Bindungen wegen mußten seine Werke den Zeitgenossen als überholt erscheinen. Unerkannt blieb, daß hinter diesen Werken einer nach Regeln und Ordnungen „gearbeiteten" Musik ein Ingenium stand, dem die Zeit selbst wie auch die frühere dt. Musik nichts an die Seite zu stellen hatte. Am Ende seines Lebens stand B. zeitlich an der Schwelle einer musikgeschichtl. Epoche, in der Kompositionen als voll ausgeformte Kunstwerke mit jeweils eigenem, unverwechselbarem Charakter verstanden werden. Erst seit seiner Wiederentdeckung (seit Ende des 18. Jh.) setzte sich die Erkenntnis durch, daß er trotz seiner in Tradition und Funktion gebundenen Musik Werke geschaffen hat, die aus ihrer zeitgeschichtl. Bezogenheit heraustreten und den Rang letztmögl. Vollendung erreichen.

Werke: Instrumentalwerke: *Orchesterwerke:* 6 Brandenburg. Konzerte, 6 Konzerte für 1–3 Violinen, 4 Ouvertüren, Konzerte für 1–4 Klaviere. - *Kammermusik:* 6 Violinsonaten, 3 Sonaten und 3 Partiten für Violine solo, 6 Suiten für Violoncello, 3 Gambensonaten, Flötensonaten. - *Klaviermusik:* 2stimmige Inventionen, 3stimmige Sinfonien, Klavierstücke für Friedemann und Anna Magdalena B., Frz. Suiten, Engl. Suiten, 2 Teile Wohltemperiertes Klavier (1722 und 1744), 6 Sonaten für Pedalcembalo oder Orgel (nach 1727), 4 Teile Klavierübungen (6 Partiten, Italien. Konzert, Goldbergvariationen), Musikal. Opfer (1747), Kunst der Fuge (1749/50). *Orgelwerke:* freie Orgelwerke, etwa 50 Präludien und Fugen, Tokkaten, Fantasien, Passacaglien, Orgelchoräle, u. a. Partita über „Sei gegrüßet, Jesu gütig", Orgelbüchlein, Achtzehn Choräle, Katechismus-Choräle (aus dem 3. Teil der Klavierübung, 1739), Kanon. Veränderungen über „Vom Himmel hoch", 6 Schüblersche Choräle. - Vokalwerke (etwa 230 erhalten): 196 Kirchenkantaten, etwa 30 weltl. Kantaten, 7 Motetten, Magnificat (1723), Johannespassion (1724), Matthäuspassion (1729), Markuspassion (1731, verschollen), Weihnachtsoratorium (1734), h-Moll-Messe (1724–49).

📖 *Geiringer, K./Geiringer, I.: J. S. B. Mchn.* [1]*1985. - J. S. B. Zeit, Leben, Wirken. Hg. v. B. Schwendowius u. W. Dömling. Kassel 1978. - Siegele, U.: Kompositionsweise u. Bearbeitungstechnik in der Instrumentalmusik J. S. Bachs. Neuhausen auf den Fildern 1975. - Schlötterer-Traimer, R.: B., die Kunst der Fuge. Mchn. 1966.*

B., Wilhelm Friedemann, * Weimar 22. Nov. 1710, † Berlin 1. Juli 1784, Organist und Komponist. - Ältester Sohn von Johann Sebastian B.; 1733 Organist in Dreden, 1746 in Halle, bat 1764 um seine Entlassung, verließ Halle 1770 und führte seitdem ein unstetes Leben; seit 1774 lebte er in Berlin, ohne eine feste Stelle zu finden und starb verarmt. Seine Werke – bes. bed. ist die Klavier- und Kammermusik – zeigen den für die Genieepoche charakterist. empfindsamen Stil. Er komponierte u. a. 9 Sonaten, 10 Fantasien, 5 Konzerte für Klavier, 11 Fugen für Klavier oder Orgel, 4 Triosonaten, 9 Sinfonien sowie geistl. und weltl. Vokalwerke.

Bach, Adolf, * Bad Ems 31. Jan. 1890, † ebd. 19. April 1972, dt. Germanist. - Prof. in Bonn und in Straßburg. Veröffentlichte zahlr. Arbeiten zur dt. Literatur- und Sprachwissenschaft, zur Mundartforschung, Namen- und Volkskunde; Standardwerke sind seine „Dt. Volkskunde" (1937) und die „Dt. Namenkunde" (3 Bde., 1943–56).

B., Alexander Freiherr von (seit 1854), * Loosdorf bei Melk 4. Jan. 1813, † Schloß Schöngrabern bei Hollabrunn 12. Nov. 1893, östr. Politiker. - Erst Liberaler, dann polit. Wendung zum konservativen Machtpolitiker; Justizmin. 1848/49, Innenmin. 1849–59; plädierte für einen straffen Einheitsstaat und einen auch auf Ungarn ausgedehnten bürokrat. Zentralismus; reformierte die Staatsverwaltung, deren Charakter in der Donau-

Bachof

monarchie er bis 1918 bestimmte. 1859–65 Gesandter beim Vatikan.

Bacharach, Stadt am linken Ufer des Rheins, Rhld.-Pf., 75 m ü. d. M., 2300 E. Weinbauschule; Weinbau, -handel, Fremdenverkehr. - Besiedlung seit kelt. Zeit. Das Erzstift Köln wurde wohl im 7. Jh. Grundherr von B., im 12./13. Jh. an die Pfalzgrafen bei Rhein; seit 1356 endgültig Stadt. Verwüstung 1689 im Pfälz. Krieg; 1801 an Frankr., 1815 wieder an Preußen. - Sankt-Peters-Kirche (Ende des 12. Jh.–1269), got. Wernerkapelle (1293; Ruine seit 1732). Über B. die Burg Stahleck, heute Jugendherberge. Die Stadtbefestigung (14. Jh.) ist größtenteils erhalten.

Bache, weibl. Wildschwein.

Bachehrenpreis (Bachbunge, Veronica beccabunga), Ehrenpreisart; 30–60 cm hohe, in Europa verbreitete Sumpf- und Wasserpflanze mit gekreuzt-gegenständigen Blättern und traubenförmigem, blauem Blütenstand; beliebte Aquarienpflanze.

Bachelor [engl. 'bætʃələ] ↑Bakkalaureus.

Bachem, Bele, eigtl. Renate Gabriele Böhmer, * Düsseldorf 17. Mai 1916, dt. Zeichnerin. - Verspielt-skurrile Illustrationen, Porzellanmalereien.

Bachér, Ingrid [ba'xe:r], eigtl. I. Erben, * Rostock 24. Sept. 1930, dt. Schriftstellerin. - Poet. Prosa. - *Werke:* Ich und ich (E., 1964), Schöner Vogel Quetzal (R., 1959), Karib. Fahrt (Reisebericht, 1961), Verletzung (Fsp., 1972), Kinderbücher: Erzähl mir nichts (1974), Das war doch immer so ... (1976).

Bachflohkrebs (Gammarus pulex), bis 2,4 cm langer Flohkrebs in fließenden Süßgewässern, v. a. NW-, M- und SO-Europas; wertvolle Fischnahrung.

Bachforelle (Salmo trutta fario), Unterart der Europ. Forelle in kühlen, sauerstoffreichen Fließgewässern und Seen Europas, Kleinasiens und des Atlasgebirges; 25–40 cm lang, Rücken meist grünl. bis bräunl., seltener schwarz (*Schwarzforelle*) oder gelblichweiß (*Weißforelle*), Unterseite silbrigweiß oder gelbl., Körperseiten mit schwarzen und roten Punkten; geschätzter Speisefisch.

Bachlinge (Rivulus), Gatt. in M- und S-Amerika vorkommender, bis 10 cm langer Zahnkärpflinge; bekannte Arten: ↑Riesenbachling, ↑Streifenbachling.

Bachmann, Ingeborg, * Klagenfurt 25. Juni 1926, † Rom 17. Okt. 1973, östr. Lyrikerin. - Gehört zur „Gruppe 47", die ihren 1. Gedichtband „Die gestundete Zeit" (1953), auszeichnete; lebte u. a. in Rom. Ihr Werk ist geprägt von der Verbindung von Intellekt und Poesie. Verschlüsselte Gedankenlyrik, charakterisiert durch freie Rhythmen, sprach- und bildschöpfer. Intensität, Musikalität, Melancholie, inhaltl. und sprachl. Spannung. Schrieb auch Hörspiele, Erzählungen, Libretti für H. W. Henze, Essays. Erhielt 1964 den Georg-Büchner-Preis.

Bachforelle. Weißforelle

Weitere Werke: Zikaden (Hsp., 1955), Anrufung des Großen Bären (Ged., 1956), Der gute Gott von Manhattan (Hsp. 1958), Das dreißigste Jahr (E., 1961), Ein Ort für Zufälle (Prosa, 1965), Malina (R., 1971), Simultan (En., 1972), Gier (E., 1973).

Bachnelkenwurz (Geum rivale), bis 70 cm hohe Nelkenwurzart; Blüten nickend, rötlichgelb mit braunrotem Kelch; Grundblätter fiederspaltig, Stengelblätter dreiteilig; verbreitet von Niederungen bis Hochgebirge.

Bachneunauge (Bachpricke, Lampetra planeri), 12–20 cm lange Neunaugenart v. a. in den Oberläufen der Fließgewässer Europas, N-Asiens und des westl. N-Amerikas; Körper wurmförmig mit schiefergrauer bis blaugrüner Oberseite und silbrigweißer Unterseite; ohne Brust- und Bauchflossen; Rücken-, Schwanz- und Afterflosse miteinander verbunden.

Bachof, Otto, * Bremen 6. März 1914, dt. Jurist. - Seit 1952 Prof. für öff. Recht in Erlangen, seit 1955 in Tübingen, Mgl. des

Bacharach mit der Sankt-Peters-Kirche

Bachofen

Bad.-Württ. Staatsgerichtshofs; schrieb zahlreiche Werke zum Verfassungs- und Verwaltungsrecht.

Bachofen, Johann Jakob, * Basel 22. Dez. 1815, † ebd. 25. Nov. 1887, schweizer. Rechtshistoriker und Anthropologe. - 1841 Prof. für röm. Rechtsgeschichte, 1844 Appellationsrichter in Basel; griff in dem Werk „Das Mutterrecht" (1861) die Überzeugung von der Naturgegebenheit der monogamen patriarchal. Familie an und beeinflußte mit der These, daß histor. das Matriarchat der patriarchal. Familienverfassung vorausgegangen sei, die moderne Sozialanthropologie und Ethnologie. Seit etwa 1925 fanden seine romant. Deutung der antiken Symbolik und Mythologie, seine Lehre von der organ. „Einheit der Kulturen", sein Geschichtsbild mit dem Ggs. von Orient und Okzident und seine Geschichtsprophetie von dessen Überwindung Beachtung.

Bachröhrenwurm, svw. ↑ Tubifex.

Bachsaibling (Salvelinus fontinalis), 20–40 cm langer Lachsfisch v. a. in kühlen, stark strömenden und sauerstoffreichen Süßgewässern N-Amerikas (in Deutschland 1884 eingeführt); mit dunkelolivgrünem, hell marmoriertem Rücken, helleren, gelbl. oder rot gepunkteten Körperseiten und gelbl. bis rötl. Bauch; Vorderrand der Brust-, Bauch- und Afterflosse weiß und schwarz gesäumt; guter Speisefisch.

Bachstelze (Motacilla alba), etwa 18 cm lange Singvogelart (Fam. Stelzen), v. a. im offenen Gelände (bes. in Gewässernähe) Eurasiens; Brutkleid mit schwarzer Kehle und Kopfplatte, hellgrauem Rücken und weißer Stirn, ebensolchen Kopfseiten und weißem Bauch.

Bachtemịr, westlichster Deltaarm der Wolga, UdSSR, 125 km lang; schiffbar.

Bachtiari, Schahpur [pers. bæxtiˈɑːr], * 1915 (1916?), iran. Politiker. - In der Reg. Mossadegh (1951–53) Staatssekretär und stellv. Arbeitsmin.; versuchte 1961 die oppositionelle Nat. Front zu reorganisieren und wurde in deren Zentralrat gewählt; zeitweilig in Haft; im Jan. 1979 durch den Schah zum Min.präs. ernannt, wurde B. aus der Nat. Front ausgeschlossen; leitete die Abreise des Schahs in die Wege, trat nach der Ernennung der Reg. Basargan durch R. Chomaini im Febr. 1979 zurück und ging ins Exil.

Bachtiari [nach dem iran. Bergvolk der Bachtiaren] ↑ Orientteppiche (Übersicht).

Bächtold-Stäubli, Hanns, * Schleitheim (Schaffhausen) 27. März 1886, † Basel 10. Okt. 1941, schweizer. Volkskundler. - Hg. des „Handwörterbuchs des dt. Aberglaubens" (1927–42, 10 Bde.), der ersten volkskundl. Enzyklopädie.

Bachtrompete ↑ Clarino.

Bachtschissaraj, sowjet. Stadt auf der Krim, 16 000 E. Bautechnikum; astrophysikal. Krim-Observatorium; Kombinat für äther. Öle, Zementwerk; Fremdenverkehr.

Baciccia, il [italien. baˈtʃittʃa], eigtl. Giovan Battista Gaulli, * Genua 8. Mai 1639, † Rom 2. April 1709, italien. Maler. - Einer der führenden Freskenmaler des röm. Barock; Hauptwerk die Deckenfresken in Il Gesù (1672–83); auch Porträts.

Bacịllus ↑ Bazillen.

Bäck, Sven-Erik, * Stockholm 16. Sept. 1919, schwed. Komponist. - Avantgardist; Orchester-, Kammermusik und Chorwerke (z. T. in Zwölftontechnik).

Backbord [zu niederdt. bak „Rücken"], linke Schiffsseite (vom Heck aus gesehen; nach dem früheren Standort des Steuermanns an dem sich auf der rechten hinteren Schiffsseite befindenden Steuerruder, wobei ihm die linke Schiffsseite im Rücken lag).

Backe, svw. ↑ Wange.

Backen, in der *Lebensmitteltechnik* das Überführen von Getreidemehlen bzw. eines Teiges in gegarte Lebensmittel (Brot, Kuchen, Gebäck). *Teigbereitung:* Das Mehl samt Zutaten wird zu einem Teig (Wassergehalt 42–50 %) durchgeneigt; Brotteige bestehen meist nur aus Mehl, Wasser und Salz, während Teige für Feingebäck mit Milch, Fett, Zucker, Eiern u. a. Backzutaten zubereitet werden. Die *Teiglockerung* erfolgt durch Kohlendioxidentwicklung im Teig; je nach Produkt werden als Treibmittel Hefen, Sauerteig, Backpulver oder Hirschhornsalz verwendet. Eischnee lockert durch die untergeschlagene Luft. *Backprozeß:* Der Teig wird im Backofen trocken erhitzt *(gebacken),* wobei sich die Kohlendioxidbläschen ausdehnen. Die leichte Verdaulichkeit der Backwaren beruht auf der in der Hitze erfolgten Verkleisterung der Stärke und dem Aufschluß (Abbau) des Klebers (gequollenes Getreideeiweiß).

◆ (**Ausbacken**) das Garmachen von panierten oder teigüberzogenen Stücken von Fleisch, Geflügel, Fisch u. a. in einem heißen Fettbad.

Backenbremse ↑ Bremse.

Backenfutter, Spannvorrichtung zum Befestigen eines Werkstücks in Werkzeugmaschinen (z. B. Drehbank). - ↑ auch Bohrfutter.

Backenknochen, svw. ↑ Wangenbein.

Backentaschen, seitl. Aussackungen der Mundhöhle bei manchen Säugetieren (z. B. Hamster, Murmeltiere); dienen zum Sammeln und Transport von Nahrung.

Backenzähne ↑ Zähne.

Backer, Jacob Adriaensz[oon], * Harlingen um 1608, † Amsterdam 27. Aug. 1651, niederl. Maler. - Zunächst Einflüsse Rembrandts („Knabe in Grau", 1634; Den Haag, Mauritshuis; „Jan Lutma", 1638/40; Rijksmuseum), Regenten- und Schützenstücke in der Rubensnachfolge.

Bäckerhefe (Backhefe, Preßhefe), Bez. für Preßprodukte der Bierhefe, die zur Teiglockerung beim Backen verwendet werden.

Backfette (Backöle), dem Teig zugesetzte Fette (Öle); durch die zw. Stärke und Eiweiß des Mehls eingelagerten Fettfilm wird die mürbe und bröcklige Struktur von Feingebäck im Unterschied zum fettlos gebackenen Brot bedingt.

Backfisch, eigtl. der junge, nur zum Bakken geeignete Fisch; seit dem 16. Jh. zeitweise der unreife Student (in Anlehnung an [mittellat.] baccalaureus „Gelehrter des untersten Grades"), bes. jedoch Bez. für das halbwüchsige Mädchen.

Backgammon [engl. bæk'gæmən], altes, in England bereits im MA verbreitetes Würfelspiel; in Frankreich Variante: *Tricktrack*, in Deutschland *Puff*.

Background [engl. 'bækgraund „Hintergrund"], im *Jazz* Bez. für den Klanghintergrund des Ensembles, vor dem der Solist improvisiert.
♦ beim *Film* Bez. für eine Filmprojektion oder ein stark vergrößertes Photo als Hintergrundkulisse.
♦ im übertragenen Sinn Bez. für [geistige] Herkunft, [finanziellen] Hintergrund; Milieu; Berufserfahrung, -kontakte und -kenntnisse.

Backhaus, Wilhelm, * Leipzig 26. März 1884, † Villach 5. Juli 1969, dt. Pianist. - Schüler von Eugen d'Albert; bed. v. a. als Beethoven- und Brahms-Interpret.

Backnang, Stadt an der Murr, Bad.-Württ., 271 m ü. d. M., 29 000 E. - Elektro-, Kfz.- und Textilind. - Merowing. Burg (7. Jh.); 1067 erstmals erwähnt, um 1220 Stadtrechte; seit 1324 endgültig zu Württ. - Stadtkirche (die O-Türme sind Reste einer roman. Basilika; Langhaus 1697 wiederhergestellt), Rathaus (17./18. Jh.), Sankt-Michaels-Kirche mit frühgot. Chor.

Backofen, Anlage zum Backen von Brot, Brötchen und Feingebäck. Man unterscheidet die Bauformen nach der Art der Beheizung (z. T. noch mit Kohle und Holz, heute v. a. mit Dampf, Gas, Heizöl, elektr. Energie, neuerdings auch durch Infrarot- und Hochfrequenzbestrahlung), nach dem Arbeitsprinzip (absatzweise, kontinuierl.) und nach der Art des Gebäcks. Neben die gemauerten **Steinbacköfen** sind heute die **Stahlbacköfen** getreten. Die gebräuchlichsten B.formen sind der **deutsche Backofen,** ein Stein-B. mit direkter Holzbeheizung, der **Kanalbackofen,** ein Stein-B. mit indirekter Heizung (die Heizgase umspülen den Backherd) sowie der v. a. zur Kleingebäckherstellung verwendete **Dampfbackofen,** bei dem zu ²/₃ mit Wasser gefüllte, beiderseits verschlossene, geneigt verlaufende Stahlrohre an einem Ende beheizt werden. Absatzweise arbeitende Backöfen sind v. a. in handwerkl. betriebenen Bäckereien zu finden. Man unterscheidet **Einschießöfen,** bei denen das Gut auf die feste Herdplatte geschoben („eingeschossen") wird, und Auszugsöfen, bei denen der Herd zur

Bachstelze

Beschickung ausgefahren wird. Brot- und Keksfabriken arbeiten mit kontinuierl. Backöfen, bei denen das Gut auf Förderbändern bei regulierbarer Bandgeschwindigkeit in einem Tunnel Zonen unterschiedl. Temperatur bis zur Abnahme der fertigen Backware durchläuft.

Backoffen (Backofen), Hans, * Sulzbach (wahrscheinl. bei Aschaffenburg oder bei Höchst) zw. 1470 und 1475, † Mainz 21. Sept. 1519, dt. Bildhauer und Bildschnitzer. - Seit 1509 im Dienste der Erzbischöfe von Mainz. Schulebildend seine Werke, die eine „barokke" Phase der Spätgotik einleiten, insbes. das Grabmal des Erzbischofs Uriel von Gemmingen († 1514), mit vollplast. Gestalten, die in einer Handlung zusammengeknüpft sind.

Backpulver, zur Teiglockerung dienende Stoffgemische, die Kohlendioxid [und andere Gase] beim Backen abspalten.

Back River [engl. 'bæk 'rɪvə], Zufluß zum Nordpolarmeer in NW-Kanada, entspringt nördl. des Großen Sklavensees, mündet in den Chantrey Inlet, 974 km lang.

backsetzen (backbrassen), Segel so stellen, daß der Wind von vorn gegen die Fahrtrichtung einkommt.

Backstag, Tau oder Stahlseil, das von einem Segelschiffsmast schräg nach hinten führt. Die B. dient zur zusätzl. Sicherung (Abstagung) des Mastes.

Backsteinbau, im Mauersteinverband aus Mauerziegeln (Backsteinen) hergestellter Bau, der entweder roh belassen oder verputzt wird. - Bauten mit gebrannten Ziegeln sind seit dem 3. Jt. belegt (Uruk, Harappakultur), luftgetrocknete Ziegel aus Lehm oder Ton sind im Vorderen Orient bereits für das 9.-7. Jt. v. Chr. belegt (Al Baida, Jericho; Çatal Hüyük), auch im alten Ägypten sehr verbreitet. Im 4. Jt. v. Chr. verwendeten die Sumerer beim B. bereits Glasuren. Babylonier und Assyrer überzogen oft ganze Flächen friesartig. In der islam. Baukunst wurden rapportierende Muster erzielt. Bei den Römern bildete der B. einen wesentl. Bestandteil der Bautechnik (Fassaden meist mit Hausteinverkleidung). In frühchristl. Zeit bildete sich in Ra-

STAMMTAFEL

(Übers

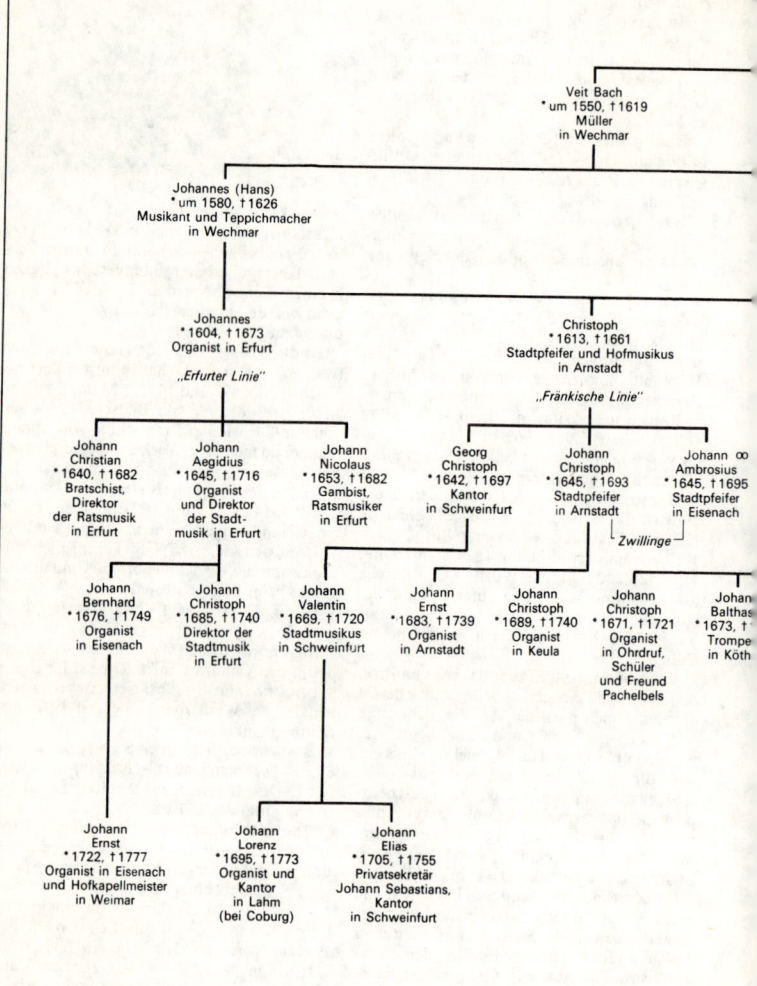

- **Veit Bach**
  *um 1550, †1619
  Müller in Wechmar
  - **Johannes (Hans)**
    *um 1580, †1626
    Musikant und Teppichmacher in Wechmar
    - **Johannes**
      *1604, †1673
      Organist in Erfurt
      „Erfurter Linie"
      - **Johann Christian**
        *1640, †1682
        Bratschist, Direktor der Ratsmusik in Erfurt
        - **Johann Bernhard**
          *1676, †1749
          Organist in Eisenach
          - **Johann Ernst**
            *1722, †1777
            Organist in Eisenach und Hofkapellmeister in Weimar
      - **Johann Aegidius**
        *1645, †1716
        Organist und Direktor der Stadtmusik in Erfurt
        - **Johann Christoph**
          *1685, †1740
          Direktor der Stadtmusik in Erfurt
      - **Johann Nicolaus**
        *1653, †1682
        Gambist, Ratsmusiker in Erfurt
        - **Johann Valentin**
          *1669, †1720
          Stadtmusikus in Schweinfurt
          - **Johann Lorenz**
            *1695, †1773
            Organist und Kantor in Lahm (bei Coburg)
          - **Johann Elias**
            *1705, †1755
            Privatsekretär Johann Sebastians, Kantor in Schweinfurt
    - **Christoph**
      *1613, †1661
      Stadtpfeifer und Hofmusikus in Arnstadt
      „Fränkische Linie"
      - **Georg Christoph**
        *1642, †1697
        Kantor in Schweinfurt
        - **Johann Ernst**
          *1683, †1739
          Organist in Arnstadt
      - **Johann Christoph**
        *1645, †1693
        Stadtpfeifer in Arnstadt
        Zwillinge
        - **Johann Christoph**
          *1671, †1721
          Organist in Ohrdruf, Schüler und Freund Pachelbels
        - **Johann Christoph**
          *1689, †1740
          Organist in Keula
      - **Johann Ambrosius** ∞
        *1645, †1695
        Stadtpfeifer in Eisenach
        - **Johan Balthas**
          *1673, †
          Trompe in Köth

FAMILIE BACH

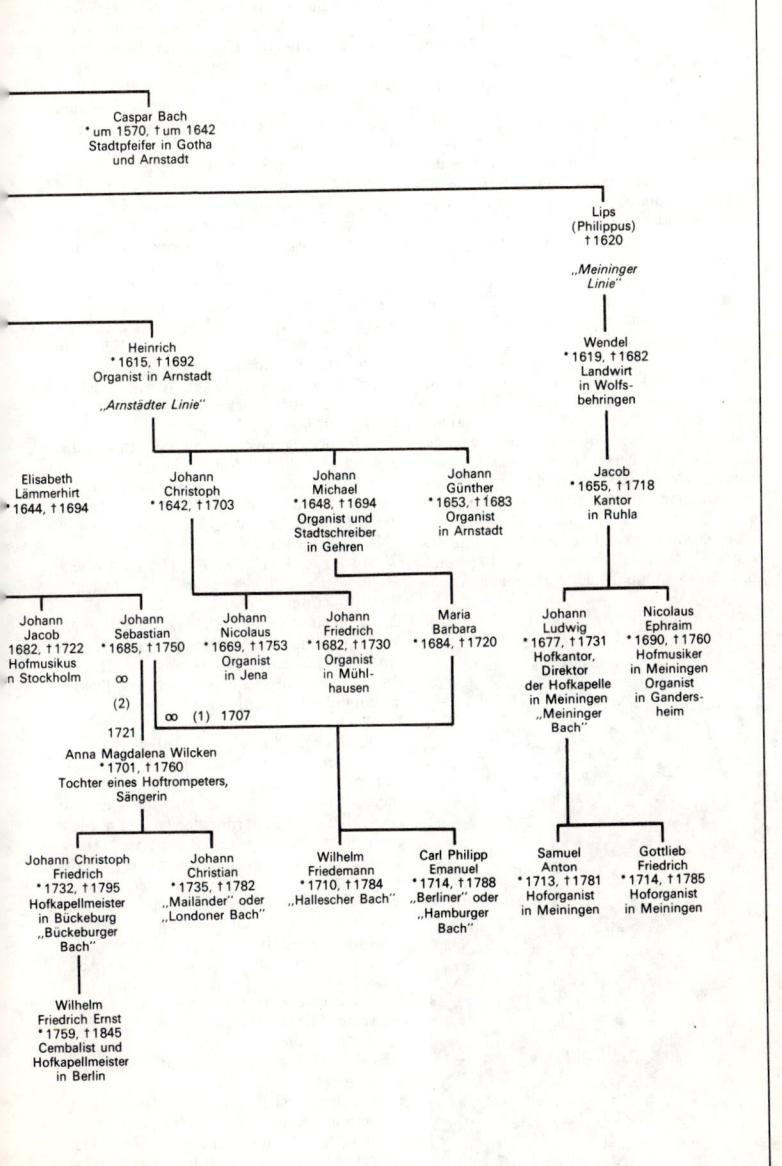

Caspar Bach
* um 1570, † um 1642
Stadtpfeifer in Gotha
und Arnstadt

Lips (Philippus)
† 1620

„Meininger Linie"

Heinrich
* 1615, † 1692
Organist in Arnstadt

„Arnstädter Linie"

Wendel
* 1619, † 1682
Landwirt in Wolfsbehringen

Elisabeth Lämmerhirt
* 1644, † 1694

Johann Christoph
* 1642, † 1703

Johann Michael
* 1648, † 1694
Organist und Stadtschreiber in Gehren

Johann Günther
* 1653, † 1683
Organist in Arnstadt

Jacob
* 1655, † 1718
Kantor in Ruhla

Johann Jacob
* 1682, † 1722
Hofmusikus in Stockholm

Johann Sebastian
* 1685, † 1750
∞ (1) 1707
∞ (2) 1721

Johann Nicolaus
* 1669, † 1753
Organist in Jena

Johann Friedrich
* 1682, † 1730
Organist in Mühlhausen

Maria Barbara
* 1684, † 1720

Johann Ludwig
* 1677, † 1731
Hofkantor, Direktor der Hofkapelle in Meiningen
„Meininger Bach"

Nicolaus Ephraim
* 1690, † 1760
Hofmusiker in Meiningen
Organist in Gandersheim

Anna Magdalena Wilcken
* 1701, † 1760
Tochter eines Hoftrompeters, Sängerin

Johann Christoph Friedrich
* 1732, † 1795
Hofkapellmeister in Bückeburg
„Bückeburger Bach"

Johann Christian
* 1735, † 1782
„Mailänder" oder „Londoner Bach"

Wilhelm Friedemann
* 1710, † 1784
„Hallescher Bach"

Carl Philipp Emanuel
* 1714, † 1788
„Berliner" oder „Hamburger Bach"

Samuel Anton
* 1713, † 1781
Hoforganist in Meiningen

Gottlieb Friedrich
* 1714, † 1785
Hoforganist in Meiningen

Wilhelm Friedrich Ernst
* 1759, † 1845
Cembalist und Hofkapellmeister in Berlin

venna eine bed. B.kunst heraus (u. a. San Vitale, 526–547). Im MA wurde der B. zuerst in der Lombardei neu belebt (12. Jh. bis zur Renaissance). Von der Mitte des 12. Jh. an trat der B. in den nördl. Niederlanden, Dänemark und bes. in Norddeutschland auf, wo er sich zur (norddt.) **Backsteingotik** entwickelte. Sie brachte z. T. bed. Leistungen im Kirchenbau, wie z. B. die Marienkirche in Lübeck (etwa 1260 bis 1350), die Zisterzienserkirche in Chorin (1273 bis 1334), die Katharinenkirche in Brandenburg/Havel (um 1395–1401), die Marienkirche in Danzig (1343–1502) und die Nikolaikirche in Lüneburg (1407 bis um 1440). Im profanen Bereich ragt die Marienburg bei Danzig hervor (gegen 1280 begonnen) sowie unter zahlr. Rathäusern die von Lübeck (1251–1444), Stralsund (13.–15. Jh.) und Rostock (spätes 13.–15. Jh.). Der B. wurde im 19. Jh. (K. F. Schinkel, K. W. Hase) und 20. Jh. wieder aufgegriffen (H. P. Berlage, P. Behrens, F. Höger, F. Schumacher [in Hamburg] u. a.).

Backström, Sven, * Havdhem (Gotland) 20. Jan. 1903, schwed. Architekt. - Schloß sich 1936 mit Leif Reinius (* 1907) zusammen. Schulebildend ihr wabenförmiges, windgeschütztes, geöffnete Höfe bildendes Bebauungsschema, das durch eine „sternförmige" Grundeinheit ermöglicht wird (u. a. Siedlung Gröndal in Stockholm, 1944/45).

Baçó, Jaime [katalan. bə'so], genannt Jacomart, * Valencia Anfang des 15. Jh., † ebd. 16. Juli 1461, span. Maler. - Hofmaler Alfons V. von Aragonien. In seinen Altarwerken mischen sich flämische und valencianische Elemente.

Bacolod [span. ba'koloð], philippin. Stadt in der Küstenebene im NW der Insel Negros, 262 000 E. Verwaltungssitz der Prov. Negros Occidental; Univ. (gegr. 1941); Handelszentrum des bedeutendsten philippin. Zuckeranbaugebietes; Fischereihafen, ✈.

Bacon [engl. 'beɪkən], Francis, Viscount Saint Albans (seit 1620), * London 22. Jan. 1561, † Highgate bei London 9. April 1626, engl. Philosoph, Schriftsteller und Politiker. - Seit 1579 Anwalt in London, 1584 Sitz im Unterhaus. Stellte sich im Interesse seines Fortkommens skrupellos in den Dienst des Königshauses. Oberster Kronanwalt und Lordsiegelbewahrer unter Jakob I.; 1618 Lordkanzler, 1621 wegen Korruption aus allen öff. Ämtern entlassen. - In seinem wiss. Werk begründete B. die Notwendigkeit einer rational geplanten *Empirie* (gegen deduktiv orientierte Methoden), die den Zufall bei der Vermehrung der wiss. Erkenntnisse ausschalten sollte. Diese Erkenntnisse sollten der Herrschaft über die Natur dienen aber auch die Möglichkeit eröffnen, die Bedürfnisse der Menschen kollisionsfrei zu befriedigen und damit den polit. Frieden in einer auf das Regiment wiss.-techn. orientierter Weiser gegründeten Gesellschaft zu sichern (Utopieentwurf „Nova Atlantis").

📖 *Anderson, F. H.:* F. B.: His career and his thought. Los Angeles (Cal.) 1962. Nachdr. Westport (Conn.) 1978.

B., Francis, * Dublin 28. Okt. 1909, engl. Maler. - Seine Bilder zeichnet eine verwischende Malweise aus; Thema ist der im Raumkäfig gefangene Mensch und die Deformierung des beschädigten Menschen.

B., Roger, * Ilchester (?) um 1219, † Oxford um 1292, engl. Philosoph, Theologe, Gelehrter. - Lehrte von 1241–46 in Paris aristotel. Naturphilosophie; Beschäftigung mit Sprachen, Mathematik, Astronomie und Astrologie, schließl. mit Experimenten (v. a. zum Magnetismus). - B. prägte den Begriff des Naturgesetzes und ging davon aus, erst eine Experimentalwissenschaft könne die in theoret. Wissenschaften deduzierten Ergebnisse bestätigen sowie neue Wissensgebiete eröffnen.

Bacon [engl. 'beɪkən], leicht durchwachsener, gesalzener und angeräucherter Speck.

Baconschwein [engl. 'beɪkən], in Dänemark gezüchtetes Hausschwein, das v. a. wegen seines Specks („bacon") in England großen Absatz findet.

Bad, Kurzbez. für einen staatl. anerkannten Kurort.

◆ das **Reinigungsbad** (Wannenbad) sollte eine Wassertemperatur von 35–38 °C haben. Seife, Seifenersatz, Öle und Essenzen dienen der Reinigung und/oder der Hautpflege. Therapeut. Zwecken dienen die medizin. Bäder und

Backsteinbau. Zisterzienserkirche in Chorin (1273–1334)

Bad Berleburg

das Baden in Heilquellen. Allgemeinen gesundheitl. Wert haben auch das Luft- und bedingt das Sonnenbad, das Heißluft- und Dampfbad († auch Sauna) sowie das Bad (Baden und Schwimmen) in Flüssen, Seen, im Meer oder im Schwimmbad.

Geschichte: Baden, Schwimmen und Waschen in natürl. Gewässern (einschl. warmer Quellen) waren bei allen Völkern seit frühester Zeit üblich. In Griechenland war bereits zur Zeit Homers das Baden in Wannen bekannt, zur Zeit Herodots gab es künstl. Warm-, Dampf- und Heißluftbäder. In der röm. Kaiserzeit wurden riesige Prunkbäder (Thermen) errichtet. Sie waren unterteilt in Kaltwasseranlagen (Frigidarium), lauwarme Badezellen (Tepidarium), Heißwasserabteilungen (Caldarium) und Dampfbäder (Sudatorium). Schwitzbäder waren im röm.-islam. Kulturkreis weit verbreitet (das türk.-röm. B. ist ein Heißluftschwitzbad). Bei den german. Völkern waren die Badestuben separate Gebäude mit einem steinernen Herd, der nach Erhitzung zur Dampfentwicklung mit Wasser übergossen wurde. Im europ. MA wurde gern und viel in den warmen Wasser gebadet, v. a. in öffentl. Badestuben, die von einem † Bader geführt wurden. Es gab sowohl das gemeinsame als auch das getrennte Baden beider Geschlechter. Diese Sitte kam vermutl. wegen der Syphilis außer Brauch; in den folgenden Jh. galt Waschen und Baden als ungesund. Im 18. Jh. entstanden in England die ersten Fluß- und Seebadeanstalten. Die erste öff. Bade- und Waschanstalt für ärmere Bevölkerungsschichten wurde 1842 in Liverpool (England) errichtet, um 1850 folgten Berlin und Hamburg, 1887 Wien („Volksbrause"). Die Errichtung von Schwimmbädern wurde in Deutschland seit 1870 gefördert.

In den *Religionen* mancher Völker kennt man Bäder und Waschungen zum Zwecke kult. Reinigung und Erlangung oder Wiederherstellung der kult. Reinheit.

Bad Abbach, Marktgemeinde in Bayern, 12 km südl. von Regensburg, 356 m ü. d. M., 6 500 E. Mineral- und Moorbad (Rheuma, Nervenleiden u. a.). - Badeort seit 1465.

Bad Aibling, Moorbad in Bayern, an der Mündung der Glonn in die Mangfall, etwa 500 m ü. d. M., 12 300 E. Heilanzeigen bei Rheuma, Ischias, Gicht, Frauenleiden u. a. - Das Dorf **Epininga** entstand bei einem 804 erwähnten Königshof; Bad seit 1895.

Badajoz [span. baða'xoθ], span. Stadt, 7 km vor der span.-portugies. Grenze, 188 m ü. d. M., 114 000 E. Verwaltungssitz der Prov. B.; Bischofssitz; Hauptzentrum des Guadianabeckens; Leder-, Düngemittel-, Textil- und Nahrungsmittelind. - In röm. Zeit **Pax Augusta**, seit 1022 Residenz der muslim. Dynastie der Aftassiden; 1094 zu den Almoraviden. Alfons I. von Portugal eroberte B. 1169, mußte die Stadt aber an León abtreten; zw. Spanien und Portugal bis 1801 umstritten. - Arab. Stadtmauer mit Türmen; Palast der Herzöge de la Roca (Mudejarstil), Kathedrale.

Badalona [span. baða'lona], span. Ind.-stadt, am Mittelmeer, 228 000 E. Bed. Ind.zentrum; Erdölraffinerie. - In der Antike **Betulo**, erhielt röm. Bürgerrecht, 1713 durch Philipp V. von Spanien völlig zerstört.

Badarajana, ind. Philosoph vor dem 9. Jh. n. Chr. - Angebl. Verfasser der „Brahmasutras", des „Leitfadens über das † Brahman".

Badari, Al, Distrikthauptort in Ägypten, 10 km südl. von Abu Tig; vorgeschichtl. Gräberfelder einer altneolith. Kultur um 4 000 v. Chr.; dünnwandige Keramik.

Badarzewska-Baranowska, Tekla [poln. bonda'ʒɛfskabara'nɔfska], * Warschau 1834, † ebd. 29. Sept. 1861, poln. Komponistin. - Von ihren Salonstücken für Klavier wurde „Das Gebet einer Jungfrau" (1851) weltbekannt.

Bad Aussee, östr. Marktgemeinde, Heilbad, Wintersport- und Luftkurort, 60 km sö. von Salzburg, Steiermark, 650–1 000 m ü. d. M., 5 000 E. Solebäder (Kreislauf-, Atembeschwerden), Trinkkuren. - Um 1300 gegr. - Got. Pfarrkirche (13. Jh.), Heiliggeistkapelle (14. Jh.).

Bad Bellingen, Gemeinde und Heilbad im Oberrhein. Tiefland, Bad.-Württ., 250 m ü. d. M., 2 900 E. Natrium-Calcium-Chlorid-Thermen (39 °C; rheumat. Erkrankungen, Bewegungsstörungen).

Bad Bentheim, Stadt und Heilbad im südl. Emsland, Nds., 14 500 E. Erdölind.; Schwefel- und Solequellen (Rheuma, Bandscheiben); Spielbank, Freilichtspiele. - Ort 1050, Burg 1116 erwähnt; 1865 Stadt. - Im Schloß das Kruzifix „Herrgott von B." (vermutl. 12. Jh.).

Bad Bergzabern, Stadt am Austritt des Erlenbachs aus der Haardt in die Oberrheinebene, Rhld.-Pf., etwa 170 m ü. d. M., 6 000 E. Kneipp- und heilklimat. Kurort (u. a. Herz- und Gefäßerkrankungen, Nervenleiden, chron. Katarrhe); Weinbau. - Reste röm. Besiedlung; 1286 Markt- und Stadtrechte; 1816 an Bayern. - Schloß (16. Jh.), got. Marktkirche, Renaissancehäuser.

Bad Berka, Stadt und Kurort bei Weimar, Bez. Erfurt, DDR, 275 m ü. d. M., 4 600 E. Mineralquellen (Leber-, Gallen-, Magen-, Darmleiden); bed. Tbc-Heilstätte. - Entdeckung der Heilquellen 1812. - Barocke Pfarrkirche (1739), Burgruine.

Bad Berleburg, Stadt, Luft- und Kneippkurort am sö. Fuß des Rothaargebirges, NRW, 450 m ü. d. M., 20 000 E. Metallverarbeitung, Kunststoff-, Möbel-, Textilind. - Etwa Mitte 13. Jh. planmäßig angelegt, 1330 als Stadt belegt, 1816 an Preußen. - Hochgelegene Oberstadt mit dem Schloß, nach Brand 1825 klassizist. wieder aufgebaut, im Tal die Unterstadt mit der Industrie.

Bad Berneck i. Fichtelgebirge

Bad Berneck i. Fichtelgebirge, Stadt am Fichtelgebirge, Bayern, 400–600 m ü. d. M., 4800 E. Kneippbad und Luftkurort. Elektro-, Textilind., Asbestwerk. - 1149 erstmals genannt, 1357 Stadt, 1810 an Bayern.

Bad Bertrich, Gemeinde in einem Seitental der Mosel, in der S-Eifel, Rhld.-Pf., 165 m ü. d. M., 1100 E. Therme von etwa 32 °C (Leber-, Galle-, Magen- und Darmleiden, Stoffwechselkrankheiten). - Galloröm. *Bertriacum* (gegr. im 3./4. Jh.); ma. Bad, 1097 zuerst erwähnt, gehörte seit 1392 den Trierer Erzbischöfen. Nach 1815 preuß. Staatsbad.

Bad Bevensen, Stadt in der Lüneburger Heide, Nds., 39 m ü. d. M., 8900 E. Luft- und Kneippkurort, Thermal-Jod-Solquelle (Herz- und Kreislaufschäden, Erkrankungen der Atemwege u. a.). - 1162 erstmals erwähnt, 1929 Stadt, 1976 „Bad".

Bad Blankenburg, Stadt im Tal der Schwarza, nahe ihrer Mündung in die Saale, Bez. Gera, DDR, 226 m ü. d. M., 11 000 E. Herstellung von Förderbändern, Antennen-, Pappen- und Stanzwerk. - Im 13. Jh. gegr., Erzgebau (14.–18. Jh.), 1837 gründete F. Fröbel hier den ersten Kindergarten. Kurort seit Mitte 19. Jh. - Ruine Greifenstein.

Bad Bocklet, Staatsbad am O-Fuß der S-Rhön, Bayern, 210 m ü. d. M., 700 E. Eisenhaltige kohlensaure Quelle (Herz-, Gefäß-, Blut-, Stoffwechselleiden, Rheuma u. a.).

Bad Boll, Ortsteil von ↑Boll.

Bad Bramstedt, Stadt nördl. von Hamburg, Schl.-H., 10–38 m ü. d. M., 9500 E. Moorsolquelle (Erkrankungen der Wirbelsäule, Gelenke u. a.), Nahrungsmittelind. - 1880 Entdeckung einer Quelle; 1910 Stadt.

Bad Breisig, Gemeinde am linken Rheinufer, 11 km nw. von Andernach, Rhld.-Pf., 60 m ü. d. M., 6800 E. Thermalquellen (Rheuma, Herz- und Kreislaufstörungen, Diabetes).

Bad Brückenau, Stadt am S-Rand der Rhön, Bayern, etwa 300 m ü. d. M., 6600 E. Mineralquellen (Nieren-, Blasen-, Stoffwechsel-, Magen-, Darmleiden u. a.); Herstellung von Sintermetallteilen, Kabelwerk, Behälterbau. - 1310 Stadtrecht. Errichtung eines Kurviertels 1759–88.

Bad Buchau, Stadt im nördl. Alpenvorland, Bad.-Württ., 586 m ü. d. M., 3700 E. Federseemuseum; Moorheilbad (rheumat. Erkrankungen, Frauenleiden, Durchblutungsstörungen). - 1320 Nennung als Reichsstadt, 1806 württembergisch. - Klassizist. Stadtpfarrkirche (1773 ff.).

Bad Camberg, Stadt und Kneippkurort im „Goldenen Grund" im Hintertaunus, Hessen, 214 m ü. d. M., 11 000 E. - 1000 erstmals erwähnt, 1365 Stadt.

Bad Cannstatt ↑Stuttgart.

Bad Deutsch Altenburg, Marktgemeinde und Kurort 40 km östl. von Wien, Niederösterreich, 148 m ü. d. M., 1200 E. Jodschwefelquelle (28 °C; Rheuma, Nerven- und Gelenkleiden). - Für die bei der um 1200 aufgegebenen Festung (seit 1020/50) gelegene Siedlung ist 1297 erstmals der Name Altenburg belegt.

Bad Doberan, Krst. im nördl. Mecklenburg, Bez. Rostock, DDR, 50 m ü. d. M., 12 400 E. Versuchsstation der Dt. Akad. der Landwirtschaftswiss.; Pferderennbahn (seit 1822); Heilbad (seit 1825; eisenhaltige Quellen und Moorbad). 6 km entfernt das älteste Ostseebad **Heiligendamm** (gegr. 1793). - Beim Zisterzienserkloster Doberan (gegr. 1171) entwickelte sich nach 1218 ein Markt, 1793 mecklenburg. Nebenresidenz; Stadtrecht 1879. - Hochgot. Klosterkirche (1368 vollendeter Backsteinbau), spätbarocke Häuser (Fachwerkbau), zahlr. klassizist. Bauten.

B. D., Landkr. im Bez. Rostock, DDR.

Bad Driburg, Stadt am östl. Steilabfall der Egge, NRW, etwa 220 m ü. d. M., 17 500 E. Kohlensäurehaltige Stahlquellen, Schwefelmoorbäder (Herz-, Leber-, Galle-, Kreislauf-, Frauenleiden, Rheuma). - Am Fuß der Iburg (aus altsächs. Zeit, Ende 12. Jh. neu erbaut, heute Ruine) planmäßig angelegt, Stadtrechte 1290 belegt; 1. Badehaus 1777; 1803–07 und 1813 zu Preußen.

Bad Dürkheim, Krst. und Kurort am nö. Abfall der Haardt, Rhld.-Pf., 132–250 m ü. d. M., 15 300 E. Weinbau und -handel, Arsensolquelle (Rheuma, Magen-, Nerven-, Blut- u. a. Leiden). Kuranlagen mit Gradierwerk, Kurhaus mit Spielbank. - Seit neolith. Zeit besiedelt. Auf dem Kästenberg ein kelt. Ringwall (sog. *Heidenmauer*), z. T. zerstört durch den Steinbruch *Kriemhildenstuhl*. Seit 946 Eigentum der Salier, 1035 dem Kloster Limburg gestiftet, 1359 befestigt, seit 1360 Stadt genannt. 1725–94 Residenz der Grafen (seit 1779 Fürsten) von Leiningen, 1816 an Bayern. Schon früh Zoll- und Marktort, der Michelsmarkt (erstmals 1417 nachweisbar) ist als „Wurstmarkt" erhalten geblieben. Seit 1338 nachweisbare Salzquellen („Bad" seit 1905). - Stadtpfarrkirche mit drei Chören aus dem 14. Jh., klassizist. Kirche Sankt Ludwig (1828).

B. D., Landkr. in Rheinland-Pfalz.

Bad Dürrheim, Stadt auf der Baar, Bad.-Württ., 704 m ü. d. M., 10 100 E. Solebad (u. a. Magen- und Darmleiden, Rheuma, Erkrankungen der Atemwege, Kreislaufstörungen).

Bade, Josse ↑Badius, Jodocus.

Bad Eilsen, Kurort im Weserbergland, Nds., 90 m ü. d. M., 2300 E. Schlamm- und Schwefelbad (Herz-, Kreislauf-, Rheuma-, Nervenleiden). - 1070 erstmals genannt; Mitte 17. Jh. bereits Badebetrieb.

Bad Elster, Staatsbad im südl. Vogtland, Bez. Karl-Marx-Stadt, DDR, 490 m ü. d. M., 3300 E. Forschungsinst. für Balneologie und Kurortwiss.; Trink- und Badekuren, Moorbäder (Herz-, Kreislaufleiden, Blutarmut,

Baden-Baden

Rheuma). - Um 1200 entstanden; Mineralquellen seit dem 17. Jh. bekannt; „Bad" seit 1875, 1935 Stadtrecht.

Bad Ems, Stadt und Staatsbad an der unteren Lahn, Rhld.-Pf., 80–400 m ü. d. M., 10 000 E. Verwaltungssitz des Rhein-Lahn-Kreises; Bundeswehr-, Landespolizeischule; Statist. Landesamt; Thermalquellen (Asthma, Allergien, Herz- und Kreislaufleiden); chem., pharmazeut. und Glasind. - Schon in der Bronzezeit besiedelt; im 1. Jh. röm. Kastell **Aviomonte** am Limes; zwei ma. Siedlungskerne, die erst im 19. Jh. zusammenwuchsen (Dorf und Bad). 1324 Stadtrechte, aber erst 1863 zur Stadt erhoben, 1866 von Preußen annektiert. - Roman. Pfarrkirche (12. Jh.), spätklassizist. Stadtbild.

Baden, Bezirkshauptstadt und Kurort, 25 km ssw. von Wien, Niederösterreich, 231 m ü. d. M., 22 200 E. Bezirksgericht; Pädagog. Akad., Lehrakad. für Frauenberufe; Theater; Rheuma-Forschungsinst., Inst. für Balneologie, Rheumatologie und Fokalgeschehen; Thermalstrandbad, Spielbank, Trabrennbahn. Schwefelthermalquellen (bis 36 °C; Rheuma u. a.). - Als **Aquae** bereits in röm. Zeit besucht; 869 karoling. Pfalz; 1480 Stadt; im 19. Jh. Sommersitz des Hofes; 1945–55 Hauptquartier der sowjet. Besatzungstruppen. - Spätgot. Stadtpfarrkirche Sankt Stephan (1477), klassizist. Hofkirche mit got. Bauelementen, Dreifaltigkeitssäule (1714–18), Rathaus (1815), ehem. Wasserburg von Leesdorf (16.–19. Jh.); heute Malerschule.

B., Hauptort des schweizer. Bezirks Aargau, 20 km nw. von Zürich, 385 m ü. d. M., 14 000 E. Theater. Bed. Kurort; Schwefel-Kochsalz-Quellen (48 °C; Rheuma, Ischias, Stoffwechsel-, Frauenkrankheiten, Nieren- und Blasenleiden). - Röm. Bad **Aquae Helveticae.** Die ma. Stadt entstand als Sperrstellung zw. den Festen Niederhus und Stein. Seit 1291 habsburg., um 1297 Stadtrecht, im 14. Jh. stark befestigt; 1415 von den eidgenöss. Orten erobert, Sitz des Landvogts der Gft. B. 1712 gelangten Zürich, Bern und Glarus in den Besitz von B.; 1798–1803 bildete die ehem. Gft. mit dem Freiamt den Kanton B., der dann zum Kanton Aargau kam. - Aus röm. Zeit Reste eines Theaters; urspr. got., 1812–15 klassizist. erneuerte Pfarrkirche, Rathaus (Ende 15. Jh.; 1706 erweitert), spätgot. Landvogteischloß (1487–89), Ruinen der Burg Stein und der ma. Befestigungsmauer.

B., histor. Land am Oberrhein, heute Teil von Bad.-Württ. - Die Zähringer, seit 1112 Markgrafen von B., besaßen im 12. Jh. die Gft. im Breisgau und in der Ortenau, die Burg von Baden-Baden sowie Backnang und Besigheim. Im 13. Jh. wurden u. a. Pforzheim, Durlach, Ettlingen und Alt-Eberstein erworben. Weiterer Gebietszuwachs und eine straffe Verwaltung machten B. im 15. Jh. zu einem bed. Staat am Oberrhein. Durch die Teilung 1535 entstanden die beiden Kleinstaaten der kath. Linie Baden-Baden und der ev. Linie Baden-Durlach. Karl Friedrich (1738/46–1811) vereinigte 1771 die Markgft. wieder und führte zahlr. Reformen im Sinne des aufgeklärten Absolutismus durch. Im Bündnis mit Frankr. erreichte er zw. 1803 und 1810 eine Vergrößerung B. von 3 600 km^2 mit rund 175 000 E auf 15 000 km^2 mit fast 1 Mill. E. Das neue Großhzgt. B. (seit 1806) erhielt eine neue Regierungs- und Verwaltungsorganisation und 1810 das Bad. Landrecht nach frz. Vorbild. Verfassung (1818) und Wahlgesetz waren vorbildl. für den dt. Frühkonstitutionalismus. Die 2. Kammer galt als Schule der liberalen und nat. Bewegung. Im April und Sept. 1848 kam es zu Aufständen unter Führung der Linken (F. Hecker, G. Struve) und im Mai 1849 mit der Einsetzung einer republikan. Regierung zur Revolution, die von preuß. Truppen niedergeschlagen wurde. Nach der Reaktionszeit brachte die „neue Ära" 1860–66 den Versuch eines liberalen parlamentar. Regimes (Min. Lamey, Roggenbach). 1866 kehrte B. zur konstitutionellen Regierungsweise zurück (Min. Mathy, Jolly), wobei sich Friedrich I. (1856–1907) wie Friedrich II. (1907–18) auf die Nationalliberalen stützten. 1870/71 beteiligte sich B. aktiv an der Reichsgründung. Der bis zum 1. Weltkrieg dauernde bad. Kulturkampf erreichte 1864–76 seine größte Schärfe. Gegen das Zentrum (stärkste Partei seit 1905) bildete sich der Großblock (1905–17) aus Liberalen, Demokraten und revisionist. SPD. Die Verfassung des Freistaates B. von 1919 stellte einen vom Landtag jährl. zu wählenden Staatspräs. an die Spitze der Reg., die bis 1929 von Zentrum (stärkste Partei), SPD und DDP gebildet wurde. 1940 wurde eine Verwaltungsunion zw. dem seit 1933 gleichgeschalteten B. und dem Elsaß eingeleitet. 1945 kam die N-Hälfte von B. zur amerikan., der S zur frz. Besatzungszone. Im Herbst 1945 erfolgte auf amerikan. Anordnung die Bildung von Württemberg-B. Der S konstituierte sich als Land B. Nach der Volksabstimmung vom 6. Dez. 1951 ging B. am 25. April 1952 in Baden-Württemberg auf.

📖 *Becker, Josef, u. a.: Bad. Gesch. Vom Großhzt. bis zur Gegenwart. Stg. u. Aalen 1979.*

Baden-Baden, Stadt am Rand des nördl. Schwarzwalds, im Talkessel der Oos, Bad.-Württ., 153–700 m ü. d. M., 49 000 E. Staatl. milchwirtschaftl. Lehr- und Untersuchungsanstalt; Verwaltungssitz der frz. Truppen in der BR Deutschland; alljährl. stattfindende internat. Reitwoche († Iffezheim); Spielbank. Zahlr. Thermalquellen (bis zu 68 °C; rheumat. Erkrankungen, Gicht u. a.). Baugewerbe, Herstellung von Kosmetika, Pharmazeutika, Kleidung und Schmuck. - Im 1. Jh. n. Chr. röm. Bad **Aquae (Aquae Aureliae),** 220/221 Civitas **Aurelia Aquensis** genannt; durch die Alemannen im 3. Jh. zerstört; 987

Badener Kultur

als **Badon** erwähnt. Unterhalb der Burg Hohenbaden entwickelte sich eine Siedlung Baden, seit 1360 befestigt, 1388 Stadt, seit dem frühen 14. Jh. besuchter Badeort, bis 1700 Residenz der bad. Markgrafen. Im 19. Jh. internat. Badeort; seit 1931 B.-B. - Pfarrkirche Unserer Lieben Frau, über röm. Thermen 1453-77 errichtet; Schloß Hohenbaden (12.-15. Jh.). Das Neue Schloß hat spätgot. Teile, an der O-Seite einen Renaissancepalast (1573-75). Zisterzienserinnenabtei Lichtental (1245 gegr.) mit einer Kirche (14. und 15. Jh.) über roman. Fundamenten.

Badener Kultur (in Ungarn: Péceler K.), nach Funden aus der „Königshöhle" in Baden bei Wien benannte jungneolith. bzw. kupferzeitl. Kulturgruppe an der mittleren Donau; Ausstrahlungen nach Böhmen, Polen, M- und S-Deutschland; kennzeichnend: Keramik mit schwärzl. Oberfläche und Verzierung durch Kanelüren.

Badeni, Kasimir Felix Graf, * Suchorów (Galizien) 14. Okt. 1846, † Krasne (Galizien) 9. Juli 1909, östr. Politiker. - Seit 1888 Statthalter Galiziens; 1895-97 östr. Min.präs. und Innenmin., wollte (letzl. erfolglos) die parlamentar. Erneuerung des Ausgleichs mit Ungarn 1897 durch Konzessionspolitik lösen; scheiterte am Widerstand der dt. Parteien.

Baden-Powell, Robert Stephenson Smyth, Baron [engl. ˈbeɪdnˈpoʊəl], * London 22. Febr. 1857, † Nyeri (Kenia) 8. Jan. 1941, brit. General. - Gründete die Jugendorganisation der Boy-Scouts (1907/08); Leiter der internat. Pfadfinderorganisation.

Badenweiler, Gemeinde und Kurort am W-Rand des Schwarzwalds, Bad.-Württ., 426 m ü. d. M., 3 400 E. Thermalquellen (rheumat. und Gefäßerkrankungen, Stoffwechselstörungen). - 1122 wird an der Stelle eines Römerbades eine Burg der Zähringer genannt, 1503 mit der zugehörigen Herrschaft an Baden. - Im Kurpark Reste einer röm. Badeanlage.

Badenwerk AG, dt. Stromversorgungsunternehmen; Sitz Karlsruhe; gegr. 1921.

Baden-Württemberg, Bundesland im SW der BR Deutschland, 35 751 km², 9,24 Mill. E (1984), Landeshauptstadt Stuttgart. **Landesnatur:** B.-W. hat Anteil an mehreren Landschaftsgroßräumen: Oberrhein, Schwarzwald und Odenwald, schwäb.-fränk. Schichtstufenland und Alpenvorland: Der im Mittel nur etwa 100 m ü. d. M. gelegene Oberrheingraben (mit dem Kaiserstuhl) steht in starkem landschaftl. Gegensatz zu den in Staffelbrüchen jäh aufsteigenden Gebirgen des Odenwalds und Schwarzwalds. Hier liegt am Feldberg in 1 493 m ü. d. M. der höchste Punkt von B.-W., den tiefsten zeigt der Rheinpegel bei Mannheim mit 85 m ü. d. M. Zw. den beiden Gebirgen liegt die tekton. Muldenzone des Kraichgaus. Das Stufenland setzt bei Waldshut am Hochrhein in einer Breite von nur 10-15 km ein, läuft zw. Schwarzwald und Donau nach N fächerförmig auf die zehnfache Breite auseinander; der Hauptbuntsandstein bildet die erste Schichtstufe mit unfruchtbaren Sandböden und geschlossenen Waldgebieten; die folgenden Muschelkalk- und Lettenkeuperflächen werden wegen ihrer landschaftl. Gleichartigkeit zusammenfassend als Gäulandschaften bezeichnet. Sie erstrecken sich vom Hochrhein (Klettgau) über Oberes, Stroh- und Zabergäu über die nördl. Landesgrenze bis zum Main (Schweinfurter Becken). Dazu zählen auch Bauland, Taubergrund und Hohenloher Ebene. Über den Gäuflächen erheben sich in markanten Stufen die „Keuperwaldberge" mit ausgedehnten Waldflächen (Ellwanger, Limpurger, Löwensteiner Berge, Schurwald, Welzheimer Wald, Strom- und Heuchelberg). Lias (mit fruchtbaren Böden) und Dogger (mit Laubwald) bilden das Vorland, der Malm die imposante Stufe der Schwäb. Alb, im Lemberg 1 015 m ü. d. M. erreichend. Die Hochfläche der Alb ist eine eindrucksvolle Karstlandschaft, die sich donauwärts allmähl. abdacht. Während der Eiszeit hat der nach N vorstoßende Rheingletscher das Zungenbecken des Bodensees ausgeschürft; in dem von ihm nicht überflossenen Zwickel zw. Donau, Riß und Iller liegen treppenartig die Schotterterrassen der Schmelzwasserströme. - Klimat. liegt B.-W. im Übergangsbereich zw. atlant. und kontinentalem Klima. Große Mannigfaltigkeit zeigen die Böden; am fruchtbarsten sind die Gebiete mit Lößlehmböden (südl. Oberrhein, weite Teile der Gäuflächen) und Feinlehmböden (z. B. „Filderlehme"). Die an Klima und Boden angepaßte urspr. Vegetation ist der Wald; es finden sich aber nur Reste der ehem. ausgedehnteren Steppenheideflora. - B.-W. ist arm an Bodenschätzen. Der im MA blühende Erzbergbau im Schwarzwald ist erschöpft. Uran ist im Schwarzwald nachgewiesen (wird noch nicht abgebaut); Erdöl wird am Oberrhein und im Alpenvorland gefördert, Steinsalz zw. Heilbronn und Bad Rappenau bergmänn. gewonnen. Reich ist B.-W. an Mineral- und Thermalquellen (viele Kurorte).

Bevölkerung: Die ehem. polit. und kulturell wirksam gewesene Stammesgliederung der Bev. in Alemannen und Franken ist (außer in Brauchtumsrelikten) nur noch von histor. Interesse. Die ev. Christen (45,8%) gehören zur Ev. Landeskirche in Baden und zur Ev. Landeskirche in Württ., die kath. (47,5%) zum Erzbistum Freiburg im Breisgau und zum Bistum Rottenburg. B.-W. verfügt über neun Univ., 10 PH, 6 Musik- und 2 Kunsthochschulen, 4 Berufsakad. sowie viele Fachschulen. Die Siedlungsstruktur ist histor. bedingt. Gäuflächen, Oberrhein. Tiefland, Bodenseebecken und Schwäb. Alb wurden be-

Baden-Württemberg

VERWALTUNGSGLIEDERUNG

	Fläche km²	Einwohner (in 1 000)		Fläche km²	Einwohner (in 1 000)
Regierungsbezirk Stuttgart			*Landkreise*		
Region Mittlerer Neckar			Calw	798	134,2
			Enzkreis	574	163,6
Stadtkreis			Freudenstadt	871	100,8
Stuttgart	207	563,2			
			Regierungsbezirk Tübingen		
Landkreise			Region Neckar-Alb		
Böblingen	618	307,9			
Esslingen	642	455,1	*Landkreise*		
Göppingen	642	229,3	Reutlingen	1 094	239,6
Ludwigsburg	687	431,4	Tübingen	519	177,9
Rems-Murr-Kreis	858	354,5	Zollernalbkreis	918	170,9
Region Franken			Region Donau-Iller		
Stadtkreis			*Stadtkreis*		
Heilbronn	100	110,6	Ulm	119	98,7
Landkreise			*Landkreise*		
Heilbronn	1 100	248,8	Alb-Donau-Kreis	1 357	159,9
Hohenlohekreis	777	85,0	Biberach	1 410	152,1
Schwäbisch Hall	1 484	150,9			
Main-Tauber-Kreis	1 305	120,5	Region Bodensee-Oberschwaben		
Region Ostwürttemberg			*Landkreise*		
			Bodenseekreis	665	171,4
Landkreise			Ravensburg	1 632	233,1
Heidenheim	627	123,5	Sigmaringen	1 204	114,0
Ostalbkreis	1 512	276,1			
Regierungsbezirk Karlsruhe			**Regierungsbezirk Freiburg**		
Region Mittlerer Oberrhein			Region Südlicher Oberrhein		
Stadtkreise			*Stadtkreis*		
Baden-Baden	140	48,7	Freiburg im Breisgau	153	179,4
Karlsruhe	173	268,7			
			Landkreise		
Landkreise			Breisgau-Hochschwarzwald	1 378	205,0
Karlsruhe	1 085	361,1	Emmendingen	680	133,8
Rastatt	739	189,7	Ortenaukreis	1 861	354,1
Region Unterer Neckar			Region Schwarzwald-Baar-Heuberg		
Stadtkreise			*Landkreise*		
Heidelberg	109	133,5	Rottweil	769	126,4
Mannheim	145	297,2	Schwarzwald-Baar-Kreis	1 025	195,1
Landkreise			Tuttlingen	734	111,1
Neckar-Odenwald-Kreis	1 126	128,8			
Rhein-Neckar-Kreis	1 062	466,6	Region Hochrhein-Bodensee		
Region Nordschwarzwald			*Landkreise*		
Stadtkreis			Konstanz	818	230,4
			Lörrach	807	190,7
Pforzheim	98	104,5	Waldshut	1 131	145,1

reits zur Landnahmezeit besiedelt, erst später wurden die Waldländer der Mittelgebirge, der Schichtstufenländer und des Alpenvorlandes gerodet. Die überwiegende Zahl der Städte sind ma. Gründungen. In der Zeit des Absolutismus wurden Karlsruhe, Mannheim und Ludwigsburg gegründet.

Wirtschaft: Die Landw. ist infolge der traditionsgebundenen, weit verbreiteten Realteilung durch eine starke Grundstückszersplitterung gekennzeichnet. Der Anbau von Sonderkulturen ist ein Charakteristikum des Landes: Weinbau (u. a. im Unteren Neckartal, Kaiserstuhl, Markgräflerland, in der Ortenau, im

Baden-Württemberg

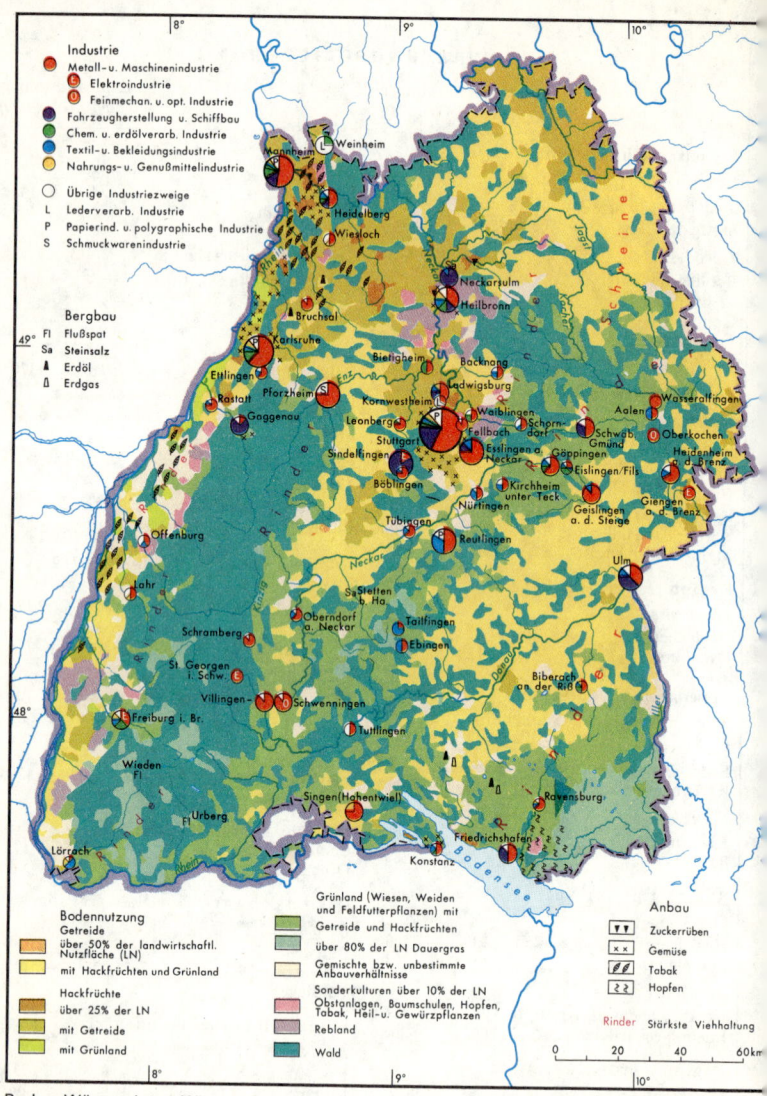

Baden-Württemberg. Wirtschaftskarte

Rems- und Enztal, an der Bergstraße und im Kraichgau, Tabak (Rheinebene, Kraichgau), Spargel (Schwetzingen), Hopfen, Obst- und Gemüsebau. Die Rinderhaltung ist bes. wichtig im Allgäu, Schwarzwald und in Teilen der Alb. B.-W. zählt zu den waldreichsten Bundesländern. Bes. dem vorindustriell hochentwickelten Handwerk ist es zuzuschreiben, daß trotz des Fehlens bed. Bodenschätze die Ind. zum bedeutendsten Wirtschaftsfaktor werden konnte. Die räuml. Schwerpunkte der Ind. liegen in den Ballungsräumen Stuttgart, Mannheim-Heidelberg, Karlsruhe, Ulm, Heilbronn und Pforzheim. Regionale Spezialisierungen sind oft histor. bedingt: Textilind. im Albvorland, Uhren- und feinmechan. Ind. im südl. Schwarzwald, Schmuckwarenind. in Pforzheim, Musikinstrumentenbau in Tros-

Bad Friedrichshall

singen. Auch der Fremdenverkehr spielt eine bed. Rolle. Die Rheinebene, die Gäulandschaften sowie weite Teile Oberschwabens sind verkehrstechn. Gunsträume, genutzt von Straßen und Bundesautobahnen, die sowohl von N nach S als auch von O nach W wichtige Teilstrecken des internat. Durchgangsverkehrs sind. Das Eisenbahnnetz dagegen basiert auf kleinstaatl., die gesamträuml. Erschließung nicht berücksichtigenden Streckenführungen der ehem. bad. und württemberg. Staatsbahnen, deren Eingliederung in das Reichsbahnnetz erst 1920 erfolgte. Der Binnenschiffahrt stehen der Rhein ab Rheinfelden und der Neckar ab Plochingen zur Verfügung; wichtigster Hafen ist Mannheim.

Geschichte: Anregungen von 1918/19 zum Zusammenschluß von Baden und Württ. blieben erfolglos. 1945–47 ließen die Besatzungsmächte auf dem Gebiet von Baden und Württemberg die Länder Württ.-Baden (US-Zone) sowie Württ.-Hohenzollern und (S-)Baden (frz. Zone) errichten. Um nach Inkrafttreten des GG eine Regelung durch den Bund zu vermeiden, einigten sich die drei Länder im April 1950 auf eine Probeabstimmung. Diese ergab am 24. Sept. 1950 eine starke Mehrheit für den Südweststaat, in ganz Baden aber eine knappe Mehrheit für die Wiederherstellung des alten Landes. Eine am 6. Dez. 1951 auf Grund eines Bundesgesetzes in vier Stimmbezirken (N-Baden, S-Baden, N-Württ., S-Württ. mit Hohenzollern) abgehaltene Volksabstimmung brachte 69,7 % für den Südweststaat (in S-Baden 62,2 % für das alte Land). Die im März 1952 gewählte Verfassungsgebende Landesversammlung von B.-W. wählte R. Maier (FDP) zum Min.präs. einer Koalition von FDP, SPD und BHE und schuf die Verfassung vom 11. Nov. 1953. 1953–58 führte G. Müller (CDU) eine Allparteienreg., nach ihm K. G. Kiesinger (CDU). 1960–66 war Kiesinger Min.präs. einer Koalition aus CDU, FDP und (bis 1964) BHE. Min.präs. H. K. Filbinger führte 1966–72 eine CDU-SPD-Reg., seitdem eine CDU-Reg.; nach dessen erzwungenem Rücktritt 1978 wurde L. Späth Min.präs., der auch nach den Landtagswahlen 1980, 1984 und 1988 die CDU-Alleinreg. weiterführte.

Verfassung: Nach der Verfassung von 1953 übt der Landtag, der alle 4 Jahre zu wählen ist, die gesetzgebende Gewalt aus und wählt den Min.präs., der die Reg. ernennt. Der Landtag kann durch eine (von 200 000 Wahlberechtigten zu beantragende) Volksabstimmung aufgelöst werden, wenn dies die Mehrheit der Abstimmungsberechtigten verlangt.
📖 *Geograph. Landeskunde v. B.-W.* Hg. v. C. Borchert. Stg. 1983. - Sauer, P.: *Die Entstehung des Bundeslandes B.-W.* Ulm 1977.

Bader, führte im dt. MA seit dem 12. Jh. eine Badestube (daher auch die Bez. *Stübner*); zum Ausüben der niederen Chirurgie und

Baden-Württemberg.
Flagge und Wappen

zum Rasieren berechtigt. Das Gewerbe galt bis 1406 als unehrlich.

Bäder, ↑Bad, ↑medizinische Bäder, ↑Schwimmbäder.

Bäderkunde, svw. ↑Balneologie.

Badeschwamm (Spongia officinalis), meist schwarzer Hornschwamm von 15–20 cm Durchmesser auf den Meeresböden warmer Küstengewässer, meist in 4–50 m Tiefe. Im Unterschied zum ↑Pferdeschwamm ist die hornartige Gerüstsubstanz (Spongin) nur von wenigen Sandkörnchen durchsetzt und daher zum Baden und Waschen bes. gut geeignet.

Bad Faulenbach, Ortsteil von ↑Füssen.

Bad Fischau-Brunn, Marktgemeinde und Kurort 6 km nw. von Wiener Neustadt, Niederösterreich, 286 m ü.d.M., 2 300 E. Thermalquelle (Nervenleiden, Stoffwechselerkrankungen). - Entstand durch den Zusammenschluß von Bad Fischau und Brunn a. d. Schneebergbahn.

Bad Frankenhausen/Kyffhäuser, Stadt und Kurort am Fuße des Kyffhäuser, Bez. Halle, DDR, 9 500 E. Solquellen; Herstellung von Handschuhen. - Fränk. Gründung vor 900 bezeugt, Salzgewinnung seit 998 bezeugt, bis ins 19. Jh.; Kurbetrieb seit 19. Jh., „Bad" seit 1927. - Barocke Kirchen (1701 bzw. 1750), Schloß (17. Jh.), Rathaus mit spätgot. Bauformen (1448), Fachwerkhäuser (15. und 16. Jahrhundert).

Bad Freienwalde, Landkr. im Bez. Frankfurt, DDR.

Bad Freienwalde/Oder, Krst. am W-Rand des Oderbruchs, Bez. Frankfurt, DDR, 7 m ü.d.M., 11 000 E. Verwaltungssitz des Landkr. Bad Freienwalde; Eisen- und Moorheilbad; Ziegelkombinat, Schamottsteinind. - 1316 erstmals genannt, seit 1683 Nutzung der Mineralquellen, seit 1924 „Bad". - Die urspr. frühgot. Pfarrkirche Sankt Nikolai wurde 1453 umgestaltet; klassizist. Schloß (1798/99; heute Kreiskulturhaus).

Bad Friedrichshall, Stadt an der Mündung des Kocher in den Neckar, Bad.-Württ., 155 m ü.d.M., 12 000 E. Salzbergwerke; Kindersolbad; metallverarbeitende und Nah-

345

rungsmittelind. - Entstand 1933/35 aus Kochendorf, Jagstfeld und Hachenbach, 1951 Stadt.

Bad Füssing, bayr. Gem. am Inn, 5 400 E; schwefelhaltige Thermalquelle.

Bad Gandersheim, Stadt im sw. Harzvorland, Nds., 125 m ü. d. M., 11 400 E. Mineralquellen (Erkrankungen der Atemwege, Rheuma, Frauenleiden); Nahrungsmittelind., Glaswerke. - Entstand bei einem Stift, das unter den sächs. Kaisern seine Blütezeit erlebte (Hrotsvit von Gandersheim). Im 13. Jh. Stadt, seit 1932 „Bad". - Münster (1060-90; ehem. Stiftskirche), Michaelskapelle (12. Jh.), Renaissancerathaus.

Badgastein, größtes östr. Heilbad, 75 km südl. von Salzburg, Bundesland Salzburg, 1 002 m ü. d. M., 5 600 E. Forschungsinst. für Balneologie der Östr. Akad. der Wiss.; 18 radonhaltige Thermalquellen (47 °C; rheumat. Erkrankungen, Kreislaufstörungen, Alterskrankheiten, Parodontose und Erkrankungen der Harnorgane). In einem aufgelassenen Bergbaustollen im Ortsteil **Böckstein** (1 280 m ü. d. M.) wird feuchtwarme (41,6 °C) radonhaltige Luft inhaliert (Heißluftemanatorium). Spielkasino, Wintersport. - Erstmals 1350 erwähnt. Bau des Badeschlosses 1791-93, die Entwicklung zum Weltbad begann mit dem Bau des Hauses Meran (1828) durch Erzhzg. Johann.

Badge [engl. bædʒ] ↑ Bilddevise.

Bad Godesberg, Ortsteil von ↑ Bonn. - Erwähnung 722; 1210 Bau der Godesburg, bei der sich das Dorf Godesberg entwickelte; Ausbau der Kuranlagen Ende 19. Jh.; seit 1926 „Bad", seit 1935 Stadtrecht.

Bad Goisern, Marktgemeinde am N-Ufer des Hallstätter Sees, Oberösterreich, 498 m ü. d. M., 6 500 E. Bade-, Luftkur- und Wintersportort; brom- und jodhaltige Schwefelquelle (19 °C; Herz- und Gefäßkrankheiten, rheumat. Erkrankungen); elektrotechn. Werke. - Im 13. Jh. erstmals genannt, ehem. Salzarbeitersiedlung; seit 1955 „Bad".

Bad Gottleuba, Stadt im östl. Erzgebirge, Bez. Dresden, DDR, 337-513 m ü. d. M., 2 600 E. Moor- und Eisenbad, Rehabilitationszentrum. - Im 14. Jh. Stadtrecht, seit 1388 bezeugter Eisen- und Silbererzbergbau (bis 1889); 1880 Gründung des Bads.

Bad Grund (Harz), Stadt im westl. Harz, Nds., 350 bis 580 m ü. d. M., 3 100 E. Erzbergbau (Blei, Zink, Silber); seit 1929 Heilbad (Rheuma, Ischias, Katarrhe); Tropfsteinhöhle am *Iberg.*

Bad Hall, Marktgemeinde und Kurort 30 km südl. von Linz, Oberösterreich, 378 m ü. d. M., 4 100 E. Paracelsus-Inst. für Jodforschung. Stärkste Jod-Brom-Solquellen M-Europas (Erkrankungen des Herzens und der Blutgefäße, der Luftwege, Gelenke u. a.). - Die Quelle wird 777 erstmals genannt, der Ort 1174.

Bad Harzburg, Stadt am N-Rand des Harzes, Nds., 238-300 m ü. d. M., 24 000 E. Akad. für Führungskräfte der Wirtschaft, Wirtschaftsakad. für Lehrer, Akad. für Fernstudium. Schonklima und zahlr. Quellen (Herz- und Kreislauferkrankungen, rheumat. Leiden, Stoffwechselstörungen, Frauenkrankheiten, Erkrankungen der Atemwege); Wintersport; Holzverarbeitung, Textil- und Steinbruchind. - Als **Neustadt** seit 1338 bezeugt; 1569 Entdeckung einer Salzquelle; 1849 wurde die Saline in einen Badebetrieb umgewandelt; 1894 als B. H. Stadt. - Burg Harzburg (1065-68).

Bad Herrenalb, heilklimat. Kurort im nördl. Schwarzwald, Bad.-Württ., 375 m ü. d. M., 5 400 E. Therme (32 °C; Herz-, Kreislauf-, Nervenleiden, Stoffwechsel- und Gallenerkrankungen). - Das 1149 gegr. Zisterzienserkloster Herrenalb wurde 1535 aufgehoben, sein Besitz von Württ. übernommen; seit 1887 Stadt, seit 1971 „Bad".

Bad Hersfeld, Stadt und Staatsbad an der Fulda, Hessen, 209 m ü. d. M., 28 000 E. Verwaltungssitz des Landkrs. Hersfeld-Rotenburg; Bergamt; Herstellung von elektron. Datenverarbeitungsanlagen, automat. Zeichengeräten, Kunstfasern, Dachpappen, Ladeneinrichtungen und Kühlmöbeln, Textilind., Mineralquellen (Galle-, Leber-, Magen-, Darm- und Stoffwechselerkrankungen); Festspiele in der Stiftsruine seit 1951. - Nach 769 gründete Erzbischof Lull von Mainz die Benediktinerabtei; 775 Reichsabtei; bei der Abtei entstand eine Händler- und Handwerkersiedlung; seit 1170 als Stadt bezeichnet; Reichsstadt 1249-52; 1906 wurde die Kurbad eröffnet. - Königspfalz (11. Jh.), Stiftskirche (Ruine einer sal. Basilika, 1037/38), Rathaus (Weserrenaissance, 1597); ma. Stadtmauern, Steinhäuser und Fachwerkhäuser (15.-18. Jh.).

Bad Hofgastein, Marktgemeinde und Kurort im Pongau, Bundesland Salzburg, 885 m ü. d. M., 5 600 E. Zuleitung von radonhaltigem Thermalwasser aus Badgastein (seit 1830); Wintersport. - Erstmals 1023 erwähnt, 1371 als Markt genannt, Blüte im 15./16. Jh. durch Goldbergbau; seit 1936 „Bad". - Weitmoser-Schlößchen (16. Jh.).

Bad Homburg v. d. H. (vor der Höhe), Stadt und Staatsbad am S-Hang des Taunus, Hessen, 197 m ü. d. M., 50 000 E. Verwaltungssitz des Hochtaunuskreises; B.amt für äußere Restitution, B.ausgleichsamt, B.schuldenverwaltung; Spielbank. - Der Kurbetrieb wird heute in seiner wirtsch. Bed. von der Ind., meist Mittelbetrieben, übertroffen. Der Ausbau der salz-, eisen- u. schwefelhaltigen Quellen (Magen-, Darm- und Stoffwechselerkrankungen u. a.) erfolgte v. a. im 19. Jh. - 2 km auf dem Bleibiskopf Ringwall der Urnenfelderkultur; Besiedlung in röm. und in fränk. Zeit; entstand aus zwei Siedlungskernen, „Schloß" und „Tal". 1583 an Hessen-Darmstadt; kurmäßiger Gebrauch der Brunnen seit 1834, Errichtung einer Spielbank 1841; 1866 an Preußen. - Burg (14. Jh.), Friedrichsburg (1680–95), Schloßkapelle (1697, 1758 umgestaltet), Brunnen-Kursaal, heute Spielkasino (1838).

Bad Honnef Stadt am rechten Rheinufer, am Fuße des Siebengebirges, NRW, 78 m ü. d. M., 21 000 E. Natriumhaltige kohlensaure Quelle und Thermalquelle (Erkrankungen von Magen, Darm, Leber, Galle, Stoffwechsel, Herz, Kreislauf). Wohnort für die benachbarten Großstädte. - Um 800 erstmals erwähnt; 1862 Stadtrechte. - Spätgot. Pfarrkirche (um 1500) mit roman. Turm. Löwenburg (12. Jh.; Ruine).

Bad Iburg, Stadt im Teutoburger Wald, Nds., 126 m ü. d. M., 9 600 E. Kneipp-Heilbad. Drahtseilfabrikation, Fleischwarenfabrik, Kalkwerk. - Benediktinerkloster und Bischofsburg, im Investiturstreit wichtige Stütze der sal. Königsmacht, im 17. Jh. Residenz des Fürstbistums Osnabrück.

Badings, Henk [niederl. 'ba:dɪŋs], * Bandung (Java) 17. Jan. 1907, niederl. Komponist. - Sein Werk umfaßt nahezu alle musikal. Gattungen, u. a. Orchesterwerke, Klavier-, Kammermusik, Opern, Bühnen-, Filmmusiken, elektron. Musik. - † 26. Juni 1987.

Badische Anilin- & Soda-Fabrik AG ↑ BASF AG.

Badisches Landrecht, Name für drei bad. Gesetzeswerke (1588, 1622, 1810); die 1810 als „Code Napoléon mit Zusätzen und Handelsgesetzen als Landrecht für das Großhzgt. Baden" in Kraft getretene Kodifikation des bürgerl. Rechts bestand v. a. aus übernommenem Recht des frz. Code civil; galt bis zum Inkrafttreten des BGB 1900 als volkstüml. „Landrecht für das Großhzgt. Baden nebst Handelsgesetzen" weiter.

badische Weine, Weine aus den Anbaugebieten Bodensee, Markgräflerland, Kaiserstuhl, Breisgau, Ortenau, Kraichgau, Bad. Bergstraße sowie Taubergrund, zu 76 % Weißweine. Die Rotweine (blauer Spätburgunder) werden z. T. als Weißherbst gekeltert. Unter den 76er Weinen erstmals auch „Bad.-Rotgold" (Spätburgunder- und Ruländermischung). Der durchschnittl. Ernteertrag beträgt 60 Mill. Liter pro Jahr.

Bad Ischl ['ɪʃəl], Stadt und Heilbad im Salzkammergut, Oberösterreich, 469 m ü. d. M., 13 000 E. Mittelpunkt eines Wintersportgebiets. Bundeslehranstalt für wirtsch. Frauenberufe; Geolog. Forschungsanstalt der Östr. Salinen. Der Wohlstand der Stadt beruht seit dem MA auf den Salzvorkommen der Umgebung. Sole, Glaubersalzquelle und Schwefelquellen (Erkrankungen der inneren Organe, Nerven- und Frauenleiden). Bekleidungsind., Ski-, Schuhfabrik. - An der Stelle der röm. Zollstation **Escensis**; 1262 erwähnt, Marktrechte 1466. Kaiser Maximilian I. erlaubte 1514 den Salzhandel. Einrichtung des Badebetriebes 1823, ab 1854 Sommerresidenz des Kaisers. 1906 „Bad"; seit 1940 Stadt.

Badius, Jodocus, eigtl. Josse Bade, * Gent oder Asse bei Brüssel 1461 oder 1462, † Paris Dez. 1535, fläm. Buchdrucker und Humanist. - Gründete 1500 in Paris eine eigene Druckerei; zahlr. griech. und lat. Klassikerausgaben, zu denen er selbst Kommentare schrieb; lat. Bearbeitung von S. Brants „Narrenschiff".

Bad Karlshafen, hess. Stadt und Heilbad an der Mündung der Diemel in die obere Weser, 111 m ü. d. M., 4 300 E. Wirtsch. größte Bed. hat das Solbad. - 1699 als Sieburg gegr. Anfangs von Hugenotten und Waldensern besiedelt. - Barocke Stadtanlage, Hafen.

Bad Kissingen, bayr. Staatsbad an der Fränk. Saale, am SO-Abfall der Rhön, 201 m ü. d. M., 22 000 E. Verwaltungssitz des Landkr. B. K. Mineralquellen; Spezialklinik für Leberleiden, Verdauungs- und Stoffwechselstörungen, bäderkundl. Forschungsstelle. - Erstmals 801 erwähnt; im 13. Jh. Entwicklung zur Stadt, nach 1737 rascher Aufschwung des Badebetriebs. - Das Kurhaus von B. Neumann (begonnen 1738) wurde im 19. Jh. stark verändert; frühklassizist. Stadtpfarrkirche (1772f.).

B. K., Landkr. in Bayern.

Bad Kleinkirchheim, östr. Kurort und Heilbad 45 km nw. von Klagenfurt, Kärnten, 1 013 m ü. d. M., 1 800 E. Radonhaltige Heilquelle (24 °C); Herz- und Kreislaufbeschwerden, Rheuma). Wintersport.

Bad König, Gemeinde im Odenwald, 30 km sö. von Darmstadt, Hessen, 180 bis 230 m ü. d. M., 8 100 E. Eisenhaltige kohlensaure Quellen, Anwendung von Heilerde (v. a. Stoffwechselkrankheiten, Herzleiden).

Bad Königshofen im Grabfeld, Stadt an der Fränk. Saale, Bay., 277 m ü. d. M., 5 400 E. Nutzung der 1898 entdeckten Mineralquelle (Magen-, Darm-, Gallenwegeerkrankungen). - Urspr. merowing.-karoling. Königshof, 1323 Marktrecht; Heilbad seit 1973. - Spätgot. Stadtpfarrkirche (1442 ff.); Renaissancerathaus (1563–75).

Bad Kösen, Stadt an der Saale, sw. von Leipzig, Bez. Halle, DDR, 120 m ü. d. M., 6 200 E. Solquellen; Gradierwerk von 1780; Puppenfabrik (ehem. Käthe Kruse). - 1704 Entdeckung der Salzlager. Nach 1825 Kur- und Badeort, 1868 Stadtrecht.

Bad Köstritz, Stadt und Solbad an der Weißen Elster, Bez. Gera, DDR, 179 m ü. d. M., 4 400 E. Heinrich-Schütz-Gedenkstätte; Brauerei, Metallwarenfabrik. - 1320 bezeugt; seit 1926 „Bad", 1927 Stadtrecht.

Bad Kreuznach, Krst. und Heilbad am Austritt der Nahe aus dem Saar-Nahe-Bergland, Rhld.-Pf., 105 m ü. d. M., 40 000 E. Max-Planck-Inst. für Landarbeit und Landtechnik; Landes-Lehr- und Versuchsanstalt für

Bad Krozingen

Weinbau, Gartenbau und Landw., Predigerseminar der Ev. Kirche im Rheinland; Maschinenfabriken, Apparatebau; radioaktive Solquellen, in einem Stollen Radonbehandlung (rheumat. Erkrankungen, Frauenleiden, Erschöpfungszustände, Katarrhe, Erkrankungen der Herzkranzgefäße). - Schon in der jüngeren Steinzeit besiedelt; bei dem röm. Vicus wurde im 4. Jh. ein Steinkastell erbaut. In fränk. Zeit gerichtl., administrativer und kirchl. Mittelpunkt mit einer Pfalz, später Marktort. Um 1120 Bau der Kauzenberg bau einer Höhenburg der Grafen von Sponheim, an deren Fuß die „Neue Stadt" links der Nahe entstand. Beim aufgelassenen Ort Osterburg rechts der Nahe Neugründung um 1200, beide Orte bekamen nun den Namen Kreuznach; Stadtrechte um 1235. 1817 wurde das Bad eröffnet. - Achtbogige Nahebrücke (1311; z. T. erhalten), die Brückenhäuser sind vor 1495 bezeugt; frühgot. ehem. Karmeliterkirche Sankt Nikolaus (Weihe 1308).
B. K., Landkr. in Rheinland-Pfalz.
Bad Krozingen, Heilbad 12 km sw. von Freiburg im Breisgau, Bad.-Württ., 234 m ü. d. M., 11 700 E. Bäderkundl. Forschungsinst.; kohlensaure Quellen (40,2 °C; Herz-, Kreislauf-, Gefäß-, rheumat. Nerven- und Frauenkrankheiten). - 807 als Scrozzinca genannt. Seit dem 14. Jh. Verwaltungsmittelpunkt. Die Thermalquelle wurde 1911 erbohrt. - Schloß (1579; 1748 barockisiert).
Bad Kudowa (poln. Kudowa Zdrój), Stadt am W-Fuß der Heuscheuer, Polen▼, 400 m ü. d. M., 9 000 E. Mineralquellen bereits im 15. Jh. bekannt, erste Badeanlagen im 17. Jh.; Kurort seit Mitte 19. Jh.; meist alkal.-erdige, leicht eisen- und arsenhaltige Quellen z. T. radioaktiv (Blut- und Nervenkrankheiten, Herz- und Kreislaufleiden).
Bad Landeck i. Schl. (in Schlesien; poln. Lądek Zdrój), Stadt am SW-Fuß des Reichensteiner Gebirges, Polen▼, 500 m ü. d. M., 6 500 E. Thermal- und Moorbad, Luftkurort, alkal., schwach mineralisierte Thermalquellen (27–29 °C; Rheuma, Nerven-, Frauenkrankheiten u. a.). - Entstand 1270/90; seit etwa 1400 Badeort.
Badlands [engl. 'bædlændz], wüstenhaftes bis halbwüstenhaftes Plateau in sw. S Dak., USA, bis fast 100 m die umgebenden Landschaften überragend; durch Erosion entstand ein dichtes System tiefeingeschnittener und enger Trockentäler, die nur nach Sturzregen Wasser führen; z. T. unter Naturschutz: **Badlands National Monument,** etwa 406 km², Fundort zahlr. Fossilien.
Badlands [engl. 'bædlændz; nach den Badlands], Bez. für Landoberflächen, die durch zahlr. Schluchten, Rinnen, Furchen und Runsen zerschnitten und in steilwandige Kämme und Kuppen sowie kegel- und säulenartige oder ähnl. Formen aufgelöst sind.
Bad Langensalza, Krst. im Thüringer Becken, an Salza und Unstrut, Bez. Erfurt, DDR, 200 m ü. d. M., 21 000 E. Verwaltungssitz des Landkr. Langensalza; Textil-, Leder-, Möbel-, Nahrungsmittel-, Metallind., Kalktuffsteingewinnung; Schwefelbad; nahebei Erdgasvorkommen. - Um 800 erwähnt; nach 1212 zur Stadt erhoben; Entwicklung zum Kur- und Badeort seit 1811. - Nach der **Schlacht bei Langensalza** (1866) kapitulierte die hannoversche Armee vor preuß. Truppen. - Spätgot. Marktkirche Sankt Bonifatius (15. Jh.); spätgot. Bergkirche Sankt Stephan (Ende 15. Jh.); ehem. Augustinerkloster. Zahlr. barocke Profanbauten, darunter Rathaus (1742–52) und Friederiken-Schlößchen (1749/50).
Bad Lauchstädt, Stadt 10 km westl. von Merseburg, Bez. Halle, DDR, 122 m ü. d. M., 5 000 E. Inst. für Saatgut und Ackerbau der Dt. Akad. der Landwirtschaftswiss. zu Berlin; kohlensaure Quellen gegen Rheuma und Gicht. - 899 erstmals genannt; 1608 als Stadt bezeichnet; seit 1730 zum Kurort ausgebaut, Modebad der Goethezeit. - Klassizist. Goethe-Theater (jährl. Festspiele).
Bad Lauterberg im Harz, Stadt am Ausgang des Odertales aus dem Harz, Nds., etwa 300 m ü. d. M., 13 700 E. Akkumulatorenwerk, Holz- und Metallverarbeitung. Kneippkurort. - Nach 1450 als Bergbausiedlung gegr., 1619 Marktrecht, 1866 preuß., 1906 „Bad", 1929 Stadt.
Bad Leonfelden, Marktgemeinde im Mühlviertel, 25 km nördl. von Linz, Oberösterreich, 749 m ü. d. M., 3 200 E. Moorbäder, Kneippkuren; Wintersport. - 1241 erstmals genannt, 1356 Markt mit Zoll- und Gerichtsstätte.
Bad Liebenstein, Stadt an der S-Abdachung des Thüringer Waldes, Bez. Suhl, DDR, 350–450 m ü. d. M., 8 400 E. Mineralquellen (Herz-, Gefäßleiden, Nervenkrankheiten); Kleineisenind. - Die Burg Liebenstein kam 1353 an die Landgrafen von Thüringen; der Ort entstand aus Grumbach und Sauerborn. - Klassizist. Pfarrkirche (1822), ehem. Fürstenhaus (1825), Marienthaler Schlößchen (1883), barockes Schloß Glücksbrunn (1705).
Bad Liebenwerda, Krst. an der Schwarzen Elster, Bez. Cottbus, DDR, 68 m ü. d. M., 6 500 E. Eisenmoorbad; Bau von Meß- und Zeichengeräten, Möbelind.; Baumschulen. - Vermutl. im 12. Jh. entstanden; Stadt seit etwa 1230; seit 1924 „Bad".
B. L., Landkr. im Bez. Cottbus, DDR.
Bad Liebenzell, Stadt im N-Schwarzwald an der Nagold, Bad.-Württ., 319–600 m ü. d. M., 6 600 E. Mineralthermalquellen (24–27 °C; Rheuma, Stoffwechselkrankheiten, Frauenleiden); Metallverarbeitung, Photoapparatebau, Bettwarenfabrik, Mineralwasserversand. - Zunächst zur Gft. Calw, 1130 welf., 1160 an das Kloster Hirsau, 1194 an die Grafen von Eberstein, über den Dt.

Bad Neustadt a. d. Saale

Orden nach 1273 an Baden, 1603 an Württemberg. - Burg (um 1200).

Bad Lippspringe, Stadt 10 km nnö. von Paderborn, NRW, 123 m ü. d. M., 12000 E. Inst. für Medizin. Aerosolforschung; sulfat. Bitterquelle (Asthma, Erkrankungen der Lunge und der Atemwege); Möbelfabriken, Metallverarbeitung. - Um die Burg L. wurden Anfang des 14. Jh. Bauern angesiedelt; 1445 Stadtrechte, seit 1913 „Bad".

Bad Meinberg-Horn ↑ Horn-Bad Meinberg.

Bad Mergentheim, Stadt im Taubertal, Bad.-Württ., 210 m ü. d. M., 19 000 E. Kohlensäurehaltige Glauber- und Bittersalzquellen, (Gallen- u. Leberleiden, Magen- und Darmerkrankungen, Diabetes). - In fränk. Zeit Königshof; 1219 Kommende des Dt. Ordens; 1340 Stadtrechte. - Am Marktplatz Wohnbauten des 17. und 18. Jh. und das Rathaus (1564); ehem. Deutschordensschloß (16. Jh.), Schloßkirche (1730–35), Stadtpfarrkirche Sankt Johannes (13. Jh.).

Badminton [engl. 'bædmɪntən; nach Badminton (Gloucester), dem Landsitz des Duke of Beaufort, wo das aus Indien stammende Spiel erstmals nach festen Regeln ausgetragen wurde], als Einzel oder Doppel ausgetragene Wettkampfform des Federballspiels; gespielt wird auf einem 13,40 m langen und 5,18 m (im Doppel 6,10 m) breiten, durch ein 1,55 m hohes Netz in zwei Hälften geteiltes Spielfeld mit einem 4,7 bis 5,5 g schweren Ball (ein Kork mit einem Durchmesser von 2,5 bis 2,8 cm, in den 14 bis 16 Federn eingelassen sind), der mit leichten, den Tennisschlägern ähnl. Schlägern geschlagen werden muß, ohne daß er auf den Boden fällt.

Bad Münder am Deister, Stadt zw. Deister und Süntel, Nds., 130–430 m ü. d. M., 19 500 E. Verwaltungssitz der Samtgemeinde Bad Münder; Holzind.; Mineralquellen (Rheuma, Ischias, Gicht, Magen-, Darmerkrankungen, Frauen-, Leber- und Gallenleiden). - 840 erstmals erwähnt; Quellen schon 1033 genutzt; Marktrechte, Stadtgericht und Ratsverfassung seit der 1. Hälfte des 13. Jh.; 1866 an Preußen.

Bad Münster am Stein-Ebernburg, Gemeinde an der Mündung der Alsenz in die Nahe, Rhld.-Pf., 113 m ü. d. M., 3 600 E. Drei der fünf Quellen werden für Heilzwecke genutzt (rheumat. Erkrankungen, Frauenleiden, Kinderkrankheiten u. a.); kosmet. und pharmazeut. Ind., Wäsche- und Strumpfwarenherstellung. - Ehem. Fischerdorf; die Nutzung der Salzquellen ist für 1490 belegt. - Ebernburg gelangte mit der gleichnamigen Burg 1448 in Pfandbesitz derer von Sickingen; 1750/51 an Kurpfalz.

Bad Münstereifel, Stadt am N-Rand der Eifel, NRW, 300–500 m ü. d. M., 15 000 E. Kneippkurort; sö. beim Ortsteil **Effelsberg** das 100-m-Radioteleskop des Max-Planck-Inst. für Radioastronomie in Bonn, 3 km wnw. der Stadt, auf dem 435 m hohen Stockert, 25-m-Radioteleskop der Univ.-Sternwarte Bonn. - Im 9. Jh. bed. Wallfahrtsort und wirtsch. Mittelpunkt im Ripuariergau; nach 1197 Stadt; Zentrum der Gegenreformation durch das um 1625 gegr. Jesuitengymnasium. Seit 1967 „Bad". - Pfarrkirche (ehem. Benediktiner-Stiftskirche; 12. Jh.), Rathaus (15. Jh.); Roman. Haus (12. Jh.). Stadtbefestigung (13./14. Jh.).

Bad Muskau, Stadt und Heilbad am linken Ufer der Lausitzer Neiße, Bez. Cottbus, DDR, 5 000 E. Eisenvitriolquelle, Moorbäder, Kneippkuren; Glas-, Papier- und Elektroind., berühmter Landschaftspark (1815–45 von Fürst Pückler-Muskau angelegt, 200 ha, seit 1952 unter Naturschutz). - Vor 1200 kirchl. Mittelpunkt, Hauptort einer Freien Standesherrschaft, 1635 an Kursachsen, 1815 an Preußen.

Bad Nauheim, Stadt und Staatsbad am Abfall des Taunus zur Wetterau, Hessen, 140–180 m ü. d. M., 27 000 E. Kerckhoff-Herzforschungsinst. der Max-Planck-Gesellschaft, Inst. für physikal. Medizin und Baleneologie der Univ. Gießen. Weltbekannt als Herzheilbad, daneben werden auch Kreislauf- und rheumat. Erkrankungen behandelt. - Funde der Urnenfelderkultur (11. Jh. v. Chr.) deuten auf frühe Salzgewinnung (für das 1. Jh. v. Chr. belegt). Nach röm. Okkupation Salzsiederei der Karolingerzeit; seit 1835 Kurbetrieb, 1854 Stadt, seit 1869 „Bad". - Das Kurviertel wurde mit Park 1855/56 angelegt; Jugendstil-Kurhaus (1908/09).

Bad Nenndorf, Staatsbad an der NW-Abdachung des Deisters, Nds., 71 m ü. d. M., 8 600 E. Bäderkundl. Inst.; Mineralquellen, Schlammbäder (chron. Gelenk- und Muskelrheumatismus, Wirbelsäulenschäden, Gicht u. a.). - Urkundl. seit 1150 belegt.

Bad Neuenahr-Ahrweiler, Krst. im unteren Ahrtal, Rhld.-Pfalz, 92–104 m ü. d. M., 25 500 E. Landes-Lehr- und Versuchsanstalt für Weinbau, Gartenbau und Landw., Bundesschule der Techn. Hilfswerkes; Ahrweiler ist Mittelpunkt des Weinbaus und -handels, Bad Neuenahr ist vom Kurbetrieb geprägt: Mineralwasser und kohlensaure Thermalquellen (36 °C; Stoffwechsel-, Verdauungs-, Herz- und Kreislaufstörungen); seit 1958 Spielbank. - Neuenahr entstand aus drei Dörfern der Gft. Neuenahr nach der Entdeckung der warmen Quellen; seit 1927 „Bad", 1951 Stadt, 1969 mit Ahrweiler vereinigt. - Ahrweiler wird 893 erstmals erwähnt; 1242 zerstört, 1248 planmäßig neu angelegt und ummauert. Seit der 2. Hälfte des 13. Jh. Stadt. - Pfarrkirche Sankt Laurentius von Ahrweiler (1269–1300), Stadtbefestigung (13. Jh.).

Bad Neustadt a. d. Saale, Krst. am O-Rand der Rhön, an der Fränk. Saale, Bay., 232 m ü. d. M., 14 400 E. Sol- und Moorbad

349

Bad Oberdorf

(Magen-, Darm-, Leber- und Gallenerkrankungen, Stoffwechselstörungen, Rheuma, Nerven-, Herz- und Kreislaufleiden u. a.); Bau von Elektromotoren und elektron. Bauteilen. - Vermutl. 1058 Stadt, seit 1853 Kurbetrieb in **Bad Neuhaus**, das 1934 eingemeindet wurde. - Klassizist. Pfarrkirche (1794-1836).

Bad Oberdorf † Hindelang.

Bad Oeynhausen [ˈøːnhaʊzən], Stadt und Staatsbad im Ravensberger Land, an der Werre, NRW, 50-80 m ü. d. M., 43 000 E. Balneolog. Inst.; Kochsalzquellen (bis 36 °C; Herz- und Kreislaufstörungen, Rheuma u. a.), Klinik für Diabetiker; Eisenwerk Weserhütte, Maschinen-, Möbelfabriken. - 1839 Erschließung von Heilquellen beim Dorf Rehme und der 1751 angelegten Saline Neusalzwerk; 1845 planmäßig angelegter Badeort; seit 1847 Oeynhausen; 1860 Stadt.

Badoglio, Pietro [italien. baˈdɔʎʎo], * Grazzano Monferrato bei Alessandria (= Grazzano Badoglio) 28. Sept. 1871, † ebd. 1. Nov. 1956, italien. Marschall (seit 1926). - 1919-21 Generalstabchef des Heeres; führte 1935/36 den Äthiopienfeldzug zu Ende, bis 1937 Vizekönig von Äthiopien; als Chef des Gesamtgeneralstabs (seit 1939) Gegner eines italien. Kriegseintritts; schied Ende 1940 aus der Armee aus; nach Mussolinis Sturz 1943 Regierungschef bis 1944; schloß am 3. Sept. 1943 einen separaten Waffenstillstand mit den Alliierten.

Bad Oldesloe [ˈɔldəsloː], Krst. an der Mündung der Beste in die Trave, Schl.-H., 6-40 m ü. d. M., 21 000 E. Vielseit. Ind. - Neolith., bronzezeitl. und slaw. Funde; 1151 erstmals erwähnt, um 1238 Stadtrechte. Salzgewinnung (im 12. Jh. belegt) bis 1865; 1813-30 Heilbad.

Bad Orb, Stadt im Spessart, Hessen, 170-540 m ü. d. M., 8 200 E. Neben Trink- und Badekuren Moor (aus der Rhön) und Fango (aus der Eifel) zur Behandlung von Herz- und Kreislaufleiden, Rheuma und Bandscheibenschäden. - Die Salzquellen waren wirtsch. Grundlage einer Siedlung in karoling. Zeit; 1292 Stadt; seit 1836 Kurbetrieb; seit 1909 „Bad". - Kirche Sankt Martin (14./15. Jh.).

Bad Peterstal-Griesbach, Kurort im Schwarzwald, an der Rench, Bad.-Württ., 400-1000 m ü. d. M., 3 300 E. Mineral-, Kneipp- und Moorheilbad; Mineralwasserversand, holzverarbeitende Ind. - Heilbad seit dem 16. Jh.

Bad Pyrmont [ˈpyrmɔnt, -ˈ-], Stadt und Staatsbad im Weserbergland, Nds., 110-150 m ü. d. M., 22 000 E. Niedersächs. Landes-Versehrtenberufsfachschule; sulfat- und kohlensäurehaltige Kochsalzquellen und Moor (Herz- und Kreislaufkrankheiten, Durchblutungsstörungen, Frauenleiden, Bandscheibenschäden, Rheuma u. a.); Elektro-, chem., holzverarbeitende und Nahrungsmittelind. - Frühe Nutzung der Quellen (Funde aus dem 1. Jh. v. Chr.); seit 1914 „Bad".

Bad Radkersburg, östr. Stadt in der sö. Steiermark, an der jugoslaw. Grenze, 1 800 E; Magnesium-Calcium-Hydrogencarbonat-Säuerling.

Bad Ragaz, schweizer. Kurort 18 km nördl. von Chur, Kt. Sankt Gallen, 516 m ü. d. M., 3 700 E. Thermalquelle von Pfäfers (etwa 4 km südl. von B. R., 37 °C; Rheuma, Durchblutungsstörungen, Lähmungen); Rohrleitung nach Bad Ragaz.

Bad Rappenau, Stadt im östl. Kraichgau, Bad.-Württ., 237 m ü. d. M., 14 200 E. Solbad; Salzgewinnung, Textilfabrik, Maschinenfabriken. - Vermutl. fränk. Gründung; die Badeanlagen entstanden im Anschluß an die 1823 gegr. Ludwigssaline.

Bad Reichenhall, Krst. und Staatsbad an der Saalach, Bay., 470 m ü. d. M., 17 700 E. Verwaltungssitz des Landkr. Berchtesgadener Land; Hotelfachschule; z. T. seit der Hallstattzeit genutzte Solquellen, Badetorfanwendungen, Kneippkuren; Salzgewinnung aus der bei Berchtesgaden gewonnenen und durch Rohrleitungen nach B. R. gebrachten Sole. - Reihengräber des 7. Jh. mit Grabbeigaben. - Münsterkirche Sankt Zeno (1512-20 er-

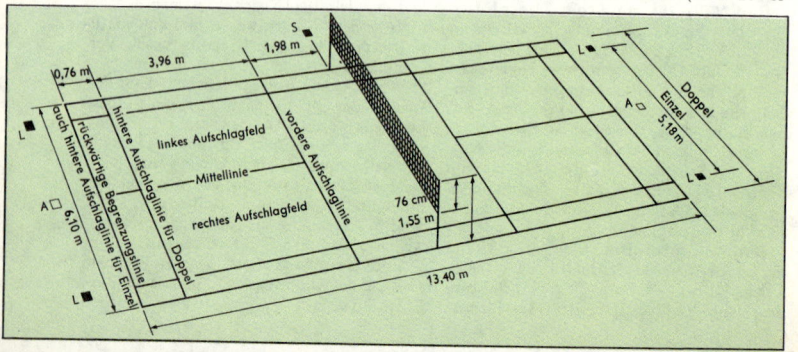

Badminton. Spielfeld mit den internationalen Maßen (S Schiedsrichter, L Linienrichter, A Aufschlagrichter)

neuert); roman. Pfarrkirche Sankt Nikolaus (1181); Alte Saline (1836–51).

Bad Reinerz (poln. Duszniki Zdrój), Stadt im Glatzer Bergland, Polen▼, 560 m ü. d. M., 15 400 E. Heilquellen (Kreislauf- und Frauenkrankheiten); jährl. Chopin-Festspiele. - Vor 1324 Stadtrecht; Quellen seit 1408 bekannt; 1742 zu Preußen; seit etwa 1800 Badebetrieb.

Badrinath, Berg im Kumaunhimalaja, 7 138 m hoch; an seinem Fuß der Wallfahrtsort B. (3 048 m ü. d. M.; mit einem hl. See und Wischnutempel).

Bad Rippoldsau-Schapbach, Gemeinde im N-Schwarzwald, Bad.-Württ., 417–1 100 m ü. d. M., 2 500 E. Mineral- und Moorheilbad (Herz-, Kreislauf- und Stoffwechselerkrankungen, Rheuma). - Bei einem im 12./13. Jh. erstmals und 1577 neu gegr. Kloster bestand bereits im 16. Jh. ein Bad.

Bad Sachsa, Stadt am südl. Harzrand, Nds., 300 bis 660 m ü. d. M., 8 500 E. Heilklimat. Kurort (Rheuma, Herz-, Frauenleiden, Erkrankungen der Atmungsorgane u. a.); Wintersportplatz. - 1432 als Flecken bezeichnet; seit 1874 Kurbetrieb.

Bad Säckingen, Stadt am Hochrhein, Bad.-Württ., 290 m ü. d. M., 14 300 E. Textil-, Metallind., Maschinenbau. Heilbad (Mineral- und Moorbad). - 878 erstmals als Seckinga erwähnt; entwickelte sich in Anlehnung an das im 7. Jh. entstandene Kloster (1806 aufgehoben); erhielt vor 1250 Stadtrecht. - Gef. Münster Sankt Fridolin (1343–60; barockisiert) mit karoling. Krypta; sog. „Trompeterschlößle" (Victor-von-Scheffel-Gedenkstätte), gedeckte Holzbrücke (1570–80).

Bad Salzbrunn (poln. Szczawno Zdrój), Kurort im Waldenburger Bergland, Polen▼, 410 m ü. d. M., 7 000 E. U. a. alkal. Mineralquellen mit hohem Kohlensäuregehalt. - Quellen z. T. im 7. Jh. bekannt; Entwicklung zum Kurort seit 1812. - Nach 1945 Ausbau zu einem der größten Heilbäder Niederschlesiens.

Bad Salzdetfurth, Stadt im Hildesheimer Wald, Nds., etwa 100 m ü. d. M., 14 000 E. Abbau von Kali; Solquellen, Gradierwerke (Rheuma, Ischias, Asthma, Frauenleiden u. a.). - Im 12. Jh. angelegt bei den Salzquellen; seit 1949 Stadt.

Bad Salzhausen, Ortsteil von †Nidda.

Bad Salzig, Ortsteil von †Boppard.

Bad Salzuflen, Stadt und Staatsbad am Übergang vom Ravensberger Land zum Lipper Bergland, NRW, 80 m ü. d. M., 51 000 E. Thermal- und Solquellen (Herz-, Kreislauf-, Frauenleiden, Rheuma, Erkrankungen der Atemwege). - Wurde durch den Zusammenschluß mit Schötmar auch Ind.standort. - Erstmals 1048 genannt, 1488 Stadtrecht; 1818 entstand bei der Saline ein Bad. - Spätgot. Rathaus (1545) mit Renaissancegiebel; Reste der Stadtbefestigung.

Bad Salzungen, Krst. 25 km südl. von Eisenach, Bez. Suhl, DDR, 262 m ü. d. M., 21 300 E. Solheilbad (27 %ige Sole), Gradierwerk; Metallverarbeitung u. a. Ind. - 775 als Königshof erwähnt; Stadtgründung wohl Ende des 13. Jh. Seit 1801 Nutzung der Sole zu Heilzwecken; seit 1923 „Bad". - Klassizist. Stadtkirche (1789–91), spätgot. Husenkirche (um 1500) und Sankt-Wendels-Kirche (1481); spätbarockes Rathaus (1790).

B. S., Landkr. im Bez. Suhl, DDR.

Bad Sankt Leonhard im Lavanttal, östr. Stadt 50 km nö. von Klagenfurt, Kärnten, 721 m ü. d. M., 5 000 E. Radioaktive Schwefelquelle (rheumat. und Hautkrankheiten). - Burg 1287 erstmals erwähnt; 1325 Stadtrechte; seit 1934 „Bad". - Got. Pfarrkirche (14. Jh.); got. Karner (um 1400), spätgot. Burgruine Gomarn (15. Jh.), Schloß Ehrenfels (16. Jh.).

Bad Schandau, Stadt im Elbsandsteingebirge, am rechten Ufer der Elbe, Bez. Dresden, DDR, 125 m ü. d. M., 4 300 E. Eisenhaltige Quelle, Touristenzentrum der DDR durch stetigen Ausbau nach dem 2. Weltkrieg; Schiffs- und Bootswerft. - Wohl Anfang 15. Jh. gegr.; Entdeckung der Mineralquelle 1730; seit 1920 „Bad".

Bad Schussenried, Stadt südl. des Federsees, Bad.-Württ., 570 m ü. d. M., 7 600 E. Moorheilbad (Rheuma, Gicht, Ischias und Frauenleiden); Brauerei, Textil-, Bekleidungs- und Maschinenfabrik. - Um 700 erstmals erwähnt; Prämonstratenserkloster 1183 gegr.; 1947 Stadt, 1958 Moorbad; „Bad" seit 1966. - Ehem. Klosterkirche (12. Jh., mit spätgot. Chor; 1744–46 barockisiert); Klostergebäude (16. und 18. Jh.); Bibliothekssaal (1754–1761) von D. Zimmermann.

Bad Schwalbach, Krst. und Staatsbad im westl. Hintertaunus, Hessen, 330 m ü. d. M., 9 400 E. Verwaltungssitz des Rheingau-Taunus-Kr.; Eisen- und Moorbad (Herz-, Kreislauf- und rheumat. Erkrankungen). - Seit 1569 Entwicklung des Ortes Langenschwalbach zum Kur- und Badeort; Stadt seit 1643; im 19. Jh. Modebad des Hochadels; seit 1927 B. Sch. - Spätgot. Pfarrkirche (um 1470–80); Rotenburger Schlößchen (1602–10).

Bad Schwartau, Stadt im nördl. Vorortbereich von Lübeck, Schl.-H., 2–37 m ü. d. M., 19 600 E. Marmeladen- und Süßwarenfabrik; Herstellung medizin. Apparate, Kunststoffverarbeitung u. a.; Kurbetrieb, der auf einer 1899 entdeckten Solquelle mit Jodgehalt beruht. - Seit 1912 Stadt und „Bad".

Bad Segeberg, Krst. am Großen Segeberger See, Schl.-H., 30–50 m ü. d. M., 13 500 E. Verwaltungssitz des Landkr. Segeberg; Textilind.; 1875 erbohrte Solquelle; seit 1952 jährl. Karl-May-Spiele (Freilichttheater in einem ehem. Steinbruch des Kalkberges). - Um 1244 Stadtrecht; seit 1924 „Bad". - Backsteinkirche Sankt Marien (nach 1156).

Bad Soden am Taunus

Bad Wimpfen. Fachwerkhäuser des 16. und 17. Jh.; im Hintergrund der zur Ruine der Kaiserpfalz gehörende Blaue Turm

Bad Soden am Taunus, Kurort am S-Hang des Taunus, Hessen, 150 m ü. d. M., 18 000 E. Über 30 Mineralquellen (z. T. 31 °C und 27 °C; Erkrankungen der Atemwege, Asthma, Kreislaufstörungen, Herzleiden, Allergien, Rheuma); Inhalatorium, Mineralwasserversand; chem.-pharmazeut. Fabrik, Glashütte; Wohnvorort für Frankfurt am Main. - 1191 erwähnt; seit 1913 „Bad".

Bad Soden-Salmünster, Stadt am SO-Abfall des Vogelsberges, Hessen, 150–160 m ü. d. M., 11 500 E. Solquellen (Herz- und Kreislaufleiden, Erkrankungen der Atemwege, Rheuma). - Entstand vor 900; 1296 Stadtrechte; im MA Salzgewinnung.

Bad Sooden-Allendorf, Stadt an der unteren Werra, Hessen, 162 m ü. d. M., 10 000 E. Solquellen (Rheuma, Erkrankungen der Atemwege); Möbel- und Gardinenherstellung. - Drei Siedlungskerne: fränk. Salhof Westera (um 776 erwähnt), die nach 1212 gegr. Stadt Allendorf und die Salinenarbeitersiedlung Sooden. - Reste der Stadtmauer mit Diebsturm (13. Jh.); im Ortsteil Sooden Stadttor (1704/05), ehem. Salzamt (1782), Pfennigstube (1631).

Bad Teinach-Zavelstein, Stadt im N-Schwarzwald, Bad.-Württ., 400 m bzw. 558 m ü. d. M., 2 200 E. Mineralquellen (Herz-, Nieren- und Blasenerkrankungen); Mineralwasserabfüllung.

Bad Tölz, Krst. am Oberlauf der Isar, Bay., 686 m ü. d. M., 13 300 E. Jodhaltige Quellen (Herz- und Kreislaufleiden, Asthma, Augenerkrankungen, Rheuma); Sperrholzfabrik, Segeltuchverarbeitung, Faltbootbau; medizin. Geräte; Wintersport. - 1331 Marktrechte; 1846 Entdeckung der Jodquelle; seit 1906 Stadt.

Bad Tölz-Wolfratshausen, Landkr. in Bayern.

Bad Urach, Stadt am NW-Rand der Schwäb. Alb. Bad.-Württ., 464 m ü. d. M., 10 500 E. Histor. Museum; Luftkurort mit Thermalbad. - Im 11. Jh. erstmals erwähnt. - Ev. spätgot. Pfarrkirche (1479–99), Schloß (15. und 16. Jh.), Ruine Hohen-U., z. T. got. Außenwerke von 1534.

Bad Vilbel [...'fɪl...], Stadt an der Nidda, Hessen, 120 m ü. d. M., 25 000 E. Kohlensäurehaltige Quellen (Kreislaufstörungen, Herz- und rheumat. Erkrankungen). - 774 erstmals erwähnt; Stadt seit 1858, seit 1948 „Bad".

Bad Vöslau [...fœs...], östr. Stadt und Kurort 20 km nördl. von Wiener Neustadt, Niederösterreich, 255 m ü. d. M., 11 500 E. Mineralquelle (24 °C; Erschöpfungszustände, Kreislaufstörungen, Altersbeschwerden); Mineralwasserversand; Moorbäder; Kammgarnfabrik, kunststoffverarbeitende Betriebe. - 1136 erstmals gen.; 1954 Stadt.

Bad Waldsee, Stadt in Oberschwaben, Bad.-Württ., 575 m ü. d. M., 14 500 E. Moorheilbad mit Kneippkuranstalt; Holzind., Herstellung landw. Maschinen, Seidenweberei und Kunststoffverarbeitung. - Erstmals 851 als **Walahse** gen.; 1298 Stadtrechte; 1331 an Österreich verkauft, eine der vorderöstr. „fünf Donaustädte"; 1806 an Württ.; 1956 „Bad". - Reste der Stadtbefestigung; Rathaus (1426), Schloß der Fürsten Waldburg-Wolfegg (1550; Wasserburg), Stadtpfarrkirche Sankt Peter (1479; 1712–18 barockisiert).

Bad Warmbrunn (poln. Cieplice Śląskie Zdrój), Stadtteil von Hirschberg i. Rsgb., Polen', 350 m ü. d. M.; Schwefelthermen (18–43 °C; Rheuma, Nervenerkrankungen, Frauen- und Hautkrankheiten). - Quelle seit 1281 bekannt; 1453 böhm., 1742 preuß.; „Bad" seit 1925; ab 1935 Stadt.

Bad Wiessee, Gemeinde am W-Ufer des Tegernsees, Bay., 730 m ü. d. M., 4 500 E. Hotel- und Gaststättenfachschule; jod- und schwefelhaltige Solquellen.

Bad Wildungen, Stadt am O-Abfall des Kellerwaldes, Hessen, 240–300 m ü. d. M., 14 800 E. Mineralquellen (Nieren- und Blasenleiden, Herz- und Kreislauferkrankungen). Schaumstoff-, Metallverarbeitung, Motorrad- und Fahrradbau, Strickwarenfabrik. - Vermutl. vor 1242 planmäßig angelegt; „Bad" seit 1906. - Got. Stadtkirche (14. Jh.); von Schloß Friedrichstein ist nur der westl. Flügel ausgeführt; Reste der Stadtmauer.

Bad Wimpfen, Stadt am Neckar gegenüber der Jagstmündung, Bad.-Württ., 200 m ü. d. M., 6000 E. Sole aus der Saline Ludwigshalle (Erkrankungen der Atemwege, Asthma, Rheuma und Krankheiten im Kindesalter); chem. Ind., Futtermittelerzeugung, Lederverarbeitung. - Zwei Siedlungskerne: **Wimpfen im Tal** ging aus einem röm. Limeskastell hervor. Die Bischöfe von Worms gründeten hier im 10. Jh. ein Ritterstift. - **Wimpfen am Berg** ist eine Gründung der Staufer, um 1200 Anlage einer Pfalz und der Stadt; 14. Jh. Reichsstadt, in der die Talstadt im 15./16. Jh. aufging. Die erste Saline wurde 1762 angelegt. Seit 1803 hess. Exklave, 1945–52 unter bad. Verwaltung. - In der Talstadt Stiftskirche Sankt Peter und Paul (10.–13. Jh.; 1947 Benediktinern aus Grüssau überlassen). Spätgot. Stadtpfarrkirche der Bergstadt (1516 vollendet); ehem. Dominikanerklosterkirche (13. Jh.); Hohenstaufentor (um 1200), roman. Steinhaus, Fachwerkhäuser (16. und 17. Jh.).

Bad Windsheim, Stadt im Tal der Aisch, Bay., 314 m ü. d. M., 11 200 E. U. a. Solquelle (Rheuma, Lähmungen, Frauenleiden); Landmaschinenfabrik, Textilind., Metallverarbeitung, Schuhfabrik, Gipswerk, Mineralwasserabfüllung. - Ältester Kern waren ein Königshof und eine Martinskirche; nach 1200 Marktsiedlung, 1280 Stadt, später freie Reichsstadt. Seit 1961 „Bad". - Spätgot. Pfarrkirche (nach einem Brand 1730 wiederhergestellt); barockes Rathaus (18. Jh.).

Bad Wörishofen, Stadt im Tal der Wertach, Bay., 626 m ü. d. M., 13 000 E. Kneipp-Museum; bekanntester und ältester Kneippkurort Deutschlands (vegetative Funktionsstörungen, Herz- und Gefäßerkrankungen, Nerven-, rheumat. Leiden, Stoffwechselstörungen u. a.). - Herren von Wörishofen werden 1067 gen.; 1803 bayr., 1949 Stadt.

Bad Wurzach, Stadt in Oberschwaben, Bad.-Württ., 652 m ü. d. M., 11 900 E. Moorheilbad (Rheuma, Frauenleiden); Herstellung von Flaschen, Textilien, Kunststoff u. a. - Stadtgründung Mitte des 13. Jh., 1333 Memminger Marktgerechtigkeit; Residenz seit 1700 der Grafen (seit 1803 Fürsten) von Waldburg-Zeil-Wurzach. - Klassizist. Pfarrkirche (1775–77); neues Schloß (1723–28) mit zweiläufigem Barocktreppenhaus.

Bad Zwischenahn, Gemeinde am S-Ufer des Zwischenahner Meeres, Nds., 11 m ü. d. M., 24 000 E. Moorheilbad (Rheuma, Kreislauferkrankungen, Frauenleiden); Fahrzeugbau, Fleischwaren- und Textilind. - „Bad" seit 1976. - Sankt Johanniskirche (12./13. Jh.).

Baeck, Leo [bɛk], * Lissa (Posen) 23. Mai 1873, † London 2. Nov. 1956, jüd. Theologe. - Nach Studium bei W. Dilthey seit 1912 Rabbiner in Berlin und Dozent an der „Hochschule für die Wiss. des Judentums", auch nach deren Schließung durch die Gestapo (1939) bis zu seiner Deportation nach Theresienstadt (1943). Seit 1933 Präs. der Reichsvertretung der dt. Juden. Seit 1945 in London, war B. v. a. um Wiederaufnahme des christl.-jüd. Dialogs bemüht. B. war die führende Gestalt des dt. Judentums zw. den beiden Weltkriegen, danach bis zu seinem Tod des Judentums überhaupt. - *Werke:* Das Wesen des Judentums (1905), Dieses Volk (2 Bde., 1955–57).

Baedeker, Karl [ˈbeːdəkər] ↑ Verlage (Übersicht).

Baegert, Derick [ˈbaːgərt], * Wesel um 1440, 1476–1500 nachweisbar, zuletzt 1515 gen., dt. Maler. - Spätgot. Altäre, ganz erhalten der Hochaltar der Propsteikirche in Dortmund (zw. 1468 und 1476). Nach 1480 niederl. Einflüsse. Leuchtende, kräftige Farbigkeit, auffallend starke Charakterisierung der Köpfe.

Baehr, George [beːr] ↑ Bähr, George.

Baekeland, Leo Hendrik [niederl. ˈbaːkolant, engl. ˈbeɪklənd], * Gent 14. Nov. 1863, † Beacon (N. Y.) 23. Febr. 1944, amerikan. Chemiker. - Untersuchte 1905 die Reaktion zw. Phenol und Formaldehyd und entwickelte ein Kunstharz auf dieser Basis, das Bakelit⊛.

Baelen, Kamiel van [niederl. ˈbaːlə], * Turnhout 15. Aug. 1915, † KZ Dachau 12. (11.?) April 1945, fläm. Schriftsteller. - Symbolist.-visionäre Romane, u. a. „Odyssee Herz" (1943, dt. 1960).

Baer, Karl Ernst Ritter von [beːr], * Gut Piep bei Järvamaa (Estland) 28. Febr. 1792, † Dorpat 28. März 1876, balt. Naturforscher. - Seit 1819 Prof. der Anatomie, ab 1821 Prof. der Zoologie in Königsberg; gilt als Begründer der modernen Entwicklungsgeschichte, für die seine Entdeckung, daß Säugetiere Eizellen entwickeln (1826), bedeutsam war.

Baermann Steiner, Franz [ˈbɛrman] ↑ Steiner, Franz Baermann.

Baeyer [ˈbaɪər], Adolf Ritter von (seit 1885), * Berlin 31. Okt. 1835, † Starnberg 20. Aug. 1917, dt. Chemiker. - Sohn von Johann Jakob B.; B. gelang 1878 die erste Vollsynthese des ↑Indigos, 1883 die Ermittlung

Joan Baez (1977)

der richtigen Strukturformel. Zur Erklärung der Stabilität cycl. Verbindungen entwickelte er eine nach ihm benannte Spannungstheorie *(Baeyersche Spannungstheorie)*. 1905 erhielt er den Nobelpreis für Chemie.

B., Johann Jakob, * Müggelheim 5. Nov. 1794, † Berlin 11. Sept. 1885, dt. Geodät. - Vater von Adolf Ritter von B.; gründete 1864 das Centralbureau der Europ. Gradmessung in Berlin; seit 1869 Präs. des Geodät. Inst. in Berlin.

B., Walter Ritter von, * München 28. Mai 1904, dt. Psychiater und Neurologe. - Enkel von Adolf von B.; Prof. in Erlangen, seit 1955 in Heidelberg; wiss. Arbeiten v. a. über Psychopathien und die moderne Schocktherapie. - † 26. Juni 1987.

Baeyersche Probe ['baıər; nach A. Ritter von Baeyer], Feststellung des ungesättigten Charakters einer organ. Verbindung durch die Entfärbung einer $KMnO_4$-Eisessig-Lösung.

Baez, Joan [engl. 'baıəz], * New York 9. Jan. 1941, amerikan. Sängerin und Gitarristin. - Engagierte Vertreterin der Gewaltlosigkeit; gehört zu den bedeutendsten Interpreten der Folkmusik (Protestsongs und Balladen). - Abb. S. 353.

Bafel [jidd.], Ausschußware, Ladenhüter; Gerede, Geschwätz.

Baffin, William [engl. 'bæfın], * 1584, † Hormos 1622, engl. Seefahrer. - Führte 1612–16 mehrere Expeditionen auf der Suche nach der Nordwestpassage, entdeckte Baffinmeer, Lancaster-, Jones- und Smith-Sound, erreichte im Baffinmeer 77° 45' n. Br., die mehr als 200 Jahre nicht überschritten wurden.

Baffinland [engl. 'bæfın], die größte und östlichste Insel des Kanad.-Arkt. Archipels, etwa 1 600 km lang, 200–700 km breit, 476 068 km², im Penny Highland der Cumberland Peninsula 2 500–2 600 m ü. d. M., an der W- und NW-Seite Tiefland. - Eskimosiedlungen sowie Handels- und Polizeiposten, Wetterstationen, militär. Stützpunkte, ✈.

Baffinmeer [engl. 'bæfın], Teil des N-Atlantiks, zw. dem Kanad.-Arkt. Archipel und Grönland. Während des größten Teils des Jahres durch Packeis versperrt.

Bafile, Corrado, * L'Aquilla 4. Juli 1903, päpstl. Diplomat. - Seit 1939 im päpstl. diplomat. Dienst; 1960–75 Apostol. Nuntius für Deutschland; seit 1976 Kardinal.

BAföG, Abk. für: **B**undes**a**usbildungs**f**örderungs**g**esetz.

BAG, Abk. für: **B**undes**a**rbeits**g**ericht.
♦ **B**uchhändler-**A**brechnungs-**G**esellschaft mbH.

Bagage [ba'ga:ʒə; frz.], veraltet für: Gepäck, Troß.
♦ umgangssprachl. für: Gesindel, Pack.

Bagasse [frz.], Preßrückstand bei der Zuckergewinnung aus Zuckerrohr; dient zur Energiegewinnung oder als Papierrohstoff.

Bagatelle [italien.-frz.; zu lat. baca „Beere"], unbed. Kleinigkeit, Geringfügigkeit.
♦ in der Musik ein kurzes Instrumentalstück leichten Charakters und ohne bestimmt Form; bes. bekannt die B. für Klavier von L. van Beethoven (op. 33, 119, 126).

Bagatellsachen, 1. im *Strafprozeßrecht* Bez. für geringfügige Straftaten (Ordnungswidrigkeiten und Vergehen), die nach dem † Opportunitätsprinzip von der Staatsanwaltschaft nicht verfolgt oder die eingestellt werden; 2. im *Zivilprozeßrecht* die Sachen, über die mit Schiedsurteil entschieden wird.

Bagdad, Hauptstadt des Irak, am Tigris, 34 m ü. d. M., 4 Mill. E (städt. Agglomeration). Verwaltungs-, Wirtschafts- und Kulturzentrum des Landes; Sitz des Patriarchen [von Babylonien] der chaldäischen Kirche, eines armen., eines röm.-kath. und eines syr.-orth. Erzbischofs; zwei Univ. (gegr. 1956 bzw. 1958), Kunstakad.; Nationalbibliothek, Fernsehsender. Wollspinnerei und -weberei, tabakverarbeitende Betriebe, Raffinerie für Schmieröl, Zement- und Seifenfabrik. B. liegt an der Bagdadbahn, internat. ✈. - **Madinat As Salam** wurde vom Kalifen Al Mansur 762 als Hauptstadt seines Reiches gegr.; um 800 von Harun Ar Raschid erweitert. Im 10. und 11. Jh. kulturelles und wirtsch. Zentrum des Islams, etwa 1,5 Mill. E; 1258 von den Mongolen zerstört; danach Hauptstadt der Prov. Irak des Ilkhanreiches. 1401 von den Safawiden erobert, im 16. Jh. zw. Osmanen und Persern umkämpft; 1638 endgültig osman.; 1917 von Briten erobert, die B. 1920 zur Hauptstadt des Irak machten. - Aus der kulturellen Blütezeit ist fast nichts erhalten: Talismantor (1221; Ruine), Abbasidenpalast (Mitte 13. Jh.); Karawanserei (12. Jh.); zahlr. Moscheen, Medresen und 1232 und 1357. Nach 1956 (Fertigstellung des Staudamms von Samarra) Ausdehnung der Stadt; Abriß der Altstadt und Aufbau eines modernen Geschäftszentrums.

Bagdadbahn, die Eisenbahnlinie von Konya (Türkei) nach Bagdad, projektiert im späten 19. Jh. als wichtigste Landverkehrsverbindung zw. Europa und den Gebieten am Pers. Golf, mit Basra als Endpunkt. 1903 unter maßgebl. dt. Beteiligung begonnen, was von Großbrit. und Rußland als dt. Bedrohung ihrer Einflußsphären angesehen wurde; einer der Reibungspunkte zw. den Mächten vor dem 1. Weltkrieg; 1940 fertiggestellt (rd. 2 500 km).

Bagdadbeule, svw. † Orientbeule.

Bagdadpakt, 1955 abgeschlossenes Bündnis zw. der Türkei und dem Irak; nach Beitritt Großbrit., Pakistans und Irans 1955, indirektem Teilbeitritt der USA 1959 und dem formellen Austritt des Irak 1959 im Rahmen des antisowjet. Bündnissystems der Westmächte zur † Central Treaty Organization (CENTO-Pakt) umgewandelt.

Bagge, Erich, * Neustadt b. Coburg 30.

Mai 1912, dt. Kernphysiker. - Entwickelte ein neues Verfahren zur Isotopentrennung, die sog. Isotopenschleuse; beschäftigte sich mit der Untersuchung der Höhenstrahlung und der Weiterentwicklung von Nachweisapparaturen für energiereiche Elementarteilchen. Schrieb „Von der Uranspaltung bis Calder Hall" (1957).

Bagger [niederl.; zu baggeren „ausschlammen"], meist fahrbares Gerät zur Gewinnung, zum Laden und/oder Transportieren von Erd- oder Geröllmassen, Sand, Schlamm, Kies, Kohle, Erz. Arbeitsweise stetig oder absetzend. **Trockenbagger** arbeiten an Land oder im Braunkohlentagebau; **Naßbagger** werden in Schiffskörper eingebaut; **Eimerkettenbagger** arbeiten mit Schürfeimern, die an einer endlosen Kette angebracht sind; **Löffelbagger** arbeiten mit einem Grabegefäß, das an einem schwenkbaren Ausleger angebracht ist; **Schaufelradbagger** sind eine Vereinigung von Eimer- und Löffel-B. (in stetiger Arbeitsweise wird das Baggergut über ein Förderband abgeleitet); **Universalbagger** werden als Mobilbagger mit hydraul. Kraftübertragung (mit Rad- oder Raupenfahrwerk) gebaut. - Abb. S. 356; auch Bild. 1, S. 14.

Baggesen, Jens Immanuel, * Korsør (Seeland) 15. Febr. 1764, † Hamburg 3. Okt. 1826, dän. Schriftsteller. - Schrieb in dän. und dt. Sprache und pflegte u. a. die Bekanntschaft mit Schiller; Gegner der dän. Romantik (A. G. Oehlenschläger). V. a. satir. und kom. Werke; interessante Reiseberichte („Das Labyrinth", 1792/93, dt. von ihm selbst 1793-95).

Baggins [engl. 'bægɪŋz], grobes Gewebe (Jute) in Leinwandbindung; für Verpackungsmaterial und Polsterzwecke.

Bagnères-de-Bigorre [frz. baɲɛrdəbi'gɔːr], frz. Stadt am Austritt des Adour aus den Pyrenäen, Dep. Hautes-Pyrénées, 550 m ü. d. M., 9 300 E. Heilbad (38 Mineralquellen, 13-51 °C) und Luftkurort; Wohnwagen-, Elektrogeräte- und Maschinenbau, Herstellung von Metallmöbeln, Zementind., 2 km südl. von B. die Grotten von Médous (Tropfsteinhöhlen). - In der Römerzeit **Aquae Bigerrionum**. - Kirche Saint-Vincent (14. und 15. Jh.), got. Jakobinerturm (15. Jh.), Häuser (17. und 18. Jh.).

Bagnères-de-Luchon [frz. baɲɛrdəly'ʃõ], frz. Heilbad in den Pyrenäen, Dep. Haute-Garonne, 630 m ü. d. M., 3 500 E. 80 schwefelhaltige, radioaktive, 22-67 °C warme Quellen (Erkrankungen der Atemwege, Rheuma). ♨. Südl. das zur Gemeinde gehörende Wintersportzentrum **Superbagnères** (1 797 m ü. d. M.)

Bagnes, Val de [frz. valdə'baɲ], Talschaft in den Walliser Alpen, 27 km lang; v. a. Almwirtschaft; im Talschluß der Stausee Lac de Mauvoisin.

Bagni di Lucca [italien. 'baɲɲi di 'lukka], Heilbad in der Toskana, 150 m ü. d. M., 11 000 E. Thermalbad mit salziger Schwefeltherme (37-54 °C). - Der Hauptort **Villa** war Landsitz der Herzöge von Lucca.

Bagno ['banjo; italien. „Bad"] (frz. bagne), Name der früher in den frz. Hafenstädten Toulon (seit 1748), Brest (seit 1750) und Rochefort (seit 1767) bestehenden Strafanstalten (bis 1854), zunächst nur für Schwerstverbrecher, später auch für polit. Mißliebige u. a.; ben. nach den Bädern des Serails zu Konstantinopel, bei denen ein Sklavengefängnis lag.

Bagram (Begram), Dorf im östl. Afghanistan, 60 km nördl. von Kabul. Von Alexander d. Gr. befestigt (**Alexandreia**; auch **Kapisa**); Sitz griech.-baktr. Könige; seit dem 1. Jh. n. Chr. Hauptstadt des Kuschan-Reichs (Kapischi); um 250 von den Sassaniden erobert, im 5. Jh. zerstört; wichtiger Schatzfund aus dem „Palast" der Kuschan-Zeit mit zahlr. u. a. chin., ind. und röm.-alexandrin. Kleinkunstwerken.

Bagratiden (Bagratuni), bed. armen.-georg. Fürstengeschlecht; regierten in Armenien als Könige 885-1080; einigten im 9. Jh. Georgien mit byzantin. Unterstützung.

Bagrationowsk ↑Preußisch Eylau.

Bagrjana, Elissaweta, eigtl. E. Beltschewa, * Sofia 29. April 1893, bulgar. Dichterin. - Gilt als bedeutendste bulgar. Lyrikerin; ihre ausdrucksstarke, musikal. Dichtung ist von Lebensfreude und Optimismus geprägt und später auch polit. beeinflußt.

Baguette [ba'gɛt; frz.], frz. Stangenweißbrot.

♦ bes. bei Diamanten angewendeter Edelsteinschliff mit rechteckiger Tafel.

Bahaismus [nlat.] (Baha'i-Religion), aus dem ↑Babismus hervorgegangene Religionsgemeinschaft, begr. 1863 von ↑Baha Ullah. Der Sohn des Gründers, Abbas Effendi (* 1844, † 1921), breitete den B. durch ausgedehnte Reisen nach Europa und Amerika 1910-13 aus. In Haifa schuf er das Zentrum der Gemeinschaft. Als Oberhaupt der Gemeinde folgte ihm bis 1957 sein Enkel Shoghi Effendi nach. Seitdem hat ein Vorstand von 9 Personen die Leitung inne. In Langenhain (heute zu Hofheim [Taunus]) wurde 1964 die erste Andachtsstätte des B. in Europa eingeweiht. In der BR Deutschland gibt es etwa 1 200, in den USA 30 000-40 000 Anhänger des B.; im Iran wird er nicht geduldet, hat dennoch zahlr. Anhänger. In neuerer Zeit breitet er sich auch in Afrika aus. - Der B. betrachtet sich als Offenbarungsreligion, die der Wissenschaft nicht widerspricht. Gott ist absolut unerreichbar, er offenbart sich durch seine Propheten, beginnend mit Adam, endend bei Mohammed. Mit Baha Ullah, dem weitere Gottesboten folgen sollen, beginnt eine neue Weltenzeit. Der B. will die Einheit der Menschen in einem umfassenden Gemeinwesen verwirklichen.

Bahamainseln ↑Bahamas.

Bahamas

Bahamas

(amtl. Vollform: The Commonwealth of the Bahamas), Staat im Bereich der Westind. Inseln zw. 20° 50′ und 27° 25′ n. Br. sowie 72° 37′ und 80° 32′ w. L. **Staatsgebiet:** Umfaßt die Gruppe der Bahamainseln. **Fläche:** 13 939 km^2 (nach anderen Angaben 11 396, 11 405, 13 864 oder 13 935 km^2). **Bevölkerung:** 226 000 E (1984), 16,2 E/km^2. **Hauptstadt:** Nassau (auf New Providence Island). **Amtssprache:** Englisch. **Nationalfeiertag:** 10. Juli (Unabhängigkeitstag). **Währung:** Bahama-Dollar (B$) = 100 Cents. **Internat. Mitgliedschaften:** Commonwealth, UN, der EWG assoziiert (AKP-Staat). **Zeitzone:** Eastern Standard Time, d. i. MEZ–6 Std.

Landesnatur: Die aus 29 größeren Inseln, etwa 660 Eilanden und 2 400 Felsklippen bestehenden Bahamainseln erstrecken sich von Florida aus über 900 km in sö. Richtung. Die aus Korallenkalken und verfestigten Kalksanden aufgebauten, flachen Inseln (höchste Erhebung Mount Alvernia auf Cat Island, 125 m ü. d. M.) sitzen nur bis zu 20 m u. d. M. liegenden untermeerischen Bänken auf. Die größten Inseln sind *Andros Island* (5 955 km^2), *Great Inagua Island* (1 551 km^2), *Grand Bahama Island* (1 372 km^2), *Great Abaco Island* (1 023 km^2), *Long Island* (665 km^2), *Eleuthera Island* (518 km^2), *Cat Island* (388 km^2) und *New Providence Island* (207 km^2).
Klima: Das Klima wird durch den Golfstrom und den im Sommer aus SO, im Winter aus NO wehenden Passat geprägt. Während der SO-Passat als Seewind die Sommertemperaturen niedrig hält, verhindert der Golfstrom im Winter ein stärkeres Absinken der Temperaturen. Gelegentlich treten verheerende Hurrikane auf.
Vegetation: Savannen herrschen vor. Nur auf stärker beregneten Inseln bestehen ausgedehnte Kiefernwälder.
Bevölkerung: Die Bev., von der 80 % Nachkommen ehem. afrikan. Sklaven sind, lebt auf 22 Inseln. Allein 60 % leben auf New Providence Island, die übrigen Inseln weisen nur 5 E/km^2 auf. Der überwiegende Teil ist protestantisch. Schulpflicht besteht vom 5.–14. Lebensjahr.
Wirtschaft: Die Landw. spielt eine untergeordnete Rolle. Neben kleinbäuerl. Betrieben, die für den Eigenbedarf anbauen, sind, bes. auf Great Abaco Island und Andros Island, einige moderne Betriebe entstanden, die Tomaten, Zwiebeln, Gurken, Ananas, Zitrusfrüchte u. a. zum Export (als Konserven) erzeugen. Die Kiefernwälder werden zur Bauholzgewinnung und für den Export genutzt. Die Fischerei dient überwiegend der Selbstversorgung. - An Bodenschätzen werden Aragonit und Kalkstein abgebaut und z. T. exportiert; Meersalzgewinnung v. a. auf Great Inagua Island und Long Island. - Die Ind. umfaßt v. a. Kleinbetriebe der Nahrungs- und Genußmittel-, Textil- und Baustoffind. für die Eigenversorgung. Begünstigt durch die Steuergesetzgebung haben sich in der 1954 geschaffenen Ind.zone von Freeport exportorientierte Unternehmen angesiedelt. - Wichtigster Wirtschaftszweig ist der Fremdenverkehr. - Auf Grund der weitgehenden Steuerfreiheit und der vorteilhaften Bankgesetze siedelten sich zahlr. Unternehmen sowie viele Bankfilialen an, die im Rahmen des Eurodollarmarktes tätig sind.
Außenhandel: Eingeführt werden v. a. Erdöl, Maschinen, Fahrzeuge, Nahrungsmittel, chem. und industrielle Erzeugnisse, ausgeführt Erdölderivate, chem. und pharmazeut. Produkte, Rum, Zement, Salz, Holz, Aragonit u. a. Zu den wichtigsten Handelspartnern zählen Großbrit., USA, Kanada und Nigeria.
Verkehr: Das Straßennetz ist auf New Providence 540 km, auf Grand Bahama rd. 650 km, auf Eleuthera Island 160 km lang. Die wichtigsten Häfen sind Nassau, Freeport und Matthew Town; internat. ✈ in Nassau und Freeport.
Geschichte: Am 12. Okt. 1492 landete Kolumbus auf San Salvador. Auf die nach Verschleppung der Eingeborenen Anfang 17. Jh. unbewohnten Inseln wanderten ab 1648 brit. Siedlergruppen ein, ab 1671 entstand eine Verwaltung. Zwischenzeitl. Piratenversteck, wurden die Bahamainseln 1718 brit. Kronkolonie unter einem Gouverneur. Die Ende 17. Jh. für die Arbeit auf den Plantagen eingeführten schwarzen Sklaven wurden erst 1834 frei. 1782 von den Spaniern erobert, 1783 wieder brit. 1964 erhielten die B. eine Verfassung mit erweiterter Autonomie, 1973 die volle Unabhängigkeit.
Politisches System: Nach der Verfassung von 1973, die auf der (1968 erweiterten) von 1964 aufbaut, sind die B. eine parlamentar. Monarchie im Commonwealth. *Staatsoberhaupt* ist die brit. Königin, repräsentiert durch den Generalgouverneur. Die *Exekutive* liegt beim

Löffelbagger

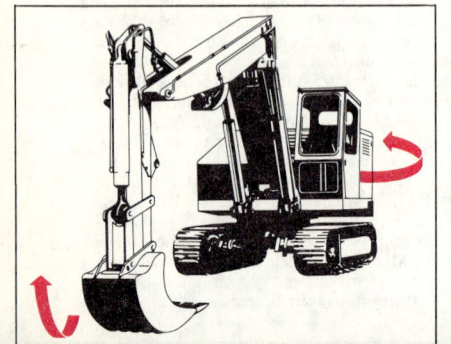

Bahia

Premiermin. und den auf seinen Vorschlag vom Generalgouverneur ernannten Kabinettsmgl. Die *Legislative* liegt beim Zweikammerparlament: dem Abg.haus mit z. Z. 49 auf 5 Jahre gewählten Mgl. und dem Senat, dessen 16 Mgl. auf Vorschlag des Premiermin. bzw. des Oppositionsführers (4) vom Generalgouverneur ernannt werden. Stärkste *Partei* (31 Abgeordnete) ist die Progressive Liberal Party, die sich auf die schwarze Bevölkerungsmehrheit stützt. Die Free National Movement verfügt über 16 Sitze; daneben gibt es 2 unabhängige Abgeordnete. Die meisten *Gewerkschaften* sind in der B. Federation of Trade Unions zusammengeschlossen. Die B. werden zentral von Nassau aus verwaltet. Das *Rechts*wesen ist am brit. Vorbild orientiert. Es gibt keine eigenen *Streitkräfte*. Die Polizei hat über 1 000 Mann Stärke.

📖 *Hannau, H. W.: Die B. Ffm. 1979. - Albury, P.: The story of the B. London 1975.*

Bahasa Indonẹsia (indones. Sprache), seit Aug. 1945 die zu den indones. Sprachen gehörende offizielle Sprache Indonesiens. Die B. I. entwickelte sich auf der Grundlage des auf der Halbinsel Malakka, in O-Sumatra und auf den Riauinseln gesprochenen Malaiischen, seit alters Verkehrssprache der Händler und Seefahrer an allen Küsten Südostasiens. Sie enthält mannigfaches Lehngut aus dem Sanskrit, Pers., Portugies. und Chin. und ist seit der Islamisierung Indonesiens stark angereichert mit arab. und europ. Sprachgut (Niederländ., Engl.).

Bahạ Ullạh, eigtl. Mirsa Hosain Ali Nuri, * Teheran 12. Nov. 1817, † El Bahja bei Akko 29. Mai 1892, Gründer des Bahaismus. - Trat 1863 in Bagdad als der vom Bab vorverkündete Gottesbote hervor und nahm den Namen B. U. („Glanz Gottes") an. Die türk. Regierung internierte ihn in Edirne, 1868 in Akko, wo sein religiöses Hauptwerk („Das heiligste Buch") entstand.

Bahia [brasilian. ba'ia], ehem. Name von †Salvador.

B., brasilian. Bundesstaat an der O-Küste, 561 026 km^2, 9,5 Mill. E (1980), 17 E/km^2, Hauptstadt Salvador. Von einer schmalen Küstenebene Anstieg über ein Hügelland zum Brasilian. Bergland, das von dem Becken des

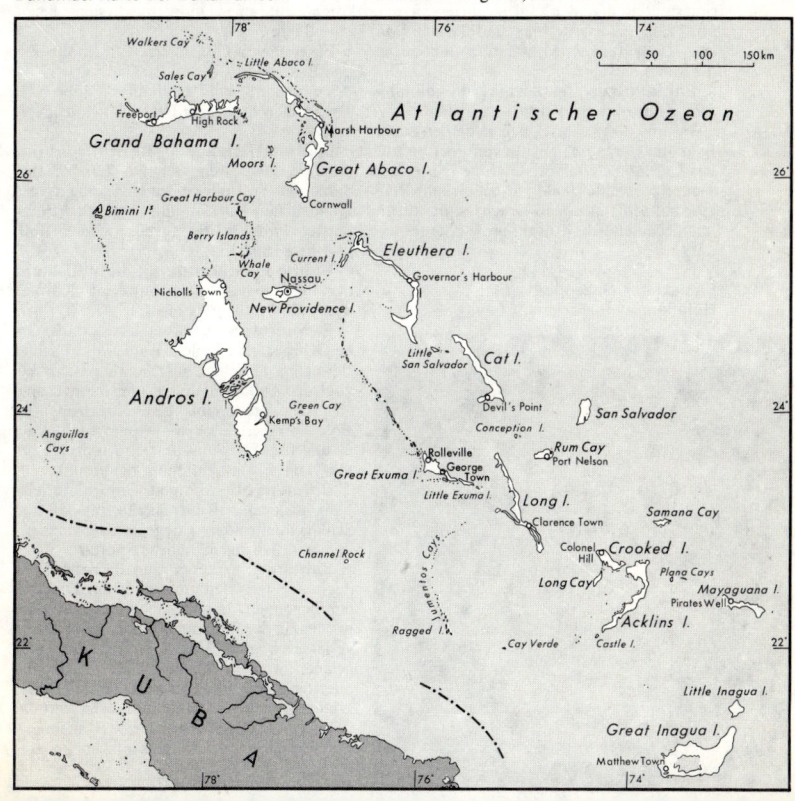

Bahamas. Karte der Bahamainseln

Bahía, Islas de la

Rio São Francisco durchquert wird, mit entsprechendem Übergang der Vegetation vom immergrünen trop. Regenwald über laubabwerfenden Wald bis zur Caatinga. Intensiver Ackerbau, um Ilhéus das brasilian. Hauptkakaoanbaugebiet; im Bergland Viehhaltung. Erdöl- und Erdgas-, Kupfer-, Chrom-, Eisen-, Blei- und Manganerzvorkommen; Ind. v. a. um Salvador. B. war bis zur Verlegung (1763) der Hauptstadt von Salvador nach Rio de Janeiro das polit., kulturelle und wirtsch. Zentrum Brasiliens.

Bahía, Islas de la [span. 'izlaz ðe la ba'ia], Inselgruppe vor der Atlantikküste von Honduras. Die Bewohner sind überwiegend Nachkommen von Schwarzen und Kariben, die Ende des 18. Jh. von brit. westind. Inseln hierher gebracht wurden; Kokosnußverarbeitung, Fischfang, Schiffbau, z. T. auch Anbau von Zuckerrohr und Ananas, auf Roatán auch Waldnutzung; ✈ auf Roatán und Utila. - 1859 von Großbrit. an Honduras abgetreten.

Bahía Blanca [span. ba'ia 'βlaŋka], argentin. Stadt im S der Provinz Buenos Aires, 224 000 E. Sitz eines Erzbischofs und einer Univ. (gegr. 1956); Küstenfischerei, Nahrungsmittelind. In den südl. Vororten die Exporthäfen *Ingeniero White* und *Puerto Galván.* - Gegr. 1828 als Militärstützpunkt gegen die Indianer.

Bahíakultur [span. ba'ia], präkolumbische Kultur an der Küste von Ecuador (zw. 500 v. und 500 n. Chr.?), ben. nach der Bucht Bahía de Caráquez; reichte von dort bis zur Isla La Plata; charakterist.: große Dörfer mit Tempelpyramiden, Feldbau, entwickelte Religion mit Schlangen- und Drachenkult; künstler. bedeutendste Kultur der Küste Ecuadors.

Bahíakultur. Sitzender Kazike.
Hohlfigur aus gelblichem Ton

Bahn, in einer bestimmten Länge und Breite abgesteckte oder abgeteilte Strecke für sportl. Wettkämpfe.
◆ Sammelbez. für Verkehrsmittel, bei denen die Fahrzeuge von Schienen oder an Seilen geführt werden, z. B. Eisenbahn, Alwegbahn, Schwebebahn und Seilbahn.
◆ (Bahnkurve) der geometr. Ort aller Punkte im Raum, die der Schwerpunkt eines Körpers oder ein atomares Teilchen (z. B. in der Nebelkammer) bei einer Bewegung durchläuft. Nach der Quantentheorie bzw. nach der Heisenbergschen ↑Unschärferelation ist der Bahnbegriff in der Mikrophysik nicht mehr ohne weiteres anwendbar. - In der Astronomie unterscheidet man bei der B.· eines Himmelskörpers 1. die **wahre Bahn,** das ist der Weg, den ein Himmelskörper in einem bestimmten Zeitintervall im Raum zurücklegt; 2. die **scheinbare Bahn,** das ist die Bewegung eines Himmelskörpers, die er an der Himmelskugel auf Grund seiner wahren B. und der Bewegung des Beobachters auf der rotierenden und um die Sonne umlaufenden Erde beschreibt; 3. die **relative Bahn,** die auf einen anderen Körper, etwa auf die Hauptkomponente eines Doppelsternsystems bezogene Bahn.
◆ Flugweg von Geschossen (↑Geschoßbahn) und Raketen.
◆ kontinuierl. Band aus Papier, Pappe oder Textilstoff während der Herstellung oder Verarbeitung.

bahnamtlicher Rollfuhrdienst, Dienstleistungszweig der Dt. Bundesbahn, durch den Fracht-, Eil- und Expreßgut vom Kunden zum Bahnhof und umgekehrt transportiert wird; die Frachtgebühr wird als **Rollgeld** bezeichnet.

Bahnbeschleunigung, die in Richtung der Bahntangente eines bewegten Körpers wirkende Beschleunigung.

Bahndrehimpuls, der Drehimpuls, den ein Körper oder Teilchen auf Grund seiner Bewegung auf einer gekrümmten Bahn bezügl. des Koordinatenursprungs besitzt; speziell der Drehimpuls eines Elektrons (im Bohr-Sommerfeldschen Atommodell) auf Grund seines Umlaufs um den Atomkern (im Ggs. zum Eigendrehimpuls, dem Spin).

Bahnengolf (Minigolf, Cobigolf, Kleingolf), aus dem Golf entwickelte, mit Ball und Schläger auf eindeutig abgegrenzten oder genormten Bahnen betriebene Sportart.

Bahnhof, Verkehrs- und Betriebsanlage (Gebäude und Gleisanlagen), in der Zugfahrten begonnen, unterbrochen oder beendet werden, in der Reisende Züge besteigen oder verlassen können *(Personen-B.),* Güter umgeladen werden *(Güter-B.* bzw. *Hafen-B.)* oder die Zusammenstellung, Auflösung oder Umgruppierung von Güterzügen erfolgt *(Rangier-B., Verschiebe-B.);* i. w. S. auch Bez. für Verkehrs- und Betriebsanlagen anderer

Bahnkraftwerk

öffentl. Verkehrsmittel (Bus, Straßenbahn), die ähnl. Zwecken dienen.

Im Empfangsgebäude des *Personen-B.* sind Schalter für Fahrkartenausgabe, Reisegepäck- und Expreßgutabfertigung sowie Warteräume untergebracht, daneben v. a. auf größeren B. Serviceeinrichtungen für Reisende, Auskunft, Bankschalter, Kioske, B.-Mission. Die Reisezüge halten an *Bahnsteigen* (Richtlänge 400 m), die zum bequemeren Ein- und Aussteigen bis zu 0,76 m über Gleisniveau angelegt sind. Die Bahnsteige sind meist überdacht, z. T. über Fußgängertunnel mit dem Empfangsgebäude verbunden. Zum Be- und Entladen der Post- und Packwagen besitzen moderne Bahnhofsanlagen *Gepäckbahnsteige*, die jeweils zw. zwei Gleisen und zwei Bahnsteigen angeordnet sind.

Nach Lage des Empfangsgebäudes zur Gleisanlage unterscheidet man *Kopf-* bzw. *Sack-B.* (Frankfurt am Main, München), *Anschluß-B.*, *Insel-B.*, *Kreuzungs-B.* und *Keil-B.* Im *Abstell-B.* werden die Reisezuggarnituren abgestellt, gereinigt, gewartet und versorgt. Der Güterumschlag von Straßen- auf Schienenfahrzeuge erfolgt im *Güter-B.* Größere Güter-B. haben moderne Verladegeräte wie Kräne, Hubstapler, Plattformwagen und Förderbänder. - *Rangier-B.* dienen zum Zusammenstellen, Auflösen oder Umgruppieren von Güterzügen. Sie erstrecken sich auf mehrere Kilometer Länge und einige hundert Meter Breite. Sie sind an wichtigen Eisenbahnknotenpunkten oder überall dort angelegt, wo die Größe des Güterumschlages solche Anlagen erforderl. macht (z. B. Maschen bei Hamburg, Mannheim). Auf modernen *Container-B.* erfolgt das Umsetzen von Transportbehältern mit Hilfe von schienengebundenen oder mobilen Portalkränen. - ↑auch Eisenbahn.

Architektur: Die B. wurden im 19. Jh. als repräsentative Empfangsgebäude errichtet. V. a. für die Bahnsteighallen machten die Eisenkonstruktionen des Gare du Nord in Paris (1861–65) Epoche. Die Abwendung von den historisierenden Verkleidungen brachte der Stuttgarter Hauptbahnhof von P. Bonatz (1917–23); das neue Material hieß bald allg. Spannbeton. Die interessanteste moderne Ausführung ist die Stazione Termini in Rom (1938–50).

📖 *Hamm, M., u. a.:* Bahnhöfe. Bln. 1984. - *Kubinszky, M.:* Bahnhöfe Europas. Ihre Gesch., Kunst u. Technik. Stg. 1969.

Bahnhofsbuchhandel, Zweig des Buchhandels, der sich mit dem Verkauf von Büchern, Zeitungen und Zeitschriften als Reiselektüre in Bahnhöfen befaßt.

Bahnhofsmission, karitative Einrichtung der Kirchen zur Betreuung hilfsbedürftiger Reisender. 1894 auf ev., 1895 auf kath. Seite gegr., seit 1910 besteht interkonfessionelle Zusammenarbeit.

Bahnkraftwerk, Kraftwerk, das den von ihm erzeugten elektr. Strom (Frequenz in der BR Deutschland, Österreich und der Schweiz $16^2/_3$ Hz) überwiegend zur Stromversorgung der Bahnanlagen verwendet.

Bahnhof. Gesamtanlage eines Rangierbahnhofs (Nürnberg; oben); Kopfbahnhof (Stuttgart; unten)

Bahnhof. Schematische Darstellung verschiedener Bahnhofsformen (oben: Kopfbahnhof; Mitte: Kreuzungsbahnhof; unten: Anschlußbahnhof)

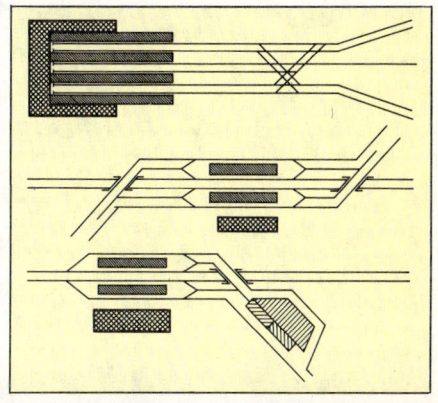

Bahnkurve ↑ Bahn.
Bahnmagnetismus, derjenige Anteil des magnet. Moments eines Atoms, der durch die Bahnumläufe der Hüllenelektronen im Bohr-Sommerfeldschen Atommodell bewirkt wird.
Bahnmetall, Kurzbez. BN-Metall, Lagerwerkstoff für Gleitlager; bei der Bundesbahn verwendetes zinnfreies Lagermetall auf Bleibasis.
Bahnneigung, der Winkel, den die Bahnebene eines sich bewegenden Körpers mit einer beliebig gewählten Bezugsebene bildet; in der Himmelsmechanik der Winkel zwischen der Bahnebene eines Himmelskörpers und der Ekliptik.
Bahnpolizei, Sonderpolizei der Eisenbahnen des öff. Verkehrs. Ihre Aufgaben, Befugnisse und Organisation sind insbes. in der Eisenbahn-Bau- und Betriebsordnung (EBO) vom 8. 5. 1967 geregelt. B.behörden sind bei der Dt. Bundesbahn deren Hauptverwaltung, die Bundesbahndirektionen sowie die Ämter des Betriebsdienstes. B.beamte sind die hauptamtl. im B.dienst tätigen Bediensteten und (nebenamtl.) bestimmte andere Bahnbedienstete (z. B. Bahnhofsvorsteher, Strecken- und Schrankenwärter). Wird die öffentl. Sicherheit und Ordnung bedroht, so hat die B. die nach pflichtmäßigem Ermessen notwendigen Maßnahmen zu treffen (z. B. vorläufige Festnahme). Die örtl. Zuständigkeit der B. beschränkt sich i. d. R. auf das Gebiet der Bahnanlagen. Die Bundesbahn besitzt neben der B. eine bes., organisator. von dieser getrennte Kriminalpolizei, den sog. **Fahndungsdienst,** mit der Aufgabe, strafbare Handlungen an Beförderungsgütern zu bekämpfen und aufzuklären.

Bahnpost, fahrende Dienststelle der Post zur Beförderung der Postsendungen in bes. posteigenen B.wagen, die an Eisenbahnzüge angehängt werden.
Bahnsen, Julius, * Tondern 20. März 1830, † Lauenburg i. Pom. (in Pommern) 7. Dez. 1881, dt. Philosoph. - Ausgehend von der unlösbaren Widersprüchlichkeit der Realität und beeinflußt vom Pessimismus Schopenhauers ist die Selbstentzweiung des Individuums der Ausgangspunkt für seine Theorie des Tragischen, für seine Ethik und Charakterologie. - *Werke:* Beiträge zur Charakterologie (2 Bde., 1867), Zur Philosophie der Geschichte (1871), Der Widerspruch im Wissen und Wesen der Welt (2 Bde., 1880/81).
Bahnspur, die Spur, die einzelne schnelle ionisierende Teilchen in einer Nebel-, Blasen- oder Funkenkammer bzw. in der empfindl. Schicht einer Photoplatte hinterlassen. Aus den B. lassen sich Rückschlüsse auf die physikal. Eigenschaften der sie verursachenden Teilchen ziehen.
Bahnung, in der *Neurophysiologie* die Erscheinung, daß Erregungsabläufe bzw. -prozesse im Zentralnervensystem eine zeitl. begrenzte Förderung erfahren, und zwar dadurch, daß mehrere unterschwellige Reize (Impulse) in der gleichen Nervenbahn kurz hintereinander oder aus verschiedenen Nervenbahnen gleichzeitig auf eine Nervenzelle treffen. Dadurch summieren sich die Impulse in dieser Nervenzelle, so daß eine Erregungsleitung erfolgen kann. Das B.phänomen ist von großer Bedeutung für die Funktionen des Zentralnervensystems, v. a. für die Ausbildung der ↑ bedingten Reflexe und damit auch der Lernvorgänge.